PARADIGMS OF INTERNATIONAL POLITICS

국제정치 패러다임

제6판

박 재 영 저

法 文 社

제 6 판 머리말

요즈음 세계 곳곳이 각종 분쟁으로 요동치고 있다. 미국의 외교 관련 싱크탱크 조직인 외교협회(CFR)의 예방행동센터(CPA)가 보여주는 국제분쟁 지도에 따르면 강도에 있어서 차이가 있지만 현재 전 세계에서 28개의 분쟁이 진행 중이다.

이러한 분쟁 지역 가운데 세계적인 관심이 쏠리고 있는 지역 중 하나는 중동이다. 팔레스타인과 이스라엘 분쟁에 레바논 · 예멘 · 이란까지 연루되면서 전 세계인들은 자칫 중동 전 지역으로 전쟁이 확대될지 모른다는 우려의 시각으로 분쟁 상황을 바라보고 있다.

중동지역 분쟁보다 더 큰 우려를 자아내고 있는 것은 2014년 크름반도의 강제병합을 시작으로 2022년에 전면 공격을 개시한 러시아가 도발한 러시아-우크라이나 전쟁(간단히 우크라이나 전쟁)이다. 이 전쟁은 지금까지 만 2년 6개월 동안 무수한 인명을 살상하고 시설물들을 파괴하며 난민과 실향민을 양산하면서 핵전쟁의 우려와 더불어 3차 세계대전으로의 확전 가능성에 전 세계인의 촉각을 곤두세우고 있다.

이러한 무력 전쟁은 아니지만 미국과 중국 간 경쟁과 대결이 점점 심화되면서 인도 · 태평양 지역에 긴장이 고조되고 있다. 한편으로 이러한 긴장을 관리하기 위한 양국 간 외교적 노력이 없는 것은 아니지만 경제와 기술 분야에서 치열한 경쟁을 벌이고 있을 뿐 아니라 남중국해와 타이완을 둘러싼 양국 간의 군사적 긴장도 심화되고 있어 조만간 무력을 동반한 전쟁으로 확대되는 것이 아닌가 우려를 자아내고 있다.

이러한 시대적 상황을 반영하여 다양한 국제정치 이론들이 현재 진행 중인 우크라이나 전쟁이 왜 발생했는가에 대해 치열한 논쟁을 전개하고 있다. 다른 한편 부상하는 신흥 강대국인 중국이 기존 패권국(지배국)인 미국에 견줄만한 힘을 축적하여 국제체제의 권력 배분에 변화가 생기면서 이러한 변화가 과연 양국 간에 패권전쟁으로 귀결될 것인가를 둘러싸고도 각종 국제정치 이론 간에 토론이 뜨겁게 진행되고 있다.

전자의 경우는 이미 발생한 전쟁에 대한 사후적 설명이고 후자의 경우는 패권전쟁의 발발 여부에 관한 사전적 예측이라는 차이가 존재한다. 그러나 모든 이론이 다 그렇듯 이론의 목적은 특정 현상의 인과 관계를 설명하고 미래를 예측하는 것이므로 국제정치에 관심을 두고 있는 사람이라면 사후적 설명과 사전적 예측을 위한 수단으로써 이론이 어떻게 작동하는가를 살펴보는 것은 의미가 적지 않다고 생각된다.

이번 개정판의 큰 의미와 명분을 우크라이나 전쟁의 원인에 대한 다양한 이론적 시각과 더불어 미국과 중국의 패권 전쟁 가능성에 대한 다양한 이론적 시각을 소개하는 데 두고자 한다.

원래 이론을 자세히 소개한 후에 실제의 사례 분석에 적용하는 예를 보여주는 것이 올바른 순서이지만 이론에 따라 동일한 현상이 어떻게 달리 분석되는가를 보여주기 위해 우크라이나 전쟁의 원인에 관한 다양한 국제정치 이론의 시각을 소개하는 장(chapter)을 다른 장에 앞서 제1장에 두었다. 이와 더불어 제3장에서 세력전이론을 중심으로 미국과 중국의 패권전쟁 가능성을 여러 학자들의 다양한 논거와 더불어 살펴보고자 한다. 이를 위해 세력전이론 부분에 대한 내용이 많이 보강되었다.

원래 6~7년을 주기로 개정판을 내는 것을 나름의 원칙으로 생각해 왔는데 출판사의 강력한 권유와 더불어 5판이 나온 지 3년 6개월 만에 개정판을 내게 되었다. 사전 준비가 별로 되어 있지 않는 상태에서 2개월이 못 되는 짧은 기간에 걸쳐 많은 자료를 수집하고 분석하다 보니 미흡한 부분이 있지 않을까 걱정된다.

이번 개정판의 출판과 관련해서도 격려와 더불어 좋은 의견을 나누어주신 법문사 영업부 권혁기 차장님께 감사드리고 원고 마감 기한을 훨씬 초과하여 늦게 드린 원고임에도 불구하고 좋은 책을 만들기 위해 페이지마다 정성을 쏟아주신 편집부 노윤정 차장님께도 고마움을 전하고자 한다. 항상 부족한 책을 읽어주시는 독자 여러분들께도 감사함을 전하고 국제정치의 이해에 자그마한 도움이 되기를 진심으로 바란다.

2024년 8월 20일
저자 박재영

제 5 판 머리말

국제정치 패러다임이라는 책이 처음 세상에 나온 해가 1996년이니까 올해로 4반세기가 지나 25년째가 된다. 그동안 대략 6~7년을 주기로 새로운 판을 거듭하다가 올해 제5판을 발행하게 되었다. 부족한 점이 많음에도 불구하고 그동안 독자들의 애독으로 여기까지 오게 된 것에 대해 깊이 감사를 드린다.

이번 판은 바로 직전의 판과 비교하여 약 130쪽이 늘어났다. 이는 새로운 내용이 대거 추가되고 기존 내용의 많은 부분이 완전히 새롭게 써졌거나 보강되었기 때문이다. 새롭게 추가된 내용과 새롭게 써진 기존의 내용에는 그리코(Joseph M. Grieco)의 상대적 이익 이론 · 신고전적 현실주의 이론의 하나인 저비스(Robert Jervis)와 반 에베라(Stephen Van Evera) 등의 공격–방어 균형이론 · 지정학 이론 · 탈냉전기의 국제체제에 관한 다양한 견해 · 탈냉전기 국제체제의 변화와 세계질서 · 신정부간주의 통합이론과 후기 기능주의 통합이론 등 영국의 유럽연합 탈퇴 등 통합의 위기를 설명하기 위한 새로운 통합이론들 · 글로벌 거버넌스론 등이 포함된다.

기존의 내용에 대폭 보강이 이루어진 부분에는 퍼트넘의 두 수준 게임(양면 게임) 접근 · 그람시주의와 신그람시주의의 패권 개념을 비롯한 다양한 패권 개념 · 미어샤이머의 공격적 신현실주의 이론 · 현실주의 이론의 권력 개념을 비롯한 다양한 권력 개념들 · 극성과 안정에 관한 이론들 · 국제체제의 안정 요인에 대한 대안적 설명 · 국제체제의 변화 이론들 · 세력 전이론과 세력균형론의 비교 · 성찰주의 이론 중 하나인 콕스의 비판이론 등이 포함된다.

이처럼 새롭게 써졌거나 보강된 내용의 상당 부분은 최근의 중요한 국제정치 현상을 설명하고 예측하는 데 많이 적용되고 있는 이론들이 차지하고 있다. 최근의 중요한 국제정치 현상 중에서도 특히 경쟁과 대립이 지속되고 있는 미국과 중국의 관계를 분석하고 예측하는 데 적용되는 이론들이다. 이와 더불어 유럽연합(EU)으로부터의 영국의 탈퇴를 위시한 유럽연합의 분열을 분석하거나 통합과 분열을 하나의 틀 안에서 이해하고자 하는 이론들이다.

저자는 최근 몇 년에 걸쳐 국제정치 패러다임 이외에 국제환경정치론(2016년 12월) · NGO와 글로벌 거버넌스(2017년 12월) · 국제기구와 글로벌 거버넌스(2018년 12월) · 글로벌 이슈와 글로벌 거버넌스(2019년 12월) 등의 책을 발간해 왔다. 이 책들의 내용 모두 국제정치의 한 분야를 이루고 있는 것들이기에 폭넓고 깊이 있는 국제정치 현상의 이해를 위해 일독을 권한다.

현재 국제사회에서 부상하는 중국과 미국의 대립과 경쟁이 동북아시아에 머물지 않고 세계로 확대되면서 국가 간 갈등이 국제정치의 본질로서 여느 때보다 각인되는 동시에 코로나바이러스 감염증 2019(COVID-19)의 확산으로 질병이 세계화되면서 국제정치의 본질로서 여느 때보다 국제사회는 상호의존적인 하나의 공동운명체라는 인식도 강화되고 있다.

유럽통합이 영국의 유럽연합 탈퇴로 위기에 직면하자 통합과 분열을 하나의 거시적인 이론적 틀에 담기 위한 시도가 전개되고 있듯이 갈등이 엄연히 존재하는 동시에 협력의 필요성이 절실한 상황에 직면하여 국제정치 연구도 갈등과 협력을 하나의 포괄적인 이론적 틀에 담기 위한 노력이 강하게 요구되지 않을까 조심스럽게 전망해본다.

여하튼 작금의 국제정치 상황은 국제정치 현상을 설명하고 예측하려는 기존의 이론적 시도에 큰 변화를 수반할 것으로 보이는데 이러한 시도에 독자 여러분들의 관심과 참여를 기대한다. 이러한 새로운 시도에 앞서 기존 이론들에 대한 비판적인 이해가 필요한데 이 책이 이러한 이해에 자그마한 징검다리와 디딤돌이 되기를 바란다.

저자는 2020년 2월 말에 정년퇴임을 하고 명예교수로서 후학들을 지도하고 있다. 재직 시와 달리 강의 부담이 많이 줄어 국제정치 패러다임의 개정판 내용에 좀 더 충실할 수 있어 행복했다. 정년퇴임 후에도 날마다 책상에 앉아 있느라 기대와는 달리 많은 시간을 공유하지 못한 아내에게 미안함과 고마움을 어찌 표현해야 할지 모르겠다. 이 지면을 빌려 정성 어린 아내의 내조에 감사함을 전한다.

더불어 지속적인 개정판의 발간을 여러 면으로 지원해주신 법문사 영업부 장지훈 부장님과 권혁기 대리님 그리고 원고 마감일을 한 달 이상 지체했는데도 인내해주시고 편집에 최선을 다해주신 노윤정 차장님께도 깊이 감사를 드린다. 끝으로 저자를 국제기구 연구에 입문하도록 이끌어주시고 박사학위 논문 지도에 열정과 사랑을 베풀어주셨던 핀켈스타인(Lawrence S. Finkelstein) 교수께서 2019년 2월 13일에 93세로 타계하셨는데 존경하는 그분께 이 책을 헌정하고자 한다.

2021년 2월 10일

박 재 영

제4판 머리말

초판이 1996년에 나온 이래 독자들과 책을 통해 보이지 않은 대화를 가져온 지 올해로 벌써 만 19년이 되었다. 19년 동안 초판과 더불어 3번의 개정판을 낼 수 있었던 것은 독자 여러분들의 따뜻한 호응과 성원의 덕이었다고 생각된다. 이 기회를 빌려 부족한 점이 많음에도 불구하고 오랜 세월동안 변함없이 책을 아껴주신 독자들께 마음 속 깊이 감사를 드린다.

새롭게 준비한 제4판은 먼저 판에 비해 많은 부분을 달리하고자 노력했다. 우선 구체적인 내용의 변화에 앞서 이러한 내용을 전달하는 방식에 변화를 주고자 했다. 많은 독자들로부터 「국제정치 패러다임」의 이해가 쉽지 않다는 말을 많이 들어온 터라 좀 더 이해하기 쉽게 쓰는 데 중점을 두었다. 책을 이끌어 가는 이러한 기조의 변화를 바탕으로 80쪽이 훨씬 넘는 분량이 추가되고 보완되었다. 눈에 띄게 달라진 부분들을 중심으로 소개하면 다음과 같다.

우선 현실주의 패러다임 부분의 경우 분석수준 면에서 왈츠(Kennth N. Waltz)와 입장을 달리하는 구레비치(Peter Gourevitch)의 견해와 함께 신고전적 현실주의 이론의 하나로서 위험균형이론(balance of risk theory)을 제시한 탈리아페로(Jeffrey W. Taliaferro)의 견해를 새롭게 추가했다. 이와 더불어 국제체제의 극성과 안정의 관계, 신고전적 현실주의에 대한 평가, 미어샤이머의 공격적 신현실주의 부분을 새롭게 보완했다. 특히 미어샤이머의 공격적 신현실주의 이론은 많은 논쟁을 유발하고 있지만 중국의 부상과 더불어 동아사이 국제정치를 설명하고 예측하는 중요한 한 축을 형성하고 있어 대폭적으로 내용을 보강했다.

자유주의 패러다임 부분에서는 통합이론의 쇠퇴와 재기 부분을 새롭게 써서 통합현상의 후퇴와 진전에 따른 이론의 추세를 추적할 수 있도록 했다. 특히 통합현상을 설명하는 데 많이 적용되고 있는 모랍식(Andrew Moravcsik)의 자유주의적 정부간주의 이론을 비교적 상세히 소개하고자 했다. 불(Hedley Bull)의 국제사회론 부분에서는 새로운 해석을 통해 재기를 추구하고 있는 영국학파 이론의 내용과 더불어 이 이론이 다른 국제정치 이론들과 어떠한 관계에 있는가를 치밀하게 분석하고자 했다. 이와 더불어 신자유주의 이론 부분은 전체를 새롭게 써서 초학자라도 쉽게 이해할 수 있도록 했을 뿐 아니라 내용의 폭과 깊이를 더했다.

성찰주의 패러다임 부분에서는 콕스(Robert Cox)의 비판이론을 철저히 분석하여 핵심적인 내용을 체계적으로 전달하기 위해 최선을 다했다. 이와 더불어 국제정치의 변화와 동태적 과정을 설명하는 데 강점을 가지고 있는 웬트(Alexander Wendt)의 구성주의 부분도 기존에 쓰여 있던 부분을 완전히 버리고 다시 썼다. 따라서 구성주의에 대해 사전 지식이 없는 사람도 웬트의 구성주의뿐만 아니라 구성주의 전반을 이해하는 데 훌륭한 나침반이 되리라고 확신한다.

이밖에도 책 전체에 걸쳐 용어를 통일적으로 사용하기 위해 노력했다. 예컨대 영어로 「power」를 과거에는 「힘」이나 「권력」 혹은 「세력」이라고 다양하게 번역하여 사용했으나 「권력」이라는 말로 통일하고자 한다. 단 예외적으로 「세력균형」과 「세력전이」라는 용어의 경우 워낙 굳어진 표현처럼 쓰이고 있어 이 경우에 한해 「세력」이라는 말을 쓰고자 한다.

중국의 부상과 더불어 동아시아 지역의 국제정치가 요동치고 있다. 이러한 격변기에 살고 있는 우리는 강대국 정치의 희생자가 되었던 과거를 되풀이하지 않기 위해 국제정치의 변화를 예의주시하면서 이 지역의 국제정치를 과학적으로 설명하고 예측할 수 있는 능력을 갖추어야 한다. 이를 위해 기존의 다양한 국제정치 이론을 충실히 이해하는 것이 긴요하다. 만약 기존의 이론들이 설명력과 예측력이 부족하다면 이러한 이론들의 한계를 극복하기 위한 새로운 이론을 창출해야 한다. 여러 모로 부족하지만 이 책이 여러분들의 이러한 시도에 조그마한 도움이 되기를 바란다.

이 개정판이 나오기까지 저자가 집필에 집중할 수 있도록 여러 가지 불편한 점들을 많이 인내해준 처에게 깊이 감사하고 바쁘다는 핑계로 우리 식구가 된 큰 며느리 정민지와 손자 동준이에게 제대로 신경을 써주지 못한 미안함을 표하고자 한다. 법문사의 여러분께도 많은 신세를 졌다. 계속해서 집필 시한을 어겼음에도 불구하고 항상 인내하면서 기다려준 영업부 장지훈 부장님과 권혁기 대리님, 원고를 꼼꼼하게 점검하고 훌륭하게 편집을 해 준 편집부 김진영 씨, 표지를 훌륭하게 만들어주신 편집부 손현오 과장님께 감사의 말씀을 전한다.

2015년 7월 23일

박재영 교수

제 3 판 머리말

「국제정치 패러다임」이 1996년에 처음 출간되고 13년이라는 짧지 않은 세월이 흘렀다. 부족한 점이 많음에도 불구하고 독자들의 사랑과 더불어 국제정치학 이론의 필독서로서 자리를 굳혀올 수 있었던 것에 대해 깊은 감사를 드린다. 많은 이론서들이 존재하는데도 불구하고 독자들이 꾸준하게 「국제정치 패러다임」에 성원을 보내주고 있는 것은 독자들의 요구가 무엇일까에 대한 저자로서의 고민이 있었기 때문이 아닐까 자평을 해본다.

이러한 노력의 일환으로 국제사회의 변화를 반영하여 출간된 지 5년 반이 되던 2002년 초에 전면개정판을 내놓은 바 있다. 그 이후 7년의 세월이 지나가는 동안에도 새로운 내용을 추가하고 기존의 내용을 보강하여야 한다는 생각을 줄곧 해왔지만, 펜을 다시 든다는 것은 생각만큼 쉬운 일은 아니었다. 책을 개정하기 위해서는 집중이 필요한데, 이를 위한 시간을 확보하는 것이 우선 어려웠고 체력적으로도 감당하기 어려웠다.

이번에 새롭게 책을 내면서 현실주의 패러다임 이론의 하나로서 「신고전적 현실주의」 부분을 새롭게 추가하였다. 기존에도 많은 이론가들이 국가의 행동과 국제관계를 설명하고 예측하기 위해 국외 요인에만 의존해서는 안 되고 국내 요인도 함께 고려하여야 한다는 주장을 전개해 왔던 것이 사실이다. 그러나 신고전적 현실주의는 국제체제의 힘의 배분이라는 요인을 독립변수로 하고 국내 요인을 매개변수로 하면서 좀 더 체계적으로 국제관계를 설명하고자 한다는 점에서 기존의 노력들과 구별된다고 생각했기 때문에 새롭게 추가했다.

그리고 냉전이 종식된 후 약 20년의 세월이 흘렀음에도 불구하고 학자들 사이에 여전히 전개되고 있는 국제체제의 성격과 국제관계를 둘러싼 논쟁도 새롭게 소개하고자 했다. 이를 통해 전통적인 세력균형론을 포함한 다양한 이론들이 현재의 국제사회의 모습과 미래의 국제사회의 방향을 어떻게 진단하고 어떠한 처방을 내놓고 있는가를 잘 알게 될 것이라고 생각한다. 이러한 논쟁을 소개하는 가운데 연성균형론

(theory of soft balancing)을 새롭게 포함시키기도 했다.

최근에 국제사회에서의 미국의 위상과 관련하여 힘에 대한 논의가 활발하게 전개되고 있다. 이러한 흐름을 감안하여 연성권력(soft power)과 스마트파워(smart power)와 같은 힘에 대해 새로운 논의를 새롭게 추가하였다. 이러한 논의를 통해 국제사회의 어떠한 변화가 권력자원에 대해 어떠한 변화를 미치는가를 파악할 수 있을 것이라고 생각된다.

성찰주의 부분이 미진한 것 같이 이 부분도 일부 새로운 부분을 추가하였다. 최근에 들어 특히 구성주의를 통하여 국제현상을 설명하고 예측하고자 하는 시도들이 많이 전개되고 있어, 이러한 점을 고려하여 독자들의 이해를 돕기 위해 구성주의의 적용 예를 포함시켰다. 그리고 최근에 활발하게 전개되고 있는 합리주의와 구성주의 간의 접합점을 찾기 위한 여러 시도들을 소개했다.

이러한 부분 이외에도 새롭게 추가하고자 했던 부분들이 좀 더 있었으나 출판사의 재촉으로 시한에 쫓기면서 포함시키지 못해 아쉬움이 많이 남는다. 가까운 시일 내에 이러한 부분들을 포함하여 독자들에게 다시 다가설 것을 약속하고자 한다. 국제정치 이론은 현재의 국제사회를 설명하고 미래를 예측하는 데 중요한 나침반이 된다. 더욱이 현재와 같은 급격한 국제사회의 변동의 와중에서 이러한 나침반이 없이 국제사회를 제대로 진단하고 처방하는 것은 불가능한 일이다. 그러나 더욱 중요한 것은 기존의 국제정치 이론들의 한계를 인식하고 새로운 이론의 수립에 도전하는 일일 것이다.

이번에 책을 다시 내면서 겨울방학의 대부분을 함께 보내지 못한 것에 대해 가족에게 미안하게 생각한다. 특히 외국 친구의 초대로 해외에 나가 따뜻한 겨울을 보내리라고 기대한 처에게 미안하고 고맙다는 말을 전하고 싶다. 끝으로 원고를 제 때에 전하지 못해 시간에 쫓기었음에도 불구하고 편집에 정성을 다해준 법문사 편집부 김제원 부장님과 영업부 장지훈 과장님에게 감사의 말씀을 전하고자 한다.

2009년 1월 28일

국립 경상대학교 정치외교학과
박재영 교수

머리말

세계화 · 국제화의 급진전 속에서 국제정치에 관한 관심이 학생들과 일반인들 사이에 고조되고 있다. 대학과 대학원에서 국제정치학 이론과 외교정책론을 위시한 관련과목들을 강의하고 또 외무고시를 공부하는 학생들을 대상으로 국제정치학 특강을 하면서 국제정치에 관한 이론서가 많이 있음에도 불구하고 좀 더 나은 교재가 없느냐는 질문을 하는 학생들을 많이 보아왔다. 문제는 기존의 책들이 한 명의 저자의 일관되고 체계적인 설명방식에 의거하여 국제정치학에 관해 포괄적이면서 동시에 심도 깊은 설명을 제공하고 있지 못하다는 것이다. 따라서 본 저자는 초학자라도 복잡한 국제정치학 이론을 보다 쉽게 체계적이고 포괄적으로 이해할 수 있으며 국제정치학 지식을 많이 갖고 있는 대학원 학생들도 좀 더 깊이 파고들어 갈 수 있는 교과서를 써야겠다는 생각을 갖고 지금까지의 강의노트 등을 기초로 하여 이 책을 저술하게 되었다.

다양한 국제정치이론들을 여러 가지로 분류할 수 있으나 현실주의 패러다임, 자유주의 패러다임, 그리고 구조주의 패러다임에 속하는 이론으로 크게 세 종류로 나누어 제2장, 제3장, 그리고 제4장에서 설명하고자 하며 이를 설명함에 있어 저자의 개인적 의견을 중심으로 일정한 방향으로 설명을 몰아가기보다 중립적인 입장에서 여러 논의를 골고루 소개하도록 노력하였다. 제1장에서 이상주의를 별도로 논하고 있으나 현실주의, 자유주의, 그리고 구조주의 패러다임과 경쟁적으로 국제정치현상을 설명하려는 별개의 패러다임으로는 간주하지 않았다.

특히 최근의 국제정치이론 논의의 핵심을 이루고 있는 신현실주의와 신자유주의 국제정치이론은 국제정치이론에 관한 많은 사전 지식이 요구되기 때문에 국제정치에 대해 어느 정도 지식을 갖고 있는 학생들도 이해하기 어려운 부분이다. 따라서 이들을 보다 쉽게 설명하는데 본 저서는 많은 노력을 경주했으며 동시에 많은 지면을 할애했다.

우리가 어떤 현상을 분석함에 있어 기존 이론을 가지고 현상을 바라보는 것을 일컬어 '이론에 이끌린 분석(theory-driven analysis)'이라고 하고 이와는 대조적으로 이론의 틀에서 벗어나 있는 그대로의 현상을 편견없이 바라보면서 어떤 새로운 규칙성을 찾아내려는 분석의 경향을 '자료에 이끌린 분석(data-driven analysis)'이라고 부른다. 본 저서는 이론에 이끌린 분석의 예로서 세 종류의 패러다임에 속하는 이론들에 대한 소개와 더불어 실제적인 국제이슈들을 몇 개 골라 이들 이론들을 적용하여 이론에 따라 동일한 현상에 대한 설명과 예측이 어떻게 달라질 수 있는가를 실질적으로 살펴보도록 했다. 그러나 저자는 새로운 이론의 수립이란 자료에 이끌린 분석에 의해 이루어져 왔다는 것을 강조하고 싶으며 본 저서가 잘 활용되어 한국적인 새로운 국제정치이론의 수립을 위한 밑거름이 될 수 있기를 진심으로 바란다.

개디스(John Lewis Gaddis)는 '이론이란 과거의 행동들을 묶어서 미래를 예측하는 안내자의 역할을 한다고 보고 만약 이론이 없다면 미래를 예측하려는 시도가 단순한 추측에 불과할 것'으로 보았다. 부디 이 이론서가 독자 여러분의 국제정치의 체계적 이해에 많은 도움을 가져다 주기를 진심으로 기원하며 특히 '국가의 행동에 있어 그리고 국가간의 관계에 있어 지속적으로 반복되는 특징이 존재하는가' 그리고 '만일 이러한 특징이 존재한다면 구체적으로 어떤 것들이며 이러한 특징을 야기하는 근본적인 요인들은 무엇인가'와 같은 질문에 적절한 대답을 줄 수 있기를 희망한다.

국제정치이론을 공부함에 있어 동·서양 외교사 혹은 국제관계사와 같은 역사적인 사실을 다루는 과목에 정통하길 바란다. 국제정치학 이론이 귀납법적인 논리에 의해 수립되었는지 아니면 연역법적 논리에 의해 수립되었는지에 따라 국제정치에 있어 역사적인 사례란 새로운 이론이 탄생하는 모체(母體)가 되기도 하고 때로는 기존 이론의 적실성을 검증해 볼 수 있는 터전이 될 수도 있기 때문이다. 국제정치 이론을 공부함에 있어 이러한 역사적인 사례에 대한 주의와 더불어 각종 이론들이 명시적으로 혹은 묵시적으로 제시하고 있는 정책적인 처방(處方)이 무엇인가를 항상 생각해 볼 것을 강력히 권한다. 좋은 글이란 이러한 역사와 이론 그리고 정책이라는 세 요소가 잘 조화된 글이라는 것을 마음 속 깊이 새겨두고 자신이 글을 쓰거나 남의 글을 평가할 때 하나의 준거(準據)가 되기를 바란다.

끝으로 이 책이 빛을 볼 수 있도록 출판을 허락하신 법문사의 배효선 사장님과 최복현 상무님, 이 책이 만들어져 나오기까지 지리한 장마와 더위 속에서도 좋은 책을 만들겠다는 일념하에 책의 페이지마다 정성을 다해주신 편집부의 김제원 과장님 그리고 독자(讀者)의 입장에서 초고의 일부분을 읽고 어색한 문장들을 지적해준 경상대학교 국제관계학과 정금선 학생에게도 마음 깊은 곳으로부터 감사를 표하고 특히 집필기간 동안 많은 희생을 묵묵히 감수해야만 했던 사랑하는 아내와 두 아들 정우 그리고 형우에게 미안한 마음과 고마움을 표하고 싶다.

1996년 8월 1일

박 재 영

차 례

제 1 장 우크라이나 전쟁과 국제정치 이론

제 1 절 서 론 ··· 3

제 2 절 분석수준에 따른 전쟁 원인의 진단 ··· 5

1. 개인 수준 5
   1) 푸틴의 성격 / 5
   2) 푸틴의 리더십 스타일 / 6
   3) 푸틴의 신념체계와 세계관 / 7
   4) 푸틴의 오인식 혹은 오산 / 8
2. 국가 수준 8
   1) 권위주의적 정치체제 / 9
   2) 민주주의 확산에 대한 우려 / 9
   3) 국내 불만의 전환 / 10
   4) 독재 권력의 불안 / 10
3. 국가 간 수준 11
4. 국제체제 수준 13
   1) 신현실주의 이론 / 13
   2) 자유주의 이론 / 16
5. 다 수준 분석 23
   1) 국가 정체성 / 24
   2) 국가 전략문화 / 25
   3) 국가의 자원 동원 능력 / 26

제 3 절 결 어 ··· 27

1. 단일 수준 분석 27
2. 다수준 분석 28
3. 결 론 29

제 2 장 이상주의(Idealism): 1920~1930년대

제 1 절 이상주의의 등장 배경 ······ 33
제 2 절 이상주의의 가정과 핵심 내용 ······ 35
제 3 절 이상주의와 집단안보제도 ······ 38
1. 등장 배경 38
2. 집단안보의 개념과 다른 개념과의 비교 39
1) 세력균형과의 구별 / 40
2) 집단적 자위와의 구별 / 40
3. 집단안보와 약소국 41
4. 국제연맹과 유엔의 집단안보제도 42
1) 국제연맹의 집단안보제도 / 42
2) 유엔의 집단안보제도 / 42
5. 집단안보제도의 작동조건 43
6. 탈냉전기 새로운 집단안보를 위한 제안 45
1) 탈냉전기 새로운 집단안보론 / 45
2) 탈냉전기 새로운 집단안보론에 대한 비판 / 49
제 4 절 이상주의에 대한 비판 ······ 50
제 5 절 탈냉전기의 이상주의 적실성 ······ 51
1. 탈냉전기의 변화와 지속성 52
2. 현실주의와 신이상주의 국제정치 이론의 적실성 52

제 3 장 현실주의(Realism) 패러다임

제 1 절 현실주의 패러다임의 특징 ······ 57
1. 현실주의 패러다임 이론들 57

2. 현실주의 패러다임 이론의 가정 58
3. 현실주의의 또 다른 이름들 60

제 2 절 전통적 현실주의 이론: 1940~1960년대 ········· 61

1. 전통적 현실주의 이론의 등장 배경 61
2. 전통적 현실주의 이론의 가정 63
3. 전통적 현실주의 이론의 가설과 명제 65
   1) 슈만(Frederick L. Schuman) / 66
   2) 카(E. H. Carr) / 66
   3) 니버(Reinhold Niebuhr) / 68
   4) 모겐소(Hans J. Morgenthau) / 69
4. 전통적 현실주의 이론의 방법론 80
5. 전통적 현실주의 이론의 비판 82
   1) 전통적 현실주의 이론 내부의 비판 / 82
   2) 행태주의적 현실주의와 신현실주의 이론의 비판 / 83
   3) 자유주의 이론의 비판 / 85
   4) 구조주의 이론의 비판 / 86
   5) 구성주의 이론의 비판 / 87

제 3 절 행태주의적 현실주의 이론: 1950~1960년대 ········· 87

1. 행태주의적 현실주의 이론의 특징 87
   1) 전통적 현실주의 이론과의 가정의 공유 / 88
   2) 실증주의에 기초한 과학주의 / 88
   3) 타 학문 분야로부터의 영향 / 91
2. 행태주의적 현실주의 이론의 내부적 논쟁 91
   1) 왈츠의 분석수준 / 91
   2) 싱어의 분석수준 / 93
   3) 분석수준에 따른 행태주의적 현실주의 이론의 두 종류 / 94
3. 국가 수준의 행태주의적 현실주의 이론 94
   1) 합리적 외교정책 결정이론 / 95
   2) 합리적 국제관계 이론 / 99
4. 국제체제 수준의 행태주의적 현실주의 이론 106
   1) 체제이론의 특징 / 106
   2) 카플란의 국제체제 이론 / 108

3) 체제이론의 평가 / 113
5. 후기 행태주의(Post-Behavioralism) 114

제 4 절 신현실주의(Neorealism) 이론: 1980년대 ································· 116

1. 신현실주의 이론의 개관 116
1) 등장 배경 / 116
2) 신현실주의 이론의 특징과 종류 / 117
3) 신현실주의 이론의 가정 / 119
2. 왈츠의 신현실주의 이론(방어적 현실주의 이론) 120
1) 등장 배경 / 120
2) 왈츠의 기존 국제정치 이론에 대한 비판 / 124
3) 왈츠의 국제체제 이론의 특징 / 131
4) 왈츠의 국제체제 이론의 적용 / 136
5) 국제체제의 안정 조건 / 143
6) 왈츠의 신현실주의 이론의 방법론 / 144
7) 전통적 현실주의 이론과의 비교 / 147
8) 왈츠의 신현실주의 이론의 분석수준 / 148
9) 왈츠의 신현실주의 이론에 대한 평가 / 162
3. 길핀 등의 패권안정론 172
1) 등장 배경 / 172
2) 패권의 정의와 패권안정론의 종류 / 173
3) 신현실주의 계열의 패권안정론 / 182
4) 왈츠의 신현실주의 이론과의 비교 / 190
5) 신자유주의적 제도주의 이론과의 비교 / 194
6) 패권안정론에 대한 비판 / 194
4. 그리코의 상대적 이득 이론 201
1) 등장 배경 / 201
2) 상대적 이득 이론의 주요 내용 / 203
3) 상대적 이득 이론에 대한 평가 / 204
5. 미어샤이머의 신현실주의 이론(공격적 현실주의 이론) 211
1) 등장 배경 / 211
2) 미어샤이머의 공격적 현실주의 이론의 개관 / 212
3) 공격적 현실주의 이론의 가정 / 213
4) 공격적 현실주의 이론의 가설 / 215

5) 역사적 사례를 통한 가설의 검증 / 226
6) 가설에 기초한 유럽과 동아시아 국제정치의 예측 / 231
7) 다른 현실주의 이론과의 비교 / 233
8) 미어샤이머의 공격적 현실주의 이론의 평가 / 237

제 5 절 신고전적 현실주의 이론 ········· 239

1. 등장 배경 239
2. 신고전적 현실주의 이론의 핵심 내용 241
3. 신고전적 현실주의의 분류 244
1) 유형 I 신고전적 현실주의(Type I NCR) / 244
2) 유형 II 신고전적 현실주의(Type Ⅱ NCR) / 244
3) 유형 III 신고전적 현실주의(Type Ⅲ NCR) / 245
4. 신고전적 현실주의 이론의 예 245
1) 쉬웰러의 이익균형론 / 245
2) 탈리아페로의 위험균형론 / 249
3) 공격—방어 균형이론 / 253
4) 그 밖의 신고전적 현실주의 이론 / 264
5. 신고전적 현실주의 이론에 대한 평가 268

제 6 절 지 정 학 ········· 270

1. 서 론 270
2. 대표적인 지정학 이론 272
1) 마한의 해양세력 이론 / 272
2) 맥킨더의 심장부 이론 / 273
3) 스파이크만의 주변부 이론 / 275

제 7 절 현실주의 이론의 중요 개념들 ········· 277

1. 권 력 277
1) 권력 개념의 문제점 / 277
2) 권력 개념의 재정의 필요성 대두 / 279
3) 현실주의 권력 개념의 비판과 새로운 권력 개념 / 280
4) 현실주의 이론의 반론 / 294
2. 국가이익 295
3. 국제체제의 특징 297
1) 무정부 상태와 안보딜레마 / 297

2) 세력균형 / 301
3) 국제체제의 극성과 안정의 관계 / 321

4. 탈냉전기의 국제체제의 구조적 변화 339
1) 탈냉전기의 국제체제에 관한 다양한 견해 / 339
2) 결 어 / 370

5. 탈냉전기 국제체제의 변화와 세계질서 372
1) 개 설 / 372
2) 단극체제에서의 세계질서 / 373
3) 냉전 종식 후 불균형적 다극체제에서의 세계질서 / 374

6. 국제체제의 변화 386
1) 논의의 배경 / 386
2) 국제체제의 변화 이론들 / 389
3) 세력전이론과 세력균형론의 비교 / 407
4) 세력전이론과 패권안정론의 비교 / 411
5) 세력전이론과 민주평화론의 관계 / 413
6) 세력전이론과 미국과 중국 관계의 미래 / 414
7) 세력전이론에 대한 평가와 새로운 국제체제 변화 이론 / 424

제 8 절 주요 문제에 대한 현실주의 이론의 관점 ······························ 429

1. 현실주의 이론과 국제제도 429
1) 국제제도 전반에 대한 현실주의 이론의 견해 / 429
2) 국제법에 대한 현실주의 이론의 견해 / 431
3) 국제기구에 대한 현실주의 이론의 견해 / 432
4) 국제제도를 바라보는 현실주의 시각의 비판 / 435

2. 현실주의 이론과 세계경제 436
1) 현실주의 이론의 세계경제관 / 436
2) 패권안정론의 관점에서의 세계경제 / 438

3. 현실주의 이론과 남북문제 440
4. 현실주의 이론과 다국적기업 442
5. 현실주의 이론과 세계화 443
1) 총 론 / 443
2) 현실주의 이론이 바라보는 세계화의 동인 / 446
3) 현실주의 이론의 관점에서의 세계화의 영향 / 446

6. 현실주의 이론과 제국주의 449

7. 현실주의 이론과 통합 452
1) 전통적 현실주의 이론과 통합 / 452
2) 신현실주의 이론과 통합 / 455
8. 현실주의 이론과 냉전의 원인 456
1) 전통적 현실주의 이론과 냉전의 원인 / 456
2) 신현실주의 이론과 냉전의 원인 / 457

제 4 장 자유주의 패러다임

제 1 절 자유주의 패러다임의 특징 ······ 461
1. 자유주의 패러다임 이론들 461
2. 자유주의 패러다임의 가정 463
1) 일반적인 가정 / 464
2) 국제제도에 대한 가정 / 465
3. 국제제도의 정의와 관심의 변화 467
1) 국제제도의 정의 / 467
2) 타 개념과의 관계 / 468
3) 국제제도에 관한 관심의 변화 / 471

제 2 절 외교정책 결정이론 ······ 476
1. 등장 배경과 특징 476
2. 제한된 합리성 모델(Limited Rationality Model) 479
1) 사이먼의 제한된 합리적 행위자 모델 / 479
2) 린드블롬의 점진주의(Incrementalism) / 480
3. 각종 비합리적 행위자 모델(Irrational Actor Model) 481
1) 스나이더 · 브룩 · 사핀의 외교정책 결정이론 / 481
2) 스나이더 · 브룩 · 사핀 이후의 비합리성 이론과 모델들 / 483
4. 외교정책 결정이론에 대한 평가 496

제 3 절 통합이론 ······ 496
1. 등장 배경 496
2. 통합이론의 공통점과 상치점 497

3. 전통적 통합이론들 499
1) 연방주의(federalism) 이론 / 499
2) 기능주의(functionalism) 이론 / 501
3) 신기능주의(neofunctionalism) 이론 / 505
4) 거래주의 혹은 다원주의(transactionalism or pluralism) 이론 / 510
5) 전통적 통합이론의 평가와 대안 / 513
4. 통합의 부침과 통합이론 515
1) 유럽통합의 쇠퇴와 통합이론 / 515
2) 유럽통합의 재기와 통합이론 / 516
3) 유럽통합의 위기와 통합이론 / 522
5. 통합이론과 상호의존론과의 관계 537
6. 통합이론의 국제관계 연구에의 공헌 540
제 4 절 연계정치론(Linkage Politics Theory) ······ 541
제 5 절 초국가론과 초정부론 ······ 543
1. 등장 배경 543
2. 초국가론(transnationalism) 544
3. 초정부론(transgovernmentalism) 548
4. 초국가론과 초정부론의 비판 549
제 6 절 상호의존론 ······ 549
1. 등장 배경 549
2. 상호의존의 개념 552
3. 상호의존론의 가정과 이론적 모델 553
1) 이론적 가정 / 553
2) 이론적 모델들과 적실성 / 555
4. 국제정치 과정의 특징과 가설 및 명제 559
1) 국제정치 과정의 특징 / 559
2) 이론적 가설과 검증 및 비판 / 563
5. 상호의존 시대의 권력 567
6. 상호의존론과 국제기구 및 국제레짐 569
7. 상호의존과 자유무역이 국제안보에 미치는 영향 570
1) 상호의존이 국제안보에 미치는 영향 / 570
2) 자유무역이 국제안보에 미치는 영향 / 571

8. 상호의존론의 적용 예: 동아시아의 안보 질서 571
9. 상호의존론의 평가 573
1) 긍정적인 평가 / 573
2) 부정적인 평가 / 573

제 7 절 세계사회론(Global Society or World Society Theory) ············ 579

1. 세계사회론의 특징 579
2. 대표적인 세계사회론자들 580
1) 버튼(John Burton) / 580
2) 미첼(Christopher R. Mitchell) / 582
3. 세계사회론에 대한 평가 583

제 8 절 이슈 패러다임(Issue Paradigm) ············ 583

1. 이슈 패러다임의 가정 584
2. 이슈 패러다임이 다루는 문제들 585
3. 이슈의 사이클 586
1) 이슈의 생성 / 586
2) 이슈의 의제로의 채택 / 586
3) 이슈의 소멸 / 587

제 9 절 국제사회론(International Society Theory) ············ 588

1. 국제사회론의 등장 배경 588
2. 국제정치관의 분류 589
1) 홉스적 시각 / 589
2) 칸트적 시각 / 589
3) 그로티우스적 시각 / 590
3. 불의 국제사회론의 핵심 내용 590
4. 불의 국제사회론의 한계와 다른 이론들과의 비교 593
1) 불의 국제사회론의 한계 / 593
2) 다른 이론들과의 비교 / 594

제10절 신자유주의적 제도주의 이론 ············ 597

1. 등장 배경 597
1) 왈츠 계열의 신현실주의 이론에 대한 반발 / 598
2) 길핀 계열의 패권안정론에 대한 반발 / 598

2. 이론의 가정과 적실성의 조건 600
1) 신자유주의적 제도주의 이론의 가정 / 600
2) 신자유주의적 제도주의 이론의 적실성의 조건 / 605

3. 신자유주의적 제도주의 이론의 주요 개념 605
1) 협 력 / 605
2) 국제제도(international institution) / 606
3) 국제기구(international organizations) / 606
4) 국제레짐(interantional regimes) / 606

4. 국제제도 연구 동향과 연구 중점 609
1) 연구 동향 / 609
2) 연구의 중점 / 613

5. 신자유주의적 제도주의 이론의 접근법 617
1) 게임이론적 접근법 / 618
2) 기능주의적 접근법 / 623

6. 신자유주의적 제도주의 이론의 적용 634
1) 국제환경 이슈에의 적용 / 634
2) 탈냉전기 국제질서에의 적용 / 635

7. 신자유주의적 제도주의 이론의 평가 636
1) 긍정적인 평가 / 637
2) 부정적인 평가 / 638
3) 발전적인 제안 / 646
4) 신자유주의적 제도주의 이론의 총체적 평가 / 656

제11절 탈냉전기의 자유주의 패러다임 국제정치 이론들 659

1. 세계정치의 두 세계론 659
1) 로즈노의 두 세계 / 659
2) 도래 가능한 모형 / 660
3) 평 가 / 661

2. 전 지구적 시민사회론(Global Civil Society Theory) 662
1) 전 지구적 시민사회론의 개념과 연구중심 / 662
2) 전 지구적 시민사회론의 평가 / 663

3. 글로벌 거버넌스론(Global Governance Theory) 665
1) 글로벌 거버넌스론의 핵심 개념과 등장 배경 / 665

2) 글로벌 거버넌스론의 특징과 타 이론과의 비교 / 667
3) 글로벌 거버넌스의 새로운 정의와 분류 / 671
4) 단일 부문 글로벌 거버넌스 / 674
5) 다중 부문 글로벌 거버넌스 / 682
6) 비공공 부문 글로벌 거버넌스와 국가 주권의 관계 / 706
7) 글로벌 거버넌스 전반에 대한 평가 / 710

4. 민주평화론(Democratic Peace Theory) 713
1) 등장 배경 / 713
2) 민주평화론의 핵심 주장 / 714
3) 민주평화론의 논거 / 715
4) 비 판 / 716

제12절 주요 문제에 대한 자유주의 이론의 관점 ······ 717

1. 자유주의 이론과 국제기구 717
1) 의도된 (준)독립적 행위자로서의 국제기구 / 717
2) 의도되지 않은 (준)독립적 행위자로서의 국제기구 / 720

2. 자유주의 이론과 세계경제 723
1) 세계경제의 특징 / 723
2) 세계경제와 정치와의 관계 / 724
3) 자유주의 이론의 세계경제관에 대한 비판 / 726

3. 자유주의 이론과 다국적기업 727
4. 자유주의 이론과 세계화 728
1) 세계화의 동인 / 728
2) 세계화의 영향 / 728

5. 자유주의 이론과 제국주의 732
6. 자유주의 이론과 통합 734
7. 자유주의 이론과 냉전의 원인 735

제 5 장 구조주의(Structuralism) 패러다임

제 1 절 일반적 특징과 등장 배경 ······ 739

1. 일반적 특징 739

2. 등장 배경 741

제 2 절 이론적 가정 ········ 742

1. 구조주의 이론의 가정 742
2. 타 패러다임 이론과의 구별 743
   1) 현실주의 패러다임 이론과의 비교 / 743
   2) 자유주의 패러다임 이론과의 비교 / 744

제 3 절 구조주의 이론의 국제정치관 ········ 745

1. 국제정치관의 특징 745
2. 국제정치에 대한 구조주의 설명의 예 746

제 4 절 전통적 마르크스주의와의 차이 ········ 748

제 5 절 각종 구조주의 이론들 ········ 751

1. 총 설 751
2. 중남미 경제위원회의 발전주의 견해 751
   1) 저발전에 관한 진단 / 752
   2) 저발전에 대한 치유책 / 752
3. 종속이론(dependency theory) 754
   1) 데펜덴시아(dependencia) 이론 / 754
   2) 중심부-주변부 분석(Center-Periphery Analysis) / 755
4. 세계체제론(World System Theory, WST) 757
   1) 등장 배경 / 757
   2) 발전에 관한 타 이론과의 차이 / 759
   3) 자본주의 세계체제의 등장 과정 / 760
   4) 자본주의 세계체제의 특징 / 761
   5) 자본주의 세계체제에서의 정치: 안정의 근원 / 765
   6) 자본주의 세계체제의 위기 / 769
   7) 현실주의 국제체제 이론과의 비교 / 772
   8) 세계체제론의 평가 / 773
5. 갈퉁의 구조주의적 제국주의 이론(Structural Theory of Imperialism) 775
   1) 제국주의의 정의 / 775
   2) 제국주의를 강화하는 두 기제 / 775
   3) 제국주의의 유형 / 777

4) 갈퉁의 제국주의 이론의 장점 / 777

제 6 절 타 패러다임 이론의 국가 간 불평등 문제의 해결방법 ············ 778
제 7 절 구조주의 이론에 대한 비판 ············ 779
제 8 절 주요 문제에 대한 구조주의 이론의 관점 ············ 781

1. 구조주의 이론과 국제기구 781
2. 구조주의 이론과 세계경제 782
1) 세계경제의 일반적인 특성 / 782
2) 세계경제와 정치와의 관계 / 782
3) 세계경제에서의 국가 자율성 / 783
4) 두 종류의 정치적 투쟁 / 784
3. 구조주의 이론과 다국적기업 785
1) 다국적기업의 해외 진출 동기 / 785
2) 다국적기업이 국가에 미치는 영향 / 785
3) 비 판 / 786
4. 구조주의 이론과 세계화 786
1) 세계화의 동인과 특징 / 786
2) 세계화의 영향 / 788
5. 구조주의 이론과 제국주의 789
1) 전통적 제국주의론 / 790
2) 신제국주의론 / 790
3) 갈퉁의 제국주의론 / 792
6. 구조주의 이론과 통합 792
1) 구조주의 통합이론의 일반적인 견해 / 792
2) 콕스(Peter Cocks)의 견해 / 793
7. 구조주의 이론과 냉전의 원인 796

제 6 장 성찰주의 패러다임

제 1 절 성찰주의의 등장 배경 ············ 801
제 2 절 성찰주의 이론들 ············ 802

1. 코헤인의 논의 802

2. 각종 성찰주의 이론들 803
1) 비판이론(Critical Theory) / 804
2) 탈근대론(Postmodernism) / 817
3) 역사사회학(Historical Sociology) / 820
4) 규범적 이론(Normative Theory) / 821

3. 구성주의 이론: 합리주의와 성찰주의의 접목 822
1) 구성주의 이론의 역사와 등장 배경 / 822
2) 웬트의 구성주의 이론 / 824
3) 구성주의 이론의 평가 / 840
4) 합리주의 이론과 구성주의 이론의 결합 / 843

제 3 절 성찰주의의 평가 ········ 845

참고문헌 ········ 846
사항색인 ········ 882
인명색인 ········ 894

제 1 장

우크라이나 전쟁과 국제정치 이론

제 1 절 서 론
제 2 절 분석수준에 따른 전쟁 원인의 진단
제 3 절 결 어

제 1 장

우크라이나 전쟁과 국제정치 이론

제1절 서 론

베를린 장벽의 무너지고 이어서 소련이 붕괴하면서 냉전이 갑작스레 종식되자 시공을 가로질러 반복되는 규칙성을 밝히는 데 몰입한 주요 국제정치학 이론들은 냉전의 종식이라는 국제정치의 거대한 변화를 예측하지 못한 큰 자괴감에 빠졌고 일부 이론들은 이러한 국제정치의 변화 현상을 설명하기 위해 재정비에 나서기도 했다.

러시아의 2014년 우크라이나 크름반도 강제 병합과 2022년 우크라이나 전면 침공은 제2차 세계대전 이후 최대 규모의 인명 살상과 파괴를 동반한 전쟁으로써 제3차 세계대전으로 이어질지 모른다는 우려와 더불어 신냉전의 본격적 시작을 알리는 신호가 아닌가 하는 평가를 받고 있다.

러시아의 우크라이나 침공과 관련하여 이러한 가능성을 사전에 조심스럽게 언급하고 정책결정자에 이를 막기 위한 정책을 제언하기까지 한 이론가가 없는 것은 아니나 이론가 대부분은 사후적으로 자신들이 옹호하는 이론들을 적용하여 이러한 전쟁의 원인을 설명하려 하면서 치열한 논쟁을 벌이고 있다. 비극적인 러시아의 우크라이나 침공을 예측했든 아니면 사후적으로 설명하든 관계없이 이 전쟁이 모든 이론을 적실성의 시험대에 오르게 하고 있다.

국제정치의 최대 관심사이기에 줄곧 국제정치학의 최대 연구 주제일 수밖에 없는 것이 전쟁의 원인이다. 따라서 여기에서는 국제정치학의 다양한 이론들이 전쟁의 원인을 이론적으로 무엇이라 분석하고 이러한 이론이라는 렌즈를 가지고 실제의 사례인 러시아의 우크라이나 침공을 어떻게 바라보는지 살펴보고자 한다.

국제정치 이론은 국제정치 현상의 인과관계를 분석하는 것을 목적으로 하는 이론이다. 다시 말해 모든 국제정치 이론은 특정의 국제정치 현상을 일으키는 원인을 밝히고자 하는데 이때 어느 수준에서 원인을 찾을 것인지의 문제에 직면하게 된다.

이러한 것을 「분석수준(level of analysis)」이라고 하는데 국제정치 이론은 통상 개인 수준·국가 수준·국제체제 수준이라는 3가지 분석수준 중에서 어느 한 분석수준을 택해 원인을 찾고자 하며 때로는 이러한 분석수준 가운데 복수의 분석수준에서 원인을 발견하고자 한다. 전자를 「단일 수준 분석(single-level analysis)」이라 칭하고 후자를 「다수준 분석(multilevel analysis)」이라 부른다.[1] 국제정치 이론은 분석수준에 따라 원인을 달리 택함으로써 똑같은 국제정치 현상을 다른 관점에서 분석하도록 한다.

우크라이나 전쟁의 원인을 처음부터 현실주의 이론·자유주의 이론·구성주의 이론 등으로 구별하여 살펴볼 수도 있으나 여기서는 우선 분석수준을 구별하고 각각의 분석수준에 속하는 이론들을 찾아서 전쟁의 원인을 살펴보려 한다. 다양한 이론들 모두가 서로 다른 분석수준을 택하는 것이 아닌 관계로 특정의 분석수준에 여러 종류의 이론들이 속하기 마련이다. 따라서 분석수준을 공유하나 구체적인 원인을 달리하는 이론들을 접할 수 있다.[2]

우크라이나 전쟁의 원인 분석에 이러한 분석수준을 적용하면 다음과 같이 구별된다: ⅰ) 러시아 대통령 푸틴의 개인적인 야망과 같은 요인들을 중요시하는 개인 수준의 분석 ⅱ) 러시아 정권의 독재화와 같은 요인을 중요시하는 국가 수준의 분석 ⅲ) 국제체제의 무정부성과 북대서양조약기구(NATO)의 확대에 따른 권력 배분의 변

---

1) 「다수준 분석」이란 개념은 광의로 사용되기도 하고 협의로 사용되기에 구별을 요한다. 광의의 다수준 분석이란 다양한 분석수준이 제시하는 요인을 모두 병렬적으로 종합하여 살펴보는 분석을 의미한다. 이와는 달리 협의의 다수준 분석이란 2개 이상의 분석수준이 제시하는 요인들 사이의 상호작용을 전제로 이들 간의 관계를 체계적으로 수립하여 수행하는 분석을 뜻하며 이러한 분석을 하는 대표적인 이론의 예가 신고전적 현실주의(neoclassical realism) 이론이다. 이 이론은 국제체제 수준의 요인을 원인변수로 하고 단위 수준의 요인(즉 국가 수준의 요인과 개인 수준의 요인)을 매개변수로 하여 전쟁과 같은 국제정치 현상을 설명하고자 한다.

2) 폴랸스키(Mikhail Polianskii)는 각종 이론을 ⅰ) 지정학 중심의 설명 ⅱ) 러시아 정권의 특성에 기반한 설명 ⅲ) 문화와 정체성에 기반한 설명 ⅳ) 의사결정자 중심의 설명으로 구분하고 있는데 이 역시 참고할 만한 분류라고 생각된다: Mikhail Polianskii, "Russian Foreign Policy Research and War in Ukraine: Old Answers to New Questions?" *Communist and Post-Communist Studies*, Vol. 57, No. 2 (2024), p. 159.

화와 같은 외부적인 요인을 중요시하는 국제체제 수준의 분석 iv) 복수의 수준에 속하는 요인들을 종합적으로 살펴보고자 하는 다수준 분석.

여기에서는 개인 · 국가 · 국제체제라는 분석수준과 더불어 러시아와 우크라이나의 상호작용과 관계에 집중하는 국가 간 분석수준(interstate level of analysis)을 추가하고자 한다. 이는 중세 이래 오랜 기간에 걸쳐 역사와 문화를 공유하는 한편 갈등을 지속해 온 두 국가의 특수한 관계가 전쟁의 발발에 중요한 요인으로 작용했을 수 있기 때문이다.

모든 이론은 나름의 장단점을 지니기 마련이다. 이러한 이론들 각각은 전쟁의 원인에 대해 다양하게 다른 관점과 통찰력을 제시하고 있어 전쟁 원인의 복잡성을 이해하여 전쟁 원인의 총체적인 그림을 그리는 데 크게 이바지하리라 생각한다. 특히 우크라이나 전쟁을 포함한 특정의 전쟁 뒤에 숨겨진 복잡한 다중의 동기를 이해하는 데 필요할 것이다.

제 2 절 분석수준에 따른 전쟁 원인의 진단

1. 개인 수준

개인 수준의 이론의 경우 인간 중심적인 이론으로서 푸틴의 성격(personality) · 리더십 스타일(leadership style) · 신념체계와 세계관(belief system and worldview) · 오인식 혹은 오산(misperception or miscalculation)을 파악하는 것이 러시아의 우크라이나 침공의 원인을 이해하는 데 필요하다고 본다. 그러나 개인에만 초점을 맞추면 갈등을 형성하는 더 광범위한 외부의 구조적 요인을 간과할 수 있다는 문제도 제기된다.

1) 푸틴의 성격

이멜만과 고프(Aubrey Immelman and Abby Goff)는 직접 대면을 통한 자료는 아니지만 다양한 자료를 통해 푸틴의 주된 일차적인 성격 패턴으로서 지배적이고 공격적 성향(가학적으로 적대적 성격)과 야심적이고 착취적 성향(이기적이고 병적으로 자기애적 성격)을 언급하고 이차적인 성격 패턴으로서 성실하고 충실한 성향(집착하는 성격)과 내성적이고 냉담한 성향(내향적 성격)을 들고 있다.

나아가 3차적인 성격 패턴으로서 대담하고 모험적인 성향(위험을 감수하는 성격)을 제시하고 이보다 정도가 덜한 성향 패턴으로서 남을 불신하고 의심하는 성향을 분석해 내고 있다. 이들은 이러한 패턴들을 혼합하여 푸틴을 「확장 주의적이고 적의를 지니고 있으며 (의도한 바를 꼭 실천에 옮기는) 집행자(expansionist hostile enforcer)」로 규정하고 있다.

이러한 푸틴의 일반적인 성격 패턴이 외교적 정향(diplomatic orientation)에 어떻게 투사될 것인가와 관련하여 이들은 푸틴을 안전 보장과 지위 문제에 관심이 많은 고도로 지배적인 내성적인 성격과 국제사회에서 그에 상응하는 확장을 추구하는 경향을 지닌 존재라는 가설을 제시하고 있다.[3)]

2) 푸틴의 리더십 스타일

사람의 리더십 스타일(leadership style)은 사람의 성격과 밀접한 관련이 있다. 여기에서는 푸틴의 리더십 스터일을 살펴보고 이러한 스타일이 우크라이나 전쟁의 원인과 어떻게 연결되어 있는가를 살펴보고자 한다.

푸틴의 리더십 스타일은 일반적으로 독재적이고 권위주의적이라고 특징지어진다. 구체적으로 푸틴은 권력을 중앙집중화하고 스스로 중요한 결정을 내리며 국내외적으로 응징과 위협을 사용하여 통제력을 유지하고자 한다. 그는 비윤리적인 결정에 대해 거의 뉘우치지 않고 종종 부정적인 결과에 대해 타인을 비난하는 태도를 지니며 국가 구성원들의 전반적인 복지보다는 구체적인 목표를 이루는 데 더 중점을 둔다.[4)]

스탈린과 차르와 같은 과거 지도자들을 연상시키는 푸틴의 독재적이고 권위적인 리더십 스타일은 우크라이나 전쟁에 큰 영향을 미쳤다. 우선 독재 정권이 정치적 목표를 달성하기 위한 수단으로서 군사력 사용을 주저하지 않는 경향이 강한데 푸틴도 예외 없이 정치적 목적을 달성하기 위해 우크라이나의 침공이라는 선택을 했다.

푸틴의 리더십 스타일은 정치적 담론에 대한 엄격한 통제와 반대 의견의 억압을

---

3) Aubrey Immelman and Abby Goff, The Post-Expansionist Personality Profile of Russian President Vladimir Putin," Paper presented at International Society of Political Psychology 46th Annual Scientific Meeting, July 9-11 2023 in Montréal, Québec, Canada. http://digitalcommons.csbsju.edu/psychology_pubs/142/. Accessed July 20, 2024.

4) Magnus Linden and George R. Wilkes, "Putin: The Psychology behind His Destructive Leadership - and How Best to Tackle It According to Science," The Conversation. https://theconversation.com/putin-the-psychology-behind-his-destructive-leadership-and-how-best-to-tackle-it-according-to-science-179823. Accessed July 15, 2024: Prathamesh Kodgire, "Unraveling Putin's Leadership Style: A Blend of Strength, Strategy, and Controversy," Medium, Feb 28, 2024, https://medium.com/@prathameshk3707/unraveling-putins-leadership-style-a-blend-of-strength-strategy-and-controversy-3d5da96c5cbe. Accessed July 15, 2024.

통해 우크라이나 침공을 포함한 주요 결정이 정부 내부에서 거의 또는 전혀 반대 없이 그의 주도하에 이루어지도록 했다.[5] 이를 통해 큰 내부 반발 없이 공격적인 외교정책을 신속하게 추진할 수 있었으나 다양한 관점과 중요한 피드백의 결여로 전략적으로 오산의 여지가 적지 않은데 실제로 우크라이나 대통령의 결의와 지도력뿐만 아니라 우크라이나 사람들의 저항을 과소평가하는 오산을 했다.[6]

국가 구성원들의 전반적인 복지보다는 구체적인 목표를 이루는 데 더 중점을 두는 지도력 스타일로 인해 국제적 제재와 고립을 초래했으며 러시아의 경제와 세계적 위상에 큰 영향을 미쳐오고 있다.[7]

테르쿨로바(Rinata Terkulova)는 푸틴의 지도력 특성이 2022년 우크라이나 침공 결정에 어떤 영향을 미쳤는지 탐구했다. 그 결과 푸틴이 인지적 복잡성이 낮아 세상을 흑백으로 보는 경향이 강하다는 특성을 발견하고 이러한 특성이 우크라이나 위기 동안 그의 외교정책 행동에 상당한 영향을 미쳐 더욱 경직되고 공격적인 행동으로 이어졌다는 결론을 내리고 있다.[8]

3) 푸틴의 신념체계와 세계관

전쟁을 이해하기 위한 개인 수준 변수의 또 다른 하나는 푸틴이 지닌 신념체계(belief system)와 세계관(worldview)이다. 다수의 학자가 이와 관련하여 푸틴을 제국에 대한 향수와 제국의 야망을 지닌 존재로 본다.

구체적으로 푸틴은 우크라이나가 러시아와 같이 동슬라브족에 기원을 두고 있어 정치적 운명 공동체이어야 한다고 하면서 러시아 제국과의 유기적 통합을 강조하고 우크라이나가 현재 지닌 국가 정체성(national identity)이 서방 국가들에 의해 조작된 인위적이고 쉽게 변할 수 있는 것이라는 세계관을 보여주고 있다.

즉 푸틴은 우크라이나의 국가 정체성의 정당성과 더불어 독립된 국가로서의 국

---

5) Margaret MacMillan, "Leadership at War: How Putin and Zelensky Have Defined the Ukrainian Conflict," *Foreign Affairs* (March 2022). https://www.foreignaffairs.com/articles/ukraine/2022-03-29/leadership-war. Accessed August 14, 2024.

6) Paul Kirby, "Ukraine Conflict: Who's in Putin's Inner Circle and Running the War?" BBC News, 25 June 2023. https://www.bbc.com/ news/world-europe-6057326. Accessed August 15, 2024.

7) Magnus Linden and George R. Wilkes, "Putin: The Psychology behind His Destructive Leadership-and How Best to Tackle It According to Science," The Conversation. https://theconversation.com/putin-the-psychology-behind-his-destructive-leadership-and-how-best-to-tackle-it-according-to-science-179823. Accessed July 15, 2024

8) Rinata Terkulova, "Leadership style and foreign policy: The role of Vladimir Putin's dual-framing style in the 2022 invasion of Ukraine," *Psychotherapy and Politics International,* Vol. 21, No. 3 & 4(December 2023), pp. 1-19. DOI:10.24135/ppi.v21i3and4.09. Accessed August 16, 2024.

가성(statehood) 자체를 부인하는 제국의 야망을 드러내고 있다.[9] 푸틴은 이처럼 제국주의적 야망을 지니고 우크라이나뿐만 아니라 다른 국가들도 전쟁을 통해 정복하여 궁극적으로 러시아 제국을 다시 일으키려 한다고 본다.

4) 푸틴의 오인식 혹은 오산

푸틴의 중대한 오인식이나 오산을 러시아의 우크라이나 침공의 원인 가운데 하나로 본다.[10] 이는 오인식이나 오산은 위기 시의 행동과 전쟁으로의 확대 가능성에 중요한 역할을 한다는 견해에 바탕을 두고 있으며 이러한 오인식이나 오산은 인지적 편견·불완전한 정보·문화적 차이·정서적 반응 등에 기인한다고 본다.

그 중 하나는 서방의 대응이 단편적이고 형식적인 것에 그치리라는 판단이다. 그러나 러시아 에너지에 의존해 온 서방 국가들은 고통을 감내하면서까지 탈러시아 에너지를 선언하고 전쟁 물자를 지원하는 등 우크라이나와 결속을 더욱 강화하고 있다.

또 다른 하나는 푸틴이 우크라이나의 저항 의지와 능력을 잘못 판단하고 우크라이나의 저항이 짧은 시간 내에 무너지리라는 판단이다. 그러나 우크라이나군은 NATO가 제공하는 무기와 미국의 정보 자산을 활용해 예상보다 더 강력한 저항력을 발휘하고 있다.

마지막으로 러시아 군대의 전력으로 우크라이나와의 전쟁에서 신속하게 승리하리라는 판단이다. 그러나 예상치 못한 전장의 결과는 러시아의 약점과 약점을 드러내는 등 러시아 군대의 능력이 과대평가 되었다는 것이 드러나고 있다.

2. 국가 수준

국가 수준의 설명은 민주주의 국가인지 권위주의 국가인지와 같은 정권의 유형(regime type)과 같은 특정 국가가 지닌 다양한 내부의 특성을 전쟁의 원인이라고 본다. 여기에서는 러시아의 우크라이나 침공의 원인으로 흔히 언급되는 주요 국내 변수에 국한하여 살펴보고자 한다.

이러한 원인진단은 국제제도의 문제뿐 아니라 권위주의 정치체제를 비롯하여 부

9) Jeffrey Mankoff, "Russia's War in Ukraine: Identity, History, and Conflict," Center for Strategic and International Studies(CSIS), April 22, 2002, https://www.csis.org/analysis/ russias-war-ukraine-identity-history-and-conflict. Accessed July 20, 2024.

10) Boris Kormych, "Putin's Miscalculations," Wilson Center, March 9, 2022. https://www.wilsoncenter.org/blog-post/putins-miscalculations. Accessed July 20, 2024.

당하고 취약한 국내 제도에서 전쟁의 원인을 파악하려는 자유주의 이론에 의해 주로 강조되는 것이다.

1) 권위주의적 정치체제

러시아의 정치체제 성격인 권위주의적 정치체제에서 전쟁의 원인을 찾는 설명이다. 이에 따르면 권위주의 정권의 경우 국가의 강제력과 통제 능력을 우선시하기 때문에 위기 시 무력을 포함한 공격적인 대응을 유도하기 쉽고 단일 통치자나 소수의 엘리트에 권력이 집중되어 있어 신속한 의사결정이 가능하나 성급한 무모한 행동으로 이어질 수 있다는 것이다.

이러한 관점은 러시아가 국내에서 민주주의를 억압하고 견제와 균형을 위한 확립된 자유민주주의 제도가 부재한 권위주의적 독재체제를 점차 강화하면서 러시아의 외교정책이 점점 공격적이고 호전적으로 변화한 것의 결과물이 우크라이나 침공이라고 본다.[11)]

이와는 달리 민주주의 정치체제는 의사결정이 견제와 균형 · 공론화 · 합의 추구를 중요시하여 신중한 경향이 있다고 본다. 구체적으로 사회구성원에 책임을 지는 민주적으로 선출된 정부는 평화로운 외교정책을 추구하는 경향이 있는데 이는 전쟁의 부담을 지는 사회구성원은 갈등과 전쟁에 개입할 수 있는 지도자를 선출하는 데 더 신중하기 때문이다.

2) 민주주의 확산에 대한 우려

러시아와 우크라이나 두 국가 사이의 지리적 인접성과 문화적 · 사회적 친밀성으로 인해 우크라이나의 민주주의가 국경을 넘어 러시아로 퍼져 러시아인들을 전염시켜 푸틴 정권에 맞서도록 고무하게 되면 푸틴이 정권을 상실할지 모른다는 우려가 러시아의 우크라이나 침공을 가져왔다는 견해도 있다.

즉 번영하는 젊은 민주주의 국가인 우크라이나가 자유와 법치 그리고 서방의 민주주의 국가들과의 통합을 추구한 것이 푸틴의 독재 정치체제와 푸틴이 지닌 제국 건설의 야망에 직접적이고 지속적인 위협으로 작용하여 우크라이나 침공을 유발한 것으로 본다.[12)]

---

11) Mikhail Polianskii, “Russian Foreign Policy Research and War in Ukraine: Old Answers to New Questions?” *Communist and Post-Communist Studies*, Vol. 57, No. 2 (2024), p. 159.

12) Stanford Historian Says, “Putin Sees Ukrainian Democracy as a Threat, Undermines His Sense of the Russian Mission,” Stanford University, March 2, 2022. https://news.stanford.edu/stories/2022/03/

3) 국내 불만의 전환

권위주의 국가인 러시아가 국민의 불만을 외부로 돌리기 위한 시도가 전쟁의 원인이라고 보는 견해로서 러시아뿐만 아니라 다른 권위주의 국가들이 유발한 전쟁을 설명하는 데 흔히 적용되는 이론이다. 이러한 인과관계를 설명하려는 이론을 「관심전환전쟁이론(diversionary theory of war)」 혹은 「관심전환전갈등이론(diversionary theory of conflict)」이라고 칭한다.

이 이론에 따르면 정치 지도자의 리더십이 국내에서 시위나 경제위기 혹은 정치적 불안정 등과 같은 도전에 직면하게 되면 국가 간 전쟁이나 갈등을 일으켜 국내 관심을 외교 문제로 돌려 권력을 유지하려 한다는 것이다.

마토브스키(Aleksandar Matovski)는 독재 정권이 어떤 외교 정책적 목표나 웅장한 유토피아적 비전을 달성하기 위해 전쟁을 벌이는 것이 아니라 국민의 주의를 분산시키고 국내에서 압제와 불의에 저항하려는 의지를 꺾기 위해 전쟁을 벌인다는 일반적인 속성을 지적한다.

그는 이러한 속성이 권위주의 국가인 러시아의 우크라이나 침공에 투사되었다는 것을 경제적으로 어려움을 겪고 있던 러시아에서 2014년 크름반도 합병으로 러시아 독재 정권에 대한 불만과 반대가 줄어들었고 푸틴의 지지율은 4년 동안 하늘 높이까지 치솟았다는 사실을 증거로써 제시하고 있다.13)

코헨(Ariel Cohen)은 러시아 지도자들이 외교정책을 도구로 사용하여 국내 지지를 뒷받침하려 하고 민주적 정통성이 악화할 때 적들의 위협에 둘러싸여 있다는 인식을 조장한다고 주장한다.14) 이러한 관점을 지지하는 사람들은 취약한 국내 상황에 직면하여 이를 두려워한 푸틴 정권이 민족주의(nationalism)를 부추겨 일반 대중의 지지를 모으기 위해 우크라이나 전쟁을 일으켰다고 주장한다.15)

4) 독재 권력의 불안

국가 수준에 기반하여 우크라이나 전쟁을 설명하려는 또 다른 이론은 독재 불안

---

putin-sees-ukrainian-democracy-threat-undermines-russias-mission. Accessed July 21, 2024.

13) Aleksandar Matovski, "How Putin's Regime Survivalism Drives Russian Aggression," *The Washington Quarterly*, Vol. 46, No. 2 (2023), pp. 7-25.

14) Ariel Cohen, "Domestic Factors Driving Russia's Foreign Policy, The Heritage Foundation, November 19, 2007. https://www.heritage.org/europe/report/domestic-factors-driving-russias-foreign-policy. Accessed July 22, 2024.

15) Dylan Gerstel, "Motivations of the Kremlin: The Crimean Annexation as a Diversionary Conflict." *Swarthmore International Relations Journal*, Issue 1 (2016), pp. 31-36.

전성 이론(theory of autocratic insecurity)이다. 이 이론에 따르면 권력의 생존과 정통성 면에서 취약한 권위주의 독재 정권은 권력 유지 방편의 하나로 국가의 생존을 위협하지 않는 이슈(non-security issue)를 국가의 생존을 위협하는 문제이기 때문에 즉각적인 주의와 비상조치를 취해야만 하는 치명적인 안보 이슈(security issue)로 규정하고 이를 내세워 위협을 예방하는 데 필요한 모든 수단을 사용할 권리가 있다고 주장하고 행동에 옮긴다는 것이다.

이 이론에 따르면 푸틴의 권위주의적 독재 정권은 권력의 장악을 확대하고 정치적 위협을 제거하여 정권의 생존과 정통성을 얻기 위한 전략의 하나로 우크라이나의 문제를 러시아의 생존을 위협하는 안보 이슈로 규정하여 우크라이나 침략을 단행한 것으로 바라본다.

구체적으로 푸틴 정권은 2022년 침공 바로 직전까지 우크라이나의 돈바스 지역에서 러시아계 주민을 상대로 집단 학살이 자행되고 있다는 거짓 주장과 더불어 이들의 보호를 전쟁의 명분을 쌓은 후(이러한 명분으로 러시아 국내에서 전쟁을 정당화하기가 쉬웠다) 이 전쟁을 승리로 이끌지 못하면 러시아는 존재하지 않고 분열될 것이라 반복함으로써 러시아계 주민의 보호를 러시아의 생존을 다투는 문제로 둔갑을 시켰다.[16]

이러한 관점은 우크라이나 침공이 자신들이 거짓 이슈를 만들어 놓고 이러한 문제에 대해 타협적인 태도를 보이거나 약한 자세를 보이지 않고 단호한 모습을 보임으로써 불안정한 정권의 생존과 정당성을 확보하려는 행동의 결과라고 본다. 즉 푸틴은 국제무대에서 러시아를 정당한 위치로 이끄는 지도자로서의 지위를 보장받기 위해 전쟁을 도구로 활용했다는 것이다.

3. 국가 간 수준[17]

국가 간 수준은 러시아와 우크라이나 간의 과거의 상호작용을 통한 양자 관계에 초점을 맞추어 전쟁의 원인을 분석하려고 한다.[18] 러시아와 우크라이나의 과거 관계

---

16) Steven Pifer, "Russia, Ukraine and Existential War," The Freeman Spogli Institute for International Studies, Stanford University. March 6, 2023. https://fsi.stanford.edu/news/russia-ukraine-and-existential-war. Accessed July 18, 2024.

17) Rokibul Islam Shuvo, "Russia-Ukraine War: A Levels of Analysis Approach in International Relations," *Medium,* June 23, 2024. https://shuvor2.medium.com/russia-ukraine-war-a-levels-of-analysis-approach-in-international-relations-036c807f4517. Accessed July 10, 2024.

18) 일부 학자들은 개인 · 국가 · 체제 수준의 분석 외에도 국가 간 수준의 분석(interstate level of analysis)

의 역사는 길고 복잡하며 통일과 갈등의 시기로 특징지어져 우크라이나 전쟁의 원인에 상당한 영향을 미쳤다고 본다.

초기의 역사를 살펴보면 양국의 뿌리는 러시아와 우크라이나의 역사적 · 문화적 기반으로 여겨지는 중세 키예프 루스(Kievan Rus)로 거슬러 올라간다. 키예프 루스는 중세 국가로서 오늘날의 우크라이나 · 러시아 · 벨라루스 일부 지역을 구성요소로 하다가 몽골의 침략으로 오늘날의 세 국가로 분리되었다.

이러한 공유 유산은 러시아 지도자들이 우크라이나에 대한 긴밀한 관계 또는 심지어 통제를 정당화하기 위해 자주 인용되었다. 예컨대 러시아의 푸틴은 우크라이나 전면 침공 직전의 대국민 연설에서 우크라이나는 항상 러시아의 일부였다고 주장한 바 있다.[19]

러시아 제국과 소련 시대에 걸쳐 수 세기 동안 우크라이나는 러시아 제국을 포함한 다양한 세력에 의해 자주 분열되고 지배되었으며 20세기에 우크라이나는 소련 통치하에 큰 고통을 겪었다. 특히 1930년대에 수백만 명의 우크라이나인들이 기근으로 죽은 홀로도모르 동안 그러했으며 이것이 우크라이나의 깊은 원한의 뿌리가 되었다.

1991년 소련이 붕괴한 후 우크라이나는 독립을 선언했고 러시아와 서방 간의 관계를 균형 있게 유지하려고 했다. 그러나 2013년 말에 우크라이나 현대사에 큰 획을 긋는 「유로마이단 봉기(Euromaidan Uprising)」라는 시민혁명 일어나 「우크라이나는 유럽이다」는 구호와 함께 러시아의 영향력으로부터 독립하고 민주주의를 향한 투쟁을 시작하여 친러 정부를 무너뜨리기에 이르렀다. 이에 대응하여 러시아는 2014년 크름반도를 합병하고 우크라이나 동부에서 일어난 분리주의 운동을 지원하면서 긴장이 상당히 고조되었다.

이러한 국가 간 분석수준의 관점에서 보아 2022년 러시아의 본격적인 침공으로 시작되어 현재 진행 중인 전쟁은 양국 간의 이러한 역사적 긴장에 깊이 뿌리를 두고 있다. 러시아의 행동은 러시아가 여전히 정당한 영향력을 행사할 수 있는 영역으로 인식하고 있으나 주권을 강화하고 서방 국가들과 더불어 서방의 민주적인 국제제도와 더 긴밀히 협력하고자 하는 우크라이나에 대한 영향력을 재확립하려는 욕망으로 주도되었다.[20] 이처럼 양국 관계의 역사적 맥락을 이해하면 현재 갈등의 뿌리 깊은

도 고려한다. 이 수준은 동맹 · 지역 기구 · 연합(alliance)과 같은 국가 그룹 간의 상호작용에 초점을 맞춘다. 이러한 국가 간 관계가 개별 국가의 행동에 어떻게 영향을 미치는지 이해하는 데 도움이 된다.

19) 우크라이나 사람도 러시아 사람과 함께 키예프 루스를 구성하고 있었으나 러시아와는 구성 민족도 달랐고 독자적 종교도 가지고 있는 독립된 민족이었다는 것이 정설이다.

20) Gerard Toal, *Near Abroad: Putin, the West, and the Contest over Ukraine and the Caucasus* (Oxford: Oxford University Press, 2017).

문제와 동기를 이해하는 데 도움이 된다.

4. 국제체제 수준

국제체제 수준의 이론이란 국가 외부의 변수인 국제체제의 특징을 가지고 국제적인 결과(때때로 국가의 행위)를 설명하고자 하는 이론이다. 여기에서는 국제체제의 특징을 무정부 상태와 권력의 배분으로 보는 신현실주의 이론(방어적 현실주의 이론과 공격적 현실주의 이론)과 상호의존과 국제제도화의 정도를 국제체제의 특징으로 바라보는 자유주의 이론(상호의존론과 신자유주의적 제도주의 이론)이 우크라이나 전쟁의 원인을 어떻게 설명하는가를 살펴보고자 한다.

1) 신현실주의 이론

신현실주의 이론은 기본적으로 국제체제의 특징을 규칙을 강제하고 분쟁을 중재할 공권력을 가진 중앙기관이 부재한 무정부 상태로 본다. 이러한 특징을 바탕으로 다음과 같은 논리를 통해 국가 간 협력의 어려움과 전쟁 가능성을 높이 본다.

무정부성의 특징으로 인해 국가들은 자신의 권력으로 자국의 안보와 이익을 확보해야 한다는 자력구제(self-help)를 행동의 기본원칙으로 따르게 된다. 그 결과 국가들은 잠재적 갈등에 대비하여 자국의 안보를 지키고 이익을 확보하기 위해 권력을 추구하게 된다. 이러한 방어적 조치를 위협으로 인식한 타국은 이에 대응하여 권력을 추구하면서 방어적 조치로 권력을 추구한 국가의 안보가 오히려 더 위태로워지는 역설인 안보딜레마(security dilemma)에 빠지게 된다.

이러한 안보딜레마는 국가들을 권력 투쟁(struggle for power)의 대열에 서게 하면서 국제사회는 권력을 통제하는 기제가 없는 가운데 군비경쟁에서 벗어나지 못하게 된다. 이러한 안보딜레마와 권력 투쟁은 긴장과 불신의 순환을 가져와 갈등과 분쟁을 유발하기 쉽고 이러한 갈등과 분쟁을 조정 등의 수단을 통해 해결할 수 있는 강제력을 가진 기제의 부재로 전쟁으로 이어지기 쉽다.

이러한 신현실주의 이론(특히 공격적 현실주의)은 러시아의 우크라이나 침공에 대해 중요한 통찰력을 제공하는 한편 가장 논란의 중심에 서 있다. 여기에서는 신현실주의 이론을 방어적 현실주의와 공격적 현실주의로 구분하여 살펴보고자 한다.

이러한 신현실주의 이론은 러시아의 우크라이나 침공에 대해 귀중한 통찰력을 제공하나 러시아와 우크라이나 전쟁의 복잡한 역학을 완전히 이해하려면 다른 관점도 종합적으로 고려하는 것이 필요하다.

(1) 방어적 현실주의

왈츠를 중심으로 하는 방어적 현실주의는 국제체제의 무정부성이 국가들을 자국의 안보를 위해 방어적이고 온건하고 절제하는 현상 유지 정책(status quo policy)을 유지하도록 고무한다고 주장한다. 즉 국가는 자국의 안보를 유지하기 위해 기존의 세력균형을 유지하는 것을 목표로 하게 된다고 주장한다.

이는 침략·확장·정복 등을 통해 공격적으로 권력의 극대화를 추구하여 기존의 세력균형을 무너뜨리면 무너진 세력균형을 복원하려는 국가들의 단합을 가져와 자국의 안보를 오히려 위태롭게 만든다고 보기 때문이다. 간단히 말해 방어적 현실주의자들은 국가가 권력의 극대화(power maximization)가 아닌 안보의 극대화(security maximization)를 추구하고 기존의 권력 배분을 유지하려 함으로 본질적으로 공격적이지 않고 방어적이라고 본다.

이러한 관점에서 방어적 현실주의는 러시아의 우크라이나 침공을 서방의 NATO 확장으로 인해 무너진 세력균형을 복원하려는 러시아의 시도로 설명하고자 한다. 즉 러시아의 우크라이나 침공은 서구의 NATO 확대되면서 세력균형이 파괴되면서 자국에 가해진 안보 위협에 방어적으로 대응한 결과물이라고 본다.

(2) 공격적 현실주의

미어샤이머를 중심으로 하는 공격적 현실주의는 방어적 현실주의와는 대조적으로 국제체제의 무정부성으로 인해 국가들은 확실한 생존을 달성하기 위해 패권국(지역 패권국)으로의 등극을 궁극적인 목표로 두고 권력을 극대화하기 위해 침략·확장·정복 등의 공격적인 행동을 마다하지 않는다고 주장한다. 즉 국가들(특히 강대국들)은 본질적으로 공격적이고 확장적이라고 규정한다.[21)]

이러한 이론의 기본 논리를 러시아의 우크라이나 침공에 그대로 적용하면 이러한 침공은 러시아에 가해진 안보 위협에 방어적으로 대응한 것이라고 보는 방어적 현실주의의 주장과는 달리 러시아가 패권(지역 패권)의 수립을 궁극적인 목표로 하면서 권력의 극대화를 위한 절호의 기회를 포착하여 취한 공격적인 전략의 결과물이다.[22)]

즉 공격적 현실주의는 국가(특히 강대국)가 생존하기 위해 권력을 끊임없이 극대화하려 한다고 가정하고 있어 러시아의 침공은 지역 패권에 대한 궁극적인 목표를

---

21) John J. Mearsheimer, *Tragedy of great Power Politics* (Norton: W. W. & Company, Inc, 2001).
22) 소련 붕괴 후 러시아는 대략 2008년 전후까지 공격적 행동을 취할 만큼 힘이 없었다고 본다.

실현하기 위해 NATO의 확장을 저지하고 이 지역에서의 영향력을 확보하고 하기 위한 적극적이고 공격적인 행동이라고 보아야 한다.

그러나 미어샤이머는 이러한 이론의 핵심 논리와는 달리 러시아의 2008년의 조지아 침공 · 2014년 우크라이나 크름반도의 강제 병합 · 2022년 우크라이나 침공을 NATO의 동쪽으로의 지속적인 확장과 조지아와 우크라이나와 같은 국가에 당장은 아니나 추후 NATO에 가입할 문을 열어두어 쓸데없이 러시아의 안보딜레마를 촉발한 결과물로 보고 이러한 전쟁의 주된 책임이 NATO의 확장을 주도한 미국에 있다고 주장한다.23)

즉 미어샤이머에 따르면 러시아의 우크라이나 침공은 우크라이나가 동쪽으로 확장 중인 NATO에 결국 가입하여 러시아가 면하고 있는 국경에서 서방의 보루가 되면 이 지역에서 서방 세력의 확대로 세력균형이 무너질 것을 우려하여 이를 방지하기 위해 러시아가 취한 방어적 조치의 결과이기 때문에 미국은 전쟁을 유발한 주된 책임을 져야 한다. 이러한 전쟁의 원인진단과 책임 소재에 관한 미어샤이머의 주장은 다양한 관점에서 비판의 대상이 되어 오고 있다. 그 가운데 가장 핵심적인 비판은 다음과 같다.

다시 미어샤이머의 공격적 현실주의 논리로 들어가면 전 지구적 패권국의 등장이 불가능한 가운데 미국처럼 현대 역사에서 유일하게 지역 패권국의 지위에 오른 국가는 더 이상 공격적으로 권력의 극대화를 취하지 않고 다른 지역에 지역 패권국이 등장을 막기 위해 역외 균형자로서 세력균형 정책을 펴게 된다. 이러한 논리를 그대로 적용하면 미국이 NATO의 확장을 주도한 것은 유라시아 지역에서 러시아의 지역 패권국 등장을 막기 위한 세력균형 조치로 이해해야 한다.

그러나 미어샤이머는 이러한 세력균형을 통해 러시아의 지역 패권을 막기 위한 미국의 조치에 대해 비판을 가함으로써 미국을 일방적으로 세력균형을 타파하는 수정주의 국가(revisionist state)로 인식한다. 그리고 이와는 반대로 러시아의 우크라이

---

23) John J. Mearsheimer, "Why The Ukraine Crisis is The West's Fault: The Liberal Delusions That Provoked Putin," *Foreign Affairs,* Vol. 93, No. 5 (2014), p. 1; John J, Mearsheimer, "The Causes and Consequences of the Ukraine War," Belfer Center for Science and Interantional Affairs, June 23, 2022. https://www.russiamatters.org/analysis/causes-and-consequences-ukraine-war. Accessed July 24, 2024. 실제로 미어샤이머는 이러한 전쟁의 원인을 근본 원인(deep cause)과 촉발 원인들(precipitating causes)로 구분하고 있다. 근본 원인이란 이미 언급했듯이 NATO의 지속적인 동진 · 확장정책이며 촉발 원인이란 러시아 민족주의 · 푸틴의 수정주의적 세계관 · 우크라이나의 국내 정치와 같은 요인을 의미한다. 비록 그가 미국의 책임을 강조하나 촉발 요인에서 보듯이 전쟁의 원인에 러시아의 책임이 포함되어 있다. 또한 그가 미국의 책임을 강조하나 이는 미국이 이러한 정책을 주도한 행위자란 의미에서의 책임을 의미하며 실제로 그는 서유럽 동맹국들도 부분적이지만 책임을 공유한다고 본다.

나 침공을 NATO의 확장에 의한 위협에 대응한 러시아의 방어적·수동적 조치로 인식함으로써 러시아를 냉전 종식 이후 수립된 현상의 유지를 도모하는 현상 유지 국가(status quo state)로 인식한다.24) 이러한 현실 진단은 공격적 현실주의 주장의 일관성을 잃게 하는 것으로 볼 수 있다.

만약 미국의 노력이 세력균형을 넘어 서구 측에 유리한 세력균형을 위한 공격적인 조치였다고 가정을 하더라도 이를 자제했어야 한다는 것은 방어적 현실주의의 주장과 일맥상통하는 것으로서 이 역시 공격적 현실주의 이론의 일관성을 잃은 것으로 볼 수 있다. 간단히 말해 미어샤이머의 현실 진단은 단순한 방어를 넘어선 제국적 야망에 의해 추동된 공격적인 것으로 보아야 한다.

이러한 주장의 타당성을 보여주는 증거의 하나는 러시아가 지역 패권국으로 다시 부상하려는 욕망을 예상하고 위협을 느껴온 동유럽국가들이 서둘러 NATO에 가입한 시점이 소련 붕괴로 권력이 쇠퇴한 러시아가 공격적인 행동을 취할 만큼 강력해졌을 때라는 점이다. 따라서 NATO의 확장에 대한 책임을 서방에 물어서는 안 된다는 주장도 주목해야 하는데 이는 미어샤이머의 주장은 러시아의 제국적 욕망을 정당화하는 것이기 때문이다.

미어샤이머가 전쟁 원인의 진단과 책임 소재에 대해 제시한 견해뿐 아니라 해결책으로 러시아와의 타협안을 제시한 것을 두고도 많은 반대가 제기되어 오고 있다. 우크라이나 전쟁의 본질적 원인은 지역 패권을 장악하려는 러시아의 야망이므로 러시아의 입장을 수용하여 타협한다고 해서 전쟁의 대상이 우크라이나 한 국가로서 끝날 문제가 아니라는 것이다.

2) 자유주의 이론

국제체제의 무정부성이 주는 안보딜레마로 인해 국가 간 전쟁을 국제정치의 불가피한 현상으로 이해하는 현실주의 이론과 대조적으로 자유주의 이론은 국제체제가 무정부성에도 불구하고 상호의존(특히 경제적 상호의존)과 국제제도(국제기구와 국제레짐)가 안보딜레마를 완화함으로써 전쟁을 피할 수 있게 할 뿐 아니라 협력을 가능하게 한다고 주장한다.

이러한 자유주의 이론을 상호의존론과 신자유주의적 제도주의 이론으로 구분하

---

24) Richard Sakwa, *Frontline Ukraine* (London: I. B. Tauris. 2016), p. 117; Michael O. Slobodchikoff, "Challenging Us Hegemony: The Ukrainian Crisis and Russian Regional Order," *Soviet and Post Soviet Review,* Vol. 44, No. 1 (2017). pp. 76–95.

여 살펴보고자 하나 두 이론 모두 무정부 상태와 권력투쟁을 강조하는 현실주의적 관점에서 벗어나 국제관계를 형성하는 데 있어 상호 의존과 국제제도의 중요성을 강조한다. 즉 두 이론 모두 국가 간 협력을 촉진하는 데 있어 상호연계성(interconnectedness)과 국제제도의 역할을 강조한다.25)

차이가 있다면 상호의존 이론은 국가 간 상호의존뿐만 아니라 국가 이외에 비정부기구(NGO)와 같은 비국가적 행위자까지를 포함한 다양한 행위자의 복잡한 상호의존(complex interdependence)에 광범위하게 초점을 맞추는 데 반해 신자유주의적 제도주의 이론은 국가만을 주요한 행위자로 바라보면서 이러한 국가 간의 상호의존의 관리에 있어서 국제제도의 역할을 특히 강조한다.

이러한 상호의존과 국제제도의 효과성에 대해서는 여전히 논쟁의 대상이 되어오고 있다. 이러한 자유주의 이론이 러시아 침공의 원인에 대해 어떤 분석을 제시하고 있는가를 살펴보고자 한다.

(1) 상호의존론

자유주의 국제정치 이론인 상호의존론은 경제적 상호의존의 정도와 갈등 사이의 상관관계를 강조한다. 상관관계란 경제적 상호의존 관계에 있는 쌍방 사이에 갈등이 발생하면 무역·투자·금융 등의 흐름이 훼손되면서 쌍방 모두의 경제 복지에 해를 미쳐 큰 대가를 치러야 하므로 상대방을 향한 무력 사용을 자제하게 된다는 것을 의미한다.

요약하자면 경제적 상호의존의 존재가 무력 갈등 개입의 효용을 감소시키고 국가 간 협력의 향상에 도움이 되는 환경을 조성한다고 본다. 따라서 상호의존론은 국가 간 갈등과 전쟁 가능성을 줄이기 위해서는 무역 협정·합작 투자·경제 동맹 등을 통해 상호의존을 심화시키는 것이 필요하다고 본다.

그러나 이러한 상호의존론의 주장이 보편적으로 수용되는 것은 아니다. 이러한 한계를 보여주는 대표적인 사례로서 제1차세계대전이 종종 언급된다. 이 당시 유럽 강대국 간의 상당한 정도의 경제적 상호의존에 존재했으나 정치적 이념·민족주의·군국주의·동맹체제 등의 다양한 요인으로 인해 전쟁의 발발을 피할 수 없었다.

이러한 상호의존론을 러시아에 적용하는 경우 러시아의 침략 행동을 적절하게

---

25) 상호의존론은 협력·조정·문제해결의 틀을 제공하여 상호의존성을 관리하는 데 도움이 되는 국제레짐(international regime)이라는 용어를 사용했고 후일 이것이 신자유주의적 제도주의 이론으로 발전되었다. 이러한 상호의존론은 나이(Joseph S. Nye, Jr.)와 코헤인(Robert O. Keohane)이 함께 시작한 이론인데 이것이 기초가 되어 나중에 코헤인의 신자유주의적 제도주의 이론이 등장했다.

설명하는 데 적합하지 않음이 입증된다. 이는 러시아가 자국과 유럽연합(EU) 간의 지배적인 경제적 상호의존성에도 불구하고 우크라이나에 군사적 개입을 감행함으로써 자국의 정치적 목적을 경제적 목적보다 우선시하고 있음을 보여주었기 때문이다.[26] 이를 구체적으로 설명하면 다음과 같다.

실제로 2014년 러시아의 크름반도 강제 병합 이전에 러시아와 EU 국가 간의 경제적 상호의존성이 상당히 컸다. 러시아와 EU 국가들 사이의 경제적 상호의존성은 우크라이나 전쟁 이전에 특히 에너지 부문에서 실제로 중요했다. EU 국가들은 원유의 약 27%·천연가스 수입의 41%를 러시아에서 조달하는 등 에너지 수요를 러시아에 크게 의존하고 있었다. 이러한 상호의존성은 양측이 경제적으로 이익을 얻는 복잡한 관계를 형성했다.[27]

무역 부문에서 러시아와 EU 국가들은 긴밀한 무역 관계를 유지했다. EU 국가들은 러시아의 최대 무역 상대였으며 러시아 수출과 수입의 상당 부분을 차지했고 러시아는 특히 에너지·원자재·기계와 같은 분야에서 EU 국가들의 주요 무역 상대 중 하나였다.[28] 투자 부문에서 러시아와 EU 국가 간에 상당한 투자 흐름이 있었다. 유럽 기업들은 특히 에너지 부문에서 러시아에 상당한 투자를 했고 유럽에 대한 러시아의 투자도 주목할 만했다.

이처럼 상호의존의 정도가 상당히 높았음에도 불구하고 전쟁을 막을 요인으로 작동하지 않아 정치적·전략적 요인에 의해 전쟁이 발발했다고 주장하면서 신자유주의적 제도주의 주장을 수용하지 않는 입장이 있는가 하면 상호의존의 정도가 낮거나 상호의존의 정도가 상당히 높았으나 여전히 충분치 않아 다른 요인이 작동할 여지를 주어 전쟁을 막을 수 없었다면서 여전히 상호의존론의 주장을 수용하려는 입장도 존재한다.

상호의존론에 대한 비판 중 하나는 전쟁을 포함한 갈등을 예방하는 데 필요한 상호의존의 정도에 대한 모호성이다. 이 이론은 경제적·사회적·정치적 상호의존 수

---

26) Charles Berebon, "Analysing the Russia–Ukraine Conflict from Liberal and Realist Perspectives," *GNOSI: An Interdisciplinary Journal of Human Theory and Praxis*, Vol. 6, Issue 2 (July–December, 2023), pp. 90–91, 96.

27) Industry Services Team of Oxford Economics, "The Russia–Ukraine War: Three Key Dependencies Affecting European Industry" Oxford Economics, May 17, 2022. https://www.oxfordeconomics.com/resource/the-russia-ukraine-war-three-key-dependencies-affecting-european-industry/. Accessed August 4, 2024.

28) Györgyi Mácsai, "GLOBALSTAT," European Parliamentary Research Service, European Parliament, https://www.europarl.europa.eu/RegData/etudes/ATAG/2016/582044/EPRS_ATA%282016%29582044_EN.pdf. Accessed August 8, 2024.

준이 높을수록 전쟁 비용을 증가시키고 협력을 촉진하여 갈등 가능성을 줄일 수 있다고 제안하나 평화를 보장하는 명확한 한계나 상호의존의 정도를 명시하지 않는다.

이러한 불확실성으로 인해 이 이론을 실제 정책 결정과 국제 관계에 적용하기가 어렵다. 또한 갈등을 억제하기에 상호의존이 얼마나 충분한지, 그리고 정치적 안정과 상호 신뢰와 같은 다른 요소가 똑같이 중요한 역할을 하는지에 대한 논쟁의 여지가 적지 않다.

상호의존론의 창시자 중 한 사람인 나이(Joseph S. Nye, Jr.)는 우크라이나 전쟁에 대해 나름의 분석을 제시하고 있다. 그는 전쟁의 원인을 근본 원인(deep cause) · 중간 원인(intermediate cause) · 직접적인 원인(immediate cause)을 구분하여 전쟁을 어느 하나가 아닌 복합적인 원인인 일련의 잘못된 정책의 선택에 기인한 것으로 보고자 한다.[29)]

나이는 냉전 종식과 소련 붕괴 이후 서구 국가들이 러시아를 적절하게 지원하지 못한 것을 내재해 있는 근본적 원인으로 보는 한편 민주주의적 국제제도인 NATO가 우크라이나의 회원국 가입을 고려하기로 2008년에 결정을 내려 러시아가 실존적 위협으로 인식한 것을 중간 원인으로 본다.

직접적인 원인은 러시아 대통령 푸틴이 빠르게 승리할 것이라는 오산(miscalculation)하에 내린 우크라이나 침공 결정과 더불어 우크라이나를 합법적인 독립 국가가 아니라는 인식 · 우크라이나가 2014년 유로마이단 봉기(Euromaidan Uprising)로 친러시아 정부를 몰아내고 유럽연합(EU)과 무역 관계를 심화시킨 것 · 표트르 대제가 수많은 전쟁과 더불어 광대한 영토 확장을 통해 탄생시킨 러시아 제국 복원에 대한 푸틴의 야망이라고 본다.

(2) 신자유주의적 제도주의 의론

신자유주의적 제도주의 이론은 무정부 상태에서도 국제제도(국제기구와 국제레짐)가 협력을 촉진하고 갈등을 관리하며 평화적 해결을 위한 기능을 수행함으로써 국제사회의 평화와 안정에 기여한다고 본다.

구체적으로 신자유주의적 제도주의 이론에 따르면 국제제도는 수용될 수 있는 행동에 대한 공유된 기준인 규범과 규칙을 제공하여 공유된 기대를 촉진함으로써 불확실성을 줄여 안정성을 강화하고 모니터링을 통해 규범과 규칙을 준수하도록 함으

29) Joseph S. Nye, Jr., "What Caused the Ukraine War?" Project Syndicate, Oct. 4, 2022, https://www.project-syndicate.org/commentary/what-caused-russia-ukraine-war-by-joseph-s-nye-2022-10. Accessed August 11, 2024.

로써 갈등의 가능성을 줄인다.

국제제도는 또한 적대적인 국가 간에 대화를 통해 신뢰와 확신을 구축할 뿐 아니라 협상이나 중재 등을 통해 갈등과 분쟁을 평화적으로 해결할 수 있는 플랫폼을 제공하여 안보딜레마를 완화함으로써 갈등과 분쟁이 상호 간의 불신으로 인해 본격적인 전쟁으로 확대되는 것을 방지한다.

그러나 신자유주의적 제도주의 이론이 주장하는 이러한 국제제도의 효과성은 지속해서 회의와 비판의 대상이 되어 오고 있으며 비판과 회의의 중심에 서 있는 대표적인 이론이 현실주의 이론이다.[30] 이러한 신자유주의적 제도주의 이론의 한계를 보여주는 예의 하나가 우크라이나 전쟁이다.

우크라이나 전쟁의 원인에 대해 신자유주의적 제도주의 이론가들이 직접 저서나 논문을 통해 체계적으로 밝힌 경우를 찾아보기 어렵다. 또한 이들은 다양한 이론들과 신현실주의 이론이 우크라이나 전쟁의 원인을 둘러싸고 벌이는 격렬한 논쟁에도 가담하고 있지 않다. 따라서 신자유주의적 제도주의 이론가가 아닌 다른 이론가들이 신자유주의적 제도주의 이론의 관점에서 추정한 원인에 대한 분석을 중심으로 살펴보고자 한다.

신자유주의적 제도주의 이론은 근본적으로 러시아를 정치적 자유주의·경제적 자유주의·자유주의적 국제주의에 기반을 두고 국제제도의 규범을 존중하는 질서인 서구의 자유주의적 국제질서에 통합하지 못한 것을 그 원인으로 본다.[31]

이러한 자유주의적 국제질서는 구체적으로 유엔·세계무역기구(WTO)·국제통화기금(IMF)과 같은 국제기구를 통해 국제협력을 촉진하고 인간의 평등·자유·법의 지배·인권을 강조하며 경제적 자유주의와 자유무역을 중심적인 구성요소로 하고 국가 간의 안보 협력을 촉진하며 자유민주주의의 확산과 공고화를 지지하는 질서이다.[32]

국제제도의 역할을 강조하는 신자유주의적 제도주의 이론은 우크라이나 전쟁의 발발을 가져온 더욱 직접적인 원인을 효과적이고 강력한 국제제도의 부재에서 찾으

---

30) 현실주의 이론의 주장을 꼭 따르지 않더라도 왜 국제제도가 강력하고 효과적이지 못할까에 대한 생각을 해봐야 할 것이다.

31) Martin Horton-Eddison, “Does Neorealism or Neoliberalism Provide a More Convincing Explanation of Russia’s Invasion of Ukraine?” https://www.academia.edu/13031282/Does_Neorealism_or_Neoliberalism_provide_a_more_convincing_explanation_of_Russias_invasion_of_Ukraine?auto=download. Accessed August 2, 2024.

32) NATO는 대화와 신뢰 구축을 위해 러시아를 NATO에 비회원국국으로 참여를 시켜왔다. 이러한 군사적인 협력을 통해 러시아를 더 넓은 유럽의 정치와 경제 시스템에 통합하여 시장 경제와 민주주의로의 전환을 지원하고자 했다.

면서 유엔과 유럽안보협력기구(OSCE)와 같은 국제기구가 효과적이고 강력하게 갈등을 중재하고 예방할 수 없는 무능력과 취약성으로 인해 전쟁이 발발했다고 본다.33)

이처럼 신자유주의적 제도주의 이론가들은 효과적이고 강력한 국제제도가 대화를 촉진하고 오해를 줄여 잠재적으로 긴장을 완화할 수 있었다고 주장한다.34) 신자유주의적 제도주의 이론의 맥락에서 효과적이고 강력한 국제제도가 없다는 것이 구체적으로 무엇을 의미하는가를 살펴보면 다음과 같다.

이는 우선 국가 간 갈등을 중재 등을 통해 평화적으로 해결할 강력한 기제의 부족을 의미하며 이의 부재는 강한 국가가 약한 국가를 지배하도록 하고 갈등이 폭력으로 확대될 가능성을 높인다.

둘째, 국제법과 같은 국제 규칙을 준수하도록 하는 강력한 집행력을 지닌 기제의 부재를 의미하며 이러한 부재는 국가의 국제 규칙 위반을 쉽게 용인하여 전쟁을 촉발하기 쉽다.

셋째 이는 대화와 협상을 위한 플랫폼을 제공하여 좀 더 나은 의사소통과 신뢰 구축을 통해 협력을 촉진할 수 있는 기제의 부재를 의미하며 이러한 부재는 국가의 불신과 더불어 일방적인 행동으로 이어질 가능성을 높인다. 이러한 국제제도의 취약함이 우크라이나 전쟁을 가져온 주된 원인이라는 지적이다.

위에서 좀 더 나은 의사소통과 신뢰 구축을 통해 협력을 촉진할 수 있는 기제의 부재를 전쟁의 원인 하나로 언급했는데 이런 기제가 엄연히 존재했음에도 불구하고 전쟁이 발발했다는 사실을 살펴보고자 한다.

신자유주의적 제도주의 이론은 국가들이 일방적 행동이나 대립적인 전략보다는 협력과 파트너십을 통해 공통의 안보적 도전과 위협의 해결을 도모하는 협력안보(cooperative security)를 중요시한다. NATO는 이러한 생각을 구체화하여 가입 회원국 이외의 지위를 두어 비회원국은 물론 국제기구들까지도 NATO에 포함하여 전 세계적으로 광범위한 안보 파트너 네트워크를 수립하여 오고 있다.35)

---

33) David L. Sloss and Laura A. Dickinson, "The Russia-Ukraine War and the Seeds of a New Liberal Plurilateral Order," *American Journal of International Law,* Vol. 116, No. 4 (2022), pp. 798-809; Denys Yurchenko, "Russian Strategic Culture and the War in Ukraine," Foreign Policy Research Institute, July 2, 2024. https://www.fpri.org/article/2024/07/russian-strategic-culture-and-the-war-in-ukraine/. Accessed July 6, 2024.

34) 앞서 언급했듯이 신자유주의적 제도주의 이론은 강력한 국제제도의 부재와 더불어 상호의존론이 강조하는 경제적 상호의존의 부재가 전쟁의 가능성을 높인다고 본다.

35) 한국은 2006년에 NATO의 정식 회원국 지위가 아닌 파트너 국가의 지위인 접촉국가로 지정되었으며 2012년에는 개별 파트너십 협력 프로그램(IPCP)을 체결하여 협력관계를 더욱 강화했고 이러한 협력관계가 2020년 이후 개별 맞춤형 파트너십 프로그램(ITPP)으로 전환되었다. 2024년에는 한국 정부가 인

이러한 맥락에서 냉전 종식 후 NATO는 꾸준히 러시아와 파트너십을 상당한 수준으로 발전시켜 나갔다. 냉전 시대 소련과 적대적 관계를 유지해 왔던 NATO는 소련 붕괴 후 런던선언을 발표해 과거의 적대적 전략을 수정하여 1991년과 1994년에 각각 러시아를 북대서양협력이사회와 평화를 위한 파트너십 프로그램에 가입하도록 했다. 2002년에는 안보 문제와 공동 프로젝트에 대한 파트너십을 구축하기 위해 공동 의사결정 기구인 NATO-러시아 이사회(NRC)를 설립하기에 이르렀다.

이러한 관계가 2008년 러시아-조지아 전쟁 이후 악화하기 시작하여 2014년 러시아의 크름반도 강제 합병으로 NATO가 러시아와의 실질적 협력을 중단하는 결정을 내리면서 더욱 악화했다. 2021년 NATO가 NATO 본부에서 러시아 관리들을 추방하고 이에 대응하여 러시아는 모스크바에 있는 NATO 사무소를 폐쇄했다. 2022년 러시아의 우크라이나 침공으로 NATO-러시아 관계는 1991년 냉전 종식 이후 최저 수준으로 붕괴했다. 2022년에 개최된 NATO 마드리드 정상회담은 러시아를 유럽-대서양 안보에 대한 직접적인 위협으로 선언했고 NATO-러시아 협의회의 해체를 선언했다.

이러한 일련의 과정에서 보듯이 NATO는 유럽의 안정과 안보를 증진하기 위해 러시아를 NATO에 참여시켜 유럽의 안보체제에 통합하고 분쟁 위험을 줄이기를 기대했다. 이러한 기대 속에 NATO는 평화를 위한 파트너십 프로그램과 NATO-러시아 이사회와 같은 대화와 협력을 위한 플랫폼을 제공하여 과거 적이었던 러시아와 신뢰와 투명성을 구축하기 위한 노력을 지속해 왔다.

이러한 대화를 통해 신뢰를 확보하려는 노력에도 불구하고 전쟁을 막을 수 없었다면 전쟁의 원인을 단순히 국제제도의 취약성에서만 찾는 것은 적절하지 않고 다른 원인에서 찾아야 할 것이다.

앞서 상호의존론 부분에서 언급했듯이 나이는 전쟁의 중간 정도 수준의 원인으로서 NATO의 확장과 우크라이나의 가입을 고려하겠다는 결정을 들었다. 나이의 설명에 따르면 NATO가 러시아 군 장교들이 일부 NATO 회의에 참석할 수 있는 NATO-러시아 이사회를 설립까지 했으나 미국 국무장관이 1990년대 초에 러시아 외무장관에게 NATO를 확대하지 않을 것이라고 구두 약속을 하고 이를 번복했다는 것이다.

나이는 NATO가 NATO의 확장과 우크라이나의 가입을 고려하겠다는 결정을 내

증한 국산 항공기의 비행 안전성을 NATO도 인정한다는 것을 의미하는 감항인증 인정서를 체결했다.

려 러시아가 자국의 안보에 대한 위협으로 인식하도록 한 것은 협력적인 수단을 통해 안보 문제를 해결하지 못한 것으로 볼 수 있다는 주장을 제기했다.[36)]

5. 다 수준 분석

신고전적 현실주의는 국제체제 수준의 이론이 러시아의 우크라이나 침공에 대해 거시적인 통찰력을 제공하나 좀 더 깊이 있고 신뢰할 만한 미시적인 설명을 제공하지 못한다는 비판에 기초하여 국제체제 수준의 변수와 더불어 국가나 단위 수준의 매개변수를 적용하여 이러한 전쟁의 원인을 분석하려 한다.

신고전적 현실주의가 신현실주의와 다른 점은 러시아의 우크라이나 침공의 원인을 국제체제의 권력구조와 같은 물질적인 요인만으로는 부족하므로 이러한 요인과 더불어 관념적・심리적・문화적・역사적 요인을 비롯한 비물질적인 요인들을 통합하여 살펴봐야 러시아가 왜 그러한 행동을 취했는지에 대한 보다 포괄적인 이해가 가능하다는 것이다.

신고전적 현실주의는 특히 러시아의 우크라이나 침공의 맥락에서 다음과 같은 매개변수들을 러시아의 외교정책의 결과에 영향을 미치는 중요한 요인으로 포함한다: i) 지도자의 인식・신념체계・성격 ii) 지도자의 리더십 성격 iii) 국가 정체성(국가 구성원들을 하나로 묶는 공유된 소속감・문화・역사・가치) iv) 국가 전략문화(힘의 위협이나 힘의 사용과 관련하여 전략을 수립하는 데 영향을 미치는 특정 국가가 지닌 공유된 가치・생각・태도) v) 국가 이념 vi) 국가구조 vii) 국가와 사회의 관계 viii) 국가 역량(국가가 자원을 동원하고 정책을 시행할 수 있는 능력) ix) 지리적 인접성(안보에 관한 인식을 규정짓는 적대국과의 물리적 거리).

국제체제의 압력과 외교정책을 매개하는 이러한 변수들 가운데 국가 정체성・전략문화・국가 이념・지도자의 인식은 국가 간 관계의 형성에 아이디어・정체성・규범이 미치는 영향을 강조하는 구성주의 국제정치학 이론이 중요시하는 변수들이기도 하다. 이러한 매개변수 가운데 러시아의 우크라이나 침공과 관련하여 빈번하게 언급되는 러시아의 국가 정체성・전략문화・국가의 자원 동원 능력을 살펴보고자 한다.

---

36) Joseph S. Nye, Jr., “What Caused the Ukraine War?” Project Syndicate, Oct. 4, 2022, https://www.project-syndicate.org/commentary/what-caused-russia-ukraine-war-by-joseph-s-nye-2022-10. Accessed August 11, 2024.

1) 국가 정체성

러시아와 우크라이나의 경우에 역사적 · 문화적 · 언어적 유대감이 공유된 정체성과 규범의 형성에 이바지했다. 즉 두 주체 간에 공유된 집단적 정체성(collective identity)을 형성했다. 그러나 소련의 붕괴 후 변화한 우크라이나의 정체성과 변하지 않는 러시아의 정체성의 충돌이 러시아의 우크라이나 침공의 원인이라고 진단한다. 이를 구체적으로 살펴보면 다음과 같다.[37)]

1991년 소련 붕괴 이후 우크라이나는 역사적 · 문화적 · 종교적 유사성과 인적 유대에도 불구하고 러시아의 정체성과 근본적으로 상충하는 국가 정체성을 형성해 나갔다. 즉 우크라이나는 과정이 순탄하지는 않았으나 점차 러시아와 다른 별도의 국가이면서 더 큰 유럽 일부분이라는 국가 정체성을 가지게 되었고 이러한 정체성은 지난 30년의 세월이 지나면서 더욱 강화되면서 러시아에 대한 충성심을 버리고 러시아의 영향력에 더욱 저항하게 되었다.[38)]

그러나 러시아는 여전히 주요 강대국으로서 주변 국가들에 대한 영향력을 가진 국가라는 제국적 정체성(imperial identity)에 머물러 있으면서 우크라이나 국가 정체성의 견고함을 과소평가했다.

이러한 러시아의 제국적 정체성은 깊은 역사적 뿌리를 가지고 있다. 피터 1세 통치 기간에 개혁을 통해 등장한 러시아 제국은 러시아의 정치와 사회의 구조를 크게 바꾸어 세계 무대에서 러시아의 입지를 강화시켰다. 이러한 제국적 유산은 소련 붕괴 후에도 여전히 러시아의 자국에 대한 인식과 지정학적 전망을 계속 형성하고 있다.

그 결과 푸틴을 비롯한 권력 엘리트들의 의사결정은 궁극적으로 소련의 붕괴로 잃어버린 강대국의 지위를 회복하여 자신의 세력권을 거느리는 강대국이 되어야 한다는 제국주의적 야망에 큰 영향을 받아오고 있다.

이러한 양국 간 정체성이 충돌하는 가운데 러시아가 자신의 정체성에 기반하여 우크라이나를 포함한 지역 세력권(regional sphere of influence)의 확보를 위해 필요한 모든 수단을 동원한 것이 바로 우크라이나 침공이다.[39)]

---

37) Clint Reach, Ryan Bauer, Alyssa Demus, and Khrystyna Holynska, "The Limits of Russian Manipulation: National Identity and the Origins of the War in Ukraine," RAND, November 29, 2023. https://www.rand.org/pubs/research_reports/RRA2061-1.html. Accessed August 11, 2024.

38) 우크라이나가 러시아와의 집단적 정체성에서 벗어나 유럽 국가들과의 집단적 정체성을 가지게 되었다고 볼 수 있다.

39) 이러한 관점은 NATO의 확대와 같은 외부 요인들이 러시아의 우크라이나 침공에 대한 행동의 주요 동인이 아니라고 본다.

이러한 관점에서 NATO의 확대와 같은 외부 요인은 우크라이나에 대한 러시아 행동의 주요 동인이 아니었을 것으로 본다. 구소련 이후의 우크라이나는 러시아와 약간의 문화적・역사적 유사성에도 불구하고 러시아가 바라보는 것과는 근본적으로 대립하는 국가 정체성을 형성했는데 러시아는 우크라이나 민족 정체성의 견고성을 크게 잘못 판단한 것으로 보인다.40)

2) 국가 전략문화

전략문화란 해당 사회나 국가가 안보 위협을 인식하고 전략을 수립하며 국제체제 내의 다른 행위자들과 상호작용하는 방식에 영향을 미치는 사회 또는 국가 내에서 공유되는 신념・가치・관행을 말한다.41)

이러한 전략문화는 ⅰ) 과거의 갈등・전쟁・지정학적인 도전 등을 포함한 역사적 경험 ⅱ) 국가 정체성 ⅲ) 지리적 위치와 주변 국가들과의 상호작용을 의미하는 지정학적 환경 ⅳ) 지도자와 의사결정자의 인식과 신념 ⅴ) 국가의 정체성・가치・전략적 행동을 형성하고 반영하는 이야기・신화・역사적 설명을 일컫는 서사(narratives) ⅵ) 교육 등의 역동적인 과정을 통해 생성되며 이렇게 생성된 전략문화는 국가이익을 정의하고 이렇게 정의된 이익이 국가가 위협을 인식하고 위험을 평가하며 전략적 우선순위를 결정하는 방식에 영향을 준다.

괴쯔와 스타운(Elias Götz and Jørgen Staun)은 러시아 전략문화의 두 가지 특징적 요소를 제시하고 있다. 그중 하나는 서방 국가들과의 상호작용과 관련하여 러시아가 인식하는 외부의 공격으로부터의 취약성이다. 이러한 취약성 인식은 다음과 같은 요소에 의해 형성된 것이다. ⅰ) 러시아의 영토적 광대함과 긴 국경으로 인해 전국의 모든 지역을 동시에 방어하기 어렵다는 점 ⅱ) 수 세기 동안 반복된 침략의 경험 ⅲ) 서방에 대한 깊은 불안감(나폴레옹의 프랑스와 나치 독일과의 전쟁과 냉전 시대 미국과의 대치) ⅳ) 서구에 의해 추동된 오렌지 혁명과 같은 외부 위협

이러한 인식된 취약성에 대응하기 위해 러시아는 전략적 깊이(strategic depth)와 완충지대 보유의 중요성을 오랫동안 강조해 왔다.42) 냉전 시대 동유럽의 친소련 국

40) Clint Reach, Ryan Bauer, Alyssa Demus, Khrystyna Holynska, “The Limits of Russian Manipulation: National Identity and the Origins of the War in Ukraine,” RAND, November 29, 2023. https://www.rand.org/pubs/research_reports/RRA2061-1.html. Accessed August 8, 2024.

41) Toby Lauterbach, “Constructivism, Strategic Culture, and the Iraq War,” ASPJ Africa & Francophonie-4th Quarter 2011, https://www.airuniversity.af.edu/Portals/10/ASPJ_French/journals_E/Volume-02_Issue-4/lauterbach_e.pd. Accessed August 9, 2924.

42) 전략적 깊이란 한 국가와 그 국가의 적대국 사이의 물리적 거리를 일컫는다.

가들의 군사 동맹체인 바르샤바조약기구(Warsaw Treaty Organization, WTO)의 회원 국들이 소련과 서방 간 장벽의 역할을 했기 때문에 소련은 아주 방대한 전략적 깊이를 갖고 있었으나 1991년 이후 NATO가 동쪽으로 세력을 확장하여 러시아의 전략적 깊이가 심각하게 축소되어 오고 있었다.

러시아 전략문화의 두 번째 특징적 요소는 강대국 지위를 누릴 자격이 있다는 인식이다. 러시아의 강대국 비전의 핵심 요소는 유라시아 지역에서 특권적 이익인 영향권(sphere of influence)을 가질 권리와 러시아가 강대국이 될 권리에 대한 강한 신념이다.43)

이들은 결론적으로 이러한 전략문화가 러시아에 우크라이나의 서방화(서방으로의 이동)를 자국의 안보 이익과 강대국 지위에 대한 열망 모두에 대한 중대한 위협으로 인식하도록 하고 푸틴에게 대규모 공격을 감행할 수 있는 담론적이고 지적인 서식지를 제공했다고 주장한다.44)

윌트버그(Ivor Wiltenburg)는 러시아 전략문화의 또 다른 요소로 외교정책 목표를 달성하기 위한 군대의 자유로운 이용을 추가하고 있다. 즉 러시아는 군사력의 사용이 합법적인 외교정책 수단이며 강대국만이 그러한 방식으로 행동할 권리가 있다고 믿는다는 것이다. 러시아가 군사력을 사용하려는 의지는 강대국으로서 자신을 내세우는 것과 관련이 있으며 이러한 접근 방식은 국제안보와 경제 조직에 주로 의존하는 서방과 상당히 구별되는 것으로 본다.45)

3) 국가의 자원 동원 능력

국내 요인의 하나로서 자원을 동원할 수 있는 능력이 전쟁의 원인의 하나로 거론되나 여기에 대해서는 이견이 존재한다. 하나의 견해는 러시아가 제국을 부활시키려는 끊임없는 야망이 소련의 붕괴로 인해 2008년 무렵까지 약 20년 동안 주변국을 지배할 능력이 부재했기 때문인데 에너지(석유와 가스) 수출로 인한 경제력이 향상되면서 본격적인 지배에 나섰다는 주장이다.

또 다른 주장은 쇠퇴하는 국가는 위험 회피 경향이 덜해져 국제질서에 매우 실질적인 위협을 가할 수도 있다고 본다. 이러한 주장은 길핀(Robert Gilpin)을 위시하여

---

43) 이러한 특징적 요소는 과거 제국의 복구에 대한 강한 열망이라는 국가 정체성에서 유래된 것으로 볼 수 있다.

44) Elias Götz and Jørgen Staun, "Why Russia attacked Ukraine: Strategic culture and radicalized narrative," *Contemporary Security Policy*, Vol. 43, No. 3 (2022), pp. 482-497.

45) Ivor Wiltenburg, "The Importance of Understanding Russian Strategic Culture," *Atlantisch Perspectief*, Vol. 44, No 1, Special Edition: Putin's Russia, pp. 7-12.

나이(Joseph S. Nye, Jr.) · 브랜즈(Hal Brands) · 키신저(Henry Kissinger) 등이 러시아의 2014년 크름반도 강제 병합이나 2022년 우크라이나 전면 침공을 이러한 맥락에서 설명하고자 한다.46)

제 3 절 결 어

위에서 우크라이나 전쟁의 원인을 개인 수준 · 국가 수준 · 국가 간 수준 · 국제체제 수준의 이론들이 어떻게 분석하는가를 살펴보았다. 이와 더불어 국제체제 수준의 요인을 원인변수로 하고 단위 수준의 요인을 매개변수로 하는 이론의 분석도 살펴보았다. 이를 통해 어떤 분석수준에 속하는 어떤 이론적 시각을 택하는가에 따라 우크라이나 전쟁의 원인에 대한 분석이 크게 달라진다는 것을 알 수 있었다.

1. 단일 수준 분석

이처럼 하나의 특정 분석수준을 통해 원인을 살펴보는 단일 수준 분석이 지니는 장단점을 살펴볼 필요가 있다. 가장 큰 장점이란 수준마다 우크라이나 전쟁의 원인에 대한 고유한 통찰력을 제공한다는 점이다.

둘째, 단일 수준의 요인에 집중함으로써 심층적인 분석을 가능하게 하여 해당 수준에 대한 명확하고 자세한 이해를 제공한다. 예를 들어 개인 수준을 선택하면 푸틴과 같은 주요 지도자들의 행동과 결정에 집중할 수 있다.

셋째, 특정 수준에만 분석을 집중함으로써 복잡성을 줄여 분석을 단순화하고 직접적인 원인과 결과를 더 쉽게 식별할 수 있게 한다. 연구 방법론 면에서 자원 집약적이지 않아 연구를 신속하게 수행할 수 있는 효율성을 지닌다. 따라서 시간과 자원이 제한된 상황에서 유용한 접근법이 된다.

이러한 단일 수준 분석은 다음과 같은 단점을 동반한다. 첫째, 전쟁의 원인에 대한 분석을 하나의 요인으로 지나치게 단순화하여 넓은 맥락(context)을 놓치게 할 수 있다는 점이다. 예를 들어 푸틴이라는 지도자에만 초점을 맞출 경우 그에게 영향을 미치는 국제체제의 압력이나 다양한 국내 요인을 간과할 수 있다. 그 결과 전쟁의 더

46) Harold Edinger, "Offensive Ideas: Structural Realism, Classical Realism and Putin's War on Ukraine," *International Affairs*, Vol. 98, No. 6 (2022), pp. 1879–1881.

넓은 의미와 근본 원인을 이해하기 어려울 수 있다.

둘째, 전쟁은 통상 다양한 수준에 걸쳐 다양한 요인에 의해 영향을 받기 때문에 전쟁에 대한 불완전한 이해를 초래할 수 있으며 선택적으로 한 가지 측면을 지나치게 강조하고 다른 측면은 무시함으로써 편향의 위험이 있다. 예를 들어 전쟁을 나토의 확장 탓으로만 돌리는 것은 러시아의 내부 정치적 역학 관계를 무시하는 것일 수 있다.

셋째, 개개 단일 수준의 요인들은 자신의 분석수준에 고립된 채 작동하는 것이 아니라 자신의 분석수준을 넘어 다른 수준의 요인들과 상호작용을 통해 영향을 주기도 하고 받기도 한다는 점을 간과함으로써 우크라이나 전쟁의 원인과 역동성의 포괄적인 이해를 제약한다.

2. 다수준 분석

다수준 분석의 장점을 살펴보면 우선 개인 수준부터 국제체제 수준에 이르기까지 다양한 수준의 요인들을 고루 살펴봄으로써 복잡하기는 하나 다양한 요인과 관점을 종합함으로써 전쟁의 원인에 대한 좀 더 포괄적이고 세부적인 이해를 가능하게 한다.

둘째, 다수준 분석은 다양한 수준의 서로 다른 요인들이 서로 어떻게 상호작용하고 영향을 미치는지 파악하는 데 도움을 주어 전쟁의 총체적인 그림을 볼 수 있도록 한다. 예컨대 요인 간의 분석수준을 넘는 상호 작용은 러시아의 크름반도 강제 병합 후 서구가 가한 제재라는 요인이 러시아 정부의 야당과 언론에 대한 통제의 강화를 가져왔고 민족주의적인 정서를 결집하여 서방의 침략에 대한 방어로서 우크라이나 전쟁을 정당화하는 데 사용된 것에서도 볼 수 있다.

셋째, 다수준 분석은 다양한 요인들의 상호 연결성을 강조함으로써 정책 입안자들이 더욱 효과적인 전략을 수립하는 데 도움을 준다. 다양한 수준의 근본 원인을 이해하면 정책의 표적을 어디에 두어야 하는 등 체계적이고 포괄적인 정책 대응을 할 수 있기 때문이다. 또한 즉각적인 문제뿐만 아니라 근본적인 원인에도 초점을 맞추도록 함으로써 좀 더 지속 가능한 갈등의 해결책을 찾을 수 있다.

다수준 분석의 단점은 다음과 같다. 우선 다수준 분석 방법을 사용한 연구는 매우 복잡하여 많은 시간과 노력이 소요된다. 이는 서로 다른 수준마다 관련된 많은 자료를 수집하고 종합해야 하기 때문이다.

설사 수준 하나하나마다 관련된 자료를 수집하여 분석할 수 있다고 해도 각 수준의 요인 간 상호 작용을 체계적으로 고려하여 이들을 통합한 이론을 만드는 것은 쉽지 않은 일이다. 실제로 이러한 모든 수준의 요인을 통합하여 일반적으로 수용되는 이론을 아직 존재하지 않는다.

3. 결 론

위에서 단일 수준 분석과 다수준 분석이 지니고 있는 장단점에 대한 논의를 살펴보았다. 이러한 논의를 기초로 우크라이나 전쟁과 같은 갈등의 다면적 본질을 포착하는 데는 주요 리더의 개인적 동기에서 더 광범위한 체계적 요인에 이르기까지 각 수준의 중요한 통찰력을 제공하는 다수준 분석 접근 방식이 더 적합하다는 결론을 먼저 내리고 그 이유를 설명하고자 한다.

이론의 평가에 가장 중요한 기준은 간결성(parsimony)과 설명력(explanatory power)이라고 볼 수 있다. 간결성이란 같은 현상을 원인변수의 수를 달리하면서 설명할 경우 결과적으로 같은 결론에 이른다면 다수의 변수를 통한 복잡한 설명보다 적은 수의 변수를 통해 하는 간단한 설명이 선호된다는 것을 의미한다.[47] 설명력이란 이론이 다루는 현상을 효과적으로 설명하고 예측하는 능력을 말한다.

이 두 기준은 상충관계(tradeoff relations)를 지닌다. 즉 간결성을 지닌 이론은 간단하고 이해하기 쉬우나 설명하려는 현상의 모든 복잡성을 포착하지 못할 수 있으며 반대로 설명력이 큰 이론은 더 많은 변수를 포함할 수 있어 복잡하나 설명이 더 정확할 수 있다는 것이다. 따라서 좋은 이론이란 어느 한 기준에 치우치지 않고 두 기준의 균형을 잡는 이론이다.

다수준 분석은 우크라이나 전쟁의 원인을 설명하기 위해 여러 수준의 요인들을 포함하는 복잡성 때문에 그 속성상 단일 수준 분석보다 간결성이 떨어진다. 이러한 복잡성은 간결성 측면에서 단점으로 보일 수 있으나 우크라이나 전쟁과 같은 복잡한 국제정치 현상을 이해하기 위해서는 간결성의 희생이 필요한 측면이 있다.

설명력의 기준에서 보아 다수준 분석은 다양한 수준의 요인들과 이들 간의 상호작용을 고려하고자 함으로써 탁월하다고 할 수 있다. 즉 우크라이나 전쟁과 같은 복잡한 사건들에 대한 포괄적이고 강력한 설명을 제공한다.

47) 신현실주의 이론의 경우 국제체제의 무정부성과 권력의 배분이라는 요인을 가지고 전쟁을 비롯한 국가 간 관계를 설명한다는 점에서 전형적으로 간결을 지닌 이론으로 분류된다.

다수준 분석은 간결성을 희생시킬 수 있으나 설명력을 상당히 높인다. 이 두 가지 기준 간의 절충점은 연구 목표에 달려 있다. 단순하고 우아한 이론을 개발하는 것이 목적이라면 단일 수준 분석을 선호할 수 있으나 다각적인 문제를 이해하기 위해서는 다수준 분석이 더 적합하다고 할 수 있다.

다수준 분석의 적합성에 대해 논의했으나 국제정치 분야의 경우 다수준 분석을 고려하는 분석 틀(analytical framework)을 개발하려는 노력은 있어 왔으나 다수준 분석을 응집력 있는 하나의 이론으로 통합한 경우는 찾기 힘들다. 이는 국제정치의 행위자와 요인의 복잡성과 다양성으로 인해 다수준 분석을 단일하고 포괄적인 이론에 포함하는 것이 어렵기 때문이다.

앞서 살펴본 신고전적 현실주의 이론이 국제체제 수준의 요인을 원인변수로 하고 국가 수준 혹은 개인 수준의 요인을 매개변수로 하여 개개 국가의 외교정책 등을 설명하고자 한다는 점에서 미흡하나 다수준 분석을 하나의 이론에 통합하고자 하는 작은 시도라고 볼 수 있다.[48]

---

48) 신고전적 현실주의 이론 부분에서 학자들이 현재의 이론을 좀 더 발전시키고자 어떤 노력을 하고 있는가를 설명하고 있다.

제2장

이상주의(Idealism): 1920~1930년대

제 1 절 이상주의의 등장 배경
제 2 절 이상주의의 가정과 핵심 내용
제 3 절 이상주의와 집단안보제도
제 4 절 이상주의에 대한 비판
제 5 절 탈냉전기의 이상주의 적실성

이상주의(Idealism)[1]: 1920~1930년대

제1절 이상주의의 등장 배경

이상주의의 등장에 커다란 영향을 미친 것은 다름 아닌 1차 세계대전이었다. 1차 세계대전은 이제까지 법·특정 사건에 대한 자세한 서술을 특징으로 하는 역사(외교사)·당위에 대한 규범적 주장을 특색으로 하는 철학의 범주 내에서 연구되어 온 국제정치라는 학문에 커다란 변화를 가져왔다.

1815년 나폴레옹 전쟁이 끝난 후 약 100년간 유럽에 비교적 평화를 가져다주었다고 믿어 온 세력균형체제가 1차 세계대전의 발발로 붕괴되고 새로운 제국주의가 등장하자 많은 사람 그중에서 특히 미국의 윌슨(Woodrow Wilson) 대통령은 세력균형체제가 치명적인 결함을 지니고 있다고 판단하고 이를 대체할 새로운 세계질서 수립의 필요성을 역설했다.[2]

그러나 이들의 이러한 생각은 전쟁과 갈등의 원인에 대한 체계적이고 엄밀한 경험적 분석에 기초를 두고 있지 않았으며 그 결과 내려진 처방 역시 현실성을 결하고 있었다. 다시 말해 이들의 생각은 경험적인 분석을 결한 채 평화적 변화(peaceful change)

1) 때로는 「자유주의적 이상주의(Liberal Idealism)」라고도 불린다. 학자들에 따라서는 이러한 이상주의를 자유주의 패러다임의 하나로 간주하기도 한다.

2) 이러한 윌슨 대통령의 생각은 민족자결주의·국제연맹의 창설·공개외교의 원칙·해양자유의 원칙 등을 포함한 14개 조항과 공평의 원칙·세력균형 부인의 원칙·소수민족 보호의 원칙·영토 귀속에서의 주민 의사 존중의 원칙이라는 영구평화 4원칙에 명백하게 드러나 있다.

를 가져다줄 수 있는 가장 바람직한 절차의 수립이라는 당위적인 목표에 인도되어 평화로운 세계질서가 어떻게 수립될 수 있는가에 대한 이상과 비전을 제시하는 것에 그쳤다. 이 때문에 이들의 주장을 「이상주의(idealism)」라고 불렀다.[3)]

더불어 국가 행동을 지배할 것으로 기대되는 법적이고 이상적인 규범의 형성/해석/적용에 많은 관심을 지니고 있었기 때문에 이들의 접근법을 「법적·규범적 접근법」이라고 불렀다. 이러한 국제정치관이 1차 세계대전 이후 2차 세계대전 전까지 1920~30년대에 국제정치 연구에 있어서 지배적인 경향으로 존재했다.

이상주의는 이처럼 1차 세계대전 후 전쟁의 방지라는 세계적인 관심사를 반영하여 등장했기 때문에 목적론적인 성격이 강했으며 그 결과 「어떻게 전쟁을 방지할 수 있을까」라는 목적이 연구의 전체적 방향을 결정했다. 이상주의자들은 미증유의 참화를 가져온 세계대전을 겪으면서 평화와 번영은 자연스러운 질서(natural order)의 일부분이라는 생각에 비판을 가하고 평화와 번영이란 의도적으로 고안된 인위적인 장치가 존재해야 한다는 생각으로 전환했다.

이러한 맥락에서 윌슨 대통령은 안보라는 중차대한 것은 비밀외교(secret diplomacy)와 세력균형에 대한 맹목적인 믿음에 맡겨져서는 안 되며 평화란 국제사회의 무정부성(anarchy)을 통제하기 위한 제도의 창설이 뒤따라야만 확보될 수 있다고 보았다. 그는 국제사회가 분쟁 해결을 위한 민주적 절차를 보유해야 하며 협상이 실패할 때 동원할 수 있는 국제적인 힘(international forces)을 갖는 관리체제를 지녀야 한다고 주장했다.[4)]

이상주의자들은 이러한 맥락에서 국제연맹(League of Nations, LN)의 창설과 국제법과 같은 제도의 수립을 지지했으며 모든 민주주의 국가들이 단합하여 평화를 지키고 부당한 침략을 격퇴하기 위한 인위적인 제도적 장치로서 집단안보체제(collective security system, CSS)의 수립을 희망했다. 이상주의자들은 이처럼 전쟁의 불법화와 국제 경찰의 설립 등과 같은 문제에 관심을 집중했다.

그러나 2차 세계대전에 이르는 일련의 사태와 2차 세계대전의 발발 자체는 이상주의자들에게 현실을 직시하도록 했다. 즉 독일·스페인·이태리 등에서 민주주의가

---

3) 「이상주의」라는 말과 대조적으로 쓰이는 「현실주의」라는 말은 「현실주의」를 옹호하는 학자들의 주관적인 가치에 근거한 판단이 개재된 것으로서 이들의 이론이야말로 「현실적인 것」이라는 것을 의미한다. 따라서 이러한 주관적인 판단을 피하려고 현실주의를 단순히 「홉스적 시각」 혹은 「마키아벨리적 시각」이라고 부르고자 하는 학자들도 있다.

4) 이러한 그의 주장은 그 원형을 민주적인 국내사회에 두고 있었다 (Hidemi Suganami, *The Domestic Analogy and World Order Proposals* (Cambridge: Cambridge University Press, 1989), pp. 94-113).

붕괴했으며 이들 국가는 현상 타파를 목적으로 국제연맹을 탈퇴하기에 이르렀다. 미국은 의회와 국민 여론의 반대로 윌슨에 의해 강력하게 추진된 국제연맹에 끝내 가입하지 못했으며 이탈리아의 파시스트와 독일의 나치 등에 대항한 집단안보제도는 작동하지 못했다.

이러한 일련의 사태는 사람들에게 세계적인 차원의 전쟁을 방지해야 한다는 생각을 다시금 강렬하게 갖도록 했고 더불어 국제사회에 평화를 가져오기 위한 이상주의자들의 처방에 대한 회의를 불러일으켰다. 그러나 이상주의자들은 1차 세계대전 이후와 마찬가지로 여전히 국제기구나 제도에의 집착을 버리지 않았다. 즉 이들은 국제사회의 평화와 안전을 위한 제도적 장치의 설립이라는 처방 자체는 옳았으나 국제연맹이 실패한 것은 제도적으로 미비한 것이 있었기 때문이라고 생각하고 제도적으로 보완된 국제기구 즉 유엔의 창설을 지지했다.[5]

2차 세계대전 후에도 이상주의자들은 1차 세계대전 후와 마찬가지로 집단안전보장제도(집단안보제도)의 장점과 국가 행동을 제한하는 국제사회에서의 법의 지배에 대해 확신했으며 민주주의 국가는 평화 지향적이란 판단하에 민주주의의 확산을 추구했다. 이처럼 이상주의는 1차 세계대전 이후 1930년대 말까지 지속되었고 유엔에 대한 신뢰가 높아진 1941~1947년에도 다시 고개를 들었다.

제 2 절 이상주의의 가정과 핵심 내용

이상주의자들은 2차 세계대전 후에 국제정치 연구의 지배적인 이론이 된 현실주의 이론에 철학적인 기초를 제공한 홉스(Thomas Hobbes)와 루소(Jean Jacques Rousseau)의 비관주의를 거부하고 벤담(Jeremy Bentham)과 같은 19세기 자유주의자들의 낙관적 입장을 택했다.[6]

구체적으로 이상주의는 인간은 합리적이라는 가정으로부터 출발하고 있다. 이와 더불어 국가들 사이에는 근본적으로 이익의 자연스러운 조화(natural harmony of inter-

---

5) 유엔은 국제연맹과 비교하여 여러 측면에서 제도적으로 보완되었다고 볼 수 있다. 가장 대표적인 예로서 집단안보제도의 강화와 더불어 보유하고 있는 현실적인 힘에 기초하여 5대 강대국들에 거부권을 부여한 안전보장이사회의 상임이사국 제도를 들 수 있다.

6) 벤담은 공리주의(utilitarianism) 사상을 체계화한 사람으로서 그의 공리주의는 합리적인 개인의 이성이 효용(utility)을 추구할 때 시장이 최대 다수의 최대 행복을 가져다줄 것이라는 개인의 합리성과 사회의 진보를 믿는 낙관주의를 특징으로 한다. 이러한 그의 공리주의는 개개인의 사익추구가 반드시 공익의 보장과 직결되는 것이 아니라 오히려 배치될 수도 있다는 비판을 받았다.

est)가 존재한다고 가정한다.7) 이러한 가정 아래 전쟁의 주요 요인을 불완전한 정치 제도에서 찾고 있다. 이러한 진단에 기초하여 현존하는 제도의 미비점을 보완하거나 새로운 제도를 수립하여 세계질서와 평화를 가능하게 할 수 있다고 보았다.

간단하게 말해 인간의 합리성과 국가 간 이익의 조화를 가정한 이상주의자들에게 있어 전쟁은 정상적이 아닌 예외적인 현상으로서 인식되었다. 이러한 맥락 속에 이들은 1차 세계대전 역시 예외적인 사건으로서 구질서의 마지막 몸부림으로 보았을 뿐 주권 국가로서 구성된 국제체제에 있어서 불가피하게 반복되어 온 그리고 앞으로도 반복될 현상으로 바라보지 않았다. 이처럼 이상주의의 전쟁에 관한 인식은 앞으로 자세하게 살펴볼 전통적 현실주의의 전쟁에 대한 인식과는 커다란 차이를 가지고 있었다.

전통적 현실주의 이론이 전쟁이란 인간의 사악한 본성으로 인해 지속해서 반복될 수 있는 것으로 보고 세계질서와 평화란 외교와 힘에 의한 국가 간의 상호작용으로 가능하다고 보는 것과는 달리 이상주의는 전쟁이란 인간성으로부터 유래하는 것이 아니라 불완전한 정치제도에 그 원인이 있다고 보고 현 제도의 미비점을 보완하거나 새로운 제도의 수립을 통해 세계질서와 평화가 가능하다고 보았다. 여기서 불완전한 정치제도가 구체적으로 무엇을 의미하는가는 학자에 따라 달랐다.

일단의 이상주의자들에 있어 이는 주로 국제정치 제도를 의미했다. 따라서 이들은 인간의 합리성과 국가 간 이익의 조화에 대한 근본적인 신념을 바탕으로 세계질서와 평화는 아직 충분히 발달하진 못했으나 국제기구나 국제법 그리고 세계정부(world government)와 같은 국제정치 제도를 통한 국가 간의 상호작용 때문에 가능하다고 생각했다. 이런 맥락에서 이들 이상주의자는 국제연맹과 상설국제사법재판소(Permanent Court of International Justice, PCIJ) 등의 활동에 의한 보다 합리적이고 보다 도덕적인 국제관계 행동 양식이 필연적으로 더욱 만족스러운 세계질서를 가져다 줄 것이라고 보았다.

---

7) 자유주의 패러다임의 하나인 신자유주의적 제도주의 이론 편에서 자세히 언급하고 있는데 코헤인(Robert O. Keohane)은 「협력(cooperation)」이라는 개념과 「조화(harmony)」라는 개념을 구별하고 있다. 그에 따르면 조화란 모든 행위자에 의한 이기적인 이익의 추구가 자동으로 참여자 모두의 목표를 달성하는 상황을 일컬으며 협력은 조화의 부재 속에서 정책의 조정(coordination)이라는 과정을 통해 개인 혹은 개개 조직의 행동을 상호 일치시키는 것이 필요한 경우로서 현존하는 갈등에 대한 반응 혹은 미래의 갈등을 피하기 위한 노력의 하나이다. 코헤인은 「인간의 합리성과 국가 간 이익의 자연스러운 조화(natural harmony of interest)를 전제로 하여 평화를 가져오기 위한 방도의 하나로서 불완전한 정치제도가 지닌 미비점의 보완 혹은 새로운 제도의 수립을 강조하는 이상주의의 낙관론」을 현실적인 토대 위에 기반을 둔 새로운 국제협력과 국제평화에 대한 이론인 신자유주의적 제도주의 이론으로 대체하고자 했다고 볼 수 있다.

또 다른 일단의 학자에게 있어서 불완전한 정치제도란 주로 국내 정치제도를 의미했다. 즉 이들은 민주주의라는 국내 정치제도가 정착된 국가는 권위주의적 정치체제를 가지고 있는 국가에 비해 덜 공격적이라는 전제 아래 국제사회의 평화와 안전을 보장하기 위해서는 보다 많은 국가에 민주적인 정치체제가 퍼져나가야 한다는 처방을 내놓았다.[8)]

좀 더 구체적으로 국제적 정치제도와 국내적 정치제도의 불완전성을 전쟁의 원인으로 간주하는 이상주의는 전쟁은 전제적 정부·엘리트 중심의 정치·중상주의·비밀외교와 비밀조약·군국주의·무기 생산과 같은 요인에 의해 발생하며 국제법과 국제기구에 주의를 제대로 기울이지 않았기 때문에 발발하는 것으로 보았다. 이러한 진단 아래 이상주의자들은 구체적으로 정치의 민주적 통제·공개외교·세계여론·군축·전쟁을 금하는 법의 제정·사람들 간의 빈번한 접촉·자유무역·자본주의의 세계적 확장·협력과 상호원조 및 집단적인 안보를 가능하게 하는 새로운 국제제도의 도입 등을 통해 평화에 도달할 수 있다고 보았다.

현실주의 이론이 개혁(reform)이라는 것을 현실적으로 불가능한 것으로 보는 데 반해 이상주의는 이처럼 군비축소·집단안보제도·법의 강화·침략자에 대한 제재와 더불어 가능성의 하나로서 세계정부와 같은 장치를 통해 점진적이지만 개혁과 국제관계의 평화적 변화가 가능하다고 믿었다. 이처럼 1차 세계대전을 일으킨 국제체제는 본질적으로 좀 더 평화로운 체제로 변화될 수 있다는 전제하에 이들은 국제법과 국제기구에 주된 학문적 관심을 쏟았다.[9)]

결론적으로 이상주의는 권력(power)이라는 것이 제도적 장치를 통해 순화될 수 있는 것으로 보았다. 따라서 다음 제3절에서는 이상주의가 옹호한 대표적인 국제제도의 하나로서 집단안보제도를 집중적으로 살펴보고자 한다.

---

8) 냉전이 종식되면서 국제사회에 평화와 안전을 확보하기 위한 구체적인 방책의 하나로서 이러한 아이디어가 다시 활발하게 논의되고 여기에서 더 나아가 「민주평화론(Democratic Peace Theory, DPT)」이라는 국제정치 이론의 하나로까지 발전했다. 이러한 민주평화론은 구소련과 동유럽에서 민주주의 정치체제의 수립이 탈냉전기의 국제사회에 평화와 안전을 가져오는 데 대단히 중요한 역할을 할 것이라고 보는 미국을 비롯한 서방 선진국들의 외교정책에 현실로서 투영되고 있다. 구체적으로 민주평화론이 무엇을 의미하는가에 대해서는 자유주의 패러다임 편에서 자세히 살펴보고자 하나 탈냉전기의 민주평화론이 여기에서 언급하고 있는 이상주의와 크게 다른 점이 있다면 탈냉전기의 민주평화론은 이상주의와 달리 경험적인 증거와 계량적인 방식에 근거하여 논리를 전개하고 있다는 점이다.

9) 1920년대 영국과 미국의 대학들에 국제정치학 과목들이 신설되었으며 이들 국가의 다수의 학자가 국제법과 국제기구의 연구에 몰두했다.

제 3 절 이상주의와 집단안보제도

1. 등장 배경

1차 세계대전이라는 인류 역사상 미증유의 참화는 때로는 전쟁의 원인으로 때로는 전쟁의 방지를 위한 도구로 엇갈린 평가를 받아온 동맹(alliances)이라는 것을 광범위하게 재평가하도록 했다.[10)]

중앙집권적 권위체가 부재한 국제사회에서 국가들은 자국의 안보를 개별적으로 도모하지 않을 수 없으며 개별적인 노력으로 안보가 확보되지 않을 때 동맹을 결성하여 안전을 확보하려고 한다. 그러나 동맹에 의한 안전보장은 동맹의 일방이 전쟁에 돌입하면 동맹의 상대방은 자국에 대한 직접적인 위협이 없음에도 불구하고 전쟁에 휘말려 들어가는 위험성(연루의 위험성)을 내포하고 있으며 실제로 이러한 동맹이 발칸에서의 국지적인 전쟁을 1차 세계대전으로 확전시키는 역할을 했다.[11)]

따라서 1차 세계대전을 계기로 동맹은 분쟁과 갈등을 억제하기보다는 조성한다고 인식하게 되었으며 이러한 동맹을 바탕으로 작동하는 세력균형(balance of power)의 구조에 내재해 있는 본질적인 문제점(예컨대 세력균형의 불안정성과 같은 문제점)을 해결하고자 집단안보와 법의 지배에 의존하는 제도를 구축하고자 했다.

특히 미국의 윌슨 대통령은 국가 간의 비밀스러운 동맹의 체결을 가져온 비밀외교의 폐단을 지적하고 공개적인 협정(open covenants)의 필요성을 강조하는 등의 기존체제 개혁을 주도했다. 보다 근본적으로 생각의 대전환을 통해 조약을 위반하는 국가라면 어떠한 국가든 나머지 국가들이 단결하여 이에 대항한다는 것을 기본원칙으로 하는 집단안보제도를 탄생시키기에 이르렀다.[12)]

이러한 집단안보라는 생각은 세력균형의 대안으로서 국제연맹의 규약과 나아가

---

10) 이러한 동맹에 대한 포괄적인 평가는 현실주의 패러다임 편에서 자세히 설명하고자 한다.

11) 이러한 원치 않는 전쟁에의 연루가 가져오는 위험성을 동맹관계가 가져오는 「연루의 위험성」이라고 칭한다. 동맹관계가 가져오는 또 다른 위험성으로 방기의 위험성이 있는데 이는 동맹관계의 일방이 상대방 전쟁에의 연루를 회피하게 되면 미래에 상대방의 연루가 긴요할 때 상대방으로부터 방치될 위험에 직면함을 의미한다. 이 두 종류의 위험성은 공존하는 것으로서 연루의 위험성을 줄이려고 하면 방기의 위험성이 증가하고 방기의 위험성을 줄이려고 하면 연루의 위험성이 증가한다. 이 두 공존하는 위험성으로 인해 이러지도 저러지도 못하는 상황을 「방기와 연루의 딜레마(abandonment-entrapment dilemma)」라고 칭하는데 이러한 딜레마는 한미동맹과 같은 비대칭적인 동맹관계에서 한국과 같은 상대적으로 힘이 약한 국가가 전형적으로 경험하게 되는 딜레마이다.

12) 집단안보제도는 소위 불특정 평화 파괴자에 대한 집단적인 제재를 통해 안보를 확보하려는 제도이다.

유엔헌장에 구체화 되었으나 실효적인 제도로서 정착되지는 못했다. 냉전 시대에 미·소간의 갈등 때문에 집단안보제도가 실패했다고 믿는 학자들과 외교 실무자들은 탈냉전의 도래와 더불어 집단안보제도에 대해 새로운 희망을 품기 시작했으며 과거 집단안보제도가 잘 작동할 수 없었던 요인은 무엇이며 탈냉전의 도래는 이러한 요인에 어떠한 변화를 가져왔으며 현실성 있는 대안적인 집단안보제도란 무엇인가에 대해 이론적인 관심을 경주했다.

2. 집단안보의 개념과 다른 개념과의 비교

집단안보는 힘은 힘 이외의 것으로는 억제할 수 없다는 기본적 인식하에 보이지 않는 손(invisible hand)에 의해 자연적으로 이루어질 것이라는 세력균형에 의존하지 않고 국가 간의 협정을 통해 인위적으로 조직화 된 지배적인 힘에 의존하는 방법이다.

구체적으로 집단안보란 집단안보체제에 속하는 국가들이 일국의 안보가 모든 국가의 관심사임을 수용하고 사전에 정해져 있지 않은 불특정 적국의 침략에 대응한 집단적인 제재에 공동 참여할 것을 동의한 약정(arrangement)에 의한 안전의 보장을 의미한다.

법의 집행을 강제할 수 있는 장치가 부재하여 타국으로부터 공격을 받았다든가 손해를 입는 개개 국가에 법의 집행을 맡겨놓고 있는 국제체제(즉 자력구제를 원칙으로 하는 분권화된 국제체제)에서 집단안보제도란 피해를 받은 국가든 받지 않은 국가든 모두 국제법의 규칙을 강제하는 데 동참한다는 상당한 파격적인 생각이었다.

구체적으로 한 국가의 안보를 특정 국가나 국가군을 대상으로 하는 동맹조약에 의해 보장하려는 것이 아니라 조약 가입국 모두가 어떠한 국가가 될지 모르나 침략전쟁을 일으킨 국가에 대해 일치단결하여 무력 제재를 가하고 침략의 대상이 되는 나라에 의무적으로 원조하도록 하는 일반적인 조약을 체결함으로써 보호하려는 것이다.

집단안보제도는 이러한 국가 간 약정을 통해 전쟁을 기도하는 국가를 사전에 단념시켜 전쟁을 미리 방지하는 것을 목표로 하고 있다고 해도 과언이 아니다. 집단안보제도의 논리를 가장 극명하게 보여주는 말은 「전체는 하나를 위해 하나는 전체를 위해(One for all and all for one)」이다. 이러한 개념은 세력균형 개념과 집단적 자위라는 개념과 다른 것으로서 구별해야 한다.

1) 세력균형과의 구별

우선 집단안보제도를 세력균형과 비교해 보자. 이들 간의 공통점은 둘 다 힘은 힘으로서 억제해야 한다는 전제로부터 출발한다. 그러나 이들 간의 근본적인 차이란 세력균형은 말 그대로 국가 또는 일단의 국가 간 세력의 균형에 의해 평화와 질서를 보장하려고 하는 데 반해 집단안보는 어느 한쪽의 지배적인 힘의 우위를 통해 평화와 질서를 확보하려고 한다는 데 있다.[13)]

현실주의 이론이 무정부 상태에서 평화와 질서를 가져다주는 것으로서 세력균형론을 제시하나 이상주의는 이를 수용하지 않는다. 이상주의는 특히 세력균형론이 주장하는 보이지 않는 손에 의한 자동적인 세력균형의 도달이라는 생각을 거부한다. 대신에 이상주의는 침략은 압도적인 힘으로 억제되거나 처벌될 수 있다고 보고 국가들은 침략자에 대항하여 집단적 조처를 하기 위해 공식적인 협정을 체결해야 한다고 본다.

동맹 체결 방식에 있어서 세력균형은 이해관계가 같은 국가 간의 개별적인 합의로서 이루어지나 집단안보는 침략자가 판명되면 사전에 집단안보에 합의한 여타 국가들과 함께 즉각 자동으로 형성된다. 더불어 세력균형은 사전에 적과 동지를 구분해 놓고 있으나 집단안보는 어떤 특정의 적(들)을 미리 정하거나 가상하고 있지 않다.

클로드(Inis L. Claude)는 세력균형체제를 무정부 상태에서의 원시적인 자력구제(self-help)의 체제로 보고 집단안보제도는 이러한 세력균형체제와 세계정부(world government)의 중간에 존재하는 평화 질서 유지체제라고 본다.[14)]

2) 집단적 자위와의 구별

유엔헌장은 국가의 자위권을 고유한 권리로 인정하고 개별적 자위(individual self-defense)와 더불어 집단적 자위(collective self-defense)를 규정함으로써 자위의 개념을 확대했다.

구체적으로 침략을 당한 국가와 공동방위 태세에 있는 국가가 침략을 당한 국가에 대한 침해를 배제하기 위해 공동으로 하는 방위행위를 집단적 자위라고 부르는데

13) 뒤에서 더 자세히 언급하겠지만 현실주의 이론에도 상이한 견해가 존재한다. 즉 국제사회에 안정을 가져다주는 것은 세력의 균형이라는 「세력균형론」과 일국의 압도적으로 우월한 힘의 존재라는 「패권안정론(hegemonic stability theory)」이 있다. 이상주의의 집단안보제도와 패권안정론은 균형이 아닌 압도적인 힘의 존재가 평화를 가져다준다고 본다는 면에서 궤를 같이하나 패권안정론은 단일한 패권국에 의한 힘의 압도를 생각하고 집단안보론은 집단적인 국가들에 의한 힘의 압도를 생각한다는 점에서 차이가 있다.

14) Inis L. Claude, Jr., *Power and International Relations* (New York: Random House, 1962), p. 94.

북대서양조약기구(NATO)와 같은 집단적 자위 체제는 특정의 적국 혹은 가상의 적국을 겨냥하고 결성된다는 점에서 집단안보와는 다르다.15)

3. 집단안보와 약소국

집단안보제도는 현존하는 질서를 보존하기 위한 체제이지 이의 변경을 위한 것이 아니다. 현상의 유지에 불만을 품고 도전하는 세력이 존재할 때 현 질서를 유지하는 것이 자국의 이익과 일치하는 패권국은 이의 수호를 위해 집단안보의 이름 아래 약소국을 이용할 수 있다.

더불어 집단안보는 강대국의 존립이 위협을 받지 않고 강대국 간에 충돌의 위험이 부재한 경우에만 거론되었을 뿐이다. 즉 강대국이 직접 관여된 분쟁의 경우에 집단안보가 논의된 적이 없으며 약소국에서의 사태일지라도 강대국 간의 충돌을 가져올 것 같은 경우에도 집단안보가 논의된 적이 없다.

이러한 것을 고려할 때 집단안보제도는 지배권을 장악하고 있는 강대국의 기득권을 보호하기 위한 장치이지 약소국의 지위를 높여주는 장치는 결코 아니다. 따라서 집단안보제도가 약소국의 도전을 분쇄하는 도구로 사용될 수도 있다. 자위 능력을 갖추고 있지 못한 약소국의 경우 약소국의 분할 또는 제거와 같은 희생을 딛고 형성될 수 있는 세력균형에 그의 안전을 전적으로 맡길 수 없다.16) 그뿐 아니라 약소국은 세계정부가 부재한 상황에서 집단안보에도 위에서 언급한 이유로 기댈 수도 없다.

이러한 집단안보의 이론과 실제 사이의 괴리로 인해 유엔 회원국으로서의 약소국들은 유엔의 집단안보제도에 의탁하지 않고 북대서양조약기구(NATO)와 같은 집단적 자위나 강대국과의 개별적 동맹에 더 의존하려 한다.17)

---

15) 개별적 자위권과는 별도로 자국에 대한 직접적인 공격이 아닌 이해관계를 같이 하는 국가에 대한 공격을 자국에 대한 침략으로 간주하여 이에 대한 자위권을 행사할 수 있게 하는 집단적 자위권은 광범위한 무력 사용을 허용함으로써 집단안보의 기반을 약화 또는 붕괴시킬 위험성을 가지고 있다는 지적들이 많다.
16) 세력균형과 약소국의 관계에 대한 상세한 논의는 현실주의 패러다임 편을 참고하시오.
17) 이상우, 『국제관계이론』, 개정증보판 (서울: 박영사, 1987), pp. 309-313.

4. 국제연맹과 유엔의 집단안보제도

1) 국제연맹의 집단안보제도

국제연맹규약은 어떤 회원국이든 간에 분쟁을 사법적 해결이나 이사회의 중재에 의하지 않고 전쟁에 호소하는 경우 이를 회원국 전체에 대한 전쟁으로 간주하여 무역과 금융거래를 단절하고 교류를 일절 금지하는 경제적 제재를 취할 수 있도록 했고 이러한 조치가 충분하지 않으면 군사적 제재를 취할 수 있도록 했다.[18]

그러나 이러한 경제적 제재와 군사적 제재에의 회원국 참여는 자발적인 것으로서 개개 회원국의 판단에 맡겨졌다. 특히 군사적 제재와 관련하여 규약은 침략 국가에 대해 실질적인 군사적 제재를 가할 수 있는 군대의 조직 등에 관한 규정을 일체 두고 있지 않았을 뿐만 아니라 군사적 제재를 침략국을 제외한 이사국 모두의 만장일치가 있어야 가능하게 함으로써 실효성 있는 장치로 발전하지 못했다.

이 때문에 질서와 평화를 위한 새로운 집단안보에 대한 1차 세계대전 후의 열정은 급속히 사라지고 강대국들은 동맹으로부터 멀어지기보다 오히려 동맹의 형성에 온 힘을 다했다. 1920년대 초 국가들은 동맹의 형성에 광분했으며 특히 1923~1933년 사이에 상당히 많은 공식적인 동맹이 실제로 결성되었다. 이로써 집단안보에 의해 대체되리라고 생각한 세력균형은 여전히 국가들에 의해 선호되는 안보의 확보책으로 남았다.[19]

2) 유엔의 집단안보제도

유엔의 창설자는 2차 세계대전이 국제연맹의 실효성 있는 제도의 미비로 인해 발발하였다고 판단하고 제도적 미비점을 보완하여 실효성 있는 조직적인 힘을 유엔이 가질 수 있도록 장치를 마련하고자 했다. 이러한 제도적인 장치는 분쟁의 강제적 해결에 관한 규정인 유엔헌장 제7장에 잘 드러나 있다. 예컨대 국제연맹의 경우 제재에 있어서 순차성을 두어 먼저 경제적 제재를 가하고 미진할 경우 군사적 제재를 하도록 규정했으나 유엔은 이러한 국제연맹의 제약점을 인식하고 경제적 제재를 우선할 필요 없이 군사적 제재를 할 수 있도록 했다.

---

18) 국제연맹규약 제16조 제2항은 연맹의 규약을 보호하기 위해 사용될 군대에 회원국들이 각각 어떤 효과적인 육군이나 해군 또는 공군을 제공해야 할 것인지에 대해 관련 정부들에 권고하는 것을 이사회의 임무로 규정하고 있다.

19) Charles W. Kegley, Jr. and Gregory A. Raymond, *A Multipolar Peace?: Great-Power Politics in the Twenty-First Century* (New York: St. Martin Press, 1994), pp. 113-117.

헌장 제7장의 제43조는 국제연맹의 실패를 답습하지 않기 위해 회원국들이 유엔 안보리와 개별적으로 특별협정을 체결하여 병력과 장비 등을 제공함으로써 군사참모 위원회(Military Staff Committee, MSC)의 지휘하에 유엔군을 창설하도록 규정했다. 그러나 이상주의자들의 의도와는 달리 이러한 안보리와의 특별협정은 어떠한 국가와도 체결된 바 없이 현재까지 사문화되어 왔으며 헌장이 의도한 바의 집단안보 실시는 유엔 역사상 이제껏 없었다.

한국전쟁과 걸프전에서의 연합군은 헌장이 의도한 유엔군이 아니라 유엔으로부터 권한을 인정받은 강대국이 중심이 되어 조직된 다국적군에 불과한 것이었다. 더불어 평화유지군이 중심이 되어 이루어지는 유엔의 평화유지활동 역시 헌장이 의도한 유엔의 활동이 아닌 헌장의 현실에의 적응으로 볼 수 있다.[20]

5. 집단안보제도의 작동조건[21]

인류는 역사를 통해 국제사회의 평화와 안보를 위한 여러 실험을 해오고 있다. 이러한 여러 실험 가운데 하나인 집단안보제도가 효율적으로 작동하기 위한 이론적인 조건들에는 어떤 것들이 있고 이러한 이론적인 조건들이 실제로 존재할 수 있는가를 살펴봄으로써 집단안보의 현주소와 미래를 살펴보고자 한다.

집단안보제도가 작동하기 위해 우선 집단안보제도에 속하는 모든 국가가 평화와 안전을 유지하는 데 공동의 관심이 있어야 한다. 그러나 1930년대 일본 · 독일 · 이탈리아의 경우에서 보듯이 국가에 따라서는 평화와 안전이 국가의 주된 목표가 아닌 경우가 존재한다.

둘째, 집단안보제도에 대한 국가들의 신뢰가 존재해야 한다. 국토가 영국해협과 대서양을 가로질러 소재하고 있음으로써 안보에 대한 위협에 직접적으로 노출되어 있지 않은 영국이나 미국과는 달리 하나의 대륙 내에 인접해 있는 유럽 국가들은 안보와 힘을 증진하기 위한 그들 자신의 노력 이외에 과거에 결코 시도해 본 적이 없는 새로운 제도인 집단안보제도에 신뢰를 둘 수가 없었다.

셋째, 어떠한 단일한 국가의 힘도 집단안보제도에 속해 있는 다른 모든 국가의

20) 이러한 다국적군과 평화유지군의 파병은 엄밀한 의미에서의 유엔헌장이 원래 의도하고 있던 집단안보제도에 따른 것이 아님에도 불구하고 유엔의 집단안보 조치라고 일컫는 경우가 많다.

21) Ivo D. Duchacek, *Conflict and Cooperation Among Nations* (New York: Holt, Rinehart and Winston, 1960), p. 187; Inis L. Claude, Jr., *Swords into Plowshares: The Problems and Progress of International Organization,* 4th ed. (New York: Random House, 1971), chap. 12.

힘의 전체 합보다 커서는 안 된다. 즉 현상의 유지를 바라는 국가들의 힘이 적국의 힘보다 월등히 강해야 집단안보제도를 통한 전쟁의 억지 효과와 실효적인 집단안보가 가능하다. 그러나 국가 간 힘의 현저한 차이로 많은 국가가 힘을 합해도 어느 한 국가 특히 미국이나 구소련과 같은 초강대국의 국력을 압도할 수 없는 것이 현실이었다.

넷째, 평화 파괴자가 누구인가에 대한 의견이 일치가 항상 가능하며 이에 기초하여 모든 국가가 즉각적이고 일치된 행동을 할 수 있어야 한다. 그러나 침략국에 대해 일부 국가들이 침략행위임을 주장하고 다른 일부 국가들이 동일한 행위에 관해 자위적 행위임을 주장하면 침략자에 대한 유효한 합의가 이루어지는 것이 이론적으로 힘들며 다수의 실제도 이를 입증하고 있다.

이와 같은 평화 파괴자에 대한 의견의 불일치는 평화 파괴자에 대한 처벌을 불가능하게 했으며 이로 인해 누가 침략자인가의 여부를 가리지 않고 처벌이 아닌 국가 간의 갈등 상황의 단순한 동결을 목적으로 하는 평화유지활동이 유엔의 주된 안보유지 기능이 되었다.22)

다섯째, 개개 국가들은 집단안보를 위해 시간과 장소를 불문하고 자국의 힘을 기꺼이 사용할 용의를 가져야 한다. 집단안보는 모든 구성국이 국제평화와 질서에 대한 모든 도전을 동일하게 인식하고 질서와 평화를 유지하기 위해 동일한 위험을 부담하고자 했을 때 가능하기 때문이다.

그러나 소련이 헝가리와 체코를 침략했을 때 미국조차도 힘의 사용을 꺼렸다. 어떤 국가들은 집단안보를 위한 타 국가의 노력에 무임승차를 하려는 경향을 보이기도 한다. 베츠(Richard K. Betts)는 국가들의 이러한 무임승차 경향과 더불어 소규모의 국지전에 머물 분쟁에 병력을 동원하여 대규모의 전쟁으로 확전시키는 경향을 지적하고 집단안보의 역사를 통해 볼 때 집단안보제도는 필요할 때 작동하지 않았으며 작동하지 말아야 할 때 작동했다고 지적하고 있다.23)

1차 세계대전과 2차 세계대전 사이에 전개된 이상주의와 현실주의 논쟁의 핵심은 「국제질서를 유지하는 데 있어 세력균형이 적절한가 아니면 집단안보가 적절한가」

---

22) 유엔헌장이 설정하고 있는 집단안보제도는 1950년 한국전쟁의 발발로 그 한계를 적나라하게 드러냈다. 이러한 한계에 대한 학습을 통해 유엔은 안보 분야의 역할을 「평화강제(peace enforcement)」라는 적극적인 활동으로부터 「평화유지(peacekeeping)」라는 소극적인 활동으로 제한하지 않을 수 없게 되었다.

23) Richard K. Betts, "Systems for Peace or Causes of War? Collective Security, Arms Control, and the New Europe," in Sean M. Lynn-Jones and Steven E. Miller, eds., *America's Strategy in a Changing World* (Cambridge Mass.: The MIT Press, 1992), p. 214.

하는 것이었다. 모겐소(Hans J. Morgenthau)는 평화유지 세력이 평화파괴자의 힘보다 압도적으로 우월하지 못하고 어떤 행위가 침략행위이고 어떤 행위가 방어행위인가에 대한 의견의 일치가 부재하면 전쟁을 방지하려는 목적의 집단안보제도가 오히려 전쟁을 일으키게 되고 국지전이 세계대전으로 확대될 수 있다고 보았다.[24]

보다 근본적으로 현실주의자들은 집단안보제도가 특정의 침략행위가 자국에 즉각적인 위협을 가하지 않을 때라도 피침국을 돕기 위해 자국의 이익을 자동으로 버려야 한다는 이타적인 가정에 의존하고 있어 신뢰할 수 없다고 주장하면서 이상주의에 비판을 가했다.

6. 탈냉전기 새로운 집단안보를 위한 제안

1) 탈냉전기 새로운 집단안보론

냉전의 종식으로 국가 간 적대관계가 완화되면서 평화와 안정에 대한 기대가 고조되었다. 이러한 기대 속에 지속적인 평화와 안정을 구축하기 위한 제도의 수립에 많은 관심이 주어졌다. 여기에서는 이러한 제도에 관한 논의를 살펴보고 어떤 한계가 있는가를 살펴보고자 한다.

(1) 유럽협조체제의 복원

탈냉전기에 고려해볼 수 있는 집단안보제도의 구상에 관한 시사점은 두 가지 접근을 통해 얻을 수 있을 것이다. 그 가운데 하나의 접근은 위에서 살펴본 논리적 추론을 통한 연역적 방법이고 또 다른 하나는 역사상 실제로 존재했던 경험적인 사례를 통한 귀납적 방법이다. 여기에서는 이러한 귀납적 접근을 살펴보고자 한다.

과거의 사례로부터 현재 진행 중이거나 미래에 발생할지 모르는 사례에 적용할 유용한 시사점을 추출할 때 유의할 점은 과거 사례의 특징이 현재나 미래 사례의 특징과 같거나 유사해야만 한다. 이러한 점을 유념하면서 탈냉전기의 국제체제의 구조적 특징을 다극체제로 간주하고 이러한 다극체제에서 평화와 안정을 가져올 수 있는 집단안보제도를 구상하기 위해 역사상 이와 유사한 사례를 찾아내야 한다.

이러한 사례로 자주 거론될 뿐만 아니라 집단안보 구상의 원조로 취급되는 사례가 1815~1854년까지 존재한 유럽협조체제(Concert of Europe)이다. 이 시기의 유럽

---

24) Hans J. Morgenthau, *Politics Among Nations: The Struggle for Power and Peace,* 5th ed. (New York: Alfred A. Knopf, 1973), pp. 293-306.

협조체제가 적절한 사례로 취급되는 이유는 영국·프러시아·러시아·오스트리아·프랑스가 주요 정치문제를 상호협의해 해결해 나가는 체제를 구축함으로써 평화와 안정을 유지했다고 일반적으로 평가되기 때문이다. 그러나 이 체제는 앞서 살펴본 국제연맹과 유엔과는 달리 국가 간 조약에 바탕을 두면서 공식적인 조직을 지닌 집단안보제도가 아니라는 차이점이 있다는 점도 고려해야 할 것이다.

이러한 유럽협조체제에 평화와 안정을 가져다준 조건으로 일반적으로 다음과 같은 특성이 거론된다. i) 강대국은 타국의 명예·지위·이익·권리에 영향을 미칠 행동을 취하기 전에 타국과 반드시 협의한다. ii) 강대국은 결코 집단의 동의 없이 타국의 이익에 반하여 행동하지 않는다. iii) 모든 강대국은 거부권을 갖는다. iv) 어떠한 강대국도 국제회의에서 배제되지 않는다. v) 강대국에 대해 적대적인 약소국은 국제회의에 초청될 수 없다.

유럽협조체제를 지배했던 이러한 원칙들이 냉전 종식 후 평화와 안정에 대한 기대와 더불어 특히 유럽 국가 간에 국제정치 체제의 모델로 간주되었다. 구체적으로 탈냉전기의 다극체제에서 일부 학자들과 실무가들은 19세기의 이러한 유럽협조체제의 노선에 따라 국제사회의 평화와 안정을 가져다줄 집단안보제도를 발전시킬 수 있다고 보았는데 유럽협조체제가 시사하는 성공의 조건의 핵심은 강대국 간 협조의 제도화이다.

(2) 유럽협조체제의 제도적 수정

케글리와 레이몬드(Charles W. Kegley and Gregory A. Raymond)는 탈냉전기의 상황이 그 이전에 비해 집단안보에 좀 더 유리하긴 하나 이를 실제화한다는 것은 여전히 쉬운 일이 아니라고 인식하고 수정된 집단안보제도를 제안하고 있다.[25)]

이들은 언제 어디서든 침략에 대응할 수 있는 완전하고 포괄적이며 전 세계적인 규모의 집단안보제도는 지나치게 야심적이기에 실패하기 쉽다고 본다. 국제연맹이나 유엔에서 보듯이 과거의 집단안보제도는 많은 수의 국가를 포함하는 규모의 방대함으로 인해 평화를 위협하고 파괴하는 상대를 확인하고 적절한 대응책을 수립하며 채택된 행동을 이행하기 위한 합의 도출이 어려웠고 또한 지연되었다고 본다.

따라서 이들은 이에 대한 대안으로서 강대국 모두가 참여하며 가장 강력한 행위자인 미국의 지지를 바탕으로 하는 좀 더 현실성을 지닌 제한적인 집단안보제도의

---

25) Charles W. Kegley, Jr. and Gregory A. Raymond, *A Multipolar Peace?: Great-Power Politics in the Twenty-First Century* (New York: St. Martin Press, 1994), pp. 113-117.

필요성을 역설한다. 구체적으로 이들이 제시한 제한적인 집단안보제도의 특성은 다음과 같다.

첫째, 수정된 집단안보제도는 다자주의(multilateralism)에 기초를 두어야 한다고 본다. 즉 강대국들 사이의 정책조정을 할 수 있는 다자적 조직의 형태를 띠어야 하고 러기(John G. Ruggie)가 말하는 다자주의의 3가지 요건을 갖추어야 한다고 본다.

3가지 요건이란 구체적으로 무역협정의 최혜국(MFN) 조항처럼 참여국 모두가 동일하게 취급된다는 일반화된 비차별 행위원칙(generalized non-discriminatory codes of conduct) · 다자간 협력체제 내의 일국에 대한 외부 행위자의 공격을 참여국 모두에 대한 공격으로 간주하는 불가분성(indivisibility) · 관련 국가들이 항상 그리고 모든 이슈에 있어 단기적이고 개별적인 이득을 기대하기보다는 장기적이고 공동의 이득을 추구한다는 포괄적 상호성(diffuse reciprocity)이다.26)

둘째, 수정된 집단안보제도는 좀 더 적은 수의 구성원과 유연한 구조를 갖는 보다 효율적인 체제여야 한다. 이는 구체적으로 어떤 이슈에는 일단의 강대국들이 일단의 중견국(middle power)이나 약소국과 협력을 하면서 지도적인 역할을 하고 또 다른 이슈에는 다른 강대국들이 다른 일련의 중견국이나 약소국들과 협력을 하면서 지도적인 역할을 하는 체제이다.

다시 말해 이 체제는 나폴레옹 전쟁 후의 비인체제(Wiener System)에서 전형적으로 볼 수 있는 강대국 간의 협조체제에 기반을 두고 있으면서 동시에 이러한 협조체제가 결여했던 구조인 현안을 다루는 데 있어 전문적인 지식을 가지고 있거나 그 문제로 인해 그들의 이익이 영향을 받는 중견국 혹은 약소국이 현안에 대한 발언권을 갖는 구조를 일컫는다. 이러한 제도는 강대국의 지배와 제도의 마비라는 두 가지 위험을 피하면서 침략행위에 대한 집단적인 행동을 가능하게 할 것으로 본다.27)

셋째, 수정된 집단안보제도는 협력안보(cooperative security)라는 개념에 기초를 두어야 한다. 다극체제에서 국가들이 느끼는 불안은 타국의 의도에 대한 불확실성에 기인하기 때문에 이러한 불안을 느끼게 하는 군사력과 관행을 규제하자는 것이 협력안보의 기본 생각이다.28)

---

26) John G. Ruggie, "Multilateralism: The Anatomy of an Institution," *International Organization,* Vol. 46, No. 3 (1992), pp. 561-598.

27) 케글리와 레이몬드는 이러한 체제를 「2중의 접속 단위를 가지고 있는 안보 제도(two-tiered modular security arrangement)」라고 부른다.

28) 협력안보란 냉전이 종식된 이후의 국제환경 속에서 새롭게 등장한 국가 간 갈등관리 방식을 지칭한다. 협력안보의 대표적인 사례로서 소련과 동유럽의 붕괴 속에서 과거 냉전 시대 대립하던 바르샤바조약기구(WTO)의 회원국들까지도 포함하여 화해와 협력을 통해 유럽 전체의 안정과 평화를 도모하기 위해

협력안보는 구체적으로 다음과 같은 네 가지 특징을 갖는다. i) 병력과 화력에 대해 상한을 정한다든가 부대 배치나 예비군의 동원과 같은 것을 규제하는 규칙을 수립함으로써 위협적인 공격력의 감소를 주요 목표로 하는 공세적 규제(offensive regulation) ii) 병력의 훈련이나 군사력의 하부구조를 공격보다 방어를 목적이 되도록 함으로써 다른 국가들에게 덜 위협적으로 되도록 하는 방어 지향적인 구조 개편(defensive restructuring) iii) 공개적인 사찰과 군사비 지출 등에 관한 자료의 상호교환과 고위 관료의 정규적인 회합 등을 통해 자국의 비적대적인 의도를 타국에 확실하게 하고 타국의 이해관계와 관심사를 이해하게 하는 상호 투명성(mutual transparency) iv) 안보와 관련된 광범위한 일들을 가능한 한 통합된 다국적 연계망을 통해 수행하는 기능의 통합(functional integration).

케글리와 레이몬드는 이러한 협력에 기초를 둔 집단안보제도가 21세기의 다극적인 국제체제에서 성공적으로 작동하기 위한 선결 조건으로서 위협에 대한 공동인식 · 평화 정착에의 패전국 포함 · 구성원 간의 대략적인 힘의 균형 · 공동의 의무감 · 신중한 자제력을 가진 정치 지도자의 외교적인 기술 · 융통성이라는 6가지를 제시하고 있다.

이러한 6가지 조건들 역시 유럽협조체제와 같은 역사적인 사례로부터 추출되었다. 이러한 유럽협조체제는 중견국이나 약소국이 포함되지 않았다는 점에서 여기에서 언급하고 있는 협력에 기초한 집단안보제도와는 매우 다르나 어떤 조건에서 협력에 기초한 집단안보제도가 오래 계속될 수 있을 것인가에 대해 많은 시사점을 제공한다.

케글리와 레이몬드의 예에서 볼 수 있듯이 탈냉전기에 있어서 국제사회의 평화와 안정을 집단안보적 처방을 내리고 있는 학자들은 탈냉전기가 집단안보가 작동할 수 있는 유리한 환경을 가지고 있다고 전제하고 있다. 구체적으로 이들은 탈냉전기

설립된 유럽안보협력회의(Conference on Security and Cooperation in Europe, CSCE)를 들 수 있다. 이는 군사적인 대립 방식이 아닌 대화와 협력방식을 통해 국가 간 갈등을 극소화하고 공동의 이익을 극대화하고자 한다는 점에서 전통적 안보 개념인 국가안보(national security) · 국제안보(international security) · 집단안보(collective security)와 구별된다. 불안한 안보 상황과 견주어 동아시아 지역에서 이러한 협력안보의 필요성이 거듭 강조되어 오고 있다. 냉전 시대의 안보 개념은 소극적으로 분쟁을 배제하는 것이었으나 탈냉전기에 접어들어 과거에 있어서와 같은 소극적인 분쟁의 억제가 아닌 적극적인 분쟁의 방지와 분쟁 원인의 제거를 의미하는 이러한 협력안보라는 개념이 도입되었다. 이러한 협력안보와 더불어 「포괄적 안보(comprehensive security)」와 「인간안보(human security)」라는 개념이 냉전기의 국가안보라는 개념을 대체하고 있다. 포괄적 안보는 정치 · 군사 · 경제 · 환경 등 모든 영역으로부터의 위협에 대처하는 안보를 의미하며 인간안보는 안보의 궁극적인 대상으로서 국가가 아닌 개인으로서의 인간을 강조하는 안보를 의미한다.

가 동서 간의 대결 종식과 민주주의의 확산 등을 통해 국가들에게 가치와 이해관계를 공유할 기회를 좀 더 많이 제공하고 있으며 이러한 현상은 특히 유럽에 있어 눈에 띈다고 본다.

(3) 인식 변화의 중요성

케글리와 레이몬드가 탈냉전기의 새로운 집단안보제도의 구축을 위해 제도적인 보완점을 제시하고 있는 것과는 달리 더욱 본질적인 선행요건으로서 국가들에 있어서 인식의 변화를 촉구하는 학자들이 있다. 예를 들면 구성주의적 접근을 하는 쿱찬 부부(Charles A. Kupchan and Clifford A. Kupchan)가 이러한 예에 속하는데 이들은 국가 행동이란 단순히 국제체제의 구조의 산물이 아니고 생각으로부터 큰 영향을 받는다는 전제하에 다음과 같은 3원칙에 대한 국가들의 동의가 필요함을 지적하고 있다.

i) 국가들은 현상을 변경하기 위해 군사력의 사용을 포기하여야 하며 모든 분쟁을 평화적인 수단을 통해 해결하는 데 동의하여야 한다. ii) 국가들은 국가이익의 개념을 좀 더 확대해 국제공동체 전체의 이익을 고려하여야 한다. iii) 국가들은 국제정치를 지배하고 있는 두려움을 떨쳐버리고 서로 믿는 것을 익혀야 한다.[29)]

이러한 인식의 변화가 성공적인 집단안보의 작동에 본질적인 조건임에는 이견이 없으나 이러한 인식의 변화가 실제로 일어날 것인가를 둘러싸고는 많은 이견이 존재한다.

2) 탈냉전기 새로운 집단안보론에 대한 비판

이처럼 탈냉전기에 접어들어 새롭게 활성화되고 있는 집단안보론에 대해 신현실주의자인 미어샤이머(John J. Mearsheimer)는 집단안보론이 지닌 피할 수 없는 9가지의 문제점을 제시하면서 비판을 가하고 있다.[30)]

i) 국가 간 갈등에 있어서 침략자와 피해자를 구별하는 것이 불가능한 것은 아닐지 모르나 결코 쉬운 일이 아니다. ii) 때때로 위협을 가하는 이웃 국가에 대응하여 안보를 확보하기 위해 정복이라는 것이 필요한 상황도 있으나 집단안보는 모든 침략을 잘못된 것으로 본다. iii) 국가들에 따라서는 역사적이거나 이념적인 이유로 상호 우호적일 수 있는데 이 경우 이들에 대항하는 연합전선에 가담하는 것이 어렵

---

29) Charles A. Kupchan and Clifford A. Kupchan, "Concerts, Collective Security and the Future of Europe," *International Security*, Vol 16, No. 1 (Summer 1991), pp. 114-161.

30) John J. Mearsheimer, "The False Promise of International Institutions," *International Security*, Vol. 19, No. 3 (Winter 1994/1995), pp. 26-37.

다. iv) 역사적으로 반목하고 있는 국가들의 존재는 집단안보의 효율적인 작동을 복잡하게 만든다. v) 주권 국가들은 침략을 다루기 위한 비용을 지불하는 데 있어서 책임을 전가하는 성향이 있어 이러한 책임과 부담을 공평하게 배분하는 것이 어렵다. vi) 국가들은 위기 이전 단계에서의 긴급조치에 관여하는 것을 꺼려 침략에 대한 신속한 대응을 확보하는 것이 어렵다. vii) 국가들은 집단안보가 국지적인 갈등을 국제적으로 확산시킬 가능성 때문에 연합행동에 가담하기를 꺼린다. viii) 민주주의 국가들은 국가 주권의 문제로 인해 집단적인 행동에 자동으로 개입하는 것을 꺼린다. ix) 집단안보는 군사력의 관점에 있어서 모순적이다. 이는 군사력을 혐오하는 한편 침략에 대항해 기꺼이 사용하고자 하여야 한다는 것이기 때문이다.

제 4 절 이상주의에 대한 비판

이상주의에 대한 본격적인 비판은 이상주의에 대한 비판과 반발로서 등장한 현실주의를 설명하는 부분에서 더욱 상세히 논하고 있으나 이곳에서는 카(E. H. Carr)와 불(Hedley Bull)의 비판을 간단히 살펴보려 한다.

우선 카의 비판을 살펴보고자 하는데 그는 이상주의에 대해 다음과 같은 4가지 비판을 가하고 있다.[31] 그에 따르면 우선 이상주의자들은 현실보다는 당위에 집착하고 실행이 가능한 것보다는 바람직한 것에 집착한다.

둘째, 이상주의자들은 그들의 이상 뒤에 집단적인 자기중심적 이익이 숨겨져 있음을 도외시하고 있다. 즉 전승국 출신의 사람들로서 이상주의자들은 자신들의 목표가 다소 실현되었기 때문에 평화 · 군축 · 현상 유지에 자연스럽게 흥미를 느낀다. 이는 불만을 가진 못 가진 자(the have-nots)가 가진 자(the haves)의 열정을 공유하기 어렵다는 것이다.[32]

셋째, 이상주의자들은 국가가 해결해야 하는 문제의 접근에 있어 자신들의 분별력을 지나치게 높게 평가하는 성향을 가지고 있다. 더불어 이상주의자들은 국가 운

---

31) E. H. Carr, *The Twenty Years' Crisis, 1919-1939: An Introduction to the Study of International Relations* (London: MacMillan, 1939). 카의 이상주의에 대한 비판은 현실주의와 이상주의 간에 일대의 논쟁을 불러일으켰다.

32) 울퍼스(Arnold Wolfers)는 이상주의에 대한 열정이 영국과 미국에서 특히 전개된 것은 이들 두 나라가 각기 영국해협과 대서양에 의해 격리되어 있어 잠재적인 적에 둘러싸여 있던 국가들에 비해 상대적으로 안전이 보장되어 있었기 때문으로 본다: Arnold Wolfers, *The Anglo-American Tradition in Foreign Affairs* (New Haven, Conn.: Yale University Press, 1956).

영자들이 거의 완벽한 행동의 자유를 가지고 있다고 가정하는 성향을 지니고 있다.

넷째, 이상주의자들은 갈등보다는 협력·자기중심적 이익보다는 유대·불화보다는 조화에 편도가 되어 있어 역사와 인간성에 대한 이해를 거의 하고 있지 않다.

불(Hedley Bull)은 「무정부적 사회(The Anarchical Society)」라는 그의 대표적인 저서를 통해 이상주의에 다음과 같은 비판을 가하고 있다.[33] 비판의 핵심은 이상주의가 국제사회의 질서를 유지하는 데 중요한 역할을 하는 다른 국제제도들(international institutions)을 무시한 채 국제연맹과 유엔과 같은 국제기구들만을 국제사회에서의 주된 국제제도로 취급한다는 것이다.

불은 특히 세력균형과 외교가 국제체제에서 질서를 유지하는 데 결정적인 역할을 하는 국제제도임에도 불구하고 이상주의가 세력균형을 부인하고 외교를 불경스러운 것으로 간주하고 이를 국제기구를 통한 국제행정(international administration)으로 대체하려고 한 것은 잘못된 것이라고 지적한다.

불은 근본적으로 국제관계는 여러 면에서 무정부적임에도 불구하고 사회(society)의 요소들을 많이 가지고 있다고 본다. 즉 국가들이 모여서 국제사회(international society)를 형성하며 이러한 국제사회는 국제법·세력균형·외교·전쟁이라는 국제관계를 규제하는 독특한 장치를 지니고 있다고 본다. 이처럼 불은 현실주의의 여러 면을 거부함과 동시에 현실주의 요소를 이상주의에 가미하고 있다.

제 5 절 탈냉전기의 이상주의 적실성[34]

케글리(Charles W. Kegley)는 냉전이 종식하고 탈냉전기에 접어든 1990년대 초에 미국 대통령 윌슨의 비전이 실현되는 것 같은 세계질서가 전개되고 있다고 판단하고 이러한 현실을 고려하여 국제정치 이론이 냉전기의 현실주의 국제정치 이론으로부터 신이상주의(neo-idealism)로 패러다임이 이동하는 것이 과연 타당한 것인가의 질문을 던졌다. 케글리는 변화하고 있는 현실과 앞으로 전개되리라고 보는 미래세계를 전망하고 현실주의 국제정치 이론과 신이상주의 국제정치 이론의 적실성에 대한 결

---

33) Hedley Bull, *The Anarchical Society: A Study of Order in World Politics* (New York: Columbia University Press, 1977), pp. 33-52.

34) Charles W. Kegley, "The New Global Order: The Power of Principle in a Pluralistic World," *Ethics and International Affairs,* Vol. 6, No. 1 (March 1992), pp. 21-40; Charles W. Kegley, "The Neoidealist Moment in International Studies?: Realist Myths and the New International Realities," *International Studies Quarterly,* Vol. 37, No. 2 (July 1993), pp. 131-146.

론을 다음과 같이 내린 바 있다.

1. 탈냉전기의 변화와 지속성

케글리는 우선 현실주의 국제정치 이론이 과연 탈냉전기 국제정치를 설명하는 데 적실성을 갖는가에 관한 검토에 앞서 탈냉전기에 전개되고 있는 새로운 변화란 무엇이고 지속되고 있는 현상은 무엇인가를 살펴보고 있다.

케글리는 탈냉전기의 국제질서가 윌슨의 14개 조항(Fourteen Points)을 구현하는 것 같은 변화를 보여주고 있다고 보고 구체적으로 민주주의의 확대·경제적 이슈의 중요성 증대·국제법의 효용성 증대·국제기구 역할의 증대·군비 통제의 실현·안보에 국한되지 않은 국가 목표의 다양한 변화 가능성 증대·인권과 도덕성의 중시 등을 이러한 예로 들면서 이러한 변화들은 기존의 현실주의로는 설명의 한계를 갖는다고 보았다.

다른 한편 그는 이러한 변화에도 불구하고 발칸반도의 분쟁·유럽통합의 지체·보호주의 성격의 블록경제 움직임과 같은 현상에서 보듯이 탈냉전기에서도 냉전 시대와 유사한 역사가 반복되고 있다고 진단하고 이러한 역사의 지속성으로 인해 현실주의 국제정치학 이론이 여전히 유효성을 가진다고 보았다. 케글리는 이러한 역사의 변화와 지속성을 동시에 고려해 볼 때 현실주의 국제정치 이론의 완전한 대체보다는 이상주의와의 적절한 결합이 필요하다는 견해를 피력했다.

2. 현실주의와 신이상주의 국제정치 이론의 적실성

이러한 현실 인식을 바탕으로 케글리는 미래를 정확히 전망하는 것은 현실적으로 많은 어려움이 있지만 이미 알고 있는 사실과 현 추세가 계속될 경우를 전제로 다음과 같은 예측을 내어놓았다.

구체적으로 그는 강대국 간의 힘의 분산을 특징으로 하는 다극체제의 재등장·비국가적 행위자(non-state actors)의 영향력 증대·초국가주의와 분열적 민족주의의 등장·국가 경제의 국제화·세계적 수준에서의 빈부격차 확대·지구 생태계의 파괴를 미래세계의 모습으로 전망했다.

나아가 그는 미래의 국제정치 질서는 다극체제의 성격이 증대하면서도 국가 간에 위계적인 계층화가 이루어지고 동시에 다양한 국제정치의 행위자들이 독자성과 동시에 상호의존성을 심화시켜 나갈 것으로 보았다. 즉 국가 간의 일방적인 영역은 급격히 줄어들고 국가와 비국가적 행위자들이 협력을 통해서만 해결될 수 있는 새로운 이슈들이 전 지구적 의제(global agenda)로 등장하여 미래는 각종 행위자 간에 갈등보다는 협력이 주를 이루는 사회가 될 것으로 전망했다.

케글리는 미래에 대한 이러한 전망과 함께 다음과 같은 현실주의의 한계를 지적했다. 그의 지적에 따르면 2차 세계대전과 냉전기의 국제정치를 반영하는 현실주의에 따라 국제정치를 예측할 경우 틀릴 가능성이 크며 정책 입안자에게도 큰 문제를 안겨줄 것이라고 보고 기존의 현실주의 국제정치 이론의 가정과 전제에 대한 재검토가 필요하다고 보았다.

결론적으로 그는 신이상주의로 국제정치의 이론적인 전환이 필요한가의 질문에 대해 신중한 태도를 보였다. 역사의 변화라는 측면에서는 신이상주의적 국제정치 이론이 적실성을 지니나 역사란 연속성 또한 고려해야 하며 이런 점에서 현실주의의 유효한 영역이 아직 존재한다고 보았다. 즉 역사의 다층적 성격을 고려할 때 현실주의의 효용성이 있다는 것을 강조했다. 더불어 미래를 전망해 볼 때 윌슨의 14개 조항이 구현되는 듯하고 현실주의가 한계를 보이는 것 같으나 현실주의 국제정치 이론을 폐기하고 이상주의 국제정치 이론을 채택하는 것은 곤란하며 이상주의 국제정치 이론의 채택은 경험적인 테스트를 통해 신중히 결정되어야 한다고 보았다.

케글리가 이러한 논지의 주장을 전개한 지 어언 30년 정도의 시간이 지났다. 1990년대 탈냉전기에 접어들어 후쿠야마(Francis Yoshihiro Fukuyama)와 같은 학자들이 국제정치에 대해 낙관적인 전망과 기대를 제시하던 때에 역사의 연속성을 강조하면서 지나친 낙관론을 경계한 케글리의 신중함이 돋보이며 특히 2020년대의 국제정치 상황을 고려할 때 더욱더 그러하다.

제 3 장

현실주의(Realism) 패러다임

제 1 절 현실주의 패러다임의 특징
제 2 절 전통적 현실주의 이론: 1940~1960년대
제 3 절 행태주의적 현실주의 이론: 1950~1960년대
제 4 절 신현실주의 이론: 1980년대
제 5 절 신고전적 현실주의 이론
제 6 절 지 정 학
제 7 절 현실주의 이론의 중요 개념들
제 8 절 주요 문제에 대한 현실주의 이론의 관점

현실주의(Realism) 패러다임

제 1 절 현실주의 패러다임의 특징

1. 현실주의 패러다임 이론들

2차 세계대전이 끝난 후 현실주의 패러다임의 이론들이 국제정치 분야를 지배해 오면서 많은 학자와 외교정책 실무가들에게 국제정치 분석을 위한 기본적인 가정과 통찰력을 제공해 왔다. 그러나 이는 현실주의 패러다임에 대한 도전이 없었다는 것을 의미하지 않는다. 기실 현실주의 패러다임은 다양한 이론들에 의해 지속적인 도전의 대상이 되어왔으며 이러한 도전에 살아남기 위해 여러 차례의 변신을 시도해 오고 있다.

구체적으로 2차 세계대전 이후 전통적 현실주의 이론(traditional realist theory or classical realist theory)라는 이름으로 출발한 현실주의 패러다임의 이론은 1950~1960년대를 거치면서 행태주의(behaviorism)의 영향과 더불어 과학적인 방법론을 중요시하는 행태주의적 현실주의(behavioral realism) 이론으로 변신을 시도했다. 이어서 1980년대에는 일명 구조적 현실주의(structural realism) 이론이라고 불리는 신현실주의(neorealism) 이론이 등장했다.

신현실주의 이론들은 모두 국제정치 체제의 구조적 특징으로 국제관계를 설명하고자 한다는 점에서 같으나 차이점 역시 지니고 있다. 구체적으로 신현실주의 이론은 양극체제의 안정을 주장하는 왈츠(Kenneth N. Waltz)의 신현실주의 이론과 패권체제의 안정을 주장하는 패권안정론과 더불어 패권체제의 변동을 설명하려는 세력전이론으로 분화되었다.

탈냉전기에 접어들어 국가를 권력의 적정화를 추구하는 존재로 보는 왈츠의 신현실주의 이론을 방어적 현실주의(defensive neorealism) 이론으로 특징지으며 미어샤이머(John J. Mearsheimer)가 중심이 되어 국가들을 권력의 극대화를 추구하는 존재로 보는 공격적 현실주의(offensive neorealism) 이론이 분화해 나갔다.

비교적 최근에는 이러한 종래의 신현실주의 이론이 국제체제의 구조만을 독립변수로 하여 국가의 행동과 국제관계를 지나치게 일반화함으로써 적절하게 설명할 수 없는 현상이 존재한다는 인식 아래 종래의 신현실주의적 설명에 국내 변수의 접합을 시도하는 신고전적 현실주의(neoclassical realism) 이론이 등장했다. 이러한 다양한 현실주의 패러다임 이론들을 등장한 시대적 순서에 따라 하나하나 살펴보도록 하자.

2. 현실주의 패러다임 이론의 가정

현실주의 패러다임에 속하는 이론들이 공통으로 기초하고 있는 가정을 살펴보도록 하자. 이러한 현실주의 패러다임 이론의 가정을 카젠스타인 · 코헤인 · 크라즈너(Peter J. Katzenstein, Robert O. Keohane, and Stephen D. Krasner)가 공동으로 제시하고 있는 가정을 중심으로 살펴보면 다음과 같다.[1] 이는 코헤인과 나이(Robert O. Keohane and Joseph S. Nye, Jr.)가 상호의존론을 제시하면서 특징화한 현실주의 패러다임 이론의 가정과 거의 맥을 같이 한다.

첫째, 국가 중심성 가정(state-centric assumption). 이는 국가를 국제관계에 있어서 단일의 가장 중요한 행위자(state as the single most important actor)로 간주한다는 가정이다. 이러한 가정은 현실주의 패러다임 이론이 자신의 영토와 국민에 대해 국가가 행사하는 궁극적인 법적 권위로서 주권(sovereignty)에 상당한 중요성을 부여하고 있는 것에서도 나타난다. 현실주의 패러다임 이론에 있어 연구의 적절한 초점은 국가 간의 상호관계이며 이 때문에 현실주의 패러다임 이론을 「국가 중심적 견해(state-centric view)」라고 부른다.[2]

---

1) Peter J. Katzenstein, Robert O. Keohane, and Stephen D. Krasner, "International Organization and the Study of World Politics," *International Organization,* Vol. 52, No. 4 (Autumn 1998), p. 658.
2) 이러한 국가 중심적 견해는 모겐소의 저 서명인 「*Politics Among Nations*」에서도 알 수 있다.

이런 맥락에서 국제기구 · 다국적기업(MNCs) · 개인과 같은 비국가적 행위자(non-state actor)의 독립적인 지위를 인정하지 않는다. 이러한 맥락에서 국제기구를 주권 국가의 국가이익을 추구하는 단순한 도구로 간주하며 다국적기업이 국가의 통제를 벗어나 자율적인 국제정치의 행위자로서 행동하는 것처럼 보일지 모르나 실제에 있어 국가가 용인하는 한에서의 제한된 자율권만을 행사한다고 본다. 이러한 가정은 후일 초국가적 관계(transnational relations)를 강조하는 이론으로부터 도전을 받게 된다.

둘째, 동질성 가정(homogeneity assumption). 이는 국가를 통합된 행위자(state as an unitary actor)로 간주한다는 가정이다.[3] 국가를 단일적이고 통합된 행위자로 바라본다는 것은 주권 국가를 다양한 이해관계를 가진 조직과 개인 혹은 집단의 합이라고 보지 않고 국가이익을 일률적으로 추진하며 늘 하나의 목소리를 내는 조직체로 본다는 것을 의미한다. 이 때문에 현실주의 패러다임 이론을 「행위자로서의 국가(state as an actor)를 전제로 한 이론」이라고 부른다. 이러한 가정은 후일 국내 구조(domestic structure)와 관료정치(bureaucratic politics)에 관한 이론들에 의해 도전을 받는다.

셋째, 합리성 가정(rationality assumption). 이는 국가를 합리적 행위자(state as a rational actor)로 바라본다는 가정이다. 국가는 냉철한 손익계산에 따라 이익의 극대화를 시도하는 최선의 합리적인 정책을 추구하는 행위자로 바라본다. 즉 국가의 정책결정자는 국가이익이 어디에 있고 특정한 상황에서 국가이익을 위해 무엇을 해야 하는가를 아는 합리성을 가지고 있다고 전제한다.[4]

전통적 현실주의자인 모겐소의 「정치가는 권력으로 정의된 국가이익(national interest defined in terms of power)을 추구하며 또 추구해야만 한다」는 말과 팔머스톤 경(Lord Palmerston)의 「국가란 영원한 친구도 영원한 적도 없고 단지 영원한 이익만이 있다」는 말이 이러한 가정을 잘 반영한다. 이러한 합리성 가정은 후일 외교정책의 결정에 비합리적 요인이 미치는 영향을 보여주고자 하는 인지심리학(cognitive psychology)과 집단 의사결정(group decision-making)에 관한 이론들에 의해 도전을 받게 된다.

넷째, 무정부성 가정(anarchy assumption). 여기서 무정부성이란 정당한 공적 권위를 지닌 중앙정부가 부재한 상태를 의미한다. 현실주의 패러다임 이론은 이러한

---

3) 「통합된」의 뜻으로 「unitary」 대신에 「unified」 혹은 「monolithic」이란 영어를 쓰기도 한다.
4) 나중에 왈츠의 신현실주의 이론에 대한 설명 부분에서 언급하겠지만 왈츠는 예외적으로 그의 이론을 전개하는 데 있어서 행위자의 합리성을 특별한 별도의 가정으로 수용하지 않는다.

무정부 상태에서 국가들은 자연스럽게 권력과 안보를 추구하고 갈등과 충돌에 빠져들며 경쟁을 하고 공동의 이익이 있어도 종종 협력하지 못한다고 본다. 이러한 가정은 후일 자유주의 패러다임의 국제사회론과 신자유주의적 제도주의 이론에 의해 도전을 받게 된다.

코헤인과 나이는 자신들이 제시한 상호의존론의 가정을 현실주의 가정과 비교하면서 현실주의 패러다임 이론의 가정의 하나로서 이러한 무정부성 가정 대신에 「이슈 영역에서의 계서(hierarchy in issue areas)」라는 가정을 제시하고 있다. 이러한 가정을 현실주의 패러다임 이론의 가정의 또 다른 하나로서 새롭게 추가할 수도 있으나 무정부성 가정으로부터 도출되는 가정이라고도 볼 수 있어 별개의 것으로 추가하지 않고자 한다.

여기에서 이슈 영역에 있어서 계서가 존재한다는 것은 국가가 추구하는 목적은 여러 가지이나 이들 간에 우선순위(priority)가 존재한다는 것으로서 국가에 따라 정치제도 · 사회적/문화적 특성 · 지도자의 성격 · 국민성 등이 달라도 국가는 안보라는 이슈 영역에 최우선의 가치를 둔다는 것을 의미한다. 즉 국가는 다양한 여러 목적을 추구할 수 있으나 최소한 자신의 지속적인 생존(survival)을 확보하여야만 하며 이 때문에 국가는 권력을 추구하고 권력의 관점에서 국가이익을 계산한다고 본다.

이 밖에 현실주의 패러다임 이론의 가정으로서 힘(force)이라는 것은 사용할 수 있고 효과적인 정책의 도구라는 가정과 국제제도(international institutions)가 협력의 가능성에 단지 미미한 영향만을 미칠 뿐이라는 가정을 첨가할 수도 있다.[5)]

3. 현실주의의 또 다른 이름들

현실주의 패러다임 이론이 국가는 통합된 합리적인 행위자로서 국가의 행동을 설명하기 위해 국가의 내부적 특성을 들여다볼 필요가 없다는 것을 가정하고 있어서 현실주의 패러다임 이론을 흔히 「암상자 이론(black box theory)」이라고 부른다. 국가란 외부적인 환경에 반응하여 수동적으로 움직인다는 점에 중점을 두고 「작용-반작용 모델(action-reaction model)」이란 이름을 붙이기도 한다. 국가란 안보라는 일차적

5) 자유주의 패러다임의 신자유주의적 제도주의 이론에서 자세히 논하겠지만 현실주의 이론은 국제레짐을 포함한 국제제도가 국가의 행동에 독립적인 영향력을 행사한다는 것을 부인하고 이러한 국제제도란 단순한 권력의 반영물로 바라본다. 전통적 현실주의는 무정부성을 특징으로 하는 국제사회에서 억지(deterrence)와 세력균형을 제외한 어떠한 요소도 제약(restraints)이나 질서(order)를 가져올 수 없음을 강조한다.

인 목적을 위해 필연적으로 권력을 추구한다는 의미에서 「권력정치 모델(power-politics model)」이라고도 불린다.

현실주의 패러다임 이론은 다음과 같은 특징들로 인해 「당구공 모델(billiard ball model)」이라고도 부른다. 첫째, 국가란 절대 주권을 지닌 외부의 세력에 의해 침투되지 않는 딱딱한 껍질을 가진 단위체(hard-shelled unit)이다. 둘째, 국가란 통합된 행위자이다. 셋째, 국제관계는 끊임없는 갈등과 충돌로서 특징 지워진다. 넷째, 국가의 행동이란 그다지 복잡하지 않고 단순하다. 다섯째, 정해진 영역 내에서 정해진 규칙에 따라 본질적으로 비슷한 단위체 사이에 상호행동이 일어난다. 여섯째, 국가는 다른 국가의 움직이는 속도와 힘에 민감하다. 일곱째, 국가들은 그들 간의 관계를 상대방에 대한 자신의 위치의 관점에서 정의를 내린다. 여덟째, 국가란 외부적인 환경에 반응하여 수동적으로 움직인다.

제 2 절 전통적 현실주의 이론: 1940~1960년대

1. 전통적 현실주의 이론의 등장 배경[6)]

1929~1932년의 세계공황의 도래와 더불어 윌슨의 이상주의에 기초한 평화유지 노력이 여지없이 파괴되기 시작했다. 일본에 의한 만주사변의 발발 · 이탈리아의 에티오피아 침공 · 독일의 재무장 · 이들 3국의 국제연맹 탈퇴와 같은 일련의 도전으로 집단안보체제가 붕괴되고 국제연맹은 이에 효과적으로 대응하지 못했다.

나아가 2차 세계대전의 발발을 저지할 수 없었다는 무기력함은 법에 따른 지배와 국제기구에 대한 신뢰 등을 무너뜨리고 이상주의의 가정과 결론에 새로운 평가를 가하도록 했다. 즉 국제법과 국제기구가 집단안보를 제공하고 집단안보제도가 안보딜레마(security dilemma)에 내재해 있는 자력구제(self-help)의 필요성을 대체할 것이라는 희망이 1939년의 2차 세계대전의 발발로 산산조각이 났다.

2차 세계대전의 발발과 더불어 홉스(Thomas Hobbes)와 루소(Jean Jacques Rousseau)의 비관주의(즉 전쟁은 국가체제에 있어 반복적으로 되풀이되는 특징이라는 생각)가 고개를 들었다. 이러한 홉스와 루소의 비관주의가 카(E. H. Carr) · 모겐소(Hans J.

---

6) 전통적 현실주의(traditional realism)는 때때로 「고전적 현실주의(classical realism)」라고도 불린다. 이는 나중에 살펴볼 행태주의적 현실주의 · 신현실주의 · 신고전적 현실주의(neoclassical realism)와 구별하기 위한 것이다.

Morgenthau) · 슈바르젠버거(George Schwarzenberger) 등의 저작에 다시 등장했으며 나아가 2차 세계대전의 종결과 더불어 시작된 동서 양 진영 간에 치열한 냉전과 핵병기의 출현 등은 전통적 현실주의 이론에 설득력을 더해갔다.

이러한 일련의 상황변화는 국제정치 체제를 주권 국가 위에 군림하는 상위권위가 부재하다는 의미의 국제적 무정부 상태(anarchy)로 그려지게 했다. 2차 세계대전 후 이상주의의 국제법과 국제기구에 관한 연구는 국제정치에 관한 연구로 방향을 전환했으며 국제기구의 연구도 법적 · 제도적 연구에서 정치과정(political process)에 관한 연구로 변모해 갔다.

이처럼 전통적 현실주의 이론은 인간의 이성을 전제로 하는 합리주의에 기반한 이상주의에 대한 도전으로서 미국이 대소정책을 형성하고 국제정치학 이론을 구축하는 데 있어 무시해온 권력(power)에 대한 적절한 배려와 권력으로 정의된 국익의 추구를 촉구했다.

이처럼 전통적 현실주의 이론은 이상주의의 실패로 인한 2차 세계대전의 발발과 전체주의 이데올로기에 대한 반발로서 등장하였다. 그러나 여기에서 주의하여야 할 것은 2차 세계대전의 발발과 더불어 이상주의가 일거에 물러나고 전통적 현실주의 이론이 국제정치 연구를 지배한 것은 아니라는 사실이다. 앞서 이상주의 편에서 이미 언급했듯이 2차 세계대전 이후 일정한 기간 국제법과 유엔과 같은 국제기구 등에 기대를 거는 이상주의가 현실주의 이론과 더불어 존재하면서 국제정치 이론에 있어서 「제1차 논쟁」이라고 할 수 있는 이상주의 대 현실주의 이론의 대논쟁(Great Debate)을 전개했다.[7)]

이러한 논쟁은 주로 미국의 외교를 중심으로 전개되었다. 이러한 논쟁에서 현실주의 이론 편에 섰던 대표적인 학자로는 모겐소(Hans J. Morgenthau)와 그의 제자인 톰슨(Kenneth Thompson) 등이 있었고 이상주의 진영의 대표적인 학자로는 타넨바움(Frank Tannenbaum)과 쿡(Thomas I. Cook) 등이 있었다.

현실주의자들은 이상주의의 법률적이고 도덕적인 접근을 부인하고 권력정치(power politics)와 권력에 의한 견제와 균형을 강조했다. 이에 대해 이상주의자들은 현실주의 이론의 권력정치가 전쟁을 일으킨다는 주장을 제기함과 동시에 현실주의가 가하는 비판에 적극적으로 대응하면서 현실적인 이상주의 즉 이상주의의 현실주의

---

7) 1차 논쟁은 이상주의와 현실주의 사이에 있었고 2차 논쟁은 전통적 현실주의와 행태주의적 현실주의 사이에 전개되었다. 3차 논쟁은 현실주의와 자유주의 패러다임의 상호의존론 사이에 이루어졌다. 자세한 것은 해당 이론 편에서 자세하게 설명하고 있다.

(realism of idealism)를 강조했다.

2. 전통적 현실주의 이론의 가정

전통적 현실주의 이론은 다른 현실주의 이론과 마찬가지로 앞서 언급한 현실주의 패러다임 이론 전반에 공통으로 적용되는 기본적인 가정에 근거하고 있다. 전통적 현실주의 이론은 이러한 기본적인 가정과 더불어 나름의 가정들을 지니고 있는데 이를 도거티와 활츠그라프(James E. Dougherty and Robert L. Pfaltzgraff)가 제시하고 있는 전통적 현실주의 이론의 가정을 중심으로 살펴보면 다음과 같다.[8] 그러나 이들이 인정하고 있듯이 이러한 가정들이 다양한 전통적 현실주의 이론들의 완전한 공통분모는 아니라는 사실에 주의해야 한다.[9]

첫째, 국가들 사이에 이익의 조화가 본질적으로 없다. 국가들은 종종 상충하는 이해관계를 가지며 이는 전쟁이나 다른 형태의 갈등이나 분쟁으로 이어질 수 있다. 국가들의 관계는 본질적으로 갈등적이고 무정부 상태가 정상이고 질서 · 정의 · 도덕은 예외이다. 다시 말해 홉스적인 자연 상태가 바로 국가 간의 관계이다.

둘째, 갈등의 결과를 결정하고 타국에 대한 영향력을 결정하는 데 일국의 능력(capabilities)은 결정적으로 중요한 요인이다. 이 때문에 정치는 권력을 추구하는 것을 목적으로 해야 한다. 일반적으로 능력이나 권력이란 개념을 군사력과 동일시하는 경우는 극히 드물며 기술 · 인구 · 천연자원 · 지리적 요인 · 정부 형태 · 리더십 · 이념 등과 같은 요소로서 구성되어 있다.

셋째, 지리나 인간성과 같은 거의 변하지 않는 요인들(즉 본질적으로 상수인 요인들)이 국가의 행동을 규정짓는다. 구체적으로 전통적 현실주의 이론 가운데 하나로 취급되는 지정학 이론(geopolitical theory)은 불변의 지리적 위치가 국가의 능력과 외교정책 방향에 결정적이라고 본다. 불변의 인간성 역시 국가 행동에 일정한 방향성을 제공한다고 본다. 구체적으로 인간성이란 본질적으로 선하지 않고 이기적이며 사악하고 권력 지향적이라고 보고 이러한 인간성은 정치적 개혁이나 교육을 통해 바꾸는 데 상당한 한계가 있다고 본다.[10]

---

8) James E. Dougherty and Robert L. Pfaltzgraff, *Contending Theories of International Relations,* 2nd ed. (New York: Harper and Row, 1981), pp. 84-86.

9) 전통적 현실주의자의 대표라고 할 수 있는 모겐소의 이론을 여기에 열거하고 있는 전통적 현실주의의 가정들이 무리 없이 적용될 수 있는 이론이라고 볼 수 있다.

10) 전통적 현실주의 이론은 여러 종류의 것이 있으나 대체로 국가 행동이라는 종속 변인을 설명하고자 할 때 그들이 택한 독립변수는 (상대적으로) 불변의 성질을 지닌 것이었다. 예를 들자면 모겐소는 이기적

넷째, 정치가의 할 일이란 갈등을 일으키는 인간의 성향을 최소화하기 위한 정치적인 틀을 짜는 것이다. 국제법이나 국제기구를 통한 평화구축은 어렵고 세력균형이야말로 일국이 패권을 획득하는 것을 방지하기 위한 규제적인 장치로서 가장 중요한 권력의 관리 방법이라고 본다.

다섯째, 국가 도덕은 개인 도덕이나 보편적 도덕과 다르다. 보편적인 도덕적 원칙들은 그 추상적이고 보편적인 형태 그대로 국가의 정치적인 행위에 적용될 수 없다. 즉 중앙권위가 부재하고 모든 국가에 의해 수용되는 규범이 결여된 국제체제에서 행동의 기준이란 국가 내부에서의 행동을 규율하는 기준과 다르다. 정치가들은 국민에게 국가를 안전하게 보호하겠다는 약속을 하고 주권 국가로 구성된 국제체제에서 국가가 지닌 권력이야말로 권위 있는 궁극적인 결정자나 판정자이기 때문이다. 간단히 말해 국가 도덕은 개인 도덕보다 우월하며 보편적인 도덕의 원칙은 국제관계의 분석과 실제에 적용되지 않는다고 본다.

골드만(Kjell Goldmann)[11]은 전통적 현실주의 이론의 이러한 가정들을 다음과 같이 압축하여 전통적 현실주의 이론 간의 차이를 살펴보고자 했다. 그에 따르면 전통적 현실주의 이론들은 국제정치의 근원 · 결정요인 · 조건에 관한 이론들로서 어느 학자의 이론인가에 따라 이러한 근원 · 결정요인 · 조건의 구체적인 내용은 다르지만 본질적으로 불변의 것이며 국제정치의 도덕은 특수한 것이라는 가정에 기초하고 있다.

그러나 전통적 현실주의자들이 이러한 가정에 대해 항상 견해를 같이하는 것은 아니다. 예컨대 키신저(Henry A. Kissinger)는 국제정치의 근원 · 결정요인 · 조건에 있

이고 사악하며 권력 지향적인 인간성이란 불변의 개념을 가지고 국제정치를 설명하고자 했으며 니버는 원죄(original sin)로 말미암아 더럽혀져 있고 결국 악을 행하게 되어 있다는 성서적 인간개념과 같은 불변의 요인을 가지고 국제정치에 있어서 반복적으로 등장하는 현상을 설명하고자 했다. 이러한 불변의 독립변수를 통해 간결성이 있는 대이론(parsimonious grand theory)을 만들고자 했다. 행태주의적 현실주의 이론의 하나인 체제이론은 체제의 변형(transformation)을 논의하고 국제체제가 어떤가에 따라 국가 행동에 미치는 영향이 달라진다는 것을 설명하고자 했으며 이 때문에 정태적인 전통적 현실주의의 성격을 바꾸어 놓았다. 신현실주의자인 왈츠는 국제관계를 규정짓는 국제체제의 구조가 무정부 상태를 지속할 것이라는 측면을 강조하고 있어 그의 이론 역시 정태적이라는 평가를 면하기 어려우나 전통적 현실주의와는 달리 국제체제가 구성국들 사이의 권력 배분 형태(예컨대 양극체제와 다극체제)에 따라 달라지며 이에 따라 국가 행동도 달라질 것으로 봄으로써 지극히 제한된 범위에서나마 동태적인 측면을 보유하고 있다. 그러나 국제체제가 1648년 이래 약 300년간 다극체제를 지속하다가 1945년 이후에야 비로소 양극체제로 바뀌었고 냉전의 종식으로 양극체제가 붕괴하였다고 평가할 때 이러한 변수(즉 국제체제 구성국들 사이의 권력 배분 형태)는 국가 행동 변화를 설명하는 데 커다란 의미가 없다고 볼 수 있다. 이러한 정태적인 신현실주의에 동태성을 주고 있는 것이 길핀과 같은 학자의 순환론적인 설명이다. 일반적으로 현실주의는 국제체제를 상수로 간주하고 국제체제 자체의 구조적 변화로부터 관심이 멀다. 이들에 있어서 관심은 국제체제가 어디로 왜 가고 있는지가 아니고 현존하는 질서를 어떻게 보존할 것인가에 있다고 볼 수 있다.

11) Kjell Goldmann, "The Concept of 'Realism' as a Source of Confusion," *Cooperation and Conflict*, Vol. 23, No. 1 (March 1988), p. 2.

어서 국내 정치 구조를 중요한 요소로 간주함으로써 국제정치의 기본적 조건은 불변의 것이라는 가정과 궤를 달리하고 있다.12) 우리가 전통적 현실주의자로 분류한 카(E. H. Carr)나 니버(Reinhold Niebuhr)의 경우는 여전히 국제정치에서의 도덕의 중요성에 관해 이야기하고 있다.

3. 전통적 현실주의 이론의 가설과 명제

국제정치에 관한 현실주의 관점은 고대 그리스의 투키디데스(Thucydides)로까지 거슬러 올라간다. 「펠로폰네소스 전쟁사」라는 그의 책은 권력정치(power politics)의 동태적 관점에서 전쟁과 같은 국제적인 갈등의 근본적 원인을 설명하고자 한 최초의 시도로서 언급된다.13) 이러한 현실주의 관점은 16세기의 마키아벨리(Niccolo Machiavelli)를 거쳐서 17세기 홉스(Thomas Hobbes)와 18세기의 루소(Jean Jacques Rousseau) 등으로 이어져 내려갔다.

이들의 지적 전통은 2차 세계대전 이후에 전통적 현실주의(traditional realism/classical realism) 이론으로 구체화하였다. 대표적인 미국의 전통적 현실주의자로는 모겐소(Hans Morgenthau) · 슈만(Frederick L. Schuman) · 니버(Reinhold Niebuhr) · 스파이크만(Nicholas Spykman) · 케난(George Kennan) · 립만(Walter Lippmann) · 울퍼스(Arnold Wolfers) · 키신저(Henry A. Kissinger) 등이 있다. 영국을 대표하는 학자로는 카(E. H. Carr) · 슈바르젠버거(Georg Schwarzenberger) · 위트(Martin Wight) 등이 있으

12) Henry A. Kissinger, "Conditions of World Order," *Daedalus*, Vol. 95, No. 2 (Spring 1966), pp. 503-529.

13) 투키디데스는 세력균형의 변화가 가져다주는 두려움을 전쟁의 내재적이고 동태적인 요인(underlying and dynamic factor)으로 간주했다. 펠로폰네소스 전쟁과 관련하여 그는 스파르타보다 약했던 아테네가 신흥 강국으로 급속하게 부상하자 이에 아테네가 위협을 느끼게 되었고 이러한 두려움이 궁극적으로 두 세력 간에 전쟁을 일으켰다고 보았다. 세력균형이라는 국제관계의 양태가 자국에 불리한 방향으로 변화하게 되면 국가는 세력의 증대를 통해 이를 수정하고자 하나 이러한 노력은 거꾸로 상대방에게 두려움을 유발해(즉 안보딜레마를 유발해) 상호불신의 원인이 되면서 전쟁으로 귀결된다는 것이다. 「결정의 본질: 쿠바 미사일 위기의 설명(Essence of Decision; Explaining the Cuban Missile Crisis)」이라는 책에서 1962년 쿠바 미사일 위기를 바라보는 다양한 이론적 관점을 제시한 것으로 유명한 미국의 국제정치학자인 앨리슨(Graham Allison)은 「예정된 전쟁(Destined for War」이라는 그의 또 다른 저서에서 이러한 현상을 「투키디데스의 함정(Thucydides Trap)」이라고 명명했다. 구체적으로 그는 지난 500년 동안의 역사에서 이를 적용할 수 있는 16개의 사례를 발굴하고 이 가운데 부상한 일본과 청나라/러시아/미국과의 전쟁을 비롯한 12개의 사례가 전쟁으로 이어졌고 1940년대부터 1980년대 말 소련의 붕괴에 이르기까지 전쟁으로 이어지지 않은 미국과 소련의 관계를 비롯한 4개의 사례만이 전쟁을 피할 수 있었다고 소개하고 이 가운데 전쟁으로 이어진 5개의 사례와 전쟁으로 귀결되지 않은 4개 사례를 분석한 후 궁극적으로 투키디데스 함정을 피하기 위한 조건을 제시하고자 했다. 패권국과 급속하게 부상하는 신흥강대국이 충돌하는 현상을 의미하는 이 개념은 급속히 부상하고 있는 중국과 이를 위협으로 느끼는 기존의 패권국인 미국 간의 관계를 설명하고 예측하는 데 빈번하게 사용되고 있다.

며 프랑스의 대표적인 학자로는 아롱(Raymond Aron)을 들 수 있다. 여기서는 슈만·카·니버·모겐소의 이론을 집중적으로 살펴보고자 한다.

1) 슈만(Frederick L. Schuman)

슈만은 「국제정치학(International Politics)」이라는 책을 국제사회의 대변동과 이상주의에 대한 반성이 대두되기 시작했던 해인 1933년에 발간하여 이상주의로부터 현실주의로의 이행을 선도했다.[14] 그의 이론의 핵심은 국제체제에는 통일 정부가 부재하기 때문에 국가들은 자신의 권력에 의존해야 하고 또 인접 국가의 권력을 예의주시함으로써 자신의 안전을 추구해야만 한다는 것이다.

구체적으로 슈만은 통일 정부가 부재한 국제체제에서 개개 국가는 타국의 행위를 통제하는 것이 불가능하고 또 타국 행위에 대해 확신을 가질 수 없으므로 최악의 경우를 염두에 두고 자신의 자율성을 지키기 위해 타국으로부터 야기될 수 있는 모든 위협을 제거해야만 한다고 강조한다. 이를 위한 합리적인 정책목표는 위협에 대항하여 국력을 보유하고 유지하며 좋은 기회를 맞았을 때 국력을 확장하고 팽창시키는 것이라고 보았다. 이와 함께 세계 권력을 장악하려는 야심가들을 억제하고 자신을 방어하기 위한 중요한 규제 장치로서 국가 간의 동맹이라는 동태적인 과정을 통해 형성되는 세력균형을 강조했다.

슈만은 통일 정부가 부재한 국제체제를 이처럼 불신과 의혹으로 가득 찬 약육강식의 원리가 지배하는 세계로 바라보고 이러한 상황에서의 국가 행동 원리란 권력의 향상을 통한 자력구제(self-help)의 원칙이며 국가의 궁극적인 목표는 평화가 아닌 자기 보전(self-preservation)이라는 것을 강조했다. 더불어 그는 모든 국가의 정치란 본질적으로 권력투쟁이며 이는 구체적으로 민족주의와 제국주의의 형태로 나타난다고 보았다.

2) 카(E. H. Carr)

영국의 역사학자인 카는 1939년 2차 세계대전이 일어난 해에 그의 고전적인 저작물인 「위기의 20년, 1919~1939(The Twenty Years' Crisis, 1919~1939)」라는 책을 통해 이상주의자에 대한 맹렬한 공격을 개시하여 이상주의의 종언에 이바지했고 이와 더불어 현실주의 패러다임이 국제관계 연구의 하나의 학파가 되는 토대를 마련하기 시작했다.

---

14) Frederick L. Schuman, *International Politics* (New York: McGraw Hill, 1933).

이상주의에 카가 가한 비판의 초점은 이상주의 편에서 이미 설명했듯이 이상주의의 초석이 되는 주권 국가 간 이익의 자연스러운 조화(natural harmony of interests)라는 가정이었다. 카의 관점에서 이상주의자들은 국제체제에서 지배적인 발언권을 가지고 있는 특권적인 위치에 있는 자신들의 이익을 다른 국가들에 강요하기 위해 자신들의 특수한 이익을 공동의 이익으로 가장한다고 본다. 즉 이상주의자들은 자신들이 원하는 특정의 이익을 다른 사람들에게도 도움이 되는 것 즉 공공재(public good)로 위장하여 자신의 지배적인 특권적 지위를 정당화시키고 유지하려 한다는 것이다.

카는 19세기 무역에 있어 지배적인 위치를 점하고 있던 영국이 자신에게 번영을 가져다주는 자유무역 질서를 세계의 번영을 촉진할 것이라고 논리를 동원하여 나머지 열등한 지위에 있던 국가들에 이러한 질서를 이기적으로 강요한 것을 그 한 예로 들고 있다.

카는 한 사회에 있어 지배계급이 자신의 안전과 지배권을 보장해 주는 국내적인 평온한 질서를 기원하고 자신들을 위협할지 모르는 계급 간 충돌을 거부하는 것과 마찬가지로 국제체제의 지배적인 강대국 역시 자신들의 특별한 지위를 보장해 주는 국제평화를 원하고 현상 타파를 부인한다고 본다.

카에 따르면 이상주의자들이 이익의 자연스러운 조화라는 가정하에 평화가 모든 국가의 공동의 이익이라고 생각하는 것은 현상 유지를 통해 특권적인 지위를 유지하고자 하는 강대국의 이익을 반영하고 있는 것으로서 현상에 불만을 느끼고 있어 현상의 변혁과 타파를 원하는 국가의 존재를 무시하기 때문에 그 한계를 가진다. 같은 논리로 국가 간의 경제적인 이익의 자연스러운 조화라는 생각 역시 경제적 민족주의(economic nationalism)의 존재로 인해 한계를 갖는다고 본다.

카는 이익의 자연스러운 조화에 대한 비판과 더불어 이상주의가 민주주의의 합리성을 전제로 하고 여론이라는 것을 이성의 목소리로 간주함과 동시에 이러한 여론이 효력이 있을 것으로 보는 견해를 비판했다. 즉 그는 민주주의가 비합리적일 수 있고 여론도 비이성적일 수 있음을 지적했다. 나아가 그는 일본의 만주 침략과 이탈리아의 에티오피아 침략을 이러한 그릇된 가정에 입각한 이상주의의 한계를 적나라하게 보여준 예로 들고 있다.

이러한 이상주의에 대한 비판과 동시에 카는 현실주의 이론의 한계도 지적하고 있다. 구체적으로 이상주의자들이 역사의 교훈을 무시하는 데 반해 현실주의자들은 역사를 너무 비관적으로 본다는 점을 지적하고 있다. 더불어 이상주의가 선택의 자유를 강조하는 것과 대조적으로 현실주의 이론은 고정된 인과율을 과장하여 결정주의(determinism) 속으로 빠져들어 그 결과 역사 과정을 변혁하는 힘을 갖지 못한다는 점 역시 지적하고 있다. 그 밖에 이상주의는 자신의 이익을 보편적인 원리와 동일시하는 경향이 있는 것과는 대조적으로 현실주의 이론은 냉소주의에 빠질 위험이 있어 어떤 합목적적이고 유의미한 행위를 취하기가 어렵다고 비판했다.

이렇게 카는 현실주의 이론에 대해서도 비판을 가했으나 이상주의를 대체할 현실주의 이외의 명쾌한 대안이 없는 상황에서 이상주의에 대한 적절한 대안으로서 현실주의 이론을 시사했다. 그러나 카는 올바른 국제정치 이론은 이상주의의 요소인 도덕적 가치와 현실주의 이론의 요소인 권력에 기초를 두어야만 한다고 주장함으로써 이상주의와 현실주의 이론의 종합을 강조했다.

카는 권력의 요소를 무시하는 것은 이상주의적이고 세계질서에 있어서 도덕의 요소를 무시하는 것은 비현실적이라고 본다. 국내의 모든 정부가 권위의 기초로서 권력과 동시에 피치자의 동의라는 도덕적인 요소 역시 필요로 하듯이 국제질서도 권력에만 그 기반을 둘 수는 없음을 강조한다. 이러한 도덕적인 요소의 필요성에 대한 강조는 노골적인 권력(naked power)에 인류는 반드시 저항하게 된다는 간단명료한 이유에 그 근거를 두고 있다. 이처럼 카는 이상과 윤리 혹은 도덕성(morality)의 중요한 역할을 부인하지 않고 실제로 이를 강조했다.15)

이런 이유로 카의 현실주의 이론을「도덕적 현실주의(moral realism)」혹은「민주적 현실주의(democratic realism)」이론이라고도 부른다. 이상주의와의 결합을 강조했다는 점에서 카의 현실주의 이론을「절충주의(eclecticism)」이론이라고도 부른다. 2차 세계대전이 끝나고 미국의 패권이 도래하자 카의 도덕적 현실주의 이론은 학자들로부터 멀어져 갔다.

3) 니버(Reinhold Niebuhr)16)

신학자인 니버 이론은 기독교적 현실주의라고 불리는데 이 이론의 핵심이 인간은 원죄로 말미암아 더럽혀져 있고 이로 인해 결국 악을 저지르게 되어 있다는 것에서 출발하기 때문이다. 이처럼 니버의 이론은 신학에 기초한 인간의 본성에 대한 가정으로부터 시작하고 있다. 그에 따르면 인간은 자신이 지닌 자유와 유한성이라는

---

15) E. H. Carr, *The Twenty Years' Crisis, 1919-1939: An Introduction to the Study of International Relations* (London: MacMillan, 1939).

16) Reinhold Niebuhr, *Moral Man and Immoral Society* (New York: Charles Scribner's Sons, 1947).

모순으로 인해 필연적으로 불안감을 가지게 되며 이러한 유한성에서 벗어나기 위한 생존 의지(will-to-live)를 갖게 된다.

그러나 이러한 생존 의지는 단순한 물리적 생존의 범위를 벗어나 역사와 자연의 공포로부터의 안전을 추구하기 위해 권력을 증대하려는 권력 의지(will-to-power)로 발전한다. 이러한 개인의 권력 의지 즉 권력 추구 경향은 국가 수준으로 전이되어 보다 증폭된다. 즉 개인이 국가의 구성원으로 행동할 경우 개인 자격으로 행동하는 경우에 비하여 아무런 도덕적 제약을 받지 않기 때문에 권력 추구 성향이 증폭된다고 본다.

니버는 정치에서의 도덕의 한계를 보지 못하는 이상주의자들을 비판하고 국제정치를 권력투쟁으로 보았으며 정치이론은 정치 현실로부터 도출되어야 한다는 것을 암시했다. 그러나 다른 한편 니버는 정치가가 도덕에 무관심하다는 것을 부인하고 현실주의 이론은 도덕에 의해 순화되어야 함을 강조했다. 그는 또한 현실주의 이론이 국가이익을 지나치게 역설하는 것을 비판하고 권력이 정의의 도구로서 그리고 자신의 이익보다 광범위한 이익을 위해 사용되어야 함을 강조했다. 이처럼 니버의 현실주의는 권력정치와 이익의 충돌이라는 현실 속에서의 도덕의 유지에 큰 관심을 두었다.

4) 모겐소(Hans J. Morgenthau)

1948년 모겐소에 의해 전통적 현실주의 이론의 고전이라고 할 수 있는 「국제정치(Politics Among Nations)」라는 책이 발간된 것에서 알 수 있듯이 1940년대 후반에 이르러 전통적 현실주의 이론이 모겐소에 의해 체계화되기 시작했다.[17)]

모겐소는 이상주의의 법적·제도적 접근법의 위험성을 강조했으며 집단적 안보와 사법적 해결과 같은 국제제도의 기능의 실효성과 평화적 변화의 가능성에 깊은 회의를 보였다. 그는 현실주의 이론과 이상주의의 종합을 주장한 카의 견해를 비판하고 이상주의적 요소가 배제된 전통적 현실주의 이론을 제시하면서 미국 외교의 쇄신을 요구했다. 전통적 현실주의를 체계화한 모겐소의 현실주의 이론의 중요한 논의를 그가 말하고 있는 현실주의 이론의 6개 원칙을 중심으로 하나하나 살펴보도록 하자.

---

17) Hans J. Morgenthau, *Politics Among Nations: The Struggle for Power and Peace* (New York: Alfred A. Knopf, 1948).

(1) 현실주의 이론의 6개 원칙[18)]

첫째, 정치란 인간성에 내재해 있는 불변의 객관적인 법칙에 따라 지배된다. 사회를 개선하기 위해 이러한 법칙에 대한 이해가 필요하고 이러한 객관적인 법칙을 반영하는 합리적인 이론을 개발하는 것이 가능하다. 이러한 정치이론이 이론으로서의 위상을 가지기 위해서는 이성과 경험이라는 양면의 검증을 받아야만 한다. 즉 이론은 이성적인 논리뿐 아니라 경험적인 사실에도 적합하여야 한다.

둘째, 정치적 현실주의 이론의 중심 개념은 권력으로 정의된 국가이익(national interest defined in terms of power)인데 국가는 이러한 권력으로 정의된 국가이익을 추구한다.[19)] 이 개념은 정치학을 경제학 · 윤리학 · 미학 · 종교와 같은 다른 학문의 영역으로부터 분리한다. 국가가 권력으로 정의된 국가이익을 추구한다고 할 때 다양한 시점에서 다양한 국가들의 대외 행동을 일관되고 통일된 관점에서 바라볼 수 있게 해준다. 정치가들이 이러한 기준 아래 생각하고 행동한다고 할 때 관찰자의 경우 정치를 이론적으로 이해할 수 있게 되며 정치가는 합리적인 규범과 외교정책의 일관성을 지닐 수 있게 된다. 외교정책의 요인을 전적으로 정치가의 동기에서 찾는 것은 무의미한데 이는 역사상 정치가의 동기와 외교정책 사이에 관련성을 찾아볼 수 없기 때문이다.

셋째, 권력으로 정의된 국가이익이라는 개념은 객관적인 것으로 가정하지만 실제에 있어서 권력으로 정의된 국가이익의 구체적인 내용과 권력의 실질적이고 구체적인 내용 자체는 고정된 불변의 것이 아니고 가변적이다. 즉 이들의 실질적인 내용이란 역사적인 시점과 상황 그리고 정치적 · 문화적 맥락에 따라 달라질 수 있다. 달리 말하자면 권력으로 정의된 국가이익의 구체적인 내용은 시대와 국가가 처해 있는 상황에 따라 다를 수 있으나 국가가 권력으로 정의된 국가이익을 추구한다는 것은 불변이다. 이러한 관점에서 국제정치란 국가들이 권력으로 정의된 국가이익에 대한 적응 과정인 것이다. 즉 현실주의 이론은 국가이익이란 자연적으로 조화되는 것이라고 전제하지도 않고 반대로 전쟁이란 불가피한 것으로 전제하지도 않는다. 다만 끊임없는 대립과 전쟁의 위협을 상정하고 이러한 대립하는 이해관계 간의 적응과 조정을 국제정치로 본다.

넷째, 정치적 행위의 도덕적 중요성을 인정하며 도덕적 요구와 성공적인 정치적

---

18) Hans J. Morgenthau, *Politics Among Nations: The Struggle for Power and Peace,* 5th ed. (New York: Alfred A. Knopf, 1973), pp. 3-15.

19) 모겐소에게 권력은 구체적으로 타인의 마음과 행동에 대한 지배를 의미한다.

행위의 요구 사이에 불가피한 긴장이 존재함을 인정한다. 그러나 보편적인 도덕적 원리들은 그 추상적이고 보편적인 형태 그대로 국가 행동에 적용될 수 없으며 시간과 공간의 구체적인 상황을 통해 여과되어야 한다. 추상적인 윤리는 도덕법칙과의 부합 여부를 가지고 행위를 판단하나 정치적 윤리는 정치적 결과로 행위를 판단한다. 국가는 외부의 위협으로부터 자국과 자국민의 안전을 지키는 것을 최대의 의무로 하며 이를 위해 권력으로 정의된 국가이익을 추구하는데 이러한 국익 추구야말로 최고의 도덕성을 지닌다.

다섯째, 특정 국가의 도덕적 열망과 국제사회를 지배하는 보편적인 도덕법칙을 동일시해서는 안 된다.[20] 모든 국가는 자신의 행위를 정당화하기 위해 그들 자신의 특별한 욕망과 행동에 보편적인 국제사회의 도덕이라는 목적의 옷을 입히려 하나 이는 권력으로 정의된 국가이익의 추구에 불과한 것이다. 즉 국가들은 자신의 행위를 보편적인 도덕원리라고 미화하고자 하는데 우리가 도덕적 지나침과 정치적 우매함에서 벗어나도록 해주는 것이 바로 권력으로 정의된 국가이익이라는 개념이다. 우리가 모든 국가를 권력으로 정의된 나름의 이익을 추구하는 정치적인 존재로 바라볼 경우의 이점은 자국을 판단하는 방식으로 타국을 판단할 수 있으며 이러한 판단을 한 후 이에 기초하여 자국의 이익을 보호하고 증진하면서 동시에 타국의 이익을 존중하는 정책을 추구하는 것이 가능하다.

여섯째, 현실주의 이론은 학문에 있어서 정치적 영역의 자율성을 주장한다. 경제학자가 부(wealth)로서 정의된 관점에서 생각하면서 국가가 추구하는 정책이 사회의 부 혹은 사회 일부의 부에 어떠한 영향을 미칠 것인가를 묻듯이 현실주의 국제정치학자는 권력으로 정의된 국가이익의 관점에서 생각하면서 국가의 정책이 권력으로 정의된 국가이익에 어떤 영향을 미칠 것인가를 묻는다. 현실주의자는 정치적인 기준 이외의 다른 기준들의 존재와 관련성을 모르는 바는 아니나 이러한 다양한 정치 이외의 기준을 정치적인 기준에 종속시키지 않을 수 없다.

(2) 인간성과 권력 그리고 국가이익

앞서 살펴보았듯이 모겐소는 정치의 본질을 인간 본성(human nature)에서 찾고 있다. 그에 따르면 모든 인간은 공통으로 타인에 대한 배려 없이 자신의 이해관계를 위해 행동하는 이기적이고 타인에 대해 자신의 지위를 유지·확대·과시하려는 욕

---

20) 이상주의가 국가 간 이익의 조화를 가정한 것은 잘못된 것이라는 카(E. H. Carr)의 주장과 본질적으로 같다.

구를 지니고 있다고 본다. 인간은 최후의 한 사람까지도 모두 지배하게 될 때까지 만족하지 못하는 무제한의 권력 욕망(limitless lust for power)을 지니고 있어 필연적으로 악을 범하게 된다고 본다.21) 모겐소는 이처럼 권력투쟁(struggle for power)을 인간 본성으로부터 파생되는 불가피한 결과로서 인식하고 같은 맥락에서 정치의 본질 역시 권력투쟁이라고 본다.22)

정치의 본질에 대한 이와 같은 이해로부터 출발하여 모겐소는 국제정치의 시공을 초월하여 편재하는 본질 역시 권력투쟁이고 모든 국가가 권력으로 정의된 국가이익(national interest defined in terms of power)을 추구하는 것을 국제정치의 철칙으로 보았다.

모겐소는 이처럼 국가가 권력으로 정의된 자국의 이익을 추구하는 것이 자연스러운 일이므로 강한 군대의 보유를 선호하고 국가의 목적을 이루기 위하여 군사력을 사용하는 것은 잔인하고 비인간적인 그리고 비도덕적인 것이 아니라고 본다. 즉 국가의 자기중심적 이익은 공공선(common good)에 우선한다는 것이다. 이처럼 모겐소에게 권력에 대한 고려는 어떠한 것에도 앞서는 대외정책의 가장 중요한 근원인 것이다.

모겐소를 위시한 현실주의 국제정치 이론가들은 국가 간의 갈등이나 협상의 결과는 국가가 목적을 달성하기 위해 동원할 수 있는 권력에 의해서 일반적으로 결정된다. 이것이 바로 현실주의 이론의 핵심적인 개념인 권력의 대체성(power fungibility)이다.23)

(3) 현실주의 외교정책24)

모겐소는 국가의 권력 추구라는 현상을 좀 더 세분하고 있다. 구체적으로 모겐소는 모든 정치 현상을 권력의 유지·증대·시위라는 세 가지 태도로 분류하고 이에 상응하여 국가들이 추구하는 정책을 분류하고 있다.

---

21) 이러한 욕망을 「지배욕(animus dominandi)」이라고도 칭한다.

22) 이러한 이유로 모겐소의 전통적 현실주의 이론을 때때로 「인간성 현실주의(Human Nature Realism)」 이론이라고도 부른다.

23) 현실주의 이론은 군사력이 강한 국가가 모든 이슈 영역(issue area)에서 국제적 결과를 지배한다고 보는 「권력의 대체성」 개념에 기초하고 있다. 나중에 더 자세히 논하겠지만 상호의존론은 「국가의 권력과 국제적 결과 사이에 강력한 상관관계가 발견되지 않는다」 즉 「이슈 영역에 따라 약소국이 때때로 강대국을 이긴다」는 것에 주목하여 「권력은 대체성이 없다(Power is not fungible)」는 주장을 제기했다. 이러한 상호의존론은 국제적 결과를 결정짓는 중요한 변수로서 「협상력(bargaining power)」과 같은 개념을 중요시했다.

24) Hans J. Morgenthau, *Politics Among Nations: The Struggle for Power and Peace*, 5th ed. (New York: Alfred A. Knopf, 1973), pp. 40-100.

첫째, 권력의 유지란 특정 순간에 존재하는 권력의 분포 상태를 유지하려는 행위로서 현상 유지 정책(policy of status quo)으로 나타난다.[25] 현상 유지 정책이란 좀 더 구체적으로 자국의 독립과 안전을 위해 유리한 국가 간 권력관계를 현재의 상태대로 지속시킬 것을 목적으로 하는 정책을 일컫는다.

둘째, 권력의 증대는 현상을 전복시키고 둘 혹은 그 이상의 국가 간에 현존하는 권력관계를 전도시키려는 행위로서 제국주의 정책(policy of imperialism)으로 구체화한다고 본다. 그러나 모겐소에게 있어서 권력의 확대가 모두 제국주의 정책은 아니다. 모겐소는 권력관계의 현상을 타파하지 않는 국력의 확대와 이미 존재하는 제국을 유지하기 위한 국력의 확대를 제국주의 정책에서 배제하고 있다.

셋째, 권력의 시위는 현재 실제로 보유하고 있거나 보유를 희망하는 권력을 타국에 과시함으로써 심리적인 압박을 가하고자 하는 외교정책으로서 위신 정책(policy of prestige)으로 나타난다. 이러한 정책은 상기 두 정책을 위한 수단적 의미를 지닌다. 이러한 정책은 구체적으로 외교 의례(diplomatic ceremonies)와 군사력 과시(display of military force)의 형태로 표현된다고 본다.

이런 세 가지 유형의 정책이 역사상 어떻게 나타났는가를 모겐소는 소상히 설명하고 있다. 모겐소의 주장을 요약하자면 국제정치는 권력 추구를 불변의 특징으로 한다. 좀 더 구체적으로 말해 역사의 모든 시기는 자신의 권력을 유지 혹은 확대하려는 국가들의 존재로서 특징 지워진다는 것이다.

모겐소 이론의 비판자들은 모겐소가 인간성이라는 불변의 요인에 의존해 국가의 권력 추구를 설명하려 함으로써 국가에 따라 혹은 같은 국가 내에서도 시기에 따라 어떤 경우는 제국주의 정책을 펴고 어떨 때는 현상 유지 정책을 펴는 등의 정책상 변이를 적절하게 설명할 수 없다고 비판한다.

여기에서 모겐소가 제시하고 있는 국가들이 추구하는 외교정책의 유형을 다른 현실주의자들(특히 신현실주의자들)이 제시하고 있는 것과 비교해 볼 필요가 있는데 이는 현실주의 계보에 속하는 이론들이지만 다른 시각을 제시하고 있기 때문이다.

모겐소는 국가들이 추구하는 정책을 현상 유지 정책이거나 현상 타파 정책으로 구분한다.[26] 이와는 달리 방어적 현실주의자로 분류되는 왈츠(Kenneth N. Waltz)는 모든 국가를 현상 유지 정책을 추구하는 존재로 바라본다. 이와는 달리 공격적 현실

---

25) 「Status quo」란 「현상 유지」로 번역되어 이미 존재는 가치나 체제 혹은 구조 등을 현재의 상태로 유지하려는 것을 의미한다. 단순히 「현재 상황」이나 「현재 상태」로 번역되어 흔히 사용되기도 한다.

26) 모겐소뿐만 아니라 카(E. H. Carr)와 키신저(Henry A. Kissinger) 등과 같은 전통적 현실주의자 역시 국가의 외교정책을 현상 유지 외교정책과 현상 타파 외교정책으로 구분하고 있다.

주의자로 분류되는 미어샤이머(John J. Mearsheimer)는 현상 유지 정책을 추구하는 지역적 패권국만을 유일한 예외로 하고 다른 강대국들 모두를 현상 타파 정책을 옹호하는 수정주의적 국가(revisionist states)로 본다.

이들 간의 가장 큰 차이는 모겐소의 전통적 현실주의 이론이 국가에 따라 혹은 같은 국가 내에서도 다른 외교정책을 펼 수 있다고 보는 데 반해 신현실주의 이론은 현상 유지 정책인가 현상 타파 정책인가의 차이가 있으나 국가들은 같은 외교정책을 추구한다고 본다는 점이다.

이렇게 국가들이 추구하는 정책을 둘러싸고 현실주의 이론들이 견해를 달리하고 있는 근본적인 이유는 이들이 분석수준(level of analysis)을 달리하기 때문이다. 국제체제의 구조적 특성을 가지고 국가 행동과 국제적 결과를 설명하려는 신현실주의 이론의 경우 환원주의(reductionism)에 빠지지 않기 위해서 같은 국제체제 아래에서 모든 국가는 같은 정책을 추구한다고 볼 수밖에 없기 때문이다.

(4) 세력균형(balance of power)

모겐소는 권력투쟁을 국가 행동의 규칙성으로 보고 이러한 국가 행동이 국제적으로 세력균형으로 귀결된다고 본다. 그에게 있어서 세력균형은 국제정치의 지속적인 요소이며 근본적인 법칙이다. 이러한 그의 생각은 세력균형의 요건을 무시하는 정책결정자는 세계를 정복하든지 아니면 세계에서 사라지든지 두 개의 선택만이 있다는 그의 주장에 담겨 있다.

모겐소는 국내와는 달리 공권력을 지닌 중앙정부와 같은 제도적 장치가 부재한 국제체제에서 국가의 권력욕을 제한할 수 있는 것은 오직 권력뿐이라고 본다. 따라서 그에게 있어 국제체제의 필수적인 안정화 요인은 세력균형과 이를 유지하기 위한 정책이다.[27] 모든 국가는 균형이 아닌 권력의 우위를 목표로 하는 권력투쟁에 참여하나 이들 간의 직접적인 대립이나 경쟁이라는 두 가지 형태에 의해 세력균형이 정착된다고 본다.

모겐소는 미국외교사 연구를 통해 세력균형의 창출과 유지가 건국 이래 미국의 지속적인 국가이익이었다고 강조하고 미국의 국익은 미국의 안보에 대한 위협 방지 수단으로서 세력균형을 유지하는 것에 있다고 보았다. 예컨대 미국의 대유럽 정책으로서의 세력균형 정책은 유럽에서 패권국이 등장하여 미국에 위협을 가하는 것을 방

27) 나중에 더욱 상세히 설명하겠지만 모겐소는 세력균형을 설명하는 데 있어서 이처럼 국제체제의 무정부 상태를 전제로 하고 있다.

지하는 데 목적이 있었으며 미국의 전후 봉쇄정책(containment policy)도 공산주의에 의한 세력균형의 전복을 방지하기 위한 것으로 이해했다.

모겐소는 또한 과거 미국의 베트남 개입을 반대해 왔는데 그의 논거는 동남아시아를 미국의 안보 이익에 주변적인 것으로 보았다는 점 이외에 미국의 베트남 개입을 아시아 지역에서의 미국의 전통적인 목표인 세력균형(구체적으로 중국과의 영향권에 기반한 세력균형)을 고려하지 않는 것으로 보았기 때문이다.

모겐소는 국제법을 대신하는 국제관계의 조절 장치로서 세력균형의 전통적 기능을 재확인하는 동시에 국제사회를 위한 세력균형의 궁극적 가치를 의문시하기도 했다.28) 다음은 모겐소가 지적하고 있는 세력균형이 지닌 문제점이다.

첫째, 세력균형의 불확실성(uncertainty). 모겐소는 국력의 불가측성과 국력의 상호의존성 때문에 국력의 정확한 비교와 평가가 힘들다는 의미에서 세력균형의 불확실성을 지적하고 있다. 이러한 불확실성으로 인해 1차 세계대전의 방지에 실패했다고 진단하고 세력균형은 원래 전쟁의 방지를 목적으로 하지만 극단적 경우 전쟁을 유발할 수도 있다고 본다.

둘째, 세력균형의 비현실성(unreality). 모겐소는 실제에 있어서 개개 국가들이 권력을 양적으로 평가하는 데 있어서의 곤란함과 상호불신으로 인해 세력균형에 만족하지 못하고 오산에 대비하여 안전의 여지(margin of safety)를 추구한다는 의미에서 세력균형의 비현실성을 지적한다. 즉 세력균형을 위한 노력이 점차적인 자국 국력의 우세함을 가져오고 그 결과 세력의 균형이 아닌 불균형을 초래하여 외교적 압력이나 전쟁을 가져올 수도 있다는 것이다.

셋째, 세력균형의 부적합성(irrelevance). 모겐소는 17세기에서 20세기 초까지 유럽 국가들 사이에 권력투쟁 외에 지적 동질성과 도덕적 합의가 존재하여 이들 간의 관계에 제약적인 요소로서 영향을 미쳤으나 2차 세계대전 후의 국제체제는 이러한 지적 동질성과 도덕적 합의가 부재하다는 의미에서 세력균형이 적합하지 않음을 지적하고 있다.

(5) 국제평화의 조건

모겐소는 극성(polarity)과 안정(stability)의 관계와 관련하여 다극체제가 양극체제보다 좀 더 안정적이라고 본다. 이는 앞으로 살펴볼 방어적 현실주의자인 왈츠와 공

---

28) Hans J. Morgenthau, *Politics Among Nations: The Struggle for Power and Peace,* 5th ed. (New York: Alfred A. Knopf, 1973), pp. 202-221.

격적 현실주의자인 미어샤이머 모두 양극체제를 좀 더 안정적인 체제로 보는 관점과 구별된다.

모겐소는 다극체제가 안정적인 요인으로서 다극체제가 지닌 유연성(flexibility)과 다극체제가 만들어내는 불확실성(uncertainty)을 들고 있다. 양극체제와는 달리 행위자 수가 많은 관계로 인해 본질적으로 이들 모두의 권력을 정확하게 계산하는 일이 쉽지 않을 뿐 아니라 이들이 언제 어느 진영으로 동맹관계를 전환할지 알기 어려운 완전하게 신뢰하기 쉽지 않은 상대들이기에 정치가들은 고도로 신중하고 이러한 불확실성으로 야기되는 위험을 회피하게 되기 때문이라고 본다.29) 다른 한편 모겐소는 양극체제가 안정적이지 못한 이유로서 영국과 같은 세력균형의 가장 중요한 요소인 균형자(balancer)의 부재를 들고 있다.30)

이러한 주장과 더불어 모겐소는 국제평화를 위해 충족시켜야 조건으로서 다음 세 가지를 제시하고 있다. 그러나 모겐소에 대한 비판을 다루는 부분에서 살펴보겠지만 이러한 조건들은 많은 학자로부터 비판의 대상이 되고 있다.

첫째, 모겐소는 국가의 생존에 비본질적인 국가이익을 추구하는 것은 국가 간 대립이나 분쟁의 근원이 된다고 보고 국제평화를 위해 개별국가들은 제한된 국가이익을 추구해야 한다고 본다. 이러한 맥락에서 모겐소는 앞서 언급했듯이 미국의 베트남 개입을 미국의 국가이익에 하등 본질적이지 않다고 보고 반대한 바 있다.

둘째, 모겐소는 다른 현실주의자들과 마찬가지로 세력균형에 대한 국가 간의 합의를 국제평화의 유지를 위한 가장 효과적인 방법이라고 본다. 그에 따르면 세력균형 자체가 중요한 것이 아니라 세력균형을 이룩하는 국제적 합의가 중요하다. 국가 간에 이러한 합의가 존재하면 제국주의 정책에 본질적으로 내재해 있는 무한한 권력욕구를 견제하고 이러한 욕구가 정치적으로 현실화하는 것을 저지할 수 있다고 보았기 때문이다.

셋째, 모겐소는 조정에 의한 평화의 수단으로서 외교를 중요시한다. 이는 이상주의가 외교를 불경스럽게 생각했던 것에 대한 반작용이라고 볼 수 있다. 모겐소는 외교가 평화를 위한 효과적인 기술로서 되살아나기 위해서는 다음과 같은 조건을 충족시켜야 한다고 보았다. ⅰ) 종교전쟁 때 자신의 종교만이 유일하게 진정한 것으로 세계의 나머지 국가들에 강요했으나 대가를 엄청나게 치르고도 실패한 것에서 알 수

29) Hans J. Morgenthau, *Politics Among Nations: The Struggle for Power and Peace,* 5th ed. (New York: Alfred A. Knopf, 1973), pp. 340-343. 더 자세한 논의는 극성과 안정과의 관계를 다루는 부분에서 살펴보고자 한다.

30) *Ibid.*, pp. 193-197.

있듯이 십자군적 정신 즉 구원 정신(crusading spirit)으로부터 탈피해야 한다. ii) 외교정책의 목표는 국가이익의 관점에서 정의되어야 하며 적절한 권력에 의해 뒷받침되어야 한다. iii) 외교는 정치적 현장(political scene)을 타국의 관점에서 바라보아야 한다. iv) 국가들은 그들에게 결정적으로 중요하지 않은 모든 이슈에 대해 기꺼이 타협하려 해야 한다.31)

(6) 모겐소 이론의 분석수준

모겐소는 국가 행동을 규정짓는 요인을 인간성으로부터 추출하고 있다. 즉 분석수준에 있어 개인의 수준으로부터 출발한다. 인간이란 자신의 이익과 권력을 추구하는 존재라는 것으로부터 유추하여 국가도 자국의 이익과 권력을 추구하는 존재로 보고 논의를 전개하고 있다. 간단히 말해 모겐소의 경우 인간성의 이론이 국가의 이론이 된다. 이처럼 모겐소는 국가 행동을 설명하는 데 있어 명시적으로 개인이라는 분석수준을 택했다. 이는 국제정치 연구의 분석수준을 국제체제(international system) 수준과 하위체제(subsystem) 수준으로 양분할 경우 후자에 속한다.

일반적으로 하위체제 수준에서 국가 내부의 변수들을 가지고 국가 행동을 설명하는 경우 다양한 국내 변수의 차이에 의해 달라진 국가 행동을 자세히 잘 설명할 수 있는 장점이 있다. 이것이야말로 자유주의 이론의 하나로서 살펴볼 정책결정이론(decision-making theory)이 추구하는 것이다.

체제 수준의 이론이 이론의 간결성(parsimony)을 위해 국가 내부의 변수에 관심이 없이 이들을 암상자(black box) 안에 넣어두는 것과는 달리 하위체제 수준의 분석은 암상자를 열어 놓는다. 그러나 국가 간의 차이를 너무 강조하기 때문에 일반화 즉 모든 국가에 적용되리라고 생각하는 일반화된 진술을 도출하기가 힘들다는 단점을 갖는다.32)

그런데 모겐소의 이론은 하위체제라는 분석수준을 택하면서도 일반성을 추구한다. 즉 국가라는 하위체제의 수준을 택하나 정책결정이론들과 달리 국가 간의 다양성을 인정하지 않고 모든 국가는 예외 없이 권력으로 정의된 국가이익을 추구한다는 합리성의 가정으로서 국가 간의 차이를 다시 암상자에 집어넣는다.

---

31) Hans J. Morgenthau, *Politics Among Nations: The Struggle for Power and Peace*, 5th ed. (New York: Alfred A. Knopf, 1973), pp. 540-544.

32) 이론의 간결성(parsimony)이란 말은 흔히 「이론의 경제성」이라고도 불리며 이론은 단순성(simplicity)을 지니는 것이 필요하다는 의미를 담고 있다. 이 말은 같은 현상을 원인변수의 수를 달리하면서 설명할 경우 결과적으로 같은 결론에 이른다면 여러 변수를 통한 복잡한 설명보다 가능하다면 적은 수의 변수를 통해 하는 간단한 설명이 선호된다는 것을 의미한다.

국가 행동과 국가 간의 관계(즉 국제관계)를 설명하는 데 모겐소가 선험적인 인간성에 대한 개념에 의존하고 있다는 것에는 이론의 여지가 없다. 그러나 모겐소에게 있어서 무정부성(anarchy)을 특징으로 하는 국제체제의 구조적 요인이 명시적으로 언급되지는 않았으나 국가 행동과 국가 간의 관계에 영향을 미치는 또 다른 변수가 아닌가를 둘러싸고 이견이 존재한다.

여기서 이러한 논의를 제기하는 이유는 다음과 같다. 다수의 학자가 전통적 현실주의 이론과 앞으로 살펴볼 신현실주의 이론의 주된 차이점으로서 전통적 현실주의 이론은 인간성으로부터 국가 행동과 국제관계의 특성을 설명하나 신현실주의 이론은 국제체제의 특징인 무정부성을 가지고 같은 현상을 설명한다는 점을 지적한다. 동시에 많은 학자는 전통적 현실주의 이론이나 신현실주의 이론을 막론하고 현실주의 이론들은 모두 국제체제의 무정부적 특징으로부터 국가 행동과 국제관계를 설명하려 한다고 주장한다. 따라서 이러한 상반된 견해의 실체는 무엇인가를 살펴볼 필요가 있다.

모겐소 역시 묵시적으로 국제체제의 무정부성을 전제로 하고 있는데 이러한 국제체제의 무정부성을 단순한 인간성의 합으로 볼 것이냐 아니면 인간성과는 별도의 것으로 보아야 할 것인가에 문제의 본질이 있다고 볼 수 있다.

① 인간성만을 요인으로 보는 견해33)

일반적으로 모겐소는 개인의 속성에서 유추된 국가의 속성만으로 국제정치의 권력 중심적 경향을 설명하려 한다고 평가된다. 이러한 평가에 동의하는 저비스(Robert Jervis)에 따르면 모겐소는 국제정치 체제의 무정부성이란 근본적으로 이기적이고 권력 지향적인 인간성의 합으로서의 단순한 산물로 보기 때문에 국제체제의 무정부성을 국가 행동에 영향을 미치는 독립된 요인으로 보지 않는다.

국가들이 공동의 이익을 갖고 있으나 상황의 구조(structure of situation)가 서로 원하는 결과를 가져오지 못 하게 한다는 신현실주의 이론의 편에 서 있는 저비스는 권력의 추구라는 현상은 인간성에 그 뿌리를 두고 있는 것이 아니라 선한 사람마저도 이기적이고 비도덕적으로 행동하지 않을 수 없게 만드는 상황에 있다는 점을 강조한다. 이러한 관점에서 권력의 추구를 인간의 본능적인 지배 의지로서 보는 모겐소와 니버의 입장은 국제체제에서 원인을 찾는 신현실주의 입장과 크게 대조를 이룬

33) Robert Jervis, *Perception and Misperception in International Politics* (Princeton: Princeton University Press, 1976), pp. 63-76; Robert Jervis, "Cooperation Under The Security Dilemma," *World Politics,* Vol. 30, No. 2 (January 1978), pp. 167-214.

다고 본다.

② 인간성과 국제체제 모두를 요인으로 보는 견해

이와는 달리 모겐소가 바라보는 국가 행동과 국제관계에 영향을 미치는 요인은 선험적인 인간성과 국제체제의 구조 모두라는 입장이 존재한다. 다시 말해 모겐소에게 국가 행동과 국제관계에 일정한 방향성을 부여하는 가장 중요한 요인은 이기적인 인간성과 동시에 국제체제의 정글 같은 성격이라는 것이다.

이 견해에 따르면 신현실주의자인 왈츠는 순수하게 오로지 국제체제에만 초점을 맞추고 있어 모겐소와 구분된다. 즉 현실주의 이론은 모겐소의 전통적 현실주의 이론이나 신현실주의 이론 모두 국제체제의 구조로서 국가 행동과 국제관계를 설명하는 경향을 지니나 왈츠의 경우는 모겐소의 전통적 현실주의 이론과는 대조적으로 인간성이란 요인을 제거한 순전히 국제체제의 무정부적인 구조적 특징을 가지고 이를 설명한다는 것이다.

모겐소의 분석수준에 대한 모간(Patrick M. Morgan)의 설명에 따르면 모겐소는 개별적 혹은 집단으로 권력 지향적이고 이기적인 성향의 인간 본성이 무정부 상태라는 국제정치 체제의 구조에 직면하여 권력의 극대화를 추구하게 된다. 즉 국제체제의 무정부성이 개별적이거나 집단으로 권력 지향적인 인간 본성에 제약도 가하지 않고 내버려 둠으로써 국가는 그들이 원하는 바를 얻기 위해 권력으로 정의된 국가이익을 추구하게 되고 그 결과 국제정치란 권력투쟁을 특징으로 한다는 것이다.[34)]

스미스(Steve Smith)는 모겐소에게 국가의 최종적인 정책의 선택을 규정짓는 2개의 기본 요인이란 선험적인 인간성에 대한 개념과 무정부성이라는 국제체제의 구조적 특징이라고 본다. 스미스는 그러나 이 두 요인 간의 관계에 대해서는 매우 애매한 입장을 견지하고 있다. 즉 국제체제의 무정부성을 인간성과는 관계없는 독립된 것으로도 보고 어떤 의미에서는 이기적인 인간성의 부분적인 결과이거나 인간성의 집단적인 표현이라고도 본다.[35)]

③ 국제체제를 요인으로 보는 견해

이들 두 입장과는 달리 아예 모겐소는 인간성보다는 오히려 국제체제의 구조에 주로 의존해 국가 행동과 국제관계를 설명하려 한다는 견해도 존재하는데 이러한 견

---

34) Patrick M. Morgan, *Theories and Approaches To International Politics: What Are We to Think?*, 4th ed. (New Brunswick: Transaction Books, 1987), pp. 248–250.

35) Steve Smith, "Theories of Foreign Policy: An Historical View," *Review of International Studies*, Vol. 12, No. 1 (January 1986), pp. 14–15.

해의 근거는 다음과 같다.

국가가 권력을 추구한다고 할 때 모겐소는 모든 국가가 같다고 보고 국가 간 차이를 구별하지 않으려 한다. 그러나 실제에 있어서 모겐소는 인간성의 불변성에 기초하여 국가의 동질성을 강조하면서도 국가의 대외정책이 다른 형태를 취할 수 있다고 본다. 즉 국가가 취할 수 있는 대외정책의 주요 유형으로서 현상 유지 정책 · 제국주의 정책 · 위신 정책을 들고 있다.

모겐소는 왜 어떤 국가는 제국주의 정책을 펴고 다른 국가는 이와는 다른 정책을 펴느냐에 대해 할 이야기가 많은 것 같으나 실제로 설명하고 있지 않다. 유추하건대 이는 현재의 국제체제 내의 권력 배분(distribution of power)에 대한 국가들의 만족 여부에 달려 있다고 보며 이런 의미에서 모겐소는 국가 행동을 설명하기 위해 궁극적으로 국제정치 체제의 구조가 수행하는 결정적인 역할에 의존하고 있다고 본다.

④ 결 어

모겐소의 이론에서 국가 행동과 국제관계를 규정짓는 요인을 단지 선험적인 인간성이라고 보는 견해는 모겐소를 지나치게 단순화시켜 바라본다는 비판을 면하기 어렵다. 모겐소가 국제정치 체제의 무정부성을 그의 이론의 당연한 전제로서 간주하고 있기에 명시적인 요인으로 언급은 하고 있지 않으나 무정부적 국제체제의 구조는 그의 이론에 깊이 내재해 있으면서 국가 행동과 국제관계에 영향을 미치는 중요한 요인으로서 인간성의 단순한 집단적인 합 이상의 것이라고 볼 수 있다. 다시 말해 모겐소는 국가 행동과 국제관계를 설명하는 데 있어서 명시적으론 개인의 수준에서 인간성으로 설명하고 있으나 무정부 상태라는 국제체제의 성격이 그의 이론에 전제되어 있다. 이런 점에서 그의 분석수준을 다수준 분석(multi-level analysis)이라고 간주할 수 있을 것이다.

4. 전통적 현실주의 이론의 방법론

모겐소를 위시한 전통적 현실주의자들에게 있어서 국제관계 연구의 목적은 이상주의처럼 평화 계획을 수립하거나 세계가 어떻게 운영되어야만 하는가를 주장하는 것이 아니라 주권 국가로 구성된 국제체제에서 국가들의 행동 패턴과 국가 간 상호작용의 패턴을 찾아 밝히는 것이었다.

모겐소는 국제정치 현상에 객관적이고 보편적인 타당성을 갖는 진리가 존재한다고 생각하고 국제정치학의 역할이란 국가 행동과 국제관계에 내재해 있으면서 국제관계를 결정짓는 요인이 존재한다고 보고 이를 찾아 밝히는 것으로 보았다.[36] 이러한 생각과 더불어 모겐소는 정치란 인간성에 뿌리를 두고 있는 객관적인 법칙에 지배되며 끊임없는 권력의 추구가 국제정치에 있어서 객관적인 법칙이라고 보았다.

모겐소에게 있어서 이상주의는 관찰하고 기록하고 일반적인 명제를 검증하기보다는 현실과 관계없이 평화와 질서를 위해 필요한 조건을 열거하는 데 더 많은 관심을 가졌다. 모겐소는 인간성이 어떠해야 하는가가 아닌 있는 그대로의 인간성을 다루어야 하며 역사적인 사건들이 어떠해야만 했었다가 아닌 일어난 일 그 자체를 다루어야 함을 강조했다. 즉 당위가 아닌 있는 그대로의 현실에 관한 연구의 필요성을 강조했다.

이렇듯 모겐소는 국제정치가 하나의 과학(a science)이 되어야 할 필요성을 강조함으로써 국제정치의 과학적 연구에 공헌했다. 이런 면에서 모겐소의 저작은 전통적 현실주의 이론에 이어 살펴볼 1950년대 말과 1960년대를 풍미했던 행태주의(behavioralism) 혁명의 전주곡이었다고 볼 수 있다.

그러나 홀리스와 스미스(Martin Hollis and Steve Smith)가 지적하고 있듯이 모겐소가 항상 그의 주요 저서인 「국제정치(Politics Among Nations)」에서 언급한 것처럼 일관되게 과학적인 접근을 옹호한 것은 아니다. 다른 곳에서 모겐소는 정치학을 하나의 과학으로 보는 사람들에 반대해야 할 필요성을 역설하기도 했다. 즉 모겐소는 사회과학적 방법에 집착하는 연구를 거부했고 자연과학적 방법이 정치행태의 연구에 적용될 수 있다는 생각을 부인했다. 이것은 모겐소가 보인 모순의 하나라고 볼 수 있다.[37]

전통적 현실주의 이론의 방법론을 살펴보면 다음과 같은 두 가지 특징이 드러난다. 이 두 가지는 바로 역사적 자료와 정치 철학적 원리로부터의 출발이다. 우선 전통적 현실주의자들은 그들 이론의 타당성을 과거 몇몇 학자가 표명한 견해와 학설에 의존한 것이 아니라 주로 역사적 사실의 경험적인 연구에 의존했다. 다시 말해 역사로부터 이론의 가설을 끌어내고 역사에서 가설과 명제의 검증을 시도했다. 전통적 현실주의 이론은 선택된 역사적 사례에 기초를 두고 있다는 점에서 역사성을 띠었고 따라서 귀납법적인 성격을 지녔다. 간단히 말해 전통적 현실주의 이론의 명제들은

---

36) 다시 말해 모겐소는 국가 행동의 표면적인 동기에게서 벗어나 이러한 표면적인 동기 이면에 내재해 있는 일관성을 갖는 근원적인 동기를 찾아내고자 하였다.

37) Martin Hollis and Steve Smith, *Explaining and Understanding International Relations* (Oxford: Clarendon, 1990), p. 23.

19세기 유럽의 외교사로부터 추출되었으며 이로부터 모든 국가는 권력을 추구했고 추구할 것이라는 주장을 제기하고 있다.[38)]

둘째, 과학적 · 계량적 접근법 대신에 역사의 교훈에서 얻어지는 인간관계에 관한 질적인 판단을 중요시했다. 모겐소의 이론적인 명제들은 그의 독특한 인간관 · 도덕관 · 정치관으로부터 유래되었다. 모겐소의 이론이 선험적인 인간의 성악설에서 출발한 것에서도 알 수 있듯이 전통적 현실주의 이론은 정치 철학적 원리로부터의 출발을 특징으로 한다.

요약하자면 모겐소를 위시한 몇몇 전통적 현실주의자들은 그들의 접근법이 과학에 기초를 두었다고 주장하나 대부분 역사적인 분석 · 정치철학 · 직관에 의존했으며 예측보다는 설명에 좀 더 많은 관심을 가졌다고 할 수 있다.[39)] 모겐소나 키신저(Henry A. Kissinger)와 같은 전통적 현실주의자는 역사에 의존했으며 이론과 과학적인 방법보다는 정책에 상대적으로 많은 관심을 가졌다.

5. 전통적 현실주의 이론의 비판

모겐소의 이론을 중심으로 한 전통적 현실주의 이론에 대한 비판은 우선 전통적 현실주의 내부로부터도 가해졌으며 앞으로 살펴볼 행태주의적 현실주의와 신현실주의 이론과 같은 다른 현실주의 이론을 비롯하여 통합이론과 상호의존론 등을 포함하는 자유주의 이론 및 종속이론과 세계체제론을 포함하는 구조주의 이론들에 의해 행해졌다.

전통적 현실주의 이론을 비판하는 이러한 이론들이 전통적 현실주의에 이어 후일 등장한 것은 전통적 현실주의 이론에 대한 전면적이거나 부분적인 불만으로부터 기인하는 면이 존재한다. 이들의 전통적 현실주의 이론에 대한 상세한 비판은 개개 이론 부분에서 살펴보고 여기서는 개략적인 소개에 그치려 한다.

1) 전통적 현실주의 이론 내부의 비판

앞서 살펴보았듯이 카(E. H. Carr)는 전통적 현실주의 이론이 역사를 너무 비관적

---

38) 모겐소는 경험적인 역사로부터 가설들을 끌어내고 이러한 가설들을 역사적인 사례를 통해 검증하고자 함으로써 역사성에서 벗어날 수가 없었으며 검증과정에서 가설들을 입증하는 사례들만을 선택적으로 적용함으로써 자의성을 피할 수 없었다는 비판이 줄곧 제기되고 있다.

39) Geoffrey Stern, *The Structure of International Society: An Introduction to the Study of International Relations* (London and New York: St. Martin Press, 1995), p. 23.

으로 해석하며 고정된 인과율을 과장하여 결정주의의 오류 속으로 빠져들어 가고 냉소주의에 빠질 위험이 있어 어떤 합목적적이고 유의미한 행위를 취하기가 어렵다는 비판을 가했다. 이와 더불어 권력이 국제정치의 기본적인 요소임을 부인하지 않으나 권력뿐 아니라 도덕도 국제정치의 기본적 요소가 되어야 함을 강조했다.

울퍼스(Arnold Wolfers)와 같은 학자는 전통적 현실주의 이론을 권력 지향적 일원론적 이론(power-oriented single-factor theory)이라고 비판하고 국제정치 현상은 권력만으로는 설명할 수 없으며 이러한 권력 이외에도 이념(ideology) 등과 같은 다른 중요한 요인들도 포함하는 다면적 이론(multi-dimensional theory)의 필요성을 역설했다. 울퍼스는 또한 권력·국가이익·세력균형 등과 같은 전통적 현실주의 이론의 개념들은 18세기와 19세기의 유럽과 같은 비교적 동질성을 지니고 있고 또한 안정적이었던 국제사회에서나 가능한 것으로 보아 한계가 있음을 지적하기도 했다.

2) 행태주의적 현실주의와 신현실주의 이론의 비판

전통적 현실주의에 뒤이어 등장한 행태주의적 현실주의와 신현실주의 이론은 모두 과학적인 연구 방법을 중요시한다는 점에서 다르지 않다. 따라서 이들이 전통적 현실주의에 가하는 공통적인 비판을 살펴보고자 한다.

(1) 개념의 객관성 결여

우선 모겐소의 전통적 현실주의 이론은 국제정치를 하나의 과학으로 만들고자 시도했으나 권력·국가이익·세력균형이라는 현실주의의 3대 중요 개념을 객관적으로 정의하지 못했다는 비판을 받는다.[40]

(2) 선험적인 인간성에의 의존

모겐소에 가해진 보다 본질적인 비판은 과학으로서의 국제정치를 추구하면서 입증할 수 없는 선험적인 인간의 권력 추구 본성이라는 가정에 기초하여 국제정치 이론을 전개하고 있다는 것이다. 이와 더불어 인간성에 관한 비관적 견해에 기반을 둔 전통적 현실주의 이론에서 인간성은 변수가 아닌 상수이기 때문에 국가 행동 혹은 국가 간 상호작용의 차이를 설명할 수 없다. 구체적으로 이러한 불변의 인간성이 국가 간의 전쟁과 갈등을 설명한다면 평화와 협력은 무엇으로 설명할 것인가의 문제가 제기된다. 즉 불변의 인간성이라는 상수를 가지고는 국제정치에서 평화의 시기와 전

---

40) 현실주의 설명의 마지막 부분에서 현실주의의 주된 개념들에 관해 더 자세하게 설명하고 평가하고자 한다.

쟁의 시기가 구별되어 존재하는 현상을 설명할 수 없다.

이런 문제를 회피하기 위해 대부분의 행태주의적 현실주의와 신현실주의 이론은 분석수준을 인간으로부터 국제체제로(보다 구체적으로 인간성으로부터 국제체제의 구조로) 옮겨 국가 행동과 국가 간 상호작용의 결과물을 설명하려 했다. 신현실주의자인 왈츠는 모겐소와는 대조적으로 권력의 추구를 인간성으로 설명하지 않고 국제체제의 무정부성으로 설명하고자 했다. 국가의 세력균형 행위도 국제체제의 구조로부터 예측했고 나아가 국가의 세력균형 행위의 차이를 국제체제에 있어서 능력의 배분 상의 차이(예컨대 다극체제/양극체제)를 통해 예측하고자 했다. 이미 살펴보았듯이 모겐소는 묵시적으로 국제체제의 무정부성을 생각했을 뿐 왈츠처럼 능력의 배분 상의 차이에 따라 국제체제의 구조가 달라지고 이러한 국제체제 구조의 차이에 따라 국가 행동과 국가 간 상호작용의 결과가 달라질 가능성에 관해 생각하지 않았다.

(3) 서술적 요소와 처방적 요소의 병존

모겐소의 전통적 현실주의 이론이 비판을 받는 또 다른 문제점은 서술적 요소와 처방적 요소가 동시에 존재하는 모순을 안고 있다는 점이다. 모겐소의 논리는 「이러이러한 것은 객관적인 철칙이다」라고 하면서 동시에 「이러이러한 것은 정치가가 반드시 지켜야만 하는 것이다」는 식의 것이다. 다시 말해 모겐소의 이론에는 결정주의(determinism)와 자발주의(voluntarism)가 긴장 관계를 갖고 공존하고 있으며 이런 점에서 그의 이론에는 일관성이 모자란다고 볼 수 있다. 구체적인 예를 들면 다음과 같다.

모겐소는 모든 국가가 「권력으로 정의된 국가이익을 추구하는 것을 국제정치의 철칙」이라고 하는 동시에 「모든 국가는 이를 추구해야만 한다」는 당위성을 강조하고 있다. 즉 국가는 권력으로 정의된 국가이익을 추구한다는 것은 어떠한 국가도 면제되지 않는 국제정치의 불가피한 철칙이며 이것의 필연적인 결과가 세력균형이라고 하면서도 여러 정치가가 이러한 것을 어겼다고 비난함으로써 이러한 철칙이 때에 따라서는 안 지켜질 수도 있다고 본 것이다.

모겐소는 또한 「정치가들은 권력투쟁을 해야만 하고 정말로 한다」고 하면서 동시에 「정치가는 권력을 추구하는 데 있어서 상대방의 두려움과 적대감을 촉진함으로써 그 자신의 목적을 좌절시키지 않도록 자제해야 한다」고 주장함으로써 역시 서술적 요소와 더불어 처방적 요소를 뒤섞어 놓고 있다. 즉 「국가와 지도자들은 권력으로 정의된 국가이익을 추구한다」고 하고는 「정치가는 신중함과 자제를 보여야 하고 타국의 정당한 국익을 인정하도록 촉구된다」고 말하는 모순을 보인다.

모겐소는 또한 세력균형을 국제정치의 근본적인 법칙임을 강조하는 한편 독립을 지키기를 원하는 모든 국가에 의해 항상 이용되는 대외정책의 보편적인 도구라고 함으로써 정책상의 선택 여지가 있다는 것을 시사하고 있다. 세력균형의 필수적인 것을 무시하는 국가는 세계를 정복하거나 세계에서 사라져야 한다고 주장하여 세력균형의 원리를 무시할 수 있음을 시사하고 있으며 역사상 유화정책과 같은 실수를 설명하기 위해 인간적인 요소를 불러들이고 있다. 다시 말해 모겐소는 세력균형의 생성을 설명하는 데 있어서 국가들의 권력 추구에 의한 자동적인 과정으로 보면서도 동시에 정책수립자가 추구해야 할 정책으로 본다.41)

3) 자유주의 이론의 비판

1960년대와 1970년대에 전통적 현실주의 이론에 대한 자유주의 이론의 비판은 전통적 현실주의 이론의 국가의 중심성/국가의 동질성/국가의 합리성 가정에 가해졌다. 이는 통상적으로 국가만이 중요 행위자가 아니고 국가는 분절된 행위자이며 국가는 이러한 이유로 인해 비합리적일 수 있다는 가정에 기초하고 있는 자유주의 이론들의 자연스러운 문제 제기다.

자유주의 이론들은 일반적으로 시민사회와 국가에 대한 다원주의적 견해를 전제로 하고 있으며 국가의 공공정책이란 상충하는 이해관계를 가진 그룹 간 충돌의 결과로 파악하고자 한다. 현실주의 이론이 국가를 지배적인 우월성을 추구하는 이기적 존재로 보고 규율을 강요할 수 있는 세계정부와 같은 우세한 공권력이 존재해야만 국제사회가 평화로울 수 있다고 보기 때문에 이러한 공권력이 존재하지 않은 국제체제의 무정부성으로 인해 갈등의 가능성이 상존한다고 본다. 이와는 대조적으로 자유주의 이론의 경우 국가 간 상호작용은 평화적인 협력을 가져올 수 있다고 본다. 보다 구체적으로 국가 간 경제적인 유대의 증가와 더불어 국제제도와 민주주의 국가의 수의 증대가 평화를 가져오는 데 이바지할 수 있다고 본다. 국가에 대한 다원적인 자유주의 패러다임에 속하는 여러 이론 가운데 외교정책 이론과 상호의존론을 예로 들어 이들의 비판을 살펴보고자 한다.

(1) 외교정책 이론

외교정책 이론이란 개개 국가의 대외적 행위인 외교정책을 종속변수로서 설명하고자 한다. 좀 더 구체적으로 외교정책 이론은 일국의 외교정책의 과정과 결과를 다

41) 보다 자세한 설명은 현실주의 이론의 중요 개념 편을 참고하시오.

루는 이론이다. 외교정책 이론은 외교정책을 설명하는 독립변수로서 국제체제 수준의 변수에 택하여 동일한 국제체제의 영향 아래 국가들의 동일한 외교정책을 설명하기도 하나 주로 국가・사회・집단・관료・개인의 특성과 같은 국내 변수를 독립변수로 택하여 특정 국가의 특정 시점에서의 특정한 외교정책을 설명하고자 한다.[42]

이처럼 국가 내부로부터의 압력이 국가의 외적 행동을 결정짓는다고 보고 대외정책의 뿌리를 주로 국가의 사회・경제적 구조에서 찾아야 한다는 입장을 지닌 외교정책 이론은 전통적 현실주의 이론이 모든 국가를 내적 차이에도 불구하고 국가의 합리성을 가정하여 동일하게 반응한다고 봄으로써 국내 정치 요인들이 국가의 대외적 행위에 미치는 영향을 과소평가한다고 비판한다. 즉 전통적 현실주의 이론은 국가 간의 개별적인 차이와 국내 정치는 무시될 수 있다는 견해를 가짐으로써 국가의 내적 요인을 등한시한다는 것이다.

(2) 상호의존론

상호의존론은 전통적 현실주의 이론이 주로 군사력의 관점에서 정의된 권력이라는 개념에 주안점을 두고 전쟁과 평화와 같은 상위정치(high politics)를 강조함으로써 경제개발・사회개발・환경파괴・인구과잉 등과 같은 하위정치(low politics)를 무시한다는 비판을 가했다.[43] 가치의 권위적 배분에 영향을 미치는 국가 이외의 여타의 행위자를 무시한다는 점도 비판 중의 하나이다.

4) 구조주의 이론의 비판

주요 자본주의 국가들에 의한 착취와 지배를 주된 개념으로 국제정치를 조망하는 구조주의 이론은 현실주의 이론이 국가 행동을 설명하는 데 있어 경제적인 변수

---

42) 외교정책 이론과는 달리 국제정치 이론은 일반적으로 종속변수로서 국가들의 대외적 행위들이 상호작용하여 만들어낸 국제적인 결과(예컨대 세력균형)를 예측하고 설명하는 것을 주된 목표로 한다. 이러한 종속변수를 설명하는 독립변수로서 국내 변수를 고려하고자 하는 경우가 없는 것은 아니나 일반적으로 이론의 일반화를 위해 국가의 통합성과 합리성을 전제로 하여 무정부하에서의 양극체제 혹은 다극체제와 같은 국제체제 수준의 변수를 고려한다. 그러나 국가들의 대외적 행위의 국제적 결과를 설명하고 예측하기 위해서는 특정의 국제체제에서 국가들이 취하는 대외적 행위를 먼저 추출해야 하므로 국제정치 이론 역시 외교정책 이론과 마찬가지로 국가의 대외적 행위를 살핀다. 그러나 외교정책 이론이 국내 변수의 상이함에서 오는 국가의 대외적 행위의 상이함을 설명하고자 하는 것과는 대조적으로 국제정치 이론은 동일한 국제체제하에서의 국가들의 동일한 대외적 행위를 살피고 이러한 국가들의 대외적 행위가 상호작용을 통해 어떠한 국제적 결과를 가져오는가를 살피고자 한다.

43) 「상위정치」와 「하위정치」라는 용어가 냉전기에 미국의 국무부에서 고위직 관리들이 주로 군사나 안보문제와 같은 국가 존망과 관련되는 문제를 다루고 하위직 관료들이 경제나 통상과 같은 문제들을 다루었다는 데서 유래되었다고 한다 (Charles W. Kegley, Jr. and Eugene R. Wittkopf, *World Politics: Trend and Transformation* (N.Y.: St. Martin's Press, 1985), p. 9). 상위정치는 때로는 「고위정치」 혹은 「고급정치」라고 불리고 하위정치는 「저위정치」 혹은 「저급정치」라고도 불린다.

의 역할을 무시하고 권력의 동기만을 강조한다는 비판을 제기한다.

좀 더 구체적으로 구조주의 이론은 국가 간 점증하는 불평등의 문제와 이러한 문제들을 해결하기 위한 국제사회의 변혁 등에 관심을 두고 있지 않으며 대신에 현재의 국가 중심적 국제체제를 옹호하고 이러한 체제에서의 강대국의 지배와 종속을 당연한 현상으로 수용해 이들의 권력의 추구를 정당화하는 이론이라고 비판한다.

5) 구성주의 이론의 비판

모겐소의 이론에서 보듯이 전통적 현실주의 이론은 국가는 권력으로 정의된 국가이익을 추구한다고 하여 국가이익을 외생적으로 주어진 것으로 간주한다. 그러나 구성주의 이론은 이러한 관점을 주된 비판의 대상으로 하여 국가이익과 정체성이란 외부적으로 주어진 것이 아닌 국가 간 상호작용을 통해 사회적으로 구성된 결과물이라고 바라본다.

제 3 절 행태주의적 현실주의 이론: 1950~1960년대

1. 행태주의적 현실주의 이론의 특징

1950년대와 1960년대에 사회과학 전반에 걸쳐 전개된 행태주의(behavioralism)라는 과학주의 운동은 국제정치 분야로까지 영향을 미쳐 국제정치 이론에 있어서 「제2차 논쟁(The Second Debate)」이라고 불리는 전통적 현실주의 이론과 행태주의적 현실주의 이론 간의 논쟁을 불러일으켰다.[44] 국제정치학 분야에서의 이러한 논쟁은 전통적 현실주의 이론 편에 선 불(Hedley Bull)과 노드에쥐(Fred S. Northedge) 그리고 행태주의적 현실주의 이론 편에 선 카플란(Morton A. Kaplan)과 로즈노(James Rosenau)를 중심으로 전개되었다.[45] 행태주의적 현실주의의 특징을 살펴보면 다음과 같다.

---

44) 제2차 논쟁에 관한 글들은 Klaus Knorr and James N. Rosenau, eds., *Contending Approaches to International Politics* (New Jersey: Princeton, 1969)에 실려 있다. 제2차 논쟁은 전통주의(traditionalism)와 행태주의(behavioralism)의 논쟁 · 전통주의(traditionalism)와 과학주의(scientism)의 논쟁 · 이해(understanding)와 설명(explanation)의 논쟁 등으로 불린다.

45) Morton A. Kaplan, "The New Great Debate: Traditionalism vs Science in International Relations," in Klaus Knorr and James N. Rosenau, eds., *Contending Approaches to International Politics* (Princeton: Princeton University Press, 1969), pp. 39-61; Hedley Bull, "International Theory: The Case for a Classical Approach," in Klaus Knorr and James N. Rosenau, eds., *Contending Approaches to International Politics* (Princeton: Princeton University Press, 1969), pp. 20-38.

1) 전통적 현실주의 이론과의 가정의 공유

행태주의적 현실주의와 전통적 현실주의 이론 간의 대논쟁(Great Debate)이 과학적인 이론이 어떻게 구축되어야 하는가를 놓고 계속되었으나 행태주의적 현실주의는 일반적으로 전통적 현실주의의 이론적 가정에 관해서는 도전하지 않았다.

바스케즈(John A. Vasquez)는 행태주의적 현실주의자들 대부분은 전통적 현실주의자들과 이론적 가정을 공유하고 있어 행태주의적 현실주의를 모겐소 이론의 변종으로 보고자 했다. 그는 이들이 공유하고 있는 가정을 다음과 같이 요약하고 있다.[46)]

i) 민족국가나 그들의 의사결정자들은 국제관계를 이해하는 데 있어서 가장 중요한 행위자들이다. ii) 국내 정치와 국제정치 사이에는 뚜렷한 구별이 존재한다. iii) 국제관계란 권력과 평화를 위한 투쟁이다. 국제정치학의 목적은 이러한 투쟁이 어떻게 그리고 왜 일어나는가를 이해하고 이것을 억제할 방법을 제안하는 것이다.

이처럼 행태주의적 현실주의 이론은 전통적 현실주의 이론의 가정을 그대로 유지하면서 방법론적인 차원에서의 과학성을 강조했다. 이런 의미에서 행태주의적 현실주의 이론은 전통적 현실주의 이론에 과격한 비판이 아닌 건설적인 비판을 가했다고 평가할 수 있다.

2) 실증주의에 기초한 과학주의

행태주의는 실증주의(positivism)에 기초하고 있어 행태주의를 제대로 이해하기 위해서는 실증주의에 대한 이해가 필요하다. 나중에 살펴볼 성찰주의 이론(reflectivist theories)은 실증주의에 반기를 든 반실증주의 이론인데 이러한 반실증주의 이론의 이해를 위해서도 실증주의에 대한 이해가 필요하다. 이러한 실증주의는 다음과 같은 4개의 가정에 기반을 두고 있다.

i) 자연현상과 사회현상은 본질적으로 차이가 없으므로 이들을 다루는 자연과학과 사회과학 역시 본질적으로 동일한 방법론과 인식론이 적용된다. ii) 사실과 가치의 엄격한 구분을 통해 세상에 관한 객관적인 지식이 수립될 수 있다. iii) 자연과 사회 모두에 규칙성이 존재한다. iv) 믿을 만한 지식은 궁극적으로 경험적으로 입증이 되어야만 한다.[47)]

---

46) John A. Vasquez, *The Power of Power Politics: A Critique* (New Brunswick, NJ: Rutgers University Press, 1983).

47) Steve Smith, "Positivism and Beyond," in S. Smith, K. Booth, and M. Zalewski, eds., *International Theory: Positivism and Beyond* (Cambridge: Cambridge University Press, 1996), p. 16.

앞서 모겐소의 이론에서 보았듯이 전통적 현실주의 이론은 국제정치의 개념화에 있어서 역사 · 개인의 경험 · 직관 · 정치사상을 중요시했다. 행태주의는 전통적 현실주의 이론이 실험을 통해 반복적으로 검증될 수 없는 선별적인 역사적인 사례 · 일반적인 인상 · 판단에 기초하고 있음을 비판했다.

행태주의는 전통적 현실주의 이론을 향해 역사적 사례에 기초한 이론으로서 보편성이 아닌 특정 시기에 한정된 역사성(historicity)을 갖게 마련이며 이질성을 과장하기 쉽다고 비판하면서 비역사적인 사회과학(ahistorical social science)의 중요성을 강조했다.

행태주의는 개념화에 있어서 논리적 · 수학적 증명과 엄밀하고 경험적인 변수를 중요시하며 귀납적 방법(inductive method)이 아닌 창의적인 상상에 의한 연역적 방법(deductive method)으로 논리적인 일관성을 갖고 실제 세계에 있어서 경험적으로 검증될 수 있는 가설을 수립할 수 있는 분석적 틀의 중요성을 강조했다. 즉 자연과학과 마찬가지로 경험적인 관찰 · 계량적인 방법 · 체계적이고 반복될 수 있는 엄격한 절차를 통한 일반화와 모델 구축(model-building)을 지향해야 함을 강조했다.

행태주의의 특징 가운데 하나는 경제학 · 심리학 · 인류학 · 사회학 · 체제분석과 같은 타 학문 분야로부터 얻어진 방법론의 원용에 있었다. 특히 경제학으로부터 합리적 선택(rational choice) · 기대효용(expected utility) · 기업과 시장이론 · 협상 이론 · 게임이론 등을 차용했다.

행태주의의 영향으로 국제정치학의 연구에 컴퓨터 시뮬레이션 기술과 체제이론 등이 도입되었다. 가장 야심적인 행태주의자는 엄격한 실험실과 같은 절차를 통해 행태의 일반적인 법칙과 완전한 설명력과 예측력을 가진 국제정치의 총체적인 이론이 가능하다고까지 보았다.

이러한 맥락에서 전통적 현실주의 이론에 가해진 행태주의자들의 가장 중요한 비판은 모겐소의 이론에서 보듯이 전통적 현실주의 이론의 경우 관찰할 수 없는(즉 입증할 수 없는) 선험적인 인간성에 대한 가정으로 시작되었다는 점과 권력 · 세력균형 · 국가이익이라는 가장 중요시되는 개념이 경험적이고 객관적으로 정의될 수 없다는 점이었다.

이러한 비판에 대해 전통적 현실주의 이론은 행태주의가 논리적 · 수학적 증명만을 중요시하고 문제의 본질을 이해할 수 있는 직관과 판단을 경시한다는 비판을 가했다. 이들은 자료(data)와 사실(fact) 사이에 중대한 차이가 존재할 수 있다고 본다. 우리가 알고 싶은 많은 것 중 공식적인 계량적 측정만을 통해 알 수 없는 것이 많다고 보고 질적인 판단이 계량적 자료만큼 중요하다고 강조했다.

나아가 행태주의의 계량화는 때때로 현상을 왜곡시키고 역사와 철학으로부터 단절됨으로써 자기비판의 수단을 상실하며 이론화를 위해 지나친 일반화를 시도하여 다양한 분석단위들의 과잉 동질화를 초래하여 결국 예견할 수 없는 것을 예견하려 한다고 반박했다.

행태주의와 전통주의 논쟁의 핵심 쟁점은 자연과학에 적용되는 방법론이 과연 사회과학에도 적용될 수 있는 것인가에 대한 것이었으며 사회과학 연구가 설명(explanation)을 목표로 할 것인가 아니면 이해(understanding)를 목적으로 할 것인가에 대한 논쟁이었다. 행태주의는 사회적 사실(social reality)을 자연과학과 마찬가지로 인과성(causalities)에 의해 설명하고자 했다. 이와는 대조적으로 전통주의의 경우는 국제관계 이론이 사회적 사실에 설명을 제공하기에는 충분하지 않다고 보았다. 즉 과학적인 탐구만으로는 사회적 사실 속의 규범적 행태(normative behavior)가 설명되지 않기 때문에 사회적 사실을 이해하는 것이 또한 중요하다고 보았다.

우리가 여기서 주목해야 할 점은 전통적 현실주의자들 가운데 덜 보수적인 학자들은 기본적 가정으로부터 몇 개의 상충하는 결론이 도출되는 전통적 현실주의 이론의 개념적 틀에 점차 불만을 느끼고 행태주의의 공격이 가해지기 전에 이미 그들의 생각을 재검토하는 과정에 있었다는 것이다.

국가이익이라는 개념이 정확히 누구의 이익을 포함하며 무슨 기준에 의해 결정될 수 있는가? 이념과 이익과의 관계는 무엇인가? 국제적인 안정(stability)이란 무엇을 의미하며 어떤 형태의 세력균형(양극적 세력균형 혹은 다극적 세력균형)이 안정에 가장 이로운가? 무기의 획득이 국가안보에 공헌하는가 아니면 적에게 마찬가지로 무기를 획득하게 하여 안보를 오히려 해치는가? 이러한 질문들에 전통적 현실주의 이론은 여러 목소리를 냈고 어떤 정책대안이 가장 국가의 필요를 충족시킬 수 있는가에 견해를 달리했기 때문이다.

많은 상황적 변화도 이러한 경향을 촉진했다. 상황의 변화란 구체적으로 핵무기의 확산과 이로 인한 제약과 기회(constraints and opportunities)·공식적인 제국주의 국가들의 분열과 신생 독립국들의 국제사회로의 대거 등장·초국적이고 하위국가적 힘(transnational and subnational forces)의 국가구조로의 침투·남반구 국가와 북반구 국가 간의 분리·환경의 악화·국제화폐금융제도의 위기·서유럽의 통합을 향한 움직임 등을 포함한다. 이러한 상황의 변화에 직면해 일부 전통적 현실주의자들은 결과를 결정짓는 권력이라는 요인의 비중을 감소시키고 경제적인 요인·국제비정부기구(INGO)·분리주의 운동의 주체와 같은 하위국가 그룹에 좀 더 큰 비중을 두기 시작했다.

이러한 변화의 흐름은 슈바르젠버거(George Schwarzenberger)의 「권력정치(Power Politics)」·아롱(Raymond Aron)의 「평화와 전쟁(Peace and War)」·불(Hedley Bull)의 「무정부적 사회(The Anarchical Society)」·노드에쥐(Fred S. Northedge)의 「국제정치 체제(The International Political System)」와 같은 저서에 반영되었다.48) 이들 학자는 전통적 현실주의 이론의 입장을 기본적으로 택하면서도 이러한 이론이 지닌 현실과의 괴리를 좁히고자 했다.

3) 타 학문 분야로부터의 영향

인간의 합리성을 전제로 한 행태주의적 현실주의 이론은 1950년대와 1960년대 인간의 합리성을 전제로 활발하게 이론을 전개한 경제학으로부터 특히 큰 영향을 받았다.

2. 행태주의적 현실주의 이론의 내부적 논쟁

이러한 행태주의적 현실주의 이론의 내부에서 국가 행동을 설명하기 위해 어느 수준에서 그 원인을 찾아 일반화를 추구할 것인가의 문제 즉 분석수준의 문제(level of analysis problem)가 중요한 논쟁으로 등장했다. 행태주의적 현실주의자들 사이에 이에 대한 명백한 합의가 이루어지지 않았다. 이에 대해 행태주의적 현실주의자인 왈츠(Kenneth N. Waltz)와 싱어(J. David Singer)의 견해를 대표적으로 살펴보고자 한다.

1) 왈츠의 분석수준

모겐소의 전통적 현실주의 이론에 대한 과격한 비판이 아닌 보다 건설적인 행태주의적 현실주의 이론의 비판은 왈츠의 초반 저작물에 나타난다. 국제정치에 있어서 권력 중심성의 궁극적인 기원을 모겐소의 경우는 인간 본성에서 찾았으나 후일 신현실주의 이론의 대표자가 된 왈츠는 인간성이나 국가의 속성이 아닌 국제체제의 구조적 특성에서 찾아야 함을 강조했다.

---

48) George Schwarzenberger, *Power Politics* (New York: Praeger, 1951); Raymond Aron, *Peace and War* (New York: Doubleday, 1966); Hedley Bull, *The Anarchical Society: A Study of Order in World Politics* (New York: Columbia University Press, 1977); Fred S. Northedge, *The International Political System* (London: Faber, 1976).

왈츠는 행태주의가 한창 기승을 부리고 있던 1959년에 국제정치에서 분석수준을 다룬「인간, 국가 그리고 전쟁(Man, the State and War)」[49]이라는 그의 저서에서 국제정치 현상(전쟁)을 설명하는 데에 ⅰ) 개인 수준(인간 수준)의 변수에 초점을 맞추는 경우 ⅱ) 제도라든가 사회·경제적 구조와 같은 국가의 특성에 초점을 맞추는 경우 ⅲ) 국제체제의 특성에 초점을 맞추는 세 가지 경우가 있을 수 있다고 지적하고 궁극적으로 국제체제에 초점을 두어야 한다고 주장했다. 이처럼 왈츠는 세 가지 분석수준이 있을 수 있음을 지적하고 개개 수준마다 구체적으로 어떤 요인을 가지고 전쟁의 원인을 설명하는가를 제시했다.[50]

우선 개개인의 특징을 가지고 설명하는데 개인 수준의 경우는 사악하다든지 아니면 이기적이라든지 하는 고정된 인간성이라는 요인을 가지고 설명한다. 국가의 특성을 가지고 설명하는 국가 수준의 경우는 특정 유형의 국가들의 유무에 따라 전쟁 여부나 빈도가 결정된다는 논리를 전개한다. 국제체제 수준의 경우는 국제체제의 구조 특히 국제체제의 무정부적 구조에 초점을 맞추어 전쟁을 설명하고자 한다. 마지막 국제체제 수준을 좀 더 설명하면 다음과 같다.

국제사회는 주권 국가로 구성되어 있으며 개개 국가의 상위에 어떠한 초국가적인 상위정부도 존재하지 않는다. 이러한 국제체제의 무정부적 상황에서 주권 국가들은 자신의 생존과 안보를 스스로 확보하여야 하며 이를 위해 권력을 추구해야만 한다. 그러나 자신의 방어를 위한 이러한 권력의 추구에 대해 타국은 위협을 느끼고 더 많은 권력을 추구하게 되면서 자국의 안보를 위한 권력의 추구가 오히려 자신의 안보를 위협하는 안보딜레마가 발생하게 된다.[51] 요약하자면 국제체제의 무정부성이 안보딜레마를 일으켜 국가 간의 경쟁과 갈등 나아가 전쟁을 끊임없이 일으킨다는 것이다.

왈츠의 결론은 처음 두 수준의 설명은 특정 전쟁의 원인에 대한 설명은 제시하나 전쟁 일반에 대한 설명은 제공하지 못한다는 것이다. 따라서 전쟁 일반에 대한 설명을 위해서는 국제체제 수준의 변수를 고려해야 한다고 주장한다. 이처럼 왈츠는 국제정치 현상을 설명하는 데 있어서 국제체제 그 자체를 원인변수로 고려해야 한다는

---

49) Kenneth N. Waltz, *Man, the State and War: A Theoretical Analysis* (New York: Columbia University Press, 1959).

50) 실제로 왈츠는「수준(level)」이라는 용어를 사용하지 않고「이미지(image)」라는 용어를 사용했다. 개인 수준이 그에 있어서는「First Image」이고「Second Image」와「Third Image」가 각각 국가 수준과 국제체제 수준에 해당한다.

51) 안보딜레마는 달리 말하면 다른 국가들에게 두려움을 증가시키지 않고 자신의 안부를 확보해야만 하는 딜레마를 의미한다.

점을 명백히 밝히면서 국제관계를 설명하기 위해서는 국제체제의 수준에서 이론화가 이루어져야 한다고 주장한다. 즉 국제체제의 무정부성이 개개 국가들이 지닌 특수성과 관계없이 국가에 일정한 방향으로 행동하도록 하는 거시적인 틀을 제공한다는 것이다. 이와 같은 왈츠의 전쟁이론은 인간성과 국가의 특징이 아닌 체제 수준에 기반을 두어야 한다는 루소(Jean Jacques Rousseau)의 입장을 발전시킨 것이라고 볼 수 있다.52)

2) 싱어의 분석수준

싱어는 1961년에 「국제관계에서의 분석수준의 문제(The Level of Analysis Problem in International Relations)」라는 제하의 그의 유명한 논문을 통해 사회과학의 분석에 있어서 단위와 체제라는 두 분석수준이 있음을 지적하고 국제관계 연구에 있어서 왈츠와 카플란을 제외하고 국제체제 수준을 심각하게 고려한 사람이 없음을 지적했다. 싱어는 그의 논문에서 묘사(description)·설명(explanation)·예측(prediction)이라는 세 가지 측면에서 두 분석수준이 지닌 장단점을 열거하고 있다. 중요한 그의 두 결론은 다음과 같다.53)

첫째, 단위 수준의 분석(즉 국가 수준의 분석)은 국가 간의 차이를 지나치게 강조하고 체제가 국가 행동에 미치는 영향을 과소평가한다. 이러한 분석은 역사학자들이 주로 사용하는 방법이다. 이와는 대조적으로 체제 수준의 분석은 국가 간에 실제 이상의 동질성(homogeneity)을 가정하고 있으며 단위의 행동에 대한 체제의 영향을 지나치게 강조한다.

둘째, 두 분석수준은 국제관계의 총체적이고 일률적인 설명을 위해서 결합이 될 수 없다. 그 이유는 각각의 분석수준은 대단히 상이한 분석적 맥락과 방법론적인 가정에 기초를 두고 있기 때문이다. 이처럼 싱어에게 있어서 체제 수준의 변수와 단위 수준의 변수가 상호작용을 하여 국가 행동을 유발하는가를 설명할 수 있는 총체적인 이론은 있을 수가 없었다.54)

싱어에게 있어서 이 두 수준은 어느 하나가 다른 것에 비해 명백히 나은 것이 아

---

52) 루소의 입장은 한마디로 다음과 같다. 「국제사회에서 왜 전쟁이 발생하는가? 국제체제에는 그것을 방지하는 어떤 것도 없기 때문이다」.

53) J. David Singer, “The Level-of-Analysis Problem in International Relations,” in Klaus Knorr and Sidney Verba, eds., *The International System: Theoretical Essays* (Princeton: Princeton University Press, 1961), pp. 77-92.

54) 이와 관련하여 싱어는 심각한 문제점으로서 연구자가 연구 도중에 분석수준을 멋대로 옮겨 다닌다는 것을 지적하고 있다.

니었고 분석수준의 선택은 연구의 필요에 달려 있다고 보았다. 이것이 바로 국제체제 수준의 분석이 국제관계 이론을 개발하는 데 있어 가장 생산적이라고 생각하는 왈츠와 구별되는 점이다. 그렇지만 싱어는 행태주의의 흐름 속에서 왈츠 및 카플란과 더불어 국제체제를 하나의 독자적인 국제관계의 분석수준으로 수용하고 있다.55)

3) 분석수준에 따른 행태주의적 현실주의 이론의 두 종류

행태주의적 현실주의에 속하는 이론들을 싱어가 제시한 분석수준에 따라 구분하면 크게 두 종류의 이론이 존재한다. 첫째 부류의 이론은 하위체제 즉 국가를 분석수준으로 하는 이론이고 둘째 부류의 이론은 체제 수준의 이론으로서 이는 국제체제의 특성을 가지고 국가 행동과 국제관계를 설명하려는 이론이다.

이들 행태주의적 현실주의 이론들은 분석수준 상의 차이에도 불구하고 공통으로 국가의 유일한 행위자성 · 통합성 · 합리성이라는 전통적 현실주의 이론의 가정을 그대로 견지한다. 이들은 또한 공통으로 국가의 이념 · 정치체제 · 지도자의 특성 등과 같은 국가의 내부적인 차이를 무시하고 동질성을 전제로 한다.

구체적으로 국가 수준에서 일반화를 추구하는 이론들은 국가들의 합리성이라는 전제를 통해서 일반화를 추구했고 국제체제 수준의 이론들은 체제의 영향이 모든 국가에 동일한 영향을 미칠 것이라는 전제를 통해 국가 행동의 일반화를 추구했다. 따라서 이들 행태주의적 현실주의 이론들은 모두 전통적 현실주의 이론과 마찬가지로 지나치게 결정론적이고 기계론적이라는 비판을 면할 수 없었다. 분석수준에 있어서의 차이에도 불구하고 주권 국가를 분석단위로 한다는 점에서도 이들은 현실주의 이론으로서의 공통점을 보유했다.

이어서 이들 두 가지 분석수준의 행태주의적 현실주의 이론들인 국가 수준의 행태주의적 현실주의 이론과 국제체제 수준의 행태주의적 현실주의 이론을 살펴보고자 한다.

3. 국가 수준의 행태주의적 현실주의 이론

국가 수준의 행태주의적 현실주의 이론을 일국의 외교정책을 설명하려 하는가 아니면 국가와 국가 사이의 상호작용의 결과인 국제관계를 설명하려고 하는가에 따

---

55) Martin Hollis and Steve Smith, *Explaining and Understanding International Relations* (Oxford: Clarendon, 1990), pp. 99-101.

라 둘로 나누어 설명하고자 한다. 그러나 이러한 차이에도 불구하고 이들은 모두 기본적으로 행위자의 포괄적인 합리성을 가정한 합리적 행위자 모델(rational actor model)에 기반을 두고 있다.56)

우선 일국의 외교정책을 설명하는 합리적 외교정책 결정이론부터 살펴보기로 하자. 그런 다음에 개개 국가의 합리적 결정보다는 이러한 개개 국가의 합리적 선택의 합으로서 발생하는 국제관계에 더 많은 중점을 두고 있다고 볼 수 있는 「합리적 국제관계 이론」이라 부를 수 있는 게임이론과 억지 이론을 설명하고자 한다.

1) 합리적 외교정책 결정이론

모겐소의 전통적 현실주의 이론 역시 국가는 권력으로 정의된 국가이익의 극대화를 추구한다는 합리성을 전제로 하고 있다. 이런 점에서 여기에서 살펴볼 행태주의적 현실주의의 계보에 속할 수 있는 합리적 외교정책 결정이론은 모겐소의 전통적 현실주의 이론과 차이가 없다. 다만 다른 점이 있다면 앞서 행태주의 이론들의 일반적 특징에서 언급했듯이 방법론적으로보다 경험적이고 과학적으로 엄격하여지려고 했다는 점이다.

(1) 가정 및 합리적 결정의 절차

합리적 외교정책 결정이론의 가정을 요약하자면 정책결정자는 합리적인 행위자로서 적절한 정보에 기초하여 목적과 수단에 대한 냉철하고 명백한 계산을 통해 국가이익을 추구한다는 것이다. 보다 구체적으로 이 이론은 ⅰ) 처해 있는 상황과 정책대안에 대한 완벽한 정보 ⅱ) 대안들이 가져올 결과와 확률에 대한 완벽한 지식 ⅲ) 정책대안의 결과를 선호도에 따라 일관성 있게 순위를 정할 수 있는 완벽한 일관성이 있는 가치의 위계(perfect consistent value hierarchy)를 가정한다. 이처럼 합리적 외교정책 결정이론은 정부의 결정과 행동을 의도적 선택(intended choice)으로 본다.57) 합리적 외교정책 결정이론은 합리적 의사결정의 과정과 절차를 다음과 같이 명백히 정의된 지적인 과정(intellectual process)으로 간주한다.

ⅰ) 하나의 목표 혹은 복수의 목표를 정한다.58) ⅱ) 이러한 목표를 달성할 수 있

56) 좀 더 정확히 말하자면 포괄적 합리적 행위자 모델(Comprehensive Rational Actor Model)이다. 이는 합리적 행위자 합리성의 가정을 약화시킨 제한된 합리적 행위자 모델(Bounded Rational Actor Model)과의 비교를 위한 것이다.

57) 이는 앞으로 자유주의 패러다임의 하나인 정책결정이론 편에서 살펴보게 될 조직과정모델이 정부의 행동을 조직의 결과(organizational output)로 보고 관료정치모델이 이를 정치적인 결과(political result)로 바라보는 것과 대조적이다.

58) 목표가 여러 개 있을 경우 선호도에 따라 서열이 매겨진다.

는 모든 정책대안을 나열한다. iii) 대안이 가져올 모든 결과를 예측한다.[59] iv) 각각의 정책 결과가 일어날 확률을 계산한다. v) 각각의 정책 결과가 미리 선정된 정책 목표에 어느 정도의 효용(utility)을 갖는가를 득실(즉 비용과 이득)에 기초하여 계산한다. vi) 확률에 효용을 곱한 기대효용(expected utility)이 제일 큰 것을 고른다(즉 여러 대안 중 비용과 이득 그리고 성공의 확률의 관점에서 최상의 것을 선택한다).

(2) 합리적 외교정책 결정이론의 장점

합리적 외교정책 결정이론의 장점은 기본적으로 이 이론이 지닌 간결함과 단순함에서 유래된다. 구체적으로 말해 우선 의사결정자들이 분석하고자 하는 국가의 입장이 되어 어떻게 행동할 것인가를 생각하도록 함으로써 큰 비용을 들이지 않고 사실에 가깝게 접근할 수 있다는 점이다. 이러한 간결성(parsimony)으로 인해 합리적 의사결정 이론은 전쟁게임 훈련(war game exercise)에 종종 사용된다.

둘째, 합리적 외교정책 결정이론은 실제의 의사결정과정에서 정부가 어떻게 행동해야 하는가에 대한 규범적인 판단을 제공한다는 점이다. 즉 합리성으로부터의 이탈을 체계적으로 고려하게 만든다는 것이다.

셋째, 실제에 있어 합리성으로부터의 이탈이 전혀 없는 것은 아니지만 합리적 외교정책 결정이론은 실제의 외교정책 결정의 설명과 예측에 적실성을 지닐 수 있다. 이는 국가의 외교정책 결정은 다른 어떤 분야의 의사결정보다 합리성에 좀 더 가까이 접근할 수 있기 때문이다.

(3) 합리적 외교정책 결정이론의 문제점[60]

합리적 외교정책 결정이론에 대해 다음과 같은 문제점이 지적되곤 한다. 첫째, 이 이론이 의사결정자들에 의한 합리적 계산을 가정하고 있으나 이는 현실 세계에서 실제로 일어나기 힘든 이상적인 상황이라는 점이다. 특히 체계적인 정보의 처리가 전제되어 있으나 이는 인간의 인식능력을 벗어난 것이다.

둘째, 이 이론은 일국의 의사 결정자에게 합리적인 것이 다른 국가의 의사 결정자에게도 합리적일 것이라고 가정하고 있다. 그러나 실제에 있어서 비용과 이득의 계산은 이념적·문화적 차이에 따라 달라질 수도 있다는 것을 고려하지 않고 있다.

셋째, 이 이론이 전재하고 있는 합리성과 합리적 행위는 선험적으로 입증될 수 없는 것이기 때문에 달성하려는 목표라는 관점에서 정의를 내리게 된다. 즉 결정이

---

59) 한 개의 대안(alternative)이 복수의 가능한 결과(consequences or outcomes)를 가질 수 있다.
60) 합리적 행위자 모델에 대한 비판은 자유주의 패러다임의 「정책결정이론」편에서 자세히 논하게 된다.

나 정책의 합리성 여부는 이러한 결정이나 정책이 본래 기도했던 목표를 만족스럽게 달성했거나 성공적인 결과를 가져왔을 때 합리적이었다고 사후적으로 판단된다. 예를 들어 쿠바 미사일 위기 시에 케네디 행정부의 일차적인 목표가 쿠바로부터의 핵무기의 철수였다면 비록 최상의 방식(optimal manner)으로 이러한 목표가 달성되지 않았어도 일단 이러한 목표가 이루어졌다면 그 결정은 합리적인 것으로 판단된다. 그러나 만약에 쿠바 미사일 위기 시에 소련 행정부가 핵무기 철수에 동의하지 않고 또 미국 행정부가 폭격을 가하거나 실질적인 침략을 감행하여 엄청난 희생을 치르고 소기의 목표를 달성했다면 이러한 목표 달성에 들어간 비용에 견주어 합리성의 여부를 물어야만 한다. 즉 합리성의 판단이 실질적 합리성(substantive rationality)이 아닌 절차적 합리성(procedural rationality)에 근거하여 이루어져야 한다는 견해이다.

넷째, 이 이론은 정부가 분명한 목표를 가지고 있는 전략가로 구성된 통합된 단일체로서 이들은 권력과 안보의 극대화라는 관점에서 완전한 정보를 가지고 냉철하게 계산하고 행동을 취한다는 것을 전제로 하고 있다. 따라서 의사결정체가 일단의 개인이나 관료 혹은 하부 조직 등으로 구성되어 있고 이러한 행위자들의 정치력(political forces)이 의사결정에 영향을 미칠 수도 있다는 점을 고려하지 않는다. 즉 정부의 의사결정체 내부에서 이견이 존재하여 타협을 통해 결국 최상의 의사결정(optimal decision-making) 아닌 적정한 의사결정(satisficing decision-making)에 이를 수도 있다는 것을 무시하고 있다.

다섯째, 버바(Siney Verba)는 인간의 유약함(human frailty)으로 인해 합리적 의사결정 이론이 의사결정에 대한 적절한 서술이 되지 못한다고 본다. 즉 합리적 의사결정 이론은 실제 세계에 너무나 많은 중요한 변수들이 존재할 뿐만 아니라 정확하지 않은 정보와 쉽게 계량화할 수 없는 변수들이 존재하는 등 인간이 통제할 수 없는 많은 것을 충분히 고려하고 있지 않아 적실성이 부족하다고 본다. 버바는 좀 더 중요한 이유로서 의사결정자가 자신의 가치(values)를 아는 것이 매우 어렵다는 점을 지적한다. 다시 말해 자신에게 있어서의 중요성의 관점에서 가치들에 명쾌하게 서열을 매겨 배열하는 것이 대단히 어렵다는 것이다. 이는 가치라는 것이 종종 서로 충돌하며 의사결정자가 직면하고 있는 상황과 이러한 상황에서 어떤 것이 실질적으로 달성가능한 것인가에 따라 달라질 수 있기 때문이다. 예컨대 경제적 가치와 권력적 가치가 병존할 경우 어느 가치를 좀 더 중요시할 것인가(즉 안보를 촉진할 것인지 아니면 복지를 증진할 것인가)가 명백하지 않은 경우가 많다.[61]

(4) 합리적 외교정책 결정이론이 적실성을 가질 수 있는 조건

이러한 문제점들이 시사하고 있듯이 합리적 외교정책 결정이론은 외교정책에 대해 불완전한 설명과 예측을 제시할 가능성을 갖는다. 그런데도 학자들은 이 이론이 가지고 있는 한계를 명백히 알고 적용한다면 합리성 가정은 그 한계에도 불구하고 여전히 유용한 가정이 될 수 있다고 보고 합리적 외교정책 결정이론이 유용할 수 있는 조건을 탐구하고자 한다.

현재의 시점에서 보아 이론의 여지가 없는 명백히 검증된 명제가 아니므로 가설의 수준에 머물러 있다고 보아야 하나 일반적으로 의사결정 단위가 단일한 통합된 행위자에 가까워지는 상황(즉 우리가 국가를 단일의 통합된 행위자로 생각할 수 있는 상황)에서 합리적인 결정이 일어날 가능성이 크다고 본다. 이러한 합리적 결정이 일어날 가능성이 큰 상황을 예를 들어보면 다음과 같다.

i) 그룹 간의 협상에 있어 가치(values)가 좀 더 일반적으로 수용되면 될수록 합리성에 근접할 가능성이 크다. ii) 한 지도자에 의해 결정이 주도되는 전제적이고 권위주의적인 정부의 결정은 이 이론이 산정한 것과 근접할 가능성이 있다. iii) 합의(consensus)로 의사결정을 하는 전통을 지닌 영국 내각의 경우에 합리적 외교정책 결정이론이 사실에 근접할 수 있다. iv) 위기에 봉착했을 때 또한 합리적인 결정이 일어나기 쉽다. 합리적 결정이 일어날 가능성이 큰 상황으로서의 위기에 관해 좀 더 살펴보면 다음과 같다.

위기 시에는 의회·이익집단·관료조직·일반 대중 등이 정책 결정에 영향을 미칠 만한 시간적 여유가 존재하지 않기 때문에 핵심부의 작은 그룹(inner circle)이 의사를 결정하게 된다. 즉각적인 행동을 요구하는 위기 상황에서 다양한 정부 행위자들 간 합의의 등장을 기다릴 수 없어 대통령과 소수의 고위 보좌관과 같은 고위 공직자들에게 의사결정이 집중되며 동맹을 형성하고 있는 우방 국가들마저도 이러한 의사결정을 지원함으로써 하나의 통합된 행위자로 간주할 여지가 많다는 것이다. 더불어 위기 시에는 하나의 가치가 다른 가치를 지배하면서 가치의 합의가 이루어지기 쉬워 위기는 통합된 행위자와 더불어 단일의 가치 선호를 만들어낸다. 따라서 위기 시에는 정책결정자들은 일반 대중들의 기대나 이익집단 등의 요구와 같은 국내 정치적 요인에 영향을 받지 않으며 조직간 상충하는 이해관계와 입장을 특징으로 하는

---

61) Sidney Verba, "Assumptions of Rationality and Non-Rationality in Models of the International System," in Sidney Verba, ed., *The International System: Theoretical Essays* (Princeton: Princeton University Press, 1961).

관료정치 현상도 극소화될 것으로 본다. 이러한 이유로 인해 합리적 외교정책 결정 이론은 위기 시의 의사결정과 좀 더 관련이 있다고 본다.62)

2) 합리적 국제관계 이론

국가 수준의 합리적 국제관계 이론으로서 죄수의 딜레마 이론과 비겁자 이론을 포함한 게임이론을 먼저 살펴본 후 연이어 억지 이론을 살펴보고자 한다.

(1) 게임이론: 죄수의 딜레마 게임과 비겁자 게임

여기에서는 게임이론의 정의와 종류를 살펴본 후 대표적인 게임이론으로서 죄수의 딜레마 게임과 비겁자 게임이론을 살펴보고 게임이론 전반에 관한 평가를 하고자 한다.

① 게임이론의 정의와 종류

게임이론이란 상대방의 합리성을 전제로 상대방의 행동을 예측하고 이에 대응하여 가장 유리한 합리적인 선택을 찾아내는 이론을 일컫는다. 게임의 결과는 참가자 일방에 의해 결정되지 않고 개개 참가자 선택의 종합에 달려 있으며 각 참가자는 자신과 갈등 관계에 있거나 최소한 이해관계가 다른 상대방을 상대해서 자신의 이익을 극대화하여야 한다는 것을 특징으로 한다.

게임의 종류는 참가자의 수에 따라 2인 게임과 N인 게임으로 구별할 수 있으며 이득(payoff)의 형태에 따라 한쪽이 얻는 것이 정확히 상대방의 손실이 되는 제로섬 게임(zero-sum game)과 그렇지 않은 비제로섬 게임(non-zero-sum game)이 있다. 이러한 두 변수를 결합하여 게임의 형태를 2인 제로섬 게임 · 2인 비제로섬 게임 · N인 제로섬 게임 · N인 비제로섬 게임으로 구별할 수 있다.

여러 종류의 게임 중에서 가장 흔히 언급되는 2인 비제로섬 게임인 죄수의 딜레마 게임(prisoner's dilemma game)과 2인 제로섬 게임 가운데 불완전한 제로섬 게임인 비겁자 게임(chicken game)을 살펴보고자 한다. 여기에서는 게임이론의 기본적인 논리를 간단히 소개하는 데 그치려 하나 실제에 있어 이러한 게임이론은 복잡한 수식을 동원한 수학적인 모델로서 존재한다.

이러한 게임이론을 국제관계에 적용하고 있는 대표적인 학자로는 쉘링(Thomas C. Schelling) · 래파포트(Anatol Rapoport) · 슈빅(Martin Shubik) · 보울딩(Kenneth Bould-

---

62) 자유주의 패러다임의 하나인 「정책결정이론」 편에서 위기가 오히려 비합리적인 정책 결정을 가져온다는 논의를 소개하고자 한다.

ing) · 카플란(Morton A. Kaplan) · 도이취(Karl Deutsch) 등이 있다. 죄수의 딜레마 게임부터 살펴보자.

② 죄수의 딜레마 게임

죄수의 딜레마 게임은 두 명의 용의자 A와 B가 감방에 각기 따로 수감되는 것에서부터 시작된다. 일단 이들을 수감한 경찰은 여러 정황을 고려해볼 때 이들이 무장강도 사건의 범인이라고 확신하고 있지만 기소하는 데 필요한 결정적인 증거가 부족한 상태이다. 경찰은 이들이 상호 의사소통을 할 수 없도록 분리해 놓은 상태에서 심문하는데 이때 두 용의자가 각기 택할 수 있는 대안은 범죄를 자백하든가 아니면 부인하는 것이다.

경찰은 개개의 용의자에게 「나는 너희들이 범인이라는 확신은 가지고 있으나 이를 입증할 충분한 증거가 없다」는 말과 더불어 다음과 같은 선택의 여지를 준다. ⅰ) 양쪽 모두가 범행을 부인하는 경우 불법무기 소지와 같은 가벼운 죄목으로 기소되어 징역 2년 형을 살게 될 것이다. ⅱ) 양쪽 모두가 자백하는 경우 기소는 되나 이실직고를 했다는 것이 참작되어 가장 무거운 처벌인 10년형은 면하고 각기 징역 7년 형에 처한다. ⅲ) A가 자백하고 B가 부인하는 경우 A는 관대한 처벌을 받아 5개월의 징역형을 받게 되고 자백하지 않은 B는 최고형인 10년형을 살게 될 것이다. ⅳ) A가 부인하고 B가 자백을 하는 경우 A는 자백하지 않았기 때문에 최고형인 10년형을 살게 되나 B는 관대한 처벌로 5개월의 징역형을 사는 데 그칠 것이다.

용의자 A와 B가 합리적인 행위자라고 했을 경우 이들은 각기 어떠한 선택을 하게 되며 두 사람 선택의 합으로서 어떠한 결과를 빚게 될 것인가? A의 입장만을 고려하여 A에게 귀결되는 이익의 크기에 따라 가장 이익이 많은 경우부터 가장 적은 경우를 순차적으로 열거하면 세 번째 경우가 가장 먼저이고 첫 번째 경우/두 번째 경우/네 번째 경우가 뒤를 잇는다. 그러나 상대방이 어떤 선택을 할지 모르는 상황에서 자신에게 최대의 이익을 가져오는 선택이 결국 의도한 대로 최대의 이익을 가져오는 것은 아니다.

어느 일방이 게임의 결과를 완전히 결정할 수 없으므로 상대방의 선택을 고려하여 최종 선택을 해야만 하는 합리적 행위자인 A와 B는 어떠한 선택의 전략을 가질 것인가? A와 B가 합리적인 행위자라면 이러한 상황에서 자신에게 최대한의 이익을 가져다주는 선택을 하지 않고 확보할 수 있는 최소의 이익을 극대화하거나 감수할 필요가 있는 최대의 손실을 극소화하는 소위 미니맥스 전략(minimax strategy)을 지배적인 선택규범으로 택할 것으로 본다.

A가 어떤 논리에 의해 어떠한 최종적 선택을 하게 되는지 구체적으로 살펴보도록 하자. A가 선택할 수 있는 대안은 자백하든가 부인하는 일이다. B가 어떤 선택을 할지 모르는 상황에서 A가 부인할 경우 최악의 결과는 B가 자백을 하여 A가 10년형을 사는 것이다. A가 자백을 하면 가장 최악의 경우는 B 역시 자백하여 A가 7년 형을 살게 되는 경우이다. 이 두 최악의 경우를 비교하여 제일 나은 선택으로서 A는 자백하여 7년 형을 택하며 같은 논리로 B 역시 자백하여 결국 이들은 모두 7년 형을 받게 된다는 것이다.

이러한 죄수의 딜레마 게임이 국제정치와 관련하여 우리에게 강력하게 시사하는 바는 합리적인 행위자는 양쪽 모두에게 최상의 결과를 가져다줄 수 있는 선택(즉 모두가 죄를 부인하는 선택으로서 협력을 의미함)이 있음에도 불구하고 이를 택하지 못하고 양쪽 모두에게 손실이 되는 선택(즉 모두가 죄를 자백하는 선택으로서 배신을 의미함)을 하지 않을 수 없다는 것이다. 즉 합리적 행위자들은 단기적인 이익의 추구 때문에 그의 상대가 무엇을 하든(즉 배신하든 협력을 하든) 관계없이 협력하지 않는 것이 스스로에 이익이 된다고 판단한다는 것이다.

행태주의적 현실주의자들은 죄수의 딜레마 게임의 논리를 통해 서로가 군비제한을 하면 서로에게 이익이 됨에도 불구하고 왜 냉전 시대에 미국과 소련 간에 군비경쟁이 지속해서 일어나는가를 설명하려 한다.

③ 비겁자 게임

비겁자 게임(chicken game)이란 두 사람 A와 B가 서로 마주 보고 차를 질주하여 피하지 않고 계속하여 직진하는 쪽이 승리하고 피하는 쪽이 지는 게임이다. A와 B의 개별적인 선택의 결과로서 다음과 같은 네 가지 경우가 발생할 수 있다.

ⅰ) A와 B 모두 차를 피하는 경우 (모두 비겁자가 되지만 어느 일방이 상대방보다 체면을 더 혹은 덜 잃는 일은 없다) ⅱ) A가 피하고 B가 직진할 경우 (A는 비겁자가 되나 B는 체면이 상승한다) ⅲ) B가 피하고 A가 직진할 경우 (A는 체면이 상승하나 B는 비겁자가 된다) ⅳ) A와 B 모두가 직진하는 경우 (A와 B 모두가 사망한다)

합리적 행위자인 A와 B는 죄수의 딜레마 게임에서와 마찬가지로 게임의 결과를 부분적으로만 통제할 수 있으므로 상대방의 선택을 고려하여 최종 선택을 해야만 하고 이때 미니맥스 전략을 지배적인 전략으로서 택할 것으로 본다.

A가 선호하는 결과를 순서대로 나열해보면 가장 선호하는 결과는 자신은 직진하

고 상대방은 피하는 경우이며 그다음으로 모두가 피하는 경우이고 세 번째는 자신은 피하고 상대방이 직진하는 경우이며 가장 싫어하는 경우는 모두가 직진하여 충돌하는 경우이다. 그러나 앞서 언급했듯이 이러한 것은 일방의 단순한 선호의 서열에 불과하며 이에 근거하여 일방적으로 자신에게 가장 이익이 되는 선택만을 할 수는 없는 것이다.

A가 취할 수 있는 선택이란 오로지 충돌을 피하거나 직진하여 충돌하는 것이다. 개개의 경우에 있어 최대의 손실이 무엇이며 가장 최선의 결정은 무엇인가를 살펴보자. A가 충돌을 피할 때 최대의 손실은 B가 돌진하여 받게 될 체면 손상이고 A가 직진을 할 경우의 최대 손실은 B 역시 돌진하여 맞게 되는 죽음이다. 합리적인 행위자인 A는 미니맥스 전략에 따라 이 두 최대의 손실 가운데에서 최상의 선택인 체면의 손상이 오더라도 충돌을 피하는 선택을 하게 된다는 것이다. 같은 논리로 B도 똑같은 선택을 하여 그 결과 네 가지 가능한 결과 가운데 첫 번째 결과 즉 서로가 충돌을 피하는 결과가 빚어진다는 것이다.

국제정치 학자들은 이러한 비겁자 게임의 논리를 가지고 핵전쟁이 일어나지 않고 핵에 의해 평화가 계속되는 이유를 설명한다. 즉 비겁자 게임에서 자동차 충돌을 서로가 회피하듯이 핵전쟁도 서로 자제하여 피한다고 본다. 이처럼 비겁자 게임은 합리적인 개인이 자신에게 최대의 이익을 가져다주는 선택을 하지 못한다는 것과 게임의 결과로서 개인 간에 협력이 일어날 수 있음을 보여준다. 그러나 상호 핵 억제가 안정적으로 성립한다고 해도 그것은 공포와 의심에 가득 찬 평화일 수밖에 없다는 것을 보여준다.

이러한 비겁자 게임은 죄수의 딜레마 게임과 다음과 같은 면에서 유사하다고 본다. 우선 두 행위자는 협조함으로써(죄를 부인함으로써/충돌을 회피함으로써) 많은 것을 얻는다. 두 행위자는 많은 것을 얻기 위해 배신할 유혹(죄를 자백할 유혹/충돌을 불사할 유혹)을 느끼게 된다. 일방이 배신하면 배신하지 않은 상대방은 처벌을 받는다(일방이 자백하고 상대방이 부인할 때 상대방은 가장 큰 처벌을 받는다/일방이 돌진하고 상대방이 피할 때 상대방은 체면을 잃는다). 마지막으로 두 행위자가 모두 배신을 할 때 모두 처벌을 받는다(모두 자백할 경우 모두 처벌을 받는다/경주자 모두 돌진할 경우 모두 죽는다).

그러나 이들 두 게임 간에는 중요한 차이가 존재한다. 즉 비겁자 게임에 있어 두 경주자 모두가 배신했을 때(즉 돌진했을 때) 받게 되는 처벌은 죽음이기 때문에 일방만 협조했을 때(즉 한 경주자만 피했을 때) 받는 처벌인 체면의 상실보다 훨씬 가혹하다는 점이다. 죄수의 딜레마 게임에 있어서는 두 죄수 모두가 배신했을 때(즉 자백했을 때) 받게 되는 처벌인 7년 형을 일방만 협조했을 때(즉 일방만이 자백했을 때) 받는 처벌인 10년형과 비교할 때 그 차이는 비겁자 게임에서의 차이인 죽음과 체면의 상실이라는 차이와는 비교가 안 된다. 따라서 죄수의 딜레마 상황과는 달리 비겁자 게임 상황에서는 상대방이 협조할 때만 배신할 가치가 있다는 것이다.

게임과 관련된 것으로서 벼랑 끝 전술(brinkmanship tactics)이라고 불리는 것이 있다. 이는 비겁자 게임의 일방이 게임에서 차를 피하지 않고 돌진하여 죽을 것을 비겁자 각오한다는 단호함을 보임으로써 합리적인 상대방이 피하도록 하는 것을 말한다. 1962년 쿠바의 미사일 사건에서 미국의 핵전쟁 불사 의지에 소련이 단독으로 협력적 대안을 택함으로써 핵전쟁의 위기가 해소된 경우를 그 예로 들 수 있다.

④ 게임이론의 평가

이러한 게임이론은 개개의 행위자들이 결과에 대해 부분적인 통제력만을 가지고 있는 상황에서 합리적인 선택을 하도록 도와주며 자기 계발적 가치(heuristic value)를 보유하고 아이디어의 산실 역할을 한다. 더욱 중요한 것은 국가 간 분쟁의 원인을 모겐소처럼 국가나 정치인의 사악성과 같은 것에서 찾기보다 양측 모두 원하거나 의도하지 않은 결과를 초래할 수도 있는 상황의 구조적 성격에 주목시킴으로써 분쟁의 원인을 훨씬 더 깊이 이해하도록 도와준다. 그러나 게임이론은 다음과 같은 비판을 받는다.

개개 국가는 게임이론이 가정하고 있듯이 통합된 단일한 행위자가 아니다. 더불어 2인의 게임이 아닌 여러 사람의 게임이 대다수 실제의 경우이기 때문에 N인 게임이론이 절실히 요구된다. 특히 냉전 시대 양극체제에서의 미국과 소련 간의 관계를 설명하고 예측하는 데 2인 게임이론은 어느 정도의 적실성을 가졌으나 탈냉전과 더불어 국제정치에 영향력을 갖는 행위자의 수가 늘어나면서 N인 게임이론의 필요성이 더욱 크게 대두되고 있다. 그러나 보다 심각한 것은 국가 행동은 외부적인 요인뿐 아니라 국내적인 요인에 의해서도 영향을 받는다는 점을 고려하고 있지 않다는 점이다.

(2) 억지 이론

여기에서는 합리적 억지 이론의 구체적인 내용이 무엇인가를 개략적으로 살펴본 후 합리적 억지 이론이 지니고 있는 문제점을 중심으로 평가를 하고자 한다.

① 합리적 억지 이론의 내용

합리적 억지 이론(rational deterrence theory)은 지도자들이 기대효용을 극대화하기 위해 행동한다는 것을 전제로 한다. 즉 지도자는 대외정책의 선택으로부터 그가 기대하는 순 이익(net benefits)을 극대화할 욕망의 동기에 의해 움직이기 때문에 다른 대안들보다 가치나 효용(value or utility)을 덜 가져다줄 것으로 기대되는 행동을 절대 선택하지 않으리라는 것을 전제로 하고 있다. 여기서 억지(deterrence)란 전쟁의 개시로부터 있는 이익보다는 그에 대한 반격으로 입게 될 손해가 크다는 사실을 상대측에 이해시켜 그 적대행위를 좌절시키는 것을 의미한다.

억지 이론이 제시하는 가설은 다음과 같다. 만약에 전쟁을 감행함으로써 기대되는 효용이 현존하는 정책을 지속함으로써 기대되는 효용보다 적다면 어떠한 국가도 전쟁에 돌입하지 않을 것이다. 즉 전쟁이냐 평화냐의 선택은 비용과 이익의 계산에 달려 있다는 것이다. 이처럼 억지 이론은 단지 합리적인 정책 결정의 틀 안에서 핵전쟁이 일어날 것인지 안 일어날 것인지를 예견하게 해준다. 좀 더 구체적으로 합리적 억지 이론의 논리를 살펴보자.

우선 합리적 행위자인 공격의 개시자 I(initiator)와 방어자 D(defender)가 있다. I는 공격할 것인지 아닌지를 결정하며 D는 I의 공격에 응해 전쟁에 돌입할 것인지 항복할 것인지를 선택한다. I에 확실하게 알려지지 않은 것은 D가 공격을 받을 때 반격을 가할 능력과 단호한 의사가 있는지다. 만약에 D가 보복하겠다는 위협이 신뢰할 만한 경우(즉 D가 보복할 실질적인 군사적 수단을 보유하고 있고 정치적으로도 자유롭게 보복할 수 있다고 I가 판단할 경우) I는 공격을 안 할 것이다. 거꾸로 D가 공격을 받았을 때 D로서 보복하는 것이 이해관계에 맞지 않고 실질적인 수단이나 의지가 결핍되어 있다고 I가 믿으면 I는 공격한다는 것이다.

따라서 행위자의 합리성을 전제로 하는 합리적 선택의 가정 속에서 억지의 성공은 D의 신뢰성(credibility)에 달려 있다. 즉 D가 I를 향해 보복할 수 있는 군사적 능력과 보복할 수 있는 정치적 자유를 보유하고 있음을 확신시키고 전쟁을 일으키면 비용보다 대가가 더 클 것을 확신시킨다면 이때야말로 I는 억지가 될 것으로 본다.

이처럼 합리적 억지 이론은 정책 결정 구조상의 고도의 합리성을 전제로 한다. 두 국가 간의 논리는 다음과 같다. 나는 네가 나와 똑같은 합리성을 지니고 있으며 나와 마찬가지로 생존에 관심이 많다는 것을 잘 알고 있다. 우리는 평화를 추구한다. 그것은 서로를 신뢰하고 있기 때문이 아니라 서로를 두려워하고 있기 때문이다.

② 합리적 억지 이론의 비판

의사결정자는 합리적 억지 이론이 가정하고 있는 것과는 달리 비용과 이익을 정확히 계산할 수 없으며 관련된 확률을 포착하기 힘들고 상대방의 가치의 서열(hierarchy)을 알기 어렵다. 긴장이나 두려움과 피곤이나 기타 생각을 저해하는 요인 때문에 기대효용이론이 요구하는 방식의 의사결정이 일어나기 어렵다. 즉 억지라는 것은 근본적으로 심리적인 과정으로서 인식 상의 실패 · 두려움 · 단순한 시간상의 압박감이 억지 이론이 가정하고 있는 합리적인 계산을 불가능하게 하며 그 결과 합리적인 전쟁의 억지가 실패할 수 있다는 비판이다.

스타인부루너(John D. Steinbruner)같은 학자는 더 현실적인 이론으로서 인공 두뇌학 의사결정 이론(cybernetic decision-making theory)을 제안하고 있다. 이 이론의 핵심은 자유주의 패러다임의 정책결정이론 편에서 상세히 논하겠지만 간단히 말해 정책결정자는 포괄적인 대안 모두와 그들이 가져다줄 대가 모두를 고려하지 않는다는 것이다. 저비스(Robert Jervis)와 같은 학자는 오인식(misperception)이 국제관계에서 일상적으로 일어나는 현상으로 본다. 이로 인해 양쪽 모두 상대방의 견해를 완전히 포착할 수 없어 합리적인 억지의 실패가 초래될 수 있다고 본다.

이러한 비판을 종합해 볼 때 현실주의 이론은 전쟁의 억지를 설명하는 분석수준으로서 통합된 합리적인 단위체로 가정된 주권 국가라는 국가행위자 수준(national actor level)을 택하고 있으나 억지의 성공이나 억지의 실패는 다른 분석수준으로부터의 요인(예컨대 개인 수준에서의 지도자의 성격이나 인식과 같은 심리적인 요인과 그룹 수준에서의 관료정치나 조직과정과 같은 요인)에 대한 고려 없이는 제대로 설명될 수 없다는 것이다. 이러한 요인들을 중요시하는 이론들은 자유주의 패러다임의 정책결정이론 편에서 자세히 살펴보고자 한다.

이러한 논리적이고 선험적인 비판과 달리 구체적인 역사적 사례를 통해 합리적 억지 이론의 예측력에 의구심을 제기하기도 한다. 즉 합리적 억지 이론의 논리를 전쟁의 억지 여부를 예측하는 데 사용했을 때 얼마나 많은 역사적 사례가 정확하게 예측되는가를 묻는 것이다. 이런 질문에 대한 답은 보복에 대한 위협이 명백했고 믿을 만했으나 억지가 실패한 역사적인 예들이 존재한다는 것이다.

예컨대 베를린 위기와 한국전쟁을 적국들이 나중에 실제로 취했던 행동을 취할 것이라고 미국 관리들이 사전에 생각을 못 했기 때문에 발생한 억지의 실패로 본다. 즉 미국 관리들은 적국들이 실제로 취한 행동이 적국 자신들에게 큰 위험부담을 가져다줄 것으로 판단하여 적국들이 그러한 선택을 하지 않으리라고 믿었기 때문에 상황을 제대로 평가하지 못했다는 것이다.

4. 국제체제 수준의 행태주의적 현실주의 이론

여기에서는 앞에서 살펴본 국가 수준의 행태주의적 현실주의에 이어 국제체제 수준의 행태주의적 현실주의를 살펴보고자 하는데 구체적으로 체제이론의 특징과 체제이론의 예 그리고 체제이론의 평가 순으로 살펴보고자 한다.

1) 체제이론의 특징

체제이론이 기본적인 개념인 체제가 무엇을 의미하는가의 정의를 살펴보고 이러한 체제이론이 다른 종류의 이론들과 구별되는 점과 체제를 구분하는 기준에 관해 살펴보고자 한다.

(1) 체제의 정의

체제(system)를 간단히 정의하자면 환경과 구분되어 공동의 목표를 달성하기 위해 상호작용을 하는 상호의존적인 구성요소들의 합이다. 좀 더 구체적으로 체제란 일정한 패턴의 상호작용을 하는 상호의존적인 구성요소(interacting, interdependent components)들의 집합체를 의미하는데 이러한 구성요소들은 기능적으로 연결되어 하나의 덩어리로서 공동의 목표(common goal)를 추구하며 외부환경과 구분되어 이러한 환경과도 부단하게 상호작용을 한다.[63)]

체제는 자기조절 과정(self-adjusting process)을 그 특징으로 하며 모든 체제는 환경으로부터의 투입과 환경으로의 산출 그리고 환류 기제(feedback mechanism)를 지니는 것을 특징으로 한다. 체제가 외부환경으로부터의 투입을 포용하면서 원래의 체제를 유지할 때 체제가 평형상태에 있다고 이야기한다. 외부환경으로부터 강력한 투입이 있으면 새로운 평형상태로의 이동(equilibrium change)이 있든가 아니면 체제가 원형의 모습을 잃고 새로운 체제로의 변화(system change)가 있을 수 있다.

이러한 체제의 개념으로부터 체제의 3대 요소를 추출할 수 있는데 이들 요소는 구체적으로 일정한 규칙성을 지닌 상호작용을 하는 구성요소·구성요소 간의 상호의존·공동의 목표이다. 이러한 체제 일반에 대한 정의에 기반하여 국제체제를 정의한다면 국제체제란 외부환경과 구분되어 공동의 목표를 달성하기 위해 일정한 패턴의 상호작용을 하는 상호의존적인 독립된 정치 단위의 집합체이다.

---

63) 여기에서 상호의존적이라는 말의 의미는 구성요소들이 다른 구성요소의 행위로부터 영향을 받는다는 것을 의미한다.

(2) 체제이론과 타 이론과의 차이

체제이론은 체제 내 구성요소 간의 정형화된 상호작용 패턴을 기본 아이디어로 하는 이론이다. 다시 말해 구성요소들이 상호작용을 하여 그들 간의 정형화된 관계를 발생시킨다는 것이 체제이론의 출발점이다.

국제체제 이론은 국제체제를 구성하고 있는 단위인 국가의 행동과 이들 간 상호작용의 국제적 결과를 설명하기 위해 국제체제의 구조에 중심을 두고 있는 이론을 의미한다. 즉 국제체제 이론은 국제체제를 변수로 하여 국제체제의 구조가 체제를 구성하고 있는 국가들의 행위와 이들 간의 상호작용에 일정한 패턴을 창출한다는 것을 핵심으로 하면서 국제체제와 하부체제인 주권 국가 간의 관계를 이해하고자 하는 이론이다. 이렇듯 국제체제 이론은 구성요소 간의 상호의존성에 관한 연구이지만 자유주의 패러다임의 상호의존론은 결코 아니다.

국제체제 이론은 세력균형 이론을 확장하려는 노력의 하나로도 볼 수 있는데 이는 국제체제 이론이 세력균형을 정형화된 구성요소 간 상호작용의 대표적인 결과물로 보기 때문이다. 이런 의미에서 세력균형의 개념을 과학화하여 대이론(grand theory)을 만들고자 하는 것이 바로 국제체제 이론이라고도 볼 수 있다. 국제체제 이론은 세력균형에 관한 전통적 사고에서 나아가 세력균형의 유형을 세밀하게 구분하여 각 균형체제의 상대적 안정성을 알아보려고도 한다.

행태주의적 현실주의 계보의 대표적인 국제체제 이론가인 카플란(Morton A. Kaplan) · 호프만(Stanley Hoffmam) · 맥클리랜드(Charles A. McClelland) · 로즈크랜스(Richard N. Rosecrance)는 국가 간 갈등과 협력을 설명하는 데 있어서 전통적 현실주의 이론과는 달리 인간성에 의존하지 않고 대신에 국제정치의 경쟁적이고 무정부적인 성격에 중점을 두었다. 더불어 모겐소와 달리 이들은 국제정치의 본질보다는 국제체제의 변화에 많은 관심을 보유했다고 볼 수 있다.

이들은 국가 행동은 본질적으로 국제체제의 구조에 의해서 결정지어진다는 가정을 보유하고 국제체제의 구조에 따라(예컨대 양극체제냐 다극체제냐에 따라) 국가 행동의 규칙을 부과했다. 좀 더 구체적으로 체제이론의 주된 관심은 체제의 유형과 전쟁의 발발이나 빈도의 문제와 더불어 무정부 상태에서의 질서와 안정의 여부 등의 요인을 연구하는 것이다.

그러나 나중에 더 상세히 살펴보겠지만 이들의 행태주의적 현실주의 계보의 국제체제 이론은 신현실주의 계보의 국제체제 이론과 큰 차이를 지니고 있다. 국제체제를 개념화함에 있어서 후자는 국제체제가 체제의 구성요소인 주권 국가를 지배하고 있다고 보는 것과는 달리 전자는 국제체제가 체제의 구성요소인 주권 국가에 의해 지배되는 것으로 인식한다. 이러한 후자의 인식은 카플란이 현재의 국제체제를 중심적 권한이 부재한 가운데 주권 국가라는 하부체제가 지배하는 체제(subsystem-dominant system)라고 특징짓는 것에서도 알 수 있다.[64)]

(3) 체제를 구분 짓는 기준

체제이론은 일반적으로 체제를 구분하는 기준을 제시하고 이에 따라 분류된 체제들의 안정성의 여부와 다른 체제로의 변형 조건과 과정을 밝히고자 하며 체제의 양태가 국가 행동과 국가 간의 상호작용에 어떤 영향을 미치는가를 연구하는 데에 주된 관심을 둔다.

국제체제의 특질을 나타내며 구분을 가능하게 하는 기준들을 크게 다음의 세 그룹으로 분류할 수 있다. ⅰ) 국제체제 내의 국가들의 목표·정부 형태·의사결정 구조와 같이 국가라는 국제체제의 구성요소의 특질을 가지고 국제체제를 특징짓는 경우 ⅱ) 국가 간의 동맹관계나 국가 간 상호작용을 규율하는 규칙이나 관습처럼 구성요소 간의 상호작용을 가지고 국제체제를 특징짓는 경우 ⅲ) 구성요소의 특질이나 구성요소 간의 상호작용을 가지고 체제의 특성을 규정하는 것은 순환론적인 성격을 갖는다고 보고 체제의 특징으로서 구성요소의 특질과 구성요소 간의 상호작용을 배제하는 경우이다.

세 번째 기준은 앞으로 살펴볼 신현실주의 이론의 대표적인 학자인 왈츠가 옹호하는 기준으로서 그는 기존의 국제체제 이론이 구성요소의 특질이나 구성요소 간의 상호작용을 가지고 국제체제를 규정지었다고 비판하고 그 자신은 국제체제를 구성하고 있는 구성요소인 국가들 사이에 있어서의 권력의 배분(distribution of power)을 가지고 국제체제를 특징짓고 구분하고 있다. 여기에서 권력의 배분이라는 개념은 구체적으로 강대국의 수를 의미한다.[65)]

2) 카플란의 국제체제 이론

여기에서는 행태주의적 현실주의 계보의 국제체제 이론의 대표적인 예로서 카플란의 국제체제 이론을 소개하고자 한다.

---

64) 여기서 하위체제가 지배한다는 것은 체제의 유지를 위한 필수적 규칙(essential rules)이 하위체제(즉 민족국가)의 의지와는 관계없이 주어진 것으로 간주하지 않고 이들에 의해 지배되는 것을 일컫는다.
65) 국가 간 권력의 배분을 첫 번째 그룹에 넣어야 한다고 주장하는 학자들도 있다.

(1) 전통적 현실주의 이론과의 차이

전통적 현실주의 이론에 대한 행태주의적 현실주의 이론의 초기 도전은 카플란으로부터 가해졌다. 카플란은 모겐소의 관찰할 수 없고 입증할 수 없는 고정된 상수로서의 인간성에 대한 개념을 배제하고 국제체제라는 개념을 대안적으로 제시하여 국제관계를 분석하고자 했다. 앞서 언급했듯이 모겐소에 있어서 국제체제란 국가 행동을 설명하는 데 있어서 명시적인 변수가 아니었다.

국제관계를 연구하는 데 있어서 여러 분석수준이 있을 수 있다는 것과 더불어 그 가운데 국제체제 수준에서의 이론화가 필요하다는 것을 명시적으로 처음 언급한 학자는 왈츠였지만 이론적인 수준에서의 논의에 그쳤고 국제체제라는 분석수준을 실질적으로 적용한 행태주의적 현실주의자는 카플란이었다.

카플란은 1957년에 「국제정치에서의 체제와 과정(System and Process in International Politics)」이라는 책을 통해 국제관계의 과학적 접근은 체제접근 방법(systems approach)이어야 함을 역설했다.[66] 그는 개별사건의 역사적인 중요성과 특수성을 중시하는 방법에서 벗어나 좀 더 일반화를 추구하고 사회과학적 방법을 적용하는 기초를 만들고자 했다. 즉 국제체제의 연역적인 모델을 만들고 이를 실질적으로 증명하는 예로서 역사를 검토했다. 이러한 그의 이론은 1960년대 후반기 이후 약 10여 년 동안 거시적 국제관계이론 분야를 지배했다.

(2) 국제체제의 분류 및 중요변수

카플란은 주로 행위자 간 통합의 정도와 행위자의 수에 기초하여 가장 널리 잘 알려진 6개의 다른 국제체제 모델을 제시하고 있다.[67] 6개의 모델은 구체적으로 세력균형체제(balance of power system) · 느슨한 양극체제(loose bipolar system) · 경직된 양극체제(tight bipolar system) · 보편적 국제체제(universal international system) · 위계적 국제체제(hierarchical international system) · 전 단위 거부권 보유체제(unit veto system)이다.[68] 여기서 우리가 주목할 점은 이러한 국제체제 모두가 다 무정부적 상태의 국제체제는 아니라는 사실이다.

---

66) Morton A. Kaplan, *System and Process in International Politics* (New York: Wiley, 1957).

67) 카플란은 후일 1970년대의 국제정치 체제를 고려하여 매우 이완된 양극체제(very loose bipolar system) · 데탕트 체제(detente system) · 불안정한 블록체제(unstable bloc system) · 불완전한 핵 확산 체제(incomplete nuclear diffusion system)를 추가하고 있으나 처음의 6개 모델이 전형을 이룬다.

68) 카플란은 세력균형체제와 두 가지의 상이한 양극체제를 구분하고 있으나 일반적으로 말해 카플란의 세력균형체제는 다극적 세력균형체제이고 두 양극체제는 양극적 세력균형체제이다. 카플란의 위계적 체제는 패권체제(단극체제)라고 볼 수 있다.

카플란은 이처럼 6개의 국제체제를 설정하고 이에 따른 국가 행동의 패턴을 설명하고자 했다. 그는 국제체제가 구성요소의 행위를 결정짓는다고 보았기 때문에 구성요소로서의 국가들의 내부적 특성을 살필 필요가 없음을 강조했다.

그는 이러한 6개 모델의 특징과 행위를 다음 5개 변수를 가지고 설명했다. i) 체제의 기본 규칙(essential rules of a system). 이는 체제의 본질적 성격을 규정하는 체제 내의 각 행위자 간에 존재하는 행위원칙으로서 이 원칙이 지켜지는 한 체제는 변화하지 않으리라고 본다. ii) 체제의 변형규칙(transformation rules of a system). 이는 기본 규칙이 바뀌는 방식에 대한 규칙으로서 체제 내의 평형 유지에 필요 없는 투입으로 인해 체제가 불안정한 방향이나 다른 체제로 변화를 일으키는 규칙을 의미한다. iii) 행위자 분류변수(actor classification variables). 이는 구체적으로 행위자의 유형을 나타낸다. iv) 능력변수(capability variables). 행위자들의 군비 수준 및 과학기술과 더불어 이들 이외의 행위자에게 가용한 권력의 다른 요인을 의미한다. v) 정보변수(information variables). 행위자가 다른 행위자에 대해 가지고 있는 정보의 수준을 나타낸다.

카플란은 상기한 5개의 변수를 중심으로 특정의 국제체제 속에서 그 체제의 특징적인 행위를 예측하고 한 체제가 안정을 유지하거나 변형될 수 있는 조건들에 관한 가설들을 제시하고 있다. 카플란 모델의 5개 변수가 시사하고 있듯이 카플란은 국제체제마다 반복적이거나 특징적인 행위 유형이 존재하고 국가들의 행위는 행위자의 유형과 행위자가 소지한 능력 및 다른 행위자에 대한 정보에 따라 달라질 것이라고 본다. 예컨대 행위자 분류변수와 관련하여 민주주의 국가와 대조되는 권위주의적 국가는 다르게 행동할 것으로 본다.

상기한 6개 모델 중에 세력균형체제와 느슨한 양극체제는 각기 19세기 유럽과 2차 세계대전 이후에 실제로 존재했던 체제이고 나머지 4개 체제는 카플란의 연역(deduction) 즉 논리적 추론으로 만들어진 체제로서 냉전 시대의 느슨한 양극체제가 어떻게 변형될 수 있는가를 보여준다. 카플란은 체제변형을 일으키는 변수를 정확히 알 때 변형을 예측할 수 있다고 본다. 다음은 카플란의 6개 모델에 관한 자세한 설명이다.

(3) 각 국제체제의 특징

① 세력균형체제

세력균형체제는 국가만이 행위자로 존재하고 최소 5개 강대국이라는 필수적 행위자가 존재하는 국제체제로서 강제적이고 위계적인 의사결정과 집행 장치가 존재하지 않는 체제다. 체제의 기본 규칙은 다음과 같다. 즉 국제체제의 구조적 특징이 세력균형체제일 때 각 국가는 다음과 같은 행위 패턴을 보일 것으로 본다.

i) 각국은 능력의 증대를 위해 행동하나 전쟁을 하기보다는 협상을 하려 한다. ii) 행위자는 능력을 증강하는 데 실패하기보다는 전쟁에 임하려 할 것이다. iii) 전쟁에 임하더라도 또 다른 필수적 행위자(즉 강대국)를 제거하여 체제를 불안정하게 하지 않도록 할 것이다. iv) 어떤 동맹이나 단일 행위자가 그 체제 내에서 지배적 위치를 점하는 것을 반대할 것이다. v) 초국가적 조직원칙을 제시하는 행위자를 억제할 것이다. vi) 강대국 중 패전국이 체제 내에 다시 들어오거나 과거 중요한 행위자가 아니었던 행위자가 주요 행위자의 반열에 오르는 것을 허용할 것이다.[69]

이러한 6개의 기본행위 원칙 가운데 어느 하나라도 안 지켜지면 국제체제는 세력균형이라는 특정의 평형을 유지하지 못할 것으로 본다. 이러한 6개의 원칙은 각 국가 행동을 설명하고 예측하는 데 기본이 된다. 카플란에 따르면 이러한 행위 패턴은 모든 국가가 예외 없이 따르는 것은 아니며 일반적인 경향으로서 국가들은 자국의 이익에 따라 이를 따르지 않을 수도 있다고 본다. 세력균형체제에서는 이념이 아닌 자국의 이익에 따른 유연한 동맹관계의 변화를 특징으로 하며 이념적인 요인 등에 의해 자율적인 동맹관계의 유연성이 없게 되면 세력균형체제는 균형 회복 능력을 상실하고 다른 체제로 변화를 하게 된다.

② 이완된 양극체제

이완된 양극체제는 국가와 더불어 초국가적 국제기구와 같은 보편적인 행위자가 존재하는 체제로서 국가는 특정의 진영에 속하는 블록 국가(bloc countries)와 비 블록 국가(non-block countries)로 구분된다. 국가들은 2개의 진영으로 나누어져 초강대국 중심의 통제체제를 보유한다. 경직된 양극체제와 구분되는 것은 블록 국가 이외에 비 블록 국가와 더불어 유엔과 같은 초국가적 보편적 행위자가 존재하여 두 진영의 대결을 중재해 나가면서 체제의 균형을 이루어 나가는 체제라는 점이다.

2개 진영의 구성원들 간의 관계가 상호의존적이지 않고 위계적일 때 진영 사이의 대립이 격화되고 융통성이 없어져 경직된 양극체제로 변형되기 쉽다. 이완된 양극체제의 기본 규칙 중 중요한 것을 소개하면 다음과 같다.

---

69) 왈츠는 카플란의 첫 번째 원칙과 두 번째 원칙을 준수하게 되면 네 번째 규칙을 어기게 될 것이며 세 번째 원칙도 마찬가지로 어길 가능성이 크다고 본다.

i) 양 진영은 서로 상대 진영을 제거하려 노력할 것이다. ii) 위험부담을 감수할 수 있는 한 다른 블록의 제거에 필요하다면 전쟁도 마다하지 않을 것이다. iii) 상대방 블록보다 강한 권력을 추구할 것이다. iv) 다른 블록에 의한 예속이나 제거를 피하고자 전쟁을 할 것이다. v) 새로운 국가를 자신의 블록에 편입시키려 할 것이며 그들이 다른 블록에 가담하는 것을 방해할 것이다. vi) 비 블록 국가들이 블록 간 전쟁의 위험성을 감소시키기 위해 중개자의 역할을 할 것이다. 이 체제 내에서 동맹은 장기화하고 전쟁 가능성은 상당히 크나 핵전쟁의 공포 때문에 전쟁은 제한전의 모습을 띨 것이다.

③ 경직된 양극체제

경직된 양극체제는 이완된 양극체제의 변형이다. 중재역을 담당할 수 있는 비 블록 국가와 초국가적 보편행위자가 없거나 미미한 역할만을 하는 체제로서 두 진영 사이에 심각한 대립양상을 보이는 불안정한 체제다. 행위 규칙은 이완된 양극체제와 비슷하다. 1950년대의 미 · 소간의 냉전이 절정에 이르렀을 때의 국제체제가 이에 가까웠다고 볼 수 있다.

④ 보편적 국제체제

보편적 국제체제는 이완된 양극체제에서 보편적 행위자의 역할이 극대화되었을 때 생길 수 있는 세계연방 국가(confederation)형태의 체제로서 역사상 존재한 적이 없는 체제다. 이러한 체제는 구성요소 상호 간의 관용과 보편적으로 적용되는 법질서에 기초한다. 모든 국가는 초국가적 행위자의 통제 속에서 자율성을 보유한다. 보편적 국제체제의 기본 규칙은 다음과 같다.

i) 각국은 체제에서 더욱 많은 것을 얻으려고 경쟁적으로 노력하는 한편 국제체제의 자원과 생산의 기반을 증대시키고자 노력할 것이다. ii) 각국은 기여의 정도에 따라 체제에서 보상을 받으나 이러한 보상이 최소한에 못 미칠 때 기여와 관계없이 일정 수준의 최소분배를 받을 것이다. iii) 각국은 그들의 목표를 평화적 방법으로만 성취하고자 할 것이다. iv) 국제체제 내의 자연인은 체제 전체의 필요만을 생각하고 의사결정을 하며 소속국의 이익을 고려하여 그 의사를 수정하려 하지 않을 것이다.

이러한 기본 규칙은 각 국가가 이러한 체제가 각국의 이익을 조정하고 각국을 하나로 통합할 수 있는 능력을 갖추고 있다고 믿을 때만 지켜지게 된다. 만일 이러한 국제체제가 일국의 부(wealth)를 타국에 이전하는 단순한 재분배를 위한 중개자의 역할만 할 때 관련 국가 사이에 분쟁을 유발해 체제 전체가 극히 불안정하게 된다.

⑤ 위계적 국제체제

위계적 국제체제는 국가가 소멸하고 전 세계가 하나의 국가화하는 단일 세계국가 체제를 의미한다. 즉 위계적 국제체제란 군사적 정부에 의하거나 영토적 국가 단위를 기능적으로 대체하는 협정을 통해 구성된 단일의 세계국가를 일컬으며 여기서 각 국가란 단지 영토적 구분에 불과하다. 이러한 체제는 민주적일 수도 권위주의적일 수도 있으며 성격상 아주 안정된 체제다. 국가보다 오히려 이익집단이 주요한 행위자가 되며 과거 로마제국과 중국의 천하 지배 체제가 이와 유사했다고 본다.

⑥ 전 단위 거부권 보유체제

전 단위 거부권 보유체제(각국 거부권 보유체제)는 홉스적인 체제로서 각국이 저마다의 이익을 추구하고 이들 간에 상충하는 이익 추구 행위를 규제할 아무런 정치적 장치가 부재한 체제를 일컫는다. 각국이 모두 서로를 파괴할 수 있는 무기를 가지고 있을 때(즉 오늘날의 모든 국가가 핵무기를 보유하고 있다고 생각할 때) 생길 수 있는 체제이다.

이러한 체제의 특징은 어떤 나라도 다른 나라에 그 나라가 동의하지 않는 행위를 강제할 수 없으며 각국이 스스로 자제하는 한에 있어서 질서유지가 가능하다. 각국이 서로 신뢰할 수 있는 억지력을 보유할 경우 오히려 안정적일 수도 있는 체제로서 어떠한 국가든 이러한 능력을 상실할 때 이 체제로부터 제거되며 이러한 체제 자체도 다른 체제로 전이한다.

3) 체제이론의 평가

(1) 부정적인 평가

국제체제만을 국가 행동의 결정요소로 간주함으로써 국가체제나 그 밖의 정책결정 과정과 같은 국내적 요인을 무시하는 결점을 보유하고 있다. 국가의 개별적 행위나 국가 간 상호작용이 국가행위자의 수나 권력의 배분(distribution of power) 등과 같은 국제체제의 성격에 의해 영향을 받는 것은 사실이며 이는 세력균형체제 내에서 동맹이 이루어지는 패턴을 보면 알 수 있다. 그러나 국가들이 속해 있는 특정 지역 내에서의 국가들의 관계 · 국가의 내부적 위기 문제 · 정책 결정 과정 · 사회경제적 유형 · 이념 등과 같은 요인들에 의해 국가 행동과 국가 간의 상호작용이 달라질 수 있음에도 불구하고 이러한 가능성을 배제하게 된다.

카플란의 모델 가운데 연역적으로 추론된 모델들은 아직 실제 세계에서 검증되지 않은 가설적인 것에 불과하다는 비판도 다수의 학자에 의해 제기되는 비판 중의 하나이다. 역사에 기반을 둔 귀납적 논리에 의해 구성되었다고 볼 수 있는 카플란의 세력균형체제와 이완된 양극체제 모델 역시 실제의 역사로부터 검증해 보았을 때 현실과의 괴리를 보인다고 본다.

신현실주의자인 왈츠는 많은 국제정치학자가 국제체제가 아닌 주권 국가라는 잘못된 분석수준을 택해 환원주의적인 오류를 범하고 있다고 주장한다. 여기에서 더 나아가 그는 학자들이 국제체제라는 제대로 된 분석수준을 택했다고 해도 이를 잘못 이용하고 있다고 지적하고 대표적인 예로서 카플란과 더불어 호프만과 로즈크랜스 체제이론을 들고 있다. 즉 이들은 국제체제라고 하는 올바른 분석수준을 택하고 있으나 국제체제의 구조를 구성요소의 특징이나 구성요소 간의 상호관계로서 정의함으로써 의미 있는 체제이론을 만들지 못했다고 평가하고 여타의 학자들과 마찬가지로 이들을 환원주의자로 본다.[70)]

(2) 긍정적인 평가

국제체제 분석 방법을 채택할 필요가 있다는 카플란의 주장은 많은 반향을 일으켜 국제체제를 포함한 국가 외부의 변수를 통해 국제관계의 성격을 설명하려는 다양한 노력이 뒤따랐다.[71)] 예컨대 하스(Ernst B. Haas)[72)]는 1958년에 국가 간 통합이 국가들에 미치는 영향을 연구했으며 허즈(John H. Herz)[73)]는 1959년에 핵무기의 개발이 초강대국 행동의 자유에 어떠한 영향을 미치는가를 살펴보았다. 로즈크랜스(Richard N. Rosecrance)[74)]는 1963년에 상이한 시기의 세계역사를 설명하는 데 있어서 국제변수와 국내 변수가 어떻게 결합될 수 있는가를 보여주고자 했다.[75)]

5. 후기 행태주의(Post-Behavioralism)

1969년 행태주의를 열렬히 옹호했던 학자들 가운데 한 사람인 이스턴(David Easton)은 너무나 많은 행태주의자들이 단순한 숫자놀이에 지나치게 빠져 있고 그들이 검증한 가설은 종종 하잘것없는 것에 불과하며 폭력과 압제 그리고 가난과 기아의 세계

---

70) 자세한 논의는 신현실주의 편에서 접할 수 있다.
71) 앞서 언급했듯이 1950년대 말에 왈츠(Kenneth N. Waltz) 역시 체제분석의 필요성을 강조했다.
72) Ernst B. Haas, *The Uniting of Europe* (Stanford: Stanford University Press, 1958).
73) John Herzl, *International Politics in the Atomic Age* (New York: Columbia University Press, 1959).
74) Richard N. Rosecrance, *Action and Reaction in World Politics* (Boston: Little Brown, 1963).
75) Martin Hollis and Steve Smith, *Explaining and Understanding International Relations* (Oxford: Clarendon, 1990), p. 99-101.

에서 우리가 관심을 보여야 할 많은 도덕적인 문제를 도외시해 왔다고 주장했다.

후기 행태주의 관점에서 정치적 의제의 가장 상층부에 있는 이슈들은 식량문제 · 인구 성장 문제 · 부채위기(debt crisis) 문제 · 공해 문제 · 자원의 고갈 문제 등인데 이러한 문제들은 전통적인 국가로서는 해결하기에 너무나 큰 문제라고 보았다.

당시 1960년대 미국에서는 국내적으로 도시 흑인들의 소요가 있었고 국외적으로는 베트남전이 한창 진행되고 있는 가운데 미군 철수를 부르짖는 과격한 운동이 전개되는 등 가치판단을 통해 시급히 해결하여야 할 많은 문제가 제기되고 있었으나 행태주의는 이러한 문제로부터 멀리 떨어져 있었기 때문에 이에 대한 비판이 등장하기 시작했다.

1950년대에 행태주의자들은 연구 결과들이 누적됨으로써 점차 국제정치에서 일반적인 패턴이 밝혀지고 그 결과 일반이론(general theory)이 성립될 것으로 기대했다. 그러나 1960년대 말에 이들은 행태주의적 접근이 큰 공헌을 한 것은 사실이지만 이러한 접근이 가져다준 통찰은 제한적이었으며 전통적 접근에 의한 통찰보다 우월하지 못했다는 것을 점점 깨달았다. 그 결과 행태주의자들은 행태주의적 접근과 전통적 접근 모두가 필요하며 경험과 역사의 의미 있는 산물을 무시하는 것은 현명하지 못하다고 결론지었다.

후기 행태주의의 입장은 비록 조심스러운 관찰과 약간의 계량화에 기반을 두었으나 숫자 놀음이나 가치 중립적인 데이터의 추구를 넘어섰다. 실상 이는 도덕과 이상으로의 복귀를 의미했으나 이번에는 과학에 근거를 둔 분석을 수반했다. 후기 행태주의는 아주 중요한 문제를 탐구하는 데 있어서 뿐만 아니라 자료의 가용성 문제에 있어서도 과학적인 방법에는 한계가 존재하고 국제정치의 대이론(grand theory)은 기대되는 이득이 없다고 보았다. 후기 행태주의는 고전적인 인물들이 우리에게 깊은 통찰력과 연구할 가설들을 제공한다고 보며 국제정치 연구에 있어서 역사적이고 맥락적인 특징도 중요시했다.

이러한 후기 행태주의는 국제정치 분야에 방법론적인 다원주의를 가져왔다. 기능주의와 신기능주의 통합이론 · 평화연구 · 욕구 이론(needs theory)과 같은 자유주의 패러다임의 이론들이 대거 등장했으며 자유주의 이론에 비판을 가하면서 구조주의 패러다임의 이론들이 등장했다. 이러한 이론들은 공통으로 인간들에게 좀 더 좋은 조건을 창출하는 길을 제시하고자 했다.[76] 이러한 경향을 특히 「후기 행태주의적 다

---

76) Geoffrey Stern, *The Structure of International Society: An Introduction to the Study of International Relations* (London and New York: St. Martin Press, 1995), pp. 32-33.

원주의(Post Behavioral Pluralism)」라고 부르는데 이는 자유주의 패러다임과 구조주의 패러다임 편에서 상세히 다루고자 한다.

제 4 절 신현실주의(Neorealism) 이론[77]: 1980년대

1. 신현실주의 이론의 개관

1) 등장 배경

1930년대에 등장하여 동서 간의 냉전이 고조되었던 기간인 1940년대부터 1960년대까지 국제정치 이론을 지배해 온 전통적 현실주의 이론은 1970년대에 이르러 상호의존론이라는 자유주의 이론과 더불어 주로 마르크시즘의 영향을 받은 구조주의 이론의 강한 도전에 직면하게 되었다.

구체적으로 1960년대 후반부터 1970년대에 이르는 국제정치 현실의 변화[즉 미국과 소련 간의 데탕트 · 일본과 유럽의 경제성장으로 인한 미국 국력의 상대적 쇠퇴 · 환경문제 등 비안보적 이슈의 중요성에 대한 인식 · 비정부기구(NGO)와 다국적기업(MNC) 등과 같은 비정부적 행위자의 활발한 활동 등]는 국가 이외의 행위자 역할을 강조하고 비군사적 문제를 중요시하는 상호의존론의 등장을 가져왔다. 다른 한편 세계적으로 심화되고 있는 국가 간의 불평등을 주로 마르크시즘의 영향을 받은 구조주의 이론이 서구 중심적 시각에서 벗어나 저개발국의 시각에서 설명하면서 현실주의 이론의 기본적인 가정에 도전을 가했다.

그러나 1970년대 말과 1980년대 초의 이란의 미국대사관 점거 · 소련의 아프가니스탄 침공 · 레이건 행정부에 들어와서 본격화된 동서 간의 대립과 방위예산의 증가 · 핵무기의 현대화 등의 일련의 상황변화는 현실주의 이론의 적실성을 다시 부각시키면서 신현실주의 이론이라는 새로운 현실주의 이론의 전면적인 부상을 가져왔다.[78] 상대적 이득 이론으로 잘 알려진 그리코(Joseph M. Grieco)의 설명을 빌어 신현실주의 이론이 적실성을 갖게 된 실제적인 국제정치적 현실을 좀 더 상세히 살펴보도록 하자.[79]

---

77) 신현실주의 이론은 「수정된 현실주의(modified realism)」 이론 또는 「구조적 현실주의(structural realism)」 이론이라고도 불린다.

78) 레이건 행정부에 들어와 본격화된 동서 간의 대립을 흔히 「제2차 냉전(The Second Cold War)」이라고 부른다.

첫째, 국가는 외교정책의 목표를 설정하는 데 있어서 여전히 자율적이었으며 초정부적 연계망(transgovernmental networks)에 연결된 정부의 관료들로부터 여전히 충성심을 견지했다. 최첨단 기술을 지닌 다국적기업(MNC)과 같은 강력해 보이는 초국가적 행위자와 국가의 상호관계에서 국가는 여전히 권력과 사회의 보편적 이익과 관련된 목적을 자율적으로 추구하는 행위자이다.80)

둘째, 1970년대와 1980년대 초에 발생한 다수의 사건 역시 권력의 사용이라는 것이 국제정치에 있어서 지속적인 현상임을 입증하고 있다. i) 동서 간 긴장의 증가 ii) 미 · 소 간 군비경쟁의 지속 iii) 초강대국의 아프리카 · 중미 · 서남아시아에의 직접적 · 간접적인 군사적 개입과 이러한 개입에의 대응 등이 이러한 사건들 일부를 구성한다.

셋째, 국제기구와 국제레짐 등의 국제제도(international institution)는 자유주의자들이 주장하는 것과는 달리 국가들의 이익을 재정의할 수 없는 것 같다. 국제제도들은 오히려 동서 간과 남북 간의 분쟁에 종종 휘말리거나 이들에 의해 마비되었다.

넷째, 서유럽의 통합과 관련한 초국가주의(supranationalism)는 과거의 정부 간 협상(intergovernmental bargaining) 즉 정부간주의(intergovernmentalism)에 의해 대체되었다.

다섯째, 선진 민주주의 국가들은 심각한 무역과 금융 분야에서 갈등을 경험했으며 소련과의 경제 관계를 둘러싼 불화를 빈번하게 경험했다.

2) 신현실주의 이론의 특징과 종류

(1) 신현실주의 이론의 특징

신현실주의 이론은 전통적 현실주의 및 행태주의적 현실주의 이론과 여러 면에서 구별된다. 이들과 비교하여 신현실주의 이론이 가지는 눈에 띄는 특징이란 한마디로 말해 국제정치 현상에 좀 더 엄격한 구조적인 설명을 가하는 것이었다.

이러한 점에 있어서 주도적인 역할을 한 왈츠의 주장에 따르면 전통적 현실주의자인 모겐소는 물론 왈츠 이외의 다른 모든 소위 체제이론가들 역시 국가의 행동과 국가 행동 간 상호작용의 국제적 결과를 설명하는 데에 진정으로 국제체제에 초점을 맞춘 것이 아니라 국제체제를 구성하고 있는 구성단위(즉 국가)의 특징에 초점을 두었다.81) 왈츠는 이들과는 달리 국가의 행동과 국가 행동 간 상호작용의 국제적 결과

---

79) Joseph M. Grieco, "Anarchy and the Limits of Cooperation: A Realist Critique of the Newest Liberal Institutionalism," *International Organization,* Vol. 42, No. 3 (Summer 1988), pp. 490–491.

80) Stephen D. Krasner, *Defending the National Interest: Raw Materials Investments and US Foreign Policy* (Princeton: Princeton University Press, 1978), p. 33.

에 대한 설명은 지도자의 인간성이나 국가의 의도나 능력 등과 같은 국가 수준의 요인들이 아닌 오로지 국제체제의 수준의 요인인 국제체제의 구조에 의에서만 가능하다고 주장한다.82)

이미 언급했듯이 신현실주의 이론이 본격적으로 논의되기 전에 모겐소의 전통적 현실주의 이론과 카플란과 같은 학자의 행태주의적 현실주의 국제체제 이론도 강조점의 차이는 있으나 국가의 행동과 국가 행동 간 상호작용의 국제적 결과를 설명하면서 신현실주의 이론과 마찬가지로 체제의 특징인 체제의 무정부성(anarchy)과 극성(polarity)을 무시하지 않았다.

그러나 왈츠의 신현실주의 이론이 본격적으로 등장하기 이전까지 카플란과 같은 학자의 체제이론(왈츠는 카플란의 체제이론이 제대로 된 체제이론이라고 보지 않는다)은 보편적인 것이 아니었으며 국가의 행동과 국가 행동 간 상호작용의 국제적 결과는 주로 국가 수준의 요인에 치중하여 분석되었다고 볼 수 있다. 즉 특정 국가의 정책선택이라는 관점에서 국가의 행동과 국가 행동 간 상호작용의 국제적 결과를 보아왔다. 그러나 이러한 경향은 이론적으로 더욱 정교하게 국제체제 수준의 요인을 고려하여 국가의 행동과 국가 행동 간 상호작용의 국제적 결과를 설명하려는 신현실주의 이론이 1970년대 말에 등장함으로써 변화했다.

요약하자면 신현실주의 이론은 개개 단위의 특성에 초점을 맞추어 국가의 행동과 국가 행동 간 상호작용의 국제적 결과를 설명하려는 이론들에 대한 불만을 품고 국제체제의 특징을 가지고 국가의 행동과 국가 행동 간 상호작용의 국제적 결과를 설명하고자 했다. 좀 더 구체적으로 국제체제의 특징을 통해 국가의 행동과 국가 행동 간 상호작용의 국제적 결과를 설명할 때 국제체제를 상수로 하지 않고 변수(예컨대 국제체제의 안정 혹은 개방성)로 간주했다. 이런 점에서 신현실주의 이론은 국가 행동의 외적인 제약요인을 좀 더 엄격히 개념화하려는 것에서 출발했다고 볼 수 있다.

(2) 신현실주의 이론의 종류

신현실주의 이론이라면 왈츠의 신현실주의 이론만을 떠올리는 경우가 많으나 길

81) 국제정치학은 일반적으로 국가의 행동 패턴을 설명하고 이러한 국가의 행동을 기반으로 하여 이들 간 상호작용을 통해 만들어내는 국제적 결과의 패턴을 밝히는 것을 목적으로 한다. 즉 국제정치학이 설명하려는 종속변수는 우선은 국가 행동의 패턴이고 나아가 이러한 행동들이 상호작용을 통해 국제적으로 빚어내는 결과물의 패턴을 탐구하는 것이다. 그러나 이러한 종속변수를 설명하려는 독립변수가 무엇인가를 두고 이론 간에 견해 차이가 존재한다.

82) Martin Hollis and Steve Smith, *Explaining and Understanding International Relations* (Oxford: Clarendon, 1990), pp. 36-38.

핀(Robert Gilpin)의 패권안정론 · 그리코의 상대적 이득 이론 · 미어샤이머(John J. Mearsheimer)의 공격적 현실주의 이론 역시 성격을 조금 달리하는 신현실주의 이론으로 분류된다.83)

이들 사이에 차이가 존재하나 전통적 현실주의 이론이 아닌 새로운 현실주의 이론이라는 점에서 공통적이며 구조로부터 국가의 행동과 국가 행동 간 상호작용의 국제적 결과를 설명하려고 한다는 점에서 같다고 볼 수 있다.84) 신현실주의 이론에 속하는 이들 이론은 뒤에서 하나씩 별도로 살펴보고자 한다.

3) 신현실주의 이론의 가정

신현실주의 이론은 전통적 현실주의 이론과 가정을 대체로 공유하고 있다. 이러한 점에서 신현실주의 이론은 새로운 현실주의라고 해서 기존의 현실주의 이론과는 다른 새로운 이론이 아니라 기존의 전통적 현실주의와 행태주의적 현실주의 이론이 체계화된 이론으로 볼 수 있다. 구체적으로 신현실주의 이론은 전통적 현실주의 이론이 결하고 있는 엄밀성(rigorness)과 간결성(parsimony)을 추구한다고 볼 수 있다.

그러나 좀 더 세밀하게 살펴보면 신현실주의 이론 내에서 이론적 가정을 둘러싼 논쟁이 존재한다. 특히 이러한 논쟁은 방어적 현실주의자로 분류되는 왈츠와 공격적 현실주의자로 분류되는 미어샤이머의 이론의 차이에서 찾아볼 수 있다.

왈츠의 경우는 국제체제는 무정부 상태라는 가정과 국가들은 생존을 추구한다는 가정만을 가지고 반복적으로 발생하는 국가 행동 간 상호작용의 국제적 결과인 세력균형을 연역해내고 있다. 즉 왈츠는 2개의 가정만을 수용하고 있다.

미어샤이머는 이러한 가정만으로는 부족하다고 하여 3개의 가정을 추가하고 있다. 3개의 가정이란 구체적으로 ⅰ) 왈츠가 전혀 언급하고 있지 않은 국가는 다른 국가의 의도를 결코 확실하게 알 수가 없다는 가정 ⅱ) 왈츠의 경우 명시적이지는 않으나 묵시적으로 수용하고 있다고 볼 수 있는 모든 국가는 공격적인 군사력을 보유하고 있다는 가정 ⅲ) 왈츠가 명시적으로 거부하고 있는 국가들은 합리적으로 행동한다는 가정이다.85)

---

83) 나중에 자세히 다루겠지만 왈츠의 신현실주의 이론을 「방어적 현실주의 이론」이라고 하고 미어샤이머의 신현실주의 이론을 「공격적 현실주의 이론」이라고 부른다.

84) 차이점이란 예컨대 왈츠의 경우는 양극적 세력균형체제가 안정적이라고 보는 데 반해 길핀의 패권안정론은 균형이 아닌 압도적인 권력의 차이를 전제로 하는 패권체제가 안정적이라고 본다.

85) International Relations, "Conversations in International Relations: Interview with John J. Miersheimer (Part II)," *International Relations,* Vol. 20, No. 2 (2006), p. 231.

2. 왈츠의 신현실주의 이론(방어적 현실주의 이론)

1) 등장 배경

(1) 신현실주의 이론의 배태

정치를 주로 결함이 있는 인간성의 결과로서 설명하고자 한 것이 1940년대 말과 1950년대에 지배적이었던 현실주의 이론의 특징 가운데 하나였다.86) 그러나 허즈(John H. Herz)는 1959년 「원자력 시대의 국제정치(International Politics in the Atomic Age)」라는 그의 책에서 결함 있는 인간성에 대한 강조 없이 상위권위의 부재 속에서 사람들 간의 혹은 그룹 간의 상호작용이란 안보딜레마(security dilemma)와 이로 인한 자력구제(self-help)로 특징 지워진다고 보았다.87) 이러한 허즈의 주장은 국제체제의 특징을 통해 국제정치를 설명하고자 한 왈츠의 신현실주의 이론과 밀접한 연관성을 지녔다.

왈츠는 같은 해인 1959년에 「인간과 국가 그리고 전쟁(Man, the State and War)」이라는 그의 책에서 국제정치 현상은 국제체제의 수준에서 일반화가 이루어져야 한다는 주장과 함께 후일 「신현실주의(neorealism) 이론」이라고 불리는 국제정치 이론의 터전을 일구어 놓았다.

왈츠는 이 책에서 협력을 통해 상호 이득이 있다 해도 무정부 상태라는 국제체제의 특징에 의해 실질적인 협력이 일어나는 것이 운명적으로 힘들다는 루소의 비관주의적 주장을 담고 있는 사슴사냥 우화(The Parable of the Stag Hunt)를 소개하고 있다. 루소의 사슴사냥 우화가 신현실주의 이론의 논리를 극명하게 보여주기 때문에 이를 간단히 소개하고자 한다.

자연 상태에서 다섯 명의 배고픈 사람들이 우연히 만났다. 이들 모두의 배고픔은 사슴 한 마리로 충분히 채워질 수 있으므로 협력하여 사슴을 잡기로 합의하고 일정한 간격을 유지하여 포위망을 구성했다. 한 사람의 배고픔은 한 마리의 토끼로 채워질 수 있다. 따라서 이들 가운데 한 사람이 그의 손이 미치는 곳에 토끼 한 마리가 지나가게 되면 잡을 수 있을지 없을지 모르는 불확실한 사슴을 포기하고 대신 토끼를 잡기 위해 포위망을 이탈하게 된다. 이로 인해 결과적으로 모든 사람의 배를 채울

---

86) 앞서 설명했듯이 전통적 현실주의 이론이 국가의 행동과 국가 행동 간 상호작용의 국제적 결과를 설명하는 데 있어서 국제체제를 전적으로 무시한 것이 아니라는 것을 기억하시오.

87) John H. Herz, *International Politics in the Atomic Age* (New York: Columbia University Press, 1959), pp. 231-235.

수 있는 사슴이 포위망을 뚫고 도망하게 된다는 것이다. 이러한 과정을 통해 한 사람의 배고픔은 덜 수 있으나 그의 이탈과 비협력은 그의 동료들을 배고프게 한다는 것이다.

루소의 사슴사냥 우화에서 가장 근본적인 문제로서 우리가 주목해 살펴보아야 할 부분은 사냥꾼의 누구도 다른 사냥꾼이 사슴을 잡기 위한 포위망을 이탈하여 비교적 잡기 쉬운 옆을 지나가는 토끼를 쫓아가지 않을 것이라고 확신하지 못한다는 사실이다. 이와 같은 불확실성과 신뢰의 결핍으로 인해 개개의 사냥꾼은 누군가가 포위망을 이탈할 것이라는 최악의 경우를 가정하고 스스로가 이탈함으로써 장기적이고 계몽적인 진정한 이익 대신에 단기적이고 근시안적인 목전의 이익을 추구한다는 것이다.

이처럼 개개의 사냥꾼들이 혼자서 토끼를 잡는 것보다 자신을 포함한 모두에게 더 큰 몫이 돌아오는 사슴사냥에 협력하는 것을 더 좋아한다고 해도 사냥꾼의 어느 하나 혹은 자기가 아닌 다른 모든 사냥꾼이 그들의 손이 미치는 장소에 토끼가 출현하자마자 포위망을 이탈할지 모른다는 두려움 때문에 자신도 자리를 이탈하며 이로써 모든 사냥꾼에게 최적의 이득을 가져다줄 수 있는 선택에 이르지 못한다는 것이다.

이러한 우화가 국제사회에 던지는 의미란 간단히 말해 권위적인 중앙정부의 부재를 의미하는 무정부성을 특징으로 하는 국제체제에서 자력구제의 행동 원칙에 따라 자신의 안전은 스스로 확보해야 하며 이러한 무정부적 국제체제가 던지는 근본적인 문제는 국가 간에 두려움과 불신이 존재한다는 것이다. 이로 인해 국가 간 협력의 가능성이 무너지고 대결과 갈등으로 나아가도록 압력이 가중된다는 것이다.88)

모든 사람에게 안전보장을 가져다줄 수 있는 법을 만들고 집행하는 상위권위가 부재한 국제체제에서 개개 국가는 자신의 안전을 스스로 돌보아야만 한다. 특정의 국가가 다른 국가와의 협력을 원할 수도 있으나 상대방의 의도를 정확히 알 수 없기에 상호협력이 일어나기 힘들며 상호협력을 한다고 해도 불신과 불안전의 경향을 보인다는 것이다.

이러한 국제체제는 홉스가 말하는 만인의 만인에 대한 투쟁(Bellum omnium contra omnes) 상태를 특징으로 하는 자연 상태와 유사하다. 그러나 일국 내에서는 사회계약의 체결과 정부를 의미하는 리바이어던(Leviathan)의 형성으로 이러한 자연 상태에

---

88) Nicholas J. Wheeler and Ken Booth, "The Security Dilemma," in John Baylis and N. J. Rengger, eds., *Dilemma of World Politics: International Issues in a Changing World* (Oxford: Clarendon Press, 1992), pp. 32-33.

서 벗어날 수 있으나 국제체제에서는 홉스나 루소 모두 이에서 벗어나는 것이 불가능하다고 보았다.[89)]

이러한 상황에서 국가들은 자신의 생존과 안보를 위해 자국의 권력 증강을 꾀하게 되고 이는 역으로 타국의 권력 증강을 불러와 애초에 권력의 증강을 통해 의도했던 결과인 자국의 생존과 안정의 확보가 아닌 불안정의 심화를 느끼게 되는 상황을 초래하게 된다. 이를 일컬어 「안보딜레마」라고 부른다. 현실주의 이론의 견해에 의하면 이러한 안보딜레마라는 것은 국제체제의 구조적인 문제로서 이로부터의 탈출은 불가능하며 상당한 정도로의 완화 역시 가능하지 않다고 본다.

왈츠에 있어 자력구제 체제에서 국가의 행동을 규율하는 규범과 규칙이란 하나의 신화와 같은 존재라고 본다. 그는 국제 수준에서 관찰된 행동의 패턴으로부터 국제 수준에 규범과 규칙이라는 것이 존재한다고 연역하는 것은 잘못된 것으로 본다. 더불어 그는 루소에 이어 국제정치상의 제약(restraints)이란 공동의 이익이라는 인식에서 나오는 것이 아니라 국가들 사이의 게임에서 다른 국가와 견주어 자신의 국익을 증대하는 데에 무엇이 사려있고 적절한 것인가에 관한 자기중심적인 계산으로부터 유래된다고 본다.[90)]

이러한 왈츠의 국제체제 이론은 왜 국가들이 무정부 상태를 부단히 재생산해 내지 않을 수 없는가를 설명한다. 국가 간의 협력을 막고 있는 것은 현재의 의도가 갖는 성격에 필연적으로 기인하지 않고 상대방의 미래 의도와 행동에 대한 불확실성에서 온다는 것이다.

(2) 신현실주의 이론의 탄생

앞서 살펴보았듯이 왈츠는 1959년에 「인간, 국가 그리고 전쟁(Man, the State and War)」이라는 저서에서 국제정치 현상을 설명할 때 국제체제에 초점을 두어야 함을 제시했다. 이로부터 정확히 20년이 지난 뒤 왈츠는 「국제정치론(Theory of International Politics)」[91)]이라는 많은 논란도 동반한 그의 저작물을 통해 국제정치 현상을 설명하기 위한 국제정치 고유의 이론은 인간성이나 국가의 속성으로 환원되지 않는 국제체제의 특성에 기초를 두어야 한다는 주장을 체계적으로 제시했다.

---

89) *Ibid.*
90) *Ibid.*, p. 48.
91) Kenneth N. Waltz, *Theory of International Politics* (Reading, Mass.: Addison-Wesley, 1979).

(3) 왈츠 이론이 출발점과 기존 이론과의 차이

왈츠의 국제정치 이론은 「국제관계 역사를 볼 때 왜 행위자들의 의도(intention)와 결과(outcome)는 좀처럼 일치하지 않았을까」와 「어떻게 행위자들의 변화에도 불구하고 지속해서 재현되는 결과의 유사성이 존재할까」라는 질문으로부터 시작된다. 즉 「국제적 결과의 변화가 행위자의 변화와 직접 연계되어 있다면 행위자가 변화했음에도 불구하고 지속해서 반복되는 결과의 유사성을 어떻게 설명할 수 있는가」하는 것이 그의 이론이 탄생하게 된 출발점이라고 볼 수 있다.

왈츠가 설명하고자 하는 것을 달리 말하면 다양한 특징을 지닌 국가들이 존재하는데도 불구하고 이들이 취하는 행동들이 일정한 기대치에서 벗어나지 않는 이유(Why do dissimilar units behave in similar ways?)와 무정부성이나 세력균형처럼 국가 행동의 상호작용이 만들어내는 국제적 결과가 지속해서 발생하는 이유이다.

왈츠는 이러한 현상이 발생하는 이유를 국제체제의 구조의 영향에서 찾아야 한다는 것을 주장했다. 만약에 서로 다른 원인으로부터 동일한 결과가 발생한다면 이러한 원인에 작용하여 결과에 영향을 미치는 제약(constraints)이나 유인(incentives)이 존재하고 있는 것이 분명하다는 것이다. 즉 무엇인가가 원인과 결과 사이에서 어떤 행동은 억제하고 어떤 행동은 고무한다는 것인데 이러한 역할을 하는 요인이 바로 국제체제 수준의 요인인 국제체제의 구조 즉 국제체제가 조직되어 있는 방식이라는 것이다.

나중에 더 상세히 설명하겠지만 왈츠에 따르면 국제체제가 미치는 이러한 영향이란 직접적이지 않고 간접적이다. 즉 국제체제의 영향 아래 국제체제의 구성요소인 국가들은 상호작용을 하면서 사회화와 경쟁을 통해 유사한 행동을 하게 되고 그 결과 유사한 상호작용의 결과가 발생한다는 것이다.

그의 주장을 한마디로 요약하면 국제체제의 구성요소인 국가 수준의 특징이나 국가 간 상호작용의 특징을 통해 국제정치의 주요 관심사인 국가의 행동과 국가 행동 간 상호작용의 국제적 결과를 이해하려 한다면 국가 행동의 유사성과 더불어 국가 행동 간 상호작용의 국제적 결과의 재현(recurrence)을 제대로 설명하지 못하고 무수한 현상의 나열이라는 서술적 차원에 머물게 된다고 비판하고 있다.

이와는 달리 국제체제 수준은 특성을 달리하는 국가들이 그 차이에도 불구하고 유사한 방식으로 행동하고 이러한 행동들이 상호작용을 통해 일정한 패턴의 국제적 결과를 만들어내는 현상을 간결하게(parsimoniously) 설명할 수 있다는 것이다.

이러한 입장의 왈츠는 기존의 국제정치 이론들을 환원주의(reductionism) 이론에 불과하다는 비판을 가했다. 환원주의는 일반적으로 복잡한 현상을 설명할 때 한두 개의 변수로 지나치게 단순화하여 설명하는 경향을 의미한다. 그러나 왈츠에 있어서 환원주의란 부분의 연구를 통해서 전체를 이해하려는 경향을 일컫는다.

좀 더 구체적으로 왈츠는 국제정치 이론이 밝히고자 하는 국가의 행동과 국가의 행동이 모여 이루어내는 결과(즉 상호작용의 국제적 결과)를 국가라는 국제체제의 구성요소들이 지닌 특징이나 이러한 구성요소 간 결합(연계)이 지닌 특징(즉 상호작용의 특징)을 통해 설명하고자 하는 경향을 환원주의라 한다.

이와 관련하여 주목할 점은 이러한 비판의 대상이 된 국제정치 이론에는 국가 수준의 요인을 가지고 국제정치 현상을 설명하고 예측하려는 이론은 물론 왈츠와 마찬가지로 국제체제로부터 국가의 행동과 국가 행동 간 상호작용의 국제적 결과를 설명하고 예측하려는 이론들도 포함되어 있다는 것이다. 다음에서는 왈츠가 비판을 가한 이러한 두 가지 이론들의 문제점을 하나씩 살펴보고자 한다.

2) 왈츠의 기존 국제정치 이론에 대한 비판

여기에서는 왈츠의 관점에서 환원주의적 국가 수준의 국제정치 이론의 문제점이 무엇이고 이러한 이론의 대표적인 예로서 홉슨과 레닌의 제국주의 이론과 키신저의 전통적 현실주의 이론을 살펴보고자 한다.

(1) 환원주의적 국가 수준 이론

① 환원주의적 국가 수준 이론의 문제점

앞서 언급했듯이 왈츠는 정책결정자의 인성적 요인 · 관료 정치적 요인 · 정부 구조 · 정치체제(예컨대 민주적 정치체제냐 권위주의적 정치체제) · 경제체제 · 정권의 성격 · 지배적인 이념 등과 같은 개별적인 국가 수준의 내부적인 특징을 가지고 국가의 행동과 국가 행동 간 상호작용의 국제적 결과를 설명하려는 경향을 환원주의의 하나로 본다.

왈츠에 따르면 국제정치가 설명하고자 하는 국가의 행동과 국가 행동 간 상호작용의 국제적 결과를 이러한 환원주의적 국가 수준의 이론을 가지고 설명을 하면 국가 수준의 요인 상의 변화에도 불구하고 계속해서 발생하는 국가의 행동과 국가 행동 간 상호작용의 국제적 결과를 설명할 수 없다. 그는 국가의 의도와 결과 사이의 괴리 현상은 국제관계 역사에서 빈번하게 관찰되며 이는 절대 군주제가 권력정치와 전쟁이라는 국제적 결과를 빚어내나 이러한 군주제가 자유주의적 민주제로 바뀌어도 역시 같은 국제적 결과가 반복되어 온 것에서도 알 수 있다고 본다.

이처럼 국가의 특성 변화에도 불구하고 국가 행동의 유사성과 국제적 결과의 동일성이 반복된다면 이러한 패턴들의 재현에 영향을 주는 매개변수가 있다고 보아야 하는데 이러한 매개변수가 바로 국제체제 수준의 변수인 국제체제의 구조라는 것이다. 이러한 국제체제의 구조가 주는 제약과 유인은 일국이 타국의 외교정책과 차별화된 외교정책을 추구하려는 국내적인 노력을 용해해 버린다는 것이다. 이처럼 왈츠의 국제체제 이론은 이러한 국제체제가 가하는 제약과 유인의 성질에 주된 관심을 두고 있다고 볼 수 있다.

이러한 국제체제는 국가의 내적 특성상의 커다란 변화에도 불구하고 국가의 국제관계에 일정한 패턴과 규칙성을 가져다준다. 왈츠에 있어 이러한 패턴과 규칙성은 오랜 역사를 통해 상대적으로 변하지 않은 상태로 계속하여 반복되고 있다. 국제적으로 지배적인 국가 간의 관계는 유형이나 질에 있어서 좀처럼 급속하게 변화하지 않았으며 이러한 특징은 어떠한 국제체제이든 관계없이 무정부적인 국제체제의 성격이 위계적인 것으로 변화하지 않는 한 계속될 것이라고 본다.[92] 왈츠는 이러한 불변의 국제체제 구조가 상충하는 이해관계를 가진 국가 간에 경쟁적인 군비 강화 행위를 가져오며 제국을 건설하려는 국가에 대항하여 세력균형을 이루기 위한 동맹의 결성과 같은 국가 행동의 규칙성을 가져온다고 본다.

왈츠는 이러한 논리에 기초하여 그의 이론이 「구조적 현실주의 이론(structural realist theory)」이라고 불리길 원한다. 이는 경제학에서 경제 단위들이 수요와 공급에 따라 행동을 하면서 일단 시장구조를 형성하게 되면 시장구조는 거꾸로 개개인을 지배하게 되기 때문에 경제 현상을 이해하려면 시장구조를 이해해야 한다는 논리와 같다. 왈츠의 구조적 현실주의 이론은 좀 더 구체적으로 미시경제학의 과점이론(oligopoly theory)에 기초를 두고 있다.

왈츠는 환원주의적 국가 수준의 이론의 문제점을 「그는 말썽꾸러기다(He is a trouble maker)」라는 사실로부터 「그는 말썽을 부린다(He makes trouble)」는 것을 예측하려 한다는 비유를 들어 설명하고 있다. 그러나 그는 말썽꾸러기이기 때문에 항상 말썽을 일으키는 것은 아니다. 즉 평화의 추구자가 그의 의도와 행동에도 불구하고 평화의 창출에 실패할 수 있는 것과 마찬가지로 말썽꾸러기도 그가 직면한 상황에 따라 말썽을 일으키지 못할 가능성이 있다고 본다. 요약하자면 결과는 행위자의

---

92) Kenneth N. Waltz, *Theory of International Politics* (Reading, Mass.: Addison-Wesley, 1979), p. 66.

의도나 행동으로부터 유추할 수 없다는 것이다.[93] 왈츠는 이러한 비유와 더불어 이러한 문제점을 지닌 환원주의적인 국가 수준 국제정치 이론의 예를 다음과 같이 들고 있다.

② 환원주의적 국가 수준 이론의 예

우선 그는 국내 경제변수로 제국주의를 설명하고 있는 홉슨(John A. Hobson)과 레닌(Vladimir Lenin) 등을 「환원주의자」라 부른다. 구체적으로 말해 홉슨이 제국주의라는 국제 수준의 문제를 자본주의 사회의 과잉생산이나 과소소비를 특징으로 하는 국내시장의 부적절함과 같은 국내 경제적 속성으로 설명하였다는 이유로 이를 환원주의라 칭했으며 레닌의 제국주의 이론도 국가 자본주의의 자본축적의 관점에서 팽창주의적 행태를 설명하려 했다는 이유로 환원주의라 불렀다.[94] 왈츠에 따르면 다양한 유형의 국가들이 특정 단계에서 제국주의적 정책을 추구했는데도 불구하고 위에서 살펴본 이론들은 제국주의적인 국가가 일정한 경제적 특징을 가지고 있어서 제국주의적인 관계가 존재한다고 주장한다는 것이다.

왈츠는 전통적 현실주의자 역시 국가의 의도(또는 정책결정자의 의도)나 상호작용이라는 단위의 차원에서 국제정치를 이해하려 하는 환원주의자라고 주장한다. 예컨대 모겐소는 인간성 개념으로부터 시작하여 국가의 행동을 설명하고 나아가 구가 행동 간 상호작용의 국제적 결과인 세력균형을 일면 단위체 의도의 결과로 보고 세력균형에 기초를 둔 안정된 평화는 일면 국가 의지 때문에 형성된다고 봄으로써 환원주의 경향을 지니고 있다고 본다.

왈츠에 따르면 또 다른 전통적 현실주의자인 키신저(Henry A. Kissinger)[95] 역시 모겐소와 마찬가지로 국제평화와 안정의 유지는 국가의 태도와 내적 특성에 달려 있다고 본다. 구체적으로 왈츠는 키신저가 혁명적인 국가들이 국제체제를 혁명적으로 만들며 혁명적인 국제체제는 하나 혹은 그 이상의 혁명적인 국가를 포함하고 있는 체제로 본다고 지적하고 이러한 논리를 동어반복(tautology)이라고 간주한다. 왈츠에 따르면 국제관계의 특징으로서의 국제적 불안정과 전쟁은 혁명적인 국가의 존재로

93) Kenneth N. Waltz, *Theory of International Politics* (Reading, Mass.: Addison-Wesley, 1979). pp. 60-61.

94) 홉슨과 레닌의 제국주의 이론은 자유주의 패러다임과 구조주의 패러다임의 주요 문제에 대한 이론적 관점 부분에서 자세히 설명하고 있다. 왈츠는 홉슨과 레닌의 경제적 제국주의 이론뿐 아니라 갈퉁(Johan Galtung)의 제국주의의 구조적 이론(structural theory of imperialism) 역시 환원주의에 속한다고 본다.

95) Henry A. Kissinger, "Conditions of World Order," *Daedalus,* Vol. 94, No. 2 (Spring 1966), pp. 503-529.

인해 일어난다고 보는 키신저의 논리는「전쟁은 일어난다. 이는 몇몇 국가들이 전쟁을 좋아하기 때문이다」라고 바라보는 것과 같다는 것이다. 그러나 왈츠는 혁명적인 정부도 외부적 상황이 이러한 국가의 내적인 목표를 압도하면 국제적인 규칙을 준수하고 평화공존의 방향으로 나갈 수도 있다고 본다. 이러한 키신저의 문제는 환원주의 문제로서 국제체제의 특징을 국제체제의 구성요소의 특징으로 규정하기 때문에 온다는 것이다.

(2) 환원주의적 국제체제 수준 이론

여기에서는 왈츠의 관점에서 환원주의적 국제체제 수준의 국제정치 이론의 문제점이 무엇이고 이러한 이론의 대표적인 예로서 로즈크랜스와 카플란의 이론을 살펴보고자 한다.

① 환원주의적 국제체제 수준 이론의 문제점

앞서 살펴보았듯이 왈츠는 많은 국제정치 연구(국제관계 연구)가 국가 수준의 변수에 지나치게 집중되어 있다고 지적하고 국제정치 연구에 있어서 가정 효과적인 접근방식은 국제체제의 역할을 집중적으로 고려하는 국제체제 이론이라고 주장한다. 즉 환원주의에서 벗어나기 위해서는 하위체제 분석(sub-systemic analysis)이 아닌 체제 수준의 분석(systemic analysis)을 해야 한다는 것이다.

이러한 왈츠의 주장은 체제 수준의 변수를 고려하는 국제정치 이론이 자신의 국제체제 이론 외에 존재하지 않는다는 것인가? 그렇지 않다. 우리가 위에서 언급했듯이 현실주의 이론 그중에서도 특히 카플란과 같은 학자의 체제이론은 분명히 체제를 통해 국제관계를 설명하고자 한다. 카플란 외에도 호프만(Stanley Hoffmann)·로즈크랜스(Richard N. Rosecrance)·도이취와 싱어(Karl W. Deutsch and J. David Singer) 등이 체제 수준의 변수로서 국가 행동을 설명하려 했다. 그러나 왈츠는 기존의 어떠한 체제이론도 실은 체제이론이 아니며 환원주의 이론이라고 주장한다. 왜 기존의 체제 수준의 이론들이 국가 수중의 이론들과 마찬가지로 왈츠에 있어 국가 환원주의 이론이 되는가?

왈츠에 따르면 한 마디로 이들은 체제란 무엇인가에 대한 명백한 개념을 갖고 있지 않다.[96] 이들은 체제란 단순히 구성단위 간의 합에 불과한 것으로 생각했으며 그

96) 이를 이해하기 위해서는 앞서 언급한 바 있는 다양한 국제체제 규정 방식을 기억해야 한다. 이러한 규정 방식에는 다음과 같은 3가지가 있다 ⅰ) 국제체제 내의 국가들의 목표·정부 형태·의사결정 구조와 같이 국가라는 국제체제 구성요소의 특질을 가지고 국제체제를 규정짓는 경우 ⅱ) 국가 간의 동맹관계나 국가 간 상호작용을 규율하는 규칙이나 관습처럼 구성요소 간 상호작용의 특징을 가지고 국제체제

결과 이들은 국제체제를 정의하는 데 있어 구성요소의 특징이나 구성요소 간의 상호작용을 가지고 정의했다는 것이다. 이처럼 체제의 성격이 구성요소의 성격이나 구성요소 간 상호작용으로 규정될 경우 이러한 체제의 변화는 구성요소의 변화에 달려있어 체제가 독자성을 갖고 구성요소를 지배하기보다는 거꾸로 체제가 구성요소에 의해 지배된다는 것이다.

왈츠는 이렇게 구성요소의 특징이나 구성요소 간 상호작용의 특징으로 규정된 국제체제를 가지고 국가의 행동과 국가 행동 간 상호작용의 국제적 결과인 국제관계의 특징을 설명하는 것은 체제 수준의 변수로 설명하는 것이 아니라 결국 국가 수준의 변수를 가지고 설명하는 것이라 하여 이 역시 환원주의라 부르고 이러한 방식의 설명을 영어로 inside-out explanation이라고 한다.97)

즉 왈츠는 이들이 체제 수준에 관심을 두고 있으나 실상 국제관계를 설명하는 원인변수를 구성요소의 수준에서 찾고 있다고 보며 구성요소의 특질과 구성요소 간 상호작용을 갖고 체제의 특성을 논함은 순환론적인 성격을 갖는다고 주장한다. 간단히 말해 체제의 구조가 주어진 것(a given one)이 아니고 구성요소의 종속변수일 경우 환원주의라고 본다.

왈츠는 기존의 국제체제 이론이 국제체제의 서술을 넘어 구성요소의 특징과 더불어 구성요소 간 상호작용의 특징과 무관하게 정의될 수 있는 국제체제의 특징으로서의 국제체제의 구조를 밝히고 있지 않다고 비판하고 국제체제 이론이 환원주의와 순환론적 논리(tautology)에서 벗어나기 위해서는 국제체제 구조의 정의로부터 체제의 구성요소의 특징이나 이들 간 상호작용의 특징이 제거되어야 한다고 주장한다.

② 환원주의적 국제체제 수준 이론의 예

왈츠는 국제체제의 구성요소인 국가의 행동은 국제체제 수준의 요인인 국제체제의 구조적 특징에 의해 설명되어야만 한다는 주장과 더불어 호프만(Stanley Hoffmann)과 로즈크랜스(Richard N. Rosecrance)의 국제체제 이론을 평가하고 있다.

왈츠에 따르면 호프만과 로즈크랜스(특히 로즈크랜스)는 국가의 행동에 대한 중요한 설명이 정치가의 수준과 국가 수준에서 이루어짐으로써 이들에게 있어서 「체제 수준이란 무엇에 의해 만들어진 것이지 결코 무엇을 생산해 내는 것이 아니다(The

---

를 규정짓는 경우 iii) 구성요소의 특질이나 구성요소 간 상호작용의 특징을 가지고 국제체제를 규정하는 것은 순환론적인 성격을 갖는다고 보고 국제체제의 특징으로서 구성요소의 특징과 구성요소 간 상호작용의 특징을 배제하는 경우.

97) 이는 「안팎이 전도된 설명」이라고 직역할 수 있으나 실제로 「내부 요인이 외부 현상에 투사된다는 설명」을 의미하며 「outside-in explanation」과 대조를 이루는 개념이다.

system level becomes all product and is not at all productive)」라고 지적하고 있다.98) 여기에서는 로즈크랜스의 국제체제 이론을 좀 더 살펴보고자 한다.

로즈크랜스에 따르면 국제체제는 투입 즉 교란원(input, sources of disturbance) · 교란에 대응하는 조절 장치(regulator) · 교란이 조절 장치에 미치는 영향을 최종적인 구성요소인 국제적 결과로 전환하는 환경적 제약(environmental constraints) · 국제적 결과(international outcome)라는 4개의 요소로 구성된다.

여기서 교란원은 국가(구체적으로 국가 엘리트)이다. 예컨대 만약에 국가의 엘리트가 혁명적이고 상당한 양의 사용할 수 있는 자원을 안정적으로 장악하고 있지 않을 때 교란의 정도는 커질 수 있고 반대로 국가 엘리트가 보수적이고 자원의 통제된 공급을 안정적으로 장악하고 있다면 교란의 정도는 덜해질 수 있다. 조절 장치는 유럽 협조체제나 국제연맹과 같은 공식적인 제도 혹은 교란 행위를 반대하는 데 이용하는 비공식적인 제도(예컨대 동맹이나 세력균형 장치)를 의미하고 환경적 제약은 정책에 영향을 미치는 일련의 물리적인 제약(예컨대 과거 제국주의 시대에 식민지화할 수 있는 땅의 공급)과 같은 것을 뜻한다.

그는 이러한 구성요소를 지닌 9개의 역사적 국제체제를 설정하고 이러한 국제체제의 성격을 부여하는 결정요인으로서 엘리트의 태도 · 엘리트에 의한 통제의 정도 · 엘리트의 통제기반으로서의 가용한 자원 · 교란을 흡수할 수 있는 국제체제의 능력을 들고 있다. 여기에서 보듯이 로즈크랜스는 특히 국가의 엘리트와 관련된 요인들을 강조하고 있으며 이러한 요인들의 성격에 따라 국제체제를 안정형 체제 그리고 불안정형 체제로 구분하고 있다. 예컨대 안정형 체제는 교란의 정도가 최소였고 조절 장치는 교란에 대처할 수 있었으며 엘리트들은 현상에 만족했다고 본다.

왈츠는 로즈크랜스가 국제체제의 구성요소라고 하는 교란원 · 조절 장치 · 환경이라고 하는 것은 국가 행동을 규정짓고 국가 행동 간 상호작용의 국제적 결과에 영향을 미치는 국제체제 수준의 개념이 결코 아니라고 지적한다. 즉 이러한 구성요소들은 국제체제 수준의 개념이 아니라 국가 수준의 특성이나 국가 간 상호작용의 특성에 불과한 하위체제의 개념이라는 것이다. 따라서 로즈크랜스의 국제체제 이론은 국제체제가 국가의 행동과 국가 행동 간 상호작용의 국제적 결과를 설명하는 국제체제 수준의 이론이 아니라 국제체제의 구성요소의 특성과 이들 간 상호작용의 특성을 가지고 국가의 행동과 국가 행동 간 상호작용의 국제적 결과를 설명하는 환원주의 이

98) Kenneth N. Waltz, *Theory of International Politics* (Reading, Mass.: Addison-Wesley, 1979), p. 50.

론이라는 것이다, 이러한 환원주의적 성격으로 인해 로즈크랜스의 이론은 국제체제의 변화가 국가 수준의 변화를 가져오는 것이 아니라 구성요소 수준의 변화가 국제체제 자체의 변화를 가져오는 문제를 가진다고 본다.

로즈크랜스에 이어서 카플란(Morton A. Kaplan)의 국제체제 이론을 왈츠가 어떻게 바라보는가를 살펴보자. 왈츠는 카플란이 국제체제의 성격을 원인변수로 해서 각 구성요소의 행동 혹은 구성요소 간 상호작용의 국제적 결과의 패턴을 설명하려 했다는 점에서 카플란을 긍정적으로 평가한다. 그러나 카플란이 국제체제의 성격이나 작동을 정의하는 데에 구성요소의 특징을 그 일부로 포함하고 있다고 해서 카플란이 말하는 국제체제를 하위체제가 지배하는 체제(subsystem-dominant system)로 보고 이를 비판하고 있다. 왈츠는 이러한 하위체제 지배적인 체제는 더는 체제가 아니라고 본다.

왈츠는 카플란이 국제체제의 성격을 규정짓고 작동에 영향을 미치는 변수로서 언급하고 있는 5개의 변수 가운데 기본행위원칙과 체제의 변형원칙은 국제체제의 성질을 나타내는 것이나 행위자 분류변수와 행위자의 능력변수 그리고 행위자의 정보변수는 하위체제 수준의 변수(즉 행위자의 특징을 나타내는 변수)라고 지적하고 이를 두고 환원주의적 설명이라고 비판한다.[99]

왈츠는 국제체제의 구조를 정의할 때 국제체제를 구성하고 있는 국가들의 특징이나 구성요소 간 상호작용의 특징은 배제되어야 한다고 주장하고 국제체제는 구성요소의 합 이상의 것으로서 구성요소에 의해 일단 체제가 형성되면 거꾸로 체제가 구성요소를 제한함을 강조한다. 왈츠의 관점에서 카플란의 국제체제는 구조를 정의할 때 국제체제를 구성하고 있는 국가들의 특징이나 구성요소 간 상호작용의 특징은 포함함으로써 국제체제는 구성 국가들의 단순한 합에 지나지 않는다.

카플란의 체제이론에 대한 왈츠가 가하는 비판의 핵심은 카플란의 국제체제에 있어서 국제체제의 변화는 행위자들이 기본행위원칙(필연 원칙)을 지킬 것인지 안 지킬 것인지에 의해 좌우된다는 것이다. 즉 카플란의 모델에 있어서 국제체제의 변화는 체제의 규칙(systemic rules)을 지키지 않는 국가들의 행동으로 유발된다는 것이다.

카플란은 국가들이 기본행위원칙을 따르는 체제는 평형상태에 머물고 국가들이 이러한 규칙을 지키지 않으면 국제체제는 변할 것으로 보는데 이는 국제체제가 하위체제인 국가에 의해 지배된다는 것을 바로 보여주는 예로서 이는 카플란이 행위자의

---

99) 이 부분을 이해하기 위해서는 앞서 행태주의적 현실주의 편에서 언급한 카플란의 국제체제 이론을 다시 한번 살펴보시오.

동기와 행동을 그들의 행동의 결과와 일치시키기 때문이라고 본다.

이처럼 왈츠는 카플란의 국제체제에 있어서 구성요소의 특성이 국제체제의 안정 여부에 큰 영향을 미친다는 것과 구성요소의 변화가 체제의 변화를 가져온다는 것을 비판하고 있다. 왈츠는 또한 카플란이 국제체제를 경직된 양극체제와 이완된 양극체제로 구분하는 데 있어 동맹의 경직성 여부를 기준으로 삼은 것에서 볼 수 있듯이 국가 간 상호작용을 체제 수준에 놓고 있다는 것을 비판한다.

3) 왈츠의 국제체제 이론의 특징

신현실주의자인 왈츠는 체제를 상호작용하는 일단의 단위(a system is a set of interacting units)로 간단하게 정의하고 있다. 만약에 자유주의자라면 앞서 체제를 정의하면서 중요한 요소로서 언급한 바 있는 상호의존성과 공동의 목표까지 포함했을 것이나 현실주의자로서 국제체제를 공동의 목표와 구성요소 간 상호의존성을 강조하는 것은 현실주의 논리상 모순되기 때문일 것이다.

왈츠가 기존의 모든 체제이론을 싸잡아 환원주의적 이론에 불과하다고 하는데 그렇다면 그의 기준에서 진정한 체제이론은 어떤 모습을 하고 있는가? 우선 체제는 구조(structure)와 상호작용을 하는 일단의 구성요소들(units)로 이루어져 있다고 왈츠는 정의하고 있다.

왈츠는 이러한 구조의 개념을 정의하는 데 있어서의 어려움을 인정하고 상호작용하는 구성요소의 특징과 이들 간의 상호작용으로 환원되지 않는 방식으로 구조를 정의하고자 했다. 왈츠는 구조와 단위를 구별하지 못하면 단위의 변수와 구조의 변수 간에 혼란을 가져온다고 본다. 단위 수준의 변수와 체제 수준의 변수를 구별할 수 있는 한에 있어서 국제관계를 적절히 설명할 수 있다고 본다.

모겐소 등의 전통적 현실주의자에 있어서 국제체제의 구조는 국가 행동과 국가 행동 간 상호작용의 국제적 결과(즉 국제관계)를 결정짓는 명시적인 요인이 아니었다. 이와는 대조적으로 왈츠에 있어서 국제체제의 구조는 국가 행동과 국가 행동 간 상호작용의 국제적 결과를 결정짓는 명시적인 요인이다. 이는 경제학자가 회사의 행태를 이해하기 위해 회사 경영자의 성격에 관심이 두기보다는 그 회사가 운영되고 있는 시장의 성격에 관심을 두는 것과 같다. 이는 또한 인류학자가 종족 구성원의 행태를 연구하기 위해 종족 구성원들의 가치관보다 종족의 구조에 관심을 두는 것과 같다.[100]

---

100) Martin Hollis and Steve Smith, *Explaining and Understanding International Relations* (Oxford:

왈츠에 따르면 구조란 전체로서의 체제를 형성하기 위해서 각각의 구성요소가 결합이 되는 배열원칙이다. 그는 과정(process)을 구조(structure)와 구별하여 과정이란 체제의 구조에 의해 부과된 제약을 반영하는 단순히 정형화된 구성단위 간의 관계를 의미한다고 본다.[101] 이러한 구별을 마치고 왈츠는 국제체제 구조의 변화가 국가의 행동과 국가의 행동 간 상호작용의 국제적 결과에 미치는 영향과 더불어 구조적 지속성에 의해 오랜 시간에 걸쳐 유사한 국가의 행동과 국가 행동 간 상호작용의 국제적 결과가 발생함을 설명하고자 했다.

왈츠는 이처럼 체제의 두 요소로서 구조와 구성단위를 들고 있으며 이러한 구조를 설명하는 데 있어서 그의 비판의 초점이 되었던 환원주의에 빠지지 않기 위해 매우 조심스럽게 접근하고 있다. 왈츠는 체제의 변화 유형을 구분하기 위해 구조의 3대 분석적 요소(즉 체제의 구조를 정의하는 세 가지 특징)를 제시하고 있다.

(1) 체제의 조직원리(ordering principles)

체제의 조직원리란 구성요소들이 배열된 방식이나 원칙을 의미한다. 이를 국제체제에 적용할 때 국제체제는 위계적(hierarchical)인 국내 체제와는 달리 무정부적(anarchical)이며 분권화되어 있다는 것이다.[102] 이러한 무정부적 체제 속에서 구성단위는 최소한 자신의 생존을 위해 자신을 스스로 돌보아야 하는 자력구제(self-help)의 원칙이 지배한다고 본다.

다시 말해 국제체제는 권력의 정당한 사용에 관한 독점적인 권한을 가진 중앙의 권위체가 없어 국가는 자신의 안전보장이 일차적인 관심거리가 되며 이러한 무정부성 때문에 모든 국가는 비록 무장을 통한 안전보장의 확보 노력이 안보딜레마에 의해 실패될지 모름에도 불구하고 무장하지 않을 수 없게 만든다는 것이다. 나아가 무정부성으로 인해 국가 간 협력이 어려워진다고 본다.

(2) 구성단위 간 기능의 분화(division of functions)

국내 체제는 구성요소 간의 상하 관계를 특징으로 하고 이들 간에 기능이 분화되

Clarendon, 1990), p. 108.

101) 많은 학자가 구성요소 간 상호작용의 특성을 가지고 체제의 구조적 특성을 논하는 것과는 대조적으로 왈츠는 구성요소 간 상호작용의 패턴을 구조의 특성을 단순히 반영하는 것으로 인식하며 단위의 특성과 더불어 체제의 구조를 정의하는 데 있어서 배제해야 함을 강조한다. 이는 왈츠의 이론을 이해하는 데 핵심적인 사항이다. 왈츠와는 대조적으로 구성요소 간 상호작용의 변화가 구조의 변화를 가져올 수 있음을 주장하는 학자로서 러기(John Ruggie)와 같은 학자가 있다. 이에 관한 상론은 신현실주의 이론의 평가 편을 참고하시오.

102) 왈츠에 따르면 이러한 구별은 체제를 구성하고 있는 단위의 특질을 관찰하는 것으로는 포착할 수 없다.

어 있으나 국제체제는 위계적이지 않고 상이한 기능을 수행하는 단위들로 구성되어 있지 않다. 왈츠는 자력구제의 원리에 의해 움직이는 국제체제 내에서는 국가 간에 상대적인 능력의 차이만 존재하고 국가 간 기능의 분화가 일어나지 않아 단위들의 기능이 유사해진다고 본다. 즉 모든 국가가 자신의 안보(security)를 위해 준비한다는 것이다.

국제체제에 있어서 기능의 분화라는 구조의 두 번째 요소는 구조의 첫 번째 요소인 조직의 원리에 따라 달라지는 변수로 간주된다. 다시 말해 체제의 구조가 위계적일 때 구성요소 간에 기능의 분화가 발생하고 체제의 구조가 무정부적일 때 기능의 분화가 일어나지 않고 유사해진다는 것이다.

(3) 구성단위 간 권력 능력의 배분(distribution of power capabilities)

왈츠는 무정부적 자력구제의 체제에서 국가들은 국가이익을 위해 결합이 된 능력(combined capabilities)을 사용하여야 한다고 본다. 즉 국가이익을 위해 경제력과 군사력 및 그 밖의 다른 능력은 분리되어 하나하나 고려될 수 없다고 본다.

왈츠는 국가가 이러한 국력의 요소들 가운데 어느 한 요소에 뛰어나다고 해서 강대국이 되는 것은 아니라고 보고 국제체제에서 국가의 서열이란 인구와 영토의 크기 · 부존자원(resource endowment) · 경제적 능력(economic capability) · 정치적 안정과 권능(political stability and competence) · 군사적 능력의 크기에 달려 있다고 본다.[103)]

구성단위 간 권력 능력의 배분 상태란 체제의 구성요소 간 권력 능력의 분산이나 집중의 정도를 의미한다. 왈츠에 있어서 권력 능력의 배분이란 체제마다 다르고 같은 체제라도 시간에 따라 상이한 상태를 가질 수 있는 것이다.

왈츠에게 구성단위 권력 능력의 배분은 국제체제에 있어서 아주 중요한 특징이다. 이는 모든 국제체제가 무정부적이며 모든 국제체제에 있어서 구성요소들은 기능적으로 분화되어 있지 않은 관계로 국제체제들은 구성요소 간 권력 능력이 배분되어 있는 방식에 있어서만 차이가 존재하기 때문이다. 결과적으로 왈츠의 국제체제 이론에서는 권력 능력의 배분이 달라짐에 따라 국제체제의 구조가 달라진다.[104)]

앞서 구성단위 간 권력 능력의 배분 상태란 체제의 구성요소 간 권력 능력의 분

---

103) 이는 왈츠가 권력을 어떻게 정의하는가를 보여준다: Kenneth N. Waltz, *Theory of International Politics* (Reading, Mass.: Addison-Wesley, 1979), p. 131.

104) 왈츠는 이론을 구축하기 위해 주권 국가는 단지 권력 능력(power capabilities)에서만 차이가 나고 국제체제는 오로지 권력 능력의 배분(distribution of power capabilities)의 양태에 있어서만 차이가 난다고 단순화시키고 있다.

산이나 집중의 정도를 의미한다 했는데 구체적으로 왈츠는 권력 능력의 분산이나 집중이란 개념을 어떻게 구체화하고 있는가를 살펴보아야 한다. 왈츠는 경제학에서 시장구조를 정의할 때 회사의 수를 기준으로 독점 시장체제・과점 시장체제・완전경쟁 시장체제로 구분하는 것을 원용하여 강대국의 수라는 변수를 가지고 국제체제에서의 권력 능력의 배분을 정의하고 있다.105) 따라서 국제체제는 강대국의 수에 따라 단극체제・양극체제・다극체제 등으로 구분이 된다.

여기서 우리가 크게 주목해야 하는 것은 왈츠의 경우 체제의 구조의 한 특징으로서 권력 능력의 배분이란 체제 내의 모든 행위자에 의해 규정되는 것이 아니라 체제 내의 주요한 행위자인 제한된 수의 강력한 행위자인 강대국에 의해 규정된다는 점이다.

앞서 언급했듯이 왈츠는 구조를 정의하는 데 있어서 단위의 특징과 단위 간 상호작용의 특징이 포함되어서는 안 된다는 원칙을 제시한 바 있다. 국제체제 구조의 세 번째 특징인 단위 간 권력 능력의 배분 상태란 이러한 자신의 원칙을 어긴 것이 아닌가? 이에 대해 왈츠는 권력 능력(power capabilities)은 개개 단위들의 특징이지만 권력 능력의 배분(distribution of power capabilities)은 체제 수준의 개념이라고 주장한다.106)

(4) 국제체제의 변화와 국가 행동 및 국제관계의 변화

왈츠에 있어서 국제체제의 구조는 조직원리가 변화하거나 이것이 불가능할 때 권력 능력 배분의 변화를 통해서 바뀔 수 있다.107) 국제체제가 무정부 상태에서 위계적 체제로 바뀌는 것을 국제체제의 근본적인 체제의 변화(a change of system)로 볼 수 있는데 왈츠는 국제체제의 이러한 무정부적 성격은 좀처럼 바뀌지 않을 것으로 보고 그 결과 이러한 조직원리에 종속된 특성인 기능적 분화도 일어나지 않으리라고 가정하고 있다.108)

---

105) 왈츠의 기본적인 논리는 국제체제 속에 있는 국가는 시장에 놓여있는 회사와 마찬가지로 그들이 지닌 능력에 최대한 부합하는 이익을 얻고자 최선을 다하며 이들의 근본적인 이익이란 생존(survival)이라는 것이다. 시장의 구조와 국제체제의 구조가 각각 회사와 국가에게 생존하기 위해서 무엇을 하는 것이 합리적인가를 결정해 준다고 본다.

106) Kenneth N. Waltz, *Theory of International Politics* (Reading, Mass.: Addison-Wesley, 1979), p. 98.

107) 앞서 언급했듯이 조직원리와 단위의 기능적 분화는 같이 변화한다. 즉 체제가 위계적 구조를 지닐 때는 단위 간의 기능이 분화되고 체제의 구조가 무정부적 구조를 지닐 때는 단위 간 기능의 분화가 일어나지 않는다.

108) 왈츠가 국제체제가 지닌 무정부성의 변화와 이로 인한 기능의 변화에 부정적인 이유는 국제체제가 패권을 허용하지 않는 세력균형의 성격을 지니고 있다고 보기 때문이다. 카플란을 위시한 대다수 국제체

따라서 국제체제의 구조의 요소 중 체제마다 혹은 같은 체제 내에서 시간에 따라 바뀔 수 있는 것은 강대국의 수(즉 극성)로 결정되는 능력의 배분 요소이다.109) 이를 위에서 언급한 체제변화와 구분하여 체제 내의 변화(within system change)라고 부를 수 있다.

왈츠에 있어서 국제체제는 무정부적 구조와 강대국의 수를 의미하는 극성(polarity)의 구조를 통해서 국가의 행동과 국가 행동 간 상호작용의 국제적 결과를 결정한다.110) 따라서 국제체제의 이러한 구조적 특성이 바뀌면 단위의 행동과 단위 간 상호작용이 가져올 수 있는 국제적 결과의 범주가 달라진다. 예컨대 국제체제가 양극체제인가 다극체제인가에 따라 체제의 구성요소인 국가들은 상이한 방식으로 행동하고 상이한 방식으로 상호작용을 하면서 상이한 국제적 결과를 만든다는 의미이다.111) 이처럼 국제체제의 변화와 이러한 변화가 가져올 국가 행동과 국가 행동 간 상호작용의 국제적 결과에 관심을 둔 왈츠의 국제체제 이론에서 국제체제 구조의 특성으로서 권력 능력의 배분 상태가 중심적 역할을 한다.

왈츠가 국제체제의 권력 능력 배분 상태의 변화(즉 극성의 변화)에 따라 국제체제의 변화를 설명함과 달리 호프만(Stanley Hoffmann)이나 아롱(Raymond Aron)과 같은 국제정치 학자들은 구성요소의 변화에 기초하여 국제체제의 변화를 정의한다. 즉 국가의 능력 · 이념 · 대외정책의 목표 등의 변화가 국제체제의 변화를 일으키는 것으로 본다.

왈츠는 무정부 상태라는 국제체제의 첫 번째 특성을 가지고 일반적인 국가의 행동을 유추하고 여기에서 더 나아가 강대국의 수인 극성이라는 변수를 기반으로 무정부 상태를 세분함으로써 좀 더 작은 범위의 좀 더 자세한 결과를 예측할 수 있다고 본다.112) 구조의 특성 가운데 하나인 권력 능력의 배분 상태가 바뀜에 따라 무정부

제 이론가는 국제정치에 있어서 변화와 변형 과정을 강조하나 왈츠는 지속성을 강조한다. 즉 국제정치의 심층은 상당한 정도로 불변하고 같은 현상이 재현됨을 강조한다. 이런 의미에서 왈츠는 체제의 무정부적 성격을 실제에 있어 상수로 간주한다고 말할 수 있다.

109) 무엇이 국제체제의 본질적인 구조적 특질을 형성하고 있나? 이에 대해 왈츠는 권력 능력의 배분(강대국의 수)이라고 보는 데 반해 구조주의 패러다임에서 살펴볼 세계체제 이론가인 월러스타인(Immanuel M. Wallerstein)은 국제적 자본주의의 지배를 체제의 구조적 특질로 본다.

110) 여기에서 국제체제의 구조가 국가의 행동과 국가 행동 간 상호작용의 국제적 결과에 영향을 미친다고 했으나 좀 더 상세히 언급하자면 국제체제의 구조는 국가의 행동과 더불어 국가 행동 간 상호작용(예컨대 동맹의 형성)에 영향을 미치고 나아가 궁극적으로 국가 행동간 상호작용의 국제적 결과(예컨대 세력균형)에 영향을 미친다.

111) 보다 구체적으로 개개 국가의 행동을 설명하기 위해서는 이러한 요인들과 더불어 개개 국가들이 권력 능력의 배분에서의 상대적 위치가 중요하다.

112) 국가 행동을 예측하는 데 있어서 첫 번째 구조의 특성인 무정부성은 인간성보다 나을 것이 없다. 즉 무정부성은 인간성과 마찬가지로 국가 행동의 일반적인 조건을 제공하는 데 그치기 때문에 좀 더 결정

상태에서 자력구제를 위해 가용한 수단으로 왈츠가 언급하고 있는 동맹패턴의 변화나 경제적·군사적 능력의 향상과 더 나은 전략구축 노력의 패턴에 변화가 있으리라 기대한다. 권력 능력의 배분 상태가 전쟁의 빈도와 국제경제 질서가 좀 더 개방적이냐 폐쇄적이냐 등과 같은 결과의 패턴을 구조 짓는다는 것이다. 왈츠는 국제관계의 세 분야에서 기대되는 결과를 다음과 같이 설명하고 있다.

4) 왈츠의 국제체제 이론의 적용

왈츠는 위에서 전개한 체제이론의 논리에 기반하여 안보 질서와 경제 질서 및 글로벌 이슈를 다음과 같이 분석하고 있다. 이를 하나씩 살펴보면 다음과 같다.

(1) 안보 질서(security order)

국제체제 이론이란 한 마디로 국제체제의 구조적 특성을 통해 구성요소의 행동패턴과 구성요소의 행동 간 상호작용의 패턴을 분석하고 이를 바탕으로 궁극적으로 구성요소 간 상호작용의 국제적 결과의 패턴을 설명하려는 시도이다.

이러한 맥락에서 안보 질서에 대한 왈츠의 설명은 국제체제의 무정부성이라는 특성으로부터 시작되어 이러한 무정부성이 국가의 행동과 국가 행동 간 상호작용에 영향을 미쳐 그 결과 어떠한 일반적인 안보 질서를 반복적으로 생산해 내는가를 설명하고자 한다. 그런 연후에 국제체제의 또 다른 특성으로서 변수가 될 수 있는 강대국의 수가 달라짐에 따라 이러한 일반적인 안보 질서가 좀 더 세부적으로 어떻게 달라지는가를 설명하고자 한다.

국제체제는 국내 체제와는 달리 중앙정부를 결하고 있는데 이러한 무정부성은 모든 국가에 영향을 미쳐 생존의 확보를 가장 일차적인 목표로 추구하도록 만들며 이러한 목표를 자신의 권력에 의해 달성하지 않을 수 없게 만든다.[113] 이 때문에 무정부 상태에서 자력구제(self-help)라고 하는 것이 필연적으로 국가들의 행위의 원칙이 되며 이것이 바로 국제 안보 질서의 근본적인 성격을 결정한다는 것이다.[114]

력 있는 예측을 위해 여기에서 나아가 왈츠는 체제 내의 강대국 수를 변수화했다. 이러한 변수화란 구체적으로 동일한 무정부성 아래 양극체제인가 다극체제로의 구분을 의미한다.

113) 국가의 일차적 관심이 권력의 극대화가 아니라 국제체제에서 자국의 생존을 확보하는 것이기 때문에 권력은 목적이 아닌 안전의 확보를 위한 수단이 된다.

114) 구성주의 이론 편에서 더욱 상세하고 다루고 있으나 신현실주의 이론은 국제체제의 구조를 무정부성을 특징으로 하는 물질적 구조(material structure)로 보고 이러한 물질적 구조가 국가들에게 이기적인 정체성과 이익(selfish identity and interests)을 가지도록 강제한다고 본다. 이와 달리 구성주의 이론은 구조를 물질적 구조가 아닌 국가 간의 상호작용을 통해 구성되면서 상호작용에 의해 변화할 수 있는 사회적 구조(social structure)로 보고 이러한 사회적 구조가 국가들의 정체성과 이익에 영향을 미쳐 이기적인 정체성과 이익만이 아닌 다양한 정체성과 이익을 가지도록 한다고 본다. 이러한 점에서 신현

왈츠에 따르면 무정부적 국제체제에서 자국의 생존 확보라는 목표를 달성하는 2가지 수단이 존재한다. 그 가운데 하나로서 왈츠는 내부적인 노력을 들고 있는데 이는 구체적으로 경제발전・군비증강・전략개발 등을 의미한다. 또 다른 수단은 외부적인 노력으로서 자신의 동맹을 강화하고 상대방 동맹을 약화시키는 것을 의미한다.

무정부 상태에서 자력구제에 의해 생존을 확보하여야만 하는 국가들은 이러한 구조적인 제약으로 인해 다음에 살펴볼 행위를 개체차원에서 공통으로 하지 않을 수 없게 된다. 이러한 행위들이 합하여져 체제 수준에서 특정한 결과를 반복적으로 생산해 내는데 이것이 바로 세력균형(balance of power) 현상이라는 것이다.

무정부 상태라는 국제체제의 구조적 제약이 국가들에게 공통으로 하도록 하는 행동에 대해 살펴보자. 왈츠에 따르면 국제체제의 무정부성이라는 구조는 경쟁(competition)과 사회화(socialization)의 과정을 통해 국가들을 동질화한다. 경쟁이란 제거(elimination)의 과정을 의미하고 사회화란 모방(emulation)의 과정을 의미하는데 이 두 과정은 행위와 결과의 다양성을 감소시켜 유사성을 촉진한다.

구체적으로 경쟁은 국가들에게 사회적으로 가장 많이 수용되고 가장 성공적인 결과를 가져오게 한 것들을 모방하도록 함으로써 국제체제에 사회화가 되도록 한다. 만약 국가들이 이러한 사회화에 저항할 경우 국제체제로부터 응징을 당하거나 제거된다. 이러한 경쟁과 사회화는 내적인 결과와 외적인 결과를 국가들에게 가져다준다.

우선 내적인 결과로서 국제체제의 무정부적 구조는 국가들에게 경쟁의 압력(competitive pressure)을 가하여 지속해서 국가의 내부조직을 개선하도록 하여 동등한 조직(equivalent organizations)을 선택하도록 하며 이를 통해 국가들은 예컨대 무기와 전략 등에서 유사성을 가지게 된다. 외부적으로는 구조적으로 유사한 행동의 다양한 패턴(structurally similar repertoires of behavior)을 선택하도록 한다. 이처럼 경쟁과 사회화는 단위들의 동질화(homogenization)를 고무하여 기능적으로 유사하게 하며 종국적으로 국제체제를 지속해서 세력균형에 수렴하도록 촉진한다. 이를 좀 더 상론하면 다음과 같다.

무정부성이라는 국제체제의 구조적 특징이 개체차원의 국가들에 부과하는 행동패턴 가운데 하나는 다른 국가가 위에서 언급한 바 있는 내부적 노력과 외부적 노력이라는 수단을 동원하여 성공적으로 생존의 목표를 달성할 경우 이를 모방하는 행위를 하도록 한다는 것이다. 이처럼 왈츠는 무정부적인 국제체제에서 정책의 실패란

실주의 이론과 구성주의 이론은 커다란 차이를 가진다.

국가의 소멸을 가져올 수 있다는 두려움 때문에 정책결정자들은 타국의 성공적인 정책을 모방하게 된다고 보고 이를 일컬어 동일성 효과(sameness effect)라고 칭한다.

무정부성이라는 국제체제의 구조적 특징이 국가들에 가하는 또 다른 구조적인 제약은 국가들을 동맹행위를 할 때 강한 국가의 권력에 편승(bandwagoning)보다 균형화(balancing)의 행위를 하도록 만든다는 것이다. 이는 앞서 언급했듯이 무정부 상태에서의 국가의 목표란 생존이고 권력의 극대화는 이를 위한 수단에 불과하기 때문이다.

구체적으로 국가 A가 상대적으로 강력한 국가 B의 권력에 편승하려 할 때 B의 권력에 커다란 변화를 가져다주지 않기 때문에 국가 A가 크게 환영을 받지 않을 뿐 아니라 국가 B와의 권력 격차로 인해 국가 A가 국가 B로부터 생존을 보장받기가 쉽지 않기 때문이다. 이와는 달리 비슷한 권력을 가진 상대적으로 약한 국가의 편에 서고자 하면 총체적인 권력의 변화를 가져와 환영을 받을 뿐 아니라 이들로부터 생존을 위협받는 것이 덜 하기 때문이다.[115)]

왈츠는 이처럼 세력균형이라는 안보 질서가 형성되는 연원을 모겐소처럼 국제체제의 단위체인 국가들의 의도에서 찾지 않고 국제체제의 구조로부터 찾는다.[116)] 구체적으로 왈츠는 국제체제의 세력균형을 국제체제가 무정부 상태이고 국가들은 생존을 추구한다는 2개의 가정으로부터 연역해내고 있다. 즉 왈츠는 세력균형이란 국제체제가 무정부 상태이고 생존하길 원하는 국가가 존재한다는 2개의 조건만 충족시키면 형성·유지되는 것으로 본다.[117)]

세력균형의 형성·유지 조건에 관한 전통적 견해는 조건의 하나로서 최소한 2개국 이상이 필요하고 될 수 있으면 5개의 국가(그중 하나가 균형자가 되는)가 필요하다고 하나 왈츠는 이를 이론적 개념이기보다 역사에 기초를 둔 일반화라고 비판하고

---

115) 세력균형론은 권력(power)을 기준으로 하여 상대적으로 권력이 강한 국가의 반대편에 권력을 더하여 세력의 균형화를 가져온다는 이론이다. 이러한 세력균형론은 권력이 아닌 위협(threat)을 기준으로 하여 균형이 이루어진다는 위협균형론의 강한 도전을 받아오고 있다. 특히 냉전 종식 후의 패권체제의 안전성과 지속성과 관련하여 이 두 이론은 각기 다른 예측을 제공하고 있어 주목이 필요하다.

116) 세력균형론은 기본적으로 개체 차원에서의 국가 행동을 설명하기 위한 이론이 아니라 국제체제 수준에서의 국가 간 상호작용의 국제적 결과의 패턴인 세력균형을 설명하기 위한 이론이다.

117) 공격적 현실주의 이론을 옹호하는 미어샤이머는 이러한 가정만으로는 세력균형의 형성·유지를 설명하는 것이 부족하다고 하여 여기에 3개의 가정을 추가하고 있다. 3개의 가정이란 1) 국가들은 다른 국가들의 의도를 결코 확실하게 알 수가 없다. 2) 모든 국가는 공격적인 군사력을 보유하고 있다. 3) 국가들은 합리적으로 행동한다. 미어샤이머는 왈츠가 두 번째 추가된 가정은 묵시적으로 수용하고 있으나 세 번째 추가된 가정은 거부하고 있다고 본다: International Relations, "Conversations in International Relations: Interview with John J. Miersheimer (Part II)," *International Relations*, Vol. 20, No. 2 (2006), p. 231.

있다.

왈츠는 이렇게 국제체제의 무정부성으로부터 세력균형이라는 국제체제 수준에서 국가 간 상호작용의 국제적 결과로서 반복적으로 발생하는 일반적인 패턴을 연역해 낸 후 국제체제의 또 다른 구조적 특성인 강대국의 수의 변화에 따른 상호작용의 국제적 결과의 패턴 차이를 제시하고 있다. 여기서 우리는 권력 능력의 배분(즉 강대국의 수)이라는 변수의 역할을 보게 된다.

구체적으로 왈츠는 세력균형을 참여하는 강대국의 수에 따라 양극적 세력균형(bipolar balance of power)과 다극적 세력균형(multipolar balance of power)으로 구별하고 이러한 상이한 구조적 차이가 개체차원에서의 참여국의 행동 양식에 차이를 가져와 그 결과 국제체제 수준에서의 특징의 하나인 평화와 안정에 영향을 미친다고 본다.

왈츠는 전쟁은 때때로 세력균형을 유지하기 위한 수단이기 때문에 세력균형이 전쟁의 방지 못지않게 전쟁의 발발을 초래할 가능성이 있음을 지적하고 이러한 불확실성은 국제체제에 있어 강대국의 수가 적어질수록 줄어든다고 본다. 다시 말해 왈츠는 강대국의 수가 적은 양극체제가 다극체제보다 국제사회에 더 많은 안정과 평화를 가져다준다고 본다.118) 이에 대한 자세한 논의는 현실주의의 중요 개념 부분에서 소개할 것이다. 안보 질서와 관련한 왈츠의 주장을 요약하면 다음과 같다.

국제체제는 중앙권위가 부재한 무정부 상태 아래 있다. 따라서 자력구제 이외에는 국가의 최고가치인 생존을 확보할 수 없다. 이러한 상황은 더 강한 국가의 출현으로 자국의 안보가 위태로워질 수 있다는 커다란 공포를 유발함으로써 국가들에게 동맹을 형성하여 운영하게 하여 세력의 균형을 추구하게 만든다. 전쟁이란 이상한 현상이 아니라 세력균형의 유지와 회복을 위한 합리적 계산의 결과로 발생한다. 무정부성을 구조적 특징으로 하는 국제체제는 강대국 간 권력 능력의 배분 양태에 따라 다시 양극 구조나 다극 구조와 같은 구조로 구분되게 되는데 양극 구조는 다극 구조보다 정보 등의 점에서 불확실성이 적어 더 안정적이다.

(2) 경제 질서(economic order)

왈츠는 두 번째로 경제 질서를 설명하고 있다. 첫 번째 안보 질서의 경우와 마찬가지로 무정부 상태라는 구조가 국제경제 질서의 기본적인 골격을 결정짓는다고 본다. 왈츠는 무정부 상태가 국제경제 질서에 주는 일반적 영향을 국내 정치체제와 비

118) 왈츠는 이것을 다음과 같이 표현하고 있다: 「Small is beautiful, smaller is more beautiful.」

교하여 다음과 같이 설명하고 있다.

국내 체제에 있어서 구성요소들은 자신의 안전을 유지하기 위한 수단을 개발해야 한다는 우려 없이 자유로이 특화하여 그들의 이익을 추구할 수 있다. 이는 구성요소 간 상호의존의 결과가 당국에 의해 규제되기 때문에 특화에 수반되는 상호의존의 증가와 이로 인한 취약성의 증가를 두려워할 필요가 없기 때문이다.[119]

그러나 자력구제의 원칙이 지배하는 무정부 상태를 특징으로 하는 국제체제에서 상호의존은 취약성의 근원이 되기 때문에 국가들은 상호의존적이 아닌 독립을 가져다줄 수 있는 조치를 견지하고 나아가 자급자족을 위한 노력을 할 것이라고 본다. 그 결과 국가 간 노동의 분화(division of labor)는 고도로 분화된 국내사회와 비교해 볼 때 미미하다고 본다.

구체적으로 국가는 국제 수준에서 국내사회의 개인들처럼 전문가(specialist)가 되려고 하기보다는 오히려 일반론자(generalist)가 되어 자급자족을 유지하도록 노력한다는 것이다.[120] 이로 인해 왈츠는 국내 정치란 전문화된 기능을 각기 수행하는 상이한 단위로 구성되나 국제정치는 서로의 행동을 모방하는 유사한 단위로 구성된다고 본다. 구체적으로 왈츠는 다음 두 가지 방식으로 무정부 상태라는 국제정치의 구조가 국가 간의 협력을 제한한다고 본다.

첫째, 자력구제의 원칙이 지배하는 무정부 상태의 국제체제에서 국가들은 자신의 이익을 촉진하기 위한 목적이 아닌 그 자신을 보호하기 위한 수단을 확보하는 데에 노력 일부분을 쏟아야 한다. 무정부 상태에서 불안감을 느끼는 국가들은 상호이익이 있는 협력에 앞서 이러한 이득이 어떻게 분배될 것인가를 물어야만 한다. 즉 참여국 모두가 협력을 통해 이득을 얻을 것인가의 질문이 아니라 누가 좀 더 많은 이득을 얻을 것인가를 묻지 않을 수 없다. 이는 국가는 절대적 이득(absolute gain)이 아닌 상대적 이득(relative gain)에 따라 행동한다는 것을 의미한다.

협력이 두 국가 모두에게 절대적인 큰 이득을 가져다준다고 해도 각자가 증가한 상대방의 능력이 어떻게 사용될 것인가를 우려하는 한(즉 상대방을 파괴하거나 해를 끼칠지도 모른다고 생각하는 한) 협력이 일어나지 않는다고 본다. 즉 불안과 불신 그리고

119) 자유주의 이론은 상호의존에 관하여 다음과 같은 논리를 지니고 있다. 국가와 같은 위계적인(따라서 상대적으로 안전보장이 가능한) 체제에서는 개인들은 복잡한 사회적인 노동 분화 속에서 전문화된 역할을 갖는다. 이러한 논리를 국제체제에 적용하여 국제관계에서도 경제적인 특화와 사회적인 분화를 향한 동일한 경향이 존재할 것으로 가정한다.

120) Kenneth N. Waltz, "Reflections on Theory of International Politics: A Response to My Critics," in Robert O. Keohane, ed., *Neorealism and Its Critics* (New York: Columbia University Press, 1986), pp. 322-345.

상대방이 미래에 의도하는 바와 행동에 대한 불확실성이 협력에 부정적으로 작용한다. 국가는 자신보다 상대방에 더 이로울지 모르는 이득의 분배를 우려하여 절대적인 이득보다 상대적인 이득에 더 많은 관심을 가진다는 것이다.

이처럼 왈츠의 신현실주의 이론은 개개 국가 행동의 동기로서 경제적 복지에 배타적인 초점을 두어서는 안 된다는 점을 강조한다. 국가는 안보에 우선적인 관심을 가지며 이에 따라 국제무역으로부터의 상대적 이득이 절대적 이득만큼 아마도 그 이상으로 중요하다고 본다.

둘째, 왈츠는 자력구제의 원칙이 지배하는 무정부 상태를 특징으로 하는 국제체제에서 국가들은 다른 국가들과의 협력과 재화 및 서비스의 상호교환을 통해 상대방 국가에 의존적으로 되지 않을까 우려하며 이 때문에 국가 간의 협력이 구조적으로 제한된다고 본다.

왈츠는 노동의 분화가 세계의 복지를 증진할지 모르나 국가들은 이로 인해 더욱 긴밀한 상호의존에 놓이게 되어 그 결과 상호의존이 수반하는 취약성을 경험하거나 이에 노출될 것을 우려한다. 이로 인해 국가들은 그들이 의존하고 있는 것을 통제하려 하거나 그들의 의존의 정도를 감소시키려 할 것이며 전자의 경우 제국주의 정책으로 후자의 경우 자급자족 정책으로 구현될 수 있다고 본다.

왈츠는 나아가 자유주의 이론의 하나인 상호의존론이 미국을 포함한 강대국이 다른 행위자에 대하여 의존적이라고 보는 것은 과장된 것이라고 일축하고 상호의존의 현재 수준은 높지 않고 또한 증가하고 있지도 않다고 본다. 왈츠는 다음과 같은 논리로서 현재의 상호의존 정도가 오히려 과거보다 낮다고 본다.

왈츠는 국제체제의 상호의존이란 강대국 간의 상호의존을 의미하는 것으로서 강대국 간 상호의존의 정도에 따라 국제체제의 상호의존 정도가 결정된다고 본다. 왈츠는 이러한 관점에서 현재의 상호의존(즉 현재의 강대국 간 상호의존)은 1차 세계대전과 2차 세계대전 사이와 비교하여 느슨하다고 평가한다.

왈츠는 양극체제에서의 강대국들 사이의 경제적 상호의존의 수준은 1차 세계대전 이전의 다극체제 때보다 낮다고 주장하면서 강대국의 수가 적으면 적을수록 국제체제의 상호의존은 더욱더 낮아질 것으로 전망한다. 그 이유는 강대국의 수가 적어질수록 강대국의 크기(size)가 증가하는 경향이 있고 해외가 아닌 국내 비즈니스 부분이 차지하는 비율이 높아지기 때문이라는 것이다.

왈츠는 상호의존이 증가할수록 국가 간 협력과 국제체제의 평화가 촉진될 것으로 보는 상호의존론을 비판한다. 왈츠에 따르자면 가장 치열한 내전과 가장 피로 얼룩진 국가 간 전쟁은 그들 간의 관계가 매우 긴밀하고 상당한 유사성을 갖는 사람들이 거주하는 지역에서 발생해 왔다고 주장한다.

경제 질서와 관련된 왈츠의 주장을 요약하면 국제체제의 무정부성은 국가들에게 공포를 가져와 협력으로부터 유래될 수 있는 상대적 이득에 민감하게 한다는 것이다. 이는 무정부 상태에서 타국이 자국보다 좀 더 많은 것을 얻는 것이 궁극적으로 자국의 주권 상실로 이어질 것을 염려하기 때문이다. 더불어 협력이란 협력의 순 이익(net benefits)이 균등하게 배분되고 협력으로부터의 이탈(defection)에 대해 효과적인 제재가 가해질 수 있으며 국가 주권이 위협받지 않은 때에 국한하여 기대할 수 있다.

(3) 글로벌 이슈

마지막으로 왈츠는 전 지구적인 문제의 관리를 설명하고 있다. 그는 공해(pollution)·빈곤(poverty)·인구(population)·확산(proliferation)을 「4Ps」라 하여 대표적인 전 지구적인 문제로 여기고 있다. 국내 체제에서 개개인의 행동은 좀 더 나은 사회선(social good)을 위해 중앙기관에 의한 통제가 가능하나 무정부 상태의 국제체제에서 좀 더 나은 사회선을 위한 통제가 불가능하다.

따라서 많은 문제가 국제적 수준에서 발생하나 해결책은 지속해서 국가정책에 의존한다. 전 지구적인 문제를 해결하기 위해 개개 국가가 비효율적으로 취하는 저마다의 결정(tyranny of small decisions)에서 벗어나기 위해 국가체제의 중앙집권적인 정부에 해당하는 것을 수립해야 하나 기대할 수 없고 현재의 국제기구들은 어떠한 해결도 제공하지 않는다고 본다.

왈츠는 이러한 문제의 해결을 위해 강대국의 역할이 중요함을 강조하고 강대국의 수가 적을수록 또 소수의 가장 큰 권력을 가지고 있는 국가와 여타 국가의 권력의 불균형이 크면 클수록 소수의 강력한 국가들이 국제체제의 목적을 위해 행동을 취하며 관리력(managerial power)을 행사할 가능성이 크다고 본다. 이처럼 왈츠는 질서를 유지하는 데 있어서 강대국의 역할을 강조한다. 그러나 왈츠는 국제체제가 달라짐에 따라 강대국이 글로벌 이슈를 건설적으로 관리할 가능성이 달라지리라는 것만 말하고 있을 뿐 강대국이 이러한 문제를 구체적으로 어떻게 관리할 것인가에 대해서는 말하고 있지 않다.

5) 국제체제의 안정 조건

전통적 현실주의자인 모겐소는 다극체제가 좀 더 안정적이라고 보았으나 왈츠는 양극체제가 좀 더 안정적이라고 본다. 어떤 논리로 왈츠가 양극체제를 좀 더 안정적 국제체제라고 주장하는지 살펴보도록 하자.

우선 왈츠는 양극체제와 다극체제 모두에 있어서 세력균형이 발생하나 균형의 양태가 다르다고 본다. 다극체제에서는 국가들은 동맹을 형성함으로써 균형을 이룰 수 있으며 이를 외부적 균형화(external balancing)라고 부른다. 이와는 달리 양극체제에서는 강대국들이 이러한 선택의 여지를 지니고 있지 않기 때문에 자신의 군비를 증강함으로써 균형에 이르러야만 하며 이를 내부적 균형화(internal balancing)라고 한다.

군비증강을 통한 내부적 균형이 동맹관계의 구축을 통한 외부적 균형보다 좀 더 신뢰할 수 있는데 그 이유는 동맹의 파트너 국가가 자신의 필요에 따라 자유롭게 편을 바꿀 수 있기 때문이다. 결론적으로 말해 양극체제는 다극체제보다 불확실성이 덜하고 오산(miscalculation)의 가능성이 작아 더 안정적이다.

왈츠가 다극체제를 양극체제보다 더 불안정한 체제로 보는 이유 가운데 또 다른 하나는 왈츠가 개념화하고 있는 다극체제는 모겐소가 개념화하고 있는 다극체제와 비교하여 유연성을 덜 가지고 있다고 보기 때문이다. 이는 왈츠의 경우 모겐소와는 달리 다극체제(즉 다극적 세력균형체제)가 세력 균형자(balancer)를 포함할 수 없다고 보기 때문이다. 왈츠가 다극적 세력균형체제에 세력 균형자를 포함하지 않으려는 이유는 다음과 같다.

우선 모겐소의 세력 균형자라는 개념은 이론적 개념이라기보다 18~19세기라는 특정한 역사적 시점의 영국의 지위와 행동으로부터 추출한 역사적인 일반화이기 때문이다. 이 당시 영국은 유럽대륙에 패권국이 등장하면 끝내 영국의 지위에 도전할 것이라는 인식하에 유럽대륙에서 패권국의 등장을 막고 영광스러운 고립(splendid isolation)을 유지하려는 방편으로 세력균형 정책을 외교정책의 근간으로 했다. 영국은 이러한 세력균형 정책을 위해 평상시에는 유럽대륙의 국제관계에 개입하지 않다가 유럽대륙의 세력균형이 상대적으로 강력한 국가의 부상으로 도전을 받게 되면 개입하여 상대적으로 약한 국가들의 편에 서서 이전의 세력균형을 되돌려 놓는 역할을 실질적으로 수행하거나 수행하려고 노력했는데 이러한 역할을 세력 균형자의 역할이라고 한다.[121] 왈츠는 영국이 이러한 세력 균형자의 역할을 할 수 있었던 조건이란

121) 이러한 영국의 소극적인 외교정책은 1차 세계대전과 2차 세계대전의 발발을 막지 못하는 데 크

일반적이지 않은 아주 특별한 조건으로서 세력 균형자의 역할이 협소하게 정의되었을 뿐 아니라 실제에서 가능하지 않은 조건이라고 본다.[122]

왈츠는 다극체제의 불안정성을 주장하는 한편 양극체제의 불안정 요인도 언급하고 있다. 이러한 요인 가운데 중요한 것이 바로 과다대응(overreaction)의 위험이다. 과다대응이란 상대방의 취하게 될 이득에 민감하여 세계 어디에서 일어나는 일이든 관계없이 개입하게 되는 것을 일컫는데 양극체제에서 두 초강대국인 미국과 소련의 한국전쟁·쿠바 미사일 위기·베트남전쟁에의 개입이 이러한 예에 속한다.

그러나 왈츠는 양극체제에서 이러한 과다대응의 위험은 다극체제보다 불확실성이 덜하고 오산의 가능성이 적다는 사실에 의해 상쇄된다고 본다. 이러한 그의 생각은 다음과 같은 그의 말에 그대로 담겨 있다: 과다대응은 대가로서 단지 돈과 제한전의 싸움만을 치르도록 함으로써 덜 유해하다(Overreaction is lesser evil because it costs only money and the fighting of limited wars). 즉 다극체제의 불안정성 요인인 불확실성과 오산 그리고 양극체제의 불안정성 요인인 과다대응 중 가운데 어느 것이 더 나쁜가에 대해 왈츠는 불확실성과 오산이 궁극적으로 세력균형을 위협하고 강대국들을 전쟁으로 불러들일 가능성이 좀 더 크기 때문에 더 나쁘다고 본다. 다시 말해 불확실성과 오산이 있는 다극체제보다 과다대응이 있는 양극체제가 더 안정적이라고 본다.[123] 왈츠는 이와 더불어 양극체제에서 초강대국들이 국제체제에 사회화가 됨에 따라 좀 더 보수적으로 되고 다른 국가의 위협에 과다대응을 덜 하게 되는 경향을 보이게 된다고 주장하고 이들은 서로 적대적인 상대와 더불어 공존하는 것을 배우게 된다고 본다.

여기에서 우리가 주목할 점이 한 가지 있다. 이는 불확실성과 관련된 것인데 모겐소와 왈츠 모두 다극체제는 불확실성을 특징으로 한다는 점에는 공통적이지만 모겐소는 불확실성이 신중함(prudence)을 가져와 안정적이라고 보는 데 반해 왈츠는 불확실성이 위험한 오산(dangerous calculation)을 불러일으킴으로써 불안정하다는 결론에 이르고 있다는 점이다.

6) 왈츠의 신현실주의 이론의 방법론

신현실주의 이론은 전통적 현실주의 이론이 불필요하고 바람직하지 않다고 여겼

게 이바지했다고 평가된다.

122) Kenneth N. Waltz, *Theory of International Politics* (New York: McGraw-Hill, 1979), p. 164.
123) *Ibid.*, p. 172.

던 국제정치 이해를 위한 자연과학적 방법을 수용하고 있다. 즉 선험적인 진리의 존재를 부인하고 모든 지식은 우리의 오관에 의한 관찰에 기초해야 함을 강조하는 과학적 경험주의(scientific empiricism)의 방법론적 주장을 많이 수용하고 있다.124)

신현실주의 이론은 전통적 현실주의 이론이 이론적이지 못하고 명백히 서술적이면서 옳고 그름을 검증할 수 있는 주장을 제기하고 있지 않다고 본다. 이러한 맥락에서 왈츠는 그의 책 「국제정치론」의 첫째 장에서 이론(theory)은 공식적 혹은 수학적 용어로(in formal or mathematical terms) 구성되어야 하며 증거에 의해 입증될 수 있어야 함을 강조하고 있다.125)

싱어(David Singer)를 위시한 행태주의자들 가운데 적지 않은 학자들은 이론을 특정의 행태에 관한 일련의 법칙(law)의 집합으로 간주하고 법칙과 이론을 구별하지 않았다. 그러나 왈츠는 법칙과 이론을 엄격히 구분한다. 그에 있어서 법칙이란 경험적인 관찰을 통해 수립된 독립변수와 종속변수의 상관관계로서 「a이면 b이다」 혹은 「a이면 b일 가능성이 x퍼센트이다」와 같은 형태를 띤다.

왈츠에 있어서 이론이란 법칙의 단순한 집합이 아니고 법칙을 설명하는 진술이다. 한마디로 말해 법칙은 무엇이 발생하는가를 전달하고자 하나 이론은 왜 그것이 발생하는가를 전달하고자 한다. 법칙은 관찰을 통해 얻은 사실(fact)이지만 이론은 이러한 관찰된 사실을 설명하기 위해 도입되는 사변적인 지적 과정(intellectual process)이다. 이론은 있는 그대로의 실제(reality)의 반영물이 아니고 이러한 실제를 설명하는 것이다. 이론은 왜 특정의 상관관계가 발생하는지를 설명하며 관찰된 진술들(observation statements)을 연관시키고 체계화시키는 것을 그 목적으로 한다. 왈츠의 말을 빌리면 이론은 서술을 목적으로 하는 것이 아니라 설명을 목적으로 한다.

왈츠는 이론이란 이처럼 사실에 대한 진술이 아니므로 진(truth)이냐 위(falsity)냐의 관점(사실에 얼마나 근접하는가의 관점)에서 평가되어서는 안 되고 얼마나 그럴듯한 설명을 제공하느냐의 관점에서 평가되어야 한다는 것을 강조한다.

이론은 실제의 전부가 아닌 일부를 설명하기 때문에 이론에 의해 설명이 가해지는 실제와 다르다. 구체적으로 말해 실제 세계의 현상에는 분리할 수 없는 많은 요인

124) 신현실주의 이론이 전통적 현실주의 이론과 비교하여 좀 더 과학적인 접근을 중요시하는 것과 마찬가지로 신자유주의적 제도주의 이론 역시 이전의 자유주의 이론(전통적 자유주의 이론)과 비교해 좀 더 과학적 접근을 중요시하는 측면을 지니고 있다.

125) 왈츠가 책 제목을 「Theory of International Politics」라고 붙인 것에서 국제정치에 있어서 이론을 만들고자 하는 그의 생각 일단이 드러나 있다고 볼 수 있다. 여기에는 이전의 이론들을 이론으로 보기 힘들다는 의미가 숨겨져 있다고 볼 수 있을 것이다.

이 상호 영향을 주면서 얽혀 있는데 이론은 이러한 다수의 요인을 지적으로 다룰 수 있도록 어떤 요인(들)이 더 중요한지 분리하여 이들 간에 관계를 구체화하는 역할을 한다.

이러한 왈츠의 주장은 싱어의 주장과 구별된다. 싱어는 이론이 갖추어야 할 조건으로서 묘사력 · 설명력 · 예측력이 있어야 한다고 본다. 즉 있는 그대로의 사실을 어떻게 왜곡되지 않고 자세하게 묘사하느냐(서술하느냐)를 이론이 갖추어야 할 요소 가운데 하나로 본다.

왈츠에 따르면 계량적 분석을 통한 상관관계란 간단한 수학적 조작으로 얻어지는 연관성에 불과하다. 이들 통계는 하나의 사실에 대한 묘사에 지나지 않기 때문에 설명이 필요하다고 본다. 상관관계로 구성된 법칙은 왜 이러한 관계가 존재하는가를 말해주지 않으며 이러한 관계를 우리가 통제할 수 있는가와 같은 것을 말해주고 있지 않다. 이런 이유로 이러한 것들을 설명해주는 이론이 필요하다고 본다.

법칙은 직접적인 관찰을 통하거나 실험을 통해 수립되며 발견되는 것이다. 이와는 대조적으로 이론은 이론적 개념(theoretical concept)을 지니며 이러한 이론적 개념은 발견되는 것이 아니고 직관을 통해 발명되는 것이다. 실험 결과에 따른 법칙은 지속해서 남아 있으나 이론은 변화하고 다른 이론에 의해 대체된다. 왈츠에 있어서 이론의 특징은 다음과 같이 요약된다.

i) 이론은 최소한 하나의 이론적 가정(theoretical assumption)을 포함한다. 이러한 가정은 사실이 아니므로 사실 여부를 묻는 것은 옳지 않다. ii) 이론은 그것이 설명하고자 하는 바의 견지에서 평가되어야 한다. 즉 설명력에 의해 평가되어야 한다. iii) 이론은 어떤 특정한 세세한 것(particularities)을 설명할 수 없다. 대신에 일반적인 추세(tendency)나 경향(trend)을 설명한다.

이러한 이론에 관한 왈츠의 견해에 따라 왈츠뿐 아니라 국제정치학자들이 국제정치학 이론 가운데 가장 중요한 이론의 하나로 간주하는 세력균형 이론을 살펴보면 다음과 같다. 세력균형이란 국제정치 현상은 왈츠에 있어 하나의 법칙이다. 왜 이러한 세력균형이라는 현상이 발생하는가를 설명하고자 하는 것이 왈츠에 있어 세력균형 이론인 것이다. 이러한 세력균형 이론은 앞서 언급한 바와 같이 「무정부성을 특징으로 하는 국제체제에서 국가는 최소한 자신의 생존을 추구하고 최대한 세계지배를 추구한다」는 하나의 가정으로부터 세력균형을 연역해내고 있다.

7) 전통적 현실주의 이론과의 비교

모겐소의 전통적 현실주의 이론과 왈츠의 신현실주의 이론은 국가의 합리성과 통합성을 가정하고 국가의 내적인 특성을 무시한다는 점과 패권안정론이 아닌 세력균형론이라는 점에서도 공통적이다. 그러나 다음과 같은 점에서 이들은 견해를 달리한다.

(1) 방법론의 차이

신현실주의 이론은 전통적 현실주의 이론과 기본적인 가정을 공유하나 방법론적 측면에서 좀 더 엄격한 과학적 방법론을 강조한다. 전통적 현실주의 이론은 주로 귀납적 접근(inductive approach)을 하나 신현실주의 이론은 상당한 정도로 연역적 접근(deductive approach)을 하고 있다.

(2) 권력 추구 동인과 추구하는 권력의 정도 차이

① 권력 추구의 동인

전통적 현실주의와 왈츠의 신현실주의 이론 모두 국가는 생존과 안보에 가장 중요한 관심을 두고 있으므로 권력(또는 권력으로 정의된 국가이익)을 추구한다고 본다. 그러나 이러한 권력을 추구하게 하는 동인과 추구하고자 하는 권력의 정도를 둘러싸고 견해 차이를 보인다.

권력을 추구하는 동인과 관련하여 전통적 현실주의자의 대표자인 모겐소는 국가의 권력에 대한 지향성을 사악하고 끝없이 권력을 추구하고자 하는 인간성에서 유래된 것으로 보나 왈츠의 신현실주의의 경우 이러한 권력의 추구 성향은 국제체제의 구조적 특징(즉 국제체제가 국내 정치와 같은 공권력을 가지고 있는 중앙정부의 부재를 의미하는 무정부성)에 기인한다고 본다. 왈츠의 신현실주의 이론은 모겐소의 인간성에 관한 기본가정이 잘못되어 있다고 보고 인간의 사악함과 권력 지향성을 가정하지 않는다. 즉 인간은 이기적일 수도 이타적일 수도 있다는 것이다.

② 추구하는 권력의 정도

추구하고자 하는 힘의 정도와 관련하여 전통적 현실주의자인 모겐소는 국제정치의 본질을 부단한 권력투쟁(never-ending struggle for power)으로 파악하고 국가들은 권력의 극대화(power maximization)를 추구한다고 본다. 이런 시각 때문에 모겐소는 공격적 현실주의(offensive realism) 옹호자로 분류된다.[126] 공격적 현실주의는 무정부

---

126) 국가가 추구하는 힘의 정도 면에서 왈츠와는 다른 견해를 지니고 있으나 왈츠와 더불어 신현실주의자

성으로 인해 자력구제(self-help)를 특징으로 하는 국제체제 속에서 생존을 확보하기 위해 국가들은 가능한 한 많은 권력을 가지려고 한다고 본다. 즉 국가들은 권력을 도발적으로 추구하며 세력의 균형이 자신에게 유리하게 바뀌도록 기회를 엿본다는 것이다.

이와는 대조적으로 신현실주의의 창시자인 왈츠의 경우 국가들은 모자라지도 지나치지도 않은 적절한 수준의 권력을 추구한다고 본다. 이는 지나치게 권력이 약할 경우 타국으로부터의 공격을 유발하게 되고 지나치게 권력이 강할 경우 다른 국가들에 그들의 군비를 강화하고 공동으로 대응하도록 유도할 수 있어 지각 있는 정치가는 적절한 양의 권력을 갖고자 노력하기 때문이다. 이러한 이유로 왈츠의 경우는 방어적 현실주의자로 분류된다. 모겐소와 왈츠 간의 이러한 차이는 「모겐소는 국가를 자신의 야심(ambition)에 의해 이끌어지는 존재로 보나 왈츠는 국가를 타국이 가지고 있을 수 있는 야심에 대한 두려움에 이끌어지는 존재로 본다」고 표현되곤 한다.

(3) 극성과 안정의 관계

앞서 이미 언급했듯이 극성과 안정의 관계에서도 왈츠의 신현실주의 이론과 모겐소의 전통적 현실주의 이론은 차이를 보인다. 모겐소나 왈츠 모두 세력균형론자이지만 모겐소는 다극체제의 안정성을 주장하는 반면 왈츠는 양극체제의 안정성을 주장한다.127)

(4) 분석의 영역

분석 영역과 관련하여 신현실주의 이론은 전통적 현실주의 이론과는 달리 정치·군사 문제 외에 경제와 글로벌 이슈 등에 일정한 정도 관심을 둔다는 점에서도 차이를 가진다.

8) 왈츠의 신현실주의 이론의 분석수준

왈츠의 기존 국제정치 이론에 대한 비판 부분에서 살펴보았듯이 분석수준을 둘러싼 논란이 적지 않다. 국제정치학의 일반이론을 끌어내는 데 있어서 가장 큰 장애 가운데 하나는 국가 행동과 국가 간 상호작용의 국제적 결과라는 국제정치의 중요한 현상을 설명하고 예측하는 데 있어서 어느 분석수준에서 원인변수(즉 독립변수)를 찾아내야 하는가에 대해 합의가 존재하지 않는다는 점이다. 앞서 싱어의 분석수준과

의 대표적인 학자로 꼽히는 미어샤이머(John J. Mearsheimer)의 경우는 모겐소와 마찬가지로 권력의 극대화를 주장한다. 따라서 이들은 모두 공격적 현실주의자로 분류된다.

127) 더 자세한 논의는 뒤의 극성과 안정에 관한 이론 부분을 참고하면 된다.

왈츠의 분석수준을 비교하여 살펴본 적이 있는데 이곳에서는 이러한 논의를 좀 더 종합적으로 살펴보고자 한다.

(1) 단일수준 분석(single - level analysis)과 문제점

우선 「어느 하나의 분석수준에 분석의 초점을 맞추어야 하는가」라는 논쟁이 존재한다. 앞서 살펴보았듯이 싱어와 같은 학자는 분석수준마다 나름의 장단점이 있어 연구의 필요에 따라 선택할 문제로 본다. 왈츠의 경우는 단연 국제체제를 적절한 분석수준으로 본다. 또 다른 학자들은 우선 국제체제 수준에서 국가들의 행동과 이들 간 상호작용의 국제적 결과를 설명·예측해 보고 예외적인 경우가 존재할 경우 국가 수준의 설명이 필요하다고 주장한다.

국제체제를 적절한 수준으로 보는 왈츠의 체제이론은 분석수준의 관점에서 볼 때 무엇보다도 국내 정치 요인이 국가 행동에 미치는 영향을 과소평가한다는 비판을 받는다. 다시 말해 국가 간의 개별적인 차이와 국내 정치는 무시될 수 있다는 견해를 취함으로써 왈츠의 신현실주의 이론은 국가의 내적 요인을 등한시한다는 것이다. 국제체제에 의해 부과된 외부적인 지상명령에 비해 국가의 내적 요인들은 절대 중요하지 않기 때문에 모든 국가는 내적 차이에도 불구하고 동일하게 반응한다는 것이다. 한 마디로 만약 국가들이 생존을 원한다면 다른 선택의 여지가 없다는 것이다. 이처럼 왈츠는 그의 관심을 국제체제의 구조적 이론에 명백히 한정함으로써 이를 외교정책 결정이론에 접목하는 작업을 회피하고 국제체제의 구성요소의 내부적인 특성을 분석하지 않음으로써 소위 판도라의 상자를 열지 않는다.128)

신현실주의 이론의 비판자들은 국가 내부로부터의 압력이 국가의 외적 행동을 결정짓는다고 보며 대외정책의 뿌리를 국가의 사회·경제적 구조에서 찾고자 한다. 더불어 이들은 신현실주의 이론이 국제체제의 무정부성을 변수가 아닌 상수(constant)로 간주함으로써 국제체제 자체의 구조적 변화로부터 관심이 멀고 현존하는 질서를 어떻게 보존할 것인가라는 체제의 유지에만 관심이 있음을 지적하고 비판한다.

이들 비판자는 만일 왈츠를 따라 국가 행동과 이들 간 상호작용의 국제적 결과를 설명하는 데 있어서 국가들 사이의 차이를 무시하고 국제체제의 구조가 주는 힘에 집중한다면 국가의 국제적 행동에 영향을 미치는 요인들의 많은 것을 잃게 될 것이라고 본다. 국제체제의 구조가 국가들에게 일정한 종류의 행위를 하도록 조장 내지

---

128) Ole R. Holsti, "Models of International Relations: Perspectives on Conflict and Cooperation," in Charles W. Kegley, Jr. and Eugene R. Wittkopf, eds., *The Global Agenda: Issues and Perspectives* (New York: McGraw-Hill, 1992), p. 143.

는 제한한다는 신현실주의 이론의 가정과는 달리 국제체제는 국가들에 따라 상이한 영향을 미쳐 강대국의 경우는 약소국보다 덜 영향을 받을지 모른다고 본다. 이는 강대국의 경우 체제 자체를 전복할 능력을 소지할 수 있기 때문이다.

이들은 국가에 일정한 방향으로 행동하도록 영향을 주는 것은 국제체제뿐만 아니라 국가 자체일 수가 있다고 본다. 왈츠는 1979년에 신현실주의 이론의 체계적 지평을 열면서 국가 자체의 변수가 국제적 행위에 미치는 영향을 전적으로 무시함으로써 국가 행동에 영향을 미치는 국제체제와 국내 요인의 상대적인 영향력을 평가할 수 없으며 이런 이유로 왈츠의 체제이론은 실패했다는 비판을 받기도 한다.

국제체제의 무정부성은 오랜 시간에 걸쳐 국가의 정책을 규정짓는 압력과 제약(pressures and constraints)에 관해 우리에게 전해주는 바가 있으나 특정 국가가 어떻게 그들의 안보 상황을 관리할 것인지에 대한 예측을 허용하지 않는다. 예컨대 비슷한 지정학적인 위치와 북유럽 문화를 공유하고 있음에도 불구하고 노르웨이는 북대서양조약기구(NATO)의 충실한 가입국으로 존속해오고 있으나 스웨덴은 군사적으로 중립을 견지해오고 있다는 차이를 설명하기 곤란하다는 것이다.

이는 본질적으로 왈츠가 개개의 국가가 개개의 안보딜레마에 직면하여 선택의 영역이 있음을 무시하고 있기 때문이라고 본다. 왈츠는 국제체제의 제약 속에서 개개 국가들은 약간의 독자적인 행위영역을 가질 수 있음을 인정하고 있으나 그가 제기하는 주장의 본질적인 의미는 모든 국가는 동일하게 안전의 보장이라고 하는 국가이익 이외의 선택을 본질적으로 할 수 없다고 본다.129)

탈냉전기에 접어들면서 구소련과 유고 등에서 볼 수 있듯이 다민족 국가의 해체 · 한국과 같은 다국가 민족의 통일문제, 일국 내에서의 인종을 이유로 한 갈등과 분쟁이 빈번하게 발생하면서 민족주의와 같은 국내 요인이 중요해지고 있다. 그런데도 왈츠에 있어서 이러한 전통적인 변수가 국가 행동과 국제관계를 설명하는 데 있어서 생략되고 있다.130)

---

129) Nicholas J. Wheeler and Ken Booth, "The Security Dilemma," in John Baylis and N. J. Rengger, eds., *Dilemma of World Politics: International Issues in a Changing World* (Oxford: Clarendon Press, 1992), p. 38.

130) Yosef Lapid, "Theorizing the "National" in International Relations Theory: Reflections on Nationalism and Neorealism," in Friedrich Kratochwil and Edward D. Mansfield, eds., *International Organization: A Reader* (N. Y.: Harper Colllins College Publishers, 1994), pp. 20–31.

(2) 다수준 분석(multi-level analysis)

분석수준과 관련하여 「여러 분석수준 가운데 어느 분석수준이 적절한가」에 대한 논쟁과 더불어 어느 하나의 분석수준만으로는 만족스러운 설명을 가져올 수 없다는 전제하에 「이들 분석수준을 어떻게 일관된 틀 속에 연결을 지을 수 있을까」하는 논쟁이 존재한다.131)

일부 국제정치 학자들은 단일분석 수준으로 적절히 설명될 수 없는 결과를 연구하는 데 있어서 다수준 분석에 점차 의존하는 경향을 보이나 대외정책과 국제관계의 연구를 위한 어떤 하나의 다수준 접근법(multi-level approach)에 대한 동의가 존재하지 않는다. 여기에서는 이러한 문제를 지적하는 데 그치지 않고 체계적인 해결책을 제시하고자 한 구레비치(Peter Gourevitch)와 퍼트넘(Robert D. Putnam)의 논의를 살펴보고자 한다.132) 구체적으로 국내 정치와 국제정치의 연계를 중요시하는 접근으로서 구레비치는 제2 이미지 역전 접근을 제시했고 퍼트넘은 두 수준 게임 접근을 제시했다.

① 구레비치의 제2 이미지 역전 접근: 통합적 접근

앞서 살펴보았듯이 왈츠는 1959년에 발간한 「인간, 국가 그리고 전쟁(Man, the State, and the War)」이라는 책에서 전쟁의 원인이 어떤 분석수준에서 설명되고 있는가에 관심을 가지고 이들 분석수준을 인간 · 국가 · 국제체제로 분류하였다. 구체적으로 그는 「분석수준(level of analysis)」이라는 말 대신에 「이미지(image)」라는 말을 사용하여 개인을 전쟁의 원인으로 보는 분석수준을 제1 이미지(1st image) · 국가를 전쟁의 원인으로 보는 분석수준을 제2 이미지(2nd image) · 국제체제를 전쟁의 원인으로 보는 분석수준을 제3 이미지(3rd image)로 분류했다.

왈츠는 제1 이미지와 제2 이미지를 통한 전쟁의 설명이 지니는 문제점을 지적하고 국제사회에서 부단히 반복되고 있는 전쟁을 설명하는 가장 적절한 이미지로서 제3 이미지를 강조했다. 왈츠의 이러한 생각은 1979년에 발간한 서적인 「국제정치론(Theory of International Politics)」에서 신현실주의 이론으로 구체화하였다.

구레비치는 왈츠가 「국제정치론」을 발간하기 한 해 전인 1978년에 「제2 이미지 역전: 국내 정치의 국제적 근원(The Second Image Reversed: the International Sources

---

131) 앞서 언급했듯이 왈츠는 대외정책을 신현실주의 이론에 통합할 수 있는가에 회의적이다.

132) Peter Gourevitch, "The Second Image Reversed: The International Sources of Domestic Politics," *International Organization*, Vol. 32, No. 4 (Autumn 1978), pp. 881-912; Robert D. Putnam, "Diplomacy and Domestic Politics: The Logic of Two level Games," *International Organization*, Vol. 42, No. 3 (Summer 1988), pp. 427-460.

of Domestic Politics)」이라는 논문을 통해 국내 정치에서의 변이를 가지고 국제적 결과를 설명하는 제2 이미지 접근(second image approach)을 비판하고 이와는 거꾸로 국제체제가 국내 정치에 미치는 영향에 관심을 두는 제2 이미지 역전 접근(second image reversed approach)을 강조했다.[133] 이처럼 제2 이미지 역전 접근법이란 국내 정치가 국제정치에 미치는 영향을 살피는 제2 이미지 접근법과는 거꾸로 국제정치가 국내 정치에 미치는 영향을 살피는 접근이다.

구레비치는 국내 정치라는 종속변수를 설명하는 국제체제라는 독립변수를 구체적으로 어떤 요인의 관점에서 보는가에 따라 학문적 경향을 두 가지 부류로 나누고 있다. 그중 한 부류는 국제체제를 경제활동과 부의 배분을 특징으로 하는 국제경제의 관점에서 살피는 부류이고 다른 부류는 국제체제를 국가 간 정치적·군사적 경쟁과 전쟁을 유발하는 국가 간 권력의 배분을 특징으로 국제정치의 관점에서 살피는 부류이다. 그는 이러한 두 부류의 독립변수로부터 영향을 받는 종속변수인 국내 정치라는 요인을 정권 유형(regime type)과 제휴패턴(coalition pattern)으로 구체화했다.[134]

그는 국제경제의 관점에서 국제체제를 규정하고 있는 학문적 부류를 몇 가지로 세분하여 이들이 국내 정치에 미치는 영향을 다루는 관련 문헌들을 소개하고 있다. i) 첫 번째 부류의 문헌은 산업화의 시기(timing of industrialization)라는 요인을 가지고 국내 정치를 설명하고자 하는 문헌이다. 이러한 문헌은 산업화를 늦게 시작한 국가들은 조기에 산업화한 국가들을 따라잡기 위해 국내 정치 구조가 좀 더 중앙 집중화가 될 수밖에 없고 파시즘에 좀 더 취약할 수밖에 없다는 논리를 전개하고 있다. ii) 두 번째 부류의 문헌은 중심부의 선진 자본주의 국가들에 의해 만들어진 국제체제라는 요인이 후발 국가들의 선택을 제한하고 이들에게 중심부 국가들의 필요에 예속되도록 강요하는 정치적 결과를 가져오게 된다는 논리를 펴는 종속이론과 세계체제 이론 문헌이다.[135] iii) 세 번째 부류의 문헌은 세계시장이라는 요인이 국가의 발전패턴을 결정하게 된다는 자유주의적 발전학파(liberal development school)의 문헌이다. 이러한 문헌은 1950년대와 1960년대 미국을 중심으로 전개된 이론을 기반으

133) 이러한 제2 이미지적 설명의 가장 전형적인 예로서 당사국들이 민주적이면 국가들 사이의 전쟁을 일어날 가능성이 덜하다고 주장하는 민주평화론(democratic peace theory)을 들 수 있다.

134) 구레비치는 국내 정치를 이처럼 정권 유형과 제휴패턴으로 분류하고 있으나 이 두 가지 외에 제도(institution)와 정책(policy) 등을 포함한다. 이러한 맥락에서 구레비치는 국내 정치(domestic politics)라는 말과 더불어 국내 구조(domestic structure)라는 말을 쓰고 있다.

135) 구레비치는 이러한 종속이론이 개도국들 사이에 존재하는 정권 유형의 변이를 설명하지 않는다는 것을 지적하고 있다. 동일한 맥락에서 구레비치는 세계체제이론가인 월러스타인(Immanuel M. Wallerstein)의 세계제제이론은 상대국(strong states)과 약소국(weak states) 사이의 차이를 설명하기 위해서는 국내 정치에 대한 이해가 필요함을 지적하고 있다.

로 한 문헌으로서 국가들이 일단 세계경제에 합류하게 되면 동일한 발전패턴을 밟게 되기 때문에 개도국들도 선진국과 발전의 궤를 같이할 것으로 본다. iv) 네 번째 부류의 문헌은 초국적 관계(transnational relations)·근대화(modernization)·상호의존(interdependence)이라는 요인들이 국내 정치에 미치는 영향을 다루는 문헌으로서 이들 요인이 정부의 행동 자유를 제약하고 나아가 국내 정치에 영향을 미친다고 본다. v) 마지막 부류의 문헌으로서 구레비치는 상호의존론과는 달리 국제적인 힘(international force)의 영향에 직면하여 이에 주도적으로 대응하는 국가의 역할을 강조하는 신중상주의(Neo-mercantilism) 문헌들과 국가를 자본가 계급의 도구로 인식하는 전통적인 마르크스주의와는 달리 국제경제 속에서 자율성을 지니는 국가의 역할을 강조하는 국가 중심적 마르크스주의(state-centered Marxism) 문헌들을 언급하고 있다.

구레비치는 이어서 권력의 배분이라는 관점에서 국제체제를 규정하고 있는 학문적 부류를 몇 가지로 세분하여 이들이 국내 정치에 미치는 영향을 다루는 관련 문헌들을 소개하고 있다. 국제경제의 라는 독립변수에 이어 국제국가체제라는 독립변수를 몇 가지로 세분하여 이들이 국내 정치에 미치는 영향을 다루는 관련 문헌들의 부류를 소개하고 있다. i) 첫 번째 부류의 문헌은 모든 국가조직은 원래 전쟁을 위한 군사 조직이었으며 이러한 국가조직은 국가의 대외적인 배열(external ordering of the states)의 영향을 받는다고 주장하는 문헌들이다. ii) 두 번째 부류의 문헌은 대외관계의 특성이라는 요인이 국내 조직에 미치는 영향을 다루는 문헌이다. 이러한 문헌에 따르면 방어의 필요성과 대외적 연루(foreign entanglement)라는 요인이 강력한 행정부를 특징으로 하는 국내 조직의 필요성을 증대시킨다고 본다. 대외적 연루가 힘의 균형을 대통령에게 쏠리도록 하여 종국에 국내의 민주주의를 위협한다는 미국의 고립주의자들 주장이 이러한 예에 속한다. iii) 세 번째 부류의 문헌은 국제정치적 요인이 영토 보상과 같은 행위를 통해 국내 조직에 영향을 미치는 경우이다. 프랑스가 오스트리아를 견제하기 위해 프러시아에 영토를 제공한 것과 연합국에 의해 독일이라는 국가조직이 1945년 이후 동서로 분할된 것을 설명한다. iv) 마지막 부류의 문헌은 대외적 개입(foreign involvement)이 일국의 사회 전체에 혁명과 같은 긴장을 가져온다는 문헌이다. 이에 따르면 영국·프랑스·러시아·중국에서의 혁명은 대외적 개입과 더불어 시작되었는데 구체적으로 영국의 경우 스코틀랜드와의 전쟁·프랑스의 경우는 미국혁명에의 개입·러시아의 경우는 1차 세계대전에서의 패배·중국의 경우는 2차 세계대전 중 일본의 침략과 더불어 혁명이 시작되었다.

구레비치는 이러한 제2 이미지 역전 접근을 택하고 있는 문헌들을 언급하면서 이러한 접근의 필요성을 강조하고 있다. 이처럼 구레비치가 국가의 외교정책을 설명하는 데 있어서 제2 이미지의 문제점을 지적하고 국제적인 요인의 중요성을 강조했다는 점에서 볼 때 그의 생각은 왈츠의 생각과 별반 다르지 않다. 그러나 그렇다고 해서 왈츠의 국제체제의 영향을 강조하는 제3 이미지 접근을 전적으로 수용하는 것은 아니다. 그는 왈츠의 제3 이미지처럼 국제적인 요인만으로 일국의 대외적인 행동을 설명하려는 경향 역시 비판하고 있기 때문이다.136)

좀 더 구체적으로 구레비치는 비교정치 학자들이 지나치게 국내 정치를 독립변수로 간주하면서 국내 정치와 국제체제가 상호작용하는 정도를 소홀히 한다고 지적하면서 동시에 왈츠와 같은 국제정치 학자의 경우는 국제체제 요인에 배타적으로 의존하여 국제정치 현상을 설명하고자 한다고 비판하면서 국제체제 요인은 국제정치 현상에 충분한 결정력을 행사하지 못한다고 주장한다. 즉 국제체제는 국가들에게 가능한 여러 결과 가운데 선택할 수 있는 어느 정도의 여지를 항상 남기며 이러한 선택은 국내 정치에 기초하여 이루어진다고 본다.

구레비치의 이러한 주장을 좀 더 세밀하게 살펴보면 그에 있어서 국제체제 요인은 국내 정치에 영향을 미치고 이렇게 영향을 받은 국내 정치가 국가의 외교정책 선택에 영향을 미친다. 구레비치는 국제체제에서의 상대적인 권력에 의해서만 국가의 대외 행동이 결정된다는 순수한 구조적 입장의 주장은 만족스럽지 않다고 하면서 외부적인 환경에 대응하는 데 있어서 국가들은 자체적으로 항상 일정한 정도 선택의 여지를 갖는다고 주장한다. 따라서 그는 결론적으로 누가 이러한 선택과 이러한 선택에 상응하는 정책을 정의하며 어떤 국내 과정을 통해 최종적인 결정이 이루어지는가를 검토하는 것이 필요함을 역설한다.

여기에서 좀 더 구레비치의 제2 이미지 역전과 왈츠의 제3 이미지를 구분해서 살펴볼 필요가 있다. 구레비치에 있어서 국제체제가 직접 영향을 미치는 대상은 국내 정치이지 국가의 대외적 행동이 아니라는 점이다. 즉 국제체제는 국내 정치에 영향을 미치고 이어서 영향을 받은 국내 정치가 국가의 대외정책 선택에 영향을 미친다는 것으로서 국제체제의 영향을 간접적인 것으로 바라보고 국내 정치를 매개변수(intervening variable)로 바라본다. 이와는 달리 왈츠의 제3 이미지는 국가를 통합되고 합리적이며 사회세력으로부터 자율성을 갖는 행위자라고 가정하여 모든 국가의 동질성을 전제함으로써 이들이 변수로서 작용할 여지를 없애버렸다.

---

136) 왈츠의 신현실주의 이론이 부상하면서 국제체제 접근법은 국가를 통합된 합리적인 행위자라는 가정 속에 묶어둠으로써 국내 정치에 관한 관심을 던져버렸다.

구레비치 주장은 「국제체제는 국내 구조의 표현일 뿐 아니라 국내 구조의 원인이기도 하다(The international system is not only an expression of domestic structures, but a cause of them)」는 그의 문장 하나로 요약될 수 있다. 이처럼 구레비치는 단순히 국내 구조를 외교정책을 설명하는 원인변수로서만 살필 것이 아니라 국제체제에 의해 영향을 받는 종속변수로서도 검토해야 한다고 강조함으로써 국가의 행위자와 국제체제가 어떻게 상호작용을 하는가에 대한 중요한 토론의 기초를 제시했다고 볼 수 있다. 달리 말해 구레비치는 국제관계 접근과 비교정치 접근을 어떻게 통합하여 새로운 이론적이고 경험적인 지평을 열 것인가에 관한 토론의 기초를 제공했다고 볼 수 있다.

그러나 이러한 구레비치의 주장 및 기대와는 달리 국제정치 학자들은 여전히 국제체제 수준을 단일의 분석수준으로 하는 이론과 접근에 몰두했다. 이러한 것은 구레비치의 논문과 거의 때를 같이 하거나 조금 뒤에 2개의 국제체제 수준의 이론인 왈츠의 신현실주의 이론과 코헤인(Robert O. Keohane)의 신자유주의적 제도주의 이론이 등장하여 국제정치 연구 분야를 지배해 오고 있는 것에서 잘 알 수 있다.[137] 그러나 구레비치의 이러한 주장은 나중에 살펴볼 신고전적 현실주의(neoclassical realism) 이론에 의해 구현되고 있다고 볼 수 있다.

또 다른 한편 이러한 제2 이미지 역전 접근은 일국의 행위의 다양한 측면이 다른 국가와의 관계의 성격에 의해 어떻게 영향을 받는가에 관해 관심을 가지는 학자들의 관심을 끌어 국가 밖에서 유래된 생각과 규범이 어떻게 국가의 정체성을 구성하고 나아가 이러한 정체성이 국가의 이익과 선호를 구성하는 데 역할을 하는가에 관한 연구를 하는 구성주의(constructivism) 이론 등에 이론적인 기반을 제공하고 있다고 볼 수 있다.

구레비치의 제2 이미지 역전 접근법(혹은 왈츠의 제3 이미지 접근법)을 이론적 기반으로 하여 한국의 국내 정치(예컨대 보수와 진보 간 대립 현상)뿐 아니라 한국과 북한과의 관계를 한국과 북한의 국내 정치가 아닌 미국과 중국의 관계나 이들 이외에 일본과 러시아까지를 포함하는 동북아 국제질서가 가하는 제약의 영향으로 분석하고자 하는 시도들이 있다. 이와 더불어 구레비치의 최종 결론인 일국의 대외적 행동과 국가 간 상호작용 나아가 국가 간 상호작용의 국제적 결과를 국내 정치와 국제정치의

137) 왈츠는 신자유주의적 제도주의 이론을 국제체제 수준의 이론이 아니라고 본다. 신자유주의적 제도주의 이론은 국제제도의 제도화 정도를 가지고 국가의 행동과 국가 간 상호작용의 국제적 결과를 설명하고자 하나 왈츠의 관점에서 이러한 국제제도의 제도화 정도는 국제체제의 구조에 영향을 받는 과정(process)에 불과하다는 것이다.

상호작용 맥락에서 분석해야 한다는 견해를 수용하여 다수준 분석을 시도하는 경우들도 있다.

② 퍼트넘의 두 수준 게임 접근

퍼트넘(Robert D. Putnam)은 많은 학자가 국가 행동과 국가 간 행동의 상호작용이 만들어내는 국제적 결과의 패턴을 설명하는 데 있어 국가 수준의 요인이나 국제 수준의 요인 가운데 어느 하나에 치우쳐 있다고 지적하고 순수하게 국가 수준이거나 순수하게 국제 수준의 분석으로는 적절한 설명을 제공하지 못한다고 본다.

구체적으로 그는 국내적인 원인으로 국제적 결과를 설명하는 접근(왈츠의 제2 이미지 접근)이나 국제적인 원인으로 국내적인 결과를 설명하는 접근(구레비치의 제2 이미지 역전 접근)은 단지 부분적인 설명만을 제공한다고 본다.[138] 그러면서 국내 정치와 국제정치의 상호작용에 관심을 두었다.

퍼트넘은 두 수준의 요인 모두에 관심을 두고 있는 경우라 할지라도 로즈노(James N. Rosenau)의 경우에서 보듯이 누적적인 연구(cumulative research)가 뒤따르지 않는 가운데 단순히 국내 변수와 국제변수가 다소 연계되어 있다는 본질적인 관찰만을 제시하는 데 그친 경우가 있다는 것을 지적하고 있다.

퍼트넘은 실질적으로 두 분석수준의 요인을 적용하고자 한 경우마저도 이들 두 분석수준이 어떻게 상호 체계적으로 연관되어 국가의 행동과 국가 간 상호작용에 영향을 미치고 궁극적으로 국가 간 상호작용의 국제적 결과에 영향을 미치는가에 대해 만족스러운 설명을 제시하지 못하고 단순히 국내적인 요인과 국제적인 요인이 모두 영향을 미친다는 식의 설명이 주를 이루어 왔다고 지적한다.

퍼트넘은 국제정치에서 협상가는 다르면서도 상호 밀접한 관계를 지닌 두 수준 게임(two-level games) 즉 양면 게임을 하고 있다고 본다.[139] 구체적으로 퍼트넘은 협상가란 노사협상에서 협상의 타결을 위해 노동자 측과 사용자 측 모두가 수용할 수 있는 결과를 도출하여야 하는 노조 대표처럼 한쪽에서는 외국의 협상가와 게임을 하면서 동시에 다른 한쪽에서는 이러한 협상의 이슈에 민감한 국내의 사회세력과도 게임을 하고 있다고 본다.[140] 퍼트넘은 이러한 두 수준 게임의 논리를 다음과 같이

---

138) 전자를 「내부 요인이 외부 현상에 투사된다는 설명(inside-out explanation)」이라고 하고 후자를 「외부 요인이 내부 현상에 투사된다는 설명(outside-in explanation)」이라고 할 수 있다.

139) 우리말로 「두 수준 게임」이라는 말보다 「양면 게임」이라는 말이 더 빈번하게 사용된다. 그러나 여기에서는 여러 분석수준 가운데 하나의 분석수준에 치중하지 않고 두 분석수준을 연결하고자 한다는 점을 부각하기 위해 「두 수준 게임」이라는 말을 사용하고자 한다.

140) 이런 의미에서 이러한 외교를 「양면 외교(double-edged diplomacy)」라고 부르기도 한다.

구체화하고 있다.

퍼트넘은 국가들이 협상을 통해 결정에 이르는 과정을 편의상 두 과정으로 구분하여 협상가들 사이에 협상을 통해 잠정적인 합의에 이르는 협상 과정을 수준 I (Level I) 과정으로 간주하고 이러한 합의를 비준할 것인지를 둘러싸고 각 협상국의 내부에서 벌어지는 논의 과정을 수준 II(Level II) 과정으로 간주한다. 퍼트넘은 편의상 구분한 이러한 두 과정을 연결하기 위해 윈셋(win-set)이라는 개념을 제시했다.

그는 어떠한 국제적 합의든 이것이 실현되려면 명시적 혹은 묵시적인 국내적 비준(ratification)이 필요하다고 전제하고 윈셋을 「주어진 상황에서 국내적으로 공식적 혹은 비공식적 비준을 받을 수 있는 수준 I 상의 모든 합의의 집합」이라고 정의한다. 다시 말해 윈셋이란 주어진 상황에서 협상국의 사회세력에 의해 수용될 수 있는 수준 I 상의 모든 합의의 집합을 의미하며 간단하게 선택의 폭이라고 이해할 수 있다.[141] 퍼트넘의 두 수준 분석에서 윈셋은 가장 핵심적인 개념으로서 크기(size)를 달리하는 변수인데 윈셋의 크기는 다음과 같은 두 가지 점에서 중요성을 지닌다.

첫째, 협상 당사자들은 제 나름의 크기를 갖는 윈셋을 가지게 되는데 이때 당사자 간 합의가 이루어지려면 협상 당사자들의 각각의 윈셋이 공동으로 교차하는 부분이 반드시 있어야 한다. 이때 윈셋의 교집합이 크면 클수록 수준 I에서 협상가들 사이에 있어서 합의에 도달하기가 쉽다. 둘째, 협상 당사자들의 윈셋의 상대적인 크기(relative size) 역시 중요한데 이는 이러한 상대적 크기가 어떠한가에 따라 협상으로부터의 얻어질 수 있는 이익의 배분이 달라지기 때문이다. 이러한 논리를 더욱 구체적으로 살펴보면 다음과 같다.

일국의 정부는 가능한 한 권력을 오랫동안 장악하려고 한다. 이를 위해 정부는 국내 행위자들의 요구를 충족시켜야 하며 이러한 맥락에서 정부는 국내 행위자를 만족시킬 수 있는 국제적 결과를 추구하게 된다. 그러나 정부가 국내 행위자가 가장 선호하는 것을 달성하기 위해 타국과의 협상에서 어떠한 것도 양보하려고 하지 않으면 협상은 이루어지지 않는다. 이와는 반대로 상대방 국가와 원활하게 협상을 타결하기 위해 국내 행위자들의 요구를 충분하게 반영하지 않으면 정부는 인기를 잃고 궁극적으로 권력을 잃을 수 있다. 따라서 협상에 임하는 정부는 타국 정부와의 협상 타결과 이러한 협상 결과에 대한 국내적인 비준을 동시에 고려하여 협상 상대와 국내 행위자의 선호를 모두 반영하는 중간 점을 찾아내야만 한다.

---

141) 퍼트넘의 두 수준 분석은 국제협상과 국내 정치를 하나로 연계된 일체의 게임으로 바라보며 비준이라는 절차를 이러한 두 수준을 연결하는 고리로 본다.

이때 협상의 타결에 이를 가능성은 개개 협상자에 부과된 국내적인 제약의 정도와 상대방의 유연성 정도에 달려 있다. 예컨대 국내 사회세력에 의한 제약이 상당히 가해지면 정부는 운신의 폭이 좁아 협상 파트너와 합의에 이를 수 있는 여지를 찾기 힘들어진다. 일국에 있어 국내 사회세력에 의한 제약이 비교적 미미하다고 해도 협상 상대방이 국내적으로 크게 제약을 받으면 이 역시 합의에 이르기가 어렵다. 쌍방 모두가 국내적으로 큰 제약을 받으면 협상이 타결되기 힘들며 쌍방 모두 국내적 제약으로부터 자유로우면 협상은 쉽게 타결될 수 있다.

협상으로부터의 얻어질 수 있는 이익의 배분과 관련하여 협상의 결과는 국내적인 제약의 정도가 큰 정부에게 유리해진다. 즉 크기가 작은 윈셑을 가지고 있는 정부가 협상에서 유리한데 왜냐하면 이러한 정부는 운신의 폭이 좁아 융통성이 거의 없는 가운데 상대방의 양보를 강력하게 요구할 것이기 때문이다. 이때 협상이 타결되려면 상대방 정부가 협상의 타결에 강력한 이해관계를 가지고 있어야 한다는 것은 물론이다.[142] 퍼트넘은 이처럼 협상 당사국의 개별적인 윈셑과 협상 결과 사이에 존재하는 관계에 관심을 가졌는데 이러한 그의 관심은 자연스럽게 협상국 각각의 윈셑을 결정하는 요인들에 관한 탐구로 이어졌다.

퍼트넘은 일국의 윈셑 크기를 결정하는 세 가지 요인으로서 i) 주요 국내사회 행위자들의 권력 배분과 선호 및 제휴 관계 ii) 국내 제도 iii) 협상가의 전략을 언급하고 있다. 이러한 요인들을 하나씩 좀 더 상세히 살펴보면 다음과 같다.

첫째, 일국의 윈셑 크기는 이익단체·관료조직·정당 등과 같은 사회 구성요소들의 권력 배분·선호·제휴 관계로 결정되는데 이러한 것들에 영향을 미치는 요인으로 퍼트넘은 합의 실패의 비용(cost of no-agreement)과 이슈의 정치화(politicization of issues)를 언급하고 있다.

우선 합의 실패의 비용이 미치는 영향을 살펴보면 합의 실패의 비용이란 합의에 이르지 못할 때 치러야 할 대가를 의미하는데 사회 구성요소에 따라 이러한 합의 실패의 비용이 다르다. 사회 구성요소의 윈셑에 합의의 실패 비용이 미치는 영향을 간단히 말하면 합의의 실패 비용이 적을수록 윈셑은 작아진다.

합의 실패로 협상이 타결되지 않을 때 사회 구성요소(들) A가 치러야 하는 대가가 적고 사회 구성요소(들) B가 치러야 할 대가가 크면 A의 경우 기대하는 협상의

142) 국제적인 협상에서 가장 전형적으로 건네지곤 하는 말이 「나는 당신의 제안을 받아들이고 싶으나 국내적으로 받아들여지게 할 수가 없다(I'd like to accept your proposal, but I could never get it accepted at home)」인데 이 말이 이러한 것을 바로 보여준다.

결과를 위해 협상가를 강하게 밀어붙이려 할 것이고 B는 협상이 결과물 없이 끝나는 것을 우려하여 기대하는 협상의 결과 도출을 위해 협상가를 강하게 밀어붙이기를 꺼리게 된다. 협상 과정에 있어서 일국의 윈셀 크기는 A와 B 사이에 존재하는 세력의 상대적 크기에 달려 있다. 더불어 수준 I 상의 국제협상의 결과물(예컨대 협정)에 대해 A는 B보다 좀 더 회의적일 것이다.

사안에 대한 사회 구성요소들의 이해관계가 비교적 동질적이냐 이질적이냐에 따라 일국의 윈셀 크기가 달라진다. 특정 사안에 대해 사회 구성요소들이 비교적 동질적인 이해관계를 가지고 있는 경우(즉 협상의 결과물이 사회 구성요소들에 미칠 영향이 비교적 동질적이어서 협상의 결과의 내용이 어떤 것이어야 하는가에 대해 사회 구성요소 간에 일반적인 합의가 존재하는 사안)의 경우 윈셀의 크기가 커진다. 이와는 달리 사안에 대한 사회 구성요소들의 이해관계가 상대적으로 이질적이어서 그 결과 협상의 구체적인 결과물의 내용이 어떠해야 하는가를 둘러싸고 불일치가 존재하는 경우 윈셀의 크기가 작아진다.

퍼트넘은 사회 구성요소들의 권력 배분 · 선호 · 제휴 관계에 영향을 미침으로써 윈셀의 크기를 결정하는 또 다른 요인으로 이슈의 정치화 정도를 언급하고 있다. 그에 따르면 이러한 이슈의 정치화 정도가 크면 클수록 윈셀의 크기가 작아진다고 본다. 사회 구성요소들은 종종 협상의 실패를 위시한 협상의 결과가 자신들에게 미칠 결과에 대해 잘 알지 못하는데 이슈가 정치적 쟁점화가 되면 사회세력들이 활성화되어 그 결과 정책 결정 과정에 영향을 미치고자 함으로써 다른 조건이 동일한 경우 윈셀의 크기가 작아지게 된다.

둘째, 국내 제도 역시 윈셀의 크기를 결정한다. 이러한 국내 제도적인 요인에는 다양한 것이 포함되나 비준에 영향을 미칠 수 있는 대표적인 요인으로서 의회의 표결 절차 · 권력분립의 상태 · 중앙 정책결정자의 사회세력으로부터의 자율성을 의미하는 국가의 강성도(state strength) · 국가의 자율성(state autonomy)의 정도 등을 예로 들 수 있다.

이러한 요인에 기초하여 여러 가설을 수립할 수 있다. 비준이 통과되기 위해 요구되는 가결 필요 표수가 크면 클수록 윈셀의 크기는 줄어들 것이라는 가설이 그중의 하나다. 또 다른 가설로서 다른 조건들이 동등하다면 권력의 분립은 국내 정책 과정을 필요하게 하고 비준을 위해 좀 더 많은 조직을 관여시킴으로써 윈셀의 크기를 줄일 것이라는 가설과 사회세력으로부터 정책결정자의 자율성이 크면 클수록 윈셀의 크기가 커질 것이라는 가설을 예로 들 수 있다.

셋째, 국제협상에 임하는 협상가의 다양한 전략 역시 윈셀의 크기를 결정한다. 우선 협상가는 협상력 제고를 위해 자국의 윈셀 크기를 축소하는 전략을 구사할 수 있다. 이러한 전략에는 국내에서 관련 사안에 대해 강경한 태도를 견지하고 있는 사회세력(즉 강경파 사회세력)에 그들의 입장을 수용할 수 있다는 공개적인 약속을 하거나 사안을 정치적 쟁점화하여 국내의 비활성 사회세력을 활성화하는 전략에 있는데 이러한 윈셀을 축소하는 전략들을 제 손 묶기 전략(tying-hands strategy)이라고 한다.[143]

때에 따라 국가의 지도자들은 국내 사회세력의 편협한 이익 추구에 대항하여 장기적이고 거시적인 차원에서 국익을 추구할 필요가 있다. 이를 위해 자국의 윈셀을 확대하여 협상 상대국의 선택 폭을 늘려주고 협상에서 자국의 자율성을 높이는 전략을 사용하기도 하는데 이러한 전략에는 고삐 늦추기(cutting slack)와 이면 보상(side-payment)이 있다.

전자는 협상 상대국의 요구에 대한 국내의 부정적 여론으로 협상의 진전이 없을 때 협상 당사국이 협상 사안의 성격을 국익에 필수적인 것으로 규정하여 부정적 여론을 잠재워 협상 타결을 시도하는 전략이다. 후자는 협상 당사국이 협상으로 피해를 보는 자국 내 사회세력에 물질적이거나 비물질적 보상을 제공함으로써 협상 과정에서 협상자의 자율성을 높이는 전략이다.

이러한 전략과 더불어 협상 당사국은 상대국의 윈셀을 확대하는 전략을 구사하여 협상을 유리하게 이끌기도 한다. 이러한 전략에는 이슈 연계 전략(issue linkage strategy)과 반향 전략(reverberation strategy)이 있다.

전자는 특정 사안에 대한 이견으로 협상이 교착상태에 빠질 때 다른 사안(들)을 추가하여 서로 양보를 주고받으면서 협상을 타결짓는 전략이다. 이러한 이슈의 연계 전략은 협상 당사국 간 합의 가능성을 높일 뿐 아니라 합의한 바를 잘 지키도록 동기를 부여하는 역할을 한다. 후자는 협상 상대국의 사회세력을 대상으로 한 직접적인 호소를 통해 협상 사안에 대한 이들의 인식이나 기대를 바꾸어 큰 반향을 일으킴으로써 협상에서 유리한 결과를 도출하려는 전략이다.

퍼트넘의 두 수준 분석에 대한 평가를 소개하면 다음과 같다. 국가는 단일의 가장 중요한 통합된 합리적 행위자이며 국제사회란 무정부성을 특징으로 한다는 현실주의 이론의 가정으로 인해 국내 정치가 경시되어왔다. 그러나 퍼트넘에 의해 국내

143) 제 손 묶기 전략은 발목 잡히기 전략이라고도 불린다.

정치를 국제정치의 분석에 통합하고자 하는 노력이 선도된 이후 퍼트넘의 관점이 실제의 국제정치 분석에 다양하게 적용됨과 동시에 이를 좀 더 발전시키기 위한 여러 시도 역시 뒤따랐다.144)

국내적인 요인을 국제관계 분석에 통합하고자 하는 이러한 노력은 국가 행동을 설명하는 데 있어서 권력 능력의 배분이라는 국제체제 수준의 변수에 배타적인 초점을 두고 있는 신현실주의 이론에 대한 일종의 도전이다. 구체적으로 퍼트넘의 두 수준 게임은 신현실주의 이론과 다음과 같은 면에서 큰 차이를 가진다.

신현실주의 이론은 무정부성 하에서의 권력 능력의 배분이 국가의 선호를 결정짓는다고 보는 데 반해 퍼트넘과 같은 학자는 이러한 선호를 결정짓는 데 있어서 단위 수준의 변수인 국내 정치 상황을 중요시한다. 국제적 결과에 큰 영향을 미치는 변수로서 권력이 아닌 윈셋의 크기(win-set size)라고 불리며 국가 목표의 추구 강도를 의미하는 국가 선호의 상대적 강도(relative intensity of government preferences)의 역할을 중요시한다.

이처럼 퍼트넘에 있어서 권력은 신현실주의 이론과는 달리 국가 간 상호작용의 국제적 결과를 설명하는 데에 중요한 독립변수의 역할을 하지 않는다. 그러나 실제의 세계에 있어서 국가 간 상호작용의 국제적 결과란 신현실주의 이론이 주장하듯 항상 권력에 의해 결정되는 것만은 아니지만 역사적으로 적지 않은 경우가 권력의 강력한 영향을 받았던 점을 고려할 때 퍼트넘의 두 수준 분석은 이러한 권력의 역할을 지나치게 무시한다는 평가를 받고 있다. 이러한 현실주의 이론의 시각에서의 비판에 더하여 자유주의 이론의 시각에서의 평가를 살펴보면 다음과 같다.

퍼트넘의 두 수준 분석은 외교정책의 결정에 있어서 정부라는 행위자에 일방적인 초점을 두고 있는 현실주의 이론에서 벗어나 사회세력이라고 통칭하는 국가 이외

144) Howard P. Lehman and Jennifer L. McCoy, "The Dynamics of the Two-level Bargaining Game: the 1988 Brazilian Debt Negotiations," *World Politics*, Vol. 44, No. 4 (1992), pp. 600-644; W. Mayer Frederick, "Managing Domestic Differences in International Negotiations: The Strategic Use of Internal Side-payments," *International Organization*, Vol. 46, No. 4 (1992), pp. 793-818; Dale L. Smith and James Lee Ray, "European Integration: Gloomy Theory versus Rosy Reality," in Smith and Ray, eds., *The 1992 Project and the Future of Integration in Europe* (Armonk, N. Y.: M. E. Sharpe, 1993), pp. 19-44; Leonard J. Schoppa, "Two-level Games and Bargaining Outcomes: Why Gaiatsu Succeeds in Japan in Some Cases But Not Others," *International Organization*, Vol 4, No. 3 (1993), pp. 353-386; Richard H. Friman, "Side-payments versus Security Cards: Domestic Bargaining Tactics in International Economic Negotiations," *International Organization*, Vol. 47, No. 3 (1993), pp. 387-410; Peter B. Evans, Harold K. Jacobson, and Robert D. Putnam, eds., *Double-Edged Diplomacy: International Bargaining and Domestic Politics* (Berkeley: University of California Press, 1993).

의 행위자를 포함함으로써 국제협상에 있어서 비정부기구(NGO)와 같은 행위자가 영향력을 행사하는 현실을 반영할 수 있게 되었다.

이처럼 퍼트넘의 두 수준 분석에는 정부 간 상호작용과 일국 내에서의 정부와 사회세력 간의 상호작용을 포함하는 장점이 있는 것은 사실이나 일국의 사회세력과 타국 정부와의 상호작용 그리고 국경을 넘는 사회세력 간의 상호작용을 포함하지 않는 한계를 가지고 있다. 따라서 국제사회에서 최근 자주 발견되는 예컨대 일국의 비정부기구가 타국의 비정부기구와 국제적인 연대를 통해 자국의 정책을 변경하도록 압력을 가하는 것과 같은 현상을 제대로 설명하지 못하는 한계를 지닌다.

이러한 비판에 더하여 퍼트넘의 두 수준 분석은 국제관계를 설명하고 예측하는 데 있어서 때때로 중요한 역할을 한다고 볼 수 있는 국제제도(international institution)나 국제적인 압력과 같은 국제적인 변수의 역할에 관심을 두고 있지 않다는 비판도 받는다.

9) 왈츠의 신현실주의 이론에 대한 평가

(1) 왈츠 이론의 기여

왈츠의 이론은 설명의 세밀함이나 풍부함은 부족하나 논리적인 일관성과 간결성을 지닌 강력한 이론이다. 왈츠의 이론은 주권 국가로 구성된 국제체제의 지속성을 잘 설명하고 국제사회의 여러 면에서 현저한 동질성이 계속되고 있는 것을 잘 설명한다는 장점이 있다. 이와 더불어 구조적 설명과 환원주의 설명을 근본적으로 구분하고 있는 것은 왈츠 신현실주의 이론의 적지 않은 공헌으로 볼 수 있다.

(2) 왈츠 이론에 대한 비판

이러한 장점과 더불어 왈츠 이론은 많은 비판의 대상이 되어 왔다. 이러한 비판은 탈냉전의 도래와 더불어 발생한 국제정치 현상이 왈츠 이론의 예측과는 달랐다는 점에 기인하기도 하나 더 본질적인 비판은 탈냉전적인 현상과 관계없이 왈츠 이론이 기초하고 있는 논리 구조에 가해졌다. 왈츠 이론에 가해진 경험적인 비판(사례에 기반을 둔 비판)과 논리적인 비판을 구분하여 살펴보면 다음과 같다.

우선 경험적인 비판을 살펴보면 왈츠는 자신의 신현실주의 이론에 기반하여 양극체제가 안정적이므로 지속해서 유지될 것으로 예측했으나 이러한 예측과는 달리 양극체제가 붕괴했다. 이러한 안정적인 양극체제가 붕괴했다는 사실과 더불어 이러한 국제체제의 전환이 전쟁을 통하지 않고 평화적으로 이루어졌다는 것 역시 왈츠 이론의 한계를 보여준 것이다.

나아가 왈츠 이론의 예측과는 달리 소련의 붕괴가 북대서양조약기구(NATO)와 같은 국제안보 관련 국제기구의 약화로 이어지지 않고 오히려 확대되고 있으며 국제경제 역시 협력을 지속하고 있다는 점이 왈츠 이론의 한계의 하나로서 자주 거론된다.

왈츠 이론의 논리적 구조에 대한 비판은 다양한 관점에서 제기된다. 심층적인 비판에 앞서 홀스티(Ole R. Holsti)가 지적하고 있는 일반적으로 제기되는 문제점 4가지를 우선 살펴보고자 한다.145)

첫째, 왈츠 이론은 국가의 행동과 국가 행동 간 상호작용이 만들어내는 국제적 결과(즉 국제관계)를 설명하고 예측하는 데에 국제체제의 구조라는 요인에 의존함으로써 개개 국가가 추구하는 이익과 선호(interests and preferences)를 국제체제의 구조에 의해 외부적으로 주어진 것이고 개개 국가의 차이에도 불구하고 동일한 것으로 간주한다. 그 결과 국가이익과 선호가 이념(ideology)과 같은 국내적인 요인에 의해 영향을 받을 수 있다는 것이 무시되는 등 국가의 이익과 선호의 유래를 적절하게 설명하지 못하고 나아가 이들의 변화를 제대로 설명하지 못한다.146)

둘째, 국제체제의 구조를 정의하는 3가지 특징(체제의 조직원리/구성단위 간 기능의 분화/구성단위 간 권력 능력의 배분)이 지나치게 개괄적이어서 국제체제의 동태적인 변화에 충분히 민감하지 못하고 둔감하다. 그 결과 국제체제의 세밀한 변화를 포착하지 못함으로써 국제체제의 지속성을 강조하게 된다. 왈츠의 논리에 따르면 민족국가를 단위로 하는 국제체제가 등장한 1648년 이후 국제체제의 구조적 변화는 단 두 번밖에 없었기 때문에 왈츠의 모델은 지나치게 정태적이다.147)

셋째, 국제체제 수준의 변수와 단위 수준의 변수를 잘못 배정하고 있다는 지적을 받는다. 즉 국제체제의 특성을 제한적으로 정의하고 있어 국제체제 수준에 정당하게 속하는 국제관계(국가 간 상호작용의 국제적 결과물의 패턴)의 특징들을 단위 수준의 특징으로 간주하여 무시하고 있다는 지적이다. 예컨대 왈츠가 구성요소 간 상호의존(interdependence)을 단위 수준의 특징으로 간주하고 있는데 많은 비판자는 이러한

145) Ole R. Holsti, "Models of International Relations: Perspectives on Conflict and Cooperation," in Charles W. Kegley, Jr. and Eugene R. Wittkopf, eds., *The Global Agenda: Issues and Perspectives* (New York: McGraw-Hill, 1992), p. 144.

146) 뒤에서 살펴볼 구성주의(constructivism) 이론의 경우 국가의 이익과 선호를 주어진 것으로 간주하지 않고 이러한 것이 어떻게 형성되고 어떻게 변화할 수 있는가를 분석하는 데 관심을 두고 있다.

147) 1648년 이래로 존속해온 다극체제가 1945년 2차 세계대전 후 양극체제로 변화함으로써 한 차례의 국제체제 변화가 있었고 탈냉전으로 인한 양극체제의 붕괴까지를 포함하면 두 차례의 변화를 경험했다고 볼 수 있다.

특징을 국제체제의 특징으로 받아들여야 한다고 주장하고 있다.

넷째, 국제체제 구조의 특징 가운데 하나인 권력 능력의 배분이란 변수는 국제적 결과를 단지 가장 일반적인 방식으로 설명할 뿐이다. 예를 들어 2차 세계대전이 끝난 후의 미국과 소련의 관계를 국제체제의 권력 능력 배분만을 가지고 예측할 경우 이들 사이에 전개된 갈등만을 예측하게 했을 것이다. 구체적으로 왈츠의 이론은 모든 국가는 동일한 목표를 가지고 있는 존재로 간주하고 양극체제에서 양극은 미국과 소련이 아닌 어떤 국가로 구성되든 갈등 관계에 있었을 것이라는 식으로 이들 간의 갈등을 설명하기 때문이다. 따라서 이들 사이에 실질적으로 전개된 갈등과 협력의 패턴을 포괄적으로 설명하는 데는 부적절하다는 것이다. 적절한 설명을 위해 이들 국가 내부의 정치적 과정과 이들 국가 사이의 정치적 과정을 탐구할 필요가 있다고 본다. 다시 말해 권력 능력의 배분에 관한 지식만으로는 국가 간의 갈등과 협력의 이해가 쉽지 않다.148)

홀스티가 언급하고 있지 않은 중요한 비판을 추가하자면 왈츠는 구성요소에 대한 구조의 영향만을 언급하고 거꾸로 구조에 대한 구성요소의 영향을 간과한다는 것이다. 왈츠에 따르면 왈츠 이전의 학자들에 있어서 체제란 구성요소에 의해 만들어진 산물에 불과할 뿐 무엇을 생산해 내는 것이 아니었다.

왈츠는 이처럼 구조를 주어진 것으로 보지 않고 구성요소의 종속변수로 간주하는 것을 환원주의라고 비판한 바 있다. 왈츠는 이러한 환원주의를 바로잡으려 했으나 그 역시 과도했다는 평을 듣는다. 이는 그의 체제이론에 있어서 단위 수준의 과정은 한낱 체제의 구조에 의해 만들어진 산물에 불과했고 무엇을 생산해 내는 그 어떤 것이 전혀 아니기 때문이다.

왈츠는 국제체제의 무정부적 구조가 국가의 행동에 일방적인 영향을 준다고 주장하는데 과연 무정부적 구조가 국가 행동의 산물인지 아니면 국가의 행동과 무정부적 구조 혹은 이러한 구조와 행동 간의 정반합적인 것인지 불명료하다는 것이다. 다시 말해 국가들은 구조적인 영향을 통해 권력을 추구하도록 강요되는 것인지 아니면 구조 자체가 개개 국가 행동의 결과물인지가 명백하지 않다는 것이다.

---

148) 왈츠의 신현실주의 이론의 경우 국가들을 동일한 목표를 가진 존재로 간주하고 일정한 국제체제의 구조하에서 동일하게 행동할 것이라고 가정한다. 그러나 전통적 현실주의의 경우 국가 간의 차이가 존재할 수 있다고 보고 국가를 현상 유지적 국가와 현상 타파적 국가로 구별하고 있다. 따라서 이들은 미국과 소련 간의 갈등을 현상 타파적인 소련의 목표와 현상 유지적인 미국의 목표 간의 차이를 가지고 설명하고자 했다. 탈냉전기에 신고전적 현실주의(neoclassical realism)가 국제체제의 특징과 아울러 다양한 국내 변수를 동원하여 국가의 행동과 국가 간의 상호작용과 이러한 상호작용의 국제적 결과를 설명하고자 한다. 이러한 논의는 신고전적 현실주의 편에서 별도로 상세하게 논하고 있다.

이와 관련하여 사회체제 구조를 사회적 행동의 매개물(medium)이자 동시에 사회적 행동의 결과물(outcome)이라고 보는 영국의 사회학자인 기든스(Anthony Giddens)의 논리를 살펴볼 필요가 있다. 기든스는 왈츠와 같은 구조론자들이 체제의 구조가 구성요소의 의사와 관계없이 일방적으로 구성요소에 영향을 미친다고 보는 견해를 비판하고 구조는 구성요소에 영향을 미치고 구성요소는 구조에 영향을 미친다는 소위 구조의 이중성 혹은 구조와 구성요소의 상호구성론을 제시한 바 있다. 이는 구성요소의 자유로운 선택론과 구조론의 결정주의를 모두 비판하고 있는 것으로서 구성요소와 구조에 동등한 존재론적 위상을 부여하는 것이다.149) 왈츠의 신현실주의 이론에 대한 주요 국제정치 패러다임 이론들의 비판을 살펴보면 다음과 같다.

① 성찰주의 이론으로부터의 비판

비판이론을 옹호하는 콕스(Robert W. Cox)는 왈츠의 신현실주의 이론에 대한 논의 자체를 부인하고 새로운 이론을 요구한다. 구체적으로 그는 신현실주의 이론이 현존하는 세계에 대해 비판적인 의문을 제기하지 않은 채 주어진 것으로 바라봄으로써 현존하는 질서를 정당화시켜 자연스러운 것으로서 받아들이도록 한다고 본다.

그는 왈츠 이론의 탈역사성도 비판하고 있다. 보편적이라고 인식되는 본질도 결국 특정한 역사적 단계와 특정한 사회관계 구조로부터 유래된 것으로 간주하는 콕스는 신현실주의 이론가들이 일견 보편적이고 영원하다고 하는 국제체제의 구조는 실제로는 특별한 역사적 조건이 가져온 특수한 결과라는 것을 강조한다.150)

탈근대론을 옹호하는 애쉬리(Richard K. Ashley)도 역시 콕스와 마찬가지로 왈츠 이론의 논의 자체를 부인하고 새로운 이론을 요구한다. 콕스처럼 역사성을 강조하는 애쉬리는 좀 더 역사주의적인 성격을 지닌 전통적 현실주의 이론이 좀 더 진정한 국제정치의 실질적인 접근법이라고 본다. 이러한 애쉬리의 견해를 좀 더 부연하여 설명하면 다음과 같다.

애쉬리는 신현실주의 이론이 시간과 장소를 떠나 보편타당한 이론적인 명제라고 주장하는 것들이 실은 하나의 신화에 불과하며 역사적 발전단계의 한계를 벗어나지 않은 역사성을 지닌 것으로서 역사의 특수한 시점에서의 편견을 통해 인식된 왜곡된

149) Anthony Giddens, *New Rules of Sociological Method* (New York: Basic Books, 1976).

150) Robert W. Cox, “Social Forces, States and World Orders: Beyond International Relations Theory,” in Robert O. Keohane, ed., *Neorealism and Its Critics* (New York: Columbia University Press, 1986), pp. 204-254; Robert W. Cox, “Social Forces, States and World Orders: Beyond International Relations Theory,” *Millennium: Journal of International Studies*, Vol. 10, No. 2 (1981), pp. 126-155.

사실이라고 본다.

예를 들어 애쉬리는 왈츠 이론이 무정부 상태를 사회성이 결여된 적자생존의 논리가 지배하는 자연 상태로 간주하고 국제체제의 구성요소인 국가 주권의 절대성을 전제하며 국가를 국제체제와 확연하게 구분을 짓고 주권 국가에 절대적인 존재론적 우위성을 부여하나 이는 보편타당한 개념이 아니고 한시성을 지닌 그리고 특정한 역사적인 배경 속에서 사상가가 의도성을 지니고 창출해낸 가상적이고 선험적인 개념이라고 본다.

그는 왈츠의 이론이 다양성과 특수성을 무시하고 보편성과 동질성을 강조하는 한편 변화 가능성을 무시하고 현상 유지적 성격을 보유하며 강대국의 행동을 정당화한다고 비판한다. 국제체제 전체를 만드는 데 참여한 행위자들을 국제체제의 영향을 받는 단순한 대상으로 하락시키고 행위자들의 모든 행동을 미리 주어진 한계 내에서 발생하는 부분에 대한 전체의 절대적 우위를 가정함으로써 권력의 사회적 한계와 사회적 기초를 무시한다고 본다. 애쉬리는 결국 왈츠의 신현실주의 이론은 현실주의 이론의 위기에 대한 일시적 변호에 지나지 않는다고 혹평을 가한다.[151)]

② 구성주의로부터의 비판

러기(John G. Ruggie)는 국제관계는 국제체제의 구조로부터 이해되어야 한다는 왈츠의 주장에 기본적으로 동조하나 국제체제의 변화에 대한 설명에 문제가 있음을 집중적으로 거론하고 있다. 구체적으로 그는 국제체제의 변화를 설명하는 데 있어서 왈츠의 이론은 너무 정태적이라고 지적하고 있다. 이러한 주장을 좀 더 구체적으로 살펴보면 다음과 같다.[152)]

첫째, 러기는 왈츠의 이론이 근대 국제정치 구조가 어떻게 발생하여 형성되었는가를 제대로 설명하지 못한다고 비판한다. 구체적으로 국제정치에서 가장 중요한 본질적인 구조적 변화인 중세에서 근대 국가체제로의 전환을 설명하는 데에 신현실주의가 무기력하다는 것이다. 중세와 근대의 국제체제가 모두 무정부 상태라는 공통점을 지닌다는 설명은 이해할 수 있어도 이들 간의 차이를 단순히 구성요소 간 권력 능력의 배분에서의 차이라고만 볼 수 없다는 것이다. 러기는 왈츠가 구성단위의 기능적 분화를 국제체제의 구조적 특징에서 제외한 것은 잘못이라고 지적하면서 이에

---

151) Richard K. Ashley, "Poverty of Neorealism," in Robert O. Keohane, ed., *Neorealism and its Critics* (New York: Columbia University Press, 1986), pp. 255-300.

152) John G. Ruggie, "Continuity and Transformation in the World Polity: Towards a Neorealist Synthesis," in Robert O. Keohane, ed., *Neorealism and Its Critics* (New York: Columbia University Press, 1986), pp. 131-157.

대한 대안으로서 중세 국제체제에서 근대 국제체제로의 변화는 구성요소가 수행하는 기능의 변화로서 이해해야 한다는 점을 강조한다.

둘째, 러기는 왈츠가 국제체제 변화의 결정요인을 제대로 파악하지 못하고 있다는 점도 지적하고 있다. 왈츠는 강대국 수의 변화에 의한 국제체제의 변화만을 논함으로써 국제체제 내에서의 구성요소 사이의 상호작용의 양·속도·다양성을 의미하는 동태적 밀도(dynamic density)의 변화에 의한 구조의 변화 가능성을 무시한다는 것이다. 왈츠는 단위들 사이의 상호작용의 양·속도·다양성을 단순히 구조에 의해 규정되는 구성요소 간의 상호작용 과정으로 이해하나 러기는 같은 구조 내에서의 이러한 상호작용의 변화로 구조적 변화가 일어날 수 있다고 본다. 결론적으로 러기는 구조의 변화란 실질적으로 단위 수준의 과정에서 발생하는데 왈츠는 이를 무시함으로써 체제변화의 궁극적 원천을 무시하고 있다고 본다. 러기에 따르자면 어떠한 사회체제에서도 체제의 구조적 변화는 궁극적으로 단위 수준이 아닌 다른 어떤 수준에 존재하는 원인이 존재하지 않는다.

웬트(Alexander E. Wendt)는 왈츠의 신현실주의 이론이 국제체제를 구성하고 있는 단위인 국가들에 미치는 국제체제 구조의 일방적인 영향에 중점을 두고 있음을 비판하고 단위와 구조 그 어느 것 하나가 다른 하나를 종속시키지 않는 변증법적 종합(dialectical synthesis)으로 이들을 결합하고자 한다. 이러한 결합은 분석수준에 있어 국제체제 수준을 포기함으로써가 아니라 구조의 개념에 신현실주의 이론이 주장하는 권력 능력의 배분뿐 아니라 국제체제를 구성하고 있는 단위 간 상호작용의 결과로서 만들어짐과 동시에 이들의 행동에 방향을 부여하는 구성적 규칙(constitutive rules)·규제성 규칙(regulative rules)·원칙(principles)을 포함함으로써 달성하고자 한다.

구성적 규칙이란 사회질서나 제도를 정의하는 종류의 것으로서 이러한 규칙은 공동의 의미구조를 수립할 뿐 아니라 누가 행위자인가를 정의하고 여기에서 더 나아가 이들의 능력까지도 정의한다고 본다. 구성적 규칙은 이러한 의미에서 왈츠 이론의 국제체제 구조보다 더 깊고 우선하는 구조의 층을 제공한다고 본다. 이러한 구성적 규칙의 예로서 국가체제가 그 기초로서 의존하고 있는 주권의 원칙(principle of sovereignty)을 들 수 있다.153)

웬트의 주장이 신현실주의 이론과 크게 다른 점은 권력 능력의 배분이라는 물질적 구조가 아닌 국가 간 상호작용의 결과로서 발생하는 구성적 규칙·규제성 규칙·

153) 구성적 규칙과는 달리 규제성 규칙이란 합법적인 제재(legitimate sanctions)에 기초를 두고 있는 규칙을 말한다.

원칙으로 구성된 규범적 구조(normative structure)를 국가 행동의 중요한 원인으로 본다는 것이다. 이러한 맥락에서 웬트는 사회화(socialization)와 학습(learning)을 구조와 단위를 연결하는 가장 중요한 기제로 본다. 웬트는 이처럼 규범적 구조가 국가 행동에 미치는 영향을 강조하는 한편 이러한 규범적인 구조가 행위자들에 의해 구성된다는 점을 강조함으로써 구조와 단위 간의 쌍방향성을 주장한다. 이러한 견해는 국제체제의 구조를 단위의 의사와 관계없이 주어진 것으로서 단위에 일방적으로 영향을 미치는 존재로 보는 왈츠의 견해와 크게 구별되는 견해이다.

웬트는 이러한 맥락에서 왈츠의 신현실주의 이론이 국제체제의 무정부성이라는 가정으로부터 자력구제(self-help)를 필연적인 국가 행동의 원칙으로서 도출하고 그 결과 안보딜레마가 발생한다고 주장하는 것을 비판한다. 웬트는 국제체제의 무정부성하에서 국가 간 상호작용의 결과에 따라 무정부성의 성격이 달라질 수 있다고 보면서 이들 간 상호작용의 결과로서 안보공동체(security community)가 형성될 수도 있다고 본다.154)

앞서 살펴보았듯이 러기는 국제체제를 구성하고 있는 단위 간 상호작용의 중요성을 강조하면서 이러한 단위들의 상호작용이 국제체제의 구조를 바꿀 수 있다고 주장한다. 웬트 역시 국제체제를 구성하고 있는 단위인 국가 간 상호작용이라는 과정(process)을 중요시하여 신현실주의 이론의 물질적 구조와는 달리 상호작용의 결과로서 사회적 구조(규범적 구조)가 만들어지고 이렇게 생성된 사회적 구조가 국가 행동에 영향을 미치는 쌍방향성을 강조한다.

③ 자유주의 패러다임 이론으로부터의 비판155)

왈츠의 신현실주의 이론에 대한 자유주의 이론의 비판은 국가 행동의 상당한 변이가 국가 간 권력 능력의 배분이라는 국제체제의 구조에 의해 설명되지 않는데도 불구하고 신현실주의 이론이 권력 능력의 배분 이외의 다른 결정요인들을 모두 단위 수준의 특성이라고 배제함으로써 만족스러운 결과를 가져오지 못한다는 불만으로부터 시작된다.

이러한 문제를 극복하기 위해 이들이 제시하는 해결책은 국제체제의 구조(struc-

---

154) Alexander E. Wendt, "The Agent Structure Problem in International Relations Theory," *International Organization,* Vol. 41, No. 3 (Summer 1987), pp. 335-370.

155) Robert O. Keohane and Joseph S. Nye, Jr., "Power and Interdependence Revisited," *International Organization,* Vol. 41, No. 4 (Autumn 1987), pp. 725-753; Robert O. Keohane, *International Institutions and State Power: Essays in International Relations Theory* (Boulder, San Francisco, and London: Westview Press, 1989).

ture)와 더불어 국제체제의 과정(process) 모두를 살펴보아야 한다는 것이다. 즉 권력 능력의 배분으로 정의되는 국제체제의 구조가 행위자들에게 제약과 기회를 제공하나 이것만으로는 단위의 행동을 적절하게 설명하지 못하기 때문에 국제체제의 또 다른 측면인 과정의 개념이 추가되어야 한다는 것을 강조한다.

여기에서 국제체제의 과정이란 국제체제를 구성하고 있는 단위인 국가들의 상호작용을 의미하는 것으로서 국제체제의 과정을 살펴본다는 것은 구체적으로 이러한 상호작용의 결과물로서 국가 간의 상호의존(interdependence)·국제적인 규칙들의 제도화(institutionalization)·과학기술의 발전과 같은 요인을 살펴본다는 것을 의미한다. 이러한 상호의존·국제제도화·과학기술의 발전과 같은 요인들은 국가 간에 변이가 존재하는 단위 수준이 아닌 국제체제 수준의 요인으로 보고자 한다.156)

이러한 요인들 가운데 국제제도와 관련하여 왜 국제제도를 국제체제의 과정의 하나로서 살펴보아야 하는가를 살펴보면 국제제도는 죄수의 딜레마 게임에 있어서 행위자들 간에 대화를 허용할 경우 게임의 성격 자체가 바뀌는 것과 마찬가지로 국가 간의 대화 능력과 상호 이득이 되는 협정에 이르는 능력을 제고시켜 결과를 바꾸어 놓을 수 있기 때문이다.

국제제도화를 국제체제 수준의 변수로 보는 신자유주의적 제도주의 이론은 상이한 국제체제는 상이한 제도화의 정도를 지니고 있다고 본다. 상대적으로 제도화가 이루어지지 않은 국제체제의 경우 국가의 물리적인 능력이 가장 중요한 역할을 하는 데 반해 상대적으로 제도화된 국제체제에서 국가들은 광범위하게 준수되는 외교적 규범·거래를 위한 법적으로 제도화된 금융 네트워크(financial network)·동맹이라는 국제제도에 의존함으로써 영향력을 행사할 수도 있다고 본다. 이처럼 신자유주의적 제도주의 이론은 제도화의 정도를 국제체제 수준의 변수로 간주하면서 국제정치에 있어서 국가의 행동을 적절히 이해하기 위해서는 국제제도에 관한 연구가 뒤따라야 한다는 점을 강조한다.

국제체제의 구조와 국제체제 내의 가장 중요한 단위들의 특성에 의해 영향을 받는 국제체제의 과정에 중점을 두게 되면 우리의 관심은 국제체제와 이를 구성하고

---

156) 여기에서 상호의존을 국제체제 수준의 요인으로 보는 자유주의 패러다임의 이론이 상호의존론이고 국제제도화를 국제체제 수준의 요인으로 보는 자유주의 패러다임 이론이 바로 신자유주의적 제도주의 이론이다. 상호의존론이나 신자유주의적 제도주의 이론의 수준은 아니나 과학기술의 발전을 국제체제 수준의 변수로 보는 국제정치를 분석하는 이론도 존재한다. 과학기술의 발전을 국제체제 수준의 변수로 보려는 이유는 과학기술이 무기의 파괴력을 향상시켜 국가들에게 전쟁에 돌입하지 않도록 하는 유인을 제공한다고 보기 때문이다.

있는 단위 사이의 상호작용에 모이게 된다. 그 결과 국내 정치가 상호의존이나 국제제도의 특성에 미치는 영향과 더불어 상호의존이나 국제제도의 특성이 국내 정치에 미치는 영향 모두를 쌍방향으로 살펴보게 된다.

이러한 쌍방향성에 관한 관심은 우리에게 인식(perception)과 학습(learning)의 문제를 살피지 않을 수 없게 하며 그 결과 이러한 문제에 관한 연구를 국제정치 이론의 중심으로 부각시키게 된다. 국가의 선택이란 국가이익에 대한 엘리트들의 인식을 반영하며 국가이익의 변화란 학습을 통해서 나타날 수 있기 때문이다. 이러한 학습에 대한 이론 없이 국제제도와 국가정책의 변화를 이해한다는 것은 힘들다.157)

즉 구조와 과정을 포함하는 국제체제의 제약과 기회가 국가 내의 영향력 있는 행위자의 국가이익에 대한 인식과 어떠한 상호작용을 하는가에 주의를 집중해야 할 필요가 강조된다. 변화해 가는 국제제도나 개인이나 집단의 학습 혹은 국내 정치 변화의 결과로서 자기중심적 국가이익의 개념이 어떻게 변화하는지를 연구할 필요가 있으며 이러한 연구는 국제정치라는 영역과 비교정치라는 영역 간의 경계를 더욱 흐리게 할 것으로 본다.

(3) 비판에 대한 왈츠의 반응

왈츠는 러기와 콕스에 의해 제기된 바 있는 왈츠의 신현실주의 이론은 중세의 봉건적 국가체제로부터 근대 국가체제로의 변화를 설명할 수 없다는 비판에 대해 이러한 변화 속에 단위들의 성격에 엄청난 변화가 있었던 것은 사실이나 체제의 무정부적 구조라는 특질에는 변함이 없다고 주장한다. 즉 왈츠에 있어서 국제체제는 여전히 무정부적 체제로 특징지어지며 그의 세력균형론은 이러한 국제체제가 왜 붕괴하지 않고 계속되는가를 설명하기 위해 고안된 것이다. 왈츠에 따르면 이러한 국제체제의 재생산은 국가들의 생존하고자 하는 합리적인 시도들이 가져온 의도하지 않은 구조적 결과(unintended structural outcome)이다.

국제체제 이론은 특정의 국제적 결과를 설명하고 예측하는 데 있어서 적절한 설명력과 예측력을 제공하지 못한다는 지적에 대해 왈츠는 체제이론이 모든 것을 설명할 수 있는 것은 아니라고 하면서 체제이론의 역할이란 국가들이 속해 있는 환경(즉 의사결정자의 목적이나 가치 따위를 분석해서는 알 수 없는 환경)을 제공하는 것으로 본다. 구체적으로 왈츠는 구조가 결과의 범주를 설정하는 역할을 하므로 신현실주의 이론

---

157) 그러나 코헤인과 나이는 이제까지 누구도 국제정치에 있어서 일관성 있는 학습이론을 만들어내지 못했다고 본다.

과 같은 국제체제 이론의 역할이란 결과의 범주를 설정하고 일반적인 경향을 밝혀내는 것이라고 본다.

이는 구조가 결과에 대해 지속적이고 강력한 영향을 미치나 이러한 영향은 특정의 결과에 반영되지 않을 수도 있다는 것으로서 구조가 행위와 결과를 조건 지으나 행위와 결과의 설명에 결정적인 것은 아니라는 의미이다. 이러한 맥락에서 왈츠는 국제체제 이론이란 국제체제에 의해 어떤 압력이 가해지고 어떤 가능성이 부과되는가에 관해서는 말할 수 있으나 체제의 단위가 어떻게 그리고 얼마나 효과적으로 이러한 압력과 가능성에 대응할 것인가는 말할 수 없다는 견해를 반복하고 있다.

왈츠는 이미 그의 저서에서 그의 이론이 구조적 결정주의(structural determinism)로서 비판을 받을 것을 우려하여 구조는 행위자를 사회화시키고 그렇게 함으로써 그들의 행위를 규정하고 제약을 하나 그것을 결정하는 것은 아니라고 언급한 바 있다.

홀리스와 스미스(Martin Hollis and Steve Smith)는 초기 왈츠에 있어서 구조란 행위와 결과를 결정하는 것이었으나 이로부터 후퇴하여 구조란 결과에 영향을 미치는 것으로 변했다고 본다. 이들은 왈츠의 이러한 입장의 후퇴는 구조적 요인이라는 개념을 전적으로 허무는 것은 아니고 구조적 요인이 전적인 것은 아니라는 것을 드러내는 것이라고 보고 다음과 같은 질문을 제기하고 있다.[158]

체제의 무정부적 구조와 극성이 단위의 행동에 영향을 미치는 구조적 요인이라면 구체적으로 어떻게 이러한 요인들이 작동하는가? 즉 어떤 기제를 통해 이러한 요인들이 단위의 행동으로 전환되는가? 홀리스와 스미스는 이러한 질문에 구조적 요인들이 의사결정자들의 인식이나 국내 의사결정 과정이 작동하는 방식에 영향을 미친다고 본다.[159] 이들은 결국 암상자를 열고 실질적인 정책 결정을 살펴보아야 한다고 주장하고 있다.

---

158) Kenneth N. Waltz, *Theory of International Politics* (New York: McGraw-Hill, 1979), pp. 73-78. 그리고 같은 책에서 왈츠는 「구조가 모든 것을 절대로 설명하지 않는다 (Structure does not by any means explain everything)」라고 언급한 바 있다: Kenneth N. Waltz, *Theory of International Politics* (New York: McGraw-Hill, 1979), p. 174.

159) Martin Hollis and Steve Smith, *Explaining and Understanding International Relations* (Oxford: Clarendon, 1990), p. 117.

3. 길핀 등의 패권안정론

1) 등장 배경

2차 세계대전 이후 미국의 주도하에 형성된 국제경제 질서가 20여 년간 국제통화와 국제무역 분야에서 지속되어왔다. 그러나 1960년대 후반과 1970년대를 거치면서 변화를 보이기 시작했다. 1970년대 초의 브레턴우즈(Bretton Woods) 국제통화체제의 붕괴가 그 한 예이다. 구체적으로 1971년에 미국은 달러와 금의 교환을 정지했고 1973년부터는 주요 국가들이 변동환율제로 이행했음에도 불구하고 통화의 불안정은 지속되었다.

국제무역 분야에서는 관세·무역에 관한 일반협정(GATT)이라는 국제레짐(international regimes)이 쇠퇴하기 시작한 것이 또 다른 예이다. 특히 GATT 체제의 자유무역 질서에 비관세장벽을 통한 보호무역주의 경향이 강화되고 전통적인 다자주의가 아닌 일방주의·쌍무주의·배타적 지역주의 경향이 강화되었다.

이와 때를 같이한 독일과 일본의 경제발전은 미국의 상대적 위상의 약화를 가져왔고 베트남전에서의 패배와 1차 오일쇼크에서의 미국의 무력감은 미국의 상대적 권력이나 영향력이 약화되지 않았나 하는 의구심을 낳게 했다.

「이러한 국제통화 질서 및 국제무역 질서의 변화와 미국의 국력의 상대적인 변화는 별개의 현상이 아닌 상호관계가 있는 것은 혹시 아닐까」하는 의문과 더불어 이들의 관계를 실증적으로 규명하고 이를 기초로 하여 미래의 국제정치 질서를 예측하고자 하는 노력이 활발하고 다양하게 벌어졌다.

이러한 현상에 대해 나름의 대답을 제시하기 위해 등장한 패권안정론(hegemonic stability theory, HST)은 미국의 패권적 지위가 쇠퇴하고 있어서 미국이 중심이 되어 2차 세계대전 이후에 구축된 경제 질서들이 쇠퇴하고 있다고 진단했다. 이러한 진단에 기초하여 국제무역 질서의 경우 장차 보호무역주의가 확대될 것이라는 비관적인 전망을 제시하기에 이르렀다.160)

패권안정론은 이처럼 국제체제의 구조의 성격인 패권의 존재와 쇠퇴 등을 독립변수로 하여 자유무역 질서나 국제통화의 안정적인 질서와 같은 종속변수를 설명하고자 했다.161) 패권안정론은 여기서 그치지 않고 관심 영역을 무역과 국제통화 이외

160) 패권안정론이 논리적으로 일관성 있게 취할 수 있는 또 다른 입장은 본질적으로 미국의 패권적 지위에는 큰 변동이 없고 현재의 자유무역 질서 역시 본질적인 큰 변동은 없다는 진단하에 패권국의 존재가 여전히 질서의 유지에 큰 역할을 하고 있다는 것이다.

의 기타 영역으로까지 확장해 이들 영역에서의 국제제도(국제레짐과 국제기구)·국제협력·국제질서 등을 설명하고자 했으며 국제사회의 평화와 안정도 같은 맥락에서 패권의 존재와 결부하여 설명하고자 한다. 이러한 맥락에서 패권안정론은 상호의존 역시 패권과 관련지어 패권이 안정된 기간에는 상호의존이 증가하기 쉽고 패권국의 부재 혹은 쇠퇴 시에는 상호의존이 감소하여 국제적 갈등과 불안정이 특징을 이루게 된다고 설명하고 있다.

각종 이슈 영역에 있어서 국제제도·국제협력·국제질서가 패권국에 의해 창출되고 유지되며 패권국의 쇠퇴나 소멸과 더불어 운명을 같이 한다는 패권안정론의 비관적인 전망은 이들 이론을 옹호하는 학자들의 의도와 관계없이 국제사회를 위해 패권국의 존재가 바람직하며 나아가 패권국으로서의 미국의 존재가 긴요하다는 것을 의미하는 것이기도 했다.

2) 패권의 정의와 패권안정론의 종류

우리가 관심을 두고 있는 신현실주의 계보의 패권안정론을 자세히 살펴보기 전에 패권에 관한 다양한 정의를 살펴보고 이와 연관을 지어 패러다임을 달리하면서 존재하는 다양한 종류의 패권안정론을 소개하고자 한다.

(1) 패권의 정의[162)]

「패권(hegemony)」이란 용어가 코헤인(Robert O. Keohane)에 의해 국제정치 분야에 도입되었으나 일반적으로 수용된 정의가 없이 이론에 따라 정의를 달리하고 있다. 여러 국제정치 학자의 다양한 정의들을 종합하면 일반적으로 패권이란 「특정 국가가 국제체제를 규정짓는 압도적인 능력을 바탕으로 다른 국가들과의 관계 속에서 가지는 지위」라고 볼 수 있다.[163)] 이렇게 패권을 개념적으로 정의했을 때 우리가 좀 더 세부적으로 관심을 두게 되는 것은 압도적인 능력의 원천과 이러한 압도적 능력을 보유한 국가가 다른 국가들과 갖는 관계의 성격이다.

압도적인 능력의 원천과 관련하여 이를 물질적 능력으로 보는 견해와 합의·설

---

161) 패권안정론을 주도한 대표적인 국제정치 학자들에는 길핀(Robert Gilpin)·크라즈너(Stephen D. Krasner)·코헤인(Robert O. Keohane)이 있는데 이들 중 길핀과 크라즈너는 신현실주의 학자이고 코헤인은 신자유주의적 제도주의 이론 학자이다. 이러한 차이에도 불구하고 이들 모두의 목적은 2차 세계대전 이후에 수립된 새로운 세계경제 질서를 설명하기 위한 것이다.

162) Brian C. Schmidt, "Hegemony: A conceptual and theoretical analysis," https://doc-research.org/2018/08/hegemony-conceptual-theoretical-analysis/. Accessed Nov. 30, 2020.

163) 패권을 이와는 달리 국제체제를 규정하는 압도적인 능력을 보유한 단일의 국가가 존재하는 상황이나 국제체제의 구조라고 보는 학자들도 존재한다.

득·정당성·매력 등과 같은 비물질적 능력으로 보는 견해로 나뉜다. 패권의 원천을 물질적 능력으로 본다 해도 이를 경제력으로 보는 견해와 군사력으로 보는 견해로 갈린다. 압도적 능력을 보유한 국가가 다른 국가들과 갖는 관계의 성격도 지배(domination)로 보는 견해와 리더십으로 보는 견해로 나뉜다.164)

이러한 패권의 원천과 패권의 성격을 어떻게 보는가에 따라 이론들이 갈라진다. 이론들은 일반적으로 패권의 원천을 물질적인 능력으로 보는 경우 패권의 성격을 지배로 보며 패권의 원천을 연성권력(soft power)으로 보는 경우 패권의 성격을 리더십으로 보나 반드시 그런 것은 아니다. 또한 이론에 따라서는 패권의 원천 및 성격과 관련하여 어느 한 견해를 택하지 않고 강조하는 정도에 있어서 차이를 두면서 두 견해 모두를 수용하기도 한다. 이러한 점들을 고려하면서 이론에 따라 패권을 어떻게 개념화하고 있는가를 살펴보고자 한다.

(2) 다양한 패권안정론의 패권에 대한 정의

다양한 이론이 다양한 패권의 개념을 제시하고 있다. 여기에서는 대표적인 이론으로서 현실주의 이론·자유주의 이론·그람시주의(Gramscianism)와 신그람시주의(Neo-Gramscianism) 이론·구성주의 이론의 패권 개념을 비교하여 검토하고자 한다.

① 현실주의 이론의 패권 개념

여러 부류의 현실주의 이론가들 가운데는 패권을 제대로 이해하기 위해서는 물질적 능력을 통한 지배만으로는 부족하므로 합의를 비롯한 연성권력을 통한 리더십까지 포함해야 한다는 견해도 존재한다.165)

그러나 현실주의 이론에서 패권이란 일반적으로 「압도적인 물질적 능력(preponderant material capabilities)을 수단으로 한 타 행위자에 대한 지배」를 의미한다. 패권에 관한 이러한 접근은 패권에 관한 또 다른 견해인 동의나 설득 또는 정치적 정당성에 기초를 둔 리더십을 무시하거나 과소평가한다고 볼 수 있다. 이러한 패권 개념을 옹호하는 현실주의 계열 학자들의 예를 들면 다음과 같다.

우선 공격적 현실주의자인 미어샤이머는 패권을 「일반적으로 전 세계를 의미하는 것으로 해석되는 체제에 대한 지배(domination of the system, which is usually

164) 여기에서 리더십이란 패권국이 다른 국가들에 공동의 목표를 향해 행동하도록 동기를 부여하며 이끌어나 가는 상태 즉 지도력을 발휘하는 상태를 의미한다.

165) 이러한 예에 속하는 학자로 레이크(David A. Lake)를 들 수 있다: David A. Lake, "Leadership, Hegemony, and the International Economy: Naked Emperor or Tattered Monarch with Potential?" *International Studies Quarterly*, Vol. 37, Issue 4 (December, 1993), pp. 459-489.

interpreted as the entire world)」로 정의한다. 그는 다른 한편「체제의 개념을 더 좁게 적용하여 유럽·동북아시아·서반구와 같은 특정 지역을 설명하는 데 사용하는 것이 가능하다」고 언급하고 있다.166)

이러한 맥락에서 그는 패권국(hegemon)을「체제 내의 다른 모든 국가를 지배할 정도로 강력하여 다른 국가들이 이 국가에 대항하는 전쟁을 할 수 있는 군사력을 가지고 있지 않은 국가」라고 정의하고 있다. 이러한 맥락에서 그는 패권국은 유일한 강대국이지 다른 강대국보다 힘이 상대적으로 좀 더 많은 강대국이 아니라는 것을 강조한다.167)

또 다른 예로서 신현실주의 패권안정론의 대표적인 학자인 길핀은 패권이란「단일의 강력한 힘을 가진 국가가 국제체제에서 이보다 힘이 덜한 국가들을 통제하거나 지배할 때 존재하는 국제체제의 구조」라고 정의하고 있다.168)

② 자유주의 이론의 패권 개념

자유주의 이론은 패권의 원천으로서 압도적인 물질적 능력의 중요성을 완전히 과소평가하지는 않으나 이러한 능력만으로는 패권이라는 개념을 이해하는 데 충분하지 않다고 본다.169) 이러한 자유주의 이론들의 패권 개념을 이해하기에 앞서 이들은 모두 자유주의적 패권(liberal hegemony)을 전제하고 있다는 점을 인식하여야 한다.

이러한 자유주의 이론의 패권 개념은 킨들버거(Charles P. Kindleberger)로 거슬러 올라간다. 그는「공황 속의 세계, 1929-39(The World in Depression, 1929-39)」라는 그의 저서에서 1930년대의 세계공황을 전통적인 경제변수를 가지고 설명하지 않고 패권국의 리더십 부재라는 독립변수를 통해 설명하고자 했다.170)

그는 1차 세계대전 전에는 영국이라는 패권국이 존재했고 2차 세계대전 후에는 미국이라는 패권국이 존재했기 때문에 자유주의 경제 질서가 유지되었다고 본다. 그

---

166) John J. Mearsheimer, "Back to the Future: Instability in Europe after the Cold War,' in Michael E. Brown, Sean M. Lynn-Jones and Steven E. Miller, eds, *The Perils of Anarchy* (Cambridge, MA: MIT Press, 1995), p. 80, 각주 4.

167) John J. Mearsheimer, *The Tragedy of great Power Politics* (Norton: W. W. & Company, Inc, 2001), p. 40; John J. Mearsheimer, "Back to the Future: Instability in Europe after the Cold War,' in Michael E. Brown, Sean M. Lynn-Jones and Steven E. Miller, eds, *The Perils of Anarchy* (Cambridge, MA: MIT Press, 1995), p. 86.

168) Robert Gilpin, *War and Change in International Politics* (New York: Cambridge University Press, 1981), p. 29.

169) 이러한 경향은 구성주의·신그람시주의(neo-Gramscianism)·영국 학파에서도 다르지 않다.

170) Charles P. Kindleberger, *The World in Depression, 1929-39* (Berkeley: University of California Press, 1973).

러나 양차 세계대전 사이에 영국은 패권국으로서 리더십을 행사할 의사는 있었으나 능력이 없었고 미국은 능력은 있었으나 리더십을 행사할 의사가 없었기에 세계적인 대공황이 발생했다고 봄으로써 패권국의 능력뿐 아니라 리더십을 행사할 의사를 국제체제의 안정 및 협력과 관련지었다.

킨들버거는 패권국이 소지한 물질적 능력의 요소 가운데 지배적인 경제력을 안정과 협력을 가능하게 하는 주된 요소로 파악하고 패권국을 국제 공공재(international public goods)를 기꺼이 제공하고자 하는 선의의 전제자(benevolent despot)로 바라본다.[171] 이러한 입장을 「패권국의 선의를 강조하는 견해(benign view of hegemon)」라고 부르며 이러한 견해는 패권국의 지배적인 정치적 · 군사적 · 지정학적인 능력을 협력의 주요한 요인으로 보는 길핀의 「패권국의 악의를 강조하는 견해(malign view of hegemon)」와 크게 구별된다.

킨들버거에 의하면 패권국은 안정된 국제체제로부터 이익을 얻기 때문에 국제 공공재를 기꺼이 제공하고자 하며 패권국에 있어서 이러한 공공재의 공급으로 얻는 이득이 지불해야 하는 경비보다 크다고 본다. 패권국의 일방적인 공공재의 공급으로 인해 나머지 국가들은 무임승차의 유인을 받게 되며 실제로 무임승차를 한다고 본다. 따라서 패권국이 약소국을 착취하는 것이 아니라 오히려 약소국이 강대국을 착취하고 이용한다고 본다. 이처럼 킨들버거의 패권안정론의 핵심은 패권국이 공공재를 공급한다는 것인데 핵심적인 이론적 명제는 다음과 같이 요약될 수 있다.

첫째, 패권국은 다양한 이슈 영역에 있어서 국제레짐의 등장을 위한 리더십을 제공한다. 따라서 지배적인 국가의 존재는 국제체제에 있어서 보다 큰 안정을 가져온다. 이는 앞서 언급한 바 있는 국가 간 세력의 균형이 더 안정을 가져온다는 견해와 크게 대조되는 견해이다.

둘째, 패권국도 이러한 상황에서 공공재를 공급함으로써 비용에서 이익을 제외하면 순 이익을 얻지만 작은 국가가 더 많은 이익을 얻는다. 이는 공공재의 공급을 위해 약소국들은 비용을 전혀 부담하지 않고 무임승차를 함으로써 완전한 이득을 얻기 때문이다.[172] 즉 국제체제의 안정은 모든 국가에 이익을 가져다주는데 좀 더 구체적으로 말하자면 대국보다 소국이 더 많은 이득을 챙길 수 있다고 본다. 따라서 모든 국가가 이러한 국가의 리더십을 환영하고 이것에 무임승차를 하려 한다는 것이

---

171) 여기서 국제 공공재란 구체적으로 제도적인 공공재(institutional public goods)로서 국제레짐(international regimes)을 일컫는다.

172) 이는 집단행동 이론을 체계화시킨 올슨(Mancur L. Olson)의 용어를 빌리자면 「The small exploit the large」이다.

다.[173)]

이러한 견해를 가진 또 다른 학자로서 신자유주의적 제도주의 이론을 창시한 코헤인(Robert O. Keohane)을 들 수 있다. 코헤인은 그의 저서 「패권 이후(After Hegemony)」에서 패권안정론들이 기반을 두고 있는 모델을 경쟁의 상대가 없는 압도적인 힘의 능력 소지를 패권의 요소로 보는 「기본적 힘 모델(basic force model)」과 충분한 힘의 능력뿐 아니라 지배보다는 동의(consent)에 기반을 둔 리더십을 행사할 의지를 패권의 중요한 요소로 보는 「힘 활성화 모델(force activation model)」로 구분하고 있다.[174)]

코헤인은 두 종류의 패권 모델을 소개한 후 압도적인 힘이라는 한 가지 요소만을 패권의 중요 요소로 보는 현실주의 계보의 패권안정론의 모델인 기본적 힘 모델을 비판하고 패권을 이해하기 위해서는 힘 활성화 모델이 필요하다고 주장하면서 야수와 같은 힘에 의한 지배보다는 동의에 기반한 리더십이 패권을 더욱 지속시킬 뿐 아니라 강건하게 만든다는 점을 강조하고 있다.[175)] 동일한 맥락에서 코헤인은 패권국이 그에 대한 경의의 대가로서 리더십을 제공하는 특별한 역할을 한다고 보는데 제국주의적인 강대국과는 달리 타국들로부터의 일정한 정도의 동의 없이 규칙을 만들거나 강제할 수 없다는 점을 강조한다.[176)]

코헤인은 공공재를 공급하는 패권국이 존재하는 패권체제 아래 국가 대부분이 대체로 이득을 취한다고 보아 패권을 국가 대부분에 광범위하게 이로운 존재로 간주한다. 좀 더 구체적으로 패권국이 아닌 국가들이 오히려 패권국보다 더 많은 혜택을 누린다고 본다.[177)] 그는 또한 패권국이 지닌 물질적 능력 가운데 지배적인 경제력을 통해 국제사회의 안정과 협력을 설명하고 패권국의 공공재 공급을 통해 패권체제 내에서 국제레짐과 같은 국제제도가 등장하는 것을 설명하고 있다는 점에서 킨들버거

---

173) 실제에 있어 선진국들과 일부 선발 개도국만이 이에 해당한다고 볼 수 있다.

174) 국제정치 맥락에서 기본적 힘 모델은 국제적 결과란 힘의 능력에 의해 결정된다고 보는 견해이고 힘 활성화 모델이란 힘의 능력이 국제적 결과를 결정짓기 위해서는 국내 요인들에 의해 활성화가 되어야 한다는 견해이다.

175) Robert O. Keohane, *After Hegemony: Cooperation and Discord in the World Political Economy* (Princeton, NJ.: Princeton University Press, 1984), p. 46.

176) *Ibid.*, pp. 20, 34–35, 195–196.

177) 코헤인의 말을 그대로 인용하자면 다음과 같다: 「Secondary states in the system have benefitted greatly, probably more than the hegemonic power. Evaluating the benefits to smaller and less developed states is harder but the tentative conclusion is that, they fared better than they would have done under feasible alternatives.」 보다 자세한 것은 다음을 참고하시오. Robert O. Keohane, *After Hegemony: Cooperation and Discord in the World Political Economy* (Princeton, NJ.: Princeton University Press, 1984), pp. 45, 252–257.

와 견해를 같이한다.

이런 이유로 학자들에 따라서는 코헤인을 패권안정론자의 그룹에 넣기도 한다.[178] 그러나 코헤인은 킨들버거의 이론을 비판하고 수정하여 그의 책 「패권 이후(After Hegemony)」에서 패권국이 쇠퇴한 이후에도 패권국이 존재했을 때의 협력이 유지된다는 주장을 전개하여 흔히 신자유주의적 제도주의 이론가로 분류된다.

아이켄베리(Gilford J. Ikenberry) 역시 이러한 종류에 속하는 학자인데 자유주의적 패권의 특징을 패권국이 협상의 결과로 만들어진 규칙과 제도 속에서 활동하고 일련의 공공재를 공급하며 상호성이 있는 의사소통과 영향을 주고받기 위한 통로와 네트워크를 공급하는 것이라고 본다.[179] 같은 맥락에서 그는 자유주의적 패권 질서란 공유된 이익에 기초한 합의와 상당한 정도의 법의 지배에 의존한다고 봄으로써 물질적 능력보다 합의와 규칙에 기반을 두어 정당성을 수반한 리더십을 패권을 구성하는 능력 가운데 더 중요한 요소로 간주한다.[180]

③ 그람시주의와 신그람시주의의 패권 개념

그람시주의(Gramscianism)는 그람시의 사상을 의미하는데 그람시(Antonio Gramsci)는 제정러시아에서 성공한 사회주의 혁명이 자신이 속해 있는 이탈리아를 비롯한 유럽의 주요 국가들에서 성공하지 못한 원인에 관심을 두고 이를 규명하여 성공적인 혁명을 위한 정치전략을 제시하고자 했다.

그는 이를 설명하기 위해 문화패권 이론(theory of cultural hegemony) 혹은 이념패권 이론(theory of ideological hegemony)이라고 불리는 패권 이론을 제시했다. 비록 그의 이론이 국제정치 영역의 패권을 대상으로 하지는 않았으나 국제정치 분야의 패권과 관련한 논의에 중요한 이론적 배경이 되었다.

마르크스는 사회는 하부구조(substructure)와 상부구조(superstructure)로 구성되며 이들 간의 관계를 하부구조가 상부구조를 규정짓는 관계라고 보았다. 마르크스에게 하부구조란 구체적으로 생산력과 생산관계를 핵심적 요소로 하는 물질적 영역인 경제구조를 의미한다.[181] 상부구조는 법적·정치적 제도와 더불어 종교·예술·문

178) 패권안정론자로서 코헤인의 핵심적인 주장은 세계질서란 단일의 지배적인 패권국에 의해 창출되고 이러한 질서는 국제레짐의 형성과 공공재의 공급을 구성요소로 한다는 것이다.

179) Gilford J. Ikenberry, *Liberal Leviathan: The Origins, Crisis, and Transformation of the American World Order* (Ithaca: Princeton University Press, 2011), pp. 71-72.

180) *Ibid.*, p. 61.

181) 생산관계란 인간이 생산에 참여하면서 맺게 되는 사회적 관계를 의미한다. 주로 생산 기술의 변화로 인해 달라지는 생산력의 발전단계에 따라 이에 상응하는 생산관계가 형성된다고 보며 이러한 생산 관계는 주로 사회의 주된 생산수단을 소유한 사람과 소유하지 못한 사람 간의 계급관계로 표현되는데 이

화 · 윤리 · 사상 등과 같은 관념을 의미한다.[182] 이처럼 법적 · 정치적 제도를 상부구조의 구성요소로 간주함으로써 마르크스는 국가를 상부구조로 인식했다고 볼 수 있다.

이러한 마르크스의 견해와는 달리 그람시는 상부구조의 하부구조로부터의 자율성과 더불어 상부구조의 하부구조에 대한 상대적 우선성을 수용한다. 그는 또한 마르크스와는 달리 상부구조가 공적 영역에 속하는 협의의 국가를 의미하는 정치사회(political society) 외에 사적 영역으로서 다양한 형태의 자발적 조직으로 구성된 시민사회(civil society)로 구성되어 있다고 보았다. 다른 해석도 존재하나 그람시에게 이러한 두 사회는 광의의 국가를 형성하는 구성요소라고 볼 수 있을 것이다.

이처럼 그람시는 상부구조를 협의의 국가를 의미하는 정치사회와 시민사회로 구분했는데 그 이유는 두 영역이 작동하는 방식에 있어서 차이가 존재한다고 보았고 이러한 차이를 알아야만 사회주의로의 이행을 위한 혁명에 성공할 수 있다고 보았기 때문이다. 그에 따르면 상부구조에서 협의의 국가를 의미하는 정치사회는 물리적 강제력에 기초한 지배가 작동하는 영역이고 시민사회는 동의(consent)에 기초한 패권적 리더십이 작동하는 영역이다. 즉 강제와 피지배계급의 동의가 패권적 리더십과 통합적 국가의 기초를 만든다는 것이다.

그람시는 자본주의 사회에서 부르주아 지배가 억압적인 국가기구에만 의존하여 이루어지는 것이 아니라 시민사회에 내재화된 다양한 제도와 보편화된 관념을 통해 이루어진다고 보았다. 즉 자본주의 사회를 지배하는 부르주아지 계급이 폭력이나 경제력과 같은 물질적 능력을 통해 지배하기보다 관념을 이용하여 자신들의 권력과 자본주의 질서에 대한 동의를 유발하는 패권적 문화(hegemonic culture)를 발전시켜 이를 유지하기 때문이라는 분석을 제시했다.

여기에서 패권적 문화란 지배계급이 자신들의 가치체계와 규범을 확산시켜 모든 사회구성원이 저항 없이 수용하는 보편적 가치체계와 규범이 되도록 함으로써 형성되는 생활양식을 의미한다. 이러한 문화는 지배계급에 의해 상부구조를 형성하는 제도와 더불어 사회화 과정을 통해 부단히 재생산되어 지배계급이 권력을 유지하고 그들이 옹호하는 질서를 유지하는 데 이바지한다. 그람시는 지배계급의 가치체계와 규범 등이 모든 사회구성원에 의해 저항 없이 수용되어 보편적 가치체계와 규범이 되

러한 계급 간에 존재하게 되는 대립을 역사 발전의 원동력이라고 본다. 기존의 생산력보다 발달한 생산력은 기존의 생산력에 상응하여 만들어진 생산관계와 모순에 빠지게 되고 이러한 모순은 사회 혁명을 통해 새로운 보다 진보적인 형태의 생산관계로 대체된다.

182) 즉 상부구조는 제도적 요소와 관념적 요소로 구성이 된다고 보았다.

는 것을 지배계급의 사상이 상식(common sense)이 된다고 표현한다.183)

이처럼 그람시가 생각하는 패권이란 문화를 바탕으로 한 패권 즉 문화적 패권으로서 물질적 힘이 아닌 동의를 바탕으로 한다는 점을 특징으로 한다. 즉 그람시는 패권이란 시민사회에서 지배계급이 자신의 지배를 유지하기 위해 피지배계급에 대한 직접적인 강압보다는 지적이고 도덕적인 리더십(intellectual and moral leadership)의 행사와 같은 관념적 수단을 통해 피지배계급의 자발적 동의를 창출하는 능력이라고 생각했다.184)

이러한 기초 위에 그람시는 시민사회가 미성숙하여 국가만이 존재했던 제정러시아는 국가만 전복하면 혁명에 성공할 수 있었는 데 반해 유럽의 국가들은 국가 이외에 쉽게 무너지지 않는 시민사회가 존재했기 때문에 혁명이 성공할 수 없었다고 보았다. 그람시는 혁명에 성공하기 위한 전략으로서 시민사회가 취약한 제정러시아와 같은 국가에서는 국가에 대항한 직접적인 투쟁을 의미하는 정면 대결을 특징으로 하는 기동전(war of movement)이 필요하고 시민사회가 강력한 국가에서는 시민사회 내에서의 패권을 얻기 위한 장기적이고 점진적인 진지전(war of position)이 필요하다고 보았다.185)

이처럼 그람시는 혁명이란 하부구조의 변화와 더불어 어느 한 계급이 다른 계급의 지배를 통해 달성된다고 본 마르크스의 견해와는 달리 혁명을 주도하는 계급이 옹호하는 이념과 가치를 다른 계급이 자발적으로 동의하여 자신들의 이념과 가치로 수용하도록 지적이고 도덕적인 리더십을 행사해야 가능하다고 보았다. 즉 혁명은 생산에 대한 지배에 기반을 둔 권력이 지배계급과 피지배계급 사이의 타협이나 합의를 포함하는 이념에 의해 합리화되어야 가능하다는 것을 의미한다.186)

그람시의 기본적인 사상을 이어받은 신그람시주의(neo-Gramscianism) 역시 패권이란 물질적 능력에 의한 지배 이상의 것으로 본다. 신그람시주의의 대표적인 학자로서 그람시의 생각을 국제정치 분야에 적용한 콕스(Robert W. Cox)의 세계 수준에

183) 그람시가 제시한 개념으로서 후일 많은 학자에 의해 언급되는 개념들에는 패권 · 시민사회 · 역사적 블록 이외에 상식이라는 개념이 있다.

184) 마르크스가 관념보다는 물질을 중요시한 것과 달리 그람시는 관념의 중요성을 강조하고 물질로부터의 자율성을 수용하나 궁극적으로 물질적 기반을 벗어나서는 존재할 수 없다고 봄으로써 마르크스주의를 부정한 것이 아니라 보완했다고 평가한다.

185) 그람시는 기동전에 의한 혁명을 「능동적 혁명(active revolution)」이라고 하고 시민사회의 참여 속에 이루어지는 진지전에 의한 혁명을 「수동적 혁명(passivive revolution)」이라고 칭한다. 다시 말해 후자는 시민사회 구성원들이 자발적으로 모방하고 수용함으로써 이루어지는 혁명을 의미한다.

186) 여기에서 이념(ideology)이란 용어는 생각을 의미하는 관념(idea)이라는 용어와 구별되는 용어로서 특정 개인이나 집단이 지닌 교리나 철학 혹은 신념체계를 의미한다. 난순하게 이념이란 이상적으로 여겨지는 관념이라고도 볼 수 있다.

서의 패권에 관한 견해를 살펴보면 다음과 같다.[187)]

콕스는 압도적인 물질적 능력에 기반을 둔 강제에 의한 지배는 세계질서 상의 패권에 필요한 조건이나 충분한 조건은 아니라면서 그람시와 마찬가지로 물리적 힘에 의한 지배와 더불어 동의를 세계 수준에서의 패권의 중요한 요소로 보았다.

콕스는 패권에 대한 일반적 정의를 세계 차원으로 확대하여 세계질서에서의 패권을 정의하고 있는데 구체적으로 그에 있어서 세계질서 상의 패권이란 물질적 능력・관념(일정한 규범을 포함한 세계질서에 관해 널리 수용되는 집단적 이미지)・제도 사이의 일관성 있는 결합이나 조응에 기반을 두고 존재하게 되는 질서이다.[188)] 즉 물질적 능력이 관념과 제도에 의해 보완되어 광범위한 동의를 유발하는 합의적 질서(consensual order)로서 지도적인 국가와 지도적인 계급의 지속적인 우월성을 확보할 수 있게 하고 동시에 약소국들에도 만족스러운 조치나 전망을 제공하는 일반원칙에 따라 기능하는 지배를 의미한다.

콕스에 있어서 세계질서 상의 패권이란 일국 내에서의 패권이 세계 수준으로 확장된 질서이다. 보다 구체적으로 이러한 패권이란 일국 내에서 생산양식의 변화로 등장한 지배적인 사회세력이 물질적 능력과 동의를 통해 역사적 블록을 형성하여 패권을 수립한 후 자신들이 옹호하는 질서를 초국가적인 역사적 블록을 통해 다른 국가들의 지배적인 사회세력의 동의를 획득함으로써 이루어지는 질서를 의미한다.[189)]

이러한 맥락에서 콕스는 세계질서에서 패권이 가능하기 위해서는 i) 전 지구적으로 지배적인 생산양식의 존재 ii) 생산양식을 유지하고 확장을 촉진하는 지배적인 국가의 존재 iii) 국가 행위의 일반적인 규칙을 규정하는 규범적이고 제도적인 요소들과 국경을 넘어 행동하는 시민사회 세력의 존재가 필요하다고 본다.[190)]

④ 구성주의의 패권 개념

패권의 구성요소로서 물질적 능력 이외에 관념과 제도의 중요성을 강조한다는

---

187) 그람시의 국가 내에서의 패권에 관한 생각을 국제적으로 확대하여 적용하고자 한 것이 콕스이다. 콕스의 이론 전반과 패권에 관한 보다 상세한 논의는 비판이론 편을 참조하시오.

188) Robert W. Cox, "Social Forces, States and World Orders: Beyond International Relations Theory," *Millennium: Journal of International Studies*, Vol. 10, No. 2 (1981), p. 139.

189) Robert W. Cox, "Towards a Post-Hegemonic Conceptualization of World Order: Reflections on the Relevancy of Ibn Khaldun", in James N. Rosenau and Ernst-Otto Czempiel, eds., *Governance without Government: Order and Change in World Politics* (Cambridge: Cambridge University Press, 1992), p. 140.

190) Robert W. Cox, "Production and Hegemony: Toward a Political Economy of World Order," in Harold K. Jacobson and Dusan Sidjanski, eds., *The Emerging International Economic Order: Dynamic Processes, Constraints, and Opportunities* (London: Sage Publications, 1982), p. 45.

점에서 구성주의는 앞서 살펴본 그람시와 콕스의 견해와 크게 다르지 않다. 그러나 콕스의 경우 긴밀하게 상호작용을 하는 물질적 능력 · 관념 · 제도라는 3대 요소 간에 우월성에 차이를 두지 않는 것과 대조적으로 구성주의는 다른 요소보다 관념의 역할에 좀 더 많은 우월성과 의미를 부여한다는 데 차이가 존재한다. 이러한 맥락에서 콕스에 대한 구성주의 비판은 관념적 요소에 충분한 역할이 부여되지 않았다는 점에 주어진다.

또 다른 차이는 패권의 비물질적인 요소인 관념과 제도를 지배적인 국가의 지배계급인 엘리트 이익의 표출이라는 관점에서 바라보는 콕스의 견해와는 달리 구성주의는 이러한 관념과 제도를 일반 대중의 관점에서도 살펴보아야 할 필요성을 주장한다.[191] 이러한 견해를 가진 대표적인 구성주의 이론가는 호프(Ted Hopf)인데 그는 그람시가 중요한 개념으로 제시한 상식이라는 개념을 콕스가 엘리트의 견해로 축소하여 좁게 해석했다고 주장하고 그람시의 전통인 일반 대중을 세계정치에 불러들여야 한다고 주장한다. 그는 패권은 일반 대중들의 일상적인 상식을 고려해야만 한다는 그람시의 말을 인용하면서 패권적인 힘은 지배계급의 이익을 반영하는 관념이 피지배계급인 일반 대중의 상식에 부합하여 당연한 것으로 수용되어야만 극대화된다고 주장한다. 이와 관련하여 그는 일반 대중의 상식이 강대국을 세계자본주의 경제의 핵심에 올려놓으려는 정치 엘리트의 패권적인 프로젝트에 장애가 될 수 있다면서 예로서 현재의 러시아에서 신자유주의적 프로젝트를 추구하는 정치 엘리트의 프로젝트가 민주주의 시장 자본주의에 친근감을 거의 가지고 있지 않은 일반 대중들의 상식에 의해 좌절되고 있음을 보여주고 있다.[192]

3) 신현실주의 계열의 패권안정론

여기에서는 신현실주의 패권안정론이 공통으로 주장하는 핵심적인 내용이 무엇인가를 살펴본 후 대표적인 이론가인 길핀과 크라즈너의 이론을 각각 살펴보고자 한다.

(1) 패권안정론의 주요 내용

신현실주의 계열의 패권안정론은 단일의 지배적인 국가가 국제체제를 관리하고

191) 마르크스는 모든 시대의 지배적 사상은 지배계급의 사상이며 자본주의를 지지하는 지배계급의 사상이 상식이 된다고 보았다.

192) Ted Hopf, "Common-sense Constructivism and Hegemony in World Politics," *International Organization,* Vol. 67, No. 2 (April 2013), pp. 317-354.

질서를 유지하기 위해 자신의 권력을 사용하려 하므로 이러한 패권국으로의 권력 집중이 평화와 안정을 가져오는 경향이 있다고 본다. 신현실주의 패권안정론은 이처럼 평화와 안정의 지속은 패권의 지속성에 달려 있다고 보기 때문에 강력한 도전자의 등장은 이러한 기존의 수립된 국제질서를 훼손한다고 본다.

신현실주의 패권안정론은 이러한 국제평화와 안보이슈 영역에 있어서뿐 아니라 무역과 통화와 같은 비안보적 이슈 영역에서의 국제제도·국제협력·국제질서가 세계에서 리더십을 발휘하는 패권국의 존재에 의존한다고 주장한다.193)

신현실주의 패권안정론은 패권의 쇠퇴와 더불어 이러한 국제제도·국제협력·국제질서의 유지가 점차 어려워지고 그 결과 경제적·군사적 갈등을 동반하기 쉽다고 본다. 그 이유는 패권국이 만들어 놓은 국제규율을 깨고 강제력을 행사하여 자국의 이익을 좀 더 추구하고자 하는 국가 혹은 국가들이 패권국의 쇠퇴와 더불어 등장하기 때문이다.

(2) 주요 이론가의 주장

여기에서 신현실주의 계열의 패권안정론을 주장하는 대표적인 학자인 길핀(Robert Gilpin)과 크라즈너(Stephen D. Krasner)의 패권안정론을 살펴보고자 한다.194)

패권안정론의 원래의 형태는 킨들버거와 코헤인의 주장에서 보듯이 패권국의 공공재 공급능력에 기반을 두고 있으며 이러한 공공재의 공급이 분권화된 방식으로 이루어짐을 강조한다. 다시 말해 패권국이 다른 국가들에 공공재의 공급을 위한 비용을 분담하도록 할 수 있는 능력(즉 무임승차를 막을 수 있는 능력)이 없고 또 공공재 사용으로부터 이들을 배제할 수 있는 능력이 없는 연유로 스스로 공공재 제공 비용을 부담한다고 보며 패권국의 지배적 우월성에도 불구하고 하위국가들이 패권국을 이용한다고 본다.

따라서 패권국을 은혜로운 리더십을 발휘하는 존재로 보아 이러한 관점을 「공공

193) 패권안정론들은 모두 패권의 존재 여부를 독립변수로 하고 국제관계라는 종속변수를 설명하고자 한다는 점에서는 공통적이다. 그러나 어떤 국제관계를 종속변수로 살펴보려고 하는가를 둘러싸고는 패권안정론에 따라 다소 차이가 존재한다. 일반적으로 패권안정론은 국제체제의 평화 여부·자유무역 질서 여부·국제통화의 안정 여부에 일차적인 관심을 두고 있으며 그 밖의 다른 이슈 영역들에서의 국제질서 등에도 관심을 두고 있다. 패권안정론은 기본적으로 무정부성을 특징으로 하는 국제체제에서 안정을 가져오기 위한 처방으로 고안된 이론이라는 점을 염두에 두어야 한다.

194) Robert Gilpin, *U. S. Power and the Multinational Corporation: The Political Economy of Foreign Direct Investment* (N.Y.: Basic Book, 1975); Robert Gilpin, *War and Change in World Politics* (N.Y.: Cambridge University Press, 1981); Robert Gilpin, *The Political Economy of International Relations* (Princeton, NJ: Princeton University Press, 1987); Stephen D. Krasner, "State Power and the Structure of International Trade," *World Politics,* Vol. 28 (April 1976), pp. 317-347.

재적 패권안정론」이거나 「시혜적 패권 이론」 혹은 「패권국의 선의를 강조하는 견해」라고 칭하고 이러한 패권국을 「타국을 존중하는 패권국(other-regarding hegemon)」이라고 칭한다.

이러한 자유주의적 패권안정론에 대한 대체적 이론이 길핀과 크라즈너의 신현실주의 패권안정론이다. 이 이론은 광범위한 범위의 국가들의 보편적인 이익이 아닌 패권국 자신의 이기적인 자기중심적 이익을 강조하며 패권국의 행위는 공공재의 공급과 필연적으로 연결된 것은 아니라고 본다. 또한 패권국은 이러한 자기중심적 이익의 극대화를 물질적 능력에 기반한 강제력을 통해 추구한다고 본다. 즉 이해관계가 충돌하는 경우 언제나 소국들을 강제하여 자신의 뜻을 따르도록 한다.

국제질서와 관련하여 신현실주의 패권안정론은 패권국이 자신의 이기적 이익을 증진할 수 있는 국제질서를 물질적 능력에 기반한 강제력을 통해 공급하고 제재를 통해 국제제도의 규범과 규칙을 시행하며 국제제도를 유지하기 위해 소국들로부터 대가의 지불을 강제한다고 본다.

이처럼 패권국의 공공재 공급능력으로부터 패권국의 타국을 강제할 수 있는 강제적 능력(즉 제재 능력)으로 중점을 옮긴 신현실주의 패권안정론을 「강제적 패권 이론」 혹은 「패권국의 악의를 강조하는 견해」라고 부르고 이러한 패권국을 「자신을 존중하는 패권국(self-regarding hegemon)」이라고 칭한다.

통상적으로 자유주의 패러다임의 패권안정론과 신현실주의 패권안정론을 이러한 방식으로 구분하여 전자는 패권국을 공공재를 공급하는 존재로 보고 후자는 패권국을 공공재를 공급하지 않는 존재로 본다고 생각하는 경향이 있는데 이는 올바른 구분이 아니다.

공공재적 패권안정론의 경우 패권국을 순수하게 이타적인 존재로 바라본다. 그러나 이러한 관점은 패권국의 시혜성을 지나치게 과장하면서 현실이 아닌 이상적인 패권국의 모습을 그리고 있다고 볼 수 있다. 즉 패권국은 애초에 자신의 이익 추구를 위한 안정적인 환경을 만들겠다는 이기적인 동기에 의해 국제체제를 안정시킬 목적으로 자원을 투입한다. 이러한 패권국의 안정화 노력이 다른 국가들에게 공공재가 되어 무임승차를 하고 비용의 공유 없이 패권국에 의해 창출된 안정을 누리게 된다.195)

이러한 해석은 올슨(Mancur L. Olson)의 집단행동 이론(collective action theory) 논

---

195) Duncan Snidal, "The Limits of Hegemonic Stability Theory," *International Organization,* Vol. 39, No. 4 (1985), p. 581.

리와도 일치한다. 즉 집단행동 이론에 따르면 집단 내의 합리적인 행위자는 집단의 목표를 달성하는 데 헌신할 수 있으나 이러한 헌신은 자신에게 돌아오는 이익이 한도 내에서 이루어진다고 본다. 더불어 집단행동 이론은 공공재란 이로부터 지배적인 수혜자(dominant beneficiary)가 있어야 공급이 된다고 본다. 즉 공공재 공급으로부터 누릴 수 있는 혜택이 아주 크다면 다른 행위자들의 의사와 관계없이 일방적으로라도 공공재를 공급하려는 유인이 발생한다는 것이다. 같은 맥락에서 신현실주의 패권안정론의 입장에서 팍스 로마나(Pax Romana)·팍스 브리타니카(Pax Britanica)·팍스 아메리카나(Pax Americana)는 모두 자비로운 메시아라기보다는 패권국의 이익을 위한 국제체제의 구조로 본다.

신현실주의 패권안정론에서도 패권국은 공공재를 공급할 수 있는 존재이다.196) 그러나 패권국의 공공재 공급은 패권국 자신에게 순 이익이 있는 경우에 국한된다. 즉 패권국은 자신의 이익을 위해 국제질서 등을 창출하는데 이러한 질서의 창출이 결과적으로 타국에 중요한 이익이 됨으로써 공공재가 될 수 있다는 의미이다. 달리 말해 타국에게 주어지는 이러한 이익이란 패권국의 이익 추구가 가져온 의도되지 않은 효과에 불과하다는 것이다. 이러한 패권국에 의한 공공재의 공급은 앞서 새롭게 해석한 공공재적 패권안정론과 큰 차이가 없다. 그러나 다음과 같은 면에서 두 이론 사이에 차이가 존재한다.

우선 패권국이 자국의 이익을 위해 추구하는 국제질서가 다른 국가들에게도 이익이 되는 공공재가 아닌 경우 신현실주의 패권안정론은 다른 국가들이 이를 수용하도록 유인뿐 아니라 처벌이라는 강제력을 사용한다는 점이 다르다. 구체적으로 패권국은 자신이 수립한 국제질서를 수용하지 않는 국가들에게 필요하다면 위협을 가하거나 제재를 가하기도 한다.

패권국은 자국에 이익이 될 때만 공공재를 공급한다고 보는 것도 공공재적 패권안정론과 다르며 패권국이 공급하는 국제질서가 다른 국가들에게도 이익을 제공하는 공공재일 경우에 패권국은 공공재의 유지 비용을 다른 국가들에게도 부담하게 할 수도 있다는 점도 다르다. 즉 패권국은 자국의 이익에 추동되어 국제체제의 평화·안전·재산권의 보호와 같이 다른 국가들에 의해 수용될 수 있는 공공재를 공급할 수 있으나 다른 국가들에게 일종의 세금과 같이 이러한 공공재 제공에 필요한 비용을 분담하도록 의무를 지우기도 한다.

196) 신현실주의 패권안정론은 기본적으로 공공재라는 말을 잘 사용하지 않는다. 길핀의 경우는 집합재(collective goods)라는 말을 사용한다.

중앙정부가 부재한 국제체제에서 국제질서가 어디에서 오는가를 설명하고자 하는 길핀과 크라즈너의 패권안정론도 신현실주의 패권안정론으로서 위에서 언급한 공공재 공급과 관련한 특징을 공유하고 있다. 이를 전제로 해서 이들의 패권안정론의 주장을 살펴보면 다음과 같다.

① 길핀의 패권안정론[197)]

길핀의 패권안정론은 무정부성을 특징으로 하는 국제체제에서 지배적인 행위자인 국가는 안보와 부를 확보하기 위해 다른 국가와 대비한 상대적인 권력을 극대화하지 않을 수 없다는 이론적 가정으로부터 출발한다. 길핀의 패권안정론의 내용을 간단히 살펴보면 다음과 같다.

길핀에 따르면 국제체제의 변화는 패권국과 도전국 간의 패권전쟁에 의해 이루어지며 이러한 패권전쟁의 목적은 국제체제에서 권력을 구조화하는 국제레짐(international regimes)을 창출하는 능력에 대한 지배적인 통제력을 획득하거나 유지하기 위한 것이다.

따라서 패권전쟁에서 승리한 국가는 주요한 국제레짐을 수립한다. 구체적으로 패권국은 자신의 이익을 촉진하고자 자원과 영향력뿐 아니라 리더십과 협력을 통해 확립된 패권국의 정치적 기반에 기초하여 국제안보와 더불어 자유 시장경제 · 자유 무역 · 국제통화 안정 · 자본이동의 자유 등을 포괄하는 자유주의적 국제경제 질서를 수립한다.[198)] 패권국은 이러한 자유주의적 국제경제 질서를 떠받치기 위해 국제관계의 특정 영역별로 국제레짐을 창출한다.[199)]

이러한 국제레짐은 i) 패권국에 의한 집단재(collective goods)의 제공[200)] ii) 패권국과의 이념적이거나 종교적 가치 혹은 이들 이외의 다른 가치의 공유 iii) 패권국

---

197) Robert Gilpin, *War and Change in World Politics* (Cambridge: Cambridge University Press. 1981); Robert Gilpin, “The Theory of Hegemonic War,” *The Journal of Interdisciplinary History*, Vol. 18, No. 4 (1988), pp. 591-613; Robert Gilpin, *Global Political Economy: Understanding the International Economic Order* (Princeton, New Jersey: Princeton University Press, 2001). 길핀은 패권이 안정을 가져오는 측면과 더불어 패권의 순환에 대해 논하고 있다. 여기에서는 패권이 가져오는 안정 측면에 관해 주로 설명하고 패권의 순환 부분은 별도로 국제체제의 변화를 다루는 부분에서 설명하고 있으니 참고하시오.

198) 패권국 영향력의 주요 원천은 저렴하게 빌리거나 신용 대출을 제공하거나 거부할 수 있는 자본통제 능력과 우호적인 국가들에게 개방하거나 다른 국가들에게 접근을 허용하지 않을 수 있는 패권국이 지닌 비교적 큰 시장에서 찾을 수가 있다: Robert Gilpin, *The Political Economy of International Relations* (Princeton University Press, 1987), p. 77

199) Robert Gilpin, *Global Political Economy: Understanding the International Economic Order* (Princeton, New Jersey: Princeton University Press, 2001), pp. 97-98.

200) 길핀은 집단재라는 말을 사용하고 있으나 이 말의 의미를 공공재로 이해해도 큰 문제가 없을 것이다.

이 지닌 권력과 위신에 대한 다른 국가들이 느끼는 두려움이라는 3가지 이유로 다른 국가들에 의해 수용된다.201)

길핀은 이러한 3가지 이유 가운데 마지막 이유를 패권국이 수립한 국제레짐을 수용하는 가장 중요한 이유로 본다. 즉 길핀은 패권전쟁에서의 승리와 패권전쟁을 통해 타국에 자신의 의지를 강요할 수 있는 증명된 능력을 패권국이 협력을 유도할 수 있는 결정적인 요인으로 본다. 길핀은 패권국의 지배적인 권력은 종종 이 요인 이외에 패권국이 다른 국가들에게도 이익을 가져다주는 국제경제 질서와 국제안보 같은 공공재를 공급하기 때문에 다른 국가들에 의해 수용될 수 있고 패권국의 지배적인 권력의 위치는 일단의 국가들이 패권국과 공통으로 지닌 이념적이거나 종교적 가치 혹은 이들 이외의 다른 가치에 의해 지지가 될 수도 있다고 본다.

길핀의 이러한 견해를 요약하면 패권국의 능력이란 주로 패권국이 지닌 강제력으로부터 유래되나 패권국이 제공하는 국제질서의 정당성과 효용을 수용한 다른 국가들에 의한 패권국 리더십의 추종에서도 유래된다. 이러한 맥락에서 길핀은 국제경제에 있어서 자유주의적 질서가 부상하고 유지되기 위해서는 패권국이 지닌 강제력과 더불어 공공재의 제공을 통한 공동의 이익과 자유주의 이념이라는 것이 전제조건이라고 주장한다.202) 길핀의 이러한 견해에 있어서 주목할 점은 패권국의 자기중심적 이익만을 강조하던 초기의 입장으로부터 타국들에 의해서도 수용될 수 있는 이익의 추구를 통한 공공재의 공급이 패권체제의 유지에 중요하다고 본다는 것이다.

패권전쟁의 승리에 이어 패권국은 자국에 이익을 주는 국제체제의 권력을 구조화하는 국제레짐을 수립한 후에 국제레짐의 관리를 통해 패권체제를 안정되게 유지하기 위한 역할을 한다. 패권국은 이를 위해 경제제재와 같은 처벌과 이면 보상과 같은 유인을 사용하여 다른 국가들이 공공재의 무임승차와 국제레짐으로부터의 이탈을 방지하려 한다.

이러한 노력에도 불구하고 패권국의 상대적 권력은 시간에 지나면서 감소하게 된다. 이러한 현상은 패권국의 경제적 잉여(economic surplus)를 감소시키는 내적 요인과 외적 요인에 의한 결과이다. 내적 요인은 패권국 내에서의 변화를 의미하는데 이에는 국민소득 대비 방위비의 증가 · 개인들의 소비와 공적 영역의 소비 상승으로 인한 군사비 지출의 감소 · 제조업 중심의 경제에서 서비스업 중심의 경제로의 전환

201) 여기에서 위신이란 권력을 사용할 패권국의 능력과 의지에 대한 다른 국가들의 인식을 의미한다.
202) Robert Gilpin, *The Political Economy of International Relations* (Princeton University Press, 1987), pp. 72-73.

으로 인한 성장률 저하・나태함과 도덕적 쇠퇴・수확체감의 법칙(law of diminishing returns)을 의미한다. 외적 요인에는 패권국이 집단재를 공급하기 위해 과도하게 비용을 지불하게 되는 경향으로 인한 패권적 통제를 위한 비용의 증가와 더불어 패권국의 경제적 지배력과 기술적 지배력의 상실이 포함된다.[203)]

경제적 잉여가 감소함에 따라 패권국은 국제체제에 대한 지배를 유지하는 데 필요한 자원의 비용을 지출하는 것이 점차 어려워진다. 이런 상황에서 상대적인 권력의 증가와 더불어 강대국으로 부상하는 국가는 지난 패권전쟁의 결과로서 수립된 현재의 패권체제를 더 이상 수용하려 하지 않게 된다. 현재의 실질적인 권력 배분의 현실과 기존 패권체제의 권력 배분 사이에 뚜렷한 괴리가 존재할수록 부상하는 강대국의 이러한 태도는 더욱 강화된다.

이러한 괴리가 발생하면서 점차 패권국의 위신에 의문이 제기되고 도전국은 패권체제를 바꿀 때 누릴 수 있는 이익이 현 국제체제를 수용하는 데 치러야 할 비용보다 크다는 결론을 내리게 된다. 이에 대응하여 패권국은 전쟁을 회피하기 위해 국제체제를 지배하는 데 소요되는 자원을 늘리거나 대외적인 개입을 줄이거나 할 수 있다. 그러나 전자를 택하면 패권국 자체의 권력이 약화되고 후자를 택하면 패권국의 국제적인 지위가 약화되기 때문에 선택과 관계없이 패권국의 쇠퇴를 필연적으로 다가오게 된다. 이러한 상황에서 도전자에 의한 패권전쟁이 발발하게 되고 전쟁이 끝나고 새로운 패권국이 압도적인 권력과 위신을 가지고 새로운 국제질서를 창출하게 되고 이러한 패권의 순환은 지속된다.

② 크라즈너의 패권안정론

크라즈너도 길핀과 마찬가지로 기본적으로 강제적 패권 이론을 전개하고 있다고 볼 수 있다. 그는 패권국이 자국의 이익에 유리한 무역체제를 수립하기 위해 패권적 우월성을 이용한다고 주장하면서 이러한 개방된 자유무역 체제가 특수한 조건에 따라 타국들에 이익이 될 수도 있고 안 될 수도 있다고 본다.[204)] 즉 패권국은 자유무역에 의해 자국의 이익 추구에 중점을 둔 제국주의를 추구할 수도 있고 보다 많은 국가에 이익을 줄 수도 있다는 두 가지 가능성을 제시하고 있다.

크라즈너는 1820년부터 1970년에 이르는 동안의 국제무역체제의 개방성과 폐쇄

203) 패권국의 경제적 및 기술적 지배력의 상실은 국제체제에서의 경제활동 중심지의 변화와 패권국의 군사적 기술과 산업기술의 다른 국가로의 확산에 기인한다고 본다.

204) 이런 점에서 크라즈너는 현존하는 자유 경쟁적인 국제경제 질서를 신국제경제질서(NIEO)를 통해 권위적인 가치 배분적 국제레짐으로 바꾸려는 개도국들의 노력에 주목하고 있으며 이러한 것을 그는 「구조적 갈등(structural conflict)」이라는 개념으로 분석하려 한다.

성이라는 종속변수를 패권의 성장과 쇠퇴라는 독립변수를 가지고 설명하고 있다. 그는 일반적으로 패권의 성장기에는 개방성이 증가하고 쇠퇴기에는 폐쇄성이 증가했다는 결론을 내리고 있다.

그러나 1차 세계대전 직전의 십여 년간과 1960년 이후의 십 년간은 패권이 쇠퇴했음에도 불구하고 개방성이 유지되는 예외가 존재했다는 것을 발견하고 이러한 예외를 논리적으로 설명하고자 했다. 그는 구조적 변화가 있음에도 불구하고 무역 질서가 변화하지 않은 것은 두 현상 사이에 시차(time lag)가 존재하기 때문이라고 본다. 행위자들이 패권 상승기에 채택한 정책이나 국제레짐을 포함한 제도가 이처럼 일정한 관성(inertia)을 갖게 된 원인을 구체적으로 다음 세 가지에서 찾고 있다.

i) 관례 및 관습과 관련된 것으로서 과거에 그래왔다는 이유로 특정의 국제레짐을 계속하여 고수한다. ii) 불확실성과 관련된 것으로서 환경변화의 지속성을 확신하지 못하기 때문에 기존의 국제레짐을 계속 수용한다. iii) 행위자들이 현재의 국제레짐에 만족하지 않을 수 있으나 대안적인 인식의 틀을 형성할 수 없어서 기존의 국제레짐을 수용한다.

크라즈너는 이러한 이유로 인해 국제레짐이 자신을 창출한 원인변수와 독립하여 자신의 생명을 가질 수 있는 자율적 변수가 될 수 있으므로 권력 배분의 변화나 국가이익 추구에서의 변화가 곧바로 국제레짐의 구조와 운영에 반영되지 않고 시간의 지체가 있을 수 있다고 본다.

크라즈너는 이처럼 국제레짐이 자신을 창출한 원인변수로부터 독립성을 지니고 있다는 것을 국제레짐을 창출한 원인변수의 변화와 국제레짐의 변화 간에 존재하는 시간의 지연에서 찾는다. 크라즈너는 이에 그치지 않고 더 적극적으로 국제레짐이 행위자들 간의 권력 배분이나 국가이익과 같은 자신을 창출한 원인변수 자체를 변경시킬 수 있다는 데서도 국제레짐의 독립성을 찾고 있다. 크라즈너는 이를 「환류(feedback)」라고 부르고 있다.

이처럼 크라즈너는 신자유주의적 제도주의 이론을 옹호하는 학자들처럼 국제레짐의 독자성을 강조하나 이러한 국제레짐은 패권국의 쇠퇴 후 점차 느슨해지거나 해체되면서 결국에는 협력의 가능성은 줄어든다고 봄으로써 결과적으로 신현실주의 이론의 논의를 따르고 있다. 일시적이기는 하나 국제레짐의 독자성을 인정한다는 점에서 크라즈너를 「수정된 구조적 현실주의자(modified structural realist)」라 칭하기도 한다.

패권안정 이론가로서 크라즈너의 기본적인 주장은 국제경제의 구조 특히 국제무역에서의 개방의 정도가 국가 권력 이론(state-power theory)으로 설명될 수 있다는 것이다.205) 크라즈너 역시 길핀과 같이 구체적으로 패권국의 어떤 능력이 국제무역 구조의 개방을 가져오는가에 관한 논의를 하고 있다. 크라즈너에 따르면 패권국은 타국들이 개방적 무역구조를 받아들이도록 유인하거나 강제하기 위해 사용할 수 있는 상징적·경제적·군사적 능력을 지니고 있다고 본다.

여기서 설명이 필요한 것은 상징적 능력과 경제적 능력인데 상징적 능력이란 패권국이 경제발전 달성의 모범적인 사례가 되어 타국에 의해 패권국의 정책이 모방될 때 갖게 되는 능력을 의미한다. 패권국의 경제력 역시 개방구조를 위해 사용될 수 있는데 구체적으로 긍정적 유인(incentive)으로서 자국의 큰 시장에로의 접근을 허용할 수 있으며 부정적 제재로서 대외 무상원조를 철회하는 등의 정책을 시행할 수 있다. 패권국의 탄탄한 경제는 안정적 국제통화제도를 위해 필요한 확신을 제공할 수 있고 패권국의 화폐는 점진적으로 개방되는 체제를 위해 필요한 결제 수단(liquidity)을 제공할 수 있다고 본다.

4) 왈츠의 신현실주의 이론과의 비교

패권안정론은 국제체제의 구조를 통해 국가 행동과 국제관계를 설명하고자 한다는 점에서 왈츠의 신현실주의 이론에 바탕을 두고 있다. 즉 이 두 종류의 이론은 모겐소가 인간의 권력욕으로부터 국가 행동과 국제관계를 설명했던 것과는 달리 국가는 이기적이고 합리적인 행위자라는 관점에 기초하여 국제체제의 구조적 특징을 가지고 국가 행동과 국제관계를 설명함으로써 둘 다 신현실주의 이론의 계보에 속한다. 이 두 이론 간에 존재하는 차이를 다음 4가지 측면에서 살펴보면 다음과 같다.

(1) 국제체제의 구조적 특징

두 이론은 국제체제의 구조적 특징을 어떻게 바라보는가를 둘러싸고 견해를 달리한다. 앞서 살펴보았듯이 왈츠의 신현실주의 이론은 국제체제 구조의 첫 번째 특징으로 공권력을 지닌 중앙정부의 부재를 의미하는 무정부성을 언급하고 있다. 이와는 달리 패권안정론은 국제체제를 계서적으로 가장 정점에 있는 패권국이 타 국가를 지배하는 위계적인 체제로 본다.

---

205) 이러한 주장에 내재해 있는 가정이란 국제무역의 구조는 국가목표를 극대화하고자 행동하는 국가들의 이익과 권력에 의해 결정된다는 것이다.

(2) 안정적인 국제체제의 구조

두 이론은 안정을 가져오는 국제체제의 구조적 특징에 대해 견해를 달리한다. 왈츠의 신현실주의 이론을 「세력균형론」이라 부르고 길핀과 같은 학자의 신현실주의를 「패권안정론」이라고 부르는 것에서도 알 수 있듯이 이들은 우선 국제체제의 안정과 같은 국제적 결과에 영향을 미치는 국제체제의 구조적인 특징을 세력의 균형으로 볼 것인가 세력의 집중으로 볼 것인가를 둘러싸고 극명한 차이를 보인다. 어떠한 이론이 논리적이고 경험적으로 적합한 것인가를 둘러싼 논쟁은 지금도 계속되고 있다.

(3) 국제체제의 동태적 변동

두 이론은 국제체제의 동태적인 변동에 관한 관심 면에서 차이를 보인다. 왈츠의 신현실주의 이론은 강대국의 수에 따른 국제체제의 변동 가능성을 열어 놓은 것은 사실이지만 양극체제의 안정성을 주장하는 것에서 보듯이 국제체제의 변화보다는 유지에 중점을 두고 있다.

이와는 달리 패권안정론을 옹호하는 학자 모두가 패권의 순환을 통한 국제체제의 변동을 언급하고 있는 것은 아니지만 길핀과 같은 패권안정론자는 왈츠의 신현실주의가 가지고 있는 한계인 국제체제 이론의 정태성을 극복하고자 패권이 어떻게 동태적으로 순환하는가를 설명하고자 했다. 따라서 길핀의 패권안정론은 「패권변동론」 혹은 「패권안정변동론」 등으로도 불린다.[206] 패권안정론이 가지는 이러한 특징은 왈츠의 신현실주의 이론을 포함한 대부분의 신현실주의 이론뿐 아니라 전통적 현실주의 이론과도 구별되는 것이다.

(4) 국제정치경제 영역으로의 확장

패권안정론이 왈츠의 신현실주의 이론과 구별되는 또 다른 점은 분석의 범위를 국제정치경제(international political economy, IPE)의 이슈 영역까지 본격적으로 확장했다는 점이다. 패권안정론은 여기에서 더 나아가 왈츠의 신현실주의 이론이 국제체제의 무정부성에서 오는 국가 간 갈등을 강조하는 것과는 달리 패권국의 존재라는 조건이 존재할 때 국가 간 협력이 가능하게 된다고 주장한다.[207]

패권안정론은 세계질서의 규범적이고 제도적인 면에 가치를 별로 부여하고 있지 않은 왈츠의 신현실주의 이론을 확장하여 특정 조건 아래 국제제도가 창출되어 국제

---

206) 패권의 순환에 관한 자세한 내용은 세력전이론 편을 참조하시오.

207) 앞서 보았듯이 왈츠도 자신의 이론을 안보 질서 · 경제 질서 · 글로벌 이슈라는 영역들에 적용하고는 있으나 안보 질서 이외의 분야에 있어서 본격적으로 적용하고자 했다고 보기 어렵다.

협력에 이바지한다고 주장한다는 점에서 왈츠의 신현실주의 이론과 구별된다.

구체적으로 패권안정론은 국제제도가 패권의 존재에 영향을 받는 것으로서 패권의 존재와 독립하여 국가의 행동과 국제관계에 영향을 미치지는 않으나 패권이 존재할 때 국제제도가 안정적으로 창출되고 유지되며 국가 간 협력도 가능하다고 주장한다. 이러한 주장은 어떠한 조건이 존재하든 무정부성이라는 국제사회의 특성이 변하지 않는 한 상대적 이득(relative gain)과 배신(cheating)의 문제로 인해 협력이 일어나기 힘들다는 신현실주의 이론의 주장과 궤를 달리한다.

이처럼 신현실주의 이론이 논리적으로 국가 간 협력의 어려움을 강조하고 실제의 세계에 있어서도 이러한 협력이 존재하지 않음을 설명하는 데 반해 패권안정론은 2차 세계대전 이후에 미국의 패권으로 인해 무역과 통화 등의 분야에서 협력이 존재해 왔다는 상반된 평가를 한다. 이러한 연장선에서 패권안정론은 1970년대부터 미국의 패권이 쇠퇴하기 시작했다고 진단하고 이로 인한 국제제도 · 국제협력 · 국제질서의 쇠퇴를 예견하기에 이르렀다.

패권안정론이 분석의 영역을 국제정치경제 분야로 확대하여 제한된 조건 하이기는 하나 협력을 설명하게 된 이력을 살펴보면 다음과 같다. 현실주의 패러다임 이론들은 국제관계에서의 경제 이슈를 그들의 분석에 포함하고자 한 통합이론 · 초국가론 · 초정부론 · 상호의존론 · 마르크스주의적 구조주의 이론 등과 같은 이론들로부터 경제 이슈를 다루지 않는다는 비판을 오래전부터 받아왔다.

이러한 비판에 대해 현실주의 이론이 전혀 반응하지 않은 것은 아니다. 현실주의 이론은 이들의 공격으로부터 살아남기 위해 경제 이슈를 안보(security)라는 좀 더 중요한 상위정치(high politics)에는 영향을 미치지 않는 부차적인 정치라는 의미의 하위정치(low politics)로 정의하는 변화를 보였다.

그러나 이러한 입장은 1973~1974년의 오일쇼크를 계기로 견지되기 힘들게 되었다. 구체적으로 이러한 위기는 선진국과 후진국 모두에게 많은 시간을 경제 이슈에 쏟지 않을 수 없도록 했다. 후진국에 있어 외채위기(foreign debt crisis)는 국가안보에 대한 최대한의 위협이었으며 주요 선진국 정상들은 정치문제가 아닌 경제 이슈를 해결하기 위한 정기적인 정상회담을 하기에 이르렀기 때문이었다. 이러한 상황적 변화에 대응해 현실주의 이론은 군사력과 군사 안보라는 전통적인 개념 이외에 「경제력(economic power)」과 「경제 안보(economic security)」라는 개념을 수용하는 방식으로 현실주의 이론을 방어하고자 했다.[208]

냉전기에 일시적이나마 미소 양 진양 간에 경쟁과 대립이 완화되었던 시기인

1970년대 자유주의 패러다임에 속하는 상호의존론이 정치경제 이슈 영역에서의 국가 행동과 국제관계를 설명하고자 했다. 그러나 1970년대라는 일시적인 화해와 협력 기간이 끝나고 제2차 냉전기에 접어들기 시작한 1980년대 초의 국제상황 속에서 자유주의 전통의 이러한 이론은 정치경제라는 비안보적인 이슈 영역에는 어느 정도 적실성을 가졌으나 국제정치의 중심적 이슈의 하나인 안보 이슈 영역에는 거의 공헌하지 못했다. 이러한 상황 속에서 상호의존론의 적실성에 대한 의문을 제기하면서 왈츠의 신현실주의 이론이 등장했다.209)

이런 면에서 왈츠의 신현실주의 이론은 1970년대 후반의 상호의존론이 상대적으로 소홀해 온 국제정치적 현실의 적절한 설명을 위해 등장했다고 볼 수 있다. 이러한 맥락에서 등장한 왈츠의 신현실주의 이론이기에 경제 이슈를 결코 등한시한 것은 아니나 여전히 경제 이슈는 부차적인 것이 될 수밖에 없었다.

신현실주의 계열의 패권안정론자인 길핀과 크라즈너는 그들의 패권안정론이 국제적 경제 이슈를 설명하는 것을 도울 수 있다고 보고 이러한 새로운 현실주의를 국제정치경제의 영역으로 확장함으로써 왈츠의 신현실주의 이론을 포함한 이제까지의 현실주의 이론의 한계를 떨쳐버리고자 했다. 새로운 현실주의 이론으로서의 패권안정론은 기존의 현실주의 이론이 경제 이슈를 다루는 데 무기력했음을 바로잡아 경제 이슈를 포함하고자 기존의 현실주의 이론을 확장하고자 했다.

이들은 경제적인 요인들을 무시하거나 과소평가했다는 비판을 받아 온 이제까지의 현실주의 이론을 보완하기 위해 「패권(hegemony)」과 「패권안정(hegemonic stability)」이라는 개념을 도입하여 국제사회의 평화와 같은 안보적 이슈 영역은 물론 무역과 국제통화를 포함한 각종 비안보적 이슈 영역에서의 국제제도·국제협력·국제질서의 존재를 설명하고자 했다.

이처럼 패권안정론이 경제적 문제를 그들의 분석에 수용하는 변화를 보였음에도 불구하고 역시 전과 다름없이 정치 우선주의를 택하고 있다는 것이 일반적인 지적이다. 즉 패권안정론은 경제 이슈에 관해서 두드러진 관심을 보인 것은 사실이지만 여전히 경제 이슈를 부차적인 영역으로 간주한다. 예컨대 길핀은 국제정치 체제가 경제적인 활동에 필요한 틀을 제공한다고 본다.210) 비록 경제력이 실질적이고 부와 권

208) Peter Willetts, "Transaction, Networks and Systems," in A. J. R. Groom and Paul Taylor, eds., *Frameworks for International Co-operation* (New York: St. Martin's Press, 1990), pp. 266-267.

209) Joseph S. Nye, Jr., "Review Article: Neorealism and Liberalism," *World Politics*, Vol. XL, No. 2 (January 1988), p. 240.

210) Robert Gilpin, "The Richness of the Tradition of Political Realism," *International Organization*, Vol. 38, No. 2 (Spring 1984), p. 295.

력의 배분에 있어서 커다란 영향을 미치나 이러한 경제력은 항상 정치적 투쟁의 맥락에서 작용한다고 본다.

5) 신자유주의적 제도주의 이론과의 비교[211)]

신자유주의적 제도주의 이론은 패권국이 국제제도의 수립을 돕고 이를 기반으로 국제협력과 국제질서를 가능하게 한다는 점에서 신현실주의 패권안정론과 궤를 같이 한다. 그러나 패권국의 쇠퇴가 패권국이 수립한 국제제도와 이를 기반으로 한 국제협력과 국제질서에 미치는 결과를 둘러싸고 동반 쇠퇴를 주장하는 신현실주의 패권안정론과는 달리 신자유주의적 제도주의 이론은 지속성을 주장한다.

이러한 차이는 국제제도를 바라보는 견해 차이로부터 유래된다. 즉 신현실주의 패권안정론이 국제제도를 국제적인 결과를 결정짓는 권력의 단순한 반영물로서 권력의 변화에 따라 같이 변화하는 것으로 간주함으로써 독자적으로 국가 행동에 영향을 미칠 수 있는 존재로 보지 않는 것과는 달리 신자유주의적 제도주의 이론은 국제제도의 독자적인 영향력을 강조한다.

이러한 차이와 더불어 앞서 패권의 개념에서 살펴보았듯이 신자유주의적 제도주의 이론은 패권국의 압도적 능력의 구성요소로서 물질적 능력에 기반한 지배를 강조하는 신현실주의 패권안정론과는 달리 물질적 능력과 더불어 동의에 기반한 리더십을 강조한다는 점에서 차이를 지닌다. 또한 패권국을 패권국의 이익을 추구하는 존재로 보는 신현실주의 패권안정론과는 달리 패권국을 국가 대부분에 이익이 되는 공공재를 공급하는 존재로 간주한다는 점에서도 차이를 보인다.

6) 패권안정론에 대한 비판

크라즈너가 패권안정론의 시각에서 제대로 설명이 안 되는 예외적 현상(즉 국제레짐을 창출한 패권국의 쇠퇴에도 불구하고 국제레짐이 존속되는 현상)을 「종국적으로는 사라질 일시적인 관성(temporarily existing inertia which will perish finally)」 때문에 존재하는 구조적 변화와 국내 정책 사이의 「시차(time lag)」라는 개념을 가지고 일시적인 것으로 애써 설명하고 있는 것에서 볼 수 있듯이 패권안정론은 자체적으로 일정한 한계를 지니고 있다.

더불어 패권안정론이 국제체제의 구조적 특성(패권체제)이라는 체제 수준의 변수

---

211) 신자유주의적 제도주의의 패권안정론에 관한 보다 상세한 설명은 자유주의 패러다임의 신자유주의적 제도주의 이론 편을 참고하시오.

를 가지고 무역정책을 설명하고자 하면서 국내 변수를 가지고 그들의 설명을 스스로 수정하는 것으로부터도 패권안정론의 일정한 한계를 알 수 있다. 여기에서는 패권안정론에 가해지고 있는 여러 비판 중에서 가장 핵심적인 것만을 골라 소개하고자 한다.

(1) 패권 쇠퇴의 부인

패권안정론이 이론적으로 패권의 존재와 안정의 여부에 대해 논하면서 명시적 혹은 묵시적으로 그 당시에 미국의 패권이 쇠퇴하고 있다거나 미국의 패권이 쇠퇴하고 있을지 모른다는 진단을 내리고 있었다. 패권안정론의 논리적 적실성에 앞서 미국의 패권이 쇠퇴하고 있지 않다고 주장하는 학자들 가운데 가장 대표적인 학자로서 스트레인지(Susan Strange)의 패권안정론에 대한 비판을 살펴보면 다음과 같다.212) 그녀는 우선 패권안정론의 쇠퇴학파(school of decline)의 주장을 다음과 같이 요약하고 있다.

i) 미국의 권력이 쇠퇴해 왔다. ii) 강대국은 필연적으로 쇠퇴한다. iii) 미국 패권의 쇠퇴는 국제체제에 있어서 정치적 불안정과 경제적 무질서를 가져온다. 이에 대해 스트레인지는 다음과 같은 논리적 반박을 가하고 있다.

첫째, 미국의 국력은 쇠퇴하지 않았다. 「강대국의 흥망(The Rise and Fall of the Great Powers)」이라는 책을 쓴 케네디(Paul Kennedy)를 위시한 쇠퇴학파의 사람들은 강대국이 되기 위해서는 국가의 영토적 경계 내에 번창하는 제조업의 기반을 갖추고 있어야 한다고 보지만 스트레인지는 미국의 영토 밖에서의 활동도 강대국의 국력을 형성하는 요소로서 고려해야 한다는 점을 강조한다. 구체적으로 해외투자의 가장 큰 몫이 미국회사에 의해 행해지고 있다는 것과 같은 사실이 고려되어야 한다는 것이다. 스트레인지는 나아가 권력(power)을 가져다주는 것은 제조업과의 관련 여부와 관계없이 정보 관련 직종(information rich occupations)을 의미해야 한다고 주장한다.213)

둘째, 강대국은 필연적으로 쇠퇴하는 것은 아니다. 스트레인지는 강대국이 군사적으로 지나치게 확장했거나 사회적·정치적으로 경직되고 위험을 꺼리며 변화에 저항하게 되면 농업과 산업생산물 혹은 무역과 군사능력에서의 압도적인 우세를 잃

212) Susan Strange, "The Future of the American Empire," *Journal of International Affairs*, Vol. 42, No. 1 (1988), pp. 1-17.

213) 스트레인지는 다른 글에서 권력은 안보·생산·금융·지식의 네 가지 주요 요소로서 구성되어 있으며 이런 분야에서 미국은 아직 우월한 지위를 누리고 있다고 주장한다: Susan Strange, "The Persistent Myth of Lost Hegemony," *International Organization,* Vol. 41, No. 4 (Autumn 1987), pp. 557-574.

게 되며 이때 강대국은 쇠퇴하게 된다고 지적한 것을 패권안정론의 쇠퇴학파의 이론적인 공헌으로 간주한다.

그러나 스트레인지가 문제점으로서 지적하는 점은 이러한 결론이 단 하나의 역사적인 사례인 영국의 경험에서 유추한 것에 불과하므로 신빙성이 없다는 것이다. 미국과 영국을 비교하는 것은 다음과 같은 두 가지 이유에서 문제라고 본다.

우선 미국과 영국은 공통점보다는 다른 점이 오히려 많아 비교의 대상이 되기에 문제점이 많다고 본다. 1880년경을 기점으로 하여 영국의 경제가 쇠퇴한 것은 선진기술 특히 화학과 공학에 대한 무시 · 두 차례의 긴 파괴적인 전쟁 · 큰 영토적 제국을 운영한 섬나라로서의 영국이 2차 세계대전 후 식민지와 파운드 권(sterling area)의 시장에 의존하는 치명적인 실수라는 세 요인에 기인하는 것으로 본다.214) 결국 이러한 요인들이 수출산업과 다국적기업의 경쟁력에 재앙스러운 결과를 가져왔다고 본다.

이와는 달리 미국은 대규모의 비영토적 제국을 관리하는 대륙 국가로서 개방적인 세계경제를 통제할 능력에 대한 확신과 국내 반담합 정책(antitrust policy)에의 강력한 공약(commitment)이 다국적기업을 약화시키지 않았다고 본다.

영국과 미국을 비교하기에 문제가 되는 또 다른 이유는 지난 제국들의 역사를 연구해 보면 흥망에 표준적이고 일률적인 패턴이 없는데도 불구하고 패권안정론은 너무나 결정론적인 해석을 가하고 있다고 본다. 하나의 예로서 로마제국은 변화와 개혁을 통해 19세기의 유럽의 어떤 제국보다도 오래 지속되었다는 점을 제시하고 있다.

셋째, 경제적 무질서와 국제레짐의 쇠퇴 원인을 패권의 쇠퇴에서 찾는 것은 최근의 국제경제 역사를 분석해볼 때 사실과 다르며 국제정치경제에서의 권력의 구조적 분석에도 맞지 않는다. 재정과 금융상의 무질서를 적절히 설명하는 요인은 미국 패권의 쇠퇴가 아니라 국내적인 재정문제와 국제적인 재정문제에 관한 미국의 그릇된 관리정책이라고 본다.

나이(Joseph S. Nye, Jr.) 역시 미국 권력의 쇠퇴를 부인하는 학자 중 하나이다. 나이의 권력에 대한 개념은 현실주의 이론의 권력 개념 부분에서 자세히 논하고 있으므로 여기서는 간단히 설명하고자 한다.215) 나이는 한 마디로 미국이 설혹 강성권력

---

214) 두 차례의 긴 파괴적인 전쟁이란 구체적으로 1, 2차 세계대전을 말한다.

215) Joseph S. Nye, Jr., *Bound to Lead: The Changing Nature of American Power* (New York: Basic Books, 1990), p. 267. 헌팅턴 역시 나이와 마찬가지로 오직 미국만이 사회 · 문화적 그리고 이념적인 매력이라는 연성권력 자원을 지니고 있다고 본다: Samuel P. Huntington, "The U.S.-Decline or Renewal?" *Foreign Affairs,* Vol 67, No. 2 (Winter 1988/89), pp. 90-93. 레인(Christopher Layne)은 미국만이 연성권력 자원을 보유하고 있다는 나이와 헌팅턴의 주장을 세 가지 면에서 비판하고 있다. 우선 다른 사람들 역시 나이와 헌팅턴처럼 미국의 문화와 이념을 긍정적으로 본다고 결코 단정할 수

(즉 군사력과 경제력) 면에서 상대적으로 쇠퇴했다 하더라도 문화·이념·제도 등을 통해 발휘할 수 있는 리더십과 같은 연성권력(soft power) 면에서는 여전히 패권적인 위치에 있다고 본다.

러셀(Bruce Russett)은 미국이 권력의 기반(power base)이라는 측면에서는 상대적으로 쇠퇴했다고 해도 결과에 대한 통제(control over outcomes)라는 측면에서는 여전히 패권국의 지위를 유지하고 있다고 본다.216)

(2) 패권의 존재와 자유무역 질서의 무관

패권의 존재와 자유무역 질서의 상관관계를 부정하는 대표적인 학자로서 로즈크랜스(Richard N. Rosecrance)와 레이크(David Lake)의 견해를 살펴보고자 한다. 우선 로즈크랜스는 자유무역이란 패권국이 없이도 성공적으로 작동할 수 있으며 관세·무역에 관한 일반협정(GATT)과 같은 국제레짐을 꼭 필요로 하는 것도 아니라고 주장한다. 다시 말해 무역을 하는 국가들 사이에서는 대화와 협상을 통해 자발적으로 이익을 수렴하는 것이 가능하므로 자유무역을 관리하거나 규제하기 위한 별도의 기제가 필요하지 않다고 본다.

레이크도 국제체제의 패권적 구조가 필연적으로 자유무역의 결과를 가져오는 것이 아니며 패권국의 부재가 반드시 자유주의적 결과를 가져올 수 없는 것도 아니라고 결론짓고 있다. 그에 따르면 국제체제의 구조는 기껏해야 광범위한 범위의 국가행동에 대한 제약과 유인(constraints and incentives)을 설정하는 데에 그치고 이러한 제약과 유인을 어떻게 받아들이느냐는 국가마다의 해석에 달려 있다고 본다.

이러한 비판과 더불어 레이크는 「일국의 상대적 생산성」과 「일국이 세계무역에서 차지하는 몫(share)」이라는 2개의 독립변수를 가지고 자유무역을 기꺼이 추구하고자 하는 의지(willingness)와 자유무역을 추구할 수 있는 역량(capacity)을 설명하고자 했다.217)

없다. 미국의 인종적·경제적·교육적·사회적 문제가 미국에 대한 다른 사람들의 흠모를 훼손해왔다. 둘째, 강대국들이 자신들을 스스로 문화적 혹은 이념적 역할모델(role model)로 간주하는 것은 이상한 일이 아니다. 19세기 영국과 프랑스·1924년 이전의 독일·소련이 그 예이다. 셋째, 연성권력이란 다른 국가경영 도구들에의 유용한 보충물이 될 수 있다. 경성권력 능력(hard power capabilities)을 갖추고 있는 국가들은 그 국가들이 국경을 넘어 어필하는 아이디어를 대표하는지 안 하는지에 관계없이 강대국이다: Christopher Layne, "The Unipolar Illusion: Why New Great Powers Will Rise," *International Security,* Vol. 17, No. 4 (Spring 1993), pp. 8-9.

216) Bruce Russett, "The Mysterious Case of Vanishing Hegemony: or Is Mark Twain Really Dead?" *International Organization*, Vol. 39, No. 2 (Spring 1985), pp. 207-231.

217) David Lake, *Power, Protection, and Free Trade* (Ithaca, NY: Cornell University Press, 1988).

(3) 내재적 자유주의 타협의 산물

러기(John G. Ruggie)는 2차 세계대전 후의 국제경제 질서를 전적으로 미국의 권력의 관점에서 설명하지 않는다. 러기는 그 당시의 국제경제 질서를 자유주의적 다자체제(liberal multilateral system)를 원하는 미국과 좀 더 개입주의적 선호(interventionist preferences)를 지니고 있던 유럽 동맹국들의 「내재적 자유주의 타협(embedded liberal compromise)」으로 본다.218)

(4) 이슈 영역에 따른 패권의 제한적인 역할

보글러(John Vogler)는 우주와 대기권 그리고 해양이라는 이슈 영역의 연구를 통해 미국이 국제레짐을 포함한 국제제도의 창설자로서 어떤 적극적인 역할을 했다는 증거는 거의 혹은 전혀 찾아볼 수 없으나 몇몇 현존하는 제도를 견지하는 데 있어서 그리고 제도적인 변화를 꾀하는 새로운 제안을 저지하는 데 있어서 지배적인 세력으로의 역할을 했음을 지적하고 있다.219)

(5) 공공재 논리의 문제

웹과 크라즈너(M. C. Webb and Stephen D. Krasner)는 패권안정론을 경험적으로 검증하고자 한 시도들이 패권안정론의 적실성에 대해 일률적이고 단정적인 결론을 제공하고 있지 못하다는 결론과 더불어 패권국의 선의를 강조하는 이론들이 상대적 이득(relative gain)에 대한 국가들의 무관심을 전제하고 있어 문제라는 지적을 하고 있다.

---

218) 여기에서 「내재적 자유주의 타협」이란 주어진 공동체 내에서 경합하는 사회·경제 부문 간의 정치적 조화(political harmony)를 확실하게 하려는 방편으로 국내적 간섭을 허용하고 국제경제 질서의 점진적인 발전을 촉진하기 위해 제한적인 다자주의적 자유주의를 허용한 것을 주된 내용으로 한다: John G. Ruggie, "International Regimes, Transactions and Change: Embedded Liberalism in the Postwar Economic Order," *International Organization,* Vol. 36, No. 2 (1982), pp. 379-415. 참고로 러기의 「내재적 자유주의(embedded liberalism)」라는 개념은 20세기 중·후반의 브레튼우즈체제가 면하고 있는 국제사회를 설명하기 위한 개념으로서 자유주의의 핵심은 받아들이되 이를 국가라는 틀 안에 유지함으로써 자유주의를 통해 야기될 수 있는 부정적인 측면을 관리하자는 것이다. 즉 국가가 시장의 활동을 보호하는 동시에 통제하여 이를 통해 야기되는 문제를 관리하는 것을 의미한다. 이러한 개념이 등장하게 된 배경을 살펴보면 자유무역 이념이 산업화와 세계화를 가속하면서 그 결과 대공황과 세계대전을 초래했다. 이러한 것을 반복시키지 않기 위해 브레튼우즈체제를 출범시켰으며 이를 통해 자유무역과 투자를 강조함과 동시에 개별국가 차원에서 내부적으로 복지국가 달성을 용인해 주는 2가지 목표의 타협이 필요했다. 이러한 경향을 「내재화된 자유주의」·「개입적 자유주의」·「제한적 자유주의」·「규제된 자유주의」 등으로도 칭한다. 이를 한 마디로 국제적인 자유주의와 국내적인 자율성의 병존을 의미한다.

219) John Vogler, "Regimes and the Global Commons: Space, Atmosphere and Oceans," in Anthony G. McGrew and Paul G. Lewis et al., eds., *Global Politics: Globalization and the Nation State* (Cambridge, UK: Polity Press, 1992), p. 128.

다시 말해 선의의 패권국을 전제하고 있는 공공재 논리는 모든 국가가 패권국이 제공하는 공공재로부터 절대적 이득(absolute gain)을 얻을 수 있어서 패권국을 수용하고 협력한다는 논리를 전개하면서 패권국이 아닌 국가들이 패권국이 쇠퇴할 때 패권국을 떠받들어야 한다는 논리를 전개하나 이는 무정부 상태에서 오늘의 동맹이 내일의 경쟁자가 될지 모르는 우려를 하는 국가들이 상대적 이득에 민감하지 않을 수 없다는 것을 간과했다는 것이다.[220]

스나이덜(Duncan Snidal)도 패권국의 선의를 강조하는 이론을 비판하고 있는데 구체적으로 공공재를 공급하는 데 있어 단일한 행위자가 필요하다는 패권안정론의 논리를 비판하고 있다.[221] 만약에 패권국이 아닌 특권적인 하위그룹(privileged sub-group)에 속하는 국가들이 다른 국가들로부터의 협력이 없이도 공공재를 공급함으로써 이득을 얻는다면 공공재는 이런 방식으로도 공급될 수 있다는 것이다.[222]

(6) 국내 변수의 필요

해거드(Stephan D. Haggard)는 패권국의 악의를 강조하는 이론을 비판하면서 이 이론이 패권국의 이익을 패권국의 권력상 위치로부터 연역해내는 문제성을 지니고 있다고 본다. 즉 패권안정론은 패권국이 여타 국가와의 권력 면에서의 커다란 격차를 이용할 것이라는 가정하에 패권국이 강제적인 행동을 취할 것이라고 보지만 이러한 가정은 역사적인 사실과도 잘 맞지 않는다고 지적한다. 그에 따르면 미국의 상대적 권력이 가장 정점을 이루고 있었던 2차 세계대전 후 20년간 미국은 자유주의 규범의 쇠퇴를 인내했으며 미국은 자신이 권력이 쇠퇴한 때에 있어서만 상호성(reciprocity)을 고집했다는 것이다.

해거드는 만약 「패권국이란 공공재를 공급하는 데 이해관계를 지닌 국가」라고 순환론적으로 정의하지 않는다면 패권국이 공공재 공급의 유인을 갖지 않는다는 것이 이론적으로 가능하며 이것이야말로 바로 패권안정론자인 킨들버거가 말한 바의 것이라는 것이다. 즉 미국은 패권국의 위치에 있었으나 국내 정치적 이유로 인해 지도력을 떠맡으려 하지 않았다는 것이 바로 이를 입증한다는 것이다.[223]

---

220) M. C. Webb and Stephen D. Krasner, "Hegemonic Stability Theory: An Empirical Assessment," *Review of International Studies,* Vol. 15, No. 2 (1989), pp. 183-198.

221) Duncan Snidal, "Limits of Hegemonic Stability Theory," *International Organization*, Vol. 39, No. 4 (Autumn 1985), pp. 579-614.

222) 집단행동 이론은 소그룹(small group)에 의한 공공재 공급을 배제하고 있지 않기 때문에 어떤 비패권적 체제 역시 자유주의적 무역 질서를 이룰 수 있다고 본다: Mancur Olson, *The Logic of Collective Action: Public Goods and the Theory of Groups* (Cambridge, MA: Harvard University Press, 1971).

223) Stephan D. Haggard, "Structuralism and Its Critics: Recent Progress in International Theory," in

같은 맥락에서 해거드와 시몬스(Stephan D. Haggard and Beth A. Simmons)는 국제체제의 권력 배분의 특징인 패권 구조의 분석만을 통해 국제레짐의 역동성을 설명할 수 없다고 보고 이러한 구조적 이론인 패권안정론은 국내 정치 변수를 고려하는 방향으로 나가야 한다고 본다. 즉 국제레짐의 역동성을 잘 이해하기 위해서는 국내 정치과정에 대한 이론이 필요하고 여기에서 더 나아가 국내적-국제적 수준을 연계해 주는 이론이 필요하다고 주장한다.[224)]

코헤인(Robert O. Keohane)은 1980년의 논문에서 3가지 이슈 영역(즉 에너지 이슈 영역·통화 이슈 영역·무역 이슈 영역)을 살펴본 후 「권력이란 대체성이 있는 자산이 아니며 국가가 영향력을 행사하려 하는 맥락에 따라서 차별화되어야 한다(Power is not a fungible asset, but has to be differentiated according to the contexts in which a state tries to be influential)」는 것을 강조했다. 나아가 그는 미국의 권력 변화는 무역과 통화 영역에서 일어난 변화를 설명하기에 불충분하므로 이의 적절한 설명을 위해서는 국내의 정치적·경제적·문화적 요인을 도입하여 보충할 필요가 있다고 본다.[225)]

국제정치를 설명하면서 주관적인 인식이라는 국내적인 요인을 강조하는 인식론적 접근법(cognitive approach) 역시 패권안정론이 신자유주의적 제도주의 이론과 마찬가지로 국제협력을 설명하는 데 있어서 국내 변수를 고려하지 않는다고 비판한다. 이러한 비판은 초정부적 요인과 관료 정치적 요인 등을 통해 국제협력을 설명하는 이론 등에 의해서도 제기된다.

Emanuel Alder and Beverly Crawford, eds., *Progress in Postwar International Relations* (New York: Columbia University Press, 1991), pp. 403–437.

224) 이들은 또한 이러한 구조주의적 접근법이 국제레짐을 유지하기 위한 패권국의 역할에 대해 명확하지 않다는 점을 지적하고 있다. 즉 앞서 보았듯이 국제레짐을 유지하기 위해 강제적 리더십이 필요한 것인지 아니면 국제적인 공공재의 제공이 필요한지에 대해 엇갈린 주장이 제기되고 있다는 점을 지적하고 있다. 이들은 대부분의 국제레짐이 순수한 공공재를 제공하지 않는다고 본다. 즉 약소국이 배제된 강대국만의 이익을 위한 국제레짐이 많다는 지적이다: Stephan D. Haggard and Beth A. Simmons, "Theories of International Regimes," *International Organization*, Vol. 41 (Summer 1987), pp. 491–517.

225) Robert O. Keohane, "The Theory of Hegemonic Stability and Changes in International Economic Regimes, 1967–1977," in Ole R. Holsti, Randolph Siverson and Alexander L. George, eds., *Changes in International System* (Boulder, Colorado: Westview Press, 1980), pp. 131–162.

4. 그리코의 상대적 이득 이론

1) 등장 배경

앞서 살펴보았듯이 현실주의(특히 신현실주의)는 무정부성을 특징으로 하는 국제체제의 구조 속에 국가들은 생존을 일차적인 목표로 할 수밖에 없고 국가들은 이를 위해 자력구제의 원칙에 따라 움직이면서 권력의 극대화든 권력의 적정화든 상대적 권력(relative power)의 우위를 추구하게 된다고 본다.

무정부적 국제체제 구조의 특징으로 인해 다른 국가들의 미래 의도를 서로 모르고 오늘의 친구가 내일의 적이 될 수 있는 상황 속에 국가들은 서로를 불신하게 되면서 「우리 둘 다가 이득을 취할 것인가? (Will both of us gain?)」가 아니라 「누가 좀 더 많은 이득을 취할 것인가? (Who will gain more?)」를 묻지 않을 수 없게 된다. 즉 국가들은 자신보다 상대방에게 유리할 수 있는 가능한 이득의 배분에 대해 우려하게 된다. 이 때문에 국가 간 협력은 어렵게 된다. 다른 한편 국가들은 무역이나 다른 협력을 통해 상대방 국가에 의존적으로 되는 것을 우려하게 되어 협력을 꺼리게 된다고 본다.[226]

이러한 신현실주의적 관점은 공유자원의 비극(tragedy of commons) 논리 · 집단행동 이론(collective action theory) · 죄수의 딜레마(prisoner's dilemma) · 비겁자 게임(chicken game) · 사슴사냥(stag hunt)의 논리로 구체화되어 국제협력이 어렵다는 것을 설명하고자 한다. 특히 공격적 현실주의의 경우는 공유자원의 비극이란 무정부성을 특징으로 하는 국제체제에서 국가들로서 피할 수 없는 결과물로 간주한다.

신현실주의 이론이 기본적으로 국제협력이 어렵다는 주장을 전개하나 그것이 전부는 아니다. 신현실주의 이론은 제2차 세계대전 이래로 자발적인 국제협력이 급격하게 증가하고 있을 뿐 아니라 그 중요성이 점차 증대하고 있는 현실을 전혀 도외시할 수 없었다. 국제체제의 구조적 특징을 가지고 국제관계를 설명하고 예측하고자 하는 신현실주의 전통을 유지하면서 이러한 협력을 설명하고자 하는 이론적인 시도가 두 가지 방향에서 이루어졌다.

그중 한 가지 이론적 시도가 앞서 살펴본 길핀이 중심이 되어 제시한 패권안정론이다. 패권안정론은 지배적인 물질적 능력(경제력과 군사력)을 소지한 패권국이 존재할 때 국제레짐을 포함한 국제제도가 생성되고 이를 바탕으로 국제질서가 안정되고

---

226) Kenneth N. Waltz, *Theory of International Politics* (Reading, Mass.: Addison-Wesley, 1979), pp. 105-106.

국제협력이 촉진된다고 본다. 패권국은 경제력을 동원하여 자신이 추구하는 국제제도에 타국들이 참여하도록 유인을 제공하거나 군사력과 같은 물리적 강제력을 통해 참여를 강제할 수 있다는 논리이다. 이 이론에 따르면 패권국가의 힘이 다른 국가와 대등해질 때 국제제도가 쇠퇴하면서 국제협력과 국제질서가 가장 어려워진다.

패권안정론은 안보가 아닌 이슈 영역에서의 협력 가능성을 주장한다. 이러한 주장의 근본에는 국가란 안보를 유지하는 것 이외에 부(wealth)를 극대화하는 것에 관심을 두고 있다는 것이 전제되어 있다. 한 마디로 패권안정론은 자원을 투입할 능력과 의지를 지니고 있으며 경제 질서와 같은 것이 작동시키는 데 필요한 비용 등의 부담을 떠맡을 수 있는 강력한 하나의 국가가 협력을 촉진할 수 있는 능력에 초점을 둔다. 패권국이 이러한 역할을 기꺼이 하고자 하는 이유는 이러한 협력이 불균형적으로 패권국에 이익을 가져다주기 때문이다. 대표적인 예 가운데 하나는 제2차 세계대전 이후에 미국이 브레턴우즈 체제(Bretton Woods system)를 창출하고 유지하는 것을 도운 경우이다.

또 다른 이론적 시도가 그리코(Joseph Grieco)라는 학자가 제시한 상대적 이득(relative gain)과 절대적 이득(absolute gain)에 대한 이론이다. 앞서 언급했듯이 왈츠는 이미 무정부적 국제체제에서 국가들이 관심은 협력을 통해 얻는 것이 아니라 얻는 것의 배분문제라고 논의한 바 있는데 이 당시 이러한 논의가 체계적인 주목을 받지 못했고 간과되었다.

그리코는 1980년대에 국제체제의 무정부성하에서의 국제협력을 둘러싸고 신현실주의 이론과 신자유주의적 제도주의 이론 간에 치열하게 전개된 치열한 논쟁 속에서 신현실주의 편에 서서 신자유주의적 제도주의 이론의 문제점을 지적했다.[227] 이러한

227) 상대적 이득과 절대적 이득을 중심으로 국제협력에 대한 논쟁을 벌인 주요 학자들과 그들의 저술은 다음과 같다: Robert O. Keohane, *After Hegemony: Cooperation and Discord in World Political Economy* (Princeton: Princeton University Press, 1984); Robert Powell, "Absolute and Relative Gains in International Relations Theory," *The American Political Science Review*, Vol. 85, No. 4 (December 1991), pp. 1303-1320; Robert Powell, "Anarchy in International Relations Theory: The Neorealist-Neoliberal Debate," *International Organization*, Vol. 48, No. 2 (Spring 1994), pp. 313-344; Joseph M. Grieco, "Anarchy and the Limits of Cooperation: A Realist Critique of the Newest Liberal Institutionalism," *International Organization*, Vol. 42, No. 3 (Summer 1988), pp. 485-507; Joseph M. Grieco, *Cooperation among Nations: Europe, America, and Non-Tariff Barriers to Trade* (Ithaca, NY: Cornell University, 1990); Duncan Snidal, "Relative Gains and the Pattern of International Cooperation," *The American Political Science Review,* Vol. 85, No. 3 (September 1991), pp. 701-726; John C. Matthews III, "Current Gains and Future Outcomes: When Cumulative Relative Gains Matter," *International Security,* Vol. 21, No. 1 (Summer 1996), pp. 112-146; David L. Rousseau, "Motivations for Choice: The Salience of Relative Gains in International Politics," *Journal of Conflict Resolution,* Vol. 46, No. 3 (June 2002), pp. 394-426.

논쟁의 과정에서 부차적으로 신현실주의 이론의 관점에서 협력이 가능한 특별한 조건을 언급했다.

구체적으로 신현실주의 이론의 등장은 신자유주의적 제도주의 이론의 등장을 촉발했는데 후자는 전자의 중요한 가정인 국제체제의 무정부성과 더불어 국가 중심성과 국가의 합리성을 대폭 수용하면서도 협력이 어렵다는 전자와는 반대로 국가 간 협력의 가능성을 주장했다. 이러한 후자에 대응하여 그리코는 상대적 이득 논리를 통해 협력이 어려운 이유를 체계적으로 제시함으로써 신현실주의 이론의 논리를 지키고자 했다.

2) 상대적 이득 이론의 주요 내용[228)]

그리코는 신자유주의적 제도주의 이론이 신현실주의 이론과 마찬가지로 국제체제의 무정부성을 가정하고 있으나 무정부성을 중앙정부의 부재로 인해 국가들의 생존이 위협을 받는 보호의 부재(lack of protection)로 인식하는 신현실주의 이론과는 달리 단순히 다른 국가들의 배신(cheating)에 대해 처벌을 할 수 없는 강제적 집행의 부재(lack of enforcement) 정도로 잘못 인식하고 있다고 지적한다.

이와 더불어 그리코는 신자유주의적 제도주의 이론이 국가들 사이에 존재하는 국력 상의 차이를 무시하고 대등한 존재로 가정함으로써 국가들이 상대적 이득보다는 절대적 이득을 중요시한다는 그릇된 결론에 이르고 있다고 지적한다.

그리코는 국제제도가 무정부성에서 오는 안보딜레마를 약화시켜 협력을 가져올 것이라는 주장을 전개해 온 신자유주의적 제도주의 이론의 가정에 대한 이러한 비판을 바탕으로 무정부성을 특징으로 하는 국제체제에서 국가들은 절대적 이득보다 상대적 이득에 더 관심을 가질 수밖에 없으므로 협력이 기본적으로 어렵다고 주장한다.

그리코는 신현실주의 부류에 속하는 학자로서 협력이 일반적으로 어렵다는 견해를 견지한 가운데 절대적 이득과 상대적 이득이라는 개념을 통해 왈츠의 논의를 진전시켰으며 이러한 논의를 통해 협력의 가능성을 아주 제한적이지만 열어 놓고 있다.

구체적으로 무정부적 세계에서 협력을 통해 절대적 이득이 생성된다고 해도 이러한 이득이 국가 간에 어떻게 배분될 것인가에 민감할 수밖에 없어 상대적 이득의 여하에 따라 협력의 여부를 결정하게 된다. 즉 공동의 이득이 상대방에게 유리하게 배분되는 것이 자국에 미래의 위험을 불러올 수 있다고 보아 상대적 이득에 민감하

228) Joseph M. Grieco, "Anarchy and the Limits of Cooperation: A Realist Critique of the Newest Liberal Institutionalism," *International Organization,* Vol. 42, No. 3 (Summer 1988), pp. 490–491.

지 않을 수 없다고 본다. 이러한 이유로 국가 간에 협력이란 발생하기 쉽지 않다는 점을 강조한다.

동시에 그리코는 상대적 이득이란 논리의 자연스러운 귀결로서 협력이란 협력을 도모하기 전의 힘의 균형이 유지되는 배분이 확보될 때는 일어날 수 있다고 본다. 이러한 경우를 우리는 흔히 냉전기에 미소 간에 체결되었던 전략무기제한협상(Strategic Arms Limitation Talks, SALT)에서 볼 수 있다.[229]

그리코는 이러한 점에서 신현실주의 이론이 국제제도를 통한 협력의 가능성을 강조하는 신자유주의적 제도주의 이론을 거부하는 것이 아니라 그 이론을 조건 짓는다고 강조한다. 이러한 그리코의 주장에는 안보와 경제를 분리할 수 없다는 전제가 깔려있다.

3) 상대적 이득 이론에 대한 평가

그리코의 상대적 이득 이론은 국제협력의 낙관적 전망과 비관적 전망뿐 아니라 성공적인 국제협력의 조건과 관련하여 많은 논쟁을 불러일으켰다. 이러한 논쟁은 한편 상대적 이득 이론이 지닌 논리상의 문제점을 둘러싸고 전개되기도 하고 또 다른 한편 상대적 이득 이론의 예측과 다른 실질적인 경험적 사례를 바탕으로 전개되었다. 이러한 국제협력을 둘러싼 이론적 논쟁과 경험적 논쟁은 대단히 중요한 의미를 지닌다. 이는 국제협력이 국제정치에 있어서 가장 중요한 관심사이고 주제이기 때문이다. 여기에서는 그리코의 상대적 이득 이론에 대한 평가를 중심으로 국제협력과 관련한 논의를 일별해 보고자 한다.

(1) 미어샤이머

신현실주의자인 미어샤이머(John J. Mearsheimer)는 협력이 어려운 이유로서 국제체제의 무정부성이 가져다주는 상대적 이득에 대한 국가들의 예민성과 더불어 배신(cheating)에 대한 우려를 언급하고 있다.[230] 이러한 맥락에서 미어샤이머는 신자유

229) 신현실주의 이론의 경우 기본적으로 국제협력이 어렵다는 견해를 견지해오고 있는데 패권안정론과 상대적 이득 이론은 각각 예외적인 조건인 패권국이 존재할 경우와 협력하기 전의 권력의 균형이 확보되는 때에 국한하여 협력이 가능할 수도 있다고 본다. 갈등만을 강조하는 원래의 신현실주의 이론이 국가들 사이에 증대하는 협력을 적극적으로 설명하고 있는 신자유주의적 제도주의 이론에 대응하여 국제협력을 설명하기 위해 소극적인 변신을 한 것이 패권안정론과 상대적 이득 이론이다. 그러나 이러한 변신에도 불구하고 이들은 국제체제의 무정부성이라는 상수와 권력의 배분이라는 변수를 통해 국제관계를 설명하고자 하는 원래의 신현실주의의 특징을 버리지 않았다.

230) 그리코도 협력의 장애요인으로서 상대적 이득의 문제와 더불어 배신의 문제를 언급하고 있음에도 불구하고 협력을 가져오기 위한 조건으로서 이득의 형평성 있는 배분만을 언급함으로써 배신의 문제보다는 상대적 이득의 문제에 집중하고 있다고 보인다.

주의적 제도주의 이론이 국제제도가 배신의 문제를 해결하는 것을 도움으로써 협력이 가능해진다고 주장하나 또 다른 협력의 중대한 장애물인 상대적 이득에 관해 고려하지 않는다고 비판을 가하고 있다. 미어샤이머는 이러한 자신의 논리에 따라 협력 이전의 권력 배분을 반영하고 배신의 우려를 해결할 때 협력이 일어날 수 있다고 본다. 다른 국가들의 생존을 위협하는 강력한 국가에 대한 세력균형의 필요에 따른 협력으로서 군사동맹의 결성을 언급하고 있다.231)

(2) 볼드윈

볼드윈(David Baldwin)은 그리코의 상대적 이득 이론이 어떤 유형의 이득이 중요하고 어떠한 맥락에서 이들이 중요한 것인가에 관해 구체적인 언급을 하고 있지 않다는 문제를 제기한다. 볼드윈은 이득이라는 것 모두가 반드시 대체성이 있는 것은 아니므로(즉 한 부문에서의 이득이 반드시 다른 부문으로 전환되는 것만은 아니므로) 모든 상대적 이득이 다 중요한 것은 아니라고 본다. 볼드윈은 경제 부문과 환경 부문에서의 협력이 이러한 예에 속한다고 지적하고 이들 부문에서의 이득이 권력으로 전환된다는 것이 전적으로 명백한 것은 아니라고 본다.232)

(3) 루소와 파월

구성주의 국제정치 이론가들은 신현실주의 이론이 국가들이 상대적 이득을 추구한다고 하고 신자유주의적 제도주의 이론은 절대적 이득을 추구한다고 함으로써 국가들의 이러한 선호(preference)가 사전에 결정되어 주어진 것으로 간주하는 것을 비판한다. 구성주의는 역사적인 경험적 사례들을 볼 때 국제체제의 무정부성이 필연적으로 상대적 이득에 대한 우려를 발생시키는 것은 아니라고 본다. 구성주의에 따르면 상대적 이득이나 절대적 이득에 관한 국가의 선호란 국가의 정체성과 이익의 지속적인 재구성(re-construction)의 과정에서 만들어진다고 본다.

구성주의 국제정치 이론가인 루소(David L. Rousseau)는 현실주의 이론이 국가가 상대적 이득에 집착하여 협력이란 국제관계에서 규범이라기보다 예외라고 가정하고 신자유주의적 제도주의 이론이 많은 상황에서 국가는 절대적 이득의 동기에 의해 행동한다는 가정을 검토하고 상대적 이득의 현저성(salience of relative gain)은 개인의 믿음 · 적의 성격(nature of the opponent) · 상황의 맥락(context of the situation)에 따

231) John Mearsheimer, "The False Promise of International Institutions," *International Security*, Vol. 19, No. 3 (1995), pp. 12-13.

232) David Baldwin, ed., *Neorealism and Neoliberalism: The Contemporary Debate* (New York: Columbia University Press, 1993).

라 달라진다고 주장한다. 이와 더불어 개인은 종종 공평(equity)과 같은 대안적인 순수한 전략을 선택하거나 이득의 영역에서는 상대적 이득을 택하고 손실의 영역에서는 절대적 이득을 택하는 혼합 전략을 선택한다고 주장한다.233)

파월(Robert Powell)은 구성주의적 입장에서 국제체제의 무정부성이 곧바로 국가들의 상대적 이득이나 절대적 이득에 관한 선호를 사전에 결정한다고 가정하는 신현실주의 이론과 신자유주의적 제도주의 이론의 문제점을 지적한다.234) 구체적으로 그는 국제체제의 무정부성과 국가들이 직면하는 국제적인 환경(international environment)에서 오는 제약이 결합하여 국가들의 상대적 이득이거나 절대적 이득에 대한 선호에 영향을 미친다고 본다.235)

(4) 스나이덜

스나이덜(Duncan Snidal)은 기본적으로 상대적 이득에 관한 관심이 커지면 협력은 더욱 어려워진다는 그리코의 가설을 수용하는 한편 이러한 상대적 이득의 현저성에 변이를 가져다주는 조건을 제시하고자 했다. 그에 따르면 상대적 이득은 작은 수의 국가가 가장 중심적인 국제적인 행위자일 경우에 협력의 패턴에 영향을 미칠 수 있으나 일반적으로 국가의 수가 증가하면 상대적 이득의 문제가 완화된다고 주장한다. 구체적으로 경쟁적인 국가의 수가 둘보다 많으면 상대적 이득의 현저성이 줄어든다고 본다.236)

(5) 그룬딕

그룬딕(Frank Grundig)은 상대적 이득 이론을 배제성 재화(excludable goods)의 문제인 국제무역 문제의 협력과 비배제적 재화(nonexcludable goods)의 문제인 오존층 파괴 및 기후변화와 같은 전 지구적인 환경문제의 협력에 적용하고 무역과 오존층 파괴 문제에서의 협력의 수준이 기후변화 문제를 해결하기 위한 협력의 수준보다 훨씬 높았다는 연구 결과를 제시하고 기후변화의 사례가 신현실주의 이론의 주장인 국가가 상대적 이득에 민감하다는 주장에 부합한다는 결론을 도출한 바 있다.237)

---

233) David L. Rousseau, "Motivations for Choice: The Salience of Relative Gains in International Politics," *Journal of Conflict Resolution*, Vol. 46, No. 3 (June 2001), pp. 394-426.

234) 참고로 파월은 무정부성을 강제할 수 있는 공동정부의 부재로 정의하고 있다.

235) Robert Powell, "Absolute and Relative Gains in International Relations Theory," *American Political Science Review*, Vol. 85, No. 4 (December 1991), pp. 1303-1320.

236) Duncan Snidal, "Relative Gains and the Pattern of International Cooperation," *American Political Science Review*, Vol. 85, No. 3 (September 1991), pp. 701-726.

237) Frank Grundig, "Patterns of International Cooperation and the Explanatory Power of Relative Gains: An Analysis of Cooperation on Global Climate Change, Ozone Depletion, and

(6) 부쉬와 라인하트

부쉬와 라인하트(Marc L. Busch and Eric R. Reinhardt)는 협력의 일방이 타방을 대상으로 한 전략이 충분히 보복적인 한 상대적 이득의 우려 속에서도 협력이 나타날 수 있음을 보여주는 컴퓨터 시뮬레이션의 결과를 제시했다. 이러한 결과에 근거하여 상대적 이득에 대한 더 큰 우려가 있다고 해도 국가 간 협력에 대한 전망이 반드시 제한되는 것은 아니라면서 신현실주의 이론이 신자유주의적 제도주의 이론에 가하는 비판이 과장되었다고 주장한다.238)

(7) 밀 너

밀너(Helen V. Milner)는 그리코의 상대적 이득 이론을 비롯한 국제협력에 관한 연구들이 방법론적으로 국제체제라는 분석수준에 집중하고 있으며 분석의 중심적 도구로서 게임이론을 사용하고 있다고 지적하면서 이러한 연구 방법의 성과와 한계를 포괄적이고 체계적으로 다음과 같이 지적하고 있다.239)

연구의 첫 번째 성과로 협력의 개념을 발전시켜 어떤 행동이 협력으로 간주되고 어떤 협력의 개념이 광범위하게 수용되었는가를 알 수 있게 되었다고 본다. 협력의 정의는「행위자들이 정책조정 과정을 통해 자신의 행동을 다른 행위자들의 실제 선호나 예상되는 선호에 조응할 때 생기는 것」이라는 코헤인의 정의가 가장 광범위하게 수용된다. 이러한 정의는 개개 행위자의 행동은 특정의 목적 지향적이라는 것이 가정되어 있고 협력은 행위자들에 이득이나 보상을 제공한다는 두 가지 중요한 요소로 구성된다.

연구의 두 번째 성과로 협력이 발생하는 방식의 제시를 들고 있다. 이러한 방식에는 가장 일반적인 방식인 명시적인 협상의 과정을 통해 이루어지는 방식과 명시적인 동의 없이 행위자들의 기대하는 바가 수렴함으로써 이루어지는 묵시적인 방식도 있다. 또한 신현실주의 계열의 패권안정론이 주장하듯이 강제에 의한 협력의 방식도 있다.

연구의 세 번째 성과로 협력이 발생할 수 있는 조건에 대해 다음과 같은 6종류의

International Trade," *International Studies Quarterly,* Vol. 50, No. 4 (November 2006). pp. 781–801.

238) Marc L. Busch and Eric R. Reinhardt, "Nice Strategies in a World of Relative Gains: The Problem of Cooperation under Anarchy," *Journal of Conflict Resolution*, Vol. 37, No. 3 (September 1993), pp. 427–445.

239) Helen V. Milner, "International Theories of Cooperation Among Nations: Strengths and Weaknesses," *World Politics,* Vol. 44, No. 3 (1992), pp. 466–496.

가설 군을 언급하고 이에 대한 평가를 제시하고 있다. 첫째, 절대적 이득과 상대적 이득 및 상호성 가설: 상대적 이득 가설과 절대적 이득 가설이라는 상충하는 가설이 병존한다. 그러나 절대적 이득 가설은 상호성(reciprocity)이나 보복(tit-for-tat)을 통해 절대적 이득을 극대화할 수 있다고 보기 때문에 상호성이나 보복과 결합이 된 절대적 이득 가설은 협력의 유일한 조건으로 이득의 균형 있는 배분을 주장한 그리코의 상대적 이득 가설과 다르지 않을 수 있다. 이렇게 볼 때 상충하는 두 종류의 가설 모두에 있어서 균형 있는 배분이 구체적으로 무엇을 의미하는가를 둘러싸고 논쟁이 존재하나 균형 있는 배분이라는 개념이 협력을 설명하는 데 중심적 역할을 한다.

둘째, 행위자의 수에 관한 가설: 집단행동 이론에 따르면 행위자의 수가 증가하면 협력의 가능성이 감소한다. 그러나 이러한 가설과 대척점에 있는 주장들이 다수 존재한다. i) 국가가 배신 이상의 것에 관한 우려(균형 있는 합의에 이를 수 있을 것인가에 관한 우려와 같은 우려)를 지닌다면 다수의 행위자가 협력에 더 나을 수 있다. 이는 다수 행위자의 존재가 교환과 이면 보상(side-payment)을 위한 좀 더 많은 기회를 제공하기 때문이다. ii) 다수의 행위자가 존재하면 그들이 지닌 특성에 기반한 일정한 기준을 가지고 이들을 여러 그룹으로 분리하여 그룹별로 조정을 통해 협력을 끌어낼 수 있다. iii) 좀 더 많은 행위자가 있는 세계에서보다 좀 더 적은 행위자가 있는 세계에서 손실을 볼 위험이 더 클 수 있는데 이는 좀 더 많은 행위자가 있는 경우 연합의 형성을 통해 자신을 보호할 가능성을 높일 수 있기 때문이다. 이처럼 대척점에 있는 가설에서 보듯이 행위자의 수와 협력의 관계는 일률적이지 않고 복잡하다.

셋째, 반복 가설: 이는 협력의 가능성이란 미래에 대한 기대에 달려 있다고 보는 가설로서 구체적으로 게임이 반복될 때 협력의 가능성이 커진다는 가설이다. 이는 지속적인 협력의 가치가 특정 시점에서의 배신이 주는 혜택을 능가하기 때문이라는 논리에 기초하고 있다. 그러나 이러한 반복된 게임에 의한 협력 가능성은 행위자가 미래에 예상되는 이득에 대한 평가절하(discount)의 비율에 달려 있다. 미래의 기대이득이 많이 평가절하될수록 협력의 가능성은 줄어들게 된다. 협력에 영향을 미치는 반복의 정도와 평가절하 비율은 행위자들에 따라 달라질 수 있으며 의사결정자들의 인식과 기대에 달려 있을 수 있다고 볼 수 있다.

넷째, 국제레짐 가설: 국제레짐은 배신의 문제 완화를 가장 중심적인 기능으로 하며 거래비용의 감소와 정보 불균형의 완화 등의 다양한 기능을 통해 국제협력을 촉진한다는 가설이다. 이러한 국제협력에 관한 국제레짐 가설에 대해 국제레짐이 협력을 촉진한다고 하나 국제레짐의 존재 그 자체는 국가들이 협력하겠다고 사전에 내린 일련의 결정들을 지칭한다는 주장이 있다. 즉 국제레짐 자체가 국가 간 협력의 산물로서 만약 국제레짐이 수립되기 전에 협력에 대한 합의가 이루어졌다면 국제레짐이 협력을 촉진했다고 할 수 없다. 이런 맥락에서 국제협력을 위한 국가 간 최초의 합의는 다른 요인에 의해 설명되고 이후에 만들어진 협력 장치의 강도와 지속성이 국제레짐에 의해 설명되어야 한다는 주장이다. 국제레짐 가설과 관련하여 관심을 두어야 하는 점은 만약 형평성(상호성) 있는 합의가 성공적인 협력에 관건이 된다면 이러한 형평성을 촉진하는 국제레짐의 기능이 중요하다는 것이다. 구체적으로 한 이슈 영역에서 국제협력을 가능하게 하는 국제레짐은 이슈 연계(issue linkage)와 이면 보상을 통해 형평성 있는 협상을 촉진함으로써 다른 이슈 영역에서의 국제협력을 가져오는 데 이바지할 수 있다고 본다.

다섯째, 인식공동체 가설: 인식공동체(epistemic community)는 정보제공이라는 주된 역할을 통해 협력에 영향을 미친다는 가설이다. 그러나 좀 더 세부적으로는 인식공동체가 협력을 출발시키기보다는 출발 이후의 단계에서 협력의 강도와 지속성에 영향을 미친다는 주장도 있다. 즉 국제레짐의 경우에 있어서와 마찬가지로 국가 간 최초의 협력을 위한 합의는 다른 요인에 의해 설명될 수 있고 이후의 협력 장치의 강도와 지속성은 인식공동체에 의해 설명될 수 있다는 주장인데 이 주장 역시 좀 더 실증적인 검토가 필요하다.

여섯째, 권력 불균등 가설: 이는 패권안정론이 주장하는 권력상의 불평등이 협력을 조성한다는 가설이다. 단일의 압도적 능력을 지닌 국가가 강제를 통해 자신에게 이익이 되는 국제협력을 가져온다는 가설과 더불어 패권국이 아닌 약소국이 오히려 좀 더 호의적인 이득을 얻는다는 가설을 입증하는 연구들이 병존한다.

밀너는 그리코의 상대적 이득 이론을 비롯한 국제협력에 관한 연구들이 최소한 다음과 같은 상호 연관된 두 가지 문제점을 지녀 국제협력의 이해에 심각한 제약을 가하고 있다고 주장한다. 하나의 문제는 가설의 전제가 된 가정인 국제체제의 무정부성에서 유래되고 또 다른 문제는 국내 정치에 대한 뚜렷한 무시에서 나오는데 이 모두 체제이론에 바탕을 두고 있어 생기는 문제라고 본다.

전자의 문제와 관련하여 밀너는 상대적 이득 가설이나 절대적 이득 가설 모두 국제체제의 무정부성 가정과 이러한 무정부성 가정으로부터 도출된 또 다른 일련의 가정들에 기초하고 있는데 실제에 있어 이러한 가정들은 국내 요인과 국제 요인으로부터 독립적이지 않은 것으로 본다. 예컨대 무정부성은 상대적 이득이 국가 행동의 동기가 되거나 절대적 이득이 국가 행동의 동기가 되도록 결정짓지 않는다는 것이다.

오히려 국가 행동의 동기는 국가의 국내적 특성과 이슈 영역의 다른 특징들에 달려 있을 수 있다고 지적한다.

후자의 문제와 관련해서 밀너는 국가들이 얻을 이득·「균형 있는 교환」이라고 했을 때 「균형」에 대한 개개 국가의 인식·개개 국가의 미래에 대한 기대와 미래라는 시간의 범위·유리한 결과를 가져오기 위해 전략을 구사할 수 있는 역량 등은 개개 국가의 상황에 의해 크게 조건 지워진다고 본다. 이러한 지적과 더불어 밀너는 미래에 있어 국제협력에 대한 이해에 커다란 진전은 국내 수준의 이론으로부터 올 것으로 본다.

(8) 상대적 이득 이론의 종합적 평가

상대적 이득 이론에 대한 평가를 종합해 보면 상대적 이득 이론은 국제체제 수준에서 일반화를 추구하는 이론으로서 국제체제의 무정부성으로부터 국가들의 상대적 이득 추구의 동기를 도출하고 있으나 국가의 동기는 밀너가 언급하고 있는 국가의 내적 요인과 함께 의사결정자의 신념체계와 상대적 이득에 대해 국가가 느끼는 민감성의 정도 등을 포함한 다양한 국내적 요인들의 영향을 받기 때문에 이러한 요인들에 대한 고려가 있어야 한다. 더불어 상대적 이득 추구의 동기는 이러한 국내 요인뿐 아니라 이슈 영역·이득의 유형·이득의 크기(특히 절대적 이득의 크기)·협상 상대방 국가의 상대적인 힘의 크기를 비롯한 협상 상대방 국가의 성격·상대적으로 더 얻게 되는 이득의 가치·국가들이 얻게 될 이득의 차이 정도·상대방의 미래의 의도에 관한 불확실성의 정도 등에도 영향을 받기 때문에 이 역시 고려되어야 한다.

국가의 행동이란 외부적으로 주어진 물적 구조에 의해 일방적으로 영향을 받는 것이 아니라 국가 간 상호작용을 통해 형성되는 정체성에 의해 규정되는 국가이익(혹은 선호)이 국가 행동의 방향을 결정짓는다고 보는 구성주의 이론은 국가가 상대적 이득을 추구할 것인지 절대적 이득을 취할 것인지는 국제체제의 무정부성에 달려 있지 않고 국가 간 상호작용을 통한 국가의 정체성과 이익의 지속적인 재구성(re-construction)에 달려 있다고 보아야 한다고 주장하는데 이러한 주장에도 관심을 두어야 한다.

이러한 제언과 더불어 상대적 이득 추구의 현저성을 완화하여 국제협력을 촉진하기 위한 전략에 관한 논의도 더 진전되어야 한다. 논란의 여지가 없는 것은 아니나 이러한 전략으로 행위자 수 늘리기를 비롯하여 이슈의 연계를 통한 협상과 이면 보상의 제공 그리고 절대적 이득의 크기 늘리기 등이 종종 언급되곤 한다.

이러한 비판 이외에 전망이론과 탈리아페로의 위험균형론 같은 신고전적 현실주의 이론들은 국가 행동의 동기는 상대적 이득의 추구가 아니라 상대적 손실(relative loss)의 회피라는 주장도 존재한다. 또 다른 신고전적 현실주의 이론의 하나인 공격-방어 균형이론은 공격-방어의 균형이 공격 쪽으로 기울면(즉 국가가 방어보다 공격에 우위를 둔다면) 국가들은 상대적 이득을 좀 더 우려하게 된다는 주장도 제기한다.240)

5. 미어샤이머의 신현실주의 이론(공격적 현실주의 이론)

1) 등장 배경

왈츠의 신현실주의 이론은 앞서 살펴보았듯이 1980년대 중반부터 여러 방면으로부터 격렬한 비판을 받아왔다. 이러한 비판 속에 기존 신현실주의 이론의 한계를 극복하기 위한 다양한 이론들이 신현실주의 이론 내부에서 제시되어 왔는데 그 가운데 하나가 앞서 살펴본 그리코의 상대적 이득 이론이고 또 다른 이론이 여기서 살펴볼 미어샤이머의 공격적 현실주의 이론이다.

여러 비판 가운데 왈츠의 신현실주의 이론에 더욱 본질적으로 가해진 비판은 역사를 통해 볼 때 많은 강대국이 과도 확장(overexpansion)을 해오고 있는데 기존의 신현실주의 이론으로는 이러한 현상을 제대로 설명할 수 없다는 것이다.241) 이러한 비판은 이러한 문제의 주된 원인을 왈츠의 신현실주의 이론이 세력균형을 지향하는 현상 유지적인 국가(status quo states)만을 상정하고 있다는 것으로부터 찾는다.

이러한 진단과 더불어 이러한 문제를 해결하기 위한 여러 시도가 이루어져 오고 있다. 그 가운데 하나가 바로 다음 절에서 살펴볼 신고전적 현실주의 이론의 등장이다. 신고전적 현실주의 이론의 처방은 국제체제의 구조라는 변수에 국내 변수를 매개변수로 하여 같은 국제체제 아래 다른 행동을 하는 국가가 존재할 수 있다는 것을 설명하고자 했다. 구체적으로 현상 유지적인 국가뿐 아니라 현상을 타파하려는 수정주의적 국가의 존재를 상정함으로써 왈츠의 신현실주의 이론이 가지고 있는 현상 유지편향(status quo bias)에서 벗어나고자 했다.242)

---

240) 이러한 부분은 신고전적 현실주의 편에서 상론하고 있다.

241) Peter Toft, "John J. Mearsheimer: An Offensive Realist between Geopolitics and Power," *Journal of International Relations and Development*, Vol. 8, No. 4 (2005), p. 401.

242) 현상 유지편향(status quo bias)이란 한마디로 의사결정 과정에서 새로운 결정을 내리기보다 현재 상태를 유지하려고 하는 경향을 의미한다. 이는 새로운 결정이 가져올지 모르는 결과의 불확실성 속에서 새로운 결정이 가져올 긍정적 결과보다는 부정적 결과를 더 크게 인식하고 변화를 거부하는 경향을 뜻한다.

왈츠의 신현실주의 이론이 지닌 현상 유지적인 편견을 이와는 다른 방식으로 극복하고자 한 시도가 있는데 그것이 바로 여기에서 집중적으로 살펴볼 미어샤이머(John J. Mearsheimer)의 공격적 현실주의 이론이다. 미어샤이머의 해법은 현상 타파적 국가의 행동을 단위 수준이 아닌 국제체제 수준에서 설명하고자 했다는 점에서 신고전적 현실주의 이론과 크게 구별된다.

중국이 부상하면서 보여주는 일련의 공격적이고 도발적인 행위 · 미국이 아시아 태평양 세력으로의 복귀선언 · 한미일 군사협력의 강화와 같은 대응으로 동북아시아의 국제정치가 급격하게 변화하면서 동북아시아가 냉전 시대 상황으로 복귀하는 것이 아니냐는 우려가 제기되고 있다. 미어샤이머의 공격적 현실주의 이론은 여전히 논쟁의 대상이 되고는 있지만 이러한 현실을 설명하고 예측하는 데 중요한 시사점을 던져주고 있다.

2) 미어샤이머의 공격적 현실주의 이론의 개관

미어샤이머의 공격적 현실주의(offensive neorealism) 이론은 왈츠의 신현실주의 이론을 「방어적 현실주의(defensive neorealism) 이론」이라고 특징화하고 국제사회의 실질적인 작동방식을 제대로 설명하지 못한다는 점을 비판하면서 그 대안으로 제시된 이론이다.[243)]

미어샤이머는 2001년 말에 「강대국 정치의 비극(The Tragedy of Great Power Politics)」이라는 제목의 책을 발간하면서 이전부터 가져온 그의 생각을 집약하여 무정부적 국제체제에서 강대국들이 왜 그리고 어떻게 행동하는가에 대해 질문을 던지고 이에 대한 답을 추구하면서 왈츠의 신현실주의 이론과 구별되는 이론적인 관점을 제시하고 역사적 자료를 통해 이를 입증하고자 했다.[244)]

미어샤이머가 이러한 질문에 대해 제시한 답의 핵심은 간단하다. 국제체제의 중심적인 권위의 부재를 의미하는 무정부성이 국가들에게 다른 국가들이 적대적인 의

243) 미어샤이머는 왈츠의 이론이 훌륭한 규범적 이론(normative theory)일지는 몰라도 훌륭한 서술적 이론(descriptive theory)은 아니라고 지적하고 있다: International Relations, "Conversations in International Relations: Interview with John J. Miersheimer (Part I)," *International Relations*, Vol. 20, No. 2 (2006), p. 111. 왈츠가 이론의 역할을 사실의 서술이 아닌 설명이라고 하면서 자신의 이론을 설명적인 이론으로 간주한 것을 고려해 볼 때 이론의 성격과 관련하여 왈츠의 생각과 미어샤이머의 생각에 차이가 존재함을 알 수 있다.

244) John J. Mearsheimer, *The Tragedy of great Power Politics* (Norton: W. W. & Company, Inc, 2001). 이러한 미어샤이머의 관점은 다음과 같은 그 이전의 논문들에서도 발견된다: John J. Mearsheimer, "Back to the Future: Instability in Europe after the Cold War," *International Security*, Vol 15, No. 1 (Summer 1990), pp. 5-56; John J. Mearsheimer, "The False Promise of International Institutions," *International Security*, Vol. 19, No. 3 (Winter 1994/1995), pp. 5-49.

도를 가지지 않으리라는 것을 확신할 수 없도록 만들기 때문에 다른 국가의 공격으로부터 생존을 확보하기 위해 항상 권력의 극대화(power maximization)를 공격적으로 추구하고 지배적인 지위의 국가인 패권국(hegemonic state)이 되려 한다는 것이며 이러한 사실에 바로 강대국 정치의 비극(tragedy of great power politics)이 내재해 있다고 본다.

그에 있어서 강대국 정치의 비극이란 구체적으로 평화롭게 사는 것에 만족하는 국가들마저도 국제체제의 무정부성으로 인해 무자비한 권력투쟁에 나서야 하며 자신의 생존에만 관심이 있을 뿐 서로 싸울 이유가 없음에도 불구하고 권력의 극대화를 통해 다른 국가들을 지배하려 함으로써 지속적인 안보 경쟁 상태를 일으키어 국제체제는 항상 갈등과 전쟁의 가능성을 지니고 있다는 것을 의미한다. 이처럼 미어샤이머는 왈츠와 비교해 훨씬 비관적이고 어두운 국제관계의 그림을 그리고 있다. 미어샤이머의 이론이 이처럼 국가의 공격적인 성향을 강조하기 때문에 「공격적 현실주의 이론」이라고 불린다.

3) 공격적 현실주의 이론의 가정

미어샤이머의 이러한 공격적 현실주의 이론의 논리는 그가 설정한 다음과 같은 5개의 가정에서 출발한다.[245] 공격적 현실주의 이론의 주요 내용은 이러한 가정에 기반하고 있기에 주의하여 살펴보아야 한다. 미어샤이머의 가정은 왈츠의 가정과 차이가 있어 비교해 보고자 하는데 왈츠의 경우는 국제체제의 무정부성과 국가의 일차적인 목표는 생존이라는 두 가지 가정만을 세우고 있는데 미어샤이머는 이것만으로는 부족하다 하면서 여기에 3가지 가정을 추가하고 있다.[246]

(1) 왈츠의 가정과 동일한 가정

① 국제체제의 무정부성

국제체제는 무정부 상태이다. 여기서 국제체제가 무정부 상태가 혼돈이나 무질서를 의미하는 것이 아니라 국제체제가 규칙을 집행하고 가해자를 처벌하는 중앙정부(즉 정부의 정부)를 가지지 않은 독립적인 국가들로 구성되어 있다는 것을 의미하는 것이다. 이러한 무정부 상태에서 국가들은 기본적으로 자국의 안보를 확보하기 위해

---

245) John J. Mearsheimer, *The Tragedy of great Power Politics* (Norton: W. W. & Company, Inc, 2001), pp. 30-31.

246) International Relations, "Conversations in International Relations: Interview with John J. Miersheimer (Part II)," *International Relations*, Vol. 20, No. 2 (2006), p. 231.

타국에 의존할 수 없으므로 자력구제(self-help)가 행동의 원칙이 된다.

② 국가의 일차적 목표는 생존

생존은 강대국들의 가장 일차적인 목표이다. 구체적으로 국가들은 그들의 영토의 일체성(territorial integrity)과 국내 정치 질서의 자율성을 유지하고자 한다. 일단 국가가 점령을 당하면 다른 목적을 추구할 위치에 있을 수가 없으므로 이러한 생존의 동기는 다른 동기를 지배한다.

(2) 왈츠의 가정에 추가된 가정

① 공격적 군사능력의 소지

강대국들은 항상 공격적인 군사능력을 소지하고 있다. 이러한 능력은 서로를 해할 수 있게 하고 나아가 서로를 파괴할 수도 있게 함으로써 국가들은 잠재적으로 서로에게 위험한 존재이다. 일반적으로 이 가정은 현실주의 이론이 명시적으로 수용하고 있는 핵심적인 가정의 하나는 아니다. 왈츠의 경우 이 가정을 명시적이지는 않으나 묵시적으로 수용하고 있다고 볼 수 있다.

② 타국 의도의 불확실성

무정부 상태에서 타국의 의도에 대한 불확실성은 피할 수 없기 때문에 국가들은 자신들을 향한 다른 국가들의 적대적 의도의 보유 여부를 확신하지 못한다. 구체적으로 무정부 상태에서 어떠한 국가도 다른 국가가 자신을 공격하기 위해 공격적인 군사능력을 사용하지 않을 것이라고 확신할 수 없기 때문에 모든 국가는 자신의 생존을 보장할 방법을 찾아야 한다.247)

③ 국가는 합리적 행위자

강대국들은 합리적인 행위자이다. 즉 강대국들은 외부 상황에 대해 전략적으로 생각하고 생존이라는 기본 목표를 극대화할 수 있는 전략을 선택하고자 한다. 강대국들은 자신들의 행동이 다른 국가 행동에 어떻게 영향을 미칠 것인가를 고려하고 다른 국가의 행동이 자신의 생존전략에 어떠한 영향을 미칠 것인가를 고려한다. 더 나아가 국가들은 그들 행위의 즉각적인 결과뿐 아니라 장기적인 결과에 대해서도 주의를 기울인다.

국가의 합리성에 대한 가정과 관련하여 방어적 현실주의 이론가인 왈츠는 국제체제의 구조를 가지고 국가의 행동·국가 간 상호작용·국제관계를 설명하는 구조

---

247) 여기에서 국가들이 필연적으로 타국에 대해 적대적인 의도를 지니고 있다고 말하는 것은 아니다.

주의적 이론의 경우 국가의 합리성 가정을 별도의 가정으로 필요로 하지 않는다고 주장하면서 행위자의 합리성 가정을 거부한다. 이와는 달리 미어샤이머는 합리성 가정을 별도의 명백한 가정으로 간주하는 차이를 보인다.

4) 공격적 현실주의 이론의 가설

미어샤이머가 제시하고 있는 가설은 크게 강대국의 패권 추구 가설 · 권력의 극대화를 위한 전략과 전략 선택의 요인에 대한 가설 · 전쟁의 원인과 발발 가능성에 대한 가설로 구분될 수 있다. 이들을 하나하나 살펴보면 다음과 같다.

(1) 강대국의 패권 추구 가설

① 강대국의 행동 일반

미어샤이머는 위에서 살펴본 가정으로부터 강대국의 행동을 추론하여 도출하고 있다. 그에 따르면 강대국은 무정부적 국제체제에서 생존하기 위해 방어적 현실주의 이론이 주장하는 적절한 수준의 권력을 통한 방어적인 세력균형이 아니라 권력의 극대화 즉 패권을 추구한다는 것이다. 이를 좀 더 구체적으로 살펴보면 다음과 같다.

미어샤이머가 주장하는 공격적 현실주의 이론의 핵심적인 내용은 왈츠의 방어적 현실주의 이론이 가지고 있는 현상 유지편향을 거부하는 것이다. 방어적 현실주의 이론에 있어서 국가들은 현존하는 세력균형을 유지함으로써 그들 각자가 국제체제에서 누리는 지위의 보존을 추구하는 현상 유지 국가이다. 즉 강대국들 대부분은 방어적 전략을 통해 기존의 세력균형을 유지함으로써 안보를 극대화하고자 한다.

방어적 현실주의 이론은 권력을 증대시켜 누리게 되는 안보의 증가는 비용이 이익을 종국적으로 능가함으로써 끝내 한계수익의 감소를 경험하게 된다고 보기 때문에 국가의 생존이 패권에 이르지 않은 어떤 지점에선가 확보될 수 있다고 생각한다. 방어적 현실주의 이론은 무정부 상태에서 국가들은 위협적으로 권력을 추구하는 국가들에 대항하여 균형에 관여하는 강한 경향을 지니기 때문에 권력의 극대화를 추구하는 국가는 거꾸로 생존 그 자체가 위태로워진다고 본다.

왈츠에 따르면 국가들은 무정부 상태에서 생존하기 위해 국제체제에서 패권을 추구하기보다는 세력균형 정치에 관여하게 된다. 즉 국제체제에서 강대국이 지배적인 행위자가 되려는 어떠한 시도도 부질없는 것이고 자국의 복지에 위험을 초래할 수 있다. 왜냐하면 이는 경쟁을 벌이는 다른 강대국들에 의한 세력균형의 대응을 유발하기 때문이다. 즉 국가들은 종종 좀 더 강력한 국가들에 대항하여 다른 국가들과 일시적으로 동맹을 맺거나 간혹 경제적이거나 군사적 수단이라는 일방적인 행동을 통해 세력균형을 추구하기 때문이다.248)

미어샤이머의 공격적 현실주의 이론은 이와는 대조적으로 앞서 언급한 세 개의 가정의 내용인 국제체제의 무정부성이라는 구조적 특성·강대국들의 공격적인 군사능력의 소지·국가들이 다른 국가의 의도와 행동을 예측할 수 있는 능력의 부재로 인한 불확실성이 합쳐져 서로를 두려워하게 만든다고 본다. 그리고 결코 떨쳐버릴 수 없는 이러한 두려움은 국가들에 경쟁국들보다 상대적으로 많은 권력을 가질수록 생존의 가능성이 좀 더 높아질 것이라고 인식하도록 만든다. 국가들은 생존의 가능성을 넘어 생존을 확실하게 보장받을 수 있는 수단을 찾게 되는데 이러한 수단은 바로 압도적인 권력을 가져 어떠한 국가도 심각하게 위협을 가할 수 없는 패권국이 되려고 한다는 것이다.249)

이처럼 공격적 현실주의 이론에 있어서 국가는 공격적인 의도와 행동을 지니고 권력의 극대화를 추구하는 존재로서 항상 현재의 상태(status quo)를 변경할 기회를 모색하며 기회가 있으면 이를 적극적으로 이용하려 한다는 것이다. 이처럼 국가들에 생존을 확실하게 하는 가장 좋은 방법이란 다른 강대국으로부터의 도전 가능성을 제거할 수 있는 패권국이 되는 것이기 때문에 국제체제에서 현상 유지 상태란 거의 찾아볼 수 없다. 즉 공격적 현실주의 이론에 있어서 국가들은 타국에 대한 군사적인 우위가 크면 클수록 좀 더 안전하므로 잠정적인 경쟁국보다 더 많은 권력을 획득함으로써 세력균형을 바꿔 궁극적으로 유일한 강대국인 패권국이 될 기회를 노린다. 한마디로 미어샤이머에게 있어서 강대국은 생존을 위해 권력을 공격적으로 무자비하게 추구하는 존재이다.

미어샤이머가 과도한 권력의 집중은 자멸적이며 균형을 위한 보복을 유발하게 되기 때문에 적절한 수준의 권력을 가져야 한다는 방어적 현실주의 이론의 주장을 비판하고 권력의 극대화를 추구하는 국가를 상정하는 이유는 안전을 확보하기 위한

---

248) 방어적 현실주의자들은 국제체제의 무정부성이 자멸적이며 균형을 위한 보복을 유발하는 과도한 권력의 집중을 피하고 온건하고 절제된 행동을 취하도록 고무한다고 본다. 이처럼 방어적 현실주의자들은 국제체제가 강대국의 과도한 확장에 대한 인센티브를 거의 제공하지 않는다고 보는데 실제에 있어서 세력의 불균형과 과도한 확장 등이 발생한다. 방어적 현실주의는 이러한 현상을 예외적인 경우로 보면서 엘리트의 신념체계와 인식을 비롯하여 지리와 공격-방어 군사적 균형 등과 같은 다양한 변수들을 가지고 설명하려 한다. 이러한 이론들이 뒤에서 살펴볼 신고전적 현실주의 이론(neoclassical realism theory)이다.

249) 미어샤이머는 패권국을 「체제 내의 모든 다른 국가들을 지배할 정도로 권력이 강력한 국가」로 정의하고 있다: John J. Mearsheimer, *The Tragedy of great Power Politics* (Norton: W. W. & Company, Inc, 2001), p. 40.

적절한 권력의 수준이 구체적으로 어느 정도인지 실질적으로 알기 어렵고 강대국 간에 장차 전개될 권력의 분포를 실질적으로 예측하기가 어렵다고 보기 때문이다.

미어샤이머가 주장하는 강대국의 권력 극대화 추구 성향과 관련하여 주의할 점은 강대국들은 생존을 확실하게 하려고 패권을 추구하나 이러한 패권의 추구가 무작정 무모하게 이루어지는 것은 아니라는 것이다. 이는 강대국은 합리적 행위자라는 그의 마지막 가정에 바탕을 두고 있다. 즉 합리적인 행위자로서 강대국은 기회가 생길 때에만 확장하고자 하나 이익이 확실하게 비용과 모험을 초과할 때 확장하며 방해를 받을 때 확장을 중지하고 좀 더 좋은 기회를 기다린다고 본다. 다시 말해 모든 강대국이 항상 공격적인 권력의 확장을 추구하는 것은 아니라는 것이다.

요약하자면 미어샤이머는 자신이 설정한 가정들을 바탕으로 강대국은 이익이 비용을 초과할 때마다 경쟁적이고 공격적이며 확장주의적인 정책을 채택한다고 본다. 구체적으로 국가는 경쟁국의 의도를 명확히 알 수 없고 경쟁국이 미래에 더 공격적으로 될 수도 있어 모든 강대국은 최악의 시나리오를 채택하여 확장을 통해 권력을 증가시키고자 함으로써 국제체제는 강대국 간에 높은 수준의 경쟁으로 점철된다고 진단한다. 나아가 공격적 현실주의자에게 공격적 행동은 종종 성공하고 정복은 종종 보상이 뒤따른다고 본다.

② 세부적인 운용 목표

미어샤이머는 가정으로부터 강대국들이 무정부성을 특징으로 하는 국제체제에서 생존하기 위해 권력의 극대화 즉 패권을 추구한다는 것을 도출한 후 이러한 목표를 달성하기 위해 강대국들이 추구하는 4가지의 세부적인 운용 목표(operational goals)를 제시하고 있다. 이들을 하나하나 살펴보면 다음과 같다.

첫째, 지역적 패권국(regional hegemon)의 추구. 미어샤이머는 강대국들이 패권국이 되려고 하나 해양을 가로질러 권력이 투사되는 데에 제약이 있으므로 전 지구적 패권국(global hegemon)이 되는 것이 실제로 불가능하다고 본다. 즉 강대국들이 해양에 의해 자신의 지역에서 분리되어 있는 지역을 점령하고 지배한다는 것은 불가능하다는 것이다.[250]

이 때문에 국가들은 전 지구적 패권국의 지위를 추구하는 대신에 그들 자신이 속해 있는 지역을 지배하는 지역적 패권국이 되고 이러한 지위를 유지하려 한다고 본

250) 미어샤이머는 세계의 대양은 이를 가로질러 권력을 투사하는 것을 가능하게 하지 않는다고 보고 이러한 힘을 「물의 저지력(stopping power of water)」이라고 부른다.

다. 미어샤이머는 이러한 자신의 논리가 지금까지의 역사상 전 지구적 규모의 패권국이 존재한 적이 없다는 사실로서 뒷받침이 된다고 본다. 미어샤이머는 전 지구적 패권이란 한 국가가 핵을 독점하는 경우에나 가능한데 이럴 가능성이 없다고 본다.

다른 한편 미어샤이머는 많은 강대국이 지역 패권국이 되려고 했으나 지역 패권국이 된 국가는 소수에 불과하다고 보며 나폴레옹 시절의 프랑스 · 빌헬름 2세 때의 독일과 나치 독일 · 냉전 시대의 소련과 미국을 이러한 지역 패권국으로 꼽는다. 그는 지역 패권국이 이렇게 소수에 불과한 이유를 지역 패권국이 되기 위해서는 같은 지역 내의 다른 경쟁국들에 비해 상당한 정도로 부유해야 하며 가장 강력한 군사력을 지녀야 하기 때문이라고 설명한다. 그는 현대 역사에서 지역 패권국으로 여전히 존재하고 있는 유일한 경우로서 미국을 꼽고 있으며 자신의 이론이 주장하는 바대로 미국은 지역 패권국으로서 유럽이나 동북아시아의 점령을 결코 심각하게 고려해 본 적이 없다고 설명한다.

미어샤이머는 강대국이 일단 지역적 패권국이 된 이후에는 다른 지역에 또 다른 지역 패권국이 등장하는 것을 막기 위해 세력균형을 촉진하는 정책의 시행을 목표로 하게 된다고 본다. 이는 강대국이 지역 패권국이 된 이후 역외 균형자(offshore balancer)로서 행동하게 된다고 본다.

미어샤이머는 강대국들의 상호작용을 세력균형으로 설명하는 방어적 현실주의 이론을 거부하나 일단 지역 패권국이 된 다음에 강대국은 현상 유지 국가가 된다고 하여 세력균형을 궁극적으로 수용하고 있다. 어쨌든 공격적 현실주의 이론이 국제체제에는 지역 패권국을 제외하고 현상을 유지하려는 강대국(status quo power)이 없다고 본다는 점에서 모든 국가를 현존하는 세력균형을 유지하려는 국가로 보는 방어적 현실주의 이론과 뚜렷하게 구분이 된다.

미어샤이머의 주장을 정리하자면 강대국들은 전 지구적 패권국이 되는 것이 불가능하므로 지역 패권국이 되는 것을 목표로 하며 일단 지역 패권국이 된 다음에는 다른 지역에서 다른 지역 패권국이 등장하는 것을 막기 위해 역외 균형자의 노력을 함으로써 강대국의 궁극적인 목표는 전 세계에서 하나밖에 없는 유일한 지역 패권국이 되는 것이다.

둘째, 최대한의 부(maximum wealth)의 추구. 강대국들은 경제력이 군사력의 주요한 전제 요건이므로 국가들은 세계의 부 가운데 그들의 몫을 극대화하는 것을 목표로 한다. 이는 최대한의 부의 확보가 자국민의 복지를 증진하는 역할을 하기도 하지만 다른 경쟁국에 대해 군사적인 우위를 획득하기 위한 믿을 수 있는 수단이기 때문이다. 따라서 강대국들은 때때로 세계에서 부를 창출하는 지역을 지배하고자 하며 그렇게 하지 못할 때 최소한 경쟁적인 강대국이 그러한 지역을 지배하려는 것을 저지하려고 노력한다.[251)]

셋째, 현저한 지상 병력(preeminent land power)의 추구. 지역적 패권을 달성하기 위해 강대국은 그들의 지역에서 가장 가공할 만한 지상 병력을 건설하는 것을 목표로 한다. 미어샤이머는 지상 병력을 영토의 점령과 통제에 필수적인 수단이라고 주장하면서 가장 중요한 강제의 수단으로서 중요시한다. 미어샤이머는 공군과 해군을 지상 병력을 지원하기 위한 병력으로 간주하는 특징을 보인다.

넷째, 핵의 우월성(nuclear superiority) 추구. 강대국들은 핵에 있어 다른 경쟁국을 압도하는 우월성 확보를 목표로 한다. 절대적인 핵의 우세를 달성한다는 것은 거의 불가능한 일이지만 미어샤이머에 따르면 강대국들은 다른 강대국의 핵 공격에 취약한 세상에서 사는 것에 만족하지 않는다. 상호 확실한 파괴(mutual assured destruction, MAD)가 가능한 세계에서 핵 공격의 위험은 매우 작지만 아무리 위험이 적다고 해도 위험은 실질적이기 때문이다.

(2) 권력의 극대화를 위한 전략과 전략 선택의 요인에 대한 가설

미어샤이머는 권력의 극대화라는 목표를 달성하기 위한 다양한 전략을 제시하고 어떤 요인이 어떤 전략을 택하도록 하는가에 대한 가설을 제시하고 있는데 이들을 살펴보면 다음과 같다.

① 권력의 극대화를 위한 전략

미어샤이머는 전략을 크게 두 가지로 구분하고 있다. 하나는 자신의 권력을 얻기 위한 전략(strategies for gaining power)이고 다른 하나는 침략자를 억제하기 위한 전략(strategies for checking aggressors)이다. 자신의 상대적 권력을 증가시키기 위해 사용되는 주요 전략에는 다음과 같은 것들이 있다.

첫째, 전쟁 전략(strategy of war). 전쟁은 2차 세계대전 이후 상대적 권력의 증대

---

251) 미어샤이머는 권력을 실질적 권력(actual power)과 잠재적 권력(latent power)이라는 두 가지 형태로 분류하고 있다. 실질적 권력이란 주로 지상 병력과 이를 직접적으로 지원하는 공군과 해군력에 내재해 있다고 본다. 잠재적 권력이란 인구의 크기와 부의 수준에 기초한 권력을 일컫는다. 강대국들은 경쟁국의 실질적인 권력에 상당한 주의를 집중하게 되며 아울러 그러한 국가들이 장악하고 있는 잠재적 권력에도 주의를 기울인다. 이는 잘살고 인구가 많은 국가가 일반적으로 강력한 군대를 건설할 수 있기 때문이다. 국가가 어느 국가가 그들의 생존을 위협할 수 있는가를 결정할 때 잠재적인 경쟁국의 의도가 아닌 공격 능력 즉 실질적 권력에 주로 집중한다. 왜냐하면 의도는 궁극적으로 알 수가 없기 때문이다. 생존을 우려하는 국가는 경쟁국의 의도에 대해 최악의 가정을 해야만 하기 때문이다.

를 위한 전략으로써 논란의 대상이 되어 오고 있다. 상호전멸의 위험이 큰 핵전쟁에서 승리란 감내하기 힘든 손실을 동반하는 「피로스의 승리(Pyrrhic victory)」가 되기 때문인데 이에 따라 강대국 간 전쟁의 가능성은 적다고 본다.[252] 그러나 그렇다고 해서 전쟁의 가능성이 완전히 제거되는 것은 아니다. 즉 월남전과 한국전에서 보듯이 강대국 간의 직접적인 전쟁은 아니나 대리전(proxy war)의 형태로 전쟁은 존재해 오고 있기 때문이다.

전쟁은 많은 대가를 지불해야 함에도 합리적 행위자로서의 강대국들은 혜택이 비용을 초과한다면 전쟁을 개시하는 선택을 할 수 있다. 전쟁에서 이긴다면 경쟁상대 국가를 강대국의 지위로부터 물러나게 하여 자신을 좀 더 안전하게 만들 수 있기 때문이다.

둘째, 공갈 협박 전략(strategy of blackmail). 이는 권력을 사용하겠다는 위협을 가함으로써 경쟁 강대국으로부터 양보를 얻어내는 전략이다. 그러나 경쟁 강대국도 싸우고 방어할 수 있는 군사적 수단을 구비하고 있어 위협에 굴복하는 경우가 드물 수밖에 없어 매우 효과적인 전략이 되기 어렵다. 이 전략은 권력이 약한 국가에 성공적으로 적용될 수 있다.

셋째, 미끼와 출혈 전략(strategy of bait and bleed). 이는 싸움을 시작하도록 유인하여 피를 흘리게 하는 전략으로서 특정의 강대국이 자신이 아닌 경쟁 관계에 있는 다른 두 강대국에 장기적이고 고비용의 소모전을 갖도록 유인하는 전략을 지칭한다. 유인하는 국가는 이들 간의 소모전을 통해 옆에 비켜선 채로 별도의 조치 없이 상대적인 권력의 증대를 꾀할 수 있다. 그러나 다른 경쟁국들 사이에 싸울 일이 없는데 이들에게 전쟁을 시작하도록 유인하는 것은 쉬운 일이 아니다.

넷째, 출혈 전략(strategy of bloodletting). 이는 싸움을 시작하도록 유인할 필요 없이 경쟁적 관계에 있는 다른 두 강대국 사이에 이미 존재하고 있는 갈등이 장기적이고 고비용의 소모전으로 가도록 의도하는 전략이다. 이 전략 역시 상대방의 권력 약화를 통한 상대적인 권력의 증대를 목표로 하는 전략이다.

상대적 권력의 우위를 위한 전략에 이어 침략자를 억제하기 위한 전략을 살펴보자. 침략자를 억제하기 위한 전략이란 적의 권력을 억제해 권력을 감소시킴으로써

252) 기원전 3세기경 헬레니즘 시대의 그리스의 장군인 피로스(Pyrrhus)가 로마제국의 군대에 맞서 여러 차례의 전투에서 적지 않은 손실을 동반한 승리를 거두다가 끝내 로마에 대패하여 몰락의 길에 들어서면서 피로스의 승리(Pyrrhic victory)라는 고사를 남겼다. 구체적으로 피로스의 승리란 엄청난 인명과 비용을 감수해야 하는 승리 · 허울 좋은 승리 · 상처투성이의 영광 · 패전이나 다름없는 상처뿐인 승리 · 승자의 저주 등을 의미한다.

자신의 상대적 권력을 증가시키고자 하는 전략을 의미한다. 이러한 전략에는 구체적으로 균형화 전략과 책임 전가 전략이 존재한다. 이들을 하나씩 살펴보면 다음과 같다.

첫째, 균형화 전략(strategy of balancing). 이는 침략자를 억제하기 위한 가장 주된 전략으로서 국내 자원의 동원을 통한 내부적 균형화(internal balancing)나 국제적인 동맹의 형성을 통한 외부적 균형화(external balancing) 혹은 이 두 가지를 다 포함한 균형화를 통해 잠재적인 침략자를 억제하는 데에 직접적으로 나서는 전략을 의미한다.

미어샤이머는 외부적 균형화 전략은 동맹의 결성이 쉽지 않고 동맹국들을 찾아 나서고 이들 간 관계를 조정하는 데 적지 않은 시간이 소요되므로 종종 비효율적이라고 본다. 미어샤이머는 국가가 패권에 이르지 않은 가운데 언제 만족스러운 정도의 권력에 도달하였는가를 추정하는 것이 어려울 뿐 아니라 집단행동의 문제(collective action problem)가 있어 효율적인 권력 통제의 방법으로서 세력균형에 집중적으로 의존하는 것은 비용이 많이 든다고 본다.

둘째, 책임 전가 전략(strategy of buck-passing). 이는 균형화 전략에 대한 주요 대안적 전략으로서 침략자를 통제하거나 침략자와 싸우는 부담을 다른 국가에 미루어 경쟁국과 직접적인 대립을 지양하는 전략이다. 이 전략은 만약 성공한다면 침략자를 적은 비용으로 다룰 수 있다는 점에서 균형화 전략에 대한 매력적인 대안이 되기 때문에 국가들은 이러한 전략이 주는 유혹을 뿌리치기 어렵다. 만약에 책임을 넘겨 떠맡은 국가와 침략자 사이에 전쟁이 발생한다면 책임을 전가한 국가는 옆으로 비켜서 있으면서 세력균형이 자신에게 유리한 쪽으로 이동하게 할 수 있다. 이 경우 앞서 언급한 유혈 전략과 유사한 결과를 가져올 수 있다. 이 전략은 책임을 전가한 국가가 침략자인 경쟁국과 좋은 관계를 갖거나 유지하는 것을 돕는다는 이점 역시 지닌다.

그러나 이러한 전략은 위험성 역시 지니고 있는데 이는 책임을 떠맡은 국가가 침략자를 통제하는 데 실패하면 책임을 전가한 국가의 경우 동맹의 선택 여지가 감소하고 동시에 훨씬 더 강한 경쟁국에 노출되어 오히려 더 많은 자원의 투입과 동원이 요구될 수 있기 때문이다. 예컨대 2차 세계대전 때 영국과 소련은 프랑스에 독일을 통제할 책임을 전가했으나 약 16주 만에 프랑스가 독일에 패배하면서 이들은 더 큰 위협과 자원을 투입해야만 하게 되었다. 책임 전가 전략이 지니는 또 다른 위험은 책임을 떠맡은 국가가 침략자를 패배시키거나 억제하면 이 국가의 권력이 상대적으로 증가하여 세력균형이 책임을 전가한 국가에 불리하게 전개될 수 있기 때문이다. 마지막으로 이러한 전략은 책임을 전가한 국가와 책임을 떠맡은 국가 간의 관계를 냉각시킬 수 있는 위험성도 가진다.

미어샤이머는 강대국이 지역 패권국이 된 이후에 추구하는 전략에 대해서도 언급하고 있다. 그에 따르면 일단 강대국이 지역 패권국이 되면 다른 지역에서 경쟁국의 부상을 막음으로써 자신의 패권적 지위에 가해질 수 있는 위협을 피하고자 한다. 왜냐하면 다른 지역 패권국의 등장이 자신이 속해 있는 지역의 다른 국가와의 동맹을 결성하여 자국에 대한 도전으로 이어질 가능성이 있기 때문이다.

다른 지역에서의 패권국의 등장을 막기 위해 지역 패권국이 선택하는 전략으로서 미어샤이머는 지역 패권국이 역외 균형자(offshore balancer)로 행동하면서 잠재적 패권국을 견제할 책임을 잠재적 패권국의 지역 내의 인접국에 전가하는 전략을 채택하고 이것이 불가능할 경우 최후의 수단으로서만 균형화에 참여할 것이라고 본다.253) 즉 지역 패권국이 된 이후에는 현상을 타파하기 위한 공격적인 확장정책을 취하지 않고 현상의 유지라는 방어적인 입장에서 책임 전가 정책을 펴다가 잠재적 패권국의 통제에 실패할 때만 직접적인 균형화에 뛰어들 것으로 본다.

미어샤이머에 따르면 지역 패권국이 책임 전가 전략을 통해 세력균형을 유지하는 데 유리한 조건은 잠재적 패권국이 소재한 지역에 최소한 2개 이상의 강대국이 함께 존재하는 것인데 이는 이들 간의 지리적 인접성이 이들에게 멀리 떨어져 있는 다른 지역의 패권국에 주의를 집중하기보다 서로에게 주의를 집중하도록 만들기 때문이다. 즉 지역 패권국이 소재한 지역이 아닌 다른 지역에서 잠재적 패권국이 등장하려고 하면 같은 지역 내의 다른 강대국들이 이를 억제함으로써 지리적으로 떨어져 있는 패권국의 경우 별도의 노력 없이 안전한 상태에 머물 수 있도록 하기 때문이다. 만약에 잠재적 패권국의 등장이 지역 내 다른 강대국에 의해 억제되지 못하면 역외 균형자로서 멀리 떨어져 있던 패권국이 이러한 위협적인 국가를 다루기 위해 직접적으로 균형화 전략을 선택할 것이라고 본다.

미어샤이머는 잠재적 패권국에 의해 위협을 느끼는 국가들은 어쩔 수 없이 잠재

---

253) 미어샤이머의 정의에 따르면 잠재적 패권국이란 특정 지역에서 가장 강력한 국가로서 주변 강대국들 모두와 싸워 이기거나 그렇지 않다면 최소한 하나씩 상대하여 이김으로써 그 지역을 지배할 가능성이 큰 국가를 일컫는다. 경제와 군대 규모 면에서 잠재적 패권국과 두 번째로 강력한 국가 사이에 상당한 차이가 존재한다는 것을 전제한다. 잠재적 패권국은 항상 패권국이 되는 것을 갈망하고 성공할 때까지 권력을 증대시키는 것을 멈추지 않을 것이라고 전제한다: John J. Mearsheimer, *The Tragedy of great Power Politics* (Norton: W. W. & Company, Inc, 2001), p. 45.

적 패권국에 대항하는 균형화에 관여하나 지역 패권에 이미 도달한 강대국에 대항한 균형화 연합(balancing coalition)은 형성되지 않을 것으로 본다. 이러한 균형화가 일어나지 않는 이유는 강대국이 지역 패권국이 된 이후에 현상 유지 태도를 취하기 때문인데 이러한 현상 유지 태도를 택하는 근본적인 이유는 앞서 언급한 바대로 권력의 투사 능력에 가해지는 지리적인 제약 때문이다.

미어샤이머는 강대국들이 회피하여야 할 전략에 대해서도 언급하고 있다. 구체적으로 편승(bandwagoning)이나 유화(appeasement) 전략이 위험한 적에게 권력을 용인해 줌으로써 이들의 위협을 억제하는 데 필요한 자원을 동원할 시간을 벌 수 있어 단기적인 전략으로서는 의미가 없는 것은 아니나 피해야 한다고 강조한다.

일반적으로 현실주의 국제정치 이론가들의 동맹이론은 종종 강한 국가의 편에서는 편승을 균형화 행위에 대한 주요한 대안으로 간주해 왔다. 그러나 미어샤이머는 정복을 통해 얻게 되는 전리품을 배분할 때 공평한 몫을 받을 수 없으므로 편승 전략을 실현 가능한 선택으로 보지 않는다. 국가들은 다른 강대국들이 상대적 권력을 증가시키는 것에 저항해야 할 강력한 유인을 지니고 있으므로 탑승을 비정상적인 것으로 보고 침략자에게 저항할 전망이 없는 아주 약한 국가만이 편승 전략을 선택한다고 본다.

침략자가 현상 유지 국가로 바뀔 것이라는 희망 속에 양보하는 유화 전략 역시 비정상적인 것으로 간주한다. 이러한 유화 전략은 모든 강대국은 항상 세계에서 자국의 권력 몫을 증가시키는 데 강한 유인을 지니고 있어 실패하게 되어 있다고 본다. 결론적으로 미어샤이머에 따르면 강대국이 자신의 경쟁국이 자신보다 더 많은 권력을 획득하는 것을 방지할 것을 시도하는 방어적인 상황에 있을 때 균형화 전략이나 책임 전가 전략을 택할 수 있다고 본다.

② 전략 선택에 영향을 미치는 요인에 대한 가설

미어샤이머는 강대국이 구체적으로 어떤 전략을 선택할 것인가는 권력의 배분(distribution of power)과 국가의 지리적 위치(geographic location)에 달려있다고 보고 이 두 요인을 중심으로 강대국의 전략 선택을 설명하고 있다.

미어샤이머는 권력의 배분에 따라 국제체제를 양극체제(bipolar system) · 균형적 다극체제(balanced multipolar system) · 불균형적 다극체제(unbalanced multipolar system)로 분류하고 있다. 균형적 다극체제와 불균형적 다극체제를 구분하는 기준은 잠재적 패권국의 존재 여부이다. 잠재적 패권국이 존재하여 권력이 한 국가로 쏠려있는 다극체제가 불균형적 다극체제이고 이와는 달리 권력이 골고루 분산되어 있는 다극체제가 바로 균형적 다극체제이다.254) 지리적 위치는 국경을 공유하고 있는 경우와 군사력이 투사되지 않는 해양으로 분리되어 있는 경우로 구분하고 있다. 이 두 요인을 종합하여 미어샤이머는 다음과 같은 가설을 설정하고 있다.

미어샤이머는 자신의 상대적 권력을 증가시키기 위한 전략을 선택하도록 하는 요인은 권력의 배분이라고 주장한다. 즉 권력의 균형이 강대국 가운데 어느 한 국가에 과도하게 쏠려있을 때(즉 권력의 불균형적 다극체제의 경우에) 이러한 전략이 채택될 가능성이 크다고 본다. 그러나 앞서 살펴본 바 있는 자신의 상대적 권력을 증가시키기 위한 여러 가지 전략 가운데 어떤 전략이 어떤 조건 아래 채택이 되는가에 대한 구체적인 언급을 하고 있지 않다.

침략자를 통제하기 위한 전략에는 균형화와 책임 전가 전략이 있는데 이 둘 가운데 어떤 전략이 채택될 것인가는 권력의 배분과 지리적 위치라는 두 요인의 영향을 받는다고 본다. 보다 구체적으로 권력의 배분 요인은 책임 전가나 균형화의 정도에 영향을 미치고 지리적인 요인은 어떤 국가가 책임을 전가할 가능성이 있고 어떤 국가가 책임을 떠맡아 균형화에 나설 가능성이 있는가에 영향을 미친다고 본다.

우선 권력이 두 초강대국에 배분된 양극체제에서는 책임 전가가 불가능하다고 본다. 왜냐하면 책임을 떠맡을 제3의 강대국이 존재하지 않기 때문이다. 이 경우에 동맹을 맺을 다른 강대국이 없으므로 균형화 전략 중 하나인 내부적 균형화 전략이 유일한 선택이 된다.

다극체제의 경우 균형적이든 불균형적이든 관계없이 본질적으로 책임 전가가 일어날 가능성이 존재한다. 이는 이러한 체제에서는 책임을 떠맡을 최소한 하나의 국가가 존재하기 때문이다. 그러나 이러한 책임 전가의 경향은 균형적 다극체제인가 불균형적 다극체제인가에 따라 정도를 달리한다.

3개 이상의 강대국에 권력이 골고루 배분된 균형적 다극체제의 경우 책임 전가의 전략이 선호된다. 왜냐하면 이러한 체제에서는 어떠한 침략자도 다른 강대국들을 패배시킬 수 있을 정도로 강력하지 않고 비슷한 권력을 소지하고 있어 침략자가 다른 강대국(들)에 의해 통제될 수 있다고 확신하기 때문이다. 이는 침략자가 등장하면 침략자가 아닌 강대국 중 최소한 하나가 궁극적으로 침략자를 통제하기 위해 직접적인 행동에 나설 것이기 때문에 항상 성공으로 끝나는 것은 아니지만 균형화가 거의 언

254) 왈츠의 경우와는 달리 미어샤이머는 이처럼 다극체제를 두 가지 경우로 구분하고 있다.

제나 일어난다는 것을 의미한다. 따라서 이때 어떤 국가가 균형화를 시도하고 어떤 국가가 책임을 전가할 것인가의 문제가 등장하게 된다.

이와는 달리 불균형적 다극체제의 경우 책임 전가가 일어날 가능성이 덜한데 이는 위협을 받는 국가들이 모두 잠재적인 패권국이 해당 지역을 지배하는 것을 막기 위해 협력을 해야 할 강한 유인을 갖게 되기 때문이다. 그러나 이러한 체제에서도 책임 전가가 일어날 수 있다. 잠재적 패권국을 봉쇄하기 위해 드는 비용이 클 때 위협을 받는 국가들이 잠재적 패권국에 대항한 균형화 연합의 형성을 꺼리기 때문이다. 만약에 다른 국가에게 이러한 비용을 부담하게 할 수 있다면 모든 노력을 동원하여 그렇게 하겠지만 잠재적 패권국이 상대적으로 강하면 강할수록 책임을 전가할 가능성이 줄어들면서 균형화를 위한 연합을 형성하지 않을 수 없게 된다.

균형적 다극체제의 경우 책임 전가의 유인이 강하여 어떤 국가가 균형화 전략을 선택하고 어떤 국가가 책임 전가 전략을 선택할 것인가의 문제가 등장하게 된다고 했는데 이 문제는 경쟁국과 지리적으로 어떤 위치에 있는가의 요인에 달려있다고 본다. 강대국이 경쟁국과 가깝게 있을수록 균형화 전략이 선호될 가능성이 크며 특히 강대국들이 국경을 공유하고 있으면 더욱더 그렇다고 본다. 만약에 경쟁하는 강대국들을 격리하는 자연적인 장애가 존재하는 경우 책임 전가가 선택될 가능성이 커진다. 해양을 가로질러 권력이 투사되기 어려우므로 도서 강대국(insular power)의 경우 더욱더 그렇다. 따라서 균형적 다극체제에서 역외 균형자는 가장 빈번하게 책임 전가 전략의 선택 쪽으로 기운다. 즉 공동의 국경은 균형화를 가져오고 국가 사이에 존재하는 장애물은 책임 전가를 가져온다는 것이다.

3개 이상의 강대국 중 잠재적 패권국이 존재하여 권력이 한 국가로 쏠려있는 불균형적 다극체제에서도 여전히 책임을 전가하고자 하는 충동이 강하지만 지역 패권국의 가능성이 있는 국가가 있는 관계로 강대국들 사이에서 균형화 전략이 유일한 대안이 된다. 잠재적 패권국의 권력이 강하면 강할수록 책임 전가에 따른 모험을 감행할 가능성이 줄어든다.

결론적으로 말해 균형화는 양극체제나 잠재적 패권국이 존재하는 불균형적 다극체제에서 좀 더 채택될 가능성이 큰 전략이고 책임의 전가는 잠재적 패권국이 존재하지 않는 균형적 다극체제에서 채택될 가능성이 큰 전략이라는 것이다. 이처럼 균형적 다극체제의 경우 책임 전가의 전략이 채택될 가능성이 크다는 미어샤이머의 주장은 모든 체제에서의 균형화를 강조하는 방어적 현실주의 이론의 주장과 크게 다르다.

(3) 전쟁의 원인과 발발 가능성에 대한 가설

미어샤이머는 전쟁의 주요한 원인에 대한 분석과 더불어 전쟁의 발발 가능성에 대한 가설을 제시하고 있다. 그는 이와 관련하여 강대국의 수와 이러한 개개 강대국이 장악하고 있는 권력의 정도를 가장 중요한 전쟁 발생의 요인으로 본다.

그에 따르면 다음과 같은 3가지 이유로 전쟁은 양극체제보다는 다극체제에서 가능성이 더 크다: ⅰ) 다극체제는 더 많은 잠재적 충돌의 조합(dyad)을 지닌다. 즉 약소국과 강대국뿐 아니라 강대국과 강대국이 여러 조합을 구성하여 전쟁을 일으킬 수 있다. ⅱ) 다극체제에서는 권력의 불균형이 좀 더 보편적이다. 이 때문에 강대국들은 전쟁에서 승리할 수 있는 능력을 보유할 가능성이 커지고 이는 억지(deterrence)를 좀 더 어렵게 하여 전쟁의 가능성을 높인다. ⅲ) 다극체제에서 국가들은 실제와 다르게 다른 국가를 강제하거나 점령할 수 있는 능력을 갖추고 있다고 오산(miscalculation)을 할 가능성이 좀 더 크다.

다극체제 가운데서도 불균형적 다극체제는 다음과 같은 2가지 이유로 특별히 전쟁의 가능성이 크다고 본다: ⅰ) 잠재적 패권국이 다른 강대국보다 뚜렷한 권력의 우위를 가지고 있는 관계로 좀 더 약한 경쟁국과 싸워 이길 수 있다고 전망하기 쉽다. ⅱ) 잠재적 패권국은 강대국들 사이에 두려움의 정도를 증대시킴으로써 전쟁을 불러일으킬 수 있다.

미어샤이머의 결론을 요약하면 다음과 같다. 양극체제는 균형적 다극체제 및 불균형적 다극체제와 비교해 덜 위협적이고 더 안정적이다. 양극체제 다음으로 덜 위협적이며 더 안정적인 체제가 균형적 다극체제이고 가장 위협적이고 가장 불안정한 체제가 불균형적 다극체제이다. 즉 전쟁의 가능성이 가장 적은 체제가 양극체제이고 균형적 다극체제의 경우 좀 더 전쟁의 가능성이 있으며 가장 전쟁의 가능성이 큰 체제가 균형이 존재하지 않는 다극체제이다.

5) 역사적 사례를 통한 가설의 검증

미어샤이머는 위에서 언급한 가설들을 나폴레옹 전쟁이 시작된 1792년부터 냉전이 종식된 1991년까지 약 2세기 동안의 강대국 정치의 역사에 적용하여 검증하고자 했다. 앞서 살펴보았듯이 그가 검증하려고 하는 주된 가설은 강대국들은 생존의 가능성을 높이기 위해 권력의 극대화를 공격적으로 추구하며 지역 패권국이 된 다음에야 현상 유지 국가가 된다는 것이다.

이러한 주요 가설과 더불어 2가지의 가설이 중요한 검증의 대상이 되고 있다. 그

중 하나는 권력의 배분과 지리적 위치라는 두 요인이 침략자의 위협에 직면한 국가에 어떠한 전략(균형화 전략 혹은 책임 전가 전략)을 선택하도록 하는가에 대한 가설이고 다른 하나는 권력의 배분과 전쟁 가능성의 관계에 대한 가설이다. 미어샤이머는 이러한 가설 모두를 입증하고자 관련된 역사적인 기록들을 제시하고 있다.

(1) 강대국의 공격적인 권력의 극대화 추구

우선 미어샤이머는 강대국이 지역적 패권국이 되어 현상 유지 국가가 되기 전까지 현상의 변경을 위한 권력을 추구한다는 가설을 입증하기 위해 일본(1868~1945년)·독일(1862~1945년)·소련(1917~1991년)·이탈리아(1861~1943년)의 예와 더불어 영국(1792~1945년)과 미국(1800~1990년)의 사례를 별도로 살펴보고 있다. 그는 일본·독일·소련·이탈리아는 가설이 예측한 바대로 지역 패권국이 되기 전까지 권력의 극대화를 부단히 추구했다고 결론짓고 있다.

영국과 미국의 사례를 별도로 살펴본 이유는 이들 국가가 가설과 상충하는 방식으로 행동했던 것처럼 보이기 때문이다. 다시 말해 미국과 영국은 대체로 방어적인 전략을 추구하고 공격적으로 권력의 극대화를 추구하지 않은 것처럼 보이기 때문이다. 이에 대해 미어샤이머는 미국과 영국도 예외 없이 권력의 극대화를 추구했다고 본다. 미국의 경우는 19세기 동안 북미대륙을 가로질러 확장을 했고 그 결과 1900년에 이르러 서반구의 지역 패권국이 되었다고 본다. 그가 명시적으로 언급하고 있지 않으나 영국의 경우 수 세기에 걸쳐 가장 방대한 제국을 건설했다. 따라서 강대국의 권력 극대화 추구 성향에 관한 미어샤이머의 결론은 모든 강대국은 그들의 정부 형태와 관계없이 권력의 확장을 추구한다는 것이다.[255]

이와 관련하여 이 두 국가가 권력의 극대화를 추구했다면 왜 미국은 서반구의 패권국이 된 이후에 유럽과 아시아로 권력을 확장하여 이 지역의 강대국들을 지배하려고 하지 않았으며 왜 영국은 유럽에서 지역 패권국이 되려고 하지 않았는가의 의문이 자연스럽게 제기된다. 미어샤이머는 이 의문을 대양이 지상 병력의 투사를 어렵게 한다는 소위 「물의 저지력」이라는 가설로서 설명하고 있다. 즉 이러한 현상은 이들이 대양을 통해 유럽과 아시아의 다른 강대국들과 분리되어 있다는 특징 때문이라는 것이다. 이 두 국가는 유럽과 아시아를 대상으로 책임 전가라는 역외 균형자 전략을 주로 추구했으며 잠재적 패권국이 등장할 시에는 언제든 그들의 군대를 보내곤

---

255) 이는 민주주의 국가들은 다른 형태의 국가들에 비해 서로가 전쟁에 돌입할 가능성이 적다는 「민주평화론(Democratic Peace Theory)」의 가설을 부인하는 것이다.

했다고 설명한다.

(2) 권력의 배분과 지리적 위치가 강대국의 전략 선택에 미치는 영향

미어샤이머는 권력의 배분과 지리적 위치라는 두 요인이 침략자의 위협에 직면한 강대국의 전략 선택에 미치는 영향과 관련한 가설에 대해서도 검증을 시도하면서 이를 입증하고자 관련된 역사적 사실들을 제시하고 있다.

19세기의 국제체제는 잠재적 패권국이 존재하지 않고 권력이 강대국(유럽의 경우 프러시아 · 오스트리아 · 영국 · 러시아 · 프랑스) 간에 균등하게 분배되어 있던 균형적 다극체제였다.[256] 이 때문에 균형화 전략보다는 책임 전가 전략이 선호되었다. 구체적으로 비스마르크 정부하의 프러시아가 아직 잠재적 패권국이 아니었을 때 프랑스와 오스트리아는 프러시아를 억제할 책임을 서로에게 전가함으로써 1866년에 발발한 프러시아와 오스트리아 간의 전쟁과 1870년에 발발한 프러시아와 프랑스 간의 전쟁에서 프러시아의 승리를 막지 못했다. 영국과 러시아의 경우 비켜서 있었지만 실제로 강화된 프러시아를 원했는데 이는 프러시아의 강화를 통해 영국의 경우 프랑스와 러시아에 대항한 균형화를 원했고 러시아의 경우 오스트리아와 프랑스에 대항한 균형화를 원했기 때문이었다.

20세기 초에 국제체제는 독일이 유럽지역에서 잠재적 패권국이 되면서 균형적 다극체제로부터 불균형적 다극체제로 바뀌었다.[257] 이때 강대국 사이에 세력균형을 유지하고자 독일과 독일의 동맹국인 이탈리아와 오스트리아로 구성된 3국동맹(Triple Alliance)에 대항하여 영국 · 프랑스 · 러시아로 구성된 동맹인 3국협상(Triple Entente)이 결성되었는데 이는 책임 전가 전략이 아닌 균형화 전략의 결과였다. 이러한 균형화 전략의 선택은 프랑스와 러시아가 독일의 우월한 군사력에 스스로 맞설 정도로 강하지 않았고 독일과의 국경을 공유하고 있는 관계로 책임 전가의 전략은 배제될 수밖에 없었기 때문이었다. 이때 영국도 균형화에 참가했는데 그 이유는 러시아가 일본에 패배한 결과 대륙에는 독일과 더불어 프랑스만이 남게 되었는데 독일의 권력이 워낙 우세한 관계로 프랑스는 책임을 떠맡을 수 없었기 때문이었다.

1차 세계대전으로 잠재적 패권국인 독일과 그 동맹이 패배함으로써 국제체제의 구조는 불균형적 다극체제로부터 균형적 다극체제로 바뀌었고 이러한 국제체제는 독일이 다시 잠재적 패권국이 되는 1939년까지 지속되었는데 이 기간에 강대국들 사이

256) 이러한 균형적 다극체제는 독일이 유럽지역에서 잠재적 패권국이 되기 전인 20세기 초까지 지속되었다.

257) 이러한 불균형적 다극체제는 결국 1차 세계대전을 야기하고 1차 세계대전이 끝난 1918년까지 지속되었다.

에 권력이 대체로 균등하게 배분되어 있었기 때문에 책임 전가의 전략이 영국・프랑스・소련 등의 유럽 강대국들에 의해 선호되었다. 구체적으로 이러한 책임 전가는 영국과 프랑스 사이와 소련과 서유럽 국가(영국과 프랑스) 사이에 일어났다. 즉 영국은 프랑스에 책임을 전가하고 소련은 영국과 프랑스에 책임을 전가했다.

2차 세계대전에 앞서 독일이 다시 잠재적 패권국으로 부상하면서 국제체제의 구조는 균형적 다극체제로부터 불균형적 다극체제로 변화되었다. 독일의 패권 추구 정책 아래 강대국들 사이에 책임 전가 전략의 유지는 더는 가능하지 않았다. 따라서 강대국들은 다시 독일과 독일의 동맹국인 일본과 이탈리아로 구성된 추축국(Axis Power)에 대항하여 중국・프랑스・영국・소련・미국을 주요 구성국으로 하는 동맹인 연합국(Allied Power)을 결성했다.

2차 세계대전 말에 추축국들이 연합국에 의해 패하면서 국제체제의 구조가 또다시 바뀌게 된다. 구체적으로 그 이전의 균형적 다극체제가 오로지 두 개의 초강대국만이 존재하는 양극체제로 바뀌었다. 이러한 국제체제에서 책임 전가는 불가능했으며 이 시기에 동서 양 진영에 의해 세력균형이 유지되었다.

소련의 붕괴로 양극체제가 무너지면서 지역적인 수준이 아니라 세계적인 수준에서 어떤 체제가 도래했거나 도래하고 있는가를 둘러싸고 여러 견해가 존재한다. 그 중 단극체제라는 견해와 다극체제라는 견해가 가장 일반적인 견해로서 대립하고 있는데 미어샤이머는 이와는 달리 자신이 분류한 국제체제의 유형 가운데 하나인 불균형적 다극체제(3개 이상의 강대국이 존재하는 가운데 잠재적 패권국이 존재하여 힘이 한 국가에 쏠려있는 체제)로 인식하고 있다고 볼 수 있다.

미어샤이머는 냉전 종식 후의 국제체제를 단극체제로 보기를 거부한다. 이는 그의 이론이 물의 저지력으로 인해 전 지구적 수준의 패권국이 존재할 가능성을 닫아두고 있기 때문이다. 앞서 언급했듯이 그는 강대국을 지역에 한정된 패권을 추구하고 지역 패권국이 된 후에는 현상 유지 정책을 펴면서 다른 지역에서의 패권국의 등장을 저지하는 존재로 보기 때문이다. 이러한 맥락에서 그는 미국을 세계에서 가장 압도적인 경제력과 군사력을 지닌 국가이지만 전 지구적인 패권국이 아닌 서반구의 패권국으로 본다. 이러한 맥락에서 그는 전 지구적 수준에서의 체제가 아닌 지역적 수준에서의 체제에 관심을 두고 있다.

미어샤이머는 유럽이라는 지역은 역외 균형자로서의 미국과 지역적 강대국(local great power)인 러시아를 그 지역의 주요 경쟁 강대국으로 하는 양극체제에 여전히 머물러 있다고 보면서 유럽을 특별히 안정적으로 만드는 요인을 다음과 같은 양극성

(bipolarity)의 3가지 측면에서 찾고 있다. ⅰ) 미국과 러시아 모두 핵무기를 보유하고 있어 평화를 위한 힘이 되고 있다. ⅱ) 미국은 유럽에서 역외의 균형자로서 행동하면서 이 지역을 지배하려 하는 어떠한 지역적 강대국이라도 억제하는 것을 일차적 목표로 한다. 이러한 미국은 서반구를 넘는 패권적 열망을 지니지 않아 유럽 국가들이 미국에 대해 가질 수 있는 위협의 정도를 상당히 감소시킨다. ⅲ) 영토적 야심을 가질 수 있는 러시아는 군사적으로 너무 약해 자신의 국경을 넘어서 심각한 문제를 일으키기 어렵다.

미어샤이머는 동북아시아는 중국·러시아·역외 균형자로서의 미국이라는 강대국들을 포함하면서 아직 잠재적 패권국이 존재하지 않는 균형적 다극체제 상태에 있다고 본다. 비록 이러한 균형적 다극체제가 유럽의 양극체제와 비교해 덜 안정적이지만 유럽의 양극체제를 안정적으로 만들고 있는 3가지 요인이 이 지역의 평화에 대한 전망을 밝게 한다고 주장하는데 그 주장의 구체적인 요인은 다음과 같다. ⅰ) 미국 중국 러시아는 핵무기들을 소지하고 있어 서로를 대상으로 한 전쟁을 시작할 가능성이 작다. ⅱ) 미국은 이 지역에서 명백히 가장 강력한 국가이지만 영토적 야심을 가지고 있지 않은 역외 균형자이다. ⅲ) 중국군이나 러시아군 모두 힘의 투사 능력을 별로 소지하고 있지 않아 이 지역의 다른 국가들을 향해 공격적으로 행동하기가 어렵다.

(3) 권력의 배분이 전쟁 가능성에 미치는 영향

미어샤이머는 권력의 배분과 전쟁의 가능성에 관한 그의 가설을 역사적 사실을 통해 입증하고자 했다. 구체적으로 그는 전쟁의 전체 발발 횟수에서 각 국제체제가 차지하는 전쟁의 발발 횟수를 계산하여 양극체제에서 2.2%의 전쟁이 발발했고 균형적 다극체제와 불균형적 다극체제에서 각각 18.3%와 79.5%의 전쟁이 발발했다는 통계를 제시하면서 전쟁 가능성 면에서 불균형적 다극체제가 가장 크고(미어샤이머는 특히 나폴레옹 전쟁·1차 세계대전·2차 세계대전이라는 3대 전쟁이 이러한 불균형적 다극체제에서 발발했음을 강조한다) 양극체제가 가장 작으며 균형적 다극체제가 중간 어딘가에 속한다는 그의 가설이 입증되었다고 결론짓고 있다.

그러나 그는 양극체제의 경우 핵무기가 존재했기 때문에 권력의 배분만으로 국제체제의 안정 여부를 설명하기가 어렵다고 본다. 나아가 그는 핵무기의 존재를 특징으로 하는 양극체제에서 양극적 권력의 배분과 핵무기가 국제체제의 안정에 각기 얼마만큼의 영향을 미쳤는가의 상대적 영향력을 평가하는 것이 불가능하다고 본다.

6) 가설에 기초한 유럽과 동아시아 국제정치의 예측

미어샤이머는 그가 세운 가설들이 과거의 사례들에 견주어 입증되었다는 자신감과 더불어 미국이 가장 중요한 전략적인 이해관계를 두고 있는 두 지역인 유럽과 동북아시아 지역에서 평화의 가능성에 중점을 두고 21세기 초반 20년 동안(즉 2020년까지)의 국제정치에 대한 예측을 제시하고 있다.258)

그는 이 두 지역이 현재 상대적인 평화가 존재하는 것처럼 보이지만 이는 강대국 사이의 끊임없는 투쟁에 있어 잠시의 막간(a brief interlude)에 불과하다고 본다. 특히 동북아에 있어서 미국은 부상하는 중국과 치열하고 위험한 안보 경쟁을 치러야 할 운명에 처해 있다고 본다. 따라서 현재 미국이 중국과의 갈등을 방지하고자 구사하고 있는 상호관계 확대를 위한 포용전략(strategy of engagement)은 실패할 운명에 처해 있다고 판단한다. 좀 더 상세히 두 지역 국제정치의 미래에 대한 그의 예측을 살펴보도록 하자.

(1) 유럽의 국제정치

미어샤이머는 향후 20년 이내에 전개될 유럽의 국제정치에 대한 예측에 대해 복수의 시나리오를 제시하고 있으나 그가 좀 더 발생 가능하다고 생각하는 시나리오를 중심으로 소개하면 다음과 같다.

미국은 2020년까지 유럽에서 미군을 철수시킬 가능성이 클 것으로 본다. 이는 다음에 살펴볼 동북아시아에서도 마찬가지인데 미어샤이머가 이 두 지역으로부터 군대를 철수할 것으로 보는 이유는 그의 이론에 따른 것이다. 즉 미국은 물의 저지력으로 인해 해양으로 분리된 다른 지역에 권력을 투사할 수 없으므로 미주지역의 지역적 패권국으로서 지역 내에 머물면서 역외 균형자의 역할만을 하고 역외 균형화에 실패하여 자신의 지역 이외의 지역에 잠재적 패권국이 등장할 때만 다른 지역에 개입할 것으로 보기 때문이다.259)

미군의 철수와 더불어 유럽에서는 독일이 핵무기를 갖게 되고 강대국이자 잠재적 패권국이 될 것으로 본다. 그러나 미국은 유럽의 다른 강대국들이 미국의 도움 없이도 독일의 유럽 지배를 방지할 수 있다고 생각하기 때문에 이러한 상황에 대응하여 병력을 다시 재배치할 것 같지 않다고 판단한다.

---

258) 참고로 미어샤이머의 이러한 예측은 강대국의 비극이라는 그의 저서가 발간된 2001년을 시점으로 이루어진 것이다.

259) Peter Toft, "John J. Mearsheimer: An Offensive Realist between Geopolitics and Power," *Journal of International Relations and Development,* Vol. 8, No. 4 (2005), p. 397.

조정자(pacifier)로서 미국의 역할이 없으면 유럽은 치열한 안보 경쟁에 빠져들고 아마도 전쟁에 이를 수도 있을 것이라 본다. 특별하게 위험스러운 상황이란 중부유럽의 지배를 둘러싸고 독일과 러시아가 안보 경쟁을 벌이는 경우가 될 것으로 예측한다.

(2) 동북아시아의 국제정치

미어샤이머가 자신의 가설에 근거하여 중국의 부상이 동북아의 평화와 안정에 미칠 영향에 관해 제시한 예측을 소개하면 다음과 같다. 이는 한국에 미치는 함의가 적지 않기 때문에 좀 더 소상하게 살펴보고자 한다.

중국의 경제가 고도성장을 계속한다면 중국은 동북아시아 지역에서 궁극적으로 잠재적 패권국이 될 것이기 때문에 역외 균형자로서의 미국은 이에 대응하여 중국이 이 지역에서 잠재적 패권국이 되어 자신과 동등한 경쟁자가 되지 않도록 할 것으로 본다.

중국의 잠재적 권력(latent power)의 요소인 부와 인구는 중국이 일본이나 러시아보다도 훨씬 강력한 군대와 핵병기를 소유하도록 함으로써 한국을 포함하여 인도와 베트남이 중국에 대항하는 균형화 연합(balancing coalition)에 가담해도 일본과 러시아는 중국을 억제하기 어려워 동북아는 불균형적 다극체제가 될 것으로 본다.260)

따라서 중국은 미국이 서반구를 지배한 것과 마찬가지로 아시아 · 태평양 지역을 지배하는 지역 패권국이 되려고 할 것이다. 이를 위해 중국은 자신과 주변 국가들(인도 · 일본 · 러시아) 사이에 존재하는 권력의 격차를 극대화하여 아시아의 어떠한 국가도 중국을 위협할 수단을 가지지 못할 정도로 강력한 국가가 되려고 할 것이다.

그렇다고 중국이 군사력의 우위를 가지고 이 지역에서 전쟁의 길을 걸으면서 다른 국가를 정복할 가능성이 전혀 없다는 것은 아니지만 실제로 이러한 일이 일어날 것이라 보이지 않는다. 대신에 미국이 과거 미주지역에서 했던 것과 마찬가지로 주변국들에 자신이 수용할 수 있는 범주 내의 행위를 강요할 가능성이 크다. 중국이 권력이 더욱 강해지면 미국이 19세기에 유럽 강대국들을 서반구에서 몰아낸 것과 마찬가지로 아시아 · 태평양 지역으로부터 미국을 몰아내고자 할 수도 있다. 1930년대에 제국주의 일본이 그랬던 것처럼 중국판 먼로 독트린(Monroe Doctrine)과 같은 것을 생각해낼 수도 있을 것이다.

---

260) John J. Mearsheimer, *The Tragedy of great Power Politics* (Norton: W. W. & Company, Inc, 2001), p. 400.

이에 대응하여 미국은 자국의 리더십과 우월성을 통해 현존하는 세계질서를 유지하는 방향으로 나아가 현재의 위상인 세계 유일의 지역 패권국으로 지속해서 남으려고 할 것 같다. 따라서 미국은 중국을 억제하고 궁극적으로 아시아에서의 미국의 지배력에 더 이상의 위협이 되지 않을 정도로 중국을 약화시킬 것으로 예측된다.

구체적으로 미국은 냉전 시대에 소련에 했던 행동과 비슷하게 중국에 대해서도 행동할 것 같다. 미국뿐 아니라 아시아 · 태평양 지역에 있는 중국의 주변국들 역시 중국의 부상을 두려워하기 때문에 중국이 지역적 패권국이 되는 것을 저지하기 위해 모든 노력을 다할 것으로 보인다. 인도 · 일본 · 러시아와 같은 국가뿐 아니라 한국 · 싱가포르 · 베트남과 같은 소국들은 중국의 부상을 우려하면서 중국을 억제할 방도를 찾고 있다.[261)]

자유주의 국제정치 관점은 중국이 지속적인 경제성장을 추구하는 한 미국과의 충돌은 없을 것이라고 보는데 미어샤이머는 이러한 주장을 반박하고 있다. 중국의 경제력은 군사력으로 전환되어 동북아시아를 지배하고자 할 것이다. 중국이 민주국가이든 독재국가이든 혹은 세계경제에 깊숙이 얽혀있든 자급자족 국가이든 이러한 요인은 중국의 행위에 별 영향을 미치지 않을 것이다. 왜냐하면 민주주의 국가든 비민주주의 국가든 모두 안보를 염려하기 때문이며 패권은 모든 국가가 생존을 보장받는 가장 좋은 방도이기 때문이다.[262)]

7) 다른 현실주의 이론과의 비교

여기에서는 미어샤이머의 공격적 현실주의 이론을 전통적 현실주의 이론 · 신고전적 현실주의 이론 · 방어적 현실주의 이론 · 패권안정론과 비교하여 살펴보고자 한다. 그러나 주된 비교는 방어적 현실주의 이론과의 비교에 중점을 두고자 한다.

(1) 전통적 현실주의 이론과의 비교

강대국들은 권력의 극대화를 추구한다는 미어샤이머의 주장은 전통적 현실주의자로 분류되는 모겐소(Hans J. Morgenthau)의 주장과 유사하다. 전통적 현실주의 이론 부분에서 살펴본 바와 같이 모겐소는 국제정치 본질을 국가들 사이에 있어서의

---

261) 미어샤이머는 나중에 쓴 논문에서 이를 입증하는 구체적인 사례들을 소개하고 있다. 2008년에 인도와 일본이 중국의 부상에 대한 우려와 더불어 공동안보 선언에 서명한 것과 냉전 시대 껄끄러운 관계를 맺고 있던 미국과 인도가 중국에 대한 두려움을 공유하면서 선린관계에 들어간 것 등이 이러한 것에 속한다: John J. Mearsheimer, "The Gathering Storm: China's Challenge to US Power in Asia," *The Chinese Journal of International Politics*, Vol. 3, No. 4 (Winter 2010), pp. 389-390.

262) John J. Mearsheimer, *The Tragedy of Great Power Politics* (Norton: W. W. & Company, Inc, 2001), p. 4.

무한한 권력투쟁(limitless struggle for power)이라고 바라보기 때문이다. 그러나 모겐소는 이러한 끝이 없는 권력의 추구가 타인을 지배하고자 하는 인간성으로부터 유래하는 것으로 보는 데 반해 미어샤이머는 국제체제의 무정부성으로부터 유래하는 것으로 보고 있다는 점에서 차이를 가진다.

미어샤이머와 모겐소가 공유하고 있는 또 다른 하나는 왈츠의 방어적 현실주의 이론과는 달리 현상을 변경하려는 수정주의적 국가의 존재를 인정하고 있다는 점이다. 그러나 미어샤이머의 경우 강대국 모두를 수정주의적 국가로 규정하고 있는 것과는 달리 모겐소는 이러한 수정주의적 국가와 더불어 현상 유지적인 국가의 존재 역시 규정하고 있다는 점에서 차이를 지닌다.

(2) 신고전적 현실주의 이론과의 비교

신고전적 현실주의자인 쉬웰러(Randall L. Schweller)는 모겐소와 마찬가지로 국가를 현상 유지적 국가와 현상 타파적 국가로 분류한다. 쉬웰러는 이러한 분류를 통해 방어적 현실주의 이론의 현상 유지편향에서 벗어나고자 한다. 이러한 쉬웰러의 신고전적 현실주의 이론은 현상 타파적인 국가를 상정하고 있다는 점에서 공격적 현실주의 이론과 동일하나 공격적 현실주의 이론과는 달리 현상 유지적인 국가 역시 상정하고 있다는 점에서 구별된다.

쉬웰러는 방어적 현실주의 이론의 문제점으로서 방어적 현실주의 이론이 국가가 그들 자신의 생존 이상의 다른 것을 추구하지 않는다고 가정한다면 왜 국가들은 서로에 대해 위협을 느끼게 될 것인가와 같은 곤혹스러운 질문에 봉착하게 된다고 지적한다.[263] 이와 관련하여 그는 현상 유지를 원하는 국가들이 단지 안보만을 열망할 수 있는 데 반해 현상 타파를 원하는 국가들은 좀 더 많은 권력을 열망할 수 있다고 주장함으로써 현상 타파를 원하는 국가에 의해 위협을 느낄 수 있다고 본다.[264]

(3) 왈츠의 방어적 현실주의와의 비교

미어샤이머의 공격적 현실주의 이론은 국제체제의 구조적인 특성이라는 요인을 통해 국가들의 상호작용이 빚어내는 국제적인 결과를 설명하고자 한다는 점에서 왈츠의 방어적 현실주의 이론과 궤를 같이한다. 또한 국가 행동의 궁극적인 동기는 안

---

263) 방어적 현실주의 이론의 경우 무정부적 국제체제 아래에서 국가들은 신중하고 절제된 방식으로 행동해야 할 유인이 존재한다고 본다. 따라서 무모하고 확장적인 행위는 무정부성과 같은 체제 수준의 조건이 아닌 국내 요인으로부터 기인한다고 본다.

264) Randall L. Schweller, "Neorealism's Status-Quo Bias: Why Security Dilemma?", *Security Studies*, Vol. 5, No. 3 (Spring 1996), p. 91.

보의 확보에 있다는 것과 이러한 안보를 확보하기 위해서는 권력을 추구해야 한다는 것 역시 공격적 현실주의와 방어적 현실주의 이론이 견해를 같이하고 있기 때문이다. 이들 간에 있어서 가장 큰 차이이자 쟁점은 이러한 안보를 확보하는 데 필요로 하는 권력의 정도에 관한 것이다.265)

이에 대한 공격적 현실주의 이론의 논의는 국제체제의 무정부성에 대한 관점으로부터 출발한다. 공격적 현실주의 이론은 방어적 현실주의 이론과 비교해 국제체제의 무정부성을 좀 더 경쟁적이며 비관적으로 바라본다. 이러한 국제체제에 대한 관점과 더불어 생존을 가장 확실하게 확보하는 방도는 권력의 극대화를 통해 어느 국가도 도전할 수 없는 권력을 가지는 패권국 즉 압도적인 세력 불균형의 국가가 되는 것이다. 따라서 국가들은 현상 타파적 목표를 가지고 팽창주의적인 정책을 추구한다고 본다.266)

왈츠의 방어적 현실주의 이론은 공격적 현실주의 이론과는 달리 국제체제의 무정부성을 필연적으로 전쟁과 갈등을 유발하는 구조로 보지 않는다. 이러한 국제체제에 대한 관점과 더불어 방어적 현실주의 이론은 국가의 일차적인 관심사는 권력의 극대화가 아니라 체제 내에서 그들의 위치를 유지하는 것으로 본다. 즉 국가들은 현존하는 세력균형을 유지하는 것을 목표로 하는 현상 유지적인 국가가 된다고 본다.267)

---

265) 많은 학자가 공격적 현실주의 이론은 국가를 권력의 극대화(power maximization)를 추구하는 존재로 보고 방어적 현실주의 이론은 국가를 안보의 극대화(security maximization)를 추구하는 존재로 구별하고자 한다. 같은 맥락에서 방어적 현실주의 이론은 권력을 안보를 위한 수단으로 간주하고 공격적 현실주의 이론은 권력을 목적으로 생각한다고 구별하기도 한다. 그러나 앞서 언급했듯이 방어적 현실주의 이론이나 공격적 현실주의 이론 모두 공통으로 국가의 가장 우선하는 목표를 안보(생존)라고 가정하기 때문에 안보의 극대화는 두 이론이 공통으로 바라보는 국가의 목표인 것이다. 따라서 안보의 극대화와 권력의 극대화를 구분하여 대척점에 두고 두 이론의 차이로 보는 것은 적절하지 않다고 본다. 공격적 현실주의 이론이 주장하듯이 권력의 극대화는 안보의 극대화를 위한 수단이기 때문이다. 이러한 견해는 토프트(Peter Toft)의 글에서도 찾아볼 수 있다: Peter Toft, "John J. Mearsheimer: an offensive realist between geopolitics and power," *Journal of International Relations and Development*, Vol. 8, No. 4 (2005), p. 390. 그러나 이러한 문제에도 불구하고 여전히 다수의 학자가 이러한 구분을 수용하고 있다는 사실도 염두에 두어야 할 것이다. 개인적인 생각이지만 제3의 대안으로 공격적 현실주의 이론의 경우 국가를 생존을 위해 권력의 극대화를 추구하는 존재로 보고 방어적 현실주의 이론의 경우 생존을 위해 권력의 적정화를 추구하는 존재로 본다는 식의 구분이 어떨까 생각한다.

266) 앞서 언급했듯이 미어샤이머에 따르면 국가들은 자국의 안보를 가장 확실하게 확보하는 길은 전 지구적 패권국이 되는 것이지만 물의 저지력으로 불가능하여 지역 패권국의 지위를 추구한다.

267) 국가가 현상 유지적인 존재인지 아니면 현상 타파적인 존재인지 아니면 현상 유지적일 수도 있고 현상 타파적일 수도 있는지에 대한 논쟁은 비단 방어적 현실주의 이론과 공격적 현실주의 사이에서만 전개되는 것이 아니다. 신고전적 현실주의 이론의 일부인 쉬웰러의 이익균형론과 탈리아페로의 위협균형론 그리고 공격-방어 균형론도 이러한 논쟁에 관여되어 있다. 이 부분에 대한 보다 상세한 논의는 신고전적 현실주의 이론 편에서 언급하고 있다.

왈츠에 따르면 권력의 극대화 추구는 오히려 다른 국가(들)의 세력균형을 위한 노력을 유발하여 오히려 자신의 안전을 저해하기 때문에 너무 적지도 않고 너무 많지도 않은 적절한 수준의 권력만을 추구하게 된다. 이는 공격적 현실주의 이론이 말하는 패권의 수준에 이르지 않는 권력의 구비를 통해 안보가 확보될 수 있다는 것을 의미한다. 요약하자면 국제체제의 무정부성은 국가들에 자국의 안보를 유지하기 위해 온건하고 조심성 있는 정책을 유지하도록 고무한다는 것이다.[268)]

이러한 왈츠의 견해를 스나이더(Jack L. Snyder)는 「국제적 무정부성은 공격을 응징하고 보상을 주지 않는다(International anarchy punishes aggression; it does not reward it)」는 말로 요약하고 있다. 다른 한편 스나이더는 미어샤이머의 공격적 현실주의 주장의 핵심 내용을 「국제체제는 공격을 위한 유인을 조성한다(International system creates incentives for aggression)」라고 요약하고 있다.[269)]

공격적 현실주의와 방어적 현실주의 이론의 또 다른 차이는 왈츠의 방어적 현실주의 이론의 경우 오로지 국제체제의 무정부성과 권력의 배분이라는 체제 수준의 요인만을 가지고 국가 간 상호작용의 결과물인 국제적 결과를 설명하고자 하나 미어샤이머의 공격적 현실주의 이론은 국제체제의 무정부성과 권력의 배분이라는 요인에 지리적 위치(geographic location)와 같은 단위 수준의 요인을 추가하여 국제적 결과뿐만 아니라 개개 국가 행동도 설명하고자 한다.

왈츠의 경우 국가 간의 상호작용으로 만들어지는 세력균형 · 전쟁의 빈도 · 동맹의 형성 패턴 등과 같은 국제적 결과를 설명하는 국제정치학 이론으로서의 자신의 이론을 개개 국가의 대외적 행동을 설명하는 외교정책 이론과 구분해 왔다. 미어샤이머가 단위 수준의 요인을 첨부하고 이를 통해 개개 국가의 외교정책까지 설명하고자 하는 것은 왈츠와의 큰 차이이며 이러한 것은 신고전적 현실주의(neoclassical realism) 이론과 맥을 같이 한다고 볼 수 있다.[270)]

---

268) 그렇다고 왈츠의 방어적 현실주의가 국제적 갈등의 존재와 현상 타파적 국가의 존재를 부인하는 것은 아니다. 다만 이러한 현상은 일상적으로 발생하는 것이 아니라 산발적으로 발생하는 예외인 것을 강조한다.

269) Jack L. Snyde, *Myths of Empire: Domestic Politics and International Ambition* (Ithaca, NY: Cornell University Press, 1991), pp. 11-12.

270) 미어샤이머의 공격적 현실주의 이론이 단위 수준의 요인을 포함함으로써 신고전적 현실주의 이론으로서의 성격을 가진다. 따라서 미어샤이머의 이론을 신고전적 현실주의 이론으로 보아야 한다는 견해가 나올 수도 있다. 그러나 미어샤이머의 이론의 경우 국제체제의 구조라는 요인을 가지고 국가 행동과 국제적 결과에 대한 설명의 대부분을 하고 있고 단위 수준의 요인인 지리적 위치는 국제체제의 구조라는 요인에 전체적으로 종속되어 있어서 신고전적 현실주의 이론과 구별된다고 본다: Peter Toft, "John J. Mearsheimer: An Offensive Realist between Geopolitics and Power," *Journal of International Relations and Development*, Vol. 8, No. 4 (2005), pp. 388-389.

(4) 패권안정론과의 비교

미어샤이머의 공격적 현실주의 이론은 국가들이 패권을 추구하는 행위자로 본다는 점에서 기존의 패권안정론과 궤를 같이한다. 그러나 패권안정론의 경우 패권국으로 전 지구적 패권국을 상정하고 있는 것과는 달리 미어샤이머는 지역적 패권국을 상정하고 있는 차이를 보인다. 또한 순환을 강조하는 패권안정론과는 달리 미어샤이머의 공격적 현실주의 이론은 지역 패권국의 순환에 전혀 관심을 두고 있지 않다.

8) 미어샤이머의 공격적 현실주의 이론의 평가

미어샤이머의 공격적 현실주의 이론에 대해 다음과 같은 비판이 일반적으로 많은 학자에 의해 제기되고 있다. 우선 국제체제의 무정부 상태가 왜 국가들에 권력의 극대화와 패권국 지위를 필연적으로 추구하게 만드는가에 대한 설득력 있는 설명을 결하고 있다.

둘째, 미어샤이머는 자신의 이론에 적합하도록 역사를 자의적으로 해석하는 문제점이 있다. 그에 따르면 물의 저지력에 의해 미국과 영국은 독일과 프랑스와 같은 대륙 국가와 비교해 덜 팽창주의적이었다고 주장한다. 미어샤이머는 이러한 주장이 적용되기 어려운 일본의 경우를 설명하면서 이웃 국가들이 아주 약했기 때문에 팽창주의적이었다는 설명을 제공하고 있다. 그렇다면 미국은 왜 캐나다와 멕시코를 점령하지 않았는가에 대한 적절한 답을 제공하지 못한다. 이에 대해 미어샤이머는 캐나다와 멕시코의 민족주의가 미국을 억제했다고 설명하고 있으나 동북아시아의 일본 주변국들도 민족주의적이었다.[271)]

셋째, 미어샤이머는 영토의 점령과 이에 따른 지상 병력의 중요성을 강조하고 있으나 앞으로 영토점령이라는 것이 예컨대 나폴레옹 전쟁과 양차 세계대전에서만큼 강대국의 관계에 있어서 중요할 것으로 보기 어렵다. 핵무기를 가지고 있는 강대국을 점령한다는 것은 불가능하지는 않다고 해도 어려운 일인 것이다.[272)]

넷째, 강대국의 비극이라는 책의 마지막 장에서 미어샤이머는 유럽과 동북아시아의 미래에 대한 전망과 더불어 미국의 정책을 제시하고 있다. 미어샤이머는 미국이 중국 권력의 성장을 지연시키기 위해 시도를 해야 한다고 권고하고 있는데 이러한 권고는 비현실적이고 역효과를 내어 더 잘못된 정책이 될 수 있다.[273)]

---

271) Sean M. Lynn-Jones, "Book Review: The Tragedy of Great Power Politics," *International Affairs*, Vol. 78, No. 2 (April 2002), p. 366.
272) *Ibid.*
273) *Ibid.*

이러한 비판에도 불구하고 미어샤이머의 공격적 현실주의 이론은 국제관계 이론에 다음과 같은 공헌을 했다고 평가된다. 우선 미어샤이머의 공격적 현실주의 이론은 현상 변경을 추구하는 수정주의적 국가에 대한 이론적 근거를 도입하여 왈츠의 이론을 보완함으로써 방어적 현실주의 이론과 공격적 현실주의 이론을 단일 이론으로 통합할 수 있는 토대를 마련했다고 본다.274)

미어샤이머는 그의 이론에서 강대국의 공격적인 권력의 추구 경향을 주장하고 있으나 항상 그렇다는 것은 결코 아니다. 그는 강대국이 지역 패권국이 된 다음에는 현상 유지 정책을 편다고 명시적으로 언급하고 있을 뿐 아니라 그의 합리적 행위자 가설은 이익이 비용을 초과할 때만 공격적으로 권력의 확장을 한다고 함으로써 권력의 확장이 다른 국가들의 대항균형연합(countervailing balancing coalition)을 불러와 안보에 오히려 위협을 가져올 것 같은 경우에는 공격적인 권력의 확장을 추구하지 않을 수 있다는 가능성을 열어놓고 있다. 이처럼 미어샤이머의 이론은 국가들이 공격적인 권력의 확장을 추구하지만 때때로 방어적으로 행동하기도 한다고 함으로써 방어적 현실주의 이론과의 통합의 문을 열어놓았다고 본다.275)

둘째, 동맹이론(alliance theory)에 공헌하고 있다. 구체적으로 강대국들은 균형화 전략과 편승 전략 중에서 하나의 전략을 선택한다는 현실주의 이론 일반의 주장과는 달리 균형화 전략과 책임 전가 전략 중에서 선택을 한다고 주장하고 이를 역사적으로 증명하고 있다.

셋째, 국제정치 이론에 지리적 요인을 다시 불러들여 국제체제의 권력 배분이라는 요인과 더불어 지리적 위치라는 요인의 역할에 관한 중요한 통찰력을 제공한다. 이밖에 미어샤이머는 공군 병력 대 해군 병력에 관한 토론에서도 특별한 통찰력을 보여준다.276)

넷째, 강대국을 그들이 소지한 상대적 권력의 정도에 따라 단순한 강대국・잠재적 패권국・패권국으로 구분함으로써 상대적 권력의 차이에 따른 강대국 행위의 차이를 좀 더 세밀하게 살펴보도록 한다.277) 또한 잠재적 패권국이라는 개념의 도입을

274) Glenn H. Snyder, "Mearsheimer's World-Offensive Realism and the Struggle for Security," *International Security*, Vol. 27, No. 1 (Summer 2002), pp. 150-151.

275) Peter Toft, "John J. Mearsheimer: An Offensive Realist between Geopolitics and Power," *Journal of International Relations and Development*, Vol. 8, No. 4 (2005), p. 401.

276) Glenn H. Snyder, "Mearsheimer's World-Offensive Realism and the Struggle for Security: A Review Essay," *International Security*, Vol. 27, No. 1 (Summer 2002), p. 151.

277) 설인효・이택선, "미어샤이머의 공격적 현실주의 이론과 21세기 동북아 국제질서: 방어, 공격적 현실주의 논쟁과 공격적 현실주의 재평가," 『분쟁해결연구』, 제10권 제2호 (2012), pp. 137-138.

통해 국제체제를 잠재적 패권국이 존재하는 불균형적 다극체제와 잠재적 패권국이 부재하는 균형적 다극체제로 분류함으로써 다극체제의 논의를 좀 더 세밀하게 할 수 있도록 한다.

제 5 절 신고전적 현실주의 이론

1. 등장 배경

「신고전적 현실주의(neoclassical realism, NCR)」라는 명칭은 로제(Gideon Rose)가 처음으로 사용한 용어로서 고전적 현실주의(전통적 현실주의)의 부활을 의미하기도 하지만 고전적 현실주의의 단순한 부활을 넘어 신현실주의와 고전적 현실주의의 종합(synthesis)을 의미한다고 볼 수 있다.[278] 슈미트(Brian C. Schmidt)와 같은 학자는 신고전적 현실주의를 「수정된 현실주의(modified realism)」라고 부르기도 한다.[279]

신고전적 현실주의 이론의 등장에는 신현실주의 이론에 대한 불만이 자리하고 있다고 볼 수 있는데 이러한 불만을 하나하나 살펴보면 다음과 같다. 우선 냉전의 종식된 후 신현실주의 이론의 설명력·예측력과 관련하여 여러 방면에서 도전이 가해져 오고 있는데 이 가운데 가장 큰 도전은 신현실주의 이론의 예측과는 달리 국제체제 수준에서 과거와 같은 방식으로 세력균형이 이루어지지 않고 있다는 사실에 가해지고 있다.

둘째, 유럽 국가들의 국제관계 역사에 뿌리를 두고 고안된 국제정치 이론을 동아시아와 같은 특정 지역의 국제관계에 비판 없이 적용함으로써 나타나는 이론과 현실의 괴리도 신고전적 현실주의 이론의 등장에 중요한 밑거름이 되었다. 이러한 이론과 현실 사이에 존재하는 틈새를 메우기 위해 구조적인 관점에 지역적인 관점이 더해져야 한다는 주장이 힘을 얻었다.

셋째, 신현실주의 이론이 예측하는 미국과 중국의 관계를 위시한 특정 국가 간의 국제관계 현실도 이론과 일정한 거리가 존재함으로써 이러한 이론과 현실의 틈새를 좁히기 위해서는 개개 국가의 내부적 요인을 살펴보아야 할 필요성이 제기된 사실도

---

278) Gideon Rose, "Neoclassical Realism and Theories of Foreign Policies," *World Politics*, Vol. 51, No. 1 (1988), pp. 144-172.

279) Brian C. Schmidt, "Competing Realist Conceptions of Power," *Millennium: Journal of International Studies*, Vol. 33, No. 3 (2005), pp. 523-549.

신고전적 현실주의 이론의 등장에 있어서 중요한 배경의 하나이다.280)

넷째, 신고전적 현실주의 이론이 등장하게 된 더욱 직접적인 배경에는 신현실주의 이론이 국가 간 상호작용의 결과로 발생하는 국제적 결과의 반복적인 패턴의 설명에 집중함으로써 특정 국가의 특정 행동에 관해 어떠한 것도 제공하는 것이 없다는 비판이 자리하고 있다.281)

다시 말해 국제관계 이론으로서 신현실주의 이론이 국제체제의 구조적 특징이 국제체제의 수준에서 어떠한 현상을 반복적으로 발생시키고 있는가를 설명하는 데에 중점을 둠으로써 국제체제의 구조적인 특징이 개개 국가 행동에 어떠한 영향을 미치는가를 설명하고 예측하는 데에 관심을 두고 있지 않다는 것이다.282)

공격적 현실주의 학자들은 국가는 상대적 권력의 극대화를 통해 생존을 극대화하려 한다고 주장하나 국가 대부분은 이러한 무모하고 무한한 확장을 꾀하지 않는다. 미어샤이머는 국가란 상대적 권력의 극대화가 가져다주는 이익이 비용보다 크다고 판단되는 때와 장소를 가려 상대적 권력을 극대화하려 한다고 주장하면서 상대적 권력의 극대화 추구를 위한 조건을 언급하고 있다. 공격적 현실주의 계열의 신고전적 현실주의 학자들은 이러한 권력의 극대화 조건을 가져오는 매개변수를 국가 수준이나 단위 수준에서 찾고자 한다.

방어적 현실주의 학자들은 현존하는 현상 유지를 통해 안전을 극대화하고자 하는 국가(status quo states)들이 일반적이라고 하는 한편 수정주의 국가(revisionist states)의 존재를 완전히 배제하지 않는다. 따라서 방어적 현실주의 계열의 신고전적

280) 여기에서 「개개 국가의 내부적 요인」이란 「국내 요인(domestic factor)」을 의미한다. 분석수준(level of analysis)을 분류할 때 통상 「체제 수준(system-level)」과 「국가 수준(state-level)」과 「개인 수준(individual-level)」으로 나누는데 이들 중 국가 수준과 개인 수준을 합쳐서 「단위 수준(unit-level)」이라고 칭한다. 따라서 「단위 수준의 요인」이란 국가 수준의 요인과 개인 수준의 요인 모두를 포함한 요인을 지칭한다. 여기에서는 혼란을 피하고자 편의상 「국내 요인」이라고 부르려 한다.

281) 왈츠가 국제체제의 무정부성이 국제체제 수준에서 세력균형이라는 현상의 반복을 가져온다고 설명하고 있는 것이 하나의 단적인 예이다. 국제적 결과란 구체적으로 국제체제에서 2개 이상의 국가 사이의 상호작용으로부터 결과지어지는 현상을 의미하며 통상적으로 주요 전쟁의 가능성 · 무기 경쟁 · 국제협력에 대한 전망 · 국가 간의 총체적인 동맹의 패턴과 같은 것을 포함한다.

282) 그러나 이러한 지적은 왈츠에 있어서는 익숙한 것이다. 왜냐하면 왈츠는 그의 이론이 개개 국가의 대외적 행위를 설명하고 예측하려는 외교정책 이론이 아님을 반복적으로 강조하고 그의 이론은 국제체제 수준의 결과의 개괄적인 정형(broad patterns of systemic outcomes)을 설명하는 것을 의도하고 있다고 강조해 오고 있기 때문이다: Kenneth N. Waltz, *Theory of International Politics* (New York: McGraw-Hill, 1979), pp. 39, 48-49, 58-59, 72, 78, 121-123; Kenneth N. Waltz, "Reflections on Theory of International Politics: A Response to My Critics," in Robert O. Keohane, ed., *Neorealism and its Critics* (New York: Columbia University Press, 1986), pp. 328, 339-340, 343; Kenneth N. Waltz, "International Politics is Not Foreign Policy," *Security Studies*, Vol. 6, No. 1 (Autumn 1996), pp. 54-57.

현실주의 학자들은 국가들이 어떤 조건에서 확장 · 공격 · 전쟁에 관여하는가를 설명하기 위해 국제체제의 수준이 아닌 다른 수준의 변수를 고려하고자 한다.

2. 신고전적 현실주의 이론의 핵심 내용

신고전적 현실주의 이론은 무정부성 및 권력의 배분과 같은 국제체제의 구조적 특징을 독립변수로 하고 주로 일국의 대외정책을 종속변수로 하면서 이 두 변수 사이에 매개변수로서 국내 요인을 추가하고 있는 특징을 보인다. 이러한 특징을 좀 더 자세히 살펴보면 다음과 같다.

우선 신고전적 현실주의 이론은 국제체제의 구조적인 특징인 무정부성과 권력의 배분 요인을 국가의 외교정책에 영향을 미치는 가장 중요한 독립요인으로 간주한다. 이러한 점에서 신현실주의 이론의 맥을 잇고 있다고 볼 수 있다.

다른 한편 신고전적 현실주의 이론은 국가의 외교정책을 설명하는 데 있어서 이러한 국제체제의 요인과 더불어 다양한 종류의 국내 요인을 또 다른 요인으로 간주한다. 이처럼 신고전적 현실주의 이론이 국가의 외교정책을 설명하는 데 있어서 국내 요인을 고려한다는 점에서 고전적 현실주의(즉 전통적 현실주의) 이론과 궤를 같이 한다고 볼 수 있다.

이처럼 신고전적 현실주의 이론이 국가 행동을 설명하는 데 있어서 신현실주의 이론의 국제체제 수준의 요인과 더불어 고전적 현실주의 이론의 국내 요인을 동시에 고려함으로 신고전적 현실주의 이론을 앞서 언급했듯이 신현실주의와 고전적 현실주의 이론의 종합이라고 말한다.

신고전적 현실주의 이론이 국가의 외교정책을 설명하는 데 있어서 국제체제 수준의 요인과 국내 요인을 동시에 고려한다고 했을 때 이 두 요인 간의 관계를 알 필요가 있다. 왜냐하면 이 두 요인이 수평적인 관계에서 독립적으로 국가 행동에 영향을 미치는 것일 수도 있고 아니면 이 두 요인 사이에 수직적인 관계가 있을 수 있기 때문이다. 신고전적 현실주의 이론은 이 두 요인 간의 관계와 관련하여 국제체제 수준의 요인을 독립적인 요인으로 보고 국내 요인을 이러한 독립요인과 국가의 외교정책이라는 종속 요인 사이에 존재하는 매개변수(intervening variable)로 간주한다.

이처럼 국내 요인을 매개변수로 두는 이유는 국제체제의 무정부성과 권력의 배분이 국가의 외교정책에 미치는 영향이란 직접적이지도 않고 단순하지 않다고 보기 때문이다. 다시 말해 국제체제가 부과하는 압력이 국가의 외교정책에 그대로 전달되지 않고 중간에 국내 요인들을 거쳐 전달된다는 것이다. 이러한 의미에서 신고전적 현실주의 이론은 국제체제의 무정부성과 권력의 배분을 독립적인 원인변수로 보지 않고 「허용하는 조건(permissive condition)」으로 간주하고 국내 변수를 국제체제가 주는 압력과 실질적인 외교정책 사이를 연결하는 「불완전한 전달 벨트(imperfect transmission belt)」로 간주한다.283)

신고전적 현실주의 이론이 국내 요인을 매개변수로 설정한 것과 관련하여 그들이 제시하는 정당성을 살펴볼 필요가 있다. 신고전적 현실주의 이론은 장기적으로 신현실주의 이론의 주장대로 국제적 결과가 국제체제의 권력 배분이라는 요인을 반영하는 것이 될 수 있다고 본다. 그러나 좀 더 단기적으로는 국가들이 추구하는 정책이란 순수하게 국제체제 수준의 요인만으로는 좀처럼 예측하기 어렵다는 입장이다.

이는 단기적으로 권력과 타국의 의도를 평가하는 데 있어서 정치 지도자들이 겪게 되는 어려움 등으로 인해 외부 환경의 변화에 시의적절하고 효율적인 대응을 하는 것이 어렵기 때문이라고 본다. 이 때문에 국제체제가 주는 제약과 기회가 단기적으로 국내적인 요인에 의해 어떻게 수용되는가를 살펴보아야 한다는 것이다.

신고전적 현실주의 이론과는 달리 신현실주의 이론의 경우 국내 요인을 어떻게 간주하고 있는가를 살펴보자. 신현실주의 이론에 있어서 국제체제의 구조적 특성이 국제체제 수준에서의 반복적인 현상을 일으킨다고 할 때 국제체제의 구조적 특성이 아무런 매개체 없이 곧바로 국제체제 수준에서의 반복적인 현상을 일으킨다고 보는 것은 물론 아니다.

국제체제의 특성이 국제체제를 구성하고 있는 단위인 국가들의 행위에 영향을 미치고 이러한 행위들이 합해져 국제체제 수준에서의 일정한 상호작용의 패턴을 형성한다고 본다. 그러나 신현실주의 이론은 이 과정에서 합리적 행위자로서의 개개 국가들은 국제체제의 영향이 너무나 크기 때문에 내부적인 차이에도 불구하고 동일하게 반응한다고 전제함으로써 국가들의 행위를 개별적으로 살펴보지 않고 암상자(black box)에 가두었다고 볼 수 있다.

신고전적 현실주의 이론은 신현실주의 이론과 달리 이러한 국가를 암상자로부터 꺼내서 국가마다 국제체제가 부과하는 제약과 기회를 어떻게 받아들이며 이에 대응하는가에 초점을 두고자 한다. 다시 말해 국제체제와 국가의 내적인 동학(internal dynamics)의 상호작용에 초점을 두고 개개 국가들의 외교정책을 설명하고자 한다.

---

283) 여기에서 「불완전한 전달 벨트」란 국제체제가 주는 영향을 있는 그대로 전달하지 않을 수 있는 매개체를 의미한다.

종속변수로서 외교정책에는 국가의 대전략(grand strategy)·군사 독트린·대외경제 정책·동맹 선호(alliance preferences)·위기 시의 행위(crisis behavior) 등이 포함된다.

신고전적 현실주의 이론은 이러한 개개 국가의 외교정책에 대한 설명에서 더 나아가 국가 간 상호작용 패턴으로서의 국제적 결과의 일정한 유형에 대한 설명 역시 시도하고 있으나 주로 개개 국가의 외교정책을 설명하는 이론으로서 많이 적용되고 있다.284)

신현실주의 이론이 국제체제의 권력 배분을 국가 행동에 직접적으로 영향을 미치는 객관적인 존재로 보는 것과는 대조적으로 신고전적 현실주의 이론은 국내 요인들(unit-level factors)을 이들 사이에 작용하는 매개변수로 설정한다.

이러한 매개변수에는 국가 수준의 요인과 개인 수준의 요인들이 포함되는데 이러한 요인들에는 구체적으로 i) 지도자의 권력 배분에 관한 인식·신념체계·성격 ii) 지도자의 리더십 성격 iii) 국가 정체성285) iv) 국가 이념 v) 국가의 전략문화)286) vi) 국가구조287) vii) 국가와 사회의 관계(국가의 사회로부터의 자율성) viii) 국가 역량288) ix) 엘리트나 사회의 결집 수준 x) 지리적 인접성289) 등이 흔히 포함된다.

이러한 변수들과 더불어 신고전적 현실주의 이론의 설명 방식을 예로 들어보면 다음과 같다. 국가가 위협에 대한 균형 정책을 취할 것인가 아니면 편승 정책을 취할 것인가는 위협 자체의 존재 여부보다는 이러한 위협에 대한 인식이 어떠냐에 따라 달라지고 국가의 구조에 의해 영향을 받으며 (국가의 정체성에 영향을 받아 달라지는) 국가이익과 선호에 따라 달라진다고 본다.

신고전적 현실주의는 이러한 국내 변수가 외부의 위협과 기회를 어떻게 걸러내

---

284) 신현실주의는 왈츠가 언급한 바대로 전쟁·동맹·군비경쟁·협상 등과 같이 국제체제의 구조적 요인을 통해 두 개 국가 이상의 상호작용 결과로 발생하는 현상인 국제적 결과를 설명하고자 한다. 이와는 달리 신고전적 현실주의는 같은 국제체제의 환경 속에서 왜 다른 국가들이나 같은 국가들마저 국제적인 영역에서 시간을 달리하면서 특정의 전략들을 추구하는가를 설명하고자 한다. 다시 말해 신현실주의는 국제적 결과를 설명하려 하고 신고전적 현실주의는 국가 행동을 설명하려는 차이를 보인다는 것이다. 이러한 이유로 탈리아페로(Jeffrey W. Taliaferro)는 신현실주의와 신고전적 현실주의가 경쟁적인 관계에 있는 것이 아니라 보완적인 관계에 있다고 본다: Jeffrey W. Taliaferro, "Security Seeking under Anarchy: Defensive Realism Revisited," *International Security*, Vol. 25, No. 3 (Winter 2000/2001). pp. 32-34.

285) 국가 구성원을 하나로 묶는 공유된 소속감·문화·역사·가치를 의미하는 국가 정체성은 국가이익과 선호에 영향을 미치고 이러한 국가이익과 선호는 국가의 행동에 영향을 미친다.

286) 전략문화란 힘의 위협이나 힘의 사용과 관련하여 전략을 수립하는 데 영향을 미치는 특정 국가가 지닌 공유된 가치·생각·태도를 의미한다.

287) 국가구조란 구체적으로 국가의 정치적·제도적 틀을 의미한다.

288) 국가의 역량이란 국가가 자원을 동원하고 정책을 시행할 수 있는 능력을 의미한다.

289) 지리적 인접성은 구체적으로 안보에 관한 인식을 규정짓는 적대국과의 물리적 거리를 의미한다.

고 국가를 구성하고 있는 지도자들이 어떻게 위협을 평가하고 전략을 세우며 이러한 전략을 지원하기 위해 사회적 자원(societal resources)을 어떻게 동원하는가와 같은 현상을 설명하려 한다.

3. 신고전적 현실주의의 분류

신고전적 현실주의는 고전적 현실주의와 신현실주의의 요소를 결합한 국제관계 이론으로 국가 행동을 형성하는 데 있어 체제적 요인과 국내적 요인의 역할을 강조한다. 신고전적 현실주의를 이러한 두 요인의 통합 방식에 따라 유형 I 신고전적 현실주의(Type I NCR)・유형 II 신고전적 현실주의(Type Ⅱ NCR)・유형 III 신고전적 현실주의(Type Ⅲ NCR)로 구분하여 살펴보려는 노력이 행해져 왔다.290)

1) 유형 I 신고전적 현실주의(Type I NCR)

국가의 실제 외교정책이 체제 수준의 변수에 기반하여 내린 예상과 차이를 보이는 경우 이러한 비정상적인 현상(anomalies)을 설명하기 위해 국가 제도와 지도자의 인식과 같은 국내 요인을 추가한다. 이 경우 주된 요인은 체제 요인이며 국내 요인을 통합하여 비정상적인 현상을 설명함으로써 구조적 현실주의의 한계를 해결하려 한다.

예를 들면 이 유형의 신고전적 현실주의는 체제 수준 요인의 역할을 강조하는 구조적 현실주의가 부상하는 강대국에 대항하여 국가들이 세력균형을 위한 정책을 펴리라고 예상했는데 이러한 노력에 합류하지 않은 국가가 있다면 이러한 예외적인 현상을 설명하기 위해 해당 국가의 정치적 제약과 같은 매개변수를 추가하여 그 이유를 설명하고자 한다.

2) 유형 II 신고전적 현실주의(Type II NCR)

국제체제의 요인에 국내 요인을 대등하게 통합하여 국가의 외교정책을 더욱 포괄적으로 설명하고자 한다. 즉 이 유형은 유형 I에서 더 나아가 체제 요인을 국내 요인과 통합하여 외교정책에 대한 보다 포괄적인 설명을 제공하고자 한다. 구조의 영

---

290) 신고전적 현실주의의 유형화는 신고전적 현실주의의 발전에 크게 기여해 온 립스만(Norrin M. Ripsman)・탈리아페로(Jeffrey W. Taliaferro)・로벨(Steven E. Lobell)과 같은 학자들에 의해 논의되어 왔다. 이들은 신고전적 현실주의를 여러 유형으로 분류하여 국가 행동과 외교정책 결정의 변화를 더 잘 설명하고자 했다.

향을 중요시하는 신현실주의만으로는 국가의 전략적 선택을 예측할 수 없다는 것을 인정하고 이러한 결정을 형성하는 데 있어 국내 정치의 역할을 강조한다. 예컨대 국가가 전쟁에 돌입하기로 한 결정에 국제체제가 주는 위협과 국내 정치적 역학이 어떤 영향을 미치는가를 설명하고자 한다.

3) 유형 Ⅲ 신고전적 현실주의(Type Ⅲ NCR)

이 유형의 신고전적 현실주의는 가장 최근의 유형으로서 체제 수준의 요인과 국내 수준의 요인 간의 상호작용에 대한 더욱 세부적인 이해를 제공하는 것을 목표로 하며 이전의 두 유형을 기반으로 한다.

이 유형은 위협에 대한 인식 및 오인식과 같은 인지적 변수의 중요성을 강조하면서 이러한 인식이 체제 요인과 국내 요인 모두에 의해 어떻게 영향을 받는가를 강조한다. 다시 말해 이 유형은 더 광범위한 변수와 그들 간의 상호작용을 고려하여 외교정책을 분석하기 위한 더욱 자세하고 통합된 프레임워크를 제공하고자 한다.

4. 신고전적 현실주의 이론의 예

국제체제 수준의 변수 이외에 다양한 국내 요인을 동원하여 국가의 외교정책을 설명하고자 하는 신고전적 현실주의 이론들의 예를 몇 개 들어보면 다음과 같다.

1) 쉬웰러의 이익균형론

쉬웰러(Randall L. Schweller)는 왈츠의 세력균형론과 왈트의 위협균형론에 수정을 가한 이익균형론(balance of interests theory)을 제시하고 있다.[291] 그는 현상 유지적

---

291) Randall L. Schweller, "Tripolarity and the Second World War," *International Studies Quarterly*, Vol. 37, No. 1 (March 1993), pp. 73-103; Randall L. Schweller, "Bandwagoning for Profit: Bringing the Revisionist State Back in," *International Security*, Vol. 1, No. 1 (Summer 1994), pp. 72-107; Randall L. Schweller, "Neorealism's Status Quo Bias: What Security Dilemma?" *Security Studies*, Vol. 5, No. 3 (Spring 1996), pp. 90-121; Randall L. Schweller, "New Realist Research on Alliances: Refining, Not Refuting, Waltz's Balancing Position," *American Political Science Review*, Vol. 91, No. 4 (1997), pp. 927-930; Randall L. Schweller and David Priess, "A Tale of Two Realisms: Expanding the Institutions Debate," *Mershon International Studies Review*, Vol. 41, No. 1 (April 1997), pp. 1-32; Randall L. Schweller, *Deadly Imbalances: Tripolarity and Hitler's Strategy of World Conquest* (Columbia University Press, 1998); Randall L. Schweller, "Unanswered Threats: A Neoclassical Realist Theory of Underbalancing," *International Security*, Vol. 29, No. 2 (Fall 2004), pp. 159-201; Randall L. Schweller, *Unanswered Threats: Political Constraints on the Balance of Power, Princeton Studies in International History and Politics* (Princeton, N.J.: Princeton University, 2006).

국가(Status-quo states)와 수정주의적 국가(revisionist states)의 구별을 강조하고 이러한 차이를 국가 행동에 대한 현실주의 이론에 통합하고자 했다.

쉬웰러의 이익균형론의 핵심적 내용은 국가란 권력(power)에 대항하여 균형화(balancing)를 추구한다는 왈츠와 위협(threat)에 대항하여 균형화를 추구한다는 왈트의 주장과 달리 국가는 이익(interest)에 따라 균형화를 추구할 수도 있고 편승을 추구할 수도 있다고 본다.292) 이러한 이유로 쉬웰러는 균형화와 편승에 대한 광범위한 분석을 시도하고 있다는 평가를 받는다.

좀 더 구체적으로 쉬웰러의 이론은 왈츠의 세력균형론 및 왈트의 위협균형론과 두 가지 점에서 차이를 갖는다. 하나는 국가 행동의 동인을 무엇이라고 보는가의 차이이고 또 다른 차이는 그 결과가 무엇인가(균형화인가 아니면 균형화와 편승인가)의 차이이다. 여기에서 이러한 두 차이를 중심으로 쉬웰러의 이론을 살펴보고자 한다.

왈츠와 왈트에 있어서 국가는 안보라는 방어적인 동인에 의해 권력을 기준으로 하거나 위협을 기준으로 하여 행동한다. 이와는 대조적으로 쉬웰러에 있어서 국가 행동의 동인은 이익이다. 국가는 현상 유지가 주는 이익과 현상 타파가 주는 이익을 비교하여 현상 유지 국가가 되거나 현상 타파 국가가 되어 균형화를 추구하기도 하고 편승을 추구하기도 한다. 이러한 논리 때문에 쉬웰러의 이론을 「이익균형론」이라고 부른다.293)

쉬웰러는 왈트가 지리적 인접성·공격 능력·인지된 의도 등 국가 수준의 요인들을 총체적인 권력에 추가함으로써 국가 행동에 대한 현실주의 이론의 설명을 확장하는 데 공헌했다고 평가한다. 그러나 쉬웰러는 이러한 왈트와 더불어 왈츠 모두 국가란 그들이 이미 가지고 있는 것을 보존하기 위해 행동을 하며 모든 국가는 현상 유지적인 정향을 가지고 있다고 가정하는 것에 문제를 제기한다.294)

쉬웰러는 만약에 모든 국가가 이미 가지고 있는 것에 만족한다면 공격이나 전쟁의 동기는 무엇인가를 묻는다. 왈츠에 있어 전쟁의 주요 원인은 불확실성(uncertainty)과 오인식(misperception)인데 쉬웰러에 있어서 전쟁의 원인이란 다름 아닌 현상 타파를 원하는 국가가 있기 때문이다.295) 이처럼 쉬웰러는 왈트와 왈츠의 이론이

292) 「이익균형론」이라는 용어상의 「균형」이라는 말 때문에 이익에 따라 균형화(balancing)가 일어난다고 생각하기 쉬우나 이익의 균형이 어느 쪽으로 기우는가에 따라 균형화도 편승도 가능하다고 본다.

293) 쉬웰러는 현상 유지 국가들 사이와 현상 타파 국가들 사이처럼 동일한 이익 구조를 지니고 있는 국가 간에는 세력균형이 기계적으로 발생하지 않는다고 지적하고 그 예로서 나폴레옹 전쟁 후에 유럽협조체제가 현상 유지를 원하는 유럽 국가들 사이에서 생긴 것을 예로 들고 있다. 2차 세계대전 당시 현상 타파를 원하는 이탈리아가 같은 성향의 독일에 탑승한 것을 또 다른 예로 들고 있다.

294) 이러한 이유로 왈트와 왈츠는 방어적 현실주의(defensive neorealism)를 옹호하는 학자로 분류되곤 한다.

현상 유지를 원하는 국가들만을 전제로 하고 있다고 비판을 가하고 실제의 세계에는 현상 유지를 원하는 국가와 현상을 타파하고자 하는 두 종류의 국가가 존재함을 역설한다. 그 결과 국제체제는 항상 현상 유지를 원하는 국가와 현상을 타파하고자 하는 국가로 구성되며 특정한 시점에서의 국제체제란 이러한 두 종류의 국가들 사이의 균형에 의해 특징지어질 수 있다고 본다.

또한 쉬웰러는 왈츠나 왈트 모두 균형이 일반적인 동맹행위의 형태라고 보는 것에 대해 반론을 제기하면서 편승이란 동맹행위가 대부분의 현실주의자가 인정하는 것보다 훨씬 흔하게 발생하는 현상이라고 주장한다. 그는 대부분의 현실주의자가 편승의 의미를 안보를 위한 유화 편승(appeasement bandwagoning for security)으로 불필요하게 제한함으로써 이익을 위한 편승(bandwagoning for profit)을 인정하지 못한다고 비판하고 국가들은 기회주의적 이유로 인해 편승을 택한다고 본다.

미어샤이머의 경우 편승이란 강한 국가에 대한 투항에 해당하므로 나쁜 선택이며 균형화든 편승이든 모두 안보라는 동일한 목적을 달성하기 위해 취해진다고 본다. 쉬웰러는 편승을 투항으로 보는 견해뿐 아니라 균형화든 편승이든 모두 안보라는 동일한 목적을 달성하기 위해 취해진다는 견해에도 반대한다. 쉬웰러는 균형이란 이미 소지하고 있는 가치 있는 것의 보존을 위한 동기로 취해지고 편승은 통상적으로 간절하게 원하는 가치 있는 것을 획득하기 위해 취해진다고 본다.

쉬웰러에 따르면 국가는 자국의 안보와 비안보적 이익 사이에 균형을 이루어야 한다고 주장하고 안보에 대한 우려가 크지 않다면 물질적 이득을 위한 편승 전략이 합리적일 뿐 아니라 현실주의자가 생각하는 것보다 좀 더 보편적인 현상이라고 본다. 압도적인 권력을 가진 강대국이라고 하여 반드시 직접적이고 현저한 위협을 가하는 것은 아니며 모든 국가가 반드시 생존의 유지라고 하는 현상 유지적 정책만을 추구하지 않고 기회주의적으로 국가이익의 확대를 추구한다. 따라서 국가들은 종종 위협이 되는 국가에 가담하는 선택을 통해 이익을 극대화하려 한다고 주장한다.

구체적으로 쉬웰러는 국가들을 네 종류의 동물(사자 · 양 · 자칼 · 늑대)에 비유하여 구분하고 있다. 사자에 해당하는 국가는 현재 소지하고 있는 것에 만족하는 국가로서 자신이 소지하고 있는 것을 빼앗으려는 국가(늑대)로부터 소지하고 있는 것을 지키기 위해 높은 비용을 지불하고자 한다.[296] 이러한 이유로 위협적인 세력에 대해

295) 왈츠에 있어 국가는 생존을 위해 안보를 추구하는 존재인 데 반해 쉬웰러에 있어 국가는 생존에서 더 나아가(즉 생존에 만족하지 않고) 타국의 정복과 합병 등 현상을 타파하려는 확장적 목표를 추구하는 존재이다.

296) 여기서 남이 소지한 것을 빼앗고자 하는 국가는 현상을 타파하려는 국가를 지칭한다.

균형을 추구하거나 책임 전가의 경향을 보인다.

양에 해당하는 국가는 국제체제에서 가장 약한 국가로서 다른 국가의 먹잇감이 되기 쉬운 국가이다. 이들은 현재 소유하고 있는 것에 가까스로 만족하는 국가로서 대개 균형을 지지하나 좀 더 나은 위치에 놓이게 된다면 유화 편승을 하거나 미래추세에의 편승(wave of the future bandwagoning)을 택하려 한다.297)

자칼(jackal)은 사자와 늑대 간의 투쟁에서 눈치를 보면서 먹을 것을 챙기는 동물로서 좀 더 많은 것에 대한 강한 열망을 가지고 현재 소유하고 있는 것에 만족하지 않는 약한 국가를 지칭한다. 따라서 제한적인 목적을 가진 현상 타파 국가로서 분리된다. 이러한 국가는 현재 소지하고 있는 것을 지키는 데 높은 비용을 지불하고자 하며 좀 더 많은 것을 획득하려고 더 큰 비용을 지불하고자 한다. 이러한 국가는 현상유지 국가에 공격을 가할 개별적인 능력이 없는 국가로서 현상을 타파하기 위해 공격하려는 국가에 합류하여 이들이 남긴 이익 일부분을 취하려고 하는데 이를 일컬어 「자칼 편승(Jackal bandwagoning)」이라고 한다.

늑대는 자칼과는 달리 제한적이지 않은 목적을 지닌 현상 타파 국가로서 국제질서를 바꿀 수 있는 능력을 소지하고 있다고 믿는 야심적인 국가를 지칭한다. 이러한 국가는 극단적으로 공격적이고 심지어 현재 지니고 있는 모든 것을 잃는 대가를 치른다고 해도 그들의 목적을 달성하기 위해 전력을 다한다.

이러한 쉬웰러의 이익균형론은 신현실주의 이론의 생존이라는 개념을 이익이라는 좀 더 광범위한 개념 속으로 통합하고 있다는 점에서 새로운 면을 가지고 있다. 또한 왈츠와 같은 학자가 편승을 주로 현상 유지적이고 방어적인 자세로 너무 좁게 정의를 내리고 있는 것에서 벗어나 이득을 위한 기회(opportunity for gain)라는 개념을 포함하도록 좀 더 광범위하게 정의하고자 한 것에 그의 공헌이 있다고 볼 수 있다.

쉬웰러는 국가의 내적인 동학에 초점을 두고 왜 국가들은 이따금 균형화에 실패하는가를 설명하고자 한다.298) 그는 신고전적 현실주의 이론의 관점에서 과소 균형화(underbalancing)의 현상을 분석하고 있다. 그에게 있어서 국가가 위험한 위협을 깨

297) 「미래 추세에의 편승」이란 지배적인 이념을 선전하는 카리스마를 가진 지도자를 미래에 있어서 승자라고 생각하고 이를 따르는 경향을 일컫는다. 1960년대와 70년대의 사회주의에 다수의 국가가 유인되는 것과 냉전이 끝나갈 무렵에 다수의 국가가 시장경제 민주주의를 따르고자 했던 경향을 예로 들 수 있을 것이다.

298) Randall L. Schweller, "Unanswered Threats: A Neoclassical Realist Theory of Underbalancing," *International Security*, Vol. 29, No. 2 (Fall 2004), pp. 159–201; Randall L. Schweller, *Unanswered Threats: Political Constraints on the Balance of Power, Princeton Studies in International History and Politics* (Princeton, N.J.: Princeton University, 2006).

닫지 못하고 이러한 위험에 대응하지 않기로 선택을 하거나 신중하지 않은 방식으로 대응하는 것을 과소 균형화라고 본다. 이러한 과소 균형화 현상은 위험한 위협에 직면한 국가는 동맹의 형성이나 참여 혹은 자신의 군사적 능력의 증대를 통해 붕괴된 균형을 되찾기 위해 행동을 한다는 현실주의 주류 이론의 핵심 주장에 직접적으로 모순되는 것이다.

쉬웰러는 우선 엘리트들이 정치적 고려로 인해 제약을 받는 일관성이 없고 분절화된 국가에서 이러한 현상이 발생하기가 가장 쉽다고 보고 균형화의 결정에 영향을 미치는 요인을 제시하고 있다. 이러한 요인에는 ⅰ) 위협의 성격과 정도에 대한 엘리트의 합의 ⅱ) 중앙정부 리더십의 내적 분화의 정도를 의미하는 엘리트의 결집력 ⅲ) 국민 사이에 있어서의 내적인 분화의 정도를 의미하는 사회의 결집력 ⅳ) 정권이나 정부의 정치적인 반대에의 취약성이라는 네 개의 변수가 포함된다. 쉬웰러는 이러한 네 개 변수에서 낮게 평가된 국가보다 높게 평가된 국가가 좀 더 효율적으로 균형을 취할 수 있다고 이론화하고 있다.

이러한 쉬웰러의 이론에 따르면 국제체제의 권력 배분에서의 변화가 곧바로 세력균형 정책으로의 전환을 가져와 세력균형을 형성하는 것이 아니라 개개 국가의 이익을 포함한 국내 요인에 의하여 세력균형이 아닌 다른 외교정책이 전개되어 세력균형이 발생하지 않을 수도 있다는 것을 시사한다. 이러한 점에서 탈냉전기 미국의 패권에 대한 균형의 부재 현상 역시 이러한 관점에서 논의될 수도 있을 것이다.

쉬웰러는 이러한 연구 이외에 1930년대 말과 1940년대 초의 국제체제를 일반적인 견해인 다극체제가 아닌 독일 · 소련 · 미국이라는 3대 강대국을 구성요소로 하는 삼극체제(tripolar system)로 보고 이러한 삼극체제라는 국제체제의 권력 배분이라는 요인에 이들 강대국의 이익(interests)이라는 국내 요인을 더하여 2차 세계대전의 발발 원인을 설명하고자 했다. 강대국의 이익이라는 국내 요인은 구체적으로 현상을 타파할 때 돌아올 이익과 현상을 유지할 때 돌아올 이익을 의미하며 이들 간 이러한 이익에서의 차이가 히틀러의 팽창전략을 실질적으로 촉진하여 2차 세계대전이 발발했다고 본다.[299)]

2) 탈리아페로의 위험균형론

탈리아페로(Jeffrey W. Taliaferro)는 「위험균형론(balance-of-risk theory)」이라는

---

299) Randall L. Schweller, *Deadly Imbalances: Tripolarity and Hitler's Strategy of World Conquest* (New York: Columbia University Press, 1998).

이론을 제시하고 있는데 이 이론 역시 신고전적 현실주의 이론으로 분류된다. 그 이유는 그의 위험균형론이 국제체제 수준의 요인을 다루는 방어적 현실주의 이론과 더불어 단위 수준의 요인(즉 의사결정자의 심리적 요인)을 다루는 전망이론(prospect theory)에 바탕을 두고 있기 때문이다. 그의 이론의 이해를 위해 전망이론에 대한 소개로부터 시작하고자 한다.

(1) 전망이론[300]

전망이론은 심리학자인 카네만(Daniel Kahneman)과 트베르스키(Amos Tversky)에 의해 개발된 이론이다.[301] 이 이론은 개인이 이득(gain)에 직면할 것으로 전망하는지 아니면 손실(loss)에 직면할 것으로 전망하는지에 따라 상이한 선택을 하게 된다고 보는데 이때 손실에 직면하게 되리라 전망을 하게 되면 좀 더 위험을 마다하지 않고 감수하는 선택을 하게 되고 이득에 직면하게 되리라 전망을 하게 되면 좀 더 위험을 회피하는 선택을 하리라는 것을 주요 내용으로 한다.

즉 이 이론은 위험한 상황에서의 의사결정에 관한 심리적 이론으로서 개인이 위험에 놓였을 때는 선택의 합리성을 가정하는 합리적 선택 이론의 예측과는 달리 의사결정(합리적 선택 이론의 관점에서 비합리적 의사결정)을 한다는 것이다. 이 이론이 합리적 선택 이론과 궤를 달리하는 것은 합리적 선택 이론의 경우 통상적으로 선택의 기준을 이익의 획득에 더 두는 데 반해 전망이론은 손실의 회피(loss aversion)에 더 두고 있다는 점이다.

전망이론은 심리학 분야를 넘어 학문의 여러 분야에 적용되어 오고 있는데 외교정책 결정 분야와 국제정치 연구 분야에도 예외가 아니다. 예컨대 레비(Jack S. Levy) · 환함(Barbara R. Farnham) · 맥더맡(Rose McDermott) · 저비스(Robert Jervis) 등과 같은 학자들이 1990년에 전망이론을 현실에 적용하고자 한 대표적인 학자들이다.[302]

---

300) 전망이론을 현실주의적 관점에서의 살펴본 논의는 다음 논문을 참조하면 좋다: 황지환, "전망이론의 현실주의적 이해: 현상 유지 경향과 상대적 손실의 국제정치학," 「국제정치논총」, 제47집 3호 (2007), pp. 7-25.

301) Daniel Kahneman and Amos Tversky, "Prospect Theory: An Analysis of Decision under Risk," *Econometrica*, Vol. 47, No. 2 March 1979), pp. 263-291; Daniel Kahneman and Amos Tversky, Eds., *Choices, Values, and Frames* (Cambridge: Cambridge University Press, 2000).

302) Jack S. Levy, "Prospect Theory and International Relations: Theoretical Applications and Analytical Problems," *Political Psychology*, Vol. 13, No. 2 (June 1992), pp. 283-310; Jack S. Levy, "Loss Aversion, Framing, and Bargaining: The Implications of Prospect Theory for International Conflict," *International Political Science Review,* Vol. 17, No. 2 (April 1996). pp. 179-195; Jack S. Levy, "Prospect Theory, Rational Choice, and International Relations," *International Studies Quarterly*, Vol. 41, No. 1 (March 1997), pp. 87-112; Rose McDermott, "Prospect Theory in International Relations: The Iranian Hostage Rescue Mission," *Political Psychology,* Vol. 13, No.

2000년대에 들어서서 머서(Jonathan Mercer)와 같은 학자도 전망이론과 관련하여 중요한 공헌을 하고 있다.303)

(2) 탈리아페로의 위험균형론

전망이론에 신현실주의 이론에 바탕을 둔 탈리아페로의 위험균형론을 중점적으로 살펴보면 다음과 같다.304) 앞서 간단히 살펴본 전망이론은 국제정치 치론인 방어적 현실주의와 공격적 현실주의 이론 사이에 전개된 논쟁에도 관여했다. 미어샤이머의 공격적 현실주의 이론의 관점에서 국가는 패권을 열망하면서 권력의 극대화를 목표로 현상을 타파하는 팽창주의적 정책을 펴며 패권국에 이르지 못하면 결코 만족하지 못하는 존재이다.

이와는 달리 왈츠의 방어적 현실주의 이론에 따르면 국가는 국제체제의 무정부성으로 인해 자신의 군사력을 강화하거나 동맹을 통해 권력을 증가시키려 한다. 그러나 이러한 권력의 증대로 인해 위협을 느낀 다른 국가들이 대항균형화연합(countervailing balancing coalition)을 결성하여 대응함으로써 오히려 자신에게 위해를 가할 수 있다는 우려를 하게 된다. 그 결과 국가들은 팽창주의적 정책이 아닌 현상 유지적 정책을 택한다고 본다. 이러한 방어적 현실주의 논리는 전망이론이 주장하는 손실의 회피가 국가 행동의 중요한 기준이 되고 있음을 보여주는 것이다. 이 때문에 전망이론은 공격적 현실주의와 방어적 현실주의 이론의 논쟁에서 방어적 현실주의 이론 편에 서 있다고 볼 수 있다.

이러한 이유로 탈리아페로는 단위 수준의 이론인 전망이론을 국제관계에 적용하기 위해 체제 수준의 이론인 신현실주의 이론에 접목하면서 신현실주의 이론 가운데 공격적 현실주의보다 방어적 현실주의의 입장을 수용하고 있다. 이는 방어적 현실주의의 경우 국가를 손실의 회피를 위해 현상 유지를 선호하는 존재로 보기 때문이다. 다시 말해 방어적 현실주의는 국가 대부분이 자신들이 이미 소유하고 있는 것에 가

---

2 (June 1992), pp. 237–263; Rose McDermott, "Prospect Theory in Political Science: Gains and Losses from the First Decade," *Political Psychology*, Vol. 25, No. 2 (April 2004), pp. 289–312; Robert Jervis, "Political Implications of Loss Aversion," *Political Psychology,* Vol. 13, No. 2 (June 1992), pp. 187–204; Barbara R. Farnham, "Roosevelt and the Munich Crisis: Insights from Prospect Theory," *Political Psychology*, Vol. 13, No. 2 (June 1992), pp. 205–235; Barbara R. Farnham, *Roosevelt and the Munich Crisis: A Study of Political Decision–Making* (Princeton, NJ: Princeton University Press, 2000).

303) Jonathan Mercer, "Prospect Theory and Political Science," *Annual Review of Political Science*, Vol. 8, No. 1 (2005), pp. 1–21.

304) Jeffrey W. Taliaferro, *Balancing Risks: Great Power Intervention in the Periphery* (Ithaca, NY: Cornell University Press, 2004).

치를 두며 대개 이러한 것을 잃는 위험을 감수하지 않으려고 한다고 보기 때문이다.

전망이론과 방어적 현실주의 이론을 통합하여 위험균형론을 제시한 탈리아페로는 왜 강대국이 종종 강대국의 안보에 직접적인 위협이 되지 않은 주변적인 지역에 개입을 시작하며 승리의 전망이 별로 없고 비용이 상승하는데도 불구하고 이러한 개입을 지속하려 하는가에 관심을 가지고 분석하고자 했다.

이러한 분석을 이끌어 갈 대체적인 가설로서 그는 평상시에 국가들은 현상 유지적인 성향을 보이지만 이러한 현상이 변하면서 손실이 전망되면 이러한 손실을 피하고자 평상시에 생각하기 힘든 위험을 무릅쓰는 행동을 취할 수 있다는 것이다. 여기서 무슨 손실을 손실로 볼 것인가의 문제가 있는데 탈리아페로는 상대적 권력·국제적인 지위·국제적인 위신에 있어서 손실을 손실로 보고 보다 구체적으로 국가의 지도자가 상대적 권력·국제적인 지위·국제적인 위신에 있어서 손실이 있을 것으로 전망하면 이러한 손실을 회피하기 위해 위험한 행동도 마다하지 않게 되는데 이러한 논리에 따라 강대국은 주변적인 지역에까지 개입하게 된다는 가설을 제시했다.

이 가설에서 중요한 점은 강대국의 개입 동기가 개입을 통한 이득의 추구가 아니라 개입을 통한 손실의 회피라는 것인데 탈리아페로는 이러한 가설을 독일이 1905~1906년에 모로코 위기를 야기하고 고조시킨 사례·미국이 1950~1951년에 한국전에 개입하고 확전한 사례·일본이 1940~1941년에 미국과 전쟁을 하기로 한 결정의 사례 등에 적용하여 입증하고자 했다.

전망이론은 북한이 한국과 국제사회를 대상으로 위협적이고 도발적인 행위를 지속해서 감행하고 있는 것을 설명하고자 하는 데도 유용하게 적용되고 있다. 이 이론은 이러한 북한의 행동이 북한 스스로 자신의 미래가 현재보다 못할 것이라는 손실의 가능성에 기초하여 이러한 손실을 회피하기 위한 행동으로 보고자 한다.

전망이론과 더불어 전망이론에 기초한 위험균형론은 손실 회피를 국가 행동의 중요한 동기로 봄으로써 상대적 이득이든 절대적 이득이든 이득의 취득을 국가 행동의 중요한 동기로 보는 신현실주의의 상대적 이득 이론과 신자유주의적 제도주의 이론의 절대적 이득 이론의 주장과 큰 대조를 이룬다. 이러한 점을 고려할 때 국제협력에 대한 보다 나은 이해를 위해 이 두 가지 다른 관점에 대한 종합이 필요하다.

3) 공격-방어 균형이론

(1) 이론의 개요

단순히 「공격-방어 이론(offense-defense theory)」 혹은 「안보딜레마론(security dilemma theory)」으로 불리기도 하는 공격-방어 균형이론(offense-defense balance theory) 역시 신고전적 현실주의 이론으로 간주된다. 이 이론이 신고전적 현실주의 이론으로 분류되는 이유는 다른 신고전적 현실주의와 마찬가지로 국제체제의 무정부성이 국가의 행동에 미치는 영향에 관한 신현실주의 가정(즉 국가들은 국제체제의 무정부성으로 인해 자력구제적인 조치를 통해 안보를 추구한다는 가정)을 전제로 수용하고 있으면서 국내 요인을 적용하여 국가의 행동과 국제체제 수준의 현상을 설명하고 예측하려 하기 때문이다.

공격-방어 균형이론은 안보를 위한 자력구제적인 조치를 공격을 위한 조치와 방어를 위한 조치로 구분하고 이러한 공격과 방어 중 어느 것이 상대적으로 유리하여 상대적 우위를 두고 있는가를 국내 요인으로 간주하여 이를 통해 전쟁의 개시와 같은 국가의 외교정책과 국제체제의 불안정과 같은 국제정치의 패턴을 설명하고 예측하려고 한다.

학자들에 따라 공격과 방어 중 어디에 상대적 우위를 둘 것인가를 결정하는 요인을 무엇으로 볼 것인가를 둘러싸고 견해 차이가 존재한다. 그러나 일반적으로 군사적 요인 · 지리적 요인 · 정치적/외교적 요인과 같은 국내적 요인들이 주로 언급된다.

이 이론은 일반적으로 공격이 방어보다 상대적으로 우위에 놓이면 국제적 갈등과 전쟁이 좀 더 발생하기 쉽고 방어가 공격보다 상대적으로 우위에 놓이면 국제적 갈등이나 전쟁이 감소하고 평화와 협력이 좀 더 가능해진다는 것을 핵심적인 가설로 한다. 좀 더 구체적으로 말해 공격-방어 균형이론은 방어에의 상대적 우위가 국제적 갈등이나 전쟁의 감소와 평화와 협력의 증가를 가져오는데 이러한 것은 규범적으로 바람직할 뿐 아니라 실제로도 국가들이 보편적으로 취하는 선택이라고 본다. 이를 좀 더 부여하면 다음과 같다.

상대국의 핵무기 공격에 대비해 방어에 우위를 두어 일국의 핵병기나 동맹국의 핵병기에 의한 2차 공격 능력을 갖추면 상대국의 공격이 억제되는 것에서 보듯이 공격-방어 균형이론은 공격과 방어 가운데 방어에 우위를 두면 국제체제의 무정부성이 상대적으로 중요하지 않게 된다고 본다. 즉 만약 방어에 우위를 두고 있고 국가들이 대략 같은 크기일 경우에 안보딜레마는 현상 유지적 국가들의 상호협력을 막지 못할 뿐만 아니라 상대국의 공격을 거의 불가능하게 하므로 국제체제의 무정부성이 동반하는 안보딜레마가 상대적으로 중요하지 않게 된다는 것이다.305) 이러한 이유로 공격-방어 균형이론을 방어적 현실주의로 분류한다.

그러나 공격-방어 균형이론이 국가에 현상 타파적인 확장의 기회가 존재하고 실제로 이러한 기회를 이용하는 국가들이 존재하는 것을 부정하는 것은 아니다. 이는 공격에 우위를 두면 현상 유지를 원하는 국가들마저 자국 혹은 동맹국에 대한 후일 있을지 모르는 공격을 막기 위해 공격자가 될 수 있기 때문이다.306) 이로 인해 위협을 받는 국가들은 균형화 조치로서 이에 상응하는 공격적인 정책을 시행될 가능성이 크게 된다. 그 결과 국제적 갈등이나 전쟁의 가능성이 크게 된다. 그러나 공격-방어 균형이론은 공격에 우위를 두는 경우는 일반적인 경향이 아니라 예외이며 불필요한 공격과 확장은 자멸적이고 역효과를 내게 된다고 본다.

(2) 이론의 국제정치 연구에의 기여와 한계

이 이론은 전쟁의 원인 · 군비경쟁 · 군비통제 · 동맹행위 · 핵전략과 정책 등을 비롯한 다양한 국제적인 현상을 설명하는 데 기여해 오고 있는데 이는 최근 들어 미국과 중국 관계를 비롯한 강대국 간 관계뿐 아니라 핵 문제를 둘러싼 북한과 미국 관계와 핵을 보유한 북한과 한국의 관계 등 다양한 국가 간 관계를 설명하고 예측하는 데 이 이론이 적용되고 있는 것에서도 잘 알 수 있다.

또한 전망이론처럼 신현실주의 이론과 신자유주의적 제도주의 이론 간의 상대적 이득과 절대적 이득을 둘러싼 논쟁에도 기여하고 있다. 이러한 논쟁과 관련하여 공격-방어 균형론은 방어와 공격의 균형이 어디로 기우는가가 상대적 이득과 상대적 손실에 대해 느끼는 국가들의 민감성에 영향을 준다고 주장한다. 구체적으로 국가의 공격-방어의 균형이 공격 쪽으로 기울면(즉 국가가 방어보다 공격에 우위를 둔다면) 국가들은 상대적 이득을 좀 더 우려하게 되는데 이는 이득 상의 차이가 자신들의 공격적인 능력을 위협하는 것으로 좀 더 쉽게 전환될 수 있기 때문이다.307)

공격-방어 균형이론은 상대적 이득과 절대적 이득의 논쟁과 더불어 특정한 조건에 국제협력이 가능하다고 본다. 구체적으로 안보딜레마를 해결할 수 있는 유럽의

---

305) Robert Jervis, "Cooperation Under the Security Dilemma," *World Politics* Vol. 30, No. 2 (January 1978), p. 187.

306) Stephen Van Evera, *Causes of War: Power and the Roots of Conflict* (Ithaca: Cornell University Press, 1999).

307) Sean M. Lynn-Jones, "Offense-Defense Theory and Its Critics," *Security Studies*, Vol. 4, No. 4 (Summer 1995), pp. 661-662.

협력안보(cooperative security)와 같은 제도적인 장치를 마련함으로써 국제협력이 가능하다고 본다. 이처럼 공격-방어 균형이론이 협력의 가능성을 열어놓고 있다는 것은 이 이론의 대표적인 학자인 저비스 논문의 제목인 「안보딜레마하에서의 협력(Cooperation Under the Security Dilemma)」에서도 잘 알 수 있다.[308)]

공격-방어 균형이론은 일반적으로 다음과 같은 비판을 받고 있다.[309)] 첫 번째 비판은 가장 일반적으로 제기되는 비판으로서 공격적 무기와 방어적 무기를 구별할 수 없다는 비판이다. 이 이론은 공격과 방어 중 어디에 우위를 두고 있는가를 객관적으로 측정할 수 있는 것을 전제로 하며 이를 측정하는 지표로서 무기를 중심으로 하는 군사기술을 중요시한다. 그러나 공격적 무기와 방어적 무기를 분간하기가 쉽지 않다. 이는 무엇보다도 무기에 따라서는 공격용으로도 사용되고 방어용으로도 사용될 수 있기 때문이다. 공격적 무기와 방어적 무기를 구별할 수 없어 공격과 방어의 균형이 어디에 기울어져 있는가를 객관적으로 측정할 수 없다면 공격-방어 균형이론은 근간이 무너져 이론적으로 쓸모가 없다는 것이다.

두 번째 비판은 국가는 종종 공격과 방어의 균형을 정확히 객관적으로 인식하지 못해 전쟁의 원인 등에 적절한 설명을 제공하지 못한다는 비판이다. 이는 우선 특히 첨단의 혁신적인 무기 기술의 경우 이러한 기술이 공격이나 방어에 미치는 함의를 인식하려면 여러 차례의 실전 배치를 통한 누적된 평가가 필요하기 때문이다. 또한 여러 비합리적인 동인에 의한 편견으로 공격과 방어의 균형을 객관적으로 인식하는 것이 어렵다. 이러한 편견은 정책결정자가 자신이 선호하는 정책을 추진하고자 관련 자료를 자신의 정책선호를 옹호하는 방식으로 해석하려 함으로써 발생한다. 또한 군사 조직이 현재 시행되고 있는 교리나 정책을 지속시키는 방식으로 자료를 해석하려 할 뿐만 아니라 공격에의 우위를 선호하는 정향을 지니고 있어서 편견이 발생한다.

세 번째 비판은 전쟁의 발발 등을 설명하는 데 공격-방어 균형보다 더 중요한 다른 변수들이 존재한다는 비판이다. 이러한 변수들에는 국가의 정치적 의도와 목표를 비롯하여 국가 간 힘의 양적 배분과 국가의 국내 정치적·경제적·사회적 체제 등이 포함되며 이러한 변수들이 좀 더 효과적으로 전쟁의 발발 등을 설명할 수 있다는 것이다.

---

308) Robert Jervis, "Cooperation Under the Security Dilemma," *World Politics*, Vol. 30, No. 2 (January 1978), pp. 186-214.

309) Sean M. Lynn-Jones, "Offense-Defense Theory and Its Critics," *Security Studies*, Vol. 4, No. 4 (Summer 1995), pp. 660-691. 이 논문은 공격-방어 균형이론에 대한 비판과 더불어 이러한 비판에 대한 반론을 제시하고 있다.

네 번째 비판은 공격-방어 균형이론은 공격-방어의 균형이 거의 언제나 방어 쪽으로 치우친다고 봄으로써 공격-방어의 균형은 변수가 아닌 상수가 되기 때문에 공격-방어 균형을 가지고 설명할 수 있는 것이 거의 없다는 비판이다.

다섯 번째 비판은 공격-방어 균형은 국가가 이미 선택한 전략이나 정책에 적합한 유리한 점을 창출하기 위해 인위적으로 만들어질 수 있다는 비판이다. 즉 공격적인 전략이나 정책 혹은 방어적인 전략이나 정책 중 어느 하나가 선택된 후에 이러한 선택된 전략이나 정책을 지원하기 위해 혁신적인 공격적 무기를 개발하거나 방어적 무기 등을 개발함으로써 실질적인 공격-방어 균형이 결정된다는 것이다. 이는 공격-방어 균형이란 국가에 의해 만들어지는 종속변수이지 전쟁의 발발 등과 같은 현상을 설명하는 독립변수가 아니라는 것이다. 이러한 비판적 입장에서는 예컨대 기술과 이러한 기술의 효과적인 군사적 적용은 종속변수이지 독립변수가 아니다.

(3) 왈츠의 방어적 현실주의와의 공통점과 차이점

공격-방어 균형이론과 왈츠의 방어적 현실주의를 비교하면 다음과 같은 차이가 존재한다. 우선 왈츠의 방어적 현실주의는 종속변수로서 주로 세력균형과 국제체제의 안정 등 국제체제 수준의 현상인 국제관계의 패턴(즉 국가 간 상호작용의 국제적 결과물)을 설명하려고 하나 공격-방어 균형이론은 개개 국가의 안보정책과 이들 국가가 일부 국가와 가지는 제한적 범위의 국제관계를 종속변수로서 설명하고자 한다.310)

두 이론 모두 무정부 상태라는 국제체제의 구조적 특징이 국가의 행동이나 국제관계에 미치는 영향을 인정한다. 그러나 이러한 영향이 모든 국가에 같은 영향을 미친다고 보는 왈츠의 방어적 현실주의 이론과는 달리 신고전적 현실주의 이론의 하나인 공격-방어 균형이론은 이러한 영향이 개개 국가의 국내 요인들에 따라 달라진다고 본다.

왈츠의 방어적 현실주의 이론은 국가를 현상 유지적인 존재로 간주하는 것과는 달리 공격-방어 균형이론은 국가를 현상 유지적인 국가(즉 방어적 국가)와 현상 타파적 국가(공격적 국가)라는 두 종류의 국가로 명시적으로 분류하고 있다. 그러나 이러한 차이에도 불구하고 공격-방어 균형이론은 왈츠의 방어적 현실주의와 같이 방어적 현실주의로 분류된다. 그 이유는 국제체제는 항상 불안정한 것은 아닌데 이는 방어가 공격보다 우위에 있고 공격과 방어를 구분할 수 있는 경우에 안보딜레마는 감

---

310) 공격-방어 균형이론 가운데는 공격과 방어를 국가 수준의 요인으로 보지 않고 국제체제 수준의 요인으로 보기도 한다. 예컨대 국제체제에 얼마나 많은 국가가 공격에 우위를 두고 얼마나 많은 국가가 방어에 우위를 두는가를 요인으로 하여 국제체제의 갈등과 전쟁 등을 설명하고 예측하고자 한다.

소하고 국제체제는 상대적으로 안정적일 수 있기 때문이다. 또한 방어에의 우위가 역사적으로 보아 좀 더 일반적인 현상이라고 바라보기 때문이다.

(4) 공격-방어 균형이론의 예

공격-방어 균형이론의 연구로 잘 알려진 학자에는 저비스(Robert Jervis)·반 에베라(Stephen Van Evera)·린 조운스(Sean M. Lynn-Jones)·글라저(Charles Glaser)·카우프만(Chaim Kaufmann)·크리스텐센과 스나이더(Thomas J. Christensen and Jack L. Snyder) 등이 있다.311) 이들 가운데 가장 대표적인 학자이자 최초로 이 이론을 제시한 저비스의 이론과 더불어 반 에베라의 이론과 크리스텐센과 스나이더의 이론을 살펴보고자 한다.

① 저비스의 공격-방어 균형이론

어떤 조건에서 국가 간의 군비경쟁이나 전쟁의 발발을 가져올 안보딜레마가 발생하는가에 관심을 둔 저비스(Robert Jervis)는 공격-방어 균형(offense-defense balance)이라는 요인과 공격-방어 구분 가능성(offense-defense distinguishability)이라는 요인 2개를 가지고 군비경쟁이나 전쟁의 발발 등과 같은 현상을 설명하고 예측하고자 한다.

전자의 요인은 국가는 공격과 방어 중 자국에 유리하다고 판단하는 쪽을 택하여 그것에 우위를 두고 전략과 무기를 마련한다는 전제하에 과연 어느 쪽을 선택하는가에 관한 것이다. 공격의 우위란 자신의 영토 방어보다 다른 국가의 파괴와 영토 획득이 더 쉽다는 것을 의미하며 방어의 우위란 공격과 정복보다 자신의 보호와 영토의 보존이 더 쉽다는 것을 의미한다. 후자의 요인은 상대국 역시 공격과 방어 가운데 자국에 유리한 쪽을 택하여 그것에 우위를 두고 전략과 무기를 마련하는데 이것이 구분될 수 있는가에 관한 것이다.

저비스는 이 2개의 요인을 조합하여 4개의 유형(typology)을 추출하여 유형에 따라 군사적 충돌이나 전쟁 등을 일으킬 수 있는 안보딜레마의 강도(intensity)가 어느

311) Charles Galser and Chaim Kaufmann, "What Is the Offense-Defense Balance and Can We Measure It?" *International Security,* Vol. 22, No. 4 (Spring 1998), pp. 44-82; Robert Jervis, "Cooperation Under the Security Dilemma," *World Politics,* Vol. 30, No. 2 (January 1978), pp. 186-214; Stephen Van Evera, "Offense, Defense, and the Causes of War," *International Security,* Vol. 22, No. 4 (Spring 1998), pp. 195-200; Stephen Van Evera, *Causes of War: Power and the Roots of Conflict* (Ithaca: Cornell University, 1999); Sean M. Lynn-Jones, "Offense-Defense Theory and Its Critics," *Security Studies,* Vol. 4, No. 4 (Summer 1995), pp. 660-691; Thomas J. Christensen and Jack L. Snyder, "Chain Gangs and Passed Bucks: Predicting Alliance Patterns in Multipolarity," *International Organization,* Vol. 44, No. 2 (Spring 1990), pp. 137-168.

정도가 될 것인가를 제시하고 있는데 이것을 살펴보기에 앞서 개개 요인들이 독립적으로 군사적 충돌이나 전쟁의 발발에 어떤 영향을 미치는가를 알아볼 필요가 있다.

첫 번째 요인인 공격-방어 균형은 국가의 전략적 취약성(strategic vulnerability)과 관련된 요인이다. 공격을 우위에 두면 안보딜레마가 심각해지고 무기 경쟁이 강렬해지며 전쟁이 발발할 가능성이 커진다. 이는 공격에 우위를 두면 상대국의 공격에 전략적으로 취약하여 생존의 위협을 느끼게 되고 그 결과 이러한 위협을 감소시켜 안보를 증대하기 위해 예방적 공격을 감행하는 등 자신이 가지고 있는 공격에의 우위를 가지고 공격적인 행위를 취할 유혹을 느낄 수 있기 때문이다. 즉 공격에 우위가 주어지면 현상 유지 국가도 공격적으로 행동하게 만들 수 있기 때문이다.[312)]

이와는 반대로 방어를 우위에 두면 전쟁의 발발 가능성이 작아진다. 이는 방어를 우위에 두는 국가가 안보를 위해 방어 능력을 대폭 증대해도 상대국의 안보에 부정적으로 미치는 영향이 아주 경미하기 때문이며 상대국의 입장에서 방어 우위의 국가에 공격을 가하는 것이 거의 불가능해 방어에 우위를 둔 국가의 안보정책과 양립할 수 있는 정책을 펼 가능성이 있기 때문이다. 즉 방어에의 우위는 현상 유지 국가에게 협력적인 행동을 하도록 고무할 수 있기 때문이다.

국가가 공격과 방어 가운데 어디에 우위를 둘 것인가의 결정에 어떤 요인이 영향을 미치는가와 관련하여 저비스는 여러 요인 중에서 국가가 소지하고 있는 기술 역량과 지리적 위치를 가장 본질적으로 중대한 영향을 미치는 요인으로 본다.

두 번째 요인인 공격-방어 구분 가능성은 공격과 방어 중 어디에 의도(intention)를 두고 있는지를 알 수 있는가에 관한 것이다. 이러한 공격과 방어의 구분 가능성이란 일반적으로 공격적 무기와 방어적 무기의 구별이 가능한가를 의미한다. 상대국이 공격과 방어 중 어디에 우위를 두고 있는가를 구분할 수 있다면 전쟁의 가능성이 작아지는데 이는 방어적 무기와 공격적 무기의 구분 가능성이 상대국 안보를 위협하지 않고 자국의 방어적 능력을 강화할 수 있게 하기 때문이다. 이와는 반대로 구분할 수 없으면 전쟁의 가능성이 커지는데 이는 방어적 목적의 군비를 강화하더라도 상대방 국가가 이를 공격을 위한 군비로 오산할 수 있어 전형적인 안보딜레마가 발생하기 때문이다. 두 요인의 결합으로 만들어진 4가지 유형별 안보딜레마의 강도는 다음과 같다.

---

312) 공격에 우위를 둔 국가의 경우 상대국의 공격으로부터 취약한 관계로 만약에 공격을 감행한다면 단기간에 걸친 전쟁에서의 신속한 승리를 기대하고 하게 된다는 것이 공격-방어 균형이론의 주장이다. 이를 「공격 우위 신화」 혹은 「공격 지상주의 신화」 혹은 「단기전 환상」이라고 부른다.

유형 1) 공격에 우위를 두고 있고 상대국이 공격과 수비 중 어디에 우위를 두고 있는가를 구분할 수 없는 경우: 두 개의 요인 모두 각각 전쟁 가능성을 높여 이중적으로 위험한 환경(doubly dangerous environment)에 이르게 된다. 즉 안보딜레마의 정도가 가장 심각한 상태가 된다.

이는 상대국이 공격과 방어 가운데 어디에 우위를 두고 있는지를 구분할 수 없어 매우 심각한 정도의 안보딜레마 상태에 놓이게 되기 때문이다. 이러한 심각한 안보딜레마에 직면하여 국가들은 두려움 속에 강한 공격의 유혹을 받아 전쟁을 유발할 가능성이 커진다. 또한 공격에 우위를 둔 결과 상대국의 공격에 취약해 이에 위협을 느껴 이러한 위협을 감소하기 위해 자신이 우위를 두고 있는 공격 능력을 이용해 예방적 공격을 감행하는 등의 공격적인 행위를 취할 유혹을 느낄 수 있기 때문이다. 이러한 유형에서는 현상 유지 국가도 공격적인 성향을 지니게 됨으로써 국가 간 협력이 극도로 어렵게 된다.

유형 2) 방어에 우위를 두고 있고 상대국이 어디에 우위를 두고 있는가를 구분할 수 없는 경우: 공격과 방어의 구분이 불가능해 안보딜레마의 정도가 심각하나 공격이 아닌 방어에 우위를 두고 있어 안보딜레마의 심각한 정도가 완화되어 유형 1의 안보딜레마의 정도에 못 미친다. 방어에 우위를 두고 있어 상대국의 안보를 크게 위협하지 않고 상대국의 입장에서 공격이 거의 불가능해 국가 간에 공조할 수 있는 안보 조치가 가능하다. 저비스는 역사상 유형 2가 가장 보편적인 안보딜레마의 유형이라고 본다.

유형 3) 공격에 우위를 두고 있고 상대국이 어디에 우위를 두고 있는가를 구분할 수 있는 경우: 이 경우 공격과 방어를 구분할 수 있어 안보딜레마는 중대한 영향을 미치지 않는다. 그러나 공격에 우위를 두고 있어 상대국으로부터의 공격이 가능하므로 미래의 언젠가 자신을 보호하기 위해 공격적인 행위를 할 유혹에 이끌릴 수 있어 안보 문제를 일으키게 된다. 이러한 유형에서 현상 유지적 국가는 항상 상대국의 공격과 수비 무기의 전개를 주시하면서 행동하게 된다.

유형 4) 방어에 우위를 두고 있고 상대국이 어디에 우위를 두고 있는가를 구분할 수 있는 경우: 유형 1과는 반대로 두 가지 요인 모두 각각 전쟁 가능성을 낮춤으로써 이중적으로 안정된 환경(doubly stable environment) 즉 안보딜레마가 거의 없거나 아예 없게 된다. 즉 공격과 방어를 구분할 수 있어 안보딜레마는 중대한 영향을 미치지 않고 방어에 우위를 두고 있어 상대국의 안보를 크게 위협하지 않고 상대국의 입장에서 공격이 거의 불가능해 국가 간에 공조할 수 있는 안보 조치가 가능하다. 방어에의 우위가 현저할 경우 안보 문제 자체가 사라진다. 이 유형에서 현상 유지 국가는 공격적인 무기를 획득할 유인을 갖지 않는다.

저비스는 1차 세계대전과 2차 세계대전의 발발을 위에서 언급한 2개의 요인에 근거한 안보딜레마를 가지고 설명하고자 했다. 그에 따르면 과거 비스마르크가 신속하고 효율적으로 전쟁을 성공적으로 마감한 예를 통해 신속하고 효율적인 전쟁 승리에 공격에의 우위가 결정적인 역할을 하리라는 잘못된 믿음을 가지게 된 결과 그 당시 국가 대부분이 현상 유지적인 국가였음에도 불구하고 선제적 조치를 서둘러 취함으로써 1차 세계대전이 빠르게 발발하였다고 본다.

1차 세계대전이 발발하기 전에 안보딜레마가 완화되어 영국과 프랑스는 어떠한 공격적인 조치를 취하는 것을 꺼리고 독일이 자신들과 같이 행동할 것을 기대했다. 이는 영국과 프랑스는 1차 세계대전의 경험으로부터 또 다른 전쟁을 막기 위해서는 방어를 우위에 두는 전략이 중요하고 효과적인 것이 되리라 생각하고 독일의 준비에 우려를 덜 가지고 있으면서 전쟁 돌입에 신중하고 인내심을 가졌던 결과이다. 그러나 독일은 이들의 기대와 달리 현상을 타파하려는 국가였기에 결국 2차 세계대전이 발발했다.

이러한 양차 세계대전의 발발을 두고 볼 때 안보딜레마가 2차 세계대전의 발발보다는 1차 세계대전의 발발에 더욱 강력한 영향을 미쳤다고 본다. 즉 상대국의 의도를 모르고 공격에 우위를 둘 때 앞서 언급한 안보딜레마 유형 1에서 보았듯이 상대국의 공격 가능성에 위협을 느껴 이러한 위협을 감소하기 위해 자신이 우위를 두고 있는 공격 능력을 이용해 예방적 공격을 감행하는 등의 공격적인 행위를 취할 유혹을 느낄 수 있기 때문이다.

저비스의 결론은 방어가 아닌 공격에 우위를 두고 있고 상대국이 공격과 방어 중 어디에 우위를 두고 있는가를 구분하기 어려우면 안보딜레마의 정도가 가장 커 군비경쟁이 격화되어 군사적 충돌로 이어지기 쉬우며 공격이 아닌 방어에 우위를 두고 상대국이 공격과 방어 중 어디에 우위를 두고 있는가를 구분할 수 있으면 안보딜레마의 정도가 가장 낮아 국제적인 평화와 안정이 상대적으로 쉽다는 것이다.

② 반 에베라의 공격-방어 균형이론[313)]

반 에베라(Stephen Van Evera)는 정복이 용이할 때 전쟁이 일어날 가능성이 증가

313) Stephen Van Evera, "Offense, Defense, and the Causes of War," *International Security*, Vol. 22, No. 4 (Spring 1998), pp. 195-200.

하며 공격과 방어의 균형이 공격 쪽으로 기울면(즉 방어보다 공격에 우위를 두면) 전쟁이 발발할 가능성이 커진다고 주장한다. 그는 「공격에 우위가 주어지면」이라는 조건과 관련하여 이것이 사실일 수도 아닐 수도 있다고 본다. 즉 실제는 그렇지 않아도 국가가 공격에 우의가 있다고 인식을 하면 마치 그것이 사실인 것과 마찬가지로 행동을 한다는 것이다.

반 에베라는 공격에의 우위가 전쟁을 초래하리라는 단순한 상관관계에서 나아가 공격에의 우위가 구체적으로 어떤 방식으로 전쟁을 야기하는가에도 세심한 관심을 두고 이러한 상관관계를 분석하고 있다는 점에서 통상적인 공격-방어 균형이론과 구별이 된다. 또 다른 차이는 공격에의 우위가 어떤 방식으로 전쟁을 초래하는가를 살피는 데 있어서 정복이 용이할 때 전쟁의 발발 가능성이 훨씬 크다는 가설로부터 시작한다는 점이다.

이러한 기본적인 틀 속에서 그는 정복이 용이할 때 공격에의 우위가 전쟁으로 이어지도록 유도하는 현상들을 제시하고 있다. 그는 이러한 현상을 매개현상(intervening phenomenon)이라고 부르는데 다음 10개가 이러한 현상에 속한다. 매개현상 A) 기회주의적 확장정책. 매개현상 B) 방어적 확장정책. 매개현상 C) 타국의 확장에 대항한 격렬한 저항. 매개현상 D) 선제공격에의 매료. 매개현상 E) 기회와 취약성의 확대로 인한 예방 전쟁의 필요성 증가. 매개현상 F) 외교 전략으로서의 기정사실화 전략(faits accomplis tactics). 매개현상 G) 교섭과 합의의 감소. 매개현상 H) 국가 간 더욱 엄격해진 기밀의 유지. 매개현상 I) 과열된 무기 경쟁. 매개현상 J) 공격 우위의 악순환. 이러한 10가지 매개현상이란 달리 말하면 정복이 쉬운 상황에서 공격의 우위가 초래한 결과이자 궁극적으로 전쟁을 야기하는 원인이기에 일종의 매개 요인이라고 볼 수 있다.

반 에베라는 두 부류의 가설을 설정하고 있다. 우선 그는 스스로 「주요 예측(prime prediction)」이라고도 부르는 다음 3개의 주요 가설(prime hypothesis)을 제시하고 있다. 주요 가설 1) 전쟁은 정복하기 쉽거나 쉽다고 믿어지는 기간에는 더 흔할 것이다. 그렇지 않으면 반대일 것이다. 주요 가설 2) 큰 공격 기회나 방어 취약성을 지니고 있거나 지니고 있다고 믿는 국가들은 다른 국가들보다 더 많은 전쟁을 시작하고 싸울 것이다. 주요 가설 3) 더 큰 공격 기회와 방어 능력을 지니고 있거나 지니고 있다고 생각하는 국가들은 더 많은 전쟁을 개시하고 싸울 것이다.

이러한 주요 가설하에 그는 스스로 「설명적 예측(explanatory prediction)」이라고도 부르는 다음 2개의 하위 가설(sub-hypothesis)을 제시하고 있다. 이 하위가설은 앞서 언급한 10개의 매개현상과 관련된 가설이다: 하위가설 1) 위에서 언급한 10개의 매개현상 A－J는 실제 또는 인식된 공격에의 시기에 좀 더 많을 것이다. 하위가설 2) 큰 공격 기회나 방어 취약성이 실제로 있거나 있다고 믿는 국가는 10개의 매개현상 A－J를 구현하는 정책을 더 강력하게 시행할 것이다.

이러한 가설들을 검증하기 위해서는 국가가 공격과 방어 중 어디에 우위를 두고 있는가를 판단할 기준을 설정해야 한다. 이러한 기준을 살펴보기 위해 먼저 반 에베라가 제시한 공격과 방어의 균형을 결정하는 요인이 무엇인가를 살펴볼 필요가 있다. 왜냐하면 이러한 공격과 방어의 우위를 판단하는 기준은 공격과 방어의 균형을 결정하는 요인들과 밀접하게 연계되어 있기 때문이다.

반 에베라는 공격과 방어 중 어느 것에 우위를 둘 것인가를 결정하는 요인으로서 군사적 요인(군사기술/교리/전략) · 지리적 요인(자연적 장애/인위적 장애/완충지대의 크기) · 국가의 사회구조 요인(국가에 대한 국민의 호의적 평가) · 외교적 요인(집단안보 체제/방어 동맹/역외 강대국에 의한 균형화 행위)이라는 4가지를 제시하고 있다. 다른 학자들이 주로 군사기술의 요인에 집중한 것과 달리 다양한 요인들을 군사기술 요인 외에 첨가한 것을 특징으로 한다.

이러한 요인들에 기초하여 반 에베라는 다음과 같은 4가지의 기준을 공격과 방어 중 어디에 우위를 두고 있는가를 판단하는 기준으로 제시하고 있다: ⅰ) 군사기술 · 무력 태세 · 교리가 공격 지향적이었는가 아니면 방어 지향적이었는가? 엘리트와 대중이 이러한 요인들에 대해 공격 지향적이라고 믿었는가 아니면 방어 지향적이라고 믿었는가? ⅱ) 국가의 지리와 더불어 정치 · 사회적 질서가 공격에 유리했는가 아니면 방어에 유리했는가? 엘리트와 대중이 이러한 요인들이 공격 지향적이라고 믿었는가 아니면 방어 지향적이라고 믿었는가 ⅲ) 균형자 국가(balancer state)가 얼마나 많고 강력했는가? 균형자 국가가 얼마나 강력하게 균형을 잡았는가? ⅳ) 방어 동맹이 형성되었나? 방어 동맹이 효과적으로 작동했는가? 엘리트들이 방어 동맹이 효과적으로 작동한다고 믿었는가?

반 에베라는 그의 주장을 춘추전국시대의 고대 중국 · 1789년부터 1990년대까지의 유럽 · 1789년부터 1990년대까지의 미국이라는 3개 사례연구를 통해 검증한 후 다음과 같은 결론을 제시하고 있다. 우선 유럽의 사례는 주요 가설 1과 2 및 하위가설 1과 2를 입증한다. 미국의 사례는 주요 가설 2와 3 그리고 하위가설 2를 입증한다. 중국의 경우는 주요 가설 1을 입증한다.

반 에베라는 비록 지식의 부족으로 중국의 사례는 가설들을 입증하는 데 부족한 점이 있으나 총체적으로 3개 사례 모두 가설들을 입증한다고 주장하면서 공격-방어 이론이 광범위한 설명의 범주를 가지고 있을 뿐 아니라 광범위한 실제 세계에의 응용 가능성도 지니고 있어 훌륭한 이론이라고 평가하고 있다.

③ 크리스텐센과 스나이더의 공격-방어 균형이론314)

왈츠는 다극체제의 불안전성이 어디에서 유래되는가를 분석하면서 다음 두 가지 요인을 이러한 불안정을 가져오는 중요 요인의 일부로 소개한 바 있다. 우선 동맹과 관련하여 다극체제에서는 양극체제와 달리 동맹 내에 압도적인 권력의 우위를 가지고 있는 초강대국이 없이 대체로 동등한 권력을 지닌 국가들로 동맹이 형성된다. 따라서 외부의 강력한 적으로부터 자신들을 지키기 위해 고도의 상호의존과 연대 의식을 가지지 않을 수 없게 된다. 그 결과 동맹국 일방이 무모하게 전쟁에 뛰어들 때 이러한 동맹국의 패망이 자국의 안보를 결정적으로 훼손할 것이라는 우려 속에 다른 동맹국들도 어쩔 수 없이 전쟁에 말려 들어가게 되어 다극체제는 불안정하게 된다.

둘째로 다극체제 동맹의 경우 동맹 내에 복수의 국가가 존재하기 때문에 자국이 아닌 동맹 내 다른 국가(들)에게 부상하는 패권국의 억제를 위한 책임을 전가하는 경향이 발생하기 쉽다. 그 결과 세력균형이 형성되지 않아 다극체제는 불안정하게 된다.

크리스텐센과 스나이더(Thomas J. Christensen and Jack L. Snyder)는 왈츠가 언급한 동맹국의 전쟁 돌입에 다른 동맹국들이 엮어 들어가는 경향을 「연쇄적 패거리 짓기(chain-ganging)」라고 부르고 패권국 부상에 대항한 타국의 균형화 노력에 무임승차를 하려는 경향을 「책임 전가(buck-passing)」라고 명명한다. 이들은 이 두 경향을 각각 「과다대응(overreaction)」과 「과소대응(underreaction)」이라고도 부른다.

이들은 세력균형론이 지나치게 단순하여 다극체제에서 국가의 동맹 전략을 명확히 예측하지 못한다는 불만과 더불어 구체적으로 왈츠가 다극체제에서 연쇄적 패거리 짓기와 책임 전가라는 상반되는 두 경향이 발생할 수 있다고 막연하게 이야기할 뿐 구체적으로 어떤 조건에서 어느 경향이 발생하는가에 대해 아무런 언급을 하고 있지 않다고 지적한다. 이들은 이러한 문제의 해결책으로 저비스(Robert Jervis)의 안보딜레마 이론(공격-방어 균형이론)으로부터 「자국의 공격 능력과 방어 능력 중 어느 쪽이 상대적으로 우세하다고 인식하는가」라는 변수를 빌려 왈츠 이론의 정교화를 시도했다.

---

314) Thomas J. Christensen and Jack L. Snyder, "Chain Gangs and Passed Bucks: Predicting Alliance Patterns in Multipolarity," *International Organization*, Vol. 44, No. 2 (Spring 1990), pp. 137-168.

이들의 주장에 따르면 국가 A가 자국의 공격이 방어와 비교하여 상대적으로 우세하다고 인식하면 공격자인 경쟁국 B에 대항하여 무조건적 동맹(unconditional alliance)이 형성되며 이 동맹 내의 국가가 공격을 받으면 국가 A는 동맹국을 방어하기 위해 즉시 총력전을 벌이는 성향이 있다고 본다. 이는 즉각적이고 효과적인 지원을 제공하지 않으면 세력균형을 위해 꼭 필요한 동맹국이 결정적으로 패배하리라 생각하기 때문이다.

이와 반대로 자국의 방어가 공격보다 우세하다고 인식하는 경우 동맹국 내의 다른 국가(들)의 세력균형 노력에 책임을 전가하려고 한다. 이는 다른 동맹국(들)이 자신의 지원이 없이도 침략자를 패배시킬 수 있을 것이라는 기대와 더불어 설혹 공격자가 승리한다고 해도 전투 과정에서 공격자마저도 쇠잔해져 책임을 전가한 방관자(buck-passing onlookers)에게 위협을 덜 줄 것이라는 기대에 기인하는 것으로 본다.

4) 그 밖의 신고전적 현실주의 이론

(1) 자카리아

자카리아(Fareed Zakaria)는 국제체제 수준의 변수인 상대적 권력의 변화(shift in relative power)에 기초하여 예측한 것과는 달리 19세기에 미국 정부가 늦고 철저하지 못하게 대외적인 팽창정책을 추구한 원인에 관심을 가지고 분석을 한 결과 미국의 국내 요인인 중앙정부의 상대적으로 취약한 동원 능력이 강대국으로의 등장을 지연시켰다고 결론짓고 있다.[315)]

(2) 크리스텐센

크리스텐센(Thomas J. Christensen)은 냉전 초기에 미국과 중국 사이의 관계가 왜 그렇게 적대적이었는가에 관심을 가지고 이를 신고전적 현실주의 이론의 관점에서 분석했다. 그는 당시의 이러한 적대적 정책이 미국의 트루먼 행정부와 중국의 마오 정권이 국가안보를 위해 사회적 자원(여론)을 동원할 목적으로 선택한 전략이 초래한 의도하지 않은 결과물이라고 결론지었다.

궁극적으로는 국가 간 권력의 배분이 미국과 중국의 정책을 몰아갔으나 그 당시 두 국가의 지도자들이 비용이 많이 소요되는 장기적인 안보 전략에 대한 국민의 지지를 끌어내기 위한 수단으로 낮은 수준의 갈등을 조작했기 때문에 두 국가의 관계가 적대적으로 되었다는 것이다. 이는 정치 지도자들이 그들이 추구하는 기본적인

---

315) Fareed Zakaria, *From Wealth to Power: The Unusual Origins of American's World Role* (Ithaca, NY: Cornell University Press, 1998).

중대한 전략에 관한 국민적 지지를 얻기 위해 그들이 선호하는 것보다 더욱 적대적인 정책을 채택할 수 있다는 것을 암시한다고 볼 수 있다.316)

(3) 왈 트

왈트(Stephen M. Walt)는 국가의 동맹행위 기준이 권력이 아닌 위협이라는 위협균형론을 제시했다. 세력균형론이 국가의 동맹행위 기준을 권력의 배분이라는 국제체제 수준의 요인에만 두는 것과는 달리 위협균형론은 이러한 국제체제 수준의 요인과 더불어 단위 수준의 국내 요인인 총체적 권력(aggregate power)・지리적 인접성(geographic proximity)・공격적 군사능력(offensive military capabilities)・인지된 공격적인 의도(perceived aggressive intention)에 둠으로써 신고전적 현실주의 이론이라고 볼 수 있다.

(4) 부에노 데 메스끼따와 랄만

부에노 데 메스끼따와 랄만(Bruce Bueno de Mesquita and David Lalman)은 국가 지도자들이 국내 정치 요인에 의해 제약을 받지 않는다는 현실주의 이론의 가정을 그대로 따르면 행위자에 있어 유일한 합리적인 결과란 협상을 통한 해결이거나 현상의 유지라고 본다. 따라서 현실주의 이론은 국제정치의 가장 중요한 결과인 전쟁 개시의 결정을 적절하게 설명하지 못한다고 본다. 따라서 이러한 전쟁과 평화의 요인이란 국내 정치에서 발견되어야 한다고 결론짓고 있다.317) 즉 이들은 세력균형론의 논리와 달리 세력균형이 형성되지 않고 전쟁이 발발하는 원인에 관심을 가지고 분석을 통해 다음과 같은 결론을 제시하고 있다.

세력균형을 옹호하는 현실주의 이론은 위협적인 강국이 등장했을 때 다른 국가들이 이에 대항하여 균형을 이룰 것으로 보는데 이는 지배를 추구하는 어떠한 합리적인 국가도 그 반대편에 동맹이 결성되리라는 것을 예상하여야만 한다는 것을 의미한다. 만약 국가가 자신에 대항하여 동등하거나 보다 강한 권력을 갖는 동맹이 결성될 것을 안다면 그 국가는 협상하거나 현상 유지에 만족해야만 한다.

현실적으로 전쟁의 발발이란 국가가 반대 동맹이 결성되리라는 것을 모르고 어리석게 위협적인 권력을 추구했음을 의미할 뿐 아니라 나아가 이러한 위협적인 권력에 대항하여 세력균형이 형성되지 않았음을 의미하기 때문에 국가의 합리성과 세력

---

316) Thomas J. Christensen, *Useful Adversaries: Grand Strategy, Domestic Mobilization, and Sino-American Conflict* (Princeton: Princeton University Press, 1996).

317) Bruce Bueno de Mesquita and David Lalman, *War and Reason: Domestic and International Imperatives* (New Haven, Conn.: Yale University Press, 1992).

균형을 가장 중요한 국제정치의 원리로 간주하는 현실주의 이론의 논리로는 설명할 수 없다고 본다. 따라서 이들은 이러한 전쟁의 발발을 설명하기 위해서는 비합리적인 국내 정치 세력에 주목해야 한다는 주장을 전개한다.[318)]

(5) 스나이더

스나이더(Jack L. Snyder)는 「현실주의 이론의 논리에 따르자면 합리적인 지도자는 그에 대항하여 세력균형이 형성되기 전에 위협적인 권력 증대를 멈추어야 하는데 왜 국가는 지나치게 확장하여 다른 국가들이 반대편에 서서 세력균형을 형성하도록 하는가의 문제를 제기하고 이에 대한 답을 추구했다.[319)]

스나이더는 국제체제의 무정부성이 국가들에게 권력을 증대시키도록 하지만 국제체제의 요인만으로는 왜 과도한 확장(overexpansion)이 일어나는가를 제대로 설명할 수 없다고 보고 이의 설명을 위해 국가 내의 동태적인 정책형성 과정을 잘 이해해야 한다고 주장한다. 특히 경합하는 이익집단의 역할에 대한 이해가 필요하다고 본다.

그에 따르면 영국과 미국처럼 일찍이 산업화를 거친 국가는 과도한 확장을 덜 추구하는데 이는 이러한 정치체제 내에서 기업 연합화(cartelization)가 소수의 이익집단에 의해 좌지우지되는 것에 맞서 다수의 이익집단이 경합하기 때문으로 본다. 이와는 대조적으로 독일과 일본 같은 후발 산업국가는 지리적인 확장에 대한 욕구를 공유하고 있는 강력한 경제적·정치적 이익집단들이 정부를 장악하고 정책형성에 연합하여 영향력을 행사하기 때문으로 본다. 이처럼 스나이더는 국제체제에서의 국가행동을 이해하는 데 있어 현실주의 이론이 강조하는 권력 능력(power capabilities)이라는 요인보다는 국내 정치 요인이 중요하다고 본다.

---

318) 이에 대해 캡스타인(Ethan B. Kapstein)은 두 가지 측면에서 이들이 현실주의 이론을 잘 이해하지 못했다고 비판하면서 현실주의 이론의 논리를 옹호한다. 첫째, 어떠한 현실주의자도 세력균형이 자동으로 생긴다고 주장한 사람이 없으며 현실주의 이론의 논리로서 전쟁의 발발을 설명할 수 있다고 본다. 구체적으로 위협을 늦게 인식했다든가 다른 국가들이 부상하는 위협 국가에 대항하여 세력균형을 성립시키리라는 기대와 더불어 책임 전가를 함으로써 신속한 동맹 결성에 의한 세력균형이 일어나지 않아 전쟁이 일어날 수 있다는 것이다. 미국이 일본의 위협을 제때 빨리 인식하지 못하고 진주만 공격을 당한 뒤에야 전쟁에 돌입한 것을 전자의 예로 제시하고 있다. 캡스타인은 같은 논리를 적용하여 다른 국가들이 전쟁이 발발할지 모른다는 인식을 제때 적절히 하지 못한다든가 책임 전가 등의 이유로 세력균형이 형성될 것 같지 않을 경우 합리적인 지도자들은 제한적인 전쟁을 일으킬 수도 있다고 본다. 둘째, 캡스타인은 부에노 데 메스끼따와 랄만이 국가는 항상 전쟁보다는 협상을 선호한다고 가정하고 있으나 이는 현실과 다르다고 본다. 협상을 선호하는 국가들마저도 죄수의 딜레마 상황에서 전쟁을 개시하게 된다고 본다: Ethan B. Kapstein, "Is Realism Dead? The Domestic Source of International Politics," *International Organization*, Vol. 49, No. 4 (Autumn 1995), pp. 751-774.

319) Jack L. Snyder, *Myths of Empire: Domestic Politics and International Ambition* (Ithaca, N.Y.: Cornell University Press, 1991).

(6) 스타인

스타인(Arthur A. Stein)은 신현실주의 이론이 1930년대와 1940년대 말의 미국의 안보 정책을 설명하지 못한다고 본다. 1930년대에 있어서 미국은 자신의 능력이 허용하는 것 이하로 해외에 관여했으나 1940년대 말은 능력 이상으로 해외에 관여했다고 본다. 전자의 경향은 2차 세계대전의 발발에 공헌했고 후자의 경향은 소련의 확장과 북한의 남침을 도왔다고 본다. 그는 이러한 미국의 정책상의 비일관성을 설명하기 위해서 국내 정치를 살펴보아야 한다는 주장을 제기한다.

스타인은 이러한 미국의 정책상 일관성 결여가 소련의 팽창이나 전쟁의 발발과 같은 도전을 허용했다면서 이러한 도전은 세력균형에 대한 위협의 인식과 이러한 위협에 대응하기 위한 정책의 시행 사이에 시간적인 차이가 존재했기 때문이며 신현실주의 이론은 이러한 현상의 설명에 한계를 보인다고 주장한다.320)

(7) 그 밖의 이론가들

여기에서는 개별적으로 소개되지 않았으나 다음과 같은 학자들 역시 신고전적 현실주의자로 분류된다. 이들에는 로벨(Steven E. Lobell)·데이비슨(Jason W. Davidson)·에델스타인(David M. Edelstein)·바이먼(Daniel L. Byman)·폴락(Kenneth M. Pollack)·립스맨(Norrin M. Ripsman)·맥알리스터(James McAllister)·브룩스(Stephen G. Brooks)·월포스(William C. Wohlforth)·차(Victor D. Cha)·스터링-폴커(Jennifer Sterling-Folker) 등이 포함된다.321)

---

320) Arthur A. Stein, "Domestic Constraints, Extended Deterrence, and the Incoherence of Grand Strategy: The United States, 1938-1950," in Richard Rosecrance and Arthur A. Stein, eds. *The Domestic Bases of Grand Strategy* (Ithaca, NY: Cornell University Press, 1993), pp. 96-123. 이에 대해 캡스타인은 대부분의 현실주의자 역시 이러한 시간적인 차이가 항상 일어난다는 것을 수용하며 이들에게 있어 중요한 것은 강대국들이 끝내 반응을 보인다는 점이라고 주장한다: Ethan B. Kapstein, "Is Realism Dead? The Domestic Source of International Politics," *International Organization*, Vol. 44, No. 4 (Autumn 1995), pp. 766-767.

321) Steven E. Lobell, *The Challenge of Hegemony: Grand Strategy, Trade, and Domestic Politics* (Ann Arbor: University of Michigan Press, 2003); Jason W. Davidson, "The Roots of Revisionism: Fascist Italy, 1922-39," *Security Studies*, Vol. 11, No. 4 (Summer 2002), pp. 125-159; Jason W. Davidson, *The Origins of Revisionist and Status Quo States* (New York: Palgrave Macmillan, 2006); David M. Edelstein, "Managing Uncertainty: Beliefs about Intentions and the Rise of Great Powers," *Security Studies*, Vol. 12, No. 1 (Autumn 2002), pp. 1-40; Daniel L. Byman and Kenneth M. Pollack, "Let Us Now Praise Great Men: Bringing the Statesman Back In," *International Security*, Vol. 25, No. 4 (Spring 2001), pp. 107-146; Norrin M. Ripsman, "The Curious Case of German Rearmament: Democracy and Foreign Security Policy," *Security Studies*, Vol. 10, No. 2 (Winter 2001), pp. 1-47; Norrin M. Ripsman, *Peacemaking by Democracies: The Effects of State Autonomy on the Post-World War Settlements* (University Park: Pennsylvania State University Press, 2002); James McAllister, *No Exit: America and the German Problem, 1943-1954* (Ithaca, NY: Cornell University, 2002); Stephen G. Brooks and William C. Wohlforth,

5. 신고전적 현실주의 이론에 대한 평가

신고전적 현실주의 이론에 대하여 다양한 평가가 주어진다. 주류 현실주의 이론의 경우 스스로 인정하고 있듯이 국가 행동이나 국가 간 상호작용의 일반적인 패턴을 설명하고 예측하고자 하는 것이기 때문에 예외가 있을 수 있음을 부인하지 않는다. 이러한 면에서 신고전적 현실주의 이론은 이러한 주류 이론들이 설명하기 힘든 예외적인 현상들에 대한 설명을 시도하고 있다는 긍정적인 평가를 받는다.

동일한 국제체제 아래에서 권력의 배분 면에서 유사한 구조적인 위치에 있는 국가들이 다르게 행동을 한다든가 동일한 국제체제 아래에서 동일한 국가가 시차를 두고 상이한 행동을 한다면 이러한 현상은 국제체제 수준의 요인만으로는 설명하기 어려운 관계로 다른 요인이 추가되어야 한다는 주장은 타당성을 갖는다고 볼 수 있다. 신고전적 현실주의 이론이 이러한 요인으로서 국내 요인에 주목하고 이러한 국내 요인을 적용하여 국가 행동의 차이를 설명하고자 하는 시도는 이러한 맥락에서 이해할 수 있을 것이다.[322]

그러나 국가 행동을 설명하고 예측하기 위해 국제체제의 요인과 국내 요인을 동시에 고려함으로써 이론의 간결성(parsimony)이 저하되는 문제를 지적하는 경우가 많다. 구체적으로 왈츠의 신현실주의 이론의 경우 이론으로서의 정교함을 희생하는 대가로 간결성을 획득하나 신고전적 현실주의 이론은 정교함을 상당한 정도로 획득하는 대가로 간결성을 현저하게 상실하게 된다는 것이다.

이러한 비판과 더불어 신고전적 현실주의 이론가로 분류되는 다양한 학자들에 의해 다양한 국내 요인들이 언급되고 있는 상황을 고려할 때 이러한 국내 요인 간의 관계는 무엇이며 과연 어떤 국내 요인이 가장 중요한 요인인지의 문제에 봉착하게

"Power, Globalization, and the End of the Cold War: Re-Evaluating a Landmark Case for Ideas," *International Security*, Vol. 25, No. 3 (Winter 2000/2001), pp. 5-53; Victor D. Cha, "Abandonment, Entrapment, and Neoclassical Realism in Asia: The United States, Japan, and Korea," *International Studies Quarterly*, Vol 44, No. 2 (June 2000), pp. 261-291; Victor D. Cha, "Hawk Engagement and Preventive Defense on the Korean Peninsula," *International Security*, Vol. 27, No. 1 (Summer 2002), pp. 40-78; Jennifer Sterling-Folker, *Theories of International Cooperation and the Primacy of Anarchy: Explaining US International Monetary Policy-Making after Bretton Woods* (New York: State University of New York Press, 2002); Jennifer Sterling-Folker, "Realism and the Constructivist Challenge: Rejecting, Reconstructing, or Rereading," *International Studies Review*, Vol. 4, No. 1 (Spring 2002), pp. 73-97; Jennifer Sterling-Folker, "Realist-Constructivism and Morality," *International Studies Review*, Vol. 6, No. 2 (June 2004), pp. 341-343.

322) 이 때문에 신고전적 현실주의는 실제에 있어서 세력균형 현상과 같은 국가들 사이의 관계가 빚어내는 패턴에 관심을 두고 있는 국제정치 이론으로서가 아니라 주로 일국의 대외적 행동을 설명하는 데 초점을 두고 있는 외교정책 이론으로서 현실 세계의 분석에 적용되고 있다고 볼 수 있다.

된다. 이러한 지적은 온건한 비판에 속한다고 볼 수 있다.

이와는 달리 신고전적 현실주의 이론이 더는 현실주의 이론으로서의 요건을 충족하기 어렵다는 과격한 비판이 존재한다. 이러한 지적을 하는 대표적인 학자가 레그로와 모라브식(Jeffrey W. Legro and Andrew Moravcsik)이다.[323] 이들은 신고전적 현실주의 이론이 현실주의를 이론적으로 덜 결정적일 뿐만 아니라 덜 일관적이며 현실주의로서의 정체성을 덜 갖는 형태로 개조함으로써 예외적 현상들을 다루고자 한다고 지적하고 있다.

이들은 현실주의 이론의 핵심 가정으로서 다음 세 가지를 언급하고 있다. 첫째, 행위자의 성격과 관련하여 국가를 무정부 상태 속에서의 합리적이고 통합된 단위로 본다. 두 번째 가정은 국가 선호의 성격과 관련된 것으로서 고정적이고 한결같은 갈등적인 목표를 가정한다. 세 번째 가정은 국제구조와 관련된 것으로서 물질적 능력을 가장 중요한 것으로 가정한다. 이들은 신고전적 현실주의 이론이 이러한 가정에서 벗어나고 있어 현실주의 이론의 하나인가에 의문을 제기하고 신고전적 현실주의 이론을「최소한의 현실주의(minimal realism)」라고 바라보는 것이 적절하다고 생각한다. 신고전적 현실주의 이론이 현실주의 이론의 가정으로부터의 어떤 이탈이 있는가에 대한 이들의 지적을 살펴보면 다음과 같다.

일부 신고전적 현실주의 이론의 경우 국제체제 수준의 요인과 더불어 국내 요인의 일부로서 국가와 사회의 관계를 통해 국가의 외교정책을 설명하고자 하는데 이 경우 국가란 통합된 행위자로서 일관된 목소리를 내는 존재라는 현실주의 가정이 훼손된 것이라는 지적이다. 신고전적 현실주의는 국가의 내부적인 특성에 따른 국가 선호의 변이(예컨대 현상 유지와 현상 타파)를 설명하는데 이러한 것은 고정된 선호라는 현실주의의 가정으로부터 이탈한 것이라는 지적이다. 현실주의자들의 경우 국가 행동에 영향을 미치는 가장 중요한 요인으로서 국제체제의 권력의 배분이라는 요인을 강조하면서 이러한 요인의 강렬한 영향으로 인해 국가 내부의 다양한 차이에도 불구하고 국가들은 일관되게 안보나 권력의 추구라는 선호를 가지게 된다고 본다. 이러한 경향은 자연스럽게 국내 제도·경제적 이익·심리·아이디어 등의 요인을 국가 선호의 근원으로 간주하지 않고 방기한다. 신고전적 현실주의의 경우 국가 행동의 설명에 있어 이러한 요인을 더 중요시함으로써 이러한 가정에서 이탈하고 있다고 본다.

---

323) Jeffrey W. Legro and Andrew Moravcsik, "Is Anybody Still a Realist?" *International Security*, Vol. 24, No. 2 (Fall 1999), pp. 5-55.

이러한 비판에 대해 쉬웰러와 같은 신고전적 현실주의 학자는 신고전적 현실주의 이론이 신현실주의 이론이 적용될 수 있는 조건을 더욱 정교하게 제시함으로써 이러한 이론의 설명력을 제고시키는 데 기여하고 있다는 반론을 제기하고 있다.[324)]

종합적으로 보아 신고전적 현실주의 이론은 다양한 국내 요인을 고려함으로써 이론으로서의 간결성을 잃고 대이론(grand theory)의 지위를 가지기 어렵다는 지적을 할 수 있다. 국내 제도와 지도자의 인식과 같은 다양한 국내 요인들을 고려함으로써 자유주의 전통의 이론들과의 차별성도 그리 많아 보이지 않는다.[325)] 단 국제체제의 요인을 독립변수로 유지하고자 한다는 점에서 현실주의 이론의 전통을 그나마 이어간다고 볼 수 있을 것이다.

제6절 지 정 학

1. 서 론

전통적 지정학(classical geopolitics)이란 지리적 특성이 국가의 외교정책이나 국제관계의 결과에 미치는 영향을 연구하는 학문이라고 할 수 있다. 이러한 지리적 특성은 지리적 위치뿐만 아니라 지형 · 자원 · 기후 · 인구 등 다양한 요인들을 포함한다.

전통적 지정학 이론은 현실주의 이론(전통적 현실주의 이론)이 본격적으로 등장한 2차 세계대전 이가 아닌 그 이전부터 존재했다. 이러한 전통적 지정학은 2차 세계대전 이후 국제정치의 분석에 있어서 지배적인 위치에 있었던 전통적 현실주의의 영향 속에 발전하면서 현실주의의 한 지류로서 분류되었다. 그러나 강대국들의 제국주의적 팽창을 이론적으로 뒷받침했고 전쟁과 파시즘에 정당성을 제공해 왔다는 비판과

324) Randall L. Schweller, "New Realist Research on Alliances: Refining, Nor Refuting, Waltz's Balancing Proposition," *American Political Science Review*, Vol. 91, No. 4 (December 1997), pp. 927-930.

325) 국내 요인의 역할을 강조한다는 점에서 자유주의 이론으로서의 특징을 일부 가진다고는 하지만 다음과 같은 점에서 자유주의 이론과 구별된다. 자유주의 이론들은 국가를 국내 사회세력에 예속되는 행위자로 모델화하는 데 반해 신고전적 현실주의는 현실주의 전통에 따라 국가를 다른 사회 행위자들로부터 상대적으로 자율적인 행위자로 개념화한다. 즉 국가는 다른 행위자들에 대해서 궁극적인 정치적 권위를 의미하는 주권을 가진다고 본다. 또 하나의 다른 점이란 자유주의 이론들의 경우 행위자의 선호라는 것이 정치에 앞서 존재하며 이러한 선호가 국내 정치적 결과를 규정한다고 가정하는 데 반해 신고전적 현실주의는 이러한 선호를 주어진 것으로 보지 않거나 비정치적인 힘에 의해 추동되는 것으로 보지 않고 정치 지도자들이 국내 행위자들의 선호를 바꿀 수 있는 것으로 가정한다: Mark R. Brawley, *Political Economy and Grand Strategy: A Neoclassical Realist View* (New York, NY: Routledge, 2009).

더불어 항공기와 대륙 간 탄도미사일과 같은 기술의 발달로 인해 지리적인 요인과 같은 환경적 제약이 영향이 줄어들었다는 등의 다양한 이유로 인해 지속해서 큰 관심을 끌지 못하면서 주류 현실주의 이론들로부터 분리되었다. 다른 한편 전통적 지정학은 실제의 전략가를 포함한 대외정책의 실무자들에 의해서는 꾸준히 고려의 대상이 되어왔던 것 역시 사실이다.

이러한 전통적 지정학이 소련의 붕괴로 인한 탈냉전기의 도래와 더불어 국제정치를 분석하는 이론의 하나로서 다시 부상하고 있다. 구체적으로 냉전이 종식된 후 미국의 국력이 상대적으로 쇠퇴하면서 미국의 패권이 현상 타파 국가들에 의해 지정학적인 도전을 받고 있다. 예컨대 강대국으로의 부상하고 있는 중국의 일대일로 정책과 남중국해에 대한 공격적인 영유권 주장 · 강대국으로의 재기를 노리는 러시아의 크름공화국 합병과 신동방정책 · 이에 대응하는 미국의 인도 · 태평양 전략 등으로 유라시아 지역을 비롯하여 중동지역을 둘러싸고 이들 간에 지정학적 경쟁이 격화되자 지정학 이론이 새롭게 관심을 끌고 있으며 이를 지정학의 귀환 혹은 지정학의 부활(return of geopolitics or revival of geopolitics)이라고 부르고 있다. 이러한 현상은 지정학에 관한 다수의 책과 논문이 발간되고 있고 지정학적 관점에서의 국제정치가 활발하게 논의되고 있는 현실에서도 잘 알 수 있다.

이러한 경향과 더불어 전통적 지정학을 비판하면서 다양한 종류의 비판 지정학(critical geopolitics) 역시 등장해오고 있다.[326] 포스트모더니즘의 영향을 받은 비판 지정학은 전통적 지정학이 연구방법론적으로 문제가 있을 뿐 아니라 내용상으로는 착취를 지원하는 등의 제국주의를 역할을 해오고 있다는 비판(즉 정치적 중립성을 지니고 있지 못하다는 비판)을 강하게 제기한다. 또 다른 한편 일부 비판 지정학은 구성주의(constructivism)의 영향을 받아 지리적 특성으로서 전통적 지정학이 언급하고 있는 다양한 지리적 특성에 전통 · 규범 · 공유된 지식 · 문화 · 정체성 등의 요소들을 통합시키는 것을 특징으로 한다.[327]

여기에서는 전통적 지정학에 초점을 맞추어 지정학을 살펴보고자 하는데 구체적인 논의에 앞서 지정학이 현실주의 국제정치 이론의 하나로서 분류되어야 하는가에 관해 살펴보고자 한다. 현실주의 이론의 하나로서 분류될 수 있는 이유 가운데 하나는 전통적 지정학이 현실주의와 마찬가지로 안보와 권력을 중심 개념으로 하고 있기

---

326) 비판 지정학은 전통적 지정학과 대비하여 「신지정학」이라고도 불린다.

327) 이러한 의미에서 비판 지정학은 담론(discourse)과 정체성(identity)을 중요시하는 구성주의(constructivism)와 밀접하게 관련되어 있다.

때문이다. 즉 국제정치의 주요 행위자로서의 국가가 추구하는 가장 중요한 가치를 안보로 보고 이를 위해 국가는 권력을 추구하는 존재로 바라보기 때문이다. 구체적으로 지정학자들은 지리를 국가 권력의 중요한 수단으로 간주하고자 한다.

2. 대표적인 지정학 이론

여기에서는 지정학의 대표적인 사람으로서 서로 견해를 달리한 마한(Alfred T. Mahan) · 맥킨더(Halford J. Mackinder) · 스파이크만(N. J. Spykman)의 이론을 살펴보고 한다.

1) 마한의 해양세력 이론

1890년 미국의 해군 제독이자 전략가인 마한은『역사에 미친해양 세력의 영향(The Influence of Sea Power upon History, 1660-1783)』이라는 제하의 책을 통해 1660년과 1783년 사이에 벌어진 국가 간 전쟁에 관한 역사적 사례에 바탕을 두고 해양을 지배하는 자가 세계를 지배한다는 해양세력 이론(Sea Power Theory)을 제시했다.

마한은 이러한 이론과 더불어 영국이 세계의 지배적인 군사적 · 정치적 · 경제적 강대국으로 등장할 수 있었던 것은 유럽의 주요 경쟁국들의 해군력이 상대적으로 쇠퇴하는 가운데 영국이 해양을 장악함으로써 가능했다고 보았다.[328] 그는 나아가 이러한 교훈이 특히 미국이 해외 시장의 확대를 꾀함에 있어서 미국의 대외정책에 적용될 수 있다고 보았다.

그에게 있어 해양세력은 해상무역을 통해 부를 축적할 수 있는 경제적 능력과 해상 운송로를 보호할 수 있는 해군력을 의미한다. 이러한 맥락에서 그는 강대국이 되려는 국가는 해상교역을 통해 부를 축적해야 하며 평화로운 해운이 가능하게 하기 위해서는 강한 해군력을 보유해야 함을 주장했다. 국가의 안전과 번영을 위해 지구의 4분의 3을 차지하고 있는 해양을 지배하는 힘이 없어서는 안 된다고 본 마한의 이러한 주장은 여러 국가의 국가전략에 중대한 영향을 미쳤다.

우선 미국의 군사 계획에 영향을 미쳤을 뿐 아니라 19세기 말과 20세기 전 세계적인 해군력 경쟁에 뛰어들도록 했다. 구체적으로 그는 원거리 해양에 나가 작전을 할 수 있는 해군력이 필요함을 역설했고 물자와 연료의 공급을 위한 해외 해군기지

---

328) 이와는 대조적으로 프랑스의 경우 육지세력에 치중함으로써 식민지들을 잃게 되었다고 주장했다.

의 확보와 대서양과 태평양을 지키기 위해 해군력을 이동시킬 수 파나마 운하의 건설과 무역로 상의 정거장의 역할과 방어 진지의 역할을 할 수 있는 식민지의 획득을 주장했으며 이러한 주장이 결과적으로 현실에 반영이 되었다.329)

마한은 인도양을 지배하는 자는 아시아를 지배하고 나아가 세계의 운명을 결정한다(Whoever controls the Indian Ocean will dominate Asia; the destiny of the world would be decided on its waters)는 주장을 제기한 바 있다. 중국의 부상에 대응한 미국의 인도-태평양 전략을 이러한 마한의 주장에 근거하여 해석하려는 입장도 존재한다.

2) 맥킨더의 심장부 이론

영국의 지리학자인 맥킨더는 20세기 초에 국가 간 세력균형의 변화에 관심을 가지고 마한의 해양세력 이론과 대조를 이루는 대륙세력 이론인 심장부 이론(Heartland Theory)을 제시했다.330) 이 이론의 핵심 주장은 유럽의 역사는 해양세력(해군력)과 대륙 세력(육군력) 간 투쟁의 역사인데 콜럼버스의 신대륙 발견 이전은 몽골의 유럽원정에서 보듯이 대륙세력이 우세했으나 콜럼버스 이후 해양세력의 지배기로 들어섰다가 식민지의 고갈과 산업혁명을 계기로 대륙세력이 우월하게 되었다는 것이다.

대륙세력 가운데 동유럽을 지배하는 자가 심장부(Heartland)를 지배하고 심장부를 지배하는 자가 세계 섬(World Island)을 지배하며 세계 섬을 지배하는 자가 세계를 지배한다는 것이다.331) 여기서 세계를 지배하기 위한 가장 근본적인 요건으로서 동유럽의 지배를 언급하고 있는 것은 심장부는 해양에서 접근이 쉽지 않아 방어에 유리하나 동유럽의 평원을 통한 육상에서의 공격에는 취약한 관계로 동유럽의 지배가 필요하다는 것이다.332)

---

329) 하와이 병합과 더불어 미서전쟁의 승리로 스페인의 식민지였던 프에르토리코 · 괌 · 필리핀을 병합하여 석탄 정류장과 해군기지를 확보했다. 그리고 나아가 쿠바의 관타나모만의 영구 조차를 통한 해군기지의 설립 등으로 이어졌다.

330) Halford J. Mackinder, "The Geographical Pivot of History," *The Geographical Journal*, Vol. 23, No. 4 (April 1904), pp. 421-437.

331) 맥킨더는 초기에 중심축 지역(pivot area)이라는 표현을 사용하다가 나중에 심장부(heartland)라는 표현을 사용했다. 여기서 심장부란 구체적으로 대륙으로 둘러싸인 중앙 유라시아(Central Eurasia)를 지칭하는데 이 지역은 말 그대로 유라시아(유럽과 아시아 대륙 전체를 일컬음)의 중앙을 의미한다. 구체적으로 이 지역은 지역적으로는 중앙아시아의 5개 공화국(카자흐스탄 · 우즈베키스탄 · 키르기즈스탄 · 투르크메니스탄 · 타지키스탄)과 몽골 · 중국의 신장웨이우얼 자치구 · 내몽골 자치구 · 서장(티베트)자치구 · 인도와 파키스탄의 서북부에서 아프가니스탄과 이란 및 터키로 이어지는 건조지대를 포함한다. 세계 섬은 서로 연결된 유럽과 아시아 및 아프리카 지역을 지칭한다. 이 지역은 모든 대륙 가운데 가장 넓고 가장 인구가 많으며 부유한 곳이다.

332) 2차 세계대전 후 맥킨더는 소련이 독일과 동유럽 모두를 지배하에 두게 되면 세계가 소련의 지배하에

맥킨더는 산업혁명과 식민지 고갈을 계기로 대륙세력이 비교우위를 점하게 되었다고 주장한다. 구체적으로 산업혁명은 풍부한 천연자원과 인적자원이 필요하게 되었는데 해양세력은 식민지 고갈로 이러한 자원의 확보가 어렵게 되면서 대륙의 심장부가 이러한 자원들의 보유 면에서 비교우위를 점하게 되었다. 더불어 산업혁명으로 철도를 비롯한 육상교통 수단이 급속히 발달하면서 선박이 지니고 있었던 운반수단으로서의 비교우위도 상실하게 되었다. 유라시아의 중앙인 심장부는 해양세력의 접근이 극히 어려운 이점을 지니고 있을 뿐만 아니라 육상 교통수단의 발달을 기반으로 세력을 먼 지역으로까지 확산시켜 나가는 쉬운 전략적인 요충지이다.

따라서 이러한 유리한 점을 보유한 심장부는 풍부한 물적자원과 인적자원을 동원하여 산업화를 이루고 이를 기반으로 막강한 육상 대국이 되어 심장부의 주변 지역을 장악하고 나아가 해안지대로까지 진출하여 해양세력을 무기력하게 만들 수 있는 대규모 함대를 구축함으로써 전 지구적인 패권국이 될 수 있으리라 진단하고 이러한 국가의 등장 가능성을 경고했다. 이러한 대륙세력의 등장에 대한 그의 진단과 경고는 쇠퇴하고 있는 영국의 해군력에 대한 우려로부터 출발했다고 볼 수 있다.

맥킨더의 이러한 이론은 20세기 초의 국제정치에 매우 강력한 생각으로 등장하여 실제로 여러 국가의 국가전략에 중대한 영향을 미쳤다. 우선 해양 대국인 영국에게 당연히 영향을 미쳤다. 이러한 영향은 이러한 지역의 지배를 통해 영국 패권에 도전을 가할 수 있는 세력의 등장을 막아야 한다는 국가전략의 추구를 의미하며 구체적으로 그는 영국이 독일과 러시아가 상호 견제하도록 하여 이들이 심장부를 장악하는 패권국으로 등장하는 것을 막아야 한다고 주장했다.

매킨더의 이러한 이론은 하우스호퍼(Karl Haushofer)를 비롯한 독일의 지정학자들에게도 깊은 영향을 미쳤을 뿐만 아니라 양차 세계대전에 걸쳐 심장부를 지배하려고 시도한 나치 독일의 국가전략에 깊은 영향을 미쳤다.

맥킨더의 심장부 이론은 냉전기 미국의 외교정책에 지적인 토대를 제공했다. 구체적으로 미국은 세계의 심장이라고 불리는 유라시아 대륙(특히 서유럽·아시아·중동 지역)이 자국에 적대적인 국가나 국가들에 의해 지배되는 것을 막는 것이 미국의 안보 이익에 중대하다고 인식하고 소련을 봉쇄하고자 했다.

냉전이 종식되었으나 맥킨더의 지정학 이론의 영향은 계속되었다. 이러한 영향은 미국의 정치학자인 브레진스키(Zbigniew K. Brzezinski)의 거대한 체스판이라는 저서

놓이게 될지 모른다고 경고한 바 있다. 사실상 소련은 이들 가운데 상당한 부분을 통제하에 두었으나 맥킨더의 예언과는 달리 세계를 지배하는 패권국이 되지는 못했다.

에 잘 드러나 있다.333) 이 책에서 그는 유라시아 대륙의 지전략적 중요성(geo-strategic importance)에 대한 인식을 바탕으로 미국이 전 세계적인 패권을 유지하기 위해서는 유라시아(구체적으로 유라시아의 아주 중요한 4개 지역인 유럽 · 러시아 · 중앙아시아 · 동아시아)라는 거대 대륙에서의 패권적 지위를 유지해야 한다고 주장했다.

구체적으로 브레진스키는 유라시아를 지배하는 강대국이 경제적으로 가장 생산성이 높은 3대 지역 중 두 지역인 서유럽과 동아시아에 결정적인 영향력을 행사할 수 있을 것으로 보고 미국은 유라시아의 서쪽과 동쪽 주변부 지역이라는 두 지역을 지배하기 위해 조화로운 노력을 해야 한다고 역설했다. 이러한 노력의 하나로 소련의 해체로 소련의 지배에서 벗어난 국가들이 독립적이고 주권적인 존재로 남아 있어야 함을 의미하는 지정학적 다원주의(geopolitical pluralism)를 유지하고 촉진할 것을 제안했다.334)

맥킨더 이론의 관점에서 볼 때 냉전 종식 후 미국의 봉쇄정책 대상은 여전히 러시아를 포함하나 주된 봉쇄의 대상이 중국으로 바뀌었다고 볼 수 있다. 이는 일대일로(One Belt One Road) 계획 등 거시적 정책을 통해 유라시아 지역의 패권국이 되어가고 있는 중국이 해양세력인 미국의 패권에 가장 강력한 도전 세력이 될 수 있기 때문이다.335)

3) 스파이크만의 주변부 이론

마한과 맥킨더의 이론을 기반으로 하여 냉전 시대 미국의 국가전략에 중대한 영향을 미친 사람이 예일대 교수였던 스파이크만(N. J. Spykman)이다. 그는 2차 세계대전이 진행 중이었던 1944년에 「평화의 지리학(The Geography of the Peace)」이라는 제목의 책을 통해 유라시아 심장부 지역과 주변부 지역이 결합하는 것을 방지해야 한다는 주장을 주된 내용으로 하는 주변부 이론(Rimland Theory)을 전개했다.

스파이크만의 주변부 이론은 맥킨더의 심장부라는 개념에 기반을 두고 이를 비판적으로 발전시킨 이론으로서 맥킨더의 중심부 이론이 유라시아의 심장부를 강조한 것과는 대조적으로 서유럽 · 중동 · 인도 · 서남아시아 · 중국 등을 포함하는 유라시아를 감싸고 있는 주변부(rimland) 즉 유라시아 심장부를 둘러싸고 있는 해안지역

---

333) 브레진스키에 대한 영향은 맥킨더와 함께 스파이크만으로부터 기인한 것으로 보는 것이 더욱 정확할 것이다.

334) Zbigniew K. Brzezinski, *The Grand Chessboard: American Primacy and Its Geostrategic Imperatives* (New York, NY: Basic Books, 1998).

335) 일대일로에서 일대란 자원의 보고인 중앙아시아와 유럽을 연결하는 육상 실크로드를 의미하고 일로란 동남아와 유럽 그리고 아프리카를 연결하는 해상 실크로드를 의미한다.

(coastal area)의 중요성을 강조했다. 구체적으로 그는 유라시아의 주변부를 장악하는 국가가 유라시아를 지배하고 유라시아를 지배하는 국가가 세계의 운명을 좌우할 것이라는 주장을 전개했다.

스파이크만이 주변부의 중요성을 강조하는 이유는 주변부가 지니는 중요한 전략적 역할 때문인데 그에게 주변부의 가장 중요한 역할이란 대륙의 심장부와 해양을 연결 짓는 것이다. 즉 그에게 있어 주변부란 대륙과 해양의 연결고리이다. 이러한 주변부의 역할로 인해 주변부는 세계의 패권을 장악하는 데 긴요하고 이 때문에 해양세력과 대륙세력 간의 치열한 각축장으로서 해양세력과 대륙세력 사이에 부단한 충돌이 일어나는 지역적 공간이 되어왔다. 스파이크만에 따르면 러시아와 같은 중심부 지역을 장악한 국가는 주변부 지역을 지배하여 이들 지역의 국가들과 동맹을 결성하는 등의 수단을 통해 세계를 제패하고자 한다는 것이다.

이러한 논리에 근거하여 스파이크만은 심장부와 주변부의 결합을 저지하는 전략의 중요성을 강조했다. 스파이크만은 부상하는 심장부 세력의 봉쇄를 위해 주변부(보다 구체적으로 주변 대륙 지역뿐 아니라 주변 해양 지역)의 지배를 통해 심장부를 봉쇄하는 전략이 필요함을 강조했고 이러한 그의 주장은 2차 세계대전 이후 케넌(George F. Kennan)에 의해 주도된 미국의 대소 봉쇄정책(containment policy)으로 이어졌다고 볼 수 있다.

해양세력과 대륙세력 간의 충돌이 벌어지는 지역이 주변부인데 이러한 주변부에 속하는 지역이 다름 아닌 한반도라고 볼 수 있다. 이러한 이유로 한반도는 역사적으로 대륙세력과 해양세력 간의 부단한 충돌의 공간이 되어 오고 있다.

중국은 지정학적 관점에서 보아 대륙세력 국가이자 긴 해안선을 지닌 해양세력 국가라는 이중성을 지니고 있다. 이러한 지정학적인 이점을 통해 중국은 일대일로 전략을 통해 유라시아 중심부 대륙을 장악하려고 함과 동시에 유라시아의 주변부 대륙 지역과 주변부 해양 지역을 장악하려고 한다. 즉 중국은 일대일로라는 야심적인 전략을 통해 유라시아 중심부와 주변부 모두를 장악하려고 한다. 이러한 중국을 견제하기 위해 미국은 인도-태평양 전략 구상을 통해 대중국 포위망을 구축하고자 한다. 이러한 점을 고려한다면 중국의 일대일로 전략은 맥킨더의 중심부 이론과 스파이크만의 주변부 이론은 물론 마한의 해양세력 이론 모두를 통해 이해되어야 할 것이다.

제 7 절 현실주의 이론의 중요 개념들

1. 권 력

1) 권력 개념의 문제점

권력(power)이란 개념은 각종 현실주의 이론에 있어서 가장 중요한 핵심적 개념 중의 하나이다. 이는 현실주의 이론이 기본적으로 국가는 생존과 안보를 위해 권력을 추구하는 존재로 보기 때문이다. 국제정치 이론의 과학화를 위해 이러한 개념은 명확하게 정의되고 측정될 수 있어야 하지만 실제에 있어서 권력의 개념과 구성요소에 대해 학자들 간에 합의가 부재한 결과 권력 개념에 바탕을 두고 전개되고 있는 세력균형론 · 패권안정론 · 세력전이론 등과 같은 현실주의 국제정치 이론들이 구체적인 논의에 앞서 권력 개념의 정의에 발목이 붙잡히곤 한다. 여기에서는 우선 권력을 개념화하는 데 있어서 본질적인 문제가 무엇인지를 살펴보고자 한다.

우선 현실주의자들 간에도 무엇이 권력의 구성요소인가에 대해 온전한 합의가 없고 합의가 이루어져 있다고 해도(예컨대 권력을 일국의 처분할 수 있는 군사적 · 경제적 · 기술적 · 외교적 기타의 능력의 합이라고 해도) 이를 절대적인 개념으로 볼 것이 아니라 타국의 능력과 관련된 상대적인 능력으로 보아야만 한다는 견해가 존재한다. 타국의 능력을 고려한 상대적인 능력으로 본다 해도 국력이란 그것을 지닌 국가 자신의 사용 의지가 어떠한지 그리고 특정 국가가 일정한 능력을 갖추고 있다고 해도 상대방이 이를 어떻게 인식하고 있는지 등이 중요한 문제가 아닐 수 없다. 모겐소의 권력 개념을 예로 들어 권력 개념이 보편적으로 지니는 여러 문제점을 살펴보자.[336)]

모겐소에게 있어 권력이란 「타인의 마음과 행동을 지배할 수 있는 능력」을 의미한다. 모겐소는 국력(national power)을 「국가가 자국의 독립과 안전의 유지 그리고 자국의 번영 등과 같은 국가이익을 위해 타국이 취하는 정책에 영향을 미치거나 타국의 행동을 지배할 수 있는 능력」이라고 정의하고 이러한 국력을 구성하고 있는 유형적 요소(tangible elements)와 무형적 요소(intangible elements)를 제시하고 있다.[337)]

---

336) Hans J. Morgenthau, *Politics Among Nations: The Struggle for Power and Peace*, 5th ed. (New York: Alfred A. Knopf, 1973), pp. 103-164.

337) 유형적 요소와 무형적 요소란 각각 물질적 요소(material elements)와 비물질적 요소(nonmaterial elements)를 일컫는다.

우선 유형적 요소로서 모겐소가 중요시한 것들은 국가의 지리적 위치와 면적 그리고 지형과 기후를 포함하는 지리(geography) · 석유나 우라늄과 같은 원료와 식량을 포함하는 천연자원(natural resources) · 자연 자원의 개발과 가공 능력을 의미하는 산업 능력(industrial capacity) · 전쟁기술과 군사적 리더십 그리고 군대의 양과 질을 포함하는 군비(military preparedness) · 인구의 크기와 인구의 변동추세 그리고 인구의 분포상태를 의미하는 광의의 개념으로서의 인구(population)이다.

다른 한편 모겐소에게 무형의 요소란 국민성(national character) · 평시나 전시에 국민이 국가의 대외정책을 지지해 주는 결의의 정도를 의미하는 국민의 사기(national morale) · 국력의 여러 요소를 가장 효율적으로 결합하여 국제정치에서 자국에 가장 큰 이익이 되게 하는 기술을 의미하는 외교의 질(quality of diplomacy) · 자원과 정책과의 균형 및 자원 간의 균형을 꾀하고 외교정책에 대한 대내적/대외적 지지를 얻을 수 있는 정부의 질(quality of government)이다. 모겐소는 국력을 평가하는 데 다음과 같은 국력의 특징을 잘 고려해야 한다고 강조한다.

첫째, 국력의 상대성. 즉 자국의 국력이란 타국과의 비교를 통해 평가되어야 하며 이러한 국가 간 국력의 비교평가뿐 아니라 진영 내부의 단결과 분열의 정도와 같은 평가를 통해 진영 대 진영의 능력을 상대적으로 평가해야 한다고 본다.

둘째, 국력의 가변성. 즉 국력이란 고정된 것이 아니고 늘 변하는 것이기 때문에 국력을 평가하는 데 이러한 가변성이 고려되어야 한다는 것을 강조한다.

셋째, 국력의 상호의존성. 국력의 상호의존성이란 국력을 구성하고 있는 여러 요소가 독립적이지 않고 서로 의존적이라는 것을 의미한다. 따라서 국력을 평가할 때 이들에 대한 종합적인 평가를 해야 한다는 것이다. 즉 국력의 요소 중 어느 특정의 요소만을 편중하여 평가하는 것은 위험하다고 보고 이러한 경우에 속하는 예를 들고 있다. 구체적으로 지리적인 요소만을 절대적인 국력의 요소로 강조하는 맥킨더(Halford J. Mackinder)의 심장부 이론(Heartland Theory)과 같은 지정학적인 입장 · 국가의 단일성과 민족의 순수성을 강조하며 이러한 국민성에 의해 국력이 결정된다고 보는 민족주의(nationalism) · 군사력 특히 해군력이 막강해야 세계를 제패할 수 있다고 보는 마한(Alfred T. Mahan)의 주장처럼 일국의 국력이 군사력에 의해 결정된다는 군국주의(militarism) 등을 그 예로 들고 있다.

넷째, 국력의 불가측성. 모겐소는 국력은 질적인 무형의 요소와 양적인 유형의 요소가 뒤섞여 있으므로 측정이 지극히 어렵다고 보고 특히 무형적인 요소에 의한 국력의 평가에 주의해야 한다고 강조한다.

권력이란 개념은 이처럼 너무나 모호하여 유용한 행위의 지표가 되기 힘들어 비교적 계량화가 가능하고 국가 간 비교가 쉬운 군사력을 권력의 주요 요소로 간주하는 경향이 있다. 이러한 경향은 모겐소에게도 예외가 아니다. 즉 모겐소는 권력의 여러 요소를 강조하고 있으나 실제로는 종종 권력을 군사력과 동일시했으며 경제력과 같은 요인을 군사력의 한 요소로 간주하여 군사력이 다른 형태의 권력을 지배하고 가장 강력한 군사력을 보유한 국가가 세계를 지배한다는 권력의 대체성(power fungibility)을 수용하고 있다.

무형의 요인들을 권력의 개념에 포함할 때 권력이라는 개념은 결코 정확하고 과학적인 것이 되기 힘들어서 이러한 문제를 피하고자 비교적 측정이 가능한 군사력이라는 관점에서 권력을 정의하는 것은 문제의 근본적인 해결이 되지 못한다.[338] 유엔에서의 제3세계 국가들의 영향력과 약소국들이 주요 군사 강대국에 용감히 맞서 승리한 예들이 이를 입증하고 있다.

국제정치에 있어서 권력이란 무엇인가? 여기서 권력의 개념을 논하는 데 있어 현실주의 이론의 논의에 국한하지 않고 현실주의 이론의 권력 개념에 대한 다양한 대체적인 개념들도 아울러 소개하고자 하며 이들 중에는 자유주의와 구조주의 패러다임 이론들의 권력에 대한 개념도 포함되어 있다.

2) 권력 개념의 재정의 필요성 대두

미국의 베트남전 패배와 상호의존의 증가는 많은 학자에게 통상적인 군사력으로서의 권력과 정치적 결과 사이에 괴리가 존재한다는 사실에 주목하도록 했다. 즉 「신은 항상 강한 군대 편에 있다(God is always on the side of the larger battalions)」는 현실주의 이론의 논리에 의심을 불러일으키기에 이르렀다.

이러한 권력과 결과 사이의 괴리를 설명하려는 방편의 하나로 군사력과 같은 권력을 강성권력(hard power)으로 문화나 이념 혹은 제도의 매력과 같은 권력을 연성권력(soft power)으로 구분 짓고 국내 사회세력이 국가에 미치는 영향력의 정도에 따라 국가를 연성국가(weak states)와 경성국가(strong states)로 구분했다.[339]

---

338) Stanley Hoffman, "Notes on the Elusiveness of Modern Power," *International Journal*, Vol. 30, No. 2 (1945), pp. 183-206; Seyom Brown, "The Changing Essence of Power," *Foreign Affairs*, Vol. 51, No. 2 (1973), pp. 286-299.

339) 나이(Joseph S. Nye, Jr.)의 경우는 경제력을 군사력과 마찬가지로 경성권력에 포함시키고 있으나 요페(Josef Joffe)는 경제력을 문화력과 더불어 연성권력에 포함시키고 있다: Joseph S. Nye, Jr., *Bound to Lead: The Changing Nature of American Power* (New York: Basic Books, 1990); Josef Joffe, "How America Does It," *Foreign Affairs*, Vol. 76, No. 5 (Sept/Oct 1997), pp. 13-27.

강력한 강성권력을 가지고 있는 국가라도 각종 이익단체와 같은 사회세력이 국가정책에 큰 영향력을 미치는 국가를 일컬어 「연성국가」라고 불렀으며 이와는 대조적으로 군사력이 약해도 강력한 중앙 통제력을 가지고 있는 국가를 「경성국가」라 부르며 국가 사이의 집단적인 결과는 경성국가에 유리하게 결정될 수 있다는 등의 가설들을 제시했다.

이러한 새로운 권력 개념에 관한 논의에 앞서 혹은 논의와 동시에 군사력의 효용이 하락하게 된 이유에 관한 연구가 전개되었다. 예컨대 브라운(Seyon Brown)과 할레(Louis Halle) 같은 학자들은 군사적 수단의 파괴력 · 갈등을 고립시키는 데 있어서의 무능 · 국가 주권의 동등성에 대한 점증적인 수용이라는 세 요인을 군사력의 효과성을 저해하는 요인으로 제시하고 있다.340) 뒤에서 또 다른 예로서 코헤인과 나이가 제시하고 있는 요인들을 소개하고 있는데 이들 모두의 논의를 종합하면 다음과 같다.

i) 1960년대 초 쿠바 미사일 위기에서 보듯이 핵무기와 같은 고도의 파괴력을 갖는 무기는 강대국의 무기력성을 가져와 군사적인 수단으로서의 성격을 많이 상실하게 되었다. ii) 베트남전에서 보듯이 후진국에 있어서 민족주의가 발흥하고 선진국에서 반전 여론이 성숙함으로써 군사력이 효과적인 정책 수단으로 사용되기 위해 큰 비용을 치르지 않을 수 없게 되었다. iii) 국가 간 상호의존의 심화와 더불어 특정 이슈 영역에 있어서 얻고 있는 이익이 군사력의 사용으로 깨뜨려질 수 있다는 두려움이 존재한다. iv) 많은 국가가 근대화된 이후 복지에 대한 국민의 욕구가 증대되면서 경제력의 중요성이 강조되고 있다. v) 환경파괴와 에이즈 등이 국가생존에 대한 위협을 넘어 인류 자체의 생존을 위협하면서 인간안보(human security)에 관한 관심이 증대되고 있으나 이러한 위협에 대해 군사적 수단은 무기력함을 보이고 있다.

3) 현실주의 권력 개념의 비판과 새로운 권력 개념

현실주의와 신현실주의 이론가들은 전형적으로 권력을 일국이 소지한 능력(capabilities)의 총체적인 양으로 정의한다. 여기서 일국이 소지한 능력은 주로 군사력과 경제력을 의미하는 강성권력을 지칭하며 이러한 강성권력이 권력을 투사하는 다른 수단들을 지배하는 것으로 간주한다. 이러한 전통적인 권력의 개념을 비판하며 이를 대체하고자 하는 다양한 대안적인 권력의 개념들이 제시되어 오고 있다. 여기에서는

340) Seyom Brown, "The Changing Essence of Power," *Foreign Affairs*, Vol. 51, No. 2 (January 1973); Louis Halle, "Does War Have a Future," *Foreign Affairs*, Vol. 52, No. 1 (October 1973), pp. 20-34.

이러한 대안적인 권력 개념들을 살펴보고자 한다. 새로운 대안적 권력 개념을 개체론적 권력 개념 · 구조론적 권력 개념 · 탈구조론적 권력 개념으로 구분하여 살펴보고자 한다.

(1) 개체론적 권력 개념

개체론적 권력 개념이란 구조적 권력 개념과 대조되는 권력 개념으로서 구체적으로 개체의 의도(intention)에 의해 행사되는 권력을 의미한다. 이러한 의미에서 앞서 살펴본 현실주의 이론과 신현실주의 이론 역시 개체론적 권력 개념을 옹호하고 있다고 볼 수 있다. 이들의 권력 개념의 특징은 권력을 국가가 지닌 능력(capability)의 총체적인 합으로서 주로 군사력과 경제력을 뜻하는 경성권력이 권력의 다른 수단들을 지배한다고 본다는 것과 권력을 강제적인 것으로서 다른 행위자가 원하는 바를 하지 못하도록 강제하거나 원하지 않는 바를 하도록 강제하는 능력을 의미한다는 것이다.

개체론적 권력 개념의 큰 틀 내에서 전통적인 개체론적 권력 개념에 대한 대안적인 권력 개념들을 살펴보기 전에 룩스(Steven Lukes)의 권력의 3차원(three dimensions of power) 즉 권력의 세 얼굴(three faces of power)에 대한 견해를 살펴보는 것이 유용하다.341)

룩스는 권력을 3개의 차원으로 구분하고 있다. 그에 따르면 1차원적 권력은 「의사결정 권력(decision-making power)」이라고 불리는 권력인데 이러한 권력은 직접적인 권력으로서 권력의 행사를 통해 다른 사람들의 행동 방식을 변화시켜 이들의 복종을 가져오는 능력을 의미한다.

2차원적 권력은 「무의사결정 권력(non-decision-making power)」 혹은 「의제설정 권력(agenda-setting power)」이라고도 불린다. 이는 특정의 행위자가 자신이 원하지 않는 의제가 공식적인 논의의 대상이 되지 않도록 의제를 선정하기 이전의 단계에서부터 관여하여 원천적으로 통제하는 권력을 의미한다.

3차원적 권력은 「이념적 권력(ideological power)」이라고도 불린다. 이러한 권력은 강제력의 행사 없이 사람들이 희망하는 바와 생각에 영향을 미치며 심지어 사람들이 자신의 이익에 반하는 것을 원하도록 만드는 권력을 의미한다. 즉 강자가 원하는 방식으로 약자가 행동하도록 강자가 약자를 바꾸어 놓는 것을 의미하며 마르크스주의자들의 이념적 권력과 유사하게 사람들이 옳다고 생각하는 것을 통제하는 능력

341) Steven Lukes, *Power: A Radical View*, 2nd ed. (Basingstoke: Palgrave Macmillan, 2005).

으로서 의문을 제기하지 않고 왜곡된 결정을 수용하도록 하는 능력을 일컫는다.

룩스 주장의 핵심은 권력이란 1차원적 권력인 공개적 의사결정과 2차원적 권력인 공개적 혹은 비공개적 무의사결정을 통해서만 행사되는 것이 아니고 3차원적인 권력인 행위자의 믿음·가치·의견에 영향을 미치거나 규정하거나 결정하는 것을 통해 행사된다는 것이다.

① 1차원적인 대안적 권력 개념

■ 정신적 요소의 중요성을 강조한 권력의 개념

스토신저(John Stoessinger)는 현저한 모순의 하나로서 강대국과 약소국 사이에 권력의 격차가 지금처럼 큰 적이 없는데 강대국이 약소국에 지금처럼 그들의 뜻을 강요하는 데 무능한 적이 없다고 지적하고 적절한 예로서 미국과 북베트남·프랑스와 알제리·소련과 아프가니스탄 간의 갈등에서의 강대국들의 패배를 언급하고 있다.

그는 이에 대한 부분적인 이유로서 하나의 초강대국이 약소국과 대치하고 있을 때 다른 초강대국이 그 약소국의 편에 서 있었다고 지적하고 있다. 북베트남의 경우 소련과 중국을 그 예로 들 수 있다. 그러나 그는 더 심각한 이유로서 알제리와 인도차이나에서의 프랑스의 경험과 베트남에서의 미국의 경험으로부터 알 수 있듯이 응징(punishment)을 기꺼이 감내하고자 하는 정신적인 요소가 국력을 구성하고 있는 중요한 요소로 작용했다고 지적하고 있다.[342)]

■ 이용 가능한 선택으로서의 권력의 개념

홀스티(Ole R. Holsti)는 권력과 결과 사이의 괴리현상을 분석하면서 새로운 변수의 필요성을 제기함과 동시에 능력으로서의 권력(power as capabilities)과 이용 가능한 선택으로서의 권력(power as usable options)의 구별이 핵 시대에 있어서 특히 중요하다고 강조했다. 즉 아무리 능력으로서의 큰 국력을 지니고 있어도 이것이 실제에 있어서 사용이 자유롭지 못하다면 실제의 권력으로 전환되지 않을 수도 있다는 논리이다.[343)]

■ 비대체성과 상황적 맥락에 따른 권력의 개념

볼드윈(David A. Baldwin)은 현실 세계에서 강대국으로 보이는 국가가 약소국으

---

342) John Stoessinger, *The Might of Nations*, 4th ed. (New York: Random House, 1973), pp. 7-27.
343) Ole R. Holsti, "Models of International Relations: Perspectives on Conflict and Cooperation," in Charles W. Kegley, Jr. and Eugene R. Wittkopf, eds., *The Global Agenda: Issues and Perspectives* (New York: McGraw-Hill, 1992), p. 142.

로 보이는 국가에 패하는 경우를 일컬어 「실현되지 않은 권력의 역설(paradox of unrealized power)」이라 하고 왜 이런 역설이 발생하는가에 대한 두 가지 가능성을 제시했다.344)

하나의 가능성은 우선 권력 자원을 효율적으로 사용할 수 있는 기술과 의지의 부족으로 인해 권력 자원이 실질적인 권력으로 전환하는 과정에서 기능장애를 일으켜 이러한 역설이 발생할 수 있다는 것이다. 또 하나의 가능성은 처해 있는 상황적 맥락에 따라 권력 자원은 달라질 수 있는데 이를 무시하고 특정의 권력 자원이 모든 상황에 권력 자원으로 전용될 수 있다고 생각함으로써 이러한 역설이 발생할 수 있다고 본다.

볼드윈은 실현되지 않은 권력의 역설이란 전환과정에서의 기능장애보다 두 번째 경우 즉 권력 자원의 비대체성(non-fungibility)에 대한 그릇된 판단으로 빚어진다고 보고 군사력 이외의 다른 형태의 권력이 존재하며 「권력이란 대체성이 있기보다는 특정성을 지닌다(Power is specific rather than fungible)」는 논리를 전개한다.

군사력은 궁극적인 권력의 기초이며 효율적인 것으로서 강력한 군사력은 모든 부문에 침투하여 원하는 결과를 가져오게 한다는 현실주의의 권력 대체성에 관한 생각을 현실에 대한 과장으로 보고 이에 대한 대안으로서 볼드윈은 권력의 맥락적 분석(contextual analysis of power)을 강조한다. 즉 볼드윈은 처해 있는 상황적 맥락에 따라 특정의 권력 자원은 자원이 아닌 부담이 될 수도 있으며 상황에 따라 효율적인 권력 자원은 달라질 수 있다고 보고 이러한 권력 자원이 어떤 과정을 통해 실제의 권력으로 전환되는가에 깊은 관심을 표명한다. 이러한 관점에서 그는 권력을 잠재적인 권력(potential power) · 유망한(가능성 있는) 권력(probable power) · 실제적인 권력(actual power)으로 구분하고 있다.

코헤인과 나이(Robert O. Keohane and Joseph S. Nye, Jr.)는 자유주의 패러다임 이론의 하나인 상호의존론을 제시하면서 권력에 관한 볼드윈의 논의를 보다 진전시켰다.345) 이들의 권력 개념을 요약하자면 권력이란 단지 소지하고 있는 능력에서 유래되는 것이 아니라 행위자가 면하고 있는 상황적 맥락에서 유래한다는 것이다.

---

344) David A. Baldwin, "Power Analysis and World Politics: New Trends versus Old Tendencies," *World Politics*, Vol. 31, No. 2 (1979), pp. 161-194; David A. Baldwin, "Interdependence and Power: A Conceptual Analysis," *International Organization*, Vol. 34, No. 4 (1980), pp. 471-506; David A. Baldwin, *Paradoxes of Power* (New York: Basil Blackwell, 1989).

345) Robert O. Keohane and Joseph S. Nye, Jr., *Power and Interdependence: World Politics in Transition* (Boston: Little Brown and Company, 1977).

이들은 현실주의 이론의 권력의 개념을 기초로 한 국제정치 모델을「총체적 권력구조 모델(overall power structure model)」이라고 부르고 이러한 모델이 상호의존을 특징으로 하는 국제정치 체제에서는 그 적용에 있어 한계가 있다면서 새로운 모델로서 이슈 구조 모델(issue structure model)을 제시했다.

총체적 권력구조 모델은 군사력이 강한 국가가 모든 이슈 영역에서 지배력을 갖고 원하는 국제적 결과를 도출해낼 수 있다는 현실주의 이론의 권력 개념에 충실한 모델이지만 코헤인과 나이는 네 가지 이유를 들어 군사력이 문제해결의 수단으로서 효율성이 떨어진다고 보면서 이 모델의 적실성에 한계가 있음을 지적하고 있다.

구체적으로 군사력 사용의 효율성 감소는 ⅰ) 인류 전체를 공멸할 수 있는 핵무기의 확산과 이로 인한 확전의 가능성. ⅱ) 역사와 더불어 강렬한 민족주의를 익혀가는 제3세계 국가들. ⅲ) 국가의 운명을 상호 긴밀하게 연계짓는 상호의존의 증가와 더불어 경제협력과 같은 이슈 영역에서 이익을 거두고 있는 관계를 깨뜨릴지도 모르는 위험. ⅳ) 국가의 정치적 선전과 선동에 속지 않고 무력 행사를 주저하는 선진국들의 계몽된 대중의 반대 여론(장기적이고 비용이 많이 드는 군사적 갈등에 대한 서구 민주주의 국가 내의 여론의 반대) 등으로부터 유래된다고 본다.[346]

이슈 구조 모델의 핵심 내용은 권력의 구조란 이슈 영역(issue area)마다 다를 수 있다는 점이다. 국가 간 협상에 있어 그 결과에 영향을 미치기 위해 국가가 활용할 수 있는 권력 자원은 국가 간의 상호의존이 증가할수록 이슈 영역에 따라 다르게 된다. 구체적으로 시장 점유율·전문적 기술·에너지 자원 등이 중요한 권력의 자원이 되며 군사력의 정도와 무관하게 특정 이슈 영역에 있어 적절한 자원을 소지하고 있는 국가가 그 이슈 영역을 지배한다는 견해이다.

이들은 볼드윈이 맥락에 따라 권력 자원을 정의하듯이 이슈 영역의 성격에 따라 권력 자원을 정의하고 이러한 자원이 어떻게 실제의 권력으로 전환되는가를 분석한다. 구체적으로 이들은 권력 자원이 실제의 효율적인 권력으로 전환되는 데 있어 중요한 역할을 하는 정치적 협상 과정(political bargaining process)에 상당한 주의를 쏟아야 함을 강조하고 있다.[347]

■ 비대칭적 상호의존에서 유래되는 권력의 개념

국제정치 분야에서 비대칭적 상호의존(asymmetric interdependence)을 권력의 중

346) *Ibid.*, pp. 23-37.
347) *Ibid.*, p. 225.

요한 원천으로 보는 견해는 코헤인과 나이에 의해 도입되었다. 이들은 2개의 국가가 상호의존 관계에 있으나 어느 한쪽이 다른 한쪽에 비해 덜 의존적일 때(즉 의존에 있어서 비대칭성이 존재할 때) 이것이 권력의 원천이 된다고 본다. 이는 상호의존의 맥락에서 파악되는 권력의 원천으로서 현실주의 이론이 결하고 있는 권력의 다른 일면을 추가한 것으로 볼 수 있다.

좀 더 구체적으로 이들은 상호의존을 특징으로 하는 국제사회에서 예민성(sensitivity)과 취약성(vulnerability)이라는 새로운 개념으로서 국력을 바라보려 한다. 여기서 예민성이란 외부에서 변화가 발생하여 이에 대응하여야 하는데 새로운 정책이 마련되지 않아 기존의 정책만으로 대응해야 하는데 이때 치러야 하는 비용의 정도를 의미하고 취약성이란 외부적 변화에 대응하기 위해 새로운 정책이 마련되었는데도 불구하고 여전히 치러야 하는 비용의 정도를 지칭한다.[348]

예컨대 미국의 대중 반도체 수출 규제 정책으로 인해 중국이 대응책을 마련하기 전에 치러야 하는 비용이 크다면 미국은 중국에 대해 예민성에 근거한 권력을 가지게 된다. 이와는 달리 중국이 이러한 미국의 정책에 맞서 자국 내의 반도체 회사를 모두 국영화하여 중국 정부가 총체적으로 운영하는 정책적 선택을 했으나 여전히 큰 비용을 치러야 한다면 미국은 중국에 대해 취약성에 근거한 권력을 가지게 된다.

② 2차원적인 대안적 권력 개념: 메타권력

일반적으로 권력이란 행위자 A가 행위자 B에게 X를 하도록 하거나 하지 않도록 하는 능력을 일컫는다. 울퍼스(Arnold Wolfers)는 권력이란 「다른 사람을 움직여서 자신이 원하는 것을 하도록 하고 원하지 않는 것을 하지 않게 하는 능력」으로 정의하고 있다. 이렇게 정의한 권력 개념은 다른 국가에게 결정이나 행동을 바꾸도록 하는 지시적 혹은 명령적 방식에 의해 행사되는 권력이며 명령과 복종을 수반하는 제재형 권력이라고 부를 수 있다.

그러나 이러한 개념은 명령과 복종의 실재를 가지고 권력의 존재 여부를 판단하기 때문에 이러한 명령과 복종을 둘러싼 갈등의 부재를 곧 권력의 부재로 판단하는 우를 범할 수 있다. 즉 강자의 권력이 쟁점화 이전의 의제 설정(agenda-setting) 과정에 이미 작동하여 강자의 이익에 반하는 의제가 사전에 배제되는 경우를 무시할 수 있다는 것이다.

크라즈너(Stephen D. Krasner)는 이처럼 현존하는 국제레짐에 의존하거나 현존하

---

348) 이에 대한 자세한 논의는 자유주의 패러다임의 상호의존론 부분을 참고하면 된다.

는 국제레짐을 재해석하거나 국제레짐을 사전에 변동시켜 자신의 이익에 반하는 쟁점을 의제에서 원초적으로 배제할 수 있는 권력을 「메타권력(meta power)」이라고 정의하고 있다. 숨겨진 권력을 의미하는 메타권력은 국제체제를 구성하는 개개 행위자의 개인적인 특성이 아닌 국제체제에서의 국가의 위치에 의해 유래되는 것으로 본다. 즉 메타권력은 개개 국가 차원의 권력이 아니고 국제체제와 개개 국가의 관계에서 발생하며 국가에 의해 동원되는 권력으로 본다.349)

③ 3차원적인 대안적 권력 개념: 연성권력

나이(Joseph S. Nye, Jr.)는 코헤인과 더불어 제시한 현실주의의 권력 개념에 대한 대안으로서 위에서 언급한 비대체성과 상황적 맥락에 따른 권력의 개념 이외에 독자적으로 연성권력(soft power)이라는 대안적 권력 개념의 중요성을 강조하는 것으로 잘 알려져 있다.

일반적으로 연성권력이란 가치·생각·실천(practices)의 매력에 의해 타 행위자를 포섭함으로써 획득하는 권력을 의미하며 군사력 위주의 경성권력에 비해 비용이 훨씬 적게 든다는 것이 이점의 하나로 평가된다. 여기에서는 나이가 다양한 글을 통해 제시한 연성권력의 개념을 살펴보고자 한다.350)

나이는 1990년에 발간된 책 「선도할 운명: 미국 권력의 변화하는 성격(Bound to Lead: The Changing Nature of American Power)」에서 미국은 여전히 국제사회를 이끌어나가게 되어 있다는 주장과 더불어 권력 개념의 변화와 미국 권력의 변화하고 있는 성격을 종합적으로 분석하고 있다.351)

나이는 무엇보다 먼저 권력을 구성하고 있는 요소들의 중요성이 점차 유형의 자원에서 무형의 자원으로 변화해 가고 있다는 추세를 지적하고 있다. 예컨대 과거에는 지리·인구·천연자원과 같은 요인이 중요했으나 현재는 기술·교육·경제성장과 같은 요인이 중요성을 더해가고 있다고 본다. 나이는 또한 앞서 코헨과 더불어 주장한 것처럼 국가 간의 집단적 결과는 협상에 달려있으며 이러한 협상은 특정한 상황에서 상대적 비용(relative cost)과 잠재적 자원을 실질적인 권력으로 전환시킬 수

---

349) Stephen D. Krasner, *Structural Conflict: The Third World Against Global Liberalism* (Berkeley and Los Angeles: University of California Press, 1985).

350) 연성권력의 개념은 국가들이 특정 국가가 옹호하거나 지닌 가치·생각·제도·도덕성 등의 매력에 의해 특정의 문제 영역에서 그들의 입장을 바꾸었는지를 실증적으로 입증하는 데 한계를 지니고 있다는 등의 비판을 받고 있다는 점도 염두에 두어야 한다.

351) Joseph S. Nye, Jr., *Bound to Lead: The Changing Nature of American Power* (New York: Basic Books, 1990).

있는 기술로서의 협상력에 달려있다고 본다.[352]

나이가 무형의 자원의 중요성을 강조한다고 해서 군사력과 경제력의 중요성을 부인하는 것은 결코 아니며 여전히 그 중요성을 강조한다. 비록 앞서 코헤인과 더불어 주장한 바와 같은 이유로 강대국들이 군사력을 사용하려면 과거와 비교해 좀 더 큰 비용을 치러야 한다는 것을 인정하지만 지불해야 하는 비용이 증가한다고 해서 군사력 사용이 배제될 것이라고는 보지 않는다.

중앙정부가 부재하고 자력구제의 원칙이 지배하는 무정부적 상태에서 군사력 사용의 배제는 절대로 불가한 것으로 본다. 때에 따라 권력의 사용이 가져다줄 이득이 크기 때문에 대가를 많이 치러야만 하는 권력의 사용도 정당화될 수 있고 실제에 있어 권력의 사용 모두가 반드시 높은 비용을 치러야만 하는 것은 아니라는 주장이다. 나이는 군사력이 아직도 중요한 정치적인 역할을 한다고 주장한다. 예컨대 미국의 군사력이 동맹국에 대한 위협을 억제하고 페르시아만의 원유와 같은 자원에 대한 접근을 보장하는 등의 역할을 하며 이와 같은 보호를 목적으로 하는 권력의 제공은 보호를 받는 국가들과의 협상 상황에서 유용하게 사용될 수 있다고 본다.

나이는 권력을 행사하는 데는 두 가지 방법이 있다고 본다. 하나는 다른 국가에게 결정이나 행동 따위를 바꾸도록 하는 지시적 혹은 명령적 권력 행사 방법이다. 다른 하나는 간접적으로 권력을 행사하는 방법으로서 다른 국가가 특정 국가를 추종한다든가 혹은 그러한 결과를 가져오는 체제에 동의함으로써 특정 국가가 자신이 바라는 결과를 달성하는 방법이다. 후자의 방법은 간단히 말해 타국에게 특정 국가가 자신이 원하는 것을 원하도록 하는 것으로서 이를 「간접적 권력」 혹은 「포섭적 권력(co-optive power)」이라고 부른다.[353]

포섭적 권력은 자신이 원하는 바를 하도록 하는 적극적인 명령적 혹은 지시적인 권력과는 다른 부류의 권력으로서 자신의 지닌 아이디어의 매력으로부터 유래되거나 혹은 타국이 선호하는 바를 구체화해 규정지어 주는 정치적 의제를 설정할 수 있는 능력으로부터도 연유한다. 또한 일국의 문화가 세계적인 보편성을 띠고 또 일국이 국가 간의 행동을 지배하는 일련의 유리한 규칙과 제도를 수립할 능력을 지닐 때 이

---

352) 여기서 상대적 비용이란 일국의 측정할 수 있는 자원의 총량뿐 아니라 국가 간 관계에서의 상호의존의 정도에 의해 결정된다고 본다.

353) 콕스(Robert W. Cox) 역시 포섭적 권력이 중요하다고 주장한다. 즉 19세기에 영국이 「팍스 브리타니카(Pax Britannica)」가 그리고 20세기에 미국의 「팍스 아메리카나(Pax Americana)」가 효과적일 수 있었던 이유는 자유주의 규칙과 제도가 광범위하게 수용되는 자유주의 국제경제 질서를 창출했기 때문이라고 본다: Robert W. Cox, *Production, Power, and World Order* (New York: Columbia University Press, 1987), chaps 6 and 7.

러한 것들이 매우 중요한 권력의 원천으로 작동한다는 것이다. 이러한 포섭적 권력은 문화·이념·제도와 같은 앞서 언급한 무형의 권력 자원과 깊이 관련되어 있다.

나이는 이러한 권력을 군사력이나 경제력과 같은 강성권력(hard power)과 구별하여 「연성권력(soft power)」이라고 부르면서 오늘날의 국제정치에 있어서 그 중요성이 더해간다고 강조한다. 연성권력은 의제 설정 과정을 통제함으로써 정책 결정의 맥락을 규정한다는 크라즈너의 메타권력이란 개념과 유사하지만 보다 본원적이고 합의적인 성격을 특징으로 한다. 즉 연성권력은 메타권력보다 한 걸음 더 나아가 상대방의 이익과 선호를 자국의 이익과 선호에 일치하는 방향으로 나아가도록 영향력을 행사하여 본원적으로 결과를 통제하는 권력이다.

메타권력이 불평등한 권력관계와 이로 인한 불평등한 국제레짐으로 인해 약소국이 자신의 이익과 부합되는 사안임에도 불구하고 의제로 상정조차 할 수 없는 상황에 이르도록 하는 데 반해 연성권력은 더 근원적으로 약소국에 강자의 선호를 자신의 선호로 받아들여 강자의 이익을 무비판적으로 추종하도록 하는 권력이다. 이처럼 연성권력은 메타권력과 비교해 볼 때 비강제적인 합의적인 권력이라는 측면을 가진다.

나이는 결론적으로 권력의 원천은 계속해서 변하고 있는데 이러한 변화 속에서도 미국의 권력은 쇠퇴하지 않고 여전하다고 주장한다. 좀 더 구체적으로 나이는 무엇이 가장 중요한 권력의 원천이냐는 질문에 나이는 지난 역사를 일별하여 볼 때 상이한 시기에 상이한 권력의 원천이 중요한 역할을 했다고 본다. 즉 권력의 원천이란 결코 정체적인 것이 아니고 지속해서 변하는 것으로 본다. 정보에 기초한 경제와 초국가적 상호의존의 시대에 있어 권력이란 양도성·유형성·강압성의 정도가 덜하다고 보며 21세기에는 정보와 제도라는 권력 자원이 더 큰 역할을 할 것으로 전망한다. 그러나 군사력·시장과 천연자원 면에서의 경제 규모·정치적 통합 역시 보편적인 대중문화처럼 여전히 중요한 권력의 요소가 될 것이고 정보가 점점 많아지면서 신속하고 융통성 있는 대응을 할 수 있는 조직의 능력이 대단히 중요한 권력의 원천이 될 것으로 전망한다.

나이는 이러한 논의를 통해 1980년대 말에 미국 학계에서 제기되던 미국 국력의 쇠퇴론(예컨대 앞서 언급한 바 있는 폴 케네디가 「강대국의 흥망」(The Rise and Fall of the Great Power)이라는 책에서 제시한 미국 국력의 쇠퇴론)에 강한 반론을 제기하면서 미국의 권력은 쇠퇴하지 않았으며 21세기에도 세계를 이끌어 나갈 것이라고 장담했다. 즉 미국은 강성권력과 연성권력 두 가지 모두에 있어 지구상 어떤 나라와도 비교할 수 없이 막강하며 앞으로도 막강할 것으로 보았다.

나이는 9 · 11 테러행위 사건 이후 2002년에 발간된 책 「미국 권력의 모순: 왜 세계 유일의 초강대국은 자력으로 해나갈 수 없는가(The Paradox of American Power: Why the World's Only Superpower Can't Go It Alone)」와 2004년에 발간된 책 「글로벌 정보 시대의 권력: 현실주의로부터 세계화로(Power in the Global Information Age: From Realism to Globalization)」에서도 연성권력의 중요성을 더욱 강조했다.354)

구체적으로 나이는 전자의 책에서 미국의 권력이 어느 국가의 도전을 허용하지 않을 만큼 강대하지만 그렇다고 전 세계의 테러행위나 핵 확산과 같은 글로벌 이슈를 해결할 수 있을 정도로 강하지 않기 때문에 일방주의(unilateralism)가 아닌 다자주의(multilateralism)가 요청됨을 강조한다.

나이는 후자의 책에서는 글로벌 정보 시대에 국력이라는 것이 3차원의 체스 게임(three-dimensional chess game)처럼 복잡해졌다고 보고 이러한 국력을 체스판의 상부 · 중부 · 하부로 나누어 상부를 군사력 영역 · 중부를 경제력 영역 · 하부를 초국가적 영역으로 구분하고 이들 3차원이 상호 긴밀하게 연관되어 있다고 본다.

나이는 현재 미국은 상부의 군사력 영역에서 단극의 위치에 놓여있고 중부의 경제력 영역에서는 유럽 · 일본 · 중국과 더불어 다극의 위치에 있다고 본다. 하부는 국경을 넘나들며 정부의 통제 밖에 있는 초국가적 영역으로서 권력의 분산이 일어나고 있으며 이곳으로부터 미국의 권력에 대한 도전이 일어나고 있다고 본다.

구체적으로 하부의 초국가적 영역에서는 정보혁명과 세계화의 진행 속에 자본 · 기술 · 정보의 세계적 확산으로 인해 정부의 힘이 약해졌지만 이와는 대조적으로 국가 이외의 행위자인 다국적기업(MNC) · 비정부기구(NGO) · 개인의 힘이 강해졌으며 이들은 독자적으로 연성권력을 보유하고 국제정치에 영향을 미친다고 본다.

예를 들어 과거 대량살상 행위는 국가의 전유물이었으나 정보 민주화에 따른 기술의 전파 등으로 단체나 개인이 대량살상을 할 수 있는 능력을 지닐 수 있게 되었으며 9 · 11 테러행위 사건이 이러한 것을 실제로 보여주고 있다는 것이다. 세계화와 정보화는 테러행위 이외에도 마약 밀매와 핵 확산 같은 어느 한 나라의 힘만으로는 해결될 수 없는 많은 글로벌 이슈들을 야기하고 있어 상부와 중부의 체스판에만 신경을 쓰고 하부를 소홀히 하면 결국 게임에서 패배할 것으로 본다.

---

354) Joseph S. Nye, Jr., *The Paradox of American Power: Why the World's Only Superpower Can't Go It Alone* (London: Oxford University Press, 2002); Joseph S. Nye, Jr., *Power in the Global Information Age: From Realism to Globalization* (London: Routledge, 2004).

나이는 미국이 로마제국 이래로 군사력 · 경제력 · 문화력 면에서 누구도 대적할 수 없는 가장 힘이 센 국가이지만 정보화와 세계화로 변화되고 있는 세계 속에서 테러행위 · 에이즈 · 지구온난화와 같은 환경문제와 더불어 대량파괴무기의 확산과 같은 글로벌 이슈를 해결하기에는 힘이 충분하지 않다는 점을 강조한다.

이러한 사실을 도외시하고 미국이 강성권력을 바탕으로 일방주의에 의존하면 역설적으로 미국의 안전은 확보되기 어렵고 오히려 미국을 약화시킨다고 보고 강성권력과 더불어 연성권력을 중요시할 것과 일방주의에서 벗어나 우방국과의 협의를 거치거나 국제기구를 통해 국가 간 협력을 중요시하는 다자주의를 강화할 것을 강조하고 있다.

결론적으로 말하자면 미국은 세계화와 정보화로 인해 국력의 증강을 가져와 21세기 수십 년 동안 세계의 패권을 쥘 것이나 시간이 지나면서 과학과 기술이 확산되고 이를 통해 다른 국가나 테러행위 조직과 같은 비국가적 행위자들 역시 미국에 대적할만한 권력을 가지게 될 것으로 본다. 따라서 일정한 시간이 지난 후에도 미국은 여전히 세계의 지도국으로 머물겠으나 압도적인 권력을 갖는 것이 어려울 것으로 본다. 미국이 강성권력을 가지고 패권을 유지하고자 하면 타국의 반발심이 강해지고 이들 사이의 결속이 생길 수 있고 패권의 유지비용이 너무 커지게 된다. 따라서 미국이 장기적으로 패권을 유지하고 취약성을 감소시키는 길은 연성권력을 강화하는 길이라고 강조하고 있다.

나이는 2004년에 발표한 논문인 「미국 연성권력의 쇠퇴: 왜 워싱턴은 우려해야만 하는가(The Decline of America's Soft Power: Why Washington Should Worry)」에서 미국의 일방주의 태도가 반미주의를 확산시키고 그 결과 미국의 연성권력이 약화되고 있다고 진단한다. 결론적으로 테러행위와의 싸움에서의 성공은 강제력을 행사하지 않고 남을 설득할 수 있는 능력에 달려있음을 다시금 강조하고 있다. 나이는 미국이 2차 세계대전 후에 연성권력을 이용하여 다른 국가들을 60년 동안 지속된 동맹체제와 제도 속으로 끌어들일 수 있었으며 강성권력과 더불어 연성권력을 사용한 봉쇄전략을 통해 냉전에서 승리할 수 있었다고 회고하고 있다.[355]

나이는 2004년에 발간된 책 「연성권력: 세계정치에서의 성공 수단(Soft Power: The Means to Success in World Politics)」에서 군사력이나 경제력을 바탕으로 강제할 수 있는 능력으로서의 강성권력과 일국의 문화 · 정치적 이상 · 정책 등의 매력

355) Joseph S. Nye, Jr., "The Decline of America's Soft Power: Why Washington Should Worry," *Foreign Affairs*, Vol. 83, No. 3 (May/June 2004), pp. 16-20.

(attractiveness)을 바탕으로 상대방을 끌어들이고 설득할 수 있는 능력으로서의 연성권력 모두가 중요함을 강조하고 있다. 나아가 가장 효과적인 대외정책이란 이러한 두 권력 간의 적절한 균형을 의미하는 스마트파워(smart power)임을 주장하면서 미국의 대외정책의 방향 전환을 주문했다.[356]

나이는 책의 제목이 시사하고 있듯이 강제보다는 매력을 통해 원하는 것을 얻는 능력(ability to get what you want through attraction rather than through coercion)을 의미하는 연성권력이 동반자와 지지자를 미국으로 끌어들이는 데에 아주 중요한 역할을 한다는 점을 강조한다. 이러한 연성권력은 동맹국과의 관계 · 경제원조 · 문화교류 등을 통해 발전될 수 있으며 해외에서의 호의적인 여론과 신뢰(credibility)를 불러온다고 본다.

이러한 연성권력은 9 · 11 테러행위 사건 이후 점차 중요해져 오고 있는데 이는 미국 혼자만이 이러한 테러행위와 싸울 수 없기 때문이다. 구체적으로 국가 간에 다자적 협력을 필요로 하는 중요한 글로벌 이슈들을 다루는 것을 돕는 것이 연성권력이며 테러행위자가 온건한 사람을 지지자로 충원하는 것을 막도록 돕는 것이 연성권력이라고 언급하고 있다.

나이는 연성권력의 한계 역시 지적하고 있다. 구체적으로 연성권력은 쉽게 관찰할 수 있는 특정의 구체적인 결과를 만들어내기보다는 세계를 향한 일반적인 영향(general influence)을 창출하는 확산 효과(파급 효과)를 지니는 경향이 있다. 실제에 있어 특정 사회는 종종 미국의 가치와 문화를 수용하나 미국의 대외정책에 저항한다는 것이다.

그런데도 나이는 총체적으로 미국의 안보라는 것은 전쟁에서 이기는 것만큼 상대방의 가슴과 마음을 얻는 것에 달려있다고 본다. 즉 미국의 성공이란 미국의 대외정책에서 강성권력과 연성권력을 좀 더 균형 있게 발전시키는 것에 달려있다고 결론짓고 있다. 냉전 시대에 미국은 강성권력을 가지고 소련의 공격을 억지했고 연성권력을 통해 서구 국가들과의 단결을 굳건히 하여 냉전에서 승리했다는 것을 강조하면서 연성권력과 강성권력의 결합으로 되돌아가야 한다는 점을 강조한다.

2007년 11월 미국의 외교정책 싱크탱크인 국제전략연구소(CSIS) 산하의 스마트파워위원회(Commission on Smart Power)가 공동위원장의 한 사람으로 참여한 나이에 의해 주도적으로 작성된 보고서를 발표했다. 이 보고서는 과도하게 채찍 아니면 당

---

356) Joseph S. Nye, Jr., *Soft Power: The Means to Success in World Politics* (New York: Public Affairs, 2004).

근을 쓰는 강경일변도의 일방주의 정책이 엄청난 자금과 인력을 사용하고도 미국에 대한 부정적인 시각을 확산시키고 국제사회에서 영향력을 최악으로 떨어뜨렸다고 진단하고 있다.

이러한 진단하에 미국이 군사력과 경제력을 내세운 강성권력과 문화나 아이디어를 통해 자발적 매력을 느끼게 하는 연성권력을 접목한 스마트파워를 발휘하여야 한다는 것을 제안하고 있다. 이를 위해 5개 분야에서의 과제를 제시하고 있다. 구체적으로 동맹과의 유대 강화 · 저개발국 지원 확대 · 인적교류의 증가 · 자유무역 확대를 통한 경제통합의 추구 · 기후변화와 에너지 문제 해결을 위한 기술 혁신을 과제로 제시하고 있다.

뉴욕대 경영대학원 석좌교수인 퍼거슨(Niall Ferguson)은 진정한 권력은 군사력과 경제력 등 물리적 요소 외에 신뢰성(credibility)과 정당성(legitimacy)이라는 도덕적 요소를 갖추는 것이 더 중요해지고 있음을 강조한다. 그의 주장을 좀 더 구체적으로 소개하면 다음과 같다.[357)]

미국의 국방예산은 세계 1위로서 2~15위 국가의 국방예산을 합친 규모이며 그 권력은 1999년 코소보와 2001년 아프가니스탄 전쟁 때 여실히 입증됐으나 군사기술이란 확산되기 쉬우므로 국가 간 군사력의 격차는 좁혀지기 마련이다. 미국의 군사력이 경제력에 의해 뒷받침되어 온 것처럼 권력이란 군사력 자체가 아니라 경제력에 달려있다.

그러나 경제력이 바로 권력으로 전환되는 것은 아니다. 미국이 국내총생산(GDP) 규모로는 1870년대에 영국을 따라잡았으나 제국의 자리를 차지한 것이 1차 세계대전 때였던 것처럼 경제력은 제도나 외교력이 뒷받침되지 않으면 잠재력에 그칠 뿐이다.

권력의 중요한 요소로서 문화력(문화의 힘)이 많이 언급되나 권력으로 반드시 이어지는 것은 아니다. 즉 세계 대중이 미국 문화와 상품을 소비한다고 해서 미국을 추종하는 것은 아니다. 이슬람 청소년들은 코카콜라와 빅맥 그리고 브리트니 스피어스(Britney Spears)의 음악을 즐기지만 동시에 반미를 외친다. 반세계화주의자들도 미제 청바지와 운동화를 신은 채 맥도날드 매장에 돌을 던진다. 19세기 대영제국 시대 때도 민족주의운동은 오히려 영국문화의 최대 수혜층으로부터 시작됐다.

퍼거슨은 이러한 논의를 종합하여 우선 오늘날 세계는 경제성장과 더불어 기술과 정보의 확산으로 인해 권력의 물질적 요소에 대한 독점이나 압도적 우위의 확보

357) Niall Ferguson, "Power," *Foreign Policy*, No. 134 (January/February 2003), pp. 18–22, 24.

가 어렵게 되었다고 진단한다. 그 결과 권력은 다음 두 가지에 의해 증가하거나 감소하는데 그 가운데 하나는 내부 구성원이 봤을 때 스스로 갖는 정당성이고 다른 하나는 외부인에게 비친 신뢰성이다. 즉 진정한 권력은 신뢰성과 정당성이라는 도덕적 요소의 유무에 달려있고 이러한 것은 9·11 이후 미국이 주도하는 대테러행위 전쟁에서도 시험대에 오를 것으로 전망했다.

(2) 구조론적 권력 개념

위에서 살펴본 개체론적 권력의 개념은 결과에 영향을 미치고자 하는 국가의 의도성을 포함하고 있다. 이와는 대조적으로 개개 국가들이 국제체제에서 차지하는 불평등한 구조적인 위치와 역할 때문에 개체의 의도와 관계없이 작동하여 결과에 미치는 영향을 구조적 권력(structural power)으로 보는 견해가 존재한다.

국제관계의 분석에 구조적 권력이라는 개념을 도입한 학자는 스트레인지(Susan Strange)이다.358) 그녀는 행위자가 의도적으로 행사하는 권력만을 권력으로 보지 않고 의도성이 없으면서 부지불식간에 국가 행동을 제약하는 권력 개념에 눈을 돌렸다. 강대국은 국제체제에서 차지하는 구조적인 위치와 중요한 역할 때문에 권력을 행사하겠다는 의도성이 없이 행동해도 약소국은 이에 적응해야만 하는 경우가 흔히 국제사회에서 발생하는데 스트레인지는 이를 구조적 권력의 행사로 본다.

이러한 구조적 권력의 개념은 월러스타인(Immanuel M. Wallerstein)의 세계체제론(World System Theory)에서도 볼 수 있다. 그는 국가라는 구성요소의 차원으로 환원할 수 없는 체제의 구조로서 자본주의세계체제(capitalist world system)라는 개념을 상정했다. 그에 따르면 자본주의세계체제는 16세기부터 국가 간에 일정한 노동의 분화와 중심부에 의한 주변부의 착취를 지속해서 재생산해 왔다.

구조주의 이론 부분에서 더 상세히 살펴보겠지만 국가들은 이러한 세계자본주의 체제 내에서 차지하는 구조적인 위치가 무엇인가에 따라 국가의 의도를 떠나 타국을 착취하거나 타국에 의해 착취를 당하는 관계에 서게 된다는 것이다.

(3) 탈구조론적 권력의 개념

탈구조론적 권력의 개념을 전개한 대표적인 학자로는 웬트(Alexander E. Wendt)

---

358) Susan Strange, "The Persistent Myth of Lost Hegemony," *International Organization*, Vol. 41, No. 4 (1987), pp. 551-574: Susan Strange, *States and Markets-An Introduction to International Political Economy* (London: Pinter, 1988); Susan Strange, "The Persistent Myth of Lost Hegemony-Reply to Milner and Snyder," *International Organization* Vol. 42, No. 2 (1988), pp. 751-752.

와 애쉬리(Richard K. Ashley)가 있다. 이들의 탈구조론적 권력 개념은 신현실주의 이론의 구조론에 대한 비판으로부터 시작되었다고 볼 수 있다.

앞서 신현실주의 이론에 대한 비판 부분에서 설명했듯이 애쉬리는 신현실주의 이론이 시공을 초월하여 보편타당성을 갖는 국제정치의 원리라고 간주하는 것들은 실은 역사의 특수성을 지닌 것에 불과하다고 본다. 그에 따르면 이러한 역사적 현실에서 태어난 원리가 국제체제의 행위자들에 의해 논란의 대상이 되지 않고 당연한 국제체제의 구성적 규칙(constitutive rules)으로 수용되어 국가 행동에 영향을 미친다는 것이다.

이러한 역사적 산물로서의 구성적 규칙은 구체적으로 사회질서 혹은 제도를 정의하는 종류의 것으로서 공동의 의미구조뿐만 아니라 누가 행위자이고 나아가 그들의 능력(capabilities)까지도 정의한다. 이런 의미에서 구성적 규칙은 신현실주의자들이 말하는 구조 이전의 더 심층적인 구조를 제공한다고 본다. 즉 이러한 구성적 규칙은 때로는 구조를 변형시키고 구성적 규칙과 저촉되는 문제의 제기를 억제하는 등의 방법을 통해 일단 형성된 구조를 재생산하는 권력까지도 소지하고 있다고 본다.

구체적으로 신현실주의 이론이 말하는 국제정치의 구성적 규칙은 근대라는 역사적인 시점에서 형성된 한시적인 구성적 규칙이나 이것이 하나의 교리가 되어 탈근대화 시대에 이르기까지 그 영향력을 발휘하여 대안적인 구성적 규칙의 대두를 저지하고 있다고 본다. 예컨대 국제체제에서의 비국가적 행위자의 부상을 과소평가하고 적자생존의 무정부 상태를 당연한 것으로 재생산해 나간다는 것이다.

신현실주의 이론에 있어 권력은 궁극적으로 자원(resources)으로 이해되는 국가능력의 함수이나 애쉬리에 있어 행위자의 권력과 지위는 이처럼 어떤 주어진 실체의 소유나 본질적으로 내재한 질적인 것에 달려있는 것이 아니고 전체로서의 공동체 내에서의 인식에 의존한다고 본다.[359]

4) 현실주의 이론의 반론

1970년대 전반부를 시작으로 군사력의 한계를 전제로 새로운 권력 개념에 대한 논의가 활발하게 전개되고 동시에 국제관계의 연구에서 국가 간 갈등보다는 협력에 대한 논의가 주를 이루게 되었다. 그러나 이러한 논의에 기초한 분석이나 예측과는 달리 1970년대 후반기와 1980년대 거의 전반에 걸쳐 군사력은 여전히 국가경영에

359) Richard Ashley, "The Poverty of Neorealism," in Robert O. Keohane, ed., *Neorealism and Its Critics* (New York: Columbia University Press, 1986), p. 291.

있어서 무시할 수 없는 중요한 수단의 역할을 했다.

가넷(John Garnett)[360]은 전통적으로 군사력과 힘(force)의 사용이 국가 권력의 궁극적인 표현임을 지적하고 1960년대 말부터 1970년대 전반에 걸쳐 발생한 일련의 중대한 사건인 미국의 베트남전 패배 · 동서 간의 데탕트 · 중국과의 관계 개선과 더불어 1945년 이래의 핵무기의 영향으로 대외정책의 효과적인 수단으로서의 군사력의 효용이 감소하고 있다는 주장에 반론을 폈다.

그는 1980년대에 있어서 소련의 아프가니스탄 침공 · 영국의 포클랜드 제도(Falkland Islands) 회복 · 미국의 중남미에 대한 군사적 개입 등에서 보듯이 1960년대 말과 1970년대 초에 전개되었던 상호의존적인 상황이란 무정부적인 국제체제의 항구적인 특징이 아닌 일시적인 예외적 현상에 불과하다고 보고 군사력은 각국이 국가이익을 추구하는 데 있어서 유용하고 없어서는 안 될 중요한 정책 수단이라는 것을 강조했다.

그는 전 세계를 파괴할 수 있는 미국이 베트남전에서 일개 약소국의 게릴라전에서 패배한 것을 두고 군사력의 효용성에 대한 일반적인 명제를 끌어낸다는 것은 지나치다고 본다. 이는 군사적인 수단 자체의 본질적인 결점에서 기인하는 것이 아니라 군사력의 비능률적인 사용방식에 그 원인을 두고 있다고 본다. 또한 그는 군사력이 그대로 정치적인 영향력으로 전이된다는 생각 즉 정치적 영향력이 군사력에 비례한다는 가정은 그릇된 것이며 더욱이 군사력과 정치적 영향력 사이의 어떠한 연관도 부인하는 것은 더 큰 오류임을 지적하고 있다.[361]

2. 국가이익

국가이익(national interest)이라는 개념 역시 현실주의자들의 핵심 개념이지만 권력이라는 개념처럼 이에 대한 명백한 정의가 부재하여 과학으로서의 현실주의 이론에 한계를 보여주고 있다는 비판을 받고 있다. 모겐소는 정치가란 권력으로 정의되는 국가이익의 관점에서 생각하고 행동한다고 말하고 있는데 이는 그가 국가이익을

360) John Garnett, "The Role of Military Power," in John Baylis, Ken Booth, John Garnett, Phil Williams, eds., *Contemporary Strategy: Theories and Concepts*, 2nd ed. (London: Croom Helm, 1987), pp. 71-90.

361) 가넷과 같은 학자 이외에도 많은 현실주의 학자들이 군사적 수단이 국가의 국제행위에 있어서 지속해서 중요한 역할을 할 것으로 본다. 예컨대 Robert Art, "A Defensible Defense: America's Grand Strategy After the Cold War," *International Security*, Vol. 15, No. 4 (Spring 1991), pp. 5-53을 참조하시오.

권력으로 정의하고 있다는 것을 보여준다.

많은 비판가는 모겐소의 이러한 국가이익이란 개념은 대외정책을 수립할 때 고려해야 할 표준으로서 또한 이러한 대외정책을 판단할 때 정당성 여부를 가릴 수 있는 기준으로서의 의미는 있으나 대외정책을 기술하고 설명하며 예측하는 분석 도구로서의 의미는 없거나 미미한 것으로 본다. 즉 분석 도구로서 국가이익이 의미가 있으려면 국가이익 개념이 모호하지 않고 시공을 초월하여 국가이익을 확인할 수 있는 객관성을 지녀야만 하는데 그렇지 못한 것이 현실이라는 것이다.

국가이익이란 개념과 관련하여 가장 핵심적인 문제는 국가이익이 누구의 이익이며 이를 어떻게 알아내느냐의 문제이다. 국가는 권력으로 정의된 국가이익이라는 단일의 지배적인 목적만을 추구한다고 바라보는 현실주의 이론을 통상 권력 일원론(power monism)이라고 하는데 비판자들은 이를 지나친 일반화라고 본다. 왜냐하면 국가 행동의 동기는 국가에 따라 광범위하게 달라 일반화가 어렵고 국가 행동이란 자기중심적인 이익의 동기에 의해 전적으로 움직이는 것만은 아니기 때문이다.

우선 국가이익을 시간에 따른 변화 여부에 의해 구분하면 항구적인 이익과 유동적인 국익이 존재한다. 또한 국가이익의 중요성의 정도에 따라 구분을 하면 본질적인 국익에서부터 단순한 이익에 이르기까지 다양한 국가이익이 존재한다. 이러한 다양한 국가이익 가운데 현실주의 이론이 말하는 국가이익이란 과연 무엇을 지칭하느냐가 불분명하다.

국가와 국가 지도자에게 권력으로 정의된 국가이익 이외에 많은 다른 중요한 목표가 있을 수 있다. 예컨대 국가의 권력을 증가시킬지 모르는 국방예산의 증가는 군비경쟁을 유발하여 그 결과 국가안보를 오히려 저해할지도 모르기 때문에 국가 지도자는 항상 국력의 증대를 꾀하는 것은 아니다. 때론 총과 버터로 상징되는 무기와 복지라는 양자의 선택에 있어서 국력을 감소시킬지 모르나 계속 권력의 자리에 머무는 방편으로 복지를 택하여 국력으로 정의된 국가이익이 아닌 그들 자신의 권력으로 정의된 개인의 이익을 추구할 수도 있다.

또한 권력으로 정의된 국가이익 가운데 범위 면에서 진정으로 국가적인 것은 거의 없다고 본다. 궁극적으로 모든 대외정책 결정은 일부 사람에겐 해가 되고 일부 사람에겐 도움이 된다. 자유주의 이론가들이 흔히 지적하는 것이지만 국가 하부조직들이 중앙정부와 어느 정도 독립하여 나름의 이익을 추구함으로써 국가이익과 국가 하부조직의 이익 간에 충돌이 발생하는 경향도 존재한다.

국가의 정책결정자는 정책을 선택할 때 실제로 권력으로 정의된 국가이익이 아닌 민주주의 · 자유 · 민족자결 등과 같은 이상적인 목표를 방어하거나 증진하는 정책을 추구하기도 한다. 이 경우 국가를 도덕적인 십자군의 위치로 변질시키고 결국은 국가로서 싸울 필요가 없고 싸워서는 안 되는 갈등과 전쟁을 초래하기도 한다.

국가이익이란 정책결정자의 성격에 의해서도 적지 않은 영향을 받는다. 국가의 자율성이 사회세력 간의 강력한 연합에 의해 제약됨으로써 국가이익의 합리적 추구가 방해를 받으며 이익집단이 국가이익의 일관된 개념의 형성을 제약하기도 한다.

처방적 성격의 이론으로서의 전통적 현실주의 이론이 국가이익이란 개념과 관련하여 가지는 중대한 문제는 이러한 이론으로부터 서로 모순되는 정책이 도출될 수 있다는 것이다. 예컨대 똑같이 국가이익을 고려했다고 볼 수 있는 모겐소(Hans J. Morgenthau)와 키신저(Henry A. Kissinger)는 베트남에의 미국개입을 둘러싸고 상이한 정책을 제시했다. 구체적으로 모겐소는 개입을 반대했고 키신저는 이를 찬성한 바 있다.362)

3. 국제체제의 특징

1) 무정부 상태와 안보딜레마

(1) 무정부 상태의 의미

현실주의자들은 국제체제의 특징을 무정부성(anarchy)으로 가정한다. 그렇다면 현실주의자들에게 있어 이러한 무정부성이란 구체적으로 무엇을 의미하는가? 이는 간단히 말해 국내 정부와 같은 가치의 권위적 배분을 담당할 중앙정부가 부재하고 권력의 위계질서만이 존재하는 상태를 지칭한다. 무정부성이라는 개념과 관련하여 주의할 것은 이 개념이 곧바로 질서의 부재를 의미하는 것은 아니라는 것이다.

현실주의자들은 국가가 사활적 이익을 지키기 위해 권력에 의존하지 않을 수 없는 필연적인 이유를 바로 국제체제의 무정부성으로부터 찾는다. 앞서 언급했듯이 모겐소와 같은 전통적 현실주의자에게 있어 무정부 상태란 일반적인 조건인데 왈츠와 같은 신현실주의자에게 있어 무정부 상태는 독특하게 구별되는 국제체제의 구조이다.

이러한 무정부성이라는 국제체제의 구조적인 특징으로 인해 국가들은 서로 간에 신뢰를 갖지 못하고 최우선적인 국가목표인 생존을 자기 스스로 돌보아야만 한다. 즉 주권 국가들은 강제적인 법의 집행기구가 부재한 무정부 상태 속에서 침해된 이

362) Geoffrey Stern, *The Structure of International Society: An Introduction to the Study of International Relations* (London and New York: St. Martin Press, 1995), p. 23.

익에 대한 구제가 원칙적으로 개개 국가에 맡겨지는 자력구제의 원칙이 지배하는 세계에 살도록 강요된다. 따라서 국가들은 국제체제의 구조적 특징으로 인해 생존을 위해 부단히 권력(구체적으로 말해 상대적으로 우월한 권력)을 추구하지 않을 수 없게 된다고 본다.

그 결과 국가들 사이에 안보 경쟁 · 무기 경쟁 · 전쟁이라는 것이 뒤따른다. 국가의 의도와 국가 간 정치적 · 경제적 · 문화적 상호관계와 무관하게 국가들은 본질적으로 상대적으로 우월한 권력의 추구를 통해 생존을 추구한다는 것이다. 모든 국가가 이러한 동일한 목적을 추구할 때 자국의 안보를 돌볼 목적으로 시작된 권력의 추구가 상승작용을 일으켜 결국은 자신을 더욱 위태롭게 만드는 상황인 안보딜레마를 초래한다는 것이다.

(2) 안보딜레마의 의미

허즈(John H. Herz)에 의해 처음 도입된 안보딜레마라는 개념을 체계적으로 연구한 저비스(Robert Jervis)는 안보딜레마를 「군사력의 증강이나 동맹의 결성과 같이 국가가 자국의 안보를 강화할 의도로 취한 조치가 다른 국가들에 유사한 조치로서 대응하도록 함으로써 어느 국가도 실제로 바라지 않음에도 불구하고 갈등을 야기하는 긴장을 고조시키는 상황」이라고 정의한다.[363] 다시 말해 안보딜레마란 일국이 자국의 안보를 강화하기 위해 취한 조치가 다른 국가의 안보에 위협을 가함으로써 자신의 생존 기회를 다른 국가의 생존을 위협하지 않고 증대시키는 것이 어려워지는 상황을 지칭한다.[364]

이처럼 안보딜레마란 무정부 상태 속에서 전체의 장래 이익에 눈을 돌릴 수 없이 자국의 안보와 단기간의 이익을 위해서 행동할 수밖에 없는 상황을 말하는데 이러한 상황 속에서 일국의 안보는 타국에 있어서 불안정을 의미한다.[365] 이러한 국가들의 행동은 국제체제의 무정부성을 영속화하며 강대국이나 약소국이나 관계없이 모두에게 고질적인 불안정을 가져다준다고 본다. 이러한 안보딜레마는 다음과 같은 두 가지 제약에 기인하여 발생한다고 본다.

i) 공격적인 자세와 수비적인 자세(offensive posture and defensive posture)를 구

363) Robert Jervis, "Cooperation under the Security Dilemma," *World Politics*, Vol. 30, No. 2 (January 1978), pp. 167–174; Robert Jervis, *Perception and Misperception in International Politics* (Princeton, N.J.: Princeton University Press, 1978), pp. 58–113.

364) John J. Mearsheimer, *The Tragedy of great Power Politics* (Norton: W. W. & Company, Inc, 2001), p. 36.

365) 이처럼 현실주의자는 안보를 제로섬 게임으로 바라본다.

분하는 것이 본질적으로 어렵다. 즉 상대방 국가가 방어를 목적으로 무기를 배치한다고 해도 이것이 과연 방어를 목적으로 한 것인지 공격을 목적으로 한 것인지를 알기 어렵다. ii) 국가는 다른 국가가 가지고 있는 평화적인 의도가 지속될 것인가를 알 수 있는 능력이 없다.[366] 좀 더 구체적으로 어떻게 안보딜레마가 발생하는가를 살펴보면 다음과 같다.

현실주의 이론은 무정부 상태 속에서 국가가 놓여있는 상황을 적대적인 성격의 것으로 보고 국가 간에 존재하는 지배적인 관계란 갈등과 경쟁으로 본다. 때때로 평화롭다고 해도 항시 갈등의 소지를 지니고 있다고 본다. 갈등의 중심적인 원인인 두려움은 다른 국가의 존재 그 자체에서 야기되는 것이기 때문에 해결될 수 없는 것으로 본다. 이러한 상황에서 갈등을 해결하는 주된 방법은 화해나 조정이 아니라 실질적인 폭력의 사용과 폭력을 사용하겠다는 위협이고 국가의 중심적 행동은 그 자신의 보전을 위한 권력의 추구와 권력의 행사로 본다.

그러나 이러한 권력의 추구는 문제의 해결이 아니라 문제의 발단으로서 안보의 추구가 결국은 불안정으로 이어진다. 왜 이러한 현상이 발생하는가? 생존에 대한 보장 없는 여타의 다른 활동은 위험에 직면하게 되기 때문에 국가는 생존을 국가의 가장 근본적인 목표로 하지만 문제는 생존이라는 동일한 목적을 추구하는 다른 국가들이 존재한다는 것이다. 이러한 상황에서 국가들이 직면하게 되는 주된 위험은 각 국가가 자국의 생존을 위해 추구하는 군사력에 있어서 상대적인 차이가 발생한다는 것이다.

국가들은 자신의 생존을 위해 다른 국가의 공격을 성공적으로 저지할 수 있도록 타국보다 우월한 군사력을 보유해야 하며 일국의 이러한 우월한 군사력의 보유는 타국에 같은 방식으로 대응하도록 한다. 다시 말해 더 이상의 불안정을 가져오지 않기 위해서는 군사력의 상대적 차이를 가져오지 않는 저지력을 마련해야 하는데 이것이 불가능하다는 것이다.

(3) 무정부 상태와 안보딜레마의 결과

이러한 결과로서 각국은 무기 기술과 더불어 성공적인 저지력을 가져올 수 있는 능력을 개발해야만 하는 부단한 압력 속에 놓이며 이로 인해 항구적인 무기 경쟁과 지속적인 불안정 속에 빠진다. 즉 적대적인 환경 속에서 상대적인 우위를 차지하려

366) Robert J. Art and Robert Jervis, *International Politics: Enduring Concepts and Contemporary Issues*, 3rd ed. (New York: Harper Collins Publishers, 1992), p. 2.

는 것이 국가들의 전형적인 행위의 패턴이 된다. 실제에 있어서 권력의 추구는 세력균형에 의해 조정되기는 하나 이러한 기간이라고 하는 것은 일시적인 것에 불과한 것으로서 국제체제의 본질인 안보 문제의 불안정성을 일시적으로 드러내지 않는 것에 불과하다고 본다.

이러한 과정에서 동맹이 형성되고 해체될 뿐 아니라 동맹국이 적이 되고 적이 동맹국이 되며 전쟁을 끝내기 위해 전쟁이 행해지고 승리는 또 다른 순환 속 경쟁의 또 다른 시작을 의미한다. 즉 현실주의 이론에 있어 평화가 지속되는 기간은 지난 전쟁으로부터의 회복기이자 또 다른 전쟁을 위한 준비기간으로 본다. 따라서 군축과 같은 국제협력을 통한 국가 간 조정은 일시적으로는 성공할지 모르나 궁극적으로는 실패할 것이라고 본다. 왜냐하면 군축과 같은 것이 안보딜레마를 해결할 수 없다고 보기 때문이다.

냉전 시대에 있어서 오늘의 적이 내일의 우방이 되는 현상 · 무기 경쟁 · 약소국들이 강대국과 동맹관계를 갖도록 강요되거나 유인되는 현상 · 전후 강대국의 제국주의적 성격의 정책(즉 국가이익과 안보라는 이름으로 다른 국가에 대해 그들의 권력과 영향력을 확장하려는 시도) 등은 현실주의 이론의 설명을 설득력 있게 만든다. 이처럼 현실주의 이론은 권력정치가 전후의 국제관계를 지배하고 안보 문제가 국가정책에 있어서 지배적인 이슈라고 본다.

결론적으로 말해 현실주의 이론은 왜 국가들이 부단히 전쟁에 대비하거나 실제로 전쟁에 개입하게 되는가를 설명하려 하며 이에 대한 현실주의 이론의 대답은 서로가 서로에게 있어 적이 될 수밖에 없는 무정부 상태에서 자신의 생존을 지키기 위해서라는 것이다.

현실주의 이론의 핵심은 무정부성이라고 하는 국제체제의 구조적 요인이 안보 경쟁과 권력의 추구라는 현상을 부단히 가져오고 있다는 것이다. 즉 무정부 상태 속에서 취하는 합리적인 행위는 어쩔 수 없이 필연적으로 불신과 더불어 모든 국가를 위협하는 불안전(insecurity)을 계속해서 재생산해 낸다고 본다. 이처럼 현실주의 이론은 국가 간의 갈등을 자연스러운 것으로 봄으로써 이상주의자들이 이러한 국가 간의 갈등이란 역사적인 상황 · 사악한 지도자들 · 결함 있는 사회 정치적 체제 · 부적절한 국제적 이해와 교육에 의한 결과로 보는 것과 궤를 달리하고 있다.[367)]

---

367) Ole R. Holsti, "Models of International Relations: Perspectives on Conflict and Cooperation," in Charles W. Kegley, Jr. and Eugene R. Wittkopf, eds., *The Global Agenda: Issues and Perspectives* (New York: McGraw-Hill, 1992), pp. 140-141.

(4) 다른 이론들의 바라보는 안보딜레마

신자유주의적 제도주의 이론은 국제체제의 무정부성이 주는 안보딜레마가 국제제도(국제레짐과 국제기구)에 의해 완화되어 국제협력이 가능하다고 본다. 구성주의 이론은 국제체제의 무정부성이란 구조적 특성은 외부적으로 주어진 것이 아니라 국제체제의 구성단위인 국가들이 상호작용을 통해 만든 사회적 구성물로 바라본다. 따라서 국가들의 상호작용을 통한 새로운 인식의 공유를 통해 무정부성과 이로 인한 안보딜레마가 악화되거나 순화될 수 있다고 본다. 앞서 신고전적 현실주의 이론의 하나로 살펴본 저비스의 공격-방어 균형이론이 공격과 수비의 균형과 더불어 공격과 수비의 구분 가능성이 안보딜레마의 양태에 영향을 준다고 하듯이 다양한 공격-방어 균형이론은 공격과 방어의 균형 등의 요인들이 안보딜레마와 전쟁의 위험 가능성 등에 변화를 가져온다고 본다.

2) 세력균형

현실주의 이론가들은 국제체제의 두 번째 특징으로서 세력균형을 언급한다.368) 현실주의자에게 있어 개개 국가의 차원에서 지속해서 반복되는 국제정치상의 패턴은 권력의 추구이며 국가와 국가 차원에서 보편적으로 반복되고 있는 패턴은 세력균형(balance of power)이다. 왈츠는 만약 국제정치에 대한 명백히 구분되는 정치적인 이론이 있다면 세력균형론이 바로 그것이라고 말하고 있다.369)

세력균형 원리는 앞서 이상주의에 대한 설명에서 언급했듯이 1918년 이후 주목을 별로 받지 못했다. 왜냐하면 1차 세계대전 자체가 세력균형체제가 빚어낸 대참사로 인식되었고 국제연맹의 집단안보제도가 국제사회의 평화와 안전을 가져올 수 있는 대체물로 인식되었기 때문이다. 그러나 이러한 국제연맹의 집단안보제도가 2차 세계대전의 발발로 실패의 길로 접어들자 다시금 현실주의 이론에 의해 세력균형이 활발히 논의되기 시작했으며 주권 국가를 단위로 하는 국제체제에서 국가의 주권과 독립성을 보전하는 방법은 세력균형 이외에 다른 어떤 방법이 없다고 보았다.

(1) 세력균형의 역사

현실주의 이론가들은 지난 수백 년간의 국제정치를 적절하게 설명하도록 도와줄 수 있는 개념을 세력균형이라는 개념이라고 본다. 이들은 세력균형이 역사적으로 반

---

368) 신현실주의 이론의 한 부류를 이루고 있는 패권안정론의 경우는 예외라고 볼 수 있다.

369) Kenneth N. Waltz, *Theory of International Politics* (Reading, Mass.: Addison-Wesley, 1979), p. 117.

복되어 온 보편성이 있는 개념이라는 것을 다음과 같은 실질적인 역사적인 예를 통해 설명하고자 한다. 30년 전쟁이 끝나고 1648년 웨스트팔리아 조약이 체결되면서 보편적인 기독교 공동체라는 사고방식의 종말이 왔고 정치적 세속화와 더불어 세계는 민족국가로 분리되어 이들을 단위로 하는 국제정치 체제가 등장했다. 즉 중세 봉건제의 지주 역할을 담당하고 있던 로마교황과 신성로마 황제의 보편적인 권위가 배제된 중앙집권적 절대주의 국가가 등장함에 따라 근대 민족국가가 출발하게 되고 주권 국가가 국제정치의 주된 행위자가 되었다.

이후 1945년까지 3세기 동안 유럽에서는 다극적 세력균형이 존재했다고 본다. 이는 영국 · 프랑스 · 프러시아 · 오스트리아-헝가리 · 러시아와 더불어 중요도에 있어 좀 떨어지나 이탈리아와 오토만 제국에 의해 이루어진 세력균형을 일컫는다. 구체적으로 국가 간의 유동적이고 경쟁적인 동맹관계를 통해 형성되는 세력균형 장치가 존재함으로써 1648년부터 1945년까지의 약 3세기 동안 어떤 한 강대국 혹은 하나의 연합이 유럽을 지배하는 것을 성공적으로 저지하였다고 본다.

특히 1800년부터 1945년까지의 약 150년을 살펴보면 1800년부터 1815년까지의 기간 중 프랑스가 위협국가로 등장하자 영국 · 러시아 · 오스트리아 · 프러시아가 연합하여 나폴레옹을 패퇴시켰으며 1856년 러시아가 위협국가로 등장하자 영국 · 프랑스 · 터키가 연합하여 크리미아 전쟁에서 러시아를 패배시켰다. 1914년과 1918년 사이에 독일 · 오스트리아 · 터키가 위협국가로 등장하자 영국 · 프랑스 · 러시아 · 미국이 이에 대응하여 1차 세계대전에서 독일과 그의 동맹국을 패배시켰고 1939년과 1945년 사이에 독일 · 이탈리아 · 일본이 위협국가로 등장하자 영국 · 프랑스 · 소련 · 미국이 2차 세계대전에서 독일 등의 추축국을 패배시킨 것으로 본다. 이러한 다극적 세력균형체제가 1차 세계대전을 계기로 흔들리기 시작하여 2차 세계대전 후에 붕괴된 후 미국과 소련 간에 양극적 세력균형이 존재했다고 본다.

(2) 세력균형의 개념

세력균형의 보편적인 개념은 평형(equilibrium) 즉 여러 개의 독립된 세력으로 구성되어 있는 체제의 안정성을 의미하며 이러한 평형이 외부의 충격으로 파괴되는 경우 본래의 평형 상태로 되돌아가거나 새로운 평형 상태로 전이하는 것을 의미한다.

세력균형론은 국제체제에서도 이러한 원리가 그대로 작동한다고 본다. 즉 국제체제에서도 평형이 존재하며 현존하는 평형을 유지하려는 세력과 타파하려는 세력 간의 대립 관계가 어느 우월한 세력에 의해 파괴될 때 이를 전쟁이라 한다. 파괴된 세력균형은 궁극적으로 이전의 균형상태나 새로운 균형상태로 복귀한다는 것에서 국제체제에 균형의 원리가 작동하고 있음을 알 수 있다는 것이다. 그러나 국제정치 이론이나 실제에 있어서 세력균형이란 다음에서 보듯이 다의적으로 사용된다.

하스(Ernst B. Haas)는 세력균형의 개념이 권력의 배분(distribution of power) · 평형(equilibrium) · 패권(hegemony) · 안정과 평화(stability and peace) · 불안정과 전쟁(instability and war) · 역사의 보편적인 법칙(universal law of history) · 체제와 정책 결정에의 지침(system and guide to policy making)과 같은 일곱 개의 다른 의미로 쓰인다고 지적하고 있다.[370)]

오간스키(A. F. K. Organski)는 나폴레옹 이후의 19세기에 있어서 지속적인 평화가 존재한 것을 세력균형의 결과라고 일반적으로 보지만 실상 세력균형이란 전혀 존재하지 않았고 오히려 영국과 프랑스가 지배적인 권력을 보유했다고 본다.[371)] 그러나 이와는 대조적으로 모겐소를 위시한 대다수의 현실주의 국제정치학자들은 1815년과 1914년 사이에 존재한 국제체제를 세력균형체제로 본다.

이들의 상충하는 결론은 권력이란 개념의 모호성에 기인하는데 구체적으로 오간스키는 개개 국가 간의 권력 배분으로 균형을 바라보았고 모겐소와 같은 학자들은 국가들의 연합 간의 권력 배분으로 균형이란 개념을 바라보았기 때문이다.

클로드(Inis L. Claude)는 세력균형이란 다음과 같은 세 가지의 의미로 사용된다고 분류하고 있다.[372)] 첫째, 상황의 묘사로서의 세력균형(balance of power as a description). 이는 특정한 시점에서의 균형이든 아니든 관계없이 존재하는 권력의 배분 상태를 묘사하는 용어로 쓰이는 경우이다. 즉 세력균형은 때로는 국가들 혹은 국가 집단 간 권력의 관계가 정확하게 혹은 개략적으로 동등한 평형을 이루고 있는 상황을 지칭하기도 하고 때로는 견제 세력 간에 권력이 한쪽으로 기울어져 있는 것을 의미하기도 한다. 예컨대 프랑스의 정치가들에게 세력균형은 프랑스가 우위에 서 있는 세력균형을 주로 의미했다. 한반도에서 미군이 철수하면 한반도의 세력균형이 무너질 것이라고 했을 때 이는 기존의 권력 배분 상태가 어떻든 이러한 배분 상태에 변화가 올 것이라는 의미로 사용되는 경우이다.

둘째, 정책으로서의 세력균형(balance of power as a policy). 국가가 추구하는 정

---

370) Ernst B. Haas, "Balance of Power: Prescription, Concept or Propaganda," *World Politics*, Vol. 5, No. 4 (July 1953), pp. 442-477.

371) 오간스키는 세력균형이 가변적이기 때문에 오히려 불안정하고 압도적인 권력이 존재할 때 오히려 더 안정적이라는 패권안정론의 측면에서 세력균형론은 비판하고 있다.

372) Inis L. Claude, *Power and International Relations* (New York: Random House, 1962).

책으로서의 세력균형은 보통 다음의 세 가지 중의 하나이다. 일반적으로 국가 간 혹은 국가들의 연합 간에 동등한 권력의 배분을 조성하는 정책이라는 의미로 쓰인다. 때때로 많은 정치가에게 용인되는 세력균형으로서 자신에게 유리한 균형을 조성하는 정책을 의미하기도 한다.[373] 때에 따라서는 과거 영국이 취한 것과 같은 세력의 균형자(balancer)가 되는 정책을 의미하는 경우도 있다.

셋째, 통계적인 경향으로서의 세력균형(balance of power as a statistical tendency). 이는 세력균형을 역사의 기본적인 법칙이거나 통계학적인 경향으로 인식하는 경우로서 어떠한 국가이든 상관없이 패권을 추구하면 적대적인 연합의 형성을 초래한다는 의미이다.

(3) 세력균형론의 가정

세력균형론은 다음과 같은 가정에 기반을 두고 있다. 우선 국가들은 통일적인 권력 조직이 존재하지 않는 무정부 상태에 놓여있다. 둘째, 몇몇 국가들이 일정 지역의 패권이나 전 세계적인 패권을 추구할 가능성이 있는데 이러한 것은 어쩌면 자연스러운 경향이다. 셋째, 국가들은 우선 자신의 독립에 대한 위험을 감소시키고자 행동할 것이다. 구체적으로 국가들은 그들 자신을 힘을 강화하거나 위협받고 있는 다른 국가들과 반패권 동맹관계를 가짐으로써 패권을 방지하려 할 것이다. 넷째, 세력균형은 국가들의 독립을 보존시켜 주고 질서와 평화를 촉진할 평형을 창출하기 때문에 바람직하다.

(4) 세력균형화의 과정

국제체제에서 세력균형이 구체적으로 어떠한 과정을 통해 이루어지는가는 중요한 질문 가운데 하나이다. 이러한 질문을 둘러싸고 다음 4가지 다른 견해가 존재한다.

① 의도적인 산물

키신저(Henry A. Kissinger) · 스파이크만(Nicholas Spykman) · 라이트(Quince Wright) · 하트만(Frederick H. Hartmann) · 불(Hedley Bull) 같은 학자는 세력균형을 지도자들의 의식적인 노력의 산물로 본다.

예컨대 키신저는 과거 오스트리아의 메테르니히의 세력균형을 위한 노력을 조작(manipulation) · 책략 · 계산 · 외교적인 기민성과 같은 말로써 설명하고 있다. 스파이

373) 와이트(Martin Wight)는 「역사가는 권력이 동등한 경우 균형이 있다는 객관적인 입장을 취하나 정치가는 그가 속해 있는 국가가 상대방보다 강할 때 균형이 있다는 주관적인 입장을 취한다」고 본다: Martin Wight, *Power Politics* (London: Royal Institute of International Affairs, 1946), p. 46.

크만은 세력균형이란 신의 선물이 아니라 인간의 적극적인 관여의 결과로 달성되는 것으로 본다. 그는 만약 국가들이 생존을 원한다면 세력균형이 발생할 때까지 기다려서는 안 되고 점차 강대해지는 패권 가능국에 저항하여 균형을 유지하기 위해서는 기꺼이 전쟁에 돌입하려 해야 한다는 것을 강조한다.[374]

② 자동적인 생성물

이에 반해 왈츠(Kenneth N. Waltz)는 인간의 의지와는 상관없이 국제정치 체제의 구조적인 특징에 의해 이루어진다고 본다. 즉 국가들이 세력균형을 유지하려는 의도로 행동하든 전반적인 지배를 목적으로 행동하든 간에 세력균형은 형성된다는 입장이다. 다시 말해 세력균형은 이기적인 개개 국가 행동이 가져오는 의도되지 않은 결과물(unintended product)로 본다.[375] 이는 자동적인 균형화 과정을 강조하는 입장으로서 경제체제에서 일컫는 자유방임적 질서와 유사하다.

③ 절충적인 입장

모겐소의 경우 절충적인 입장을 취하고 있는 것으로 볼 수 있다. 구체적으로 모겐소는 세력균형이란 국가뿐 아니라 여타의 사회에 있어서도 구성요소의 자율성을 확보하기 위한 수단으로서 작동하는 일반적인 사회원칙이며 국제사회에 있어서도 의도적인 정책 여부와 관계없이 발생하는 불가피한 국제사회의 안정화 요인으로 간주함으로써 세력균형의 자동성을 강조한다. 아울러 모겐소는 세력균형을 무시하는 정책결정자는 세계를 정복하든지 아니면 소멸의 길을 걷든지 두 가지 대안만을 가지고 있다고 봄으로써 세력균형은 의식적으로 추구해야 할 정책임을 강조하기도 했다.

④ 기타 환경적인 요인설

세력균형은 문화적인 동질성을 위시한 특별한 조건과 더불어 가능하다는 시각이 존재한다. 예컨대 러셀(Greg Russell)은 과거 18, 19세기의 다극적 세력균형이 성공적일 수 있었던 요인들을 역사적인 사례로부터 추출한 후 이러한 요인들이 냉전 시대에도 여전히 존재하는가를 살펴보았다. 러셀이 밝히고 있는 다극적 세력균형의 원활한 작동조건은 다음과 같다.[376]

첫째, 다극적 세력균형이 가능했던 것은 유럽에 있어서 국가 간의 외교적 · 정치

374) Nicholas Spykman, *America's Strategy in World Politics* (New York: Harcourt Brace Jovanovich, 1942), p. 25.

375) 울퍼스(Arnold Wolfers)와 카플란(Morton A. Kaplan)도 왈츠와 견해를 같이한다.

376) Greg Russell, "Balance of Power in Perspective," *International Review of History and Political Science* 21 (November 1984), pp. 1-16.

적 대결이 범위와 기간에 있어 제한적이었고 적절한 군대에 의존하여 해결될 수 있었기 때문이다. 그러나 핵 시대에 있어서 상대방을 전멸시킬 수 있는 핵 능력의 소지는 더는 힘을 합하여 세력균형을 이룬다는 것을 어렵게 만들었다.

둘째, 다극적 세력균형은 국가의 대외정책 결정자들이 여론 · 이념적 가치 · 대외정책 시행에 요구되는 국내적 비용 등에 상대적으로 구속이 별로 되지 않고 행동의 자유를 가질 수 있었기 때문에 가능했다. 또한 국가들이 추구하는 대외정책에 영향을 미칠 수 있는 능력을 갖춘 초국가적 제도가 부재하여 국가는 자신의 판단에 따라 행동할 수 있었기 때문이다. 현대의 개방적이고 다원적인 사회에서 정책결정자는 빈번히 국내적 요인에 의해 본질적으로 제한되어 세력균형 외교를 추구하기가 어렵게 되었다.

셋째, 다극적 세력균형은 국제체제가 지리적으로 일정한 지역에 한정되어 있었고 모든 국가의 정책결정자들이 평시와 전시에 따를 게임의 규칙에 대한 도덕적인 일체를 가져다줄 수 있는 공동의 정치문화를 갖고 있었기 때문에 가능했다. 그러나 현대는 유럽의 세력균형이 확장되어 질적으로 새로운 국가들을 포함함으로써 국가들이 정치적 · 문화적으로 분절되었다. 냉전기에 있어 국가 행동의 원동력이 국익과 민족주의로부터 이념으로 그 중요성이 이동함으로써 세력균형이 이념적인 요인에 의해 왜곡될 수 있는 여지가 증가했다.

넷째, 다극적 세력균형은 또한 과거 18, 19세기의 동맹이 우호 관계와 충성에 기초를 두지 않고 이해관계와 국가의 능력에 기초하여 매우 유동적이었기 때문에 가능했다. 그러나 냉전기에 있어서는 북대서양조약기구(NATO)와 바르샤바조약기구(WTO)와 같은 경직된 동맹이 구속력을 일정한 정도 가지게 됨으로써 자유로운 권력의 배분에 의한 조정이 힘들게 되었다.

다섯째, 다극적 세력균형이 성공적일 수 있었던 것은 충분한 수의 독립 국가들이 존재하고 동맹의 결성과 해체가 용이했으며 권력이 비교적 동등한 강대국이 다섯 정도로 제한되어 있었고 영국과 같은 국가가 균형자의 역할을 했기 때문이기도 하다.

여섯째, 국력의 가측성 역시 다극적 세력균형의 작동과 관계가 있다. 18, 19세기의 경우도 역시 국력의 가측성에 전혀 문제가 없었던 것은 아니지만 현대와 비교할 때 무형적인 요소들이 덜 존재함으로써 측정이 상대적으로 용이했다. 현대에 있어서 국력의 요소가 점점 무형적인 것으로 변해감에 따라 세력균형이 더욱 어렵게 되어간다.

요페(Josef Joffe)라는 학자는 탈냉전기의 국제체제를 패권체제로 보고 왜 세력균형론자들이 말하는 세력균형이 발생하기가 용이하지 않은가에 대해 언급하고 있다.[377] 그에 따르면 과거와는 달리 패권국인 미국이 과거에 패권을 추구하던 국가와는 달리 영토적 야심을 가지고 있지 않은 연유로 세력균형을 통해 패권을 제어할 다급함이 약화되었기 때문이다. 요페는 또한 연성권력(soft power)을 포함한 미국의 국력이 다른 국가들을 압도하기 때문에 근본적으로 미국에 대한 세력균형이 일어나기 힘든 환경이 조성되었다고 본다.

그는 여기에서 더 나아가 미국이 독일 통일 후 비스마르크가 구사한 외교정책과 유사한 정책을 전개함으로써 세력균형의 형성을 막고 있다고 지적하고 있다. 구체적으로 말해 미국은 미국에 대응하여 세력균형에 가담할만한 국가 하나하나와 깊은 관계를 맺어 미국에 대한 이들의 의존도를 높임으로써 이들이 미국에 등을 돌리고 세력균형을 위한 연대를 한다면 많은 것을 잃을 수 있다는 것을 인식시켜 세력균형의 생성을 막는 외교정책을 구사하는 전략을 통해 패권체제를 유지하고 있다고 분석하고 있다.[378]

(5) 세력균형의 기본형과 세력균형의 방법[379]

① 세력균형의 기본형

모겐소는 세력균형의 유형을 단순화시켜 직접적 대립형(pattern of direct opposition)과 경쟁형(pattern of competition)이라는 2가지 기본형을 제시하고 있다.[380] 전자인 직접적 대립형은 두 국가 혹은 두 개의 국가군이 직접 대립함으로써 형성되는 세력균형 상태를 의미한다. 양국이 거의 동등한 권력을 가지고 대립할 경우 국가(군) a가 국가(군) b에 대해 현상을 타파하고 패권의 장악을 꾀할 때 국가(군) b는 현상을 유지하기 위해 대항하거나 더 나아가 스스로 패권을 장악할 목적으로 국가(군) a의 정복을 시도할 수 있다.

1차 세계대전 전의 삼국동맹과 삼국협상 간의 대립 · 1931년과 1941년 사이에 중국과 일본 간의 대립 · 2차 세계대전 직전의 연합국과 주 축구 간의 대립 · 2차 세계대전 후 1950년대의 미소 간의 범세계적인 규모에서의 대립을 그 예로 들 수 있다.

모겐소의 두 번째 유형인 경쟁형은 세 국가 혹은 세 개의 국가군 사이에 형성되는 균형 관계를 의미한다. 과거 이란을 사이에 둔 영국과 제정러시아의 대립 · 동남아를 사이에 둔 미국과 중국의 대립 · 한국을 사이에 둔 청나라와 일본 그리고 러시

---

377) Josef Joffe, "How American Does It," *Foreign Policy*, Vol. 76, No. 5 (1997), pp. 13-27.
378) 이에 관한 보다 상세한 논의는 탈냉전기의 국제체제와 국제질서 편에서 다루고 있다.
379) Hans J. Morgenthau, *Politics Among Nations: The Struggle for Power and Peace*, 5th ed. (New York: Alfred A. Knopf, 1973), pp. 172-197.
380) 모겐소는 두 가지 유형만을 제시하고 있어 지나친 단순화라는 평가를 받는다.

아와 일본의 대립을 그 예로 들 수 있다. 이러한 예에서 보듯이 경쟁형은 세 국가 혹은 세 개의 국가군 중에서 하나의 국가가 약소국일 때 이러한 약소국을 사이에 두고 많이 발생하는 간접적 대립의 경우이다.

약소국 c를 지배하려는 국가(군) a의 권력이 국가(군) b의 권력에 의해 균형을 이루고 약소국 c를 지배하려는 국가(군) b의 권력이 국가(군) a의 권력에 의해 균형을 이루어 결국 약소국 c를 사이에 둔 두 개의 국가(군)가 세력이 균형을 이루는 경우가 있다. 이때 약소국 c의 독립이 보장된다. 2차 세계대전까지 벨기에와 발칸 국가들이 독립을 유지할 수 있었던 것은 이러한 세력균형에 의한 것이었다.

그러나 국가(군) b의 권력보다 큰 권력을 가지고 있는 국가(군) a가 c를 지배하려고 할 때(즉 제국주의 정책을 펴려고 할 때) 약소국 c의 독립은 위태로워질 것이다. 국가(군) a의 권력보다 큰 권력을 가지고 있는 국가(군) b가 현상 유지 정책을 택할 경우 약소국 c의 독립은 좀 더 안전해질 것이다. 이런 방식으로 자유롭게 행동할 수 있었던 국가들로는 중남미의 소국들과 포르투갈이 있다. 제국주의 정책을 추구하던 국가가 이러한 정책을 전면 포기하거나 혹은 제국주의 목표를 약소국 c로부터 약소국 d로 옮기는 경우 약소국 c의 독립은 항구적으로 보장된다. 이러한 경우에 속하는 국가로는 스위스와 스페인이 있으며 이들은 제국주의 대상으로서의 매력을 지니지 않았기에 독립을 유지할 수 있었던 경우이다.

모겐소가 언급하지 않았으나 세력균형의 또 다른 유형으로 언급할 수 있는 것은 균형자가 존재하는 세력균형이다. 이는 거의 동등한 권력을 지니고 있는 세 국가 혹은 세 개의 국가군 가운데 국가(군) a와 국가(군) b가 대립할 경우 국가(군) c가 권력이 약한 쪽에 합류하여 균형자의 역할을 함으로써 국가(군) a와 국가(군) b 사이의 균형을 가져오는 경우이다. 이러한 균형자의 역할을 해왔던 전형적인 국가는 영국이었다.

② 세력균형의 방식

세력균형의 방식을 크게 분류하자면 자신의 권력을 상대적으로 강화하는 적극적 방식과 상대방의 권력 약화를 통해 자국의 권력의 상대적인 강화를 꾀하는 소극적인 방식이 존재한다. 구체적인 방식으로는 다음과 같은 것들이 존재한다.

첫째, 과거 프랑스의 대독일 정책에서 보듯이 적대국이나 잠재적인 적대국 혹은 경쟁국을 분할·약화시켜 자국의 권력을 강화하는 방식인 소위 분할과 지배(divide and rule).

둘째, 과거 세 차례에 걸친 폴란드의 분할에서 보듯이 대립하고 있는 국가 중 일방이 새로운 영토나 권익을 획득하는 것과 같은 방식으로 권력의 구성요소에 있어서 어떠한 형태로든 증가가 있는 경우 타방에도 거의 동일한 면적의 영토나 권익을 취득하게 함으로써 대립하는 국가 간 세력을 이전 수준으로 유지하는 방식인 보상(compensation).

셋째, 대립하고 있는 국가 간에 동등한 국력을 유지하기 위해 약한 국가가 취하는 방식인 군비 확충(armament)과 군비 확충으로 촉발되는 군비경쟁이 가져올 위험에서 벗어나 더욱 안전하게 세력균형을 이루고자 하는 방식인 상호 간의 군비축소(disarmament)가 있다. 1차 세계대전 직전 독일과 영국의 해군력 경쟁이 군비 확충의 예이고 1922년의 해군력 감축을 위한 워싱턴조약이 군비축소의 예이다.

넷째, 역사상 가장 효율적인 세력균형 방법으로서 공동의 이해관계를 지니고 있는 국가 간(특히 공동의 적에 의해 위협을 받는 국가 간)에 세력균형을 위해 결성되는 세력균형 방식인 동맹과 반동맹(alliance and counter-alliance). 동일 목적을 위해 비교적 장기간에 걸친 연합인 동맹과 반동맹 방식과 더불어 공동의 위협에 대처하기 위한 임시적인 제휴 방식이 존재한다.

다섯째, 대립하는 국가들 사이에 완충국(buffer states)을 설치하거나 19세기의 영국처럼 막강한 독자적인 권력을 보유한 채 평상시에 고립해 있다가 세력균형이 파괴될 때 약한 쪽을 도움으로써 균형을 회복시킬 수 있는 균형자를 두는 방식.

이 밖의 세력균형 방식에는 영향권(spheres of influence)의 확보나 축소 · 개입(intervention) · 외교적 흥정(diplomatic bargaining) · 분쟁의 법적 해결(legal or judicial settlement of disputes) · 무기 판매(arms sale) · 우주 경쟁(space race) · 전쟁(war) 등이 있다.

(6) 세력균형의 구조[381)]

세력균형체제는 상호 연관성을 지니고 있는 여러 세력균형체제로 구성되며 이런 세력균형 체제들은 동등한 체제로 구성되어 있지 않고 일방이 타방에 의해 지배되고 종속되는 체제로 구성된다. 즉 세력균형체제는 지배적 세력균형체제와 종속적 세력균형체제로 구성되어 있다.

지배적 세력균형체제와 종속적 세력균형체제의 상관관계를 살펴보면 종속적 세

---

381) Hans J. Morgenthau, *Politics Among Nations: The Struggle for Power and Peace*, 5th ed. (New York: Alfred A. Knopf, 1973), pp. 198-201.

력균형체제가 지배적 세력균형체제로부터 멀리 떨어져 있을수록 종속적 세력균형체제의 자주성이 강해진다. 이와는 반대로 종속적 세력균형체제가 지배적 세력균형체제와 밀접히 관련될수록 지배적 세력균형체제로부터의 자주성이 약화된다.

냉전 시대에는 종속적 세력균형체제의 자주성이 와해되고 지배적 세력균형체제의 세력만이 강화되는 현상을 보였다. 예컨대 과거 유럽에 국한되어 있던 세력균형체제가 1차 세계대전 이후(특히 2차 세계대전 이후) 미·소가 중심이 되는 전 세계로 중심이 이동하여 과거에는 자주적인 세력균형체제였던 유럽의 세력균형체제가 미·소의 세력균형체제의 종속적 체제로 변했다.

(7) 세력균형론의 이론적 개념의 문제

세력균형론은 이론적 개념과 관련하여 다음과 같은 비판을 받는다. ⅰ) 우선 개념이 모호하고 불명료하다는 지적을 흔히 받는다. 이는 세력균형의 개념에서 살펴보았듯이 학자에 따라 다르게 사용되는 다의적인 개념이라는 것이다.[382] ⅱ) 세력균형의 유지가 국제질서에 필수적이라는 명제는 검증되지 않고 검증할 수 없는 역사에 기반을 둔 역사적 일반화라는 비판을 받는다. ⅲ) 권력 추구가 모든 대외정책이 추구하는 공통분모라는 믿을 수 없는 생각에 근거를 둔 이론이라는 비판 역시 제기된다.

(8) 전쟁과 관련한 세력균형론의 기능

국가 간에 권력을 기준으로 하여 세력균형이 발생한다는 것을 인정하는 학자들 간에 이러한 세력균형이 과연 전쟁을 방지하는 기능을 하느냐 아니면 오히려 전쟁을 조장하는 기능을 하느냐에 관해 논쟁을 벌여왔다. 모겐소의 경우 세력균형을 전쟁의 예방을 위한 중요한 장치로서 인정함과 동시에 예방전쟁(preventive war)을 세력균형의 자연스러운 산물로 인정하는 모순을 보이기도 했다.

① 국제질서에의 부정적인 기능설

1차 세계대전의 원인을 세력균형의 추구에서 찾은 윌슨 대통령의 견해와 마찬가지로 국제질서에의 부정적인 기능설은 세력균형이라는 것이 필연적으로 권력정치이기 때문에 세력균형의 추구가 국가 간 긴장의 고조와 전쟁의 촉발과 같은 부정적인

382) 불(Hedley Bull)은 세력균형이란 개념은 다양한 의미를 보유하고 있으나 의미 없는 것으로 차치하는 것은 실수라고 지적하고 민주주의·제국주의·평화와 같은 다른 개념 역시 이 점에 있어서 동일하다고 본다. 따라서 주의 깊게 정의해 일관되게 사용하는 것이 중요하다고 강조하고 있다: Hedley Bull, *The Anarchical Society: A Study of Order in World Politics* (New York: Columbia University Press, 1977), pp. 106-117.

영향을 미친다고 본다. 세력균형을 유지하기 위한 시도는 전쟁의 근원일 뿐 아니라 강대국의 이익을 위해 약소국 이익의 희생과 약소국의 제거를 딛고 시행되며 국제법을 무시하는 결과를 초래한다고 본다.

과거 약 350년 동안 세력균형은 일국에 의한 세계의 정복을 방지해 왔으나 이러한 세력균형은 끊임없는 전쟁이나 약소국의 말살을 통해 이루어져 왔다는 문제를 보유한다는 것이다. 세력균형을 위한 약소국 말살은 나폴레옹 전쟁 후 소집된 비인회의에서 열강들이 네덜란드를 강화하여 프랑스의 중부유럽 침입을 방지하려는 목적으로 벨기에와 네덜란드가 민족적 · 언어적 차이를 지니고 있음에도 불구하고 벨기에를 오스트리아령으로부터 네덜란드에 전속시킨 예를 통해 알 수 있다.

세력균형이 국제질서에 부정적 역할을 한다고 보는 이러한 견해는 패권안정론을 주장하는 학자들에게서도 볼 수 있다, 이들은 세력의 균형이 아니라 세력의 압도적인 불균형이 존재했을 때(즉 패권국이 존재했을 때) 안정이 확보될 수 있다고 본다. 국가들이 비슷한 세력을 보유하고 있는 경우 이들 간에 결판을 내고 싶은 충동이 유발되어 전쟁이 발발하기 쉬우나 압도적으로 강한 국가가 존재하면 강한 국가는 현상에 만족하고 약한 쪽은 감히 도전하지 못함으로써 평화와 안정이 가능하다고 본다.

② 국제질서에의 긍정적인 기능설

세력균형이 국제질서에 부정적인 기능을 한다는 견해와는 달리 세력균형 긍정론자들은 세력균형이 전쟁을 방지하는 기능을 한다고 주장한다. 이들은 국제체제의 무정부성에도 불구하고 권력투쟁이 전면적인 갈등으로 귀결되지 않는 이유는 전 지구적 세력균형과 국지적 세력균형이 전쟁 방지를 통한 평화와 안정을 유지해 주기 때문이라고 설명하고 있다.

이들은 모든 국가가 권력을 추구하는 상황에서 세력균형이야말로 평화와 안정을 유지하기 위한 유일한 방식이라고 본다. 즉 현실주의 이론가들은 「무정부 상태를 특징으로 하는 국제체제에서 어떻게 평화와 안정이 확보되는가」 혹은 「왜 자연 상태가 반드시 전쟁 상태를 의미하지 않는가」라는 질문에 자동조절의 기제로서 세력균형에 의해 가능하다고 답한다.

애덤 스미스(Adam Smith)가 모든 개인이 그들 자신의 이익을 추구한다면 이러한 개개인들의 이기주의가 상호 작용하여 국가의 부를 제고시킨다고 주장하는 논리와 마찬가지로 세력균형론은 개개 국가가 권력을 추구하는 무정부 상태가 상당한 정도의 국제질서 부재를 가져오는 것은 아니라고 주장하는 자유방임적 국제관계 이론이다. 안보딜레마에 의해 국가들에게 강요된 권력투쟁은 필연적인 갈등 대신에 그들 국가 사이에 총체적인 균형으로 귀결되는 경향이 있다는 것이다.

세력균형의 전쟁 예방 기능을 확신하는 대표적인 학자들 가운데 본 겐츠(F. Von Gentz)를 예로 들어 보자. 그는 전쟁의 원인이 특정 국가의 권력의 과도한 축적에 있다는 진단을 내리고 이에 기초하여 전쟁을 방지하기 위한 처방으로 권력의 축적에 대항하기 위한 대항력이 있어야 한다고 보았다. 그는 세력균형이 바로 권력의 축적에 대항하기 위한 대항력이라고 보았다.

큰 틀에서 세력균형의 전쟁 방지 기능을 수용하나 전적으로 전쟁을 방지하는 것은 아니라는 유보적인 견해도 존재한다. 즉 세력균형이 전쟁을 예방하는 기능을 인정하나 세력균형의 일차적인 기능은 이러한 전쟁의 예방이 아니고 독립된 주권 국가들을 구성요소로 하는 국제체제의 보존이기 때문에 이를 위한 전쟁이 발생할 수 있다는 견해이다.[383] 이러한 견해를 지닌 대표적인 학자가 불(Hedley Bull)인데 세력균형의 기능에 관한 그의 견해를 살펴보면 다음과 같다.[384]

어느 국가도 압도적인 상태에 있지 않고 또한 타국에게 법을 강요할 수 있는 위치에 있지 않은 상태를 세력균형이라고 정의하고 있는 불은 1800년대에 유럽에서 활발하게 전개된 전통적인 세력균형 이후 세상은 많이 달라졌으나 세력균형의 개념은 여전히 유효하고 세력균형이 국제질서의 유지에 도움이 된다고 본다.

불은 구체적으로 세력균형의 중요한 기능으로서 다음을 언급하고 있다. i) 보편적 세력균형(general balance of power)은 국제체제가 정복으로 인해 전 세계적 제국으로 바뀌는 것을 방지해 준다. ii) 지역적이거나 국지적 세력균형(regional or local balance of power)은 특정 지역에 소재하는 국가들의 독립이 지역 내의 지배적인 세력에 의해 흡수되고 지배되는 것을 방지한다. iii) 상기 두 종류의 세력균형은 국제질서가 의존하고 있는 외교 · 전쟁 · 국제법 · 국제레짐(international regimes) · 강대국 관리와 같은 제도들이 잘 작동할 수 있는 조건을 제공한다.

이처럼 불은 세력균형의 주된 기능이란 전쟁 방지가 아니고 국가들로 구성된 국제체제의 보존이며 전쟁 방지란 세력균형의 부차적 목적이라고 본다. 따라서 만약 패권국으로의 등장 가능성이 있는 국가의 권력을 억제할 수 있는 유일한 수단이 전쟁이라면 주권 국가들로 구성된 국제체제의 보존을 위해서 전쟁이 불가피하다고 본

---

383) 대개의 현실주의 국제정치 학자들은 세력균형이 전쟁을 아예 소멸시킨다고 보는 것은 아니고 전쟁을 감소시킨다고 본다.

384) Hedley Bull, *The Anarchical Society: A Study of Order in World Politics* (New York: Columbia University Press, 1977), pp. 101-126.

다.385)

불은 또한 실제에 있어 세력균형이라는 것이 종종 과거 폴란드와 같은 약소국의 병합과 분할을 통해 유지되었다는 것에서 알 수 있듯이 강대국에 이롭고 약소국의 희생 위에 작동하는 경향이 존재한다는 것을 인정한다. 세력균형에 의해 희생되는 약소국의 입장에서 세력균형이란 가혹한 원칙인 것은 틀림이 없으나 세력균형이 국제질서를 위해 지니는 긍정적 기능에는 변함이 없으며 이것이 바로 세력균형 원칙의 엄연한 논리라고 본다.

불에 있어 세력균형이란 또한 국제법이 잘 작동하기 위한 본질적 조건이지만 세력균형의 유지를 위해 필요한 조치들은 종종 국제법 위반을 포함한다. 압도적으로 강한 국가는 법의 규칙을 무시할 수 있으며 자신의 법을 타인에게 강요할 수 있는데 이러한 압도적으로 강한 국가를 억제하기 위해서는 국제법의 위반이 따를 수도 있다고 본다.

결론적으로 불은 주권 국가들을 구성단위로 하는 국제체제의 유지를 위한 요건은 국제법에 우선할 뿐 아니라 약소국의 이익과 전쟁 방지에 우선한다는 것이다. 불과 더불어 국제정치 영역에서 영국학파 학자로 분류되는 와이트(Martin Wight) 역시 비슷한 시각에서 세력균형이 국가들의 독립보장과 전쟁의 원인이라는 두 가지 기능을 한다고 본다.386)

(9) 세력균형론의 평가

세력균형론은 이미 권력을 기준으로 국가 간이나 국가군 간에 균형이 생기는 것이 국제정치에 있어 보편적으로 발생하는 현상이라고 보는 견해이다. 여기에서는 이러한 견해와는 달리 국가들 사이에 세력균형이 발생하지 않는다는 비판적인 견해들을 살펴보고자 한다. 세력균형론과 이에 대해 비판적인 견해 모두 동맹의 형성과 밀접한 관계를 지니고 있다. 따라서 이들을 동맹의 형성에 관한 이론적인 시각으로 조망해 볼 필요가 있다.

---

385) 어떤 주어진 국제체제에서 아마도 대개의 국가는 현재 상태에서 이익을 얻는 현상 유지 세력이지만 이에 만족하지 않는 세력이 존재할 수 있다. 예컨대 1914년 유럽에 있어 주요한 현상 유지 세력으로는 거대한 제국과 엄청난 무역과 재정적 자원을 보유하고 있던 영국이 있었고 주요한 현상 타파 세력으로서 영국에 의해 강대국으로의 부상이 저지되고 있다고 볼 수 있는 제국주의적 독일이 존재했다. 이 경우 영국과 독일의 충돌은 불가피했다고 본다. 독일에 대한 두려움으로 프랑스와 러시아가 영국과 연합했고 포위망을 두려워한 독일은 오스트리아-헝가리 및 이탈리아와 연합했다. 세력균형에서 혁명적 세력은 지배적인 반대 세력에 의해 억제될 수 있으므로 동맹은 필요하고 전쟁은 가능하다고 본다.

386) Martin Wight, *Power Politics*, 2nd ed. Edited by Hedley Bull and Carsten Holbreed (Harmonds Worth: Penguin/Royal Institute of International Affairs, 1986), pp. 184-185.

이러한 견해에는 크게 세 부류의 이론적 관점이 존재한다. 첫 번째 견해는 균형이 발생하는 것은 사실이지만 권력을 기준으로 한 균형이 아닌 다른 기준에 의한 균형이 형성된다는 견해이며 이러한 견해에는 위협균형론이 있다.

두 번째 견해는 국가나 국가군 사이에 권력의 균형이 아닌 불균형의 방향으로 동맹관계 등이 발생할 것이라는 견해이며 이러한 견해에는 편승이론이 있다. 그러나 이러한 편승이론은 균형화가 아닌 편승이 보편적인 경향이라는 주장을 제기하는 것이 아니라 특별한 조건에서 일어나는 현상이라고 본다. 따라서 편승이론은 권력을 기준으로 균형화도 편승도 일어날 수 있다는 견해도 포함된 것으로 보아야 한다.

세 번째 견해는 권력이 기준이 아니라 이익이 기준이 되며 이러한 기준에 따라 균형도 편승도 모두 발생할 수 있다고 보는 견해인데 이러한 견해에는 이익균형론이 있다. 앞서 언급했듯이 「이익균형론」이라는 용어상의 「균형」이라는 말 때문에 이익에 따라 균형이 일어난다고 생각하기 쉬우나 이익의 균형이 어느 쪽으로 기우는가에 따라 균형화도 편승도 가능하다고 본다.

네 번째 부류의 견해는 권력의 균형에 다른 국가나 국가들이 나설 것이라는 기대와 더불어 무임승차를 하려는 경향이 존재해 세력균형이 형성될 수도 있고 세력균형이 형성되지 않을 수도 있다는 견해이며 이러한 견해로는 책임 전가론(무임승차론)이 있다. 이들을 하나씩 살펴보면 다음과 같다.

① 위협균형론

왈트(Stephen M. Walt)는 위협균형론(balance-of-threat theory)을 제기하여 전통적인 세력균형론에 커다란 수정을 가하면서 세력균형론만으로 설명하기 힘든 역사적인 사례에 대안적인 설명을 제공하고자 했다. 위협균형론은 여기에서 더 나아가 현재 미국이 지배하고 있는 패권체제의 안정성과 지속성을 둘러싼 논쟁에서도 핵심적인 논거를 제시하고 있어 주목이 필요하다.[387)]

구체적으로 세력균형론의 경우 미국의 패권은 균형을 필연적으로 불러와 패권체제가 다극적 균형체제로 전환될 것이라는 예측을 한다. 이에 반해 위협균형론은 미국의 권력이 절대적으로 우세하다고 해도 위협적이지 않을 수 있다고 보고 이러한 경우에 미국에 대한 균형이 일어나기 힘들어 패권체제가 안정적으로 지속될 수 있다

---

387) Stephen M. Walt, "Alliance Formation and the Balance of World Power," *International Security*, Vol. 9, No. 4 (Spring 1985), pp. 3-43; Stephen M. Walt, *The Origin of Alliances* (Ithaca: Cornell University Press, 1987); Stephen M. Walt, "Alliances: Balancing and Bandwagoning," in Robert J. Art and Robert Jervis, eds., *International Politics: Enduring Concepts and Contemporary Issues*, 3rd ed. (New York: Harper Collins Publishers, 1992), pp. 70-78.

는 주장을 제기하고 있다.

왈트는 「동맹의 근원(The Origin of Alliances)」이라는 저서에서 1955년부터 1979년 사이 중동지역의 동맹패턴에 대한 분석을 통해 위협균형론을 전개하고 있다. 분석의 결과로서 왈트는 일단 균형화(balancing)가 편승(bandwagoning)에 비해 더 지배적인 패턴임을 밝히고 동시에 이러한 균형이 권력이 아닌 위협에 준거하여 발생한다고 주장을 제기했다.[388]

왈트는 국가들은 편승이 아닌 균형화를 추구하는 이유를 다음과 같이 제시하고 있다. 우선 패권적인 위치를 차지할 가능성이 있는 국가가 더욱 강력해지기 전에 막지 않으면 생존이 위험해질 수 있기 때문이다. 둘째로 패권을 차지할 가능성이 있는 국가와 동맹을 맺는다면 자신과 지배적인 국가 사이에 존재하는 권력의 현격한 차이로 말미암아 약한 국가는 지배적인 국가의 은혜적 배려만 바라보고 있어야만 한다. 따라서 국가들은 자신들을 쉽게 지배할 수 없는 국가들과 동맹을 맺는 것이 더 안전하다고 생각하기 때문이다. 즉 지배적인 국가의 반대편에 서 있으면서 지배적인 국가보다 권력 면에서 열세인 국가의 편에 서 있는 동맹에 가담하면 권력의 열세로 인해 새로운 동맹국의 권력을 절실히 필요로 하므로 새로이 가담하는 국가는 동맹 안에서 어느 정도의 영향력을 보장받게 된다. 따라서 권력이 열세인 쪽에 합류하는 것이 더 나은 선택이 된다.

그러나 왈트는 국가들이 편승이 아닌 균형화를 지배적으로 추구하나 균형화의 기준이 권력이 아니라 위협이라는 주장을 제시하여 세력균형론에 중대한 수정을 가하고 있다. 세력균형론이 어느 쪽이 권력이 더 강하고 약한가의 관점에서 국가들이 균형화를 추구한다고 주장하는 데 반해 위협균형론은 어느 쪽이 더 위협적이고 어느 쪽이 덜 위협적인가의 관점에서 균형화가 이루어진다는 것이다.[389] 세력균형론의 경우 권력이 강한 국가가 역시 위협적이라는 등식을 가지고 있으나 위협균형론은 이러한 등식에서 이탈하고자 한다. 따라서 권력 면에서 약한 국가일지라도 다른 이유로 좀 더 위협적인 존재라고 인식이 되면 권력 면에서 더욱 강한 국가와 동맹을 체결함으로써 위협에 대한 균형을 찾는다는 것이다.[390]

위협균형론을 입증하는 역사적인 사례로서 다음과 같은 사례들이 흔히 언급되곤

---

388) Stephen M. Walt, *The Origin of Alliances* (Ithaca: Cornell University Press, 1987).

389) 왈츠는 국가들을 위협하는 것은 더 강력한 권력을 가진 국가라고 본다. 즉 더 강한 국가와 더 위협적인 국가를 일치시키고 있다.

390) 그러나 다음 편승이론에서 더 자세히 설명하겠지만 왈트는 아주 약한 국가의 경우 이와는 달리 자신의 안전을 확보하기 위해 위협적인 국가에 편승할 가능성이 좀 더 많다고 본다.

한다. 하나의 사례는 1차 세계대전과 2차 세계대전에서 독일을 패배시킨 연합국이 총체적인 자원 면에서 압도적으로 우세했으나 독일이 더욱 큰 위협을 가하고 있다고 판단한 국가들이 연합국 측에 합류한 사례이다. 또 다른 사례는 국제사회에서 전략적으로 중요한 거의 모든 국가가 미국보다 권력 면에서 약하나 더 위협적이라고 인식한 소련에 대항하여 미국과 동맹을 맺음으로써 소련 진영을 훨씬 능가하는 연합을 형성한 사례이다. 미국은 1945년 이래 국제사회에서 가장 강력한 국가이지만 유럽과 일본의 경우만 국한하여 보더라도 세력균형론이 예측하는 것과는 달리 이들은 미국과 동맹을 형성하고 있다는 것이다. 이는 총체적인 권력 면에서 소련은 미국보다 약하나 지리적·심리적으로 더 큰 위협국가로 인식되기 때문이라고 본다.

이러한 역사적 사실들은 권력이라는 것에만 초점을 맞추는 세력균형론이 제대로 설명하지 못하는 부분이다. 세력균형론은 권력이 강한 쪽에 동맹이 형성되어 더욱 권력이 강화되는 것을 설명하지 못할 뿐 아니라 종종 세력균형이 왜 형성되지 못하는가를 설명하지 못한다. 예컨대 권력에 기초한 세력균형론은 캐나다가 왜 미국의 권력에 대응하여 세력균형을 시도하지 않는가에 대해 우리에게 말해 주는 것이 없다. 위협균형론은 왜 약소국들이 세계적인 세력균형의 변화에 대응하여 동맹관계를 형성하지 않고 지역적으로 위협을 가져다주는 국가에 대항하여 동맹을 결성하는가를 설명해 준다.[391]

이러한 왈트의 위협균형론이 동맹의 형성에 체계적인 설명과 예측을 제공하기 위해서는 위협이라는 개념을 어떻게 구체화할 것인가의 문제가 있다. 이는 권력이라는 개념을 대체하여 동맹 형성의 중요한 기준이 되기 때문이다. 왈트는 위협에 영향을 미치는 요소로서 총체적 권력(aggregate power)·지리적 인접성(geographic proximity)·공격적 군사능력(offensive military capabilities)·인지된 공격적인 의도(perceived aggressive intention)를 제시하고 있다. 여기에서 특히 주목할 것은 총체적 권력이라는 요소인데 세력균형론이 이를 균형화의 유일한 기준으로 고려하고 있는 것과는 달리 위협균형론은 위협을 구성하는 여러 요소 가운데 하나로서 간주하고 있다는 점이다.

이러한 요소들을 실제로 적용하여 가설을 수립해 보면 다음과 같다. 이러한 가설 하나하나에는 물론 「다른 조건이 같다면」이라는 전제가 붙는다. ⅰ) 총체적인 권력

391) Stephen M. Walt, "Multilateral Collective Security Arrangements," in Richard Shultz, Roy Godson, and Ted Greenwood, eds., *Security Studies for the 1990s* (Washington, New York, and London: Brassey's, 1994), pp. 241-272.

이 큰 경우 작은 경우에 비해 위협적이다. ii) 멀리 떨어져 있는 국가보다 가까이 인접해 있는 국가가 좀 더 위협적이다. iii) 단지 방어적 능력만을 보유한 국가보다 공격적인 군사력을 보유한 국가가 더 위험하다. iv) 단지 현상 유지를 추구하는 국가보다 공격적인 의도를 지닌 국가가 더 위험하다.[392)]

왈트의 위협균형론은 이처럼 위협에서 권력을 떼어 놓음으로써 왈츠의 신현실주의 이론을 비롯한 현실주의 이론에 수정을 가하고자 했다. 즉 권력이 큰 국가가 공격적인 의도를 지니고 있다는 가정을 수정하고자 했다. 그러나 왈트의 이러한 위협균형론은 다음과 같은 비판을 받는다.

첫째, 왈트 자신도 인정하고 있으나 무엇보다도 위협을 구체적으로 계량화하지 못했을 뿐 아니라 위협을 구성하고 있는 여러 요인 가운데 어떤 요인이 위협의 원천으로서 더 중요한가를 사전에 알기가 힘들다는 비판을 받는다.

둘째, 국가들의 동맹관계의 패턴을 설명하고 예측하기 위해 객관적인 변수로부터 인식(petion)과 같은 주관적인 변수에 이르기까지 상당히 많은 정보가 필요하여 이론으로서의 간결성(parsimony)을 상대적으로 잃고 있다는 지적을 받는다.

셋째, 권력과 위협을 섞어 쓰고 있다는 비판 역시 받는다. 즉 권력을 위협을 구성하는 요인들 가운데 하나로 보고 있으나 지리적 인접성과 공격적인 군사능력은 군사력과 같은 권력과 밀접한 상관관계를 이루고 있어 위협과 권력을 구별하기가 쉽지

---

392) 왈트는 위협 이외의 동맹 형성 요인들에 대해서도 언급하고 그 적실성을 검토하고 있다. 왈트는 특히 어느 국가가 가장 큰 위협을 가하고 있는가가 명백하지 않을 때 위협이 아닌 몇 개의 다른 요인들이 동맹관계의 형성에 영향을 미칠 수 있다고 보고 그중의 하나로서 이념을 지적하고 있다. 이념을 동맹 형성의 중요한 요인으로 간주하는 견해는 소위 이념 유대설로서 독자적으로 동맹 형성을 설명하려는 특히 냉전 시기에 유행하던 견해이다. 좀 더 구체적으로 말해 국가는 자신의 국내 체제나 정치적 가치가 비슷한 국가와 동맹관계를 형성한다는 것이다. 그러나 왈트는 이념의 독자적인 동맹 형성에의 영향을 부인하고 비록 이념적 유대가 공동의 위협에 대한 균형 욕구를 강화시킬 수 있으나 공동의 이념은 공산주의 세계에서 보아왔듯이 갈등과 분열의 잠정적인 근원이 될 수도 있다고 본다. 또 다른 견해는 경제적인 유대가 강력한 동맹관계를 창출하거나 강화한다고 보는 견해이다. 대외원조의 제공과 무역거래가 동맹관계에 영향을 미칠 것이라는 믿음이 과거 강대국들의 원조와 무역정책에 내재해 있었으며 소련의 위협이 사라진 후에도 선진 공업 국가 간에 협력이 지속되리라고 보는 이유 중의 하나도 여기에 있다. 그러나 왈트는 매우 약한 국가들이 경제적인 이익을 얻기 위해 안보 문제에서 협력할지 모르나 실질적인 증거들은 더 많은 경우 동맹을 위한 강력한 정치적인 유인이 역시 있어야 강력한 경제적 유대가 형성되기 쉽다는 것을 보여준다고 본다. 더군다나 걸프전에서 보듯이 경제적인 의존은 갈등의 강력한 근원이 될 수 있다. 왈트는 경제적인 요인만으로 동맹에의 깊은 관여가 유지될 것이라고 믿는 것은 근거가 거의 없다고 본다. 동맹관계에 영향을 미칠지 모르는 또 다른 요인은 일국이 선전(propaganda)을 통해 상대방 국가의 국내 정치체제를 조작하거나 교육지원 · 군사훈련 등의 프로그램을 통해 상대방 국가의 사회구성원을 포섭함으로써 상대방 국가에 영향력을 행사하는 것이다. 왈트는 이러한 요인은 위험스럽기는 하나 때때로 이러한 요인이 동맹 내부에 있어서 영향력을 발휘하는 하나의 강력한 근원이 될 수 있다고 본다: Stephen M. Walt, "Multilateral Collective Security Arrangements," in Richard Shultz, Roy Godson, and Ted Greenwood, eds., *Security Studies for the 1990s* (Washington, New York, and London: Brassey's, 1994), pp. 244-245.

않다는 점이다.

넷째, 소련이 붕괴하고 바르샤바조약기구(WTO)가 해체됨으로써 위협이 사라졌음에도 불구하고 북대서양조약기구(NATO)가 오히려 확대되고 있는 것을 위협균형론은 설명하지 못한다. 즉 미국이 위협적인 존재가 아니기 때문에 미국에 대한 균형이 생기지 않는다는 것은 적절하게 설명하나 소련을 위시한 동유럽으로부터의 위협이 없어졌는데도 불구하고 오히려 미국의 동맹이 확장되는 것을 위협균형론은 제대로 설명하지 못한다.393)

② 편승이론

편승이론(theory of bandwagoning)은 세력균형론이라든가 위협균형론이 모두 국가들이 약한 쪽에 합류하여 세력이나 위협의 균형을 추구한다는 것과는 반대로 더 강한 쪽에의 합류를 의미하는 편승을 할 것으로 예측한다. 쉬웰러(Randall L. Schweller)는 세력균형을 만연된 현상으로 보는 것은 편승 행위를 무시한 지나친 주장임을 지적한다.394) 그에 따르면 국가들은 이익을 얻을 수 있을 것이라는 전망에 따라 약자가 아닌 강자 편에 합류하게 된다.395)

이러한 편승이론은 해외개입을 정당화하거나 군사비를 증가시키려는 정치가들에 있어 보편적인 견해라고 본다. 예컨대 과거 독일은 거대한 전투함대를 건립하여 영국의 해상 우위에 위협을 가함으로써 영국에게 중립을 지키도록 한다든가 독일과 동맹을 맺도록 할 수 있다고 생각했다. 소련도 이러한 믿음 아래 노르웨이와 터키에 위협을 가해 이들이 북대서양조약기구에 가입하는 것을 저지하려 했고 1960년대와 1970년대에는 군사력의 증강을 통해 서구에 대항한 권력의 변화를 꾀했다.396) 이러한 믿음은 미국에 있어서도 예외가 아니어서 냉전 중에 미국은 권력의 증강을 통해 권력의 월등한 우위를 꾀하지 않으면 동맹국들은 믿음을 잃고 소련 진영으로 이탈할 것이라고 믿었다.

균형화는 강력한 지배적인 국가의 등장을 견제하기 위해 약한 편과 권력을 합한

---

393) NATO의 확장에 대한 이론적인 설명은 이 책의 다른 부분에서 언급하고자 한다.

394) Randall L. Schweller, "Bandwagoning for Profit: Bringing the Revisionist State Back In," *International Security*, Vol. 19, No. 1 (Summer 1994), pp. 72–107.

395) 편승에는 두 가지 종류 즉 공격적 편승(offensive bandwagoning)과 방어적 편승(defensive bandwagoning)이 있다. 전자는 강한 국가와의 동맹이 가져다주는 전리품을 위해 이루어지기도 하고 패권국과의 동맹이 가져다주는 체제의 안정을 통한 국제교역의 성장과 이에 따른 경제성장을 위해서도 이루어지기도 한다. 후자는 가상 적국으로부터의 실질적인 침략행위를 저지하거나 침략의 의도 자체를 사전에 봉쇄할 목적으로 이루어진다.

396) 그러나 결과는 이와는 반대로 노르웨이와 터키가 서방측에 더 가깝게 만들었다. 또한 중국과 미국의 관계 정상화와 미국 군사력의 최고도로의 증강을 가져왔다.

다는 논리이고 편승은 이와는 대조적으로 권력이 강하거나 위협적인 세력의 편에 선다는 것으로서 이 두 논리는 상당히 다른 세계를 그리고 있다. 전자의 경우가 국제정치의 지배적인 경향일 경우 지배적인 국가의 등장을 막을 수 있어 국가들은 좀 더 안전할 것이나 만약 후자의 경우가 지배적일 경우 강자는 더 많은 권력을 얻어 국가들의 안보를 위협하게 될 것이다.

이 두 개의 상이한 가설은 상이한 정책적인 처방을 요구하기 때문에 이들이 갖는 의미는 매우 크다. 만약 균형이 지배적인 경향이라고 한다면 위협을 가하는 국가는 반대 동맹의 형성을 촉발하여 도발(공격)이 억제될 것이다. 따라서 강한 국가의 경우 반대 동맹의 결성을 방지하거나 억제하기 위해서는 위협적으로 보이지 않도록 주의해야 하며 위협을 최소화하는 대외정책과 국방정책을 수립해야 한다.

이와는 달리 만약 편승이 지배적인 경향일 경우 여타의 국가들을 자신의 편에 유인하기 위해서는 강력하고 공격적이며 호전적이고 모험적으로 보이는 것이 중요하다. 또한 한 번의 패배는 동맹국들의 이탈을 가져올 수 있으므로 국가 간 치열한 경쟁을 가져오게 된다.

균형이 지배적인 경향임에도 불구하고 잘못 인식하여 편승이 지배적일 것으로 생각하고 위협적으로 대처하는 경우 자신에 대항하는 압도적인 연합의 형성을 촉진하여 스스로 격리되고 마는 결과를 초래할 수 있다. 반대로 편승이 지배적인 경향임에도 불구하고 잘못 인식하여 균형이 지배적일 것으로 생각하고 온건하게 대처하는 경우 반대편에 있는 위협적인 국가를 중심으로 한 강력한 연합의 형성을 초래할 것이다.

위협균형론을 주장하는 왈트는 이러한 의미에서 국가들이 균형을 택할 것인지 아니면 편승을 택할 것인지 그리고 어떤 위협의 요소가 이러한 결정에 가장 큰 영향을 미칠 것인지를 아는 것이 매우 중요하다고 강조한다.

왈트는 대개 균형을 추구하는 경향이 더 일반적이며 특별한 조건에서만 편승 경향이 일어난다고 본다. 즉 비록 편승이 특정의 드문 경우에 발생하나 증거 대부분은 국가들이 위협에 대항하여 균형을 이루어 왔음을 보여준다는 것이다. 그 이유는 위에서 언급했듯이 위협적인 국가에 합류하면 국력의 큰 차이로 인해 언제 변덕을 부릴지 모르는 위협적인 국가의 자비에 계속해서 의존해야 한다는 불안함이 있어 위협적인 세력의 반대편에서 균형을 취하는 것이 더 안전하다고 판단하기 때문이다.

왈트는 편승이 일어날 수 있는 조건으로서 일반적으로 국가가 약하면 약할수록 균형보다는 편승을 선호할 것으로 본다. 약한 국가는 방어적인 연합에 가담한다 해도 권력이 약하기 때문에 거의 보탬이 되지 않으며 가담으로 인해 위협적인 국가의 분노를 살 수 있으므로 이기는 쪽에 합류한다고 본다. 약한 국가는 지리적으로 인접해 있는 강대국에 민감하다. 거의 비슷한 능력을 지니고 있는 국가로부터 위협을 받으면 균형을 택하고 강대국에 의해 위협을 받을 때는 편승을 택하기가 싫다고 본다. 이와는 대조적으로 강한 국가의 경우 그의 가담으로 인해 승패가 달라져 그의 기여에 대한 보상을 충분히 받을 수 있으므로 약한 쪽에 합류하는 것이 합리적이라고 본다.

일반적으로 국가들은 단순히 동맹국이 존재하지 않을 때 편승의 유혹을 받는다. 또한 전시에 일방의 승리가 가까이 다가올수록 다른 국가들은 이에 편승하려는 경향을 보일 것이며 잠재적으로 위협적인 국가가 성공적으로 유화될 수 있다고 믿을 때 역시 편승 현상이 일어날 수 있다고 본다.

③ 책임 전가론(무임승차론)

국제체제의 무정부 상태 속에서 불안감을 느끼는 국가들이 좀 더 많은 권력을 획득하여 불안감을 감소시키려 하면 국가에 따라서는 일정한 국가를 공격함으로써 이러한 불안에서 벗어나려고 할 수도 있다. 그러나 국가가 특정 국가를 공격하고 있을 때 다른 국가가 자신을 공격할지도 모른다는 두려움에 공격을 그만둘 수도 있다. 실제로 공격을 감행하였을 때 다른 국가들은 공격받고 있는 국가를 방위할 유인도 갖게 되는데 이는 공격을 받고 있는 국가를 방치하면 공격하는 국가의 권력이 상당한 정도로 증가할 수 있기 때문이다. 이것이 바로 세력균형의 논리이다.

그러나 국가들은 이럴 때 다른 국가가 나서서 침략자에 맞서리라는 기대 속에서 공격이 행해졌을 때 방관할 유혹을 느껴 무임승차(책임 전가)를 하게 된다는 것이다. 이러한 논리는 공공재 이론의 무임승차(free-riding) 문제와 다르지 않다. 특정의 경우에 세력균형의 경향이 일어날지 아니면 무임승차의 경향이 나타날지 결정하기 쉽지 않으나 침략자의 권력이 반복적으로 증가하여 저항할 수 없을 때는 세력균형의 경향이 좀 더 강해질 것으로 본다.397)

앞서 미어샤이머의 공격적 현실주의에서 살펴보았듯이 미어샤이머는 강대국을 포함한 국가들은 균형화를 선호한다는 세력균형론자들과는 달리 경쟁국을 견제하는 전략으로 균형화 전략과 책임 전가 전략이 있다고 보고 조건에 따라 어느 전략의 선택을 선호할 것인가를 달리한다고 본다.398)

---

397) 무임승차(free-riding)는 책임 전가(buck-passing)와 같은 것으로서 이에 대한 자세한 논의는 왈츠의 (방어적) 현실주의 편과 미어샤이머의 공격적 실현주의 편을 참조하시오. 이곳에서 어떤 조건에서 균형화가 일어나고 어떤 조건에서 책임 전가가 일어나는가를 소상히 논하고 있다.

④ **이익균형론**

앞서 신고전적 현실주의 이론의 하나로서 쉬웰러(Randall L. Schweller)의 위협균형론에서 살펴보았듯이 국가들은 권력에 대항하여 균형화를 추구한다는 왈츠와 위협에 대항하여 균형화를 추구한다는 왈트의 주장과 달리 국가는 이익에 따라 행동하며 그 결과 균형화를 추구할 수도 있고 편승을 추구할 수도 있다고 본다.

3) 국제체제의 극성과 안정의 관계

현실주의 이론에 따르면 국가들이 안보를 둘러싸고 경쟁을 하는 가운데 국제체제의 구조적인 특성으로부터 일정한 정도의 안정이 도래된다고 본다. 즉 무정부성을 특징으로 하는 국제체제에서 안정이란 평화주의라든가 애타주의와 같은 개개 국가들의 의도로부터 유래되는 산물이 아니고 특정한 국제체제의 구조의 산물로 본다.

(1) 극성과 안정의 정의

① **극성의 정의**

논의를 진행하기 전에 우선 극성(polarity)과 안정(stability)이란 구체적으로 무엇을 의미하는지 그 정의를 살펴보아야 한다. 여기서 극성이란 극의 구조(polar structure)를 일컬으며 일반적으로 강대국의 수로서 구별된다. 따라서 강대국의 수에 따라 국제체제는 일반적으로 단극체제 · 양극체제 · 다극체제라는 3종류로 구분된다.

이러한 3종류의 국제체제 가운데 다극체제만큼은 좀 더 세분화가 이루어지고 있다. 대표적인 예로서 미어샤이머의 분류방식을 들 수 있다. 미어샤이머는 강대국을 단순한 강대국 · 잠재적 패권국 · 패권국으로 구분하여 다극체제를 잠재적 패권국의 존재 여부에 따라 잠재적 패권국이 존재하는 불균형적 다극체제와 존재하지 않는 균형적 다극체제로 분류한다. 이와 비슷한 맥락에서 여러 강대국 가운데 압도적인 권력의 우위를 지닌 강대국의 수에 따라 다극체제를 단다극체제와 양다극체제로 구분하기도 한다.

② **안정의 정의**

안정이란 개념의 구체적인 의미는 단순하지 않고 다소 복잡하다. 우리가 안정된 국제체제의 여부를 논할 때 전쟁의 빈도를 우선 고려하여 전쟁이 거의 없는 국제체제를 안정된 국제체제로 바라본다. 그러나 전쟁이 거의 없다는 기준은 상당히 모호

---

398) 미어샤이머가 제시한 책임 전가가 일어나기 쉬운 구체적인 조건에 관한 것은 미어샤이머의 공격적 현실주의 편을 참고하시오.

한 기준이다. 이는 단순히 전쟁의 빈번한 정도를 기준으로 안정 여부를 판단하면 전쟁의 빈도가 낮을지라도 일단 전쟁이 일어나 수년간 지속되면서 소모전이 될 때 전쟁의 빈도가 낮다는 이점은 의미를 상실할 수 있기 때문이다. 따라서 전쟁의 기간 역시 고려되어야 한다. 이러한 전쟁의 기간과 더불어 살해된 사람의 수와 같은 지표로서 측정될 수 있는 전쟁의 규모 즉 혹독함도 고려되어야 한다.399)

이러한 복합적인 지표의 필요성은 스턴(Geoffrey H. Stern)의 주장에서도 알 수 있다. 스턴은 역사적 경험만으로 볼 때 양극체제가 아마도 평화를 가장 오래 지속시킬 수 있다고 본다. 그러나 이러한 평화가 파괴되었을 때의 결과는 심각할 것이라고 본다. 그는 18세기에서 보듯이 다극체제에서 전쟁은 좀 더 빈번히 발생하나 덜 재앙적인 경향이 있다는 것을 강조한다.400)

도이취와 싱어(Karl W. Deutsch and J. David Singer)는 안정을 「체제가 본질적인 특성 모두를 견지하고 어떠한 단일한 국가도 지배적인 국가가 되지 않으며 체제의 구성국 대부분이 계속하여 생존하고 대규모 전쟁이 발생하지 않을 확률」로 본다.401)

(2) 극성과 안정에 관한 이론들

현실주의 이론가들은 국제체제와 관련하여 어떤 국제체제가 국제평화와 질서를 위해 더 안정적인가에 깊은 관심을 두어왔다.402) 국제체제와 안정과의 관계에 관한 논의에 전제된 가정은 국제체제 극성의 영향이 커 이질적인 국가들마저 동일하게 행동하도록 함으로써 국제체제의 안정과 평화의 연구는 국가 내부에 관한 연구가 필요 없다는 것이다. 즉 개개 의사결정자들의 동기와 믿음 그리고 이념과 정치과정과 같은 국내 요인들이 연구의 대상이 되지 않는다. 이와는 대조적으로 역사학자 대부분에 의해 옹호되는 분석은 이러한 강대국 간 전쟁의 부재를 강대국 내의 요인으로부터 찾는다. 여기에서는 극성과 안정에 관한 다양한 견해를 살펴보고자 한다.

---

399) Bruce Russett and Harvey Starr, *World Politics: The Menu for Choice*, 3rd ed. (New York: W. H. Freeman and Company, 1989), p. 105.

400) Geoffrey H. Stern, *The Structure of International Society: An Introduction to the Study of International Relations* (London and New York: St. Martin Press, 1995), p. 151.

401) Karl W. Deutsch and J. David Singer, "Multipolar Power Systems and International Stability," in James N. Rosenau, ed., *International Politics and Foreign Policy: A Reader in Research and Theory*, rev. ed. (New York: Free Press, 1969), pp. 315-317.

402) 이러한 질문의 기저에는 다음과 같은 질문이 자리하고 있다: 나폴레옹 전쟁과 1차 세계대전 사이에 제한적인 전쟁은 있었지만 왜 19세기에 대규모 전쟁이 없이 상대적으로 안정과 평화가 가능했는가? 왜 2차 세계대전 이후 초강대국 간에 안정된 상태가 지속되는가?

① 단극체제 안정론(패권안정론)

다극체제 안정론과 양극체제 안정론의 경우 강대국의 수에 있어서는 차이가 나지만 모두 세력균형체제가 안정을 가져온다는 논리를 전개한다. 단극체제 안정론은 이와는 대조적으로 하나의 지배적인 국가가 존재할 때 국제체제가 상대적으로 평화와 안정을 가질 수 있다고 보는 견해이다. 즉 세력이 불균형한 단극체제가 세력균형체제보다 더 안정적이라고 본다.403) 이러한 견해를 공유하는 학자들에는 길핀(Robert Gilpin) · 오간스키(A. F. K. Organski) · 모델스키(George Modelski) 등의 패권안정론자가 있다.

② 다극체제 안정론404)

다극체제 안정론은 학자 대부분에 의해 옹호하는 전통적인 견해로서 대표적인 학자로서 모겐소(Hans J. Morgenthau) · 카플란(Morton A. Kaplan) · 도이취와 싱어(Karl W. Deutsch and J. David Singer)가 있다. 또한 굴릭(Edward Vase Gulick)과 호프만(Stanley Hoffmann) 같은 학자도 적절한 조건이 갖춰져 있고 이러한 조건에 국가의 외교정책이 잘 적응하는 경우 다극체제는 양극체제와 비교해서 상대적으로 좀 더 안정적일 수 있다는 견해를 보인다.405) 케글리와 레이몬드(Charles W. Kegley, Jr. and Gregory A. Raymond)는 이들의 주장을 논거에 따라 대략 다음과 같은 네 가지로 구분하고 있다.406)

첫째 주장은 상호작용 기회(interaction opportunity)를 근거로 한 다극체제 안정론으로서 도이취와 싱어의 견해가 여기에 속한다. 왜 양극체제는 불안정한가와 관련하여 양극체제에서 두 강대국이 모든 중요문제에 있어 서로 의견을 달리할 때 그리고 실질적으로 국제체제 내의 거의 모든 국가가 이러한 두 강대국의 어느 편엔가 속할 때 갈등은 심화되기 쉽다고 본다. 또한 양극체제에서 동맹 블록은 개별국가 행동을

403) 왜 패권체제가 질서를 수립하고 유지할 수 있는가에 관한 설명은 현실주의 패러다임의 패권안정론 부분을 참조하시오.

404) 이를 좀 더 정확하게 표현하자면 「다극적 세력균형체제 안정론」이다.

405) Hans J. Morgenthau, *Politics Among Nations: The Struggle for Power and Peace*, 6th ed. Rev. by Kenneth W. Thompson (New York: Alfred A. Knopf, 1985), pp. 361, 378-379; Morton A. Kaplan, *System and Process in International Politics* (New York: Wiley, 1957), p. 130.; Karl W. Deutsch and David Singer, "Multipolar Power Systems and International Stability," *World Politics*, Vol. 16, No. 3 (April 1964), p. 390; Edward Vase Gulick, *Europe's Classical Balance of Power* (Ithaca, N.Y.: Cornell University Press, 1955), p. 9; Stanley Hoffmann, *Primacy or World Order: American Foreign Policy Since the Cold War* (New York: McGraw Hill, 1978), p. 12.

406) Charles W. Kegley, Jr. and Gregory A. Raymond, *A Multipolar Peace?: Great-Power Politics in the Twenty-first Century* (New York: St. Martin Press, 1994), pp. 51-53.

제한하여 불만을 확대시킴으로써 불안의 가능성을 보유하게 된다고 본다.

왜 다극체제가 안정적인가와 관련하여 다극체제에서 개개 국가는 선택할 수 있는 정책의 대안이 많아진다고 본다. 보다 구체적으로 다극체제에서 권력이 강한 국가의 수가 많으면 많을수록 개개 국가는 다른 국가와 많은 이슈에 있어 상호작용을 할 기회를 얻게 되어 이슈 A에는 의견을 달리하는 경쟁자가 되어도 이슈 B에는 의견을 같이하는 협력자가 되는 등 각국의 이해관계가 복잡하게 얽혀 행동이 온건해질 수밖에 없다는 것이다.

둘째 주장은 주의(attention)와 관련된 견해인데 이 역시 도이취와 싱어 견해의 일부분이다. 전쟁을 시작할 정도로 적대적이라면 국가들이 서로에 상당한 정도로 주의를 쏟아야 하나 다극체제에서 국가들은 서로에 주의를 덜 쏟는다. 국가 A는 국가 B뿐만 아니라 국가 C·D·E 등에도 신경을 써야만 하기 때문이다. 즉 국가 A는 C·D·E 등 타국들 역시 우려해야 하므로 B에만 모든 에너지를 쏟을 수 없기 때문이다.

셋째 주장은 유연성(flexibility)에 근거를 두고 있다. 이는 모겐소와 같은 학자의 견해이다. 즉 다극체제에서는 누구도 협력자가 될 수 있으며 누구도 돌이킬 수 없는 적이 아니다. 부단히 변화하는 동맹과 반동맹을 통해서 양극체제의 경직된 치열한 경쟁을 피하고 유연한 다극적 세력균형을 이룰 수 있어 전쟁이 일어날 가능성이 적다고 본다.

넷째는 위험의 회피(risk aversion)를 근거로 한 주장인데 이것 역시 모겐소 견해의 일부를 구성한다. 구체적으로 강대국의 숫자가 많아질수록 상대적인 능력을 평가하고 국가 간에 어떤 동맹관계가 형성될 것인가를 예측하기가 어려워진다. 따라서 지도자들은 적의 권력과 동맹관계의 구성에 확신을 가질 수 없으므로 다극체제에 있어서 전쟁의 가능성이 줄어든다. 한 마디로 불확실성이 전쟁을 억제하는 효과를 가져다줄 수 있다는 견해다.

케글리와 레이몬드는 언급하고 있지 않으나 도이취와 싱어는 또한 다극체제가 군비경쟁 가능성이 작아 안정적이라고 본다. 즉 일국이 군비를 증강하면 다른 국가들은 이러한 군비의 증강 가운데 자국에 목표를 둔 증강 정도만 증강하여 대응할 수 있고 때로는 전혀 권력의 증강 없이 단순히 국가 간에 동맹을 결성함으로써 대응할 수 있어 안정적이라고 본다. 즉 다극체제에서 일국의 군비증강은 타국에 있어서 같은 양의 군비증강이 필요하지 않다는 점을 강조한다.

많은 학자는 1648년과 1980년대 말 사이의 기간 중 특히 1815년에서 1914년까지의 약 1세기 동안 비록 1853년에서 1856년까지 크리미아 전쟁과 같은 제한적인 국가 간의 충돌은 존재했지만 나폴레옹 전쟁 및 1, 2차 세계대전과 같은 대규모의 전쟁이 부재한 상대적인 평화의 시기라고 간주하고 이러한 평화를 다극적 세력균형이 가져다준 결과라고 본다. 따라서 2차 세계대전 이후 많은 현실주의 학자와 정치가가 국제체제에서의 보편성을 갖는 평화의 조건을 찾기 위해 이러한 19세기를 평화유지의 모델 시기로 간주하고 집중적으로 그 요인을 연구하고자 했다.

예컨대 전통적 현실주의자의 하나인 키신저(Henry A. Kissinger)는 박사학위 논문에서 나폴레옹 이후 시대의 연구를 통해 세력균형과 국제체제 안정의 상관관계를 찾아내어 이론화하고 이를 실제의 외교에 적용하고자 했다. 세력균형론의 명백한 옹호자로서 키신저는 역사연구를 통해 볼 때 세력균형 없이는 평화란 불가능하고 이러한 균형을 어떻게 찾아내야 하는가가 정치가의 지속적인 과업이라고 보았다.

키신저는 가장 적절한 국제체제란 체제를 구성하고 있는 모든 국가가 그들의 체제를 절차적 합의에 기초한 정당한 국제체제로 받아들여 현상 유지 세력이 되도록 하는 것으로 보았다. 또 다른 한편 적절한 국제체제는 어떠한 강대국도 도전적인 행위자가 될 수 없도록 효과적인 세력균형을 이룰 가능성에 기초해야 한다고 보았다. 키신저에 의하면 이러한 국제체제가 나폴레옹 전쟁의 마무리를 위해 소집된 1815년의 비인회의(Congress of Vienna) 이후 대략 1850년까지 지속된 것으로 보았다.

키신저는 2차 세계대전 이후 냉전 시대의 양극적 국제체제는 이러한 성격을 보유하지 않았다고 보았다. 좀 더 구체적 말해 우선 2차 세계대전 이후의 국제체제는 위에서 말한 국제체제에 대한 정당성을 지니지 못했으며 또한 효과적인 균형을 이루기 위한 조건으로서 필요한 셋 혹은 그 이상의 행위자를 가지지 못했다는 것이다. 이러한 이론적인 지침에 따라 키신저는 미국이 종래 격리해 왔던 중국을 국제체제의 강대국으로 불러들여 양극체제를 강대국 삼각체제(Great Power Triangle)로 변형시켜 효과적인 균형의 가능성을 제고시키고자 했으며 이러한 구상하에 1971년과 1972년에 걸쳐 중국과의 관계 개선을 도모했다.

③ 양극체제 안정론407)

다극체제 안정론과 대조되는 것으로서 양극체제 안정론이 있다. 앞서 양극체제란 지나치게 경직되고 경쟁적이며 긴장을 가져오는 구조라고 보는 다극체제 안정론과는 달리 양극체제 안정론자들은 1945년 이후 소련의 붕괴가 있을 때까지의 이 기간을 장기간의 평화(long peace)가 지속된 기간으로 바라보고 무엇이 이를 가능하게 했는

407) 좀 더 정확히 말하자면 「양극적 세력균형체제 안정론」이다.

가를 연구하고자 했다.

양극체제 안정론의 가장 중심적인 인물은 신현실주의자인 왈츠(Kenneth N. Waltz)이다.408) 왈츠는 양극체제라는 국제체제의 구조적 특징을 2차 세계대전 이후 국가 간의 커다란 갈등의 부재의 원인으로 보고 2차 세계대전 후의 양극체제가 과거의 다극체제보다 안정적이라고 본다. 그는 「국제정치론(Theory of International Politics)」이라는 서명의 책을 발간한 1979년 당시의 국제체제인 양극체제가 안정성으로 인해 오래 지속될 것으로 보았다. 왈츠 이외에 하우스(Karen Eliot House)·미드라스키(Manus I. Midlarsky)·리버(Robert J. Lieber)·미어샤이머(John J. Mearsheimer)·오이(Kenneth A. Oye) 역시 양극체제 안정론자로 분류된다.409)

왈츠가 제시한 양극체제 안정론의 근거들을 중심으로 하면서 다른 학자들이 제시한 근거를 종합하여 살펴보면 다음과 같다. 첫째 주장은 신중함(caution)과 관련이 있다. 이는 주로 왈츠에 의해 제기된 주장으로서 여타의 국가들에 비해 절대적인 권력의 우위를 가지고 있는 두 초강대국 사이에 갈등이 발생하면 위기의 정도가 강함으로 인해 오히려 이들 초강대국이 신중함을 갖게 됨으로써 큰 전쟁이 절대 일어나지 않는다는 주장이다.

둘째 주장은 확실성(certainty)에 근거를 둔 주장으로서 왈츠의 양극체제 안정론의 핵심적인 근거이다.410) 다극체제는 복잡성에서 오는 오산(miscalculation)이나 오인식(misperception) 등으로 인하여 갈등의 가능성이 크다는 주장이다. 즉 다극체제는 다수의 국가를 상대하여야 하는데 이때 이들 개개 국가들의 능력과 의도를 파악하기도

408) Kenneth N. Waltz, *Theory of International Politics* (Reading, Mass.: Addison-Wesley, 1979); Kenneth N. Waltz, "International Structure, National Force, and the Balance of World Power," *Journal of International Affairs*, Vol. 21, No. 2 (1967), p. 215-231; Kenneth N. Waltz, "The Stability of a Bipolar World," *Daedalus*, Vol. 93, No. 3 (Summer 1964), pp. 881-909.

409) Karen Eliot House, "As Power Is Dispersed Among Nations, Need for Leadership Grows," *The Wall Street Journal* (February 21, 1989), A10; Manus I. Midlarsky, *The Onset of World War* (Boston: Allen and Unwin, 1988), pp. 66-67; Manus I. Midlarsky, "Polarity and International Stability," *American Political Science Review*, Vol. 87, No. 1 (March 1993), p. 174; Robert J. Lieber, *No Common Power: Understanding International Relations*, 2nd ed. (New York: Harper Collins, 1991), p. 269; John J. Mearsheimer, "Why We Will Soon Miss the Cold War," *The Atlantic Monthly*, Vol. 266, No. 2 (August 1990), pp. 35-50; John J. Mearsheimer, "Back to the Future: Instability in Europe after the Cold War," *International Security*, Vol. 15, No. 1 (Summer 1990), pp. 5-56; John J. Mearsheimer, *The Tragedy of great Power Politics* (Norton: W. W. & Company, Inc, 2001); Kenneth A. Oye, "Explaining Cooperation Under Anarchy: Hypotheses and Strategies," in Kenneth A. Oye, ed., *Cooperation Under Anarchy* (Princeton, N.J.: Princeton University Press, 1986), pp. 3-33.

410) 다극체제 안정론자인 모겐소는 왈츠와는 반대되는 견해를 제시하고 있다. 즉 다극체제는 다수의 행위자가 있어 상황이 복잡하고 유동적이다. 이로 인해 불확실성이 초래되고 이로부터 오는 위험성을 인식하고 국가들은 극도로 주의하게 된다.

어려운데 이들과 동맹관계에 있는 국가들의 능력과 이해관계까지 파악하여야 하므로 오산이나 오인식 등의 여지가 커지기 때문이다. 왈츠에 따르면 전쟁은 이러한 오산이나 오인식에 의해 발생하는데 양극체제는 행위자의 수가 적은 단순한 구조로 되어 있어 오산이나 오인식의 가능성이 상대적으로 적다. 즉 양극체제하에서 국가는 하나의 적만을 상대하면 되기 때문에 적이 가지고 있는 권력과 결연한 의지를 충분히 파악하여 과소평가할 가능성이 작아 전쟁의 가능성이 줄어든다는 것이다.

셋째는 확률(probability)에 근거한 주장으로서 다극체제에서는 약소국과 강대국이 여러 조합을 구성해 전쟁을 일으킬 수 있으나 양극체제의 경우는 강대국이 단지 둘만 존재하여 전쟁이 일어날 가능성이 적다는 것이다. 하우스(Karen Eliot House)의 비유를 들자면 큰 전함 둘이 서로의 주위를 돌 때 충돌을 피하기 쉬우나 다양한 크기의 제각기 다른 야심과 항해술을 가진 배들이 지구라고 하는 호수에 꽉 차 있으면 충돌의 가능성은 커진다는 것이다.

넷째 논거는 균등(equality)이라는 개념과 관련이 있으며 이는 미드라스키(Manus I. Midlarsky)의 주장이기도 하다. 2개의 지배적인 초강대국으로 구성된 국제체제에서는 이들 초강대국 사이에 극단적인 불균등이 생기기 힘들다는 견해이다. 다극체제는 가장 유리한 강대국과 가장 불리한 강대국 사이에 심각한 불균등이 존재하며 그 결과 이러한 불균등을 해결하기 위한 노력으로 인해 국제체제가 불안정해지기 쉽다.411)

다섯째는 단순성(simplicity)으로부터 양극체제의 안정성을 설명하려는 입장이다. 양극체제는 다극체제와 비교하여 상대적으로 행위자의 수가 적어 상호협력이 쉽고 복잡하지 않은 단순함으로 인해 국가 간 협력을 촉진할 게임의 규칙을 만들기가 좀 더 쉽고 이렇게 만들어진 규칙들이 행위를 규제하고 협력을 제도화할 수 있어 전쟁 가능성이 덜해진다고 본다. 이와는 대조적으로 다극체제는 행위자의 수가 많아 협력이 어렵고 다수의 경쟁적인 국가들에 권력이 분산되어 있어 질서의 수립과 유지가

411) 앞서 살펴보았듯이 미어샤이머는 다극체제를 잠재적 패권국의 존재 여부에 따라 잠재적 패권국이 존재하지 않는 균형적 다극체제와 잠재적 패권국이 존재하는 불균형적 다극체제로 구분하고 두 다극체제가 모두 양극체제와 비교하여 전쟁의 가능성이 더 큰 이유와 두 다극체제 중에서 불균형적 다극체제가 전쟁의 가능성이 가장 큰 이유를 별도로 제시하고 있다. 두 다극체제가 양극체제와 비교하여 전쟁의 가능성이 큰 이유로서 다극체제는 강대국의 수가 많아 더 많은 잠재적 충돌의 조합(dyad)이 존재한다는 점과 다극체제에서 오산의 가능성이 좀 더 크다는 점 이외에 다극체제에서는 세력의 불균형이 좀 더 보편적이어서 강대국들은 전쟁에서 승리할 수 있는 능력을 보유할 가능성이 커지고 이는 억지를 좀 더 어렵게 한다고 본다. 미어샤이머는 불균형적 다극체제가 가장 전쟁의 가능성이 큰 이유를 다른 이유가 아닌 강대국 사이의 권력의 격차만을 통해 설명하고 있는데 그에 따르면 잠재적 패권국이 다른 강대국보다 뚜렷한 권력의 우위를 가지고 있는 관계로 좀 더 약한 경쟁국과 싸워 이길 수 있다는 전망을 하기 쉽고 잠재적 패권국은 강대국들 사이에 두려움의 정도를 증대시킴으로써 전쟁을 불러일으킬 가능성이 크다.

쉽지 않다고 본다. 또한 행위자들 사이에 연대나 제휴가 자주 변경됨으로써 합의된 국제질서를 유지하는 것이 어렵다. 리버(Robert J. Lieber)와 오이(Kenneth A. Oye)는 행위자의 수가 증가할수록 협력의 가능성이 점점 줄어든다고 주장한다.[412]

여섯째는 양극체제가 갖는 동맹관계의 특성으로부터 안정성의 근거를 찾는 견해이다. 이러한 근거들에는 여러 가지가 존재하는데 주된 근거를 중심으로 살펴보면 다음과 같다.

i) 다극체제에서 동맹은 거의 동등한 국가들 사이에 형성되기 때문에 어떠한 국가도 동맹을 지배하지 못한다. 양극체제의 경우 동맹은 하나의 초강대국에 의해 지배되는 위계적인 체제이다. 따라서 두 개의 초강대국은 각각 자기 진영에서 전반적인 관리능력을 갖고 체제 전체의 관심사와 문제들을 해결할 수 있으므로 이익영역의 조정을 위한 동맹국 간의 전쟁 등 전쟁의 빈도가 줄어 보다 안정적이다. 왈츠도 이러한 진영 내에서의 초강대국의 리더십을 양극체제 안정성의 근거들 가운데 하나로 본다.

ii) 다극체제의 경우 동맹은 부단히 바뀔 수 있는 유연성을 지니며 동맹에서 이념은 결속의 요인으로서 역할을 하지 않는다. 이러한 체제에서 세력균형 기제가 작동하지 못하면 전쟁이 발생하기 쉽고 전쟁 후의 새로운 균형의 수립을 목표로 전쟁이 일어나기 쉽다. 이와는 달리 양극체제의 경우 동맹은 이념에 의해 견고히 유지되며 쉽게 변하지 않는다.

iii) 다극체제의 경우 동맹으로부터의 이탈은 동맹의 안정성에 큰 영향을 미치며 동맹의 운영을 매우 어렵게 만든다. 양극체제의 경우 동맹은 초강대국의 권력에 의존하고 있어 다른 동맹국에 의존할 필요 없이 초강대국 자체의 권력 증대를 통해 안정을 찾을 수 있다. 즉 동맹국의 이탈이 세력균형에 별 영향을 주지 않기 때문에 좀 더 안정적이다.

iv) 19세기의 다극체제에서 보듯이 다극체제에서는 세력균형을 위한 동맹의 형성과 유지에 지도자들의 다각적인 노력과 능력이 필요하다. 이와는 달리 양극체제의 경우는 누가 누구와 동맹을 맺는가가 선택의 문제라기보다는 체제에 의해 주어지는 문제이기 때문에 동맹의 형성과 유지가 다극체제보다 훨씬 간단해 안정을 유지하기 쉽다.

v) 다극체제의 경우 동맹국이 이익을 위해 투쟁하기보다 동맹 자체의 존속을 중

---

412) 지금까지 살펴본 다섯 가지 논거라는 큰 틀은 케글리와 레이몬드의 분류에 근거를 두고 있다: Charles W. Kegley, Jr. and Gregory A. Raymond, *A Multipolar Peace?: Great-Power Politics in the Twenty-first Century* (New York: St. Martin Press, 1994), pp. 48-50.

시하는 함정에 빠질 위험이 있으며 흥정 · 균형 · 야합 전략이 나타나기 때문에 동맹관계가 불안정할 수 있다. 이와는 달리 양극체제의 경우 이러한 위험이 없어 보다 안정적이다.

vi) 다극체제에서의 동맹의 경우 자국의 생존을 확보해 줄 세력균형의 유지를 위해 꼭 필요하다고 기대되는 무모한 동맹국에 조건 없이 자신을 얽어매는 현상이 발생하기 쉬워 불안정하다. 이와는 달리 양극체제의 경우 이러한 경향이 발생하지 않아 안정적이다. 이러한 논의는 왈츠를 중심으로 전개되었다.

다극체제에서 동맹국들이 서로 국력 면에서 대체로 동등하다는 사실은 개개의 국가들에게 자국의 안보가 동맹국의 안보와 불가분하게 얽혀 있다는 고도의 상호의존의 인식을 갖도록 한다. 그 결과 동맹국이 무모하게 전쟁에 뛰어들 때 이러한 동맹국의 패망은 자국의 안보를 결정적으로 훼손하기 때문에 다른 동맹국들도 어쩔 수 없이 끌려 들어간다는 것이다. 왈츠는 이러한 것이 실제로 발생한 실례로서 1차 세계대전을 들고 있다.

그에 따르면 오스트리아-헝가리가 전쟁에 돌입하면 독일은 이를 따르지 않을 수 없었다. 그 이유는 오스트리아-헝가리 제국이 와해되면 유럽 중심에 독일만이 남기 때문이었다. 또한 프랑스가 전쟁에 돌입하면 러시아 역시 이를 따라야만 했다. 왜냐하면 독일이 프랑스를 이기면 러시아에도 패배를 가져다줄 것이기 때문이었다. 주요 동맹국의 패배나 이탈은 균형을 흔들어 놓을 것이기 때문에 개개 국가는 자신의 전략과 권력의 사용을 동맹국의 목표와 두려움에 일치시키게 된다는 것이다.413)

이와는 달리 양극체제의 경우 두 초강대국은 그들의 생존을 위해 다른 동맹국들에 의존하고 있지 않아 자신보다 약하고 무모한 동맹국들에 자신을 얽어맬 필요가 없어서 이러한 경향이 발생하지 않아 안정적이다. 왈츠에 따르면 양극체제에서 세력균형이 초강대국 자신의 권력 증대라는 내부적인 노력에 달린 관계로 지엽적인 동맹국들(peripheral allies)의 상실을 크게 개의치 않는 결과 초강대국은 지엽적인 분쟁에 개입하지 않는 비개입(non-involvement)의 경향을 보인다고 본다.414)

vii) 다극체제 동맹의 경우 자국이 아닌 타국에게 부상하는 패권국의 억제에 드는 비용을 부담하도록 하는 무임승차(책임 전가)의 경향이 발생하기 쉬워 불안정하다. 이와는 달리 양극체제의 경우 이러한 경향이 발생하지 않아 안정적이다.

---

413) Kenneth N. Waltz, *Theory of International Politics* (Reading, Mass.: Addison-Wesley, 1979), pp. 165-170.

414) *Ibid.*, pp. 169, 171-172.

이러한 논의 역시 왈츠를 중심으로 전개되었다.

다극체제에서 점증하는 위협에 직면하여 몇몇 국가들이 다른 국가들의 세력균형 노력에 무임승차(책임 전가)를 하려 해서 적절한 시기에 세력균형을 위한 동맹이 형성되지 못한다. 이러한 무임승차(책임 전가) 경향은 불필요한 비용부담을 회피하려 하기 때문일 수도 있고 다른 강대국 간의 유혈 전쟁으로부터 격리되어있음으로써 상대적인 위치가 강화될지 모른다는 기대 때문일 수도 있다. 왈츠는 2차 세계대전의 발발을 이러한 무임승차(책임 전가) 경향의 실례로서 들고 있다. 구체적으로 프랑스 외상이 영국의 총리에게 「히틀러가 1936년 라인란트(Rhineland)를 군사적으로 점령한 것에 영국이 앞장서서 대항해야 한다」고 말한 것과 영국과 프랑스의 몇몇 지도자들이 독일의 위협이 증가할수록 그들이 관여하지 않아도 러시아와 독일은 서로 세력균형을 이루든가 아니면 끝까지 싸울 것이라고 희망한 것들이 이러한 무임승차(책임 전가) 경향을 보여주는 예로 들고 있다.[415)]

이와는 달리 양극체제에서는 초강대국은 자신보다 약한 동맹국들만으로는 반대편의 초강대국에 대항하는 것이 불가능하다고 생각하여 책임을 전가할 수 없으므로 이러한 경향이 발생하지 않아 안정적이라고 본다. 왈츠에 따르면 양극체제에서는 초강대국이 자신들만이 다른 초강대국에 의한 제3국의 침략에 대응할 수 있다고 인식하고 있어 책임을 다른 국가에게 전가하지 않는 결과 주변부 국가들에게 가해지는 위협에 과다대응(overreactions)을 보인다고 본다.[416)]

미어샤이머의 공격적 현실주의 편에서 살펴보았듯이 미어샤이머는 양극체제와 잠재적 패권국이 존재하는 불균형적 다극체제에서는 균형화가 일어날 가능성이 크고 잠재적 패권국이 존재하지 않는 균형적 다극체제에서는 무임승차(책임 전가)가 일어날 가능성이 크다고 본다.

viii) 다극체제에서는 국가들이 동맹의 지원에 크게 의존하기 때문에 방기와 연루의 딜레마가 현저하게 발생하여 불안정하나 양극체제의 경우에는 이러한 딜레마가 극소화되어 안정적이다.[417)]

일국이 동맹에 크게 의존하는 경우 두 가지 위험에 봉착하게 된다. 위험의 하나는 국가가 동맹국들의 지원을 가장 필요로 할 때 그들로부터 방치될지도 모른다는

415) *Ibid.*, pp. 165-170.
416) *Ibid.*, pp. 169, 171-172.
417) Glenn H. Snyder, "The Security Dilemma in Alliance Politics," *World Politics*, Vol. 36, No. 4 (July 1984), pp. 461-495; Glenn H. Snyder, "Alliance Theory: A Neorealist First Cut," in Robert L. Rothstein, ed., *The Evolution of Theory in International Relations* (Columbia, SC.: University of South Carolina Press, 1992), pp. 83-103.

방기(abandonment)에 대한 두려움이다. 또 다른 위험은 동맹국들을 지원할 필요 때문에 원하지 않는 분쟁이나 전쟁 등에 말려들어 갈지 모른다는 연루(entrapment)에 대한 두려움이다. 그러나 불행하게도 한 위험을 줄이기 위한 노력은 다른 위험을 증가시키게 되는데 이를 두고 「동맹안보딜레마(alliance security dilemma)」라고 부른다.

방기의 두려움 때문에 동맹국의 무모한 행위를 억제하지 못하고 동맹의 편에 서서 전쟁에 말려들어 가며 전쟁에 말려들어 갈 것에 대한 두려움 때문에 관여를 극소화하면 실제의 위협이 발생할 때 방기가 될 위험에 처하기 쉽다. 특히 국가들이 동맹국에 크게 의존하고 있는 경우 이러한 딜레마에 대한 명백한 해결책이 존재하지 않는다.

다극체제의 경우 일국이 동맹에 크게 의존하기 때문에 이러한 동맹안보딜레마가 현저하게 발생한다. 이와는 대조적으로 양극체제에서 미국이나 소련과 같은 압도적으로 우월한 권력을 지닌 초강대국이 자신의 동맹 내에서 동맹국을 방기하려는 국가에 대해 제재의 위협을 가함으로써 이러한 딜레마를 극소화할 수 있다고 본다.

ix) 다극체제의 경우 동맹 내부의 일국이 자국의 안보를 강화하면 자동으로 동맹 내부의 다른 국가의 안보가 약화되는 딜레마가 발생하여 불안정하나 양극체제의 경우는 이러한 딜레마의 극복이 가능하여 안정적이다.

여기에서 언급하는 딜레마는 이미 위에서 살펴본 것과는 다른 의미의 동맹안보딜레마로서 이러한 딜레마는 분쟁과 적대적 행위의 상승작용을 통해 동맹 내부의 협력을 파괴할 수 있다고 본다.

동맹 내부에 다른 여타의 국가들과 비교가 안 되는 압도적인 권력을 가지고 있는 패권국의 존재만이 이러한 동맹안보딜레마로 인한 원심력을 억제할 수 있고 나아가 집단행동을 가능하게 하는 국제레짐을 유지시킬 수 있다고 본다. 이러한 의미에서 이를 「패권안정론」이라고 부를 수 있는데 여기서 말하는 패권안정론은 길핀과 같은 학자의 패권안정론과는 다른 것으로서 국제체제의 안정이 아닌 동맹 내부의 안정을 설명하고자 하는 이론이다.

양극체제의 특징 가운데 하나는 국제체제에 두 개의 진영이 존재하고 각 진영 내부에는 다른 여타의 국가들과 비교가 안 되는 압도적인 권력을 가지고 있는 소위 진영 내의 패권국이 존재한다는 사실이다. 이로 인해 양극체제의 경우 이러한 동맹안보딜레마를 극복할 수 있다고 본다. 이와는 대조적으로 동맹 내에 패권국이 부재한 가운데 다수의 강대국을 포함하는 매우 유동적인 다극체제는 동맹안보딜레마의 악화를 가져온다고 본다.

지금까지 양극체제가 왜 안정적일 수 있는가에 대한 논리적인 근거들을 여러 가지 살펴보았다. 양극체제가 더 안정적일 수 있다는 주장은 이처럼 논리적인 측면뿐 아니라 제한적이지만 실증적인 측면에서도 전개되고 있다. 즉 두 번의 세계대전은 다극체제 아래에서 발생했으며 양극체제를 특징으로 하는 냉전 시대에는 이와 같은 세계대전이 발생하지 않았다는 경험적인 사실을 강조한다.

④ 양다극체제 안정론

다극체제 안정론과 양극체제 안정론과는 별도로 로즈크랜스(Richard N. Rosecrance)는 양다극체제 안정론을 주장한다. 여기서 양다극체제란 두 개의 초강대국과 다수의 강대국으로 구성된 체제를 의미한다. 이러한 체제는 강대국 간의 분쟁을 초강대국이 중재하고 초강대국의 분쟁을 강대국이 협력하여 견제함으로써 전쟁이 일어나지 않는다고 본다.[418]

(3) 국제체제의 안정 요인에 대한 대안적 설명

위에서 살펴본 것처럼 학자들 간에 극성과 안정과의 관계에 대해 이론적 합의가 존재하지 않는다. 또한 극성과 안정 사이에 의미 있는 상관관계가 존재하지 않는다는 것을 보여주는 실증적인 분석들도 제시되고 있다.[419] 이러한 현실을 고려하여 다수의 학자가 「양극체제가 안정을 가져오는가 아니면 다극체제가 안정을 가져오는가」와 같은 이분법적 논의에서 벗어나 국제체제의 구조적 특징인 극성 이외에 추가로 국제체제에 안정을 가져다줄 수 있는 다양한 요인들에도 주목하고 있다.

① 극성을 포함한 구조적 요인과 행태적 요인

외교사를 다루는 역사학자인 개디스(John Lewis Gaddis)는 냉전체제를 장기간의 평화(long peace)가 존재한 안정된 체제로 보고 이것을 가능하게 하는 요인들을 밝히고자 했다. 우선 그는 앞서 언급한 도이취와 싱어의 안정(stability)에 대한 정의를 적용하여 냉전체제가 이러한 기준 모두를 충족시키는 안정된 체제였다고 보고 이를 가능하게 하는 요인들을 구조적 요인(structural elements)과 행태적 요인(behavioral elements)이라는 두 부류로 나누어 설명하고 있다.[420]

---

418) 키신저는 일찍이 1960년대에 이미 양극체제의 종말을 선언하면서 군사적으로는 양극체제이고 정치·외교적으로는 다극체제가 형성되었다고 주장했다.

419) Ted Hopf, "Polarity, the Offense-Defense Balance, and War," *American Political Science Review*, Vol. 85, No. 2 (June 1991), pp. 475-393; Ted Hopf, "Polarity and International Stability," *American Political Science Review*, Vol. 87, No. 1 (March 1993), pp. 177-180; Bruce Bueno de Mesquita, "Risk, Power Distributions, and the Likelihood of War," *International Studies Quarterly*, Vol. 25, No. 4 (December 1981), pp. 541-568.

우선 그는 구조적 요인의 하나로서 양극성(bipolarity)을 들고 양극성의 다음과 같은 4가지 특성이 구체적으로 안정에 공헌했다고 본다. i) 2차 세계대전 후의 양극체제는 2차 세계대전 말 당시의 현실적인 군사력을 실질적으로 반영한 체제이다. ii) 양극적 구조는 이를 유지하기 위해 메테르니히(Klemens von Metternich)나 비스마르크(Otto von Bismarck)와 같은 세련된 지도자의 리더십을 요구하지 않는 단순한 체제이다. iii) 양극체제의 비교적 단순한 구조 때문에 양극체제에 있어서 동맹관계가 19세기와 1919~1939년에 있었던 동맹관계보다 안정적이었다. 이는 양 진영을 대표하는 동맹체인 북대서양조약기구(NATO)와 바르샤바조약기구(WTO)의 오랜 지속력에서도 알 수 있다. 이와는 대조적으로 다극체제에서는 동맹관계의 이동이 빈번했다. iv) 기본적인 동맹관계가 안정성을 지니고 있어 양 진영으로부터의 이탈이 있어도 붕괴되지 않았다.

두 번째 구조적인 요인으로서 개디스는 두 초강대국이 상호의존적이지 않고 독립적이었음을 들고 있다. 그는 「상호의존이 필연적으로 평화를 가져온다(Interdependence necessarily breeds peace)」는 자유주의(특히 상호의존론)의 주장을 부정하고 두 강대국이 지리적으로 멀리 떨어져 있어 알자스-로렌(Alsace-Lorraine) · 폴란드 회랑(Polish Corridor) · 예루살렘 등과 같은 실지 회복의 문제도 갖고 있지 않았으며 상대방이 협상의 지렛대로 이용할 정도로 경제적으로 상호의존적이지 않고 자급자족적이었다는 것이 안정을 위한 구조적인 요인으로서 작용했다고 본다.

다음으로 개디스는 다음과 같은 세 가지 행태적 요인들을 제시하며 이러한 요인들이 양극체제 하의 정치에 자율적인 규제 장치(self-regulating mechanism)로서 작동함으로써 국제체제의 안정에 이바지했다고 본다.

안정의 행태적 요인 중 가장 중요한 요인으로서 개디스는 핵무기의 존재를 들고 있다. 양극체제에서 존재한 가공할만한 핵무기가 국가들에게 신중성을 가져다주어 핵무기가 없었다면 전쟁으로 귀결될 만한 사태들이 전쟁으로 확대되지 않았다고 본다.

두 번째 행태적 요인은 고도의 정찰기술이다. 예를 들어 첩보위성과 같은 기술이 상대방의 군사적인 능력을 상당히 정확하게 평가하게 하고 기습적인 공격의 위험을 줄여주는 역할을 하는 등 고도의 정찰기술의 역할이 국제체제의 안정에 공헌했다고 본다.

세 번째 행태적 요인은 이념적 온건함(ideological moderation)이다. 구체적으로 말

420) John Lewis Gaddis, "The Long Peace: Elements of Stability in the Postwar International System," *International Security*, Vol. 10, No. 4 (Spring 1986), pp. 99-142.

해 미·소 양국은 적대적인 이념적 이해관계에 앞서 기존 국제체제의 유지라는 공동의 이해관계를 추구했다고 본다.

② 극성과 더불어 비슷한 군사력과 핵무기 요인

탈냉전기의 국제체제의 성격과 안정 문제를 다루고 있는 미어샤이머의 「왜 우리는 냉전을 곧 그리워할 것인가(Why We Will Soon Miss the Cold War)」라는 흥미로운 제목의 논문을 통해 냉전체제가 왜 안정적이었는가에 대한 그의 견해를 살펴보자.421)

미어샤이머는 냉전체제가 개디스의 표현대로 장기간의 평화를 누릴 수 있었던 이유를 군사력의 양극적 배분·두 강대국 간의 거의 비슷한 군사력·두 강대국이 소지한 대량의 핵무기 존재라는 세 요인에서 찾고 있다.

같은 맥락에서 1945년 이전에 두 차례의 세계대전이 발생했던 주요 이유로서 권력의 다극적 배분과 강대국들이 압도적인 권력의 우위를 추구함에 따라 이들 간에 종종 발생한 세력의 불균형을 들고 있다. 미어샤이머가 지적한 이들 세 요인을 하나씩 살펴보자.

첫째, 체제의 강대국 수. 미어샤이머는 강대국이 둘인 양극체제가 더욱 평화롭다고 본다. 그 이유는 양극체제에서 두 강대국은 일반적으로 다른 약한 국가들에게 충성을 요구할 것이며 이로 인해 경직된 동맹구조가 형성되기 쉽고 그 결과 강대국은 오직 다른 진영의 강대국 하나만을 상대하면 되기 때문이다. 이에 반해 다극체제에서는 다수의 상대가 존재하기에 다른 모든 조건이 같으면 양극체제와 비교하여 전쟁의 가능성이 더 크다.

또한 다극체제는 세력의 불균형이 일반적인 현상이기 때문에 억지(deterrence)를 유지하기 어렵다. 다극체제에서는 1939년 독일과 소련이 폴란드에 가한 행동처럼 두 강대국이 함께 제3의 국가를 공격할 수도 있고 1930년대 말에 독일이 체코에 한 행동처럼 주요 강대국은 압도적인 권력을 가지고 약소국에 으름장을 놓을 수 있다. 전자를 「패거리 짓기(ganging up)」로 부르고 후자를 「협박(bullying)」이라고 부를 수 있는데 이러한 현상은 강대국 사이에 세력의 불균형이 존재할 때 발생하는 현상이다. 두 강대국 사이에 세력의 불균형이 생기기 어려운 양극체제에서는 이러한 현상이 일어나지 않는다.

---

421) John J. Mearsheimer, “Why We Will Soon Miss the Cold War,” *The Atlantic Monthly*, Vol. 266, No. 2 (August 1990), pp. 35-50.

다극체제에서는 반대편에 선 국가의 단호한 의지를 알기 힘들고 국가 간의 동맹 행위가 상당히 유동적이기 때문에 반대편 국가들의 연합의 크기와 권력의 세기를 계산하는 것이 힘들어 억지가 힘들다. 예컨대 1914년 이전에 독일은 자신이 대륙에서의 패권적 위치에 설 때 영국이 이를 반대하리라는 것을 확실히 알지 못했고 미국이 가담하리라는 것을 전혀 예측하지 못했다. 또한 1939년 독일은 자신이 폴란드를 정복할 때 영국과 프랑스가 관여하지 않을 것을 희망했고 미국이 전쟁에 참여하리라는 것을 예견하지 못했다.

둘째, 주요 국가들의 상대적인 군사력. 양극체제와 다극체제 모두에 있어 국가 간에 권력의 배분이 거의 동등하게 이루어질 때 좀 더 평화로울 수 있다. 권력의 격차는 공격하는 국가에게 전쟁에서의 승리 가능성을 높여줌으로써 전쟁을 초래하기 쉽기 때문이다. 이는 유럽에서의 전쟁 대부분이 특별히 강한 하나의 국가가 패권을 추구했을 때 발생했던 것에서도 잘 알 수 있다.

셋째, 핵무기의 존재. 핵무기가 평화를 위한 강력한 권력으로의 역할을 한다. 억지라는 것은 전쟁에 돌입할 때 드는 비용과 위험이 크면 클수록 작동을 잘한다. 핵무기는 다음 두 가지 특성을 통해 평화에 공헌할 수 있다. ⅰ) 우선 핵무기는 대량 파괴력을 지니고 있다. 따라서 일국이 핵 공격을 받았으나 핵무기고가 공격으로부터 안전하여 반격을 가해 상호 간에 확실한 파괴에 이를 수 있는 경우 어느 쪽도 의미 있는 군사적 우위를 얻기 위한 핵무기 사용을 자제할 것이다. ⅱ) 다음으로 핵무기는 국가 간 권력의 관계를 동등한 쪽으로 이끈다. 비록 핵 능력상의 차이가 있다고 해도 핵무기 보유 국가들이 확실한 파괴 능력을 갖추는 한 서로에 대항할 수 있다. 상호 확실한 파괴라는 것은 상대적인 권력에 대한 의혹을 거의 남기지 않아 오산(miscalculation)의 문제를 완화시킬 수 있다.

이처럼 미어샤이머도 개디스와 마찬가지로 냉전 시대의 국제체제가 안정을 가질 수 있었던 이유를 단순히 권력의 양극적 배분에서만 찾지 않았다. 그는 두 강대국이 소지한 대량의 핵무기 존재와 강대국 사이의 거의 비슷한 군사력도 안정에 중요한 역할을 했다고 본다.

양극체제라는 극성과 안정의 상관관계를 논할 때 냉전 시대의 양극체제 내에 존재한 가공할만한 핵무기의 역할을 어떻게 보아야 할 것인가가 논의의 중요한 대상이 되곤 한다. 해거드(Stephen D. Haggard)와 같은 학자는 양극체제에서의 안정은 권력 배분의 함수가 아니고 핵무기의 존재와 같은 다른 변수의 함수라고까지 본다.[422]

개디스와 미어샤이머가 체제의 안정에 대한 핵무기의 역할을 언급하고 있듯이 왈츠 역시 핵무기의 확산이 체제의 안정을 저해하기보다는 오히려 공헌했다고 본다.[423] 그러나 체제이론의 관점에서 핵무기의 존재는 일반적으로 양극체제의 성격을 강화한 것에 불과하다고 본다. 다시 말해 핵무기가 없는 양극체제나 핵무기가 있는 양극체제는 큰 차이가 없이 거의 비슷했을 것으로 본다.[424]

③ 극성과 더불어 극화와 국제제도 요인

신자유주의적 제도주의 이론을 옹호하는 학자들은 국제체제의 안정 여부는 국제체제의 구조 자체에 달려있는 것이 아니라 국제체제를 구성하고 있는 규범과 제도를 안정적으로 유지하고자 하는 국제체제 구성국들의 외교 전략에 달려있다고 본다. 따라서 국제체제의 안정을 이해하기 위해서는 국제제도의 규범과 이에 대한 전략에 논의의 관심을 두어야 한다고 주장한다.[425]

이러한 전제 아래 신자유주의적 제도주의 이론은 양극체제만의 안정성을 강조하는 신현실주의 이론의 주장을 수용하지 않는다. 신자유주의적 제도주의 이론은 다극체제도 국제제도의 도움을 받아 안보딜레마를 완화시킬 수 있다는 주장을 제기하고 19세기 특히 1815~1854년의 빈체제라고도 불리는 유럽협조체제(Concert of Europe)가 이러한 다극체제의 안정성을 잘 드러냈다고 주장한다.

냉전 종식 후의 국제체제를 다극체제로 간주하고 있는 케글리와 레이몬드는 탈냉전기 다극체제의 안정 여부를 전통적인 다극체제 안정론이나 다극체제 불안정론에 의존하여 예측하지 않고 다극체제가 안정적일 수 있는 구체적인 조건이 무엇인가를 심층적으로 분석하고 있다.[426]

이들은 다극체제란 한 종류만 있는 것이 아니고 여러 종류가 존재한다고 보고 역사상 다극체제로 분류될 수 있는 여섯 체제를 비교 분석함으로써 과연 다극체제의 어떤 요인이 전쟁과 평화를 가져오는가를 밝히고자 했다. 이들은 체제의 안정에 영

---

422) Stephan D. Haggard, "Structuralism and Its Critics: Recent Progress in International Theory," in Emanuel Alder and Beverly Crawford, eds., *Progress in Postwar International Relations* (New York: Columbia University Press, 1991), pp. 403-437.

423) Kenneth N. Waltz, "The Myth of National Interdependence," in Charles P. Kindleberger, ed., *The International Corporation* (Cambridge, MA: MIT Press, 1970); Kenneth N. Waltz, "The Spread of Nuclear Weapons: More May Be Better," *Adelphi Papers*, No. 171 (1981).

424) Martin Hollis and Steve Smith, *Explaining and Understanding International Relations* (Oxford: Clarendon, 1990), pp. 103-104.

425) 이에 관한 자세한 논의는 자유주의 패러다임 편의 신자유주의적 제도주의 이론 부분에서 상세히 다루고 있다.

426) Charles W. Kegley, Jr. and Gregory A. Raymond, *A Multipolar Peace?: Great-Power Politics in the Twenty-first Century* (New York: St. Martin Press, 1994).

향을 미치리라고 생각되는 세 개의 변수를 가지고 다극체제를 세분하고 있다.

세 변수란 구체적으로 비슷한 능력을 지닌 강대국의 수를 지칭하는 크기(size) · 국가들이 가장 강력한 국가를 중심으로 동맹을 결성하는 경향을 의미하는 분극화(polarization)의 정도 · 지배적인 국제규범으로서 특정의 행위를 제약하거나 허용하는 규범적 질서(normative order)라는 변수인데 이들 모두 국제체제 수준의 변수인 것을 특징으로 한다.427)

케글리와 레이몬드는 국제체제의 구조적 특성으로 국제제도화의 정도와 더불어 강대국의 수와 강대국 간의 분극화를 언급하고 있다. 통상적으로 신현실주의 이론가들이 국제체제의 구조적 특징으로서 강대국의 수를 의미하는 극성(polarity)만을 언급하나 이들은 동맹관계에 기반한 블록 간 분극화(polarization)의 정도를 추가로 언급하고 있다는 점에 주목해야 한다.

이들은 이러한 세 변수를 가지고 1495년 이후 역사상 시간적인 차이를 두고 존재했던 여섯 개의 다극체제(1495~1521년 · 1604~1618년 · 1648~1702년 · 1713~1792년 · 1815~1914년 · 1919~1939년에 존재했던 국제체제)를 분석한 후 다음과 같은 결론을 내리고 있다.

그의 결론에 따르면 첫 번째 변수인 비슷한 능력을 소유한 강대국의 수와 국제체제의 안정 사이에 의미 있는 상관관계가 없다. 그러나 두 번째 변수인 분극화의 정도와 세 번째 변수인 지배적인 규범의 성격이라는 변수는 국제체제의 안정과 상관관계를 보였다. 구체적으로 강대국들이 동맹관계를 통해 블록으로 분리되어 적대적으로 강하게 대립하는 경직된 분극화가 존재하는 다극체제와 지배적인 규범의 성격으로서 허용적인 규범적 질서가 존재하는 다극체제가 가장 불안정했다고 결론지었다.

역사를 통해 볼 때 가장 불안정한 다극체제는 1차 세계대전이 발발하기 전인 1815~1914년 사이에 존재한 경직된 분극화를 특징으로 하는 다극체제라고 본다. 가장 강력한 국가를 중심으로 동맹을 결성하는 경향을 의미하는 분극화라는 요인이 위험한 이유는 강대국들이 동맹관계를 통해 블록을 형성하여 블록 간 대립이 격화될

427) 특정의 행위를 허용하는 규범적 질서를 의미하는 「허용적 규범 질서(permissive normative order)」란 무력 사용이 국민의 행동을 계도하는 도덕의 견지에서 얼마나 거부감을 가져오는가에 관계없이 국가 지도자에게 국가안보라는 이름 아래 무력을 사용할 수 있는 상당한 자유를 주는 규칙을 포함한다. 즉 국가를 보호하고 국제적인 위계 상의 지위를 높이기 위해 지도자들에게 무엇이든지 할 수 있도록 허용하는 규범적 질서를 의미한다. 이와는 대조적으로 제약적 규범 질서(restrictive normative order)란 국가 지도자들에게 무력 사용의 자유를 훨씬 덜 주는 일련의 규칙을 포함한다. 케글리와 레이몬드는 구체적으로 권력의 사용과 조약상의 약속 파기 및 강대국들이 경쟁적으로 추구하는 전략 등에 제약을 가하는 것에 강대국들이 동의하면 제약적인 규범적 질서가 존재한다고 보고 이러한 것에 거의 제약이 존재하지 않을 때 허용적인 규범적 질서가 존재한다고 본다.

때 블록을 달리하는 구성국 사이의 작은 갈등이 크게 확대될 가능성이 크기 때문이다. 이들은 다극체제의 불안정 요인으로 진단한 분극화를 어떻게 해결하여 탈냉전기 다극체제에 안정을 가져올 것인가에 관심을 가지고 다음과 같은 제안을 하고 있다.

강대국들이 만약 하나의 활동 영역에서 경쟁하나 또 다른 영역에서는 협력관계를 가지고 있다면 어떤 한 이슈를 둘러싼 갈등이 적대적 블록으로 발전하는 것을 방지할 수 있는 잠재력을 가지게 된다. 강대국 사이에 갈등이 종종 있을 수 있으나 안보를 둘러싼 갈등과 경제를 둘러싼 갈등이 중첩되지 않는 한 국제체제가 필연적으로 적대적 블록으로 분리되는 것은 아닐 것이다. 이러한 상황에서 강대국들이 혼재된 동기를 갖는 관계를 관리하기 위해 국제제도를 발전시킨다면 분극화의 위험은 관리될 수 있다는 것이 이들이 내린 중요한 결론이다.

여기서 주목할 만한 것은 케글리와 레이몬드가 전통적인 국제체제의 구조적인 특징과 더불어 신자유주의적 제도주의 이론에서 강조하는 국제제도라는 요인을 고려하고 있다는 점이다. 구체적으로 강대국 관계의 분극화가 안정에 미치는 영향도 고려되어야 하나 이러한 구조적 요인에 영향을 미칠 수 있는 국제레짐과 국제기구를 포함하는 국제사회의 제도화와 같은 요인도 고려하여야 한다는 것을 보여주고 있다.

④ 하위체제 수준의 요인

현실주의자들은 국제체제의 안정 요인을 분석하면서 국가의 내부적 특징이라는 하위체제(sub-system)의 변수들을 전혀 고려하고 있지 않다. 예를 들어 초강대국의 지도자 간에 존재하는 차이도 국제체제의 안정 여부에 상이한 결과를 가져오지 않는다고 본다.

나아가 소련과 미국이 아닌 다른 국가가 초강대국이 되어도 마찬가지이고 심지어 비슷한 이념을 가진 두 강대국이라도 상황은 다르지 않았을 것으로 본다. 즉 두 강대국이 미국과 영국 혹은 중국과 소련이었다고 해도 국제관계의 기본적인 특징은 변하지 않았을 것으로 본다.

일단의 학자들은 국제체제의 안정을 국제체제의 구조라는 체제 수준의 변수만 가지고 설명해서는 안 되며 주요 국가의 국내적인 요인들에 주목해야 한다는 것을 강조한다.

(4) 결 어

현실주의 이론의 맥락에서 가장 빈번하게 논쟁거리가 되고 있는 것은 양극체제가 더 안정적이냐 아니면 다극체제가 더 안정적이냐 하는 것이다. 그러나 위에서 살펴본 것처럼 역사적인 예의 빈곤 속에서 실증적으로 이를 밝힌다는 것은 그리 쉬운 일이 아니다.

미어샤이머와 개디스의 논의 · 신자유주의적 제도주의 이론의 관점 · 케글리와 레이몬드의 논의 · 국내 변수를 고려하여야 한다는 주장 등을 통해 국제체제의 극성이라는 변수만으로는 국제체제의 안정을 논하기 힘들다는 것을 알 수 있다. 또한 진정한 국제체제의 안정이란 냉전과 같은 소극적인 평화가 아니라 세계의 진정한 구성원인 인류의 자아실현을 추구할 수 있는 국제적 환경을 조성하는 적극적 평화여야 한다는 지적도 고려하여야 할 것이다.

4. 탈냉전기의 국제체제의 구조적 변화

양극체제 붕괴 후 탈냉전기의 국제체제가 어떤 국제체제로 특징 지워질 것인가의 문제가 중요한 논의의 대상이 되고 있어 여기에서 냉전 종식으로 양극체제가 붕괴된 이후의 국제체제의 구조적 변화에 대해 살펴보고자 한다. 이는 앞서 살펴보았듯이 이러한 구조적 변화가 현재와 미래의 국제사회의 평화와 안정 등에 전적으로 영향을 미치는 것은 아닐지라도 부분적으로라도 적지 않은 영향을 미치기 때문이다.

냉전의 종식이 가져온 국제체제의 구조적 변화에 대해 다양한 주장들이 제시되어 오고 있다. 이렇게 다양한 주장이 제기되는 중요한 이유 중 하나는 역사상 양극체제가 존재했다 붕괴되면서 다른 체제로 전환한 경험적 선례가 없어 예측이 쉽지 않기 때문이기도 하다. 이런 점에서 탈냉전기는 경쟁적인 국제정치 이론들의 적실성이 검증되는 실험장의 역할을 할 것으로 보인다.

그런데 이러한 다양한 주장들을 살펴보는 것이 간단하지 않다. 그 이유는 냉전 이후 30년 정도의 시간이 지났음에도 불구하고 특정 형태의 안정된 국제체제가 안착되지 않은 채 변화를 지속하고 있기 때문이다. 이러한 가운데 학자들에 따라서는 현재의 국제체제에 관해 논하기도 하고 궁극적으로 도래할 국제체제에 대해 논하기도 한다. 따라서는 여기에서는 현재의 국제체제에 대한 진단과 미래의 국제체제에 대한 전망 모두를 살펴보고자 한다.

1) 탈냉전기의 국제체제에 관한 다양한 견해

국제체제의 구조적 변화에 대한 다양한 견해들을 살펴봄에 있어서 각 견해의 주장 일반과 더불어 각 견해를 대표한다고 볼 수 있는 학자들의 견해 일부를 소개하고자 한다.

(1) 패권체제(단극체제)

① 개 설

냉전 종식 후 일정한 기간의 국제체제를 바라보는 가장 일반적인 견해는 미국만을 유일한 초강대국으로 하는 패권체제라는 견해이다. 이러한 견해는 실상 두 가지로 구분된다. 우선 국제체제를 패권이 순환하는 체제로 보면서 2차 세계대전이 끝난 이후 지금까지의 국제체제를 미국을 유일한 패권국으로 하는 패권체제로 바라보려는 견해이다.

또 다른 견해는 양극체제에서 하나의 극성을 형성했던 소련이 붕괴되면서 자연스럽게 미국만이 유일한 패권국으로 남게 됨으로써 패권체제가 형성되었다고 보는 견해이다. 이러한 견해는 1991년에 시작된 걸프전에서의 미국의 승리를 미국의 이러한 위상을 극명하게 보여주는 일례로 본다.

세력균형론을 주장하는 왈츠를 포함한 현실주의자 대부분도 냉전 직후 일정한 기간의 국제체제를 패권체제로 인식했으나 이러한 패권체제의 지속성을 두고 의견을 달리한다. 다수는 냉전의 종식과 더불어 유일한 패권국이 된 미국에 대항하는 세력의 등장으로 냉전 직후의 국제체제인 패권체제가 양극체제로 전환하든 다극체제로 전환하든 세력균형을 특징으로 하는 체제가 형성될 것이라 보았다. 이러한 관점에서 이들은 냉전 종식 직후에 존재한 국제체제를 오래 지속되지 않을 「단극의 순간(unipolar moment)」이라고 칭했다. 그러나 이러한 다수의 견해와는 달리 냉전 직후 존재하게 된 패권체제의 안정성을 강조하면서 이러한 체제가 지속될 것이라는 주장도 제기되었다.

이처럼 두 견해가 각기 전망을 달리하고 경합하고 있었으나 그 당시 민주주의의 확산과 더불어 워싱턴 합의(Washington Consensus)에 기반을 둔 자본주의 질서가 확산되어 세계화가 심화하는 등 미국이 옹호하는 국제질서가 세계의 표준으로 확산되어 가면서 패권체제의 지속 가능성을 전망하는 견해에 일정한 정도 적실성이 부여되었다.428)

---

428) 세계화로 인해 국제사회의 선진국과 개도국 사이에 양극화가 심화하면서 개도국을 빈곤과 저발전에 대한 원인진단과 처방을 둘러싸고 활발하게 논의가 진행되어 오고 있다. 이러한 과정에서 미국과 더불어 국제금융기구인 국제통화기금(IMF)과 세계은행(World Bank) 등의 워싱턴의 정책결정자들을 중심으로 신자유주의의 이념을 바탕으로 민주주의와 미국식 시장경제 체제를 개도국(위기에 처한 국가와 체제 전환 국가들 포함)의 발전모델로 삼고자 하는 워싱턴 합의(Washington Consensus)와 중국의 부상을 가져온 중국식이 발전모델의 적합성을 강조하는 베이징 합의(Beijing Consensus)가 등장하여 경

② 패권체제 지속의 논리

냉전 종식 후 시간이 지나면서 패권체제가 양극적 혹은 다극적 세력균형체제가 생길 것이라는 예측과는 달리 패권체제가 지속되고 있다고 보는 학자들은 물론 애초에 냉전 직후의 패권체제가 지속되리라 주장한 학자들도 전통적 의미의 권력을 기준으로 한 세력균형이 발생하지 않는 원인에 관한 논리적 설명을 제시할 필요가 있었다. 여기에서는 이들이 제시한 패권체제 지속의 논리적 근거를 살펴보고자 한다.

이들이 제시한 논리적 근거를 살피기 전에 주목해야 하는 것은 후쿠야마와 같은 예외적인 학자들이 없는 것은 아니나 일반적으로 이들의 주장에는 패권체제가 지속되기 위한 조건이나 정책들을 수반하고 있다는 점에서 공통적이다. 또한 학자들마다 정도의 차이가 존재하나 패권체제가 무기한 지속될 것이라는 데에는 본질적으로 회의적이라는 점에서도 공통점을 가진다고 볼 수 있다.

합을 벌이고 있다. 워싱턴 합의를 「미국식 시장경제 체제의 확산 전략」이라고 부르고 베이징 합의를 「중국식 경제발전 모델 혹은 경제패권 전략」이라고 부른다. 워싱턴 합의는 1989년 경제위기에 빠져 있던 중남미 국가들에 대한 해결책을 제시하면서 등장한 용어로서 개도국이 사유재산권의 보호·정부규제의 축소·국가 기간산업의 민영화·시장 개방·자본시장의 자유화(외국자본에 대한 제한 철폐)·관세 인하와 무역 자유화·재정 건전성의 유지·지적 재산권의 강화·경제 효율화와 소득분배에 대한 정부지출 확대 등을 강조하는 등 개도국의 구조조정을 요구한다. 미국은 경제적으로 위기에 놓인 국가들을 지원하면서 이러한 지원을 조건으로 제시함으로써 민주주의와 시장경제 체제를 확산시키고자 했다. 이러한 신자유주의를 주축으로 하는 워싱턴 합의가 부메랑이 되어 워싱턴 합의를 주도해 온 미국이 2008년에 발생한 대형 투자은행인 리먼브러더스의 서브프라임모기지(비우량주택담보대출)의 부실 사태로 인해 경제위기에 빠져들었을 뿐 아니라 여기에서 더 나아가 세계적인 금융위기를 일으킨 주범이 됐다(이런 이유로 2001년에 발생한 9·11 테러행위 사건이 미국 패권체제를 더 강화시킨 사건으로 간주되는 데 반해 서브프라임모기지 사건은 이러한 패권체제의 붕괴를 촉진한 사건으로 간주된다). 더불어 워싱턴 합의를 충실하게 이행한 국가들은 국내적으로 큰 대가를 치렀으나 중국이나 인도처럼 워싱턴 합의와 거리를 둔 국가들은 커다란 경제 성과를 거두었다. 이러한 배경에서 미국식 발전모델인 워싱턴 합의의 대안으로서 베이징 합의가 부상하게 되었다. 베이징 합의라는 말은 2004년에 골드만삭스의 자문역과 중국 칭화대학 교수를 겸직하고 있는 라모(Joshua Cooper Ramo)가 처음 사용한 용어이다. 베이징 합의는 정부 주도로 점진적이며 단계적인 경제개혁을 추진하고 도시와 농촌·내륙과 연해·경제발전과 사회발전·인간과 자연 사이의 조화와 균형을 동시에 추구하며 타국과 평화로운 대외관계를 발전시키기 위해 타국의 주권을 존중하며 내정에 간섭하지 않는다는 것을 주요 원칙으로 한다. 중국식 정부 주도의 시장경제 발전모델(즉 권위주의적인 정부가 시장경제를 주도하는 발전모델)인 베이징 합의는 중국이 국제사회의 강대국으로 부상하기 위한 전략의 목적으로 추구하고 있다. 간단히 말해 워싱턴 합의는 개도국의 경제발전과 관련하여 시장에 기반을 둔 접근(혹은 모델)을 옹호하고 베이징 합의는 이와는 대조적으로 정부 주도형 접근을 채택하고 신자유주의적인 모델과 결별을 함으로써 개도국들에게 발전을 위한 대안을 제시하고 있다고 볼 수 있다. 워싱턴 합의와는 달리 개도국에 민주주의와 법치와 같은 선정(good governance)을 강요하지 않고 각국의 실정에 맞는 정치제도와 경제제도를 강조하는 등 국내문제에 간섭하지 않는다. 또한 경제협력개발기구(OECD)의 개발원조위원회(DAC) 소속 국가들이 개도국에 원조를 제공할 때 선정을 강조하는 것과는 달리 중국은 개도국에 대한 개발원조에도 국내문제 불간섭의 원칙을 적용하고 있다. 이 때문에 중국이 기대한 바와 같이 많은 개도국이 관심을 끌고 호응을 끌어내고 있다. 그러나 이러한 베이징 합의는 경제발전을 위해 유익하다는 핑계로 권위주의 정치체제를 용인하고 인류의 보편적인 가치인 민주주의와 인권의 존중과는 거리를 두고 있다는 점에서 보편적인 개도국의 발전모델로서의 가치를 두고 있다고 보기 어렵다.

■ 후쿠야마(Francis Fukuyama)

후쿠야마는 냉전이 종식된 후 「역사의 종말(The End of History)」이라는 제하의 논문과 이를 더 확장한 「역사의 종말과 최후의 인간(The End of History and the Last Man)」이라는 제목의 책을 통해 1989년 냉전이 종식되는 순간에 미국과 소련 양 진영 간 이념대결의 역사가 사회주의의 실패 즉 자유시장의 자본주의와 자유민주주의의 승리로 끝나면서 역사의 종말에 도달했다고 주장했다.429)

냉전의 종식으로 역사가 종말에 도달했다고 보는 그의 견해는 냉전의 시기에 보편적인 인간의 욕구 충족을 중요시하는 자유시장의 자본주의와 자유민주주의 체제가 사회주의 체제의 지속적인 도전을 받아왔지만 끝내 도전을 물리치고 승리함으로써 이 체제에 도전할 더 이상의 이념과 철학의 체계가 항구적으로 없으리라는 것을 핵심적인 내용으로 한다.430)

자본주의와 자유민주주의를 역사발전의 정반합에 있어서 사회문화적 진화의 궁극적인 형태로 보는 이러한 일원론적인 견해는 소련의 붕괴가 가져온 냉전체제 이후 국제체제의 구조를 미국을 유일한 초강대국으로 하는 패권체제가 될 것으로 예견했다. 더불어 자유시장의 자본주의와 자유민주주의라는 서구의 가치가 국제사회의 보편적인 가치가 됨으로써 향후 국제사회는 갈등보다는 평화를 특징으로 하는 체제가 될 것이라고 예견했다.

이러한 그의 낙관적인 견해는 부시(George H. W. Bush) 대통령의 새로운 세계질서(New World Order)의 선언으로 이어졌을 뿐 아니라 냉전의 종식과 더불어 동유럽 국가들을 비롯한 국제사회 다수의 국가에서 자유민주주의 체제로의 전환이 이루어짐으로써 실증적인 측면을 보이기도 했다.

1990년 이라크가 쿠웨이트를 침공하여 점령하자 유엔 안보리 상임이사국들이 처음으로 합의로 무력 사용을 허용하는 결의문을 통과시켜 미국 주도의 34개국으로 구성된 다국적 연합군이 결성되었다. 이렇게 결성된 다국적 연합군은 쿠웨이트를 지원하여 걸프전(1차 이라크 전쟁)을 수행함으로써 한국전에 이어 집단안보가 작동한 드문 사례가 되면서 냉전 이후의 국제사회에 대한 낙관적인 견해에 힘을 실어주었

---

429) Francis Fukuyama, "The End of History?" *The National Interest*, Vol. 16, No. 3 (Summer 1989), pp. 3–18; Francis Fukuyama, *The End of History and the Last Man* (London: Penguin Books, 1992).

430) 후쿠야마는 자유민주주의 체제가 보편적인 인간의 욕구를 충족시킬 수 있는 정치체제이기 때문에 사회주의 체제의 도전에서 승리할 수 있었으며 이러한 승리로 인해 이제 더 이상의 다른 정치체제로부터 도전이 없는 역사상의 궁극적인 정치체제로 보고자 했다. 후일 후쿠야마는 자신의 견해에 가해진 비판들에 반응하면서 자신의 견해가 지나치게 단정적이었음을 자인한 바 있다.

다.431)

이러한 그의 견해는 「민주평화론(democratic peace theory)」이라고 불리는 이론적인 지지를 받으면서 자유민주주의의 세계적 확산을 강조하는 미국의 신보수주의 외교 이념과 실질적인 확산 정책에 정당성을 부여했다.

■ 나이(Joseph S. Nye, Jr.)

나이는 권력 개념의 변화를 설명하면서 이미 언급했듯이 미국의 권력이 상대적으로 감소하고 있으나 경제적 주도력과 군사력 주도력은 여전히 유지하고 있다고 본다. 패권국으로서의 미국이 경성권력과 연성권력을 잘 조합하여 행사한다면 여전히 패권체제와 패권국의 지위를 유지할 것이라는 낙관론을 제시한 바 있다. 더불어 미국은 일방주의가 아닌 다자주의를 정책의 중요한 기조로 삼아야 하며 승리에 도취한 우월주의(triumphalism)를 버리고 동반자 관계(partnership)를 지향해야 한다는 점을 강조한다.432)

■ 월포스(William C. Wohlforth)

월포스 교수는 세력균형론이 패권체제에서 적용이 안 되는데 그 이유는 미국이 압도적인 힘의 우위를 가지고 있는 국가로서 권력의 집중이 분기점을 넘음으로써 이에 대해 균형을 이루려면 커다란 비용이 필요하기 때문이라고 진단한다.

즉 패권국으로서의 미국의 권력이 역사상 유례가 없는 압도적인 우위를 점하고 있어 균형이 어렵다는 것이다. 그는 단극성의 안정(stability of unipolarity)을 주장하면서 단극체제가 평화로울 뿐 아니라 미국이 카드를 적절하게 사용한다면 양극체제만큼 오랜 기간 지속될 수 있는 체제로 보고 있다.433)

■ 크라우트해머(Charles Krauthammer)434)

정치평론가인 크라우트해머는 1990년 초에 쓴 「단극의 순간(The Unipolar Mo-

---

431) 냉전이 종식되고 10여 년이 지나면서 이러한 강대국 간의 협력이 무너지기 시작했는데 이를 바로 보여주는 사례가 2003년에 발생한 미국의 일방적인 이라크 침공이었다.

432) Joseph S. Nye Jr., *Bound to Lead: The Changing Nature of American Power* (New York: Basic Books, 1990); Joseph S. Nye Jr., *The Paradox of American Power: Why the World's Only Superpower Can't Go It Alone* (New York: Oxford University Press, 2002); Joseph S. Nye Jr., *Soft Power: The Means to Success in World Politics* (New York: Public Affairs, 2004).

433) William C. Wohlforth, "The Stability of a Unipolar World," *International Security*, Vol. 24, No. 1 (Summer 1999), pp. 5–41; Stephen G. Brooks and William C. Wohlforth, "American Primacy in Perspective," *Foreign Affairs*, Vol. 81, No. 4 (July/August 2002), pp. 20–33.

434) Charles Krauthammer, "The Unipolar Moment," *Foreign Affairs*, Vol. 70, No. 1, (Winter 1990/1991), pp. 23–33; Charles Krauthammer, "The Unipolar Moment Revisited," *The National Interest*, 70 (Winter 2002/2003), pp. 5–17.

ment)」이라는 제목의 논문을 통해 양극체제가 와해하고 미국이 독주하는 패권체제의 순간이 도래했다고 단언하고 가까운 미래에는 미국을 견제할 다른 초강대국이 등장하지 않으리라고 예측했다.435)

영원한 패권국은 없을 것이라는 전제 아래 그는 미국이 경제침체와 고립주의 등에 직면하지 않는다면 이러한 패권체제를 향후 25~30년 동안은 유지할 수 있을 것으로 예측했다.436) 그는 이처럼 냉전 직후에 많은 국제정치 학자들이 다극체제로의 전환이 곧 있을 것이라는 예측을 거부하고 패권체제가 한시적이지만 존재할 것으로 보았다.

미국이 9·11 테러행위의 공격을 받고 중국의 경제력이 부상하던 시기인 2002년에 쓴 「단극의 순간 재검토(The Unipolar Moment Revisited)」라는 제목의 논문에서도 약 10여 년 전의 자신의 주장이 여전히 유효하다면서 패권체제가 지속되고 있다고 주장했다.

■ 마스딴두노(Michael Mastanduno)

마스딴두노는 미국이 지닌 압도적인 권력이 균형을 불가능하게 하고 있다는 논리를 전개하고 있는 월포스와 달리 위협균형론적인 관점에서 균형의 부재 가능성을 언급하고 있다. 즉 그는 만약에 국가들이 패권국의 권력에만 대응하여 균형을 이루고자 한다면 미국은 벌써 미국에 대한 균형을 시도하는 노력을 목격했을 것이라고 언급함으로써 현재의 패권국에 대한 균형의 부재는 패권국이 위협적이지 않다는 것에서 찾고 있다.

달리 말해 다른 국가들이 미국에 대항하여 균형을 가져올 것인가의 여부와 가져온다면 얼마나 신속하게 도래할 것인가는 다른 국가들이 국제체제를 얼마나 위협적이라고 인식하는가와 미국의 행동이나 야심이 얼마나 위협적인가에 부분적으로 달려 있다고 본다.

그는 국가가 단순히 권력이 아닌 위협에 대응한다고 전제하면 현재의 패권체제가 좀 더 지속될 수 있고 미국은 이를 위해 정책을 통한 관리의 여지를 가지게 된다고 본다. 즉 패권체제가 무한정 지속되지는 않을 것이지만 패권국인 미국이 대외관계와 대내적으로 주어지는 제약을 관리함으로써 단극의 순간을 연장시킬 기회를 지니고 있다는 것이다. 한 마디로 현 질서의 지속성은 미국의 국가경영에 상당한 부분

435) 「단극의 순간」이란 말은 크라우트해머가 처음 만들어 사용한 용어이다.
436) 크라우트해머가 미국 중심의 패권체제 붕괴의 조건 가운데 하나로 언급한 경제위기가 2008년 9월 15일에 리먼브라더스 도산으로 발생했다.

달려있다는 것이다.437)

■ 요페(Josef Joffe)

요페는 세력균형론의 예측대로라면 탈냉전기의 유일한 초강대국인 미국에 대한 어떠한 형태든 세력균형이 형성되어 하나의 지배적인 국가의 존재를 방치하지 말아야 하는데 오히려 미국의 동맹체제가 확장되고 있다고 진단하고 세력균형 체제로의 전환이 어려운 요인을 여러 각도에서 분석하고 있다.438)

첫째, 세력균형이 잘 일어났던 과거에 패권을 추구한 국가들과는 달리 현재의 패권국인 미국의 경우 영토적 야심을 가지고 있지 않기 때문에 미국에 대한 적대적인 동맹이 쉽게 결성되지 않는다고 지적한다.

둘째, 국력의 요소인 군사력과 같은 강성권력의 상대적인 중요성이 줄어들고 대신 연성권력이 중요해지는 현실에서 찾고 있다. 즉 미국의 경우 아주 정교한 무기 등을 포함한 강력한 군사력에 타의 추종을 불허하는 연성권력이 보태지면 미국은 여타의 국가들의 권력의 합보다 압도적인 권력의 우위를 가져 미국에 대한 권력의 균형이 일어나기 어렵다고 본다.

셋째, 미국의 전략적인 선택도 세력균형을 어렵게 하는 요인 가운데 하나라고 본다. 그에 따르면 논리적이나 역사적으로 보아 다른 국가들의 적대적인 결속을 방지하기 위한 방식에는 두 가지가 있다고 본다. 구체적으로 그는 과거 대영제국의 방식과 독일 통일 후의 비스마르크 방식을 통해 이를 설명하고 있다.

두 가지 중 하나는 우선 섬나라로서 격리되어있다는 특징으로부터 유래된 영국식 방식이 있다. 평상시에 고립되어 유럽의 일에 별로 간섭하지 않다가 패권을 추구하는 국가가 등장하려고 할 때만 간섭하고 다시 원위치로 돌아감으로써 다른 국가들이 영국에 대항하여 결속하여야 할 유인을 없애는 방식이다. 이 전략의 핵심은 이러한 과정에서 정복을 시도하지 않는다는 것으로서 이렇게 함으로써 영국이 다른 국가들의 적대적인 목표가 되지 않았을 뿐 아니라 비용 면에서도 대단히 경제적이었다고 판단한다. 이러한 전략의 결과로서 영국은 약 2세기 동안 패권적 지위를 누릴 수 있었다고 본다.

요페는 또 다른 방식으로서 비스마르크가 1871년 독일을 통일한 후 그 당시 독

---

437) Michael Mastanduno, "Preserving the Unipolar Moment: Realist Theories and U.S. Grand Strategy," *International Security*, Vol. 21, No. 4 (Spring 1997), pp. 49-88; Michael Mastanduno, "Economics and Security in Statecraft and Scholarship," *International Organization*, Vol. 52, No. 4 (Autumn 1998), pp. 825-854.

438) Josef Joffe, "How American Does It," *Foreign Policy*, Vol. 76, No. 5 (1997), pp. 13-27.

일에 유리한 현상을 유지하기 위한 목적으로 추구하던 전략을 언급하고 있다. 여기서 말하는 비스마르크의 전략이란 우리가 외교사에서 흔히 언급하는 비스마르크의 보장정책의 전략을 의미하는 것으로서 다면적인 동맹과 협상을 통해 프랑스를 국제적으로 고립시키고 독일을 표적으로 하는 동맹체제의 형성을 사전에 막는 것을 목적으로 한 전략을 의미한다. 이러한 목표를 달성하기 위한 수단의 하나로 비스마르크는 기존의 동맹(독오동맹)과 상호 모순되는 새로운 동맹(독러재보장조약)까지 체결한 것으로 유명하다. 이러한 동맹과 협상은 자국의 권력을 증대시키기 위한 목적으로 체결되는 것이 아니라 적대적인 동맹의 출연을 막기 위한 목적으로 체결되는 것을 특징으로 한다.

이 방식은 영국식 방식과는 아주 대조적인 방식으로서 잠재적인 경쟁 상대국들과 긴밀한 관계를 구축하여 그들에게 자신을 필요로 하도록 함으로써 적대적인 결속을 불가능하게 하고자 하는 방식이다. 요페는 이를 자전거 바퀴와 같은 바퀴의 중심(hub)과 바큇살(spoke)로 비유하고 미국을 중심에 그리고 적대적인 가능성이 있는 중요 국가들을 바큇살에 해당한다고 본다. 이들 국가에게 미국에 대한 적대감에도 불구하고 미국과의 연결이 그들끼리의 연결보다 더 중요하게 만드는 방식을 의미한다. 요페에 따르면 미국은 두 방식 가운데 독일 통일 후의 비스마르크 방식에 가까운 방식을 택하고 있다고 판단한다.

③ 패권체제에 대한 새로운 형태의 균형론

냉전이 종식된 이래 군사동맹을 통한 전통적인 형태의 균형이 실질적으로 도래하고 있지 않다는 사실은 패권체제의 지속 가능성을 주장하는 견해에 힘을 실어주었으나 세력균형체제의 도래를 확신하는 신현실주의 이론가들에게는 풀어야 할 하나의 큰 수수께끼를 던져 주었다. 이러한 상황은 여러 갈래의 학문적인 대응을 가져오기에 이르렀다.

우선 세력균형체제의 궁극적인 도래를 확신하는 학자들에게 왜 균형화가 지연되고 있는가에 관한 연구를 촉발했다. 다른 한편 과거와는 다른 형태의 균형화가 이미 시작되었다는 논의가 전개되기 시작했다. 여기에서는 이러한 다른 형태의 균형화가 이미 시작되었다는 논의를 중점적으로 살펴보고자 한다.

구체적으로 2003년 미국의 이라크 침공 반대에 주요 국가들이 공동전선을 형성한 것을 계기로 일부 국제정치 이론가들은 세력균형이 존재하지 않는다는 견해로부터 탈피하여 패권체제 아래에서 전통적인 형태와는 다른 새로운 형태의 균형화가 이미 발생하고 있다는 주장을 본격적으로 제기하기 시작했다. 이러한 주장은 기존의 균형이론의 일관성을 유지하고자 하는 측면을 가지고 있다고 볼 수 있다. 여기에서는 패권체제에 대한 균형이 군사적인 수단을 통한 전통적인 균형 방식과는 전혀 다른 새로운 형태로 일어나고 있다는 견해들을 살펴보고자 한다.

■ 파페(Robert A. Pape)의 연성 균형론439)

새로운 형태의 균형화 기제로서 연성 균형화(soft balancing)란 군사적인 수단을 통한 전통적인 균형화를 일컫는 경성 균형화(hard balancing)와 대조되는 것으로서 비군사적인 수단을 통한 균형화를 지칭한다. 좀 더 구체적으로 약한 국가가 좀 더 강한 국가의 지배와 영향력을 수용할 수 없으나 더 강한 국가의 군사적인 우위가 너무나 압도적이어서 전통적인 균형화 방식으로 대응하는 것이 어렵거나 불가능하다고 판단했을 때 사용하는 균형화 방식이다.

이러한 연성 균형론을 주장하는 학자들이 미국이 지배적인 권력을 자제하지 않고 사용한다면 연성 균형화가 경성 균형화로 이어질 것이라고 주장하고 있는 것에서 알 수 있듯이 이들에게 연성 균형화란 전통적인 의미의 군사동맹을 중심으로 한 경성 균형화의 신호나 준비로 간주된다. 이러한 연성 균형론에 관한 논의를 주도하고 있는 파페의 주장을 살펴보면 다음과 같다.

우선 파페는 패권국인 미국에 대해 예외적으로 균형이 일어나지 않고 있는 현상을 설명하기 위해 제시되곤 하는 견해를 3가지로 분류하고 있다. 첫째 견해는 왈츠가 주장하는 것으로서 약한 국가들에게 있어 강대국에 대항하여 균형을 이루는 것이 공동의 이익이 되지만 다른 국가(들)에게 책임 전가를 하는 것이 개별적인 이익이 되므로 균형이 일어나지 않는다고 본다. 균형을 이룬다는 것은 위험을 동반하는 일이기 때문에 균형의 대상이 되는 국가가 강하면 강할수록 균형화에 추구할 잠재적 국가들은 좀 더 꺼리게 되며 책임을 전가할 유인이 강해지게 된다. 이 때문에 균형화의 과정이 더디게 되는데 양차 세계대전 전에 영국・프랑스・러시아가 서로에게 책임 전가를 함으로써 큰 대가를 치른 후에야 비로소 독일에 대한 균형이 이루어진 것이

439) Robert A. Pape, "Soft Balancing: How the World will Respond to US Preventive War on Iraq," *Oak Park Coalition for Truth and Justice* (January 20, 2003), http://www. opctj.org/articles/robert-a-pape-university-of-chicago-02-21-2003-004443.html. Accessed Dec. 30, 2005. 연성 균형에 관한 페이프의 또 다른 글은 다음과 같다: Robert A. Pape, "Soft Balancing against the United States," *International Security*, Vol. 30, No. 1 (Summer 2005), pp. 7-45. 연성 균형 개념을 옹호하는 다른 학자들의 글의 예는 다음과 같다: T. V. Paul, "Soft Balancing in the Age of U.S. Primacy," *International Security*, Vol. 30, No. 1 (Summer 2005), pp. 46-71.

이러한 것을 증명하는 사례로 본다.

둘째 견해는 미국의 선량한 의도가 균형화의 부재를 가져온다고 본다. 이는 왈트의 위협균형론에 근거를 둔 주장으로서 미국은 지난 2세기 동안 가장 선의를 가져온 국가로서 미국이나 미국의 동맹국 중 어느 한 국가와 이미 전쟁을 가진 바 없는 주요한 국가를 점령하고자 한 적이 없으며 자신의 지역을 넘어서 제국을 추구한 적이 없다는 것을 강조한다. 이 때문에 냉전 시기에도 미국에 비해 약하지만 좀 더 공격적인 소련에 대항하여 서유럽 국가들과 일본이 좀 더 강한 미국의 편에 섰다고 본다. 요약하자면 미국이 공격적인 의도를 명백하게 보이지 않아 왔기 때문에 어느 국가도 미국에 대항하여 균형을 이루려고 하지 않는다는 것이다.440)

셋째 견해는 미국의 대전략(grand strategy)에서 미국에 대한 균형이 이루어지지 않고 있는 이유를 찾는다. 대전략이란 미어샤이머의 주장에서 볼 수 있는 것으로서 미국은 20세기를 통해 미국 이외의 지역에서 균형을 추구하는 정책을 전략적으로 추구함으로써 그 스스로가 이러한 지역을 지배하지 않고 다른 지배적인 국가가 이러한 지역을 지배하는 것을 막아왔다는 주장이다. 이러한 전략은 「역외 균형전략(off-shore balancing strategy)」이라고 불릴 수 있는 것으로서 이러한 미국의 대전략으로 인해 유일한 초강대국으로서 미국이 유럽 국가들 · 러시아 · 일본 · 중국과 같은 국가들에게 위협을 가하고 있지 않다는 것을 효과적으로 확신시켜 왔다고 본다.441)

파페는 이러한 견해들이 작금의 현실과 괴리가 있다고 보고 연성 균형화라는 개념을 통해 과거와는 다른 형태의 균형화가 이루어지고 있음을 주장하고 있다. 그가 제시한 미국에 대항한 새로운 형태의 균형화를 살펴보면 다음과 같다.

파페는 미국이 취한 일련의 일방주의적인 조치(특히 이라크에 대한 예방전쟁 즉 선제공격의 감행)가 미국에 대한 균형화가 일어나지 않도록 하는 요인들을 무력하게 만들었다고 본다. 구체적으로 이라크에 대한 공격과 지배는 이 지역에서 패권국의 등

---

440) 앞서 살펴보았듯이 왈트의 위협균형론은 위협을 구성하는 요소로서 총체적 권력 · 지리적 인접성 · 공격적 군사능력 · 인지된 공격적인 의도를 제시하고 있다. 여기에서 파페는 여러 요소 가운데 공격적인 의도라는 요소만을 가지고 미국에 대한 균형화의 부재를 설명하고 있는데 이 요소 이외에 지역적인 인접성이라는 요인에 따른 결과라고도 볼 수 있을 것이다. 즉 유라시아의 국가들은 미국이 지역적으로 유라시아 대륙으로부터 격리되어있어서 덜 위협을 느껴 대항 균형화(countervailing balancing)가 발생하지 않는다는 해석도 가능하다. 이 요인에 따르면 유라시아 국가들은 인접한 국가의 권력 변화에는 위협을 느껴 지역 내 균형화의 형성은 가능성이 크다고 본다.

441) 「역외 균형전략(offshore balancing strategy)」이란 예를 들자면 미국의 중동 정책에서 발견된다. 여기서 균형이란 이란 · 이라크 · 사우디아라비아 같은 역내의 강국들 사이의 균형을 의미한다. 평상시에 중동지역 내에 군사력을 주둔시키고 있지 않은 가운데 균형이 깨지면 군사력의 동원 등을 통해 약한 국가를 지원하여 균형을 유지하고자 하는 정책을 의미한다.

장을 막는 균형전략의 폐기를 가져왔고 초강대국으로서의 미국의 선량한 의도를 크게 훼손시킴으로써 미국에 대항한 균형화의 유인이 생겼다는 것이다.

그에 따르면 균형화의 유인이 발생했으나 전대미문의 초강대국인 미국과 다른 국가들 사이에 존재하는 권력의 격차가 과거 나폴레옹의 프랑스·히틀러의 독일·대영제국이 다른 국가들과 가져왔던 권력의 차이를 훨씬 뛰어넘기 때문에 미국에 대항하여 균형을 시도하는 것이 가져오는 위험이 크다. 이로 인해 책임 전가의 문제를 극복하기가 쉽지 않게 되었다. 이러한 상황에서 등장하는 것이 전통적인 군사적인 수단에 의존하지 않고 균형을 이루려고 하는 연성 균형화라는 것이다. 즉 지배적인 국가가 존재하는 패권체제에서 전통적인 수단에 의해 책임 전가의 문제를 해결하지 못하면 지배적인 국가를 저지하고 안전을 확보한다는 동일한 목적을 달성하기 위해 대안을 찾아야만 하는데 이러한 대안이 바로 비군사적인 수단에 의한 균형화를 의미하는 연성 균형화라는 것이다.

전통적인 균형화란 연성 균형화와 구별하여 경성 균형화라고 불리는데 이는 지배적인 국가의 군사력에 대항한 힘의 대결로 구성되기 때문이다. 경성 균형화란 일반적으로 군사력의 강화·전쟁 수행을 위한 동맹의 결성·군사기술의 동맹국 이전과 같은 것을 통해 이루어진다. 이와는 대조적으로 연성 균형이란 지배적인 국가와 직접적으로 대립하지 않은 채 지배적인 국가에게 군사력의 사용을 좀 더 어렵게 만드는 것을 목적으로 한다.

이러한 연성 균형화의 주요한 수단으로서 영토의 거부·경제력의 강화·협력외교·균형을 이루겠다는 결의의 신호 등이 사용된다. 구체적으로 영토의 거부란 초강대국의 경우 자신의 병력이 해외영토에 접근하는 것이 필요한데 이러한 영토에 접근을 허용하지 않으면 승전 가능성에 영향을 받게 된다는 것을 의미한다. 예컨대 한국이나 일본이 주둔하고 있는 미군에게 새로운 제한을 가한다든가 감축을 하도록 하면 아시아에서의 미국의 힘은 감소될 것이다.

경제력의 강화란 초강대국의 경우 강력한 경제력을 바탕으로 군사적인 우위를 지니게 되는데 다른 국가들이 초강대국의 이러한 경제력에 대항하여 상대적인 경제력을 강화하는 방식을 의미한다. 예컨대 지역통상 블록의 형성을 통해 블록 내 국가들의 경제력을 기르는 한편 이러한 블록으로부터 초강대국을 배제함으로써 장기적으로 초강대국의 경제력에 부정적인 영향을 주는 방식이다. 또 하나의 예로서 유럽의 국가들이나 일본이 달러가 아닌 그들 자신의 통화를 가지고 석유의 구매를 결정하게 되면 미국의 통화를 크게 약화시킬 것이다.

협력외교란 초강대국을 대상으로 하여 다른 국가들이 국제기구와 같은 국제제도를 이용하거나 일시적인 외교적 조치 등을 통해 초강대국의 군사적 행동의 목적을 지연이나 붕괴 혹은 제거하는 등의 방식을 의미한다. 이러한 수단이 의미를 갖는 것은 아무리 초강대국이라고 하더라도 중요 국제기구 등에서 규칙과 절차를 완전히 무시하면 그들의 행동에 대한 정당성에 기반한 지지를 얻는 데 있어서 엄청난 비용을 지급하여야 하기 때문이다. 예컨대 유럽연합 국가·러시아·중국이 미국이 아닌 유엔에 새로운 이라크 정부를 감독하도록 압력을 가한다면 이라크와 중동지역에서의 미국의 행동 자유가 줄어들 것이다.

균형을 이루겠다는 결의의 신호 역시 연성 균형을 위한 수단의 하나이다. 이는 초강대국의 현재 행동을 방해하는 것을 목적으로 하는 것이 아니라 초강대국의 미래의 야심에 저항하는 것에 참여할 것이라는 신호를 보내는 방식으로 결의를 보이는 것을 의도한 것이다.

다수 국가가 반복하여 이러한 조치들에 협력한다면 초강대국의 야심에 대항한 이들 국가의 협력을 둘러싸고 신뢰 증진을 가져와 책임 전가의 문제를 해결하는 것을 도움으로써 연성 균형화의 수단의 하나로서 작용할 수 있다고 본다.

파페는 연성 균형화가 패권체제의 정치에 가장 유용한 수단으로서 역사상 존재했다고 생각되는 예들을 들고 있다. 우선 냉전 시대 소련에 대항한 봉쇄 작전은 통상적으로 군사전략으로 간주하나 출발점은 대규모 경제원조 프로그램인 마샬플랜(Marshall Plan)이라는 연성 균형화 정책이었다고 본다. 힘을 사용한 소련과의 대치가 아닌 이러한 경제 조치가 중요 산업국들을 서구진영으로 결속시켜 소련 진영에 대항했다고 본다.

두 번째 역사적인 예로서 파페는 비스마르크 시절의 독일의 경우를 들고 있다. 통일 후 독일에 여전히 긴박한 문제는 프랑스였는데 이는 프랑스가 대륙에서 가장 큰 잠재력을 가진 국가였고 독일에 대해 복수를 시도할 수 있었기 때문이었다. 그러나 프랑스에 대한 우려와 더불어 통일된 독일에 대한 우려 역시 하지 않을 수 없었던 오스트리아·러시아·영국으로 인해 독일은 프랑스에 대항하여 포괄적인 동맹을 주도적으로 구축할 수 없었다. 이에 대한 비스마르크의 해결책은 다수 국가에 걸쳐 상호 모순되기도 하는 동맹을 결성하는 것이었으며 그 결과 가장 정점에 이르렀을 때는 프랑스를 제외한 유럽 국가의 절반을 동맹에 포함할 수 있었다. 이러한 체제는 군사력의 결집과 직접적인 군사적 대립을 통해서가 아니라 상대방에 가용한 능력의 제거를 통해 잠재적으로 우월한 강대국을 고립시키고 균형을 이루기 위한 것으로서 연성 균형화 정책이었다고 본다.

이러한 역사적인 예들에 이어 파페는 미국의 이라크 공격으로 촉발된 연성 균형화를 설명하고 있다. 구체적으로 미국이 2002년 9월에 이라크를 위시한 불량국가에 대하여 예방전쟁(선제공격)을 할 수 있는 권리를 주장한 이후 곧 유럽·중동·아시아 국가들이 연성 균형화 조치로 간주될 수 있는 일련의 조치를 시작했다.

프랑스는 이라크와의 전쟁의 권한을 인정하는 유엔 안전보장이사회의 결의안에 거부권을 행사하겠다는 위협을 가했으며 터키와 사우디아라비아는 자신의 영토를 미국의 지상군이 사용하는 것을 단호하게 거부했다. 한국은 북한의 핵 프로그램을 둘러싸고 외교적 교섭에 있어서 자신의 역할을 제고시키고자 함으로써 미국의 병력 사용을 더욱 어렵게 만들었다.[442] 이러한 일련의 조치들은 미국의 군사력에 직접적으로 도전하지 않으면서 미국이 권력을 행사하는 것을 좀 더 어렵게 한다는 의미에서 연성 균형을 위한 조치라고 볼 수 있다.

연성 균형화란 개념을 정리하자면 냉전 종식 이후 특히 2003년 이라크 전쟁 동안과 그 이후에 있어서 비군사적인 형태의 균형화를 설명하기 위해 사용되고 있는 개념으로서 기존의 세력균형론이 새로운 상황에 적응하는 방식이라고 볼 수 있다. 이러한 연성 균형화는 세력의 균형을 물리적으로 바꾸기 위해 취해지는 것이 아니라 강한 국가의 일방적인 행동을 훼손하거나 좌절시키거나 혹은 비용을 증가시키려는 것과 같은 목적하에 취해진다. 통상적으로 경제적인 방식·외교적인 방식·제도적인 방식의 결합을 통해 이루어진다. 민주평화론은 민주주의 국가들 사이에 있어서는 경성 균형화보다 연성 균형화가 선호된다고 본다.

이러한 연성 균형화라는 개념을 통하여 국가 행동을 설명하고자 하는 시도에 비판이 없는 것은 아니다. 우선 브룩스와 월포스(Stephen G. Brooks and William C. Wohlforth)의 비판을 살펴보면 다음과 같다.[443] 이들은 연성 균형화란 개념을 주요 국가들 사이에 전통적인 균형이 부재한 국제체제를 세력균형론의 틀에 포함하여 세력균형론을 확장하려는 시도로 규정한다. 이러한 연성 균형화의 개념은 두 가지 결점을 지니고 있다고 지적한다. 첫 번째 지적은 미국을 제약하는 효과를 가지는 국가

442) 북핵 문제의 해결을 위한 6자회담 역시 한국·중국·러시아의 견지에서 미국 주도의 강경한 대북 문제해결에 제동을 걸기 위한 연성 균형 조치의 하나로 간주될 수 있을 것이다.

443) Stephen G. Brooks and William C. Wohlforth, "Hard Times for Soft Balancing," International Security, Vol. 30, No. 1 (Summer 2005), pp. 72-108: Stephen G. Brooks and William C. Wohlforth, *World Out of Balance: International Relations and the Challenge of American Primacy* (Princeton: Princeton University Press, 2008).

행동에 대하여 다른 설명의 대안이 있음을 고려하고 있지 않다는 것이고 두 번째 지적은 경험적인 분석이 없다는 것이다.

연성 균형화라는 개념이 적실성을 가지려면 미국의 외교정책에 제약을 가하는 다른 국가들의 행동이 미국의 패권에 의해 제기되는 안보 위협에 대한 반응으로서 미국의 패권을 제한하려는 동기에 기인하여야 한다. 그러나 이러한 행동은 이러한 동기가 아닌 경제적 이해관계 · 지역 안보에 관한 관심 · 정책분쟁과 협상 · 국내 정치적 유인이라는 4가지 대안적인 동기에 기인할 수 있다는 것이다.

이들은 이러한 대안적 동기들을 가지고 연성 균형화 옹호자들이 연성 균형화라는 개념으로 설명하고자 한 현상들에 대한 사례연구를 통해 대안적 설명의 필요성을 제시하고 있다. 예컨대 터키가 자국의 영토를 미국의 지상군이 사용하는 것을 단호하게 거부한 사실을 미국의 권력 집중을 제약하려는 것과는 관계없이 국내 정치적인 동기에 크게 기인하는 것으로 보고자 한다. 미국의 이라크 침공과 관련한 독일의 반대 역시 국내 정치적 동기를 중요시한다. 러시아의 반대에는 경제적 이익이라는 동기가 중요한 동기로 자리하고 있었다고 본다.[444)]

결론적으로 이들은 위에서 언급한 국가들의 행동이란 미국의 권력을 견제하려는 것이 주된 동기가 아니라 협상에서 더 나은 위치를 점하기 위한 노력으로 보고자 한다. 따라서 연성 균형화가 아닌 협상 역학(bargaining dynamics)의 관점에서 살펴보아야 한다고 주장한다. 결론적으로 이들은 연구자들이 연성 균형화로부터 협상을 구분하는 것이 중요하다고 지적하고 있다.

연성 균형화라는 개념에의 반대는 리버와 알렉산더(Keir A. Lieber and Gerard Alexander)의 주장에서도 발견된다.[445)] 소련의 붕괴에 뒤이어 많은 학자가 미국에 대항한 균형의 등장을 예측했었다. 2003년에 미국이 이라크를 침공하자 전 세계적으로 미국에 대한 반발과 경고가 있었다. 이와 관련하여 몇몇 학자들은 전통적인 경성 균형화의 징후가 이미 발견된다고 주장하는가 하면 또 다른 학자들은 고전적인 방식이 아닌 방식으로 미국의 권력을 훼손하고 제약을 가하고자 하는 연성 균형화라는 새로운 현상이 전개되고 있다는 주장을 제기했다.

---

444) 연성 균형화의 관점을 옹호하는 학자들은 패권국에 반대하는 국가에 대한 지원을 연성 균형화의 한 수단으로 보고자 한다. 구체적으로 러시아가 미국에 대항하여 이란을 지지하는 것을 이러한 예의 하나로 간주한다. 그러나 이러한 관점을 거부하는 학자들은 러시아의 이란 지원을 카스피해의 석유와 기타 천연자원의 탐사를 둘러싼 지역적 문제의 해결이나 핵기술의 판매와 같은 경제적인 동기가 큰 역할을 한 것으로 보고자 한다.

445) Keir A. Lieber and Gerard Alexander, “Waiting for Balancing: Why the World Is Not Pushing Back,” *International Security*, Vol. 30, No. 1 (Summer 2005), pp. 109-139.

그러나 리버와 알렉산더는 미국에 대항하여 경성 균형화든 연성 균형화든 균형화가 일어나고 있다는 증거가 거의 없다는 견해를 제시하고 있다. 이들은 미국에 대항하여 균형화가 일어나고 있지 않은 이유로서 미국이 취하고 있는 전략과 조치가 광범위한 비판을 받고 있음에도 불구하고 제한된 수의 정권과 테러 집단에게만 위협이 가해지고 있기 때문이라는 분석을 제시하고 있다. 이들을 제외한 국가 대부분은 대테러전쟁에 있어서 미국과 전략적인 이해관계를 공유하거나 이러한 갈등에 직접적인 이해관계를 가지고 있지 않다는 것이다. 결과적으로 균형화란 아주 한정된 수의 국가들과 미국의 전략과 조치의 대상이 되고 있는 행위자 사이에서나 가능한 것으로 본다.

이들은 연성 균형과 관련하여 아무것도 아닌 것을 두고 법석을 떤다고 인식하면서 이 개념의 정의와 조작화(operationalization)가 어렵다는 것을 지적하고 있다. 연성 균형화라는 개념을 가지고 설명하려고 하는 미국에 대항한 국가들의 행위란 전통적인 외교적 마찰과 다르지 않다고 본다.

■ 레인(Christopher Layne)의 경제적 사전균형화와 통제탈피[446]

레인은 1993년에 쓴 「단극의 환상: 왜 새로운 강대국이 부상할 것인가(The Unipolar Illusion: Why New Great Powers Will Rise)」라는 제하의 논문을 통해궁극적인 다극체제의 도래를 확신하는 가운데 패권국으로서의 미국이 어떠한 정책을 전개하여야 할 것인가를 논했다.[447] 구체적으로 레인은 냉전 시대의 양극체제가 끝나고 패권체제가 도래했으나 미국의 패권이 궁극적으로 도전을 받게 되어 있어 이러한 패권체제는 일시적 순간에 지나지 않고 2010년까지 다극체제에 의해 대체될 것으로 보았다.

레인은 국가들이 패권국에 대해 견제와 균형을 이루고자 하는 속성을 가지고 있어 현재의 미국 패권체제는 오래 가지 못하고 다극체제로 전환될 것이라고 인식하고 미국은 대외정책으로서 패권체제를 유지하고 경쟁국들의 영향력 추구를 억제하고자 해서는 안 되고 일본과 독일을 강대국으로 수용하고 이들과의 전략적인 상호의존을 통해 다극체제의 질서를 안정화해야 한다고 주장했다. 그에 따르면 미국이 경쟁국들의 도전에 직면하여 패권적 지위를 유지하고자 권력을 사용하면 갈등이 빚어질 것인

446) Christopher Layne, "The Unipolar Illusion Revisited: The Coming end of the United States' Unipolar Moment," *International Security*, Vol. 31, No. 2 (Fall 2006), pp. 7-41.
447) Christopher Layne, "The Unipolar Illusion: Why New Great Powers Will Rise," *International Security*, Vol. 17, No. 4 (Spring 1993), pp. 45-67.

데 유감스럽게도 미국은 현재 패권적 지위를 유지하기 위해 권력을 사용하고 있다고 보았다.

레인의 견해를 정리하면 패권체제란 「단극의 순간」이라는 말이 은유하듯이 비정상적인 것으로서 다극적 균형체제로 가는 잠시의 과도기이다. 이런 관점에서 미국의 정책이란 피할 수 없는 다극적 균형체제로 전환되는 것을 수용하고 다극적 세계에 대비하는 것이다.

그러나 2006년에 발표한 논문에서는 2010년까지 다극체제가 도래하리라고 예측한 자신의 주장을 수정했다.448) 이는 자신의 주장이 너무 성급한 것으로서 2010년 정도에 패권체제가 다극체제로 전환할 것 같지 않다는 판단으로부터 출발한 수정이라고 볼 수 있다. 그러나 그렇다고 그가 패권체제가 지속되리라는 주장과 더불어 왜 패권체제가 지속되고 있는가에 관한 논리를 제시하고자 한 것은 아니다. 그는 시간이 언제가 될지 모르나 미국도 과거 패권국들의 운명을 피할 수 없다는 전제를 버리지 않은 채 현재의 패권체제에 대응한 새로운 형태의 균형 기제로서 결과가 드러나려면 시간을 많이 요구하는 통제탈피(leash-slipping)라는 것이 전개되고 있다는 주장을 제기하고 있다.

이러한 주장에 앞서 그는 미국 중심의 패권체제 지속을 설명하려 자주 동원되는 논리로서 균형화를 불가능하게 하거나 어렵게 하는 미국의 특징인 i) 압도적인 군사력과 경제력 ii) 위협적이 아닌 선량한 의도 iii) 국제사회에 공익을 위한 공공재의 공급에 비판적인 시각을 제시한다. 더불어 전통적인 균형화 기제가 아닌 새로운 형태의 균형화 기제로서 기존에 언급되고 있는 연성 균형화와 경제적 사전균형화(economic prebalancing)를 언급하고 이러한 기제에 더하여 새로운 기제로서 통제탈피를 제시한다.

레인의 통제탈피를 살펴보기 전에 경제적 사전균형화를 살펴보면 다음과 같다. 정치경제적 조치나 정책을 세력균형의 관점에서 체계적으로 조망한 것은 브라울리(Mark R. Brawley)와 같은 학자이다.449) 그러나 이를 새로운 형태의 균형화 기제의 하나로 규정하면서 경제적 사전균형화라는 용어를 처음 사용한 것은 레인이다.

레인에 있어 경제적 사전균형화란 패권국의 행동에 제한을 가하고 탈정당화

---

448) Christopher Layne, "The Unipolar Illusion Revisited: The Coming end of the United States' Unipolar Moment," *International Security*, Vol. 31, No. 2 (Fall 2006), pp. 7-41.

449) Mark R. Brawley, "The Political Economy of Balance of Power Theory," in T.V. Paul, James J. Wirtz, and Michel Fortmann, eds., *Balance of Power: Theory and Practice in the Twenty-first Century* (Stanford, Calif.: Stanford University Press, 2004), pp. 110-111.

(delegitimization)를 추구하기 위해 주로 외교·국제기구·국제법과 같은 수단을 사용하는 연성 균형화와는 달리 패권국과 자국 사이의 경제적 기술적 격차를 줄이는 데 집중함으로써 미래에 경성 균형화를 위한 토대를 갖추고자 하는 것을 의미한다. 이러한 의미에서 경제적 사전균형화를 연성 균형화와 경성 균형화 사이에 존재하는 중간적인 형태의 것으로 보고자 한다. 이러한 전략을 현재 중국이 미국에 대해서 사용하고 있다고 본다.

다음으로 레인이 2006년 논문에서 본격적으로 제기한 통제탈피란 개념을 살펴보면 레인은 미래의 어느 땐가 약탈적이고 위협적인 방식으로 권력을 행사할지 모르는 패권국에 대항한 보호 수단의 한 형태로 바라본다. 이러한 통제탈피의 목적은 패권국에 대항하여 균형화를 추구하는 것이 아니라 자율성과 미래의 불확실성에 대비한 방어책을 추구하는 것이다. 이러한 방어책은 국가들이 미국의 구속에서 벗어나 독립적인 대외정책 능력을 높이려는 노력으로 구체화된다.

이러한 통제탈피의 예로서 유럽연합(EU)이 공동의 외교 및 안보 정책을 발전시키는 노력을 들 수 있는데 이는 유럽의 국가들이 미국의 군사적 자산에 의존하지 않고 그들의 안보 이익을 지키는 것을 목적으로 한다. 이밖에 2차 세계대전 이후에 영국이 미국과 소련에 대항하여 제3의 세력화를 추구했던 것과 프랑스 드골의 독자노선 등을 이러한 통제탈피 조치의 하나로 보고자 한다.

레인의 총 결론은 미국의 패권체제에 대항한 세력균형이 과거와는 다른 형태로 통제탈피와 같은 수단을 통해 전개되고 있다. 이러한 대응 방식은 성과가 드러나는 데 오랜 시간이 걸려 현재 성과가 드러나 있지 않으나 궁극적으로 상과와 더불어 균형체제로 전환될 것이다. 미국이 이러한 시점을 늦추기 위해 가장 중요한 대전략은 패권을 유지하려는 시도가 다른 국가들을 자극하여 균형화를 촉진할 것이기에 이러한 시도를 자제하고 역외 균형자 전략(offshore balancing strategy)을 추구하는 것이 필요하다고 강조한다. 이러한 균형화 전략에는 동맹국 등과의 협력을 통해 수행하는 다자적 역외 균형화 전략(multilateral offshore balancing strategy)과 미국이 단독으로 수행하는 일방적 역외 균형화 전략(unilateral offshore balancing strategy)이 있는데 이 가운데 후자의 전략이 미국의 대전략으로서 긴요하다고 본다.

④ 결 어

패권체제의 패권국에 대한 균형의 부재를 설명하는 여러 요인을 종합하여 살펴보면 다음과 같다. 첫째, 미국의 권력이 워낙 압도적이어서 다른 국가들이 현실적으로 미국에 대항하여 균형을 추구하는 것이 어렵다는 것이다. 집단행동 이론(collective action theory)에 기반을 둔 책임 전가의 논리도 이러한 논리의 일환이다.

둘째, 위협균형론에 기반을 두고 있는 요인으로 볼 수 있는 것으로서 다른 국가들이 패권국으로서의 미국에 의해 위협을 느끼지 않기 때문이라는 논리다. 여기에는 미국이 역외 국가로서 지리적 인접성 측면에서 위협이 되지 않는다는 논리와 미국이 다른 국가의 존립 자체에 위협을 가하고 있지 않다는 논리가 포함된다.

셋째, 패권안정론 등에 근거한 것으로서 시혜적 패권국으로서 경제력이나 군사력을 통해 국제적인 공공재를 공급하기 때문이라는 논리도 있다. 여기에는 패권국이 자유민주주의 국가라는 사실도 포함되며 구체적으로 이러한 성격이 패권국에 대한 두려움을 완화하고 나아가 패권국의 편에 선다고 본다.

넷째, 미국의 대전략으로서 미국 이외의 지역에서 균형을 추구하는 정책을 추구함으로써 미국이 자체적으로 특정 지역을 지배하지 않아 직접적인 위협을 가하지 않은 채 다른 지배적인 국가가 이러한 지역을 지배하는 것을 막는 역외 균형화 전략에서 균형화 부재의 원인을 찾는 논리도 존재한다.

이러한 견해들을 패권체제의 안정성과 지속성을 유지하기 위한 정책으로 압도적인 권력의 유지 · 자제를 통한 위협의 감소 · 국제적인 공공재의 공급 · 대전략으로서 역외 균형자 전략의 추구를 제안하고 있다. 이러한 정책들을 개별적으로 패권체제의 안정과 지속에 긍정적인 역할을 할 수 있으나 이러한 정책 간의 조화에 문제가 있을 수 있을 것이다. 예컨대 압도적인 권력 유지 전략과 자제를 통한 위협 감소 전략이 공존할 수 있을 것인가의 문제 등이 있을 수 있다.

이와는 대조적으로 현재의 패권체제가 전통적인 방식에 의한 균형화 노력에 직면해 있지 않은 것처럼 보일지 모르나 실제로는 내부적으로 새로운 기제를 통한 균형화가 진행되고 있다는 견해도 존재한다. 이러한 견해에는 이러한 비전통적인 방식의 균형화 노력으로서 연성 균형화 · 통제탈피 · 경제적 사전균형화가 포함된다. 그러나 앞서 언급되었듯이 이러한 비전통적인 균형화 방식이 이론적인 문제로서 미국의 패권이 가하는 안보 위협에서 벗어나기 위해 미국의 패권을 견제하려는 동기에 의해 시행되는 것인가의 여부가 명확하지 않을 수 있다. 또한 이러한 노력이 주요 국가(들)에 의해 일사불란하게 체계적으로 행해지지 않고 개개 국가에 의해 산발적으로 전개된다면 패권국에 대한 견제로서 얼마나 큰 의미를 가질 것인가의 문제가 있을 수 있다. 이와는 별도로 어떻게 이러한 균형화 노력의 동기를 포착하고 성과를 측정할 수 있을 것인가의 문제도 존재한다.

(2) 양극체제

중국과 미국의 힘의 차이가 점진적으로 좁혀지고 있다는 사실과 더불어 미국과 중국의 힘에 버금가는 제3의 강대국이 부재하다는 측면을 강조하여 패권체제가 양극체제로 전환하고 있다는 견해도 중국의 학자들을 포함한 일부에서 제기되고 있다. 좀 더 구체적으로 이들은 상대적인 국력의 쇠퇴를 경험해 오던 미국이 2007~2008년에 금융위기를 맞이하면서 이러한 추세에 가속도가 붙어 가까운 미래에 한 번 더 양극체제가 국제사회에 들어설 것으로 예측한다.450)

즉 이러한 국제체제는 세계 최대의 채무국이 되는 등 경제적으로 쇠퇴하고 있는 가운데 트럼프 취임 이후 국익에 기반을 둔 일방주의의 추구로 인해 리더십에 대한 국제사회의 신뢰가 급속하게 저하되어 국제적인 입지가 붕괴해 가고 있는 미국과 이러한 미국의 국채를 가장 많이 보유하고 있는 채권국이면서 경제 강국으로 부상하고 있는 중국의 격차가 점점 좁혀 들어가고 있다는 사실과 이 두 국가에 대적할만한 제3의 세력이 아직 존재하지 않는 국제체제를 의미한다.

이러한 견해는 중국이 경제력 면에서 크게 성장하고 이에 따른 영향력도 커지고 있지만 다른 국가의 국민에 의해 자발적으로 수용될 수 있는 인류의 보편적인 가치체계를 수반하고 있지 않다는 점에서 중국이 자신의 의도대로 국제질서를 개편하여 주도적으로 이끌어가는 체제를 의미하는 중국 패권체제(Pax Sinica)의 도래는 아직 불투명하다는 판단이 전제되어 있다.

(3) 다극체제

① 개 설

2001년의 9 · 11 테러행위 사건으로 일격을 당한 미국이 자국의 이익과 국제사회의 공익 간의 조화를 꾀하는 다자주의로부터 자국 이익을 최우선시하는 일방주의로 전환하고 중국이 경제력 성장과 함께 강대국으로 부상하는 한편 러시아가 푸틴의 집권과 더불어 강대국으로 재부상하면서 미국의 지배적인 지위에 도전이 가해짐으로써 유일한 패권 국가로서의 미국의 지위가 상대적으로 약화되었다. 이러한 현실은 다극체제 도래에 관한 견해를 강화했다.

나아가 2007~2008년에 미국발 금융위기가 발생하면서 다수의 미국의 학자는 물론 미국을 제외한 국가들의 학자들 역시 국제체제가 이미 다극체제로 진입했거나 다

450) Laris Gaiser and Igor Kovač, "From Bipolarity to Bipolarity: International Relations Repeating Again," *Journal of Global Policy and Governance*, Vol. 1, No. 1 (December 2012), pp. 49-63.

극체제를 향해 나아가고 있다는 생각을 더욱더 가지게 되었다.

② 다양한 다극체제 견해

다극체제 도래의 견해는 현재의 국제체제가 이미 다극체제가 도래했다는 견해와 다극체제로 도래해 가고 있는 과정에 있다는 견해 그리고 궁극적으로 다극체제가 도래할 것이라는 세 종류의 견해로 나뉜다. 이와 더불어 다극을 구성하는 국가들이 어떤 국가들인가를 둘러싸고도 견해들이 다르다. 다극체제 구성요소에 대한 다양한 견해들 가운데에는 미국・중국・러시아만을 구성요소로 보는 견해가 있는가 하면 미국・유럽연합(EU)・일본・브라질・러시아・인도・중국・남아프리카공화국을 다극의 구성요소로 보는 견해 등도 존재한다. 앞서 언급했듯이 이러한 차이뿐 아니라 다극체제 속의 세계질서를 긍정적이고 낙관적으로 보는 견해와 부정적이고 비관적으로 보는 두 종류의 견해가 존재한다.

다극체제의 유형과 관련해서도 다양한 견해들이 공존하고 있다. 전통적으로 권력이 같거나 유사한 3개 이상의 강대국으로 구성된 국제체제를 다극체제라 통칭하나 현재의 국제체제의 경우 권력의 차이를 보이는 강대국들로 구성되어 있어 강대국 간 권력 차이를 고려한 다양한 종류의 다극체제 유형이 제시되어 오고 있다.

이러한 맥락에서 다극체제 유형 가운데 현재의 국제체제를 다극체제로 보면서도 패권체제의 요소나 양극체제의 요소가 혼재한 복합적 국제체제로 보는 견해가 주를 이룬다. 이는 패권체제라고 보았을 때의 현실과의 괴리 즉 미국의 패권이 갖는 현실적인 여러 가지 제약점들과 다극체제라고 보았을 때의 현실과의 괴리 즉 다른 행위자와의 관계에서 미국이 지닌 상대적으로 월등한 우위를 고려한 것이다.

■ 팍스 콘소시아 견해

현재의 국제체제를 미국이 전적으로 패권을 장악하고 있는 팍스 아메리카나(Pax Americana)로 보는 견해와는 약간 달리 패권국인 미국과 다수의 강대국 사이의 협력으로 작동하는 체제라는 의미의 미국 주도의 팍스 콘소시아(Pax Consortia)로 보고자 하는 견해도 존재한다.451)

■ 균형적 다극체제와 불균형적 다극체제 견해

앞서 미어샤이머의 공격적 현실주의 편에서 이미 살펴보았듯이 미어샤이머는 다극체제를 균형적 다극체제와 불균형적 다극체제의 두 유형으로 분류한다. 여기에서

---

451) 「Pax」란 라틴어로 「평화」를 의미한다. 따라서 「Pax Britannica」의 경우 영국이 패권국이었을 때 대규모 전쟁이 발생하지 않아 국제사회가 상대적으로 안정과 평화를 누렸다는 의미가 내포되어 있다.

두 유형을 가르는 기준은 다극체제를 구성하고 있는 강대국 가운데 잠재적인 패권국의 존재 여부이다. 그에게 있어 잠재적 패권국이 존재하는 국제체제가 불균형적 다극체제이고 존재하지 않으면 균형적 다극체제이다.

■ 단다극체제 견해

다극체제란 통상적으로 3개 혹은 그 이상의 국가들 사이에 비슷한 정도의 힘(군사력 · 경제력 · 문화력을 모두 합친 힘)의 배분이 존재하는 체제를 의미하는데 위에서 언급한 다극체제를 구성하고 있는 국가들 모두가 유사한 힘을 소지한 국가들이라고 보는 견해는 없다.

일부 학자들은 미국이 비록 전 세계를 좌지우지하는 패권국은 아닐지라도 다른 국가들과는 국력 면에서는 여전히 현저한 격차를 지니고 있으며 이러한 격차는 미국이 올바른 정책을 수립하고 이행한다면 미래에도 유지될 것이라고 본다. 이러한 견해를 단다극체제(uni-multipolar system) 견해라고 정의할 수 있을 것이다.

구체적으로 미국의 힘의 상대적으로 약화되었다고 해도 유럽연합이나 브릭스(BRICS) 국가들이 세계의 지배를 둘러싸고 미국과 경합을 벌이는 정도의 존재로 보기는 어렵다는 것이다. 구체적으로 유럽은 정치적이고 군사적으로 단일대오로 행동할 수 있는 능력을 지니고 있지 못하며 중국과 인도는 여전히 다분히 개도국이라는 것이다. 이러한 현상을 두고 미국은 여전히 전 지구적 강대국(global power)이고 나머지 구성요소들은 기껏해야 지역 강대국(regional power)에 지니지 않는다고 표현하기도 한다. 간단히 말해 미국은 지배적인 강국(dominant power)은 아니지만 우세한 강국(preponderant power)이라는 것이다.

이러한 점을 고려하여 힘의 다면적인 측면을 분리하여 국제체제의 극성을 정의하고자 하는 학자나 실무가들이 적지 않다. 구체적으로 이들은 현재의 국제체제를 미국의 국방비가 다른 주요 국가들의 국방비를 모두 합한 것보다 많다는 점 등을 고려하여 정치 · 군사적인 측면에서는 단극체제이고 사회 · 경제적인 측면에서는 다극체제라고 규정하기도 한다.

■ 양다극체제 견해

위에서 살펴본 단다극체제 입장은 중국을 다른 부상하는 국가들과 국력 면에서 같거나 유사한 선상에 놓고 있다는 점에서 부상하는 국가들 가운데 중국 국력의 상대적인 우세함을 제대로 반영하지 못한다. 따라서 미국에 점차 위협적인 도전을 가해오고 있는 중국을 미국과 같이 상층부에 올려놓고 부상하는 나머지 국가들을 하층부에 두는 양다극체제(bi-multipolar system)로 국제체제를 개념화하고자 하는 견해도 존재한다.

■ 불균형적 양다극체제

양다극체제 견해가 중국이 부상하는 경제력을 바탕으로 유일하게 미국에 도전을 가하고 있다는 현실을 반영하나 힘을 단순히 경제력과 군사력에 한정하고 중국의 힘이 미국과 대등하거나 앞지르리라고 전제하는 것은 과장이라는 견해가 있다.

이 대안적 견해는 상층부에 미국의 힘이 지배적이지는 않으나 여전히 중국보다 우세한 불균형적 양극체제(unbalanced bipolar system)가 존재하고 하층부에 브라질 · 러시아 · 인도 · 남아프리카공화국 · 유럽연합 · 일본을 구성요소로 하는 다극체제가 형성될 것이라는 입장이 존재한다.[452] 이러한 체제를 「불균형적 양다극체제(unbalanced bi-multipolar system)」라고 명명할 수 있을 것이다.

③ 다극체제 도래 주장의 대표적인 예

■ 헌팅턴(Samuel P. Huntington)

헌팅턴은 1993년에 쓴 「문명의 충돌(The Clash of Civilizations)」이라는 논문과 1996년에 쓴 「문명의 충돌과 세계질서의 재구성(The Clash of Civilizations and the Remaking of World Order)」이라는 책을 통해 냉전의 종식으로 인해 사라진 이념을 둘러싼 갈등이 문화와 전통 혹은 종교를 특징으로 하는 문명을 둘러싼 갈등 즉 문명 집단 간 충돌로 대체될 것이라는 전망을 하면서 패권체제를 옹호한 후쿠야마의 견해를 비판했다.[453]

그는 냉전 시대에 이념적인 경쟁과 갈등으로 강하게 억제되어 표면화되지 않았던 문명 간의 갈등이 냉전의 종식과 더불어 과거에 강하게 억눌렸던 만큼 강하게 표출될 것이라고 예견했고 이러한 문명 간의 갈등으로 인해 국가 간에 무력 충돌이 있으리라 전망했다.[454] 즉 그는 탈냉전 시기에 있어서 문명이 국제적 갈등의 주요 원

---

452) Raymond L. Brown, "From Unipolarity to Bipolarity: The Global System in Transition," In Ian Boxill, ed., *From Unipolar to Multipolar: The Remaking of Global Hegemony* (Kingston and Jamaica: Arawak Publication, 2014), pp. 11-23.

453) Samuel P. Huntington, "The Clash of Civilizations?" *Foreign Affairs*, Vol. 72, No. 3 (Summer 1993), pp. 22-49; Samuel P. Huntington, *The Clash of Civilizations and the Remaking of World Order* (New York: Simon & Schuster, 1996).

454) 구체적으로 헌팅턴은 문명권을 서구 기독교권 · 중화 유교권 · 이슬람권 · 러시아와 동유럽의 정교회권 · 힌두교권 · 일본 · 중남미 · 아프리카 등 8개 정도로 구분함으로써 냉전 종식 후의 국제사회를 패권체제가 아닌 문명을 기준으로 한 다극화된 다문명체제로 보고자 했다. 헌팅턴은 이러한 8개의 문명권이 충돌할 위험성이 있음을 경고함과 동시에 특히 서구 기독교 문명과 이슬람 문명 그리고 유교 문명이 높은 충돌 위험성을 가지고 있다고 보았다.

인이 될 것이라고 예견했다.

이러한 예견은 자유민주주의가 아시아와 중동 국가들의 정치적이고 종교적인 전통과의 결합할 수 없다는 인식에 기초하고 있다고 볼 수 있다. 즉 지구상에는 몇 종류의 다른 문명이 존재하는데 이들의 문화적・정치적・경제적 차이가 너무나 커서 자유민주주의 질서로 보편화하는 것이 불가능하다는 것이다. 따라서 헌팅턴은 냉전의 종식 후 짧은 기간의 미국 지배를 거친 후에 새로운 세계의 질서는 문명 간의 충돌이 될 것으로 예측했다.

2001년에 미국에 가해진 9・11 테러행위 사건과 더불어 미국의 아프가니스탄 침공과 이라크 전쟁은 그의 전망에 관한 식견을 높이 평가하도록 하는 계기가 되었다. 다른 한편 그는 일련의 이러한 분쟁과 갈등을 기독교 문명과 이슬람 문명 간의 대립으로 바라보도록 유도하고 이슬람을 적대시하여 미국의 다자주의를 무시한 일방주의 외교 이념과 일방적인 공격에 정당성을 부여한다는 비판을 받기도 했다.

헌팅턴은 미래의 국제체제에 대해서도 자신의 견해를 제시했다. 그는 냉전의 종식으로 한 축이 붕괴하면서 도래한 단극체제가 지속할 것으로 보지 않았다. 이러한 맥락에서 그는 1990년대 말의 국제체제를 패권을 추구하는 하나의 지배적인 강대국이 존재하고 더불어 러시아・중국・일본・유럽연합(EU)과 같이 미국의 패권 추구에 저항하려는 주요 강대국(major powers)과 미국의 패권에 도전할 능력과 열망을 가지지 않은 채 다수의 주요 강대국과 비교해 좀 더 작지만 그렇다고 덜 중요하다고 할 수 없는 인도・브라질・남아프리카공화국과 같은 강소국(small powers)이 존재하는 국제체제로 진단하고 이러한 국제체제를 진정한 다극체제가 아닌 단다극체제(uni-multipolar system)로 보아야 한다고 역설했다.

그는 이러한 국제체제의 주요 행위자들이 다른 선호를 지니고 있어서 이러한 단다극체제의 존속에 불만을 품는다고 본다. 미국의 경우는 자신이 패권국이 되는 단극체제를 선호할 것이고 주요 강대국들은 자신들보다 강한 초강대국이 부과하는 제약과 강제 그리고 압력에 종속되지 않는 가운데 그들 자신의 이익을 추구할 수 있는 다극체제를 선호하기 때문이다.455)

헌팅턴에 따르면 장기적으로 보아 유일 초강대국이 전 지구적 차원에서 패권을 강하게 추구하면 할수록 유일 초강대국에 의해 자신들의 이익이 위협을 받는 주요 강대국들이 이에 저항하게 되고 그 결과 국력 면에서 비슷한 강대국들로 구성되는

455) Samuel P. Huntington, “The Lonely Superpower,” *Foreign Affairs*, Vol. 78, No. 2 (March/April 1999), p. 36.

통상적인 다극체제(normal multipolar system)를 형성할 것으로 예측했다. 좀 더 구체적으로 냉전 시대의 양극체제가 소련 붕괴로 인해 1990~1991년의 걸프전 시기 동안의 짧은 단극의 순간을 거친 후 10년 혹은 20년 동안의 과도적인 단다극체제를 거쳐 미국이 다른 국가들과 크게 다르지 않은 보통의 주요 강대국의 되는 정상적인 다극체제가 도래할 것으로 보았다. 이러한 다극체제에서의 세계정치는 미국이 유일한 초강대국일 때보다 부당한 요구를 덜 받고 덜 갈등적이고 좀 더 수혜적인 것이 될 것으로 예측했다.[456]

■ 자카리아(Fareed Zakaria)[457]

미국의 유명한 칼럼니스트인 자카리아는 「미국 이후의 세계(The Post-American World)」라는 제목의 책에서 현재의 국제체제를 미국이 쇠퇴하고 있는 체제라기보다 나머지 국가들의 부상(The Rise of the Rest)을 특징으로 하는 체제로서 단다극체제로 보고자 한다.

그는 다른 강대국들 가운데서도 특히 중국과 인도가 눈에 띄게 부상하고 있다는 점을 지적하고 이들의 부상이 세계사(world affairs)에 대한 미국의 통제력의 상대적인 쇠퇴를 가져오고 있다고 본다. 그러나 그는 미국이 여전히 최상위의 국가에 머물 것으로 본다. 구체적으로 정치·군사적인 측면에서는 미국이 지배하는 단극 질서가 유지되고 이들 이외의 측면에서는 미국이 지배력을 잃고 있다고 본다.

그는 다극체제의 한 종류인 이러한 단다극체제의 세계질서를 낙관적으로 본다. 구체적으로 그는 이러한 국제체제가 분명히 반미적이 아니고 오히려 미국 이후의 세계질서(post-American world order)로서 좀 더 민주적이고 좀 더 역동적이며 좀 더 개방적인 체제가 될 것으로 본다.[458]

■ 왈츠(Kenneth W. Waltz)

탈냉전기 초기에 국제체제의 본질적인 변화를 부인했던 왈츠 역시 냉전 종식 후의 국제체제를 미국이 지배하는 패권체제로 인식하고 있었으나 곧 다극적 세력균형체제로 변화할 것으로 예상했다. 강대국의 대열에 들어설 가능성이 있는 국가로서 독일·일본·중국·유럽연합(EU)·재기한 러시아를 언급한 바 있다.[459]

---

456) *Ibid.*, p. 49.

457) Fareed Zakaria, *The Post-American World: Release 2.0* (New York and London: W. W. Norton & Company, 2011).

458) *Ibid.*, p. 53.

459) Kenneth N. Waltz, "The Emerging Structure of International Politics," *International Security*, Vol. 18, No. 2 (1993), pp. 44-79; Kenneth N. Waltz, "Structural Realism after the Cold War," *Inter-*

■ 키신저(Henry A. Kissinger)

키신저 역시 냉전 종식 후 새롭게 부상하고 있는 국제질서 속에서 미국은 가장 강력한 국가가 될 것이지만 필적할만한 상대를 가지는 국가(a nation with peers)가 될 것으로 예측한 바 있다.460)

■ 미어샤이머(John J. Mearsheimer)

1989년 말에 베를린 장벽이 무너지고 1991년 말에 소련이 붕괴하면서 새로운 국제질서가 자리를 잡을 것이라는 낙관적인 견해(현실주의 관점에서는 이러한 견해를 이상주의 견해로 간주함)와는 달리 양극체제 안정론을 주장하는 유력한 국제정치학자 가운데 한 사람인 미어샤이머는 1990년에 「왜 우리는 냉전을 곧 그리워할 것인가(Why We Will Soon Miss the Cold War)」라는 흥미로운 제목의 논문을 통해 소련의 붕괴가 가져올 국제체제의 변화에 대해 비관적으로 전망했다.

구체적으로 그는 냉전체제가 군사력의 양극적 배분 · 두 강대국 간의 거의 비슷한 군사력 · 두 강대국이 소지한 대량의 핵무기 존재라는 세 요인으로 인해 장기간의 평화를 가능하게 한 안정적인 체제임을 강조하고 냉전의 종식이 미국을 유일한 패권국가로 하는 패권체제(Pax Americana)를 등장시켜 평화를 가져다줄 것이라는 낙관론에 경종을 울렸다.461)

그는 또한 같은 해에 발간된 논문인 「미래에의 복귀: 냉전 이후 유럽에서의 불안정(Back to the Future: Instability in Europe after the Cold War)」이라는 논문을 통해 낙관적인 견해를 반박하고 안정적이었던 양극체제가 냉전 이후 불안정한 다극체제로 전환됨으로써 강대국 간에 전쟁의 가능성이 커지리라 예측했다.462)

냉전 시대의 양극체제가 끝나고 다극체제로 변화하면서 덜 안정적인 구조로 변화하고 있다고 진단한 미어샤이머의 견해를 좀 더 자세히 살펴보면 다음과 같다. 그는 양극체제 안정론자로서 그는 일반인들이 양극체제에 대해 가지고 있는 다음과 같은 인식이 잘못된 것임을 우선 지적하고 있다.

서구사회의 일반인들은 소련의 군사력을 약화시키고 동유럽의 소련제국을 해체해 양극체제의 붕괴를 꾀해 왔으며 이들은 초강대국 간의 동등한 군사력에 불만을

---

national Security, Vol. 23, No. 1 (Summer 2000), pp. 5–41.

460) Henry Kissinger, *Diplomacy* (New York: Simon and Schuster, 1994), p. 805.

461) John J. Mearsheimer, "Why We Will Soon Miss the Cold War," *The Atlantic Monthly*, Vol. 266, No. 2 (August 1990), pp. 35–50.

462) John J. Mearsheimer, "Back to the Future: Instability in Europe after the Cold War," *International Security*, Vol. 15, No. 1 (Summer 1990), pp. 5–56.

표시해 왔다. 구체적으로 초강대국 간의 군사력이 가져오는 무기력한 교착상태에 불만을 품고 군사력의 우위를 추구하고자 했다. 전쟁을 억지하고 평화에 공헌해 온 많은 재정적 자원의 투자에 대해 일부 사람들은 절대 일어나지 않을 전쟁을 억제하기 위한 낭비라고 개탄해 왔다. 또한 냉전기에 평화에 공헌해 온 핵무기를 부정적인 시각에서 나쁜 것으로 간주해 왔다. 미어샤이머는 이러한 것들이 바로 냉전 시대의 양극체제에 안정을 가져온 요소들의 일부임을 강조하면서 이러한 요소가 없는 다극체제의 불안정을 논하고 있다.

미어샤이머는 특히 유럽이 냉전의 종식으로 다극적인 성격의 국제체제를 형성하고 있어 장차 유럽의 안보에 부정적으로 작용할 것으로 본다. 그러나 핵무기가 어느 정도의 안정을 위해 중요한 역할을 할 것으로 본다.[463] 구체적으로 그는 탈냉전 후의 유럽의 국제체제는 독일 · 프랑스 · 영국과 더불어 아마도 이탈리아와 초강대국의 지위로부터 이탈하여 주요 강대국의 하나로 머물게 될 러시아로 구성되는 다극체제가 되리라고 본다. 이들 간 권력의 배분과 핵무기의 배분이 현재로선 불확실한데 이 중에서도 누가 핵무기를 갖게 될 것인가가 다극체제에서 안정을 가져오기 위한 가장 중요한 요인이 되리라고 본다. 구체적으로 미어샤이머는 탈냉전 시기에 전쟁을 피하는 방법을 다음과 같이 제시하고 있다.

첫째, 전쟁을 피하기 위한 가장 좋은 방법은 핵의 억제력이라고 보며 유럽의 안정을 위해 미국은 제한적이고 잘 관리된다는 것을 전제로 한 핵 확산을 고무해야 한다고 주장한다. 독일에 핵무기가 확산되는 것을 이상적으로 본다.[464]

둘째, 미어샤이머는 다극체제에서 흔히 보게 될 패거리 짓기(ganging up)와 위협(bullying)을 막기 위해 미국과 영국은 유럽 대륙의 국가들과 더불어 부상하는 공격적인 국가에 적극적이고 효율적으로 대응해야만 한다고 주장한다.

셋째, 특히 동유럽에서 지나친 민족주의를 억제하기 위한 공동의 노력이 이루어져야 한다고 본다. 냉전기에는 이러한 민족주의가 억제되었으나 일단 미국과 러시아의 군대가 유럽의 중심부를 떠나게 되면 재등장할 가능성이 크다고 본다.[465]

---

463) 미어샤이머는 양극체제에서의 안정이 부분적으로 핵무기의 존재로 가능했음을 지적한 바 있다

464) 강대국의 수와 안정과의 관계와 비슷한 경우로서 핵보유국의 수와 안정과의 관계를 이야기하는 경우가 있다. 핵을 보유하는 국가가 많으면 많을수록 전쟁 발발 가능성이 커질 것으로 보는 견해가 있는가 하면 그만큼 핵 사용에 신중해지므로 전쟁 가능성이 줄어 안정적이라는 상반된 견해가 존재한다. 일반적으로 체제이론가들은 핵무기가 존재하는 다극체제에 대해 우려하고 있다. 다극성의 논리에 따르자면 세력균형을 위해 단기전이 발생할 가능성이 크기 때문이다: Martin Hollis and Steve Smith, *Explaining and Understanding International Relations* (Oxford: Clarendon, 1990), pp. 103–104.

465) 냉전기에 있어 민족주의 성향이 쇠퇴해 왔던 이유를 미어샤이머는 다음과 같이 설명하고 있다. 우선 과도한 민족주의는 많은 수의 병력에 의존하고 있는 군사 체제에서 가능했으나 핵무기의 발달이 군사

(4) 무극체제

현재의 국제체제를 무극체제(non-polar system)로 보고자 하는 견해도 존재한다.466) 이는 미국의 국제정치학자이자 미국 외교협회 회장인 하스(Richard N. Haass)가 제시한 견해이다.

그에 따르면 국제사회의 질서는 2차 세계대전을 기점으로 다극체제가 양극체제로 전환되었고 소련의 붕괴로 양극체제가 무너지면서 미국을 유일한 초강대국으로 하는 패권체제가 도래했다가 냉전 종식 후 10~15년 후에 하나나 둘 혹은 여러 개 국가가 아닌 수십 개의 다양한 종류의 힘을 소지한 행위자들(국가와 비국가적 행위자들)에게 힘이 분산되어 이들에 의해 영향을 받는 세계를 의미하는 무극체제(즉 누구에 의해서도 지배되지 않는 체제)로 변화하고 있다. 이러한 그의 견해는 미국의 힘이 쇠퇴하고 있지만 다른 국가들이 이러한 힘의 공백 상태를 채울 수 없다는 것을 전제로 하고 있다.

그에 있어서 무극체제란 많은 힘의 중심(center of power)이 존재하나 어느 중심도 다른 중심을 지배하지 못하는 상황을 일컫는다. 이러한 무극체제는 국가·기업·비정부기구(NGO)·테러행위자 조직 등이 지방(local)이나 지역(regional) 혹은 전 지구적(global) 힘의 중심이 될 수 있다는 것을 특징으로 하는 국제체제이다.

하스는 패권체제를 대체할 국제체제로서 무극체제 이외의 다른 부류의 국제체제 도래 가능성에 관한 견해들을 모두 부정한다. 예컨대 양극체제 도래 가능성에 대해서는 중국의 군사력이 미국에 근접하지 못하고 더욱이 중국의 주요한 관심이 경제성장에 있어 경제적인 통합을 추구하고 갈등을 피하고자 할 것이라는 예측한다. 러시아는 냉전 시대의 양극체제로 복귀하는 것에 관심을 가질지 모르나 협력적 관계에 이해관계를 지니며 어떤 상황에서도 미국에 도전할 역량을 보유하고 있지 않다고 본다.

하스는 미국과 더불어 중국·유럽연합·인도·일본·러시아가 지배적인 세력이 되는 다극체제 도래에 대해서도 비판적이다. 다극체제 도래의 입장은 세계가 어떻게 변화되었는가를 제대로 평가하지 못한 견해로서 구체적으로 지역 강국·국제기구·

력의 기초를 많은 수의 병력으로부터 적은 수의 병력과 고도의 첨단기술을 보유한 조직으로 옮겨 놓았기 때문이라고 본다. 둘째, 2차 세계대전 후의 점령군이 민족주의를 억제했을 뿐 아니라 자국의 안보를 스스로 제공하지 못하는 유럽의 국가들이 국가방위를 위한 대중의 지지를 강화하기 위해 민족주의를 불러일으킬 유인이 더는 없어졌기 때문이라고 본다.

466) Richard N. Haass, "The Age of Nonpolarity: What Will Follow US Dominance," *Foreign Affairs*, Vol. 87, No. 3 (May/June 2008), pp. 44-56. 하스는 탈냉전 시기의 국제사회에 대해 다음과 같은 책을 저술하기도 했는데 일독을 권한다: Richard N. Haass, *A World in Disarray: American Foreign Policy and the Crisis of the Old Order* (New York: Penguin Press, 2017).

기업 · 언론매체 · 종교 운동단체 · 테러행위자 조직 · 마약 카르텔 · 비정부기구 등을 포함하는 의미 있는 힘의 중심들이 수십 개가 넘게 존재한다는 사실을 고려하지 않는다는 것이다.

하스에 있어서 무극체제란 강대국이 전혀 존재하지 않는다는 것을 의미하는 것이 아니라 전 세계에 걸쳐 힘의 중심이 산재해 있다는 것을 의미한다. 오늘날의 국제체제가 미국과 더불어 유럽연합(EU) · 일본 · 중국 · 인도 · 러시아 등이 중요한 역할을 행하고 있어 외양상 다극체제인 것처럼 보이지만 전통적인 다극체제와 다른 점은 좀 더 많은 수의 힘의 중심들이 존재하고 이들 가운데 다수는 국가가 아닌 국가 이외의 행위자들로서 국가들이 힘에 대한 독점을 상실한 체제를 의미한다.

달리 말해 국가는 위로는 지역 기구와 전 지구적 기구들(regional and global organizations) · 밑으로는 각종 준군사조직 · 옆으로는 다양한 비정부기구들과 기업들(NGOs and corporations)이라는 행위자들에 의해 힘의 분산이 일어나 국가들에 도전을 가하고 있다는 것이다. 이러한 현상은 세계화 시대의 국제사회에서 개인과 집단은 더 쉽게 힘을 축적할 수 있게 되었고 국가가 힘을 독점하는 것이 어렵게 되었다는 사실로부터 유래된 것으로 본다.

하스는 냉전 후의 패권체제가 힘이 집중이 아닌 힘의 광범위한 분산을 특징으로 하는 무극체제로 전환하게 된 3가지 요인을 제시하고 있다. 이러한 요인들을 구체적으로 살펴보면 우선 역사적인 설명에 기초를 둔 요인으로서 국가들은 재정적 · 인구통계학적 · 기술적으로 발전을 하고 이것이 생산성의 제고와 번영으로 이어져 새로운 강대국의 부상은 막을 수가 없으며 그 결과 지역적이고 전 지구적인 영향력을 가진 다수의 행위자가 발생하게 된다는 것이다. 오늘날 이러한 과정을 거쳐 힘을 가지게 된 국가들의 등장하여 미국과 더불어 힘 있는 국가의 대열에 합류하게 된 것이 하나의 요인이다.

무극체제를 가져온 둘째 요인은 사람과 상품 그리고 아이디어 등 모든 것들의 국경을 넘나드는 흐름의 양과 속도 그리고 중요성을 증가시키는 세계화이다. 이러한 세계화는 구체적으로 국경을 넘나드는 흐름의 많은 부분이 정부의 통제와 인지 밖에서 벌어지는 것을 가능하게 함으로써 국가들의 영향력을 약화시키는 한편 국가 이외의 행위자들이 실질적인 초국가적인 힘(transnational power)을 축적할 수 있게 함으로써 국가들의 영향력을 약화시켰다고 본다.

세계화는 특히 개인과 집단이 실질적인 힘을 축적하고 투사하는 것을 다른 어느 때보다도 쉽게 만들어주고 있다. 예컨대 테러행위자는 인터넷을 이용하여 충원하고

훈련을 하며 국제적인 개방형 금융결제망을 이용하여 재정적인 자원을 이동시키고 전 지구적인 운송 시스템을 이용하여 요원들을 이동시킨다. 다국적기업들은 교통과 통신을 이용하여 인적 자원과 투자를 빠르게 이동시킨다.

세 번째 요인은 미국의 정책으로서 2차 세계대전 이후에 미국이 시행한 정책이나 시행하는 데 실패한 정책이 다른 힘의 중심이 부상하는 것을 가속했고 그 결과 이러한 새로운 힘의 중심과의 관계에서 미국의 상대적인 지위가 약화되었다. 이러한 정책으로서 하스는 미국의 에너지 정책 · 경제정책 · 이라크 정책을 언급하고 있다.

미국의 에너지 정책과 관련해서는 1970년대의 1차 오일쇼크 이후 미국의 석유 소비가 약 20% 증가하고 미국의 석유제품 수입이 2배가 늘어났으며 이러한 외국 석유에 대한 수요는 세계 석유의 가격을 5배나 상승시켰으며 그 결과 막대한 부와 협상의 지렛대가 에너지를 보유하고 있는 국가들에게로 이전되었다.

미국의 경제정책으로서는 부시 대통령 시기에 아프가니스탄과 이라크 전쟁으로 인해 막대한 비용을 치렀고 이로 인해 연간 8%의 재정지출이 증가했다. 그 결과 2001년에 1,000억 달러 이상의 흑자 재정이 2007년에 대략 2,500억 달러의 적자 재정으로 전환되었고 점차 확대되어 가는 경상수지 적자가 국내총생산(GDP)의 6% 이상을 차지하게 되었다. 이러한 일련의 것들이 달러에 대한 하락 압박을 가하고 인플레를 자극했으며 국제사회 다른 국가들의 부와 힘의 축적에 이바지했다. 미국 내의 저당시장(mortgage market)에 대한 빈약한 규제와 이것이 초래한 신용위기가 이러한 문제들을 더욱 악화시켰다.

이라크에 대한 미국의 정책 역시 미국의 다른 국가들과 비교할 수 없이 우세했던 지배력의 약화를 가져왔다. 이러한 주장은 제국의 과도팽창(imperial overstretch)이 강대국 쇠퇴를 가져온다고 주장한 역사학자인 케네디(Paul M. Kennedy)의 주장을 적용한 것으로서 미국이 이라크에서 군사적 · 경제적 · 외교적 · 인명의 손실 면에서 과도하게 값비싼 전쟁을 치르면서 쇠퇴의 길에 접어들게 되는 데에 이바지했다는 것이다.467)

이러한 무극체제의 등장은 과거와는 달리 좀 더 많은 다양한 행위자들이 의사결정에 관여함으로써 의사결정을 더욱 어렵게 함으로써 긴박한 지역적 및 전 지구적인 도전에 대한 집단적인 대응을 좀 더 어렵게 만들고 제도들의 작동 역시 어렵게 만들 것으로 본다. 더불어 무극체제에서는 불량국가(rogue state)나 테러행위자 조직 혹은

---

467) 케네디의 주장은 다음 책을 참조하시오: Paul M. Kennedy, *The Rise and Fall of the Great Powers: Economic Change and Military Conflict from 1500 to 2000* (New York: Random House, 1987).

민병대 등에 의한 위협의 수와 가혹함의 정도가 증대될 것으로 본다. 이러한 상황 속에서 국가 간에 관계를 구축하고 유지하는 것이 좀 더 어려워질 것으로 본다.

하스는 위의 분석에 기초하여 이러한 무극체제에서 중요한 조치가 취해지지 않으면 점차 세계의 질서가 위험에 처할 수 있다고 경고하고 있다. 구체적으로 좀 더 집중력 있고 창의적이며 협력적인 외교만이 무극체제의 세계가 더욱 무질서하고 위험해지는 것을 방지할 수 있을 것으로 본다.

영국의 역사학자인 퍼거슨(Niall Ferguson)은 미국 패권의 종식이 질서 있는 다극체제로의 전환으로 이어지지 않고 어떤 국가도 전 지구적인 리더십을 행사하지 않는 고도로 분절화된 세력들의 세계로 전락하리라고 예측하고 이러한 국제체제를 「무극체제(apolarity)」라고 칭한다. 그는 이러한 세계를 세력균형 대신 세력의 부재(absence of power)를 특징으로 하는 「무정부적 새로운 암흑기(anarchic new Dark Age)」라고 비유하고 있다.

그는 이러한 암흑기는 쇠퇴하는 제국 · 종교적 광분 · 세계로부터 주목을 받지 못하는 지역에서의 경제적인 약탈 · 여러 겹의 단단한 장벽으로 둘러싸인 고립된 이종문화권으로의 퇴보(civilization's retreat into a few fortified enclaves)를 특징으로 한다고 묘사하고 미국이 지배하는 국제체제의 종식에 경각심을 불러일으키고 있다.468)

앞서 살펴본 바처럼 하스는 무극체제를 권력이 국가 행위자뿐만 아니라 비국가적 행위자들에게도 분산이 되어 있는 국제체제라고 규정하고 있는 것과는 달리 퍼거슨은 이러한 무극체제를 비국가적 행위자들이 포함되지 않는 가운데 국가들 사이에서만 권력이 분산된 국제체제를 의미하는 것으로 바라봄으로써 차이를 갖는다.

(5) 무정부적 혼돈의 국제체제

저널리스트인 카플란(Robert D. Kaplan)도 탈냉전이 가져올 세계질서에 대한 그의 견해를 피력한 바 있다. 그의 주장은 앞서 언급한 견해들과는 달리 냉전 종식 후의 세계질서를 극성(polarity)과 관련지어 설명하지 않는다는 점에서 차이를 지닌다.

그는 1990년대가 지역갈등으로 점철되었음에도 자유민주주의와 자유무역의 세계적인 성장이 인류 모두에게 평화와 번영을 가져올 것이며 자유민주적인 자본주의가 인류사회를 위한 최상의 것임이 입증되었다는 후쿠야마의 낙관적인 견해에 반기를 들었다.469)

---

468) Niall Ferguson, "A World without Power," *Foreign Policy*, No. 143 (July–August 2004), pp. 32–39.

469) Robert D. Kaplan, "The Coming Anarchy: How Scarcity, Crime, Overpopulation, Tribalism, and

우선 그는 시에라리온(Sierra Leone)과 코트디부아르(Côte d'Ivoire)와 같은 국가를 포함하는 서아프리카 지역에 대한 관찰을 통해 개도국 곳곳에서의 환경의 훼손과 자연 자원의 고갈 · 과잉인구 · 빈민 도시의 확산이 결합하여 민족적 · 분파적 분열을 가열시킬 뿐 아니라 국내 정치의 붕괴와 전쟁의 비정규적인 형태로의 점차적인 변형(즉 전쟁과 테러행위를 구분할 수 없게 하는 변형)을 가져올 여건을 조성하리라고 보고 이러한 모습이 서구를 비롯한 지구의 모든 곳에서의 미래의 모습이 될 것으로 예측했다.

구체적으로 카플란은 환경의 훼손은 자연 자원의 부족을 초래하고 이러한 자연 자원의 부족은 도시 빈곤 및 인구과잉과 더불어 인종적 갈등을 악화시키고 대량 이주를 일으키며 이러한 인종적 갈등의 악화와 대량 이주는 사회적 갈등 · 범죄 · 질병 · 전쟁의 확산을 증대시킬 것으로 본다. 이러한 문제의 확산은 종국적으로 중앙정부의 약화 · 사병(사적인 병력) 등의 세력화 · 현재의 정치적 국경의 훼손 등을 통해 정부의 통제가 작동하지 않는 무정부 상태를 일으킨다고 본다.[470] 국제사회의 여러 지역에서 이미 정부의 권력이 급속히 약화하면서 무정부 상태가 도래하고 극도의 혼란 상태로 빠져 있다고 본다.

카플란은 이러한 무정부 상태를 특징으로 하는 국민국가의 약화를 미래 국제사회의 경향으로 바라보고 이러한 경향이 환경의 파괴와 과도한 인구가 가하는 압박의 임계치에 달하는 수준과 연계되어 있다고 본다. 그에 따르면 세계는 국민국가가 등장하기 전의 중세의 유럽을 닮은 상황으로 빠른 속도로 회귀하고 있다.

요약하자면 많은 개도국에서의 심각한 환경 훼손과 자원의 부족은 사회의 붕괴와 무정부 상태 및 갈등과 분쟁에 이바지한다는 것이다. 이러한 환경적 위기가 문화적이고 인종적인 갈등을 악화시킬 것으로 본다. 이러한 진단은 갈등과 분쟁의 주된 원인으로서 민족 간의 경쟁과 이념 간의 경쟁을 바라보았던 진단과는 대비되는 것이다. 즉 카플란의 경우 역사적으로 민족 간의 충돌에서 시작하여 이념 간의 충돌로부터 문명 간의 충돌로 갈등의 원인이 전환되고 있다는 헌팅턴의 견해를 큰 틀에서 수용하나 문명 간의 충돌보다 근본적인 갈등의 원인을 자원의 부족이라는 물질적인 요

Disease Are Rapidly Destroying the Social Fabric of Our Planet," *The Atlantic Monthly* (February 1994), pp. 44–75; Robert D. Kaplan, "Was Democracy Just a Moment?" *The Atlantic Monthly* (December 1997), pp. 55–80; Robert D. Kaplan, *The Coming Anarchy: Shattering the Dreams of the Post Cold War* (New York: Random House, 2000).

470) 이러한 그의 견해는 환경과 무력 분쟁과의 상관관계를 언급한 호머-딕슨의 주장과 유사하다고 볼 수 있다.

인에 두고 있다는 점에서 헌팅턴과 구별된다는 평가를 받는다.

카플란은 또한 후쿠야마와는 달리 전 세계적으로 퍼지고 있는 민주주의가 필연적으로 좀 더 많은 안정을 가져오는 것은 아니라고 주장한다. 그의 이러한 주장의 근저에는 자유민주주의라는 관념은 물질이라는 현실에 바탕을 두어야 한다는 생각이 자리를 잡고 있으며 자유민주주의는 특정의 문화적이고 역사적인 맥락과 접목을 이루어야 한다는 생각 역시 근저에 깔려 있다고 평가된다.

2) 결 어

위에서 탈냉전 이후의 국제체제에 대한 다양한 견해를 살펴보았다. 냉전 종식으로 양극체제가 무너지면서 단극체제가 도래했다는 견해에는 큰 이견이 없다. 이견이 있다면 이러한 단극체제의 지속 여부와 지속 기간이다. 본 저서에서는 탈냉전 직후부터 2007~2008년 미국에서 시작된 금융위기가 세계의 금융위기로 이어지기 전까지의 국제체제를 단극체제로 보고 세계의 금융위기 이후의 국제체제를 불균형적 다극체제로 간주하고자 한다. 그 이유는 다음과 같다.

앞서 국제체제를 바라보는 이론적 시각으로서 패권체제론·양극체제론·다극체제론(팍스 콘소시아론/균형적 다극체제와 불균형적 다극체제론/단다극체제론/양다극체제론/불균형적 양다극체제론)·무극체제론·무정부적 혼돈의 국제체제론을 살펴보았다. 이들을 평가하자면 기본적으로 이들은 각기 현재의 국제체제의 특징 가운데 일부의 특징을 포착하기는 하지만 특징의 전반적인 양상을 포착하는 데는 부족함이 있다.

패권체제론은 미국이 여전히 가장 우세한 초강대국의 지위를 지니고 있음을 설명하나 기타 국가들 특히 중국의 부상으로 인한 국제사회의 변화를 제대로 포착하지 못하는 문제가 있다.

미국과 중국을 두 축으로 하는 양극체체론의 경우는 중국이 경제력을 바탕으로 미국에 도전을 가하는 위협적인 존재로 부상하고 있는 것을 설명하고자 하나 다음과 같은 한계가 있다: ⅰ) 현재 중국이 미국에 대적할 만한 전반적인 국력을 보유하고 있는가에 대해서 회의적이다. ⅱ) 푸틴의 집권과 더불어 석유와 천연가스라는 에너지 자원을 통해 국력을 증진하면서 유럽 국가들을 비롯하여 중앙아시아 지역과 중동지역에 강력한 군사력과 더불어 권력을 투사하고 있는 러시아를 적절히 고려하고 있지 않다는 점에 한계를 가진다. ⅲ) 중국 이외에 권력의 배분에 영향을 미치고 있는 브릭스(BRICS) 국가들의 부상 역시 고려하고 있지 않다는 점에서도 문제가 있다.[471)]

471) 브릭스(BRICS)는 세계 인구의 40% 이상을 차지하는 브라질·러시아·인도·중국·남아프리카공화국

하스의 무극체제의 경우 권력의 분산이 국가들 사이에서뿐만 아니라 비국가적 행위자들에게까지 이르고 있다는 점을 지적함으로써 이들 국가 이외의 행위자들이 세계질서에 미치는 영향에 주목하도록 한다는 점에서 적실성을 가지나 권력의 정도에서의 차이와 같은 것을 제대로 고려하고 있지 않다는 점을 지적할 수 있다.

카플란의 무정부적 혼돈의 국제체제 경우 일부 국가 정부들이 정부의 기능을 상실하고 있다는 점 등을 설명하고자 하나 이러한 현상이 일부 개도국에 국한된 현상이라는 점에서 과도한 평가라는 비판에서 벗어나지 못한다.

다극체제론의 하나인 단다극체제론의 경우는 미국의 우월적인 힘이 지배적이지는 못하다는 점과 중국과 러시아를 여타의 다른 부상하는 국가와 같은 반열에 올려놓고 있다는 점에서 수용하기 어렵다.

다극체제론의 또 다른 하나인 양다극체제도 중국의 국력을 미국의 국력과 같은 수준으로 보고 있다는 문제점과 더불어 러시아의 국력을 나머지 강대국들과 대등한 위치에 두고 있다는 점에서 현실에 부합하기 어렵다.

양다극체제의 변형이라고 볼 수 있는 불균형적 양다극체제는 상층부에 국력에 있어서 차이를 가지는 미국과 중국을 두고 있다는 점에서 적실성을 가질 수 있으나 상승하는 경제력과 강력한 군사력을 바탕으로 국제사회에 힘과 영향력을 발휘하면서 미국에 일정한 정도 제약을 가하는 러시아를 중국과는 다른 차원의 부상하는 국가들 가운데 하나로 간주한다는 점에서 한계를 가진다.

이 저서에서는 위에서 언급한 국제체제 유형의 대안으로서 현재의 국제체제를 일부 국가의 권력이 부상하면서 패권국의 권력이 상대적으로 쇠퇴하고 있는 불균형적 다극체제(unbalanced multipolar system)라고 규정하고자 한다. 이러한 국제체제는 우리가 통상적으로 정의하는 같거나 비슷한 권력을 가지고 있는 3개 이상의 강대국으로 구성된 다극체제와는 다른 성격의 국제체제로서 다양한 수준의 권력과 영향력을 가지고 있으면서 국제체제에 다양한 수준의 권력과 영향력을 행사할 수 있는 능력을 갖춘 다수의 강대국이 존재하는 국제체제이다.472)

위에서 언급하고 있는 국제체제에 관한 다양한 견해들이 직면하고 있는 공통적인 문제의 근원은 현재 국가들의 권력 배분이 변화의 소용돌이 속에 있기 때문이다.

의 경제연합체이다. 2018년 IMF가 발표한 세계 10대 경제에 브릭스 회원인 중국·인도·브라질 3개국이 포함되어 있다.

472) 앞서 살펴보았듯이 미어샤이머도 국제체제의 유형을 분류하면서 불균형적 다극체제를 유형의 하나로 보고 있다. 그러나 미어샤이머는 이러한 체제를 잠재적 패권국이 존재하는 다극체제로 정의하고 있다는 점에서 차이를 지닌다.

따라서 현재의 국제체제를 불확실성 속에서 단정적이고 명료하게 규정한다는 것은 현재의 국제체제를 설명하거나 미래에 도달할 국제체제를 예측하는 데 적실성을 가지기 어렵다. 이러한 이유로 다소 모호하나 현재의 국제체제에 권력과 영향력을 최소한이라도 행사할 수 있는 국가들이 다양한 수준에서 이러한 권력과 영향력을 행사하는 불균형적 다극체제라고 보는 것이 적절하다고 판단된다.

5. 탈냉전기 국제체제의 변화와 세계질서

1) 개 설

위에서 냉전 종식 이후의 국제체제의 구조적 변화에 대한 다양한 견해를 살펴보고 탈냉전기의 국제체제를 초기 단계에서의 단극체제와 그 이후의 불균형적 다극체제로 규정했다. 이처럼 냉전의 종식이 가져온 국제체제의 변화를 살펴본 것은 국제체제의 구조적 특징이 국제사회에서 국가들의 행동과 이들 간의 상호작용으로 빚어내는 결과에 기회와 제약으로서 영향을 미치기 때문이다.

앞서 언급한 것처럼 미국 국력의 상대적 쇠퇴의 시점을 언제로 볼 것인가에 대해 이견이 존재하나 이곳에서는 그 시점을 미국발로 시작된 세계금융 위기가 있었던 시기인 2007~2008년으로 보고자 한다. 냉전의 종식 후 이 시점 이전까지를 단극체제로 보고 이 시기의 세계질서를 살펴보고 이어서 세계금융 위기 시기부터 현재까지를 불균형적 다극체제로 간주하고 이 시기의 세계질서의 특징을 구분하여 살펴보고자 한다. 이러한 두 시기의 세계질서를 브랜즈와 에델만(Hal Brands and Eric S. Edelman)이 체계적으로 제시한 분석을 요약하여 소개하는 것을 기본으로 하고 필요한 부분이 있으면 주석을 통해 보완하고자 한다.[473]

---

473) Hal Brands and Eric S. Edelman, *Why is the World so Unsettled? The End of the Post-Cold War Era and the Crisis of Global Order*, CSBA Studies, Center for Strategic and Budgetary Assessments(CSBA), 2017. 이들은 탈냉전기의 세계질서를 국제체제의 극성 변화라는 틀 속에서 분석하고 있지 않다는 것을 특징으로 한다. 이들은 극성을 가지고 국제체제의 상태를 분석하는 것을 강하게 거부하는데 이는 국제체제의 극성을 통한 세계질서의 분석이 필연적으로 미국의 국제적 위상과 냉전 이후의 세계질서에 가해지는 도전의 정도를 과대평가하기도 하고 과소평가하기도 하기 때문이다. 이들이 특히 우려하는 것은 냉전 이후의 두 번째 시기를 다극체제로 보게 되면 필연적으로 미국의 권력을 과소평가하고 부상하는 국가들의 힘을 과대평가하게 되며 국제체제에서 진행되고 있는 변화의 정도와 깊이를 호도할 수도 있기 때문이다. 요약하자면 이들은 탈냉전기의 세계질서를 이론에 이끌리는 분석(theory-driven analysis)을 하지 않고 자료에 이끌리는 분석(data-driven analysis)을 통해 살펴보겠다는 것이다.

2) 단극체제에서의 세계질서

냉전이 종식 후 단극체제하에서 미국의 절대적 우세함이 지속하였다. 미국은 1994년도 기준으로 세계 GDP의 25% 정도를 차지했고 전 세계 군사력의 40% 정도를 차지했다. 미국은 이라크의 쿠웨이트 침공과 병합에 반대하여 압도적인 군사력을 바탕으로 34개국 다국적 연합군을 형성하여 1990~1991년에 이라크를 대상으로 전쟁을 수행한 바 있다. 대만에서 1996년에 중국은 직접선거에 의한 최초의 민주적인 총통 선거를 앞둔 대만의 선거에 영향을 미치기 위해 대만의 앞바다를 향해 미사일을 발사하는 등 위협을 가하자 미국은 항모 전단을 대만해협으로 파견하여 중국의 도발을 견제했다.

이 시기에 냉전의 종식으로 이념경쟁이 극적으로 줄어들었다. 보편적으로 수용된 것은 아니지만 후쿠야마가 예견했듯이 자유민주주의와 시장경제가 광범위하게 확산되었다. 곧이어 이러한 확산을 위협으로 인식했으나 중국과 러시아마저도 정치적이거나 경제적 혹은 정치적이고 경제적으로 냉전 종식 후의 자유민주주의 국제질서에 통합되고자 했다.

미국과 유럽이 옹호하는 이러한 자유민주주의의 규범들이 확산된 것은 당시 인도주의적 무력 개입(humanitarian military intervention)의 빈도가 증가한 것에서도 드러난다. 이러한 인도적 개입은 인권의 존중과 선정(good governance)을 위해 국가의 주권도 제한될 수 있다는 미국과 유럽의 국가들이 옹호하는 규범에 바탕을 둔 것이다. 나아가 북대서양조약기구(NATO)가 동유럽뿐만 아니라 이전의 소련지역으로까지 확대된 것도 이러한 서구적 가치들의 확산을 보여주는 또 다른 예라고 볼 수 있다.

이 시기에 강대국 간에 심각한 경쟁이 없었다. 냉전의 종식으로 인해 소련이라는 공동의 적이 약화되면서 미국과 주요 유럽 국가들 사이에 동맹관계가 이완될 것이라는 예측과는 달리 국제제도가 주는 관성에 의하거나 미국이 제공하는 안보와 안정 및 국제경제체제의 리더십과 같은 전 지구적 공공재(global public good)를 공급했기 때문에 주요 유럽의 국가들과 미국의 관계가 굳건하게 유지되었다.

러시아와 중국의 경우 북대서양조약기구의 확대 문제 · 코소보 문제 · 대만 문제 등을 둘러싸고 미국과 심각한 이견이 없었던 것은 아니나 미국이 이끄는 자유민주주의 체제에 일정한 정도 통합되고 있었기 때문에 이들 국가로부터의 개별적인 심각한 도전이 없었을 뿐 아니라 미국에 대항하는 의미 있는 반패권 연합(anti-hegemonic coalition)도 등장하지 않았다. 이러한 사실은 1990~1991년의 이라크의 후세인과의 대결 · 보스니아에서의 인종청소 · 국제 테러 행위와의 전쟁에서 이들 간에 국제협력이 비교적 높은 수준에서 이루어졌던 것에서도 알 수 있다.

이처럼 강대국 간의 심각한 경쟁이 없는 가운데 냉전 시대 강대국 간의 경쟁으로 유엔 안전보장이사회가 마비되었던 것과는 달리 국제공동체는 자유주의 세계질서에 위협적인 요소가 될 수 있는 전 지구적 문제들과 싸우는 데 집중할 수 있었다. 이러한 문제들에는 인도주의적 재해 · 국경을 넘는 전염병 · 인종청소 · 대량파괴무기의 확산 · 사담 후세인의 이라크와 같은 공격적인 독재국가들의 팽창주의 저지 · 다수의 인명을 살상하는 국제 테러 행위 등이 포함된다.

3) 냉전 종식 후 불균형적 다극체제에서의 세계질서

브랜즈와 에델만은 위기의 수가 많아지고 심각성의 정도가 높아지는 것에서 볼 수 있듯이 2010년대 말의 세계질서는 다른 어느 때보다 더욱 불안정하고 위험스러워지고 있다고 진단하고 이러한 추세가 미래에도 지속될 것으로 본다.[474)]

이들은 이 시기의 세계질서를 상호 간에 연계된 현상으로서 i) 미국을 비롯한 서구 세력 우세함의 쇠퇴 ii) 강대국 간의 치열한 권력 경쟁의 재개 iii) 전 지구적인 이념 투쟁의 부활 vi) 보편적인 전 지구적 무질서의 강화 v) 내부의 분열을 특징으로 하는 질서로 바라본다. 이러한 5가지 현재의 세계질서 특색을 하나씩 살펴보면 다음과 같다.

(1) 미국과 서구 세력의 우세함의 쇠퇴

부의 면에서 2015년 현재 미국의 국내총생산(GDP)은 18조 달러로서 중국보다 7조 달러가 더 많다. 1인당 국내총생산의 경우는 대략 중국의 4배이다. 군사비 지출 면에서는 2015년 현재 미국의 연간 군사비 지출은 대략 중국의 3배이다. 이처럼 부

474) 저자의 주석) 다극체제가 세계질서에 미치는 영향을 긍정적으로 보는 견해에 따르면 양극체제 이후 단극체제를 거쳐 도래하고 있는 다극체제가 상당한 정도로 국가들 사이에 부담이 공유되고 다자주의와 국제제도를 활성화하리라고 본다: National Intelligence Council, “Global Trends 2025: A Transformed World,” www.dni.gov/nic/NIC_2025_project.html. Accessed Sep. 18, 2019. 부정적으로 보는 견해에 따르면 다극체제에서 쇠퇴하는 강대국과 부상하는 강대국 사이에 대결로 귀결될 것으로 본다. 브레진스키(Zbigniew K. Brzezinski)와 같은 국제정치학자는 미국 패권의 쇠락이 세계질서를 옹호하는 새로운 전 지구적인 강대국들의 부상을 촉진하는 것이 아니라 세계질서의 쇠락과 핵 확산을 부추기는 결과로 귀결될 것으로 본다: Zbigniew K. Brzezinski, *Strategic Vision: America and the Crisis of Global Power* (New York: Basic Books, 2012). 미국의 브루킹스 연구소 선임 연구원인 케이건(Robert Kagan)은 미국의 쇠퇴는 부상하는 국가들이 권력투쟁으로 인해 무력 갈등이 전개되고 권위주의 체제의 중국으로 인해 민주주의가 퇴보하며 국가들은 자유시장 경제와 해상의 자유로부터 퇴각할 것으로 본다: Robert Kagan, *The World America Made* (New York: Knopf, 2012).

나 군사비 지출 면에서 미국을 추격하고 있는 중국에 비해 압도적인 우위를 유지하고 있지만 전 세계의 경제력과 군사비 지출에서 미국이 차지하는 비중을 살펴보면 2004년에 경제력이 25%이고 군사비 지출이 42%이었던 것이 2015년에 각각 22%와 34%로 줄었다. 유럽과 아시아·태평양 지역에 소재한 미국의 핵심 동맹국들이 전 세계의 부와 군사비 지출에서 차지하는 비중이 1994년에 각각 47%와 35%였던 것이 39%와 25%로 감소했다.

인도·베트남·말레이시아·싱가포르·아랍에미리트처럼 과거 비동맹그룹에 속해 있었으나 현재 미국 및 미국의 동맹국들과 우호적이면서 국방과 외교 관계를 개선하고 있는 국가들의 경제성장과 군사력 증강을 위한 투자와 더불어 호주 및 일본과 같은 미국 동맹국들의 군사적 능력의 제고 노력이 우군이 되어 미국과 유럽 국가들의 우세함에 도움이 되지만 미국 국력의 상대적 쇠퇴를 막지는 못한다.

이와는 대조적으로 러시아는 비록 경제력 면에서 오랫동안 눈에 띄는 성과를 거두지 못했으나 공격적인 군사능력을 현대화하기 위해 군사비 지출을 대폭 증액함으로써 서구 국가들과의 효과적인 경쟁을 위해 필요한 능력을 상당한 정도로 개선했다. 그 결과 동유럽과 그 밖의 러시아의 주변부 지역 일대에서 훨씬 경쟁적인 환경과 위험한 환경을 조성했다.

중국은 경제적·군사적으로 급격한 성장을 기록했다. 구체적으로 전 세계의 부 가운데 중국이 차지하는 비중이 1994년에 3.3%였는데 2015년에 11.8%가 되었고 군사비 지출 비중은 같은 기간에 2.2%에서 12.2%로 상승했다. 이를 통해 아시아·태평양 지역에서 오랫동안 미국이 누려온 우위를 상쇄하고 자국의 권력을 투사할 수 있는 능력을 구축하고 있다. 이러한 일련의 국력의 신장이 전 지구적인 차원에서의 중국의 영향력 제고로 이어지고 있다.

이러한 미국 권력의 상대적 쇠퇴는 미국의 트럼프 대통령이 한국을 비롯한 동맹국들에 공동의 안보 비용으로서 방위비 분담금의 대폭적인 인상을 요구하는 것에서도 드러난다. 미국의 권력 쇠퇴는 미국이 이슬람국가(Islamic State, IS)의 발흥과 같은 전 지구적인 도전에 대응하기 위한 효율적인 연합의 구축에 어려움을 겪고 있는 것에서 보듯이 증가하는 안보 위협으로부터 미국을 지키는 것이 더욱 어려워지고 있는 것에서도 알 수 있다.

(2) 주요 지역에서의 강대국 간의 경쟁

미국 권력의 상대적 쇠퇴와 더불어 강대국 간의 관계가 점차 협력보다는 세계의 주요 지역에서 권력과 영향력을 행사하려는 치열하고 위험스러운 경쟁으로 치닫고 있다. 이러한 과정에서 부상하는 국가들이 국제체제에서의 서구의 게임 규칙과 중요한 규범에 이의를 제기하고 있다.

부상하는 국가들 가운데 전 지구적 차원에서 미국이 가지고 있는 권력의 우세함에 조만간 도전할 수 있는 능력을 갖추고 있는 국가는 아직 존재하지 않으나 동아시아 · 유럽 · 중동과 같이 지정학적으로 중요한 지역의 현 질서에 도전하기 위해 증대하고 있는 권력을 사용하고 있다.

이러한 강대국들 사이의 경쟁 부활은 높은 수준의 국제적인 긴장 · 무기 경쟁 · 안보딜레마를 수반하고 있으며 남중국해에서의 항해의 자유 보장이나 국제적으로 인정된 국경의 무력 수단에 의한 변경의 불법성과 같은 지역 정치상 혹은 나아가 국제정치상의 규칙과 규범에 대한 심각한 갈등 역시 수반하고 있다.

더불어 대만 · 필리핀 · 우크라이나 · 이라크와 같이 경쟁 관계에 있는 강대국들의 영향권이 교차하는 지점에 소재한 국가들에서 영향력이나 지배력을 갖기 위한 경쟁 역시 심화하고 있다. 이러한 강대국 간의 경쟁은 다행스럽게도 아직 심각한 전 지구적 수준의 투쟁에 이르지는 않았으나 냉전 직후에 미어샤이머와 같은 학자가 주장한 바 있는 강대국들 사이의 치열한 경쟁이 전쟁으로 이어질 수도 있다는 가능성에 대한 검토의 필요성을 제기하고 있다.

현상을 타파하고자 하는 수정주의적인 국가들 사이에 제한적이기는 하지만 협력이 전개되고 있다. 예컨대 중국과 러시아 사이의 협력이 증가하고 있으며 이러한 협력은 에너지 · 군사기술의 판매 · 한반도에의 미국의 추가적인 군사력 배치의 반대 · 2016년 남중국해에서의 공동의 기동훈련 등을 둘러싸고 전개되고 있다.

① 동아시아 지역

주요 지역에서의 강대국 간의 경쟁을 잘 보여주는 실례가 자국이 중심이 되는 질서를 동아시아에 수립하려는 중국과 이에 대응한 미국의 관계이다. 중국은 미국을 자신이 이 지역을 지배하는 데 가장 심각한 외부적 위협으로 간주하고 동아시아에서 이념적으로 안전하고 지정학적으로 압도적인 우세를 달성하기 위해 서태평양에서의 미국의 군사적 주둔과 외교적 영향력을 제한할 필요성을 강하게 느끼고 있다.

이러한 인식과 더불어 중국은 정치적 · 경제적 · 군사적 · 준군사적 수단뿐 아니라 정보 수단을 선별적으로 섞어 사용하여 주변 국가들에 영향력을 행사하는 노력을 꾸준히 증가해 오고 있다. 중국은 이 지역 소재의 미국 동맹국들 및 미국과 파트너십을 맺고 있는 국가들을 유인하거나 위협을 가함으로써 동중국해와 남중국해에서 확장적인 영토 주장을 공격적으로 제기하고 있으며 남중국해에서의 항행의 자유와 영토분쟁의 평화적 해결과 같은 오랜 기간 유지되어 온 규범에 도전을 가하고 있다.[475)]

중국은 또한 군사력 증강을 통해 주변국들에 대한 압도적인 지배에 필요하고 이 지역 현상 유지의 보장자로서 미국이 전통적으로 수행해 온 역할을 제지하는 데 중점을 둔 군사력 증강을 추구해 오고 있다. 미국의 권력과 영향력이 이 지역에서 쇠퇴한다면 이 지역은 중국의 권력과 영향력으로 대체될 것으로 예견된다.[476)]

475) 저자의 주석) 중국은 한나라 때의 역사서를 내세워 1947년에 남중국해의 90%를 차지하는 소위 남해구단선(南海九段線)을 임의로 설정하고 남중국해의 영유권을 주장해 왔다(남해구단선은 중국 본토로부터 약 1,000km 정도 떨어져 있다). 이와 더불어 남해구단선 내의 난사군도를 포함한 4개 군도 주변 암초 위에 콘크리트를 부어 인공섬을 건설하고 그 위에 활주로와 항공기 격납고 시설 등을 세우고 영토로서의 국제법적 지위를 가지는 것으로 주장해 왔다. 이에 따라 중국은 주변 국가들인 필리핀·베트남·대만·말레이시아·브루나이 등과 영토분쟁을 해오고 있었는데 이 지역에서의 어업 활동 등에 방해를 받아 온 필리핀이 다른 국가들에 앞서 2013년에 상설중재재판소(Permanent Court of Arbitration, PCA)에 제소했다. 쟁점은 중국이 남중국해 영유권 주장의 근거로 삼는 남해구단선의 법적 타당성과 인공섬이 영토로서의 법적 지위 여부였는데 이에 대해 재판소는 2016년 7월 중국이 주장하는 남해구단선은 역사적·법적 근거가 없고 남해구단선 내에 소재한 인공섬은 일정한 국제법적 지위를 가지는 섬이 아닌 암초거나 썰물 때 드러나고 밀물 때 잠겨버리는 간조 노출지라고 격하하여 판정했다. 이로써 남해구단선 내의 해상지역에서 자원에 대해 역사적 권리를 갖고 있다는 중국 측 주장은 수용되지 않게 되었으며 암초 위에 건설한 인공섬을 근거로 남중국해 지역에서 배타적경제수역을 설정한 중국의 주장도 거부되었다(유엔해양법협약에 따르면 사람이 거주하여 살 수 있고 경제활동이 가능한 섬은 12해리의 영해와 200해리의 배타적경제수역을 모두 가질 수 있으나 단순 암석은 영해만 가질 수 있을 뿐이다). 중국은 이러한 판결을 수용하지 않고 오히려 대규모 해상 훈련으로 무력시위를 전개하는 등 이 지역의 긴장을 고조시켰다. 이러한 남중국해 영유권 분쟁은 일차적으로는 중국과 주변 국가들 사이의 분쟁으로서의 성격과 더불어 미국과 중국 간의 패권 경쟁의 성격을 강하게 가지고 있다. 아시아태평양지역에서 패권국의 출현 방지를 중요한 외교 목표로 삼아온 미국이 중국의 부상과 더불어 오바마 행정부 시기를 시발로 아시아 재균형 정책(Re-balancing to Asia)을 추진하는 가운데 남중국해 문제에 대한 개입의 빈도와 수위를 지속하여 높여 오고 있는 사실에서도 잘 알 수 있다. 이 지역은 원유와 천연가스 등 천연자원이 풍부하게 매장되어 있을 뿐 아니라 중동의 석유 등 중요 자원을 수송하는 선박들이 빈번하게 통과하는 아주 중요한 국제적인 교통수송로로서의 가치를 지니고 있다. 따라서 항행의 자유라는 명분을 가지고 미국은 필리핀 등 동맹국들의 이익을 지키고 남중국해를 자신의 영해로 발판 삼아 전 지구적인 해양 패권을 추구하는 중국을 견제할 목적으로 이 지역에서 중국과의 치열한 패권 경쟁을 벌이고 있다.

476) 저자의 주석) 중국은 미국에 가장 심각한 도전을 가하고 있다. 세계의 공장 역할을 하면서 경제력이 상승한 중국은 지속적인 경제성장에 필요한 시장과 자원을 확보하기 위해 점차 공세적으로 되었다. 이를 보여주는 예로서 중국이 개도국에 차관을 제공하는 데 있어서 아시아인프라투자은행(AIIB)을 주도적으로 설립하여 일본이 지배하고 있는 아시아개발은행(ADB)과 미국이 지배하고 있는 국제통화기금(IMF) 및 세계은행(World Bank)과 경합을 벌이고 있으며 중앙아시아 지역으로 세력을 확장하고자 하는 미국에 대항하기 위해 상하이협력기구(SCO)를 만들어 지정학적 동맹을 구축했다. 이러한 공세를 지원하기 위해 중국은 군사력 강화에 막대한 투자를 해오고 있다. 중국은 또한 러시아와 포괄적인 전략적 파트너십을 강화하여 유라시아의 통합과 다극적 세계의 강화를 도모하고 있으며 최근에는 이들 간에 동맹관계의 수립 가능성이 언급되기도 한다. 미국이 시동을 건 무역전쟁이 러시아를 중국의 가장 중요한 전략적 파트너로서 강화시키고 있다. 중국의 성장하는 경제력에 뒷받침된 군사력은 대만과 한반도에 대한 미국의 개입 정책에 억지력으로 작동하고 있다. 중국은 또한 미국이 환태평양경제동반자협정(TPP)을 주도하자 이에 대항하기 위해 2012년에 자신의 주도하에 세계에서 가장 큰 규모의 자유무역협정(FTA)인 역내포괄적경제동반자협정(RCEP)을 추진했다. 트럼프 대통령이 미국 우선주의를 내

② 유럽지역

강대국의 재부상이 가져오는 영향은 유럽에서 더욱 심대하다. 러시아는 군사력을 다시 소생시키면서 냉전의 종식과 더불어 상실된 지정학적인 지위를 강화하고 있다.[477] 이는 러시아가 2008년 조지아와의 전쟁을 통해 조지아 영토 내의 두 지역을 독립시키고 군대를 주둔시켜 실효적 지배를 했고 2014년에 우크라이나 영토 내의 자치공화국의 지위를 가지고 있던 크름공화국을 강제적으로 합병한 것에서도 드러난다.[478]

세우며 TPP 탈퇴를 선언하자 중국은 RCEP의 체결에 박차를 가해 2013년 5월을 시작으로 협상이 개시되어 오랜 시간 동안 협상을 해오다가 2019년 11월에 문안 협상을 끝냈으며 이를 협정문으로 만들어 2020년에 이에 대한 서명이 있을 것이라고 발표했다(RCEP는 예정대로 2020년 11월에 15개 국가에 의해 협정문에 서명이 이루어졌고 2022년 2월 1일에 발효되었다). 이러한 발표가 있자 같은 날 미국은 이 지역이 중국의 패권 아래에 놓이게 되는 것을 우려하며 인도 · 태평양 지역의 전략적 가치를 중요시하며 이 지역의 국가들과의 협력을 강조하는 보고서를 발간하여 이에 대한 견제에 나섰다. 종합적으로 보아 중국은 미국의 대중국 봉쇄 전략에 대응하여 군사적으로 러시아와의 안보협력 관계를 강화하고 해양 강대국 정책을 강화하고 있다. 경제적으로 중국은 새로운 국제금융 질서의 수립을 주도하고 있다. 구체적으로 중국은 아시아개발은행(ADB)에 대항하기 위한 아시아인프라투자은행(AIIB) · 세계은행(World Bank)에 대항하기 위한 신개발은행(NDB) · 국제통화기금(IMF)에 대항하기 위한 위기대응기금(CRA)을 주도적으로 창설했을 뿐 아니라 RCEP의 체결을 주도하고 일대일로 정책을 계속해서 추진해 오고 있다. 정치적으로는 상하이협력기구(SCO)를 주도적으로 창설하는 등 영향력 확대를 위한 다자외교에 전력 질주하고 있다.

477) 저자의 주석) 냉전이 종식된 후 서구는 자신들의 영향권과 안보의 경계(security boundaries)를 확장하는 데 있어서 전례 없는 성공을 거두었다. 구소련의 영향권에서 유럽연합(EU)과 NATO의 급속한 확장은 필연적으로 러시아를 긴장시키지 않을 수 없었다. 푸틴이 러시아의 석유와 천연가스 산업을 효과적으로 합리화하면서 일정한 정도의 경제력과 군사력을 재건할 수 있었다. 러시아는 이러한 에너지 국력을 지렛대로 하여 과거 러시아가 지배하고 있던 중앙아시아와 동유럽뿐만 아니라 러시아의 석유와 천연가스에 크게 의존하고 있는 서유럽에도 영향력을 미쳤다. 러시아는 이러한 영향력을 바탕으로 지역에서뿐만 아니라 전 지구적으로도 미국에 대해 공세적으로 변화했다. 러시아는 영향력 확대를 위한 다자외교에도 주력해 오고 있는데 대표적인 경우로서 브라질 · 러시아 · 인도 · 중국 · 남아프리카공화국으로 구성된 경제협력체인 브릭스(BRICS)의 일원이 되었고 원래 유라시아 경제공동체로 출범하였으나 점차 협력의 영역을 경제를 넘어 정치 · 사회 · 문화 등의 영역으로 확대하고 있는 유라시아경제연합(EAEU)을 주도하고 있다. EAEU는 역내에서 상품 · 서비스 · 노동 · 자본의 자유로운 이동을 허용하는 공동시장의 형성을 추진 중이며 중국 정부가 추진하는 일대일로 전략사업(Belt and Road Initiative, BRI)과 주요한 협력 협정을 체결했고 2020년 발효를 목표로 이란과 자유무역협정을 체결한 바 있다. 러시아는 이와 더불어 상하이협력기구(SCO)를 영향력 확대를 위한 다자외교의 장으로서 활용하고 있다. 러시아는 또한 중국 · 이란 · 베네수엘라와의 협력관계를 강화하고 있다. 2018년 9월에 러시아는 중국과 냉전 종식 후 최대 규모의 합동 군사훈련을 극동지역에서 실시했다. 미국의 경제제재로 궁지에 몰린 러시아와 미국과의 무역전쟁에서 수세에 몰리고 있는 중국의 협력관계가 강화되고 있다. 러시아는 이란과 2015년과 2017년을 포함해 카스피해에서 몇 차례 해상 합동훈련을 시행했고 시리아 내전에서 바샤르 알아사드(Bashar al-Assad) 대통령을 지원하는 이란과 상호 협력관계를 강화하고 있다. 러시아는 2018년 말에 베네수엘라를 지원하고 미국을 군사적으로 견제하려는 의도로 합동 군사훈련을 위해 핵무기 탑재가 가능한 전략 폭격기 2대를 베네수엘라에 배치한 바 있다.

478) 저자의 주석) 소련의 붕괴로 과거 소련의 지배로부터 독립한 조지아의 남오세티야와 압하지야 지역에서 분리 · 독립하려는 움직임이 있자 2008년 러시아는 조지아와 전쟁을 벌여 조지아 영토의 20%를 차지하는 이 두 지역을 각각 공화국으로 독립시키고 군대를 주둔시키는 등 실효적으로 이 두 지역을 지배했다. 현재 이 두 지역을 독립국으로 국제법상 승인한 국가는 러시아를 비롯해 베네수엘라 · 니카라과 · 나우루 · 시리가 5개국에 지나지 않는다. 우크라이나는 흑해에 인접해 있어 지정학적인 중요성으

러시아는 미국 및 미국의 동맹국들과 체결한 군축 협정을 위반하거나 실질적으로 탈퇴했다. 러시아는 유럽에서 안보와 번영을 이끌어 온 북대서양조약(NATO)과 유럽연합(EU)이 구소련에 속해 있던 국가들로 대거 확대되자 이들 두 기구의 준군사적인 전복 · 불법적인 비행에 의한 군사적 위협 · 국가의 방공망을 시험하기 위한 단기간의 공격적인 훈련 · 노골적인 위협 · 핵 무력시위뿐만 아니라 NATO와 EU에 반대하는 정치인에 대한 재정적 지원과 더불어 유럽과 미국의 정치과정에의 개입을 통해 NATO와 EU의 일체성 훼손을 추구해 오고 있다.

이러한 일련의 러시아 행동은 중국과 마찬가지로 군사력의 증강을 바탕으로 하고 있다. 이제 권력을 투사하는 러시아의 능력은 인근 지역을 넘어서 중동지역으로까지 확대되고 있다. 궁극적으로 러시아는 미국을 포함한 서구에 의해 지배되어 온 세계질서로부터의 변화를 의미하는 탈서구세계질서(Post-West World Order)를 요청해 오고 있다.

③ 중동지역

기존의 세계질서를 바꾸려는 수정주의적인 강대국의 노력이 중동에서도 전개되고 있다. 중동지역에서 미국이 이끄는 질서를 절대 수용하지 않고 이 지역의 현상 유지를 바꾸려는 대표적인 지역 강대국이 이란이다. 이란은 자신의 권력과 더불어 시리아 · 예멘 · 이라크 내의 동조자들의 권력을 동원하여 중동지역에서의 지배적인 국가의 지위를 추구하고 있다.[479] 이란의 이러한 노력은 핵무기와 대륙간탄도미사일과

로 인해 역사적으로 유라시아 패권 장악을 위한 각축장이 되었었다. 소련의 붕괴로 과거 소련의 지배로부터 독립한 우크라이나가 유럽연합(EU)의 가입을 추진하자 러시아가 친러 대통령에게 압력을 가해 가입을 연기시켰다. 이러한 러시아의 압력에 대항한 반정부 시위가 시작되어 친러 대통령을 몰아내는 혁명으로 이어졌다. 그러자 러시아는 2014년에 우크라이나 영토 내의 자치공화국의 지위를 가지고 있던 크름공화국을 강제적으로 합병했다.

479) 저자의 주석) 공동의 적이었던 이슬람국가(IS)의 몰락 이후 중동의 패권을 둘러싼 수니파의 영수인 사우디아라비아와 시아파의 영수인 이란 간 다툼이 급격히 격화되고 있다. 사우디아라비아 진영에 속하는 국가들에는 아랍에미리트(UAE) · 바레인 · 이집트 · 요르단이 있다. 친이란 진영에는 알아사드 대통령의 시리아 정부 · 레바논에 거점을 둔 무장단체인 헤즈볼라 · 이라크의 시아파 정부 등이 포함된다. 이란과 사우디아라비아는 직접 싸우지 않고 다양한 형태의 대리전을 통해 단순히 종파의 수장이 아닌 이 지역의 패권국으로서 부상하여 영향력을 확대하려고 하고 있다. 시리아와 예멘의 내전이 대표적인 예이다. 이들은 시리아 · 예멘 · 이라크의 내전에 개입할 뿐 아니라 바레인 · 레바논 · 카타르 내의 분쟁에도 관여하고 있다. i) 시리아 내전에서 이란은 시아파 대통령인 알아사드 정권을 지지하고 사우디아라비아는 수니파 국가인 터키와 더불어 알아사드 정권을 타도하려는 수니파 반군을 지원하고 있다. 이란의 지원으로 시리아 정부군은 사우디아라비아의 지원을 받는 반군 단체들을 대부분 물리쳤다. ii) 예멘 내전의 경우 예멘에서 영향력을 확대하려는 이란은 예멘의 시아파 후티 반군을 지원하고 이를 차단하려는 사우디아라비아는 미국과 아랍에미리트와 더불어 가장 첨예한 각축전을 벌이고 있다. iii) 시아파 인구가 많은 이라크에는 수니파인 후세인 대통령의 정부가 무너지고 시아파가 지배하는 정부가 수립된 이후 이란의 영향력이 계속 증가하고 있다. 이란은 1980년부터 8년간 전쟁을 벌인 적국이었던 이라크에 군대를 파병해 이라크 시아파 민병대를 지원하여 이슬람국가(IS)의 퇴출을 도왔고 시아파 정

같은 대량파괴무기 프로그램의 강화를 바탕으로 이루어지고 있다.

러시아는 이란과의 긴밀한 협력과 더불어 2015년 이래로 시리아의 알아사드 정권을 지탱시키기 위해 시리아 내전에도 개입하여 시리아 정부에 대항하는 이슬람수니파무장단체(ISIL) 및 다른 반군들을 향해 공습을 감행한 바 있다.

(3) 전 지구적인 이념투쟁으로의 복귀

강대국들의 경쟁은 전 세계적인 이념투쟁으로의 복귀를 가져오고 있다. 냉전이 종식된 후의 세계질서에 대한 예측은 자유주의 정치경제 모델의 지배력에 논란의 여지가 없고 궁극적으로 이러한 모델의 전 세계적인 보편화가 불가피하다는 가정에 기반을 두고 있었다.

냉전 종식 직후부터 선거 민주주의를 택한 국가의 수가 대폭으로 늘어났으나 작금에는 선거 민주주의가 전 지구적으로 확산되어 나가는 추세가 멈추었을 뿐 아니라 심지어 선거 민주주의 체제를 택한 국가가 다시 권위주의 체제로 후퇴하는 등 권위주의가 자유주의 모델에 도전을 가하며 부활하고 있다. 이러한 이념 간의 차이는 강렬해진 지정학적인 경쟁의 한 국면이자 동시에 이러한 지정학적인 경쟁의 추동체로서 재등장하고 있다.

베네수엘라와 터키에서의 반민주적인 지도자의 등장 · 폴란드와 헝가리와 같은 NATO 회원국들에서의 민주주의 규범의 퇴행 · 2016년 미국 대통령 선거 캠페인에 있어서 충격적인 권위주의적 감성의 표현 등 민주주의가 진통을 겪고 있는 것이 점

치인과 종교 지도자들을 매수하고 있다. vi) 시아파 인구가 많은 레바논에서 이란은 반정부 세력인 시아파 민병대로서 정치적 · 군사적으로 강력한 세력을 보유하고 있는 헤즈볼라를 지원하고 있다. 헤즈볼라는 시리아의 내전에 개입해 알아사드 정권을 반군으로부터 지켜내는 데 핵심적인 역할을 했다. 사우디아라비아는 중동에서 이란의 세력 확대를 위해 첨병의 역할을 하는 헤즈볼라를 미국과 함께 테러 행위자 조직으로 규정하고 이들을 견제하고 있다. v) 바레인의 경우 시아파 인구가 주류를 이루지만 왕가는 수니파이고 쿠웨이트와 더불어 사우디아라비아 진영에 속해 있는데 이란이 시아파 정치 세력들을 지원하는 것으로 알려져 있다. iv) 카타르의 경우 수니파 성향이 강함에도 불구하고 이란에 유화적인 태도를 보이고 하마스와 무슬림형제단 등 테러 행위자 조직으로 규정한 단체들을 지원하고 포용하는 정책을 취하는 등 사우디아라비아의 대이란 고립 정책에 미온적이었다. 이에 대한 반발로 인해 사우디아라비아를 비롯한 사우디아라비아 진영의 국가들이 2017년에 카타르와 단교를 한 바 있다. 이처럼 카타르 단교 사태가 사우디아라비아와 이란의 패권 경쟁으로 촉발했으나 이란에 새로운 전략적 기회를 주고 있다. 이처럼 중동의 강대국 사우디아라비아는 부상하는 이란과 중동지역에서 지역적 패권 다툼을 해오고 있다. 소련의 붕괴로 중동에서 영향력이 쇠퇴한 러시아는 2015년을 기점으로 시리아 내전에서 반군 기지에 공습을 가하는 등 군사적 개입을 하면서 미국과 경쟁 구도를 형성하고 있다. 이처럼 중동에서의 이란의 부상과 러시아의 개입이 이 지역에서의 신냉전을 가져오고 있다. 미국의 이란 핵 협정 탈퇴와 제재의 복원 그리고 미 · 중 간의 무역분쟁으로 이 지역이 중국과 러시아와 손을 잡은 이란의 진영과는 달리 미국과 유럽은 미국의 자국 우선주의로 인해 중동 문제를 둘러싸고 자주 충돌하는 등 분열되고 있다. 거대한 체스판이란 저서를 발간한 브레진스키는 이 책에서 미국의 패권을 유지하는 방법과 유라시아 관리를 위한 대외전략을 제시하면서 미국을 겨냥한 중국 · 러시아 · 이란의 거대한 반패권 동맹의 부상을 막아야 한다는 점을 강조했다.

차 전 세계적인 현상이 되었다.

다른 한편 권위주의 모델이 다시 돌아오고 있다. 이란과 중국 같은 국가들에서 얼굴인식 기술과 같은 최첨단 기술을 동원하여 국민을 감시하고 이들의 충성을 강요하며 반대 의견을 억압한다. 러시아와 중국의 경우는 그들의 권위주의적 리더십과 국가 자본주의의 장점을 공공연하게 선전하고 있다.

중국 및 러시아와 더불어 이란 역시 민주주의의 확산을 봉쇄하기 위해 적극적인 행동을 취하고 있다. 구체적으로 이들 국가는 그들의 지역에서 민주주의라는 정치적 가치가 확산되거나 생존하는 것에 반대하고 있다. 예컨대 중국은 마카오와 홍콩에서 민주주의 규범을 쇠퇴시키고 러시아는 몬테네그로에서의 민주주의 정부를 전복하려고 시도한 바 있다.[480] 중국과 러시아 그리고 이란은 정보 지원 · 경제적 지원 · 군사적 개입을 통해 시리아의 잔인한 살인적인 정권을 지지하고 있다.

결론적으로 권위주의적 강대국들이 전 세계적 수준에서의 민주주의를 봉쇄하기 위해 협력하여 단호한 행동을 취해오는 등 사실상의 권위주의 인터내셔널(Authoritarian International)을 형성하여 이념적인 투쟁을 전개하고 있다. 이러한 움직임은 강대국 간 경쟁의 징표이자 경쟁의 원인이다. 다시 말해 냉전의 종식으로 자유민주주의가 전 세계적으로 확산되어 가던 추세가 권위주의의 부활 때문에 도전을 받으면서 전 세계적 차원에서 이념적 경합에 빠져들고 있고 이러한 이념적 경합이 지정학적인 권력정치와 함께 진행되고 있다.

(4) 무질서의 강화

냉전이 종식되고 미국과 서유럽 국가들의 정책결정자들은 양극체제의 종식이 인종 갈등과 내전 그리고 테러 행위 등 새로운 형태의 문제나 이전에 억제되었던 문제들의 분출을 가져와 전 세계적인 혼란으로 이어지지 않나 두려움을 가졌었는데 이러한 것이 현실 세계에서 구체화되고 있다. 발전된 기술의 확산과 세계화에 의한 혼란과 분열로 인해 무질서가 강화되고 있다. 예컨대 북한은 이란과 마찬가지로 핵무기와 같은 대량파괴무기를 가지고 현재의 국제질서에 폭력적으로 저항하면서 위협을 가함으로써 지역 전체뿐 아니라 나아가 전 세계적 수준에서의 국제질서를 근본적으로 붕괴시키려 하고 있다.

냉전 종식 후 가장 위험한 비국가적 행위자로 평가되어 온 알카에다(Al-Qaeda)

---

480) 저자의 주석) 2016년에 러시아 대통령 푸틴은 몬테네그로가 NATO에 가입하는 것을 막기 위해 민주적으로 선출된 정부를 전복시키고 총리를 살해하려고 했다.

의 위협 정도와는 비교할 수 없는 정도의 위협을 가하는 이슬람국가(IS)도 이러한 예의 하나이다. 이슬람국가는 비국가적 혹은 준국가적 극단주의 행위자로서 전례 없이 지정학적으로 아주 중요한 지역의 핵심부 전체에 두루 걸쳐 혼란을 조장하고 선전과 충원의 목적을 위해 정보통신의 기술을 탁월하게 사용하며 전 지구적으로 테러 행위를 명령하거나 충동하는 능력을 과시했다.

중동지역의 현재 상황도 살펴보면 중동지역에 속하는 아라비아반도·레반트(Levant)·이라크·리비아에서 중대한 군사적 갈등이 벌어지는 등 질서가 붕괴하고 있다.481) 중동지역에서의 이러한 갈등과 불안정은 이슬람국가나 알카에다와 같은 비국가적 행위자들에 의해 추동되기도 하고 다른 한편 이들을 불러들이는 역할도 했으며 강대국들의 갈등을 더욱더 심화시켰다. 이러한 갈등과 불안정은 유럽과 같은 인근 지역으로 난민의 유입과 테러 행위자의 공격을 가져와 유럽 대륙의 정치를 상당한 정도로 혼란에 빠뜨렸다. 전 세계적으로 악화한 무질서로 인해 현재의 국제적인 논의의 장을 통해 다루기가 점점 어려워지고 있는 이슈들이 급증하고 있다.

글로벌 거버넌스 체제(global governance system)는 2007~2008년 금융위기 영향의 통제·아프리카 북동부 지역의 해적 행위 위협에의 대처·기후변화 문제를 다루기 위한 초기 조치의 발동 등 많은 이슈에 있어서 매우 잘 작동했었다. 그러나 사이버 간첩 행위·사이버 전쟁·인권과 국가 주권의 균형 문제·세계화 시대에 통제할 수 없는 경제와 기술의 힘으로 인해 곤경에 빠져 있는 공동체와 사람들이 직면한 문제 등은 복잡함으로 인해 해결이 현재의 국제제도와 기제가 극복할 수 있는 능력을 벗어나 있다.

이러한 현재의 글로벌 거버넌스 체제가 다루기 힘든 문제들은 불안정을 대폭 증가시키고 위험한 국면을 초래할 수 있는 환경을 조성한다. 이러한 환경 속에서 강대국 간의 경쟁은 이러한 문제를 해결하기 위한 좀 더 건설적일 수 있는 다자적 대응을 비껴가도록 한다. 냉전 종식 후 1990년대와 2000년대 초에 강대국들이 서로 상호존중하는 환경 속에서도 재앙적인 테러 행위·인종 갈등·핵 확산과 같은 이슈들은 다루기 쉽지 않았는데 강대국 간의 경쟁을 특징으로 하는 환경 속에서 더욱 어려워졌다.

이러한 사실은 미국의 지배력이 존재했고 미국과 러시아 사이에 상대적으로 우호적인 관계가 존재했던 1990년대에 보스니아에서의 인종청소에 대해 아주 더디기

481) 저자의 주석) 레반트(Levant))는 팔레스타인·시리아·요르단·레바논 등이 소재해 있는 지역을 일컫는다.

는 했으나 궁극적으로는 효과적인 국제적인 대응이 있었던 것과 오늘날 다시 강대국으로 부상하고 있는 러시아의 중동지역에 대한 야심과 미국과의 경쟁이 존재하는 환경 속에서 보스니아의 경우에 비해 훨씬 더 심각한 인도주의적 재앙이 전개되고 있음에도 불구하고 전혀 성과가 있는 결과가 없다는 것을 비교하면 잘 알 수 있다.

이러한 현상은 다른 이슈에서도 발견된다. 미국과 러시아 간의 지정학적인 경쟁으로 말미암아 9 · 11 테러 행위 사건의 여파 속에 존재했던 이들 사이의 협력과 교류가 저해됨으로써 근자에 테러 행위와 싸우기 위한 국제적인 협력이 커다란 장애에 봉착해 있다. 구체적으로 러시아가 우크라이나를 침략하고 병합한 이래로 두 국가 간 정보와 군사 면에서의 협력이 크게 줄었고 상호 간에 상대방의 시리아에 대한 정책이 테러 행위를 저지하기보다는 초래한다고 주장하고 있다. 마찬가지로 미국과 중국 간의 대결 심화는 북한의 핵 프로그램을 둘러싼 문제의 해결을 몹시 어렵게 만들고 있다.

더불어 강대국 간의 경쟁이 사이버 공간에 관한 국제규범을 발전시키려는 노력을 복잡하게 만들고 있다. 즉 미국 기반 시설과 시스템에 대한 러시아와 중국의 공격적인 해킹과 2016년 미국 대통령 선거의 결과에 대한 영향을 미치기 위한 러시아의 대담한 노력이 보여주듯이 사이버 공간이 점차 강대국 간의 지정학적인 경쟁을 위한 경합적인 공간이 되고 있다.

(5) 내부에서의 분열

현재의 전 지구적인 정치(global politics)의 마지막 특징은 탈냉전 국제체제의 주요 옹호자들의 정책과 이들의 의도가 불확실성을 특징으로 한다는 점이다. 이러한 불확실성과 함께 국제정치의 주요 행위자들과 연합(coalitions)이 지니고 있는 목적 · 효과성 · 결집력이라는 요인들이 국제사회의 불안정에 적지 않은 영향을 미치고 있다.

유럽뿐 아니라 유럽을 넘어서 국제사회의 안정을 지탱하고 자유주의 규범을 촉진하는 데에 결정적인 역할을 해온 유럽의 미국 동맹국들이 현재 쇠퇴하는 상대적 권력의 결과를 상당히 악화시키는 심각한 침체를 겪고 있다. 임박한 영국의 유럽연합으로부터의 이탈과 흑해에서 대서양에 이르는 지역에 소재한 유럽연합 회원국들 사이에 휘몰아치고 있는 통합 반대 정서에 비추어 볼 때 유럽의 근간이 되는 결합체인 유럽연합의 운명이 불확실하다.

겉으로는 단합이 되어 있는 듯 보이지만 유럽 대륙이 지정학적 이슈들을 둘러싸고 점차 분열되고 있다. 그리스와 이탈리아의 경우 현상을 타파하려는 러시아와 관계 정상화로 복귀하겠다고 주장하고 최근의 여론 조사 결과에서 보듯이 다수의 NATO 회원국 국민은 가장 동쪽에 소재해 있는 회원국이 공격받으면 이들을 방어하기 위해 나서는 것에 대해 확실히 냉담하다. 부분적으로 이주자와 난민의 유입과 같은 이슈로 인해 자유주의를 옹호하지 않는 정당과 운동 조직이 수적으로 증가하고 있고 민주적 절차와 과정이 매우 빈번하게 훼손되고 있다. 이러한 환경 속에서 유럽이 유럽 내에서뿐 아니라 유럽을 넘어서서 세계질서를 안정시키는 영향력으로 행동할 수 있는 능력이 손상되었다.

국제사회에 있어서 미국의 리더십도 큰 위기에 직면해 있다. 적지 않은 미국 국민의 여론은 미국은 이제 국제적으로 미국의 일이나 신경 쓰고 다른 국가들의 일은 그들 자신이 맡아서 하도록 하라는 고립주의적인 성향을 보인다. 이러한 여론에 호응하여 대통령 후보 당시 트럼프는 선거 캠페인 과정에서 세계화와 더불어 세계화가 가져오고 있는 부정적인 영향에 대한 국내적인 우려에 열렬히 불을 지폈다.

구체적으로 트럼프는 일자리를 상실한 노동자와 공동체에 경제적 불안정을 가져온 가장 주된 원인을 해외무역이라고 진단하고 미국의 동맹국들을 기생하는 무임승차자라고 비판하며 미국의 전통적인 국제적 책임이란 다른 국가들이 미국의 희생을 딛고 자신들을 부유하게 하는 것을 허용하는 것이었다고 규정했다.

트럼프는 군사비 지출을 늘리고 이슬람국가(IS)에 대항한 캠페인을 강화하며 북한에 대해 좀 더 강경한 노선을 택하고 최소한 경제문제에서만큼은 중국에 대해 좀 더 대결적인 접근법을 추구하고 있다. 그런데도 트럼프는 미국이 미국인들의 세금을 사용하여 세계질서라는 손에 잡히지 않는 애매한 개념적인 것을 지지해야 한다는 생각에 본능적으로 반감을 지니고 있다. 미국의 국제주의자들의 눈에 트럼프가 필연적으로 고립주의로 회귀할 것으로 보이지는 않으나 이러한 트럼프의 인식은 미국이 세계의 안정과 번영을 위해 가장 주된 부담을 떠안아야 하며 그렇게 하는 것이 미국의 국익에 가장 부합한다는 믿음 속에 수행해 온 이제까지의 국제사회에서의 역할에서 후퇴하는 것으로 비친다.

트럼프 정부와 이후의 행정부가 어떠한 대외정책을 일관되게 전개할 것인가에 대한 불확실성 자체가 오늘날의 국제관계에 있어서 중요한 안정을 깨는 요인이다. 미국의 동맹국들이 미국의 안보 공약이 매우 공고하다는 것을 더는 믿지 않으면 동맹의 결집력이 약화되고 동유럽과 동아시아와 같은 지역에서 지정학적인 혼란이 가속될 것이다. 그 결과 중동지역의 미국 파트너들은 미국의 퇴각에 대비한 보험으로서 다른 보호자를 찾도록 할지도 모른다. 나아가 트럼프 행정부가 적대감을 표시하고 있는 유럽연합(EU)과 같은 자유주의를 옹호하는 제도의 쇠퇴를 재촉할지도 모른다. 더불어 자신들에게 제약을 가하는 세력이 더는 과단성을 가지고 있지 않다거나 통합되어 있지 않다고 평가하는 공격자로부터 현상 타파를 목적으로 하는 보다 강력한 도전을 유발할 것이다.

좀 더 광범위하게 이야기하자면 만약에 미국이 국제무대에서 좀 더 변덕스럽게 행동을 취하기 시작하면 국제질서를 위한 일종의 안전장치 역할을 해온 미국의 목적이 견고하다는 것에 대한 인식이 서서히 사라질 것이다. 이러한 징후가 이미 보이는데 그 예들로서 트럼프가 아시아·태평양 지역 경제통합을 목적으로 하는 환태평양경제동반자협정(TPP)을 파기한 것과 전통적인 동맹국들에 대해 퍼붓고 있는 비난을 들 수 있다.482)

482) 저자의 주석) 미국은 자유무역 질서를 옹호하고 무역분쟁을 해결하기 위해 관세와 무역에 관한 일반협정(GATT)과 세계무역기구(WTO)를 주도적으로 설립하여 역할 강화에 줄곧 이바지해왔다. 그러나 트럼프 대통령은 미국 우선주의(America First)를 정책 기조로 하면서 보호무역주의로 돌아서 중국과의 무역마찰 초래하고 있을 뿐만 아니라 동맹국이나 우호적인 세력과의 관계를 분열시키고 있다. 구체적으로 취임 초에 미국이 주도한 환태평양경제동반자협정(TPP)으로부터의 탈퇴 행정조치를 취했을 뿐 아니라 미국 노동자를 우선하는 무역협정을 체결하며 북미자유무역협정(NAFTA)과 한미자유무역협정(FTA)을 포함하여 미국이 이전에 체결한 모든 무역협정의 재협상을 주장하는 한편 2018년 6월에는 유럽과 캐나다 등 주요 동맹국들에 가차 없이 관계를 부과하는 등의 보호무역 조치를 통해 동맹국과의 관계에 균열을 일으키고 있다. 나아가 「2018 무역정책 의제(2018 Trade Policy Agenda and 2017 Annual Report)」라는 보고서에서 세계무역기구(WTO)의 다자통상 체제에 대한 불만을 드러내는 동시에 WTO 탈퇴를 공공연히 언급한 바 있다. 이러한 WTO에 대한 반감은 WTO 분쟁해결기구(DSB)의 상소기구(Appellate Body) 위원의 임명을 지연시키고 국가안보를 이유로 한 고율의 관세 부과 등의 정책으로 구체화하고 있다. 미국이 동맹국이나 우호적인 관계를 맺고 있는 세력과의 분열을 재촉하고 있는 두 번째 사례는 미국과 쿠르드족과의 관계에서 볼 수 있다. 미국 우선주의를 표방하며 고립주의 정책으로 회귀하고자 하는 트럼프 미국 대통령은 2019년 10월 7일에 분쟁지역에서의 세계경찰 역할을 포기하고 시리아 동북부에 주둔해온 미국의 지상군 병력을 철수하겠다고 발표했다. 2015년 이래 극단주의 무장세력인 이슬람국가(IS)가 시리아의 동부와 이라크의 북부에서 세력을 키우고 유럽에서 테러행위까지 자행하자 미국은 시리아 동북부 소수민족인 쿠르드족의 민병대(인민수비대, YPG)가 주축을 이루는 시리아민주군(SDF)을 도와 시리아에서의 반테러행위 전쟁을 수행했으며 그 결과 2019년 3월에는 이슬람국가의 마지막 근거지까지 점령했다. 쿠르드족의 경우 이슬람국가 소탕을 위해 10,000명이 훨씬 넘는 인명의 손실을 무릅쓴 이유는 약 3,000만~4,000만 명이 터키·시리아·이란·이라크 등에 산재해 살아왔는데 미국의 도움으로 독립국 건설을 희망했기 때문이다. 미국의 동맹인 쿠르드족이 미국의 배신과 더불어 철수 결정 2일 만에 터키의 공격을 받았다. 쿠르드족이 전체 인구의 대략 1/5을 차지하고 있는 터키는 시리아민주군을 터키 내 분리주의 세력인 쿠르드노동당(PKK)과 연계된 테러행위 조직으로 간주해 왔고 이들의 세력이 커져 독립국 건설에 이르는 것을 우려해 왔다. 터키는 시리아의 쿠르드족과 자국 내의 쿠르드족의 연계를 막기 위해 시리아 내 쿠르드족의 지역에서 이들을 몰아내고 완충지대를 구축하는 것을 목표로 하고 있다. 이러한 사태는 큰 우려를 자아내고 있다. 이는 터키의 공격을 받은 쿠르드족 민병대는 이제까지 총부리를 겨누던 적이었던 시리아의 정부군과 협력하여 시리아 국경을 넘어 공격하는 터키에 대항하기 시작했기 때문이다. 현재 민병대가 수용시설에 감금하고 있는 17,000명 정도의 이슬람국가 대원들에 대한 통제가 없어지면 이들의 세력이 부활할 수 있다. 터키의 시리아 쿠르드족에 대한 공격으로 인해 쿠르드족의 관리하에 있던 이슬람국가 대원들 785명이 탈출했다. 이와 더불어 대규모 난민의 발생 가능성이 크다. 현재 터키는 시리아 난민을 360만 명 정도 수용하고 있는데 터키는 이들을 유럽을 보내겠다고 협박하고 있다. 미군의 철수로 시리아의 독재자인 알아사드 시리아 대통령이 지배권이 강화될 것이고 중동지역의 정세가 사우디와 패권 경쟁을 벌이며

6. 국제체제의 변화

1) 논의의 배경

위에서 현실주의 국제정치 이론의 상징이라고까지 할 수 있는 세력균형론에 대해 살펴보았으나 권력이 어떻게 측정되든지 불문하고 주요 국가들 사이에 권력이 균등하게 배분이 되어 있는 상태란 드물다. 더 많은 경우 불균등한 성장으로 인해 어떤 국가들은 성장하고 어떤 국가들은 쇠퇴하며 또한 국가 하나하나도 성장과 쇠퇴를 경험하면서 국가 간 권력의 불균형이 끊임없이 발생한다.

이러한 권력 배분의 변화는 동맹의 형성과 변화를 일으키고 또한 일국의 국력 증강 등을 유발함으로써 새로운 균형으로 옮겨간다. 그러나 이러한 세력균형이라는 것이 세력균형론이 주장하듯이 반드시 지배적인 국가(즉 패권국)의 등장을 막아왔던 것은 아니다.

길핀의 패권안정론 · 모델스키의 장주기론(long cycles theory) · 오간스키의 세력전이론(power transition theory)이 이러한 부분을 설명하려 한다. 이들은 이러한 이론들을 통해 왜 그리고 어떻게 어떤 국가들은 지배적인 국가가 될 수 있었고 시간의 흐름과 더불어 지배력을 상실하고 쇠퇴하는가를 이해하고자 한다.

이러한 노력은 오간스키가 1958년에 「세계정치(World Politics)」라는 제목의 책을 발간하면서 시작되었다.[483] 오간스키는 이 책과 10년 후에 발간된 이 책의 제2판에서 강대국의 부상과 쇠퇴의 동학과 더불어 이러한 동학이 국제안보 질서에 미칠 영향을 이해하기 위한 이론으로서 세력전이론을 제시했다. 그는 놀랍게도 그 당시에 중국의 현저한 부상 가능성과 더불어 서구 세력에 대한 가장 심각한 위협이 중국에서 오리라 예측했으나 세력전에 의한 미국과의 실질적인 전쟁의 발발 가능성에 관해

시아파 벨트를 구축해 오고 있는 이란의 세력이 강화되고 이란과 함께 시리아 정부군을 경제적 · 군사적으로 도와 온 러시아의 세력이 확대되는 계기기 될 것이다. 이러한 미국의 정책은 미국과 동맹국 간에 불신으로 내부의 균열이 커질 것이다. 트럼프로부터 방위비 분담금 증액의 압박을 받아 온 유럽연합과 한국을 비롯한 미국의 동맹국들은 트럼프의 예측 불가의 외교정책으로 미국이 언제든 배신을 할지 모른다는 불신을 가지게 되었기 때문이다. 동맹국 내부의 균열을 보이는 세 번째 사례는 유럽 국가들과 미국의 이란핵협정인 포괄적 공동 행동계획(Joint Comprehensive Plan of Action, JCPOA)을 둘러싼 분열이다. 이 협정은 2015년에 주요 6개국인 유엔 안전보장이사회 5개 상임이사국과 독일 그리고 유럽연합(EU)이 이란과 체결한 합의인데 트럼프 행정부가 2018년 5월에 이 협정의 파기를 일방적으로 선언하고 재차 제재에 들어갔다. 이와 관련하여 미국 제재의 영향을 받는 독일 · 영국 · 프랑스 등 유럽의 주요 국가들이 이러한 미국의 대이란 정책에 파기 선언 전후로 맹렬하게 반대했다. 이들 유럽 국가는 미국의 대러시아 정책에도 동조하지 않는 등 미국과의 분열을 다방면에 걸쳐 경험하고 있다.

483) A. F. K. Organski, *World Politics* (New York: Alfred A. Knopf, 1958); A. F. K. Organski, *World Politics*, 2nd edition (New York: Alfred A. Knopf, 1968).

서는 신중함을 보였다.

그러나 이 당시 세력균형론을 옹호하는 현실주의 국제정치 이론이 주류를 이루고 있어 세력전이론은 큰 주목을 일관되게 받지 못했다. 그러다가 1970년대부터 미국의 패권이 쇠퇴하기 시작한 것이 아니냐는 관찰과 더불어 이러한 변화가 미국의 장래뿐 아니라 국제체제의 장래에 어떠한 영향을 미치게 될 것인가를 예측하고자 하는 다양한 세력전이 이론(길핀의 패권전쟁론 · 모델스키의 장주기론 · 월러스타인의 패권변동론 · 케네디의 강대국 흥망성쇠론 등)이 1970년대 후반과 1980년대에 걸쳐 등장하면서 세력전이론은 큰 주목을 받게 되었다.

1970년대 초 미국의 패권이 쇠퇴하기 시작했다고 본 학자들은 ⅰ) 패권은 왜 쇠퇴하고 ⅱ) 패권의 쇠퇴는 어떠한 결과를 가져오는가에 학문적인 관심을 두었는데 전자에 좀 더 초점을 맞춘 것이 패권순환론이고 후자에 좀 더 초점을 두고 있는 것이 패권안정론이라고 볼 수 있다.[484)]

그러나 국제체제의 변화를 설명하고자 하는 패권순환론과 패권국의 존재와 안정 간의 상관관계를 설명하고자 하는 패권안정론이 별개의 독립된 이론이 아니라 한 가지 이론의 두 측면이라고 보는 것이 적절하다. 즉 패권국이 강대할 때 국제체제는 안정되고 그 세력이 약해질 때 국제체제가 불안정해진다는 면에 집중한다면 「패권안정론」이라 부르고 패권국의 세력 저하와 차기 패권국의 부상이 끝내 패권전쟁으로 이어지며 이러한 과정을 통해 패권은 순환한다는 점을 강조하고자 할 때 이를 「패권순환론」이라 부를 수 있다. 여기서 패권순환론은 「패권전이론」이나 「패권변동론」이라고 불러도 무방하며 좀 더 넓은 의미로 「세력전이론」이라고 부를 수 있다. 여기서는 세력전이론이라는 용어를 주로 사용하고자 한다.

따라서 이러한 두 가지 측면을 가지고 있는 국제체제 변화 이론을 좀 더 정확하게 명명하자면 「패권전이 · 안정 이론(Theory of Hegemonic Transition and Stability)」 혹은 「패권안정 · 전이 이론(Theory of Hegemonic Stability and Transition)」이라고 할 수 있을 것이다. 패권안정론 편에서 이미 패권안정에 관한 부분을 자세히 소개했기

484) 1970년대를 기점으로 미국의 패권이 쇠퇴하고 있느냐 아니냐를 둘러싸고 논쟁이 존재할 뿐만 아니라 패권의 쇠퇴를 수용하는 학자들 사이에서도 이러한 패권 쇠퇴가 국제사회에 어떠한 변화를 가져올 것인가를 둘러싸고 견해를 달리한다. 예컨대 자유주의 패러다임의 신자유주의적 제도주의 이론은 국제레짐을 위시한 국제제도의 존재로 인해 패권의 쇠퇴가 패권이 존재한 시기에 있었던 질서의 쇠퇴로 이어지지 않음을 강조한다. 패권안정론을 수용하는 학자들 사이에서도 패권 쇠퇴의 효과가 당장 나타나는 것인지 아니면 오랜 시간을 두고 나타날 것인가를 두고 견해가 다르다. 패권의 장기 변동을 주장하는 학자들은 패권은 쇠퇴하고 있으나 패권 쇠퇴의 영향이 나타나기까지는 많은 시간을 기다려야 한다는 견해를 견지하고 있다.

때문에 여기서는 패권전이 부분에 치중하여 설명하고자 한다.

이러한 세력전이론은 소련의 붕괴로 양극체제가 무너지고 패권체제가 등장하여 일정한 기간 지속되면서 다시 한번 관심의 대상이 되었다. 여기에는 다음과 같은 두 가지 이유가 있다고 볼 수 있다.

첫째, 세력균형론자들은 균형 체제를 안정적인 국제체제로 보고 불균형 체제의 불안정성을 역설한다. 이러한 맥락에서 세력균형론자들은 냉전 시대의 양극적 세력 균형체제가 오래 갈 것으로 보았으나 이들의 예측과는 달리 양극체제가 붕괴되고 말았다. 이러한 사실로 인해 세력균형론에 회의적인 시각을 가지게 된 일단의 학자들은 세력균형론자들의 진단과는 달리 탈냉전기의 국제체제가 불균형 체제임에도 불구하고 강대국 간의 일정한 정도의 협력과 더불어 나름의 안정과 평화를 유지하고 있다고 판단하고 세력균형론의 예측력에 더욱 회의적인 시각을 가지게 되었다. 이러한 맥락에서 이들은 이러한 현상을 논리적으로 설명할 수 있는 대안의 하나로서 세력전이론의 타당성을 주장했다.

구체적으로 이들은 냉전 시대를 양극적 세력균형체제로 보지 않고 미국의 패권체제로서 소련이 미국이라는 패권국에 도전국으로 등장하던 단계라고 보며 패권국으로서의 미국의 존재가 냉전 시대의 안정을 가져올 수 있었다고 보았다. 이들은 냉전의 종식으로 세력의 전이를 시도하던 소련이 붕괴하면서 미국의 패권이 더욱 확고해졌고 이 때문에 국제체제가 더욱 안정적일 것으로 예측했다. 이러한 관점에서 전 세계적인 차원에서의 유일한 초강대국으로서의 미국의 부상은 국제체제의 평화와 안정을 해치지 않고 평화와 안정에 이바지할 것이며 NATO의 확대나 강화와 같은 패권국이 중심이 된 동맹의 강화는 세력균형론의 주장과는 달리 국제체제의 안정에 이바지할 것으로 보았다.

둘째, 경쟁 관계에 있는 강대국 사이에 세력의 격차가 커질 때 세력이 강한 국가가 상대방을 공격할 것이라는 세력균형론의 주장과는 달리 미국은 러시아를 공격하지 않았다는 사실도 대안적 이론인 세력전이론에 관한 관심을 불러왔다.

2010년대에 들어서서 이전과는 다른 이유인 강대국 간 권력 배분의 급격한 변화와 이로 인한 강대국 간 갈등이 다시금 세력전이론을 주목하도록 했다. 특히 지속적인 고도 경제성장과 더불어 제2의 경제 대국이 된 중국이 동아시아를 중심으로 한 지역 차원뿐 아니라 전 지구적 차원에서 미국의 패권에 도전하는 양상을 보이자 많은 학자가 세력전이론을 적용하여 동아시아에서의 미중 관계뿐만 아니라 세계질서의 현재와 미래에 대한 분석을 시도해 오고 있다.

2) 국제체제의 변화 이론들

여기에서는 국제체제의 변화 이론으로서 오간스키의 세력전이론 · 길핀의 패권전쟁론 · 모델스키의 장주기론 · 월러스타인의 패권변동론 · 케네디의 강대국 흥망성쇠론 · 렘크의 다중위계체제론 · 김우상의 동맹전이론을 살펴보고자 한다.

(1) 오간스키의 세력전이론485)

오간스키(A. F. K. Organski)는 세력균형론에 대한 이론적 불만과 더불어 세력전이론을 처음으로 정립하여 이 분야를 선도해 나갔다. 그의 세력전이론은 동맹관계 수립을 권력 증대를 위한 최상의 수단으로 간주하는 세력균형론에 대한 비판으로부터 출발했다.

그에 따르면 산업화 이전의 단계에서는 국가 대부분이 농업경제 사회였던 관계로 국가 간 권력의 상대적 성장이 있기 어려웠다. 이런 연유로 짧은 시간 내에 효과적으로 권력의 상대적 성장을 도모하는 방식은 동맹관계 결성이었거나 타국 동맹관계의 와해 시도였다. 따라서 세력균형론은 산업화 이전 단계의 국제정치 현상을 설명하는 데는 적실성이 있으나 권력의 급격한 변동이 가능하게 된 산업화 이후 단계에서는 대안으로서 세력전이론이 필요하다고 주장한다.

이러한 맥락에서 그는 부와 산업 능력 · 인구(전쟁 참여가 가능하거나 노동이 가능 인구) · 정부 조직의 효율성(정부의 정책목표를 추진하기 위해 국민으로부터 자원을 추출할 수 있는 정부 조직의 정치적 능력)을 권력의 3대 요소로 간주한다. 그는 세력균형론이 국가의 변화하는 군사력과 잠재력의 원천으로서 국내적 발전 특히 산업화의 중요성을 무시한다는 지적을 하고 이러한 요소 가운데 특히 산업 능력을 제일 중요한 역할을 하는 요소로 보고 있다.

오간스키는 국제체제를 권력에 기초한 위계 구조를 지닌 체제로 보고 가장 정상에 패권국(hegemonic state)을 의미하는 지배국(dominant power)이 존재하고 밑으로 내려가면서 강대국(great power) · 중견국(middle power) · 약소국(small power)이 순차적으로 국력의 정도에 따라 피라미드의 형태를 이룬다고 본다.486)

오간스키는 국가들을 다시 현재의 질서에 만족하는가의 여부에 따라 「만족 국가

485) A. F. K. Organski, *World Politics* (New York: Alfred A. Knopf, 1958); A. F. K. Organski, *World Politics,* 2nd edition (New York: Alfred A. Knopf, 1968); A. F. K. Organski and Jack Kugler, *The War Ledger* (Chicago: University of Chicago Press, 1980).

486) 이처럼 오간스키는 국제체제를 위계적인 것으로 바라보는데 이러한 점에서 오간스키의 견해는 국제체제를 무정부적인 것으로 바라보는 현실주의 이론 일반과 다르다. 이러한 이유로 오간스키의 세력전이론을 현실주의 이론과는 다른 부류의 이론으로 간주하려 하는 학자들도 있다.

군」과 「불만족 국가군」이라는 두 개의 그룹으로 구분하고 있다. 만족 국가군에는 자신의 이념과 성향을 반영한 가운데 이익을 최대한 보장할 수 있는 질서의 창출자인 지배국 · 지배국과 동맹 등을 통해 우호적인 관계를 맺고 있는 일부 강대국 · 현재의 질서에 불만을 품고 있지 않은 일부 중견국과 약소국들이 속한다. 이들 이외의 국가들은 불만족 국가군에 속하는 국가들로서 이 중에는 지배국이 창출한 현재의 질서에 강한 반감을 지닌 국가들도 포함되어 있다.

오간스키는 불만족 국가들은 비록 권력의 열세로 패권국 주도의 현재 질서에 일시적으로 순응하고 있으나 지배국의 권력이 쇠퇴하거나 자국이 지배국에 견줄만한 권력을 보유하게 되면 지배국과 현재의 질서를 전복시키기를 원한다고 본다.

오간스키에 따르면 국가들은 산업 능력에 따라 산업화 이전의 단계 · 산업화의 단계 · 산업화 완성의 단계를 거치게 된다. 이들 개개 단계는 잠재적 권력의 단계(국가 대부분이 잠재적 권력만을 보유한 가운데 권력의 상대적 변동이 거의 존재하지 않는 단계) · 권력의 과도기적 성장 단계(국가마다 다른 산업화 속도로 인해 권력 증대 속도가 달라져 권력의 상대적 변동이 발생하는 단계) · 권력의 성숙 단계(국가 대부분이 산업화를 달성하여 권력의 상대적 변동을 기대하기 힘든 미래의 단계)에 해당한다. 오간스키는 권력의 과도기적 성장 단계인 산업화 단계에서 강대국 간 전쟁과 같은 국제정치 현상을 분석하는 데 세력전이론이 필요하고 적합하다고 본다.

권력의 과도기적 성장 단계에 있는 국가는 성숙 단계에 있는 국가보다 성장의 속도가 빠르므로 성숙 단계의 국가가 여전히 권력의 우위를 보유하고 있다고 해도 이들 간에 권력의 차이가 줄어들게 된다. 즉 산업화로 인한 경제성장률에서 차이가 국제체제에서의 권력 배분의 변화(구체적으로 패권국과 강대국 사이의 권력 격차의 감소)를 유발한다고 본다.487)

오간스키에 따르면 이러한 국가 간 동태적인 권력 배분의 변화가 강대국 간에 있었던 지난 200년간의 전쟁의 주된 원인이 되어왔다고 본다. 구체적으로 불만족 국가군에 속하는 강대국이 산업화를 통해 권력이 증대하면 기존의 국제체제 자체와 국제체제 내에서의 자신의 역할에 점차 불만을 품게 되고 그 결과 새롭게 획득한 권력에 상응하는 국제체제 내의 이익과 영향력의 몫을 원하게 된다.488)

487) 이 점에 있어서 오간스키와 길핀은 같은 견해를 보인다.

488) 달리 말해 도전국은 지배국이 자신의 이익을 위해 현상을 유지하려 하고 동맹국들에 보상하고 경쟁국들을 차별하여 불리하게 대우함으로써 불만족을 느끼게 된다. 즉 도전국은 기존의 질서가 이를 창출한 패권국과 그의 동맹국에만 이익이 돌아가고 자국에는 실제로 불리하거나 불리하다고 인식된다고 보기 때문이다. 그 결과 도전국은 현존하는 국제질서에 도전하여 개혁하거나 새로운 질서로 대체하려 한다고 본다. 이에 대응하여 현재의 패권국이 자발적으로 현 국제질서를 포기하려 하지 않으면 도전국은

이러한 요구가 지배국에 의해 수용하지 않으면 강대국의 도전으로 전쟁이 발발하고 그 결과 새로운 지배국이 등장하고 새로운 국제질서가 성립될 가능성이 커진다. 이후 또다시 불균등 산업화와 더불어 기존 국제질서에 불만을 느끼는 국가가 새롭게 강대국으로 부상하여 지배국에 도전함으로써 세계전쟁이 다시 발발하는 순환을 겪게 된다.

오간스키는 이처럼 전쟁 발발 가능성이라는 종속변수에 영향을 미치는 독립변수로 강대국 중 일국이 산업화를 통한 권력의 증대로 지배국의 권력에 접근하는 정도와 이러한 강대국이 현재 국제질서의 현상 유지에 대해 느끼는 불만족의 정도를 언급하고 있다.489)

오간스키에 따르면 새롭게 부상하는 강대국의 권력이 기존 지배국의 권력에 접근하기 시작할 때 전쟁의 가능성이 가장 크다. 즉 권력이 부상하고는 있으나 아직 지배국에 비해 약한 도전자는 세력의 전이를 촉진하고 그 자신의 권력에 상응하는 이익을 확보하기 위해 전쟁을 개시하려 한다는 것이다.

오간스키의 이러한 견해를 1차 세계대전의 원인에 적용하면 1차 세계대전은 부상하는 독일이 영국의 지배적 위치에 도전함으로써 발발한 것이다. 오간스키의 세력전이론 중 우리들의 흥미를 끄는 부분이 바로 이 부분으로서 부상하는 도전자는 권력이 더 강해질 때까지 기다리지 않고 군사적으로 여전히 열등한 가운데 지배국에 대항하는 전쟁을 개시한다는 점이다.490)

신질서 수립을 위해 무력에 호소함으로써 전쟁이 발발하게 된다는 논리이다.

489) 오간스키의 세력전이론의 경우 지배국과 도전국 사이에 성장률이 달라 성장 속도에 차이가 생기고 그 결과로 빚어지는 두 국가 간 권력의 크기를 세력전이의 측정치로 간주하고 전쟁 발발 가능성에 영향을 미치는 변수 중 하나로 본다. 그런데 이러한 측정치만으로는 부족하고 세력전이의 다른 측면인 도전하는 강대국 권력 수준이 증대하는 속도 역시 전쟁 발발에 영향을 미치는 독립변수로 간주해야 한다는 견해도 존재한다. 이는 도전국이 자신의 권력 증대 속도가 빠르다고 인식하면 할수록 전쟁에서 쉽게 승리하리라는 착각을 할 수 있기 때문이라고 본다. 도전하는 강대국 권력 수준이 증대하는 속도는 좀 더 구체적으로 말하면 지배국과 도전국 간 권력 차이의 변화 비율(rate of change of difference in power)을 의미하며 「세력전이의 비율(rate of power transition)」이라고도 볼 수 있다. 권력의 증대 속도를 세력전이론의 중요 변수로 간주한 예로서 김우상의 다음 연구를 들 수 있다: 김우상, "세력전이와 동아시아 안보질서에 관한 경험적 연구," 『한국정치학회보』, 제35집 제4호 (2002), pp. 377-394.

490) 기본적으로 세력전이가 패권전쟁으로 귀결된다는 오간스키의 견해를 수용하나 오간스키와는 달리 패권전쟁을 유발하는 주체는 도전국이 아닌 지배국이라는 견해도 존재한다. 구체적으로 이는 지배국이 자신의 국력이 도전국에 의해 추월을 당하기 전에 도전국의 국력 부상을 저지하거나 더디게 할 필사적인 시도 아래 예방전쟁을 감행함으로써 패권전쟁이 발발한다는 견해이다. 즉 더 나빠지는 상황 속에서 위험을 부담하느니 차라리 지금 싸울 유인이 있다는 것이다. 이런 입장에서 1차 세계대전은 독일이 유발한 것으로 보고자 한다. 구체적으로 독일이 그 당시 점점 강대해지고 있던 러시아가 독일과 같은 지위에 오르기 전에 자신의 지위를 확보하기 위한 시도로서 발발한 것으로 본다: Jack S. Levy, "The Causes of War: Contending Theories," in Charles W. Kegley, Jr. and Eugene R. Wittkopf, eds., *The Global Agenda: Issues and Perspectives* (New York: McGraw Hill, 1992), pp. 67-69.

오간스키는 쿠글러(Jack Kugler)와 함께 저술한 1980년도 책인 「전쟁 원부(The War Ledger)」를 통해 세력균형론 · 세력전이론 · 집단안보론(세력전이론과 유사하게 집단안보체제에 소속되어 있는 국가들이 보유한 권력의 합이 압도적일 때 평화가 유지되고 권력이 균형을 이루거나 거의 균형을 이룰 때 전쟁이 일어난다는 이론)이 전쟁의 발발을 설명하는 데 얼마나 적실성을 지니고 있는가를 역사적인 사례에 적용하여 검증하고자 했다.[491] 이러한 이론들에 대한 검증을 통해 오간스키는 다음과 같은 결론을 제시하고 있다.

권력의 배분 상태라는 정태적인 국제체제의 특징과 전쟁 사이에는 의미 있는 상관관계가 존재하지 않으며 권력 배분의 동태적인 변화의 과정이 전쟁과 의미 있는 상관관계를 가진다. 그러나 이러한 상관관계가 모든 국가 간 전쟁에 일반적으로 적용되는 것은 아니며 어떤 국가들 사이의 전쟁이냐에 따라 이론의 적실성이 달라진다.

오간스키에 따르면 지배국과 패권 도전국 사이의 전쟁은 세력전이론의 가설이 적실성을 가지며 약소국 사이의 전쟁은 이와는 달리 세력균형론의 가설이 적실성을 갖는다. 즉 지배국과 패권 도전국 사이의 전쟁은 세력전이론의 가설대로 기존 지배국의 세력과 패권 도전국의 세력 차이가 좁혀지면서 도전국이 지배국의 지위를 획득할 수 있다고 믿을 때 발생하며 이와는 반대로 기존 지배국의 세력이 패권 도전국의 세력과 큰 격차가 존재할 때 평화가 유지된다고 본다. 약소국 사이에 있어서는 세력균형론의 가설대로 세력이 비슷할 때 평화가 유지되고 세력의 격차가 존재할 때 전쟁이 발발한다.[492]

오간스키의 세력전이론에 대한 비판으로서 다른 학자의 세력전이론과 마찬가지로 어떤 권력을 어느 정도 지니고 있어야 지배국이라고 할 수 있는가에 대해 모호하다는 문제가 흔히 언급된다. 권력의 요소로서 산업화를 통한 경제력만을 권력의 요소로 간주함으로써 다른 권력의 요소들을 고려하지 않았다는 일반적인 지적과 함께 특히 동맹관계와 같은 권력의 중요한 요소를 생략한 것의 문제점도 지적된다.

이외에 오간스키의 세력전이론에서 중요한 원인변수 가운데 하나로 간주하는 현재의 질서에 대한 도전국의 불만족이라는 개념 역시 모호함을 벗어나기 힘들다고 본다. 즉 경험적인 연구를 위해 불만족의 정도를 측정해야 하는데 이 개념이 상당히 주관적이어서 이를 어떻게 객관화할 것인지의 문제가 있다는 지적이다.

---

491) A. F. K. Organski and Jack Kugler, *The War Ledger* (Chicago: University of Chicago Press, 1980).
492) 이에 대한 보다 자세한 설명은 다음 책을 참조하시오: 이상우, 『국제관계이론: 국가 간의 갈등 원인과 질서유지』 (서울: 박영사, 1999), pp. 230-256.

(2) 길핀의 패권전쟁론(패권순환론)[493]

길핀(Robert Gilpin)은 1981년에 발간된 그의 책 「세계정치에서의 전쟁과 변화(War and Change in World Politics)」에서 합리적 행위자로서의 국가는 기대되는 이익이 비용에 비해 크면 국제체제의 변화를 시도한다고 본다.[494] 즉 길핀은 국제정치에 있어서 변화란 자신의 이익을 관철하기 위해 국제체제를 바꾸려는 국제체제 내의 정치적 행위자들 노력의 결과물이며 역사상 변화의 주요한 기제를 전쟁이라고 본다.

길핀은 다른 현실주의자와 마찬가지로 국가들 사이의 권력 배분을 국제체제의 특징으로 보고 이러한 권력의 배분에 따라 국제체제를 단극체제(즉 패권체제)·양극체제·다극체제로 구분하고 있다. 그러나 길핀은 단극체제가 역사를 통해 지배적인 국제체제였다고 본다. 이러한 맥락에서 2차 세계대전 이후의 국제체제를 양극체제로 보지 않고 미국을 패권국으로 하는 패권체제로 보고 소련이 이러한 체제를 조정하려 하나 패권전쟁은 아직 발생하지 않았다고 보았다.[495]

길핀은 왈츠와 같이 현실주의 이론의 가정을 공유하나 국제체제의 변화라는 동태성에 중점을 둠으로써 왈츠의 이론에 주어진 비판의 핵심인 정태성을 극복하고자 했다. 길핀은 국제체제의 변화를 불러오는 패권전쟁의 근본적인 원인을 각 국가의 권력을 구성하고 있는 군사력·경제력·기술 능력이 다른 속도로 성장한다는 「불균등 성장법칙(law of uneven growth)」에서 찾고 있다.[496]

이는 권력의 차별적 성장으로 인해 국제체제 내의 권력 배분에 변화가 오게 되면 권력이 증대한 국가는 국제체제가 제공하는 이득 배분에 대해 불만을 품게 되고 이러한 불만을 해결하여 자신의 이익이 최대한 존중되는 국제체제를 만들고자 전쟁을

---

493) Robert Gilpin, *War and Change in World Politics* (Cambridge: Cambridge University Press. 1981); Robert Gilpin, "The Theory of Hegemonic War," *The Journal of Interdisciplinary History*, Vol. 18, No. 4 (1988), pp. 591-613; Robert Gilpin, *Global Political Economy: Understanding the International Economic Order* (Princeton, New Jersey: Princeton University Press, 2001). 길핀은 패권이 안정을 가져오는 측면과 더불어 패권의 순환에 대해 논하고 있다. 여기에서는 패권의 순환 부분에 관해 주로 설명하고 패권이 가져오는 안정에 관한 부분은 앞서 신현실주의 이론 중 하나인 패권안정론 부분에서 별도로 설명하고 있으니 참고하시오.

494) Robert Gilpin, *War and Change in International Politics* (New York: Cambridge University Press, 1981), ch. 5.

495) 길핀의 이러한 주장은 소련의 붕괴 전인 1981년에 저술된 저서를 통해 전개된 것이다.

496) 왈츠와는 달리 길핀은 국제체제의 변화를 불러오는 독립변수로서 국제체제 수준의 변수들 이외에 국가 수준의 과정(state-level processes)의 변수를 포함하고 있다. 구체적으로 길핀의 설명에 있어 기술의 확산이라는 국제체제 수준의 변수가 강대국의 부침에 가장 중요한 역할을 하나 투자에 대한 대가의 감소·생활의 풍요로 인한 투자에 대한 소비 비율의 증가·경제의 구조적 변화와 같은 국가 수준의 과정 변수 역시 중요한 역할을 한다고 본다: Ole R. Holsti, "Models of International Relations: Perspectives on Conflict and Cooperation," in Charles W. Kegley, Jr. and Eugene R. Wittkopf, eds., *The Global Agenda: Issues and Perspectives* (*New York: McGraw-Hill, 1992*), p. 145.

일으킨다는 것을 의미한다.

이러한 길핀의 패권전쟁론은 국가의 대외 행동이란 국제체제에서의 자국의 이익과 비용에 대한 합리적 계산에 기초하여 이루어진다는 가정을 출발점으로 한다. 따라서 어떠한 국가도 국제체제 변화의 시도가 이익이 된다고 믿지 않는 한 국제체제는 안정적이지만 기대이익이 기대비용을 초과하면(즉 기대 순 이익이 존재하면) 국가는 국제체제의 변화를 시도한다고 본다.

국가는 더 이상의 변화를 불러오기 위해 요구되는 한계비용이 한계이익과 같거나 커질 때까지 영토적·정치적·경제적 팽창을 통해 국제체제의 변화를 시도한다. 이러한 가정하에 길핀은 그의 패권전쟁론을 다음과 같이 4단계를 거쳐 지속해서 순환하는 과정으로서 전개하고 있다.

첫 번째 단계는 패권국이 등장과 안정화 단계이다. 구체적으로 이 단계에서 새롭게 등장한 패권국은 자국의 이익과 선호를 반영한 국제질서와 이를 지원하기 위한 국제레짐의 수립을 통해 국제체제의 안정을 유지하는 단계이다. 예컨대 패권국은 국제체제의 게임 규칙을 만들고 지위와 위신(status and prestige)을 배분하며 대외정책의 조건을 규제하고 경제 질서의 비용 부담을 떠맡는다.

패권국들은 이러한 공공재 제공은 이타주의에서가 아니라 그들의 이익과 가치에 부합하는 국제체제를 형성하고 유지하려는 욕망에서 추구한다. 강대국을 포함하여 패권국이 아닌 국가들은 패권국이 제공하는 이익이 비용보다 크다고 판단하여 패권국이 만든 제도와 규칙을 따르며 이에 따라 국제체제는 안정을 유지한다.

두 번째 단계는 국제체제 내의 권력이 재분배되면서 패권국가의 지배력이 약해지는 단계이다. 즉 불균등 성장법칙에 따라 패권국이 아닌 국가의 권력이 패권국을 능가하면서 국제체제의 변화가 시작되는 단계이다.

세 번째 단계는 급성장한 신흥 강대국이 패권국에 도전함으로써 전쟁 발발의 위험이 커져 국제체제의 위기가 발생하는 단계이다. 즉 신흥 강대국은 기존의 국제체제에서 자국의 손익계산이 합리성을 잃게 되면서 이제까지 순응하던 기존의 제도와 규칙의 변경을 패권국에 요구하게 됨으로써 국제체제의 위기가 발생하는 단계이다.

네 번째 단계는 대개 도전한 강대국이 패권전쟁에서 승리하여 새로운 패권국으로 등장하여 위기가 해소되는 단계이다. 세 번째 단계에서 발생한 국제체제의 위기는 지난 400년간의 국제정치사를 살펴볼 때 패권전쟁이라는 기제를 통해 해결됐으며 이를 통해 새로운 국제체제가 형성되고 이러한 패권의 순환이 지속해서 이루어진다.

이처럼 패권전쟁은 기존의 패권국에 대한 신흥 강대국의 도전으로 발생한다.[497] 패권국은 패권을 유지하기 위해 많은 제도를 수립하여 운영하며 이를 위해 많은 자원을 투입하게 된다. 일정한 시간의 경과와 더불어 도전국의 도전이 커지는 가운데 패권국은 패권의 유지를 위해 더 많은 자원을 투입하게 된다.

이런 과정이 계속되면서 패권국은 패권의 유지에 필요한 소요되는 자원의 부담을 감당할 수 없게 된다. 이때 패권국은 두 가지 선택 중 하나를 하게 되는데 이러한 선택 가운데 하나는 대외적 지위를 유지하기 위해 국내 경비를 희생하면서 자원을 더욱 투입하는 것이고 다른 선택은 반대로 대외 개입의 정도를 줄여나가는 것이다.

전자의 선택은 나중에 살펴볼 케네디(Paul Kennedy)의 과도 확장(overextension) 이론과 일치하는 것으로서 장기적으로 패권국 자체의 권력을 약화시키고 후자의 선택은 국제체제 내에서의 패권국의 지위를 약화시킨다. 후자의 선택은 자국의 부담을 줄이면서 패권 유지를 위해 동맹을 활용하고 있는 미국의 현 정책에서 찾아볼 수 있다.

미국은 냉전 후기부터 고통 분담 명목으로 한국 · 독일 · 일본에 방위비와 국제분쟁의 무력 개입 비용을 분담시키는 전략을 고수하고 있다. 후자를 택한 패권국이 패권 유지 비용 일부를 떼어 신흥 도전국에 혜택을 베풀어 도전 의욕을 줄이는 유화정책을 쓰는 때도 있지만 도전국이 이를 패권국이 양보한 것이 아니라 굴복한 것으로 간주하여 역사적으로 성공한 예가 거의 없다.

어쨌든 두 선택 모두가 패권국의 지위를 위협한다. 패권안정론은 이처럼 자신에게 유리한 국제체제를 유지하고자 하는 패권국의 노력이 필연적으로 쇠퇴를 가져온다는 패권국의 딜레마를 강조한다.

(3) 모델스키의 장주기론

모델스키(George Modelski)는 톰슨(William R. Thompson) 등과 함께 장주기론을 제시했다.[498] 패권국의 등장과 쇠퇴는 일정한 주기로 반복되면서 세계체제의 장기적

---

497) 길핀은 국가가 더 강력해질수록 더 공격적으로 행동한다는 기본 논리에 도전하면서 쇠퇴하는 강대국이 상대적 지위를 방어하기 위해 더 큰 위험을 감수할 수 있다고 지적한다. 즉 한 국가가 시간이 지남에 따라 상대적 힘이 약해질까 두려워 전쟁을 일으킬 수 있다는 지적이다. 나아가 쇠퇴하는 초강대국과 같은 국가가 언젠가는 너무 절박해져서 적을 미리 막기 위해 핵 협박에 나설 수도 있다고 주장한다: Robert Gilpin, 'The theory of hegemonic war', *Journal of Interdisciplinary History*, Vol. 18, No. 4 (1988), p. 613.

498) George Modelski, "The Long Cycle of Global Politics and the Nation States," *Comparative Studies in Society and History*, Vol. 20, No. 2 (April 1978), pp. 214-235; George Modelski, *Long Cycles in World Politics* (Seattle: University of Washington Press, 1987); William R. Thompson, *On Global War: Historical Structural Approaches to World Politics* (Columbia: University of South Carolina Press, 1988).

변동에 중요한 역할을 한다고 본다는 점이 모델스키 세력전이론의 특징이다. 이런 점에서 모델스키의 장주기론은 월러스타인(Immanuel M. Wallerstein)의 세계체제론 주장과 유사하다.

모델스키에 따르면 지난 500년 동안 세계의 리더십과 세계전쟁이 규칙적으로 순환해 왔다. 구체적으로 약 100년 정도를 주기로 하여 국제체제는 반복을 되풀이한다고 본다.499) 모델스키가 제시한 장주기는 다음과 같이 세계전쟁의 시기 · 세계 대국의 시기 · 탈정당화의 시기 · 분산화의 시기라는 4단계로 구성되어 있으며 각 주기에는 특정 국가의 상승과 하강의 국면이 존재한다. 이들 단계를 하나하나 살펴보면 다음과 같다.

첫 번째 단계인 세계전쟁(global war)의 시기는 강대국 사이의 치열한 투쟁으로부터 시작하여 패권전쟁이 일어나는 시기이다. 이러한 세계전쟁은 약 20~30년 동안 계속되며 이러한 과정을 통해 새로운 패권국이 등장하고 새로운 주기가 시작된다. 이때 새롭게 등장하는 패권국은 패권국에 도전한 국가가 아닐 수도 있으며 전쟁의 승자연합(winning coalition)에 속하는 국가 중 타국보다 좀 더 혁신적인 국가 중 하나일 수도 있다.500) 이 시기는 전후 평화조약에 의해 지배권을 정당화한 패권국이 국제체제를 지배하는 두 번째 단계로 이어진다.501)

두 번째 단계인 세계 대국(world power)의 시기는 패권국이 국제체제에서 안보와 질서라는 공공재의 공급자 역할과 국가 간 경제문제의 관리자 역할을 하며 권력(구체적으로 경제력과 군사력)이 고도로 집중되는 시기이다.

세 번째 단계인 탈정당화(delegitimation)의 시기는 패권국의 능력이 저하되기 시작하고 반면에 다른 국가의 능력이 향상되어 패권국에 심각한 경쟁자로 등장함으로써 국제체제의 구조가 다극성(multipolarity)을 띠어가는 시기이다. 그 결과 갈등이 증가하고 질서가 쇠퇴한다. 이때 패권국의 정책이 다른 국가들로부터의 공격의 대상이 되기 때문에 이 시기를 탈정당화의 시기라고 칭한다.

네 번째 단계인 분산(deconcentration)의 시기는 패권국이 지배력을 상실하고 체제 내의 능력의 배분이 점차 분산되며 국제체제가 붕괴하여 또 다른 세계전쟁으로 치닫는 시기이다. 이러한 네 번째 단계는 다시 첫 번째 단계로 순환한다.

모델스키는 16세기에는 포르투갈 · 17세기에는 네덜란드 · 18~19세기에는 영국 ·

499) 영국의 지정학자인 맥킨더(Halford Mackinder)는 1919년에 이미 같은 주장을 했다.
500) 이는 영국을 대체한 것이 독일이 아니고 미국인 점을 고려했다고 볼 수 있다.
501) 과거에는 해군력과 세계무역을 장악함으로써 가능했다고 보나 20세기에 들어서는 공군력과 세계무역을 장악함으로써 가능하다고 본다.

20세기에는 미국이 이러한 패권을 장악해 왔다고 본다.502) 이러한 패권국들은 지리적으로 대륙 내에서 다른 국가들에 의해 둘러싸여 있는 갇힌 국가가 아니라 외부로의 진출이 열려있는 개방된 섬나라이거나 반도 국가이고 경합적인 국내 정치를 특징으로 하는 국가이며 세계경제에서 주도적인 역할과 세계에 영향을 미치기 위한 전략적 조직(강력한 해군력)을 보유하고 있는 것을 특징으로 한다.

이제까지 이들 패권국에 도전한 국가로는 16세기 포르투갈에 도전한 스페인 · 17세기 네덜란드와 18세기 영국에 두 차례에 걸쳐 도전한 프랑스 · 19세기 영국에 도전한 독일 등 대륙국이었다. 이들 모두는 도전에 승리하지 못했고 그 결과 패권국의 지위에 오르지 못했다.

모델스키는 미국이 1973년에 쇠퇴하기 시작했다고 보고 이와 같은 미국 리더십의 퇴조와 새로운 경쟁국의 등장 그리고 세계 강국의 역할을 이을 상속자를 결정하기 위한 또 다른 세계전쟁이 21세기 초(구체적으로 2000년에서 2030년 사이)에 있을 것으로 예측한다. 모델스키의 예측에 따르자면 미래에 있어서 가장 효과적으로 미국에 도전할 국가는 소련이 아닌 일본이다. 이러한 모델스키의 장주기론에 대한 비판을 살펴보면 다음과 같다.

장주기론의 관점에서 볼 때 양차 세계대전이란 영국의 세계 리더십의 퇴조와 권력의 분산 그리고 결국 실패로 귀결되었으나 다음 패권국이 되겠다는 독일에 의해 야기된 세계전쟁이다. 그러나 장주기론은 패권이 결국 패권에 도전한 국가가 아닌 미국에 평화적으로 이전된 것을 두고 예외적인 경우라는 옹색한 설명을 제시하고 있다는 점이 비판의 대상이 된다. 1차 세계대전의 발발은 영국에서 미국으로의 세계 리더십의 이전을 위한 세계전쟁이라기보다 유럽 대륙 내에서의 세력균형에 따른 전쟁으로서의 성격이 더 강하다는 지적도 설득력을 가지고 있다.

장주기론은 다른 세력전이론과 마찬가지로 평화적인 세력전이의 가능성에 거의 주목하지 않는다.503) 국제체제 전체에 심오한 영향을 미친 냉전의 종식과 독일통일이란 큰 변화가 평화적으로 이루어졌다는 것을 장주기론은 제대로 설명하지 못한다. 이러한 한계는 세계전쟁이 국제정치에 있어서 순기능적인 역할을 해왔으며 질서와

---

502) 영국은 예외적으로 두 사이클을 연속적으로 패권을 이어갔다고 본다. 두 사이클이란 좀 더 구체적으로 18세기 초에서 나폴레옹 전쟁까지 그리고 1815년부터 1945년까지를 말한다. 미국이 패권국이 된 20세기는 구체적으로 1945년 이후를 말한다.

503) Jack S. Levy, "The Causes of War: Contending Theories," in Charles W. Kegley, Jr. and Eugene R. Wittkopf, eds., *The Global Agenda: Issues and Perspectives* (New York: McGraw-Hill, 1992), pp. 69-70.

평화는 패권국의 지배와 관련이 있다고 보는 길핀의 패권전쟁론도 마찬가지다.

장주기론이 가지고 있는 또 다른 문제는 무엇이 이러한 주기를 가져오는가에 대해 적절한 답을 제시하지 못한다는 점이다. 이에 대해 모델스키를 비롯하여 그와 궤를 같이하는 학자들은 세계경제에서의 장기파동(long wave)과 관련이 있다는 주장을 제시하고 있으나 많은 경제학자는 이러한 경제적인 장기파동의 경험적 증거에 대해 회의적이다.[504)]

(4) 월러스타인의 패권변동론

국제체제의 변동을 패권국의 성장과 쇠퇴로 설명하려는 이러한 시도는 월러스타인(Immanuel M. Wallerstein)과 같은 세계체제론자에 의해서도 이루어졌다. 자세한 논의는 구조주의 패러다임 편에서 언급하고 있으나 간단히 소개하자면 월러스타인은 자본주의 세계체제가 패권의 부상 · 패권의 승리 · 패권의 성숙 · 패권의 쇠퇴라는 네 단계의 순환을 통해서 팽창과 수축을 계속한다는 주장을 전개했다.

패권국의 흥망성쇠가 장기간에 걸쳐 주기적으로 순환하면서 국제체제에 변동을 가져온다고 본다는 점에서 월러스타인의 견해는 모델스키와 톰슨의 견해와 궤를 같이한다. 월러스타인은 근대 국제체제에서 패권이 존재한 시기가 세 번 있었다고 본다. 구체적으로 17세기에는 네덜란드 · 19세기에는 영국 · 20세기에는 미국의 패권이 존재했다고 본다.

(5) 케네디의 강대국 흥망성쇠론[505)]

앞에서 살펴보았듯이 패권국의 흥망성쇠가 장기간에 걸쳐 주기적으로 순환하면서 국제체제에 변동을 가져온다고 보는 학자로는 모델스키 · 톰슨 · 월러스타인 등이 있다. 이와는 달리 주기적 관점은 아니나 패권국의 흥망성쇠와 국제체제의 변동을 관련지은 학자로서 오간스키와 길핀 등이 있다.

영국의 사학자인 케네디(Paul Kennedy) 역시 근대 이후의 국제체제가 강대국의 흥망성쇠에 따라 장기적으로 변동해 왔음을 주장하고 있으나 주기적인 관점은 택하고 있지 않다. 케네디는 강대국의 쇠퇴를 가져오는 근본적인 원인으로서 경제적 능력을 능가하는 과도한 군사적 개입에 따른 군사비의 과잉 지출을 의미하는 무모한 확장(imperial overstretch)을 들고 있다. 케네디는 이처럼 강대국의 쇠퇴 요인을 제국

504) Richard N. Rosecrance, "Long Cycle Theory and International Relations," *International Organization*, Vol. 41, No. 2 (Spring 1987), pp. 291-295.

505) Paul Kennedy, *The Rise and Fall of the Great Powers* (New York: Random House, Inc., 1987).

주의적 목표와 쇠퇴하는 경제성장 사이의 불일치로 파악하고 있다.

케네디는 강대국으로서의 미국이 이미 쇠퇴기에 들어섰다고 본다. 구체적으로 전 세계적으로 뻗쳐 있는 미국의 국익 보호와 미국이 떠맡고 있는 의무는 미국의 능력을 훨씬 상회하고 있다고 본다. 케네디의 저작은 냉전이 종식되기 직전인 1987년에 발간되어 미국이 과도한 확장으로 인해 패권적 지위를 잃을지도 모른다고 예측하였으나 냉전이 미국의 승리로 끝남으로써 예측이 틀리고 말았다.

(6) 렘크의 다중위계체제모델[506)]

렘크(Douglas Lemke)는 국제 수준에서의 세력전이를 설명하는 오간스키가 중심이 되어 전개된 표준적인 세력전이론을 지역 수준에 적용하기 위해 다중위계체제모델(Multiple Hierarchy Model, MHM)을 수립했다. 이 모델은 표준적인 세력전이론을 확장하여 국제체제뿐 아니라 지역체제에 적용을 시도한 것으로써 이론의 적용 범위

---

506) Ronald L. Tammen, Jacek Kugler and Douglas Lemke, "Power Transition Theory," Transresearch Consortium Work Paper No. 1. https://static1.squarespace.com/static/576ef1a0be65941edd80fcf7/t/578d56e22e69cfbb1192c4cf/1468880611440/Power+Transition+Theory.pdf. Accessed Oct. 15, 2020. 렘크의 주요 저술은 다음을 참조하시오: Douglas Lemke, "Toward a General Understanding of Parity and War," *Conflict Management and Peace Science*, Vol. 14, No. 2 (1995), pp. 143-162: Douglas Lemke, "Small States and War: An Expansion of Power Transition Theory," in Jacek Kugler and Douglas Lemke, ed., *Parity and War: Evaluations and Extensions of the War Ledger* (Ann Arbor: Michigan University Press, 1996), pp. 77-92; Douglas Lemke, "The Continuation of History: Power Transition Theory and the End of the Cold War," *Journal of Peace Research*, Vol. 34, No. 1 (1997), pp. 23-36; Douglas Lemke, *Regions of War and Peace* (Cambridge, U.K.: Cambridge University Press, 2002); Douglas Lemke, "Investigating the Preventive Motive for War," *International Interactions*, Vol. 29, No. 4 (2003), pp. 273-292; Douglas Lemke, "Great Powers in the Post-Cold War World: A Power Transition Theory Perspective," in T. V. Paul, James J. Wirtz, and Michael Fortmann, eds., *Balance of Power* (Stanford, CA: Stanford University Press, 2004), pp. 52-75; Douglas Lemke, "Power Politics and Wars without States," *American Journal of Political Science*, Vol. 52, No. 4 (2008), pp. 774-786: Douglas Lemke, "Dimensions of Hard Power: Regional Leadership and Material Capabilities," in Daniel Flemes, ed., *Regional Leadership in the Global System: Ideas, Interests and Strategies of Regional Powers* (Franham, Surrey, U.K.: Ashgate, 2010), pp. 31-50; Douglas Lemke and Jacek Kugler, "The Evolution of the Power Transition Perspective," in Jacek Kugler and Douglas Lemke, eds., *Parity and War: Evaluations and Extensions of the War Ledger* (Ann Arbor: Michigan University Press. 1996), pp. 3-34: Douglas Lemke and William Reed, "Regime Type and Status Quo Evaluations: Power Transitions and the Democratic Peace Proposition," *International Interactions*, Vol. 22, No. 2 (1996), pp. 143-164; Douglas Lemke and William Reed, "Power Is Not Satisfaction," *Journal of Conflict Resolution*, Vol. 42, No. 4 (1998), pp. 511-516; Douglas Lemke and William Reed, "War and Rivalry among Great Powers," *American Journal of Political Science*, Vol. 45, No. 2 (2001), pp. 457-469; Douglas Lemke and William Reed, "The Relevance of Politically Relevant Dyads," *Journal of Conflict Resolution*, Vol. 45, No. 1 (2001), pp. 126-144; Douglas Lemke and Ronald L. Tammen, "Power Transition Theory and the Rise of China," *International Interactions*, Vol. 29, No. 4 (2003), pp. 269-271; Douglas Lemke and Werner, "Power Parity, Commitment to Change, and War," *International Studies Quarterly*, Vol. 40, No. 2 (1996), pp. 235-260.

를 확장하여 표준적인 세력전이론의 일반화에 기여한 것으로 평가된다.

렘크는 국제체제의 하위에 지역마다 국제체제와 유사한 지역체제들이 내재해 있다고 보아 이들을 「다중위계체제」로 칭한다. 지역체제들은 국제체제와 마찬가지로 지배국 · 강대국 · 중견국 · 약소국으로 구성된 위계적인 체제이다.

렘크는 도전국 권력의 패권국 권력 수준에의 근접과 현존하는 현상 유지에 대한 도전국의 불만족이라는 두 요인을 가지고 전쟁을 설명하는 표준적인 세력전이론이 지역의 지배국과 도전국 사이에 발발한 지역 내 전쟁의 원인을 설명하는 데도 매우 유용하다는 것을 경험적인 분석을 통해 제시했다.

예를 하나 들자면 남미의 지역체제의 경우 브라질의 권력이 아르헨티나 · 칠레 · 우루과이 · 지역 내의 다른 국가들보다 우세하기 때문에 거의 1세기 동안 전쟁을 겪지 않았다. 지역 내의 모든 주요 국가가 남미공동시장(MERCOSUR)에 참여하고 있다는 사실이 보여주듯이 이들은 비교적 만족하기 때문에 남미 지역체제에서 평화가 유지된다고 본다.

렘크는 이러한 지역체제를 고립된 체제로 인식하지 않고 국제체제와 상호작용을 하는 연계된 체제로서 인식한다. 미국 · 러시아 · 중국과 같은 국제체제의 강대국은 지역체제에 영향을 미치기 위해 직접 개입하는 것이 가능하나 지역체제의 강대국은 국제체제에 효과적으로 개입할 수 없다. 전략적으로 중요한 문제의 경우 국제체제의 강대국에 의한 지역체제의 개입이 일방적으로 이루어진다.

따라서 지역체제 수준의 세력전이론인 렘크의 다중위계체제모델은 강대국의 이해관계가 밀접하게 얽혀 있지 않은 남미지역과 달리 국제체제의 강대국들이 직접적인 이해관계를 지니고 있는 아시아와 중동과 같은 지역의 경우 적용에 일정한 한계가 있다고 볼 수 있다. 이는 국제체제의 강대국들이 이러한 지역에 개입할 여지가 더 많아 지역체제 강대국의 능력을 방해하기 때문이다.

(7) 김우상의 동맹전이론[507)]

동맹전이론(alliance transitions theory)은 표준적인 세력전이론이 국가의 권력 증대를 산업화에 의한 경제성장이라는 내부적 수단의 결과물로만 보는 것이 지나치게 제한적이라고 지적하고 동맹관계를 권력 증대의 추가적인 수단으로 포함하여 표준적인 세력전이론을 보완하고자 한 이론이다.

---

507) 김우상, “세력전이와 동아시아 안보질서에 관한 경험적 연구,” 『한국정치학회보』, 제35집 제4호 (2002), pp. 377-394; Woosang Kim, “Rising China, Pivotal Middle Power South Korea, and Alliance

표준적인 세력전이론이 동맹관계를 권력 증대의 요인으로 보지 않은 이유는 산업화로 인한 경제성장이 권력 증대에 미치는 영향이 지대하여 동맹관계로 인한 권력 증대는 무시할 수 있다고 판단했기 때문이라고 생각할 수 있다. 이런 판단은 오간스키의 이론이 1950년대 말에 시작되어 냉전이 종식되기 이전에 활발히 전개된 이론이라는 점에서 찾을 수 있을 것이다.

즉 냉전기의 국제체제를 양극체제로 보지 않고 부상하는 강대국인 소련이 지배국인 미국에 도전하던 시기로 보는 표준적인 세력전이론은 양극체제에서 미국과 소련이 초강대국으로 불릴 정도로 다른 국가들과 비교하여 권력 면에서 압도적으로 우세했기 때문에 동맹관계가 이들의 권력 수준에 미치는 영향은 실제로 미미한 것으로 보았을 것이다. 그러나 미국 자체의 상대적 권력이 점차 지속해서 쇠퇴하면서 동맹관계가 중요하게 된 현실이 표준적인 세력전이론의 권력 증대 수단에 동맹관계가 추가되지 않을 수 없게 되었다고 볼 수 있다.

동맹전이론은 표준적인 세력전이론이 지배국과 도전국 간의 세력전이를 전쟁을 유발하는 중요한 요인으로 보는 것과는 달리 지배국과 그의 동맹국들을 포함한 지배 세력을 일방으로 하고 도전국과 그의 동맹국을 포함한 도전 세력을 타방으로 하면서 이들 간의 세력전이를 전쟁을 유발하는 요인으로 간주한다. 이와 더불어 도전 세력이 지배국에 의해 수립된 질서의 현상 유지에 불만을 느끼고 있으면 전쟁 발발의 가능성이 커진다고 본다.

동맹전이론은 표준적인 세력전이론이 권력의 유일한 증대 수단으로 간주한 산업화를 통한 경제성장에 동맹관계라는 또 다른 권력 증대 수단을 첨가한 후에도 세력전이가 전쟁 발발 가능성을 높인다는 표준적인 세력전이론 주장을 입증하고 있다는 점에 의의를 둘 수 있다. 또한 동맹관계 수립을 권력 증대를 위한 최상의 수단으로 전제하면서 세력의 균형이 전쟁을 방지한다고 보는 세력균형론의 주장을 동맹관계를 포함한 세력전이론을 통해 경험적으로 반박하고 있다는 점도 또 다른 의의라고 볼 수 있다.[508)]

Transition Theory," *International Area Studies Review,* Vol. 18, No. 3 (2015), pp. 251–265; Woosang Kim, "Power Parity, Alliance, Dissatisfaction, and Wars in East Asia, 1860–1993," *The Journal of Conflict Resolution,* Vol. 46, No. 5 (October 2002), pp. 654–671; Woosang Kim, "Power Parity, Alliance, and War from 1648 to 1975," in Jacek Kugler and Douglas Lemke, eds., *Parity and War: Evaluations and Extensions of the War Ledger* (Ann Arbor: University of Michigan Press, 1996), pp. 93–105; Woosang Kim, "Power Transitions and Great Power War from Westphalia to Waterloo," *World Politics*, Vol. 45, No. 1 (1992), pp. 153–172; Woosang Kim, "Alliance Transitions and Great Power War," *American Journal of Political Science*, Vol. 35, No. 4 (1991), pp. 833–850; Woosang Kim, "Power, Alliance, and Major Wars, 1816~1975," *Journal of*

(8) 앨리슨의 투키디데스 함정론

중국의 부와 군사력이 급속히 증가하면서 이러한 변화가 미국과 중국의 관계와 국제체제에 어떤 변화를 몰고 올 것인가를 예측하기 위해 세력전이론이 하버드대 교수인 앨리슨(Graham T. Allison)에 의해 「투키디데스의 함정(Thucydides Trap)」이라는 이름을 바꾸어 달고 부활하여 학자와 실무가 모두에게 중요한 이론적 시각을 제공하고 있다.[509)]

투키디데스의 함정이란 용어가 2012년부터 자주 회자하기 시작했는데 그 이유는 이 시기를 전후하여 기존 세력전이론이 예측했던 바가 뚜렷하게 나타났기 때문이다. 즉 2012년은 중국의 개혁개방 이후 30여 년 동안 지속되어 오던 미국과 중국의 밀월관계가 끝나고 경쟁이 본격화된 시점이었다.

투키디데스의 함정이란 쇠퇴하는 패권국(지역적 또는 세계적 패권국)과 대안적인 세력으로 부상하는 도전국이 병존하는 상황에서 전자는 임박한 영향력 상실에 불안해하는 가운데 직면한 도전을 견제하고 우위를 지키려 하고 후자는 거부된 우위를 쟁취하기 위해 서로 싸우도록 강요를 받아 함정(전쟁)에 갇히게 된다는 세력전이론의 핵심 주장을 대변하는 용어이다.

이 용어가 만들어진 배경은 고대 그리스 역사가인 투키디데스가 기원전 400여 년에 도시국가인 아테네와 스파르타 사이에 벌어진 전쟁에 관해 쓴 「펠로폰네소스 전쟁사」로 거슬러 올라간다. 이 역사서에서 그는 「전쟁을 불가피하게 만든 것은 아테네의 부상과 이것이 스파르타에 스며들게 한 두려움이었다(It was the rise of Athens, and the fear that this instilled in Sparta, that made war inevitable)」고 기술하여 전쟁이 아테네의 세력 부상과 지배적인 지위에 있던 스파르타의 두려움이 맞부딪친 상황에서 불가피하게 발발한 전쟁이었다는 견해를 밝혔다.[510)]

앨리슨은 자신의 저서인 「예정된 전쟁: 미국과 중국은 투키디데스의 함정에서 벗어날 수 있을까? (Destined for War: Can America and China Escape Thucydides's Trap?)」

Conflict Resolution, Vol. 33, No. 2 (1989), pp. 255-273.

508) 김영준, "세력전이론의 전개, 진화, 그리고 적용에 대한 고찰," 『국제관계연구』, 제20권 제1호 (2015년 봄호), p. 188.

509) 「투키디데스의 함정」이라는 용어는 앨리슨이 2012년 8월 22일 자 파이낸셜 타임스(Financial Times)에 기고한 「투키디데스의 함정이 태평양에 나타났다(Thucydides's trap has been sprung in the Pacific)」라는 제하의 글에서 처음 사용되었다.

510) 월드론(Arthur Waldron)은 비록 기존 강대국인 스파르타가 아테네의 부상에 대한 두려움으로 인해 전쟁을 시작했다고 투키디데스가 제시하나 아테네가 스파르타의 강대국에 대한 두려움으로 전쟁을 일으켰다는 견해를 수용한다: Arthur Waldron, "There is no Thucydides Trap," The China Project, https://thechinaproject.com/2017/06/12/no-thucydides-trap/. Accessed August 11. 2024.

를 통해 현대판 아테네와 스파르타인 중국과 미국 간 전쟁의 가능성에 대해 논의를 전개했다.511)

앨리슨은 이 책에서 투키디데스 함정은 거의 법칙에 가까운 것이라고 간주하고 이러한 투키디데스의 함정이 21세기 미국과 중국의 관계를 이해하는 데 가장 좋은 이론적인 시각임을 언급하고 있다. 이러한 시각에 의해 그는 미국과 중국 간 충돌 가능성을 높게 보았다. 구체적으로 그는 미국과 중국 간 전쟁은 가능한데 그 가능성은 현재 사람들이 인식하고 있는 것보다 훨씬 더 크다고 단언했다.

나아가 그는 패권전쟁이 중국의 세력 부상에 따른 미국의 두려움에서 시작되거나 중국에 가해진 미국의 압박을 물리치려는 중국에 의해 시작될 것으로 전망했다. 투키디데스 함정을 피할 수 있는 길은 중국이 패권국이 되려는 야심을 줄이려 하거나 미국이 아시아・태평양 지역에서 중국의 패권을 인정하고 2인자의 지위를 수용하는 것이며 이도 저도 아닐 경우 현재 진행 중인 무역 갈등과 사이버 공격 그리고 해양 영유권을 둘러싼 갈등이 곧 전면전으로 확대될 수 있다고 보았다.

이러한 그의 주장과 예측은 15세기 이후 지난 500년 세계 역사 속에서 이러한 패권전쟁을 유발할 수 있다고 생각되는 조건을 갖춘 다음 표에서 보는 16건의 사례 중 12건이 투키디데스의 함정에 빠져 전쟁으로 귀결되었고 4건이 전쟁을 피할 수 있었다는 그의 경험적 연구 결과에 바탕을 두고 있다.

통계적으로 유의미한 결론을 보여주기에는 사례가 너무 적으나 그의 연구 결과는 전쟁 가능성이 75%이고 25%의 확률로 전쟁을 피할 수도 있다는 것을 보여준다. 따라서 앨리슨은 전쟁이 아주 필연적인 것은 아니라면서 4건의 사례로부터 전쟁을 막은 요인들을 분석하여 다음과 같은 12개의 역사적 교훈으로 제시했다.

15세기 말의 포르투갈(패권국)－스페인(부상하는 강대국) 관계에서 교황이 전쟁 방지에 중요한 역할을 했듯이 높은 권위를 지닌 제삼자가 전쟁 없이 대결의 해결에 도움이 될 수 있다.

1990년대부터 현재까지의 영국과 프랑스(패권국)－독일(부상하는 강대국) 관계에서 막강한 정치력과 경제력에도 불구하고 군사력이 거의 제거된 비정상적 국가로 현상유지 세력이 된 독일에서 보듯이 국가는 더 큰 경제・정치・안보 제도의 틀에 의해정상적인 행동마저 제약받을 수 있다.

---

511) Graham T. Allison, "The Thucydides Trap: Are the US and China Headed for War?" The Atlantic, Sept. 24 (2015); Graham T. Allison, *Destined for War: Can America and China Escape Thucydides's Trap?* (Boston: Houghton Mifflin Harcourt, 2017)

№	Period	Ruling Power	Rising Power	Domain	Result
1	Late 15th century	Portugal	Spain	Global empire and trade	No war
2	First half of 16th century	France	Hapsburgs	Land power in western Europe	War
3	16th and 17th centuries	Hapsburgs	Ottoman Empire	Land power in central and eastern Europe, sea power in the Mediterranean	War
4	First half of 17th century	Hapsburgs	Sweden	Land and sea power in northern Europe	War
5	Mid-to-late 17th century	Dutch Republic	England	Global empire, sea power, and trade	War
6	Late 17th to mid-18th centuries	France	Great Britain	Global empire and European land power	War
7	Late 18th and early 19th centuries	United Kingdom	France	Land and sea power in Europe	War
8	Mid-19th century	France and United Kingdom	Russia	Global empire, influence in Central Asia and eastern Mediterranean	War
9	Mid-19th century	France	Germany	Land power in Europe	War
10	Late 19th and early 20th centuries	China and Russia	Japan	Land and sea power in East Asia	War
11	Early-20th century	United Kingdom	United States	Global economic dominance and naval supremacy in the Western Hemisphere	No war
12	Early-20th century	United Kingdom supported by France, Russia	Germany	Land power in Europe and global sea power	War
13	Mid-20th century	Soviet Union, France, UK	Germany	Land and sea power in Europe	War
14	Mid-20th century	United States	Japan	Sea power and influence in the Asia-Pacific region	War
15	1940s–1980s	United States	Soviet Union	Global power	No war
16	1990s–present	United Kingdom and France	Germany	Political influence in Europe	No war

2017 버전 투키디데스 함정의 사례 파일(2017 Version Thucydides's Trap Case File)

Source: Belfer Center for Science and International Affairs, Harvard University

20세기 초 영국(패권국)－미국(부상하는 강대국)의 관계에서 i) 영국의 지도자들이 미국의 비합리적 요구조차도 자국의 핵심적 이익을 훼손하지 않으면서 충족시키는 방법을 모색했던 지도자들에서 보듯이 어렵거나 피할 수 없는 상황에서 최선을 다해 긍정적 측면이나 이점을 찾는 현명한 지도자가 필요하다. ii) 적기에 행동을 취하는 것이 중요하다. iii) 문화적 공통성은 갈등을 예방하는 데 도움이 될 수 있다.

1940년대부터 1980년대까지의 미국과 소련의 관계에서 i) 핵무기가 가져올 재앙적 결과에 대한 인식이 전쟁을 억제한다. ii) 상호확증파괴(mutual assured destruction)에 대한 인식의 공유가 전면전을 어렵게 만든다. iii) 따라서 핵 초강대국 간의 전면전은 합당한 선택이 아니다. iv) 그런데도 핵 초강대국의 지도자들은 전쟁에서 지더라도 그런 위험을 감수할 각오를 지녀야 한다.

투키디데스 함정을 피한 4개의 사례 모두를 종합하여 볼 때 포착할 수 있는 3가지 역사적 교훈은 다음과 같다: i) 경제적 상호의존성의 심화는 비용을 높여 전쟁 가능성을 낮춘다. ii) 지배국과 부상하는 강대국들이 힘의 우위를 확보하기 위해 동맹 결성에 혈안이 되지만 동맹이 갖는 연루의 위험으로 불필요한 분쟁에 휘말리도록 할 수 있다. iii) 경제 성과와 정부의 유능한 리더십과 국민들의 지지라는 국내적 요인이 다른 국가의 선택과 행동에 큰 영향을 미친다.

앨리슨은 미국이 부상하는 중국에 대처할 수 있는 4개의 잠재적인 전략을 제시하면서 아무리 추악해 보이는 전략이라고 택해야 한다는 것을 강조한다. 첫 번째 전략은 군사적 수단에 의존하지 않고 불리한 추세를 최대한 활용하기 위해 경쟁자와의 관계를 조정하여 새로운 힘의 균형에 적응하려는 노력을 의미하는 수용 전략(accommodating strategy)이다.[512] 두 번째 전략은 상대방 국가의 정권 교체를 조장하거나 나아가 스스로 분열하도록 하는 약화 전략(undermining strategy)이다.

세 번째 전략은 시급한 우선순위 문제(특히 자국 내 문제)에 집중하기 위해 경쟁의 일부 분야에서 상당한 제약을 가하는 공백기를 갖기로 합의하는 장기 평화 협상 전략(strategy for negotiating a long peace)이다. 네 번째 전략은 새로운 형태의 강대국 관계에 대한 새로운 개념을 제안하는 관계 재정의 전략(strategy for redefining the relationship)이다.

결론적으로 앨리슨은 투키디데스의 함정에서 벗어나기 위해 미국 지도자들은 중요한 이해관계를 명확히 해야 하고 중국과의 차이점 해결을 위한 더 나은 준비를 위해 중국의 목표를 잘 이해하는 것이 필요하다고 지적한다. 게다가 그는 전략의 중요성과 국내적 과제를 중심에 두는 것을 강조한다.

뒤에서 앨리슨의 투키디데스 함정론을 포함한 세력전이론 전반에 관한 평가를 언급할 예정이나 여기에서 앨리슨의 이론에 대한 평가를 일별해 보고자 한다. 투키디데스 함정론은 일반적으로 다음과 같은 긍정적인 평가를 받는다.

미국과 중국 간의 지정학적 긴장을 분석하는 데 유용한 틀을 제공함으로써 학자들과 정책결정자들이 이러한 긴장의 근본적인 원인을 이해하고 세력전이와 관련된 위험을 인식하도록 경종을 울려 신중한 전략과 정책을 채택하도록 하여 전쟁 발발을

512) 앨리슨은 자신이 언급하는 수용 전략이 유화정책이 아니라는 점을 강조한다. 그러나 미국의 역사학자인 월드론(Arthur Waldron)은 이를 전쟁을 막기 위해 중국의 야망을 수용해야 한다는 유화정책으로 인식하고 영국 총리 체임벌린(Arthur N. Chamberlain)의 대독일 유화정책이 오히려 히틀러의 침략을 불러왔다는 점을 지적한다: Arthur Waldron, "There is no Thucydides Trap," The China Project, https://thechinaproject.com/2017/06/12/no-thucydides-trap/Accessed August 1, 2024.

막는 데 기여한다고 본다.

이는 앨리슨이 전쟁 가능성이 일반인들의 인식하는 것보다 훨씬 높다는 것을 강조하는 한편 중국의 부상을 평화롭게 관리하기 위한 전략적 사고와 이를 뒷받침하는 적극적인 사전 예방적 조치(proactive measures)를 통해 전쟁을 회피할 수 있다고 언급하는 데서도 잘 알 수 있다.

이러한 긍정적인 측면과 더불어 다음과 같은 비판을 일반적으로 받는다. 이러한 비판을 찬(Steve Chan)의 비판 중 가장 핵심적인 부분을 중심으로 소개하면 다음과 같다.[513)]

첫째, 국제체제 수준의 원인변수인 권력 배분의 변화만으로 전쟁의 불가피성을 주장함으로써 지나친 단순함을 비판한다. 즉 펠로폰네소스 전쟁은 단순히 아테네와 스파르타 사이의 변화하는 권력관계에 의해서만 촉발된 것이 아니라는 주장이다. 찬은 앨리슨이 세력전이에 초점을 맞추면서 경제적 요인, 동맹, 국내 정치와 같은 전쟁의 다른 잠재적 원인을 간과하고 있다고 지적한다.

둘째, 앨리슨의 세력전이론이 제3국의 영향력을 무시한다고 주장한다. 즉 투키디데스 함정 이론이 주로 부상하는 신흥 강대국과 지배력을 행사해 온 패권국 간의 양자 관계에만 초점을 맞추어 제3의 국가가 이러한 전이의 결과에 미칠 수 있는 상당한 영향을 무시한다고 주장한다.

셋째, 세력전이가 전쟁을 불가피하게 만든다는 앨리슨의 주장은 지나치게 결정론적이라고 비판한다. 즉 앨리슨이 국제정치에서의 지도자의 결정과 외교적 노력과 같은 인간의 행위가 갈등을 예방하는 데 결정적인 역할을 하는데 앨리슨은 이를 간과한다는 것이다.

넷째, 고대 아테네와 스파르타를 미국과 중국 같은 현대 국가를 직접적으로 비유함으로써 역사적 사건을 지나치게 단순화한다고 비판한다. 찬은 이러한 비교가 서로 다른 역사적 시기의 고유한 정치적 · 경제적 · 사회적 맥락과 복잡성을 무시한다는 점을 강조한다.[514)]

다섯째, 찬은 역사적 사례 선택이 편향되어 있다고 주장한다. 즉 앨리슨의 분석

---

513) Steve Chan, *Thucydides's Trap?: Historical Interpretation, Logic of Inquiry, and the Future of Sino-American Relations* (Ann Arbor, Michigan: University of Michigan Press, 2020)

514) 과거의 역사적 사실의 인과관계를 바탕으로 현재의 현상을 설명하고 예측하기 위해서는 과거의 역사적 사건이 놓여 있던 조건과 현재의 조건이 일치하거나 상당한 유사성을 가지고 있어야 한다. 예컨대 핵무기가 없었던 시대의 국제 관계를 핵무기가 존재하는 시대의 국제 관계와 같이 취급해서는 안 된다는 의미이다.

에 세력전이 사례가 16개 포함되어 있고 이 가운데 예외적인 사례를 4개 포함하기도 했으나 이러한 선택은 주로 그의 가설을 뒷받침할 만한 사례를 엄선한 자의적이고 일관성을 결한 선택이라고 지적한다.

해밀턴과 피셔(Matthew D. Hamilton and Mark Fisher)는 찬과 거의 유사한 비판을 제기하면서 세력전이론과 같은 강대국의 상승과 몰락을 다루는 이론들의 연구에 좀 더 다원적인 접근을 해야 함을 강조한다. 즉 좀 더 미세하고 총체적인 분석(more nuanced and holistic analysis)을 제공하기 위해 다양한 관점과 실질적인 차이점을 통합해야 한다는 주장이다.515)

3) 세력전이론과 세력균형론의 비교516)

(1) 국제체제의 특징

우선 세력균형론이 국제체제를 무정부적인 체제(anarchical system)라고 특징짓는 것과는 달리 세력전이론은 오간스키의 세력전이론에서 보듯이 패권국을 정점으로 하는 위계적인 체제(hierarchical system)라고 본다.

(2) 안정과 평화에 영향을 미치는 권력의 배분

국제체제의 안정과 평화에 영향을 미치는 권력의 배분은 두 가지 측면에서 살펴보아야 한다. 우선 이러한 권력의 배분을 정태적인 관점에서 볼 것인가 아니면 동태적인 관점에서 볼 것인가를 두고 두 이론은 차이를 보인다. 이와 더불어 안정과 평화를 가져오는 권력의 배분을 균형으로 볼 것인가 아니면 압도적인 힘에 의한 불균형으로 볼 것인가를 두고도 견해 차이를 보인다.

전자와 관련하여 세력균형론은 국가 간 권력의 배분 상태를 가지고 국제체제를 양극적 세력균형체제 혹은 다극적 세력균형체제로 특징짓고 이러한 특징을 가지고 국가들의 행동과 국제체제의 안정과 평화를 설명하고자 했다. 그러나 세력전이론은 전쟁과 평화의 문제란 정태적 관점에서 체제 내의 권력의 배분 양식에 따라 결정된다는 왈츠의 주장과는 달리 되기보다는 국가 간 권력의 배분 상태가 어떻게 변화하고 있는가에 의해 결정된다는 동태적인 입장을 지닌다.

후자와 관련하여 세력균형론은 세력이 균등할 때 전쟁이 방지된다고 보는 데 반

515) Matthew D. Hamilton and Mark Fisher, Opening the Thucydides Trap: a Genealogy of Rise-and-Fall Theory, *International Affairs*, Volume 100, Issue 3 (May 2024), pp. 1189-1206,

516) 황영배, 동아시아 안보 환경에 대한 새로운 시각: 세력균형의 종언과 그 대안의 모색(국제정치학회 1997년 연례학술회의)을 참조했음.

해 세력전이론은 세력이 균등해지려 할 때 오히려 전쟁이 발생한다고 본다. 다시 말해 세력전이론이 제시하는 평화의 조건은 세력의 균형이 아니라 세력의 압도적인 차이다.

① 세력균형론

일반적으로 주요 강대국 간의 권력 배분의 대략적인 균형상태가 현저한 불균형 상태보다 안정과 평화에 좀 더 도움이 된다고 보는 세력균형론의 내용을 좀 더 자세히 살펴보면 다음과 같다. 간단히 말해 세력균형론은 무정부성을 특징으로 하는 국제체제에서 패권은 현실적으로 가능하지도 않고 바람직하지도 않다고 본다.

우선 세력균형론이 패권을 비현실적인 것으로 간주하는 이유는 세력균형을 반복적으로 가져오는 평형 기제가 효과적으로 기능을 하고 있기 때문이다. 즉 강대국 간 권력 배분의 대략적인 균형을 가져오는 기제가 작동하여 국제체제에서 현상 유지에 도전할 유인을 감소시켜 단일의 행위자가 지배적인 지위로 부상하는 것을 방지함으로써 패권이 현실적이지 않은 것으로 본다.

또한 세력균형론은 패권을 바람직하지 않다고 보고 세력균형을 바람직한 것으로 보는데 이는 세력균형과는 달리 패권의 존재가 약한 국가들에 공격을 가하고자 하는 유혹을 불러일으켜 다른 국가들의 독립성(자율성)을 해치고 갈등과 불안정을 유발하기 때문이다.

이처럼 세력균형론자들에게 있어서 권력의 균등한 배분의 주된 기능은 국가들의 독립성(자율성)을 보전하고 패권국의 부상을 저지하는 것이다. 이러한 맥락에서 세력균형론자들은 전쟁의 원인을 다음과 같이 설명한다. 즉 하나의 강대국이 국제체제에서 패권을 추구하려 하고 이것이 다른 강대국들에 심각한 위협을 가하게 되면 위협을 느낀 강대국들이 필요한 경우 힘에 의존하여 자신들의 독립성을 보전하고 패권을 추구하는 강대국을 저지하기 위해 전쟁이 발생하게 된다. 따라서 전쟁의 성격을 반패권적 전쟁(counterhegemonic war)이라고 부를 수 있다.

구체적으로 국제체제가 국가 간의 권력 배분이 균형상태에 있을 때 안정과 평화를 가져온다고 보는 세력균형론은 냉전 시대를 양극적 세력균형체제라고 보고 이러한 이유로 냉전 시대가 안정을 이룩할 수 있었다고 본다. 따라서 소련의 붕괴로 양극체제가 붕괴하고 패권체제가 도래함으로써 국제체제는 불안정할 것으로 예측한다.

② 세력전이론

이와는 대조적으로 세력전이론은 지배적인 권력의 우위가 있을 때 국제체제가 안정된다고 본다. 세력전이론은 냉전 시대를 패권체제(구체적으로 미국이 패권국으로 존재하고 이러한 패권에 소련이 도전국으로 등장하던 패권체제)로 보고 냉전 시대의 평화를 패권국의 존재로서 설명하고자 한다. 따라서 소련의 붕괴는 권력의 차이를 더 가져와 국제체제가 더욱 안정될 것으로 본다.

(3) 권력 배분의 근본적 요인

세력전이론은 앞서 살펴보았듯이 세력균형론과는 대조적으로 동맹이 국제체제 내의 권력의 배분이나 전쟁에 이르는 동태적 과정에 별 영향을 미치지 않는다고 본다. 구체적으로 세력균형론은 국가 간의 동맹을 권력 배분의 변화를 불러오는 근본적인 요인으로 간주하는 데 반해 세력전이론은 국가 간에 존재하는 성장률의 격차를 보다 근본적인 요인으로 본다. 국가들은 다른 국가들과의 동맹 결성을 통하기보다 내부적인 경제발전 등을 통해 권력의 향상을 추구한다는 것이다.

이처럼 세력전이론이 동맹을 권력 배분의 변화를 초래하는 근본적인 요인으로 바라보지 않는 이유는 패권국과 기타 국가의 권력 차이가 워낙 커서 동맹의 결성이 기존의 권력 배분에 미치는 영향이 미미하다고 보기 때문이다. 그러나 그렇다고 해서 패권국이 타국과 동맹관계를 전혀 가지지 않는다는 것을 세력전이론이 주장하는 것은 아니다.

(4) 동맹 결성의 이유

세력균형론은 동맹 결성의 이유를 견제와 균형을 위한 것으로 일률적으로 본다. 세력전이론은 이와는 달리 약소국과 패권국을 구분하여 약소국은 패권국이 제공하는 국제 안보나 국제경제 질서와 같은 공공재로부터 국익을 증진할 수 있어 패권국에 자발적으로 편승하는 것으로 보고 패권국은 권력의 우위를 유지하거나 확대하기 위한 것으로 본다.

(5) 동맹의 결속력과 지속력

세력균형론은 동맹이란 보다 강한 세력이 있을 때 이를 견제하기 위해 생겨나서 균형이 존재하는 동안 유지된다고 본다. 따라서 상대방의 권력이 약화될 때 이를 전제로 결성된 동맹은 약화되거나 해체됨으로써 균형을 이루어 국제체제의 안정이 지속된다고 본다. 이처럼 동맹이란 세력의 변화에 따라 유연성 있게 변화하여야 하므로 세력균형론에서 동맹의 결속력과 지구력은 강하다고 여겨지지 않는다.

이와는 대조적으로 세력전이론의 경우 동맹 결성 이유에서 언급했듯이 동맹의 결성이 견제나 균형을 위한 것이 아니라 권력의 우위를 바탕으로 패권국은 세력을 더욱 강화하고 다른 국가들은 패권국이 제공하는 공공재를 획득하기 위한 것이기 때문에 결속력과 지속력이 강할 것으로 본다.

(6) 국제체제의 변화

세력균형론자인 왈츠에 있어서 국제체제는 지속적인 무정부적 구조를 특징으로 하며 변화가 있다면 이러한 구조 내에서 양극적 세력균형이나 다극적 세력균형과 같이 세력균형 상의 변화만이 존재한다. 왈츠는 또한 국제체제가 유지되는 것을 무정부 상태에서 주권 국가의 생존하려는 합리적인 노력이 결합하여 만들어 낸 비의도적인 구조적 결과로 본다.

이와는 달리 세력전이론은 국제체제의 변화를 세력균형 상의 변화가 아닌 패권국의 흥망성쇠와 관련된 전쟁과 평화의 관점에서 본다. 즉 세력전이론은 국제체제의 유지를 무정부적 체제의 의도하지 않은 구조적 결과가 아닌 패권국 행위의 결과로 보고자 한다.

(7) 강대국의 현 국제질서의 현상 유지 수용 여부

세력균형론은 국가를 국제체제상의 위치와 권력 능력에 있어서만 차이를 가지나 이러한 차이에도 불구하고 합리적인 행위자로서 모두 똑같이 행동한다고 가정한다. 이러한 가정하에 왈츠의 방어적 현실주의 이론에서 보듯이 국가를 현상 유지적인 존재로 바라본다.[517)]

그러나 세력전이론은 부상하는 강대국이 현상 타파 지향적일 수도 있고 현상 유지 지향적일 수도 있다고 보아 세력균형론과 견해를 달리한다. 달리 말해 세력균형론이 권력의 배분이라는 국제체제 수준의 요인에만 의존하여 부상하는 강대국을 현상 유지적 존재로 바라보는 것과 달리 세력전이론은 권력의 배분이라는 요인과 더불어 부상하는 강대국이 현상 유지에 만족하는가의 여부라는 국가 수준의 요인에 의해 현상 유지적 존재도 현상 타파적 존재도 될 수 있다고 본다.[518)]

---

517) 아롱(Raymond Aron) · 키신저(Henry A. Kissinger) · 울퍼스(Arnold Wolfers)와 같은 전통적 현실주의자와 쉬웰러(Randall L. Schweller)와 같은 신고전적 현실주의자의 경우 국가가 세력균형을 추구할 수도 있고 현상을 타파할 수도 있다고 본다. 미어샤이머와 같은 공격적 현실주의자는 강대국을 지역 패권국이 된 이후에는 현상 유지적인 존재가 되나 기본적으로 현상 타파적인 존재로 간주한다.

518) 현상 유지적 도전국에 관한 연구는 다음을 참조하시오: Ronald L. Tammen, Jacek Kugler, Douglas Lemke, Allan C. Stamm, III, Mark Abdollahian, Carole Alsharabati, Brian Efrid, and A. F. K. Organski, *Power Transitions: Strategies for the 21st Century* (New York, NY: Seven Bridges Press, 2000); T. V. Paul and Manesh Shankar, "Status Accommodation through Institutional Means: India's Rise and the Global Order," in T. V. Paul, Deborah W. Larson, and William C.

(8) 패권전쟁 발발의 주체

세력균형론에서는 세력의 차이가 크게 벌어지게 될 때 세력이 상대적으로 강한 국가가 상대방을 제압하기 위해 공격을 감행하는 것으로 보는 데 반해 세력전이론은 세력의 차이가 비슷해질 때 세력이 상대적으로 약한 국가가 공격을 감행한다고 보는 차이가 있다.519)

4) 세력전이론과 패권안정론의 비교

세력전이론과 패권안정론은 이론적 가정뿐 아니라 주장의 상당 부분을 공유하고 있다. 여러 공통적인 가정 중 주목할 가정은 현실주의 일반이 국제체제를 무정부성(anarchy)이 특징인 체제로 바라보는 데 반해 세력전이론과 패권안정론은 둘 다 국제체제가 무정부성보다는 위계성(hierarchy)을 지닌 체제로 바라보는 것이다.520)

주요한 주장과 관련하여 패권안정론과 세력전이론 모두 압도적인 힘의 우위를 지닌 국가가 존재할 때 평화와 안정이 유지되고 전쟁의 발발 가능성이 줄어든다고 본다는 점에서도 차이가 없다. 국가 간 권력 증대의 속도 차이로 인한 권력의 전이가 발생할 때 패권국(지배국)과 권력이 부상한 도전국 간에 전쟁이 발발할 가능성이 커진다는 점에서도 다르지 않다. 다른 한편 두 이론 간에는 다음과 같은 차이가 존재한다.

어떤 종류의 패권안정론인가에 따라 국제체제에 평화와 안정을 가져오는 요인으로써 공공재의 제공이 지닌 의미에 관해 견해를 달리한다. 공공재적 패권안정론이라고도 불리는 킨들버거(Charles P. Kindleberger)와 코헤인(Robert O. Keohane)의 자유주의적 패권안정론은 국제체제의 평화와 안정을 가져오는 요인으로써 패권국의 공공재 공급을 중요시한다.

이와는 달리 길핀(Robert Gilpin)과 크라즈너(Stephen D. Krasner)의 신현실주의에 바탕을 둔 패권안정론은 국제체제의 평화와 안정을 가져오는 요인으로써 패권국의 압도적인 권력의 우위에 의한 강제력을 가장 중요시하는 한편 이념적이거나 종교적

Wohlforth, eds., *Status in World Politics* (New York, NY: Cambridge University Press, 2014), pp. 165-191; Woosang Kim and Scott Gates, "Power Transition Theory and the Rise of China," *International Area Studies Review,* Vol. 18, No. 3 (2015), pp. 219-226.

519) 앞서 살펴보았듯이 패권전쟁을 유발하는 주체는 도전국이 아닌 지배국이라는 견해도 존재한다: Jack S. Levy, "The Causes of War: Contending Theories," in Charles W. Kegley, Jr. and Eugene R. Wittkopf, eds., *The Global Agenda: Issues and Perspectives* (New York: McGraw Hill, 1992), pp. 67-69.

520) 그렇다고 해서 세력전이론과 패권안정론 모두 국제체제를 엄격한 위계적인 체제라고 단정한다고 보아서는 안 된다. 이들은 국제체제를 본질적으로 무정부성이 덜하고 위계성이 더 있는 제국주의적인 유형의 구조(imperial type of structure that is less anarchical and more hierarchical)으로 인식한다는 견해가 설득력이 있다고 볼 수 있다.

가치 등의 공유에 기반한 패권국의 공공재 제공도 중요한 요인의 일부로 간주한다. 이처럼 두 종류의 패권안정론 간에 차이가 존재하나 이들 모두 패권국의 공공재 제공이 국제체제의 평화와 안정에 기여하는 요인으로 간주하며 국가들은 일반적으로 무임승차를 통해 패권국이 제공하는 이러한 공공재로부터 배제되지 않고 혜택을 받는다고 본다.

이들 패권안정론과는 대조적으로 세력전이론은 국제체제의 평화와 안정 요인으로서 단지 힘의 압도적인 우위만을 언급한다는 점에서 패권안정론과 구별되며 지배국은 공공재를 공급하지 않고 사적재(private goods)를 공급하는 존재로 간주한다는 점에서도 차이가 존재한다.[521] 즉 지배국은 자신이 수립한 현재의 질서를 효율적으로 유지하고 관리하기 위해 압도적인 권력의 우위를 통해 수립한 국제체제의 평화 및 안정과 같은 혜택을 공공재로써 모든 국가에 무임승차를 허용하지 않고 사유재로서 자국의 이익 여부에 따라 선별적으로 제공하거나 아예 배제한다.

구체적으로 지배국은 현재의 질서유지에 만족하여 이를 옹호하여 지지하는 우호적인 국가들에는 보상을 제공하고 현재의 질서에 불만을 지닌 경쟁적이거나 적대적인 국가들에는 혜택을 거부한다. 여기에서 더 나아가 지배국은 자신이 수립한 국제체제의 평화 및 안정과 같은 혜택을 사유재로 간주하여 다른 국가에 비용을 부담하도록 하기도 하고 아예 이러한 혜택을 창출하는 데 동참을 요구하기도 한다.

패권안정론과 세력전이론 사이에 이론의 적용 범위와 관련해서도 차이가 존재한다. 패권안정론의 경우 국제체제 수준에서 패권국과 새롭게 부상하는 강대국 간의 관계에만 적용되는 이론이다. 이와는 달리 렘크(Douglas Lemke)가 오간스키의 세력전이론을 지역 수준에 적용하고자 고안한 다중위계체제모델에서 보듯이 세력전이론은 국제 수준뿐 아니라 지역 수준에도 적용되어 지역 수준에서의 국가 간 세력전이와 그 영향을 분석할 수 있다는 점에서 차이를 가진다.

패권안정론의 경우 자유주의 계열이든 현실주의 계열이든 평화와 안정은 국제체제의 위기를 일으킬 잠재력을 가지고 있는 국가를 포함해 세계적 위계질서의 하위계층에 있는 국가들이 동의나 강요를 통해 패권국에 협조적이고 현존하는 질서의 유지를 받아들일 정도로 현상 유지(status quo)에 만족하는 것을 전제로 한다. 이와는 달리 세력전이론은 부상하는 권력을 지닌 경쟁국이 현상 유지에 만족하는가의 여부가

521) 사적재/사유재(private goods)란 대가의 지급 없이 재화가 공급되지 않는다는 의미의 배제성(excludability)과 일방으로의 재화 공급이 타방으로의 재화 공급에 영향을 미친다는 의미의 경합성(rivalry)이 있는 재화를 의미한다.

변수가 되어 평화와 안정에 영향을 미친다고 본다.

클락(Ian Clark)은 패권안정론이 기본적으로 평화와 안정의 유지를 위한 조건의 탐색에 관심을 가지는 것과는 달리 세력전이론은 주로 새로운 현상 유지로 이어지는 국제적 갈등의 시작을 설명하는 데에 관심을 둔다고 두 이론을 구별하고 있다.[522]

아이켄베리와 넥슨(G. John Ikenberry and Daniel H. Nexon)은 이들 두 이론 간 차이의 하나로서 패권안정론의 경우 질적 접근법에 뿌리를 두고 있는 것과 대조적으로 세력전이론은 양적 접근인 통계적인 분석에 근간을 두고 있다는 방법론상의 차이를 언급하고 있다.[523]

5) 세력전이론과 민주평화론의 관계[524]

렘크와 리드(Douglas Lemke and William Reed)는 민주주의 국가들은 상호 간에 거의 또는 전혀 싸우지 않는다는 민주평화론과 도전국의 세력이 패권국의 세력에 근접하고 도전국이 패권국의 질서에 만족하지 못하면(즉 현상 유지에 불만을 가질 경우) 이들 간에 전쟁을 피하기 어렵다는 세력전이론의 양립 가능성을 살펴보고자 했다.

이들은 이를 위해 국가 간 관계에서 정권 유형(regime types)과 현상 유지에 대한 평가(status quo evaluation) 간의 관계를 탐구했다. 핵심적인 연구 주제는 서로 거의 싸우지 않는 민주주의 정권의 국가들이 기존 질서에 대해 유사한 평가를 공유하는가 이다.

만약 민주주의 국가들이 현상 유지에 대해 유사하게 평가한다(즉 현상 유지에 만족한다)는 것이 검증된다면 세력전이론은 이를 바탕으로 민주주의 국가 간의 전쟁은 매우 드물고 비민주주의 국가들이 현상에 불만을 가진 국가들 대부분을 차지하면 민주주의 국가와 비민주주의 국가 간의 전쟁이 예상된다고 주장할 수 있다고 보았다.

연구 결과는 정권 유형이 현상 유지에 대한 평가와 잠정적으로 연결되어 있어 민주평화론의 경험적 관찰을 세력전이론 안에 포함할 수 있음을 시사한다고 결론을 지은 바 있다.

---

522) Ian Clark, "China and the United States: a succession of hegemonies?" *International Affairs*, Vol. 87, No. 1(2011), p. 14.

523) Gilford J. Ikenberry and Daniel H. Nexon, "Hegemony Studies 3.0: The Dynamics of Hegemonic Orders," *Security Studies*, Vol. 28, No. 3 (2019), p. 403.

524) Douglas Lemke and William Reed, "Regime Types and Status Quo Evaluations: Power Transition Theory and the Democratic Peace," *International Interactions*, Vol. 22, No 2 (1996), pp, 143-164.

6) 세력전이론과 미국과 중국 관계의 미래

미국과 중국 관계의 미래에 대해 다양한 분석들이 제시되어 오고 있다. 이러한 미래의 예측을 위해 분석의 시각을 주로 제공하고 있는 이론은 앞서 살펴본 세력전이론과 투키디데스 함정론이다. 다양한 분석을 일단 패권전쟁의 발발 가능성을 높게 보는 그룹과 전쟁의 가능성이 없거나 낮다고 보는 그룹으로 구분하고 각 그룹 내에서 조금씩 차이를 보이는 견해들을 다시 세분하여 살펴보고자 한다. 두 그룹의 견해 모두 예외가 전혀 없는 철칙이라는 주장을 펴는 것이 아니고 확률에 기반한 입장임을 유의해야 한다.

(1) 전쟁 가능성을 높게 보는 견해

전쟁 가능성을 높게 보는 견해들을 살펴보면 원인변수를 권력 배분의 변화 외에 다른 요인들을 추가하거나 심지어 전혀 다른 원인변수를 가지고 예측하는 예도 찾아볼 수 있었다. 단 미국과 중국 간 전쟁 가능성에 관한 모든 글을 살펴본 것이 아니므로 이러한 경향을 지나치게 일반화하기는 어렵다.

① 브라운(Kevin Brown)

미국과 중국 간 무역 전쟁과 중국이 남중국해와 관련하여 공격적인 행동으로 인해 긴장이 고조되고 있는 상황을 논의하며 부상하는 중국과 기존의 패권국 미국이 다음과 같은 이유로 긴장이 더 큰 위기로 확대되어 투키디데스 함정에 빠질 가능성이 높다고 본다.

구체적으로 그는 코로나-19의 진원지와 책임론을 둘러싸고 격렬해진 양국 간 경쟁과 갈등 · 미국에서 정당과 관계없이 중국에 대해 더 강경한 자세를 취해야 한다는 양당 합의 · 양국의 경제 문제와 사회적 불안과 같은 국내 문제로 인해 양국이 더욱 대립적인 자세를 취해야 하는 압박이 양국을 투키디데스 함정으로 몰아간다고 본다.525)

② 필즈베리(Michael Pillsbury)

필즈베리는 양국 간의 경쟁으로 인한 긴장과 전략적 준비를 다음과 같이 분석하고 있다. 첫째, 중국의 군사 현대화와 아시아 태평양 지역에서 우위를 차지하려는 야

---

525) Kevin Brown, "For the US and China, Thucydides' Trap is Closing," *The Diplomat,* June 11, 2020. https://thediplomat.com/2020/06/for-the-us-and-china-thucydides-trap-is-closing/Accessed July 27, 2024.

망에 의해 주도되는 중국과 미국 간의 경쟁이 심화하고 있다. 둘째, 중국과 대만 간의 긴장된 관계와 대만의 방위에 대한 미국의 공약이 대립 위험을 증가시키고 있다. 셋째, 미국은 이 지역에서 첨단기술과 전략적 동맹에 집중하고 있는 반면에 중국은 해군과 사이버 전쟁 역량을 확대하는 등 양국 모두 군사 역량을 강화하여 전쟁 준비에 이미 돌입했다.

그는 지정학적 역학은 복잡하고 변화할 수 있어 양국 간 관계에 대한 예측은 신중하게 이루어져야 하나 양국이 경쟁과 이로 인한 긴장을 관리하고 확전의 위험을 방지하기 위한 외교적 노력을 기울이고 있음에도 불구하고 갈등 가능성이 커지고 있다고 결론짓는다.

③ 만수르(Thar Mansoor)

양국 간의 적대감은 경제・정치・사회・군사의 영역으로 깊게 스며들어 돌이킬 수 없는 지점을 향하고 있어 전쟁이 불가피하다고 주장한다. 그러나 이러한 전쟁은 전통적인 의미의 전쟁이 아니라 서로를 약화시키기 위한 무역 전쟁과 같은 새로운 방식이 될 수 있고 대리전(proxy war)을 포함한 다른 유형의 전쟁이 불가피하다고 본다.526)

④ 티어니(Dominic Tierney)

미국과 중국 모두 재앙을 가져올 핵무기의 존재와 상호의존적 무역 관계와 같은 요인들로 인해 전통적인 형태의 전쟁에 돌입할 가능성은 작다고 보고 대신에 미국과 중국 간의 군사 경쟁은 특정 국가의 국내 갈등에서 경쟁 행위자를 상호 지원하는 대리전쟁의 형태를 취할 가능성이 높다고 본다.

이는 냉전 시기에 미국과 소련이 직접적인 군사적 대결보다는 여러 지역에서 대리전을 벌이는 경우가 많았던 역사적 사례에서도 잘 알 수 있다. 티어니는 두 국가 간 군사 경쟁의 전쟁터는 남중국해보다 베네수엘라나 미얀마 혹은 내부 갈등을 겪고 있는 다른 국가일 가능성이 더 크다고 전망한다.

나아가 그는 대리전이 예상치 못하고 비용이 많이 소요되는 방식으로 확대될 수 있다고 경고한다. 이는 미국과 중국이 각각 선호하여 지원하는 행위자들의 패배를 피하려고 개입을 늘릴 수 있으며 이는 더 깊고 위험한 관여로 이어질 수 있다고 본다.527)

---

526) Athar Mansoor, "Heading for Thucydides's Trap," The News. October 4, 2020. https://www.thenews.com.pk/tns/detail/724049-heading-for-thucydidess-trap. Accessed July 16, 2024.

⑤ **개릿(Geoffrey Garrett)**

미국과 중국이 경제적 상호의존의 중요성을 이해하는 가운데 긴장을 관리함으로써 직접적인 대규모의 대결을 피하고 있지만 그게 다가 아니라고 본다. 즉 두 국가는 역사적으로 미국의 안보 보호막의 활용과 중국의 부상으로 인한 경제적 이익의 극대화를 추구하는 전략을 펴온 아시아 국가들에 자국의 편에 서도록 강한 압박을 가하면서 이 지역에서 영향력 확대를 위해 무역 · 지식재산권 · 기술 · 남중국해와 같은 부문에서 치열하게 경쟁하는 방식의 대리전을 하고 있다고 본다.528)

⑥ **브랜즈와 베클리(Hal Brands and Michael Beckley)**

부상하는 강대국이 기존 강대국에 도전할 때 전쟁이 발생할 가능성이 높다는 전통적인 세력전이론과 투키디데스 함정론의 주장에 반대하고 부상하는 강대국 권력의 성장이 정점에 도달한 후 쇠퇴하기 시작할 시점에서 전쟁 발발 가능성이 더 높다는 주장을 제시하고 이를 「정점에 이른 권력의 함정(Peaking Power Trap)」이라고 칭한다.529)

즉 세계 평균보다 극적으로 빠른 성장을 통해 부상하는 강대국은 자국의 국력이 패권국에 비견할 만한 권력을 확보할 때까지 대결을 미룬다. 그러다가 심각하고 장기적인 경기 침체로 성장의 한계에 부닥치고 패권국과 그의 동맹 세력의 봉쇄정책으로 외부적인 제약이 가해져 국력의 쇠퇴에 직면하게 되면 부상하는 강대국은 도전할 기회의 창(window of opportunity)이 닫히기 전에 무모한 줄 알면서 전쟁의 함정에 빠지기 쉽다는 것이다.

전쟁의 함정에 빠지게 되는 과정을 살펴보면 다음과 같다. 급속한 성장의 시대에 부상하는 강대국의 야망은 커지고 국민의 기대치는 높아진다. 경제 호황으로 기업은 이익의 증가를 누리고 시민들은 높은 수준의 삶에 익숙해지며 국가는 세계 무대에서 더 큰 플레이어가 된다.

그러다가 성장의 한계로 시민들이 불만이 고조되면 격변을 우려한 지도자들은 반대 세력을 억압하고 해외에 배타적 영향권을 만들어 경제력 회복을 추구하려 한

---

527) Dominic Tierney, "The Future of Sino-U.S. Proxy War," *Texas National Security Review*, Vol 4, Issue 2 (Spring 2021), pp. 49-73.

528) Geoffrey Garrett, "What U.S.-China "Proxy Wars" Mean for Asia's Balancing Act," Wharton Magazine. April 2, 2018. HTTP://magazine.carton.upend.educ/digital/what-u-s-china-proxy-wars-mean-for-asias-balancing-act/Accesses August 10, 2024.

529) Hal Brands and Michael Becky, "China Is a Declining Power-and That's the Problem," *Foreign Policy* (September 24, 2021) : Michael Beckley and Hal Brands, *Danger Zone: The Coming Conflict with China* (New York: W.W. Norton & Company, 2022)

다. 군에 막대한 예산을 투입하고 나아가 영향력 확대를 위해 민족주의를 부추겨 무력을 사용하려 한다. 이런 행동은 강대국의 긴장을 유발하면서 전쟁을 촉발하게 된다.

이들은 자신들의 주장을 입증하는 교과서적인 예로서 제1차세계대전을 일으킨 독일과 태평양전쟁을 일으킨 일본의 예를 들면서 이러한 예 모두 두 국가가 더 이상의 성장과 발전의 전망이 없어진 상황에서 도전의 기회를 잃기 전에 패권국에 도전하여 전쟁을 일으킨 것이라고 본다.530) 이들은 중국이 과거 독일과 일본의 길을 그대로 걷고 있다고 볼 뿐만 아니라 러시아가 우크라이나를 침공한 것도 이들은 투키디데스 함정 논의가 중국의 권력 변화를 근본적으로 잘못 진단했다고 주장하며 임박한 침체에 직면한 국가는 미국이 아니라 중국이라고 주장했다. 구체적으로 이들은 중국이 ⅰ) 경제의 침체 ⅱ) 정부의 막대한 부채 부담 ⅲ) 기술 발전이 특정 부문에 국한되어 있다는 의미의 불균등한 혁신(uneven innovation) ⅳ) 인구 노령화와 출산율 저하로 인한 인구 붕괴 ⅴ) 지속적인 성장 능력에 영향을 미치는 심각한 자원 부족 ⅵ) 중국의 빠른 성장을 가능하게 한 호의적인 글로벌 환경에 대한 접근성 상실 ⅶ) 정치적 안정과 거버넌스에 부정적 영향을 미치는 불안정한 전체주의 등을 이유로 중국의 성장은 거의 끝나 정점에 이르고 이제 남은 일은 정점에서 내려오는 것이며 사람 대부분이 생각하는 것보다 중국이 훨씬 빨리 쇠퇴하는 강대국이 될 것으로 본다.

이러한 분석과 더불어 이들은 더 이상 올라갈 곳이 없는 정점을 찍는 중국은 앞으로 10년 동안(즉 2020년대) 도전의 기회를 잃기 전에 더욱 무모하고 공격적일 수 있다고 예측하면서 중국의 군사력 증강·타이완에 대한 공격적인 행동·핵심 기술을 지배하려는 노력을 이러한 추세의 지표로 간주한다. 이들은 이러한 분석과 더불어 미국은 지금까지 부상하는 중국을 우려했으나 앞으로는 쇠퇴하는 중국을 더 우려해야 한다고 강조한다.

이들은 미국과 중국의 경쟁에서 가장 위험한 단계에 접어든 2020년대를 「위험지대(danger zone)」라고 규정짓고 냉전 시기로부터 얻은 교훈을 바탕으로 이러한 위험 지대를 헤쳐 나갈 전략을 다음과 같이 제안했다: ⅰ) 동맹국 간 공급망의 재편을 통해 중국이 핵심 기술 분야에서 큰 성과를 거두지 못하게 하기 ⅱ) 민주주의의 증진이 아닌 보호가 필요하며 중국이 전 세계에 치고 있는 디지털 철의 장막(digital iron

530) 이러한 주장은 국내의 불만을 외부로 돌려 정권의 정통성과 권력을 유지하기 위해 전쟁을 일으킨다는 「관심전환전쟁이론(diversionary theory of war)」 혹은 「관심전환전갈등이론(diversionary theory of conflict)」의 주장이기도 하다.

curtain)의 무기력화 iii) 타이완을 보호하여 전략적으로 중요한 타이완 해협의 현상 변경 방지하기

(2) 전쟁 가능성을 낮게 보는 견해

다수의 학자와 실무가들이 중국과 미국이 패권전쟁에 돌입할 운명에 처해 있다는 주장을 수용하지 않고 전쟁의 가능성을 낮게 본다. 이러한 주장을 두 그룹으로 구분하여 살펴보고자 한다.

첫 번째 그룹은 세력전이론과 투키디데스 함정론이 패권전쟁의 원인변수를 부상하는 국가의 기존 패권국에 견줄만한 권력의 보유와 부상하는 국가의 현상 타파 지향성으로 보는데 부상하는 국가인 중국이 실제로 이러한 요건을 충족하지 못한다는 것이다. 두 번째 그룹은 권력 배분의 변화라는 구조적 요인에도 불구하고 이러한 요인을 배제할 수 있는 요인이 존재하기 때문에 전쟁 가능성을 낮게 보는 그룹이다.

① 중국 권력의 약세

나이(Joseph S. Nye, Jr.)는 미국이 절대적 기준과 상대적 기준 모두 적용하여 권력 쇠퇴를 경험한 것은 사실이나 강성권력(hard power)과 연성권력(soft power) 면에서 중국은 미국의 우세한 권력과 경쟁할 수 없으며 미국은 쇠퇴한 후에도 여전히 미래 세계질서에서 주도적인 위치를 유지할 것으로 전망한다.[531)]

부루마(Ian Buruma)는 인구 고령화 · 생태적 재앙 문제 · 공산당 통제에 의한 경제 개혁의 어려움 · 검열로 인해 혁신의 어려움 · 미국에 비해 열등한 군사력 · 아시아 지역에서의 미국보다 취약한 동맹 시스템 등을 언급하면서 이러한 요인들이 중국의 성장을 정체시킨다고 본다.[532)]

로즈크랜스(Richard Rosecrance)는 미국이 고립주의로 회귀하면 권력의 쇠퇴를 피하기 어렵다고 하면서 미국과 유럽이 강력한 대서양 연합을 결성하여 경제를 통합하고 협력을 촉진하는 것이 바로 부상하는 강대국을 견제하고 대규모의 패권전쟁으로 이어질 수 있는 갈등을 피하고 국제사회의 안정을 유지하는 데 필수적이라고 주장한다.[533)]

보통 세력전이론에 근거하여 미국과 중국의 패권전쟁 가능성을 분석할 때 일반

---

531) Joseph S. Nye, Jr, "Is the American Century Over?", *Political Science Quarterly*, Vol. 130, No. 3 (Fall 2015), pp. 393-400.

532) Ian Bujumbura "Are China and the United States Headed for War?" The New Porker (12 June 2017).

533) Richard Rosecrance, *The Resurgence of the West: How a Transatlantic Union Can Prevent War and Restore the United States and Europe* (New Haven, CT: Yale University Press, 2013).

적으로 단순히 미국만의 국력과 중국만의 국력을 비교하는데 각국의 동맹관계를 고려한다면 미국의 우세함에 의심의 여지가 없다. 구체적으로 미국은 인도-태평양 지역에서 호주 · 일본 · 한국 · 필리핀 · 태국과 동맹관계에 있고 인도 · 인도네시아 · 베트남 · 싱가포르 · 뉴질랜드와 전략적 파트너 관계를 맺고 있을 뿐만 아니라 미국 · 호주 · 일본 · 인도로 구성된 4자 안보협의체인 쿼드(Quad)와 호주 · 영국 · 미국 간의 방위 역량 강화를 위한 3자 안보협의체인 오커스(AUKUS)라는 지역 그룹과 협력하고 있다.

② 현상 유지 세력으로서의 중국

중국 학자 림(Yves-Henh Lim)은 중국이 국제기구에 참여하고 남중국해에서 무력의 행사나 위협을 포기하겠다는 의지 등을 예로 들며 현 국제질서에 만족하는 현상 유지 세력이기 때문에 미국과 중국 관계에 대한 세력전이론의 전망에 반대하고 있다.

아이켄베리(Gilford J. Ikenberry)는 중국을 포함한 신흥 강대국들은 기존의 개방적이고 규칙 기반의 자유주의적 국제질서로부터 큰 이익을 얻는다. 따라서 이들은 자신의 이익을 증진하기 위해 이러한 국제질서에 참여하고 통합되고자 한다. 그러나 중국은 권위주의 성격으로 인해 이러한 국제질서에서 약탈자와 무임승차자가 될 수도 있다.534)

③ 핵무기의 존재

알렉산드로프와 스타인(Alan S. Alexandroff and Arthur A. Stein)은 앨리슨의 16개 사례 중 미국(패권국)과 소련(부상하는 강대국)이 전쟁을 회피할 수 있었던 이유를 핵대결이 가져올 재앙적 결과에 대한 두려움이 투키디데스 함정에도 불구하고 강대국 갈등을 제한했다고 본다. 즉 핵무기의 등장은 강대국 간의 경쟁을 해결하는 방법으로서 전쟁의 유용성을 매우 감소시켰다는 것이다.535)

냉전 시기에 미국과 소련은 지정학적 긴장 관계를 장기간 유지했으나 양쪽 모두 핵무기를 보유함으로써 직접적인 군사적 충돌을 막을 수 있었다. 이 시기는 종종 핵

---

534) G. John Ikenberry, "The rise of China and the Future of the West: Can the Liberal System Survive?" *Foreign Affairs,* Vol. 87, No 1 (2008), pp. 23-37; G. John Ikenberry, "The Future of the Liberal World Order: Internationalism After America," *Foreign Affairs,* Vol. 90, No. 3 (May/June 2011), pp. 56-62, 63-68.

535) Alan S. Alexandroff and Arthur A. Stein, "The Trap in 'The Thucydides Trap': Framing US-China Relations," *Global Policy,* 30 May 2017. https://www.globalpolicyjournal.com/ blog/30/05/2017/trap-%e2%80%98-thucydides-trap%e2%80%99-framing-us-china-relations. Accessed July 29, 2024.

억지력이 패권전쟁을 어떻게 막을 수 있는지를 보여주는 대표적인 예로 인용된다.536) 남중국해와 대만을 둘러싼 심각한 긴장이 있었으나 두 나라의 핵 능력은 직접적인 군사적 충돌에 대한 억제력으로 현재까지 작동해 오고 있다.537)

④ 경제적 상호의존과 무역

자유주의 국제정치 학자들은 중국과 미국 간의 경제적 상호의존성이 패권전쟁을 예방하는 데 도움이 될 수 있다고 주장한다. 이러한 관점은 무역과 투자에서 비롯된 깊은 경제적 유대감과 상호이익이 두 국가 간 갈등을 피하려는 강력한 유인을 제공한다는 생각에 뿌리를 두고 있다.

구체적으로 이들은 전쟁이 상호의존성이 큰 두 국가 모두에 경제적으로 큰 손실을 초래하기 때문에 전쟁 가능성을 줄인다고 생각한다. 이러한 관점은 갈등의 비용이 잠재적인 이득보다 더 클 것이라는 논리에 의해 뒷받침되어 전쟁을 매력이 없는 선택으로 만든다는 것이다.538)

로즈크랜스(Richard Rosecrance)는 과거에 강대국들은 군사 정복을 통해 영토를 확장하여 국가 발전을 도모하려고 치열하게 경쟁했다. 그러나 현대 국가는 무역 국가로 부상하여 군사 정복보다는 국제무역을 통해 더 큰 부와 영향력을 얻을 수 있게 되었다고 주장한다.

이러한 사실을 단적으로 보여주는 예가 과거 영토 침탈을 통해 발전을 추구했으나 결국 뜻을 이루지 못하고 패망했다가 나중에 영토의 확장 없이 부와 영향력을 강화한 독일과 일본이다.539) 결론적으로 국가의 번영과 영향력 확보의 수단으로서 전쟁은 그 효용 가치가 떨어져 중국이 이러한 선택을 하지 않을 수 있다고 본다.

⑤ 외교적 노력

펨펠(T. J. Pempel)은 미국과 중국 간에 갈등이 불가피하다는 결정론적 관점이 미국과 중국 관계의 복잡성과 아시아·태평양 지역의 고유한 역학을 지나치게 단순화

536) Rebecca Davis Gibbons, *The Hegemon's Tool Kit: US Leadership and the Politics of the Nuclear Nonproliferation Regime* (Ithaca, NY, USA, Cornell University Press, 2022).

537) Thomas Jonter & Emma Rosengren, "Historicizing the Hegemonic Nuclear Order." Wilson Center, December 5, 2022. https://www.wilsoncenter.org/blog-post/historicizing-hegemonic-nuclear-order Accessed June 30, 2024.

538) 이러한 견해에 대해 비판하는 사람들은 경제적 상호의존성만으로는 갈등을 예방하는 데 충분하지 않을 수 있다고 주장한다. 특히 정치적 긴장과 전략적 경쟁과 같은 요인이 같이 작용하면 더욱 그렇다고 본다.

539) Richard Rosecrance, *The Rise of the Trading State: Commerce and Conquest in the Modern World* (New York: Basic Books, 1986).

한다고 주장하며 협상과 외교의 역할을 중요시한다.

구체적으로 펨펠은 고대와 현대 지정학적 역학의 차이점을 강조하면서 의사결정자들이 역사적 유추에 얽매어 불가피한 충돌을 가정하기보다는 역사의 유추를 넘어서 협력과 갈등 예방에 집중해야 한다고 하면서 창의적인 적응과 외교적 노력을 통해 미국과 중국 모두 이 함정에 빠지지 않고 무력 충돌을 예방할 수 있다고 주장한다. 이렇게 의사결정자의 역할을 강조하는 것은 그가 각 경쟁 세력의 지도자는 물질적 권력 배분의 변화에 대응하는 꼭두각시보다 조금 더 나은 존재라는 그의 기술에서도 잘 알 수 있다.540)

이는 권력 배분의 변화 즉 국제체제의 구조의 변화가 거시적 틀로서 국가 행동에 영향을 미칠 수 있지만 결국 권력 배분의 변화가 주는 정치적 의미를 생각하고 위기를 해결하기 위해 국가 간에 이해와 합의를 협상하는 것은 의사결정자인 인간의 행위라는 것이다. 이러한 주장은 앨리슨이 패권전쟁을 회피한 4개의 사례를 보고 미국과 중국의 패권전쟁을 회피하기 위해 제시한 교훈에도 그대로 언급되고 있다.

러드(Kevin Rudd)는 미국과 중국의 관계가 전략적·이념적·경제적 요인이 복합적으로 작용하여 악화하고 있어 자칫 치명적이고 파괴적인 전쟁에 돌입할 가능성이 있다고 진단하고 두 국가가 핵심 이익을 손상하지 않고 공존할 방법으로서 관리된 전략적 경쟁 틀(Managed Strategic Competition Framework)을 제안하고 있다.541)

이는 구체적으로 양국이 합의된 한계 내에서 치열하게 경쟁할 수 있는 구조화된 환경을 조성하여 갈등 위험의 감소와 안정성의 증진을 목표로 다음을 핵심 구성요소로 한다. ⅰ) 무역·기술·군사 활동과 같은 분야에서 경쟁을 통제하기 위해 상호 합의된 명확한 규칙과 경계의 수립. ⅱ) 위기와 오해가 확대되기 전에 이를 관리하기 위한 지속적이고 정기적인 고위급 대화와 소통을 위한 채널의 유지 ⅲ) 갈등으로 이어질 수 있는 경계를 넘지 않기 위해 서로의 핵심 전략적 이익과 허용한계선(red line)을 명확히 이해하고 존중. ⅳ) 양국 간 깊은 경제적 유대 관계를 인식하고 이러한 유대를 활용해 상호이익이 있는 분야에서 협력의 촉진 ⅴ) 다른 국가 및 국제기구와 협력하여 기후변화와 같은 글로벌 과제를 관리하고 양자 간 긴장을 줄이기 위한 더 광범위한 틀의 구축.

---

540) T. J. Pempel, "Thucydides (Clap)Trap: US–China Relations in a Changing Asia–Pacific," *Global Asia*, Vol. 10, No. 4 (Winter 2015), pp. 88–93.

541) Kevin Rudd, *The Avoidable War: The Dangers of a Catastrophic Conflict between the US and Xi Jinping's China* (New York: Public Affairs, 2022).

(3) 결어

앨리슨의 투키디데스 함정론을 비롯한 세력전이론은 역사적 사례들을 바탕으로 새롭게 부상하는 신흥 세력인 중국이 기성세력인 미국에 도전하여 전쟁이 발발할 확률이 높다고 주장하고 있다.

이러한 주장을 뒷받침하듯 미국과 중국은 특히 무역·기술·인도-태평양 지역에서의 군사 활동과 같은 분야에서 치열한 전략적 경쟁을 하며 긴장을 증가시켜 오고 있다. 대만과 남중국해와 같은 지역이 잠재적 인화점(flashpoint)이다. 이들 지역에서 오산에 의하거나 예기치 않은 사건으로 긴장이 고조될 수 있는 상황이다. 이러한 긴장감 속에 중국과 미국 간의 패권전쟁 가능성이 학자와 정책결정자 사이에서 상당한 논쟁의 주제가 되어 오고 있다.

제한된 수의 오래된 역사적 사례에 기반한 이론들을 현재 상황에 적용할 때 가장 신중해야 할 사항은 지나친 일반화에 조심해야 한다는 점이다. 이는 이러한 이론이 보편적으로 적용되지 않을 수도 있기 때문이다. 이러한 점에 중점을 두고 세력전이론의 문제점을 살펴보고자 한다.

선택된 역사적 사례가 광범위한 모집단을 대표하지 못할 수 있어 왜곡된 결론으로 이어질 수 있다. 이론이 특정 역사적 사례에 너무 맞춰져 있어 새로운 사례의 변화를 수용할 만큼 유연하지 않을 수도 있다.

역사적 사례에서 하나의 요인이 특정 현상을 일으킨 것으로 보일 수 있으나 그렇다고 해서 반드시 그 요인이 특정 현상을 유발했다는 것을 의미하지 않을 수 있다. 즉 언뜻 보이는 상관관계에서 인과관계를 유추해서는 안 된다.

가장 신중해야 하는 것은 역사적 사례는 현재 상황과 완전히 일치하지 않는 고유한 맥락(unique context)을 가질 수 있다는 점이다. 현재 사례와 과거 사례 사이에 맥락적 차이(contextual difference)가 존재할 수 있어 역사적 사례에 기초한 이론들을 보편적으로 적용하는 데에는 본질적인 한계가 존재할 수 있다.

사회적·경제적·정치적·기술적 맥락의 변화는 이론의 적용성에 영향을 미칠 수 있어 과거에 특정 현상에 영향을 미치던 요인이 현재 상황에 영향을 미치지 못할 수도 있고 과거에 특정 현상에 영향을 미치지 않던 요인이 현재 상황에 영향을 미칠 수도 있다.

과거의 역사적 사례들과 현재의 미국과 중국 사례에 존재하는 이러한 맥락적 차이 즉 상황의 차이에는 i) 미국과 중국 간의 경제적 상호의존의 심화 ii) 재앙적 결과를 가져올 핵무기의 존재로 인한 억지력 iii) 외교정책에 영향을 미칠 수 있는 양국 내부의 정치적 역동성(국내 불만을 외부로 돌리려는 시도와 더불어 지속적인 성장을 위해 국내외 정세의 안정을 추구하려는 중국과 민주적 절차와 여론의 영향을 받는 미국의 국내 정치 등) iv) 분쟁의 평화적 해결과 외교적 교섭을 가능하게 국제제도의 존재 v) 두 강대국 자체가 지닌 세력의 비교가 아닌 강력한 동맹의 존재를 고려한 세력의 비교 필요성 vi) 세력전이론의 사례는 서구의 강대국 간의 관계인 것과 대조적으로 미국과 중국 사례는 서구와 동양 세력 간의 관계로서 양국 간에 존재하는 고유한 정치적 · 경제적 · 문화적 맥락 등이 포함된다.

세력전이론을 미-중 관계에 직접 적용하고자 할 때 이러한 맥락적 차이점을 인식하고 현대적 맥락에만 존재하는 요인들을 신중하게 고려해야 한다. 역사적 사례의 일반적인 정향이 귀중한 통찰력을 제공하는 것은 틀림이 없으나 과거와 다른 현대적 맥락은 미국과 중국 관계의 궤적에 영향을 미칠 수 있는 새로운 변수의 도입을 요구한다.

비록 세력전이론의 역사적 사례들이 통계적으로 패권전쟁의 발발 가능성이 높다는 것을 보여주지만 이러한 과거와 현재의 맥락 차이를 고려하고 양 강대국 모두 위험을 인식하고 긴장을 관리하기 위해 적극적으로 노력한다는 전제하에 패권전쟁이 발발하지 않을 가능성이 훨씬 높을 것으로 판단된다.

한편 세력전이론(특히 앨리슨의 투키디데스 함정론)이 세력전이가 평화롭게 일어난 예외적인 사례가 있음을 언급하고 이러한 예외를 가능하게 한 조건에서 교훈을 추출하고 이의 실천을 종용하고 있다는 사실로부터 이 이론 역시 전쟁이 불가피하지 않다는 주장을 조심스럽게 제시하고 있다고 볼 수 있다. 이러한 의미에서 엘리슨을 낙관주의와 현실주의 사이의 균형을 맞추려고 하는 신중한 낙관주의자(cautious optimist)라고 칭하기도 한다.

세력전이론을 비판하는 사람들은 세력전이론이 전쟁이 거의 불가피하다는 결정론적 관점을 제시하여 자기실현적 예언(self-fulfilling prophecy)으로 작용할 수 있다고 본다. 즉 미국과 중국이 권력의 전이가 필연적으로 전생으로 이어질 것을 믿으면 두려움을 느껴 군사 지출을 늘리고 동맹을 형성하는 등 전쟁을 준비하거나 심지어 전쟁을 시작하기 위해 선제적인 조치를 함으로써 이론이 제시한 예언을 현실로 만들 수 있다는 것이다.[542]

그러나 이와는 반대로 세력전이로 인한 잠재적 갈등을 이해하는 데 귀중한 역사

542) Steve Chan, *China, the U.S., and the Power Transition Theory: A Critique* (London and New York: Routledge, 2008).

적 통찰력을 제공함으로써 미국과 중국 양국이 갈등을 피하고자 보다 적극적인 예방외교에 참여하도록 장려할 수 있다. 즉 양국의 지도자들과 정책 입안자들에게 권력의 전이와 관련된 위험에 대한 인식을 높여 보다 신중하고 계산된 결정을 내릴 수 있도록 한다.

투키디데스 함정을 벗어날 수 있을지의 여부에 대한 논쟁이 주를 이루다 보니 평화적으로 함정을 벗어나기 위해 양 강대국의 관계가 어떻게 설정되어야 할 것인가는 큰 관심의 대상이 아니었다. 여기에서 이러한 문제에 관심을 둔 제안을 하나 소개하고자 한다.

정치인이자 저널리스트인 중국계 영국인 양(Yuan Yang)은 양국이 전쟁에 돌입하는 투키디데스 함정과 양국 간 냉전 시기와 같은 장기간의 대립과 긴장을 특징으로 하는 처칠 함정(Churchill Trap)에서 벗어나기 위해 새로운 유형의 강대국 관계로서 공동 통치(common governance)를 제안했다. 이는 이미 시진핑이 언급한 바 있는 것으로서 기후변화·무역·기술·국제안보 등의 글로벌 이슈에 있어서 책임을 공유하는 것을 의미한다.543)

그러나 양국은 근본적으로 정치체제와 이념을 달리한다는 점과 더불어 기술적·경제적 우위를 차지하기 위해 치열한 전략적 경쟁 속에 무역 전쟁·사이버 보안 문제·지정학적 대립을 지속해 오고 있다는 것을 고려할 때 이러한 제안이 실현될 가능성은 거의 없다고 생각된다. 이러한 방안은 중국의 세력이 지속해서 성장한다는 전제하에 가능한 것이기 때문에 이러한 전제가 무너질 경우 이러한 방안은 더더욱 현실성이 없이 섣부른 제안이 그칠 것이다.

7) 세력전이론에 대한 평가와 새로운 국제체제 변화 이론

(1) 세력전이론의 평가

일반적으로 국제체제 이론이 균형을 강조하고 변화에 주의를 크게 기울이지 않는 정태적인 성격을 보유하고 있다는 점을 고려할 때 국제체제의 변화를 설명하려는 다양한 세력전이론의 노력은 주목할 만하다. 그러나 앞서 살펴본 세력전이를 설명하는 다양한 이론들은 다음과 같은 비판을 받는다.

---

543) Yuan Yang, "Escape both the 'Thucydides Trap' and the 'Churchill Trap': Finding a Third Type of Great Power Relations under the Bipolar System," *The Chinese Journal of International Politics*, Volume 11, Issue 2 (Summer 2018), pp. 193-235.

① 역사적 예외를 무시한 지나친 일반화

세력전이론은 역사적 유추(historical analogy)에 의존해 지나친 단순화와 일반화를 추구한다는 비판을 받는다. 국가 간 권력 배분의 변화가 패권전쟁으로 이어질 가능성이 있는 조건을 형성할 수 있으나 제2차 세계대전 이후 영국에서 미국으로 평화로운 세력전이가 이루어진 것에서 보듯이 패권전쟁의 발발은 철칙이 아니다.

② 패권국 개념과 패권국 권력 원천의 모호성[544]

나이는 패권이라는 개념이 학자들에 따라 제각기 다른 의미로 사용되고 있어 모호성을 피할 수 없다는 점을 지적한다. 패권국이라는 용어 자체는 전 세계에 걸쳐 지배력을 행사하는 국가를 연상시키나 영국의 예에서 보듯이 20세기 초에 세계 인구 중 겨우 4분의 1의 지배에 그쳤고 그 당시 권력의 면에서 균형상태에 있었던 6개 주요 국가 가운데 하나에 불과했다.

패권국이 통제하였거나 통제해 오고 있는 지역적인 범위 면에서도 국제체제 전반에 걸친 패권국은 존재한 적이 없다. 경제력 측면에서도 마찬가지로 19세기 영국은 국민총생산(GNP) 면에서 미국과 러시아에 이어 3위에 그쳤고 1870년 무렵 상대적 권력이 정점에 도달했을 때조차도 영국의 군사비 지출은 러시아와 프랑스에 이어 3위에 머물렀다. 이러한 사실들에 견주어 볼 때 패권국이라는 용어가 실제로는 다른 국가보다 상당히 많은 권력을 가지고 있는 국가를 단순히 지칭하는 데 사용되고 있음을 알 수 있다.

경성권력(hard power)과 연성권력(soft power)을 결합한 스마트파워(smart power)의 중요성을 강조하는 나이는 세력전이론이 패권국을 형성하는 권력의 원천에 대해서도 모호하다고 비판한다.[545]

세력전이론은 일반적으로 군사력이나 경제력을 패권국의 권력 원천으로 간주한다. 패권의 원천으로서 경제력을 중요시하는 학자 중 일부는 패권적 경제력을 천연자원·자본·시장·상품의 생산에 대한 통제력과 같은 자원의 관점에서 정의하고 다른 일부의 학자는 세계경제를 위한 국제제도를 설정할 수 있는 능력으로 정의한다.

---

544) Joseph S. Nye, Jr., *Bound to Lead: The Changing Nature of World Power* (New York: Basic Books, 1990).

545) 나이가 언급하지 않았으나 패권국의 권력 원천에 대한 모호성과 관련하여 추가한다면 이러한 모호성으로 인해 권력 등가(power parity)를 알기 어렵다는 점이다. 권력 등가란 부상하는 강대국의 권력이 쇠퇴하는 패권국의 권력과 비견할 만한 상황을 의미하는데 세력전이론에 따르면 권력 등가에 도발하면 균형이 불안정해져 갈등으로 이어질 가능성이 커진다. 따라서 이러한 권력 등가를 아는 것이 아주 중요한데 권력의 원천에 대한 합의가 없어 알기가 어렵다. 그 결과 중국의 권력이 미국의 권력과 등가를 이루었는지 아닌지에 대해 분석이 난무하고 있는 것이 현실이다.

그러나 자유주의 국제경제 질서를 위한 국제제도를 수립하고 시행하는 능력이 경제력에서 오는지 군사력에서 오는지 아니면 둘 모두에서 오는지에 대한 논쟁이 계속되고 있는 것에서 보듯이 세력전이론은 경제력과 군사력이 패권에 미치는 인과적인 관계에 대해 명확한 해답을 제공하지 못한다.

나이는 이러한 비판에서 나아가 신자유주의적 제도주의 이론의 입장에서 국제경제 질서란 패권국의 경제력이나 군사력에서 오는 것이 아니라 국가들이 국제제도를 통해 협력하는 것을 배우는 것으로부터 유래하는 것은 아닌지 묻고 있다.

③ 신흥 강대국의 만족/불만 개념의 모호성

새롭게 부상하는 신흥 강대국이 현존하는 질서에 대해 가지는 태도는 글로벌 역동성과 잠재적 갈등을 형성하는 데 중요한 역할을 한다. 부상하는 강대국은 기존의 질서에 만족하여 수용할 수도 있고 만족하지 않을 경우(즉 주변화나 배제감을 느끼는 경우) 기존에 확립된 제도의 개혁을 요구하거나 교체를 요구하고 이러나 요구가 수용되지 않으면 전쟁을 일으킬 수 있다. 즉 부상하는 강대국의 불만은 종종 수정주의적 행동으로 이어져 현상을 바꾸려고 시도한다.

세력전이론은 이론의 핵심 변수인 현상 유지에 대한 만족과 불만이라는 개념을 측정할 수 있는 조작적 정의(operational definition)를 제대로 내리지 못하고 있다는 비판을 받는다. 이것이 어려운 이유는 만족이나 불만이라는 개념이 근본적으로 주관적인 것으로서 신흥 강대국이 가지는 인식의 문제이기도 하기 때문이다.

이러한 만족과 불만을 측정하기 위한 시도의 하나를 예로 소개하면 국가의 군비증강을 살펴보면 도전국이 현상 유지에 만족하는지 만족하지 않는지를 판단할 수 있다는 것이다. 즉 도전국의 군비증강은 전쟁을 준비하고 있다는 것을 의미하고 이것은 패권국에 대한 증가하는 불만과 관련이 있다는 것이다. 베르너와 쿠글러는 현상 유지에 도전하는 국가가 패권국의 군사적 노력을 넘어서기 위해 군비 지출의 증가율을 증가시키는 것을 패권국에 대한 불만의 지표로 보고자 한다.546) 이러한 예를 비롯해 다양한 노력이 이루어지고 있으나 보편적으로 수용되는 측정 방법에 대해서는 합의가 존재하지 않는다.

---

546) Suzzana Werner and Jacek Kugler, "Power Transitions and Military Buildups: Resolving the Relationship between Arms Buildups and War," in *Parity and War: Evaluations of the War Ledger*, eds. Jacek Kugler and Douglas Lemke (Ann Arbor: University of Michigan, 1996), p. 191.

④ 단일인과론적 설명과 예측

세력전이론은 권력 배분의 변화와 함께 부상하는 강대국이 현 국제질서에 만족하는가 아니면 만족하지 않는가를 통해 패권전쟁을 설명하고 예측하려 한다. 즉 세력전이론은 패권전쟁의 여부를 권력 배분의 변화라는 국제체제 수준의 변수와 부상하는 강대국의 국제질서에 대한 만족 여부라는 국가 수준의 변수를 원인변수로 해서 설명하고 예측하려 한다.[547)]

그러나 세력전이론이 도전국의 현 질서에 대한 만족 여부라는 변수를 언급하는 것은 이러한 변수를 통해 전쟁에 이르지 않을 수도 있는 예외를 설명하기 위한 것에 지나지 않는다고 볼 수 있다. 이는 세력전이론과 투키디데스 함정 논리가 일반적으로 도전국은 권력의 증대와 더불어 현 질서에 불만을 가진 현상 타파 세력이 되어 패권전쟁을 일으킬 가능성이 높다는 논리를 펴기 때문이다.

이런 의미에서 세력전이론은 주로 국제체제의 권력 배분의 변화라는 변수를 가지고 국제사회의 평화와 갈등을 설명하려 한다고 볼 수 있어 단일인과론적(mono-causal theory) 이론이라고 성격을 규정지을 수 있을 것이다. 이 때문에 세력전이론은 세력전이 현상을 충분히 설명하고 예측하기 어렵다는 비판을 받는다.

전쟁 여부를 결정짓는 요인으로 단순히 권력 배분 이외에 경제적 상호의존과 같은 또 다른 국제체제 수준의 요인들도 살펴보아야 할 뿐 아니라 정치체제 · 국가와 사회의 관계 · 국가 정체성 · 국가의 전략문화 등과 같은 국가 수준의 요인들과 지도자의 성격 · 신념체계 · 세계관 등과 같은 개인 수준의 요인들을 살펴보아야 할 필요가 있다.[548)]

(2) 새로운 국제체제 변화 이론

탈냉전의 도래로 인한 양극체제의 붕괴라는 국제체제의 심대한 변화가 패권전쟁이나 국제체제 규모의 전쟁 결과로 오지 않고 평화적으로 도래했다는 점에서 세력전이론에 대한 비판의 수위가 높아졌을 뿐 아니라 신현실주의의 본류인 왈츠의 신현실주의에 대한 비판도 가해지면서 새로운 국제체제 변화론에 대한 논의의 필요성이 제기되었다.

즉 소련의 붕괴로 인한 평화적인 국제체제의 변화가 가져온 기존의 국제정치 이

---

547) 이런 의미에서 세력전이론은 신고전적 현실주의 성격을 가지고 있다고 볼 수 있을 것이다.
548) 찬(Steve Chan)은 과거로부터 배우고 반복되는 실수를 피할 수 있는 능력을 포함하여 인간적인 요인의 중요성을 강조한다: Steve Chan, "Why Thucydides' Trap Misinforms Sino-American Relations," *International Relations,* Vol. 21, No. 2 (2021). pp. 232, 239.

론에 대한 비판의 대상은 세력전이론에 그치지 않고 국제체제의 변화에 관한 설명에 더 취약한 왈츠의 신현실주의 이론에도 가해졌다. 이러한 비판은 국제체제의 변화를 적절히 설명하기 위한 노력으로 이어졌다.

소련 진영의 와해로 인한 양극체제의 붕괴는 양극체제가 그 안정성으로 인해 오랫동안 지속될 것이라는 왈츠의 신현실주의 이론의 기대를 저버렸다. 더욱더 왈츠의 신현실주의 이론에 타격을 가한 것은 다름이 아닌 국제체제의 변화가 그들의 이론이 주장하는 것과는 달리 갑작스러운 군사적 능력에서의 차이나 동맹패턴에서의 변화에 기인하지 않았을 뿐 아니라 새롭게 부상한 초강대국의 등장 결과로 도래된 것도 아니었다.

이러한 현상에 직면하여 왈츠는 탈냉전기 초반에는 국제체제의 변화 자체를 부인하고 국제체제가 여전히 양극체제에 머물러 있다고 주장한 바 있다. 일단의 다른 학자들은 탈냉전이 가져온 체제의 변화를 인정하나 이것은 하나의 비정상적인 예외로서 단 하나의 이러한 예외가 이론의 적실성을 부인하지 않는다는 견해를 밝히기도 했다.

왈츠의 신현실주의 이론이 설명할 수 없는 일국의 일방적인 양보와 타협적인 태도에 의한 국제체제의 변화는 국제정치 학자들에게 세력전이론과 왈츠의 신현실주의 이론이 제시하고 있는 요인이 아닌 다른 요인에서 국제체제의 변화 요인을 찾도록 했다.

구체적으로 국제체제 자체의 변화가 국제체제의 구성요소인 국가의 변화로부터 올 수 있다는 사실에 주목하지 않는 왈츠의 신현실주의 이론이 국내 구조의 변화에 의한 체제변화의 설명에 취약하다는 것을 고려하여 국제체제의 변화를 적절히 설명하기 위해서 국내 정치라는 하위체제의 특성을 중요시해야 한다는 주장이 제기되었다.[549)]

이러한 주장의 대표적인 예로 구성주의 학자들은 탈냉전의 도래를 설명하는 데 있어서 소련의 국내 정치의 중요성을 강조하고 이념·행위자의 가치·신념·지식과 같은 요인이 일국의 국가이익을 정의하는 데 중요한 역할을 한다고 보고 이러한 요인들을 살피고자 했다.

예컨대 코스로우스키와 크라토크윌(Rey Koslowski and Friedrich V. Kratochwil)은 국제체제의 구조적 조건을 강조하는 현실주의 이론이나 자유주의 이론만으로는 국가

549) 신현실주의는 체제의 구성요소인 국가의 내적 구조에 관심이 없다.

행동에 대한 광범위한 제약과 기회만을 설명할 뿐 국가의 특정한 선택을 설명할 수 없으므로 이러한 문제를 극복하기 위해서는 구조적인 조건에 반응하여 행위자들이 어떻게 그들의 이익을 정의하는가를 살펴야 한다고 주장했다.

이들은 이를 위해 인식 · 지식 · 가치와 같은 아이디어가 구조적인 조건(권력과 관련된 요인들)과 국가이익 사이를 매개하는 중요한 역할을 한다고 보고 아이디어가 어떻게 이들 사이를 매개하는가를 고려해야 한다고 강조한다.

이들은 국제정치의 변화를 잘 이해하기 위해서는 국제관계에 대한 구조적 조건을 강조하는 이론들이 국가 행동에 대한 국제적 · 국내적 영향의 상호작용을 강조하고 인식 · 지식 · 가치와 같은 아이디어의 역할을 심각하게 고려하여 이들을 통합한 접근법에 의해 보완되어야 한다고 결론짓고 있다.[550)]

제 8 절 주요 문제에 대한 현실주의 이론의 관점

1. 현실주의 이론과 국제제도[551)]

1) 국제제도 전반에 대한 현실주의 이론의 견해[552)]

현실주의 이론의 주장에 따르면 국제제도(international institutions)는 국제사회에서 국가 간 집단적인 결과의 결정요인으로서 거의 혹은 전적으로 중요성을 갖지 않는다. 국제기구와 국제레짐(international regimes)을 포함하는 개념으로서의 국제제도(international institutions)란 내재해 있는 권력관계의 단순한 반영물에 불과하며 집단적인 결과를 실질적으로 결정짓는 요인의 변화와 더불어 바뀐다고 본다.[553)] 신현실주의자들은 이러한 이유로 강력한 국제제도가 생길 수 있다는 전망에 회의적이다.

현실주의 이론은 국제적 결과라고 하는 것이 권력의 극대화를 추구하는 자율성을 가진 국가들 사이의 상호작용으로부터 직접 도출된다는 점에서 권력정치야말로

550) Rey Koslowski and Friedrich V. Kratochwil, "Understanding Change in International Politics: The Soviet Empire's Demise and the International System," *International Organization*, Vol. 48, No. 2 (Spring 1994), pp. 217-222.

551) 국제제도가 구체적으로 무엇을 의미하는가는 자유주의 패러다임 부분에서 상론하고 있다. 여기서 국제제도란 국제기구와 국제레짐 등을 포함하는 포괄적인 개념으로 쓰고자 한다.

552) Oran R. Young, *International Cooperation: Building Regimes for Natural Resources and the Environment* (Ithaca and London: Cornell University Press, 1989), pp. 58-62.

553) Susan Strange, "Cave! hic dragones: A Critique of Regime Analysis," in Stephen D. Krasner, ed., *International Regimes* (Ithaca: Cornell University Press, 1983), pp. 337-354.

국제사회에서 집단적인 결과의 가장 중요한 결정자라고 본다. 따라서 국제 수준에서의 집단적인 결과를 설명하려면 국제사회의 권력의 성질과 권력의 기초·권력을 추구하는 국가들이 취하는 전략·권력을 극대화하고자 하는 국가 간 상호작용의 동학을 이해해야만 한다고 본다. 이는 물론 개별적인 국가의 행동뿐 아니라 동맹이나 연합의 연구도 포함된다.

이러한 관점에서 국제제도란 권력의 단순한 반영물에 불과하다. 즉 국제제도란 주권 국가 간에 마무리된 협상의 지표이거나 특정 국가가 지배적인 위치로 상승한 것을 보여주는 지표일 수 있다. 국제제도란 협상을 하는 국가들 사이에서 협상력의 균형이나 국가이익에 대한 인식이 변할 때 이에 따라 쉽게 바뀐다고 본다.

국제제도는 국제사회에서 그 자체로서 국제적 결과에 대한 결정요인으로서 작용하지 않는다. 만약에 국제사회에 질서가 존재한다면 이는 효과적인 권력의 균형이 존재하기 때문이거나 국제체제에의 패권국의 등장으로부터 유래된다. 구체적으로 권력의 균형은 효과적인 일련의 억제와 균형을 제공함으로써 국제관계에 안정을 가져다줄 수 있으며 상황에 따라 패권국은 국제사회의 다른 구성원들에게 자신의 이익에 부합되는 특정의 행위 패턴을 부과함으로써 국제적인 질서를 가져온다. 결론적으로 말해 국제질서란 국제제도의 존재가 부과한다고 생각하는 어떤 제약으로부터 유래되기보다 오히려 국제체제의 권력의 양태(configuration of power)로부터 유래된다고 본다.

국내 사회를 연구하는 학자들은 개인의 행동에 미치는 제도적인 제약을 흔히 언급하나 국제정치이론의 현실주의자들은 국제제도란 이처럼 하찮은 것으로 취급한다. 국가들은 현재의 국제제도들이 불편하거나 문젯거리가 된다고 판단하면 이들을 단순히 파기해 버리고 그들이 좀 더 선호하는 국제제도로 대체한다. 국가들이 권력의 필요로 국제제도를 위반하더라도 이를 효과적으로 억제할 아무런 장치를 갖추고 있지 않은 무정부적인 국제사회에서 국제제도의 준수는 자발적으로 이루어지는 것이기 때문에 국제제도란 국제사회에 있어서 집단적인 결과의 중요한 결정요인이 될 수 없다는 것이다.

그렇다고 해서 국제정치의 현실주의자들에게 국제제도란 전혀 관심 밖의 것이라는 의미는 아니다. 일반적으로 국제제도의 변화는 국제체제 내의 권력 양태의 변화를 반영하기 때문에 국제제도의 변화를 국제사회에 있어서 권력구조의 변화를 측정하는 수단으로 지속해서 추적할 가치를 보유하고 있다고 본다. 그러나 국제사회에서 집단적 결과를 설명하고자 하는 현실주의자들은 국제제도에 그들의 관심을 집중하지 않는다. 구체적으로 국제제도의 한 부분을 구성하고 있는 국제기구와 더불어 국제레짐의 일부인 국제법에 대한 현실주의 이론의 견해를 살펴보면 다음과 같다.

2) 국제법에 대한 현실주의 이론의 견해

홉스(Thomas Hobbes)의 경우 국제사회를 절대적인 주권을 지닌 국가로 구성된 자연 상태로 본다. 따라서 주권 국가들은 중앙집권적인 상위권위가 부재한 이러한 자연 상태에서 국익에 따라 전쟁을 일으키기도 하고 국제법의 성립 형태의 하나인 조약을 만들기도 한다.

현실주의 이론은 이러한 조약을 국가 간 세력 관계의 반영물(즉 강대국 논리의 반영물)이라고 보며 이러한 국제법이 강대국의 국익과 일치한 때에만 효력을 갖는다고 본다. 따라서 국가 간의 세력 관계가 바뀌거나 현존하는 강대국 국익의 내용이 달라졌을 경우 이러한 국제법은 쉽게 폐기되거나 변경된다고 본다.

이러한 견해는 전통적 현실주의자인 모겐소의 견해에서도 명백히 드러난다.554) 모겐소는강제력을 가진 중앙정부가 부재한 국제체제에서 기본적으로 자력구제(self-help)가 일반적인 원칙이며 이러한 자력구제가 실효적으로 이루어지기 위해서는 강한 권력이 필요하다고 본다. 따라서 법의 집행이란 법을 위반한 국가와 이로 인해 피해를 본 국가 간의 권력 배분에 달려 있으며 그 결과 더 강력한 국가는 효과적인 제재에 대한 두려움 없이 약소국의 권리를 침해할 수 있다.

약소국은 따라서 자신의 권리보호를 위해 강한 국가의 도움을 필요로 한다. 그러나 이러한 도움이 실질적으로 제공되느냐의 문제는 국제법의 문제가 아니라(즉 도움을 주려는 국가의 법적인 고려나 불편부당한 법의 집행 장치의 운영에 의존하는 것이 아니라) 도우려는 국가가 국익의 관점에서 내리는 정치적인 고려에 의한 것으로 본다. 즉 이러한 도움을 주려는 시도와 이러한 시도의 성공 여부는 정치적 고려와 세력균형에 달려 있다고 본다.

모겐소는 강대국에 의해 위협받고 있는 약소국의 보호가 이처럼 세력균형에 의해 결정되는 예들을 제시하고 있다. 1914년 독일의 침략으로부터 벨기에의 권리를 보호한 것은 인접해 있는 강대국의 국익 차원에서 필요했기 때문이라고 보며 1950년 한국전쟁이 발발했을 때 미국과 그의 동맹국들이 한국을 도운 것은 극동에서의 세력균형의 유지와 전 아시아에서의 영토적인 안정의 필요에 근거한 것으로 본다.

이와는 대조적으로 미국은 자신이 큰 관심을 두고 있던 파나마 운하 조약의 비준

---

554) 모겐소는 그의 저서인 「국제정치학(Politics Among Nations)」의 제6부(Part Six)에서 국제법에 대한 그의 견해를 자세하게 제시하고 있다.

이 콜롬비아 상원에 의해 연기하자 콜롬비아로부터 파나마를 분리하려는 혁명 세력을 지원하여 그 결과 1903년에 파나마 공화국이 수립되었을 때 미국에 대한 제재 없이 콜롬비아의 권리가 침해되었다든가 1939년 소련에 의해 공격을 받은 핀란드의 권리가 소련에 대한 효과적인 제재 없이 침해된 것은 이러한 권리들을 보호할 수 있는 세력균형이 없었기 때문이라고 본다.

3) 국제기구에 대한 현실주의 이론의 견해

국제연맹과 유엔의 실상을 경험한 모겐소는 국제기구에 대해 반감과 더불어 이상주의자들이 민족국가를 극복할 수 있는 국제기구의 발전에 관심을 두고 국제평화는 국제기구를 매개로 한 국가 간 상호작용을 통해 가능하다고 생각하는 것을 비판했다.

모겐소는 국가가 자기중심적 이익을 추구하는 본성을 지니고 있어 중앙집권적 권위를 수립할 목적으로 국제기구를 설립하는 것은 무모한 시도이며 주권 국가가 안보를 위협받고 국가이익이 보전되지 않을 때 이러한 문제를 해결하기 위해 국제기구는 작동하지 않는다고 본다. 이러한 관점에서 모겐소는 유엔을 구 외교 방식을 위한 새로운 장치에 불과한 것으로 간주한다. 현실주의 이론가들의 국제기구 연구 동향과 국제기구를 바라보는 관점을 살펴보면 다음과 같다.

(1) 연구의 대상과 초점

현실주의 이론은 이상주의와 마찬가지로 국가 중심적 패러다임의 성격을 지니고 있어 국제기구를 국제정치에 있어서 중요한 독립적인 행위자로 인정하지 않는다. 이러한 가운데 현실주의 이론이 그나마 관심을 가졌던 국제기구는 정부 대표들로 구성된 국제기구이며 이들 중에서도 세력균형과 관련된 국제기구에 관심이 한정되었고 그 밖에 안보 문제 이외의 문제를 다루는 국제기구는 적절한 고려의 대상이 아니었다. 이처럼 현실주의 이론에 있어 국제기구는 국가 간 권력투쟁 속에서 주변적인 역할만을 수행하는 국가를 위한 정책 수단에 불과했다.

이상주의의 국제기구 연구의 특징과 2차 세계대전 직후 얼마간의 국제기구 연구의 특징은 공식적인 실체로서의 국제기구의 구조에 연구의 중점이 주어졌다는 점이다. 이에 따라 국제기구의 공식적인 규칙 및 절차와 더불어 조직상의 특징 등이 주된 연구의 대상이 되었으며 이러한 연구 경향을 일컬어 국제기구에 대한 「법적 · 제도적 접근」이라고 한다.

그 이후 국제정치 연구를 지배한 전통적 현실주의 이론은 국제기구의 실질적인 이해를 위해 냉전의 시작과 함께 유엔 안전보장이사회의 거부권(veto power)이라든가 총회의 블록투표(bloc voting)와 같은 국제기구의 정치적 과정으로 연구의 초점을 옮겨갔다. 즉 국제기구의 구조적인 특징보다는 과정(process)에 연구의 중점이 주어졌다.

(2) 국가의 수단으로서의 국제기구

현실주의 이론은 국제기구란 주권 국가들을 구성요소로 하여 수평적으로 조직된 국제정치 체제 내에 존재하며 이러한 체제의 본질적인 특성으로 인해 주권 국가들은 그들의 동의 없이 국제기구를 포함한 초국가적 권위의 결정에 구속되지 않는다는 점을 강조한다.

이 견해에 따르면 많은 국제문제가 국제기구 밖에서 국가 대 국가의 관계를 통해 결정되며 국가의 정책결정자들에게 국제기구란 참여함으로써 치러야 하는 비용과 이로 인해 얻게 되는 이득을 신중하게 고려한 후 참여 여부를 결정하는 정책도구 이상이 아니다. 따라서 국제기구는 국가들의 주권을 약화시키기보다 강화한다고 본다.

현실주의 이론의 견해에 따르면 국제기구는 근본적으로 창설자의 수중에 놓여 있으며 어느 한 시점에서 과반수를 형성하고 있거나 기타의 다른 방법으로 국제기구를 통제할 수 있는 회원국(들)의 이익에 봉사하도록 이용되는 국가의 종속물이다.[555] 국제기구의 정책이란 자기중심적인 국가이익을 추구하는 국가 간 투쟁의 결과물이다. 즉 국제기구에 있어서 의사결정의 결과란 특정 이슈에 있어서 지배적인 위치에 있는 국가(들)의 이익의 반영물이며 각국의 대표들은 자신의 이익을 관철하기 위한 수단으로서 국제기구를 지배하려 노력하고 국제기구 속에서 타국을 자신의 편으로 만들려는 노력을 부단히 한다.

이처럼 국제기구는 국제기구의 과업 수행에 커다란 영향력을 행사할 수 있는 강대국에 의하거나 연합 등의 방법으로 정책목표를 달성하려는 약소국들에 의해 좌지우지되기 쉬우며 이 때문에 국제기구가 독립적인 행동을 취할 가능성이란 매우 제한적이라고 본다. 이 견해에 의하면 국제기구는 하나의 국가나 국가군에 불리하게 작용할 수 있으며 이들은 관련 국제기구의 회원국일 수도 아닐 수도 있다.

따라서 국제기구는 국제정치와 강력한 국제적 행위자가 허용하는 것 이상으로

---

555) Kim R. Holmes, "New World Disorder: A Critique of the United Nations," *Journal of International Affairs*, Vol. 46, No. 2 (Winter 1993), p. 340.

성공적일 수 없다. 탈냉전기에도 국제기구는 주권 국가의 단순한 도구로서 남아있을 것이며 그들의 성공이나 실패는 항상 그래왔듯이 주로 국제기구에 의존하지 않고 국제기구를 통한 국제적인 협력이 주권 국가들의 국가이익에 어느 정도 공헌하리라고 생각되는가에 의존한다고 본다.556) 따라서 국제기구를 중심으로 전개되는 현상을 분석하는 데 있어 국제기구 자체의 연구보다는 이들 구성국의 연구에 중점이 주어진다.

(3) 수단으로서의 국제기구를 보여주는 예

현실주의 이론의 견해에 의하면 주권 국가가 국제기구에 자발적으로 가입함으로써 그들 스스로 국제기구의 법규나 결정에 구속될 것을 사전에 동의했을 때를 제외하고 주권 국가는 국제기구의 결정에 구속받지 않는다. 국제기구의 회원국들은 자신의 정책에 대한 통제력을 굳게 견지하려 하므로 국제기구는 단지 온건한 제도만을 가진 기구임을 강조한다.

국제기구가 국가정책의 목표를 실현하기 위한 수단으로 이용되고 있음은 국제기구 사무국의 제한된 권한과 사무국에 대한 주권 국가들의 정치적 간섭 그리고 국제기구에서 의사결정이 이루어지는 방식에서 알 수 있다.

국제기구에서 구속력 있는 결정의 기초로서 개개 국가의 동의를 필요로 하는 경우가 많다. 국제연맹규약은 총회와 이사회에서의 의사결정 방식으로 만장일치제를 채택하고 있었다. 현재도 NATO를 위시하여 한정된 수의 회원국을 대상으로 하는 국제기구들이 회원국의 자율성을 확보해 주고 이들의 요구를 최대한 반영하게 해주는 의사결정 방식으로서 만장일치제를 택하고 있다. 이러한 만장일치제는 모든 회원국의 명시적 동의 없이 행동할 수도 있는 국제기구의 사무국이나 이사회의 결정을 효율적으로 배제하여 회원국들이 원하지 않는 결정을 제지할 권한을 준다. 유엔헌장은 안전보장이사회의 상임이사국에 이러한 거부권을 부여하고 있다.

거부권이 명시적으로 법으로 주어지지 않은 경우라도 실제에 있어서 묵시적 거부권을 보유한 것으로 볼 수 있는 경우들이 존재한다. 예컨대 다수 국가의 목적을 실현하기 위해 특정 국가나 국가들의 협력이 필수적일 경우 이들 이 협력하지 않겠다고 위협함으로써 원하지 않는 결정을 저지할 수 있는 능력에 거부권이 내재해 있다고 볼 수 있다. 예컨대 경제 프로그램의 경우처럼 제안된 프로그램을 이행하는 데 특정 국가나 국가들의 재정적 지원이 필수적이면 이들은 협력하지 않겠다는 위협을 통해 원하지 않는 결정을 사전 혹은 사후에 저지할 수 있다.557)

556) *Ibid.*, p. 324.

국제기구에서 탈퇴하겠다는 위협 역시 묵시적인 거부권으로서 원하지 않는 결정이 이루어지는 것을 막는 역할을 한다. 또한 과거 소련이 아프가니스탄에서 지속해서 군대를 주둔시킨 것이라든가 남아프리카공화국이 인종차별정책을 지속시킨 것은 주권 국가들이 그들의 이익에 반하는 국제기구의 결정을 이행하길 거절했던 예로서 분권적인 국제체제(즉 통일적인 법의 집행기관이 부재한 국제체제)에서 국가들은 원하지 않는 것을 끝내 하지 않을 수 있는 묵시적인 거부권을 지니고 있음을 보여준다.

국가와 국제기구와의 관계에서 국제기구의 종속성과 주권 국가의 자율성을 보여주는 또 다른 예는 각종 국제기구에서 의사결정은 법적 구속력이 없는 권고인 경우가 대부분이며 법적 구속력이 있다 해도 회원국들 사이에 상당한 정도의 합의가 존재하거나 국가들의 중요한 이익이 침해되지 않는 것에 한정되어 있다는 점이다. 또한 다수결에 의해 법적 구속력이 있는 결정이 이루어지나 탈퇴가 인정되는 경우 국가들은 탈퇴를 통해 원하지 않는 결정에의 구속을 피할 수 있다.

캡테인과 반 씨마트(P. J. G. Kapteyn and P. Verloren van Themaat)는 일반적인 국제기구가 기초하고 있는 3가지 원칙을 다음과 같이 제시함으로써 국제기구가 주권 국가의 수단임을 간접적으로 지적하고 있다. i) 의사결정은 중립적인 국제공무원으로 구성된 사무국이 아닌 정부 대표로 구성된 기관에 의해 내려진다. ii) 구속력 있는 결정에 이르기 위해서는 만장일치가 필요하다. iii) 결정의 집행이 참여하고 있는 국가들 자신에게 맡겨진다. 이들에 따르면 이러한 원칙에 대한 예외들이 존재하기는 하나 이러한 원칙의 포기는 국제기구의 초국가성을 보여주는 것이라고 설명하고 있다.[558]

4) 국제제도를 바라보는 현실주의 시각의 비판

이러한 현실주의 이론의 입장에 대해 영(Oran R. Young)의 비판을 소개하면 다음과 같다. 국가들은 때때로 국제제도에 참여하거나 참여를 거부할 선택권을 갖고 있다. 예컨대 국제적인 화폐금융 이슈 영역의 국제레짐이나 심해저 이슈 영역을 지배하는 새로운 국제레짐과 같은 국제제도에의 참여를 거부할 수도 있다.

그러나 일반적으로 국제제도를 버리고 좀 더 매력적인 다른 대안으로서 이를 대

557) Robert E. Riggs and Jack C. Plano, *The United Nations: International Organization and World Politics* (Chicago: The Dorsey Press, 1988), pp. 85-87.

558) P. J. G. Kapteyn and p. Verloren van Themaat, "Introduction to the Law of the European Communities: After the Coming into Force of the Single European Act." in L. W. Gormley, ed., *Introduction to the Law of the European Communities: After the Coming into Force of the Single European Act*, 2nd ed. (Denver, Neth.: Kluwer, 1989), p. 2.

체한다는 것이 지극히 어렵다. 또한 강제적인 제재가 부재한 가운데서도 국제제도를 무시하기 위해서는 대개 적지 않은 실질적인 대가를 치러야만 한다. 국제제도의 규칙을 준수하여 얻는 이득이 어겼을 경우의 이득을 초과한다는 것을 알 경우 국가들은 국내사회의 개인들과 마찬가지로 일반적으로 국제제도의 규칙들을 자발적으로 준수한다.

결론적으로 영은 국내사회에서 제도가 집단적인 행위의 주요한 결정요인인 것과 같이 국제 수준에서도 국제제도가 비슷한 역할을 할 것이라고 기대하는 것은 충분한 근거가 있다고 본다.[559]

2. 현실주의 이론과 세계경제[560]

1) 현실주의 이론의 세계경제관

현실주의 이론(전통적 현실주의 이론과 신현실주의 이론)은 세계경제(global economy)란 중심적인 권위체를 결하고 있고 경제를 둘러싼 국가 간의 관계란 본질적으로 갈등적이며 국가 간 협력은 달성하기 어렵다고 본다. 그렇다고 국가 간의 경제적 관계가 항상 갈등으로만 점철된다는 것은 물론 아니다. 패권안정론에서 보듯이 패권국의 존재와 같은 특별한 조건이 존재할 경우 국가 간 협력이 발생할 수 있다고 본다.

현실주의 이론은 민족국가를 좀 더 합리적인 세계로 나가는 것을 막는 근본적인 걸림돌이 된다고 보는 자유주의 견해를 거부한다. 현실주의 이론은 통합된 단일한 행위자로서 국가이익을 추구하는 민족국가를 세계경제에 있어서 가장 중요한 행위자로 보며 세계경제를 결정짓는 가장 중요한 요인을 기업의 이익이 아닌 국가이익으로 본다. 이러한 국가 중심성 가정으로 인해 현실주의 이론의 경우 「세계경제」라는 용어보다는 「국제경제」라는 용어가 더 적합하다고 볼 수 있다.[561]

현실주의 이론은 세계경제와 정치와의 관계에 있어서 정치가 경제를 결정한다고

---

559) Oran R. Young, *International Cooperation: Building Regimes for Natural Resources and the Environment* (Ithaca and London: Cornell University Press, 1989), pp. 58-62.

560) 각기 다른 패러다임이 국제경제를 어떻게 바라보는가에 대해서는 다음의 두 글을 참조하시오: Roger Tooze, "Conceptualizing the Global Economy," in Anthony G. McGrew, Paul G. Lewis et al., eds., *Global Politics: Globalization and the Nation-State* (Cambridge: Polity Press, 1992), pp. 233-249; Robert Gilpin, *The Political Economy of International Relations* (Princeton: Princeton University Press, 1987).

561) 「국제경제」라는 용어는 중요한 경제적 관계가 다른 행위자가 아닌 국가와 국가 사이에 일어남을 의미한다.

본다. 이러한 관점은 정치체(political unit)의 가장 근본적이고 우선적인 목적과 기능을 안보의 달성으로 보는 현실주의 이론의 논리로부터 자연스레 도출된다.562) 동일한 맥락에서 현실주의에 있어 경제정책이란 정치적 목적의 수단이며 상호의존이란 국가의 정책적인 산물로 본다.

왈츠의 세계경제 질서에 대한 견해에서 살펴보았듯이 현실주의는 안보와 생존을 강조하며 정치와 경제에 있어서 정치의 중요함을 강조한다. 국가의 가장 큰 관심은 안보와 생존이기 때문에 대외 경제정책을 군사정책과 마찬가지로 취약성을 줄이고 안보를 극대화할 수 있는가로 평가한다. 이런 맥락에서 타국과의 협력은 국가에 절대적 이득이 되느냐가 아닌 상대적 이득의 극대화가 가능한가의 관점에서 평가된다.

국가는 군사적으로나 외교적으로 그들의 적을 약화시키거나 그들 자신을 강화하기 위해 경제적인 이득을 희생시킬 수 있다고 본다. 보호무역정책이 시장을 제한함으로써 국가의 총수입을 감소시킬지 모르나 국가의 정치적 권력을 이유로 채택될 수 있다고 본다.

현실주의 이론의 전형적인 정책적 처방은 전략적으로 중요한 산업에 있어서만큼은 자급자족 정책을 추구하는 것이며 만약 자급자족이 힘들 경우 전략적으로 중요한 기술과 상품의 획득을 보장할 수 있도록 노력하는 것이다. 특히 첨단기술을 이용한 전략산업의 발전이 이들 현실주의자에게 중요하기 때문에 첨단무기의 부품을 해외에 의존하지 않기 위해 국내조달 정책을 편다든가 전략 부문에 있는 외국인 기업을 국가가 통제하거나 국내경제로부터 배제한다. 전략과 관련된 기술의 수출에 엄격한 국가적 통제를 가한다.

이처럼 전략적으로 중요한 기술에 대한 국가적 통제와 같은 경제에 대한 국가의 개입이 현실주의 이론에 있어 매우 중요하며 실제에 있어서 국가안보라는 관점에서 국가의 관여가 종종 행해진다. 현실주의 이론은 안보와 생존이라는 국가이익을 추구하기 위해 상대적으로 자율적인 국가를 옹호한다. 이처럼 국가정책의 중요성을 강조하고 사회로부터의 국가의 자율성을 강조한다는 의미로 현실주의를 「국가주의(statism)」라고도 부른다.

이러한 현실주의 이론의 견해는 자유주의 이론이 국가 간 경제적 상호작용을 합이 플러스가 되는 게임(positive sum game)으로 보고 경제의 개방과 경제 영역에 대

562) 현실주의 이론은 경제로부터의 정치의 독립성뿐만 아니라 국가경제의 세계경제로부터의 독립도 강조한다.

한 국가 간섭의 제한 및 생산요소의 국제적인 이동을 통해 경제효율을 극대화하고 나아가 세계의 복지라는 절대적 이득을 극대화할 수 있는 정책을 처방하며 국가 간 상호의존의 심화가 국가 간의 관계에 본질적인 변화를 가져오고 있다고 보는 것과 큰 대조를 이룬다.

현실주의 이론이 세계경제와 관련해 이러한 특징적인 견해를 지니고 있어 세계 경제에 대한 현실주의 이론의 접근을 「신중상주의(neomercantilism)」라고도 부른다. 신중상주의라는 말은 16~18세기 절대주의 시대의 부국강병책으로 채택된 중상주의에서 유래된 것으로서 일국의 정부가 타국을 희생하고서라도 자국의 이익을 극대화하기 위한 방식으로 경제를 운용하는 경향을 일컬으며 세계경제 전체의 효율성보다 국가의 경제와 정치적 목표를 우선시하는 주의이다. 다시 말해 신중상주의는 개개 국가들이 자신이 추구하는 정책들이 타국과 국제체제 전체에 어떤 영향을 미칠 것인가에 대해 큰 관심 없이 국내 경제적 필요와 대외적인 정치적 야심에 기초하여 경제 정책을 추구하는 것을 강조한다.

현실주의는 세계경제를 이와 같은 현실주의적 경제정책의 산물로 보지만 보다 근본적으로는 국제정치 체제의 구조의 산물로 본다. 세계경제의 구조는 국제정치 체제의 구조적 특성인 권력의 배분으로 결정된다. 따라서 세계경제에서의 가장 큰 변화는 국가 간 권력 배분의 변화인 강대국의 흥망과 성쇠로부터 유래된다. 특정 국가의 특정한 전략은 국제체제의 구조적인 요인인 권력의 배분과 이러한 권력의 배분에서 그 국가가 차지하고 있는 위상에 의해 특징지어진다고 본다.

2) 패권안정론의 관점에서의 세계경제

패권안정론은 패권국의 상대적 권력의 변화가 패권체제 내의 모든 국가들에게 영향을 미치고 세계경제의 방향은 지배적인 국가의 국내 정치와 일치하여 결정되며 1945년 이후 역사의 많은 부분은 패권국으로서의 미국이 자신의 국내 구조와 과정을 국제화하려는 시도로 구성되어 있다고 본다.

미국의 상대적인 패권의 쇠퇴와 더불어 자본주의 경제 간에 갈등이 증폭되고 다국적기업에 유리했던 환경이 점점 사라지며 해외시장과 투자대상 그리고 천연자원을 둘러싼 격렬한 경쟁이 벌어질 것으로 본다. 또한 타국에 대항하여 이익을 추구하기 위해 경제적 관계의 블록화 현상이 발생하고 이러한 경제동맹의 결성은 미국이 강조하는 다변적 자유무역과 달러화의 국제적 역할 그리고 다국적기업에 대한 미국의 지배를 대체할 것으로 본다. 한 마디로 패권이 존재할 때 경제가 개방적일 수 있으나 다극적인 세계에서는 경제적 민족주의와 보호무역주의가 우세해질 것으로 본다.

경제적 관계의 블록화와 관련하여 이러한 블록화가 국가 간에 경제적인 갈등을 격화시켜 1930년대와 같은 상황으로의 복귀를 초래할 것으로 보는 견해와 이와는 대조적으로 블록화를 이제까지의 미국 중심의 세계경제와 국가 간의 갈등을 특징으로 하는 세계경제 사이에 위치하는 중간노선으로서 옹호하는 견해가 존재한다. 전자의 입장을 「유해한 중상주의(malevolent mercantilism)」라고 부르고 후자의 입장을 「유익한 중상주의(benign mercantilism)」라고도 부른다.

까예오와 로우랜드(David P. Calleo and Ian H. Rowland)는 미국 패권의 상대적 쇠퇴와 더불어 세계는 점차 다원화하고 자유주의적 세계질서가 쇠퇴하고 있다고 본다. 이들은 자유주의 원칙으로의 복귀는 사태를 더욱 악화시킨다고 보고 미국의 자유주의적 세계질서 유지 노력을 비판했다. 자유주의적 질서는 또한 약소국들에도 해를 가져오며 특히 이들에게 가장 시급한 문제인 국가건립(nation-building)의 토대를 훼손한다고 본다.

이들은 패권국에 주로 의존했던 국제제도들이 패권적 질서가 아닌 다원적 질서에 적응하지 못한다면 이러한 체제는 무너질 것으로 보고 미국은 패권과 상호의존에 대한 이상을 버리고 오늘날의 세계를 지배하고 있는 새로운 중상주의적 다원주의(mercantilistic pluralism)에 정책을 적응시켜 나가야만 한다고 주장한다. 따라서 이들은 긴밀하게 통합된 단일한 세계경제 체제를 포기하고 좀 더 느슨하게 연결된 일련의 국가 간의 지역체제(regional system)를 옹호한다.

이들은 한 마디로 경제적 민족주의인 중상주의를 옹호한다. 그러나 이러한 경제적 민족주의 자체가 제국주의로 이어지지는 않을 것으로 본다. 왜냐하면 국가가 해외시장의 장악을 위해 제국주의로 나아가는 것은 그들 자신의 생산품을 국내적으로 소화할 수 없는 경우에 국한된다고 보기 때문이다.[563]

길핀(Robert Gilpin)에 따르면 미국의 지속적인 쇠퇴는 국제적인 긴장과 갈등(특히 석유 및 다른 천연자원의 장악을 위한 긴장과 갈등)을 증가시킬 것으로 본다. 현실주의 이론의 다국적기업에 대한 견해를 다루면서 별도로 상세히 살펴보겠지만 길핀은 다국적기업과 같은 초국가적 행위자가 중요한 역할을 해왔던 것은 이들이 패권국의 이해관계와 일치하여 정책적으로 허용되었기 때문이라고 본다.

그러나 오랜 시간에 걸쳐 다국적기업은 경제적·기술적인 혁신의 확산을 촉진해

563) David Calleo and Benjamin Rowland, *America and the World Political Economy* (Bloomington: Indiana University Press, 1973).

왔으며 이는 곧 패권국의 권력의 토대를 훼손시켜 결국에는 이러한 다국적기업을 위시한 초국가적 행위자를 약화시키기에 이르렀다고 본다. 이는 질서정연한 세계경제 체제가 지배적인 국가 없이 존재하기 힘들기 때문이라고 본다.

따라서 길핀은 미국이 새로운 기술혁신을 만들어나가지 않는 한 패권적 지위의 유지와 이로 인한 상대적으로 개방적이고 안정된 세계경제 질서를 갖기가 힘들 것으로 본다. 결론적으로 길핀은 미국이 해외투자보다는 국내 생산과 국제무역을 고무하는 정책으로 이동해 나갈 것을 주장한다.

이러한 길핀의 주장은 국내의 투자 기회 부족이 자본을 해외로 몰아낸다는 홉슨(John A. Hobson)이나 레닌(Vladimir Ilyich Lenin)의 주장과 상치된다. 왜냐하면 길핀은 해외로의 지나친 투자는 미국경제에 해가 되며 거대한 산업 강국으로서의 미국 패권의 쇠퇴를 촉진할 것으로 보기 때문이다. 즉 장기적으로 해외투자는 소득이 없으므로 정부는 이러한 비생산적인 제국주의를 억제해야 한다는 것이다.[564)]

3. 현실주의 이론과 남북문제[565)]

신현실주의 국제정치학자인 크라즈너(Stephen D. Krasner)가 남반구의 빈국들과 북반구의 부국 간 갈등의 성격과 기원에 대해 관심을 가지기 전에 다른 현실주의 학자들은 이러한 문제에 거의 주목하지 않았다. 현실주의는 주로 초강대국 간의 세력균형 문제라든가 국제경제 영역과 관련한 국제레짐의 등장과 쇠퇴 같은 문제에 관심을 집중하는 등 주로 선진국의 문제에 집중했다고 볼 수 있다.

따라서 남북문제(North-South Issue)는 종속이론과 세계체제론이라는 구조주의 국제정치학 패러다임의 지배적인 논의의 대상이었다. 남북 간에 있어 점점 확대되는 불균형에 주된 관심을 갖고 출발한 이들 구조주의 이론들은 세계자본주의 체제에 내재해 있는 필연적인 경제적 과정이 국가 간 부의 불균등을 확대·재생산해 왔으며 제3세계 국가들에 있어 경제발전을 가로막고 국내 계급관계를 악화시켜왔다고 본다. 자유주의 이론은 구조주의 이론처럼 제3세계 국가들이 부(wealth)에 주된 관심을 두고 있으나 구조주의 이론과는 달리 국가 간의 상호협력을 일상적인 상황으로 본다.

이러한 구조주의의 경제 결정주의(economic determinism) 및 자유주의와는 대조

564) Robert Gilpin, *U.S. Power and the Multinational Corporation: The Political Economy of Direct Foreign Investiment* (New York: Basic Books, 1975).

565) 현실주의 이론의 남북문제에 대한 설명을 잘 이해하기 위해서 구조주의 이론을 먼저 잘 이해하는 것이 중요하다.

적으로 현실주의는 남북문제를 설명하는 데 있어 권력이라는 개념을 끌어들여 권력의 중요성을 강조하면서 종속이론과 세계체제론에 도전을 가했다. 즉 현실주의 이론은 현실주의 이론의 가정(즉 국제체제는 무정부성을 특징으로 하며 국제정치에서 국가 간 상호작용의 결과는 국가 간 권력의 배분에 의해 결정되고 국가란 통합된 합리적인 행위자로서 권력을 추구하고 권력의 관점에서 국가이익을 계산한다는 가정)을 그대로 가지고 구조주의 이론과 그 밖의 경제적인 요인을 중심으로 남북관계를 살펴보려는 이론들에 도전했다.

대표적인 학자로서 크라즈너를 꼽을 수 있는데 그에 따르면 제3세계 국가들 역시 여타의 국가들과 마찬가지로 부뿐만 아니라 권력과 통제를 추구한다는 것이다. 좀 더 정확히 표현하자면 부보다는 오히려 권력과 통제를 추구한다는 것이다. 이들 국가가 다른 선진국들과 구별되는 것은 이들이 국내외적으로 취약하다는 점이다.

구조적으로 취약한 제3세계 국가들은 권력을 추구하기 위한 전략으로서 시장 지향적인 국제레짐에 도전하여 국가 간에 가치를 권위적으로 배분하는 새로운 국제레짐을 채택하든가 가치를 권위적으로 분배하는 성격의 기존 국제레짐을 지지한다는 것이다. 1970년대 제3세계 국가들이 추구한 신국제경제질서(New International Economic Order, NIEO)는 바로 자유주의적인 시장 지향적인 국제레짐을 국내외적으로 취약한 국가에게 좀 더 매력적인 권위적인 국제레짐으로 대체하고자 한 노력의 일환이었다고 본다.

크라즈너는 남북 간의 갈등은 권력투쟁으로서 국제체제에 언제나 존재하는 구조적인 것으로서 항구적인 것으로 본다. 즉 NIEO의 요구와 같은 것이 사라지지 않을 것으로 본다. 왜냐하면 NIEO를 촉진한 구조적인 조건을 국제체제의 항구적인 특징으로 보기 때문이다. 크라즈너의 주장을 요약하면 다음과 같다.

i) 제3세계 국가들은 부보다는 오히려 권력에 관심이 있다. ii) 경제가 아닌 정치가 국제경제 질서의 변화를 추구하는 동기의 지배적인 결정요인이다. iii) 제3세계 국가들의 정책적인 입장을 가장 잘 설명하는 것은 제3세계 국가들의 국제적·외부적인 취약성(international and external vulnerability)이다. iv) 국제경제 질서를 바꾸고자 하는 제3세계 국가들의 관심은 경제발전과 관련되어 있지 않다. v) 권력에 관심이 있는 제3세계 국가들은 국제경제 관계에서의 게임의 규칙을 바꾸고자 한다.566)

566) Stephen D. Krasner, *Structural Conflict: The Third World Against Global Liberalism* (Berkeley and Los Angeles: University of California Press, 1985).

4. 현실주의 이론과 다국적기업

다국적기업(Multinational Corporation, MNC)의 성장 원인과 이들이 개도국과 선진국에 미치는 영향에 대해 일치된 견해가 존재하지 않는다. 자유주의 이론과 구조주의 이론의 견해는 해당 패러다임의 설명 부분에서 비교하여 살펴보기로 하고 여기서는 현실주의 이론의 견해를 소개하고자 한다.

정치가 경제를 결정한다고 보는 현실주의 이론은 무스그레이브(Peggy Musgrave)・길핀・크라즈너와 같은 학자들의 견해에 의해 대표된다. 이들의 견해에 따르면 다국적기업은 국내 투자보다는 해외투자를 촉진하는 세법의 시행과 같은 특정한 정책의 결과물로서 기업의 집중과 확장을 촉진하는 정치질서와 공공정책 등에 의해 영향을 받는다. 이는 현실주의 이론이 상호의존이란 국가의 정책적인 산물 즉 국가가 이를 허용하기 때문에 존재한다고 보는 것과 맥을 같이한다.

현실주의자들 모두가 동일한 견해를 보유하고 있는 것은 아니지만 다국적기업이 자신의 모국에 어떠한 영향을 미치는가에 대한 길핀의 설명을 들어보자. 길핀은 앞서 잠시 언급했듯이 미국이 국내에서의 생산과 교역보다 직접적인 해외투자를 선호하는 경우 상품 대신에 직업을 수출하고 세입이 빠져나가도록 함으로써 미국에 부정적인 효과를 미친다고 본다. 또한 자본을 본국에서 사용하는 대신 해외로 보냄으로써 국내의 경제발전을 훼손하고 해외투자를 확대함으로써 미국은 우월한 기술과 관리능력으로부터 오는 잠재적인 생산력에서의 비교우위를 잃을 것으로 본다.567)

길핀은 유치국에 대한 직접투자의 영향과 관련하여 마르크스적 제국주의 이론을 비판하고 있다. 구체적으로 마르크스적 제국주의 이론이 오늘날의 선진국과 개도국 간의 경제 관계에 적용될 수 있다고 가정하고 다국적기업이 유치국에 부정적인 영향을 미친다고 보지만 길핀은 제조업 분야에서 보듯이 해외에의 직접투자는 다국적기업의 유치국들에 이득이 있다는 것을 강조한다.

크라즈너는 다국적기업이 유치국에 미치는 영향에 대해 구체적으로 언급하지 않고 다국적기업에 대한 유치국의 통제력에 관해 이야기하고 있다. 유치국은 현 국제체제의 구성원칙인 주권을 이용해 다국적기업에 대해 자국 영토에의 접근을 허용할 것인지 아닌지를 결정할 수 있음을 강조하고 이러한 주권 국가의 다국적기업에 대한 규제의 성격과 효율성은 유치국의 상대적인 협상력에 달려있다고 본다. 이러한 협상

567) Robert Gilpin, *U.S. Power and the Multinational Corporation: The Political Economy of Foreign Direct Investment* (New York: Basic Books, 1975).

력은 또한 자본·기술·시장 지식의 가용성에 달려있다고 본다.

5. 현실주의 이론과 세계화[568)]

1) 총 론

(1) 세계화의 개념

세계화(globalization)가 무엇을 의미하는지에 대해 일반적으로 수용되는 정의가 없는 가운데 다양한 정의가 존재한다. 이는 세계화라는 개념이 다면적인 현상을 포함하고 있어 이들 모두를 포괄적으로 담아낼 수 있는 정의를 내린다는 것이 쉬운 일이 아니기 때문이다.

다수의 사람에게 세계화라고 하면 상징적으로 떠오르는 현상들이란 일반적으로 ⅰ) 상품·서비스·자본·기술·지식·정보·사람의 국경을 넘는 활발한 이동 ⅱ) 세계화를 선도하면서 중요 국제적 행위자의 하나로 부상한 초국적기업(TNC) 및 다국적기업(MNC)과 이들이 선도하는 세계시장의 불가역적 통합 ⅲ) 교통과 정보통신기술의 혁신적인 발달로 인한 경제와 금융의 통합 가속화와 전 지구적 문화(global culture)의 확산과 보편화 등이며 이러한 현상들은 총체적으로 보아 지리적 공간과 사회적 공간의 탈영토화(deterritorialization)를 가져오고 있다.[569)]

사회학자인 기든스(Anthony Giddens)는 세계화를 「어느 한 지역에서 발생한 일이 다른 지역에 영향을 주고 또 다른 지역에서 발생한 일로 영향을 받는 방식으로 멀리 떨어져 있는 지역들 사이의 사회적 관계(social relations)가 전 세계적으로 심화하는 과정」으로 정의하고 있다.[570)] 달리 말해 이 정의는 세계화를 사회적 관계가 국경을 벗어나 발생하면서 인간의 삶이 점차 하나의 단위로서 세계 차원에서 이루어져 가는 과정으로 바라본다.[571)] 이외에도 다양한 정의가 존재하나 세계화란 특정 시점의 고정된 현상이 아니라 변모해 가고 있는 과정으로 보아야 한다는 점에서는 동의가 존

---

568) 세계화의 개념·역사·이론 등 세계화의 체계적인 이해를 위해 다음 책을 참고하시오: 박재영, 『글로벌 이슈와 글로벌 거버넌스』 (서울: 법문사, 2019), pp. 117-181.

569) 여기서 탈영토화란 정치적·사회적·문화적 관행이 이들의 소재지와 사람들로부터 분리되는 것을 의미한다(Your Dictionary, https://www.yourdictionary.com/deterritorialization). 문화와 관련지으면 탈영토화란 문화와 지리적 영토 사이의 관계가 희석되는 것을 의미한다.

570) Anthony Giddens, *The Consequences of Modernity: Self and Society in the Late Age* (Cambridge: Polity Press, 1990), pp. 70-78.

571) 세계화는 과정이 아닌 현실이 되었음을 표시하기 위해 「globalization」이라는 말 대신에 「globality」라는 용어를 사용하고자 하는 사람들도 있다.

재한다.

여기에서는 이전의 다양한 정의들을 바탕으로 하여 세계화를 「개개 국가들의 정부(공공부문)·기업(민간부문)·NGO(시민사회 부문) 사이의 국경을 넘는 상호작용이 빈번해져 상호연계성(interconnectedness)과 상호의존(interdependence)이 심화하고 나아가 전 지구적 차원에서 통합이 촉진되어 가는 과정」으로 정의하고자 한다.

이러한 의미의 세계화는 역사에 있어서 결코 처음 있는 새로운 현상은 아니다. 그런데도 우리가 1980년대 후반 이후 진행되고 있는 근래의 세계화에 주목하는 것은 규모와 속도 그리고 인식의 면에서 이전의 세계화와는 궤를 달리하기 때문이다. 즉 국경을 넘어 형성된 사회들 사이에 과거와는 비교할 수 없이 수적으로 많은 경제적·정치적·사회적 연계가 이루어지고 세계화가 빠르게 압축적으로 진행되고 있으며 세계가 좀 더 작은 장소라는 인식이 증가하고 있다.572)

현재의 국제사회를 특징짓는 말로 세계화 이외에 「국제화(internationalization)」라는 말이 흔히 사용된다.573) 국제화라는 개념 역시 세계화와 마찬가지로 일반적으로 동의가 이루어진 정의가 부재한 가운데 간혹 세계화와 같은 의미로 사용되기도 한다. 그러나 이 두 개념은 상당히 다른 의미를 내포하고 있어 구별이 필요하다. 국제화란 말 그대로 기존의 국가체제 유지를 전제로 한 개념으로서 이들 국가 사이에 상호 연계성과 상호의존성이 심화하는 과정으로 정의될 수 있다. 이러한 국제화를 세계화의 전 단계로 인식하는 경우가 많다.

(2) 패러다임 간의 차이

세계화를 바라보는 국제정치학 이론들의 관점은 매우 다양하며 많은 차이를 가지고 있다. 이에 대한 보다 자세한 논의는 각 패러다임의 해당 부분에서 하기로 하고 여기서는 이들 간의 차이를 간략하게 살펴보고자 한다.

우선 현실주의 이론은 세계화를 국가이익(힘으로서 정의된 국가이익)을 극대화하기 위한 국가전략으로 바라보고자 한다. 자유주의 이론은 세계화를 경제적 합리성(구체적으로 신자유주의적 효율성의 극대화) 현상으로 인식한다. 보다 근원적으로 자유주의 이론은 세계화의 동인을 인간의 욕망인 경제적인 복지의 극대화로 보고자 한다. 구조주의 이론(급진적 혹은 마르크스주의적 이론)은 자본주의(구체적으로 자본주의 생산양

---

572) Tammam O. Abdulsattar, "Does Globalization Diminish the Importance of Nationalism?" https://www.e-ir.info/2013/11/14/does-globalization-diminish-the-importance-of-nationalism/. Accessed Aug. 12, 2019.

573) 더 정확히 말하자면 현재의 국제사회는 이러한 국제화나 세계화와 더불어 지역주의(regionalism)와 국가주의(nationalism)가 공존하고 있는 불확실성의 시대이다.

식)의 세계적 확산으로서 세계화를 바라본다.

현상이나 추세로서의 세계화와 정책이나 수단으로서의 세계화를 따로 구분하면 현실주의 이론은 세계화를 정책으로 바라보고 자유주의 이론은 세계화를 현상으로 바라본다. 구조주의 이론의 경우는 근본적으로 세계화란 자본주의로 인해 추동된 현상이라고 바라보나 자본주의의 위기를 극복하기 위해 선택된 정책이라는 측면 역시 무시하지 않는다.

현실주의 이론에 있어서 세계화는 국제정치의 본질적인 변화가 아닌 행태적 변화로 보는 데 반해 자유주의 이론은 세계화를 기존체제의 본질적인 변화로 인식하고자 한다. 구조주의 이론은 세계화를 기존 자본주의 체제의 심화로 바라본다. 이처럼 현실주의와 구조주의 이론은 연속성을 강조하나 자유주의 이론은 변화를 강조한다.

세계화의 결과 면에서 자유주의 이론은 전 지구적 생활 수준의 향상 · 국가 간 협력의 증대 · 군사적 갈등의 감소와 같은 긍정적인 측면을 강조하는 데 반해 구조주의 이론은 세계화를 새로운 형태의 제국주의나 신식민주주의로 간주하고 불평등의 심화와 같은 부정적인 측면을 강조하는 차이 역시 지니고 있다. 구체적으로 마르크스주의적 구조주의는 세계화를 자본주의를 확산시키는 수단이자 약소국의 경제를 압박하는 수단으로 본다. 현실주의는 세계화란 국제정치에 있어서 강대국의 힘이 미친 결과물로 본다. 그 결과 현재 세계화란 사실상 경제와 문화 등의 미국화(Americanization)로 이해하고자 한다. 이러한 맥락에서 현실주의 이론의 하나인 패권안정론은 패권국이 세계화를 추동하면서 전 지구적 공공재(global public good)를 제공하여 모든 국가에 혜택이 주어질 수 있다고 본다.[574] 다른 한편 현실주의 이론은 기본적으로 세계화가 상호의존을 심화시키고 이러한 상호의존의 심화가 국가들을 외부의 영향에 취약하게 만들어 갈등으로 이어질 수 있으며 세계화가 가져온 불균등한 권력의 배분 역시 갈등으로 귀결될 수 있다고 본다.

세계화가 국가의 주권에 미치는 영향과 관련하여 자유주의 관점은 세계화가 국가에게 전 지구적인 시장의 힘을 수용하지 않을 수 없도록 함으로써 경제 분야를 위시한 다양한 분야에 있어서 국가의 통제 능력을 저하시키고 대신에 다국적기업 · 초국적기업 · 국제기구 같은 비국가적 행위자들이 독립적인 힘을 행사할 수 있는 능력을 소지하도록 하여 중요한 정치적 행위자가 되게 함으로써 국가의 주권을 축소해오고 있다고 본다. 세계화가 국가 주권에 미치는 영향과 관련하여 현실주의 관점은

574) 이와는 달리 패권국에만 혜택이 돌아간다는 주장도 존재한다.

크게 두 가지로 나누어 볼 수 있다. 하나는 세계화에 의한 국가 주권의 약화를 경직되게 거부하는 견해이고 또 다른 입장은 전통적인 의미의 국가 주권(절대적 의미의 국가 주권)의 약화를 수용하는 한편 국제사회의 변화에 따른 국가 주권의 변형과 국가 역할의 변화를 주장하면서 국가 주권이 여전히 다른 형태로 건재함을 강조하는 견해다. 구조주의는 비국가적 행위자의 등장 · 주권 국가의 경계 붕괴 · 주권의 약화는 새로운 현상이 아닌 주권 국가 형성기부터 존재해 오는 현상으로 진단한다. 강대국들은 주권 국가가 형성될 무렵부터 외국시장에 진출하거나 식민지를 경영하면서 세계를 지배해왔고 강대국의 문제는 곧 세계의 문제가 될 수 있었다. 후진국의 영토적 경계를 붕괴시키고 주권을 약화시킨 제국주의는 주권 국가의 틀을 부정하는 세계화의 출발이었다고 본다.

2) 현실주의 이론이 바라보는 세계화의 동인

현실주의 이론은 국가이익(힘으로서 정의된 국가이익)의 추구를 세계화의 동인으로 간주한다. 구체적으로 세계화란 탈냉전으로 인한 국제환경의 변화로 권력의 근원이 경제력으로 옮겨가자 패권국인 미국이 신자유주의적 이념을 동원하여 미국의 국가이익을 극대화하기 위한 수단으로 추진하고 있는 것으로 바라본다.

이처럼 현실주의 이론은 세계화가 발생하게 된 배경으로서 정치적인 요인과 국가의 역할에 주목한다. 즉 국가가 국익을 증진하기 위한 목적으로 세계화의 틀을 만들었고 자본과 기술 그리고 행위자의 전 세계적 영역으로의 움직임은 국가가 형성한 제도나 규제 때문에 영향을 받는다고 본다. 따라서 현재 진행되는 모습의 세계화는 국가의 필요에 따라 되돌려질 수도 있는 것으로 바라본다.

구체적으로 현실주의 이론은 1980년대 금융의 세계화(자유화)를 미국이 1970년대 이후 잠식되어 가는 제조업 분야에서의 경쟁력의 쇠퇴로 자신의 경제가 취약해지자 이를 만회하려는 조치의 하나로서 경쟁력이 있는 부문인 금융부문의 자유화를 주장하고 전 세계에 확산시키려는 노력 속에서 탄생한 것으로 본다. 즉 20세기 후반기 급격하게 진행되는 금융시장의 세계화는 자본 강국인 미국이 자국의 이익을 극대화하기 위한 노력의 목적으로 추진되어 발생한 것으로 본다.

3) 현실주의 이론의 관점에서의 세계화의 영향

(1) 국가의 위상에 미치는 영향

많은 현실주의자는 국제사회에서 전개되고 있는 세계화 현상에 관심을 크게 두지 않으며 이것이 가져오는 결과에 대해서도 과소평가하려는 경향을 보인다. 그러나 모든 현실주의자가 다 그런 것은 아니며 일부 신현실주의자들은 이러한 현실주의 이론을 재구성하여 주권 국가들이 현재 직면하고 있는 국제적인 변화의 의미를 수용하여 연구하고 국가가 이러한 변화에 적응할 방법을 제시하고 평가하면서 국가의 지속적인 중심적 역할 가능성을 제시하고 있다.

신현실주의자인 길핀(Robert Gilpin)을 예로 들면 그는 국가경제의 상호의존성과 세계화란 본질적인 변화가 아닌 형태의 변화라고 간주하면서도 국제사회의 작지 않은 변화로 인정하고 있다. 길핀은 현재의 세계화 현상은 국제사회의 강대국들이 그들의 이익의 관점에서 권력 추구의 하나로 주도하고 있는 특수한 조작물로 간주한다. 구체적으로 세계화는 강대국들의 주도하에 전략적·정치적 요인과 더불어 강대국 간의 역학관계와 지배적인 국가들의 자유주의 이념적 성향에 의해 추진되고 있는 현상이라고 본다.

길핀은 세계화가 주권 국가에 미치는 영향과 관련하여 세계화가 기존의 주권 국가를 단위로 하는 국제체제의 기본적인 성격을 근본적으로 변화시키지 않을 것이며 주권 국가는 창조적이고 혁신적인 국가 운영을 통해 국가가 직면하고 있는 문제를 극복할 수 있을 것이기 때문에 주권 국가를 단위로 하는 국제체제가 지속될 것임을 강조하고 있다.[575)]

이처럼 길핀을 위시한 현실주의자들은 세계화의 진전 속에서 국가를 소멸이나 쇠퇴의 대상이 아니라 오히려 세계화의 주체로 바라보고자 하며 세계화가 국가 주권을 훼손하기보다 보강하는 기제로서 작용한다고 보는데 이러한 견해는 국가가 자신의 이익의 극대화 방편으로 세계화를 이용한다는 현실주의 관점에서 자연스럽게 도출된 것이다.

현실주의 이론은 세계화의 진행 속에서 환경문제나 마약 문제처럼 국가만으로는 해결하기 힘든 문제들이 등장해 어느 정도의 초국가주의가 필요할 뿐 세계화로 인한 국가 주권의 침식은 일어나고 있지 않다고 본다. 현실주의 이론은 국가 주권이 안팎에서 도전을 받고 있으며 비국가적 행위자들의 자율성이 증대되고 있는 현상을 인식하면서도 여전히 국제사회에서 국가는 가장 중요한 행위자로서 국가 내부의 행위자들로부터 충성의 대상이 되고 있다고 주장한다.

현실주의자들은 그 증거로서 유럽연합(EU)처럼 초국가적 제도를 설립하는 것도

---

575) Robert Gilpin, *The Political Economy of International Relations* (Princeton, NJ: Princeton University Press, 1987).

주권 국가의 합의에 의존하며 세계화에서 소외되는 노동자의 초국가적 연대를 방지하는 국제적인 기제를 만드는 것 역시 주권 국가임을 강조한다. 또한 초국적 자본에 대한 국가의 규제와 세금부과를 예로 들면서 세계화로 일면 국가의 자율성이 제한되고 있지만 다른 면에서는 국가의 통제가 새로이 진행되고 있음을 강조한다. 한 예로서 한리더(Wolfram Hanrieder)는 주권 국가의 창조적인 적응은 새로운 영역으로의 국가의 영향력을 확장시켜 왔으며 세계의 경제적 그리고 사회적 활동의 상당히 많은 부분에 국가의 영향력이 침투하고 있다고 주장한다.576)

(2) 부정적인 영향

현실주의 이론은 기본적으로 세계화를 통한 상호교류 증대가 자유주의 패러다임의 주장과는 달리 평화가 아닌 갈등을 초래하리라고 본다. 우선 세계화는 자본통제의 실패 · 이민에 대한 적대감 · 인종차별 · 자유무역을 통한 부의 불균등한 배분을 가져오고 이러한 것들이 자칫 폐쇄적인 민족주의를 유발할 수 있다고 본다. 또한 세계화로 불만을 품게 된 국가가 내부에 배타적인 민족의식을 조장하여 극우화의 성향을 지니면서 국가 간 갈등을 야기할 가능성이 존재한다.

둘째, 세계화로 확대된 접촉 기회가 마약이나 환경문제 등을 촉발하여 이로 인한 저강도 분쟁(low-intensity conflicts)이 국가 간 갈등을 심화시킬 것으로 본다. 세계화로 촉진되는 문명 간 접촉 증대는 민족의 자의식을 강화시키고 지역주의를 부추겨 이들 문명 간 전쟁의 가능성도 증대될 수 있다고 본다. 세계화가 문명충돌을 가져올 수 있다고 보는 대표적인 학자로서의 헌팅턴(Samuel P. Huntington)을 들 수 있다.

셋째, 상호의존의 심화로 일정한 정도 군사력의 기대효용이 낮아지고 경제력이 권력의 중요한 수단화하면서 국가들 사이의 무역분쟁 · 배타적 지역주의 간의 갈등 · 이익 배분의 불균등이 발생하여 국제정치 질서에 불안정한 요인이 될 수 있다.

넷째, 종전까지 주권 국가 내부 문제로 여겨지던 인권과 환경 등의 문제가 국제적인 관심을 받게 되면서 이러한 문제를 둘러싼 영역 국가의 주권과 보편적 가치의 준수를 요구하는 외부와의 대립이 심화될 수 있다.

현실주의 이론은 이러한 상황에서 세계화로 인한 부정적인 요소들을 해결하기 위해 국가라는 단위가 가장 효율적이라고 본다. 일부 학자들은 세계화로 인한 직접적 충격을 흡수하는 장치로서 지역주의 전략의 필요성을 강조하기도 한다.

---

576) Wolfram Hanrieder, "Dissolving International Politics," *American Political Science Review*, Vol. 72, No. 4 (1978), pp. 1276-1287.

6. 현실주의 이론과 제국주의[577)]

과거 19세기 제국주의는 식민주의와 같은 의미로 쓰였다. 20세기에 들어오면서 제국주의란 식민주의라는 영토적 의미로부터 시장과 원료의 공급지 및 투자대상 지역에 대한 경제적 침투와 지배라는 의미로 바뀌었다. 이러한 비영토적이고 비공식적 형태의 통제를 일컬어 「신제국주의(neoimperialism)」 혹은 「신식민주의(neocolonialism)」라고 일컫는다.

이러한 새로운 의미의 제국주의는 예컨대 러셀과 스타(Bruce Russett and Harvey Starr)의 제국주의 정의인 「약소국에 대한 정치적 혹은 경제적 통제를 가하기 위한 노력」과 코헨(Benjamin J. Cohen)의 제국주의 정의인 「정치적이거나 경제적이거나 직접적이거나 간접적이거나 일국의 타국에 대한 효과적인 지배나 통제」라는 것에서 찾아볼 수 있다.[578)]

이러한 제국주의의 원인을 논하는 것이 영토적인 제국주의가 끝난 현시점에서 무엇이 중요하냐고 생각할지 모르나 선진국의 제3세계 국가에 대한 정치적 개입 · 군사적 개입 · 강대국 간의 전쟁 · 군사비 지출 · 군국주의 · 무기 경쟁이라는 문제의 원인을 밝히는 것과도 관련이 되는 등 현재에도 그 유용성을 지니고 있다.

이러한 원인을 밝히는 데 있어 어떤 분석수준을 택하는가가 중요하다. 왜냐하면 분석수준에 따라 설명과 예측이 달라지기 때문이다. 왈츠가 제시하고 있는 3가지 분석수준에 따라 제국주의 현상을 i) 인간 본성과 행동의 결함 ii) 국가 내부 구조의 결함 iii) 국제체제의 결함으로써 설명할 수 있다.

같은 패러다임 내에서도 학자들에 따라 다소 다른 견해를 보이나 구조주의 패러다임의 해석은 주로 경제적인 요인 즉 자본주의라는 국가의 내부 구조상의 특징으로 제국주의를 설명하려 하고 자유주의 패러다임은 경제적 요인 혹은 그 밖의 사회적인 요인 등으로 제국주의를 논하려고 한다. 이와는 대조적으로 현실주의 패러다임은 국제체제의 특징으로부터 오는 국가의 정치적 · 전략적 동기를 가장 중요시하고 경제적인 동기는 정치적 · 전략적 동기에 예속된 것으로 본다.

현실주의 이론은 국가의 경제체제의 차이가 국가의 대외적인 행동에 차이를 가

577) 제국주의에 관한 현실주의 이론의 견해를 잘 이해하기 위해서는 먼저 자유주의 제국주의 이론과 구조주의 제국주의 이론 편을 먼저 읽어보도록 권한다. 왜냐하면 현실주의 이론은 그 이전의 제국주의 이론인 자유주의와 구조주의 이론을 비판하면서 등장했기 때문이다.

578) Bruce Russett and Harvey Starr, *World Politics: The Menu for Choice*, 3rd ed. (New York: W. H. Freeman and Company, 1989), p. 202; Benjamin J. Cohen, *The Question of Imperialism: The Political Economy of Dominance and Dependence* (New York: Basic Books, 1973), p. 16.

져오지 않는다고 본다. 국가가 자본주의 경제체제를 가지고 있든 아니면 사회주의 경제체제를 가지고 있든 관계없이 강대국은 거의 같은 목표를 가지고 있다고 본다. 앞에서 간단히 언급했지만 모겐소(Hans J. Morgenthau)에게 있어서 제국주의는 권력을 증가시키려는 태도를 반영한 정책으로 현상을 전복시키고 둘 혹은 그 이상의 국가 간의 세력 관계를 전도시키려는 행위를 의미한다.

모겐소는 자유주의와 구조주의의 제국주의 이론을 비판하면서 경제적인 요인에서 제국주의 원인을 찾으려는 이론들은 제한적인 사례에만 적실성을 가질 뿐 일반성이 없다고 본다. 제국주의 전쟁을 통해 승자는 경제적인 이익을 취하나 이는 승리의 정치적인 결과의 부산물에 불과하다고 본다. 또한 모겐소는 제국의 건설이라는 현상이 자본주의가 등장하기 이전의 현상임을 지적하며 자본주의와 제국주의의 필연론을 부인하고 있다.

모겐소는 제국주의의 궁극적인 목표를 지역적 우세(local preponderance) · 대륙적 제국(continental empire) · 세계적 제국(world empire)을 수립하는 것으로 구분하고 실제의 제국주의 목표는 이들 개개 목표들의 혼합으로 이루어진다고 본다. 모겐소는 제국주의 정책을 유발하는 조건으로서 i) 전쟁을 하고 있을 때 승리할 것이라고 기대하는 국가가 전쟁의 상대방인 적국과의 권력관계를 영구히 바꾸려는 경우 ii) 전쟁에서 진 국가가 승자의 성공적인 제국주의에 대항하려는 경우 iii) 약소국이나 정치적인 공백이 존재할 경우를 지적하고 있다.

제국주의를 달성하기 위한 수단과 관련하여 모겐소는 제국주의를 군사적 제국주의 · 경제적 제국주의 · 문화적 제국주의로 나눈다. 군사적인 제국주의는 군사적 정복을 추구하고 경제적인 제국주의는 다른 국가 국민의 경제적 착취를 추구하며 문화적인 제국주의는 하나의 문화를 다른 문화로 대체하는 것을 추구한다고 본다. 모겐소는 그러나 이러한 세 가지 형태의 제국주의는 어디까지나 하나의 목표인 현상의 전복 즉 국가 간 권력관계의 전복을 위한 수단이라는 점을 강조한다.[579)]

스탈리(Eugene Staley)는 개인의 해외투자는 일반적으로 정부에 의해 권력과 직접적인 관련이 있는 정치적 요인이나 군사 · 전략적인 요인에 예속되어 왔다고 본다. 개인 투자가가 정부의 권력과 위신정치의 도구나 매개자의 역할을 할 때 이들은 정부로부터 강력한 심지어는 지나치다 싶을 정도의 지원을 받아 왔고 이와는 대조적으로 정부의 정치적인 노선에 거슬리는 사업과 관련된 투자가는 정부로부터 무관심 심

---

579) Hans J. Morgenthau, *Politics Among Nations: The Struggle for Power and Peace*, 5th ed. (New York: Alfred A. Knopf, 1973), pp. 45-73.

지어는 적극적인 반대에 직면해 왔다고 강조한다.580)

왈츠는 환원주의 이론의 일례로서 정통적인 제국주의와 신제국주의 이론들을 비판하고 있다. 왈츠는 경제적인 요인으로 제국주의를 설명하는 이러한 이론들을 비판하면서 제국주의 역사는 자본주의 역사보다 길며 제국주의는 19세기 이후의 새로운 현상이 아니라고 주장한다. 왈츠는 자본주의에 의해 잉여가 산출될 경우 정부는 제국주의 정책 이외에 여러 가지 정책적인 대안을 갖는다고 본다. 이러한 대안 가운데 어떠한 선택을 하느냐는 전적으로 내부적인 요인에만 달려 있는 것이 아니고 외부적인 요인에 의해 영향을 받는다고 본다.

왈츠는 권력의 불균형이 존재하고 교통수단이 상품의 수출과 지배 도구의 수출을 가능하게 할 경우 잉여 생산 능력을 더 지닌 국가가 잉여 생산 능력이 덜한 국가에 상당한 영향력을 발휘하는 제국주의가 발생하며 이러한 제국주의는 봉건주의나 자본주의 그리고 사회주의와 관계없이 통상적으로 발생하는 것으로 본다.

기존의 제국주의 이론에 대한 왈츠의 비판 핵심은 정통적인 제국주의 이론들이 자본주의라는 국내적인 요인을 통해 제국주의를 설명하는 환원주의에 빠져있으며 그 결과 상이한 국가들이 국제적으로 상이한 결과뿐 아니라 비슷한 결과를 가져오고 비슷한 국가들이 국제적으로 비슷한 결과뿐 아니라 상이한 결과를 가져오는 것을 설명하지 못한다는 것이다.

나아가 구조주의 패러다임의 신제국주의 이론이 국내적인 요인이 아닌 구조라는 체제 수준의 요인으로서 제국주의를 설명하고자 한다는 점에서 바람직하다. 그러나 갈퉁(Johan Galtung)의 경우에서 보듯이 국가 간의 구조적인 특징인 권력의 배분과 더불어 국가의 국내적 특징인 조화의 정도(degree of harmony)를 가지고 국제적 구조를 정의하고 있어 이 역시 국제체제의 구성요소로서 구성요소의 행위를 설명하려 하는 환원주의에 빠져있다고 비판한다.

현실주의 이론의 입장을 극명하게 보여주는 또 다른 예로서 코헨(Benjamin J. Cohen)을 들 수 있다. 코헨은 제국주의의 근본적인 원인은 국제체제의 무정부성에 있다고 본다. 이로 인해 국가들은 자력구제에 의한 자기보존에 신경을 쏟아야만 하며 자기보존을 위해 구체적으로 권력을 극대화하고 영향력을 증대하려 하는데 이것이 구체적으로 표현된 것이 바로 제국주의라는 것이다.581)

580) Eugene Staley, *War and the Private Investor* (Garden City, N.Y.: Doubleday, 1935), pp. 361-362.

581) Benjamin J. Cohen, *The Question of Imperialism: The Political Economy of Dominance and Dependence* (New York: Basic Books, 1973).

이들 이외에도 테일러(A. J. P. Taylor) · 카플란(Morton A. Kaplan) · 굴릭(Edward Gulick)과 같은 권력 이론가들이 제국주의를 국제정치 체제에 내재해 있는 구조적인 동태에 정상적으로 동반되는 것으로서 강대국 정확히 말해 좀 더 강한 국가들이 약소국에 영향력을 행사함으로써 권력의 균형을 이루려는 과정에 의해 생기는 현상이라고 본다.582)

7. 현실주의 이론과 통합583)

우리가 자유주의 패러다임 편에서 살펴볼 연방주의 이론 · 기능주의 이론 · 신기능주의 이론 · 거래주의 이론과 같은 통합이론들은 유럽통합을 직접적인 분석대상으로 한 이론들이지만 현실주의 이론들은 대체로 유럽통합이나 통합현상 전반을 설명하기 위한 목적을 가지고 등장한 이론이 아니다.

그러나 현실주의 이론들도 국제정치학의 기본적인 연구주제인 국가 간의 갈등과 협력에 대한 기본적인 인식을 바탕으로 하고 있어 이러한 인식을 유럽통합 나아가 통합현상 전반에 적용해 볼 수 있을 것이다. 통합을 설명하기 위한 목적으로 전개되는 현실주의 이론이 전혀 없는 것은 아니지만 이곳에서는 전통적 현실주의 이론과 신현실주의 이론을 중심으로 통합을 바라보는 이들의 견해를 살펴보고자 한다.

1) 전통적 현실주의 이론과 통합

푸찰라(Donald J. Puchala)는 전통적 현실주의 이론에서 통합은 한 마디로 안보라는 국가이익의 극대화를 위해 합리적으로 행동하는 주권 국가 상호 간의 이용(mutual exploitation)으로 바라본다. 즉 주권 국가들 자신의 권력을 제고하기 위해 인접한 국가들의 자원을 동원하고 축적하고자 시도하는 상호 간의 이용이라는 것이다.

전통적 현실주의에 따르면 권력의 증가는 국가가 국제정치에서 추구하는 궁극적인 목적인 국가의 자율성 · 군사적 안보 · 외교적 영향력 · 위신의 제고 등을 달성하

582) A. J. P. Taylor, *The Straggle for Mastery in Europe*, 1848–1918 (Oxford: Clarendon Press, 1954); Morton A. Kaplean, *System and Process in International Politics* (New York: Wiley, 1957); Edward V. Gulick, *Europe's Classical Balance of Power* (Ithaca, N.Y.: Corness University Press, 1955).

583) Peter van Ham, "The European Community after Hegemony: The Future of European Integration in a Multipolar World," *International Relations*, Vol. 11, No. 5 (August 1993), pp. 451–467; Donald J. Puchala, "Of Blind Men, Elephants and International Integration," *Journal of Common Market Studies*, Vol. 10, No. 3 (1972), pp. 267–284를 참조.

게 해주며 통합의 과정에서 설립되는 국제기구는 자기중심적 이익을 추구하는 국가들에 의해 이용되는 수단에 불과하다. 따라서 통합이란 관련된 국가들 모두의 자기중심적 이익이 충족되는 한에 있어 존속되는 편의의 결합물이며 어떠한 구성국의 이익이 심각하게 좌절되는 순간 와해될 운명에 처할 것으로 본다.

따라서 통합이란 초국가적 정치(supranational politics)를 지향하는 것이 아닌 국가간 정치(international politics) 혹은 정부 간 정치(intergovernmental politics) 그 이상의 것이 아니라는 것이다. 즉 통합이란 국가 주권에 근본적인 영향을 미치지 않는 범위 내에서 국가이익의 추구라는 원칙하에서 발생한다고 본다.

전통적 현실주의 이론은 국가들이 서로 신뢰하지 못하고 상대적 권력(relative power)을 중요시하기 때문에 국가 간 협력이 기본적으로 이루어지기 힘들다고 보고 국가가 스스로 외부로부터의 위협을 물치칠 수 없을 때 협력이 발생한다고 주장한다. 이러한 견해는 예컨대 유럽공동체(EC)를 소련 공산주의라는 외부적 위협을 격퇴하고 독일 군국주의라는 내부적 위협을 방지하기 위한 경제동맹으로 본다. 구체적으로 미국은 공산주의 침략에 대한 방어적인 차원에서 유럽통합을 추진했으며 유럽통합의 기원은 미국의 마샬플랜(Marshall Plan)으로 거슬러 올라간다고 본다. 또한 유럽석탄철강공동체(ECSC)의 목표 중 하나는 프랑스와 독일의 주요 전략적 자원인 석탄과 철강을 통합하여 두 국가 간의 전쟁을 불가능하게 하는 것이었다고 본다.[584)]

이러한 현실주의 이론은 동서 냉전의 종식으로 인해 소련의 위협이 소멸했고 독일이 통일되면서 독일이 상당한 정치적·경제적 영향력을 보유하게 됨에 따라 EU 내부의 협력이 난관에 봉착할 것으로 예측한다. EU의 파기로까지 확대되지 않더라도 유럽의 통합에 대한 비협력이 매우 증가할 가능성을 강조한다.[585)]

구체적으로 현실주의 이론은 탈냉전의 도래와 더불어 유럽통합에 있어 가장 중요한 관건을 유럽에서의 독일의 새로운 역할로 본다. 독일의 재통일로 말미암아 이제 독일은 프랑스의 협조를 더 이상 필요로 하지 않으며 통일된 독일은 EU에서 더 이상 이익을 얻을 수 없을지도 모른다. 독일이 제공하고 있는 EU에 대한 공약은 점차 약화되고 있고 동유럽에서 독일이 패권을 장악할 우려도 크다고 본다. 또한 독일

---

584) 이처럼 전통적 현실주의 이론은 지역적인 정부 간 협력의 증진 요인을 지역 내 국가들이 직면하고 있는 외부적인 도전의 맥락에서 이해하고자 하는데 이는 동남아국가연합(ASEAN)을 설명하는 데에도 적용된다. 즉 1976년에 있었던 최초의 ASEAN 정상회의를 역내 국가의 일부인 캄보디아·라오스·베트남의 공산화에 대한 반응으로 보고 아세안지역포럼(ASEAN-ARF)의 창설을 냉전 종식 후 이 지역 내의 권력의 공백이 가져올지 모르는 위험에 대한 반응으로 보고자 한다.

585) 1993년 마스트리히트조약(Treaty of Maastricht)의 체결로 인해 유럽공동체(EC)가 유럽연합(EU)으로 이름이 바뀌었다.

과 러시아의 유대 강화가 EU에 악영향을 미칠 수도 있다고 본다.

이러한 현실주의 이론의 견해에 대해 푸찰라는 현실주의 이론이 통합을 전통적인 목적하에 전통적인 수단을 통한 전통적인 행위자에 의한 전통적인 국가 간 관계로 본다는 점을 비판한다. 따라서 정부 이외의 행위자가 국가 간의 관계에 독립적인 영향을 미칠 수 있다는 가능성을 등한시할 뿐 아니라 통합 관여 행위자가 전통적인 국가의 목표인 자율과 국가안보 및 영향력과 위신 이외의 목표를 추구할 수 있다는 것을 도외시한다고 비판한다. 또한 현실주의 이론은 통합 관련 행위자가 어떻게 그들의 이익을 정의하는가에 주의를 기울이지 않는다고 본다. 한마디로 현실주의 이론은 통합을 구태의연한 국제정치 일부로 보며 현재의 국제정치와 다른 새로운 어떤 것에 시선을 돌리지 않고 있다고 본다.

자유주의 패러다임의 통합이론 편에서 다시 언급하겠지만 전통적 현실주의 관점에서 통합을 설명한 대표적인 학자는 호프만(Stanley Hoffmann)이다. 신기능주의 통합이론을 비판하면서 등장한 그의 이론은 「정부간주의 이론(theory of intergovernmentalism)」 혹은 「정부 간 협상론(theory of intergovernmental bargaining)」이라고 불린다. 이러한 그의 이론은 「다양성의 논리(logic of diversity)」라는 개념을 중심으로 전개되는데 이는 신기능주의 이론의 바탕을 이루고 있는 「통합의 논리(logic of integration)」와 대비되는 개념이다. 다양성의 논리는 통합과 관련하여 다음과 같은 관점을 제시한다.

첫째, 국제정치에서 국가가 가장 중요한 행위자이듯이 통합에도 국가의 정부가 가장 중요한 행위자이다. 이는 신기능주의 이론이 국가가 아닌 민관 엘리트를 주요한 행위자로 바라보는 것과 대조된다.

둘째, 국가들은 제각기 다른 상황에 놓여 있으며 이로 인해 국가들은 서로 다른 상이한 국가이익을 가지게 된다. 이러한 다양성은 확산(spillover)의 과정이 정부의 행동 자유를 제한하는 정도에 제약을 가하며 기능적 통합의 논리가 작동하는 영역을 복지 부문으로 한정시킨다. 즉 다양한 이익을 지닌 정부들이 자국의 이익의 관점에서 통합의 수준과 속도를 통제하며 경제와 복지 같은 비정치적 분야와는 달리 외교와 국방과 같은 국가의 사활적 이익이 걸려있는 분야에서는 통합을 어렵게 만든다.

셋째, 통합은 국가가 이익을 효과적으로 실현하기 위해 전략적으로 결합한 것으로서 개개 국가 정부가 자신의 이익 강화를 목적으로 다른 국가 정부들과의 협상을 통해 이해관계를 조정한 결과물이다. 즉 통합은 민관 엘리트들을 매개로 하여 확산으로 이루어지는 것이 아니라 상호 간에 합의점을 찾아내고 협력하려는 국가 정부들의 의지로 이루어지는 것이다.

이처럼 호프만은 국가가 통합의 과정에서 가장 중요한 행위자이며 통합에 있어서 국가의 이익이 중요하고 통합이란 이러한 국가의 이익을 추구하는 주권 국가 간의 일련의 협상의 결과물로 바라본다.586) 이러한 호프만의 정부간주의 이론은 선호 수렴 접근법(preference-convergence approach)과 엘리트 교섭 접근법(elite-bargaining approach)이라는 또 다른 현실주의 통합이론에 의해 보완되었다. 이 두 접근법을 간단하게 소개하면 다음과 같다.

우선 선호 수렴 접근법은 정부간주의 이론이 국가이익을 교섭이 불가능한 본질적인 이익과 교섭의 여지를 가지고 있는 이익으로 구별하지 않고 대부분 교섭이 불가능한 이익으로 바라봄으로써 국제관계를 합이 영이 되는 게임(zero-sum game)으로 간주하는 성향이 있음을 지적한다. 이러한 맥락에서 선호 수렴 접근법은 국가이익이라는 개념보다는 국가 선호(national preferences)라는 개념을 택하여 합이 영이 되는 게임이라는 생각을 버리고 유럽통합의 진전을 주요 회원국 간 정책선호의 수렴 결과로서 바라보고자 한다. 여기서 선호 수렴 이론의 특징으로서 지적할만한 것은 이 이론은 각국의 정책선호를 국내 정치 요인들의 결과로서 생성되는 것으로 보고자 한다는 점이다.

이와는 달리 엘리트 교섭 접근법은 정부간주의 이론과 마찬가지로 합이 영이 되는 교섭을 강조한다. 이 접근법은 유럽통합이 국내와 국제 엘리트들 사이의 일련의 동의를 통해 진전된다고 주장하면서 이러한 동의는 정치 엘리트들이 기본목표와 부차적인 목표로 그들의 선호를 분리할 수 있기 때문이라고 간주한다.

2) 신현실주의 이론과 통합

국제체제가 무정부적 구조와 권력의 배분 양태를 통해 국가 행동에 영향을 미친다고 주장하는 신현실주의 이론은 유럽통합 역시 국제체제의 구조적 특징을 가지고 통합을 설명한다. 신현실주의 이론은 간단히 말해 양극체제라는 국제체제가 유럽의 통합을 불러일으켰다고 본다. 즉 다극체제에서 양극체제로의 국제체제의 변화가 전후 유럽의 통합을 창출했다는 것이다. 양극체제는 구체적으로 다음과 같이 유럽국가들의 협력에 영향을 미쳤다고 본다.

우선 소련 위협의 심각성이 유럽 내부의 갈등을 압도했고 안보의 보호자로서 미

586) Stanley Hoffmann, "Obstinate or Obsolete? The Fate of the Nation-State and the Case of Western Europe," *Daedalus*, Vol. 95, No. 3 (Summer, 1966), pp. 862-915.

국의 역할을 필요하게 했다. NATO을 통한 서유럽 지역에서의 미국의 패권적 지위가 서유럽국가 간 존재했던 전통적인 안보딜레마를 근절시켰고 유럽국가 간 협력이 창출하는 이익에 대한 공평한 배분을 보장할 수 있었으며 유럽국가 간 협력 지속성과 미래에 대한 예상의 확실성을 보장할 수 있었다. 즉 군사적 · 경제적 안전보장을 제공한 미국의 패권이 유럽통합에 대한 촉매로 작용했다고 본다.

극성과 안정의 관계에서 언급한 바대로 동맹이 형성되면 동맹안보딜레마가 발생하는데 오직 동맹 내에 패권국이 존재하는 양극체제에서만 이러한 안보딜레마가 억제되고 동맹국 간의 협력이 유지될 수 있다. 따라서 탈냉전으로 인한 양극체제의 붕괴와 다수의 강대국을 포함하는 매우 유동적인 다극체제의 등장은 동맹안보딜레마의 악화를 가져오리라고 본다.

소련의 위협이 사라지고 분쟁을 진정시킬 미국의 경제적 · 정치적 능력의 약화와 같은 이유로 유럽에 대한 미국의 개입이 감소하거나 철회되면 이들 서유럽국가 간의 전통적인 안보딜레마가 다시 드러날 것이고 결국 유럽은 전통적인 국가 간의 경쟁상태로 되돌아갈 것으로 본다. 구체적으로 유럽연합(EU)과 북대서양조약기구(NATO) 내부의 갈등과 분쟁이 미국에 의해 더 이상 억제되지 않아 그 결과 서유럽 동맹국 간에 분쟁이 가열되고 유럽국가 간의 협력이 불안정하고 어려울 것으로 본다. 다극체제는 고도의 민족주의로 인해 유럽의 분할 · 핵무기의 확산 · 국제분쟁의 확대를 초래할 것으로 본다.

8. 현실주의 이론과 냉전의 원인

1) 전통적 현실주의 이론과 냉전의 원인

냉전의 원인을 전통적 현실주의 관점에서 설명한 대표적인 사람으로 케난(George Kennan)을 꼽을 수 있다. 케난 이외에도 페이스(Herbert Feis) · 쉴레진저(Arthur Schlesinger) · 스미스(Gaddis Smith) 등이 있다.[587]

전통적 현실주의 이론은 냉전의 주된 원인을 관련된 행위자의 특성으로부터 찾으려는 데에 그 특징이 있다. 보다 구체적으로 대개 공산주의 이념으로부터 나오는

587) Herbert Feis, *From Trust to Terror: The Onset of the Cold War, 1945–1950* (New York: Norton, 1970); Arthur M. Schlesinger, "The Origins of the Cold War," *Foreign Affairs*, Vol. 46, No. 1 (October 1967), pp. 22–52; Gaddis Smith, *American Diplomacy During the Second World War 1941–1945* (New York: Wiley, 1965).

것으로 보는 소련의 본질적인 공격성(aggressiveness)을 냉전의 주된 원인으로 간주한다. 즉 이들 전통적 현실주의자들은 미국과 그의 동맹국들의 정책을 1948년 체코에서의 공산주의 쿠데타 · 핀란드와의 협력 · 세계 도처에서의 민족해방운동과 게릴라에 대한 소련의 지원에서 볼 수 있는 것과 같은 소련의 팽창주의에 대한 반응으로 간주한다.

케난은 소련의 외교정책이 팽창주의적 이념이라는 동인에 의해 움직이는 것으로 보았으며 이러한 원인에 대한 진단에 따라 미국은 점차 군사적인 성격의 봉쇄정책(containment policy)을 추구했다. 이처럼 전통주의자들은 팽창주의적인 소련의 도전에 대응하여 미국과 유럽의 안보를 고려해야 한다고 강조했으며 소련의 팽창주의에서 미국 외교정책의 정당성을 찾았다.

2) 신현실주의 이론과 냉전의 원인

신현실주의 이론은 전통적 현실주의 이론과는 달리 냉전의 원인을 개별적인 국가의 내적 특징으로부터 찾아내지 않고 국제체제의 특징으로부터 찾아낸다. 즉 냉전이란 2차 세계대전 이후에 등장한 국제체제의 결과로 인식한다. 구체적으로 전후의 국제체제는 양극체제였고 이러한 무정부적 상태의 양극체제에서 두 개의 초강대국은 운명적으로 서로에 있어 적이 되지 않을 수 없다고 본다.

무정부 상태에서 오는 안보딜레마로 군비경쟁과 이따금 발생한 국제적 위기를 설명하기에 족하다는 견해이다. 각 진영의 전략적인 자세는 경쟁적인 이념에 의해 합리화되었으나 이러한 이념은 냉전을 설명하는 본질적인 변수는 아니라고 본다. 소련과 미국의 사회적 · 경제적 · 정치적 요소 상의 차이 역시 이들 간의 갈등과는 거의 관련이 없다고 본다. 국제체제 행위자의 행태는 주로 그의 권력에 의해 결정되기 때문에 냉전은 무정부 상태하에서의 권력의 양극적 배분이 가져온 결과물이다.[588]

앞서 언급했듯이 신현실주의 이론은 양극체제에서 미국과 소련이 아닌 다른 국가들이 초강대국이 되어도 냉전은 발생했을 것으로 본다. 심지어 비슷한 이념을 가진 두 강대국 즉 미국과 영국 혹은 중국과 소련이 양 진영의 주도적인 국가였다고 해도 냉전의 발발이라는 국제관계의 기본적인 특징은 마찬가지였을 것으로 본다.

---

588) Øyvind Østerud, "Intersystemic Rivalry and International Order: Understanding the End of the Cold War," in Pierre Allan and Kjell Goldmann, eds., *The End of the Cold War: Evaluating Theories of International Relations* (The Hague, Boston, London: Kluwer Law International, 1995), pp. 12–23.

제 4 장

자유주의 패러다임

제 1 절 자유주의 패러다임의 특징
제 2 절 외교정책 결정이론
제 3 절 통합이론
제 4 절 연계정치론
제 5 절 초국가론과 초정부론
제 6 절 상호의존론
제 7 절 세계사회론
제 8 절 이슈 패러다임
제 9 절 국제사회론
제10절 신자유주의적 제도주의 이론
제11절 탈냉전기의 자유주의 패러다임 국제정치 이론들
제12절 주요 문제에 대한 자유주의 이론의 관점

자유주의 패러다임

제1절 자유주의 패러다임의 특징

1. 자유주의 패러다임 이론들[1)]

2차 세계대전이 진행 중인 1940년대 초에 이상주의에 대한 도전이 전통적 현실주의뿐만 아니라 자유주의 패러다임의 이론에 의해서도 가해졌다. 이 이론이 바로 미트라니(David Mitrany)에 의해 선도된 기능주의 이론이다. 이 이론은 국제기구의 설립과 더불어 비정치적인 기능적인 분야에서의 협력을 통해 정치적인 통합을 형성함으로써 국제사회 전체에 평화를 가져올 수 있다는 것을 핵심 내용으로 했으며 1940년대와 1950년대 초에 걸쳐 통합이론의 주류를 이루었다.

냉전이 심화되면서 현실주의 이론이 설득력을 더해가던 시기인 1950년대에 유럽지역에서 유럽석탄철강공동체(ECSC)와 유럽공동시장(ECM)이 설립되면서 지역통합에 관한 관심이 태동하기 시작했다. 이를 계기로 세계적인 차원에서 평화구축을 위한 방법을 제시하던 기능주의 이론은 지역 차원에서의 통합현상을 설명하고자 하는 신기능주의 이론과 같은 지역통합이론에 의해 보완되어 승계되었다. 이러한 지역통합이론은 1970년대에 상호의존론에 관심을 빼앗기기 전인 1960년대까지 자유주의 이

1) 자유주의(liberalism)는 종종 다원주의(pluralism)・자유주의적 다원주의(liberal pluralism)・국제주의(internationalism)・초국가주의(transnationalism)・세계주의(globalism) 등으로도 불린다.

론으로서 현실주의 이론의 가정 전반에 도전을 가했다. 이들이 가한 가장 큰 도전이란 국가 간 협력과 평화의 가능성을 제시함으로써 국제사회의 무정부성 가정에 가한 도전이었다.

지역통합이론의 등장과 비슷한 시기인 1950년대 중반에 외교정책 결정이론이 등장하여 1960년대에 국제관계에 대한 새로운 관점으로 자리를 잡았다. 이러한 외교정책 결정이론의 등장에는 그 당시 활발하게 논의되던 행태주의와 베트남전에의 개입을 둘러싼 미국 외교정책에 대한 논란이 큰 영향을 미쳤다.

외교정책 결정이론은 전통적 현실주의 이론의 기본적 가정에 본질적인 비판을 가했다. 이 이론은 전통적 현실주의 이론이 모든 국가를 내적 차이에도 불구하고 국가의 합리성을 가정하여 국내 요인이 국가 행동에 미치는 영향을 과소평가한다고 비판하면서 국가라는 합리적인 의사결정의 주체를 비합리적일 수 있는 인간으로 대체하여 인간의 심리적인 특징 등을 통해 국가의 대외정책을 설명하고자 했다.

1970년대에 들어서 강대국 간에 정치적인 화해와 협력이 일시적이나마 이루어지고 교통과 통신의 발달로 국경을 넘는 활동이 활발하게 전개되며 환경문제를 위시하여 전 지구적 차원에서 해결해야 하는 문제들이 국제사회에 등장하면서 초국가론과 초정부론이 등장했고 이들을 포괄하는 자유주의 이론으로서 상호의존론이 등장했다.

상호의존론이 등장하여 현실주의 국제정치 이론에 가장 포괄적이고 체계적인 도전을 가하면서 이들 이론 사이에 치열한 논쟁이 한동안 지속되었다. 그러나 1980년대에 들어서 국제관계가 다시 대결과 갈등으로 치닫자 신현실주의로 재무장한 현실주의 이론이 상호의존론의 적실성에 커다란 의문을 제기하면서 국제정치 이론을 지배하기 시작했다.

그러나 신현실주의 이론의 예측과는 달리 국제사회가 갈등과 대립만으로 점철되지 않고 이전의 협력이 일정한 정도 여전히 지속되고 있다는 인식과 더불어 1980년대 초에 신자유주의적 제도주의 이론이 등장하여 신현실주의 이론과 열띤 논쟁을 이어갔다. 지금도 국제정치 현상을 둘러싸고 신현실주의 이론과 신자유주의적 제도주의 이론이 논쟁을 지속하고 있으며 이들의 문제점을 지적하면서 구성주의 이론이 이에 가세하고 있는 형국이다.

냉전의 종식으로 국제사회에서 비정부기구(NGO)와 같은 국가 이외 행위자의 역할이 강화되면서 아직 이론으로서의 위상을 가지지는 못했으나 로즈노의 세계정치의 두 세계론을 위시하여 전 지구적 시민사회론이나 글로벌 거버넌스론과 같은 논의가 활발하게 전개되었다. 이와 더불어 냉전의 종식으로 적지 않은 국가들이 민주화되면서 민주평화론의 논의가 부활하여 활발하게 논의되었다.

2. 자유주의 패러다임의 가정

앞서 개략적으로 살펴보았듯이 자유주의 패러다임에 속하는 국제정치 이론에는 여러 종류가 있다. 예컨대 그리코(Joseph M. Grieco)는 자유주의 패러다임에 속하는 이론들을 i) 국가 간의 상거래가 국제협력을 촉진할 것으로 보는 무역 자유주의 ii) 민족자결주의에 기초를 둔 민주주의가 국제협력을 가져올 것이라고 보는 민주적 구조 자유주의 iii) 사적인 국가의 상호작용이 국제통합을 촉진할 것으로 보는 자유주의적 거래 접근법 iv) 국제제도가 국제협력을 촉진한다고 보는 자유주의적 제도주의로 분류하고 있다.[2)]

이러한 다양성으로 인해 이들이 일률적으로 동일한 가정들을 두루 공유할 것이라고 기대하는 것은 어렵다. 여기에서 동일한 가정을 가지는 것이 불가능하다고 해서 이러한 이론들이 상치하는 가정을 지니고 있다는 것이 아니라 이론에 따라 특정한 가정의 포함 여부가 다르다는 의미이다.

이론에 따라 포함 여부가 달라지는 대표적인 가정으로서 국제제도에 관한 가정을 들 수 있다. 구체적으로 국제제도가 국가 행동에 영향을 미친다는 가정을 포함하고 있는 자유주의 이론과 그렇지 않은 자유주의 이론들이 존재한다. 따라서 이러한 국제제도에 관한 가정은 공통적인 가정과 분리하여 별도로 다루고자 한다.

자유주의 패러다임 이론들 대부분은 여러 가정을 기본적으로 공유하고 있으면서 특정한 가정에 국한해 포함 여부를 달리한다. 그러나 자유주의 이론 가운데는 특이하게도 다른 자유주의 이론들과 가정 대부분을 공유하지 않으면서 특정의 가정만을 포함하는 이론도 존재하는데 이러한 이론이 바로 신자유주의적 제도주의 이론이다.

신자유주의적 제도주의 이론은 특이하게도 현실주의 패러다임 이론들의 가정 대부분을 공유하고 있다. 즉 이 이론은 국제제도가 국가 행동에 큰 영향을 미친다는 가정을 수용하고 있어 자유주의 이론으로 분류되나 다른 가정에 있어서는 현실주의 패러다임의 이론들과 크게 다르지 않다. 자유주의 이론들의 가정들을 일반적인 가정과 국제제도에 관한 가정으로 구분하여 살펴보면 다음과 같다.

---

2) Joseph M. Grieco, "Anarchy and the Limits of Cooperation: A Realist Critique of the Newest Liberal Institutionalism," *International Organization*, Vol. 42, No. 3 (Summer 1988), p. 488.

1) 일반적인 가정

첫째, 자유주의 이론은 국가가 더 이상 국제체제에서 가장 중요한 행위자가 아니라고 가정한다. 현실주의 이론의 경우 국가를 가장 중요한 일차적인 행위자로 보나 자유주의 이론은 국가의 중심성을 부인하고 국가 이외의 다양한 행위자에 주목한다. 따라서 현실주의 이론이 국가 간의 경쟁과 갈등에 관심을 두나 자유주의 이론은 국가의 통제를 벗어난 초국가적 행위(transnational activity)에 관심을 둔다. 이 때문에 현실주의 이론이 「국가 중심적 견해(state-centric view)」라고 불리는 것과 달리 자유주의 이론은 「다중심적 견해(multi-centric view)」라고 불린다.

자유주의 이론 가운데 기능주의 통합이론은 전문적인 이슈를 다루는 국제기구와 기술전문가를 국제정치의 중요 행위자로 간주하고 신기능주의 통합이론은 압력단체 · 정당 · 정부 기관 · 초정부 기관 등의 민관 엘리트를 중요 행위자로 본다. 상호의존론의 경우 다국적기업(MNC)과 초국가적 연합과 초정부적 연합을 중요 행위자로 간주한다.

이처럼 자유주의 이론은 비국가적 행위자를 중요시하며 국제기구의 경우 현실주의 이론과는 달리 단순히 국가에 의해 설립된 국가에 순종하는 도구로 보지 않고 제한적 의미이긴 하나 자율성을 갖는 행위자로 본다. 자유주의 이론은 각기 자신의 이익을 추구하는 다양한 행위자 간의 영향력 행사와 함께 협상과 교섭의 과정을 포함하는 국경을 넘는 정치과정에 주목한다.

둘째, 자유주의 이론은 국가를 국제정치 과정에서 독립된 행위자의 가능성을 지닌 일단의 관료조직과 제도로서 구성된 분절된 행위자(fragmented actors)로 가정한다. 이러한 자유주의 이론의 가정은 국가를 통합된 행위자로 보는 현실주의 가정과 대조를 이루는 가정이다.

셋째, 자유주의 이론은 국가를 비합리적일 수 있는 행위자로 가정한다. 자유주의 이론의 가정인 비국가적 행위자의 인정과 국가의 통합성에 대한 부인은 자연스럽게 국가의 합리성에 대한 부인으로 이어진다. 다양한 비국가적 행위자들이 국가이익과는 다른 자신의 이익을 추구하고 관료조직 사이의 이해관계 상충과 이에 따른 협상과 타협의 필요성이 합리적 결정을 어렵게 한다고 본다. 또한 개인들이 자신의 개인적인 지위나 역사적인 경험 등에 의해 오인식(misperception)을 할 수 있다는 등의 여러 가지의 경우를 들어 의사결정자가 비합리적일 수 있다는 것을 가정한다.

넷째, 자유주의 이론은 국가들이 안보와 권력에 점차 관심을 덜 두고 서로를 적이 아닌 그들 국민의 좀 더 나은 복지와 안락(comfort)을 확보하는 데 필요한 동반자로 본다고 가정한다. 이는 무정부 상태에 있는 국가들이 안보와 권력에 몰입하며 갈등과 경쟁을 하고 공동의 이익이 있어도 종종 협력하지 못한다는 현실주의 이론의 가정과 대조를 이루는 가정이다. 현실주의 이론이 국제정치에 주된 관심을 두었다면 자유주의 이론은 국제관계라는 국가 간의 정치를 포함하는 보다 포괄적인 국가 간의 관계에 관심을 둔다.

다섯째, 자유주의 이론은 경제력과 기술력(economic and technological forces)이 점증하는 국가 간의 정치적 상호의존을 가져오는 데 중요한 역할을 하며 국제체제에서 이러한 경제력과 기술력을 중요한 권력의 형태로 가정한다.[3)]

2) 국제제도에 대한 가정

앞서 언급했듯이 자유주의 패러다임 계열의 국제정치학 이론 모두가 국제제도에 관한 가정을 가지고 있는 것은 아니다. 자유주의 이론 가운데 일부인 통합이론과 상호의존론이 신자유주의적 제도주의 이론과 더불어 국제제도의 역할을 중요시하는 이론에 속한다. 한편 외교정책 결정이론과 연계정치론 같은 또 다른 부류의 자유주의 이론들은 제도가 국가에 미치는 영향에 관한 가정을 포함하지 않는데 이는 현실주의 이론처럼 제도의 영향을 과소평가하기 때문이 아니라 제도의 역할에 대해 중점을 두고 있지 않기 때문이다. 국제제도란 다의적인 개념이기 때문에 국제제도의 역할을 중요시하는 자유주의 이론들이라고 할 때 이들이 구체적으로 어떤 의미의 국제제도를 중요시하는가를 살펴보아야 한다.

현실주의 이론들은 국제체제의 특성으로서의 무정부적 상태가 국가 간 갈등과 경쟁을 불러일으키고 공동의 이익이 존재해도 서로가 협력하는 것을 막는다고 본다. 또한 무정부적 상태가 국가 간의 협력에 미치는 이러한 제약적인 영향을 국제제도가 완화시키기 어렵다고 주장한다.

이처럼 국가 간 협력의 전망과 국제제도의 능력에 대해 비관적인 현실주의 이론에 대한 도전이 1940년대와 1950년대 초기의 기능주의 통합이론 · 1950년대와 1960년대의 신기능주의 통합이론 · 1970년대의 상호의존론에 의해 이루어졌다. 제도의 역할을 강조하는 이러한 자유주의 이론들은 국제정치에 대해 암울한 설명과 예측을

3) Anthony G. McGrew, "Conceptualizing Global Politics," in Anthony G. McGrew, Paul G. Lewis et al., eds., *Global Politics: Globalization and the Nation State* (Cambridge, MA.: Polity Press, 1992), p. 20.

하는 현실주의 이론의 주장을 거부하는 동시에 국제제도가 국가 간 협력을 돕는다고 보았다. 이렇게 국제제도의 영향을 강조한다 해서 그리코(Joseph M. Grieco)는 이러한 자유주의를 「자유주의적 제도주의(liberal institutionalism)」라고 부른다.[4)]

국제제도의 역할을 중요시하는 이론들 가운데 특히 기능주의 통합이론과 신기능주의 통합이론은 현실주의 이론이 「국가는 합리적으로 국가이익을 추구한다」고 막연히 가정하기 때문에 「국가는 어떻게 그들의 이익을 정의하고 그러한 이익이 어떻게 변화하며 협력은 학습이 될 수 있는 것인가」를 설명하는 데 매우 취약하다고 보고 「국가 간 상호작용과 국제규범이 어떻게 국가이익의 정의 방식을 변형시키는가」 하는 문제를 다룬다. 즉 초국가적 상호작용 · 국가 간의 상호작용 · 국제규범이 새로운 이익의 정의를 가져온다는 생각이 이들 이론의 출발점이다. 자유주의 이론 가운데 일부는 여기에서 더 나아가 국가이익의 변화를 설명하기 위해 이러한 국제적 요인이 어떻게 국내 요인과 상호작용을 하는가를 고려하기도 한다.

1980년대의 국가 간의 긴장과 갈등은 이러한 자유주의 이론을 약화시켰으며 상당한 정도로 현실주의 이론의 적실성을 재확인했다. 그러나 이러한 상황에서도 국제체제는 붕괴하지 않았고 적정한 수준의 국제협력이 지속되었다. 이러한 현상을 설명하기 위해 새로운 자유주의 이론이 1980년대 초에 등장하여 현실주의 이론에 도전했는데 이 이론이 바로 신자유주의적 제도주의 이론이다. 그리코는 국제제도의 역할을 강조하는 전통적 자유주의 이론과 구별하여 이를 앞서 언급했듯이 「신자유주의적 제도주의 이론」이라고 칭한다.

전통적 자유주의 이론이나 신자유주의적 제도주의 이론은 모두 국제사회의 평화와 질서란 현실주의 이론들이 주장하는 것처럼 세력균형과 같은 방법을 통해 유지되는 것이 아니라 국내사회처럼 일반적으로 수용된 가치 · 행위의 규범과 규칙 · 국가 사회 간 고도의 상호의존 인식 · 국제제도 등을 통해 유지된다고 본다.[5)]

이처럼 국제제도의 역할을 강조하는 두 종류의 자유주의 이론들은 국제제도가 국가 행동에 영향을 미치고 협력을 촉진한다는 가정을 수용하고 있다는 점에서 공통적이지만 신자유주의적 제도주의 이론은 무정부 상태가 국제협력을 저해한다는 현실주의 이론의 주장을 포함하여 핵심적인 현실주의 이론의 가정의 대부분을 그대로 수

4) Joseph M. Grieco, "Anarchy and the Limits of Cooperation: A Realist Critique of the Newest Liberal Institutionalism," *International Organization*, Vol. 42, No. 3 (Summer 1988), p. 486.

5) Anthony G. McGrew, "Conceptualizing Global Politics," in Anthony G. McGrew, Paul G. Lewis et al., eds., *Global Politics: Globalization and the Nation State* (Cambridge, MA.: Polity Press, 1992), p. 20.

용하고 있다는 점에서 전통적인 자유주의 이론과 구별된다.

3. 국제제도의 정의와 관심의 변화

1) 국제제도의 정의

우리가 흔히 「국제제도」라고 번역하여 사용하는 「international institution」이라는 용어가 구체적으로 무엇을 의미하는가에 대해 이견이 존재한다. 이 용어와 더불어 빈번하게 사용되는 「국제레짐(international regimes)」과 「국제기구(international organizations)」라는 용어들 역시 여러 가지로 정의되고 있고 종종 「international institution」이라는 용어와 동일한 것을 지칭하는 용어로 사용되기도 한다. 여기에서는 「international institution」이란 무엇을 의미하는가를 살펴보고자 한다.

영영사전에 따르면 「institution」이란 「사회에 있어서 확립된 법・관습・관행(any established law, custom, practice in a society)」이라는 의미와 「특정 목적의 촉진을 위한 조직(an organization devoted to the promotion of a particular object)」이라는 의미를 모두 포함한다. 이렇게 「institution」이라는 말이 「규칙」이라는 의미와 「조직」이라는 두 가지 의미를 포함하고 있으므로 영미권의 학자들마저도 이를 정의하면서 두 가지 의미 중 어느 하나를 포함하기도 하고 포함하지 않기도 한다.

일반적으로 영미인들은 「institution」이라는 용어를 「사회적인 상호작용을 구조화하는 확립되고 널리 퍼져있는 사회 규칙의 체제(system of established and prevalent social rules that structure social interactions)」라고 정의한다.6) 이는 「institution」을 일반적으로 「규칙」이라는 의미로 사용하고 있다는 의미이다. 영(Oran R. Young)과 같은 학자가 이러한 종류의 학자로서 「institution」의 내용에서 「조직」이라는 의미를 빼고 「규칙」이라는 의미로 사용하고자 한다.

코헤인(Robert O. Keohane)도 「institution」를 두 의미 모두를 포함하는 용어로 사용하고자 한다. 콜리아네세(Cary Coglianese)는 「institution」의 두 가지 의미를 모두 포함해 「international institution」을 국제규칙(international rules)과 국제기구(international organizations) 모두를 의미하는 용어로 사용하고자 한다.7) 텔렌과 스타인모

---

6) Geoffrey M. Hodgson, "What Are Institutions?" *Journal of Economic Issues*, Vol. 40, No. 1 (2006), pp. 1-25.

7) Cary Coglianese, "Globalization and the Design of International Institutions," in Joseph S. Nye Jr. and John D. Donahue, eds., *Governance in a Globalizing World* (Washington, D. C.: Brookings Institution Press, 2000), pp. 297-318.

(Kathleen Thelen and Sven Steinmo)도 국제제도는 공식적인 기구와 더불어 행위를 구조화하는 비공식적인 규칙과 절차 모두를 포함한다고 본다.8)

본 저서에서는 이러한 사전적인 정의에 충실하여 「institution」을 「규칙」과 「조직」이라는 두 의미를 동시에 포함하고 있는 개념으로서 보고자 한다. 이렇게 두 가지 의미를 지니는 「institution」이라는 말을 우리말로 어떻게 번역하여야 하는가의 문제가 있다. 흔히 이를 「제도」라고 번역하는데 우리말 사전에 「제도」는 「관습·도덕·법률 따위의 사회의 종합적 규범」이라고 흔히 정의되고 있다. 따라서 「institution」을 「제도」라고 번역하면 「조직」이라는 의미가 포함되지 않고 「규칙」이라는 의미만 포함되게 된다.

이 두 의미를 포함하는 하나의 우리말 용어가 부재한 가운데 이 용어가 대다수 사람에게 익숙해져 있는 상황에서 두 의미 모두를 포함하고 있지 않다는 이유로 「제도」라는 용어를 사용하지 않는 것은 현실적이지 못하다. 이것을 고려하여 「institution」이라는 말을 이전대로 「제도」라고 번역하여 사용하고자 한다. 단 이 용어에는 「규칙」이라는 말 이외에 「조직」이라는 의미가 포함된 것으로 이해하고자 하며 협의의 제도와 광의의 제도로 구분하여 협의의 제도에는 「규칙」만이 포함되고 광의의 제도에는 「규칙」과 더불어 「조직」 모두를 포함하는 의미로 보고자 한다.

2) 타 개념과의 관계

여기에서는 구체적으로 국제제도·국제레짐·국제기구가 무엇을 의미하고 이들이 서로 어떤 관계를 지니고 있는가를 코헤인과 영의 견해를 중심으로 살펴보고자 한다.

(1) 코헤인의 견해9)

코헤인은 국제제도를 「역할을 규정하고 활동을 제약하며 기대를 구체화하는 지속적이고 연계된 공식적 혹은 비공식적 규칙의 집합(persistent and connected sets of formal or informal rules that prescribe behavioral roles, constrain activity, and shape expectations)」으로 정의한다.

---

8) Kathleen Thelen and Sven Steinmo, "Historical Institutionalism in Comparative Perspective," in Kathleen Thelen and Sven Steinmo, eds., *Structuring Politics: Historical Institutionalism in Comparative Analysis* (Cambridge, UK: Cambridge University Press, 1992), p. 2.

9) Robert O. Keohane, *International Institutions and State Power: Essays in International Relations Theory* (Boulder, San Francisco, and London: Westview Press, 1989), pp. 4-5; Robert O. Keohane, "International Institutions: Two Approaches," *International Studies Quarterly*, Vol. 32, No. 4 (1988), pp. 379-396.

이러한 국제제도에 국제관계의 특정 이슈 영역에 있어서 국가들에 의해 합의된 명시적인 규칙을 구성요소로 하는 제도인 국제레짐뿐만 아니라 행위자들의 기대하는 바를 규정짓는 묵시적인 규칙들과 이해(understanding)를 지닌 비공식적인 제도인 관습과 공식적이고 지속적인 구조물을 지닌 제도인 국제기구가 포함된다고 본다.

코헤인은 국제레짐을「국가나 초국가적 행위자 혹은 국가와 초국가적 행위자 모두를 포함하는 국제관계에서 특정 이슈에 적용되는 구체적인 제도(specific institutions involving states and/or transnational actors, which apply to particular issues in international relations)」라고 정의하고 국제기구를「명시적인 규칙 · 개인과 집단으로의 역할의 구체적인 배분 · 행동을 위한 역량을 지닌 목표 지향적인 제도(purposive institutions with explicit rules, specific assignments of roles to individuals and groups, and the capacity for action)」라고 정의하고 있다. 코헤인은 국제기구란 국제레짐과 달리 기금을 조성하고 사용하며 정책을 공포하고 자유 재량적인 의사결정과 같은 목적 지향적인 활동에 종사한다고 본다.[10]

코헤인은 이처럼 국제제도를 가장 포괄적인 개념으로 보고 이를 구성하는 다양한 형태의 국제제도에 국제레짐과 관습 그리고 국제기구를 포함시키고 있다.[11] 그러나 가장 일반적으로 사용되고 있는 국제레짐이라는 용어가「특정 국제관계 영역에서 행위자의 기대하는 바가 수렴하는 명시적이거나 묵시적인 원칙 · 규범 · 규칙 · 의사결정 절차(implicit or explicit principles, norms, rules and decision-making procedures around which actors' expectations converge in a given area of international relations)」라고 정의되고 있다는 것을 고려하면 코헤인이 국제레짐과 구별하고 있는 관습이라는 개념을 국제레짐의 개념에 포함하는 것이 적절할 것이다.[12]

(2) 영의 견해[13]

영(Oran R. Young)은 국제제도라는 개념과 국제기구라는 개념이 혼용되고 있다

10) Robert O. Keohane, "International Institutions: Two Approaches," *International Studies Quarterly*, Vol. 32, No. 4 (December 1988), p. 384.

11) 러기(John G. Ruggie)는 국제레짐을 가장 상위의 포괄적인 개념으로 간주하고 여기에 국제제도와 국제기구가 포함된다고 본다: John G. Ruggie, "International Responses to Technology: Concepts and Trends," *International Organization*, Vol. 29, No. 3 (1975), p. 568.

12) 이러한 국제레짐의 정의는 크라즈너가 내린 정의이다: Stephen D. Krasner, "Structural Causes and Regime Consequences: Regimes as Intervening Variables," in Stephen D. Krasner, ed., *International Regimes* (Ithaca, NY: Cornell University Press, 1983), p. 2; Stephen D. Krasner, "Structural Causes and Regime Consequences: Regimes as Intervening Variables," *International organization*, Vol. 36, No. 2 (Spring 1982), p. 186.

13) Oran R. Young, *International Cooperation: Building Regimes for Natural Resources and the Environment* (Ithaca, NY: Cornell University Press, 1989), pp. 12-13, 32.

고 지적하면서 이 두 개념은 구별되어 분리되어야 함을 강조한다. 이처럼 두 개념을 구분하면서 국제레짐을 국제제도의 하위개념으로 보고자 한다. 영이 제시한 국제제도 · 국제레짐 · 국제기구 개념의 정의와 이들 간의 관계를 좀 더 상세히 살펴보고자 한다.

영은 제도를 「역할 수행자들 사이의 관계를 규정하는 일단의 규칙들이나 관행들과 결부된 인식이 용이한 역할들로 구성된 사회적 관행(social practices consisting of easily recognized roles coupled with clusters of rules or conventions governing relations among the occupants of these roles)」이라고 정의하고 있다. 영은 이러한 국제제도는 국제질서(international order)와 국제레짐(international regimes)이라는 하위개념으로 구성된다고 본다.

구체적으로 영은 국제질서를 「광범위한 특정 이슈들에 걸쳐 모든 혹은 거의 모든 국제사회의 구성원들의 활동을 지배하는 광범위하고 기본이 되는 제도(broad, framework arrangements governing the activities of all(or almost all) the members of international society over a wide range of specific issues)」로 정의하고 있다. 이러한 정의하에 국제정치 질서란 중앙정부가 부재한 가운데 상호작용을 하는 영토에 기반을 둔 주권을 가진 국가들의 체제이고 국제경제 질서란 하나의 포괄적인 경제 제도로서 판매자와 구매자가 국제시장에 자유로이 참가하는 교환관계의 체제라고 본다.

영은 국제레짐을 국제질서보다 구체성을 지닌 국제제도로서 「특정할 수 있는 활동이나 일단의 활동에 관여하고 있는 행위자들의 행동을 규정하는 제도(social institutions governing the actions of those involved in specifiable activities or set of activities)」로 정의하고 있다.

영은 이러한 정의와 더불어 예컨대 국제경제 질서라는 좀 더 광범위한 국제제도 아래에 이보다 좀 더 구체적인 국제제도로서 국제무역 레짐 · 국제금융 레짐 · 국가 간의 직접투자를 규정하는 국제레짐 등이 포함된다고 본다. 다시 말해 국제레짐이란 명확하게 정의된 활동 · 자원 · 지역과 관련되고 때에 따라서는 국제사회의 구성원 중 일부만을 포함하는 좀 더 전문화된 제도를 의미한다.

영은 국제기구를 「물리적인 위치 · 사무소 · 직원 · 시설 · 예산을 지닌 물적인 실체(material entities possessing physical locations, offices, personnel, equipment, and budgets)」로서 정의한다. 국제통화기금(IMF)이나 세계은행(World Bank)과 같은 조직이 이러한 국제기구에 해당한다고 본다. 그는 모든 국제레짐이 이러한 공식적인 기구나 조직을 필요로 하는 것은 아님을 강조하면서 국제레짐을 포함한 국제제도와 국제기구를 구별하고 있다. 요약하자면 영은 국제제도와 국제기구를 별도의 것으로 간주하고 국제제도 아래에 국제질서와 국제레짐이 존재한다고 본다.

그러나 영의 이러한 구분은 위에서 살펴본 제도에 관한 사전적 정의와 일치하지 않는다. 즉 제도는 항상 특정 목적의 촉진을 위한 조직의 의미와 사회에 있어서 확립된 법·관습·관행이라는 두 의미를 모두 포함하기 때문이다.

(3) 결 어

앞서 본 저서에서는 사전적 정의에 충실하여 제도를 규칙과 조직 모두를 포함하는 개념으로 보고자 한다고 언급했는데 이는 국제제도를 국제레짐과 국제기구를 포함하는 개념으로 본다는 의미이다. 즉 국제제도를 상위개념으로 하여 국제레짐과 국제기구를 국제제도의 구성요소로 본다는 의미이다.

이러한 견해는 국제제도에 국제레짐과 국제기구를 포함한다는 점에서 코헤인의 견해와 유사하나 관습을 국제레짐과 국제기구 이외에 국제제도를 구성하는 별도의 요소로 간주하지 않고 크라즈너의 국제레짐 정의에 따라 국제레짐의 구성요소로 간주한다는 점에서 코헤인의 견해와 다르다.

3) 국제제도에 관한 관심의 변화

국제제도를 광의의 의미로 사용하여 협의의 제도로서의 국제레짐과 더불어 국제기구를 동시에 의미한다고 할 때 국제제도의 역할을 강조하는 자유주의 이론들 사이에 있어서도 구체적으로 어떤 것에 중점을 두고 있는가를 두고 차이를 보인다.

(1) 통합이론: 국제기구에 중점

기능주의 통합이론은 국제제도 중에서 국제노동기구(ILO)와 같은 전문기구가 국가의 주권에 대해 정면으로 도전하지 않으면서 중요한 과업을 시행할 수 있어 협력을 촉진한다고 보았다. 신기능주의 통합이론에 있어 유럽경제공동체(EEC)와 같은 초국가적 기구는 자신들의 좁은 영토 내에서 복지라는 목표를 더 이상 실현할 수 없다고 느끼는 국가들에 의한 적절한 지역적인 협력체이다.

이처럼 기능주의 통합이론과 신기능주의 통합이론은 국제기구를 통한 중앙집중적인 다자적 관리과정을 강조했기 때문에 이들의 국제질서에 대한 접근방법은 「중앙집중적 접근」이라고 할 수 있다. 구체적으로 이들 이론은 국가의 필요를 충족시키기 위해 집단적인 접근의 필요를 강조하고 국가들의 활동에 대한 국제적인 규제와 통제의 필요성·정책의 조정 필요성·초국가적 정부의 필요성을 강조하면서 국제기구를 통한 다자적인 관리과정이 국제관계의 안정화에 공헌한다고 본다. 이들과는 대조적으로 국제정치에 있어서 질서와 협력을 위해 좀 더 분권적인 접근을 시도하는 것이 신자유주의적 제도주의 이론이다.

(2) 상호의존론: 국제기구 개념의 변화와 국제레짐 개념의 태동

코헤인과 나이는 1977년에 출간된 「권력과 상호의존: 전환기의 세계정치(Power and Interdependence: World Politics in Transition)」라는 책을 통해 상호의존론을 제시하면서 국제기구라는 개념을 새롭게 정의하고 나아가 국제레짐이라는 개념을 새롭게 소개했다. 그러면서 이들은 다수의 이슈가 불완전하게 연계되어 있고 초국가적 연합과 초정부적 연합이 빈번히 형성되는 국제사회에서 정치적 협상에서 국제제도의 잠정적 역할이 매우 증가한다고 주장하고 있다.

상호의존론을 전개하는 국제정치 학자들이나 상호의존론에 영향을 받은 국제기구 학자들은 이제까지 통합이론에 의해 통합을 위한 매개자와 궁극적인 국제질서의 창출자로서 간주되어 온 공식적이고 지속적인 구조를 가진 물질적 실체라는 국제기구의 정의로부터 탈피하고자 했다. 예컨대 코헤인과 나이는 국제기구를 「공식적인 제도와 관계있는 정부 간·초정부 간 연계망의 군집(clusters of intergovernmental and transgovernmental networks associated with the formal institutions)」이라고 정의함으로써 국제기구를 지속적이고 공식적인 구조로 파악하던 전통적인 견해와 결별했다.14)

이러한 국제기구에 대한 새로운 정의와 더불어 상호의존론은 국제체제의 특징을 복합적 상호의존(complex interdependence)으로 규정하고 이러한 상호의존 속에서 국가들은 상호이익을 위해 다양한 이슈 영역에 걸쳐 협력하게 되며 이러한 협력의 증대는 이를 유지할 국제제도가 필요하다는 인식하에 이러한 상호의존의 제도화 측면에 주목하였다. 이러한 상호의존의 제도화 측면에 대한 분석을 위해 제도화된 집단적인 행태(institutionalized collective behavior)15) 혹은 명시적인 조직을 수반할 수도 그렇지 않을 수도 있는 기대하는 바가 수렴하는 인정된 패턴(recognized patterns around which expectations converge, which may or may not be accompanied by explicit organizational arrangements)으로 정의되는 「국제레짐(international regimes)」이라는 개념을 도입했다.

---

14) Robert O. Keohane and Joseph S. Nye, Jr., *Power and Interdependence: World Politics in Transition* (Boston: Little Brown, 1977), p. 240.

15) John Gerard Ruggie, "International Responses to Technology: Concepts and Trends," *International Organization*, Vol. 29, No. 3 (Summer 1975), pp. 557-583.

상호의존론자들은 상호의존의 세계에서 국가 간의 비대칭적인 상호의존이 권력의 원천으로 작용한다는 것을 강조한다. 즉 상호의존 관계에 있는 국가 중 의존관계가 낮은 국가는 특정 이슈 영역에서의 교섭이나 혹은 연계된 다른 이슈 영역에서의 교섭에 영향을 주고자 할 때 이러한 비대칭적인 의존관계를 자신의 목적 달성에 유리한 권력관계로 이용할 수 있다고 본다. 이러한 상호의존과 권력의 상관관계가 이슈 영역별 국제레짐으로서 투영된다고 보는 동시에 국가들은 이러한 상호의존과 권력과의 관계를 관리하기 위해 이러한 국제레짐을 창설한다고 본다.

상호의존론은 그 뒤를 이어 등장한 국제레짐론의 토양을 제공한 셈이지만 국제기구에 대한 논의로부터 멀어진 국제레짐론과는 달리 여전히 국제기구의 역할과 기능에 관해 관심을 두고 있었다는 점에서 이들은 구분이 된다고 볼 수 있다. 이런 의미에서 상호의존론은 국제기구라는 하드웨어에 더 큰 비중을 둔 통합이론과 국제레짐이라는 소프트웨어에 중점을 둔 국제레짐론의 중간 지점에 과도적인 상태로 있다고 볼 수 있다. 상호의존론에서 언급되기 시작한 국제레짐이라는 개념은 국가 행동에 영향을 미치는 독립변수로서의 위상을 차지하기보다는 어떻게 형성되고 변화되는가의 설명이 필요한 종속변수인 것을 특징으로 한다.

(3) 국제레짐론: 국제레짐에 중점

상호의존의 시대에 이슈 영역마다 국제적 결과로서 국가 간에 제도화된 상호작용의 패턴이 존재한다는 인식이 1970년대 후반 상호의존론에 의해 제기된 이래 국제레짐론이 활성화되기 시작했다.

1980년대에 들어서 상호의존론의 이러한 인식이 확대되어 국제레짐이 무정부성을 특징으로 하는 국제체제에서 국제공동체의 질서를 유지하도록 하고 다양한 문제를 극복하도록 돕는 존재로 인식되었다. 「국제관계의 특정 영역에 있어서 행위자들의 기대하는 바가 수렴하는 일련의 묵시적이거나 명시적인 원칙·규범·규칙·의사결정 절차」라고 하는 크라즈너의 국제레짐에 대한 정의[16]가 일반화된 가운데 각종 비안보적 이슈 영역에까지 적용되기에 이르렀으며 이로써 국제질서에 대한 분권적인 접근이 본격화되었다.

국제레짐 가운데 어떤 것은 공식적인 국제기구를 가지고 있고 어떤 것은 공식적

16) 이러한 국제레짐의 정의는 크라즈너가 내린 정의이다: Stephen D. Krasner, "Structural Causes and Regime Consequences: Regimes as Intervening Variables," in Stephen D. Krasner, ed., *International Regimes* (Ithaca, NY: Cornell University Press, 1983), p. 2; Stephen D. Krasner, "Structural Causes and Regime Consequences: Regimes as Intervening Variables," *International organization*, Vol. 36, No. 2 (Spring 1982), p. 186.

인 국제기구 없이 운용된다. 그러나 이러한 국제레짐으로의 관심의 이동은 전통적으로 있어서 왔던 국제기구에 관한 관심과 이해를 국제 거버넌스(international governance)라는 더 광범위한 것에 관한 관심과 이해로 대체시켰다. 이로써 이제까지 행해져 온 국제기구 연구를 약화시키고 나아가 국제기구의 정체성 위기까지 야기하기에 이르렀다.17)

전통적으로 국제기구 연구는 국제기구의 설립헌장과 조직에 대한 법적·제도적 연구라는 정태적인 연구로부터 시작하여 국제기구에서의 의사결정 과정과 같은 동태적인 연구로 방향을 옮겨가면서 연구의 주된 초점을 국제기구가 주어진 과업을 얼마나 효율적으로 수행했는가의 성과에 두었다. 그러나 국제레짐론이 등장하면서 연구의 중점이 국제기구가 아닌 국제레짐과 같은 국제제도가 국제적 결과에 미치는 영향으로 전환되었다.18)

이러한 경향에 대응하여 국제레짐 연구의 중요성을 인정하는 한편 국제레짐론이 경시하는 국제레짐이 갖는 조직적인 면모(organizational features)에 관한 연구의 필요성이 강조되었다. 즉 명시적 혹은 묵시적인 규범으로 구성된 국제레짐과 공식적인 관료적 구조를 지닌 국제기구의 연관이 중요하다는 인식이 강화되었다.

이러한 인식의 강화는 유엔과 같은 다목적 국제기구라든가 국제노동기구(ILO)나 세계보건기구(WHO)와 같은 기능적 국제기구의 수가 매우 증가하고 있어 국제기구의 연구 필요성이 제고된 결과라고 볼 수 있다. 이처럼 국제레짐론에 의해 연구의 중심이 국제기구에서 국제레짐으로 이동하면서 국제기구 연구의 필요성을 둘러싼 논쟁이 전개되었는데 이를 간단히 살펴보면 다음과 같다.

계서적이고 관료적인 구조(hierarchical and bureaucratic structures)가 합리적 경영의 효율성을 증진시킨다고 보는 일단의 학자들은 공식적인 구조를 갖는 기구(formal

---

17) 국제기구의 중요성 일반과 국제기구 중요성의 쇠퇴에 관한 글은 다음을 참조하시오: Jon McLin, "Surrogate International Organization and the Case of World Food Security," *International Organization*, Vol. 33, No. 1 (Winter 1979), pp. 35-55.

18) 일단의 국제기구 연구가들이 유엔과 같은 공식적인 국제기구(formal international organization)가 지속적인 다자간 상호작용을 가장 잘 드러내는 것이기는 하나 중앙정부가 부재한 국제체제에서 질서와 협력의 패턴을 창출하는 국제 거버넌스(international governance)의 과정이란 이러한 공식적인 구조를 지닌 국제기구에 한정되어 있지 않다고 생각하게 되었다. 그 결과 국제기구 연구 분야가 이제까지의 유엔과 같은 국제기구를 넘어 확장되어야 한다고 주장했다. 이러한 맥락에서 1980년대 학자들은 국제레짐이라는 개념을 수용했으며 이로써 국제기구의 연구는 공식적인 조직체로서의 연구에서 벗어나 국가 간의 협력과 갈등의 패턴에 관한 연구로 광범위하게 정의되었고 그 결과 국제정치의 연구와 구별할 수 없게 되었다. 이러한 변화는 국제기구 연구 분야의 대표적인 저널인 「International Organization」이란 저널에 게재된 그 당시의 글들의 성격에서도 잘 드러난다. 전통적인 국제기구의 연구에 가한 국제레짐론의 이러한 도전은 다른 많은 국제기구 분석가들에게 국제레짐론과 더불어 현대조직이론가들이 제공하는 국제기구에 대한 새로운 통찰을 받아들이도록 했다.

organizations)가 다른 조직화의 형태를 대체할 것으로 본다. 사회질서를 국제관계의 계서적인 조직화의 결과로 보는 많은 학자와 의사결정자들 역시 국제체제에서 계서적이고 중앙집권화된 제도가 국가 간의 협력과 평화를 촉진할 것이라고 기대한다.

이와는 대조적으로 계서적인 기구가 사회질서를 창출하는 가장 효율적인 조직의 형태일 필요는 없다는 주장도 존재한다. 코니베어(John A. Conybeare)와 같은 학자는 국제체제의 문제들에 대한 몇몇 분권적인 해결책을 초국가적인 관료조직의 형성을 통한 문제해결을 옹호하는 접근법과 구별하고 마약 문제로부터 공해 문제에 이르는 많은 국제문제가 계서적인 국제기구의 형태를 창출하지 않고도 만족스럽게 해결될 수 있다고 본다.[19]

현대조직이론이라는 조직에 관한 사회학적 접근은 급변하는 환경 속에서 작동하는 기구가 계서적이라기보다 분권화되었을 때 조직의 목표를 좀 더 달성하기 쉽다고 본다.[20] 관료에의 의존과 정치영역에서 주도면밀하게 조직화된 억압적인 장치에의 의존은 커다란 비효율성을 가져올 수 있다는 것이다. 계서적인 조직이 효율성을 증대시킬 수 있는가는 조직이 면하고 있는 환경과 조직이 지닌 구조가 어느 정도 적절한가에 달려 있다고 본다.

이러한 문헌들은 어떤 조직의 형태가 성공적인 국제레짐을 가장 잘 지탱할 수 있도록 하는가에 관한 중요한 문제를 제기한다. 즉 국제레짐의 효율성을 확보하기 위한 조직 설계(organizational design)에 관한 문제를 제기한다. 이러한 문제에 대해 영(Oran R. Young)의 견해가 우리에게 많은 것을 시사한다. 앞서 언급했듯이 영은 국제기구를 직원·예산·시설 등을 지닌 구체적인 구조를 지닌 물질적 실체로 보고 모든 국제레짐이 이러한 공식적인 기구나 조직을 필요로 하는 것은 아님을 강조한다. 그는 국제레짐을 포함한 국제제도를 국제기구와 구별하고 이들 사이의 관계를 연구할 필요성을 제기한 바 있다.[21]

(4) 신자유주의적 제도주의 이론: 국제레짐 이외의 국제제도에도 관심

코헤인은 1984년에 출간된 「패권 이후(After Hegemony)」라는 책에서 패권 이후

---

19) John A. Conybeare, "International Organization and the Theory of Property Rights," in Friedrich Kratochwil and Edward D. Mansfield, eds., *International Organization: A Reader* (New York: Harper Collins College Publishers, 1994), pp. 159-174.

20) 현대조직이론은 조직을 폐쇄된 체제(closed-system)로 간주하던 전통적인 접근법으로부터 탈피하여 조직을 개방된 체제(open-system)로 바라보는 특징을 지니며 조직의 내적 구조의 관점에서 결과(outcomes)를 설명하려는 시도에서 벗어나 기구와 기구들이 면하고 있는 환경과의 상호작용을 강조하는 접근법으로의 변화를 그 특징으로 한다.

21) 이에 관한 보다 상세한 논의는 신자유주의적 제도주의 이론에 대한 평가 부분에서 소개하고자 한다.

의 세계에서의 협력 가능성에 관심을 집중하면서 국제레짐뿐 아니라 국제기구와 관습을 포함하여 국제제도로 총칭하면서 신자유주의적 제도주의 이론을 성립시켰다.[22)]

신자유주의적 제도주의 이론 부분에서 재차 언급하겠지만 국제레짐론과 신자유주의적 제도주의 이론을 구별하지 않는 경우가 적지 않다. 이는 신자유주의적 제도주의 이론이 국제레짐 이외에 국제기구와 같은 요소를 국제제도에 포함시키고 있어 국제레짐론과 구별되나 여전히 국제제도 일부로서 국제레짐을 포함하고 있고 국제제도 중에서 국제레짐에 상대적으로 많은 관심을 두고 있기 때문이다. 따라서 국제레짐론이라는 용어와 신자유주의적 제도주의 이론이라는 용어가 혼용하여 쓰이기도 한다는 사실을 염두에 두는 한편 국제레짐론이 신자유주의적 제도주의 이론의 일부라는 점에 관심을 둘 필요가 있다.

1980년대 말 독일 통일과 더불어 시작되고 소련의 붕괴로 본격화된 냉전의 종식과 유럽통합의 진전은 신자유주의적 제도주의 이론으로의 관심을 증대시켰으며 과거 비안보 이슈 영역에 국한되었던 신자유주의적 제도주의 이론의 분석대상을 안보 이슈 영역으로까지 확장시키는 중요한 계기가 되었다. 이러한 경향은 탈냉전기에 접어들어 민주주의라는 제도와 평화의 상관관계를 밝히고자 활발하게 논의를 전개하고 있는 민주평화론(Democratic Peace Theory)과 같은 이론에서도 드러난다.

신자유주의적 제도주의 이론은 이처럼 국제제도가 국제적 결과에 미치는 영향에 관심이 있을 뿐 아니라 미국과 소련 사이의 핵 학습과 같은 국가 간 비공식적 규칙의 형성과정에 관심을 두는 등 국제제도의 형성에 중대한 영향을 미치는 요인들에 관한 연구 역시 활발하게 전개하고 있다.

제 2 절 외교정책 결정이론[23)]

1. 등장 배경과 특징

현실주의 패러다임 편에서 설명했듯이 외교정책 결정에 대한 현실주의적 접근법

22) 앞서 살펴보았듯이 코헤인은 국제제도를 정의하면서 국제제도에 국제레짐 · 국제기구 · 관습을 모두 포함시키고 있다. 여기서 관습이란 상호성(reciprocity)과 같이 국제레짐과 같은 기능을 하는 비공식적 국제규범을 일컫는다.

23) 한국의 정치외교학과나 국제관계학과의 교과목을 보면 「국제정치학(혹은 국제관계론)」이 있고 별도의 과목으로서 「외교정책론」이 있다. 전자의 경우는 일반적으로 국가와 국가 사이의 관계 즉 국제관계의

은 한마디로 국가 중심적 접근이다. 즉 다른 어떤 국제적인 행위자가 아닌 국가가 대외정책의 결정 단위이며 국가 혹은 국가를 대신하여 행동하는 정부는 분석의 목적상 의도적으로 목적을 추구하는 개인처럼 통합된 합리적인 행위자로 취급된다. 이러한 가정에 근거하여 현실주의자들은 국가 간 권력투쟁이라는 관점에서 국가 행동을 설명한다.

그러나 국가이익을 적절한 정보에 기초하여 냉철한 수단과 목적 간의 계산을 통해 추구한다는 것을 가정한 현실주의 이론의 합리적 행위자 모델(rational actor model)은 1950년대 중반에 미국의 국제정치학계에 등장하여 1960년대에 국제관계를 분석하는 이론으로서 확고히 자리 잡은 외교정책 결정이론의 도전을 강하게 받았다.

이러한 외교정책 결정이론의 등장과 발전에는 앞서 언급하였듯이 행태주의의 영향이 지대했다. 이 당시 행태주의가 미국의 사회과학계를 강타하면서 행태주의의 실증주의적 접근법이 외교정책 결정이론에 일반이론으로서 발전할 수 있는 토양을 제공하였다. 이러한 과정에서 타 학문 분야에서 이루어진 일반적인 의사결정에 관한 학문적 성과 역시 외교정책 결정이론의 등장과 발전에 중요한 역할을 했다.

이 이론이 등장하여 발전하게 된 또 다른 배경에는 그 당시 국제정치 상황으로서의 베트남전이라는 요인이 자리하고 있었다. 구체적으로 미국의 베트남전에의 개입과 전개 과정을 둘러싸고 미국의 대외정책이 논란의 와중에 놓이게 되었던 것이다. 앞서 전통적 현실주의 이론 부분에서 모겐소(Hans J. Morgenthau)와 키신저(Henry A. Kissinger)가 전통적 현실주의 이론에 바탕을 두고 동일하게 국가이익을 고려했음에도 불구하고 베트남에의 미국개입을 둘러싸고 상반된 정책을 제시했다는 것을 언급한 바 있듯이 전통적 현실주의 이론은 이러한 이론으로부터 서로 모순되는 정책이 도출될 수 있다는 결점을 드러냈다.

베트남전에서의 미국의 패배는 이러한 경향을 더욱 부채질했다. 구체적으로 미국의 베트남전 패배는 「무엇 때문에 미국은 가장 우수한 전력과 인적 자원을 가지고도 베트남전에서 패배했으며 무엇이 미국의 우수한 인적 자원을 잘못 계도했는가」와 같은 질문을 불러일으켰다. 이러한 질문과 더불어 합리적인 행위자로 가정되어온 정부

특징을 종속변수로서 설명하려 한다. 이러한 종속변수를 설명하는 독립변수로서 국내 변수를 고려하여야 한다거나 국내 변수와의 연계를 고려하여야 한다는 요구가 제기되나 일반적으로 국제체제의 특징과 같은 국제체제 수준의 변수를 주로 고려한다. 후자의 경우는 국가 간의 관계가 아닌 개개 국가의 대외적 행동을 종속변수로서 설명하고자 한다. 이러한 국가의 대외적 행동을 설명하는 독립변수로서 국제체제 수준의 변수가 포함되기는 하나 이보다는 주로 국가·사회·조직·관료·개인의 특성과 같은 하위체제 수준(subsystemic level)의 변수를 강조한다. 일반적으로 국제정치학(혹은 국제관계론) 교과서들은 전자와 후자 모두를 포함하고 있다.

자체가 문제일 수 있다는 발상이 강화되었고 외교정책의 결정에 있어서 비합리성(irrationality)이 더욱 주목을 받게 되었다.

이로써 외교정책 결정의 주체로서 국가라는 추상적인 주체를 상정하는 합리적 행위자 모델에 의존한 의사결정 이론이 1960년대 말과 1970년대에 퇴각하고 대신에 오류를 범할 수 있는 인간(fallible human beings)의 요인들과 더불어 의사결정자의 인식·성격과 같은 개인적인 특성·조직의 맥락·관료적인 맥락 등을 중요시하는 정책 결정이론이 활발하게 전개되었다.

이러한 새로운 외교정책 결정이론에 선구적인 역할을 한 학자들이 스나이더·브룩·사핀(Richard C. Snyder·Henry W. Bruck·Burton Sapin)이었으며 이들의 접근법을 일컬어 「정책 결정 접근방법(decision-making approach)」이라고 한다. 이들에게 큰 영향을 미친 것은 의사결정자는 극대화(maximizing)보다는 적정화(satisficing)를 거의 대부분의 경우에 추구한다는 것을 주장한 사이먼(Herbert Simon)의 제한된 합리성(bounded rationality) 개념과 대부분의 의사결정이 본질적으로 점진적이며 연계되어 있지 않고 그저 적당히 이루어짐(incremental and disjointed, just muddling through)을 강조한 린드블롬(Charles Lindblom)의 점진주의(incrementalism) 개념이었다.

행태주의적 현실주의 이론 편에서 살펴본 합리적 행위자 모델에 기초를 두고 있는 현실주의 외교정책 결정이론이 외교정책의 과정을 암상자(black box) 속에 집어넣고 결과만을 주시하는 데 반해 자유주의 외교정책 결정이론은 특정의 국가가 특정의 외교정책을 결정한 동기와 이러한 외교정책에 영향을 미치는 요인과 결정 과정에 주목한다. 즉 현실주의 외교정책 결정이론이 닫아두었던 암상자를 열고자 했다.

외교정책 결정이론은 국제관계에 관한 미시적 관점으로서 국제체제의 수준으로부터 국제관계를 설명하려고 하는 거시적 관점과 대조를 이룬다. 외교정책 결정이론은 국가의 관점으로부터 국제관계를 설명함으로써 외교정책 행태상의 국가 간 차이를 부각시키며 국가의 국내적 환경을 이러한 행태의 결정자로 본다. 이런 관점에서의 분석은 자세하나 복잡한 그림을 그리고 있다는 비판을 받기도 한다.[24)]

외교정책 결정을 분석하는 데 있어서 외교정책 결정이론의 전제는 국가들의 외교정책 사이에 큰 차이가 존재하는 것은 사실이나 충분히 비슷한 따라서 비교할 만한 행태의 패턴이 존재하여 관찰자에게 국가들이 추구하는 목표·사용하는 수단의 범주·무슨 영향력의 결과로서 누가 대외정책을 실질적으로 결정하는가와 같은 것

24) 외교정책 결정이론은 외교정책의 결정에 이르는 과정을 주요한 분석대상으로 하여 이러한 과정을 일반화하는 것에 목표를 두고 있다고 볼 수 있다.

들에 대한 일반화된 진술을 만들 수 있게 한다는 것이다. 다양한 외교정책 결정이론을 제한된 합리성 모델(limited rationality model)과 비합리적 행위자 모델(irrational actor model)로 나누어 살펴보고자 한다.

2. 제한된 합리성 모델(Limited Rationality Model)[25)]

1) 사이먼의 제한된 합리적 행위자 모델[26)]

포괄적인 합리적 행위자 모델은 적정화 모델(Satisficing Model)을 제안한 사이먼(Herbert A. Simon)이 중심이 된 그룹에 의해 도전을 받았다. 이들은 행정과정에서의 의사결정에 환경적인 요인이 제약적인 요소로 작용하는 것을 강조했다. 즉 인간은 선택의 자유를 가진 능동적인 행동의 주체이나 현실적으로 이러한 선택의 자유는 항상 개인과 환경의 여러 요인에 의해 제한된다는 것이다. 그러나 일정한 목표를 달성하는 방향으로 의사결정을 되풀이함으로써 환경적 요인 그 자체를 바꿀 수도 있다는 능동적이고 창조적인 측면도 강조했다.

이들은 현실주의의 포괄적 합리성 모델(comprehensive rationality model)을 정보의 불충분과 같은 현실을 고려하지 않은 이념적이고 비현실적인 모델이라고 비판하고 인간은 의사결정 과정에서 한정된 합리성만을 갖는 것에 불과하다고 본다. 즉 인간은 제한된 정보와 제한된 의사결정 능력을 지니며 모든 가능한 대안과 이들이 가져올 결과를 알 수 없다는 것을 강조했다.

사이먼은 현실주의의 포괄적 합리성 모델이 절차적 합리성(procedural rationality)을 연역적으로 적용함으로써 분석과 결론을 왜곡시킬 뿐 아니라 성취될 목표에 대해서는 아무 말도 하고 있지 않다고 비판하고 대신에 실질적 합리성(substantive rationality)으로 돌아가 인간의 한계를 전제로 한 가운데 무엇이 합리적인 것인가를 강조하고자 한다.[27)] 여기서 절차적 합리성이란 결정에 이르는 데 적용된 절차의 합리성에 관한 것이고 실질적 합리성이란 결정 자체의 합리성에 관한 것이다.

사이먼은 적정화(satisficing)와 감소된 합리성(downed rationality)이라는 개념의 사용을 주장했는데 이는 곧 포괄적 합리성(comprehensive rationality)과 최적화(optimizing)라는 개념을 대체한 것이다. 보다 구체적으로 말해 의사결정자는 단지 몇 개

---

25) 때로는 「limited」 대신에 「bounded」 혹은 「downed」라는 표현을 쓰기도 한다.
26) Herbert A. Simon, *Models of Man: Social and Relationa* (New York: Wiley & Sons, 1957).
27) 실질적 합리성(substantive rationality)은 「행태적 합리성(behavioral rationality)」이라고도 일컬어진다.

의 대안적인 수단과 목표를 비교 평가하는 한정된 합리성과 더불어 순차적인 제한된 비교를 통해 이 정도면 만족스럽다는 선에서 선택이 이루어진다는 것이다.

여기서 「satisficing」이란 말은 만족시킨다는 뜻의 「satisfy」와 충분하다는 뜻의 「suffice」을 결합한 조어로서 최상의 목표보다는 충분하고 만족스러운 목표(sufficient, satisfactory goal)를 추구한다는 것이다. 의사결정자는 만족스러운 것이 발견될 때까지 대안을 검토하나 만약 만족스러운 것을 찾을 수 없으면 욕망의 수준을 낮춰 원하는 바를 가용한 대안과 일치하도록 한다고 본다.

이처럼 사이먼의 정책 결정 모델은 최적의 선택(optimal choice)이 아닌 적정한 선택을 강조하고 모든 대안을 동시에 고려하는 것이 아닌 일단의 제한된 대안을 순차적으로 하나씩 검토한다는 것을 강조한다.

2) 린드블롬의 점진주의(Incrementalism)[28]

포괄적인 합리적 행위자 모델은 또한 단편적 점진주의 모델(Disjointed Incrementalism Model)을 수립한 린드블롬(Charles E. Lindblom)이 중심이 된 그룹에 의해 도전을 받았다.[29] 이들은 포괄적 합리성 모델이 현실과 너무나 큰 괴리가 있다고 비판하면서 합리적・연역적 모델은 이상에 불과하며 실제의 정책문제에 부적절하다고 보았다. 이들은 사이먼 그룹이 행정과정에 중점을 두었던 것과는 달리 정치과정에서의 의사결정 과정에 초점을 두었다.

점진주의 모델은 포괄적 합리성 모델이 인간의 제한된 문제해결 능력과 정보의 불충분함을 고려하고 있지 않고 분석에 필요한 과대한 비용과 만족할 만한 평가 방법을 구성하는 데 있어서의 문제점을 제대로 파악하고 있지 않다고 비판하면서 실제에 있어서 여러 이익을 대표하는 다원적 집단이 조정을 통해 정책을 결정한다고 본다.

이 모델은 정책상의 미미한 변화(marginal change)를 강조하여 정책대안의 수와 복잡성을 상당히 줄였다. 이들에 따르면 최종 결정은 여러 중간단계의 결정에 따라 수정・보완되며 과거의 여러 기존 정책들을 중심으로 한계 가치(marginal value)를 설정하여 여러 대안을 가지고 비교해 가면서 선택한다는 것이다. 즉 정책이란 단일한 행위자에 의해 단번에 합리적으로 결정되는 것이 아니라 여러 정책결정자에 의해 여러 중간단계의 작은 결정들이 수정되고 보완되는 과정을 통해 최종적으로 이

28) Charles Lindblom, "The Science of Muddling Through," *Public Administration Review*, Vol. 19, No. 2 (Spring 1959), p. 81.
29) 린드블롬 이외에 브레이브룩(David Braybrooke) 등이 있다.

루어진다고 본다. 이러한 과정을 가장 명백하게 보여주는 영어 표현이 다름 아닌 「muddling through」인데 이 용어는 린드블롬이 즐겨 사용한 용어로서 「그때그때 필요한 조정을 해 나가면서 꾸려나간다」는 의미를 지니고 있다.

이러한 점진주의 모델은 근본적인 것에 대한 동의가 존재하는 미국과 같은 민주주의 체제가 전제되어 있다. 왜냐하면 이러한 정치체에서 점진적이지 않은 대안은 사회나 정치체의 가능한 선택의 범위 내에 보통 들어있지 않기 때문이다. 이러한 정치체에서 일상적으로 명백한 목표에 대한 견해가 일치하지 않고 결정이 초래할 결과에 대한 예측력이 부족한 상황 속에 의회·행정부·정당 등에서 이런 식의 결정이 일어난다고 본다. 이 모델은 또한 포괄적 합리성 모델이 정책결정자를 국가나 정부로 보는 데 반해 관료기관을 정책결정자로 본다.

이러한 점진주의 방식의 의사결정이 가지는 장점은 긴급한 정책 결정의 필요가 있을 때 위험을 감소할 수 있으며 이전의 정책과 중간단계의 정책과 비교 선택이 가능하다는 것이다. 단점으로는 선택의 범위를 제한함으로써 급격한 변화상황에 창조적 결정이 곤란하다는 점이다. 린드블롬은 완전한 정보가 불가능하거나 관료적 조정을 주어진 것으로 볼 때 정책 결정에 있어서 점진적인 단계에 의해 나아가는 것이 현명하다고 결론짓고 있다.

점진주의 모델을 외교정책 결정에 적용하면 점진주의 모델은 외교정책 결정이 인간의 제한적 문제해결 능력과 불충분한 정보 아래에서 포괄적 합리성 모델의 설명과는 달리 오랜 시간을 두고 기존 외교정책에 대한 임시변통적인 수정과 보완 등을 거쳐 이루어질 것임을 시사한다.

3. 각종 비합리적 행위자 모델(Irrational Actor Model)

1) 스나이더·브룩·사핀의 외교정책 결정이론[30)]

사이먼과 린드블롬의 영향을 받은 스나이더·브룩·사핀(Richard C. Snyder, Henry W. Bruck, and Burton M. Sapin)은 1962년 「대외정책 결정(Foreign Policy Decision-Making)」이라는 저서에서 전통적 현실주의 이론을 과격하게 비판하며 외교정책 연구의 일대 전환을 가져왔다. 이들은 모두 행태주의 이론가들로서 이들이 전통적 현실주의 이론에 가한 비판의 핵심은 전통적 현실주의 이론이 국제정치에 대한 이상주의

30) Richard C. Snyder, Henry W. Bruck, and Burton M. Sapin, eds., *Foreign Policy Decision-Making: An Approach to the Study of International Politics* (New York: Free Press, 1962).

적이고 규범적인 것에서 벗어나도록 하는 데 공헌은 했으나 권력 · 세력균형 · 국가이익과 같은 경험적으로 검증하기 힘든 개념을 가지고 국제정치를 설명하려 하며 권력에 지나치게 집착한다는 것이었다. 특히 전통적 현실주의 이론은 인간의 행위에 대해 지나친 합리적 설명을 가하고 있다고 본다.

이들은 국가의 행태를 이해하기 위해서는 의사결정에 참여한 사람들(즉 의사결정자)이 상황을 어떻게 정의 혹은 해석하고 있는가를 알 필요가 있다고 주장했다. 즉 의사결정에 있어 인간의 영역(human dimension)을 중요시함으로써 행태의 원인을 파악할 수 있다고 주장했다. 이러한 것이 전통적 현실주의자들처럼 행위자들이 합리적으로 행동할 것을 가정하는 것보다 훨씬 더 현실적이라고 주장했다.

정책결정 이론을 전통적 현실주의 이론에 대한 과격한 비판이론이라고 하는 이유는 바로 전통적 현실주의 이론의 기본적 가정에 본질적인 비판을 가하고 있기 때문이다. 이들이 주장하는 외교정책 결정과 관련한 혁신적인 내용은 다음과 같다.

i) 외교정책은 정책결정자에 의해 만들어진 결정들로 구성된다. ii) 정책결정자에 있어 중요한 것은 객관적인 상황이 아닌 상황의 주관적 인식이다. 즉 분석자의 관점이 아닌 의사결정자의 관점을 중요시한다. iii) 정책결정자가 처해 있는 상황(구체적으로 의사결정의 내적 요인 · 외적 요인 · 사회구조와 행위 요인)이 외교정책 결정에 큰 영향을 미친다. iv) 정책결정 과정 자체가 중요한 분석의 대상이며 정책결정 과정과 과정의 산물인 결정 사이의 관계를 연구해야 한다. 즉 어떤 정책이 채택될 것인가를 결정짓는 요인의 하나로서 정책결정자가 결정을 내리는 과정을 연구해야 한다고 강조한다.

이처럼 이들은 전통적 현실주의 이론에 혁신적인 비판을 가하면서 국가 중심적 모델에서 벗어나 국가가 아닌 정책결정자를 분석의 주된 대상으로 삼는 듯했다. 그러나 이러한 정책결정자를 국가를 대신해 국가의 신념에 기초하여 행위를 하는 총체로 간주하고 의사결정에 있어 모든 대안에 대해 신중하고 합리적인 고려를 하여 이익을 극대화시키는 대안을 선택하는 합리적 존재로 전제함으로써 여전히 전통적 현실주의 이론으로부터 크게 벗어나지 않았다. 이런 점에서 이들의 외교정책 결정이론은 합리성 모델과 비합리성 모델의 중간에 있는 과도적인 모델로 볼 수 있다. 즉 이들에 있어 분석단위는 전통적 현실주의 이론과 마찬가지로 여전히 합리적인 존재로서의 국가인 것이다.

이들의 정책결정 이론은 국가의 대외적 행동에 영향을 미칠 수 있다고 보는 여러 요인을 열거하고 있을 뿐 이들 요인 가운데 어떤 요인이 중요하며 이들 간의 관계는 어떤 것인가에 대해 전혀 언급하고 있지 않으나 이들의 모델을 출발점으로 하여 다음과 같은 다양한 요인들을 고려하는 다양한 외교정책 결정이론들이 등장했다.

2) 스나이더 · 브룩 · 사핀 이후의 비합리성 이론과 모델들

외교정책 결정을 설명하는 이론이나 모델들은 여러 종류가 있는데 일반적으로 이들은 분석수준이 무엇이냐에 따라 분류된다. 즉 외교정책에 영향을 미치는 원인변수를 어느 수준에서 찾고 있는가에 따라 구분된다.

어떠한 분석수준이 존재하는가에 대해 학자들 모두 동일한 견해를 가지고 있는 것은 아니다. 앞서 언급했듯이 싱어(J. David Singer)의 경우는 국제체제 수준과 국가 수준으로 나누었고 왈츠의 경우는 개인 · 국가 · 국제체제로 구분하고 있다. 야렘(Ronald J. Yalem)은 왈츠의 3가지 다른 수준에 지역(region)이라는 수준을 추가하고 있다.[31] 로즈노(James N. Rosenau)는 분석수준을 개인(individual) · 역할(role) · 정부(government) · 사회(society) · 체제(system)의 5가지로 구분하고 있는데 많은 학자는 이러한 로즈노의 구분을 외교정책을 설명하는 전형적인 수준으로 수용한다. 로즈노의 분석수준을 하나씩 간단히 살펴보자.[32]

첫째, 개인 수준. 개인 수준에 속하는 이론은 크게 성격과 같은 개인에게 고유한 특성을 가지고 외교정책을 설명하려는 성격 이론(personality theory)과 사람 모두에게 공통적인 심리적인 특성을 중요한 요인으로 간주하는 인식이론(cognitive theory)으로 분류될 수 있다. 중요 정책결정자의 차이가 외교정책의 차이를 가져온다는 것이 전제되어 있다.

둘째, 역할 수준. 개인의 특성이 아닌 개인이 맡고 있는 조직상의 역할이 정책에 영향을 준다는 이론들이 이에 속한다. 조직과정 이론과 관료정치 이론 등이 대표적인 경우이다.

셋째, 정부 수준. 정부 수준의 이론들은 여러 가지 구체적인 요인들을 살펴보는

---

31) Ronald J. Yalem, "The Level of Analysis Problem Reconsidered," *The Yearbook of World Affairs*, Vol. 31 (1977), pp. 306-326.

32) 로즈노는 외교정책에 영향을 미치는 요인들을 개인 수준 · 역할 수준 · 정부 수준 · 사회 수준 · 체제 수준이라는 5개의 분석수준으로 구분했고 국가를 크기(size) · 경제발전(economic development) · 정치적 책임성(political accountability)이라는 3가지 변수의 조합에 따라 8개의 유형으로 구분했다. 그런 연후에 개개 국가유형마다 외교정책에 미치는 영향력의 정도에 따라 분석수준의 서열을 매겼다: James N. Rosenau, "Pre-theories and Theories of Foreign Policy," in Robert Barry Farrel, ed., *Approaches to Comparative and International Politics* (Evanston, IL.: Northwestern University Press, 1966), pp. 27-92; James N. Rosenau, "Pre-theories and Theories of Foreign Policy," in James N. Rosenau, ed., *The Scientific Study of Foreign Policy*, rev. ed. (London: Frances Pinter, 1980), pp. 115-169.

데 이 가운데 가장 전형적인 요인들에는 정치체제·정부의 형태·정권의 성격·입법부와 행정부와의 관계·관료화의 정도 등과 같은 요인들이 포함된다.

넷째, 사회 수준. 사회가 공유하고 있는 가치체계·국민성·사회의 통합 정도·이익집단의 영향·산업화의 정도 등이 사회 수준에 속하는 전형적인 요인들이다. 그러나 사회 차원의 변수들이 외교정책에 미치는 영향에 대해서는 많은 논쟁이 존재한다.

다섯째, 체제 수준. 국가의 외부적 환경요인을 지칭하며 구체적으로는 국제체제의 극성(polarity)과 같이 모든 국가에게 영향을 미친다고 생각되는 요인과 특정 국가에 한정되어 영향을 미치는 외부적인 요인으로 구별된다.

여러 분석수준을 다루는 다양한 정책결정 이론이나 모델들을 모두 소개하기는 어렵다. 따라서 외교정책 결정을 설명하는 대표적인 이론이나 모델로 흔히 언급되는 개인과 소집단의 심리적 모델·조직과정 모델·관료정치 모델·사이버네틱스 모델을 소개하고자 한다.

(1) 개인과 소집단의 심리적 모델

개인과 소집단의 심리를 중요시하는 모델의 전제는 의사결정의 주체는 결국 개인이기 때문에 개인이 중요한 분석의 대상이 되어야 한다는 것이다. 이는 정책결정 과정을 무시하고 합리적인 개인은 개인의 특성과 관계없이 동일한 방식으로 행동할 것이라는 전제하에 이론을 전개하고 있는 전통적 현실주의 이론과 큰 대조를 보이는 접근방법이다.

① 개인의 특이한 심리적 특성

개인의 심리적인 특성을 가지고 국가 행동을 설명하는 정책결정 이론에는 크게 두 종류가 존재한다. 이 중 하나가 의사결정 과정에 있어 중요한 역할을 하는 개인을 찾아 그의 성격을 가지고 외교정책을 설명하고 예측하려는 노력이다. 이는 개인마다 다른 심리적인 특성을 가지고 외교정책을 설명하려는 경우로서 「성격 접근법(personality approach)」이라고 부른다.

성격이란 「사람의 행위를 결정짓는 것을 도우며 사람에 따라 차이가 나는 인간의 성향」이라고 흔히 정의된다. 성격은 개인 간에 차이가 나고 오랜 시간에 걸쳐 안정적이고 지속적이어야 하며 여러 상황에 걸쳐 일관적이어야 한다는 조건을 충족시켜야 한다.

성격 접근법의 대표적인 예로 조지 부부(Alexander L. George and G. L. George)의

윌슨 대통령에 관한 연구가 유명하다.[33] 그러나 이와 같은 개인의 특이한 성격에 대한 개별적인 심리적인 연구에서 벗어나 일반적인 이론화를 위해 인간의 성격을 유형화시켜 이러한 유형이 인간의 행동과 무슨 관계가 있는가를 연구하고자 하는 경향이 전개되었다.

예컨대 아도르노(Theodore W. Adorno)는 소위 「파시즘 평가 기준(fascism scale)」을 개발하여 사람들의 성격을 측정했으며 이러한 평가 기준의 한 극단을 형성하고 있는 성격유형을 권위주의적 성격(authoritarian personality)으로 보고 이런 유형의 특징을 가지고 외교정책 행동상의 변이를 설명하고자 했다.[34] 파시즘 평가 기준을 주요 미국인의 한국전에 대한 태도에 적용한 연구 결과에 따르면 권위주의적 성격의 요소가 강하면 강할수록 명백한 선택을 선호하여 미군의 철수나 확전을 원했으며 권위주의적 성격의 정도가 덜한 정책결정자일수록 평화적인 해결을 추구하려 했다고 한다. 이 밖에도 자존감(self-esteem)이 강한 성격의 유형과 그렇지 않은 성격 등 여러 성격의 유형화 작업이 이루어졌다.

② 인간의 공통된 심리적 특성

개인의 심리적인 특성을 가지고 국가 행동을 설명하는 정책결정 이론 중 또 다른 경우는 인간 모두가 공통으로 지니는 심리적인 특성을 가지고 외교정책을 설명하고자 한다. 이는 개개인의 구별되는 특징을 가지고 외교정책을 설명하려는 성격 접근법과 구별되는 접근법이지만 이러한 차이점에도 불구하고 두 접근법은 모두 인간의 심리적 특성이 객관적인 사실의 인식을 왜곡시켜 비합리적인 결정을 가져온다는 것을 공통으로 강조한다.

인간은 실제의 세계의 복잡성으로 인해 종종 불확실성에 직면하게 된다. 이러한 불확실성은 구체적으로 상황에 대한 충분한 정보가 부재할 때 · 질이 낮은 신빙성이 없는 정보에 임했을 때 · 서로 상반되는 정보가 제공되고 그들 가운데 무엇을 택해야 하는가에 대한 신뢰할 만한 수단이 부재할 때 · 대안이 가져올 결과에 대한 분석평가를 위한 지식이 부족한 경우에 전형적으로 발생한다. 이런 불확실성 속에서 신속한 결정이 요구되면 정책결정자는 심리적인 큰 스트레스를 받게 되는데 이때 인간은 스트레스를 감소 내지 회피하기 위해 다음과 같은 심리적 기제를 의식적으로 혹은 무

---

33) Alexander L. George and G. L. George, *Woodrow Wilson and Colonel House: A Personality Study* (New York: John Day, 1956).

34) Theodore W. Adorno, Else Frenkel-Brunswik, Daniel J. Levinson and Nevitt Sanford, *The Authoritarian Personality* (New York: Harper and Row, 1950).

의식적으로 발동시킨다고 본다.

ⅰ) 상황의 변화와 별 상관없이 역사적으로 유사하다고 생각되는 예를 분석의 기준으로 삼는다. ⅱ) 면밀한 객관적 분석을 회피하고 여타의 관련자 중 다수의 사람이 원하고 지지할 바의 것이 무엇이냐에 근거하여 정보를 분석하고 대안을 수립한다. ⅲ) 보수적인 전략으로서 큰 변화의 추구에서 오는 위험을 피하고자 현존하는 정책과 약간만 다른 대안들을 제시하여 극적인 정책의 변경을 고려하지 않는다. ⅳ) 국가이익의 극대화를 위한 대안의 분석적 추구보다는「이 정도면 충분하지 않을까」하는 선에서 대안의 수립으로 끝난다. ⅴ) 자신의 정보분석과 정책대안의 장점을 과장하고 이와는 반대로 다른 정보분석과 정책대안의 단점을 지나치게 과장한다. ⅵ) 정책결정자의 이념적 신념이나 옹호하는 일반적 원칙 혹은 그가 기대하는 바에 의존하여 정보를 분석하고 평가한다.

정책결정자는 개인 수준이나 집단 수준에서 실제의 세계에 의해 결코 영향을 받지 않고 단지 이러한 세계를 어떻게 인식하는가에 따라 영향을 받는다고 보는 인식론적 접근법(cognitive approach)을 살펴보자. 이 접근법의 기본가정은 다음과 같다.

모든 인간은 복잡하고 불확실한 현실 세계를 자신이 관리할 수 있을 정도로 단순화시키고자 하며 이를 위해 세상에 대한 포괄적인(혹은 인식의 대상에 대한 구체적인) 나름의 신념체계(belief system) 혹은 이미지(image)를 오랜 시간에 걸쳐 구축하게 된다. 이러한 것들은 일단 형성된 다음에는 인식의 일관성(cognitive consistency)을 유지하고자 하는 성향으로 인해 바뀌지 않고 지속해서 인간의 행동에 영향을 미친다고 본다.

이러한 신념체계 혹은 이미지와 인식과의 관계에 관한 대표적인 연구로는 홀스티(Ole R. Holsti)의 덜레스(John Foster Dulles) 미 국무장관에 관한 연구와 스타(Harvey Starr)의 키신저(Henry A. Kissinger) 미 국무장관에 관한 연구가 있다.

이러한「신념체계가 형성되는 데 영향을 주는 요인들에는 무엇이 있는가」에 대해 학자들은 개인적인 경험・정책결정자가 면하고 있는 사회의 신화(social myth)・역사로부터의 교훈이나 전통과 같은 여러 요인을 제시하며「일관상의 유지가 어떠한 방식으로 이루어지는가」에 대해 즉「자신의 신념체계와 상충하는 정보에 면할 때 이를 어떻게 처리하는가」에 대해 다음과 같은 견해를 제시하고 있다.

상충하는 정보에 접하면 ⅰ) 자신의 기본적인 정향과 일치하는 정보에 초점을 맞추고 이와 모순되거나 상충하는 정보는 무시하는 선별적 인식(selective perception) ⅱ) 기존의 것과 상충하는 정보를 잘못된 것이라고 부인함으로써 일관성을 유지하려는 적극적 부인(active denial) iii) 상충하는 정보를 분리하여 수용하는 분리(compartmentalization) iv) 상충하는 정보의 재정의와 합리화(redefinition and rationalization) 등과 같은 심리적인 기제를 통해 일관성을 유지하려 한다고 본다.

조지(Alexander George)와 홀스티(Ole R. Holsti) 같은 학자들은 복잡한 현실을 단순화시키며 이를 일관되게 유지하려 하는 성향이 외교정책의 결정에 큰 영향을 미친다는 가정 아래 개개인의 포괄적인 신념체계를 밝히려는 작동부호 접근방법(Operational Code Approach)을 제시했다.35) 이러한 작동부호 접근법은 개개인의 포괄적인 신념체계를 밝혀내고 이를 통해 구체적인 외교정책 결정의 대략적인 방향을 유추하려 한다.36)

이와는 대조적으로 인식지도 접근법(Cognitive Map Approach)은 구체적인 인식대상에 대해 개인이 지니고 있는 구체적인 신념체계 혹은 이미지를 찾아내는 방법으로서 이를 통해 어떤 구체적인 외교정책을 결정하게 되는가를 밝히고자 한다.37)

③ 소수집단의 심리적인 특징

개인의 심리적인 특성이 아닌 소수집단의 심리적인 특성을 가지고 정책결정을 설명하는 경우도 있다. 이에 속하는 대표적인 학자로 제니스(Irving L. Janis)가 있다. 그에 따르면 결집력이 있는 소수집단(small group)에서 의사결정을 할 때 어떤 행동을 취할 것인가에 대한 대안들이 현실적으로 평가되지 않고 만장일치나 합의에 이르러야 한다는 심리적인 압박감에 의해 비합리적인 결정이 일어나기 쉽다는 것이다.

구체적으로 이러한 집단에 참여하는 행위자는 집단 전체의 의견을 따르도록 압력을 받으며 이와 상충하는 의견은 쉽게 무시된다. 집단의 구성원들은 자신들이 하는 일이라면 무엇이든지 옳다고 믿는 자기 정당화의 경향을 보이며 그 결과 도덕의식이 약화 내지는 마비된다. 집단의 구성원들은 자신이 하는 일에 지나치게 자신감

---

35) Alexander L. George, "The Operational Code: A Neglected Approach to the Study of Political Leaders and Decision-Making," *International Studies Quarterly*, Vol. 13, No. 2 (June 1969), pp. 190-220; Ole R. Holsti, "The Operational Code Approach to the Study of Political Leaders," *Canadian Journal of Political Science*, Vol. 3, No. 1 (March 1970), pp. 123-157; Harvey Starr, "The Kissinger Years: Studying Individuals and Foreign Policy," *International Studies Quarterly*, Vol. 24, No. 4 (December 1980), pp. 465-496.

36) 이러한 연구의 예로는 다음과 같은 글이 있다: Stephen G. Walker, "The Interface Between Beliefs and Behavior: Henry A. Kissinger's Operational Code and the Vietnam War," *Journal of Conflict Resolution*, Vol. 21, No. 1 (March 1977), pp. 129-167.

37) 인식지도 접근법에 관한 대표적인 글은 다음과 같다: Michael J. Shapiro and G. Matthew Bonham, "Cognitive Process and Foreign Policy Decision-Making," *International Studies Quarterly*, Vol. 17, No. 2 (June 1973), pp. 147-174; Robert Axelrod, ed., *The Structure of Decision: The Cognitive Maps of Political Elites* (Princeton: Princeton University Press, 1976).

을 갖고 실패할 리가 없다고 믿는 등 모험적인 특성을 보인다.[38]

④ 위기가 주는 심리적인 특징

일단의 학자들은 위기(crisis)라는 상황적인 변수가 외교정책 결정자에게 어떤 심리적인 영향을 미치며 이러한 영향이 나아가 외교정책의 결정에 어떠한 영향을 가져오는가에 대한 가설들을 제시한다.[39]

고도의 스트레스를 동반하는 위기하에서 개인들은 인식의 일관성을 유지하고자 하고 소수의 그룹은 합의를 강제하려는 경향을 보이게 되는데 이로 인해 인식능력의 훼손을 가져온다고 본다. 그 결과 정책대안의 수가 감소하고 모호함에 대한 인내가 감소하는 등의 심리적인 특성을 보여 비합리적인 의사결정이 초래된다고 본다.

허만(Charles F. Hermann)은 위기의 특징으로서 예상하지 않은 기습적인 사태·짧은 대응 시간·중대 가치에 대한 위협을 든다.[40] 이러한 특징은 정책결정에 참여하는 사람의 수·적과 사태에 대한 인식·입수된 정보의 처리방식에 영향을 미친다고 본다.

구체적으로 위기 시에는 극히 제한된 수의 사람만이 정책결정에 참여한다. 위기가 심각할수록 적이 자신들을 향해 더욱더 적대적이라고 인식하며 위기 시에 자신의 정책대안의 수는 적고 적의 선택범위는 넓다고 인식한다. 정책결정자는 처음 위기에 접했을 때 많은 정보를 구하나 위기가 지속될 때 현재 가지고 있는 정보가 충분하다고 생각하는 경향이 있다고 본다.[41]

---

38) Irving L. Janis, *Victims of Groupthink* (Boston: Houghton Mifflin, 1972); Irving L. Janis and Leon Mann, *Decision Making: A Psychological Analysis of Conflict, Choice, and Commitment* (New York: Free Press, 1977).

39) Ole R. Holsti, *Crisis, Escalation, War* (Montreal and London: McGill-Queen's University Press, 1972); Ole R. Holsti, "Historians, Social Scientists, and Crisis Management," *Journal of Conflict Resolution*, Vol. 24, No. 4 (December 1980), pp. 665-682.

40) Charles F. Hermann, "International Crisis as a Situational Variable," in James N. Rosenau, ed., *International Politics and Foreign Policy* (New York: Free Press, 1969), pp. 409-421.

41) 위기 시의 결정이 비합리적으로 일어나기 쉽다는 이러한 주장은 앞서 현실주의 패러다임 편의 합리적 행위자 모델을 설명할 때 위기 시에 합리적인 결정이 일어나기 쉽다는 설명과 큰 대조를 이룬다. 위기 시에 합리적인 결정이 일어나기 쉽다는 설명을 요약하면 위기 시에는 정책결정자로서 대통령의 개입도가 높아지고 그를 정점으로 하여 정책결정 권한과 역할이 집중되기 때문에 조직과정과 관료정치에 따르는 비합리성이 발생할 가능성이 줄고 그 밖의 국내 정치 세력들이 정책결정 과정에서 배제됨으로써 국익 추구를 위한 합리적인 정책결정이 일어날 가능성이 크다는 것이다. 이러한 상반된 주장에 있어 공통점은 위기 시에는 국내 정치과정의 영향이 극소화된다는 가정에 근거하고 있다는 것이다. 그러나 위기 시에 표면적으로 국내 정치 세력들이 정책결정 과정에 직접적으로 참여하지 않아도 이러한 정치세력들의 압력이 대통령 등의 중요 정책결정자에게 내재화(internalization)되어 간접적으로 영향을 미치며 그 결과 반드시 합리적인 결정이 일어나는 것은 아니라는 주장이 제기되기도 한다.

(2) 조직과정 모델

앨리슨(Graham T. Allison)은 쿠바 미사일 위기를 설명하는 모델로서 합리적 행위자 모델(Rational Actor Model)과 더불어 이에 대한 대안적인 모델로서 조직과정 모델(Organizational Process Model)과 관료정치 모델(Bureaucratic Politics Model)을 제시했다.42)

우리가 여기서 관심을 두는 것은 나중 두 모델인데 이들은 합리적 행위자 모델의 「국가는 통합된 행위자다」와 「국가는 합리적 행위자다」라는 두 가정에 대한 비판으로부터 출발했다. 이 두 모델에 있어 분석단위는 정부를 구성하는 통일적인 의지를 갖지 않는 제반 조직체이며 이들 조직체의 행위자는 국가이익의 관점에서 행위를 하는 것이 아니라 개인 혹은 조직의 관점에서 행위를 한다는 것이다.

간단히 말해 의사결정이란 합리적 행위자 모델이 말하는 통합된 행위자의 의도된 합리적인 선택(intended rational choice)의 결과물이 아니라 의도되지 않은 조직의 결과물(organizational outcome)이거나 관료들 간의 정치적 결과물(political resultant) 등으로 보려 한다.

앨리슨은 쿠바 미사일 위기 사례에 위 세 모델을 각기 적용한 후 어느 모델도 절대적인 의미에서 적합하지 않다는 결론을 내리고 있다. 이들은 각기 부분적인 설명에 있어서 타당성을 지니기 때문에 정책결정 과정의 전체를 이해하기 위해서는 세 모델을 병용해야만 한다고 결론짓고 있다. 즉 합리적 행위자 모델은 유용하나 정부기구에 중점을 둔 두 모델에 의해 보충되어야만 한다는 것이다. 두 모델 중 조직과정 모델을 먼저 살펴보고 이어서 관료정치 모델을 살펴보고자 한다.

① 조직과정 모델의 내용

조직과정 모델은 조직이 가지고 있는 일상적인 절차(routines)와 표준행동 절차(standard operating procedures, SOPs)가 정책결정에 미치는 영향을 중요시하는 모델이다. 이 모델에 있어 정부는 실질적으로 준자립적인(semi-feudal) 느슨한 연합관계에 있는 여러 조직체의 집합체이며 정부의 정책결정자는 이러한 집합체의 정점에 위치하여 조직의 감지장치(sensors)를 통해 문제를 인식하고 이들 조직이 정보를 처리하는 것에 따라 대안을 설정하며 그 대안이 가져올 결과를 평가하게 된다.

이렇게 정부의 정책결정자가 의존하고 있는 조직들은 편협한 조직의 이익(paro-

---

42) Graham T. Allison, "Conceptual Models and the Cuban Missile Crisis," *American Political Science Review*, Vol. 63, No. 3 (September 1969), pp. 689-718; Graham T. Allison, *Essence of Decision* (Boston, MA: Little Brown, 1971).

chialism)과 그들 나름의 판에 박힌 일상적인 절차에 의해 움직이기 때문에 결국 조직의 타성이 정책결정자의 선택 범주를 결정해 버린다고 본다. 이 모델의 주된 이론적인 명제는 다음과 같다.

조직은 좁은 범위의 제한된 문제들에 대해 일차적인 책임을 지기 때문에 문제를 거시적인 관점에서 보지 못하고 예산과 인력 그리고 조직의 규모 확장과 같은 조직의 목적과 이해관계의 관점에서 문제를 바라보고 대안을 수립한다. 따라서 이들로부터의 정보와 상황의 평가는 필연적으로 왜곡을 가져온다고 본다.

자세한 정보는 좀처럼 최고위 정책결정자에까지 도달하지 않고 개개 조직은 그들 자신의 이익을 보호하기 위해 다른 관련 기구로부터 오는 중요 정보를 숨긴다. 또한 이러한 편협한 조직의 이익 추구 때문에 관련 기구 간에 주도면밀한 조정보다는 갈등이 유발된다.

조직은 과도한 양의 정보의 흐름 때문에 그리고 독단과 편파성으로부터 행정을 보호하기 위해서 표준행동 절차를 만든다. 조직의 이러한 통상적인 절차는 변화에 저항하며 특정 상황에 있어 가용한 대안의 범주를 제한한다. 조직의 통상적인 절차는 일단 결정이 이루어진 다음 이 결정의 집행과정에도 작용하여 국가 행동에 있어서 수단적인 비합리성(instrumental irrationalities)을 체계적으로 유발한다.

앨리슨은 쿠바 미사일 위기와 관련하여 「왜 소련은 미국에 의해 미사일이 발견된 이후까지 미사일을 제대로 위장하지 못했는가 · 왜 미사일 기지에서 오직 낮에만 작업을 하여 외부에 쉽게 노출되었는가 · 왜 소련은 미사일 설치 작업자들에게 군복을 입히지 않고 민간인 복장을 하게 하는 등 신분을 속이려고 노력했음에도 불구하고 그들 막사에 부대표시를 드러냈고 네 명이 열을 지어 보행하고 트럭의 호송으로 이동하는 등 군인처럼 행동하도록 방치했는가 · 왜 미국은 10월 14일 이전에 미사일을 탐지하는 데 실패했는가」와 같은 질문을 던지고 조직의 타성과 표준행동 절차로 이들을 설명하고자 했다.

② 조직과정 모델의 평가

조직과정 모델은 통상적인 상황에서의 일상적인 결정은 제대로 설명할 수 있으나 국제정치에 있어서 중요한 결정이라고 할 수 있는 전쟁의 개시라든가 전쟁의 종료와 같은 비일상적인 결정을 제대로 설명할 수 없다는 비판을 받는다.

이러한 비판에도 불구하고 조직과정 모델은 관료정치 모델에 개념적인 기초를 제공하고 합리적 행위자 모델이 설명할 수 없는 비정상적인 현상을 설명해준다는 점

에서 외교정책 결정이론에 기여했다고 볼 수 있다.[43)]

(3) 관료정치 모델[44)]

관료정치 모델 역시 관료조직이라는 조직의 특성을 기본 전제로 하는 모델이나 조직과정 모델이 조직의 타성을 중요시하는 데 반해 관료정치 모델은 다양한 이해관계를 가지고 있는 다양한 관료조직 간의 밀고 당기기(pulling and hauling)에 주안점을 두는 모델이다. 이는 다원적인 이익단체에 관한 논의를 정부 자체로 옮겨 놓은 것으로 볼 수 있다.

① 관료정치 모델의 내용

관료정치 모델은 다음과 같은 명제를 제시하고 있다. i) 큰 조직은 많은 개인과 조직으로 구성되어 있으며 이들은 목표와 가치에 있어서 다양한 차이를 지니고 있다. ii) 어떠한 지배적인 개인이나 조직이 존재하지 않는다. 만약 대통령이 의사결정에 관련되었다면 그의 영향력은 가장 강력할지 모르나 단순한 한 명의 참여자에 불과하다. iii) 최종적인 결정은 정치적인 결과물이다. 즉 최종적인 결정은 다양한 참여자들 간의 협상과 타협의 결과물이다. iv) 결정과 결정의 이행 사이에는 상당한 괴리가 보통 존재하는데 이는 중앙통제의 결여 · 표준행동 절차 · 이행자의 이해관계 때문이다. 관료정치 모델에는 근본적으로 의사결정 단위의 구조가 의사결정 과정을 결정하고 이러한 의사결정 과정이 결과물을 결정한다는 논리가 내재해 있다.[45)]

관료정치 모델은 관료조직의 정책결정자들이 각기 하부조직을 거느리고 있으므로 이들은 편협한 조직의 이익에 따라 그리고 조직의 표준행동 절차에 근거하여 제각기 문제에 접근하여 정책목표를 정하고 이의 실현을 위한 정책대안을 수립하며 나아가 수립된 정책을 실행에 옮긴다고 본다. 「어떤 태도를 보이는가는 어느 자리에 앉아 있는가에 의해 결정된다(Where you stand depends on where you sit)」는 말이 관료정치 모델의 특성을 극명하게 보여준다.

그 결과 결정이란 합리적 행위자 모델이 가정하는 국익의 극대화를 위한 전략에 기초를 둔 의도적인 선택이 아니라 정책결정자들 간의 밀고 당기는 정치적인 협상과

---

43) 정종욱 · 김태현, "외교정책이론," 이상우 · 하영선 편, 『현대국제정치학』 (서울: 나남, 1992), p. 434.

44) Graham T. Allison, "Conceptual Models and the Cuban Missile Crisis," *American Political Science Review*, Vol. 63, No. 3 (September 1969), pp. 689–718; Graham T. Allison, *Essence of Decision* (Boston, MA: Little Brown, 1971); Morton H. Halperin, *Bureaucratic Politics and Foreign Policy* (Washington, D. C.: The Brookings Institution, 1974).

45) Jerel A. Rosati, "Developing a Systematic Decision-making Framework: Bureaucratic Politics in Perspective," *World Politics*, Vol. 34, No. 2 (January 1981), pp. 234–252.

타협을 통한 의도되지 않은 관료정치 과정의 결과물에 불과하다고 본다. 따라서 관료정치 모델로 외교정책 결정을 설명하는 경우 「국가가 추구하는 목표・대안・합리적인 비용과 대가 등이 무엇인가」를 묻지 않고 「누가 이 의사결정 게임에 참여하고 있으며 이들이 취하고 있는 입장의 실질적인 이유는 무엇인가」 등을 묻는다.

관료정치 모델의 성격을 잘 설명하고 있는 농담(joke)으로서 「대통령은 세 가지 선택의 여지를 가지고 있는데 그중 하나는 전면전이고 또 다른 하나는 내가 제안하는 것이며 마지막 선택은 항복이다」는 말이 있다. 즉 이 말은 정부 조직들이 그들 자신이 선호하는 대안만을 제시하며 이에 기초하여 정부의 결정이 이루어지고 있음을 강하게 시사하고 있다.

② 관료정치 모델의 평가

관료정치 모델에 대한 건설적인 제안과 비판을 우선하여 소개하면 다음과 같다. 우선 로자티(Jerel A. Rosati)는 대통령의 의사결정 과정에의 관여도와 개인 및 조직의 관여도를 관료정치 모델에 매개변수로 첨가할 것을 제안하고 있다.[46]

조직과정 모델과 관료정치 모델을 앨리슨은 전혀 별개의 것으로 취급하고 있는데 이들은 실질적으로 상호 보완적인 것으로 통합되어야 한다는 주장도 있다. 학자들에 따라서는 이 모델이 정책결정자의 인식 과정과 동기에 적절한 주의를 기울이고 있지 않다는 것을 지적하고 있다.

크라즈너(Stephen D. Krasner)는 더욱 심각하게 관료정치 모델을 공격하고 있는데 그는 이 모델이 대통령의 권력을 부각시키지 않음으로써 잘못되었고 고위 관료들에게 비합리적인 경정에 대한 책임을 덜어줌으로써 민주정치의 가정을 손상하고 있다고 보아 위험하다고 비판하고 있다.[47]

관료정치 모델은 정치가들이 종종 대외정책에 관한 전문지식이 없어 정보와 관련한 조언을 얻기 위해 관료들에게 의존하지 않을 수 없어 관료들이 정책의 결정에 상당한 영향력을 갖게 되며 이루어진 결정의 집행도 관료들이 책임을 맡고 있어 정책의 집행에도 관료들이 영향력을 발휘한다는 논리를 전개한다. 그러나 중앙의 의사결정자 즉 정치가는 그들이 듣고자 하는 조언과 보좌관을 자체적으로 선택할 수 있고 종종 정보수집을 위해 경쟁적인 정보원(sources of information)를 가질 수 있으며 이러한 결정이 잘 집행되고 있는가를 감시하기 위한 절차를 가질 수 있다는 것을 고

46) *Ibid.*
47) Stephen D. Krasner, "Are Bureaucrats Important? or Allison's Wonderland," *Foreign Policy*, Vol. 7, No. 2 (1972), pp. 159-178.

려하고 있지 않다는 비판을 받는다.

스타인부루너(John D. Steinbruner)는 이 모델이 「만약에 몇몇 정책결정자가 분석적인 사고(analytical thinking)를 보이지 않는다면 협상과 타협이 일어나기 힘들다」고 말함으로써 이 모델이 부정하고자 했던 개인의 합리적 행위와 가치의 극대화라는 가정을 구체화하고 있다고 비판하고 있다.[48]

관료정치 모델은 관료정치 현상이 발생하고 있는 다원적인 사회를 가정함으로써 부분적인 적실성만을 보유하고 있다는 지적도 흔히 제기된다.[49] 즉 관료정치가 모든 국가의 정책결정에 동일한 영향을 미치고 있지 않다는 사실을 고려하여 관료정치가 중요한 설명력을 가질 수 있는 특별한 조건에 관한 연구가 필요하다는 지적이다.

이 모델의 최대의 약점은 「어떻게 외교정책이 결정되는가」가 외교정책의 실질적인 내용을 결정짓는다는 것만을 강조함으로써 과연 관료정치의 결과 어떤 내용의 정책이 형성될 것인가에 대한 예측을 허용하고 있지 않다는 점이다. 또한 관료정치 모델은 선진국에서의 정책형성과 집행의 복잡성을 포착하는 것은 사실이나 때에 따라 관료들의 이해관계가 명백하고 드러나기도 하고 그렇지 않기도 하여 실제의 연구에 있어서 변수를 구체적으로 측정할 수 있는 조작화(operationalization)를 하는 데 많은 어려움이 있다.

조지(Alexander L. George)는 조직과정 모델과 관료정치 모델이 조직의 목표와 이해관계를 과다하게 강조하고 고위 정책결정자의 합리성을 과소평가하며 국가이익의 중요성을 완전히 무시한다고 비판했다. 또한 조지는 이러한 모델들이 조직의 과정·구조·목표·추구하는 이해관계에 관한 정보와 자료의 획득을 전제로 하고 있으나 이러한 정보와 자료는 보통 비밀로 분류된 경우가 많아 획득할 수 있는가에 의문을 던졌다. 특히 사회주의 국가의 경우 이러한 현상은 더욱 심하여 조직과정 모델과 관료정치 모델에 의한 정책결정의 분석에는 많은 한계가 있다고 본다.

조지는 앨리슨의 조직과정 모델과 관료정치 모델이 정책결정 과정에서의 관료조직의 부정적인 영향을 강조하며 조직과정과 관료정치의 결과에 대해 비관적이나 좀 더 효과적이고 합리적인 대외정책은 복잡한 조직으로부터 도출될 수 있고 조직 내에서의 경쟁적인 성격을 잘 이용하면 강력하고 효율적인 정책결정 체제로의 변환이 가

---

48) John D. Steinbruner, *The Cybernetic Theory of Decision* (Princeton, NJ & Guildford, Surry: Princeton University Press, 1976).

49) 이와는 대조적으로 관료정치란 보편적인 현상으로서 심지어 소련의 국가안보와 대외정책 결정 과정에서도 나타난다는 주장도 있다: Jiri Valenta, "The Bureaucratic Politics Paradigm and the Soviet Invasion of Czechoslovakia," *Political Science Quarterly*, Vol. 94, No. 1 (Spring 1979), pp. 55–76.

능하다고 본다. 그는 조직 내에서의 갈등은 효율적인 문제해결의 과정과 정책대안의 향상에 필요하다고 보며 이를 위한 세 가지 전제조건을 제시하고 있다.

i) 우선 정책결정 체제에 있어 개개의 다양한 행위자들 사이에 권력 · 영향력 · 정보 · 협상과 설득의 기술과 같은 자원이 고르게 배분되어 있어야 한다. ii) 고위 결정자가 다양한 행위자들을 감독하고 규제하는 데 적극적으로 참여해야 한다. iii) 관련 조직 간에 있어서 토의와 협의를 위한 적절한 시간이 확보되어야 한다.50)

위에서 언급한 비판에도 불구하고 관료정치 모델은 대외정책 결정의 부분적인 설명으로서 관료의 역할을 무시해서는 안 된다는 것을 보여준다. 즉 관료정치 모델은 외교정책 이론 속에 정책결정에 참여하는 관료의 행위를 도입함으로써 미국의 경우 국무장관과 안보 담당 특별 보좌관과의 견해차로 인한 갈등과 같은 현상에 주목하게 한다는 점에서 적지 않은 장점이 있다.

반론이 없는 것은 아니나 합리적 행위자 모델은 위기 시의 정책결정을 설명하는 데 적합하고 관료정치 모델은 평시의 방위예산이나 대외원조와 같은 프로그램 정책을 설명하는 데 유용하다는 견해도 있다.

(4) 사이버네틱스 모델

사이버네틱스(cybernetics)란 인공 두뇌학을 지칭하는 것으로서 원래 자연과학에 있어 모든 체계를 정보의 유통망으로 보고 정보가 어떻게 수신 · 송신 · 저장 · 재생되며 환류된 새로운 정보가 과거의 정보와 결합하여 자동수정되는가에 관한 체계적인 연구를 일컫는다. 정책결정 이론에 응용된 사이버네틱스 모델의 핵심적인 내용은 다음과 같다.

정책결정자는 한정된 문제들을 다루기 위해 대상의 상태를 감시하며 문제 발생 시 이의 해결을 위해 제한된 수의 정책대안을 사전에 만들어 가지고 있다. 의사결정자는 이러한 대상이 행동을 요구하는 변화에 직면하는 것을 감시하기 위해 변화 여부를 측정할 소수의 중요 변수(critical variables)를 정한다.

다음에 이들 변수의 변량 중 일정한 한계(critical value limit) 혹은 범위(critical value range)를 정해 이러한 한계 혹은 범위 내에 변수의 변량이 머물 때 행동을 취하지 않고 이 범위를 벗어나면 행동을 취해 원래의 허용한계 혹은 허용범위 안으로 되돌려 놓는다. 허용한계 혹은 허용범위 안으로 대상을 되돌려 놓는 데 있어 합리적

---

50) Alexander L. George, "The Case for Multiple Advocacy in Making Foreign Policy," *American Political Science Review*, Vol. 66, No. 3 (1972), pp. 751-785.

행위자 모델이 가정하고 있는 것처럼 포괄적인 대안을 병렬적으로 동시에 고려하여 최대의 효용을 가져다주는 최적의 것을 선택하지 않고 미리 정해진 대안들을 직렬적으로 하나씩 순차적으로 검토하여 처음 발견되는 적정한 것을 선택한다는 것이다.

스타인부루너(John D. Steinbruner)는 비교적 단순한 상황 속에서의 개인의 의사결정에서부터 대단히 복잡한 환경을 극복해야 하는 집단적인 의사결정에 이르기까지의 의사결정을 설명하기 위해 사이버네틱스 모델(Cybernetics Model)을 조직행태 이론(theory of organizational behavior)에 기초하여 확장시켰다. 나아가 그는 인식 과정 이론(theory of cognitive processes)에 의존하여 조직 내의 의사결정자가 불확실성을 극복하기 위해 취할 수 있는 3가지 다른 유형의 인식론적인 특성을 개념화함으로써 사이버네틱스 모델에 수정을 가했다. 따라서 그의 모델은 흔히 「사이버네틱스 · 인식 모델(cybernetic and cognitive model)」로 불린다. 스타인부루너가 인식론에 기초하여 만들어 낸 3개의 개념은 다음과 같다.

첫째, 일상적인 기계적 사고(grooved thinking). 이러한 사고는 일정 기간 존재해 왔고 일정한 범주의 과업에 효과적으로 대처해온 조직에서 전형적으로 발생한다고 본다. 좀 더 구체적으로 말해 이러한 사고는 의사결정자가 직면하는 문제의 범주가 좁아 발생할 수 있는 문제가 이미 사전에 몇 개 안 되는 적은 수의 기본적인 유형으로 분류되어 있고 아울러 이러한 문제 유형에 대한 해결책도 이미 프로그램이 되어 있는 경우에 발생한다. 따라서 의사결정자나 조직이 문제에 부딪히면 일단 무슨 유형의 문제냐를 결정하면 의사결정은 수립된 절차(조직의 경우는 수립된 표준행동 절차(SOPs)를 의미한다)에 따라 더이상의 고려할 것도 없이 자동으로 이루어진다.

둘째, 이도 저도 아닌 주관 없는 사고(uncommitted thinking). 이는 조직 위계의 상부 수준에서 흔히 발생하는 인식 상의 유형이다. 특정 문제에 대해 상충하는 주장이 개진되는 상황에서 어떤 해결책을 택해야 할지 모르는 고위 의사결정자가 소신 없이 몇몇 보좌관들의 말에 따라 오락가락하는 사고로서 동일한 문제에 대해 상이한 시기에 상이한 믿음의 형태를 보이는 것이 특징이다.

셋째, 논리 정연한 이론적인 사고(theoretical thinking). 이는 보통 고위급 관료가 상충하는 경쟁적인 주장에 면할 때 두 번째의 경우와는 달리 오랜 시간에 걸쳐 일관성과 안정성이 있는 신념체계를 가지고 소신껏 의사결정을 하는 유형의 사고를 의미한다.[51]

---

51) John D. Steinbruner, *The Cybernetic Theory of Decision* (Princeton, NJ & Guildford, Surry: Princeton University Press, 1976).

4. 외교정책 결정이론에 대한 평가

정책결정 이론은 주로 외교정책의 국내적인 요인에 중점을 두는 이론이다. 그러나 이러한 국내적인 요인에 배타적으로 의존하여 대외정책을 연구하는 것은 설명으로서 부적절할 뿐만 아니라 외교정책의 분석을 국제관계로부터 격리하는 위험을 불러올 수 있다. 외교정책이란 주로 대외적인 요소와 깊은 관련을 지니고 있기 때문이다. 따라서 외부환경이 어떻게 대외정책을 결정짓는가 혹은 가능한 선택을 최소한 어떤 방식으로 조건 짓는가를 고려하는 것이 반드시 필요하다. 이런 점에서 체제이론과 정책결정 이론의 관계란 상호 보완적임을 인식해야 한다.

정책결정 이론은 또한 결정된 정책의 실질적인 내용보다는 정책을 산출하는 과정에 중점을 둠으로써 가치에는 관심을 보이지 않는 과정주의나 절차주의에 빠지게 됨에 유념하여야 한다.[52)]

제 3 절 통합이론

1. 등장 배경

1940년대 초에 국제체제가 또 다른 세계대전으로 파국을 맞자 이상주의에 대한 비판이 현실주의 이론에 의해서 뿐만 아니라 기능주의 이론이라는 자유주의 패러다임의 이론에 의해서도 가해졌다. 이러한 기능주의 이론은 비정치적인 기능적 분야에서의 협력을 통해 정치적인 통합에 이른다는 통합이론으로서 1940년대와 1950년대 초에 통합이론의 주류를 형성했다. 기능주의 통합이론은 원래 지역이 아닌 전 세계적인 차원에서 평화를 가져오기 위한 방식으로 제안된 것을 특징으로 한다.

1950년대에 이르러 유럽지역에서 통합이 이루어지면서 이러한 지역통합 현상을 설명하기 위한 이론인 지역통합 이론(regional integration theory)이 등장하여 1960년대에 걸쳐 매우 활발하게 전개되었다. 구체적으로 1951년에 독일과 프랑스를 포함하여 6개국 사이에 파리조약의 체결로 1952년에 유럽석탄철강공동체(ECSC)가 설립되었는데 이는 갈등 관계를 이어온 독일과 프랑스가 협력관계로의 전환을 보여주는 역

52) 정책결정 이론에 대한 비판을 잘 이해하기 위해서는 현실주의 패러다임 편의 신현실주의 이론의 평가 마지막 부분을 잘 읽어보시오.

사적인 사건이었다. 1957년에 로마에서 두 개의 조약이 체결되어 유럽경제공동체(EEC)와 유럽원자력공동체(EURATOM)가 1958년에 설립되었다. 이는 석탄과 철강 분야에서의 협력이 무역 분야와 원자력 분야로까지 확산된 것을 의미했다.

이러한 일련의 변화는 지역기구와 더불어 지역주의(regionalism)에 관한 관심을 불러일으키고 이러한 관심은 하스(Ernst B. Haas)의 신기능주의 통합이론과 도이취(Karl W. Deutsch)의 거래주의 통합이론 등의 지역통합 이론으로 구체화되었다. 이러한 지역통합 이론에 관한 관심의 증가는 유엔에 관한 관심의 퇴조를 가져왔다. 즉 학자들의 관심을 유엔과 같은 세계적인 차원의 현상으로부터 멀어져 지역 수준의 현상에 쏠리게 하였다.

신기능주의 통합이론의 대표적인 학자인 하스의 가장 큰 관심은 유럽의 통합과 더불어 프랑스와 독일 간의 적대관계를 경제적·정치적 공동체로 변형시키는 것이었다.[53] 서유럽에서의 통합의 진전은 하스와 일련의 다른 학자들에게 경제적·사회적·정치적 상호의존과 통합에 관한 그들의 이론적 관심을 서유럽의 경계를 벗어나 다른 지역으로 확대해 나가도록 했다.

이 당시는 2차 세계대전 후부터 본격화되어 1960년대 전반에 걸쳐 그 영향력을 넓혀가던 현실주의 이론이 국제정치 이론을 지배하고 있던 때였으므로 소수의 제한된 학자들만이 현실주의 이론의 반대편에 서서 통합이론이라는 자유주의 이론의 맥을 유지하고 있었다고 볼 수 있다.

2. 통합이론의 공통점과 상치점

우리가 통합이라는 현상을 설명하는 이론을 통칭하여 「통합이론」이라고 할 때 이는 통합이론이라는 말을 광의의 의미로 사용하는 경우로서 여기에는 현실주의 통합이론·신현실주의 통합이론·전통적 자유주의 통합이론·신자유주의적 통합이론·구조주의 통합이론·성찰주의 통합이론 등 패러다임을 달리하는 여러 이론이 포함된다.

통합이론은 일반적으로 자유주의 패러다임의 한 이론으로 분류되는데 이 경우는 통합이론을 협의의 의미로 제한하여 자유주의 통합이론만을 의미하는 경우이다. 자유주의 통합이론의 대표적인 것으로 기능주의 이론과 신기능주의 이론이 존재한다. 이러한 협의의 자유주의 통합이론의 공통점은 정도에 있어서는 차이가 존재하나 한

53) Ernst B. Haas, *The Uniting of Europe* (Stanford, CA: Stanford University Press, 1958).

마디로 말해 국제제도의 역할을 통합의 중요 요인으로 바라본다는 점이다. 구체적으로 이들은 현실주의 이론의 국가 중심적 견해로부터 탈피하여 비국가적 행위자의 역할 즉 국제기구·정치적 집단·개인의 역할을 중요시한다.

또한 다양한 행위자의 거래와 접촉의 증가가 어떻게 이들의 태도와 초국가적 연대의 기회를 변화시키고 국제제도들이 어떻게 이러한 상호작용을 촉진하는가에 관심을 집중한다. 즉 자유주의 통합이론은 제도적인 틀에 의해 촉진되는 학습 과정과 국가이익의 재정의가 일어나는 정치적 과정을 강조한다.

통합이론이 이론적으로 관심을 두는 연구 분야는 통합의 정의·통합의 전제조건·통합에 영향을 미치는 요인·실질적인 통합의 과정이다. 다시 말해 통합이론은 어떤 조건하에 어떤 과정을 통해 둘 혹은 그 이상의 분리되어 있던 정치체들로부터 하나의 초국가적 정치 단위체가 평화적으로 등장하는가를 집중적으로 연구한다.54)

그러나 이러한 것들에 대해 통합이론들은 제각기 다른 견해를 제기하고 있다. 우선 무엇이 통합인가에 대해 합의가 부재하며 학자마다 다른 의미로 사용한다. 일반적으로 통합이란 「하나의 공동체로 통합되었다」고 말할 때처럼 상태(condition)로 보는 경우와 「서유럽이 서서히 통합을 진행해 오고 있다」고 할 때처럼 하나의 과정(process)으로 보는 두 경우가 있다.

통합을 상태로 볼 경우에도 예컨대 도이취가 구분하고 있는 각 국가가 법적으로 분리되어 독립을 유지한 상태에서 통합된 다원적 안보공동체(pluralistic security community)인지 두 개 혹은 그 이상의 독립국이 단일적이거나 연방적 정부 아래 통합된 융합적 안보공동체(amalgamated security community) 수준의 것인지 등에 있어서 차이가 난다. 「통합이 어떻게 오는가」라는 질문에도 정치적인 결정에 의해 직접적으로 오는 것인지 아니면 사회적인 그리고 경제적인 상태의 변화에 의해 간접적으로 오는 것인지에 대해 각기 다른 의견을 보이고 있다.

자유주의 통합이론을 더 잘 이해하기 위해서 자유주의 이론은 아니나 관련이 깊은 연방주의 이론부터 설명하고자 한다. 그리고 제도의 역할을 강조하지는 않으나 여전히 자유주의 이론에 속한다고 볼 수 있는 거래주의적 접근방법도 함께 살펴보고자 한다. 또한 이러한 전통적 통합이론에 대한 평가와 대안으로서 푸찰라(Donald J. Puchala)의 조화체제론도 함께 소개하고자 한다.

광의의 통합이론에 속한다고 볼 수 있는 현실주의 이론과 구조주의 패러다임의

---

54) Patrick M. Morgan, *Theories and Approaches To International Politics: What Are We to Think?*, 4th ed. (New Brunswick: Transaction Books, 1987), p. 220.

통합이론은 각 패러다임의 실제에의 적용 부분에서 상세히 다룰 것이다. 통합이론은 한반도의 통일문제와 관련하여 적용 가능성을 생각해 보는 것도 의미가 있을 것이다.

3. 전통적 통합이론들[55)]

1) 연방주의(federalism) 이론

(1) 연방주의 이론의 특징

연방주의 통합이론은 국가들이 공식적인 헌법적 조치를 통한 전통적인 정치적 접근에 의해 하나의 연방(주권의 전부 혹은 일부를 이양받아 조직되는 초국가적 조직체)으로 통합되는 것을 강조하는 이론이다. 전 세계 국가를 대상으로 하는 연방은 「세계연방」이라고 하고 일부 한정된 국가들만을 대상으로 하는 연방은 「지역연방」이라고 일컫는다. 2차 세계대전을 경험하면서 평화를 확보하기 위한 수단의 절실함 속에서 다양한 형태의 세계연방 방안이 제기되었으나 실현 가능성에 의문이 제기되면서 유럽이라는 특정 지역에 한정된 지역연방 방안으로 대체되었다.

연방주의 통합이론이 지향하는 통합방식은 헌법적인 조치를 강조하고 통합에 이르기까지의 과정을 중요시하지 않기 때문에 「민주적 급진주의 방식」이라고도 부른다. 이 이론은 통합의 달성을 위한 정치의 역할에 주목하고 통합에 장애가 될 수 있는 주권의 문제를 해결하는 방법으로서 법적 · 제도적 방법을 근간으로 한다.

연방주의 통합이론은 통합을 위한 필요조건으로 주권 국가의 정부 제도의 해체와 공동의 군사 · 경찰 · 사법제도를 포함하는 연방 기구와 같은 초국가적 제도의 수립을 주장한다. 이러한 공동기구의 창설이 어떤 문제에 대한 공통의 태도와 공동체 의식을 성장시키는 역할을 하리라는 것이 전제되어 있거나 언어나 문화 혹은 지리적 인접성으로 인해 이미 여러 특성과 가치관을 공유하고 있으나 별개의 정치체에 살고 있다는 전제를 할 때 통합방법으로서 적실성을 가질 수 있다.

푸찰라(Donald J. Puchala)는 연방주의 이론은 통합의 진전이나 성공을 미국과 같은 연방국가의 중앙정부와 같은 것을 향한 움직임으로 간주한다고 지적하고 이런 기준에서 바라볼 때 서유럽은 아직 통합과는 많은 거리를 두고 있다고 본다. 그 이유는

55) 전통적 통합이론에 대한 설명의 많은 부분은 다음 논문을 참고로 했다: Donald J. Puchala, "Of Blind Men, Elephants and International Integration," *Journal of Common Market Studies*, Vol. 10, No. 3 (1972), pp. 267–284.

서유럽은 연방정부에 전통적으로 부여되는 기능을 떠맡을 중앙정부를 수립한 적이 없다는 것이다. 즉 연방정부의 중앙정부에 해당된다고 볼 수 있는 유럽연합(EU)의 집행위원회(Commission)가 외국과 협상을 할 때 그들이 취하는 입장이란 연방정부나 중앙정부의 정책을 대표하는 것이라기보다는 회원국들의 외교적 타협물에 불과하다는 것이다. 그의 결론은 연방주의 모델을 통합현상을 이해하는 하나의 지침으로 사용할 때 현재의 유럽에서의 통합이란 성숙한 연방제도가 아니라 초기의 연방제도에 머물러 있는 것으로 보아야 한다는 것이다.

푸찰라에 의하면 연방주의 이론은 i) 현재의 중앙기구의 권위의 정도 ii) 각 구성국이 포기한 주권의 정도 iii) 국가권위와 국제적 권위 사이의 특권·권력·관할권의 분할(parcelling of jurisdiction)에 주된 관심을 두고 있다. 그는 연방주의 이론가에게 「세계의 여러 지역에서 통합을 향한 진전이 일어나지 않은 것은 단순히 중앙정부의 방향으로의 움직임(즉 국가 주권의 중앙정부로의 이전과 주권 국가체제의 대체)이 거의 없기 때문인가」라고 반문하고 있다.

(2) 연방주의 이론의 평가

첫째, 연방주의 이론은 미국이나 스위스의 역사적인 경험에서 추출된 이론으로서 통합을 정치 엘리트의 정치적 결단으로 좀 더 큰 정치적 공동체라는 국제기구를 창설하는 것으로 본다. 그러나 이 이론은 개개 국가의 민족주의와 자율성에 대한 강한 집착을 무시함으로써 현재 국제적 통합을 논할만한 지역에 있어서 연방화의 노력이 실패하고 있음을 적절히 설명하지 못한다.

둘째, 연방주의는 주로 정치적 의지의 중요성에 초점을 맞춤으로써 통합의 조건으로서 사회적·경제적·심리적 요소에 큰 주의를 쏟지 않는다. 즉 통합을 위해서는 다양한 정치적 행위자들의 합의가 필요하나 국가마다 상이한 국가적 전통·가치·생활양식이 국가 간 합의의 도달을 어렵게 한다는 것을 간과하고 있다.

셋째, 연방주의 이론은 동태적인 현상의 규명에 취약하다. 즉 기존의 모든 정치적 단위가 새로운 통일적인 정치체의 설립을 바라거나 적어도 적극적으로 이를 반대하지 않는다는 것을 사실상 전제함으로써 어떻게 이 상태까지 이르게 되었는가에 대한 소상한 설명을 결하고 있다.

2) 기능주의(functionalism) 이론

(1) 기능주의 이론의 탄생 배경

기능주의 이론은 1940년대와 1950년대 초에 통합이론의 주류를 이루고 있었던 이론이다. 기능주의 이론을 최초로 제시한 미트라니(David Mitrany)는 1943년에 발간된 「작동하는 평화 체제(A Working Peace System)」라는 책에서 기능주의 이론을 구체화하기 시작했다.[56] 그의 기능주의 이론은 통합을 위한 청사진으로서 서유럽을 위시한 세계의 여러 곳에서의 통합을 위한 노력에 직접적으로 큰 영향을 미쳤다.

앞서 현실주의 패러다임 편에서 살펴보았듯이 1940년대 초는 이상주의에 대한 비판과 거부를 통해 현실주의 이론이 자리를 잡아가던 시점이었다. 미트라니는 당시의 국제체제가 양차 세계대전으로 파괴되는 것을 목격하고 새로운 국제체제의 수립 필요성을 느꼈다. 그의 기능주의 이론도 현실주의 이론과 마찬가지로 1920년대와 1930년대의 이상주의에 대한 반발로 등장했으며 이는 그의 책의 이름인 「작동하는 평화 체제」라는 말에서도 알 수 있다. 즉 그는 국제연맹을 포함한 이상주의의 제도들을 작동하지 않는 평화 체제로 간주했다.

미트라니의 기능주의 이론의 핵심 내용은 국제기구를 설립하여 정치적이지 않은 기능적인 분야에서 국가들이 협력을 하면 서서히 정치적인 통합으로 이어져 국제사회의 평화를 가져올 수 있다는 것이다. 이러한 관점에서 미트라니의 통합이론은 국제기구 이론의 하나로 볼 수 있고 2차 세계대전 이후에 세계보건기구(WHO)를 위시한 전문기구가 국제사회에 대거 등장하게 되는 이론적 근거의 하나가 되었다고도 볼 수 있다. 현실주의 이론의 관점에서 이러한 미트라니의 새로운 국제기구 이론은 또 다른 이상주의 이론에 불과했다고 볼 수 있으나 미트라니는 이상주의와는 다른 현실성 있는 새로운 국제기구 이론을 전개하고자 했던 것이다.

미트라니는 연방주의 접근법이 민족주의와 이데올로기의 영향을 과소평가하고 연방의 실현 전망을 낙관하나 실질적으로 주권 국가가 연방의 설립을 수용하지 않을 뿐 아니라 설혹 수용되어 연방이 많이 구축된다 해도 세계는 여전히 이러한 연방 간 경쟁을 통해 분리된 상태에 놓일 것이라고 보아 새로운 국제질서를 위해 가장 좋은 선택이 될 수 없다고 보았다. 한 마디로 미트라니는 국가 주권에 대한 도전을 통해 통합에 이르려는 연방주의 통합방식의 실현 가능성에 회의적이었다.

---

56) David Mitrany, *A Working Peace System* (London: The Royal Institute of International Affairs, 1943).

따라서 그는 국가 주권의 문제를 건드리지 않고 기능적인 국제기구의 설립을 통해 비정치적인 기능적인 분야에서의 협력을 시작함으로써 서서히 정치적인 통합에 이르는 우회적인 방식으로서의 기능주의 이론을 제안하게 되었던 것이다. 미트라니의 기능주의 통합이론은 단일의 세계 국가나 단일의 지역적인 국가를 목표로 하지 않는 가운데 지역연방의 지역성을 벗어나 세계적 차원에서의 해결책을 모색하는 세계정치 공동체의 창조를 목표로 했으며 이러한 기능주의가 좀 더 실질적인 평화에 이를 수 있는 길이라고 생각했다.[57]

(2) 기능주의 이론의 내용과 전제

미트라니의 기능주의 이론은 다음과 같은 아이디어에 기반을 두고 전개되었다. 현대사회란 복잡성의 증대로 인해 기본적으로 기술적·기능적 사회이며 이러한 사회에서 중요한 것은 국가안보가 아니라 국민복지이다. 국민복지를 위한 많은 기술적인 문제들을 해결하기 위해 기술자와 전문가의 역할이 중요시되며 이러한 기술적인 문제는 정치적인 문제와 분리될 수 있다고 본다.

점증하는 이슈 영역에서 개개의 정부가 그들 국민의 필요를 충분히 충족시켜줄 수 없다는 것이 점점 명백해지고 상호의존이 증가함에 따라 기술적인 문제의 해결을 위한 국제협력이 국익에 부합되는 가치 있는 것으로 바라보게 된다.[58] 따라서 국가 간의 기술적 영역에서의 교류가 확대되면서 이들 간의 다양한 문제를 조정하기 위해 효과적이고 권위적인 국제기구가 등장할 것이며 상호의존이 증가함에 따라 이러한 국제기구의 수가 증가하고 이들에 대한 의존이 확산될 것이다. 이러한 국제기구는 국가 간 협력의 습관을 길들이고 전쟁을 피할 유인을 강화시킬 것이며 궁극적으로 좀 더 큰 정치적 공동체의 등장을 가져올 것이라고 본다.[59]

기능주의 이론이 제시하고 있는 통합의 방법을 요약하면 다음과 같다. 처음부터 국가 간에 갈등이 존재하는 정치적인 통합을 시도하지 않고 우회적인 방법으로서 국제기구를 매개로 하여 국가 간의 갈등으로부터 비교적 자유로운 기술적인 영역에서부터 국가 간에 협력을 시도한다. 이러한 협력을 통해 국가들이 이익을 얻게 되면 이러한 협력의 습관은 다른 기술적인 영역들로 확산되어 궁극적으로는 애초에 엄두도 낼 수 없었던 정치적 통합에 이를 수 있다. 한 마디로 전쟁을 방지하고 적극적인 평

57) 기능주의 이론을 지역 수준에 접목시킨 것이 지역통합이론(regional integration theory)이다.
58) 연방주의 접근이 헌법적 수단에 의한 정치적 방법인 것과 달리 기능주의적 접근은 비정치적 분야에서의 협력을 강조하는 비정치적 방법이다. 기능주의 이론은 이처럼 국제관계에서의 관심의 초점을 논쟁적인 정치적인 이슈로부터 논쟁으로부터 자유로운 기술적인 문제로 이전시킨다.
59) 간단히 말하자면 국제기구가 국가이익을 재정의하게 만든다는 것이다.

화 장치를 마련하기 위해서는 국제기구가 필요하며 가장 적합한 담당자는 국제적인 기술전문가라는 것이다.[60)]

이러한 주장에는 정치적 문제와 비정치적 문제는 분리될 수 있고 통합에 있어서 중요한 것은 무엇보다도 비정치적 영역에서의 인간의 필요와 욕구라는 것이 전제되어 있다. 구조적 변화가 태도나 행태의 변화를 불러온다는 논리와 협력은 부과되는 것이 아니라 학습되는 것이라는 전제가 숨겨져 있고 기술적이고 비정치적인 부분에서의 협력은 점차 분기(ramification)를 일으켜 나간다는 점진적인 단계가 전제되어 있다.

(3) 기능주의 이론의 평가

푸찰라는 기능주의 이론의 장점으로서 국가 간 협력의 근원을 기능적 상호의존에서 찾은 점을 비롯해 부문별 접근의 중요성에 대한 적절한 지적을 한 점과 비정부적 초국가적 행위자의 중요성을 포착한 점을 지적하고 있다. 기능주의 이론의 단점으로서 그는 현재의 통합이 기능주의자들이 설계한 대로 작동해 오지 않았다는 문제점을 다음과 같은 관점에서 지적하고 있다.

첫째, 기능주의 이론이 통합에 있어 주변적인 역할을 한다고 도외시한 정부가 국가 간 통합에 있어서 여전히 결정적인 역할을 행한다는 것이다. 다시 말해 리더십과 더불어 발의권을 비롯한 특별한 권한 등이 거의 정부에 의해 행사되고 기술전문가 · 관료 · 비정부적 행위자에게는 주어지지 않는다.

둘째, 국제정치에서 벗어날 것으로 기능주의자들이 생각한 경제 · 통신 · 과학 · 기술과 같은 기능주의 영역이 통합을 둘러싼 국가 간 정치의 핵심적 영역이 된다. 기능주의 이론은 전문기술자가 국제기구에서 직접 경험한 협력이 유익한 것으로 판명될 때 그들이 이러한 국제기구에 대해 호의적인 태도를 가질 것이라고 하나 그들은 그들이 속해 있는 국가 공동체보다 이러한 국제기구에 더욱 집착해 가고 있는 것 같지 않다. 따라서 정치와 정부가 배제될 수 있다는 기능주의 이론의 생각은 적실성이 없으며 실제에 있어서 국민이 그들의 충성심을 전이시킬 하나의 공동체를 새롭게 창출하는 것보다 본질적으로 더 정치적인 것은 없다.

60) 여기서 국제기구는 지역을 단위로 하는 것이 아니라 전 세계적으로 조직될 수 있는 국제기구를 의미하며 이 점이 앞으로 살펴볼 하스(Ernst B. Haas)의 신기능주의 이론과 구별되는 점 가운데 하나다. 그러나 기능주의나 신기능주의 이론 모두 기능적인 국제기구를 중요시하고 있으며 이러한 제도를 매개로 한 기능적인 협력이 정치적인 국제협력으로 이어질 것으로 본다. 미트라니로부터 시작된 기능주의적 접근은 2차 세계대전 이후의 세계질서 논의에 있어서 유엔과 각종 전문기구의 수립과 이들의 역할에 적지 않은 영향을 미쳤다.

셋째, 기능주의 이론은 하나의 이슈 영역에서 다른 이슈 영역으로의 협력의 확산에 관심을 두고 있으나 이러한 이슈 영역의 확산이라는 것은 통합이 진행되는 기간에 일어나는 여러 가지 가능한 성장이나 확장 가운데 하나에 불과하다는 것이다. 푸찰라는 다음 2개의 다른 가능성을 그 일부로서 소개하고 있다.

주어진 하나의 기능적 영역 내에서 국가 간 조정 활동의 양의 증가와 행위자의 가입 증가 등으로 나타나는 특정 영역에서의 국제레짐의 성장도 통합의 현상으로 보아야 한다. 다음으로 기능주의자들은 통합의 최종적 산물을 기능적 연방(functional federation)이나 다수 영역의 통합(multi-sector merger)으로 봄으로써 하나의 기능적 영역에서 다른 기능적 영역으로의 협력의 확산을 통합의 진전을 나타내는 지표로서 간주할 수 있다는 사실을 충분히 인식하고 있지 않다고 지적하면서 한 영역에서 다른 영역으로의 확산의 정도를 통합의 정도를 나타내는 지표로 간주될 수 있다고 주장한다.

푸찰라에 의하면 우리가 기능주의 모델로 통합을 바라보는 것은 연방주의와 그 밖의 시각에서와 마찬가지로 절대로 일어나지 않을 것 같은 가상적 미래의 관점에서 현재를 평가하고 있는 것과 같다고 지적하고 있다. 「만약에 통합의 최종 결과가 다수 영역의 통합도 민족국가를 상당히 벗어나는 것도 아니라면 위에서 말한 2개의 대안적인 가능성이야말로 좀 더 건전하고 생산적인 통합의 지표가 되지 않겠는가」라고 반문한다.

한 마디로 많은 영역의 통합이나 민족국가를 넘어서는 초국가적인 정치적 공동체의 수립을 통합의 지표로 삼는다면 이러한 통합은 어쩌면 불가능할지 모른다는 것이다. 따라서 보다 기준을 현실적으로 낮춰 잡고 통합의 진전 여부를 이야기하는 것이 더 실질적이라는 것이다.

넷째, 푸찰라는 마지막으로 기능주의 이론은 「어떻게 국가 간에 정치를 피해서 협력을 달성할 수 있을까」를 묻고 「국제정치 바로 그 과정에서 국가 간의 협력이 달성될 수 있을까」를 묻고 있지 않다고 지적한다. 이들은 「어떻게 기능적 통합이 연방정부의 방향으로 확산되어 갈까」를 묻고 있으나 지금껏 서유럽이 겪어 온 것에 견주어 볼 때 좀 더 생산적인 질문은 「통합의 최종적 상태가 1970년대의 서유럽이라면 어떻게 하겠는가」를 묻고 「왜 어떤 영역은 통합되고 다른 영역은 안 되며 어떤 종류의 국제정치가 이러한 변이를 가져오는가」를 물어야 한다고 강조한다. 푸찰라 이외에 여러 학자에 의해 기능주의 이론에 가해지는 일반적인 비판은 다음과 같다.

i) 정치 · 경제 · 기술적 분야의 분리가 곤란하며 기술과 경제도 실은 정치적 보

호 안에 놓여 있다. 기술에서 경제로 그리고 경제에서 정치로의 확산이 사실상 제한되어 있다.[61] ii) 정치적 문제를 유보하고 비정치적인 방법으로 문제를 해결하려는 방식은 현실성이 부족하다.[62] iii) 통합과정에서 정치 지도자의 큰 영향력 발휘를 무시한다. iv) 국가의 정치적인 기본적 이익을 양보하는 것이 곤란하다는 것을 간과한다. v) 드골의 프랑스가 통합과정에서 보여준 바와 같이 민족국가와 민족주의의 중요성을 과대평가한다. vi) 유럽과는 달리 다른 지역은 이질적 문화를 특징으로 한다. 이러한 이질적인 문화 지역에서 유럽에 있어서와 같은 통합현상이 가능한지 회의적이다.

3) 신기능주의(neofunctionalism) 이론

1940년대와 1950년대 초에 통합이론의 주류를 이루었던 것이 기능주의 이론이었다면 신기능주의 통합이론은 1950년대와 1960년대에 있어서 주류를 이루었던 통합이론이다. 신기능주의 이론은 전략적으로 중요한 석탄과 철강 부문의 통합이 필연적으로 그와 관련된 분야에의 통합을 가져오고 종국적으로는 정치통합에까지 이를 것으로 본 하스(Ernst B. Haas)의 유럽석탄철강공동체(ECSC)의 실증적 연구를 시작으로 발전되기 시작했다.[63]

(1) 신기능주의 이론의 특징

하스는 통합을「개개 국가 내의 정치적 행위자들이 이전의 국민국가에 대해 관할권을 보유하게 되었거나 관할권을 요구하고 있는 새롭고 좀 더 큰 중심으로 충성심·기대·정치적인 활동을 이전시키도록 설득되는 과정」이라 정의한다.[64] 신기능주의 이론은 말 그대로 새로운 기능주의 이론으로서 과거의 기능주의 이론에 바탕을 두고 있으면서도 이와는 구별되는 점을 보유하고 있다. 신기능주의 이론의 기능주의 이론과의 공통점과 차이점은 다음과 같다.

61) 기능주의자들이 기능적인 분야와 정치적인 분야의 분리가 가능하다고 보고 기능적 협력이 정치적 협력으로 확산될 것이라고 보나 비판자들은 국가란 상대방에 대해 깊은 정치적 신뢰를 가질 때라야 비로소 기능적 협력을 하게 된다는 점을 강조한다.

62) 기능주의자들은 한정된 자원을 어디에 어떻게 배분할 것인가의 결정 즉 자원의 권위적 배분이라는 정치적 결정을 등한시함으로써 무제한의 자원이 존재하는 세계를 상정하고 있다: R. I. McLaren, "Mitranian Functionalism: Possible or Impossible?" *Review of International Studies*, Vol. 11, No. 2 (1985), p. 146.

63) 초기의 유럽통합에 대한 신기능주의적 설명으로서 하스의 유럽석탄철강공동체(ECSC)에 관한 연구와 더불어 린드버그의 유럽경제공동체(EEC)에 관한 연구가 유명하다: Leon N. Lindberg, *The Political Dynamics of European Economic Integration* (London: Oxford University Press, 1963).

64) Ernst B. Haas, *The Uniting of Europe: Political, Social and Economic Forces, 1950-1957* (Stanford, CA: Stanford University Press, 1958), p. 16.

① 기능주의 이론과의 공통점

신기능주의 이론은 기능주의 이론과 마찬가지로 독립적인 국가들의 통합은 우선 특정 기술적 분야에 권한을 지닌 국제기구를 의도적으로 창설하여 통합수단으로 사용함으로써 가장 잘 달성될 수 있다고 본다.[65] 회원국들이 이러한 국제기구의 활동으로부터 이득을 얻게 됨에 따라 다른 관련 부문으로 이러한 국제기구의 권한을 확대・강화시킬 것이며 이로 인해 시간이 지남에 따라 국제기구의 힘이 증가할 것으로 보았다.

예컨대 철과 석탄으로부터 망간과 같은 관련된 부문으로까지 이러한 국제기구의 권한을 확대시키고 이와 더불어 권한 자체를 강화시킬 것이다. 하나의 기술적 부문에서 다른 부문으로의 확산을 통해 결국 국제기구는 모든 것을 운영하게 되고 궁극적으로 이러한 국제기구에 정치적 권력이 부여될 것으로 본다. 즉 기술적인 한 분야에서의 통합은 다른 분야의 통합으로 확산되고 점차 좀 더 많은 결정이 초국가적 기구에 이양되어 이루어짐에 따라 종국적으로 개개 국가의 정부들이 좀 더 큰 정치공동체로 통합될 것이라고 본다.

이러한 아이디어에 기초하여 1951년에 프랑스・서독・이태리・벨기에・네덜란드・룩셈부르크가 파리조약에 서명하여 유럽석탄철강공동체(ECSC)를 창설했고 이의 성공에 힘입어 같은 6개국에 의해 1957년에 로마조약이 체결되어 유럽경제공동체(EEC)와 유럽원자력에너지공동체(EURATOM)가 창설되었다. 나중에 이 세 국제기구가 통합되어 유럽공동체(EC)가 되기에 이르렀다.

이처럼 신기능주의 이론은 기능주의 이론과 마찬가지로 국제기구의 역할을 강조하고 국가 간 협력이라고 하는 것이 연방주의 통합이론이 주장하는 것처럼 위로부터 부과되는 것이 아니라 한 분야에서의 협력의 습관이 다른 분야로 확산되어 가는 학습 과정을 통해 익히게 되는 것임을 강조한다.

② 기능주의 이론과의 차이

신기능주의 이론은 기능주의 이론과 마찬가지로 통합이 우선 특정 기술적 분야에 권한을 지닌 국제기구의 창설로부터 시작된다고 본다는 점에서 공통적이다. 그러나 어떤 국제기구를 의도적으로 설립해야 하는가를 둘러싸고 견해 차이를 보인다. 구체적으로 미트라니의 기능주의 이론은 세계적 규모로 조직된 국제기구와 회원국의

---

65) 다음에 설명할 거래주의 이론과는 달리 국가 간의 제도적 장치의 선행을 강조한다. 즉 통합은 국가 간에 사전에 어떤 제한된 분야에서나마 초국가적인 기구의 설치로 시작되어야 한다고 본다.

보편성을 강조하나 하스의 신기능주의 이론은 지역적 규모로 조직된 국제기구와 회원국의 지역성을 강조한다는 점에서 다르다.

신기능주의 이론이 기능주의 이론과 다른 점 중 가장 눈에 띄는 것은 신기능주의 이론은 기능주의 이론과는 달리 정치로부터 기술적인 업무를 그리고 권력으로부터 복지를 분리할 수 없다고 본다. 이러한 전제하에 통합을 위한 정치 엘리트의 역할을 부각시키면서 엘리트의 의식적인 통합 노력을 강조함으로써 정부를 거치지 않고 비정치적 분야에서의 협력을 통한 통합을 주장하는 기능주의 이론과 입장을 달리한다. 기능주의 이론이 확산 효과를 무의식적이고 자동적인 것으로 보는 데 반해 신기능주의 이론은 학습 과정에 의한 확산은 정치적 의지가 있어야 한다고 본다.66)

이를 좀 더 상론하면 신기능주의 이론은 기술적인 분야에서의 협력의 경험이 학습을 통해 좀 더 큰 정치연합으로 귀결되기 위해서는 기능주의 이론이 소홀히 한 정치의 역할이 회복되어야 한다고 보아 기술적 요소에 정치적 요소를 더해 기능주의 이론을 보완하고자 했다. 이처럼 하스에게 통합이란 본질적으로 정치적인 현상이며 이런 점에서 기능주의 이론이 무시한 연방주의의 정치 역할을 신기능주의 이론이 복원시켰다고 볼 수 있다.

하나의 분야에서의 협력이 다른 분야로 전이된다는 의미의 「확산」이라는 것은 자동으로 이루어지지 않고 정치적인 행위자들의 확신하는 열망(convinced desire)이라는 의도성이 있어야 한다고 보았다. 기술적·비정치적인 부문에서의 통합을 경험하고 관찰하였던 사람들이 또 다른 분야에서 통합을 의도적으로 시도함으로써 통합이 확산될 수 있으며 궁극적으로 새로운 초국가적 제도에 의해 새로운 중심체가 형성되어 충성심이 전이되어야 통합이 이루어질 수 있다고 본다.

연방주의 이론이 정부를 통합의 주된 행위자로 보고 기능주의 이론이 사적이고 자발적인 비정치적 그룹 즉 기술전문가를 통합의 주된 행위자로 보는 것과는 달리 신기능주의 이론은 공적 그룹·정치적 그룹·관료적 그룹을 통합의 주된 행위자로 본다. 즉 신기능주의 이론은 기술적 통합과 정치적 통합 사이에 매개변수로서 단순한 기술전문가가 아닌 통합으로 그들의 이익이 영향을 받게 되는 노동조합이나 무역연합과 같은 압력단체를 비롯하여 정당·정부 기관·초국가적 관료 사회 등을 구성하고 있는 민과 관 엘리트의 명분 아닌 실리에 기초한 의도적인 정치적 선택(political

---

66) 하스는 이러한 확산이 일어나느냐의 여부를 결정짓는 조건으로서 정부의 결정을 중요한 지점까지 밀고 나갈 통합이슈의 정치화에 공헌할 사회적인 다원주의·융합(amalgamation)을 위해 선택된 영역(sector)의 특성·국제 관료와 국가 관료 간의 연계·국내와 국제적 의사결정에서의 지배적인 점진적 스타일·국가 엘리트들 간의 상호 보완적인 일반적인 가치를 제시하고 있다.

choice)이 개재된다고 본다. 이러한 행위자들이 의사결정에 참여하여 논의하는 소위 정치화 과정(politicization process)을 강조한다. 다음에 설명할 거래주의 이론의 주장과는 달리 단순한 상호거래의 증가는 별 의미가 없고 이러한 것들이 행위자들에 의해 그들의 자기중심적 이익으로 인식되어야 한다는 것이다.

신기능주의 통합이론은 민과 관의 국가 엘리트와 초국가적 엘리트를 학습 과정을 통해 자신의 이익과 선호를 바꾸는 능력을 지닌 합리적이고 이기적인 행위자로 가정한다. 이러한 행위자들이 통합을 위한 논의 등 통합 과정에의 참여를 통해 국가적 해결책의 한계와 더불어 통합적인 정책과 협력적 의사결정이 가져다주는 혜택을 학습하고 통합이 자신들에게 이익을 가져다줄 것이라고 기대할 때 이들의 이익과 선호가 바뀌게 된다. 그 결과 이들은 통합의 지지자로서 통합을 위한 핵심적인 추진력을 제공하게 된다. 통합에 대한 이들의 지지는 국제기구에 좀 더 광범위한 서비스를 추구하도록 하는 등 이러한 제도를 확장함으로써 갈등에 대한 타협을 통해 궁극적으로 정치적 통합으로 이어지게 할 수 있다고 본다.

신기능주의 통합이론은 통합의 초기 단계에서 정치적 협력이 아닌 기능적 협력을 위해 설립된 국제기구가 더 이상의 통합과 나아가 궁극적인 정치적 통합을 위해 수행하는 역할이 중요하다고 보는데 여기에는 두 가지가 이유가 있다. 그중 하나는 국가 정부의 국제기구 가입과 그에 따른 활동이 자국의 민과 관 엘리트의 이익과 선호를 변화시키고 이어서 정부의 이익과 선호를 변화시키게 되기 때문이다. 다른 하나는 국제기구가 일단 설립되면 설립자의 통제와 독립하여 자체의 생존과 확장(즉 인원과 자원의 확장)을 꾀한다는 조직사회론(organizational sociology)의 주장에 근거를 둔 것으로 통합을 위해 설립된 국제기구 직원은 국제기구의 생존과 확장에 관심을 가지고 참여 엘리트들의 이익과 선호 나아가 가입국 정부의 이익과 선호에 영향을 미침으로써 추가적인 통합의 매개자가 되기 때문이다.[67)]

(2) 신기능주의 이론의 평가

① 신기능주의 이론에 대한 일반적인 비판

첫째, 신기능주의 이론은 지역통합이 정치적인 통합으로 더 이상 나아가지 않고 경제적인 통합에 머물 수도 있다는 것을 고려하지 않고 있다. 즉 정치적 통합이라는 예견된 결과를 가져오지 못할 수도 있다는 것이다. 서유럽에서의 통합이 1970년대에

67) Arne Niemann and Philippe C. Schmitter, "Neofunctionalism," in Antje Wiener and Thomas Diez, eds., *Theories of European Integration* (Oxford: Oxford University Press, 2009), pp. 45-66.

큰 어려움에 직면하면서 통합이론의 일반화는 고사하고 서유럽의 통합현상마저도 설명할 수 없는 상황에 이르기도 했다.

둘째, 현실주의 이론은 신기능주의 이론이 통합을 설명하고 예측하는 데 있어 내부변수에만 초점을 두고 외부 행위자 및 국제환경과 같은 외생적 변수를 간과하며 통합의 대상 지역이 국제체제로부터 고도의 자율성을 갖는다고 가정하는 것을 비판한다.[68] 신기능주의자인 하스는 1976년 통합이론의 폐기를 선언하면서 1970년대의 지역 간 상호의존성의 증가가 서구의 통합을 실질적으로 저해했다고 봄으로써 서유럽 이외 지역과의 관계에서 오는 영향력을 중요한 요인으로 여긴 바 있다.[69]

셋째, 유럽의 통합 역사에서 프랑스의 드골(Charles de Gaulle) 대통령과 같은 정치 지도자가 통합에 극적인 변화를 불러온 것은 정치 지도자들의 의도적인 정치적 결단이 새로운 통합의 시도에 중요한 요인이라는 사실을 보여준다. 신기능주의 이론은 이러한 요인을 제대로 고려하지 않음으로써 의도적인 정치적인 결단의 주체로서의 정치 지도자의 역할을 과소평가한다.

넷째, 지역적인 특수성을 배제하고 일반화하려고 한다. 즉 과거의 유럽에서의 경제적 통합기운은 1940년대와 1950년대에 팽배했던 「유럽은 하나」라고 하는 감상적인 자의식이 원동력이었음을 간과한다. 또한 문화적인 유사성과 같은 유럽이라는 지역이 가지고 있는 여타의 지역과 구별되는 특수성을 무시하고 일반화하려는 경향을 보인다.

다섯째, 신기능주의 이론은 중앙집중적인 정치체제의 수립을 정지시키거나 지연시킬 수 있는 주권 국가의 능력과 새로운 중심부로 권력을 이전하는 것에 대한 개개 국가 관료들의 저항을 과소평가하고 있다. 구체적으로 유럽연합 집행위원회(European Commission)와 같은 조직이 통합 과정에의 저항(특히 가입국으로부터 오는 저항)을 극복하는 데 필요한 정치적 지도력을 제공해 줄 수 있다는 비현실적 견해를 지니고 있다.

신기능주의 통합이론의 핵심적인 가설은 기능적인 국제기구가 학습 과정을 통해 국제기구와 관련된 사람들의 통합에 대한 호의적인 태도 변화를 가져온다는 것이다. 그러나 1950년대부터 1980년대 초까지 이러한 가설을 검증하는 많은 실증적인 연구

---

68) 외생적 변수의 영향을 중요시하는 경우 유럽석탄철강공동체(ECSC)의 설치 동기를 2차 세계대전 후 독·불 간의 원한 관계를 해결하고 두 적대적인 세력을 경제적인 상호의존성에 묶어두기 위한 것으로 보며 유럽공동체(EC)는 미국으로부터의 의존에서 탈피하고 미국과의 수출 경쟁에서 효과적으로 대응하려는 설립 동기가 존재한다고 본다. 예컨대 호프만(Stanley Hoffmann)은 미국과 소련이라는 초강대국의 핵 능력의 교착상태가 초기 유럽통합 운동에 크게 기여했다고 보며 나이(Joseph S. Nye, Jr.)는 지역의 정책결정자들이 외부사정에 대한 인식과 대응을 통합추진의 주요한 요인으로 본다.

69) 좀 더 자세한 논의는 통합이론과 상호의존론과의 관계를 논할 때 언급할 것이다.

가 국제공무원 · 정치적 임명자 · 국회의원 등을 대상으로 시도되었으나 연구 결과는 기대와는 매우 달랐다. 즉 연구 결과들은 국제기구가 태도에 미치는 영향에 대해 일률적인 합의를 끌어내지 못하고 국제기구가 태도 변화에 부정적인 영향을 초래했다는 연구 결과까지 나왔다. 또한 태도가 결코 결과와 정책 그리고 행동과 연계되어 있지 않다는 결론도 도출된 바 있다.[70]

② 신기능주의 이론의 쇠퇴와 발전

유럽에서 통합이 1960년대 중반까지 진전되었으나 1960년대 말을 시작으로 1970년대와 1980년대 초반에 이르기까지 정체되면서 이러한 정체를 예측하는 데 실패한 신기능주의 이론은 1976년에 신기능주의 이론의 창시자인 하스 자신에 의해 폐기까지 선언되기에 이르렀다.

그러나 1987년의 유럽단일의정서(SEA)의 체결과 1992년의 마스트리트 조약(Maastricht Treaty)의 체결로 유럽통합에 다시금 박차가 가해지면서 신기능주의 이론이 다시 등장하여 유럽통합을 설명하고자 했다.[71] 또 다른 한편 신기능주의 이론의 변수만을 가지고는 유럽에서의 통합의 기복을 설명할 수 없다고 보고 다른 변인들을 추가하여 유럽통합을 살펴보고자 하는 경향도 증대되었다.

4) 거래주의 혹은 다원주의(transactionalism or pluralism) 이론

(1) 거래주의 통합이론의 특징

정치공동체의 통합과 커뮤니케이션의 관계에 관심을 가지고 거래주의 통합이론을 전개한 도이취(Karl W. Deutsch)는 구성원 간의 커뮤니케이션과 거래관계의 증대를 통합의 필수요건으로 본다. 이 이론은 일면 기능주의 이론의 한 흐름으로도 볼 수 있는데 국경을 가로질러 발생하는 정치적 · 경제적 · 사회적 · 문화적 통신 혹은 거래를 통한 사람들의 접촉 증가는 사회적 · 심리적 과정을 거쳐 국민을 동화시키며 이어서 좀 더 큰 공동체로의 통합과 제도화가 이루어진다고 예견한다. 한마디로 말해 국가 간의 양적 거래의 증가는 질적인 변화인 통합의식이 생기고 결국 세계는 통합된

---

70) Lisa L. Martin and Beth A. Simmons, "Theories and Empirical Studies of International Institutions," *International Organization*, Vol. 52, No. 4 (Autumn 1998), pp. 735-736.

71) 통합에 대한 신기능주의 이론의 적용 예는 다음과 같다. Juliet Lodge, ed., *The European Community and the Challenge of the Future* (London: Pinter, 1989); David Mutimer, "1992 and the Political Integration of Europe: Neofunctionalism Reconsidered," *Journal of European Integration*, Vol. 1, No. 1 (1989), pp. 75-101; Jeppe Tranholm-Mikkelsen, "Neo-functionalism: Obstinate or Obsolete? A Reappraisal in the Light of the New Dynamism of the EC," *Millennium: Journal of International Studies*, Vol 20, No. 1 (1992), pp. 1-22.

다는 것이다.

거래주의 이론의 특징은 국제제도(여기에서는 국제기구)에 중요성을 덜 두고 거래에 더 많은 강조점을 둔다는 점이다. 즉 공식적인 국제기구와 정치적인 제도가 이 이론에서는 상대적으로 미미한 역할만 하고 대신에 사람과 사람의 관계에서의 광범위한 사회적 과정이 중요한 역할을 한다.

(2) 도이취의 안보공동체 개념

도이취는 통합을 안보공동체(security community)의 개념으로 정의를 내렸다. 즉 국가들 사이에서(혹은 어떤 특정한 국가 내에서) 서로를 상대로 해서 전쟁을 일으킬 가능성이 없는 관계를 획득하고 전쟁 대신 평화적 수단에 의해 변화가 가능하다는 기대를 상호 확신할 수 있을 만큼 강력한 공동체 의식을 달성하는 것을 통합이라 보았다.

도이취는 2가지의 안보공동체를 개념화하고 있다. 구체적으로 공동체 구성요소 국가들이 통합 이후에도 법적인 독립성을 유지하며 각각 별도의 정책결정 기구를 갖는가에 따라 다원적 안보공동체(pluralistic security community)와 융합된 안보공동체(amalgamated security community)로 나누고 있다. 전자는 각 정부가 법적으로 분리되어 독립을 유지한 채 통합하는 경우이고 후자는 2개국 이상의 독립국이 영국처럼 단일적이거나 미국처럼 연방정부하에 통합하는 경우를 일컫는다.

거래주의 이론은 이처럼 통합(integration)과 융합(amalgamation)을 구별한다. 통합은 「우리(we-ness)」라는 느낌을 창출하거나 우리라는 느낌이 절정에 이르는 태도 변화의 과정 즉 공동체의 형성 과정으로 본다. 융합은 둘 이상의 독립적인 단위체들이 공식적으로 하나의 큰 단위로 합쳐지는 것(merger)을 의미한다. 도이취에 따르면 통합이 융합에 선행한다. 즉 정서적인 변화가 제도적인 변화에 선행하고 사회적인 변화가 정치적인 변화에 선행한다. 좀 더 구체적으로 말해 먼저 기능적인 연계가 있어 거래가 증가하고 이에 따라 사회적인 동화가 일어나서 공동체가 형성되고 궁극적으로 정치적인 융합이 일어난다고 본다.

오늘날의 국제사회의 정치공동체는 도이취가 말하는 다원적인 안전공동체의 개념을 넘어서지 못하고 있는 것이 사실이다. 도이취는 일단의 국가들이 평화적인 관계에 대한 믿을 만한 기대를 발전시켜 현실주의자들이 국제정치를 특징지어 온 안보딜레마를 극복하는 다원적인 안보공동체를 발전시키는 것에 중점을 두었다.[72] 다원

72) Karl W. Deutsch et al., *Political Community and the North Atlantic Area* (Princeton: Princeton University Press, 1957).

적인 안보공동체에서 각국 정부의 독립성은 지속된다. 푸찰라의 말처럼 도이취의 거래주의 이론은 다른 통합이론에 비해 좀 더 설득력이 있어 보인다. 왜냐하면 1945년 이래 서유럽에서 실제로 이루어져 온 것에 대한 정확한 서술이 되기 때문이다.

(3) 신기능주의 이론과의 구별

첫째, 앞서 자유주의 통합이론의 공통점으로서 국제제도의 역할을 중요시한다는 점을 언급한 바 있다. 거래주의 이론은 기능주의 이론이나 신기능주의 이론과는 달리 정치적 통합에 있어서 국제제도(구체적으로 국제기구)의 역할에 관심을 별로 두고 있지 않다. 이러한 점에서 거래주의 이론은 기능주의나 신기능주의 이론과 구별이 된다.[73]

둘째, 거래주의 이론은 사람들이나 공동체의 상호 동일시(즉 「우리」라는 의식)가 제도적 융합(institutional amalgamation)을 위한 바람직한 조건을 창출한다고 본다. 이와는 대조적으로 기능주의와 신기능주의 이론은 제도적 융합이 공동체에 선행한다고 보며 국제 수준에서의 효율적인 제도화는 사람들의 정치적 관심을 불러들이고 그들의 충성심의 이동을 가져온다고 본다.

이에 대해 푸찰라는 공동체의 형성과 제도적 융합 중 어느 것이 먼저냐에 대한 논쟁이 존재하나 서로가 서로에 영향을 미친다고 보고 이들 간의 상호 보완의 중요성을 강조한다. 신기능주의 이론은 국제적인 제도화와 정책결정의 정치적 동태를 잘 설명하고 거래주의 이론은 공동체 형성에 있어 필요한 학습과 동화 경험(assimilatory experience)을 정부가 융합을 결정했을 때 발생하는 정치적인 결정 과정과 연계시키고 있다고 본다.

(4) 거래주의 이론의 평가

푸찰라는 거래주의 이론에 있어 통신과 거래가 공동체의 핵심으로 받아들여지나 통합에 대한 정확한 측정이 문제가 된다고 본다. 그는 더 본질적인 문제로서 거래주의 이론에는 정치와 정치 지도자의 역할이 실종되어 있다고 지적하고 있다. 즉 언제 어느 정도의 거래가 왜 통합으로 이르게 되는지가 불명료하다는 것이다. 또 한 가지 생략된 것은 오늘날의 노르웨이와 스웨덴 경우와 같은 다원적 안보공동체가 언제 오늘날의 미국과 같은 융합된 안보공동체로 변하는가에 관해 어떠한 언급도 없다는 것이다.

---

73) 도이취는 제도적인 측면보다 국가 간과 국민 간의 통신과 무역 및 기타 다양한 거래의 성장이 이들 국민의 태도 변화에 주는 영향의 정도를 통합의 정도로서 측정하고자 했다.

거래주의 이론에 가해지는 가장 중요한 비판은 푸찰라도 지적했듯이 거래주의 이론이 제도적 · 정치적 측면에 관해 설명하고 있지 않다는 점이다. 어떤 조건하에서 새로이 통합된 공동체의 사람들이 정치적 융합을 위한 운동을 개시할 것인지 아닌지에 관한 세세한 설명이 없다는 것이다.

거래주의 이론은 동기에 관한 동태적 설명과 더불어 의사결정 · 조직의 행태 · 연합 행태(coalition behavior) 등과 같은 통합에 있어서 중요한 정치적 동태를 등한시하고 있다. 즉 거래주의 이론에는 국민의 태도나 감정의 변화가 정부 정책의 변화를 촉진할지 모른다고 암시되어 있을 뿐 왜 사회적 · 심리적 수준에서의 변화가 정부 수준에서의 변화로 전이되는가에 대한 설명이 빠져있다.

또 다른 중요한 문제는 통합수준을 나타내는 지표와 이러한 지표를 통한 실질적인 통합의 측정과 관련되어 있다. 거래주의 이론은 편지의 왕래와 같은 국가 간의 통신과 함께 무역량의 흐름과 같은 물자거래의 양처럼 측정이 가능한 변수만을 적절한 통합지표라고 보고 측정이 곤란한 무형적인 요소를 배제하고 있다. 따라서 거래의 실질적인 내용(예컨대 서신의 내용)에는 주목하지 않는다. 또한 국가 간의 통신이나 물자거래의 증가는 실질적인 통합이 이미 시작되었음을 보여주는 것인지 아니면 통합을 향하는 과정에 있음을 보여주는 것인지가 불명료하다는 지적도 있다.

5) 전통적 통합이론의 평가와 대안[74)]

(1) 기존 이론의 문제점

조화체제론(Concordance System Theory)을 전개한 푸찰라는 기존의 통합이론들이 현재의 통합상태보다는 통합이 미래에 어떨 것이고 어떤 것이어야만 한다는 것에 치중하는 관계로 어떤 통합모델도 통합을 적확하게 기술하고 있지 못하다고 지적하고 있다. 푸찰라는 이러한 모델들의 병렬적 통합은 인위적이고 자연스럽지 못한 결과만을 가져다줄 뿐이라며 기존의 모델들을 다 떨쳐버리고 새로운 분석의 틀을 창조해내야 한다고 강조한다.

이러한 새로운 분석의 틀은 현재의 서유럽 · 중미 · 동아프리카에서의 통합이 어떤 모습을 하고 있는지에 대한 것부터 시작해야 한다고 주장한다. 즉 현재의 통합이 어느 지점에서 어떻게 끝을 맺을 것인지에 대해 알 길이 없어 현재를 가상적 미래를 향한 진전 혹은 가상적 미래로부터의 회귀라는 관점에서 실험하는 것을 중지해야 한

74) Donald J. Puchala, "Of Blind Men, Elephants and International Integration," *Journal of Common Market Studies*, Vol. 10, No. 3 (1972), pp. 267-28

다고 본다. 이런 맥락에서 푸찰라는 다음과 같은 조화체제론을 대안으로 제시하고 있다.

(2) 조화체제론의 특징

조화체제란 푸찰라의 관점에서 실증적으로 다가오고 있다고 보는 체제로서 행위자들이 일관되게 자신들의 이익을 조화시키고 차이점에 대해 타협하며 상호작용으로부터 상호 이득을 거두어들일 수 있는 국제체제를 일컫는다. 이러한 조화체제의 구체적인 모습은 다음과 같다.

첫째, 여러 구성요소 가운데 국가가 여전히 중심적인 행위자로 남는다. 따라서 통합이라고 하는 것은 국가체제를 크게 뛰어넘지 못하는 자못 흥미로운 국제적인 국가체제(international state systems)로 본다. 그러나 국가만이 유일한 중요 행위자라는 것이 아니고 이외에도 국가 내부의 다양한 행위자와 초국가적인 행위자들이 포 함될 수 있다. 이러한 행위자들 사이에 위계 혹은 지배와 종속의 관계는 없다. 개개의 행위자는 준독립적이고 상호 이득을 가져다줄 합의를 위하여 상호작용을 하는 상호의존적인 존재들이다.

둘째, 조화체제는 고도로 제도화된 체제이다. 즉 조화체제는 행위자들이 수립된 통상적인 절차에 따라 조직의 연계망을 통해 모든 이슈 영역에서 그들 간에 거래가 이루어지는 체제이다. 모든 행위자에 의해 존중되는 제도적이고 헌법적인 혹은 표준화된 절차를 통하여 갈등이 통제되고 협력이 촉진되는 체제이다. 이러한 체제에서 정치적 갈등의 대부분은 다양한 행위자들이 추구하는 이익의 본질적인 상충과 대립에서 오는 것이 아니라 협력하는 방법을 둘러싼 다양한 견해로부터 유래된다. 즉 행위자 간의 공통의 수렴하는 목적 혹은 적어도 양립 가능한 목적이 조화체제의 선결조건이다. 또한 이러한 목적을 달성하기 위한 행위자 간의 양보와 궁극적인 타협 그리고 이를 통한 협상이 지배적인 상호작용의 모습이다.

셋째, 심리적·태도적 환경으로서 문제해결을 우선시하는 실용주의가 조화체제의 지배적인 정치 교리이다. 조화체제는 개별적인 국가만으로는 부적합하다는 인식(즉 국가 간 상호의존의 인식)으로 지지가 된다. 조화체제로의 첫 단계는 정부와 국민 간에 서로가 절대적으로 필요한 존재라는 것을 깨닫는 것에서부터 시작된다. 또 하나의 심리적인 환경은 상호 보상이 주어지는 결과를 찾아야 한다는 공동의 의무감이다. 즉 행위자들은 선택된 결정과 실행에 옮겨진 프로그램에서 상대방의 필요와 자신의 필요가 충실히 실현되었는가에 주의해야만 한다는 의무감을 가져야 한다. 마지막으로 조화체제의 일반 대중은 이러한 체제 자체가 합당하고 이러한 체제가 내리는 결정의 결과물을 권위적인 것으로 수용해야 한다. 거듭 말해 이 체제의 일반 대중은 초국가적인 것으로 동화될 필요는 없다.

4. 통합의 부침과 통합이론

1) 유럽통합의 쇠퇴와 통합이론

앞서 언급했듯이 1950년대에 유럽석탄철강공동체(ECSC)와 유럽경제공동체(EEC)와 유럽원자력공동체(EURATOM)의 설립은 신기능주의를 위시한 통합이론의 전성기를 가져왔다. 1965년에 병합조약(The Merger Treaty)의 체결로 1950년대에 설립된 3개 공동체가 1967년에 단일의 각료이사회와 집행위원회를 지니게 되면서 3개 공동체를 총괄하여 유럽공동체(EC)로 통칭하게 되었다. 이러한 3개 공동체의 통합은 통합의 깊이를 더해갔다.

그러나 다른 한편 1960년대 중반에 유럽의 지역통합이 위기에 봉착하게 된다. 구체적으로 1965년에 프랑스는 국가 주권 위에 존재하는 초국가적 조직체로서의 집행위원회의 역할을 거부하고 국가 주권이 존중되어 개개 국가가 정책에 대해 발언권을 가지는 정부간주의(intergovernmentalism)를 주장하면서 유럽경제공동체(EEC) 각료이사회에의 참가를 거부했다.[75] 이러한 위기는 1966년에 개별 회원국에 정치적으로 민감한 사안을 이제까지의 의사결정 방식이었던 특별 다수결제로 바로 결정하지 않고 일정 기간 조정절차를 거친 후 만장일치로 결정한다는 룩셈부르크 타협(Luxembourg Compromise)을 통해 해결되었으나 결국 유럽공동체(EC)를 초국가적 조직체가 아닌 정부 간 조직체로 후퇴시켰다.

이러한 상황에 직면하여 다수의 학자가 하스의 신기능주의 이론이 지나치게 결정론적이었다고 결론짓기에 이르렀고 하스 자신도 민족주의의 부활과 반기능주의적 상위정치(anti-functional high politics)를 예상하지 못했다는 것을 시인했다.[76]

이러한 상황은 두 방향으로 지역통합 이론에 영향을 미쳤다. 즉 통합의 위기를 설명하기 위한 두 종류의 이론이 등장했다. 하나의 방향은 신기능주의와 연방주의 통합이론을 비판하면서 현실주의 국제정치학자인 호프만(Stanley Hoffmann)의 주도

---

75) 이러한 위기를 「공석위기(empty chair crisis)」라고 부른다.

76) Ernst B. Haas, “The Uniting of Europe and the Uniting of Latin America,” *Journal of Common Market Studies*, Vol. 5, No. 4 (1967), pp. 315-343.

하에 등장한 정부간주의(intergovernmentalism)이다.[77] 또 다른 방향은 린드버그와 샤인골드(Leon N. Lindgerg and Stuart A. Scheingold)와 같은 학자들이 주축이 되어 신기능주의의 한계에 보완과 수정을 가하고자 한 방향이다. 이러한 지역통합이론을 「후기 신기능주의(post-neofunctionalism)」 혹은 「새로운 신기능주의(neo-neofunctionalism)」라고 부른다.[78]

1970년대에 이르러 기대했던 것과는 달리 통합이 지지부진해지자 통합에 대한 학문적 관심마저 저조해졌고 그 결과 통합이론의 대표자라 할 수 있는 하스 자신이 1976년에 통합이론이 현실을 설명하기에 적합하지 않아 폐기해야 한다고 선언하기에 이르렀다. 하스는 지역적 수준이 아닌 세계적 수준에서 심화되고 있는 상호의존이 통합이론을 시대에 뒤진 것으로 만들었다고 진단하고 통합이론이 국제정치에 있어서 좀 더 광범위한 상호의존론에 흡수되어야 할 필요가 있다는 주장을 제기했다. 이에 대해 통합이론은 나름의 독자적인 영역이 있으므로 상호의존론에 흡수되어서는 안 된다는 주장도 제기되었다. 그런데도 통합이론은 실제적인 통합현상의 부진과 더불어 학문적인 관심을 크게 끌지 못했다.

2) 유럽통합의 재기와 통합이론

(1) 유럽통합의 재기

유럽공동체(EC)는 대략 1970년대 초부터 1980년대 중반까지 위기와 정체 국면에 빠져들었다. 그러던 것이 1980년대 중반에 접어들어서면서 통합이 진전되면서 다시 활기를 띠기 시작했다.

---

77) 호프만의 정부간주의는 신기능주의가 제안하고 있는 확산 효과(spillover effect)를 거부하고 개개 국가의 정부가 유럽통합의 수준과 속도를 통제한다고 본다. 초국가적 국제제도가 가지는 권한의 수준도 개개 국가의 정부의 직접적인 결정의 결과로 본다. 정부에 의해 추동되는 통합은 종종 국내의 정치적 이슈와 경제적 이슈에 영향을 받는다고 보아 국가의 이익을 형성하는 데 있어서 국내 요인에 중요성을 부여한다. 이처럼 정부간주의는 통합의 과정에 있어서 국가의 중심적인 역할과 더불어 이러한 국가 간 협상과정을 중요시한다: Stanley Hoffmann, "Obstinate or Obsolete? The Fate of the Nation-State and the Case of Western Europe," *Daedalus*, Vol. 95, No. 3 (Summer 1966), pp. 862-915. 호프만의 정부간주의는 1990년대에 유럽연합의 경제통화동맹(EMU)이 실시되는 과정에서 영국이 공동의 통화인 유로화 사용을 거부란 것을 잘 설명하고 있다.

78) 린드버그와 샤인골드(Leon N. Lindgerg and Stuart A. Scheingold)는 유럽공동체(EC)를 정치체제(political system)로 간주하고 하스의 확산(spillover)이라는 통합 기제(integration mechanism)에 3가지를 추가하고 있다. 3가지 추가적인 통합 기제에는 i) 협상에서의 주고받기(log-rolling and side-payments) ii) 정책결정 과정에 참가하는 사람들이 상호작용의 결과로서 새로운 관점·충성심·동일시를 만들어가기 시작하는 과정을 의미하는 행위자 사회화(actor socialization) iii) 산출(output)이 대중의 태도와 행동에 미치는 영향을 의미하는 환류(feedback)가 포함된다: Leon N. Lindgerg and Stuart A. Scheingold, *Europe's Would-Be Polity: Patterns of Change in the European Community* (Englewood Cliffs: Prentice-Hall, 1970).

구체적으로 1986년에 역내 교류의 모든 장벽을 제거하여 단일시장을 만들어 경제통합을 달성한다는 것을 가장 중요한 내용으로 하는 단일유럽의정서(SEA)가 조인되고 그 이듬해에 발효되면서 파산 직전까지 내몰렸던 유럽공동체는 일대 전기를 맞아 통합의 불길을 다시 잡기 시작했다.[79] 그러자 통합에 관한 학문적 관심이 다시 쏠리기 시작했으며 신기능주의가 다시 관심의 대상이 되었다.

이어서 1992년에는 네덜란드의 마스트리히트에서 유럽공동체(EC)의 정상회의가 개최되어 1999년부터 단일통화를 도입하기로 합의했다. 1993년 1월 1일 단일시장이 출범해 사람 · 화폐 · 상품이 자유롭게 왕래할 수 있게 되었으나 회원국마다 화폐가 다른 상황에서 단일시장의 기능은 떨어지지 않을 수 없었으며 그 결과 단일시장과 단일통화의 실질적인 결합의 필요성이 있었기 때문이다.[80] 이러한 단일통화 도입을 통한 경제통합의 완성뿐 아니라 공동의 외교와 국방정책 등을 목표로 하는 「마스트리히트조약(Maastricht Treaty)」이라고 일반적으로 불리는 유럽연합조약(Treaty on European Union)이 조인되었고 그 이듬해인 1993년에 발효되었다.

이로써 오랫동안 경제적 영역에 국한되어 있던 유럽통합은 정치 · 외교 분야와 사법 · 내무 분야로까지 확대됨으로써 정치적 통합을 위한 전기를 마련했다. 또한 마스트리히트조약을 통해 유럽공동체(EC)는 유럽연합(EU)으로 새롭게 불리게 되었는데 이는 명실공히 공동체(community)에서 연합(union)으로 질적인 전환을 의미하는 것이기도 했다.

단일유럽의정서와 마스트리히트조약 체결에 이어 1997년에 중유럽과 동유럽국가들과의 유럽연합 확대 협상을 위해 마스트리히트조약을 수정 · 보완하는 암스테르담조약이 체결되고 1999년에 발효되었다. 2000년 12월에 프랑스의 니스에서 개최된 유럽연합 정상회담은 중유럽과 동유럽국가들까지 가입시켜 유럽연합의 회원국 수를 15개에서 최고 28개국으로 확대하기로 함으로써 통합의 질적인 확대와 더불어 통합의 지리적인 범주를 대폭 확대하는 데 합의를 했다.[81]

2004년에는 유럽연합과 관련된 복잡한 조약체계를 정비하고 회원국 확대에 따른

---

79) 단일의정서에 따라 1993년 1월 1일 단일시장이 출범해 사람 · 화폐 · 상품이 자유롭게 왕래할 수 있게 되었다.

80) 이에 따라 1999년 1월 1일부터 유럽 단일통화인 유로가 등장하고 유럽중앙은행이 설립되었으나 실제로 유통되는 화폐가 아니라 은행과 기업의 서류상 결제에 사용되는 일종의 가상화폐였다. 그 후 3년의 준비기간을 걸쳐 마침내 2002년 1월 1일부터 유럽연합 회원국들 가운데 덴마크 · 스웨덴 · 영국을 제외한 12개국이 가상화폐가 아닌 현금 화폐로서의 단일통화인 유로를 사용하기 시작했으며 이로써 유럽은 경제통화의 통합에 성공했다.

81) 2000년대에 들어서 회원국 수가 꾸준히 늘어 2013년에 크로아티아가 가입하면서 회원국 수가 28개국에 이르렀다.

의사결정 방식의 효율성을 제고하며 유럽 시민에 대한 기본권 보호를 강화하고 유럽연합의 기관과 회원국 간의 권한을 명확히 배분하기 위해 국가들의 헌법과 같은 유럽연합의 헌법을 제정하는 유럽연합의 헌법조약이 체결되었다.[82] 그러나 프랑스와 네덜란드가 비준을 거부하면서 발효에 실패했다. 따라서 발효에 실패한 유럽연합 헌법 조약을 대체하기 위해 유럽기(European Flag)와 유럽가(European Anthem)와 같은 초국가적인 요소를 삭제한 리스본조약이 2007년에 체결되어 2009년에 발효되었다. 이러한 리스본조약을 통해 정치공동체로 한 단계 도약하는 기반을 마련했다.

비록 유럽연합의 헌법조약이 프랑스와 네덜란드의 반대로 약화된 리스본조약으로 대체되기는 했으나 전반적으로 통합을 강화하는 방향으로 나감에 따라 이러한 현상을 적절하게 설명하기 위해 통합이론에 관한 관심이 지속되고 있다. 또한 아프리카단결기구(OAU) 53개 회원국은 2000년에 아프리카단결기구를 해체하고 유럽연합과 같은 의회 · 재판소 · 중앙은행 · 단일통화 등의 창설을 주요 목표로 하는 아프리카연합(AU) 헌법안을 채택하여 2002년에 아프리카연합이 공식적으로 설립되었다. 이러한 변화도 통합이론을 활성화하는 데 기여하고 있다.

(2) 통합이론의 변화

① 신기능주의의 보완과 수정

이처럼 마스트리히트조약을 필두로 단일통화의 출범에 이르기까지의 일련의 과정을 통해 유럽의 통합이 보다 진전되자 많은 학자가 본격적인 연구를 재개했다. 그 결과 신기능주의 이론과 같은 전통적인 통합이론이 다시금 통합현상을 조명하기 위해 활성화되었다. 통합을 조명하는 데 있어서 하스의 신기능주의 이론이 그대로 적용되는 것이 아니라 보완과 수정이 가해졌다.

예컨대 산드홀츠와 지스만(Wayne Sandholtz and John Zysman)은 하스의 신기능주의에 동아시아 국가들의 무역에의 약진과 같은 국제적인 요인과 경제회복을 위한 효과적이지 못한 경제정책과 같은 국내 요인을 추가하여 통합이 가속화된 것을 설명하고자 했다.[83]

② 자유주의적 정부간주의 통합이론

또 다른 한편 통합이 진행되면서 일정한 부침이 있음을 인정하고 통합의 정지와

---

82) 리스본조약은 유럽연합의 헌법조약을 대체하는 것으로서 1992년에 체결된 유럽연합조약(마스트리히트 조약)과 1957년에 체결된 유럽공동체(EC) 설립조약인 로마조약을 개정하는 조약이다.

83) Wayne Sandholtz and John Zysman, “1992: Recasting the European Bargain,” *World Politics*, Vol. 42, No. 1 (Oct., 1989), pp. 95–128.

쇠퇴까지도 포함한 통합현상을 설명하기 위해 기존 이론 하나에 보완과 수정을 가하는 것이 아니라 여러 이론을 통한 종합적인 접근을 하고자 하는 경향도 동시에 생겼다. 이러한 경향을 대표적으로 보여주는 대표적인 예가 바로 호프만(Stanley Hoffmann)의 제자인 모라브식(Andrew Moravcsik)이 호프만의 현실주의 통합이론인 정부간주의에 자유주의적 요소를 더하여 1993년에 처음으로 제시한 자유주의적 정부간주의 통합이론(liberal intergovernmentalist integration theory)이다.[84] 이 이론은 신기능주의 이론과 더불어 유럽통합을 설명하는 대표적인 양대 이론으로 간주된다.

모라브식의 자유주의적 정부간주의 통합이론은 단 하나의 요인만을 가지고 유럽통합의 복잡성을 설명하는 것이 불가능하므로 다른 접근법이나 이론들의 종합을 통한 접근이 필요하다는 인식에 바탕을 두고 제시된 이론이다. 이 이론은 국가이익이 통합에 미치는 영향을 설명하는 데 중점을 둔다. 이 이론은 국가를 가장 중요한 행위자이자 합리적인 행위자로 가정하고 궁극적인 정책결정자로서 국가는 특정의 정책목표를 달성하기 위해 초국가적인 제도에 제한된 권한만을 양도한다고 본다. 이러한 의미에서 초국가적 제도는 단지 회원국의 국가이익을 극대화하기 위한 도구에 불과하다고 본다.[85]

이러한 맥락에서 이 이론은 복잡한 유럽통합의 진정한 이해를 위해 협상을 통해 목표를 달성하고자 하는 유럽연합 회원국 간에 이루어지는 협상과 교섭 과정에 특별한 중점을 두고 연구하고자 한다. 유럽통합을 국가 정부 간 협상을 통한 협력과 경쟁의 결과로 바라보는 자유주의적 정부간주의 통합이론은 다양한 민관 엘리트 간의 협력과 경쟁의 결과로 바라보는 신기능주의와 확연히 구별된다.

자유주의적 정부간주의 통합이론은 통합과 관련한 결정의 과정을 3단계로 구분하여 설명하고 있다. 첫 단계는 국가의 선호 형성(national preference formation) 단계이고 두 번째 단계는 국가 간 협상(interstate bargaining) 단계이며 마지막 단계는 제도적 선택(institutional choice) 단계이다.

첫 번째 단계는 개개 국가의 이익과 선호를 정의하고 이를 바탕으로 국제협상에서 취할 입장을 결정하는 다원적인 국내 과정이다. 이 단계에서는 국가의 이익과 선

84) Andrew Moravcsik, "Preferences and Power in the European Community: A Liberal Intergovernmentalist Approach," *Journal of Common Market Studies*, Vol. 31, No. 4 (1993), pp. 473-524; Andrew Moravcsik. *The Choice for Europe: Social Purpose and State Power from Messina to Maastricht* (Ithaca: Cornell University Press, 1998).

85) 이러한 의미에서 자유주의적 정부간주의 통합이론은 유럽연합(EU)을 초국가적 제도(supranational institution)가 아닌 국가 간 제도 즉 국제제도(international institution)로 간주한다고 볼 수 있다.

호를 결정하는 요인이 무엇인가를 분석하게 되는데 경제적 이익이나 지정학적 이익이 중요한 요인으로 간주된다.

두 번째 단계는 상충하는 국가이익이 국가 간의 협상을 통해 조정이 되는 과정이다. 이 단계에서는 국가의 이익과 선호가 정해져 있는 가운데 무슨 요인이 국가 간 협상의 효율과 배분의 결과를 결정하는가를 분석하게 되는데 불균등한 상호의존(asymmetrical interdependence)이나 초국가적인 혁신적 노력(supranational entrepreneurship)이 중요한 요인으로 간주된다.[86]

세 번째 단계는 국가 간 협상의 결과물을 보증하기 위해 국제기구를 창출하는 단계이다. 국제기구 창출과 관련하여 가장 중요한 결정은 국제기구에 주권의 위임(delegation of sovereignty)을 할 것인지 아니면 주권의 공동행사(pooling of sovereignty)를 하도록 할 것인지를 선택하는 과정이다.[87] 이 단계에서는 무슨 요인이 주권의 위임이나 공동 행사를 하도록 하는가를 분석하게 되는데 연방주의적 이념(federalist ideology)·중앙집권화된 전문적인 기술 관료적 관리(centralized technocratic management)·신뢰할 만한 약속(credible commitment)이 중요한 요인으로 간주된다.[88]

모라브식은 이러한 분석의 틀을 유럽통합에 적용한 후 유럽통합의 과정이라는 종속변수는 다음과 같은 독립변수에 의해 결정된다고 본다: ⅰ) 국가의 이익과 선호를 결정하는 요인으로서 경제적 이익 ⅱ) 국가 간 협상의 효율과 배분의 결과를 결정하는 요인으로서 불균등한 상호의존 ⅲ) 주권의 위임이나 공동행사의 선택을 결정

86) 불균등한 상호의존이 협상의 효율성과 배분적 결과에 요인이 된다고 보는 견해는 상호의존적인 국가들 사이에 존재하는 의존도에 있어서 차이가 협상력의 원천이 되어 협상의 효율성과 배분적 결과에 영향을 미친다고 본다. 이와는 달리 초국가적인 혁신적 노력이 협상의 효율성과 배분적 결과에 영향을 미치는 요인이라는 견해는 협상의 효율성과 배분적 결과는 유럽연합의 집행위원회와 같은 초국가적인 행위자의 역할의 결과물이라고 본다. 두 요인의 차이란 협상의 결과가 국가 간 협상의 결과인가 아니면 초국가적 행위자인 국제제도가 행하는 역할의 결과인가를 두고 보이는 견해 차이이다.

87) 주권의 위임이란 주권을 국제기구에 맡기는 것을 의미하며 유럽연합의 집행위원회가 주권의 위임으로 의사결정이 이루어지는 기관이다. 집행위원회는 국적 국가의 이익을 대변하지 않고 공동체 이익의 관점에서 의사결정에 임해야 하는 위원들로 구성된다. 주권의 공동행사는 주권을 국제기구에 위임하지 않고 주권 국가가 직접 의사결정에 참여하는 것을 의미한다. 유럽연합의 각료이사회가 주권의 공동행사로 의사결정이 일어나는 기관이다. 각료이사회는 각국의 이익을 대표하여 의사결정에 참여하는 회원국의 각료들로 구성된다.

88) 연방주의적 이념을 요인으로 보는 견해는 주권의 위임과 공동행사를 국가들이 통합되어야 한다는 신념체계의 결과로 본다. 중앙집권화된 전문적인 기술 관료적 관리를 요인으로 보는 견해는 주권의 위임과 공동행사의 동기를 주권 국가들이 해결하기 어려운 복잡한 문제의 해결을 국제제도의 전문가에게 맡기기 위한 것으로 본다. 신뢰할만한 약속을 요인으로 보는 견해는 주권 국가들이 그들의 주권을 국제제도에 위임하거나 국제제도에서 공동으로 행사하려는 것은 국제제도가 회원국들에 믿을만한 약속을 창출하는 기능을 하는 행위자이기 때문이라는 것이다. 즉 국제제도는 합의된 사항에 대한 위반 등에 대해 미래에의 보복을 용이하게 함으로써 국가들의 배신행위를 억제하여 미래에의 국제협력을 촉진하고 합의된 사항에 대한 준수를 향상시킬 수 있다고 본다.

하는 요인으로서 믿을만한 약속(즉 국가 간 약속의 신뢰성을 강화하는 국제기구의 역할). 그는 이러한 3가지 요인에 의해 단일유럽의정서(SEA)나 마스트리히트조약의 체결과 같은 유럽통합 역사에서의 중요한 변화가 잘 설명된다고 본다.

모라브식의 통합이론의 특징을 살펴보면 우선 현실주의 국제정치학자인 호프만의 정부간주의 통합이론처럼 통합의 과정에 있어서 국가를 가장 주요한 행위자로 간주한다. 이러한 면에서 현실주의적 요소를 지니며 다른 한편 국가의 이익과 선호 형성의 과정으로서 국내적 요인들을 살펴본다는 점에서 자유주의적 관점을 동시에 지니고 있다.

둘째, 모라브식의 통합이론은 퍼트남(Robert D. Putnam)의 두 수준 게임이론(two-level game theory)의 틀을 적용하여 국내 수준과 국제 수준이라는 두 분석수준을 통합하고 있다는 점이다. 따라서 국가의 의사결정자는 다른 국가와의 협상에서 국내의 주요 행위자의 요구를 충족시킴과 동시에 상대방 국가와의 합의점을 도출해야 하는 양면 게임을 수행해야 한다.

셋째, 모라브식의 통합이론은 신기능주의 통합이론과 달리 통합 과정에 있어서 초국가적인 제도에 제한적인 중요성만 부여한다. 즉 유럽연합(EU)과 같은 초국가적 제도가 내린 결정은 모두 국가 간 협상의 결과물로 간주된다. 초국가적 제도는 국가들 사이의 정책조정을 통해 경제적인 상호의존을 관리하기 위한 수단으로 간주되고 효율적인 국가 간 협상을 촉진하기 위해 수립되는 것으로 본다. 이렇게 초국가적 제도에 전반적으로 중요성을 부여하지 않으나 국가들이 도달한 협상의 결과를 잘 준수하도록 국제제도에 주권을 위임하기도 하고 공동 행사를 하기도 한다고 봄으로써 협상의 결과를 집행하는 데 있어서 만큼은 제도의 역할에 중요성을 부여한다.

모라브식의 정부간주의에 대한 비판 중 가장 중대한 비판은 유럽통합에서 초국가적 제도의 중요성을 과소평가한다는 것이다. 유럽연합의 집행위원회(European Commission)는 국가이익을 대변하는 각료들로 구성되는 이사회(European Council)와는 달리 국적을 초월하여 유럽연합의 공익을 위해 일하는 집행위원으로 구성된 기관이다. 이러한 집행위원회가 독립적이고 영향력 있는 의사결정을 내린다는 다수의 경험적인 연구들이 존재하나 모라브식의 이론은 이러한 집행위원회가 중요한 의사결정에 있어서 촉진자(facilitator) 이상의 역할을 하지 않는다고 평가한다는 점이 비판의 대상이 된다.[89]

89) Michelle Cini, ed., *European Union Politics* (Oxford: Oxford University Press, 2003), p. 112.

이러한 비판과 더불어 통합을 단지 국가 수준(national level)과 국가 간 수준(inter-state level)이라는 두 수준에서만 바라본다는 비판도 받는다. 이러한 비판은 분석 주둔에 하부국가 수준(subnational level)과 초국가적 수준(supranational level)이 포함되어야 함을 주장한다. 이러한 주장은 「다수준 거버넌스(multi-level governance) 이론」이라는 통합이론으로 구체화되고 있다.[90] 국가의 이익과 선호의 형성과정에서 경제적 이익에 대한 과도한 집중 역시 비판의 대상이 되고 있다. 그러나 이러한 비판에도 불구하고 자유주의적 정부간주의 통합이론은 신기능주의 통합이론과 더불어 통합현상을 설명하는 가장 정통적인 이론이라는 평가를 받고 있다.

③ 구성주의 통합이론

이러한 이론들과 더불어 성찰주의 패러다임 가운데 구성주의 이론도 1990년대부터 통합을 설명하는 이론의 대열에 뛰어들고 있다. 구성주의 이론은 유럽연합을 분석하는 데 있어서 국가 정체성의 변화와 유럽 시민권(European citizenship)이라는 새로운 집단적인 정체성의 진화라는 관점으로 접근하고자 한다. 동유럽국가들의 유럽연합에의 가입을 통한 회원국의 확대는 현실주의 통합이론이 주장하는 바와 같이 정부 간 협상의 결과가 아니라 이들 동유럽국가들이 유럽의 가치와 규범을 채택한 것을 보여주었기 때문이라고 분석한다.

이러한 이론들과 더불어 성찰주의 패러다임 가운데 구성주의 이론도 1990년대부터 통합을 설명하는 이론의 대열에 뛰어들었다. 구성주의 이론은 유럽연합을 분석하는 데 있어서 국가 정체성(national identity)의 변화와 유럽 시민권(European citizen-ship)이라는 새로운 집단적인 정체성의 진화라는 관점으로 접근하고자 한다. 동유럽국가들의 유럽연합에의 가입을 통한 회원국의 확대는 현실주의 통합이론이 주장하는 바와 같이 정부 간 협상의 결과가 아니라 이들 동유럽국가들이 유럽의 가치와 규범을 채택한 것을 보여주었기 때문이라고 분석한다.

3) 유럽통합의 위기와 통합이론

2010년대에 유럽통합은 유로화 위기(Eurocrisis)[91] · 난민의 이주에 의한 위기[92] ·

90) Liesbet Hooghe and Gary Marks, *Multi-Level Governance and European Integration* (Lanham: Rowman & Littlefield Publishers, 2001).

91) 유로화의 위기는 2000년대 후반부터 포르투갈 · 이탈리아 · 그리스 · 스페인(PIGS) 등에서 발생하여 2010년대 중반 이후에야 일단 진정된 바 있다.

92) 유로화 위기를 넘기자마자 2015년 8월경부터 중동의 시리아에서 유럽으로 수백만 명에 이르는 대규모 난민이 이동하면서 본격적으로 발생한 위기를 일컫는다. 이 위기로 인해 솅겐협정(Schengen Agreement)에 의해 보장된 국경 간 자유로운 이동이 통제되게 되었는데 이를 솅겐 위기(Crisis of Schengen)라고

영국의 유럽연합 탈퇴[93] · 비자유주의적 도전(illiberal challenge)[94]으로 위기 상황을 맞게 된다. 이러한 통합의 위기에 직면하여 이러한 위기를 설명하기 위한 여러 이론적인 시도들이 이어졌다. 여기서는 유럽통합의 위기를 설명하고자 하는 이론들에는 어떤 종류의 이론들이 있는가를 살펴본 후에 위기와 관련해 가장 많이 논의되고 있는 대표적인 이론들을 소개하고자 한다.

우선 위기의 등장과 더불어 이를 설명하려는 이론적 시도들을 분류하면 다음과 같다:[95] i) 유럽통합의 양대 주류 이론으로 간주되어 온 신기능주의 통합이론과 모라브식의 자유주의적 정부간주의 통합이론에 의한 시도 ii) 양대 주류 통합이론을 비판적으로 수용한 이론에 의한 시도. 신기능주의 통합이론을 비판적으로 수용한 후기 기능주의(post-functionalism) 통합이론과 자유주의적 정부간주의 통합이론을 비판적으로 수용한 신정부간주의(new intergovernmentalism) 통합이론이 이러한 이론에 속한다. iii) 기존의 주류 통합이론이나 이를 비판적으로 수용한 통합이론이 아닌 새로운 이론이나 접근법 혹은 분석의 틀에 의한 시도.[96]

부른다.

93) 전통적으로 유럽 대륙 국가들과의 통합에 회의적인 정서를 가지고 있으면서 역내 자유무역에 기초한 단일 공동시장에는 호의적이지만 정치적 통합의 강화에 부정적이었던 영국이 유럽연합의 경제위기와 대거 난민 유입이 계기가 되어 2016년 국민투표를 거쳐 2020년 1월 31일에 정식으로 유럽연합을 탈퇴하여 유럽연합 역사상 최초로 탈퇴한 국가가 되었다. 이로써 유럽연합 회원국 수는 28개국에서 27개국이 되었다. 유럽연합에서 인구나 경제 규모 면에서 적지 않은 비중을 차지하고 있던 영국의 탈퇴가 유럽연합에 불만을 품고 있는 다른 회원국의 정치 세력들에게 탈퇴의 계기를 제공하여 연쇄 탈퇴로 이어질지 모른다는 우려를 자아내고 있다. 특히 유럽의 재정위기와 더불어 탈퇴 문제로 곤경에 처했고 현재도 탈퇴 문제가 꾸준히 거론되고 있는 포르투갈 · 이탈리아 · 그리스 · 스페인(PIGS)이 탈퇴에 동참할 가능성이 있다. 영국의 탈퇴는 영국에서 독립하려는 스코틀랜드에서 보듯이 회원국 내 분리독립 운동도 더욱 거세게 만들 것이라는 관측도 있어 영국의 탈퇴가 다른 회원국의 탈퇴에 그치지 않고 회원국의 분리로 이어져 유럽통합은 전대미문의 큰 위기에 직면할지 모른다는 시각도 존재한다. 이러한 우려의 시각은 영국의 탈퇴가 유럽통합의 분기점에 도달하여 초국가적 협력이 유럽국가 간 정치(politics among European states)라는 과거의 패턴으로 되돌아가는 것은 아닌가 하는 위기의식이 생겨나고 있다. 즉 영국의 탈퇴를 유럽연합이 분열(disintegration)로 접어드는 사례로 인식하고 이를 계기로 통합의 위기가 가속화될지 모른다는 인식도 생겨나고 있다. 이러한 일련의 상황인식이 통합이론에도 적지 않은 영향을 미치고 있다. 이러한 상황이 통합이론에 미친 영향을 한마디로 요약하면 「우리는 이제 어쩌면 통합이론이 아니라 분열이론(theory of disintegration)이 필요할지 모른다」는 것이다. 이는 영국이 탈퇴로 인해 유럽통합의 미래가 어떻게 될 것인가를 예측하는 데 있어 회원국 탈퇴 사례가 없어 과거의 경험에 의존해 예측할 수 없으므로 예측을 위해 분열이론이 필요할지 모른다는 의미이기도 하다.

94) 비자유주의적 도전(illiberal challenge)이란 2010년을 기점으로 헝가리와 폴란드에서 발생한 사법권의 독립 · 권력분립 · 기본적 자유의 보호에 대한 도전을 의미하며 이는 유럽연합의 정당성에 대한 가장 큰 도전으로 간주된다.

95) 위기를 설명하려는 이론들을 분류해 놓은 논문은 다음을 참조하시오: 김미경, "브렉시트(Brexit)와 유럽통합 이론: 통합과정의 가역성(reversibility)을 중심으로," 『현대정치연구』 제11권 제3호 (2018), pp. 105-139.

96) 후기 기능주의(post-functionalism)는 「탈기능주의」라고도 불린다. 이는 앞서 언급한 「후기 신기능주의(post-neofunctionalism)」 혹은 「새로운 신기능주의(neo-neofunctionalism)」와는 다른 것이다.

(1) 전통적 주류 통합이론을 통한 위기의 설명

① 신기능주의 통합이론

여기에서 위기를 설명하려는 전통적 주류 통합이론 중의 하나로서 살펴볼 신기능주의 통합이론은 「보다 긴밀한 통합(ever-closer integration)」이라는 개념으로 대표되면서 확산 효과에 의해 지속해서 진전되는 통합을 주장하는 신기능주의 통합이론의 원조인 하스의 신기능주의 통합이론이 아니라 이를 보완한 신기능주의 통합이론을 지칭한다.

이러한 이론의 대표적인 예로서 하스의 신기능주의 통합이론에 「확산의 역전(spill-back)」이라는 개념을 추가하여 통합이 원점으로 되돌아갈 수도 있다고 보면서 일련의 통합 위기를 통합 동학의 총체적인 일부를 구성하는 부분으로 보는 슈미터(Phillippe C. Schmitter)의 신기능주의 통합이론을 들 수 있다.97)

슈미터의 신기능주의 통합이론을 좀 더 살펴보면 이 이론은 통합의 침체와 더불어 현실주의 통합이론인 정부간주의 통합이론의 비판에 대응하여 제시된 이론으로서 확산의 역전이라는 개념 외에 「확산의 지체(spill-around)」라는 개념을 도입하여 통합이 지속해서 순방향으로 진전만 되는 것이 아니라 정체상태에 머물거나 후퇴할 수도 있다고 본다.

쉬멜페니(Frank Schimmelfennig)는 유로화 위기와 관련한 현상을 설명하는 데 있어 후기 기능주의 통합이론의 한계를 지적함과 동시에 신기능주의 통합이론의 적실성을 주장한다. 구체적으로 그는 유로화 위기가 기술적인 초국가적 통합의 중요한 새로운 단계로의 진입을 가져왔다고 보고 이러한 현상이 통합에 있어서 경로 의존성 · 내부적 선호의 변화 · 기능의 확산이라는 개념에 기초한 신기능주의 통합이론에 의해 충분히 설명될 수 있다고 본다.98) 이러한 연구 결과는 유럽의 위기 가운데 특정 분야의 위기만을 대상으로 했다는 한계를 지니고 있음은 물론이다.

슈미터와 레프코프리디(Philippe C. Schmitter and Zoe Lefkofridi)는 「분열의 이론으로서의 신기능주의(Neo-Functionalism as a Theory of Disintegration)」라는 제하의 논문을 통해 통합 위기와 관련하여 신기능주의 이론의 적실성을 경험적으로 검증하고자 했다. 이들은 구체적으로 회원국 간 상호의존 · 경제와 사회에 가져다준 혜택 ·

---

97) Philippe C. Schmitter, "A Revised Theory of Regional Integration," *International Organization*, Vol. 24, No. 4 (1970), pp. 836-868; Philippe C. Schmitter and Zoe Lefkofridi, "Neo-Functionalism as a Theory of Disintegration," *Chinese Political Science Review*, Vol. 1, No. 1 (2016), pp. 1-29.

98) Frank Schimmelfennig, "European Integration in the Euro Crisis: The Limits of Postfunctionalism," *Journal of European Integration*, Vol. 36, No. 3 (2014), pp. 321-337.

안보와 소속감 · 전문가의 역할 · 유럽연합 결정에 대한 존중 · 국가 간 경제적 성과의 수렴 · 점진적인 긍정적/부정적 통합 · 갈등과 정치화라는 통합과 관련한 8개 측면에 관해 신기능주의에 바탕을 둔 추측과 가설(supposition and hypothesis)을 세워 이를 검증했다.

그 결과 점진적인 긍정적/부정적 통합(유럽연합의 입법 양과 유럽재판소의 활동을 가지고 측정한 결과) · 회원국 간 상호의존 · 경제와 사회에 가져다준 혜택 · 전문가의 역할 측면에서 추측과 가설이 대체로 검증이 되었다. 반면에 갈등과 정치화 · 국가 간 경제적 성과의 수렴 · 유럽연합 결정에 대한 존중 등의 측면에서는 추측과 가설이 기각되었다. 이러한 결과를 바탕으로 유럽연합이 분열될 수 있다는 가능성이 그만큼 커졌을 수 있다는 것을 시사한다고 결론짓고 있다.99)

② 자유주의적 정부간주의 통합이론

자유주의적 정부간주의 통합이론은 앞서 자세히 살펴보았듯이 국내 정치과정을 통해 국가의 선호가 결정되고 이러한 선호를 바탕으로 국가 간 협상이 이루어져 통합과 관련한 사항이 결정된다고 보기 때문에 통합의 역전도 설명할 수 있다고 본다.

쉬멜페니(Frank Schimmelfennig)가 이 이론을 유로화 위기 · 쉥겐 위기 · 영국의 탈퇴 위기라는 3가지 유럽연합이 직면한 위기에 적용한 비교연구를 통해 다음과 같은 결론을 제시하고 있다. 자유주의적 정부간주의 통합이론은 정부 간 협상에 관해서는 설득력 있고 매우 중요한 분석을 제공하나 위기 상황에서의 국가 선호 형성과 관련해서는 단지 부분적인 설명만 제공하는 데 그친다. 나아가 유로화 위기와 관련해서는 경로 의존(path dependence)에서 유래될 수 있는 국가 선호를 고려하지 않고 유로화 위기와 관련해서는 정치화로부터 유래될 수 있는 국가 선호를 고려하지 않는 문제점이 있다고 지적한다.100)

(2) 전통적 주류 통합이론을 비판적으로 수용한 이론을 통한 위기의 설명

① 신정부간주의 통합이론

2010년대 중반에 비커턴 · 호드슨 · 푸에터(Christopher Bickerton, Dermot Hodson,

---

99) Philippe C. Schmitter and Zoe Lefkofridi, "Neo-Functionalism as a Theory of Disintegration," *Chinese Political Science Review*," Vol. 1, No. 1 (2016), pp. 1-29.

100) Frank Schimmelfennig, "Liberal Intergovernmentalism and the Crises of the European Union: LI and the EU Crises," *Journal of Common Market Studies*, Vol. 56, No. 7 (2018), pp. 1578-1594. 쉬멜페니가 유로화 위기를 자유주의적 정부간주의 통합이론으로 분석한 글은 다음을 참조하시오: Frank Schimmelfennig, "Liberal Intergovernmentalism and the Euro Area Crisis," *Journal of European Public Policy*, Vol. 22, No. 2 (2015), pp. 177-195.

and Uwe Puetter)는 신정부간주의 통합이론(new intergovernmentalist integration theory)을 제안했다.101) 이 이론은 모라브식의 자유주의적 정부간주의 통합이론을 비판적으로 승계한 이론으로서 모라브식의 이론이 마스트리히트조약 체결까지의 통합현상을 설명한다고 보고 그 이후의 통합을 설명하기 위해 고안된 이론이라고 보기도 한다.

이 이론의 제시한 핵심적인 주장은 마스트리히트조약이 서명된 이후 몇 년 동안의 기간에 유럽연합의 기본적인 헌법의 특징은 변함이 없는데도 불구하고(즉 유럽연합의 초국가성 강화가 없는데도 불구하고) 유럽연합의 활동 범위가 전례 없는 수준으로 확장되었다는 통합의 역설(paradox of integration)이 존재한다는 것으로 요약된다.102) 통합의 역설이란 달리 말해 주권 국가에 의한 주권의 위임으로 달성되는 초국가주의(supranationalsim)의 강화 없이 통합의 진전을 의미하는 유럽연합의 활동이 증가했다는 것이다.103)

신정부간주의 통합이론은 이와 같은 초국가주의 없는 유럽통합이라는 역설이 어떻게 가능했는가의 질문에 유럽연합 회원국들이 유럽연합에서 초국가주의에 기반한 의사결정이 아닌 정부간주의에 입각한 의사결정을 지배적으로 했기 때문이라는 답을 제시했다. 이 이론에 따르면 초국가주의 없는 통합이라는 형태는 예외적인 현상도 아니고 유럽통합의 전통적인 형태로부터의 일시적인 이탈도 아닌 유럽통합에 있어 구별되는 하나의 단계(즉 새로운 정부간주의 단계)라고 본다.

마스트리히트조약 이후 통합에 관한 이러한 신정부간주의 통합이론은 통합을 주권 국가로부터 초국가적 제도로의 주권의 위임과 결부시키는 이론들과 통합을 전통적인 사회경제적 이익이나 안보에 추동된 이익으로 환원하는 이론들에 도전을 가한 것으로 볼 수 있다. 왜냐하면 이러한 전통적인 통합이론들은 이러한 통합의 역설을 설명하기 어려운 상황에 직면하여 이러한 현상을 예외적인 사례로 보려는 경향도 보였기 때문이다.

---

101) Christopher Bickerton, Dermot Hodson and Uwe Puetter, "The New Intergovernmentalism: European Integration in the Post-Maastricht Era," *Journal of Common Market Studies*, Vol. 53, No. 4 (2015), pp. 703-722.

102) 유럽연합의 활동 범위가 마스트리히트조약이 서명된 이래 몇 년 동안 전례 없이 꾸준히 확장되었다는 것은 구체적으로 다음을 의미한다. 이 기간에 유럽연합은 단일시장에서 통화동맹으로의 전환을 완료했고 회원국의 수가 15개에서 28개로 확대됐다. 또한 유럽연합은 사회경제적 거버넌스와 사법 및 국내문제에의 관여를 증가시켰다. 유럽연합은 이제 공동의 외교 및 안보 정책 · 자체 외교정책 대표 · 유럽연합을 대표하는 외교관 제도를 보유하고 있다. 한 마디로 사회 정책에서 환경에 이르기까지 오늘날 유럽연합 회원국 정부 정책의 거의 모든 측면이 어떤 방식으로든 유럽연합에 의해 규정된다는 것을 의미한다.

103) 여기서 초국가주의(supranationalsim)란 주권 국가로부터의 주권의 위임(delegation of sovereignty)을 통해 달성되는 상태를 의미한다.

신정부간주의 통합이론은 초국가주의 없는 통합의 심화라는 통합의 역설을 가져온 근본적인 요인으로서 변화하는 유럽의 정치경제와 회원국의 국내 정치의 변화 측면에서 설명하고자 한다. 우선 마스트리히트조약 이후 유럽의 정치경제 상의 변화란 국가 간 경제를 둘러싼 경쟁이 유럽 내 국가 간 갈등을 불러일으키곤 했던 과거와는 달리 국가들의 경직된 입장에서 벗어나 경제정책을 둘러싸고 회원국들의 선호(관념적 선호)가 수렴하게 되었다는 것이다.

이러한 국가 간 선호의 수렴을 가져온 중심적 동력은 국가 정치 지도자 간에 개개 국가별 전략의 한계에 대한 인식의 증가와 함께 좀 더 거시적인 유럽이라는 토대를 통한 목표의 추구였다. 이러한 국가 간 선호의 수렴은 정부 간 협력의 길을 열어줌으로써 합의를 추구하는 것이 좀 더 쉬워졌고 그 결과 유럽연합에서의 정부 간 협상을 통한 의사결정이 일어나는 정책 분야가 수적으로 많이 늘어났다.

통합의 역설은 국가 정치 지도자들을 통합 활동에 전향적으로 나아가게 만든 정치경제의 변화와 더불어 국가 정치 지도자들이 직면하게 된 새로운 정치적 제약과 도전에 기인한다. 유럽통합 초기에 유럽 시민들은 유럽연합의 통합과정에 허용적 합의(permissive consensus)를 제공했으나 이들 사이에 유럽회의주의(Euroscepticism)가 강화되면서 허용적 합의가 약화되었다는 것이다.104)

그 결과 국가 정치 지도자들은 국가 수준에서의 선호 형성의 어려움과 대의정치의 위기(crisis of representative politics)라는 새로운 정치적 제약과 도전에 직면하게 되었다. 이러한 제약과 도전은 한편 유럽의 의사결정에 선출직인 국가 정치 지도자들이 아닌 임명직의 국가 행정관료들의 개입을 강화시켜 유럽연합을 행정관료적 연방주의(executive federalism) 방향으로 나아가게 했다.

다른 한편 국내 정치적 제약과 도전에 직면한 국가 정치 지도자들은 유럽연합에 대한 시민들의 회의적 시각의 존재 속에 범유럽 정책결정(Pan-European decision-making)에의 관여를 신중히 하는 대신 정부가 따라야 할 정책의 결정을 국내 사회세력의 압력으로부터 비교적 자유로운 유럽연합의 정부 간 협상 테이블(이는 유럽연합에서 주권의 위임으로 의사결정이 일어나는 유럽 집행위원회가 아니라 주권의 공동행사로 의사결정이 이루어지는 유럽 이사회를 의미한다)에 가져가 결정하는 경향을 보였다.105) 그

104) 「허용적 합의(permissive consensus)」란 유럽 시민들이 유럽연합의 정책과 제도의 복잡성을 경험하지 못했기 때문에 적은 수의 유럽 지도자들이 자신들과의 협의 없이 일련의 의사결정을 허용했다는 것을 의미하며 이와 대조를 이루는 말은 제약적 미합의(constraing dissensus)이다. 유럽회의주의(Euroscepticism)란 유럽 시민들 사이에 유럽통합 과정에 대하여 반발하는 이념이나 사상을 일컫는다.

105) 정치 지도자들은 국가이익의 관점에서 정책 결정을 하려고 하나 자국 내 국민 사이에 합의가 존재하지 않는 가운데 반대가 적지 않은 정책을 결정할 때 이러한 정책결정을 국제기구에 가져가 국제기구의 이

결과 초국가주의의 강화가 없는 가운데 유럽연합에서 정부간주의에 입각한 의사결정이 지배적으로 되었다.

유럽연합 내에서 정부 간 교섭을 통한 의사결정을 추구하는 한편 유럽연합에 대한 회의적 시각과 더불어 대의정치에 대한 불만을 가진 시민들을 관리해야 하는 통합 지향적인 정치 지도자들은 중요한 정책 이슈를 둘러싼 정치가 국내에서 전개되고 이러한 정책 이슈들에 대한 실질적인 의사결정은 유럽연합에서 따로 이루어지는 정치와 정책결정의 분리에 직면하게 된다. 이러한 현상은 기본적으로 통합을 지향하는 정치 지도자들과 통합에 회의적인 일반 대중 간의 통합을 바라보는 견해 차이에 기인한다.

이러한 정치와 정책결정의 분리는 정치 지도자들과 일반 대중 간에 긴장을 유발하는 데 그치지 않고 유럽연합을 불안정하게 만들어 유럽연합이 장차 어떤 방향으로 나아갈 것인가에 대한 불확실성을 제공하고 있다. 이 때문에 유럽연합이 안정에 취약한 불균형 상태에 있다고 진단한다. 그런데 역설적으로 이러한 불균형 상태가 초국가주의의 강화 없는 유럽통합의 심화를 가져오는 원동력이라고 본다.

신정부간주의 통합이론을 정리하면 다음과 같다. 이 이론이 제시한 통합의 역설을 달리 말하면 회원국 정치 지도자들이 통합의 진전을 지속해서 추진하면서 동시에 회원국들이 초국가적 제도에 더 많은 권한의 위임을 거부해 오고 있다는 것이다. 이러한 역설은 신정부간주의 통합이론의 관점이 아닌 전통적인 통합이론의 관점에서의 역설이다. 왜냐하면 전통적인 통합이론은 일반적으로 통합을 초국가적인 제도로의 주권의 위임(delegation of sovereignty)을 의미하기 때문이다.[106]

여기에서 초국가적인 제도로의 주권의 위임이란 유럽연합의 예를 들자면 출신국의 이익이 아니라 유럽연합 회원국 전체의 이익을 위해 일하겠다고 약속한 위원으로 구성되어 유럽연합 내 초국가적 기관(transnational organ)으로 불리는 집행위원회(European Commission)의 권한을 강화하는 것을 의미한다. 신정부간주의 통합이론에 따르면 정치 지도자들은 유럽연합 집행위원회와 같은 초국가적 기관으로의 주권의 위임을 꺼리는 대신에 주권의 공동행사(pooling of sovereignty)를 하는 유럽연합 내의 이사회(European Council)를 통한 의사결정에 적극적이라는 것이다. 이사회의 경우 국가이익을 추구하는 정부 대표들이 국익의 관점에서 협상과 조정을 통해 의사결

름으로 내리도록 함으로써 정책에 대한 정치적 반대나 비난을 회피하려는 경향을 지닌다고 본다.

106) 유럽연합 내에 여러 기관이 존재하는데 회원국의 주권 위임을 통해 초국가적인 지위를 가지고 있는 기관에는 집행위원회(European Commission)와 재판소(European Court of Justice)가 있다. 이와는 대조적으로 주권의 공동행사가 일어나는 대표적인 기관은 이사회(European Council)이다.

정을 하는 기관이기 때문에 초국가적인 기관과 대비되는 정부 간 기관(intergovernmental organ)이라고 불린다. 신정부간주의 통합이론은 초국가적인 기관으로의 주권의 위임만이 아니라 주권의 공동행사도 통합이라고 보며 이러한 의미에서 유럽연합의 통합은 심화되고 있다고 본다.

이들은 마스트리히트조약 이후의 유럽통합에 대해 예상하여 기대하는 바를 다음 6개의 가설로서 제시하고 있는데 이들은 모두 통합 역설의 핵심적인 내용이자 새로운 정부간주의(new intergovernmentalism)의 특징을 구성한다고 볼 수 있다.[107] 이런 면에서 이러한 6개의 가설은 앞서 언급한 사항들에 대한 요약이 될 수 있다.

첫째, 심의와 합의 추구가 유럽연합의 의사결정에 있어 핵심적인 운영 규범으로 확고하게 수립되었다(Deliberation and consensus-seeking have become firmly established as the key operative norms for EU decision-making). 즉 의사결정에 있어서 초국가적 기관에 의한 의사결정 방식이 아닌 토론과정을 거쳐 합의에 도달하는 민주적 절차에 바탕을 둔 정부간주의가 수립되었다.

둘째, 초국가적 제도는 더욱 긴밀한 연합을 추구하도록 고정되어 있지 않다(Supranational institutions are not hard-wired to seek ever-closer union). 즉 초국가적 제도는 진정한 초국가적 거버넌스 모델을 달성하도록 설계되지 않는다. 이는 유럽연합의 초국가적 기관인 유럽 집행위원회가 새로운 유럽연합의 활동 분야에서 자신의 권력을 강화하는 데 소극적이고 새로운 심의적 형태의 의사결정(deliberative forms of decision-making)을 지원하는 것에서 드러난다는 것이다.

셋째, 회원국 정부와 전통적인 초국가적 행위자들은 자신들에게 위임이 주어진 곳에 새로운 제도의 창설과 이러한 제도에의 권한 부여를 지원한다(Where delegation occurs, governments and traditional supranational actors support the creation and empowerment of de novo institutions). 즉 마스트리히트조약 이후에 통합은 기존의 전통적인 초국가적 제도에 권한을 부여하기보다는 새로운 정부간주의를 가능하게 하는 새로운 제도를 창설하여 권한을 부여하는 경향이 있다.

넷째, 국내 선호 형성의 문제가 유럽통합 과정에의 독자적인 투입이 되었다(Problems in domestic preference formation have become stand-alone inputs into the European integration process). 이는 국내 정치의 다양한 측면과 유럽 정치에 대한 국내

107) Dermot Hodson and Uwe Puetter, "The European Union in Disequilibrium: New Intergovernmentalism, Postfunctionalism and Integration Theory in the Post-Maastricht period," *Journal of European Public Policy*, Vol. 26, No. 1 (January 2019), pp. 1-18.

불만이 유럽연합에 대한 국내의 선호에 영향을 미치고 이러한 선호가 유럽연합 내 정부 간 협상에서 정부가 취할 입장에 영향을 미침으로써 궁극적으로 유럽연합의 통합과정에 영향을 미친다는 것이다.

다섯째, 상위정치와 하위정치의 차이가 모호해졌다(Differences between high and low politics have become blurred). 즉 상위정치와 하위정치를 분리하는 것이 점차 더 어려워지고 있다. 여기서 상위정치란 국가의 생존이나 안보와 직결된 이슈와 관련된 정치라는 통상적인 의미가 아니라 유럽통합으로부터의 고립이나 이탈과 같은 이슈와 관련된 정치라는 의미이다. 상위정치와 하위정치의 구별이 어렵다는 것은 일국의 국가이익과 일국 내 특정 부문의 이익을 가리기 어렵다는 의미이기도 하다.

여섯째, 유럽연합은 불균형의 상태에 있다(The EU is in a state of disequilibrium). 유럽이 2차 세계대전 후에 존재한 경제적 합의의 부재·각국 정치 지도자들 사이의 거시경제 목표에 대한 선호의 수렴·문제해결을 위한 개별적인 국가 노력의 비효율성에 대한 공동인식·국가마다의 제도적 다양성 등이 유럽의 정치 지도자들에게 분권화된 기제를 통한 조정의 필요성을 느끼게 하면서 유럽연합의 이사회가 이들에게 중요한 의사결정 기제가 되었다.

다른 한편 유럽 시민들은 통합을 지향하는 지도자들에 의해 추동된 정책 결과로 유럽연합에 대한 환상에서 깨어나 유럽연합에 회의적으로 되었고 그 결과 시민들은 유럽연합에 대한 허용적 합의를 제공하지 않게 되었다. 또한 국가 내 사회세력들이 추구하는 이익이 점차 분절화되면서 정책결정이 국내 정치(종종 정치 지도자들과 시민들 간의 불일치를 가져온 국내 정치)로부터 분리되기에 이르렀다. 이러한 방식의 통합을 지향하는 정치 지도자와 통합에 회의적인 시민 간의 분열적인 관계가 회원국의 정치체제에 긴장감을 높이고 있을 뿐 아니라 유럽연합을 불안정한 불균형적 제도로 만들고 있으며 이는 곧 유럽통합의 미래를 불확실하게 만들고 있다.

이러한 신정부간주의 통합이론은 통합을 추동하는 주체가 초국가적 제도가 아니라 국가 정부라는 모라브식의 정부간주의 통합이론과 시각을 공유한다. 그러나 신정부간주의 통합이론은 다른 기준에 의한 것이기는 하나 마스트리히트조약 이후에 통합이 강화되었다고 봄으로써 동일한 기간에 통합의 속도가 느려졌다고 보는 모라브식의 정부간주의 통합이론과 견해를 달리한다. 또한 신정부간주의 통합이론은 국가 정치 지도자들의 이익과 시민들의 이익 사이에 본질적인 지속성보다는 오히려 긴장이 높아졌다고 봄으로써 모라브식의 정부간주의 통합이론과 다른 견해를 보인다.

신정부간주의 통합이론은 초국가주의 없는 통합 심화의 등장을 지적했다는 점에서 학문적으로 이바지했다고 평가된다. 달리 말해 이 통합이론은 초국가적 행위자에 의존하는 전통적인 통합방식에 문제를 제기했다는 데에 의의를 둘 수 있다.

② 후기 기능주의 통합이론[108)]

후기 기능주의 통합이론(postfunctionalist theory of European integration)은 2009년에 후헤와 마크스(Liesbet Hooghe and Gary Marks)에 의해 제시된 통합이론이다.[109)] 이 이론은 신기능주의 통합이론을 비판적으로 수용한 이론으로서 종종 「탈기능주의 통합이론」이라고도 번역되어 불리며 신기능주의 통합이론이 개념을 도입은 했으나 체계적인 논의를 전개하지 않은 「정치화(politicization)」라는 개념을 새롭게 조명하고자 한 것을 특징으로 한다.[110)]

유럽통합에 영향을 미치는 행위자들의 증가 · 유럽통합에 대한 여론의 분열 · 유럽연합의 의사결정이 회원국에 미치는 영향의 증대와 더불어 증가하는 유럽 정치의 중요성을 요소로 하는 정치화를 가장 핵심적인 개념으로 이론을 전개한 후기 기능주의 통합이론은 마스트리히트조약과 더불어 시작된 유럽통합의 정치화가 유럽통합의 내용과 과정에 지대한 영향을 미쳐 궁극적으로 통합의 미래를 결정하리라고 본다. 따라서 여기에서는 이러한 정치화가 구체적으로 무엇을 의미하는가를 살펴보고자 한다. 우선 정치화의 원인이 무엇인가를 살펴보고 이어 정치화의 결과를 살펴보려 한다.[111)]

정치화는 1990년대에 상호 연관이 있는 다음 3가지의 독립적인 요인에 의해 추동되었다. 요약하자면 정치화는 유럽연합의 정당성 문제 · 여론의 변화 · 유럽연합에 회의적인 정당의 부상과 관련이 있다. 구체적으로 첫 번째 정치화의 요인은 그 당시

---

108) 여기에 소개하는 내용 일부는 다음 글을 참고하여 요약하여 정리했으니 참고하시오: Tanja A. Börzel and Thomas Risse, "Revisiting the Nature of the Beast-Politicization, European Identity, and Postfunctionalism: A Comment on Hooghe and Marks," *British Journal of Political Science*, Vol. 39 (2008), pp. 218-219.

109) Liesbet Hooghe and Gary Marks, "A Postfunctionalist Theory of European Integration: From Permissive Consensus to Constraining Dissensus," *British Journal of Political Science*, Vol. 30, No. 3 (January 2009), pp. 433-459.

110) 후기 기능주의 통합이론의 정치화라는 개념의 특징 가운데 하나는 정치화 현상의 중요한 행위자에 일반 대중이 포함되었다는 점이다. 신기능주의 통합이론은 기능주의 통합이론과는 달리 정치화에 중요성을 부여했으나 일반 대중이 배제된 민과 관의 엘리트 간 정치화에 국한했다고 볼 수 있다. 정치화가 통합에 미치는 영향이 거의 없다면서 정치화를 중심 개념으로 하는 후기 기능주의 통합이론을 비판하는 자유주의적 정부간주의 통합이론은 일반 대중의 정치화는 고사하고 정치화 자체에 거의 관심을 두고 있지 않다.

111) 회원국 정부들이 유럽통합에 대한 일반 대중의 압력에 민감하게 반응함에 따라 국내 정치와 유럽 정치가 좀 더 긴밀하게 연결된다고 보는 후기 기능주의 통합이론은 정치화로 인한 국내의 갈등이 유럽연합의 통합을 제약할 수 있다고 본다.

계속된 유럽통합의 과정(즉 유럽화의 과정)과 더불어 유럽연합의 정책이 회원국 미친 적지 않은 영향이 정치화를 불러왔으며 영향이 큰 국가일수록 정치화의 정도가 컸다.

두 번째 정치화의 요인은 유럽통합에 대한 일반 대중들의 일관성 있는 일반 대중의 여론이다. 이러한 일반 대중의 여론은 두 가지 측면을 가지고 있는데 그중 하나는 좌파와 우파로의 분열이다(이러한 분열은 대체로 유럽연합 회원국의 정당체제로 오래전부터 구조화되어 왔다). 다른 하나의 측면은 사람들이 자신의 국가 정체성(national identity)을 다른 영토적 정체성(territorial identity)을 포용하거나 배타적으로 보는 정도를 의미하는 정체성의 측면이다. 이러한 국가 정체성이 국경을 넘어 유럽이라고 하는 영토적 정체성의 포용 여부가 유럽통합에 대한 태도에 큰 영향을 미치며 이러한 영향은 경제적 이익이나 효용성 계산보다 더 중요하다.[112)]

세 번째 정치화의 요인은 앞서 언급한 정치화의 두 요인인 점증하는 유럽통합이 회원국에 미친 영향과 여론 상의 정체성 문제를 정당들이 포착하여 이 두 가지 요인을 연결한 것이다. 구체적으로 정당들은 유럽이라는 국가 밖의 영토적 정체성을 수용하는 국가 정체성과 배타적 민족주의를 옹호하는 국가 정체성 사이에 존재하는 여론 상의 갈등을 이용했다.

이를 계기로 유럽의 정당체제가 기존의 좌파와 우파의 분열에 이어 전통주의·권위주의·민족주의를 옹호하는 구정치(old politics) 정당과 녹색주의·대안주의·자유주의를 지향하는 신정치(new politics)로 다시 분열하면서 유럽의 정당체제가 이러한 노선에 따라 재편성되었다.

이러한 일련의 결과 정치화는 더욱 가열되었고 정치화의 성격이 엘리트에 의해 추동되는 이익집단 정치에서 일반 대중 정치로의 전환을 가져왔다. 더 많은 국가의 정당체제가 좌파와 우파로 분열되는 것보다 구정치와 신정치로 분열되는 것이 국내 정치에서 유럽통합을 둘러싼 정치화를 더욱 가열시킬 것으로 예상된다.

이러한 정치화의 결과에 대해 살펴보면 후기 기능주의 이론은 다른 주요 통합이론 특히 신기능주의 통합이론과 구별된다. 우선 신기능주의 통합이론은 정치화가 통

---

112) 후가 기능주의 통합이론이 통합에 미치는 여러 요인 가운데 정체성에 가장 중요한 의미를 부여하고 있다는 사실은 이러한 이론을 소개하는 논문의 서두에 논문 전체 내용을 요약하여 소개한 다음 글에 그대로 드러난다: a) 유럽통합은 선거와 국민투표에서 정치화가 되었다. b) 그 결과 일반 대중과 국가 정당들의 선호가 관할권에 관한 결과(jurisdictional outcomes)에 결정적이다. c) 정체성이 유럽에 관한 논쟁을 규정하는 데 대단히 중요하다. 본 저서에서는 제대로 다루지 않았으나 후기 기능주의 통합이론은 정체성의 근원·정체성과 기능적 압력이 동원되는 조건·정체성과 기능적 압력이 유럽의 거버넌스에 미치는 영향의 이해를 중요한 목표로 하고 있다. 이러한 목표에서도 알 수 있듯이 후기 기능주의 통합이론은 정체성을 정치화 현상과 관련하여 가장 중요한 개념으로 간주하고 있다.

합의 침체나 분열보다는 통합의 진전을 가져오리라고 본다. 즉 정치화가 유럽통합에 유리한 방향으로 동원될 것으로 본다.113) 정치화를 이론 일부로 수용하고 있지 않은 자유주의적 정부간주의 통합이론은 정치화가 통합에 거의 영향을 미치지 않는다고 보면서 정치화를 중요시하는 후기 기능주의를 비판한다.114)

후기 기능주의 통합이론은 정치화가 과거 유럽연합의 통합에 대한 허용적 합의를 제약적 미합의로 변화시켜 통합과정을 촉진하기보다는 위협적으로 될 수 있다고 본다. 구체적으로 이 이론은 친유럽연합 정치 지도자들이 통합의 진전을 둘러싸고 지속적인 정치적 논쟁에 직면하게 되고 이러한 정치적 논쟁의 결과가 불확실하다고 봄으로써 논쟁의 결과가 어떤가에 따라 유럽연합의 미래가 현상 유지나 개혁의 중단 혹은 분열에까지 이를 수 있다고 본다. 이처럼 후기 기능주의는 유럽연합이 불안정을 특징으로 하는 불균형 상태에 있다고 본다.115)

통합에 대한 국가 선호에 영향을 주는 행위자와 관련하여 후기 기능주의 통합이론은 다른 주요 통합이론들과 크게 대조를 이루는 것을 특징으로 한다. 우선 자유주의적 정부간주의 통합이론은 정당과 이익집단이라는 엘리트 그룹을 주요 행위자로 보며 신기능주의 통합이론은 노동조합이나 무역 연합과 같은 압력단체를 비롯하여 정당 · 정부 기관 · 초국가적 관료사회 등을 구성하고 있는 민과 관의 엘리트로 주요 행위자로 본다. 후기 기능주의 통합이론은 일반 대중을 통합에 관한 국가 선호를 결정하는 중요 행위자로 본다.

뵈르젤과 리세(Tanja A. Börzel and Thomas Risse)는 주류 통합이론인 신기능주의 이론 · 자유주의적 정부간주의 이론 · 후기 기능주의 이론을 가지고 유로화 위기와 쉥겐 위기를 분석하고 다음과 같은 결론을 제시하고 있다. 이들은 학자 대부분과 마찬가지로 유로화 위기의 경우 통합의 분열이 아니라 통합의 유지 또는 진전을 가져온 사례로 보고 쉥겐 위기의 경우는 통합의 후퇴 사례로 본다.

이들은 이러한 현상에 대해 신기능주의 이론과 자유주의적 정부간주의 이론은 유로화의 위기의 결과를 설명하나 쉥겐 위기의 결과는 설명하지 못하는데 후기 기능

113) 이러한 견해는 일반 대중들의 복지에 대한 요구와 압력이 통합의 원동력이라는 가정에 근거한 것이다.

114) Liesbet Hooghe and Gary Marks, "What the Rise of Radical Nationalism Tells Us about the Debate between Postfunctionalism and Liberal Intergovernmentalism," https://blogs.lse.ac.uk/europpblog/2019/02/26/what-the-rise-of-radical-nationalism-tells-us-about-the-debate-between-postfunctionalism-and-liberal-intergovernmentalism/. Accessed Jan. 20, 2021.

115) Dermot Hodson and Uwe Puetter, "The European Union in Disequilibrium: New Intergovernmentalism, Postfunctionalism and Integration Theory in the Post-Maastricht period," *Journal of European Public Policy*, Vol. 26, Issue 8 (January 2019), p. 1157.

주의 이론의 경우는 거꾸로 유로화의 위기는 설명하지 못하나 쉥겐 위기는 설명한다고 결론을 내리고 그 이유를 다음과 같이 설명한다.

유로화 위기 사례의 경우는 유로화 위기 동안에 초국가적 위임을 통한 탈정치화가 통합의 후퇴를 가져오지 않았으나 이주자와 난민의 대거 유입으로 촉발된 쉥겐 위기 사례의 경우는 유럽연합에 회의적인 대중영합적인 정당들이 쉥겐 위기의 성격을 배타적인 「요새 유럽(fortress Europe)」을 옹호하는 국경이라는 관점에서 규정함으로써 배타적 정체성을 중심으로 한 정치화가 통합의 후퇴를 가져왔다고 본다.116)

(3) 새로운 이론을 통한 통합과 분열 모두의 설명117)

새로운 이론에 의해 분열과 통합 모두를 설명하려는 다양한 시도들이 전개되고 있는데 이러한 시도들은 대체로 다음과 같은 공통점을 지닌다. 이들은 통합과 분열이라는 두 현상을 모두 하나에 담기 위해 거시적인 분석의 틀을 지향하거나 다른 분야에서 개발된 이론의 과감한 수용과 적용을 지향한다. 통합의 대상인 개개 국가의 국내 정치의 영향을 포함해야 한다는 주장도 포함된다. 여기에서는 다양한 시도들 가운데 대표적인 예를 몇 개 들어보면 다음과 같다.

① 국내 요인과 지역 패권국의 역할을 고려한 접근

웨버(Douglas Webber)는 유럽통합과 유럽연합의 미래가 통합이론 대부분이 생각하는 것보다 더 우발적일 수 있다고 지적하면서 분열이 일어날 수 있는 조건에 대한 예측을 제공하기 위해 통합이론의 방향 전환이 필요함을 역설한다.

웨버는 전통적인 통합이론들이 다음과 같은 문제를 지니고 있다고 지적한다. 우선 전통적인 통합이론(특히 신기능주의 통합이론)은 「보다 긴밀한 연합(ever-closer union)」이라는 믿음과 더불어 유럽통합이 역동적이고 진화적이며 비회귀적 과정이라는 잘못된 가정을 지니고 있으며 볼라드(Hans Vollard)118) · 슈미터와 레프코프리디(Philippe C. Schmitter and Zoe Lefkofridi)119) · 로자몬드(Ben Rosamo)120) · 뵈르젤과

116) Tanja A. Börzel and Thomas Risse, "From the Euro to the Schengen Crises: European Integration Theories, Politicization, and Identity Politics," *Journal of European Public Policy*, Vol. 25, No. 1 (2018), pp. 83-108.

117) Douglas Webber, "How Likely Is It That the European Union Will Disintegrate? A Critical Analysis of Competing Theoretical Perspectives," *European Journal of International Relations*, Vol. 20, No. 2 (2014), pp. 341-365; Douglas Webber, *European disintegration? The Politics of Crisis in the European Union* (London: Red Globe Press, 2019).

118) Hans Vollard, *European Disintegration. A Search for Explanations* (London, United Kingdom: Palgrave Macmillan, 2018).

119) Philippe C. Schmitter and Zoe Lefkofridi, "Neo-Functionalism as a Theory of Disintegration, *Chinese Political Science Review*," Vol. 1, No. 1 (2016), pp. 1-29.

리세(Tanja A. Börzel and Thomas Risse)[121] 등의 저술을 제외하고는 유럽의 분열에 관한 문헌이 거의 존재하지 않는다는 것을 지적한다.

이와 더불어 전통적인 통합이론들이 반유럽정치 태도와 운동이 급증한 회원국들의 국내 정치의 영향을 충분히 고려하지 않으며 유럽 특유의 높은 수준의 정치적 통합이 이 지역에서 경제적으로 가장 강력한 준패권국이라고 할 수 있는 독일의 참여와 지원에 의존하는 정도를 간과하고 있다고 지적한다.[122] 이러한 지적에 바탕을 두고 웨버는 국제관계에 대한 국내 정치 접근법과 패권안정론의 통찰력을 결합하는 것에서 해결책을 찾아야 할 것을 제안한다.

② 정치체 형성에 관한 이론적 틀[123]

볼라드(Hans Vollaard)는 유럽의 분열 가능성이 공공연한 의제가 되었으나 유럽연합에 관한 연구가 이 문제를 소홀히 다루고 있다고 지적한다. 이어서 유럽통합을 다루는 주류 이론들이 한두 요인에 집중하여 복잡한 분열 현상을 설명하지 못하기도 하고 다양한 요인들을 제시하나 이들을 상호관계 속에 일관성 있게 연결 짓지 못함으로써 유럽의 분열에 관한 설명이나 예측을 제공하지 않거나 제공하지 못한다고 진단한다.

볼라드는 이론들이 지닌 이러한 한계를 극복하면서 유럽의 분열을 설명하기 위한 대안으로서 바르톨리니(Stefano Bartolini)가 유럽국가들의 정치체 형성(polity formation)을 설명하기 위해 고안한 모델을 기본으로 한 이론적 틀을 제시하고 있다.[124] 볼라드의 이론적 틀은 유럽의 통합보다는 분열에 중점을 두고 있다는 점과 바르톨리니의 모델에 유럽의 분열에 관한 4개의 명제(proposition)를 도입하고 있다는 점에서 차이를 보인다. 따라서 여기에서는 볼라드의 분석 틀이 중요한 기반이 되는 바르톨

---

120) Ben Rosamond, "Brexit and the Problem of European Disintegration," *Journal of Contemporary European Research*, Vol. 12, No. 4 (2016), pp. 864–871; Bens Rosamond, "The Political Economy Context of EU Crises," in Desmond Dinan, Neill Nugent and William E. Paterson, eds., *European Union in Crisis* (London: Palgrave Macmillan Education, 2017), pp. 33–57.

121) Tanja A. Börzel and Thomas Risse, "From the Euro to the Schengen Crises: European Integration Theories, Politicization, and Identity Politics," *Journal of European Public Policy*, Vol. 25, No. 1 (2018), pp. 83–108.

122) 웨버는 현재 독일이 대유럽 정책을 근본적으로 바꾸는 것이 어려울 것으로 보이나 상상할 수 없는 일은 아니라고 본다.

123) Hans Vollaard, "Explaining European Disintegration," *Journal of Common Market Studies*, Vol. 52, No. 5 (2014), pp. 1142–1159.

124) 바르톨리니의 분석 틀은 다음을 참고하시오: Stefano Bartolini, *Restructuring Europe: Centre Formation, System Building, and Political Structuring between the Nation State and the European Union* (Oxford: Oxford University Press, 2007).

리니의 모델을 중심으로 설명하고자 한다.

바르톨리니는 서유럽의 정치발전(특히 영토적 공고화와 정당화의 맥락에서의 국가형성의 역사적 과정)에 관심을 가진 로칸(Stein Rokkan)의 영향을 받아 유럽통합의 과정에 관한 해석을 위한 모델을 제시했다. 그의 모델은 유럽화를 의미하는 유럽통합의 과정을 유럽국가들이 역사적으로 경험한 민족국가의 형성과 공고화의 과정이라는 관점에서 살펴보려는 것을 특징으로 한다.

구체적으로 바르톨리니는 중심부 형성(center formation)·체제 구축(system building)·정치적 구조화(political structuring)라는 3개의 개념을 주축으로 하면서 이들 간의 관계에 집중하여 민족국가 형성을 분석하고자 개발한 국가 수준의 모델을 유럽연합이라고 하는 정치체의 형성에 적응하고자 한 것이다.

따라서 이 모델은 유럽연합의 형성을 분석하는 데 있어서 주된 관심사를 i) 유럽연합 중심부(즉 본부)의 제도적 설계 ii) 유럽연합의 정치적 산물(political product)에 의해 결정되는 영토적 경계와 기능적 경계의 재정의(boundary redefinition)[125] iii) 이러한 두 요소가 유럽국가의 정치적 구조에 미치는 결과 사이의 관계를 살피는 데 두고 있다.

③ 신제도주의 접근법

신제도주의는 오랜 시간에 걸쳐 연구 경향을 변화시켜 오고 있는데 비교적 최근의 신제도주의 연구 경향은 제도를 단일체가 아닌 복합체로 인식하고 제도를 구성하고 있는 요소 간의 상호작용과 갈등의 양상에 대한 분석을 통해 제도의 지속과 제도의 변화를 설명하려 한다는 것을 특징으로 한다.[126]

마튼(Péter Márton)은 통합의 분열을 이해하기 위해 사회과학 분야에 주요한 접근법의 하나로 지속해서 수용되어 신제도주의(New Institutionalism, NI)가 제공하는 통찰력의 활용을 제안한다. 이러한 제안은 분열이란 제도적 변화의 중요한 한 형태라는 인식을 출발점으로 한다. 따라서 제도의 분열을 예고하거나 진행을 보여주는 징후나 현상에 대해 신제도주의 접근이 축적해 온 연구성과를 통해 통합의 분열에 관한 연역적 연구가 활성화될 수 있다.

마튼은 제도주의 접근을 유럽통합의 분열 현상에 적용하는 것과 관련하여 로자몬드(Ben Rosamond)의 제안을 대표적인 예로 소개하고 있다. 로자몬드는 유럽연합의

---

125) 유럽연합의 정치적 산물이란 주로 영토적·기능적 경제의 구축(boundary building)과 경계의 제거(boundary removing)를 지칭한다.

126) 하연섭, “신제도주의 이론적 진화와 정책연구,” 『행정논총』, Vol. 44, No. 2 (2006), pp. 217-246.

위기를 유럽연합을 탄생시키고 유럽연합에 내재화된 민주적 자본주의 약정(democratic capitalist compact)에 도전을 가하는 좀 더 광범위한 일련의 변형(transformation)이라는 관점에서 이해해야 한다고 주장한 바 있다. 즉 이는 유럽연합이 직면한 위기를 탈정치화와 기술주의(technocracy)를 통해 이전의 통합을 이끌어온 민주적 자본주의 약정이라는 제도의 좀 더 광범위한 실패로서 이해야 한다는 것을 의미한다.127)

신제도주의 접근은 다양한 관점에서 제도에 접근할 수 있다는 장점이 있다. 규범적 제도주의·합리적 선택 제도주의·역사적 제도주의·사회학적 제도주의·담론적 제도주의·구성주의적 제도주의 등이 이러한 다양한 관점의 예이다. 이러한 다양한 접근은 제도가 지닌 다양한 특성을 다양한 시각에서 포착하게 한다.

④ 체제이론적 접근

통합의 연구에 있어서 완전히 새로운 접근은 아니지만 이제까지 별로 주목을 받지 못한 체제이론적 접근법(systems theory approach)이 통합의 위기를 계기로 복잡한 통합과정의 이해를 위해 필요하다는 견해가 자주 거론되고 있다.

거시적 관점에서 정치적·경제적·사회적·문화적 질서의 발전을 단일한 의도의 합이 아닌 비선형적 상호작용의 집합적 결과로 보려는 체제이론적 접근법은 유럽연합을 내부적·외부적으로 열려 있으면서 변화에 적응하는 복잡한 체제(complex adaptive system)로 이해함으로써 체제로 유입되는 상호작용을 하면서 통합이나 분열에 영향을 미치는 다양한 외부요인들과 더불어 체제 내부의 요인들을 살펴보고자 한다. 이를 통해 통합이나 분열을 강제하는 힘과 유인을 발견할 수 있다고 본다.128)

5. 통합이론과 상호의존론과의 관계

1950년대와 1960년대의 국제체제의 지배적 특징은 냉전과 국가 간의 갈등이었다. 이러한 시기에 지역통합이론은 평화적 변화의 가능성을 탐구하는 이론으로서 중요한 역할을 했다. 그러나 1960년대 중반에 통합이 중대한 위기에 직면하고 1970년대에 이르러서도 통합이 부진해지자 통합이론에 회의적인 시각이 등장했다. 같은 시기인 1970년대에 국가 간에 상호의존이 심화되면서 자유주의 패러다임 이론의 하나

---

127) Péter Márton, "'Europe's Crises: Preparing to Study Disintegration,'" *Journal of Contemporary European Research*, Vol. 14, No. 3 (2018), pp. 273-280.

128) Diogo Magalhaes, European Integration Theory and the Future of the European Union after Brexit, Ph.D Dissertation, Ithaca, NY, Cornell University, May 2019.

로서 상호의존론이 등장하여 전 지구적 차원에서의 상호의존의 심화가 가져오는 국제정치 현상들을 활발하게 설명하기 시작했다.129)

이 때문에 통합의 부진이라는 현상이 심화되고 있는 상호의존으로부터 유래되는 것일 수 있다는 추론 아래 통합이론을 폐기하여 상호의존론에 흡수시켜야 한다는 견해가 등장했다. 이에 대해 통합이론은 상호의존론과는 다른 독자적인 이론으로서의 성격을 지니고 있어 흡수되어서는 안 된다는 반론이 제기되어 통합이론과 상호의존론의 관계를 둘러싸고 논쟁이 전개되었다.

통합이론의 대표적인 학자인 하스는 통합이론의 적실성이 감소하고 있는 이유를 분석하고 통합이론이 세계적 수준에서 재개념화되어야 한다고 주장했다. 통합이론이 적실성을 잃고 있는 이유로서 그는 다음 세 가지를 지적하고 있다.130) ⅰ) 초기 통합의 기저에 깔려있던 행위자들의 동기·인식·목표가 바뀌었다. ⅱ) 1970년대의 상호의존의 증가가 서구통합을 실질적으로 저해했다. 구체적으로 지역통합체 밖의 국가들과의 거래를 통해 이익이 증가하고 인플레나 실업률 등의 문제를 지역통합체 내부에서 해결할 때보다 지역통합체 이외의 국제기구나 개별적인 국가 간의 쌍무협정 체결을 통해 해결할 때 비용이 적게 드는 등 통합이론이 상대적으로 무시해 오던 통합에 미치는 외부적 영향이 커졌다. ⅲ) 통합이론이 예측했던 초국가적 제도가 실제로 실현되지 않았다.

하스는 통합이론에 대한 대안으로서 분절된 이슈 연계론(theory of fragmented issue linkage)을 제시하기에 이르렀다. 이 이론은 다음과 같은 인식에 기초를 두었다. ⅰ) 모든 이슈을 함께 체계적으로 연계를 짓는 것이 불가능하다. 왜냐하면 이슈들은 본질적으로 분절되어 있기 때문이다. ⅱ) 이슈 간의 연계가 통합이론의 주장과는 달리 자동적인 연계가 아니라 고의적·의도적 연계이다. ⅲ) 통합이론의 확산 개념에서는 이슈들이 시간을 통해 연계되어 있다고 보았으나 실제에 있어 이슈들은 공간적으로 구분되어 있다. ⅳ) 이슈 간의 연계는 중앙집권화된 의사결정이나 국제제도가 없이도 가능하다.

하스는 이러한 분절된 이슈 연계론의 필요를 역설하고 이러한 이론의 특징이 상호의존론과 일치한다고 보았다. 그는 구체적으로 통합이론이 상호의존이라는 좀 더 큰 분석의 틀의 한 부분이 될 수 있다고 보았고 지역통합을 제도적 장치를 통한 상

129) 상호의존론은 다중적 상호작용(multiple interaction)·경제 이슈의 중요성·이슈 계서(issue hierarchy)의 상실·결과에 대한 통제의 상실을 강조한다.

130) Ernst B. Haas, *The Obsolescence of Regional Integration Theory*, Research Series, No. 25 (Berkeley: Institute of International Studies, 1975).

호의존의 한 특별한 경우라고 보고자 했다. 이처럼 하스는 전 지구적인 상호의존과 지역통합은 양립할 수 없는 것으로 보았다.

코헤인과 나이는 통합이란 상호의존에 대한 반응이라고 주장함에도 불구하고 기존 통합이론에 대해 비판을 하기보다 오히려 통합이론이 국가 간 상호의존의 좀 더 넓은 맥락을 이해하는 데 효용가치가 있을 수 있다고 보았다.131)

그러나 일부 학자들은 지역통합론은 세계적인 상호의존론과 양립할 수 없어 상호의존론에 흡수되어야 한다는 하스의 주장에 반대 의사를 표명했다. 이들의 반대 논거는 다음과 같다. i) 현실주의 통합이론은 통합에서 외적 요인의 중요성을 일관적으로 강조해 왔으며 이러한 지적들은 옳다. 그러나 외적 요인이 비교적 변하지 않은 기간인 1950년대 후반기에 유럽경제공동체(EEC)와 유럽원자력공동체(EURATOM)의 설립과 같은 통합의 진전을 이러한 외적 요인을 강조하는 이론에 의존하여 설명할 수 없다. 상호의존론은 현실주의 이론이 아닌 자유주의 이론이지만 국제체제의 상호의존 심화라는 외적 요인을 가지고 국가 행동과 국제관계를 설명하려는 이론이다. 따라서 상호의존론 역시 이 기간에서의 통합의 진전을 설명하는 것이 어렵다. ii) 기능주의와 신기능주의 이론은 국제제도의 잠재력과 역할에 관해서 2차 세계대전 후에 많은 통찰력을 주었다. 그러나 상호의존론은 중앙집권화된 제도적 과정을 중요시하지 않는다. 이러한 이유로 통합이론을 상호의존론에 포함해서는 안 된다.132)

이들은 통합이론과 상호의존론과의 구체적인 차이를 다음과 같이 구별하고 있다. i) 통합이론은 중앙집권화된 제도들의 권위가 확대되는 데 있어서 자발성을 강조하나 상호의존론은 제도의 성장에 있어서 환경의 복잡성과 제약을 강조한다. ii) 통합이론은 이슈 간의 실질적인 연계를 강조하나 상호의존론은 이슈 간의 부분적 혹은 총체적 연관을 전제로 한다. iii) 통합이론은 이슈의 명백한 계서를 강조하나 상호의존론은 이슈의 계서가 존재하지 않는다고 본다. iv) 통합이론은 전 지구적 요인과 국가적 요인을 강조하지 않고 지역적 요인을 강조하나 상호의존론은 전 지구적 요인을 강조하고 지역적 요인과 국가적 요인을 강조하지 않는다.133)

---

131) Robert O. Keohane and Joseph S. Nye, Jr., "International Interdependence and Integration," in Fred I. Greenstein and Nelson W. Polsby, eds., *Handbook of Political Science*, Vol. 8 (Reading, Mass.: Addison Wesley, 1975), pp. 363-414.

132) 자유주의 이론(통합이론 · 상호의존론 · 신자유주의적 제도주의 이론) 중에서 상호의존론은 좀 더 분권화된 어프로치이며 이러한 경향은 국제레짐론과 신자유주의적 제도주의 이론에서도 명백히 나타난다.

133) Henry R. Nau, "From Integration to Interdependence: Gains, Losses, and Continuing Gaps," *International Organization*, Vol. 33, No. 1 (Winter 1979), pp. 119-147.

통합이론과 상호의존론과의 관계를 둘러싼 논란에도 불구하고 통합이론의 많은 통찰이 1970년대 초에 상호의존론으로 이전되었다.[134)]

6. 통합이론의 국제관계 연구에의 공헌

자유주의 패러다임의 통합이론은 공통으로 외부적인 변수의 중요성에 주목하지 않고 또한 민족주의를 인정하지 않는 문제점을 지니고 있다. 용어의 정의와 방법론적인 면에 있어 통합이란 하나의 과정인가 최종상태인가의 문제 · 통합의 정도를 어떻게 측정할 것인가의 문제 · 사회적 거래에 있어서 증가가 먼저 오는가 아니면 통합하고자 하는 정치적 결정이 먼저 오는가의 문제 · 무엇이 가장 중요한 독립변수이고 종속변수인가의 문제 등이 통합이론이 해결해야 할 숙제이다.

평화의 원인과 조건의 연구가 국제관계 연구의 가장 주된 목표인 것을 생각하면 국제관계에서의 평화적 변화의 조건과 변동을 설명하고자 한 통합이론의 의의는 실로 크다고 아니할 수 없다. 앞서 언급했듯이 1960년대에 있어 국제협력과 평화의 달성 가능성에 대한 통합이론의 가정은 국제관계의 연구에 있어서 소수의 생각에 불과했다.

즉 갈등과 힘의 행사를 강조하고 국가를 통합된 행위자로 보며 안보를 국가의 목적으로 보는 그 당시의 지배적인 패러다임이었던 현실주의에 도전하여 주권 국가 간의 생산적인 협력의 영역을 제안하고 1950년대와 1960년대에 복지 목적의 국가 간 협력이 국제관계의 중요한 면모라는 것을 외롭게 주장했다. 이들 통합이론이 밝혀낸 유효한 사실들은 다음과 같다고 본다.

ⅰ) 협력이 실제로 일어난다. ⅱ) 초국가주의는 일어날 수 있고 실제로 일어난다. ⅲ) 복지의 추구가 안보의 추구보다 고도로 정치화되는 경우가 종종 존재한다. ⅳ) 초국가적인 비정부기구가 국제관계의 중요한 행위자이다. ⅴ) 초국가적으로 연계된 관료들이 대외정책을 조정한다. ⅵ) 상호의존은 국가의 주권을 제약하고 상대적인 힘의 계산을 복잡하게 한다. ⅶ) 개도국과 선진국 모두에 있어 복지증진의 목적을 위해 국내외 정책이 통합적으로 연계되어 있다.

이러한 통합이론은 초국가적 관계 · 초정부적 관계 · 국제정치경제 · 국제레짐 · 상호의존 · 연계정치 · 정치와 경제발전 등과 같은 차후의 중요한 부문의 연구에 길

134) Joseph S. Nye, Jr., "Review Article: Neorealism and Liberalism," *World Politics*, Vol. XL, No. 2 (January 1988), p. 239.

을 열어놓았다. 결론적으로 말해 통합이론은 1950년대와 1960년대에 현실주의 이론과 커다란 대조를 보이는 대체 패러다임의 개념적 요소를 구체화하며 현실주의 이론의 가정에 대해 심각한 도전을 했다.

통합연구는 현재에도 여전히 적실성을 가지고 있다고 본다. 왜냐하면 상호의존의 상황에서 초국가적 과정을 통한 국가 간 협력에 대한 통합이론가들의 호기심이 여전히 국제관계의 주요 관심사 가운데 하나이기 때문이다. 이러한 통합연구의 연구초점은 다음과 같다. i) 국제적으로 다원적인 환경과 권위적인 통제제도의 부재 속에서 평화적인 문제해결이 어떻게 이루어질 수 있는가? ii) 중앙의 조정자가 부재한 상황에서 대외정책이 어떻게 조정되는가? iii) 분권화된 조정의 상황에서 죄수의 딜레마 상황이 어떻게 회피될 수 있는가? iv) 어떻게 갈등이 협력을 통해 약속된 보상을 배제하거나 취소하지 않도록 조절될 수 있는가?

제 4 절 연계정치론(Linkage Politics Theory)[135]

연계정치론은 로즈노(James N. Rosenau)에 의해 제기되기 시작한 외교정책 결정이론 가운데 하나이다. 그러나 이러한 외교정책 결정이론을 앞서 살펴본 자유주의 외교정책 결정이론 부분에서 소개하지 않고 여기에 별도로 소개하는 이유가 있다.

이는 앞서 살펴본 외교정책 결정이론이 일국의 외교정책을 결정하는 다양한 요인들 자체에 관심을 두는 것과는 달리 연계정치론은 과학의 발전에 따른 교통과 통신기술의 향상이 국가 간 상호의존의 심화를 가져오고 그 결과 하나의 체제가 국경을 넘어 다른 체제와 연계가 되어 상호작용을 통해 영향을 주고받는 것에 더 많은 관심을 둔다는 점에서 차이가 존재하기 때문이다. 여기에서 체제 간의 상호작용을 통한 상호 영향이란 일국의 체제와 타국의 체제 간의 상호 영향일 수도 있고 일국의 체제와 국제체제 간의 상호 영향일 수도 있다.

로즈노는 체제 간 연계의 양태를 다음과 같은 3가지 유형으로 분류하고 있다. i) 침투성 연계(penetrative linkage). 이는 아일랜드공화국군(IRA)이나 남아프리카공

135) James N. Rosenau, "Pre-theories and Theories of Foreign Policy," in Robert Barry Farrel, ed., *Approaches to Comparative and International Politics* (Evanston, IL.: Northwestern University Press, 1966), pp. 53-92; James N. Rosenau, ed., *Linkage Politics: Essays on the Convergence of National and International Systems* (New York: The Free Press, 1969); James N. Rosenau, "Theorizing Across Systems: Linkage Politics Revisited," in Jonathan Wilkenfeld, ed., *Conflict Behavior and Linkage Politics* (New York: David Mckay, 1973), pp. 25-56.

화국의 아프리카민족회의(ANC)와 같은 일국의 정치 그룹이 다른 국가의 정책에 영향을 미치고자 하면서 발생하는 연계를 의미한다. ii) 반응적 연계(reactive linkage) 베이루트에서 약 250명의 미국 해병이 대량 살해된 것이 며칠 후의 미국의 그레나다(Grenada) 침공 결정의 시기에 영향을 미쳤다거나 아르헨티나의 국내적 불안과 소요가 포크랜드(Falklands) 침공을 재촉했다든가 하는 연계를 의미한다. iii) 모방적 연계(emulative linkage). 정부나 사회집단이 서로의 정책이나 행동을 모방하는 것을 일컬으며 항공기 납치나 인종적 폭동을 그 예로 든다.

로즈노는 국가나 국제체제만을 국제정치 이론의 분석단위로 하는 국제정치 이론에 의심을 제기하고 침투된 정치체제(penetrated political system)와 체제 간 분석(across systems analysis)을 새로운 분석단위로 추가해야 함을 강조했다. 여기서 침투된 정치체제란 주권의 절대성을 강조하는 현실주의 이론과는 대조적으로 일국의 정부와 같은 국제정치의 전통적인 행위자나 민간인 혹은 국제기구와 같은 비국가적 행위자가 타국에서의 가치의 권위적 배분 과정에 참여함으로써 말 그대로 주권의 절대성이 침해되는 체제를 말한다. 소련에 의해 주권이 침투된 동유럽국가들을 그 예의 하나로 들 수 있다. 더 흔한 예로서 미국의 이익단체가 한국 정부에 정치적인 압력을 행사하는 것이 가능하다면 두 국가는 침투된 정치체제를 구성하는 것이 된다.

로즈노는 또한 국내의 조직과 사회 등과 같은 국제체제의 하위체제들이 국제체제로부터 부단히 영향을 받고 동시에 국제체제에 영향을 미친다는 것을 고려하여 국가 수준의 분석이나 국제체제 수준의 분석 가운데 어느 한 분석수준을 취하지 않고 수준이 다른 체제 간 상호작용의 분석을 의미하는 체제 간 분석과 이의 이론화가 필요함을 강조했다. 로즈노는 상호의존(interdependence) · 통합(integration) · 적응(adaptation) · 간섭(intervention) 등을 체제 간 분석의 대상으로 간주하고 있다.

연계정치론은 다음에 살펴볼 초국가론 및 초정부론과 마찬가지로 그러나 이들보다 앞서 상호의존론이 유행하기 전에 국내 정치와 국제정치의 경계를 허물고 연계를 강조함으로써 새로운 정치 인식을 불러일으켰다는 데 그 의의가 있다고 할 수 있다.

그러나 한 국가의 국내 정치만도 여러 요인이 복잡하게 작용하여 파악하기 힘든 것이 사실인데 다수 국가의 국내 정치와 이들 사이의 관계를 연계하려고 했기 때문에 연구대상이 학자들의 능력을 벗어나 다루기 힘들 정도로 복잡해졌으며 그 결과 일반화된 이론으로서의 수립에 성공하지 못했다는 평가를 받는다.

연계정치론의 이러한 의도는 상호의존론이 비록 연계정치라는 말을 사용하지 않으나 상호의존론에 면면히 흐르고 있다고 본다. 상호의존론에서 연계라는 용어는 일반적으로 로즈노가 말하는 연계정치를 의미하는 것이 아니고 이슈의 연계(issue linkage)를 의미한다.

제 5 절 초국가론과 초정부론

1. 등장 배경

전통적 현실주의 이론이 등장한 이래 현실주의 이론의 가정에 대한 도전이 꾸준하게 있었으나 비교적 체계적인 도전이 가해지기 시작한 것은 1970년대 초부터였다. 이러한 도전은 그 당시의 국제사회의 특징에서 유래되었다고 볼 수 있는데 이러한 특징으로 교통과 통신 분야의 기술혁명이 가져온 상호의존의 심화 · 초국가주의와 초정부주의의 확산 · 새로운 전 지구적 이슈의 등장이 일반적으로 언급된다.

이러한 시대적 배경과 더불어 자유주의적 다원주의자(liberal pluralists)들 가운데 코헤인과 나이(Robert O. Keohane and Joseph S. Nye, Jr.)가 1970년대 들어 처음으로 국제정치의 변화된 현실과 괴리를 보인다고 판단한 현실주의 이론의 국가 중심성을 비판하는 초국가론을 제시했다. 곧이어 이들은 국가는 통합된 행위자라는 현실주의 이론의 가정을 비판하는 초정부론을 제시했다.

이러한 일련의 현실주의 이론의 문제점에 대한 지적을 기반으로 코헤인과 나이는 1970년대 후반에 들어서서 상호의존론이라는 보다 종합적이고 체계적인 대안적 관점을 제시하기에 이르렀다.[136] 1980년대에 들어서 맨스바흐와 바스케스(Richard Mansbach and John Vasquez) 역시 현실주의 이론을 비판하고 이에 대한 대안으로서 이슈 패러다임(Issue Paradigm)을 제시하고자 했다.[137] 여기에서는 초국가론과 초정부론만 살펴보고 상호의존론과 이슈 패러다임은 별도로 살펴보고자 한다.

---

136) Robert O. Keohane and Joseph S. Nye, Jr., *Power and Interdependence: World Politics in Transition* (Boston: Little Brown, 1977).

137) Richard Mansbach and John Vasquez, *In Search of Theory: A New Paradigm For Global Politics* (New York: Columbia University Press, 1981).

2. 초국가론(transnationalism)[138)]

코헤인과 나이는 1972년에 비록 현실주의 이론의 문제점을 지적함에 그치고 이를 대체할 이론적인 면모를 지니지는 못했지만 「초국가적 관계와 세계정치(Transnational Relations and World Politics)」라는 제목의 저서를 통해 이제까지의 국가 중심적인 견해를 가지고는 국제정치의 현실을 설명하는 것이 불가능하다는 주장을 제시했다. 이러한 주장과 더불어 초국가적 행위자(transnational actor)의 국제정치에서의 활발한 역할에 주목해야 한다는 초국가론을 제시했다.[139)]

초국가론은 이처럼 국제사회에서의 초국가적 행위자의 역할에 주목하는데 초국가적 행위자란 구체적으로 국경을 넘어 활동하는 비정부기구(NGO)·국제비정부기구(INGO)·다국적기업(MNC)·혁명단체·로마교황청·노동단체·과학기술 단체 등을 포함하는 비국가적 행위자(non-state actor)를 지칭한다.[140)]

코헤인과 나이는 초국가론을 통해 국제기구와 국가의 의사결정 과정에서 이러한 초국가적 행위자들의 자율적이거나 준자율적인 역할과 영향력이 증대하는 것에 주목하면서 이러한 행위자들의 중앙정부로부터 통제를 받지 않고 국경을 넘나드는 상호작용·접촉·제휴에 관심을 두고 이러한 현상을 보여주는 여러 구체적인 사례들을 제시했다.

이처럼 초국가론이 초국가적 행위자의 국제정치에서의 역할에 주목하여 국제체제를 주권 국가들의 체제 이상의 것으로 봄으로써 국가만이 유일한 지배적인 행위자라는 현실주의 이론의 가설을 완화시켰다. 이는 이상주의·전통적 현실주의·행태주의적 현실주의가 공유하고 있던 국가 중심적 견해에 대한 커다란 도전이었다.

물론 이러한 국가 중심적 견해에 대한 도전은 전적으로 새로운 것은 결코 아니었다. 홀리스와 스미스(Martin Hollis and Steve Smith)의 견해에 의하면 국가 행위자로서의 지배성은 초국가론·초정부론·상호의존론이 제기되기 이전 즉 1970년대 이전에 이미 세 차례에 걸쳐 도전을 받아왔다.[141)]

---

138) 「국제(international)」이란 용어는 「국가 간(inter-state)」이라는 의미로 사용되고 「초국가적(transnational)」이란 용어는 「국가의 경계를 넘어서(across country boundaries)」라는 의미와 「국가의 통제 아래 있지 않은(not under control of the government)」이라는 의미로 사용된다.

139) Robert O. Keohane and Joseph S. Nye, Jr., eds., *Transnational Relations and World Politics* (Cambridge, Mass.: Harvard University Press, 1972).

140) 코헤인과 나이는 초국가론을 통해 여러 이슈 영역(issue areas)에서 비국가적 행위자들이 국가 행동에 미치는 영향을 설명하고자 했는데 이때 다양한 비국가적 행위자들 가운데 다국적기업(MNC)에 큰 비중을 두었다.

141) Martin Hollis and Steve Smith, *Explaining and Understanding International Relations* (Oxford:

첫 번째 도전은 국제적으로 노동자들이 국가의 경계를 넘어 단합하여 1차 세계대전을 반대하자는 요청으로 이루어졌다. 그러나 노동자들이 자신들이 속한 국가를 위해 자원하여 참전함으로써 이러한 움직임은 성공하지 못했다.

두 번째 도전은 핵무기 개발에 의한 국가 소멸론에 의해 이루어졌다. 이러한 논의는 핵무기가 국가의 국민 보호 기능을 파괴한다는 것을 전제로 하고 있다. 특히 허즈(John H. Herz)는 국가와 국민 자체를 위협하는 핵무기의 존재를 위시한 네 가지 요인에 의해 민족국가의 기저가 흔들린다고 보았다. 즉 이러한 요인들이 국가를 미래의 국제사회의 지배적인 단위로서 머물러 있지 못 하게 할 것이라고 주장했다.142)

세 번째 도전은 통합이론 부분에서 살펴보았듯이 1950년대 초 유럽에서의 통합 움직임으로부터 유래되었다. 물론 이보다 앞서 통합 움직임이 없었던 것은 아니지만 1950년대에 이러한 움직임이 촉진되었으며 이러한 움직임과 더불어 국가 주권이 소멸되고 있다고 주장하는 통합이론 학파가 등장했다.143)

1970년대의 도전은 이처럼 선례가 없었던 것이 아니었지만 과거의 도전에 새롭게 힘이 더해졌다. 이러한 새로운 도전 역시 지배적 행위자로서의 국가의 필연적이고 즉각적인 소멸을 입증하지는 못했지만 1970년대의 도전은 초국가주의·초정부주의·상호의존론에 바탕을 두고 국가가 전통적으로 그들의 통제하에 두고 있던 일들에 대해 점차 통제력을 잃어가고 있다는 점을 공통으로 제시하면서 현실주의 이론의 국가 중심적 국제정치 이론에 의문을 제기했다.

1970년대 초에 국제정치에서의 비국가적 행위자들의 중요한 역할을 보여주는 경험적인 연구들은 코헤인과 나이에 그치지 않고 다른 여러 학자에 의해서도 이루어졌다. 예컨대 스켈스백(Kjell Skjelsbaek)은 「20세기 국제비정부기구의 성장(The Growth of International Nongovernmental Organization in the Twentieth Century)」이라는 논문

Clarendon, 1990), pp. 32-34.

142) 허즈에 있어서 네 가지 요인이란 구체적으로 국제경제가 일국에 미치는 민감한 영향·통신 발달에 따른 국가 경계의 침투·항공전의 발달로 시민들에게 곧바로 미치는 전화(戰禍)·국가와 국민 자체를 위협하는 핵무기의 존재를 의미한다: John H. Herz, *International Politics in the Atomic Age* (New York: Columbia University Press, 1959). 이러한 주장이 제기되고 약 10년이 지난 후 허즈는 또 다른 논문에서 이전의 주장을 재평가하고 국가가 쇠퇴하고 있다는 주장을 철회하였다. 이러한 주장의 논거로는 국가의 수가 계속 증가하고 있고 점차 정부가 민주화되면서 국가의 정당성이 제고되고 있으며 가장 중요한 이유로서 국제관계에 있어서 실질적인 힘(force)의 사용이 불가능해졌다는 것이다. 즉 영토를 점령하고 시장과 천연자원을 획득하는 데 오랫동안 사용되어 온 힘은 이제 너무나 파괴적이기 때문에 더는 이런 목적으로 사용될 수 없으며 힘이 점점 매력적인 것이 되지 못하는 상황에서 국가체제는 그대로 머물 것 같다는 것이다: John H. Herz, "The Territorial State-Revisited Reflections on the Future of the Nation-State," *Policy*, Vol. 1, No. 1 (1968), pp. 11-34.

143) 1960년대에 통합에 진전이 없자 이러한 논의가 약화되었다.

을 통해 1900년 이후(특히 2차 세계대전 이후) 국제비정부기구가 얼마나 급속하게 성장하였는가를 경험적인 자료를 통해 보여주었다.[144] 맨스바흐 등은 「세계정치의 거미줄 망: 전 지구적 체제에서의 비국가적 행위자(The Web of World Politics: Non-state actors in the Global System)」라는 저서에서 비국가적 행위자들이 세계정치에 점차 관여함으로써 국가 중심적 모델이 쓸모가 없어지고 있다는 결론을 내리고 있다.[145]

1970년대 코헤인과 나이에 의해 제시된 초국가론은 비정부기구(NGO)를 위시한 초국가적 행위자의 중요성을 언급하는 데 그쳤는데 1990년대에 신초국가론(New Transnationalism)이 등장하여 초국가적 행위자가 국제관계에 영향을 미칠 수 있는 조건 등에 대한 세련된 이론적인 개념화를 제시했다. 이와 관련하여 리세-카펜(Thomas Risse-Kappen)은 국경을 넘어 활동하는 초국가적 행위자의 활동과 능력에 중대한 영향을 미치는 요인을 중심으로 두 가지의 이론적인 접근법을 소개하고 있다.[146]

그중 하나는 「국가와 사회가 형성되고 상호 연결되는 규범적이고 조직적인 설계」로 정의되는 국내 구조(domestic structure)를 중요시하는 접근법이다. 다른 이론적인 접근법은 국가 간 협정이나 국제레짐 혹은 국제기구가 특정 이슈 영역을 규제하는 정도를 의미하는 국제제도화(international institutionalization)를 중요시하는 접근법이다.

국내 구조 접근법은 국내 구조라는 독립변수를 통해 비정부기구들의 활동과 능력이라는 종속변수를 설명하고자 하는 시도로서 비정부기구들이 상이한 국가에서 상이한 영향력을 행사하는 이유를 잘 설명하나 동일한 국가 내에서 이슈 영역에 따라 영향력에 있어서 차이가 나는 것을 제대로 설명하지 못한다. 예컨대 동일한 국가 내에서 환경 이슈를 다루는 비정부기구가 인권 이슈를 다루는 비정부기구보다 좀 더 성공적일 수 있는 이유를 적절하게 설명하지 못한다. 이러한 차이를 제대로 설명하기 위해서 리세-카펜은 국제제도화를 중요시하는 두 번째 접근법의 필요성을 강조

---

144) Kjell Skjelsbaek, "The Growth of International Nongovernmental Organization in the Twentieth Century," *International Organization*, Vol. 25, No. 3 (Summer 1971), pp. 420-442; Kjell Skjelsbaek, "The Growth of International Nongovernmental Organization in the Twentieth Century," in Robert O. Keohane and Joseph S. Nye, Jr., eds., *Transnational Relations and World Politics* (Cambridge, Mass.: Harvard University Press, 1972), pp. 70-92.

145) Richard W. Mansbach, Yale H. Ferguson, and Donald E. Lampert, *The Web of World Politics: Nonstate Actors in the Global System* (Englewood Cliffs: Prentice-Hall, 1976).

146) Thomas Risse-Kappen, "Bringing Transnational Relations Back In: Introduction," in Thomas Risse-Kappen, ed., *Bringing Transnational Relations Back In: Non-State Actors, Domestic Structures and International Institutions* (Cambridge: Cambridge University Press, 1995), pp. 3-36.

하고 있다.

국제제도화라는 독립변수를 통해 비정부기구 활동과 능력을 설명하려는 두 번째 접근법은 이러한 이슈 영역 상의 차이를 특정 이슈 영역에서의 국제제도화의 정도의 차이를 가지고 설명하고자 한다. 즉 특정 이슈 영역이 국제협력에 의해 규정되면 될수록 초국가적 활동을 위해 국가의 경계가 침투된다고 본다. 이러한 두 번째 접근법을 좀 더 상세하게 설명하면 다음과 같다.

특정 이슈 영역에 있어서 국제제도가 창출되어 있고 이미 창출된 국제제도의 이행을 감시하기 위한 국제기구가 존재할 때 동일한 이슈 영역에서 활동하고 있는 비정부기구와 같은 초국가적 행위자가 정부 대표들의 정치과정에 영향을 미칠 수 있는 능력은 다음과 같은 이유로 제고된다.

첫째, 국제기구는 우선 초국가적 행위자들에게 국가의 정책결정 과정에 접근하는 통로를 추가로 제공한다. 즉 국제기구는 국내 구조에 의해 제한될 수도 있는 통로를 초국가적 행위자들을 위해 열어줌으로써 이들이 정부 대표를 대상으로 로비하는 것을 보다 용이하게 해준다. 부연해서 설명하자면 국제기구가 협의 지위(consultative status)의 부여와 같은 제도를 통해 초국가적 행위자들에게 자신들에게 접근하는 것을 허용함으로써 이를 통해 국제기구의 회의 등에 참여하는 정부 대표를 대상으로 로비 등을 하는 기회를 제공하게 된다.

둘째, 국제기구는 초국가적 행위자들의 초국가적 활동에 대한 국가의 저항을 감소시키는 역할을 한다. 초국가적 행위자가 국제기구로부터 협의 지위를 획득하는 등의 방식을 통해 국제기구와 연계되어 있을 때 초국가적 행위자가 활동하고 있는 국가에서 이들에게 탄압을 가하는 등의 행위를 하기가 쉽지 않다. 구체적으로 국제기구를 포함한 국제제도는 초국가적 행위자들이 활동 대상 국가에서 초국가적인 활동을 하는 것을 정당화시킴으로써 초국가적 행위자들이 점차 외부 행위자로 덜 인식되고 다른 국내 행위자들과 거의 구별되지 않게 된다. 이처럼 국제기구와의 상호연계는 정치과정에 영향을 미칠 수 있는 비정부기구의 능력을 증대시키기 때문에 비정부기구에 아주 유익하다. 이처럼 신초국가주의는 비정부기구들이 규범을 위반하는 국가에게 압력을 가하기 위해 국제기구 등과 국제적인 동맹을 결성하는 것과 같은 것을 적절하게 설명한다.

이러한 신초국가론적 관점에서 볼 때 국제회의는 비정부기구들에 국가들과 국제체제에 영향을 미치고 연계망의 구조를 심화시킬 기회를 제공한다. 구체적으로 국제회의는 비정부기구의 참여를 위한 추가적인 채널을 제공함과 동시에 비정부기구들이 서로 간에 만날 수 있는 능력과 더불어 동일한 목적을 지향하는 비정부기구들 사이에 좀 더 긴밀한 연대를 형성할 수 있는 능력을 증대시킨다.

3. 초정부론(transgovernmentalism)

코헤인과 나이는 1974년에 「초정부적 관계와 국제기구(Transgovernmental Relations and International Organizations)」라는 제목의 논문을 통해 앞서 언급한 초국가론에 이어 초정부적 행위자들(transgovernmental actors)의 국경을 넘는 활동을 강조하는 초정부론을 전개했다.147)

초정부론은 이처럼 국제정치에서의 초정부적 행위자들의 국경을 넘는 활동에 주목하는데 여기서 초정부적 행위자란 구체적으로 상위권위로부터 상대적인 자율성을 갖고 행동하는 정부의 하위단위들을 일컫는다.

이들의 국경을 넘는 활동이란 주로 두 가지를 포함하는데 그중 하나는 일국의 정부 부서가 상위권위로부터 상대적인 자율성을 가지고 타국의 정부 부서와 국경을 넘어 관계를 맺는 것을 의미한다. 또 다른 하나는 일국의 정부 부서가 상위권위로부터 상대적인 자율성을 갖고 국경을 넘어 국제기구와 관계를 맺는 것을 의미한다.

이처럼 초정부론은 국가 간 상호의존의 증가에 따라 전통적으로 국내 일에 주된 관심을 두고 있던 일국 내의 개개 정부 기관이 점차 국제기구를 비롯하여 상응하는 외국의 정부 기관 등을 포함한 다양한 국제적인 행위자와 직접적인 상호작용 등을 통해 중앙정부의 통제에서 일정한 정도 벗어나 자율성을 행사한다는 것을 강조한다.

이런 맥락에서 초정부론은 유럽연합(EU)에서 각국으로부터 온 모든 농무장관이 연합하여 모든 재무장관의 연합과 대응하는 등의 현상에서 보듯이 개개 국가에서 특정 문제의 책임을 지고 있는 각기 다른 국가 소속의 정부 관료들이 다른 문제의 책임을 지고 있는 그들과 동일한 정부의 동료들에 대항하여 연합을 결성하는 것과 같은 현상에도 주목한다.148)

이처럼 초정부론은 중앙정부의 통제에서 어느 정도 벗어나 자율성을 행사하는 정부 부서를 국제정치에 있어서 중요한 행위자로 간주함으로써 국가란 더는 하나의 통일된 목소리를 내는 통합된 행위자(unified actor)가 아닌 분절된 행위자(fragmented

---

147) Robert O. Keohane and Joseph S. Nye, Jr., "Transgovernmental Relations and International Organizations," *World Politics*, Vol. 27, No. 1 (1974), pp. 39-62.

148) Peter Willetts, "Transaction, Networks and Systems," in A. J. R. Groom and Paul Taylor, eds., *Frameworks for International Co-operation* (New York: St. Martin's Press, 1990), p. 265.

actor)로 구성되어 있다고 인식한다. 이러한 인식은 국가란 통합된 행위자라는 현실주의 이론의 가정을 완화한 것으로서 국가가 지배적인 국제정치의 행위자라는 가설을 완화하여 국가 이외의 행위자를 국제정치의 분석에 등장시킨 초국가론과 구별된다.

4. 초국가론과 초정부론의 비판

초국가론이나 초정부론 모두 상이한 이해관계를 가지고 있는 행위자들을 전제로 하고 있다. 따라서 이러한 논의가 실제에 대한 풍부한 서술을 제공하는 것은 사실이지만 실증적인 연구를 위한 원인과 결과에 관한 체계적인 개념의 조작화(operationalization)가 쉽지 않다. 이는 다양한 행위자들이 다양한 이해관계와 상이한 능력을 보유하고 있는데 이러한 것들을 사전에 파악하는 것이 어렵기 때문이다.[149]

제 6 절 상호의존론[150]

상호의존론은 기능주의와 신기능주의 이론에 의해 발전되어 온 자유주의에 기반을 두고 구축되었다. 상호의존론은 이어서 등장한 현실주의 패러다임의 신현실주의 이론의 주된 비판의 대상이 되었으며 이러한 신현실주의 이론을 비판하면서 등장한 자유주의 패러다임의 신자유주의적 제도주의 이론에 의해 대체되어 오고 있다.

1. 등장 배경

전통적인 국제체제는 비교적 낮은 수준의 교통과 통신 및 상호작용 시대의 산물로서 당구공처럼 침투되지 않는 주권 국가들로 구성되었다. 그러나 급속히 발전해 가는 군사·산업·통신기술의 시대에 접어들어 이러한 주권의 절대성은 실제와 큰 간극을 가지게 되었다.

149) 관찰하고자 하는 현상과 관련된 행위자의 수가 많으면 이들이 지닌 자원(resources)의 다양성이 커지고 이들 사이의 연합 등의 가능성이 다양해지므로 이러한 것들을 구체화하는 것이 어렵다. 특히 다양한 그룹 간의 상호작용이 성과에 큰 영향을 발휘할 때 이러한 어려움은 배가된다.

150) 상호의존론은 점증하는 전 지구적 상호연계성(increasing global interconnectedness)이 국제체제에서의 국가의 성격과 역할을 변형시킨다고 하여 「변형주의(transformationalism)」라고 부르고자 하는 사람들도 있다.

개개 국가의 정부는 이제 정보·아이디어·자금·상품·사람이 국경을 넘어 유입되는 것을 완벽하게 통제하는 것이 불가능하게 되었고 국경 안팎으로부터의 새로운 형태의 적대행위와 침략 및 핵무기나 화학무기의 공격으로부터 그들의 시민들을 안전하게 보호하는 것이 어렵게 되었다. 이러한 현상과 관련하여 주권 국가의 종말을 언급하는 것은 지나치지만 주권 국가가 권위를 유지하고 행사하는 것이 점차 어렵게 되었다.

또 다른 한편 통신의 세계화와 결합된 지식과 기술은 국민의 기대를 크게 높였고 이러한 기대를 충족시키기 위한 국민의 요구는 현존하는 제도 특히 주권 국가의 능력과 자원을 넘어섰다. 이로써 국가에 대한 요구와 국가가 이를 충족시킬 수 있는 능력 사이에 괴리가 점차 커졌다.

이러한 요구를 충족시키기 위해 국가 간에 상호의존이 발생하고 각종 국제기구와 다국적기업(MNC)을 위시하여 정치적 경계를 넘는 새로운 행위자들이 등장했다. 구체적으로 유럽석탄철강공동체(ECSC)나 유럽공동체(EC)와 같은 지역적인 기능기구 그리고 웬만한 국가의 예산액을 초과하는 재정적 자원을 보유한 다국적기업과 같은 새로운 비국가적 행위자들이 대폭으로 증가했다. 그리고 이들은 국가의 통제를 벗어나 자율적인 행위자로서 국가 주권의 절대성에 도전하고 이제까지와는 다른 정도로 국가 간의 상호의존을 심화시켰다.[151]

국제무역량의 급증과 다국적기업의 활발한 정치적 역할 등은 군사·안보 문제가 아닌 경제문제의 중요성과 더불어 비국가적 행위자들의 역할의 중요성을 일깨웠다. 1970년대에 개도국들이 유엔을 중심으로 신국제경제질서(NIEO)의 수립을 추구하던

---

151) 다국적기업(MNC)이 증가하면서 「궁지에 몰린 주권(sovereignty at bay)」이라는 말이 생긴 것에서 알 수 있듯이 다국적기업 역시 전통적인 웨스트팔리아 체제에 커다란 변화를 가져왔다. 구체적으로 말해 급속한 세계화의 진행과 더불어 국가라는 경계가 점점 흐려지고 정부의 장악력이 현저하게 약화되면서 그 자리를 다국적기업들이 비집고 들어가고 있다. 즉 다국적기업들이 전 세계에 걸쳐 점점 더 국가처럼 행동하게 되었다. 예컨대 이들은 선거자금 제공 등을 통해 미국과 같은 강대국에서조차 정치과정을 지배할 뿐 아니라 분쟁이 있는 중남미에 진출한 다국적기업의 경우 게릴라 지도자들과 협상을 하고 개도국의 경우 학교와 도로를 건설하고 최근에는 정부가 할 수 없거나 할 의지가 없는 국가에서 노동기준까지 설정하고 있다. 신발제조업체인 리복 인터내셔널은 1997년 아동 착취로 악명 높은 파키스탄에 학교를 설립하고 학령기의 공장노동자들을 받아들였다. 리복은 자사 상표의 축구공이 어린이 노동자들에 의해 만들어지지 않도록 스스로 규칙을 정해 지키고 있다. 마약 밀수와 관련하여 게릴라와 미국 정부 간의 전쟁이 벌어지고 있는 콜롬비아에서는 2000년 3월 미국 기업인 두 명이 미 국무부의 반대를 무릅쓰고 게릴라 지도자들을 만나 협상을 벌인 적도 있다. 이러한 예들은 긍정적이든 부정적이든 다국적기업들의 영향력이 점점 비대해져 국가를 대체하는 쪽으로 점점 옮겨가는 형세를 극명하게 보여준 사건들이다. 전문가들은 국가의 권력이 점차 약해지는 대신 전 세계를 연계망을 통해 연결한 다국적기업들이 점점 더 강해지는 것은 세계화 과정이 21세기의 세계무대에서 민족국가가 아닌 기업을 주역으로 만들기 때문이며 이러한 추세는 역전시키기 어려운 것이라고 말하고 있다.

것에서 볼 수 있듯이 개도국이 더 큰 몫의 국제경제 파이의 요구 역시 미래의 주요 이슈는 기본적으로 경제적 · 사회적 문제일 것이라는 인식을 불러일으켰다.

1960년대는 선진국들에 있어서는 고도의 경제성장을 기록한 때이다. 1970년대는 바로 이러한 고도성장의 부정적인 결과가 드러나기 시작한 때이며 이러한 부정적인 결과가 상호의존론의 등장에 큰 영향을 미쳤다. 로마클럽이라는 현인 단체는 1972년에 「성장의 한계(The Limits to Growth)」라는 제하의 보고서[152]를 발간하여 전 세계가 현재의 인구증가 · 경제성장 · 공업화의 속도를 지속해 간다면 100년 이내에 결정적인 파국을 가져올 것이라고 경고하고 전 세계가 공동으로 해결해야 하는 과제로서 환경오염 · 인구과잉 · 식량부족 · 지구자원의 고갈 등을 거론한 것도 이러한 맥락에 서였다.[153] 유엔인간환경회의(UNCHE)가 같은 해에 스웨덴의 스톡홀름에서 개최되어 인류가 공동으로 해결해야 할 문제로서의 환경문제에 관한 관심을 촉구한 것도 우연이 아니었다.

이러한 환경문제뿐만 아니라 에이즈(HIV/AIDS)와 같은 보건 문제 등은 전 지구적으로 해결해야 하는 이슈로서 일개 국가의 힘만으로는 해결할 수 없고 또한 해결할 수 있다고 해도 비용이 점차 증가하여 수용할 수 있는 수준을 넘어서는 이슈들이다. 이러한 이슈들은 주권 국가들에게 상호의존적이라는 인식을 강하게 갖도록 했다.

1960년대 말부터 시작된 동서 간의 냉전 구조의 퇴조와 데탕트의 도래는 핵 경쟁의 중요성을 감소시켰고 베트남전에서의 미국의 군사적 패배는 군사력의 한계를 보여주었다. 유럽과 일본의 경제적 도약 등에 의한 미국 패권의 상대적 쇠퇴와 서유럽국가의 취약성을 드러냈던 1973년의 오일쇼크는 권력의 성격에 관한 전통적인 가정에 회의를 유발했다.[154]

무정부성과 자력구제라는 개념을 통해 현실주의자들은 국제정치에 있어서 국가들이 물리적 권력(즉 군사력)에 의존하는 경향과 국가 간에 불화와 갈등이 반복되는 것을 설명하고 또 정당화시켜 왔다. 앞에서 설명했듯이 왈츠는 국제체제의 무정부성

---

152) D. H. Meddows et al., *The Limits to Growth: A Report for the Club of Rome's Project on the Predicament of Mankind* (New York: Universe Books, 1972).

153) 전 지구적 이슈의 대거 발생은 국제관계를 연구하는 학자들에게 국가와 국가들이 모여 이룬 단위로서의 지역 수준으로부터 전 지구적 수준으로 연구 시야를 넓히도록 했으며 이는 바로 현실주의 이론과 지역주의 이론 혹은 통합이론의 퇴조를 의미했다.

154) 1973년 제4차 중동전쟁을 계기로 중동을 중심으로 한 석유수출국기구(OPEC)의 국가들이 석유의 생산 감소 · 선택적 수출금지 · 가격 인상 등을 통해 반이스라엘 정책에 대한 지지의 확대 등의 정치적 목적을 달성하기 위해 개도국은 물론 선진국들에 커다란 충격과 좌절을 안겨 주었다. 오일쇼크에 직면해 미국과 같은 군사 대국의 군사력이 효과적인 정책 수단의 역할을 하지 못하는 상황 즉 군사력의 대체성(fungibility)에 의문이 제기되는 상황이 전개되었다.

이 전쟁의 근본적인 원인임을 지적한다. 즉 전쟁은 그것을 방지할 그 아무것도 없으므로 발생한다는 것이다. 이러한 무정부성이라는 현실주의 이론의 개념은 국가 간의 불화와 갈등의 분석에 초점을 맞춤으로써 국제관계에 있어서 지배적인 경향은 아니나 엄연한 현실의 일부인 평화와 협력을 설명하려 하지 않았다.

그러나 국제사회에서 행위자들은 그들이 원하는 바대로 자유로이 행동할 수 있는 것이 아니고 갈등도 협력의 패턴을 유지하고자 하는 행위자의 이해관계에 의해 최소화되며 현실주의 이론이 강조하는 무정부성과 안보딜레마도 상호의존으로 상당히 완화된다는 인식이 만연되었다.

결론적으로 1970년대의 시대적 상황의 변화는 세계란 상호의존적이고 거미줄처럼 복잡하게 얽혀있다는 인식을 하도록 했다. 따라서 일부 국제정치 학자들이 1960년대와 1970년대를 기점으로 무정부성 가정과 모순되는 국제정치 현상에 주의를 돌리기 시작했으며 국경을 넘나드는 거래량의 꾸준한 증가에 영향을 받아 1970년대와 1980년대에 이르러 상호의존이 강화되고 있다고 결론짓게 되었다.155)

상호의존론은 현실주의 이론에 대한 비판에서 출발함으로써 현실주의 이론과의 논쟁을 불러일으켰다. 이러한 논쟁은 국제정치 이론에 있어 이상주의와 전통적 현실주의 사이에 있었던 제1차 논쟁과 전통적 현실주의와 행태주의적 현실주의 간에 있었던 제2차 논쟁에 이은 것으로서 제3차 논쟁에 해당된다.

2. 상호의존의 개념

상호의존(interdependence)이란 개념은 과거에 없던 전혀 새로운 개념은 결코 아니다. 1970년대의 상호의존의 개념이 과거와 다른 점이 있다면 이러한 상호의존이 무정부 상태에서 국가 간 안보딜레마를 완화하고 무정부 상태에서의 국가들의 행동원리인 자력구제에 제한적인 요소로 작용한다는 것을 지적하고 있다는 점이다.156)

155) 국가들은 특히 다음과 같은 세 분야에서 상호의존성의 심화를 경험하게 되었다. ⅰ) 경제적 영역에서의 상호의존. 국가들은 국가 간 무역·투자·화폐 금융 면에서 상호의존이 심화되어 가고 있다. 예컨대 복잡한 국제적인 노동 분화로 인한 국제비즈니스 사이클의 발생·미국과 독일의 이자율 변동·중남미 국가들의 외채지불 유예 결정과 같은 현상이 국제체제 전반에 걸쳐 엄청난 확산 효과를 불러온다. ⅱ) 정치적 영역에서의 상호의존. 이는 다양한 정부들과 사회들 간의 다중적 연계에 의한 것으로서 앞서 설명한 로즈노의 3종류의 연계과정 기본유형이 이에 속한다. ⅲ) 군사적·전략적인 영역에서의 상호의존. 현대 기술이 지닌 대량파괴와 인명 살상 가능성은 국가들에게 핵전쟁은 피해야 한다는 공동의 이해관계를 인식하도록 하였다. 또한 경쟁적인 무기 구입 비용의 증가는 결과적으로 국가들에 국가방위란 일국만의 노력으로 달성되는 것이 아니라 국가 간 공동의 노력과 책임에 의해 가능하다는 인식을 불어넣었다: Geoffrey Stern, *The Structure of International Society: An Introduction to the Study of International Relations* (London and New York: St. Martin Press, 1995), pp. 26-27.

상호의존이 구체적으로 무엇을 의미하는지에 대해 합의가 존재하지 않는다. 의존(dependence)이란 외부의 힘으로 내부의 일이 결정되거나 중대한 영향을 받는 것을 지칭한다. 일방적인 재화나 용역에서의 의존은 상호의존에 어떠한 기여도 하지 않는다. 상호의존은 이처럼 두 개 또는 그 이상의 단위체가 서로 의존이 되어 있는 상태를 말한다. 즉 상호 간의 혹은 상호성이 있는 의존(mutual or reciprocated dependence)을 의미한다.

그러나 실제에 있어서 어떠한 이론가에 있어서도 상호의존이 균등하게 평형성 있는 상호 간의 의존을 의미하지는 않는다. 아주 비대칭적인 상호 간의 의존은 상호의존이라기보다 오히려 의존에 훨씬 더 가까우나 일정한 정도의 비대칭적인 상호 간의 의존은 통상적으로 상호의존의 개념으로 받아들여진다. 요약하자면 의존이란 두 국가 사이에 의존으로 인한 취약성이 크게 비대칭적일 때의 관계를 지칭하며 상호의존이란 이러한 취약성이 대체적으로 동등할 경우를 일컫는다.[157)]

3. 상호의존론의 가정과 이론적 모델

1) 이론적 가정

코헤인과 나이는 1977년에 「권력과 상호의존: 전환기의 세계정치(Power and Interdependence: World Politics in Transition)」라는 제하의 저서를 통해 국가 중심적인 현실주의 국제정치 이론에 대한 대안이 아닌 보충으로서 상호의존론을 제시했다.[158)] 이들은 두 개의 근본적으로 다른 국제체제를 특징화하여 논리적 연장선의 양극에 이념형으로 설정하고 실질적인 국제체제는 이러한 두 극단 사이의 어느 지점인가에 속한다고 보았다.

---

156) 상호의존론은 국가 행동과 국가 간의 관계를 설명하는 데에 있어서 무정부 상태의 영향을 강조하지 않을 뿐 아니라 상호의존을 협력을 위한 힘으로 인식한다.

157) 상호의존의 개념 차이 못지않게 경제적 상호의존의 정도에 대해서도 견해가 엇갈린다. 예컨대 코헤인은 선진국 간의 상호의존은 현재 역사상 같은 기간의 어떤 때보다 심화되고 있다고 보는 데 반해 신현실주의자인 왈츠는 현재의 상호의존은 과거보다 정도가 덜하다는 상반된 주장을 제기하고 있다. 신현실주의 이론의 설명에서 언급했듯이 왈츠는 상호의존의 정도를 「치밀하다(tight)」 혹은 「느슨하다(loose)」라는 용어로 표현하는데 이러한 상호의존의 정도란 국제체제 수준의 특징을 나타내는 것으로서 이러한 국제체제의 특징은 강대국들의 상황에 의해 결정되는 것으로 바라본다. 따라서 강대국들이 상대적으로 의존도가 높으냐 아니면 낮으냐에 따라 국제체제의 상호의존 정도가 결정된다고 본다. 왈츠는 현재의 상호의존은 이전보다 그리고 양차 세계대전 사이보다 더 느슨하다고 보며 궁극적으로 상호의존은 평화를 촉진할 것 같지 않다고 주장한다.

158) Robert O. Keohane and Joseph S. Nye, Jr., *Power and Interdependence: World Politics in Transition* (Boston: Little Brown, 1977).

이러한 두 개의 이념적인 국제체제 즉 현실주의 이론과 복합적 상호의존론으로 특징 지워지는 국제체제를 서술하는 데 있어서 코헤인과 나이는 다음 세 가지 기준을 적용하고 있다: i) 일관된 합일체로서의 국가가 지배적인 행위자로서의 정도 ii) 국가안보가 대외정책의 의제를 지배하고 있는 정도 iii) 군사력이 적합하고 효과적인 국가 운영의 도구인가의 정도.

코헤인과 나이가 연장선상의 하나의 끝에 둔 현실주의 이론의 가정은 앞의 현실주의 이론 설명에서 이미 소개했기에 간단히 다시 언급하면 다음과 같다. i) 단일한 단위체인 국가가 국제정치의 지배적인 행위자다. ii) 군사 안보 문제를 정점으로 하는 쟁점의 서열화가 존재한다. iii) 군사력은 정책의 효율적인 도구이다. 이와는 대조적으로 이들은 연장선상의 다른 끝에 있는 복합적 상호의존을 특징으로 하는 국제체제의 가정을 다음과 같이 설정하고 있다.

첫째, 국가 이외의 행위자들이 국제정치에 직접적으로 참여한다. 즉 개개 국가의 사회를 서로 연결하는 국가 간 채널·초정부적 채널·초국가적 채널 등 다수의 채널이 존재한다. 상호의존론은 고도로 침투될 수 있는 국가를 비롯하여 국제기구·비정부기구·국제비정부기구·개인을 포함하여 다양한 행위자를 주요한 행위자로 본다.[159]

둘째, 국가 간에 쟁점화되고 있는 다수의 문제 간에 서열이 부재하며 군사 안보가 더는 지배적인 의제가 되지 못한다. 현실주의 이론에서는 국가이익·안보·권력이 국가의 중요 동기이자 행동의 중요한 원천이나 상호의존론에서는 복지와 근대화 같은 인간의 필요와 요구가 국가의 중요 동기와 행동의 중요한 원천이다. 상호의존론에 있어서는 안보 문제뿐만 아니라 에너지·자원·환경·인구·공해 문제 등이 안보 문제 못지않게 중요한 비중을 차지한다.

셋째, 복합적 상호의존이 우세한 국제관계 분야에서 다른 국가에 대해 군사력이 사용되지 않으며 사용된다 해도 효율성이 떨어진다. 즉 물리적 힘이란 비효율적인 정책의 도구이며 이는 군사력의 역할이 감소함을 의미한다. 과거에는 군사력이 정치적 효과를 가져왔으나 상호의존을 특징으로 하는 국제체제에서는 그렇지 못한데 그 이유는 상호의존적인 국가 사이에 있어서 군사력은 적절치 못하며 비용이 많이 소요되는 정책도구이기 때문이다.

159) 복합적 상호의존론은 비국가적 행위자의 중요성을 인정함과 동시에 국가를 더는 통합된 행위자로 보지 않고 분절된 행위자(fragmented actor)로 본다. 그러나 상호의존론은 이러한 비국가적 행위자들과 분절된 국가 간의 상호작용에 대해 검증 가능한 가설 등을 제시하지 않고 있다.

2) 이론적 모델들과 적실성

(1) 이론적 모델들

코헤인과 나이는 오늘날의 매우 복잡한 국제정치 상황을 간단하게 어느 한 이론으로 설명하려고 해서는 안 되고 복잡한 그대로를 보여 주기 위해서는 여러 종류의 모델이 필요하다고 주장한다.

이들은 현실주의 모델이 국제레짐의 변화와 경제적·사회적 영역에서의 협상의 결과를 설명할 수 없어 부적절하다고 주장하며 국제레짐의 변화와 지속 그리고 국가 간 갈등의 결과를 설명하기 위해 다음과 같은 네 개의 이론적 모델을 소개하고 있다.

① 총체적 권력구조 모델(Overall Power Structural Model)

총체적 권력구조 모델은 전형적인 현실주의 모델로서 권력의 국제적인 배분을 의미하는 권력의 구조가 모든 이슈 영역에서의 협상의 결과와 국제레짐의 변화를 결정한다고 본다. 이러한 점에서 이 모델은 「권력 일반론」이라고도 불린다.

이 모델은 한 국가가 강한 권력(주로 군사력을 일컬음)을 지니고 있을 때 이러한 권력은 다른 여타의 이슈 영역으로까지 전이되어 국가 간 협상의 결과와 국제레짐의 성격을 결정짓는다고 본다. 이를 총체적 권력구조 모델의 「권력의 완전한 대체성 가정(full power fungibility assumption)」이라고 부르며 이러한 가정에 바탕을 두고 강대국과 약소국 간에 이슈가 발생했을 때 강대국이 승리할 것으로 예측한다. 이 모델은 과거 냉전 시대의 미소 관계와 같이 국가 간의 순수한 권력구조의 변화에 따라 국제관계가 예민하게 변화하는 현상을 설명하는 데 적절한 모델이다.

② 경제 과정 모델(Economic Process Model)

경제 과정 모델에 있어서 국제레짐이란 경제적인 이득을 극대화하고자 하는 노력의 반영물 혹은 산물이다. 이 모델은 경제성장과 기술혁신이 국제레짐에 대한 변화의 요구를 창출한다고 본다.

정치성이 배제되고 경제문제에 그 주된 원인이 있는 국제관계(예컨대 유럽국가 간의 관계와 미국과 캐나다의 관계)를 설명하는 것이 용이하다. 왜냐하면 이러한 국가 간의 관계를 권력으로 설명할 수 없기 때문이다.

③ 이슈 구조 모델(Issue Structure Model)

이슈 구조 모델은 총체적 권력구조 모델과 대조를 이루는 모델로서 「이슈에 따른 권력구조 모델」이라고 달리 불리기도 한다. 이슈 구조 모델은 강한 군사력이 모든 이슈 영역에 전이되어 국가 간 협상의 결과와 국제레짐의 성격을 규정짓는다는 총체적 권력구조 모델이 권력 자원과 결과 간에 괴리가 존재하는 것을 설명하지 못하는 점을 지적한다.

강력한 군사력을 가진 미국의 베트남전에서의 패배 · 미국이 이란에 억류되어 있던 외교관을 1년 이상 구출할 수 없었던 것 · 1950년대와 1960년대의 미국과 캐나다와의 관계에서 갈등의 결과는 종종 캐나다에 유리하게 결정되었던 것들이 이러한 예에 속한다.160)

이러한 이유에서 코헤인과 나이는 이슈 구조 모델을 제시했으며 이 모델은 군사력이 여전히 중요하긴 해도 더는 권력 자원의 계서에서 가장 상위에 존재하는 것이 아니라고 본다. 이 모델은 특정한 이슈 영역은 나름의 특정한 권력구조를 갖게 되며 이러한 이슈에 따른 권력구조가 특정의 이슈 영역에서의 협상의 결과와 국제레짐을 결정한다는 것이다.

이처럼 이슈 구조 모델은 1973년의 오일쇼크와 미국의 베트남전에서의 패배와 같은 권력 일반론으로 설명이 곤란한 특정 이슈에 대한 설명에 적절하다. 그러나 개개의 이슈 영역 안에서의 행위자의 상대적인 힘에 의거해 국제레짐의 변화와 협상의 결과를 예측하기 때문에 총체적 권력구조 모델과 비교해 이론으로서의 일반성과 간결성(generability and parsimony)이 떨어진다.

④ 국제기구 모델(International Organizational Model)

국제기구 모델은 초국가적 연계망과 이러한 연계망 내에서의 국가 간의 연합과 같은 특정의 협상전략이 국제레짐의 작동을 지배한다고 본다. 국제규범과 국제기구의 역할이 증대되는 상황에서 적실성이 있는 모델이다. 구체적으로 표결권 · 연합의 형성 능력 · 엘리트 연계망의 통제 등과 같은 국제기구와 관련이 있는 변수로부터 국제레짐의 변화와 협상의 결과를 도출한다.

국제기구에 미국과 소련 등의 강대국의 권력이 작용하는 것도 사실이지만 개도국들의 연합에 대항하여 유네스코(UNESCO)에서 미국이 일시적이나마 탈퇴했던 것에서 보듯이 강대국이 마음대로 지배할 수 없는 경우도 적지 않다. 또한 오늘날 국제기구의 기능과 역할이 특히 국제규범적인 측면에서 미국과 그 밖의 강대국의 억제력을 능가할 때도 있다는 것을 고려할 때 적실성을 가질 수 있는 모델이다.

---

160) Robert O. Keohane, "Theory of World Politics: Structural Realism and Beyond," in Robert O. Keohane, ed., *Neorealism and Its Critics* (New York: Columbia University Press, 1986), pp. 184-185.

(2) 복합적 상호의존과 모델들의 적실성

코헤인과 나이는 특정의 하나의 모델이 모든 현상을 설명할 수 없다고 보고 어떤 조건하에서 혹은 어떤 이슈 영역에서 개개 모델이 적실성을 가질 수 있는가를 이해하고자 했다. 이러한 맥락에서 이들은 1920년과 1975년 사이의 대양 이슈 영역(maritime issue area)과 화폐금융 이슈 영역에서의 주요 사건 · 미국과 캐나다 사이의 40개의 고도의 정치적 갈등 · 20개의 미국과 호주 간 갈등의 결과를 경험적 방법으로 분석했다.

코헤인과 나이는 이러한 국제정치 현상을 분석하는 데 있어서 우선 가장 간결한 모델인 총체적인 권력구조 모델을 적용하는 것에서 시작하여 특정 이슈 영역에서의 국제레짐의 변화나 협상의 결과에 대한 만족스러운 설명에 도달할 때까지 다른 모델들의 더욱 복잡한 요소들을 결합해 나갔다. 이들이 총체적 권력구조 모델을 가지고 화폐금융 분야에서의 국제레짐의 변화와 국가 간 협상의 결과를 살펴보면서 이 모델의 지닌 한계를 실증적으로 제시한 것을 살펴보면 다음과 같다.

우선 총체적 권력구조 모델은 1920년대의 화폐금융 레짐의 수립이 당시 군사력이 가장 강한 미국에 의해 주도되었을 것이라는 예측을 낳게 하나 실제로 그 당시 화폐금융 레짐을 만든 것은 쇠퇴하고 있던 군사 강국이었던 영국이었음을 밝히고 있다.

총체적 권력구조 이론은 또한 1971년의 브레튼우즈체제(Bretton Woods System)의 붕괴를 적절하게 설명하지 못한다는 점을 지적하고 있다. 이 이론에 따르면 권력의 변화가 없이는 이러한 권력에 의해 창출된 국제레짐이 이의 창출을 위해 주도적인 역할을 한 국가의 뜻에 거슬려 쇠퇴하거나 붕괴할 수 없다고 본다. 그 당시 미국은 여전히 세계에서 가장 강력한 군사력을 보유하고 있었으므로 미국이 주도적으로 창출한 브레튼우즈체제가 미국의 의사에 반하여 쇠퇴 내지 붕괴한다는 것은 이 모델의 경우 예상할 수 없는 것이다.

여러 이슈 영역에 걸친 분석을 통해 코헤인과 나이는 복합적 상호의존 상황에서 국제레짐의 성격과 변화를 설명하는 데 있어 총체적인 권력구조 모델과 경제 과정 모델의 경우 설명력이 떨어지며 복합적 상호의존이 증가할수록 위에서 언급한 4개의 모델 중에서 이슈 구조 모델과 국제기구 모델의 중요성이 커질 것이라는 결론을 내리고 있다.

이처럼 코헤인과 나이는 국제정치에 관한 다른 견해들을 대체하려고 하는 것이 아니라 특정한 형태의 관계에 있어서 상대적으로 간결성(parsimony)을 지닌 총체적 권력구조 모델과 경제 과정 모델이 설명과 예측에 있어서 한계를 지님을 지적하고자 했다.

오늘날의 국제정치 현상은 권력이론만으로는 설명하기에는 너무나 복잡하고 다양해졌다는 코헤인과 나이의 결론은 권력이론을 완전히 부인하는 것이 아님에 우선 유의해야 한다.161) 현실주의 이론처럼 어느 한 모델만을 고집하지 않음으로써 복잡한 현상을 다양한 모델을 통해 설명하려 하며 이는 곧 일반적 이론화가 힘들다는 것을 보여 주는 것이기도 하다. 이런 점에서 상호의존론은 현실주의 이론에 대한 대안으로서보다 추가의 의미가 있다고 볼 수 있다. 그런데도 이들은 상호의존 현상이 지배적이라고 본다는 점도 유념해야 할 것이다.

상호의존론은 정부·국제기구·국제비정부기구(INGO)·개인들이 상호 연계되어 교차하는 초국가적 관계의 연계망을 강조한다. 현실주의 이론이 초국가적 과정들과 비국가적인 행위자들을 무시하는 데 반해 상호의존론은 새로운 행위자와 그들 간의 상호관계를 찾아내고 전쟁과 평화 및 안보와 질서가 아닌 다른 이슈에도 관심을 가질 것을 제안한다.

전쟁과 평화 및 안보와 질서에 배타적인 중점을 둘 때 현재의 국가 간 실제 모습의 복합성을 포착하지 못하며 협력을 가능케 하고 무정부적 국제체제의 특성을 상당히 완화시킬 수 있는 국제제도와 과정 등에 등을 돌리게 된다는 것을 지적한다. 상호의존론은 전통적인 안보이슈 이외의 많은 이슈가 복잡하게 존재하는 것을 고려할 때 어떤 단일한 모델도 이런 모든 이슈에 충분하지 못하다고 본다.162)

코헤인과 나이는 앞서 언급한 「초국가적 관계와 세계정치」라는 제하의 저서에서 초국가론을 전개하면서 현실주의 이론이 세계정치 패러다임(world politics paradigm)에 의해 대체되어야만 한다는 야심적인 결론을 내렸으나 나중에 발간된 「권력과 상호의존」이라는 저서에서는 복합적 상호의존론을 현실주의 이론에 대한 하나의 대안으로서만 제시하는 데 그쳤다. 즉 복합적 상호의존론이 현실주의 이론보다 더 나은 이해를 가져다줄 수 있는지 없는지는 이슈의 성격이 결정한다고 본다.

이 때문에 윌레츠(Peter Willetts)는 만약 코헤인과 나이가 초국가론과 더불어 특정 이슈가 아닌 모든 이슈의 연구를 위한 세계정치 패러다임을 만드는 노력의 하나로서 상호의존론을 전개하여 현실주의 이론을 대체할 수 있었다면 하는 아쉬움을 표하고

161) 「권력과 상호의존(Power and Interdependence)」이라는 이들의 저서명에서 보듯이 권력(power)을 부정하지 않으나 권력이 전부는 아니라고 본다.

162) Ole R. Holsti, "Models of International Relations: Perspectives on Conflict and Cooperation," in Charles W. Kegley, Jr. and Eugene R. Wittkopf, ed., *The Global Agenda: Issues and Perspectives* (New York: McGraw Hill, 1992), pp. 145-147.

있다.[163]

4. 국제정치 과정의 특징과 가설 및 명제

1) 국제정치 과정의 특징

상호의존론 역시 현실주의 이론과 마찬가지로 국제체제 수준의 국제관계 이론이라고 볼 수 있다. 현실주의 이론이 현재의 국제체제를 무정부적 구조라고 개념화하는 것과 대조적으로 상호의존론은 복합적 상호의존으로 개념화하고 있다.[164] 국가 간 상호의존의 정도와 같은 국제체제의 상호작용 패턴은 국가에 따라 차이가 나는 것이 아닌 체제 수준의 특징으로 간주될 수 있기 때문이다.

현실주의 이론은 국제체제의 무정부성과 권력의 배분이라는 구조가 국가 행동에 영향을 미친다고 보는 데 반해 자유주의 이론은 상호작용과 학습과 같은 과정과 제도가 국가 행동에 영향을 미친다고 본다. 자유주의 이론의 하나인 상호의존론은 상호의존이 국가 행동과 국가 간 상호작용의 패턴에 어떻게 영향을 미칠 것인가를 집중적으로 연구한다. 다음은 이러한 복합적 상호의존 시대에 있어서 상호의존의 심화가 가져오는 국제정치 과정의 주요한 특징들이다.

(1) 이슈 영역에 따른 권력 자원

상호의존론은 각 이슈 영역에 있어 국제적 결과를 결정짓는 데에 국가의 전반적인 군사력보다는 특정한 이슈 영역에 적합한 특정의 자원이 훨씬 더 중요한 역할을 할 것이라고 본다. 예컨대 현실주의자들이 중요시하지 않거나 단순히 국익 추구의 수단으로 생각하는 국제기구가 중요한 역할을 수행하며 국제기구를 위시한 초국가적 행위자들이 국가정책의 중요한 수단으로서 잘 이용될 것으로 본다.

구체적으로 국제기구는 국제적인 의제의 설정을 돕고 연합의 형성에 매개자의 역할을 하며 약소국에 의한 정치적인 주도권과 연계전략을 추구할 수 있게 하는 중요한 행위자가 된다. 이로써 초국가적 그리고 초정부적인 연합이 형성되는 상호의존적인 세계에서 국가 간의 협상에서 국제기구의 역할은 증가할 것으로 본다.[165]

---

163) Peter Willetts, "Transaction, Networks and Systems," in A. J. R. Groom and Paul Taylor, eds., *Frameworks for International Co-operation* (New York: St. Martin's Press, 1990), p. 264.

164) 뒤에서 설명하겠지만 현실주의 이론은 상호의존론이 국제체제의 특징이라고 보는 상호의존이란 국제체제의 구조에 의해 결정되는 것으로 본다. 이에 반해 상호의존론은 구조란 이슈에 따라 달라진다(Structure varies by issue area)는 견해를 보인다.

165) 양극체제에서는 지도자들이 그들끼리 협상을 함으로써 국제기구를 통한 대외정책의 조정 필요성이 줄

(2) 의제 정치(agenda politics)

전통적인 분석은 정치·군사적인 이슈에 중점을 두었기 때문에 다른 이슈들은 안보와 군사력에 영향을 미친다고 생각될 때나 중요한 이슈가 된다. 이런 상황에서 의제는 국가안보에 대한 위협의 인식과 전반적인 세력균형에 대한 고려에 의해 영향을 받았기 때문에 의제형성 정치(politics of agenda formation)는 거의 주목을 받지 못했다.

그러나 복합적인 상호의존을 특징으로 하는 국제체제에서는 불만을 품고 있는 국내의 정치세력이 이슈를 정치화하고 나아가 국제적인 의제화함으로써 이슈를 공식적인 논의의 대상이 되도록 할 수 있고 1970년대 초 다국적기업과 석유 소비국에 대한 석유 생산국의 권력 증대와 그 결과에서 보듯이 특정한 이슈 영역에서의 국가 간 권력 배분의 변화 역시 정책의제를 바꿀 수 있다.

즉 다국적기업의 성장과 더불어 1970년대 초에 유엔을 비롯하여 개개 국가 내에서 다국적기업의 규제가 중요한 의제로 등장한 것과 마찬가지로 초국가적 행위자의 중요성 변화도 의제의 설정과 변화에 중대한 영향을 미친다. 1970년대 초에 석유 수출금지와 이로 인한 석유 가격의 인상이 있고 난 뒤 남반구와 북반구 간에 무역 이슈가 달라졌던 예에서 보듯이 다른 쟁점과의 연계 등에 의해서도 새로운 의제가 설정되거나 기존 의제의 성격이 변화할 수 있다.

(3) 연계전략(linkage strategy)의 보편화

안보 문제가 국가의 가장 중요한 목표이고 군사력이 효과적으로 사용될 수 있다고 가정하는 전통적인 분석에 있어서는 군사력이 강한 국가가 다양한 이슈 영역을 지배할 것으로 본다. 즉 군사력이 강한 국가는 군사력을 수단으로 하여 몇몇 이슈 영역에서의 자신의 정책을 다른 이슈 영역에서의 다른 국가의 정책에 연계시킴으로써 자신들이 실제에 있어 취약한 이슈 영역을 포함한 모든 이슈 영역에서 자신들이 원하는 결과를 가져올 수 있다고 본다.

그러나 군사력이 평가 절하되고 군사 안보가 국가의 가장 우선적인 대외정책의 목표가 아닌 상호의존적인 국제체제에서는 개개 이슈 영역에서의 권력의 배분이 중요해지며 그 결과 군사력이 강한 국가가 그들 자신이 취약한 이슈 영역에서의 국제적 결과를 통제하기 위한 수단으로서 우월한 군사력이 가져다주는 총체적 지배력을

어드나 다극체제에서는 다양한 이해관계와 다양한 입장을 조정하기 위해 광범위한 협력이 필요하므로 국제기구의 역할이 증대한다고 본다. 또한 국제기구의 효율성은 부와 권력 그리고 위상이 대체로 같은 국가 사이에서 가장 높다고 본다.

이용하는 것이 더욱 어려워질 것으로 본다. 이처럼 연계라는 것이 덜 효과적으로 작동할 때 정치적인 협상의 결과란 점차적으로 이슈에 따라 달라지며 결과적으로 예측이 어려워질 것으로 본다. 군사력이 차지하는 비중이 작아질 경우 이처럼 강대국들은 쟁점 간의 연계를 맺기가 어렵게 된다.

그러나 이와는 대조적으로 약소국의 경우는 연계의 수단으로서 약소국들이 수적인 우위를 점하고 있는 국제기구를 적은 비용으로 효과적으로 이용함으로써 이슈들을 연계시켜 강대국으로부터 양보를 얻어내기가 보다 용이하다고 본다. 일반적으로 복합적 상호의존의 세계에서 국제사회의 구성원들은 상호작용으로 복잡하게 얽혀 있어 국가 간 협상에서 연계전략이 보편화될 것으로 본다.

(4) 내정과 외교의 상호침투

일국의 사회와 타 국가의 사회 간에 접촉 채널이 다변화함에 따라 내정과 외교의 상호침투 현상이 발생한다. 즉 국제정치와 국내 정치의 상호침투 작용이 일어나 국내 정치의 국제화와 국제정치의 국내화가 일어난다.[166]

내정과 외교의 상호침투는 상호의존적 국제체제에서 국가와 국가 사이의 긴밀한 관계로부터 유래될 뿐 아니라 국가 이외 행위자들의 관계로부터도 유래된다. 구체적으로 상호의존적인 국제체제에서는 초국가주의가 보편화하여 앞서 이미 살펴본 바와 같이 비정부기구·국제비정부기구·다국적기업 등과 같은 초국가적 행위자들이 국가의 경계를 넘어 정치적 연합 등을 형성하여 국가 간의 정치적인 협상의 결과에 영향을 미친다. 상호의존적 국제체제에서는 초정부주의 역시 보편화되어 일국의 정부의 관료들이 국경을 넘어 타국의 정부 관료와 정치적 연합을 형성하여 타국의 행위자를 자국의 국내 정치의 의사결정 과정에 끌어들이기도 한다.

국가 이외의 행위자들 즉 초국가적 행위자들과 초정부적인 행위자들이 국제정치에 중요한 행위자로 등장함에 따라 현실주의 이론이 말하는 일관된 국가이익의 추구가 어려워진다. 이는 이들이 국가의 목표를 추구하는 것이 아니라 그들 자신의 고유한 목표를 추구한다고 보기 때문이다.

이로써 국가이익은 시간에 따라 이슈에 따라 그리고 행정부의 단위에 따라 달리 정의될 것이다. 특히 초정부적 행위자 간의 국경을 뛰어넘어 이루어지는 접촉은 정부 구조의 분권화를 가져온다고 본다. 따라서 정부 구조가 보다 중앙집권적인 국가

166) 로즈노(James N. Rosenau)는 앞서 살펴보았듯이 한 국가 내정의 변화가 바로 국제체제의 구조 변화를 가져오고 또한 그 역도 역시 성립한다고 하는 연계정치를 강조하는 연계모델을 제시하면서 국제 수준·국가 수준·지방 수준의 상호작용에 대해 언급하고 있다.

가 국가 간의 협상에 있어 더욱 유리한 결과를 가져올 수 있다고 본다.167)

(5) 국가의 통제력 상실

모스(Edward Morse)는 상호의존의 증가와 더불어 국가의 통제 상실 즉 국내외적 일을 통제할 국가의 실질적인 능력의 저하를 잘 설명하고 있다. 그는 특히 대외관계의 통제 상실 이유로서 흔히 언급되고 있는 국가 시민 간의 비정부적 맥락에서의 상호작용의 증가 외에 다음과 같은 이유를 제시하고 있다.

상호의존이 심화되면 국내 정책의 목표와 대외정책의 목표가 양립할 수 있어야 하고 복지의 효과가 가장 최적의 결과를 가져오기 위해서는 국가사회들의 목표 역시 양립할 수 있어야 한다. 그 결과 목표의 수에 비해 목표를 실행할 수 있는 대안(수단)의 수가 적어지면서 국가의 통제 상실이 유발된다.

모스는 또 다른 통제 상실의 이유를 상호의존의 증가로 국가의 정부 내에 국제적인 업무를 담당하는 부서가 증가하는 것에서 찾는다. 즉 과거 국내 일만 다루어 대외관계의 필요성이 없었다든가 혹은 대외관계가 있다고 해도 외무를 담당하는 부서를 통해 외국과 접촉을 하던 부서들이 직접 외국의 유관 부서와 접촉하는 것이 증가함에 따라 외무담당 부서가 정부의 대외정책을 통제할 수 있는 능력이 감소했고 나아가 이로 인해 대외정책의 조정 문제가 큰 문제로 드러난다는 것이다.168)

국가의 통제력 상실과 관련하여 상호의존의 증가가 유발하는 세 가지 다른 그러나 서로 밀접하게 연관된 현상을 요약하면 다음과 같다. 우선 상호의존의 증가는 i) 국내적 일에만 관여하던 부서가 대외적인 일에 관여하게 된다는 의미의 정부 부서들의 국제화 ii) 전통적으로 대외적인 일에 의사 결정력을 행사해오던 외무담당 부서의 권한이 줄어들고 다른 부서의 힘이 상대적으로 커지는 것을 의미하는 분권화 iii) 다양한 관점을 지닌 부서 간의 갈등이 증가하고 중앙집권적인 조정이 어려워지는 것을 의미하는 정치화를 유발한다. 이러한 현상은 여러 학자에 의해 상호의존으로 인해 발생하는 현상으로 지적되어 왔고 경험적인 연구들로 확인되어 왔다.169)

---

167) 이처럼 상호의존론은 국제정치의 중요한 행위자를 국가 이외의 행위자에게도 개방하고 정부의 통합성을 열어놓음으로써 결과 예측에서의 간결성(parsimony)을 많이 상실했으며 이 때문에 현실주의 이론을 대체할 수 있는 이론적인 면모를 갖출 수가 없었다. 그 결과 상호의존론은 현실주의 이론의 가정의 대부분을 수용하는 신자유주의적 제도주의 이론에 의해 대체되게 되었다고 볼 수 있다.

168) 이러한 문제의 해결책으로서 모스는 대외정책 결정 기구의 재조직과 재구성의 필요성을 간단히 언급하고 있다: Edward L. Morse, "The Transformation of Foreign Policies: Modernization, Interdependence, and Externalization," *World Politics*, Vol. 22, No. 3 (April 1970), pp. 371-392.

169) 이러한 현상을 지적하고 있는 대표적인 논문과 책은 다음과 같다: Maurice A. East, "The Organizational Impact of Interdependence on Foreign Policy-making," in C. W. Kegley and P. McGowan, eds., *The Political Economy of Foreign Policy Behavior* (Beverly Hills: Sage, 1981),

2) 이론적 가설과 검증 및 비판

(1) 이론적 가설과 검증

복합적 상호의존론이 가정한 세 가지 조건이 존재할 때 코헤인과 나이는 총체적인 군사력의 배분과 협상에서의 결과 사이에 단절이 존재할 것으로 예측한다(즉 군사력이 강한 국가가 반드시 협상의 결과를 지배하는 것은 아니라고 예측한다). 이는 현실주의 이론의 관점을 택하느냐 아니면 상호의존론적인 관점을 택하느냐에 따라 협상의 결과에 대한 예측이 상당히 달라질 수 있다는 것을 시사한다.

이처럼 복합적 상호의존론은 의존의 비대칭성과 권력과의 연관과 더불어 동일한 행위자임에도 불구하고 고려 중인 이슈에 따라 행위자의 권력이 달라진다는 것을 핵심적 내용으로 한다. 이러한 특징을 갖는 상호의존의 세계에서 복합적 상호의존론은 국가 간 관계의 결과를 결정하는 요인과 국가의 성공을 결정짓는 요인에 대해 다음과 같은 가설들을 제시한다.

i) 협상의 결과란 자원의 배분과 개개 이슈에 있어서 의존의 비대칭성으로부터 오는 취약성에 의해 규정될 것이다. ii) 이슈와 의제는 전통적인 안보에 대한 관심사와 총체적인 권력의 양태와 거의 관계가 없다. iii) 국경을 넘어 형성되는 정부 관료 간의 초정부적 연합과 비정부적 행위자들 간의 초국가적 연합이 의사결정 과정에 결정적인 역할을 할 것이다. iv) 국제기구가 의제를 설정하고 초국가적 및 초정부적 연합을 위한 촉매제로 작용할 것이며 약소국에 주도권을 취하고 연합을 형성토록 할 것이다.

이런 가설들을 가지고 코헤인과 나이는 이전에 언급했듯이 1920년과 1975년 사이의 대양 이슈 영역과 화폐금융 이슈 영역에서의 주요 사건을 서술하고 분석하였으며 미국과 캐나다 간의 40개 고도의 정치적 갈등과 20개 미국과 호주 간 갈등의 결과를 경험적인 방법으로 분석하였다.

이들은 이러한 경험적 연구의 목적을 i) 중요한 국제 이슈와 갈등이 현실주의

pp. 137–161; Maurice A. East, "Coordinating Foreign Policy: The Changing Role of the Norwegian Foreign Ministry," *Cooperation and Conflict*, Vol. 19, No. 2 (1984), pp. 121–134; Lauri Karvonen, "High Level Foreign Policy Coordination: A Finnish Example," *Cooperation and Conflict*, Vol. 19, No. 2 (1984), pp. 135–155; Robert O. Keohane and Joseph S. Nye, Jr., *Power and Interdependence: World Politics in Transition* (Boston: Little Brown, 1977); Bengt Sundelius, "Interdependence, Internationalization and Foreign Policy Decentralization in Sweden," *Cooperation and Conflict*, Vol. 19, No. 2 (1984), pp. 93–120. 그러나 국가에 따라서는 상호의존으로 인한 취약성을 극복하고자 의사결정 과정을 다시금 중앙집중화시키는 경우가 있다는 것을 염두에 둘 필요가 있다. 1982년 캐나다와 1983년 스웨덴에서 있었던 중앙집중적인 조직의 개편은 이러한 예에 속한다고 볼 수 있다.

이론의 가정보다 복합적 상호의존 모델의 가정에 더욱 적합하다는 것을 입증하고 ii) 이슈들이 복합적 상호의존의 특징과 일치할 때 국제적 결과를 결정짓는 데 가장 중요한 역할을 하는 변수를 밝히며 iii) 왜 그리고 어떻게 국제레짐이 변화하는가를 밝히는 데 두었다.[170]

코헤인과 나이는 이러한 경험적인 분석을 통해 이미 언급했듯이 2차 세계대전 이후 국제정치학을 지배해 온 현실주의 이론의 가정은 종종 상호의존의 정치를 분석하는 데에 적절한 기초를 제공하지 못하게 되고 복합적 상호의존의 문제가 점차 국제정치를 특징지을 것이라는 결론을 제시하고 있다.

이들은 이러한 결론에 더하여 복합적 상호의존의 조건을 포함하는 문제에서 국제적 결과를 결정짓는 중요한 요인으로서 i) 특정 이슈에 대해 국가가 취하는 입장의 일관성과 중요성(salience) ii) 특정 이슈 영역에 내재하는 특정의 능력 iii) 상호의존으로부터 오는 민감성과 취약성을 조작하는 능력 iv) 문제가 고려되고 있는 기구(혹은 조직)적 맥락을 제시하고 있다.

이러한 요인들에 근거하여 코헤인과 나이는 복합적인 상호의존을 포함하는 문제에 있어서 국가 간 계서의 침식과 약소국에 의한 정치과정의 지배 현상이 있을 것이라고 본다. 이는 구체적으로 다음과 같은 논리에 근거를 두고 있다.

i) 선진 민주주의 국가가 일관된 정책과 협상전략을 수립 시행하는 데 있어서 어려움을 가지고 있는 것과는 달리 약소국들은 선진국과 비교하여 제한된 이해관계와 선거구민을 갖고 있어 종종 훨씬 확고하고 일관된 정책을 펼 수 있으며 문제의 중요도가 선진국보다 약소국에 있어 더 크다. ii) 복잡한 상호의존으로부터 연유되는 문제들은 대개 국제기구에 의해 다루어지며 국제기구의 구조와 과정은 약소국들의 힘을 증가시키고 초국가적 연합의 형성을 촉진함으로써 국제기구는 선진국들의 성공을 더욱 어렵게 한다. iii) 이러한 요인들의 도움으로 약소국들은 상호의존으로부터 유래된 민감성과 취약성을 쉽게 조작할 수 있으며 그들에게 유리하게 바꿀 수 있다. 이러한 논의를 좀 더 자세히 살펴보도록 하자.

상호의존론은 선진 민주국가의 경우 상호의존을 포함하는 이슈 영역에서 합리적인 대외정책을 수립하고 추구하는 것이 정치적으로 어려워질 것으로 본다. 왜냐하면 합리적인 결정은 최우선적인 국가목표에 대한 동의 혹은 어떤 특정 상황에 관련된

---

170) 여기에서 국제적 결과란 주로 국가 간의 외교적 혹은 군사적 갈등의 결말과 국가 간의 관계를 규제하는 규칙과 제도의 변화를 의미한다: Robert O. Keohane, "Theory of World Politics: Structural Realism and Beyond," in Robert O. Keohane, ed., *Neorealism and Its Critics* (New York: Columbia University Press, 1986), p. 183.

가치의 순차적인 우선순위를 최소한의 것으로서 전제하고 있으나 선진 민주주의 국가의 경우 이러한 전제를 충족시키기 어렵기 때문이다.

구체적으로 선진 민주국가에 있어서 상호의존을 포함하고 있는 문제는 상이한 국내 그룹의 이해관계에 상이한 영향을 미치는 것이 보편적이다. 따라서 어떤 그룹의 이익이 국가의 이익이냐를 결정하기 어렵다. 정책결정 과정에 있어 서로 이해관계를 달리하는 많은 정부 측 참여자와 공동의 이익과 정책선호를 가진 초정부적 연합이 일관된 국가정책의 채택을 더욱 어렵게 하고 또한 지연시킬 수 있다.

실질적인 예로서 해양법 회의에 관한 사례연구에서 코헤인과 나이는 위에서 언급한 국제적 결과에 영향을 미치는 모든 변수가 관여하고 있음을 확인했다. 카라카스에서 열린 해양법 회의에 미국 대표 110명이 참석했으나 이들 간의 이해관계 충돌과 초국가적 연합은 미국 정부가 일관된 태도를 보유하고 효율적인 협상을 하는 것을 어렵게 했으며 이로 인해 약소국들이 선진국의 영향력을 침투하여 잠식하는 것이 가능했다고 본다.

복합적 상호의존의 세계에서 국제관계의 결과에 중대한 영향을 미치는 변수 가운데 또 다른 하나는 자국 혹은 자국의 연합이 이용할 수 있는 유리한 국제제도의 존재 여부이다. 상호의존론은 이러한 국제제도를 통해 국가 간 계서의 변화가 가능하다고 본다.

국제사회에는 현재 무역 · 화폐 · 무기통제 · 어업 · 교통 · 보존 · 우주와 자연 자원의 개발과 같은 다양한 이슈를 다루는 다양한 국제제도가 존재한다. 이런 의미에서 상호의존론은 국제체제를 무정부 상태나 무질서한 상태로 보는 것은 적절하지 못하다고 본다. 상호의존론에 있어서 국제제도의 역할이란 무질서를 완화하고 국가와 비국가적 행위자의 행태의 많은 영역에 규칙을 적용함으로써 상호 협조적이고 상호의존적인 관계의 발전을 용이하게 하고 고무시키는 것이다.

코헤인과 나이의 대양이슈 영역에 관한 연구 결과는 국제제도적 맥락이 협상의 결과에 얼마나 중요한 역할을 하며 특히 약소국들에 어떻게 유리하게 작용할 수 있는가를 보여준다. 상호의존론은 대양이슈에 있어서 협상의 창구는 유엔이기 때문에 이러한 유엔이라는 기구적인 맥락이 권력의 구조를 조건 짓는다고 본다. 구체적으로 말해 유엔이 옹호하는 주권평등의 원칙과 다수결에 의한 의사결정 제도는 유엔의 다수를 점하고 있는 개도국에 자신들에게 유리한 국제적 결과를 가져올 수 있도록 한다고 본다.

반면에 선진국들의 군사력과 앞선 과학기술은 이러한 대양이슈 영역에서 그 위력을 발휘하지 못하며 오히려 선진국들의 발달한 기술은 해저자원의 개발 가능성을 증대시켜 개발이익의 분배와 관련된 선진국과 개도국 간의 갈등을 야기하고 결과적으로 개도국들의 단결을 가져왔다고 본다.171)

요약하자면 상호의존론은 특히 약소국들이 국제기구를 통해 상호 연계하여 의제를 설정하고 제휴를 형성하며 정치적 자원으로서의 다수 국가의 표를 선택적으로 동원할 수 있다고 봄으로써 현실주의 이론과 견해를 달리한다. 구체적으로 현실주의 이론과는 달리 국제기구에서 강대국의 이익이 약소국의 이익을 유린하지 않고 오히려 국제기구는 협력을 유도하며 약소국의 정치적 행동의 무대가 되는 등 오히려 약소국이 이익을 얻는다고 본다.

상호의존론에 따르면 상호의존의 시대에는 안보보다 비안보적 문제가 더 큰 비중을 차지함으로써 국제정치의 가장 큰 특징이란 권력투쟁이 아니라 협상 과정이다. 특히 국제기구의 중요성과 역할이 증대되었고 특정 국가의 군사력보다 연합의 형성을 통한 협상을 하려는 추세이다. 이처럼 상호의존을 특징으로 하는 국제체제에서는 협상과 외교가 중요한 변수로 등장하게 되며 그 결과 국제관계의 결과를 결정짓는 중요한 요인은 권력과 협상 기술로 본다.

그러나 권력이라고 하는 것은 특정 이슈에 있어서 행위자 사이의 비대칭적인 상호의존의 패턴으로부터 유래되는 것이지만 이것이 전부는 아니다. 왜냐하면 국가 B가 특정 이슈에 있어서 국가 A에 비대칭적으로 취약해서 국가 A가 국가 B에 대해 권력을 갖고 있다고 해도(즉 국가 B가 권력 면에서 약하다고 해도) B는 좀 더 단호할 수가 있고 정치적인 효율성 면에서 국가 B를 국가 A보다 강하게 만들 수가 있는 우월한 협상 기술을 보유할 수도 있다. 이러한 예를 우리는 미국보다 힘이 훨씬 약했던 북베트남이 마침내 승리를 거둔 예에서 볼 수 있다. 즉 의존에 의한 취약성이 중요하기는 하나 이를 극복할 수 있도록 하는 것이 협상 외교력이다.

(2) 가설에 대한 비판

미카락(Stanley Michalak, Jr.)은 코헤인과 나이의 복합적 상호의존론이 많은 가설을 생각하게 해주는 원천으로서 중요한 역할을 하나 다양한 협상 상황의 결과에 중대한 영향을 미치는 다양한 변수들을 단순히 열거하고 있을 뿐 이들 변수 간의 관계와 이러한 변수들의 상대적 중요성에 관해 거의 언급하고 있지 않다는 것을 문제점

---

171) Robert O. Keohane and Joseph S. Nye, Jr., *Power and Interdependence: World Politics in Transition* (Boston: Little Brown, 1977), pp. 87–98, 129–131, 148–150.

으로 지적하고 있다.[172)]

특히 미카락은 국가 간 계서의 변화에 관한 코헤인과 나이의 가설에 유보가 필요하다고 주장한다. 그에 따르면 비록 약소국들이 국제기구의 정치과정을 지배할 수 있다고 해도 또한 그들이 원하는 결의안을 채택할 수 있다고 해도 그들의 권력은 제한적이다. 개도국들의 연합은 선진국들의 목표를 저지할 수 있으나 개도국들은 그들의 결의안을 선진국들의 지지나 묵인 없이는 운용 가능한 정책으로 바꿀 수 없다. 이는 선진국들이 결의안을 무시하고 그들이 반대하는 프로그램으로부터 재정적 지지를 철회할 권한을 보유하고 있기 때문이다.[173)]

5. 상호의존 시대의 권력

코헤인과 나이는 상호의존 시대의 권력(power)을 본격적으로 논하기에 앞서 국가 간 관계에서 권력이 완전히 사라진 것은 아니지만 권력의 본질이 바뀌었으며 권력 능력(power capability)을 산출하는 자원(resource)이 더욱 복잡해졌다고 본다. 이들에 따르면 과거에 있어서 힘은 곧 군사력을 의미했으며 이는 정치적인 효과를 동반했으나 오늘날 군사력의 영향력은 점차 줄어 정치적인 효과를 제대로 못 가져온다. 이와는 대조적으로 오히려 비군사력의 역할과 영향력이 증대하고 있다.

코헤인과 나이는 이어서 상호의존의 세계에서 권력을 이해하려면 민감성(sensitivity)과 취약성(vulnerability)이라는 두 가지 차원을 고려해야 한다고 주장하면서 권력의 개념을 민감성과 취약성이라는 개념을 통해서 설명하고 있다. 상호의존적 관계는 자율성의 제한을 동반하기 때문에 상호의존은 상호이익의 관점에서만 생각해서는 안 되고 상호의존으로 인해 치러야 하는 비용 혹은 대가의 관점에서도 생각해야 한다는 것이 이들의 근본적인 생각이다.

국제정치에서의 상호의존이란 어떤 일정한 거래관계를 맺고 있는 행위자들에게 있어서 한 행위자가 거래의 내용에 변화를 시도하면 그 결과 당사자들이 모두 일정한 비용이나 대가를 치르게 되는 관계를 일컫는다. 현실주의 이론가들은 앞의 현실주의 패러다임 부분에서 살펴보았듯이 상호의존을 일국의 타국에 대한 취약성으로

172) 이러한 이유로 상호의존론은 현실주의 이론을 대체하는 이론으로서의 면모를 지니지 못했으며 그 결과 신자유주의적 제도주의 이론으로 흡수되지 않을 수 없었다. 이러한 흡수를 통해 상호의존론이 지니고 있던 많은 장점이 사라졌다. 예컨대 상호의존론은 국가 이외의 여러 행위자의 중요성을 강조하였으나 신자유주의적 제도주의 이론에서는 이러한 행위자들의 중요성이 고려되지 않는다.

173) Stanley J. Michael, Jr., "Theoretical Perspectives for Understanding International Interdependence," *World Politics*, Vol. 32, No. 1 (October 1979), pp. 136–150.

보고 상호의존은 회피하거나 최소화해야 하는 것으로 본다.

자유주의 이론의 입장은 상호의존을 국가 간 혹은 다른 행위자 간의 상호작용으로 보며 상호의존에서 오는 부담 즉 치러야 할 비용 혹은 대가는 있으나 이러한 부담을 능가하는 이득이 어느 한쪽 혹은 양쪽에 가능하다고 본다. 따라서 자유주의 이론도 상호의존이 취약성을 가져올 수 있음을 부인하는 것은 아니나 상호의존을 일국의 타국에 대한 취약성만의 문제는 아니라고 본다.

앞서 언급했듯이 상호의존은 반드시 균등하게 이루어지는 것이 아니며 이러한 불균등한 상호의존이 권력의 원천이 된다.174) 상호의존에는 두 가지가 있는데 그중 하나는 민감성 상호의존(sensitivity interdependence)이다. 여기서 민감성은 어떤 외부적 변화에 대응하고자 하나 기존의 정책을 바꿀 시간적인 여유가 없다든지 혹은 시간적인 여유가 있다고 해도 대안이 부재하다든지 기타의 이유로 인하여 새로운 정책이 마련되기 이전에 외부의 변화 때문에 치러야 하는 비용이나 대가의 정도를 의미한다. 예컨대 석유수출국기구(OPEC)의 석유 가격 인상이 석유 수입국 국내 석유 가격의 즉각적인 인상을 초래한다면 민감한 상호의존에 있다고 볼 수 있다.

다른 하나는 취약성 상호의존(vulnerabilty interdependence)이다. 여기서 취약성이란 어떤 외부적 변화에 직면하여 더욱 적절히 대응하기 위해 기존 정책의 대안으로 새로운 정책이 준비된 이후에도 치러야만 하는 비용이나 대가의 정도를 일컫는다. 대응책이 마련된 이후에도 치러야 할 비용이나 대가라는 점에서 취약성 상호의존은 국가 간의 관계에 있어서 더 중요하고 심각하다. 석유수출국기구 석유 가격의 상승이 즉각적으로 수입국의 석유 가격 인상을 가져와 높은 민감성을 보였다고 해도 시간을 두고 석유 수입 선을 다변화시킨다든가 원자력발전소의 건립 등을 통해 에너지 공급이 안정적으로 이루어질 수 있다면 외부의 석유 가격 인상에 대한 취약성이 완화된다고 볼 수 있다.

코헤인과 나이에 있어 강대국은 한마디로 취약성이 적은 국가다. 국가 간에 있어 갈등을 해결하기 위해 흥정과 타협을 하게 되는데 이때 비대칭적 상호의존 특히 비대칭적 취약성 상호의존에 있어서 상대적으로 의존도가 낮은 국가는 특정 이슈를 둘러싼 협상에서뿐만 아니라 연계된 타 이슈를 다루는 협상에서도 이러한 비대칭적인 상호의존 관계를 힘의 원천으로 사용할 수 있다. 예컨대 1973년 오일쇼크가 발생했을 때 미국은 계속해서 친이스라엘 정책을 펼 수 있었으나 유럽과 일본 그리고 한국

174) 코헤인과 나이는 현실주의자 이론가들이 유형 혹은 무형의 자원을 가지고 단순하게 권력을 정의하는 것에서 벗어나 상호의존이 가져오는 정치적인 의미에 착안하여 권력을 정의하고자 했다.

등은 친아랍정책을 펴지 않을 수 없었다. 이는 전자가 석유에 대해 취약성이 낮으나 후자 그룹의 국가들은 석유에 대한 예민성은 물론 이의 완화를 위한 대응책이 마련된 이후에도 계속해서 갖는 취약성이 높았기 때문이다.

이처럼 코헤인과 나이는 상호의존이 부를 증가시킬 뿐 아니라 의존과 취약성을 증가시킬 수 있다는 것을 수용하고 그들의 이론을 국제관계의 전통적인 관심사인 불안전(insecurity) · 영향력(influence) · 구조적인 권력(structural power)과 연관을 짓고 있다.

6. 상호의존론과 국제기구 및 국제레짐

상호의존론은 자유주의 이론의 전통에 따라 국가 간의 상호작용과 국제적인 규범이 국가의 이익을 정의하는 방식을 변형시키는가의 문제를 다룬다. 상호의존론은 제도적인 틀에 의해 촉진되는 학습과 국가이익의 재정의가 일어나는 정치적 과정을 강조한 통합이론을 확장시킨 것이다.

그러나 통합이론이 주로 공식적이고 지속적인 구조를 갖는 국제기구에 초점을 맞추는 데 반해 상호의존론은 국제레짐과 같은 국제제도의 역할에 관심을 집중시킨다는 차이가 있음에 주목해야 한다. 이를 좀 더 자세히 설명하면 다음과 같다.

전통적으로 국제기구는 「안보 · 경제 · 사회 · 혹은 다른 관련된 분야에서 회원국 간의 협력을 촉진할 제도적 장치를 제공하는 국경을 뛰어넘는 공식적인 제도(formal arrangement)」라고 정의된다.[175] 그러나 상호의존을 주장하는 국제정치 학자들이나 상호의존론에 영향을 받은 국제기구 학자들은 그들의 연구초점으로서 이러한 국제기구 즉 공식적이고 지속적인 구조를 가진 국제기구의 연구에서 벗어나 제도화된 집단적인 행태(institutionalized collective behavior)로 연구 방향을 돌렸다.[176]

즉 세계정부가 존재하지 않는 상황에서 국제공동체가 기능하도록 하고 또 다양한 문제를 극복하도록 해 주는 국제레짐이라고 하는 때로는 명백한 공식적인 구조를 가질 수도 때로는 갖지 않을 수도 있으면서 행위자들의 기대하는 바가 일치하는 인정된 패턴으로 연구의 방향을 돌렸다.

이러한 것은 일면 국제관계의 법적 · 공식적인 측면에 관한 연구로부터 탈피하여

175) Jack C. Plano and Roy Olton, *The International Relations Dictionary*, 2nd ed. (Kalamazoo: New Issues, 1979), p. 288.

176) John Gerard Ruggie, "International Responses to Technology: Concepts and Trends," *International Organization*, Vol. 29, No. 3 (Summer 1975), pp. 557-583.

좀 더 광범위한 현상을 고려하려는 바람직한 측면을 갖고 있으나 결국 국제관계의 여타 부분의 연구와 이제까지의 국제기구의 연구와는 구별을 거의 할 수 없게 만들었다. 코헤인과 나이는 또한 국제기구를 「정부 간 그리고 초정부적 연계망의 군집(clusters of intergovernmental and transgovernmental networks)」으로 정의함으로써 국제기구를 전통적으로 지속적이고 공식적인 구조로 파악하던 견해와 결별하고 있다.177)

7. 상호의존과 자유무역이 국제안보에 미치는 영향

1) 상호의존이 국제안보에 미치는 영향

상호의존의 심화가 과연 국제체제의 안정과 평화를 촉진할 것인가 아니면 갈등과 분쟁을 야기할 것인가의 문제가 국제정치학에 있어서 주요한 관심사 중 하나이다. 일찍이 칸트는 영구 평화론을 전개하면서 국가 간의 자유무역 즉 상업 정신(spirit of commerce)을 국제평화에 물질적 유인을 제공하는 것으로 간주한 바 있다. 1950년대의 통합이론가들은 초국가적 거래의 연계망이 성장함에 따라 갈등의 가능성이 감소된다고 믿었다.

코헤인과 나이는 「권력과 상호의존」이라는 저서에서 상호의존이 국제레짐의 변화나 지속 그리고 국가 간 갈등의 결과에 어떠한 영향을 미치는가에 관심을 제한했기 때문에 상호의존이 국제평화와 안전에 미치는 영향의 문제를 직접적이고 다루지는 않았으나 일반적으로 상호의존 이론가들은 통합이론가들과 마찬가지로 상호의존의 증가는 국제사회에 평화를 가져다준다고 보았다.

이러한 주장은 국가 간 거래의 증가가 오히려 갈등을 초래할지도 모른다는 견해 즉 국가 사이의 긴밀한 유대가 전쟁을 불가피한 것으로 만들지도 모른다는 루소를 위시한 현실주의자들의 비관적인 견해와는 크게 대조를 이루는 것이다.

상호의존이 구체적으로 어떤 논리로 국제사회에 평화와 안정을 가져오는가에 대해 일반적으로 수용되고 있는 견해는 상호의존의 관계에 있는 국가 간 관계에서 일국이 무력을 사용할 때 이들 간의 경제 관계의 단절 등을 통해 상대방 국가에게 미치는 피해 못지않게 자국도 피해를 받게 되기 때문에 무력 사용을 자제하고 타협과 협상 같은 평화적인 수단을 통한 문제해결 방식을 선호하게 된다는 것이다.

177) Robert O. Keohane and Joseph S. Nye, Jr., *Power and Interdependence: World Politics in Transition* (Boston: Little Brown, 1977), p. 240.

2) 자유무역이 국제안보에 미치는 영향

일반적으로 상호의존론자들은 자유무역이 국제평화에 미치는 영향에 대해 긍정적이다. 자유무역이 어떠한 이유로 국제평화에 기여하는가에 대한 대표적인 논리를 소개하면 다음과 같다.

과거 중상주의 시대에는 타국으로부터 경제적 이익을 추구하기 위한 수단으로서 무력을 동원한 외국 영토의 지배가 흔해 행해졌다. 그러나 자유무역을 통해 타국으로부터의 경제적 이익을 추구하는 것이 가능해지고 무력 사용을 통한 경제적 이익의 추구가 과거와 비교해 훨씬 더 큰 비용을 필요로 하게 되면서 국가들은 자유무역을 통해 국익을 증진하는 정책을 취하게 되었고 그 결과 자유무역은 국제평화에 기여하게 된다고 본다.178)

또한 자유무역을 통한 국익의 추구는 국가 간에 치열한 경쟁을 동반하기 때문에 이러한 경쟁에서 이기기 위해 국가들은 국방보다는 국가 간 무역 경쟁력을 제고시키는 데 자원을 투입하고자 하며 그 결과 국제평화에 이바지한다는 것이다.179)

이러한 주장에 대해 자유무역이 경제적 이익 추구의 수단으로서의 무력 사용의 효용을 상대적으로 감소시켜 국제평화에 이바지하는 면이 있는 것은 사실이나 자유무역은 때에 따라 갈등과 분쟁을 야기하기도 함으로써 국제평화에 대한 자유무역의 기여를 일률적으로 말하는 것이 어렵다는 비판이 흔히 제기되고 있다.

특히 신현실주의자들은 자유무역이란 특별한 조건 속에서 가능한 것으로서 이러한 자유무역 자체를 가능하게 하는 요인을 생각해 보아야 하며 이러한 요인이 본질적으로 국제평화에 이바지한다는 주장을 제기한다. 구체적으로 이들은 국제평화란 국제체제의 구조에 달려 있으며 자유무역이 가능한 것 역시 국제체제의 구조의 성격에 달려 있다고 본다.180)

8. 상호의존론의 적용 예: 동아시아의 안보 질서181)

신현실주의 이론은 동아시아의 안보 질서를 국제체제의 구조적인 특성을 가지고

---

178) Richard Rosecrance, *The Rise of the Trading State, Commerce and Conquest in the Modern World* (New York: Basic Books, 1986), p. 31.

179) Robert Gilpin, *War and Change in International Politics* (New York: Cambridge University Press, 1981).

180) 좀 더 상세한 논의는 패권안정론 편을 참조하시오.

181) 백진현, “동아시아 안보: 이론적 논의와 정책적 모색,” 『IRI 리뷰』, 제1권 제4호 (1996), pp. 67-107.

다음과 같이 설명하고 예측한다. 동아시아의 국제체제는 냉전기에 양극적인 성격이 강했다. 그러나 냉전의 종식과 더불어 소련이 붕괴되고 일본과 중국이 부상하면서 이 지역은 다극적인 양상을 보인다. 따라서 다극체제가 갖는 불확실성과 불안정성을 드러내고 있다. 그러나 과거 유럽에 존재했던 전형적인 다극체제와는 달리 이 지역에서의 다극체제는 전 세계적 차원에서 패권적인 지위를 누리고 있는 미국이라고 하는 행위자가 안정자로서의 역할을 하는 다극체제이다.

과거 유럽에서 영국이 동맹이나 유대관계를 통해 세력이 약한 국가의 편에 서서 세력균형을 가져오는 균형자 노릇을 한 것과는 달리 미국은 냉전 시대에 형성된 기존의 동맹관계를 지속해서 유지하는 한편 과거의 적대적인 관계에 있던 국가들과도 교류와 접촉을 통해 지역의 안정과 평화를 도모하는 안정자로서의 역할을 하고 있으며 이러한 역할이 역내 국가들에 의해 큰 거부감 없이 수용되고 있다. 그 결과 전형적인 다극체제가 갖는 불확실성과 불안정성이 일정한 정도 관리되고 있다.

이러한 관점에서 향후 동아시아에서의 국제질서의 안정 여부는 미국이 이러한 역할을 지속해서 할 것인가에 달려 있다고 본다. 이러한 신현실주의적 설명 및 예측과는 달리 상호의존론적 관점은 다음과 같은 설명과 예측을 제시하고 있다.

상호의존론은 동아시아 국가들이 개방과 경제 자유화를 위한 조처를 하고 있고 자유무역을 통해 지구상의 다른 지역에 비해 높은 경제성장을 이룩하고 있으며 역내 국가들 사이에 상호의존의 정도를 더해가고 있다고 본다. 상호의존의 심화와 더불어 아세안 자유무역지대(AFTA)와 아세안+3(ASEAN+3) 및 아시아·태평양경제협력체(APEC) 등에서 보듯이 상호의존으로 인한 협력의 제도화가 진전되고 있다.

이러한 진단과 더불어 상호의존론은 위에서 살펴본 이론적인 근거를 가지고 동아시아에서의 국제질서의 전망에 대해 신현실주의 이론과는 달리 낙관론을 제시하고 있다. 즉 이 지역에서의 상호의존의 증대는 장기적으로 이 지역의 평화 질서 구축에 이바지할 것으로 본다.

그러나 동아시아에 있어서 이러한 상호의존의 영향을 논하기 전에 과연 상호의존론이 전제하고 있는 상호의존이 이 지역에 존재하는가를 주도면밀하게 검토해 보아야 한다. 이렇게 볼 때 동아시아 국가 간에 개방 및 자유화 조치의 폭과 정도에 있어서 차이가 존재하고 이들 간 상호의존의 정도가 유럽연합(EU) 국가 간 상호의존의 정도에 비해 떨어지며 이들 간 상호의존의 비대칭성이 매우 크다는 것이 발견된다. 또한 협력의 제도화 수준이 다른 지역에 비해 미약하다는 것 역시 관찰된다. 이러한 것들을 고려하여 총체적으로 판단할 때 이 지역의 평화와 안정에 대한 상호의존의 기여란 제한적이라고 볼 수 있다.

9. 상호의존론의 평가

1) 긍정적인 평가

상호의존론은 일반적으로 다음과 같은 장점을 지닌 것으로 평가된다. i) 국제적 행위와 결과란 단지 안전보장만이 동인이 되어 발생하는 것이 아니라 복합적인 동인으로부터 야기됨을 강조한다. ii) 중요한 국제적 과정과 결과는 국가의 행동에서 유래될 뿐만 아니라 국가가 아닌 행위자들의 행동이 합해져서도 유래됨을 지적한다. iii) 권력 중심의 현실주의 모델보다 광범위한 의제를 다루게 하며 요구 · 과정 · 결과에 주의를 쏟도록 한다.[182)]

2) 부정적인 평가

(1) 국가 지속성의 과소평가

상호의존론은 민족주의와 국가의 지속성에 대한 잠재력을 과소평가한다. 즉 상호의존이 존재한다고 해도 강력한 충성심은 여전히 국가에 주어진다. 예컨대 팔레스타인과 같은 곳에서 보듯이 세계 도처에는 지리적인 것에 기반한 주권 국가를 창설하거나 복구하려는 그룹이 엄연히 존재한다. 이러한 실체 안에서 구성원들은 주권 국가와 관련된 지위와 특권을 누릴 수 있어 국가의 소멸은 다소 시기상조이다.[183)]

노드에쥐(Fred S. Northedge)는 초국가주의적 접근법은 단지 미국적 환상에 불과하며 국제관계의 중요부문에 있어서 국가는 여전히 지배적이고 가까운 미래에도 지속해서 지배적일 것이라고 본다. 즉 상호의존론은 미국 정치체제의 시각에서 세계를 보려 한다는 것이다.[184)]

불(Hedley Bull)은 국가가 다른 유형의 행위자들로부터의 도전을 이겨내는 상당한 능력을 과시했으며 계속해서 국가는 이러한 도전을 이겨낼 것으로 본다.[185)] 홀리스

---

182) Ole R. Holsti, "Models of International Relations: Perspectives on Conflict and Cooperation," in Charles W. Kegley, Jr. and Eugene R. Wittkopf, eds., *The Global Agenda: Issues and Perspectives* (New York: McGraw Hill, 1992), pp. 147-148.

183) *Ibid.*, p. 148.

184) Fred. S. Northedge, "Transnationalism: The American Illusion," *Millennium*, Vol. 5, No. 1 (1976), pp. 21-27.

185) Hedley Bull, *The Anarchical Society: A Study of Order in World Politics* (New York: Columbia University Press, 1977), pp. 233-320.

와 스미스(Martin Hollis and Steve Smith) 역시 국가가 다른 행위자들로부터의 도전을 이겨내 왔고 앞으로도 계속해서 이겨낼 것으로 보고 그 이유로서 다음을 들고 있다.

i) 국가가 국제사회의 단위로서 확장되고 있다. ii) 국가는 광범위한 영역에서 시민의 복지에 대한 책임을 떠맡도록 요청받고 있다. iii) 국가는 여전히 국민의 충성심에 의존할 수 있다. iv) 국가는 여전히 국제사회에서 정당한 힘을 독점하고 있다. v) 국가는 다른 모든 행위자가 그 범위 내에서 행동하여야 할 국제체제의 규칙을 설정한다.[186)]

(2) 비국가적 행위자의 지위에 대한 과대평가

상호의존론이 주요 다국적기업(MNC)과 같은 강력한 비국가적 행위자가 민족국가를 곧 넘어설 것으로 보는데 이것 역시 시기상조라고 본다. 예컨대 다국적기업이 국가와의 대결에 있어서 국가를 지배하는 것 같으나 이들 간 대결의 결과를 살펴볼 때 결과의 패턴은 약한 국가들마저도 항상 다국적기업의 지배 아래에 있는 것만은 아니며 다국적기업과 국가의 관계를 다룬 여러 사례연구 역시 이에 대해 일률적이지 않은 다양한 결과를 보여준다.[187)]

신현실주의자인 길핀(Robert Gilpin)은 「초국가적인 경제 관계의 정치학(The Politics of Transnational Economic Relations)」이라는 논문에서 다국적기업을 중심으로 하는 경제적 요소가 세계경제를 통합함으로써 국가를 손상시킨다는 자유주의자들의 주장에 반대하여 정치가 오히려 경제활동 영역에 틀을 제공한다고 주장한다. 즉 국가 간 경제교류는 국내 정치의 반영이며 다국적기업은 독립변수라기보다는 그들 정부의 정치적 결과에 영향을 받는다고 주장한다. 요약하면 경제활동의 범위는 정치가 결정한다는 것이다. 예로서 일본이 경제적 번영을 누릴 수 있었던 것은 미국이 자신의 시장을 개방해 주었기 때문에 가능했던 것이며 이러한 시장 개방의 주된 동기는 미국의 정치적 · 군사적 · 전략적인 고려에 기인한다고 본다.

길핀은 패권안정론의 입장에서 상호의존이란 특히 정치 · 군사라는 변수의 산물로 간주하며 보다 구체적으로 팍스 브리타니카(Pax Britannica)와 팍스 아메리카나(Pax Americana) 시대와 같이 패권국의 존재가 상호의존의 증가를 가져온다고 본다. 결국 초국가주의의 주요 단위는 분명히 국가이며 초국가주의는 초강대국이 존재할

186) Martin Hollis and Steve Smith, *Explaining and Understanding International Relations* (Oxford: Clarendon, 1990), p. 35.

187) Ole R. Holsti, "Models of International Relations: Perspectives on Conflict and Cooperation," in Charles W. Kegley, Jr. and Eugene R. Wittkopf, eds., *The Global Agenda: Issues and Perspectives* (New York: McGraw Hill, 1992), p. 148.

때 가능하다는 것이다.[188)]

신현실주의자인 크라즈너(Stephen D. Krasner)도 다양한 비국가적 행위자들의 행위는 궁극적으로 국가의 권력과 이익에 의존하고 있는 좀 더 광범위한 구조라는 맥락 속에서만 이해될 수 있다고 주장한다. 상호의존론이 상호의존 현상을 국가의 정책이나 국가의 선택 결과로 바라보지 않고 국가의 통제 혹은 국가들에 의해 설정된 체제의 통제를 넘는 비국가적 행위자들과 같은 요소들의 결과로 본다는 점을 비판하고 있다.[189)]

현실주의 이론은 세계화의 진전과 더불어 국가 주권이 안팎에서 도전을 받고 있고 비국가적 행위자들의 자율성이 증대 속에서 일면 국가의 자율성이 제한되고 있지만 다른 면에서는 국가의 통제가 새로이 진행되고 있음을 강조하며 초국적 자본에 대한 규제와 세금부과를 그 예로 든다.

(3) 상호의존의 부정적인 영향

현실주의자들은 상호의존이 증가하고 있다는 것을 받아들인다고 해도 상호의존이 가져다줄 영향에 대해 회의적인 견해를 가지고 있다. 구체적으로 현실주의자는 상호의존론의 중심 개념인 상호의존과 공동체 이익이 아닌 무정부성과 국가이익을 강조하며 상호의존론이 상호의존의 평화적 결과를 강조하는 것을 이상주의라고 비판한다.[190)]

복합적 상호의존의 결과에 대한 논의는 과연 상호의존이 국제관계에 있어 협력과 평화를 증진시킬 것인가 아니면 오히려 갈등을 조장할 것인가에 초점이 놓여 있다. 현실주의 이론은 좋은 담이 좋은 이웃을 만든다(Good fences make good neighbours)는 신조를 지니고 있으며 상호의존이 심화되면 될수록 정치공동체 내부 혹은 정치공동체 간의 알력이 심화되고 초국가적 테러행위 · 국제적인 마약 카르텔의 성장 · 조직범죄의 초국가적 연합 등이 증대될 것으로 본다. 예컨대 칼러(Miles Kahler)는 1차 세계대전 전의 경제 상황의 예를 들어 높은 수준의 경제적 상호의존 · 비교될 수 없을 정도의 번영 · 상대적인 개방성을 특징으로 하는 국가체제도 여전히 전쟁에 돌입한다는 것을 강조한다.[191)]

---

188) Robert Gilpin, "The Politics of Transnational Economic Relations," *International Organization*, Vol. 25, No. 3 (Summer 1971), pp. 398–419.

189) Stephen D. Krasner, "State Power and the Structure of International Trade," *World Politics*, Vol. 28, No. 3 (1976), pp. 317–347.

190) Geoffrey Stern, *The Structure of International Society: An Introduction to the Study of International Relations* (London and New York: St. Martin Press, 1995), p. 33.

개디스(John Lewis Gaddis) 역시 경제적인 상호의존은 1914년 프랑스·영국·러시아·오스트리아-헝가리가 전쟁에 돌입하는 것을 막을 수 없었고 1941년 일본이 진주만을 공격했을 때 미국은 일본의 최대 무역 상대국이었다는 것 등을 예로 들어 상호의존이 평화를 가져온다는 명제를 부인하고 양극체제가 오랜 평화를 가져올 수 있었던 것은 미국과 소련 간의 상호의존적인 관계가 아닌 독립적인 관계였다고 진단하고 있다.192)

상호의존이 평화를 가져온다는 상호의존론의 주장에 대한 이러한 경험적인 비판에 더하여 다음과 같은 논리적인 비판을 제기할 수 있다. 우선 상호의존 관계에 있는 국가들이라고 해도 이들 간에 의존의 정도가 같지 않기 때문에 이들 간 관계의 단절로 인한 피해의 정도 역시 다르다. 따라서 의존도가 상대적으로 낮은 국가의 경우는 관계의 단절을 감수하는 선택을 하기가 용이하다.

둘째, 국가 간에 의존이 비대칭적일 경우 덜 의존적인 국가는 더 많이 의존적인 국가에게 힘을 행사할 수 있는 권력관계를 유발하며 이는 갈등과 분쟁으로 이어지기 쉽다. 즉 상호의존은 국제관계의 위계성과 불평등을 호도하는 개념으로서 상호의존의 증가는 국가의 취약성을 증대시켜 분쟁의 가능성을 높인다고 본다.

셋째, 전쟁이라고 하는 것이 반드시 경제적 합리성에 기초를 둔 계산의 결과로서 발생하는 것만은 아니다. 예컨대 국가의 핵심적인 이익이 개재되어 있는 경우 상호의존의 단절에서 오는 손해가 큼에도 불구하고 군사력을 사용하지 않을 수 없는 경우가 있을 수 있다.

(4) 국가 간 불평등과 종속의 심화

상호의존이 국제사회에 평화와 안정을 가져올 것인지 아니면 갈등을 가져올 것인지에 대한 논의와 더불어 상호의존의 구조적 결과로서 국가 간의 지위와 힘에서의

---

191) Miles Kahler, "Rumors of War: The 1914 Analogy," *Foreign Affairs*, Vol. 58, No. 2 (Winter 1979-1980), p. 393. 이와 같은 무역의 상호의존이 갈등과 분쟁을 야기할 수 있다는 주장과는 대조적으로 국가들은 자신과 대외무역 관계를 긴밀하게 맺고 있는 국가와는 전쟁에 덜 돌입하는 경향을 보인다는 연구 결과도 있다: William K. Domke, *War and the Changing Global System* (New Haven, Conn.: Yale University Press, 1988); Neil R. Richardson, "International Trade as a Force for Peace," in Charles W. Kegley, Jr., ed., *Controversies in International Relations Theory: Realism and the Neoliberal Challenge* (New York: St. Martin's Press, 1995). 또한 가시오로우스키는 무역의 가져다주는 보상적인 측면으로서 적대적인 상호작용의 강도가 저하됨을 지적하고 있다: Mark J. Gasiorowski, "Economic Interdependence and International Conflict: Some Cross-National Evidence," *International Studies Quarterly*, Vol. 30, No. 1 (March 1986), pp. 23-38.

192) John Lewis Gaddis, "The Long Peace: Elements of Stability in the Postwar International System," *International Security*, Vol. 10, No. 4 (Spring 1986), pp. 99-142.

변화에 대한 또 다른 논의가 있다.

앞서 살펴보았듯이 코헤인과 나이는 복합적 상호의존이 더욱 진전될 것으로 전망하며 이러한 상호의존의 심화는 국제체제에 있어 국가 간의 위계적 서열(hierarchic ordering)을 퇴조시키고 국가 간의 동등성을 좀 더 강화하리라 예측한다.[193] 미국이 다양한 다자간 그리고 쌍무적인 관계에 있어서 결과에 대한 통제력을 현재 잃어가고 있는 것 등을 그 예로 들고 있다.

코헤인과 나이의 이러한 국가 간 불평등의 완화라는 예측은 국가 간의 경제적인 불균형의 확대를 강조하는 구조주의 패러다임의 이론들과 핵 보유 강대국과 다른 국가들 사이의 군사력의 커다란 차이를 강조하는 현실주의 패러다임 이론들의 예측과 상충하는 것이다. 즉 상호의존론은 「상호의존이 지위와 힘에서 국가 간 격차를 감소시킬 것이냐 아니면 증가시킬 것이냐」를 두고 이들 두 패러다임의 이론들과 정반대되는 예측을 내어놓고 있다. 상호의존론에 대한 구조주의 패러다임으로부터의 비판을 좀 더 살펴보자.[194]

구조주의 패러다임 이론에 따르면 상호의존의 조건은 상호 교역을 증진하고 있는 상대적으로 적은 수의 주로 선진자본주의 국가들에게만 적용되고 또한 이들에게만 이득을 가져다준다. 세계의 나머지 국가들은 선진국들이 그들 서로 간에 의존적인 것보다 훨씬 더 선진국들에 의존적으로 되었으며 남반구 국가와 북반구 국가 사이에 힘과 부에 있어서 심각하고 고질적인 불균형과 비대칭성이 존재한다고 본다.

요약하자면 구조주의 이론은 단일의 경제로서의 세계자본주의 체제의 경제가 국가 간의 불평등한 이익을 가져오고 이로 인해 지배와 종속의 구조를 재생산한다고 주장한다. 즉 만약 증가하는 상호의존이 있다면 그것은 보편적인 것도 대칭적인 것도 아니며 상호의존이란 선진국들 사이 그리고 그들과 몇몇 개도국들 사이의 관계에서만 보이는 현저한 특징에 불과하며 국가 대부분에서는 종속이 현실로서 존재한다고 본다.

(5) 갈등과 상호의존의 혼재

로즈크랜스와 스타인(Richard Rosecrance and Arthur Stein)은 오늘날의 세계는 민족주의와 초국가주의(혹은 상호의존론)가 거의 균형을 이루고 혼재하고 있다는 절충적인 견해를 취하고 있다.[195] 탈냉전의 도래와 더불어 전쟁 가능성이 줄어들 것이라는

---

193) 과거 국가 간의 위계적 서열 속에서 패권국은 일방적으로 국제레짐을 창출하고 유지할 수 있었다.

194) Geoffrey Stern, *The Structure of International Society: An Introduction to the Study of International Relations* (London and New York: St. Martin Press, 1995), p. 33.

낙관적인 예측과는 달리 1990년의 이라크의 쿠웨이트 침공과 같은 것은 현실주의 패러다임의 필요성을 보여주고 서유럽에서의 유럽연합(EU)은 상호의존론의 적실성을 보여주는 예로 본다.

(6) 그 밖의 중요한 비판

그 밖에 많은 학자에 의해 보편적으로 지적되고 있는 상호의존론에 대한 비판은 i) 상호의존론이 무정부성과 안보딜레마를 간과하고 지나치게 인간 본성에 대해 낙관적이라는 것이다. ii) 복잡한 세계에 대한 묘사에만 치우치고 상황에 대한 원인과 결과 등을 명확히 설명하지 못하는 등 이론화가 미진하다. iii) 부분적으로 지도자의 자발성에 의해 국제평화가 가능하다고 전제하고 있다. iv) 이슈 영역들이 충분히 자율적이지도 않고 완전히 독립적이지도 않기 때문에 이슈 간에 명백한 구분을 하는 것이 불가능하다.

(7) 코헤인과 나이 자신들의 비판

코헤인과 나이는 「권력과 상호의존(Power and Interdependence)」이란 저서가 출간된 지 10년째 되는 해인 1987년에 쓴 「권력과 상호의존에 대한 재고(Power and Interdependence Revisited)」라는 논문에서 과거 이들이 전개한 상호의존론의 문제점을 지적하고 있다.

문제점이란 자유주의 이론의 제도와 상호의존 및 초국가적 접촉 등을 강조하면서 이들을 국제정치에서의 과정과 구조에 관한 체계적인 분석에 단지 부분적으로만 통합시켰을 뿐 국내 과정과 국제적인 과정이 결합하여 어떻게 국가의 선호를 규정짓는가에 거의 주의를 기울이지 않는 등 상호의존이란 개념을 제대로 해석하지 못했다는 것이다. 이들은 좀 더 많은 관심이 국내 정치와 더불어 국내 정치와 국제정치의 연계에 주어져야 함을 강조하며 체제 수준에만 국한된 연구로는 한계에 이르러 얻는 것이 없다고 진단한 바 있다.[196]

---

195) Richard N. Rosecrance and Arthur Stein, "Interdependence: Myth and Reality," *World Politics*, Vol. 26, No. 1 (October 1973), pp. 1-27.

196) Robert O. Keohane and Joseph S. Nye, Jr., "Power and Interdependence Revisited," *International Organization*, Vol. 41, No. 4 (Autumn 1987), pp. 725-753: 이 글은 자신들이 제시한 상호의존론을 비판할 뿐 아니라 왈츠의 신현실주의도 비판하고 있다.

제 7 절 세계사회론(Global Society or World Society Theory)[197)]

1. 세계사회론의 특징

몇몇 자유주의 이론가들이 미래 지향적인 상호의존에 관한 논의를 제기하며 많은 논쟁을 벌였다. 세계사회론은 국가나 집단 혹은 개인의 개별적인 요구가 아닌 지구 전체의 복지에 중점을 두는 자유주의 패러다임의 한 부류로서 학자에 따라서는 상호의존론에 속하는 국제정치학 접근법의 하나로 간주하나 다음에 보듯이 상호의존론과는 여러 차이점을 갖기 때문에 상호의존론과 분리하여 살펴보는 것이 더 적절하다고 본다.[198)]

1970년대 초에 버튼(John Burton)을 중심으로 등장한 세계사회론은 「국제관계(international relations)」 혹은 「국제사회(international society)」라는 용어 대신에 다중연계(multiple linkage)를 의미하는 「세계사회(world society)」라는 용어를 사용하고자 한다.[199)] 이는 「국제관계」나 「국제사회」라는 말이 낡은 「국가 간(inter-state)」이라는 개념을 전제로 하고 있기 때문이다.

앞에서 살펴본 자유주의 이론들은 비국가적 행위자들이 점차 국가 간의 관계에 영향을 미치는 중요한 변수로서 작용하고 있다는 것을 인정하지만 결코 이러한 행위자들이 국가가 차지하고 있는 국제관계에서의 지배적인 위치를 대체하는 것으로는 보지 않는다. 예컨대 코헤인과 나이는 초국가적 행위자의 부상과 더불어 주권 국가가 자율성과 일관성을 잃어가고 있다고 지적하면서 현실주의의 지속적인 적실성에 의구심을 제기했으나 국가 중심적 모델의 역사적 정당성을 계속해서 수용했다.

이와는 대조적으로 세계사회론자들은 국제관계의 연구에 있어 전통적으로 국가들이 차지해 온 중요성을 과소평가하고 비국가적인 행위자들에 의해 국가의 경계를 넘어 이루어지는 초국가적 관계에 주된 초점을 두고자 한다. 세계사회론의 극단적인 경우는 국가 간의 관계를 완전히 무시하려 하기도 하지만 대체로 분석의 주된 초점

---

197) 학자들에 따라 자유주의 패러다임 전체를 「범세계주의 패러다임(paradigm of globalism)」이라고 부르기도 하고 자유주의 패러다임 내에서 세계사회론과 같은 것에 한정하여 「범세계주의 이론」이라는 말을 쓰는 경우가 있다.

198) 세계사회론은 「극단적 상호의존론」이라고도 부를 수 있다.

199) 버튼은 현실주의 모델을 「당구공 모델(billiard ball model)」이라고 부르고 자신의 세계사회론을 「거미줄 모델(cobweb model)」이라고도 부른다.

을 비국가적 행위자들의 초국가적 관계로 옮겼다고 보는 것이 정확하다. 국제정치학 패러다임 가운데 이상주의와 현실주의가 국가의 역할을 중요시하는 것과는 대조적으로 세계사회론은 구조주의 이론과 더불어 국가의 역할을 과소평가한다고 볼 수 있다.

세계사회론은 핵 확산 · 폭발적인 인구의 증가 · 환경오염 · 통신과 교통혁명 · 부의 집중과 빈곤의 확대는 어떤 특정의 국가 또는 국가군에 한정된 국지적인 현상이 아닌 범세계적인 현상으로서 1648년 이래 지속되어온 주권 국가체제는 이러한 문제에 적절히 대응할 능력도 의지도 없다고 보며 국가 주권에 기초한 국제기구들의 조직망 역시 비효율적인 것으로 파악한다.

이러한 인식하에 세계사회론은 범세계적인 문제는 범세계적인 시각을 가지고 있다고 볼 수 있는 제도에 바탕을 둔 범세계적인 해결책이 필요하다고 보고 범세계적인 압력이 증가함에 따라 현재의 유엔이 더욱 포괄적인 권한을 부여받는 방향으로 나아갈 것을 기대한다. 이처럼 세계사회론자들은 현재 주권 국가에 의해 행해지는 다수의 과업을 떠맡을 수 있는 세계적인 기능 본위 기구들의 조직망 구축을 목표로 한다.

상호의존론이 상호의존이 확대되고 심화되면서 주권 국가는 통제력을 점차 상실할 것이나 여전히 국제정치에 있어서 중요한 역할을 하는 행위자로 남을 것이라고 보아 세계사회의 도래에 대해서는 낙관적이지 않다. 이와는 대조적으로 버튼의 세계사회론은 상호의존의 확대 및 심화로 핵 문제 · 인구 문제 · 환경 문제 · 빈곤 문제 등 현재의 주권 국가체제로는 해결할 수 없는 문제들이 대거 등장하면서 범세계적인 해결책의 필요에 기반하여 세계정부를 갖는 세계사회의 도래에 낙관적이다.

2. 대표적인 세계사회론자들

1) 버튼(John Burton)[200)]

대표적인 세계사회론자로 버튼을 들 수 있는데 그의 논의를 간단히 살펴보자. 버튼은 주권 · 영토성 · 인종성 등과 같은 낡은 관념에 대해 사람들이 가지고 있는 잔여의 부속감은 사라지고 우리 인간들은 지구촌의 모든 구성원과 공동의 이해관계를 의식하게 될 것이며 이러한 단계에서는 더 이상의 전쟁은 없을 것으로 본다.

버튼은 국가를 강력하게 부인하며 국가의 경계를 가로질러 펼쳐져 있는 개인들

200) John Burton, *World Society* (London: Cambridge University Press, 1972).

의 연계망에 있어서 자발적인 협력의 도덕적 우월성을 강조한다. 그에 있어 국가란 강제력을 사용하기 때문에 정당하지 못한 제도이며 정당성에 기초한 관계가 세계사회에 있어 지배적인 것으로 되어 가면서 국가는 쇠퇴하고 있다고 본다.

버튼은 유엔 혹은 그 밖의 국제기구를 불신한다. 그는 유엔을 다수 국민의 이익에 반하여 자신의 보존을 추구하는 폐쇄된 국가들의 클럽으로 인식하고 개개 정부의 국가로 구성된 국제기구가 세계사회의 이익을 대표한다고 가정할 수 없다고 주장한다.

버튼은 만약에 우리가 국제관계라는 말 대신에 세계사회라는 말을 사용하고 좀 더 전통적인 국가적 방식이 아닌 전 지구적 방식으로 연구에 접근한다면 우리는 좀 더 광범위한 시야를 갖게 될 것이고 인류의 문명에 더 본질적이고 보다 중요한 질문을 제기할 수 있을 것이며 개개 국가 행동이 좀 더 큰 세계에 어떠한 관련과 의미를 갖게 될 것인가를 더 적절히 평가할 수 있다고 본다.

버튼은 세계를 어떤 이미지를 가지고 바라볼 것인가에 따라 세계를 묘사하는 언어가 달라질 것이고 세계에서 발생하는 일들에 대한 해석이 달라지며 나아가 세계의 문제에 대한 상이한 해결책을 내놓을 것으로 본다. 즉 세계에 대한 집단적인 이미지가 우리들의 이론과 정책을 바꾸어 놓을 것으로 판단한다.

구체적으로 버튼은 세계에 대해 상호 적대적인 개별적인 국가들로 구성되어 있다는 이미지를 가지면 개개 국가들이 취하는 정책은 방어적인 성격을 띠게 될 것으로 본다. 버튼은 이와는 대조적으로 세계에 대해서 안보에 해를 미치지 않고 상호의존으로부터 극대의 이득을 얻기 위한 목적으로 개별 국가와 국제적 권위체에 의해 통제되고 규제되는 거래라는 이미지를 가지면 취하게 되는 정책은 통합적 성격을 띨 것으로 본다.

버튼은 세계에 대한 이미지가 실제의 것인가 아니면 이러한 이미지를 확인시켜 주는 것 같은 실제로 발생한 국가 간 갈등이나 협력을 위한 제도가 우리가 세계에 대해서 이러한 이미지를 가졌기 때문에 발생한 단순한 결과물에 불과한 것인가에 관해 의문을 제기하고 우리가 이러한 이미지에 확신을 하게 되면 이러한 이미지는 실제적인 것이 될 수 있다는 결론을 내리고 있다. 즉 이러한 이미지가 우리에게 있어 인식된 현실의 일부가 된다고 본다.201)

201) 우리가 세계에 대해 가지는 집단적인 이미지가 실제의 세계를 구성하고 있다는 점에서 성찰주의 편에서 논하고 있는 구성주의 이론과 매우 유사하다.

2) 미첼(Christopher R. Mitchell)[202]

미첼의 주장은 국가가 세계체제의 일정한 부분에 있어서는 여전히 중요한 행위자로 남아 있으나 비국가적 행위자들이 국가와 동등한 때로는 더 중요한 영향력을 행사하게 되었다는 것으로부터 시작된다.

미첼에게 세계사회적 접근의 중요한 분석단위는 세계사회를 구성하고 있는 초국가적인 연계망이나 초국가적 체제의 구체적인 구성요소들이 아니고 이들 구성요소 간 관계의 특징과 이러한 관계의 변화이다. 미첼은 이러한 구성요소 간의 관계를 여러 가지로 특징지어 구분하고 있으나 미첼의 주된 관심은 정당성의 여부에 따른 구성요소 간의 관계를 구분 지어 설명하는 것이다.

미첼이 말하는 정당성을 지닌 관계는 동의에 기초를 두고 있는 관계이고 정당성을 지니고 있지 못한 관계는 강제나 위협 등의 제재에 기반을 두며 구성요소 일부에 의해 수용되지 않는 관계이다. 이전의 학자들에게 있어 정상적인 관계란 강제성을 지닌 관계이나 미첼과 같은 세계사회론자에게 있어 정상적인 관계란 정당성을 지닌 관계이다.

보다 구체적으로 정당성을 갖는 관계란 구성요소들에 의해 이익이 되고 올바른 것으로 수용되는 관계를 일컬으며 이러한 관계란 반드시 구성요소 간 평등한 관계일 필요는 없다고 본다. 이러한 관계는 구성요소들에 의해 수용되고 또 구성요소의 필요를 충족시키기 때문에 자생력을 갖는 특징을 보인다.

이와는 대조적으로 정당성을 지니고 있지 못한 관계는 구성원 모두의 필요를 충족시켜 주지 못하고 일부 구성요소에 의해 수용되지 않으므로 힘이라는 강력한 요소가 없으면 이러한 관계는 변화되거나 종식되어 버린다. 세계사회 접근법에서 정당성을 갖는 관계의 특징을 좀 더 살펴보자.

첫째, 세계사회 접근법에 있어 정당성을 갖는 관계의 특징은 우선 통계적인 면에서 일상적인 것(a norm)으로 간주되는 관계이다. 미첼은 현재의 세계사회에서 관련 행위자들에 의해 수용되고 서로에게 이득이 돌아감으로써 행위자들 간에 순기능적이고 자생력을 갖는 관계가 흔히 발견된다고 보고 이러한 관계가 힘과 강제를 포함하는 정당성을 지니고 있지 못한 관계보다 수적으로 훨씬 앞선다는 의미에서 이러한 관계를 일상적인 것이라고 간주한다.

---

202) Christopher R. Mitchell, "World Society a Cobweb: States, Actors and Systemic Processes," in M. Banks, ed., *Conflict in World Society* (Brighton, Sussex: Harvester, 1984).

전통적인 국가 중심적 접근법은 강제성을 갖는 관계를 정상적인 것으로 가정한다. 즉 전통적인 국가 중심적 접근법에 있어 평화·정당한 것으로 수용되는 권위·정당성을 갖는 교환·강제성의 결여는 설명이 필요한 예외적인 것이다. 그러나 세계사회 접근에 있어 이러한 것들은 오히려 일상적인 것이다. 이렇게 가정을 단순히 거꾸로 바꿈으로써 전혀 새로운 하나의 관점이 등장한다고 본다.

둘째, 세계사회 접근법에 있어 정당성을 갖는 관계는 또한 처방적인 의미에서 추구해야 할 규범(norm)이다. 즉 안정과 폭력의 부재란 위협과 강제력 및 억지를 통해 가장 확실하게 확보할 수 있다는 생각을 버리는 것이 평화와 조화로운 세계사회를 가져오는 첩경이다. 정당성을 지니고 있지 않은 강제력에 의존하고 있는 현재의 관계들을 구성요소 모두에 의해 수용되는 관계로 바꿀 필요가 있다. 이래야만 관계의 지속을 보장하기 위한 강제력의 필요가 제거될 것으로 본다.

3. 세계사회론에 대한 평가

세계사회론은 앞서 살펴본 20세기 초의 국제법 학자 및 이상주의적 국제정치 이론가들과 마찬가지로 제도적인 처방이 너무 비현실적이며 전반적으로 보아 지나치게 이상적이라는 비판을 받고 있다.

세계사회 접근법을 옹호하는 학자들도 이러한 유토피아가 올 것 같지 않다는 것을 인정한다. 그러나 세계사회 접근법은 최소한 대안적인 행동의 지침 즉 국가 중심적이고 권력 정치적인 생각이 만들어 내는 논리적이고 경험적인 교착상태를 벗어나기 위한 돌파구를 제공한다는 점에서 의의를 찾을 수 있다.

제 8 절 이슈 패러다임(Issue Paradigm)

맨스바흐와 바스케스(Richard W. Mansbach and John A. Vasquez)는 1981년에 현실주의 이론의 권력 패러다임을 비판하면서 국제정치 이론과 연구의 지침으로서 이슈 패러다임(Issue Paradigm)을 제시했다.[203]

---

203) Richard W. Mansbach and John A. Vasquez, *In Search of Theory: A New Paradigm For Global Politics* (New York: Columbia University Press, 1981); John A. Vasquez and Richard W. Mansbach, "The Issue Cycle: Conceptualizing Long-term Global Politual Change," *International Organization*, Vol. 37, No. 2 (Spring 1983), pp. 257-279.

이슈 패러다임은 정치적 인간이나 국가는 오직 권력만을 추구하는 것은 아니기 때문에 권력 개념만으로 설명할 수 없는 국제정치 현상이 많이 존재한다는 주장으로부터 시작된다. 따라서 전통적인 권력 패러다임이 국제정치 현상을 권력투쟁으로 일률적으로 바라보고자 한 것에서 벗어나 나름의 특성을 갖는 이슈별로 국제정치 현상을 살펴보아야 한다는 것이다. 즉 국제정치를 각 이슈에 있어 가치의 권위적인 배분을 위한 집단적 결정을 위한 투쟁으로 보자는 것이다.

맨스바흐는 이보다 앞서 1976년에 비국가적 행위자는 매우 중요하며 무시되어서는 안 된다는 주장을 제기한 바 있으며 바스케스는 1983년에 모겐소 계열의 현실주의 이론이 이제 더는 국제정치의 지침으로써 유용하지 않다는 비판을 체계적으로 가한 바 있었다.204)

1. 이슈 패러다임의 가정

이들이 제시한 현실주의 이론에 대한 비판과 이슈 패러다임의 가정은 다음과 같다. 첫째, 국가는 더 이상 유일한 중요한 행위자가 아니다. 국제정치의 행위자는 이슈에 따라 변하며 정치적 이해관계를 달리하여 대립하는 모든 개인 혹은 집단이 행위자가 될 수 있다.

둘째, 현실주의 이론은 비국가적 행위자를 무시할 뿐 아니라 이해관계를 달리하는 여러 관료조직의 합으로서의 국가(혹은 정부)를 고려하지 않음으로써 국제정치의 동태적인 설명을 제대로 하지 못한다.

셋째, 현실주의 이론은 국내 정치와 국제정치를 구별하고 있으나 국가는 더 이상 유일한 중요한 행위자가 아니며 이들은 상호의존적이고 상호 침투되어 있어 대외정책과 국내 정치 간의 전통적인 구별은 더 이상 적용되지 않는다. 즉 외부 행위자들의 침투로 인해 국내 정치와 국제정치 간의 연관성이 증대하여 국제정치와 국내 정치는 더 이상 별개의 것이 아니다. 따라서 국내 정치 현상으로부터 국제정치 현상을 살피는 데 필요한 개념과 아이디어를 끄집어내어 단일의 이론을 구축할 수 있다고 본다. 이러한 맥락에서 이들은 이스턴(David Easton)의 가치의 권위적 배분이라는 정의를 채택하여 국제정치를 권력투쟁으로 일반화하지 않고 가치의 권위적 분배를 둘러싼

204) Richard Mansbach, Yale H. Ferguson, and Donald E. Lampert, *The Web of World Politics: Non-state Actors in the Global System* (Englewood Cliffs, NJ: Prentice Hall, 1976); John Vasquez, *The Power of Power Politics: A Critique* (New Brunswick, N.J.: Rutgers University Press, 1983).

투쟁으로 보고자 한다.

넷째, 정치적 분쟁은 의제로서의 이슈들이 갖는 특징 · 대립하는 행위자들 간의 우호와 적대의 양상 · 가치의 배분이 일어나고 있는 제도적인 맥락의 성격에 의해 결정된다고 본다.

2. 이슈 패러다임이 다루는 문제들

이러한 이슈 접근법의 기본 아이디어는 이슈란 항상 가치의 배분과 관련되어 있다는 것으로부터 출발한다. 행위자들은 가치가 어떻게 배분되어야만 하는가에 관한 제안을 하고 서로 경쟁한다는 것이다. 이슈에 따라서 상이한 가치와 상이한 행위자들이 관련되며 또한 상이한 정도의 경쟁을 특징으로 한다.

만약 특정 이슈에 있어서 분배되어야 할 가치가 유형의 것이고 관련된 행위자들이 이러한 가치에 같은 정도의 중요성을 부여할 때 타협에 이르기가 종종 가능하다. 그러나 분배되어야 할 가치가 상징적인 것이거나 궁극적인 것이고 관련 국가들이 상이한 정도의 중요성을 부여하며 배분의 결과가 우방국을 돕고 적국에 해를 미친다고 볼 때 타협은 훨씬 더 도달하기 어려워진다는 것이다. 이들은 이러한 것을 염두에 두고 다음과 같은 이론적 아이디어와 연구주제를 제시하고 이에 대한 논의를 전개하고 있다.

i) 전 지구적 이슈가 어떻게 형성되며 이러한 이슈들이 어떻게 전 지구적 정치 의제의 일부가 되는가? 중요한 이슈들이 등장하여 다루어지는 데 있어 기본적인 순환 사이클이 있는가? ii) 중앙정부 · 지방정부 · 다국적 기업과 같은 각종 행위자가 특정 이슈에서의 가치의 배분이라는 정치과정에 관여하게 되는데 무엇이 이슈에 대한 이들의 태도를 결정하는가? iii) 다양한 이슈에서 분배될 가치들이 상호 연계되어 있는가? 연계되어 있다면 구체적으로 어떻게 연계되어 있으며 이러한 연계가 어떻게 협력을 촉진하거나 갈등을 고조시키는가? iv) 어떻게 이슈가 해결되는가? 때때로 이슈는 안정적이고 양립할 수 있는 결과를 가져오기도 하지만 때로는 전쟁과 같은 것으로 귀결되기도 하는데 무슨 요인이 특정의 결과를 가져오도록 영향을 미치는가?

이슈 패러다임은 간단히 말해 각 이슈에 있어서 가치의 배분이 어떻게 이루어지는가를 살펴보자는 것으로서 의제 정치(agenda politics)를 다루자는 것이다. 이전에 이러한 의제 정치가 무시되어 온 이유는 현실주의 국제정치 이론들이 국제정치를 국제체제의 구조라는 관점에서 바라보고자 했으며 국제정치를 과정(구체적으로 말해 가치의 권위적인 배분 과정)이라는 차원에서 보려 하지 않았기 때문이라고 본다.

3. 이슈의 사이클

1) 이슈의 생성

우선 이들은 전 지구적인 이슈가 어떻게 생성되는가를 살펴보고 있다. 이들에 따르면 우선 이슈는 행위자와는 관계없이 환경으로부터 생성될 수 있다고 본다. 구체적으로 이러한 이슈에는 해저탐사 기술의 발달로 인해 심해저 자원의 배분이 하나의 중요한 이슈로 등장하는 것처럼 과학과 기술의 발달로 인해 등장하는 기회 이슈(opportunity issue)와 전염병이나 오염 그리고 대지진과 같은 재난에 의해 발생하는 재난 이슈(disaster issue)가 있다고 본다.

환경으로부터 발생하는 이러한 이슈와는 달리 행위자로부터도 이슈가 발생한다고 본다. 구체적으로 행위자들의 의도적인 행동으로 이슈가 만들어질 수도 있고 폐기될 수도 있다고 본다. 그러나 이러한 전 지구적 이슈들의 등장이 반드시 의제로의 채택을 의미하는 것은 아니다. 따라서 우리는 어떻게 이슈가 의제가 될 수 있는가에 대한 과정을 살펴볼 필요가 있다.[205)]

2) 이슈의 의제로의 채택

정치적 논쟁거리가 의제로 채택되는 데는 두 가지 방법이 있다고 본다. 첫째 방법은 행위자 자신의 의도적인 노력으로 다른 행위자에게 영향력을 행사하여 의제화하는 방법이고 또 다른 방법은 행위자와는 관계없이 이슈 자체의 중요성으로 인해 의제화되는 방법이다.

먼저 행위자의 영향력에 의한 의제 설정을 살펴보면 높은 위상의 행위자(high-status actors)의 경우 다른 행위자에 영향력을 행사하여 그 행위자의 힘을 빌려 의제를 설정하지 않고 직접 자력으로 의제를 설정할 수 있다. 이와는 대조적으로 낮은 위상의 행위자(low-status actors)는 이스라엘이 미국에 영향력을 행사하여 의제 설정을 하듯이 높은 위상의 행위자와 전략적인 관계를 형성하여 이들에게 영향력을 행사하여 의제 설정을 하는 경우와 유엔과 같은 국제기구를 통해 의제를 설정하는 경우가 있다. 이러한 두 가지 의제 설정에의 통로가 차단되었을 때 낮은 위상의 행위자들은

---

205) 이슈란 정치적인 논쟁거리를 의미하며 의제란 이러한 이슈가 정치적인 기구에 상정되어 공식적으로 논의되는 것을 의미한다.

팔레스타인해방기구(PLO)의 경우에서 보듯이 폭력적인 수단을 동원한다고 한다.

이슈 자체의 성격에 의해 의제가 설정되는 경우에 대해 살펴보자. 한 마디로 이슈의 중요도(issue salience)가 높을수록 의제로 채택될 확률이 높아진다고 보는데 이 경우 이러한 이슈의 중요도를 결정하는 요인이 무엇인가? 맨스백과 바스케스는 이슈의 중요도를 결정하는 요인으로서 다음의 다섯 가지를 들고 이와 관련한 가설을 제시하고 있다.

ⅰ) 배분될 가치에 대한 박탈감의 정도. 배분될 가치에 대해 박탈감을 많이 가질수록 이슈의 중요도는 증가할 것이다. ⅱ) 배분될 가치의 위상. 배분될 가치의 위상은 배분될 가치가 어느 행위자에 의해서도 통제되고 있지 않은 경우 · 하나 혹은 소수 행위자의 수중에 들어가 있는 경우 · 모든 행위자에 의해 이미 공유하고 있는 경우로 분류될 수 있다. 이 중에서 다수의 이해관계가 얽혀 있어 상대적 손실에 대한 공동의 우려를 가져다주는 마지막 경우가 높은 중요도를 가질 것이다. ⅲ) 분배될 가치의 형태. 유형적인 것일수록 중요도가 떨어지고 상징적이고 추상적인 것일수록 중요도가 높아질 것이다. ⅳ) 배분될 가치의 수와 다양성. 배분될 가치의 수와 다양성이 확대될수록 중요도가 증가할 것이다. ⅴ) 배분될 가치가 본질적인 것인지 도구적인 것인지의 여부. 배분될 가치가 목적 자체인 경우 다른 목적을 추구하는 데 있어서의 수단이 될 경우에 비해 중요도가 증가할 것이다.

이러한 기준에 의해 중요한 이슈로서의 성격을 가지게 된다고 해서 곧 의제가 되는 것은 아니다. 다른 이슈들과의 비교를 통해 서열이 매겨짐에 따라 상대적인 중요도가 높아야 결국 의제로서 채택된다고 본다. 이러한 상대적인 중요도가 높은 이슈를 「결정적 이슈(critical issue)」라고 부른다.

3) 이슈의 소멸

이슈들은 의제로 채택되고 위기의 단계를 시작으로 관례화의 단계를 거쳐 소멸의 단계를 밟는다. 우선 위기의 단계부터 살펴보면 위기의 단계는 다시 새로운 중대 이슈가 의제를 장악하기 위해 투쟁하는 제1단계 · 이슈 간 기존의 제휴 대신에 새로운 제휴가 형성되는 제2단계 · 이러한 이슈의 처리패턴이 형성되는 제3단계로 구성된다.

이러한 위기는 중대 이슈가 해결되어야 할 긴급한 상황으로부터 유래되기도 하고 기존에 수용되고 있는 도덕의 일면을 위협함으로써 발생되기도 한다. 의제 목적의 변화와 정치적 쟁점의 변화에 따른 제휴패턴의 변화와 중대한 이전의 이슈가 해결되면서 현재의 의제의 위상 변화로 인한 제휴패턴의 변화로 인해 위기가 발생할 수 있다.

위기의 단계 다음으로 중대 이슈의 처리패턴이 제도화되는 단계 즉 관례화(ritualization)의 단계를 밟는다. 이어 이슈의 소멸단계에 이르는데 이슈의 소멸에는 세 가지 경로가 존재한다. 하나의 경로는 정책결정이 이루어지고 이에 따라 가치의 권위적 배분이 이루어짐으로써 의제가 해결되어 소멸하는 경우이다.

또 다른 경로는 관례화를 거친 중대 이슈가 정책결정과 그에 따른 가치의 권위적 배분 없이 동면 상태에 빠진 후 새로운 중대 이슈의 등장 등에 의해 관심으로부터 멀어져 의제로부터 제거되거나 이러한 동면 상태에 있던 결정적 이슈가 다시 관심의 초점이 되어 정책결정 과정을 통해 가치가 권위적으로 배분됨으로써 소멸하는 경우가 있다고 본다.

관례화를 거친 이슈에 정책결정이 이루어졌으나 실질적인 가치의 배분으로 이어지지 않고 동면 상태로 가는 경우도 존재한다. 이 경우 동면 상태에서 다시 정책결정을 통해 가치의 권위적 배분에 이르러 소멸하기도 하고 동면 상태에 있다가 의제에서 제거되어 소멸하기도 한다.

제 9 절 국제사회론(International Society Theory)

1. 국제사회론의 등장 배경

앞서 살펴본 세계사회론적 접근법은 개인 간의 관계가 국가 간의 관계보다 더 중요하다는 세계의 이미지를 제시했다. 그러나 세계사회론이 과연 있는 그대로의 세계 그 자체를 정확히 묘사하고 있는 것인가 아니면 단순히 바람직한 이상적인 세계상을 수립하는 데 그치고 있는가의 문제가 제기되었다. 특히 세계사회론이 국가라는 전통적인 행위자의 국제정치에서의 역할을 과소평가하지 않았는가에 대한 비판이 제기되었다.

앞서 살펴보았듯이 이러한 종류의 비판은 1979년에 왈츠의 신현실주의 이론의 등장을 가져왔고 다른 한편 거의 비슷한 시기인 1977년에 「국제사회론(International Society Theory)」이라고 불리는 국제정치 이론이 영국의 정치학자인 불(Hedley Bull)에 의해 제기되었다.[206]

2. 국제정치관의 분류

불은 국제정치를 바라보는 시각을 홉스(Thomas Hobbes)의 관점 · 칸트(Immanuel Kant)의 관점 · 그로티우스(Hugo Grotius)의 관점으로 유형화시키고 있다.[207] 불의 설명에 해설을 덧붙여 설명하면 다음과 같다.

1) 홉스적 시각

홉스적인 시각은 국제정치를 무정부성을 특징으로 하는 전쟁상태로 보고자 하는 시각이다. 국가 간 관계를 합이 영이 되는 제로섬 관계로 보는 이러한 홉스적 시각에 따르면 국가들은 다른 국가와의 관계에서 국내사회와는 달리 도덕과 법의 제약을 받지 않고 국가이익을 추구할 자유를 가진다. 이는 앞서 살펴본 현실주의 패러다임의 시각과 일치한다. 간단히 말해 홉스적인 시각은 전쟁의 빈번한 발생을 강조하고 규범과 제도의 역할을 하찮은 것으로 간주한다.

2) 칸트적 시각

칸트적 시각은 보편주의적 시각으로서 국제관계를 국가를 기본 단위로 하는 관점에서 바라보는 것을 거부한다. 이러한 관점에는 국가란 인류 자신들의 삶의 편익을 위한 편의적 조직에 불과하다는 기본 인식이 전제되어 있다. 이러한 맥락에서 칸트적 시각은 초국가적 유대와 인류의 공동체적 관점을 강조한다.

구체적으로 칸트적 시각은 국가 간의 무정부적 갈등보다는 보편성을 공유한 인간의 궁극적인 조화에 대한 신뢰를 바탕으로 한다. 즉 인간은 어느 국가에 소속되기 이전에 인류공동체의 일원으로서 국제관계에서도 조화를 이룰 수 있다는 가능성을 믿는다. 또한 전체 인류가 제로섬 게임을 뛰어넘어 하나의 세계공동체를 실현하는 것이 국제정치에서 잠재적으로 가능하며 동시에 마땅히 추구되어야 할 도덕적 과제로 본다.

이러한 칸트적 시각은 자유주의 견해 가운데서도 앞서 살펴본 버튼(John Burton)의 세계사회론과 매우 흡사한 면을 지닌다. 이상주의 시각은 국가를 기본 단위로 한다는 점에서 칸트적 시각과 구별된다.

---

206) Hedley Bull, *The Anarchical Society: A Study of Order in World Politics* (New York: Columbia University Press, 1977).

207) *Ibid.*, pp. 24-27.

3) 그로티우스적 시각

그로티우스적 시각은 홉스적 시각과 칸트적 시각의 중간쯤에 해당하는 시각으로서 국제법 학자들의 관점에 해당한다고 볼 수 있다. 이 관점은 국가를 국제관계에서 주된 행위자로 바라본다는 점에서 홉스적 시각과 동일하나 홉스적 시각과는 달리 국가 간의 관계라는 것이 갈등으로 점철되는 것만은 아니고 공동의 규칙과 관습 그리고 규범에 의해 협력이 일어난다는 점에 주목한다.

우리가 사회(society)라고 할 때 공유된 가치와 규범 등이 존재하는 것을 전제로 하는데 그로티우스 시각은 국제체제를 「국제사회(international society)」 혹은 「국가들의 사회(society of states)」라고 부르며 본질적으로 국내사회와 크게 다르지 않으나 아직 발전이 덜 된 상태에 있다고 본다.

이러한 시각은 칸트적 시각과 달리 국가의 소멸에 의한 궁극적인 인류공동체를 이상향으로 하지 않고 지금처럼 여전히 국가를 기본 단위로 하는 국제체제 내에서 국가 간의 협력을 이상적으로 본다. 이러한 그로티우스적 시각은 국제제도의 국가에 대한 영향을 인정하는 자유주의 시각과 궤를 같이한다.

3. 불의 국제사회론의 핵심 내용

불 자신은 「무정부적 사회론(anarchical society theory)」이라는 이론적인 관점을 제시하고 있다. 이는 말 그대로 국제체제라는 것이 무정부적(anarchical)이기는 하나 공동의 가치와 규범이 존재하는 사회(society)라는 성격을 지니고 있다는 것을 드러내고 있는 관점이다. 이러한 관점은 불이 분류하고 있는 그로티우스적 시각과 유사하나 국제체제를 무정부성으로 인해 갈등이 존재함과 동시에 여러 국제제도에 의해 질서 역시 존재하는 이중성을 가진 체제라고 본다는 점에서 차이를 가진다. 이러한 점에서 불의 시각은 뒤에 살펴볼 신자유주의적 제도주의 이론과 맥을 같이한다고 볼 수 있다.

국제사회론은 국제사회에서 비국가적 행위자의 역할이 그 어느 때보다도 중요성을 더해가고 있으나 국가가 여전히 이러한 행위자들에 강한 영향을 미치거나 나아가 이들의 활동을 통제할 수 있으므로 국가는 여전히 가장 중요한 행위자로서 남아 있으며 이러한 국가 간의 관계가 연구의 중점이 되어야 한다는 생각에 기초를 두고 있다고 볼 수 있다. 국제사회론은 국경을 가로질러 점차 증대되고 있는 긴밀한 관계를 인정하고 현실주의자들의 권력과 권력관계에 대한 지나친 집착을 거부하며 점차 긴밀한 상호관련성을 맺어 가는 국제사회 속의 국가를 개념화한다. 이러한 점에서 국제사회론은 세계사회론과 구별된다.[208)]

불에 있어서 국제체제는 국가들이 모여 이루고 있는 사회 즉 국제사회(international society)로서 조그만 규모의 사회와 유사한 성격을 지닌다. 구체적으로 불은 국제사회를 「대화와 합의에 따라 그들 간 관계의 관리를 위해 공동의 규칙과 제도를 수립하고 이러한 장치들을 유지하는 것이 공동의 이익이 된다는 것을 인정하는 일군의 국가들의 집합체」라고 정의하고 있다.[209)]

불은 이러한 국제사회가 언제 존재하게 되는지 그 조건에 대해 언급하고 있는데 그에 따르면 국제사회는 일정한 공동의 이익과 공동의 가치를 의식하고 있는 일단의 국가들이 상호관계가 공동의 규칙에 의해 구속된다고 인식하고 공동의 제도를 작동시키는 데에 참여한다는 의미 속에서 사회를 형성할 때 존재하게 된다」고 본다.[210)] 다시 말해 국제사회란 구성원이 공동의 이익과 공동의 가치 의식을 지니고 있고 행동의 표준을 제공하는 공동의 규칙에 의해 그들 자신이 구속된다고 간주하며 공동의 제도를 작동시키는 데 협력하는 국가들의 체제를 의미한다.

이러한 견해에서 보듯이 불에 있어서 국제사회란 공동의 이익과 공동의 가치에 바탕을 두고 사회적으로 구성된 존재이고 규범과 제도란 공유된 지식과 가치의 표현이다. 개인이 자신이 규정하고 자신이 규정되는 사회 속에 살고 있는 것과 마찬가지로 국가도 스스로가 규정하고 스스로가 규정되는 국제사회 속에 존재한다고 본다. 이러한 점들은 웬트의 구성주의 이론과 다르지 않다.

앞서 언급했듯이 불의 저서 명인 「무정부적 사회(The Anarchical Society)」가 불이 바라보는 국제체제에 관한 시각을 드러낸다. 그에 있어서 국제체제는 중앙정부가 부재한 무정부성을 특징으로 하면서 동시에 하나의 역설적인 것으로서 공동의 이익이 존재하고 공동의 규칙과 제도에 의해 규제되는 사회로서의 성격을 보유하고 있다고 본다.

불은 근대 국제체제에서도 이러한 사회의 요소가 계속해서 존재해 왔다는 것을 강조한다. 이러한 사실은 국가들 사이의 공동의 이익 · 국가들에 의해 수용된 공동의

---

208) 현실주의 이론이 아닌 자유주의 이론 가운데 국가를 자율성을 가진 합리적인 통합된 행위자로 바라보는 이론으로는 국제사회론과 신자유주의적 제도주의 이론이 있다.

209) Hedley Bull and Adam Watson, eds., *The Expansion of International Society* (New York: Oxford University Press, 1984), p. 1.

210) *Ibid.*, p. 13.

규칙·국가들에 의해 만들어진 공동의 제도라는 개념이 계속 존재하면서 영향을 미쳐왔다는 것에서 알 수 있다고 본다.

불의 국제사회론의 핵심적인 내용을 살펴보면 다음과 같다. 국제체제 속의 국가들은 폭력으로부터의 안전의 확보와 약속의 준수와 이행의 확보 및 재산의 안정성 확보와 같은 모든 사회적 삶의 일반적인 목적들과 더불어 국가들로 구성된 국제체제의 보존과 주권의 유지 및 평화의 유지 등을 포함하는 공동의 기본적인 목적(이익)을 지니고 있다.

이 때문에 국가는 일정한 수준의 질서를 필요로 할 뿐 아니라 질서의 창출을 원하게 된다. 이러한 질서는 세력균형·전쟁·국제법·외교·강대국의 역할이라는 공동의 규칙과 제도에 의해 가능하다.[211] 불은 이러한 특징을 지닌 국제체제가 바로 국제사회라고 보며 이로부터 불에 있어서 중요한 관심사는 공동의 목적(이익)이 어떻게 질서에 기여하는가를 연구하는 것이라는 것을 알 수 있다.

무정부성을 특징으로 하는 국제체제에 질서를 가져오는 공동의 규칙과 제도를 좀 더 살펴보면 불은 흥미롭게도 전쟁도 국제질서를 위한 하나의 수단이라는 보고 있다. 불은 또한 자신을 양차 세계대전 기간에 존재했던 이상주의자와 비교하면서 이상주의자들이 국제사회의 질서를 위해 중요한 역할을 하는 세력균형을 부인하고 외교를 불경스러운 것으로 생각하면서 국제연맹이나 유엔 그리고 다른 보편적인 국제기구를 국제사회에서의 주요한 제도로서 수용한 것은 잘못되었다고 본다.

왈츠(Kenneth N. Waltz)의 신현실주의 이론은 국가 행동과 국가 간의 상호작용의 결과가 전적으로 국제체제의 구조와 국가 간 권력의 배분에 의해 결정되며 기타의 요인들은 단위 수준의 요인으로서 영향력을 갖지 않는다고 본다. 또한 왈츠의 신현실주의 이론은 양극적 세력균형만이 국제체제의 평화와 안정을 가져오는 것으로 본다. 이와는 대조적으로 불의 국제사회론은 위에서 보았듯이 군사적이고 권력적 요인들과 더불어 도덕적이고 법률적인 요인들의 중요성을 인정하고 있다.

이처럼 불은 국가 행동과 국제적인 결과를 설명하는 데 있어 (신)현실주의 이론의 권력 중심성을 부인하고 권력적인 요소 이외에 국제법과 같은 제도적인 영향을 강조하는 자유주의 이론의 입장을 수용하면서 동시에 국가를 국제정치의 가장 중요한 행위자로 복귀시켰다. 이 점이 바로 불의 국제사회론이 바로 다음에 살펴볼 신자유주의적 제도주의 이론의 견해와 유사한 점이다.

---

211) Hedley Bull, *The Anarchical Society: A Study of Order in World Politics* (New York: Columbia University Press, 1977), pp. 4-5, 16-20.

이처럼 불의 국제사회론은 신현실주의자들의 무정부 상태에 대한 비관적인 진단과는 달리 무정부 상태에서 공존을 위한 규칙의 제정 등과 같은 방식을 통해 전쟁의 상태가 완화될 수 있다는 견해를 가지고 있다. 이 때문에 그의 이론을 「자유주의적 현실주의(Liberal Realism)」로 분류하는 학자도 있다.212) 이러한 맥락에서 브라운(Chris Brown)과 같은 학자는 불의 국제사회론이 현실주의의 국제체제와 유토피아 이상주의의 세계공동체 사이에 존재하는 공간을 차지하고 있다고 본다.213)

4. 불의 국제사회론의 한계와 다른 이론들과의 비교

여기에서는 불의 국제사회론이 가지는 한계를 살펴보고 이 이론이 신자유주의적 제도주의 이론 · 구성주의 이론 · 신현실주의 이론과 어떤 점에서 공통적이고 어떤 점에서 차이가 존재하는지를 살펴보고자 한다. 이러한 비교를 통해 불의 국제사회론이 다른 이론들과 어떻게 학문적인 성과를 공유할 수 있을 것인가를 생각해보고자 한다.

1) 불의 국제사회론의 한계

불의 국제사회론은 일반적으로 다음과 같은 한계를 가진다고 본다. 이러한 한계는 불이 포함된 전통적인 영국학파(English School) 이론이 일반적으로 가지는 한계이기도 하다.214) 이러한 한계로 인해 영국학파의 논의가 독자적인 국제관계 패러다임으로 성장할 수 없었다고 본다.215)

우선 국제사회라는 개념을 비롯한 핵심적인 개념이 여전히 불명료하고 모호하다. 이는 다른 국제관계 이론들이 행위자(actor) · 국제레짐(international regime) · 국제제도(international institution) 등과 같은 개념을 정교화해 오고 있는 것과 대조를 이룬다.

둘째, 영국학파에 있어서 국제사회라는 것이 가장 중심적인 개념이다. 그런데 어

---

212) Timothy Dunne, "Realism," in John Baylis and Steve Smith, eds., *The Globalization of World Politics: An Introduction to International Relations* (New York: Oxford University Press, 1999), pp. 113-114.

213) Chris Brown, "World Society and the English School: An 'International Society' Perspective on World Society," *European Journal of International Relations*, Vol. 7, No. 4 (2001), p. 424.

214) 불(Hedley Bull)은 와이트(Martin Wight) · 매닝(Charles Manning)과 더불어 초기의 영국학파(전통적인 영국학파)에 속하는 학자로 분류된다. 나중에 등장한 영국학파 학자들은 이들과 다른 다양한 견해를 보인다. 불의 국제사회론과 관련하여 여기에서 언급하는 영국학파란 주로 전통적인 영국학파를 지칭한다.

215) Richard Jordan, "A Brief Case for the English School," *The Monitor: Journal of International Studies*, 2011 Special Edition (2011), pp. 24-25.

떤 요인이 국제사회의 등장을 가져오고 어떻게 유지되는가에 대한 설명을 제대로 제공하지 못한다. 특히 국제사회의 기원에 대한 이해 없이 이러한 논의는 더 이상 진전되기 어렵다.

셋째, 방법론적으로 과학주의 즉 실증적인 사회과학적 연구를 거부한다. 영국학파에 따르면 국제관계에서 법칙을 찾아내기 어렵고 사회적 세계(social world)에 있어서 가치중립적인 탐구는 존재하지 않는다. 영국학파는 실증주의가 추구하는 사실에 대한 인과적인 설명 대신에 국제관계에 대한 해석적인 이해를 추구한다. 해석적인 이해는 인간의 의사결정에서의 우연성 · 상이한 행위자들이 동일한 일에 전혀 다른 의미의 부여 · 문화적 가치에 의한 외교와 정치의 실제에 관한 규정을 전제한다.216)

2) 다른 이론들과의 비교

조던(Richard Jordan)은 영국학파의 이론이 국제정치의 주요 이론인 신자유주의적 제도주의 이론 · 구성주의 이론 · 신현실주의 이론들의 요소들을 골고루 지니고 있다고 보고 이들과의 비교를 통해 통합의 가능성을 타진하고 통합을 통해 국제관계이론의 발전에 이바지하고자 한다. 부잔(Barry Buzan) 역시 영국학파의 이론을 위에서 언급한 이론들과 통합하는 데 적지 않은 관심을 두고 있다. 따라서 여기에서 이 두 학자의 견해를 중심으로 영국학파의 이론을 다른 주요 이론들과 비교하고자 한다.

(1) 신자유주의적 제도주의 이론과의 비교

부잔은 영국학파의 이론과 신자유주의적 제도주의 이론을 다음과 같이 비교하고 있다.217) 첫째, 신자유주의적 제도주의 이론은 시기적으로 당대의 일에 좀 더 집중하는 것과 달리 영국학파 이론은 주로 역사적인 관점을 가진다.

둘째, 신자유주의적 제도주의 이론은 공식적이든 비공식적이든 특별히 인간에 의해 만들어진 제도에 일차적인 관심을 두는 데 반해 영국학파 이론은 역사적으로 구성된 규범적인 구조에 일차적인 관심을 두고 있다. 여기서 역사적으로 구성된 규범적 구조란 달리 말해 좀 더 구체적인 제도의 형성과 진화 및 종식을 규정짓고 제약하는 근본적인 제도를 의미한다.218)

216) 웬트(Alexander E. Wendt)의 구성주의 이론은 성찰주의 패러다임에 속하나 예외적으로 실증주의를 수용하고 있어 합리적 접근과 성찰적 접근 사이를 잇는 가교로서 역할을 한다고 본다.

217) Barry Buzan, *From International to World Society? English School Theory and the Social Structure of Globalisation* (Cambridge, UK: Cambridge University Press, 2004), pp. 161–163. 이러한 차이점 이외에 연구 방법에서의 차이를 가진다. 영국학파의 경우 신자유주의적 제도주의 이론과 달리 실증주의적인 접근을 거부한다.

218) 영국학파가 관심을 두는 외교 · 국제법 · 세력균형 · 전쟁 · 강대국의 역할과 같은 국제제도를 「일차적

신자유주의적 제도주의 이론이 국제질서가 어떻게 생성되고 유지되는가의 문제에 관심을 두고 있다는 점에서 영국학파와 공통적이지만 영국학파와는 다른 종류의 국제제도를 살펴본다. 즉 신자유주의적 제도주의 이론이 특정 이슈 영역에서 국가들 사이에 정형화된 패턴으로서의 국제제도를 살펴보는 데 반해 영국학파는 이러한 것들을 가능하게 하는 본질적인 제도를 살펴본다. 따라서 조던은 영국학파와 신자유주의적 제도주의 이론이 함께 국제제도를 조명하고 이러한 국제제도가 갖는 국제사회와의 깊은 관련성을 밝힐 수 있다고 본다.[219)]

셋째, 신자유주의적 제도주의 이론이 행위자와 이들의 선호를 주어진 것으로 간주하는 합리주의적 접근을 하는 경향을 가지는 데 반해 영국학파 이론의 경우 행위자와 이들의 선호를 주어진 것으로 간주하지 않고 제도와 제도의 구성원이 서로를 구성하는 방식을 강조한다.

넷째, 신자유주의적 제도주의 이론과 영국학파 이론은 집중적으로 다루는 이슈 영역에 있어서 차이가 있다. 신자유주의적 제도주의 이론은 경제적·기술적 이슈에 집중하는 데 반해 영국학파 이론은 이러한 이슈를 무시하고 정치적·군사적 이슈에 집중한다.

다섯째, 신자유주의적 제도주의 이론은 합리적인 협력의 기제를 사용하여 자기중심적인 이익을 추구하는 개인의 관점에서 분석하고자 하는 데 반해 영국학파 이론은 공동의 이익과 공유된 가치 등에 주로 집중한다. 즉 영국학파 이론은 국제제도·국제협력·국제질서를 공동의 믿음과 공유된 가치에 바탕을 두고 이해하려는 데 반해 신자유주의적 제도주의 이론은 이러한 것들을 공동의 믿음과 공유된 가치에 바탕을 두지 않은 채 이해하려고 한다.

여섯째, 원칙상은 아니지만 사실상 신자유주의적 제도주의 이론은 주로 지구상의 모든 국가가 아닌 일부 국가들에 의한 무역·환경·무기 제한 등과 같은 특정의 이슈와 같은 하위지구적 현상(subglobal phenomena)을 연구하나 영국학파 이론은 주로 국제사회 전체의 특성과 작동을 연구한다.

인 제도(primary institution)」 혹은 「진화된 제도(evolved institution)」라고 칭하고 신자유주의적 제도주의 이론이 관심을 두는 국제제도를 「이차적인 제도(secondary institution)」 혹은 「설계된 제도(designed institution)」라고도 부른다. 영국학파가 관심을 두는 제도를 「근본적 제도(fundamental institution)」 혹은 「최상위의 제도(master institution)」라고도 부른다.

219) Richard Jordan, "A Brief Case for the English School," *The Monitor: Journal of International Studies*, 2011 Special Edition (2011), pp. 26–28.

(2) 구성주의 이론과의 비교

앞서 언급했듯이 불은 국가를 중요한 국제사회의 행위자로 간주하고 국제사회를 공동의 이익과 공동의 가치에 바탕을 둔 사회적 구성체로 바라보며 이러한 국제사회를 지탱해나가는 규범과 제도를 공유된 지식과 가치의 표현으로 간주한다. 이처럼 불의 국제사회론은 국가를 가장 중요한 분석단위로 하고 국제체제의 구조를 물질적 구조가 아닌 사회적으로 구성된 간주관적 구조(inter-subjective structure)로 본다는 점에서 웬트의 구성주의 이론과 궤를 같이한다. 그러나 연구의 방법론으로서 실증주의를 거부한다는 점에서 실증주의를 수용하고 있는 웬트의 구성주의 이론과 다르다.

조던은 국가들이 어떻게 국제사회에 사회화가 되는가의 문제 특히 국제사회가 현상 파괴를 꾀하는 혁명적인 국가를 어떻게 다루는가의 문제가 중요하다고 보고 이러한 사회화 문제를 둘러싸고 영국학파 이론과 구성주의 이론 간의 협력이 가능하다고 본다. 불이 포함된 전통적 영국학파는 구성주의 이론이 등장하기 오래전부터 사회와 사회화를 국제관계 연구의 중심에 두어왔으며 다른 이론들과 비교하여 특히 현상타파의 문제를 가장 잘 다룰 수 있다. 따라서 영국학파는 오랫동안 사회화에 관심을 두어왔으나 아직 설득력 있는 사회화의 이론을 정립하지 못한 구성주의 이론과 더불어 사회화이론을 만들어가는 작업을 시작할 수 있다고 본다.220)

(3) 신현실주의 이론과의 비교

영국학파 이론은 무정부 상태의 국제체제에서 국제제도에 의해 질서가 가능하다는 점에서 신현실주의 이론과 크게 다르다. 또한 국제법과 외교를 중요한 질서의 장치로서 인정하고 있다는 점 역시 영국학파와 신현실주의 이론을 갈라놓는 점 중의 하나이다. 그러나 영국학파가 국제체제를 무정부 상태로 보고 있다는 점과 세력균형·전쟁·강대국의 역할 등을 질서의 또 다른 장치로 보고 있다는 점 등은 신현실주의 이론과 다르지 않다.

조던은 불이 포함된 전통적 영국학파가 세력균형을 국제평화와 질서에 중요한 요소로 보는 한편 국제체제의 구조를 강조하면서 무정부성을 국가들이 스스로 만들어 낸 사회적 구조로 보는 구성주의 이론과 달리 무정부성을 사회적 구조가 아닌 실재하는 구조(즉 국제정치가 지닌 본질적인 구조)로서 국가 행동의 범주를 결정한다고 본다는 점에서 신현실주의 이론과 궤를 같이한다고 본다.

---

220) Richard Jordan, "A Brief Case for the English School," *The Monitor: Journal of International Studies*, 2011 Special Edition (2011), pp. 26-28.

이러한 진단 아래 영국학파와의 통합 면에서 신현실주의 이론이 다른 이론들과 비교하여 가장 풍부한 잠재성을 가지고 있다고 본다.221) 특히 부잔은 침체되어 있다고 평가를 받아오고 있는 영국학파를 현대적으로 재조명하는 데 주도적인 역할을 해오면서 영국학파 이론과 신현실주의 이론의 통합을 시도하고 있다.222)

제10절 신자유주의적 제도주의 이론223)

1. 등장 배경

신자유주의적 제도주의 이론의 등장은 왈츠 계열의 신현실주의 이론에 대한 반발과 길핀 계열의 패권안정론에 대한 반발이라는 두 가지 측면이 존재한다.224) 신자유주의적 제도주의 이론의 등장을 이러한 두 가지 측면에서 살펴보면 다음과 같다.

---

221) *Ibid.*

222) Barry Buzan, "From International System to International Society: Structural Realism and Regime Theory Meet the English School," *International Organization*, Vol. 47, No. 3 (Summer 1993), pp. 327-352; Barry Buzan, *People, States, and Fear*, 2nd. ed. (Boulder: Lynne Rienner, 1991). 부잔은 무정부성이 단일한 성격을 지닌다고 보는 신현실주의 이론과는 달리 다양한 성격을 지닐 수 있다고 본다. 그는 구체적으로 가혹함(severity)의 정도에 따라 무정부성을 구분하여 연장선의 한끝에 두려움・불신・질시・무관심・갈등을 특징으로 하는 미성숙한 무정부성(immature anarchy)을 위치시키고 반대편 끝에 체제 내의 국가들 사이의 상대적인 힘의 차이에도 불구하고 안정된 성숙한 무정부성(mature anarchy)이 존재한다고 본다. 현재의 무정부성은 이러한 연장선상의 중간 정도에 위치하는데 안정되지도 않았으나 고삐가 풀린 무질서로부터는 벗어나 있다고 본다.

223) 앞서 언급한 바대로 국제레짐론과 신자유주의적 제도주의 이론은 전자가 국제제도 중에서 국제기구와 같은 국제제도의 요소에 별 관심을 두지 않고 대신 국제레짐에 관심을 집중하는 데 반해 후자는 국제레짐 이외에 국제기구와 같은 국제제도를 포함하여 국제제도에 대해 좀 더 포괄적으로 접근한다는 점에서 차이를 가진다. 그러나 실제에 있어서 신자유주의적 제도주의 이론 역시 국제제도 가운데 국제레짐에 상대적으로 많은 관심을 집중함으로써 국제레짐론과 거의 구별이 되지 않는다. 이런 이유로 국제레짐론과 신자유주의적 제도주의 이론을 구별하지 않고 같은 것을 지칭하는 용어로 사용되는 경우가 많다. 이 책에서는 국제레짐론을 별도로 살펴보지 않고 좀 더 포괄적인 이론인 신자유주의적 제도주의 이론에 대한 논의 아래 더불어 살펴보고자 한다. 우리가 「국제레짐론」이라는 용어를 사용할 때 주의할 점이 있다. 일반적으로 「국제레짐론」이라고 하면 국제레짐이 국제체제의 구조적인 변수와 관계없이 독자성을 지니고 국가 행동에 영향을 미치는 것을 설명하는 이론을 지칭한다. 그러나 이와는 달리 국제레짐의 독자성의 유무와 관계없이 국제레짐이 어떻게 생성되고 유지・확대되며 쇠퇴하는가를 설명하려는 모든 종류의 이론들을 통칭하여 부를 때 사용되기도 한다. 따라서 국제레짐을 패권국의 존재에 의해 생성되고 유지되는 것으로 보아 국가 행동에 대한 독자적인 영향력을 인정하지 않는 현실주의 패러다임의 패권안정론까지도 이러한 의미의 국제레짐론(즉 광의의 국제레짐론)에 속한다고 볼 수 있다.

224) 패권안정론은 신현실주의 이론에 대한 반발이라는 측면을 가지고 있다.

1) 왈츠 계열의 신현실주의 이론에 대한 반발

1970년대 초에 초정부론과 초국가론이 등장하고 이어 상호의존론이 등장했으나 현실주의 패러다임의 신현실주의 이론 편에서 이미 설명했듯이 1970년대 말과 1980년대 초에 전개된 국제정치 상황은 현실주의 국제정치 이론을 설득력 있게 만들었으며 이러한 맥락에서 신현실주의 이론이 등장했다.

그러나 신현실주의 이론의 분석과는 달리 1980년대의 국제정세는 1950년대의 냉전 시대로의 복귀나 나아가 1930년대와 같은 국제체제의 붕괴로 이어지지 않고 국가 간의 협력이 일정한 정도 유지되었다. 특히 1980년대 중반부터 시작된 소련의 개혁 시도와 동유럽의 급격한 변화가 국제사회 전반에 걸쳐 커다란 영향을 미치면서 국가 간 상호의존에 대한 인식을 고취시켰다. 또한 미국과 소련이 중요 군축 문제에 합의하면서 고조된 협력관계는 국가 간의 대결과 갈등을 강조하는 왈츠를 중심으로 한 신현실주의 이론의 적실성에 의문을 던지고 신자유주의적 제도주의 이론의 등장을 촉진했다.

2) 길핀 계열의 패권안정론에 대한 반발

앞서 현실주의 패러다임의 패권안정론에서 언급했듯이 패권안정론은 국제체제의 무정부성으로 인해 국가 간 협력이 어렵다는 왈츠 계열의 신현실주의 이론과는 달리 패권국의 존재라는 제한적인 조건하에 협력과 질서가 가능하다는 논리를 제시했다. 신자유주의적 제도주의 이론은 이러한 패권안정론에 대한 반발의 측면을 가지고 있는데 이를 자세히 살펴보도록 하자.

2차 세계대전 이후 미국의 주도하에 형성되어 지속되었던 국제경제 질서가 1970년대 초의 국제통화 질서의 붕괴와 더불어 자유무역 질서의 쇠퇴를 통해 흔들리고 있는 것일지도 모른다는 관찰이 제기되었다. 이러한 관찰과 더불어 독일과 일본의 경제발전으로 인한 미국의 상대적 위상의 약화와 베트남전에서의 패배 및 1차 오일쇼크에서의 미국의 무력감을 통해 미국의 상대적 권력이나 영향력이 쇠퇴하고 있는 것이 아닌가 하는 의문 역시 제기되었다.

이러한 상황은 미국의 국력이 실제로 쇠퇴하고 있느냐의 여부를 둘러싼 논쟁과 미국이 중심이 되어 구축된 국제경제 질서가 실제로 쇠퇴하고 있느냐의 여부를 둘러싼 논쟁을 촉발시켰다. 이러한 두 현상의 실재 여부를 둘러싼 차이가 존재했을 뿐 아니라 나아가 과연 이 두 현상 사이에 상관관계가 존재하는 것은 아닌가를 둘러싸고

도 의견 차이가 존재했다.[225]

우선 미국 국력의 상대적인 쇠퇴와 국제경제 질서의 쇠퇴를 인정하는 패권안정론의 견해부터 살펴보도록 하자. 국제제도 · 국제협력 · 국제질서란 패권국에 의해 창출되고 유지되며 패권국의 쇠퇴나 소멸과 더불어 운명을 같이한다고 보는 패권안정론은 2차 세계대전 이후 미국의 패권으로 인해 국제경제 질서가 안정적으로 유지될 수 있었으나 1970년대부터 미국의 패권이 쇠퇴하면서 이러한 질서들이 쇠퇴하고 있다고 진단하고 국제무역 분야를 예로 들어 보호무역주의가 확대될 것이라는 비관적인 전망을 제시했다.[226]

그러나 패권안정론은 패권국의 존재 속에서 쇠퇴하는 국제질서의 경우와 패권국의 쇠퇴 속에서 유지되는 국제질서의 경우를 논리적인 일관성을 가지고 설명할 수 없는 한계를 가지고 있었다. 후자의 경우를 좀 더 상론하면 패권국으로서의 미국의 경제력과 군사력이 쇠퇴하기 시작했으나 국제경제 협력에 있어 눈에 띄는 쇠퇴가 없다는 진단을 내릴 경우 패권안정론은 이에 대한 논리적인 설명을 제공하지 못하게 된다.

이러한 괴리를 메울 수 있는 대안적인 요인으로서 나이(Joseph S. Nye, Jr.)는 국제레짐의 성공적인 역할 · 미국 국력 쇠퇴의 과장 · 왈츠의 양극체제 안정론 · 핵의 위험에 의한 영토점령체제의 마비 등의 요인을 제시한 바 있다.[227]

이러한 요인들 이외에 앞서 패권안정론 부분에서 언급했듯이 크라즈너(Stephen D. Krasner)가 패권의 상승기에 행위자들이 채택한 정책이나 국제레짐을 포함한 국제제도가 패권의 쇠퇴에도 불구하고 지속되는 이유로서 제시한 국제제도의 관성이라는 요인도 있다.

또한 미 · 소 양 진영이 대립하고 있었던 냉전을 요인으로 파악하고자 하는 견해도 있다. 이 견해에 따르면 미국의 패권이 쇠퇴했음에도 불구하고 자유무역과 국제통화의 안정이 유지될 수 있었던 것은 소련의 위협 아래 서방 진영 국가들이 내부적으로 분열되어 취약함을 드러내지 않고 단합을 꾀하기 위한 노력의 결과로 보며 구체적으로 주요 7개국(G-7) 정상회의가 전면에서 이러한 역할을 했다고 본다. 이 견해는 냉전의 지속으로 인해 발현되고 있지 않던 패권 쇠퇴의 결과가 냉전의 종식으

225) 이 부분은 현실주의 패러다임 편에서 패권안정론의 등장 배경으로 이미 언급한 부분이다.

226) 패권안정론이 논리적으로 일관성 있게 취할 수 있는 또 다른 입장은 본질적으로 미국의 패권적 지위에는 큰 변동이 없고 현재의 자유무역 질서 역시 본질적인 큰 변동은 없다는 진단하에 패권국의 존재가 여전히 질서의 유지에 큰 역할을 하고 있다는 것이다.

227) Joseph S. Nye, Jr., "Neorealism and Neoliberalism," *World Politics*, Vol. XL, No. 2 (January 1988), pp. 235-251.

로 인해 드러날 수 있다는 견해를 피력하고 있다.

이러한 요인들 중에서 국제레짐의 성공적 역할이라는 요인을 강조하는 이론이 바로 신자유주의적 제도주의 이론이라고 볼 수 있다. 신자유주의적 제도주의 이론은 1980년대에 들어서서 미국의 국력(특히 경제력과 군사력)이 상대적으로 쇠퇴했음에도 불구하고 국제적인 경제협력 등에 있어서 눈에 띄는 쇠퇴 현상이 보이지 않았다고 진단한 일단의 학자들이 이러한 현상을 논리적으로 설명하기 위해 탄생시킨 이론이다.

신자유주의적 제도주의 이론은 패권안정론이 주장하는 패권국과 국제질서와의 상관관계를 부인하는 주장(즉 패권국이 부재해도 국제경제 질서는 안정적이고 국가 간에 협력이 일어날 수 있다는 주장)을 전개했다. 이러한 것을 가능하게 하는 요인으로서 형성과 유지가 패권과 같은 구조적 변수에 영향을 받지 않고 독자성을 가지고 있다고 가정하는 국제레짐과 같은 국제제도의 존재를 중요시했다.

2. 이론의 가정과 적실성의 조건

1) 신자유주의적 제도주의 이론의 가정

국제정치의 주된 현상이란 국가 혹은 국가 이외의 행위자 간의 협력과 갈등의 관계이다. 이러한 현상을 바라보는 각 패러다임의 입장은 다르다. 우선 현실주의 이론은 국제체제의 무정부성과 국가의 권력 추구 욕망을 강조함으로써 국가 간 갈등을 강조하고 협력의 제한성을 강조한다. 신자유주의적 제도주의 이론과 구별되는 전통적 자유주의 이론들은 국가 이외의 다양한 행위자 간의 상호의존과 협력을 강조한다. 신자유주의적 제도주의 이론은 국가 행동이 권력에 의해 지배를 받는다는 것을 인정함과 동시에 제도의 도움을 받아서 제한적인 협력이 가능하다고 본다. 신자유주의적 제도주의 이론의 가정을 전통적인 자유주의 이론과 현실주의 이론들의 가정과 비교하면 다음과 같다.[228]

첫째, 국가의 유일한 행위자성에 대해 현실주의 이론과 신자유주의적 제도주의 이론은 이러한 가정을 수용한다. 그러나 전통적 자유주의 이론은 국가의 유일한 행위자성을 부인하고 이익집단 · 다국적기업 · 국제기구 등을 위시한 비국가적 행위자들 역시 중요 행위자로 본다.

둘째, 국가의 통합성과 합리성에 대해 현실주의 이론과 신자유주의적 제도주의

228) Joseph M. Grieco, "Anarchy and the Limits of Cooperation: A Realist Critique of the Newest Liberal Institutionalism," *International Organization*, Vol. 42, No. 3 (Summer 1988), p. 494.

이론은 이러한 가정을 수용한다. 이와 대조적으로 전통적인 자유주의 이론만은 국가를 분절된 행위자로서 비합리성을 가질 수 있다고 본다.

셋째, 무정부 상태가 국가의 선호와 행동에 미치는 중대한 영향에 대해 현실주의 이론과 신자유주의적 제도주의 이론은 이러한 가정을 수용한다. 그러나 신자유주의적 제도주의 이론은 현실주의 이론과는 달리 무정부 상태를 명시적으로 강조하지는 않는다. 전통적인 자유주의 이론의 경우는 이들과는 대조적으로 무정부 상태의 중대한 영향을 부정하고 기술과 지식 등의 영향력이 현저함을 강조한다.

넷째, 국제제도가 국가 간 협력을 용이하게 하는 독립적(자율적)인 영향력에 대해 전통적 자유주의 이론과 신자유주의적 제도주의 이론은 모두 그렇다고 본다. 그러나 이와는 달리 현실주의 이론은 이를 부정한다.229)

다섯째, 국가 간 협력의 전망에 대해 현실주의 이론은 비관적이나 전통적인 자유주의 이론과 신자유주의적 제도주의 이론은 낙관적이다.

이처럼 신자유주의적 제도주의 이론은 현실주의 이론의 가정을 대폭 수용하고 있는 동시에 자유주의 이론의 가정도 일부 수용하고 있다.230) 신자유주의적 제도주의 이론의 가정이 현실주의 이론과 전통적 자유주의의 이론의 가정과 어떠한 공통점과 차이를 가지고 있는가를 좀 더 상세히 살펴보자.

(1) 현실주의 이론과의 비교

신자유주의적 제도주의 이론은 현실주의 이론과 마찬가지로 국가를 국제정치에 있어서 유일한 행위자 · 통합된 행위자 · 합리적인 행위자로 보며 무정부 상태가 국가 행동에 큰 영향을 미친다고 본다. 그러나 국제제도가 무정부 상태가 주는 이러한 영향을 완화시킨다고 본다. 즉 신자유주의적 제도주의 이론이 현실주의 이론과 다른 점이란 국제제도의 역할에 중점을 둠으로써 국가 행동을 설명하는 데 국제제도의 역할을 중요시하는 자유주의 전통과 맥을 같이한다는 것이다.231)

신현실주의 이론이 핵심적으로 다루는 것이 무정부 상태 속에서의 갈등(conflict under anarchy)이고 전통적 자유주의 이론의 주된 관심이 상호의존 속의 협력(co-

---

229) 앞서 언급했듯이 모든 전통적 자유주의 이론들이 국가 행동과 국제관계를 설명하고 예측하는 데 있어서 국제제도의 영향에 관심을 두고 있는 것은 아니다.

230) 신자유주의적 제도주의 이론이 현실주의 이론의 가정을 대폭적으로 수용하고 있는 것을 국제정치의 현실을 설명하기 위한 현실주의 이론의 변신이라고 보고 신자유주의적 제도주의 이론을 「방어적 현실주의 이론(defensive realist theory)」이라고 부르는 경우도 있다.

231) 신자유주의적 제도주의 이론도 신현실주의 이론과 같이 체제분석(systemic analysis)을 중요시하고 있으나 국제제도의 영향을 강조한다는 점에 있어서 신현실주의 이론과 다르다.

operation under interdependence)이라면 신자유주의적 제도주의 이론의 핵심적인 내용은 무정부 상태 속에서의 협력(cooperation under anarchy) 좀 더 정확히 말하자면 무정부 상태 속에서의 제한적인 협력(limited cooperation under anarchy)의 문제라고 볼 수 있다.[232)]

저비스(Robert Jervis)의 말을 빌리자면 신자유주의적 제도주의 이론은 「어떻게 자기중심적인 행위자들이 무정부 상태 속에서 그리고 서로의 중요한 이해관계가 상충하는 가운데 협력을 할 수 있을까」에 관심을 둔다.[233)] 같은 맥락에서 악셀로드(Robert Axelrod)도 신자유주의적 제도주의 이론을 「이기주의자들의 세계에서 중앙의 권위가 부재한 가운데 어떻게 협력이 일어날 수 있을까」의 문제를 다루는 이론으로 본다.[234)]

이러한 문제에 대해 신자유주의적 제도주의 이론은 국가 간의 협력이 이기적인 국가 사이에서도 일어날 수 있고 이러한 협력을 위해 중요한 역할을 하는 것이 바로 국제레짐이나 국제기구와 같은 국제제도라는 것이다. 이러한 맥락에서 국제정치에서 제도화(institutionalization)가 각 국가의 협력행위에 중대한 영향을 미치며 국가 간의 협력과 불화는 이러한 제도적 변수에 의해 좌지우지될 수 있다고 본다.

앞서 현실주의 패러다임 편에서 살펴보았듯이 현실주의 이론은 국가 간의 협력을 힘들게 하는 주된 장애요인으로서 타국의 배신(cheating)[235)]에 대한 우려와 상대적 이득에 대한 우려를 지적한다.[236)] 신자유주의적 제도주의 이론도 배신을 국가 간의 협력에 대한 가장 커다란 장애라고 보지만 국제제도가 이러한 장애를 극복하도록 도와준다고 본다.

현실주의 이론이 국가들이 상대적 이득을 중요시하기 때문에 절대적 이득이 있어도 협력이 일어나기 힘들다는 논리를 전개하는 데 반해 신자유주의적 제도주의 이론은 국가들이란 그들의 취할 수 있는 절대적 이득을 극대화하고자 하며 다른 국가

232) 신자유주의적 제도주의 이론은 또한 쇠퇴하는 패권하에서의 협력(cooperation under declining hegemony)을 이해하고자 한다고도 볼 수 있다.

233) Robert Jervis, "Realism, Game Theory, and Cooperation," *World Politics*, Vol. 40, No. 3 (April 1988), p. 318.

234) Robert Axelrod, *The Evolution of Cooperation* (New York: Basic Books, 1984), p. 3.

235) 여기서 배신(cheating)이란 준수나 복종(compliance)과 대조되는 개념이다.

236) 로체스터(J. Martin Rochester)는 질서와 협력이 무정부 상태에서 가능하다는 관찰은 오래전부터 울퍼스(Arnold Wolfers)·아롱(Raymond Aron)·카플란(Morton Kaplan) 등과 같은 현실주의자들에 의해 제기되어 왔으며 이런 점에서 현실주의자들이 협력에 대해서 무관심해 왔다는 일반적인 지적은 다소 지나치다고 주장하고 있다: J. Martin Rochester, *Waiting for the Millennium: The United Nations and the Future of World Order* (Columbia, South Carolina: University of South Carolina Press, 1993), pp. 11-13.

들이 얻는 이득에는 예민하지 않다고 본다. 즉 국가들은 절대적 이득을 추구한다면서 상대적 이득이 협력을 방해한다는 것을 부인한다.

그리코(Joseph M. Grieco)가 적절히 지적하고 있듯이 국제체제의 무정부성이 국가의 선호와 행동에 중대한 영향을 미친다는 점을 신현실주의 이론과 신자유주의적 제도주의 이론 모두 인정하나 이들이 국가 간의 협력에 대해 다른 결론을 내리고 있는 것은 이들이 국제체제의 무정부성에 대한 해석을 달리하고 있기 때문이다. 신자유주의적 제도주의 이론은 무정부성을 국가 간 게임의 규칙을 감시하고 처벌할 중앙권위의 부재로 해석하고 이로 인해 국가 간 배신이 가능하다는 결론에 이른다. 이와는 대조적으로 신현실주의 이론은 무정부성을 단순히 규칙을 이행시킬 대리기관의 부재가 아니고 다른 국가에 의해 잠재적이고 현실적인 폭력의 위협에 처해 있는 상황을 의미한다.237)

(2) 전통적 자유주의 이론과의 비교

로체스터(J. Martin Rochester)는 기존의 전통적 자유주의 이론들이 1940년대 말과 1950년대에는 초국가적 국제기구의 설립 가능성에 대해 학문적 노력을 했고 1960년대에는 지역적 수준 등에서의 정치적 통합에 대해 연구력을 집중했다. 1970년대에는 국제기구 내에서의 초국가적이고 초정부적 제휴의 수립이 가져올 의미에 대해 학문적으로 집중했는데 이들 전통적 자유주의 이론들과 무정부 상태에서의 국가 간 협력의 문제를 다루는 신자유주의적 제도주의 이론의 학문적 노력과의 차이는 무엇인가에 대해 분석하고 다음과 같은 결론을 내리고 있다.238)

첫째, 게임이론 · 공공재 이론 · 자유시장에서 이윤의 극대화를 추구하는 기업의 행태에 국가의 행태를 비유하고 있는 미시경제론적 국가 간 협력에 관한 이론인 신자유주의적 제도주의 이론은 전통적 자유주의 이론처럼 국제제도가 국가 행동과 국제협력에 미치는 영향을 인정하나 국가가 유일한 통합된 합리적 행위자이며 무정부 상태가 국가 행동의 동인이라는 현실주의 이론의 가정을 따른다. 이처럼 신자유주의적 제도주의 이론에 있어서 권력과 국제제도가 국가 행동의 중요한 결정요인이다.

둘째, 신자유주의적 제도주의 이론은 신기능주의 이론과 같은 과거의 자유주의적 제도주의 이론이 지나치게 낙관적이고 이상주의적이었다는 약점을 보완하고 현실주

---

237) Joseph M. Grieco, "Anarchy and the Limits of Cooperation: A Realist Critique of the Newest Liberal Institutionalism," *International Organization*, Vol. 42, No. 3 (Summer 1988), pp. 485-507.

238) J. Martin Rochester, *Waiting for the Millennium: The United Nations and the Future of World Order* (Columbia, South Carolina: University of South Carolina Press, 1993), pp. 11-13.

의 이론인 패권안정론의 약점을 보완했다는 점이다. 즉 이 두 이론을 통합한 것이 신자유주의적 제도주의 이론이라고 본다.

셋째, 신자유주의적 제도주의 이론은 국가 간의 협력을 가져다주는 조건을 발견해내는 데 있어서 전통적 자유주의 이론들과는 달리 협력과 같은 용어를 좀 더 엄격하게 개념화하고 있고 좀 더 과학적인 방법론을 가지고 분석하고 있다.[239)]

신자유주의적 제도주의 이론은 신기능주의 이론이 통합에 있어서 정치의 역할을 강조하고 상호의존론이 권력의 원천으로서 국가 간의 비대칭적인 의존이라는 새로운 개념을 발전시키고 있음에도 불구하고 협력의 문제를 경제적 차원에만 국한해 정치적 차원에서 발생하는 갈등과 주권 국가 간의 권력의 문제에 대해 소홀한 것에 대한 반응으로서 등장했다고도 볼 수 있다.

(3) 현실주의 이론과 전통적 자유주의 이론의 결합

신자유주의적 제도주의 이론은 현실주의 이론가들의 인식 변화(즉 안보 문제뿐 아니라 비안보 문제도 중요할 수 있으며 질서는 무정부적 상태와 공존할 수도 있다는 인식에의 변화)와 자유주의 이론가들의 인식 변화(즉 권력과 국가이익이라는 것이 질서의 저변에 깔려 있을 수 있으며 질서란 국제법이나 지속적이고 공식적인 국제기구보다 덜한 어떤 것 가운데서도 가능할 수 있다는 인식에의 변화)의 결합을 통해 탄생했다.[240)]

투즈(Roger Tooze)도 비슷한 논리를 전개하고 있다. 그에 따르면 신자유주의적 제도주의 이론에 있어서 국제레짐을 포함한 국제제도라는 개념의 등장은 현실주의 패러다임 내에서의 불만과 자유주의 패러다임 내부에서의 불만이 결합한 결과이다. 즉 현실주의 개념들이 상호의존의 복잡성을 이해하는 데 한계가 있었고 자유주의 내부에 있어서는 공식적인 국제기구의 연구로는 새로운 형태의 국제협력을 설명하기 힘들어졌기 때문에 제도화된 국가 간의 행위(institutionalized international behavior)에 초점을 두는 신자유주의적 제도주의 이론이 등장했다고 본다.[241)]

---

239) 1980년대 중반 이래 신현실주의 이론과 신자유주의적 제도주의 이론이 국제관계 이론 분야에서 양대 이론으로서의 위치를 점해오고 있다. 이들은 전통적인 현실주의 및 전통적 자유주의와는 달리 좀 더 과학적(실증적) 접근을 중요하게 여겼으며 국제체제의 특징인 무정부성과 국제제도화의 정도라는 국제체제 수준의 원인변수와 국제체제의 주요한 행위자인 국가의 행동에 미치는 영향 사이의 관계를 이론화하고자 했다.

240) Stephan Haggard and Beth A. Simmons, "Theories of International Regimes," *International Organization*, Vol. 41, No. 3 (Summer 1987), pp. 491-517.

241) Roger Tooze, "Regimes and International Cooperation," in A. J. R. Groom and Paul Taylor, eds., *Frameworks for International Co-operation* (New York: St. Martin's Press, 1990), p. 208.

2) 신자유주의적 제도주의 이론의 적실성의 조건

신자유주의적 제도주의 이론은 다음 두 조건이 충족되었을 때 적실성을 가지며 협력에 관한 성공적인 이론이 될 수 있다고 볼 수 있다. 우선 행위자들이 협력을 통해 무엇인가를 얻을 수 있어야만 한다. 즉 서로 이익을 획득할 수 있어야 한다.

다음으로 제도화 정도의 변이(variation in the degree of institutionalization)가 국가 행동에 본질적인 영향을 미쳐야 한다. 즉 국제정치에서 국제제도가 항구적으로 고정되어 있으면 국가 행동의 변이를 설명하기 위해 국제제도라는 요인을 살펴보는 것은 의미 없는 일이다. 코헤인(Robert O. Keohane)에 따르면 실제에 있어서 국가들은 상호이익을 갖고 있으며 국제정치에 있어 제도화란 상수가 아닌 변수이다.242)

3. 신자유주의적 제도주의 이론의 주요 개념

1) 협 력

신자유주의적 제도주의 이론은 일명 「국제협력 이론」이라고 불린다. 따라서 협력이 무엇을 의미하는가를 살펴보는 것이 대단히 중요하다. 코헤인은 협력(cooperation)이라는 개념을 조화(harmony)라는 개념과 구별하고 있는데 이들의 차이를 살펴보면 다음과 같다.

코헤인에 있어서 조화란 모든 행위자에 의한 이기적인 이익의 추구가 자동으로 참여자 모두의 목표 달성으로 이어진 상황을 일컫는다. 즉 조화의 경우는 사전에 인위적인 조정의 노력 없이 행위자들의 행위가 일치하는 경우를 의미하며 행위자 간에 의사소통이 없는 가운데도 존재할 수 있다. 협력은 사전에 조화가 존재하지 않기 때문에 정책의 조정(coordination)이라는 과정을 통해 개인이나 개개 조직의 행동을 서로에게 일치시키는 것이 필요한 경우이다. 협력이란 이처럼 현존하는 갈등을 해결하기 위한 것이거나 미래의 갈등을 피하기 위한 노력 일부이다.243)

이처럼 코헤인이 협력의 개념을 조화의 개념과 구별하고 있는 것은 이상주의와의 구별을 위한 것으로 볼 수 있다. 코헤인은 인간의 합리성과 국가 간 이익의 자연스러운 조화를 전제로 하여 전쟁의 근본적 원인인 불완전한 정치제도의 미비점을 보완하거나 새로운 제도를 수립함으로써 평화를 가져올 수 있다고 본 이상주의의 낙관

242) Robert O. Keohane, *International Institutions and State Power: Essays in International Relations Theory* (Boulder, San Francisco, and London: Westview Press, 1989), pp. 2-3.
243) *Ibid.*, p. 159.

론으로부터 자신의 국제협력론을 분리하여 더 현실적인 토대 위에서 국제협력과 국제평화에 대한 이론을 제시하기를 원했던 것이다.

2) 국제제도(international institution)[244)]

앞서 자유주의 패러다임의 도입 부분에서 언급했듯이 국제제도 · 국제레짐, · 국제기구라는 세 개념이 학자들에 따라 달리 사용되어 혼란이 있으나 코헤인(Robert O. Keohane)의 정의를 따라 국제제도를 광의로 해석하여 국제레짐과 국제기구를 포함하는 것으로 사용하고자 한다. 다만 코헤인과 다른 점은 코헤인은 명시적이냐 아니냐에 따라 국제레짐과 관습을 구별하고 있는데 관습과 같은 묵시적인 것도 국제레짐의 개념에 포함시키고자 한다.[245)]

3) 국제기구(international organizations)

국제기구는 영(Oran R. Young)과 코헤인(Robert O. Keohane)의 정의를 종합하여 「직원과 예산 및 시설 등을 보유하고 있는 구체적인 구조를 지닌 물질적인 실체로서 명시적인 규칙 · 개인과 집단으로의 역할의 구체적 할당 · 행동을 위한 능력을 지닌 목표 지향적인 국제제도」라고 정의하고자 한다.

4) 국제레짐(interantional regimes)

신자유주의적 제도주의 이론은 국제제도 가운데 국제레짐에 대해 집중적으로 논의하고 있다. 따라서 국제레짐이라는 것이 구체적으로 무엇을 의미하는 것인가를 이해하는 것이 무엇보다도 중요하다.

(1) 국제레짐의 정의

푸찰라와 홉킨스(Donald J. Puchala and Raymond F. Hopkins)는 레짐을 「정형화된 행위(patterned behavior)」로 가장 광범위하게 정의한다.[246)] 이는 국제레짐을 행위상의 규칙성으로부터 연역해 내는 경우이다. 그러나 정형화된 행위의 존재는 반드시 레짐의 존재를 나타내는 것은 아니기 때문에 정형화된 행위만으로 국제레짐을 추정

---

244) 국제제도에 관한 보다 상세한 논의는 자유주의 패러다임의 가정 부분을 참고하시오.

245) 이처럼 국제제도를 광의로 해석하고자 하나 실제에 있어서 국제제도를 국제기구와 분리하여 협의의 제도로서 국제레짐만을 포함하는 견해도 있다는 것을 염두에 두어야 한다.

246) Donald J. Puchala and Raymond F. Hopkins, "International Regimes: Lessons from Inductive Analysis," in Stephen D. Krasner, ed., *International Regimes* (Ithaca, Cornell University Press: 1983), pp. 61-91.

함으로써 국제정치에 있어서 규범적인 합의의 수준을 과대평가할 위험을 지닌다. 따라서 이러한 정의는 거의 사용되지 않는다.

이와는 대조적으로 레짐을 「특정 이슈 영역에서 국가들의 행위를 규제할 것을 목적으로 하는 국가 간의 다자적 협약(multilateral agreement)」라고 제한적으로 정의하는 예도 존재한다. 그러나 이와 같은 정의는 공식적인 국가 간의 협약에만 중점을 둠으로써 형식주의에 빠질 우려가 있다.[247]

이러한 두 극단적인 정의의 중간에 속한다고 볼 수 있는 것이 바로 크라즈너(Stephen D. Krasner)가 내린 정의이다. 그는 국제레짐을 「국제관계의 특정 영역에서 행위자의 기대하는 바가 수렴되는 명시적이거나 묵시적인 원칙 · 규범 · 규칙 · 의사결정 절차」라고 정의하고 있다.[248] 이는 현재 가장 널리 수용되고 있는 정의로서 국제레짐을 이러한 의미로 사용하고자 한다. 다음으로 국제레짐을 구성하고 있는 요소인 원칙 · 규범 · 규칙 · 의사결정 절차가 구체적으로 무엇을 의미하는가를 국제무역 영역에 존재하는 국제레짐의 예를 들어 살펴보고자 한다.

원칙(principles)이란 사실 · 인과관계 · 올바름에 대한 믿음(belief of fact, causation and rectitude)을 의미한다. 다시 말해 다양한 이슈 영역에서 국가가 취하는 정책의 지향점에 내재해 있는 널리 수용되는 믿음이다. 예컨대 자유무역이 모든 국가의 복지를 증진시킨다는 믿음 같은 것이 이러한 원칙에 해당한다.

규범(norms)이란 권리와 의무의 관점에서 정의된 행위의 기준(standards of behavior defined in terms of rights and obligations)을 뜻한다. 구체적으로 자유무역을 위해 관세와 비관세 무역장벽을 낮추고 최혜국 대우를 하여야 한다는 것이 이러한 규범의 한 예가 될 수 있다.

규칙(rules)이란 어떤 행위를 하도록 하거나 어떤 행위를 금하는 구체적인 규정(specific prescriptions or proscriptions for action)을 의미한다. 규칙의 예로서 수출보조금 금지와 수량제한 금지 같은 것을 들 수 있다.

의사결정 절차(decision-making procedures)란 집단적인 선택과 선택의 이행을 위

247) 해거드와 시몬스(Stephan Haggard and Beth A. Simmons)는 이러한 정의가 주는 명료성 때문에 이 정의를 현재로서는 가장 유용한 것으로 간주한다: Stephan Haggard and Beth A. Simmons, "Theories of International Regimes," *International Organization*, Vol. 41, No. 3 (Summer 1987), pp. 493-496

248) 이를 영어 원문으로 옮기면 다음과 같다. 「sets of implicit or explicit principles, norms, rules, and decision making procedures around which actors' expectations converge in a given area of international relations.」: Stephen Krasner, "Structural Causes and Regime Consequences: Regimes as Intervening Variables," *International Organization*, Vol. 36, No. 2 (Spring 1982), p. 186.

해 일반적으로 행해지고 있는 관행(prevailing practices for making and implementing collective choices)을 의미한다. 구체적으로 만장일치제나 다수결제와 같은 의사결정 방식뿐 아니라 내려진 결정의 법적 구속력의 여부 등을 일컫는다.

국제레짐을 구성하고 있는 이러한 요소 간에는 위계질서가 존재한다. 말하자면 규범은 원칙에 어긋나서는 안 되며 규칙은 이러한 규범과 상반되면 안 된다. 원칙과 양립하는 규범이 여러 개 존재하며 이러한 원칙과 규범 아래 이들과 양립하는 많은 규칙과 의사결정 절차가 존재한다.

(2) 국제레짐 개념의 문제점

크라즈너의 국제레짐에 대한 정의를 따를 경우 우선 특정의 이슈 영역에 있어서 행위자의 기대하는 바가 일치하는 것들로는 과연 무엇이 있으며 어느 정도로 일치될 때 국제레짐이 존재한다고 말할 수 있는가를 객관적으로 판단하는 것이 상당히 어렵다.

행위자의 기대가 수렴하는 명시적이 아닌 묵시적인 원칙 · 규범 · 규칙 · 의사결정 절차까지를 국제레짐에 포함하면 이를 객관적으로 판단하는 것이 더욱 어려워진다.[249] 따라서 특정의 국제레짐에 있어서 원칙과 규범이 무엇인가에 대해 심각한 이견이 존재하는 경우가 많으며 이러한 의견 차이는 국제레짐의 안정과 변화를 해석하는 데에 커다란 차이를 가져온다.

(3) 규범과 규칙의 종류

국제레짐에 관한 연구에서 핵심적인 것은 규범과 규칙의 역할에 관한 연구이다. 이러한 규범과 규칙은 두 종류가 존재하는데 이에 대한 구별이 필요하다. 하나는 우리에게 더욱 익숙한 규제성 규범과 규칙(regulative norms and rules)이고 또 다른 것은 구성적 규범과 규칙(constitutive norms and rules)이다.

전자의 경우는 무엇을 해서는 안 된다는 규범과 규칙으로서 종종 이들의 시행을 위해 공식적인 기구가 있어야 한다. 이러한 공식적인 기구들은 특정 행동을 금하고 이를 위반하면 처벌을 가한다. 종종 덜 평가되기는 하지만 마찬가지로 중요한 것은 규제성 규범 및 규칙과는 상당히 다르게 기능하는 구성적 규범과 규칙이다. 이는 행위자에게 특정 방식으로 행동하지 못하도록 하기보다는 오히려 특정 행동을 구성하

249) 앞서 언급했듯이 코헤인의 경우는 국제레짐을 「국가들에 의해 협상이 이루어진 명백한 규칙을 갖는 제도」라고 하여 묵시적인 요소를 포함시키지 않고 있다. 그는 관습을 묵시적인 제도로서 국제레짐과 구별하고 있다.

고 있는 규범과 규칙이다. 어떤 특정한 행위나 바둑 혹은 운동경기 등과 같은 게임을 구성하고 지배하는 규범과 규칙을 일컬으며 국제정치의 기본적인 조직원칙으로서 주권의 원칙이 바로 이러한 예의 하나이다.

4. 국제제도 연구 동향과 연구 중점

1) 연구 동향

상호의존의 시대에는 문제영역마다 국제적 결과로서 국가들 사이에 제도화된 상호작용의 패턴을 의미하는 국제레짐이 존재한다는 인식이 1970년대 후반 상호의존론에 의해 제기된 이래 국제레짐론이 활성화되기 시작했다.

국제레짐에 대한 상호의존론의 이러한 인식은 1980년대에 들어서 국제레짐이란 무정부성을 특징으로 하는 국제체제에서 국제공동체로 하여금 질서를 유지하도록 하고 다양한 문제를 극복하도록 돕는 존재로서 그 인식이 확대되었다. 이와 더불어 국제레짐에 대한 크라즈너의 정의가 일반화된 가운데 각종 비 안보 이슈 영역에 적용되기에 이르렀으며 이로써 국제질서에 대한 분권적인 접근이 본격화되었다.

국제레짐론의 관점에서 국제협력이란 단지 국제법과 같은 법의 규칙 및 국제기구와 같은 공식적인 기구에 의존하는 것만이 아니고 국제레짐의 무형적인 구성요소인 일단의 원칙과 규범에도 의존하는 것이다. 이처럼 국제레짐론의 본질적인 의도는 국제법이나 국제기구를 뛰어넘어 국제협력을 가능하게 하는 내재적인 공유된 가정과 규칙 등을 이해하려는 것이다.[250] 즉 국제레짐론의 중요한 과업은 국제레짐에 대한 크라즈너의 정의가 말해 주듯이 국제관계의 주어진 특정 영역에서 행위자들의 기대하는 바가 일치하는 일련의 규칙과 의사결정 절차뿐만 아니라 원칙과 규범을 이해하려는 것이다.

국제레짐 가운데 어떤 것은 공식적인 국제기구를 가지고 있고 어떤 것은 공식적인 국제기구 없이 운용된다. 그러나 이러한 국제레짐으로의 관심의 이동은 전통적으로 있어 온 국제기구에 관한 관심과 이해를 「국제 거버넌스(international governance)」라고 하는 보다 광범위한 것에 관한 관심과 이해로 대체시킴으로써 이제까지 행해져

250) 국제레짐론은 달리 말해 국제 수준에서 「정부가 없는 가운데 이루어지는 거버넌스(governance without government)」를 이해하려는 것이다: James N. Rosenau and Ernst-Otto Czempiel, eds., *Governance without government: order and change in world politics* (Cambridge: Cambridge University Press, 1992).

온 국제기구 연구를 약화시키고 나아가 국제기구의 정체성의 위기까지 야기하기에 이르렀다.251)

코헤인(Robert O. Keohane)은 1984년에 출간된 「패권 이후(After Hegemony)」라는 저서에서 패권 이후의 국가 간 협력 문제에 관심을 두고 국제레짐 개념과 더불어 국제기구와 상호성(reciprocity)처럼 국제레짐과 같은 기능을 하는 비공식적 국제규범을 국제제도로 총칭하면서 신자유주의적 제도주의 이론을 성립시켰다.

1980년대 말 독일의 통일과 더불어 시작되고 소련의 붕괴로 본격화된 냉전의 종식과 유럽통합의 진전은 신자유주의적 제도주의 이론에 관한 관심을 증대시켰고 과거 국제경제 분야와 국제환경 분야를 중심으로 한 비안보적 이슈 영역에 국한되었던 신자유주의적 제도주의 이론의 분석대상을 안보 이슈 영역과 국제인권 분야로까지 확장시키는 중요한 계기가 되었다. 이러한 경향은 탈냉전기에 접어들어 민주주의라는 제도와 평화의 상관관계를 밝히고자 활발하게 논의를 전개하고 있는 민주평화론(Democratic Peace Theory, DPT)에서도 잘 드러난다.

분석대상의 확대와 더불어 질적 연구(qualitative research)를 주로 하던 국제제도의 연구 방법에 더하여 계량적 연구(quantitative research)가 점차적으로 증가했다. 국제레짐 연구의 상당한 부분이 질적인 연구인 관계로 연구의 결과들이 쌓여도 이들을 과학적으로 비교하는 것이 쉽지 않았다. 그러나 점차 국제레짐을 다루는 계량적인 연구가 늘어나면서 연구의 결과를 바탕으로 결과를 비교하고 대조하는 것이 가능해졌다.

신자유주의적 제도주의 이론은 국제기구를 포함한 국제제도가 거래비용(transaction cost)을 줄이고 정보의 비대칭성을 완화시키며 준법률적인 틀(quasi-legal framework)을 제공하는 등의 기능을 수행함으로써 국가 간 협력에 중요한 역할을 한다고 본다. 신자유주의적 제도주의 이론에 있어서 국제기구를 포함한 국제제도가 중요한 역할을 하지만 국가로부터의 자율적인 행위자로서 이러한 역할을 한다고 보는 것이 아니라 국가의 행태에 대한 구조적인 제약(structural constraints)으로서만 중요한 역할을 한다고 본다. 즉 국가가 항상 국제기구를 포함한 국제제도에 의해 고도로 구속을 받는 것이 아니라 국가의 행동이 상당한 정도로 현재의 지배적인 제도에 의존한다는 의미이다.

---

251) 국제기구의 중요성 일반과 국제기구 중요성의 쇠퇴에 관한 글은 다음을 참조하시오: Jon McLin, "Surrogate International Organization and the Case of World Food Security, 1949-1969," *International Organization*, Vol. 33, No. 1 (Winter 1979), pp. 35-55.

전통적으로 국제기구 연구는 국제기구의 설립헌장과 조직에 대한 법적 · 제도적 연구라는 정태적인 연구로부터 시작하여 국제기구에서의 의사결정 과정과 같은 동태적인 연구로 방향을 옮겨가면서 연구의 주된 초점이 국제기구의 성과 즉 주어진 과업을 얼마나 효율적으로 수행했는가에 두게 되었다.

국제레짐론이 등장하면서 연구의 중점이 국제기구가 아닌 국제레짐으로 옮겨가면서 국제레짐이 i) 어떻게 창출되고 유지되며 ii) 왜 그리고 어떻게 변화하고 iii) 어떠한 영향을 국제적인 결과에 미치는가의 문제로 전환되었다.[252] 국제레짐론에 의한 이러한 연구의 중점 이동은 국제기구 연구의 필요성에 대한 논쟁을 유발했다.

우선 국제기구에 관한 전통적인 연구의 중요성을 강조하는 입장은 계서적이고 관료적인 구조가 합리적 경영을 위한 효율성을 증진시킨다고 보고 공식적인 구조를 갖는 기구가 조직화의 다른 형태를 대체할 것이라는 것을 강조했다. 유사한 맥락에서 국제질서를 국제관계의 계서적인 조직화의 결과로 보면서 국제체제에서 계서적이고 중앙 집중화된 제도가 국제협력과 평화를 촉진할 것이라고 기대했다.

국제레짐론에 동조하는 입장은 계서적인 기구가 사회질서를 창출하는 가장 효율적인 조직의 형태일 필요는 없다고 주장했다. 예컨대 코니베어(John A. Conybeare)는 국제체제의 문제들에 관한 몇몇 분권적인 해결방식을 초국가적인 관료조직의 형성을 통한 문제해결 방식과 구별하고 마약 문제로부터 공해 문제에 이르는 많은 국제 문제들이 계서적인 국제기구의 형태를 창출하지 않고도 만족스럽게 해결될 수 있다고 주장했다.[253]

이러한 상반된 주장에 대한 절충적인 입장으로서 국제레짐 연구의 중요성을 인정함과 동시에 국제레짐론이 경시하는 국제레짐이 갖는 조직의 특징에 관한 연구의 필요성이 제시되었다. 이를 통해 명시적 혹은 묵시적인 규범으로 구성된 국제레짐과

---

252) 그렇다고 초기 국제레짐론자들이 국제기구를 완전히 무시한 것은 결코 아니다. 이들은 비록 국제기구와 국제레짐의 존재를 동일시하지는 않았으나 국제레짐의 창출과 유지를 위한 국제기구의 역할에도 관심을 두었다. 국제기구 자체가 국제레짐을 구성하고 있는 요소는 아니지만 국제기구의 헌장은 국제레짐(원칙 · 규범 · 규칙 · 의사결정 과정)을 포함하고 있으며 국제기구의 의사결정 과정은 새로운 규범과 규칙의 창출 · 규칙의 집행과 분쟁의 해결 · 공공재의 공급 · 운용 활동의 지원을 위해 회원국들에 의해 이용될 수 있다는 사실을 무시하지 않았다: Margaret P. Karns and Karen A Mingst, *International Organizations: The politics and Processes of Global Governance* (Boulder and London: Lynne Rienner Publishers, 2004), pp. 42-43.

253) John A. Conybeare, "International Organization and the Theory of Property Rights," in Friedrich Kratochwil and Edward D. Mansfield, eds., *International Organization: A Reader* (New York: Harper Collins College Publishers, 1994), pp. 159-174. 조직사회론과 같은 조직에 관한 사회학적 접근은 계서적인 조직이 효율성을 증대시킬 수 있는가의 여부는 조직이 면하고 있는 환경과 조직이 지니고 있는 구조가 어느 정도 적절한가에 달려 있다고 보았다.

공식적인 관료적 구조를 지닌 국제기구와의 연관이 중요하다는 인식이 강화되었다. 이러한 인식의 강화는 유엔과 같은 다목적 기구와 국제노동기구(ILO)나 세계보건기구(WHO)와 같은 기능적 국제기구의 수가 크게 증가하고 있는 것을 무시하기 어려운 현실의 반영이라고 볼 수 있다.

이러한 입장은 어떠한 조직의 형태가 국제레짐을 가장 잘 지탱할 수 있을까에 관한 중요한 이슈들을 제기함으로써 국제레짐의 효율성을 확보하기 위한 조직 설계(organizational design)에 관한 연구에 관심을 돌리도록 했다.

국제레짐으로 연구의 중점이 이동하는 것이 국제기구에 관한 관심을 버리는 결과를 가져와서는 안 된다는 인식이 국제레짐과 국제기구를 포함시킨 국제제도라는 개념을 가지고 국제협력을 연구하고자 하는 신자유주의적 제도주의 탄생의 배경이 되었다고 볼 수 있다.

신자유주의적 제도주의 이론의 핵심적 내용은 비록 무정부 상태가 국가들로 하여금 기꺼이 협력하려는 것을 제약하지만 국가들은 실제로 협력을 하며 이러한 협력은 국제제도의 도움으로 가능하다는 것이다. 국제제도의 중요성을 강조하기 때문에 신자유주의적 제도주의 이론을 국제제도가 어떻게 생성되고 유지되며 변화하는가를 설명하는 국제제도에 관한 이론으로 생각하는 경향이 많다. 이러한 생각이 잘못된 것은 아니지만 신자유주의적 제도주의 이론은 이러한 국제제도에 관한 이론이라기보다 본질적으로는 국제협력에 관한 이론이다.

신자유주의적 제도주의 이론은 무정부적인 국제체제에서 협력이 일어나는가와 협력이 일어난다면 어떻게 일어나는가와 같은 질문을 중요한 연구의 주제로 하면서 이에 답을 추구하는 이론이다. 신자유주의적 제도주의 이론은 이러한 질문에 대해 무정부 상태에서도 협력은 일어나며 이러한 협력은 국제제도의 도움으로 가능하다는 대답을 한다.

이처럼 국제제도는 국제협력을 가져오는 국제협력의 생산자이지만 다른 한편에서 국제제도는 국제협력의 반영물이기도 하다. 국제제도가 국제협력의 반영물이라는 것은 국제협력이 일반적으로 국제제도로 구체화되기 때문이다.[254] 이처럼 국제제도가 국제협력의 생산자이자 반영물이라는 양면을 지니는 것을 도처에서 볼 수 있다. 예컨대 기후변화협약이라는 국제제도는 지구온난화 이슈 영역에서 국제협력을 만들어내는 생산자이자 국제협력의 반영물인 것이다. 이처럼 신자유주의적 제도주의 이

---

254) 이러한 맥락에서 「제도화된 국제협력」이라는 말과 더불어 「협력적 국제제도」라는 말이 사용된다.

론은 국제협력과 국제제도는 밀접한 관계를 지니고 있다고 보기 때문에 「신자유주의적 국제협력 이론」이라고도 불린다.

2) 연구의 중점

국제제도 연구의 중점으로서 국제제도의 형성과 유지 및 변화 · 국제제도가 국제적인 결과에 미치는 영향 · 국제제도의 효과성에 영향을 미치는 요인들 · 국제제도의 설계 · 국제제도의 복잡성으로 구분하여 살펴보고자 한다.

(1) 국제제도의 형성과 유지 및 변화

신자유주의적 제도주의 이론은 국제제도의 형성과 유지 및 변화에 관한 연구에 집중한다. 국가 간의 협력이 일어나는 조건을 이해하기 위해서는 장기간에 걸쳐 협력의 패턴을 반영하는 국제제도가 어떻게 작동하는가를 파악하는 것도 중요하지만 어떤 조건하에서 국제제도가 발생하고 유지되며 또 변화하는가를 이해하는 것이 필요하다고 생각하기 때문이다. 국제제도의 생성과 유지 및 변화에 관한 연구에 있어서 생성과 유지에 비해 변화에 관한 연구가 상대적으로 부진하다.

(2) 국제제도가 국제적인 결과에 미치는 영향

신자유주의적 제도주의 이론은 국제정치의 제도화 정도가 국가 행동과 국제적인 결과에 중대한 영향을 미친다는 인식에서 출발한다. 즉 국가들이 상호 의사소통을 하고 협력을 할 수 있는 능력은 인간이 만든 제도에 달려있는데 이러한 제도는 역사와 이슈에 따라 그 성질과 강도가 다르다고 보고 국가 행동과 국제적 결과의 변화를 제도화의 변화에 다른 결과로 포착하려고 한다.[255]

1980년대와 1990년대에 국제레짐의 수가 많이 증가하면서 학자들의 관심이 국제제도의 형성과 유지 및 변화로부터 국제제도가 국가의 행동과 국제적 결과에 미치는 영향으로 확장되었다. 즉 국제제도가 설명을 필요로 하는 종속변수로부터 무언가를 설명하는 독립변수로 활발하게 취급되기 시작한 것이다. 이러한 맥락에서 이미 생성된 국제제도가 국가의 행동과 국제적인 결과에 미치는 실질적인 영향이라는 국제제도의 효과성(effectiveness of international institution)의 문제로 이동했다.[256]

---

255) Robert O. Keohane, *International Institutions and State Power: Essays in International Relations Theory* (Boulder, San Francisco, and London: Westview Press, 1989), p. 2.

256) 이리하여 학자들은 관심을 국제레짐의 생성뿐 아니라 이미 생성된 국제레짐이 국가나 국제관계에 어떠한 영향을 미치는가에 대해서도 두게 되었다. 후자의 관점에서 볼 때 신자유주의적 제도주의 이론은 체제 수준의 이론(systemic level analysis)이다. (신)현실주의 이론이 국제체제의 성격을 무정부성으로 보고 권력의 배분 상태를 변수로 하여 국가들의 행동과 국제관계를 설명하려고 한 것과는 달리 신자유

그러나 연구의 필요성에도 불구하고 이 분야의 연구는 국제제도의 생성과 유지 및 변화에 관한 연구에 비해 연구의 상대적인 심도가 깊지 않다. 이는 국제제도의 효과를 어떻게 개념화하고 어떻게 경험적으로 측정할 것인가에 대한 논란이 여전히 지속되고 있는 것에서도 잘 알 수 있다.

구체적으로 국제제도의 효과성에 관한 연구는 국제제도의 효과성이 구체적으로 무엇을 의미하는가에 대한 논의를 촉발했다. 아직 국제제도의 효과성에 대해 일반적으로 수용된 정의가 존재하지 않는 가운데 이를 i) 법의 공표(legal promulgation)나 집행된 정책과 같은 산출(output)의 여부를 효과성으로 보는 경우 ii) 정치적인 행위자의 행동 변화와 같은 결과(outcome)를 효과성으로 보는 경우 iii) 국가의 행동이 바뀌고 이를 통해 국제제도가 궁극적으로 목표하는 문제의 해결을 효과성으로 보는 경우 등 다양하게 존재한다.

이렇게 다양한 수준에서 국제제도의 효과성이 측정될 수 있는데 이와 관련하여 유의할 것들이 있다. 우선 국제제도의 영향이 국가정책의 변화를 가져올 수 있으나 실질적인 행동이 없이 단지 정책상의 변화에 그칠 수가 있다는 점을 고려해야 한다. 이는 국가가 국제제도의 압력에 의해 구체적인 실천계획 없이 마지못해 정책의 변화만을 취할 수 있기 때문이다. 또한 이러한 정책의 변화가 실제적인 행동의 변화로 이어진다고 해도 국제제도가 궁극적으로 목표하는 문제의 해결에 미치지 못하는 경우들도 존재한다는 점 역시 고려해야 한다. 또한 정책상의 변화로까지 이어지지는 않았으나 국제제도에 의해 정책결정자의 인식에 있어서 변화가 생겼다면 이 역시 국제제도의 효과로 보아야 한다는 견해도 존재한다는 점을 고려해야 한다.

이처럼 국제제도의 효과성이 단순히 정책결정자의 인식 변화를 의미하는지 · 국제레짐이 규정하고 있는 사항의 정책화를 의미하는지 · 국가 행위의 실질인 변화를 의미하는지 · 궁극적인 문제의 해결인지에 대한 합의가 존재하지 않는 가운데 국제제도의 효과성을 국제제도의 준수 여부나 준수의 정도와 같은 준수(compliance)의 문제로 보는 경우가 적지 않다. 왜냐하면 국제제도의 준수 여부와 준수의 정도는 다른 지표들에 비해 측정이 상대적으로 용이하기 때문이다. 그러나 국제제도의 준수가 국제제도의 효과성을 측정하는 데에 있어서 부실한 지표가 될 수 있다는 점 역시 고려해야 한다. 왜냐하면 실질적인 국가 행동의 변화 없는 국제제도의 규정에 대한 준수가 있을 수 있기 때문이다.

주의적 제도주의 이론은 국제체제의 성격을 제도화를 가지고 특징화하면서 이러한 제도화의 정도가 국가 행동과 국제관계에 미치는 영향을 설명하고자 한다.

(3) 국제제도의 효과성에 영향을 미치는 요인들

국제제도의 효과성에 관한 구체적인 연구는 어떤 요인들이 국제제도의 효과성에 영향을 미치는가에 관한 연구와 더불어 활발하게 전개되었다. 이러한 연구는 하나의 국제제도를 대상으로 하기도 했으나 복수의 국제제도를 대상으로 하여 국제제도에 따른 효과성의 차이를 비교하여 설명하고자 하는 비교연구를 통해서도 활발하게 전개되었다.

국제제도의 효과성에 영향을 미치는 요인들은 크게 두 방향에서 연구되어 오고 있다. 하나의 방향은 국제제도 외부의 특성에서 요인을 찾는 경우이고 다른 방향은 국제제도 내부의 특성으로부터 요인을 찾는 경우이다. 전자의 경우는 패권국가의 존재 여부를 비롯하여 국제제도가 다루는 문제와 이슈 영역의 구조 · 국제제도의 가입자 등 구성원의 특성 · 전반적인 경제상황과 같은 총체적인 배경적인 요인을 일컫는다.

후자의 경우는 투명성 · 책임성 · 상호성 · 제재 · 보상 · 검증 등 국제제도가 지닐 수 있는 국제제도 자체의 특성이 국가의 행동에 제약을 부과할 수 있다고 본다.[257] 이러한 견해는 국제제도의 준수나 강제란 오로지 권력에서 나온다고 보는 신현실주의 이론의 주장과는 달리 국제제도 자체가 독립성을 가지고 국가의 행동에 대한 제약을 부과한다고 보고 권력만으로는 국제제도에 대한 준수를 설명할 수 없다고 본다.

(4) 국제제도의 설계

국제제도 효과성의 지표의 하나로서 국제제도에 대한 준수를 가져오기 위해 국제제도가 어떠한 요소들을 포함해야 하는가에 대한 논의가 국제제도 설계(design of international institutions)라는 연구주제로서 활발하게 전개되었다. 이러한 국제제도 설계와 관련하여 두 가지 상이한 입장이 존재한다.

그중 하나는 국제제도의 위반은 강력한 제재의 부재에서 온다고 보고 국제제도의 준수를 확보하기 위해 무임승차를 하는 국가들을 처벌하기 위해 국제제도는 엄격한 제재체제(sanction system)를 지녀야 한다는 견해이다. 또 다른 견해는 국가 대부분은 필요한 자원의 부족으로 인해 국제제도를 위반한다는 보고 국제제도의 준수를 위해서는 재정적인 지원 · 기술적인 지원 · 교육 등을 제공하여야 한다고 본다. 전자를 「대결적인 접근(confrontational approach)」이라고 하고 후자를 「협력적인 접근(co-

---

257) 예컨대 미첼(Ronald B. Mitchell)과 같은 학자는 기름오염에 대한 사례연구를 통해 상이한 국제규범과 입증절차(verification procedures)가 국제레짐의 총체적인 효과에 상이한 결과를 가져온다고 주장한다: Ronald B. Mitchell, "Regime Design Matters: International Oil Pollution and Treaty Compliance," *International Organization*, Vol. 48, No. 3 (Summer 1994), pp. 425–458.

operative approach)」이라고 칭한다.[258)]

후자의 접근을 주장하는 학자의 한 사람인 빅토(David G. Victor)는 국제환경 레짐들이 구속성이 있는 장치를 포함한 결과 상당히 많은 국제레짐들이 피상적인 환경협력(shallow environmental cooperation)을 양산해 내고 있음을 지적하고 국제레짐의 비구속적인 장치(nonbinding instrument)가 좀 더 융통성을 지니면서 위반에 대한 우려를 덜 제기하여 국가들로 하여금 좀 더 야심적인 목표를 설정하게 하고 광범위에 걸친 공약(far-reaching commitments)을 채택하도록 하여 그 결과 국제레짐이 효과적일 수 있음을 주장한다. 그러나 이러한 비구속적인 장치만으로는 좀 더 효과적인 협력에 이르기 어렵기 때문에 이러한 협력에 이르기 위해 고위급의 정치적인 약속(high-level political engagement)과 국가들의 실행을 검토하고 집중하는 특별한 제도를 필요로 한다고 본다.[259)]

(5) 국제제도의 복잡성

국제제도의 수가 급속하게 증가하면서 상이한 문제를 다루기 위해 창출된 국제레짐이 상호 간에 종종 의도되지 않은 심각한 충돌을 일으키게 되었다. 이러한 현상을 가장 잘 보여주는 예로 무역 레짐과 환경 레짐 사이에 존재하는 긴장이 언급되곤 한다.

이러한 문제를 레짐의 복잡성이라는 개념을 가지고 설명하고자 하는 노력들이 활발하게 전개되고 있다. 라우스티아라와 빅터(Kal Raustiala and David G. Victor)는 레짐 복잡성을「특정 이슈 영역을 지배하고 있는 부분적으로 중첩되고 비계서적인 다수의 국제제도(an array of partially overlapping and non-hierarchical institutions governing a particular issue area)」라고 정의하고 있다.[260)]

이러한 국제레짐의 복잡성은 단순하게 갈등만을 야기하는 것만은 아니라 때때로 상호 간의 조정으로 귀결되기도 하며 나아가 관련된 모든 제도에 도움이 되는 협력을 가져오기도 한다. 이러한 국제레짐 복잡성은 분권적인 국제사회에서 발생할 수

---

258) Frank Biermann and Klaus Dingwerth, “Global Environmental Change and the Nation State,” *Global Environmental Politics*, Vol. 4, No. 1 (February 2004), p. 10.

259) 빅토는 동일한 맥락에서 환경협력을 위한 거의 모든 노력이 비전과 절차에 관한 것은 길고 공약(commitment)과 관련해서는 짧은 기본협약(framework convention)과 더불어 시작됨을 지적하고 있다: David G. Victor, “Toward Effective International Cooperation on Climate Change: Numbers, Interests and Institutions,” *Global Environmental Politics*, Vol. 6, No. 3 (August 2006), pp. 97-100.

260) Kal Raustiala and David G. Victor, “The Regime Complex for Plant Genetic Resources,” *International Organization*, Vol. 58, No. 2 (2004), p. 279.

있는 것으로서 위에서 살펴본 국제레짐의 설계와 마찬가지로 국제레짐의 효과성의 문제와 관련되어 있다고 볼 수 있다.

5. 신자유주의적 제도주의 이론의 접근법

국내사회에서 다양한 제도들은 구성원들의 직면하는 다양한 이슈 영역에서 집단적인 결과를 결정하는 중요한 요인으로 간주된다. 국내사회의 구성원들은 그들이 호불호와 관계없이 이러한 사회의 여러 제도에 자신을 일치시키려고 한다는 점을 들어 사회제도가 강제적인 성질을 지니고 있다고까지 말한다. 그러나 국제사회의 경우 제도의 역할은 물론 제도의 생성과 유지 및 변화를 둘러싸고 이를 바라보는 관점이 크게 다르다.

현실주의 패러다임 편에서 언급한 바 있는 패권안정론은 국제제도가 국가 행동과 국제관계에 미치는 영향을 인정하나 이러한 국제제도는 패권국에 의해 생성되고 유지되며 패권국의 쇠퇴와 더불어 쇠퇴하는 것으로 간주한다. 따라서 국제제도는 일반적으로 패권이라는 독립변수와 국가 행동과 국제관계라고 하는 종속변수 사이에 존재하는 매개변수로 간주된다.

이와는 달리 신자유주의적 제도주의 이론은 패권국의 존재가 국제제도의 창출을 도울 수는 있으나 패권국이 없어도 자기중심적 이익을 추구하는 국가들 사이에 국제제도가 형성되고 유지되며 상호협력이 일어난다고 주장함으로써 국가 행동과 국제관계라는 종속변수에 독자적으로 영향을 미치는 독립변수로 취급하고자 한다. 이처럼 신자유주의적 제도주의 이론은 제한받지 않는 행위자의 개별적인 이익의 추구가 협력에의 동기를 제공하는 상황을 제시한다.

국제제도의 독립성을 강조하는 신자유주의적 제도주의 이론 내부에 국제제도의 생성 · 유지 · 변화와 국제제도의 영향을 설명하는 데 있어 논리를 달리하는 두 종류의 접근법이 존재한다. 두 종류의 접근법이란 구체적으로 게임이론적 접근법과 기능주의적 접근법을 일컫는다.[261] 이 두 접근법 모두 코헤인에 의해 주도적으로 도입되었다. 구체적으로 코헤인은 먼저 기존의 게임이론에 수정을 가한 게임이론적 접근법

261) 신자유주의적 제도주의 이론의 게임이론적 접근법과 기능주의적 접근법 사이의 차이점에 대한 상세한 것은 다음 글을 참조하시오: John Vogler, “Regimes and the Global Commons: Space, Atmosphere and Oceans,” in Anthony G. McGrew and Paul G. Lewis et al., *Global Politics: Globalization and the Nation State* (Cambridge, UK: Polity Press, 1992), pp. 128–130; Stephan Haggard and Beth A. Simmons, “Theories of International Regimes,” *International Organization*, Vol. 41, No. 3 (Summer 1987), pp. 491–517.

을 소개한 후 나중에 기능주의적 접근법이라는 독창적인 접근법을 제시하면서 이 접근법에 집중하고 있다.

1) 게임이론적 접근법[262)]

(1) 총 론

우리가 흔히 합리적 선택 이론이라고 부르는 대표적인 이론에는 죄수의 딜레마 게임이론(prisoners' dilemma game theory)과 집단행동 이론(collective action theory)이 있다. 이러한 합리적 선택 이론은 앞서 행태주의적 현실주의 편에서 설명했듯이 협력을 함으로써 서로 이득을 얻을 수 있음에도 불구하고 행위자들 사이에 왜 협력이 일어나지 않느냐를 설명하기 위해 현실주의자들에 의해 즐겨 사용되는 이론이다.

코헤인은 이러한 이론들이 가정하고 있는 행위자의 합리성을 그대로 따르면서 이러한 이론들의 가정의 일부를 수정 내지 현실화시켜 패권국의 존재가 국제협력을 도울 수는 있으나 패권국이 없어도 자기중심적인 이익을 추구하는 국가들 사이에 국제협력이 형성되고 유지되며 상호협력이 일어남을 보여주고 있다. 즉 개인의 이익 추구가 예기치 못한 결과를 가져오는 죄수의 딜레마와 같은 상황에서 행위자 간에 실제로 협력이 나타날 수 있다고 주장한다.

현실주의 이론과 구조주의 이론은 국제관계를 기본적으로 갈등의 관계로 설명하고 자유주의 패러다임은 협력의 관계로 설명한다. 이와는 대조적으로 신자유주의적 제도주의 이론의 게임이론적 접근법은 국가 간에 갈등의 관계와 협력의 관계가 동시에 존재한다고 보며 이 둘을 하나의 논리적인 장치로 설명할 수 있다고 주장한다. 게임이론적 접근법이란 통상적으로 협력의 부재를 설명하는 논리로서 적용되곤 하는데 어떻게 협력을 가능하게 하는 논리로 전환될 수 있을까?

이것이 가능한 것은 협력과 갈등의 차이가 패권안정론이 주장하는 것처럼 구조적인 요인(structural factor)에 기인하는 것이 아니라 상황적 요인(situational factor)에 기인한다고 보기 때문이다. 이러한 상황적 요인이란 구체적으로 「죄수의 딜레마 게임이 몇 라운드 지속되는가」와 「미래의 보상(payoff)이 현재의 즉각적인 보상과 비교

---

262) 여기에서 게임이론적 접근법이라고는 했지만 실제로는 죄수의 딜레마 게임이론뿐 아니라 집단행동 이론도 다루고 있다. 따라서 이 둘을 모두 포함하는 「합리적 선택 이론」이라고 부르는 것이 더 적절할 수 있다. 죄수의 딜레마 게임이론 이외에 집단행동 이론이 여기에 포함된 이유는 코헤인이 기존의 집단행동 이론의 가정인 다수의 행위자를 소수라고 바꾸었기 때문인데 실상 이것 역시 게임이론에 포함될 수 있는 내용이다. 즉 기존의 죄수의 딜레마 게임이론에서 1라운드의 게임을 반복되는 여러 라운드의 게임으로 전환하고 게임의 참가자를 다수에서 소수로 바꾸었다고 볼 수 있기 때문이다. 이러한 맥락에서 게임이론적 접근법이라고 해도 크게 문제가 되지 않는다.

하여 얼마만큼의 가치를 가지는가」와 같은 것을 지칭한다.

(2) 죄수의 딜레마 게임과 집단행동 이론의 수정

① 죄수의 딜레마 게임의 수정

죄수의 딜레마 게임은 게임의 일회성을 가정하고 있으나 신자유주의적 제도주의 이론의 게임이론적 접근은 이를 반복적 게임으로 수정하였다. 이러한 반복게임의 가정 속에서 이기적인 행위자는 단기적이고 일회적인 게임에서의 이득 추구로 인해 협력하지 않을 경우 상대방으로부터 미래의 게임에서 보복(tit-for-tat)을 당할 수 있다는 우려와 더불어 협력이 장기적인 관점에서 이득이 된다는 것을 깨닫고 협력을 선택할 수 있다고 본다. 즉 미래에 대한 우려(shadow of the future)가 협력을 촉진한다는 것이다.263)

죄수의 딜레마 게임에 대한 수정을 통한 협력의 설명은 게임의 규칙을 통제하고 제재를 가할 중앙정부가 부재한 국제체제에서 게임이 전개되면 행위자들은 상대방을 배신하여 더 많은 이득을 얻으려고 할 것이고 이는 다른 행위자의 손실로 이어져 결국 협력으로부터 이탈하고자 하는 일종의 죄수의 딜레마 상황이 전개되는데 이러한 딜레마를 해결하기 위한 기제로서 보복(tit-for-tat)이라는 개념을 적용한다.

이처럼 죄수의 딜레마적 상황이 미래의 게임에서의 보복에 대한 우려로 인해 협력으로 전환될 수 있다고 한다면 국제제도는 이러한 것과 무슨 연관이 있는가? 이에 대한 답은 간단하다. 국제제도는 국제협력을 가능하게 하는 배신(cheating)에 대한 미래의 보복 가능성을 높여주는 역할을 한다. 신현실주의 이론은 상대적 이득에 대한 우려와 더불어 배신에 대한 우려를 국제협력의 장애로 간주하는데 신자유주의적 제도주의 이론은 국제제도가 이러한 배신에 대한 우려를 감소시킴으로써 협력을 가능하게 한다고 본다. 국제제도의 이러한 역할 때문에 국가들은 국제제도를 창설하고 유지하려 하며 이러한 역할로 인해 구조적으로 협력이 어려운 무정부 상태의 국제체제에서 협력이 가능해진다는 것이다.

국제제도의 이러한 역할은 다른 영역보다 특히 국제무역·통상·금융과 같은 국제정치경제라는 이슈 영역에서 흔히 발견된다. 이러한 이슈 영역에서 상호성을 갖지 않는 협력에 보복을 가하는 것이 언제나 가능하며 미래의 게임에서 보복을 받을 것이라는 예상이 국제협력에 중요한 역할을 하며 이와 관련하여 국제제도가 중요한 역할을 한다.

---

263) 「shadow of the future)」란 용어는 「미래의 그림자」 혹은 「미래의 기대」 등으로 번역되기도 한다.

미래에 대한 우려로 현재의 협력을 가능하도록 국제제도가 중요한 역할을 한다고 하는데 구체적으로 어떤 방식을 통해 이러한 역할이 이루어지고 있는가를 살펴볼 필요가 있다. 앞서 국제제도의 하나인 국제레짐의 정의를 살펴보았듯이 국제레짐이란 특정 영역에서 행위자들 사이에 일반적으로 수용되고 있는 기대치이므로 국가들은 이러한 기대치에 부응해야 한다는 의무감(국제레짐의 성격에 따라 규범적인 의무감이거나 법률적 의무감)을 가지게 된다. 따라서 국제레짐은 국가들이 어떻게 행동하여야 하는가에 대한 지침으로서의 영향을 미치게 된다.

만약에 현재 시점에서 일국에 의해 이러한 국제레짐에 대한 배신(즉 위반)이 발생한다면 타국은 이러한 현재의 배신을 고려하여 후일 국제레짐을 배신한 국가와의 협력의 여부나 정도를 결정짓게 된다. 타국은 일국의 배신 선례를 당사자로서 직접 경험할 수도 있고 제삼자로서 배신한 국가에 부과된 제재나 처벌의 기록을 통해 간접적으로 알 수도 있다.

여하튼 이러한 과거의 선례가 미래의 협력을 촉진하거나 발목을 잡을 수 있다. 따라서 일국은 미래 시점에서 타국과의 협력이 필요할 경우를 고려하여 현재 시점에서 배신이 아닌 준수를 택하게 된다. 즉 국제레짐은 일국의 현재 행동이 미래의 문제에서의 타국의 행위(즉 협력의 여부)에 영향을 미칠 것이라는 기대에 영향을 미침으로써 현재 시점에서의 일국의 협력을 끌어내는 역할을 한다고 본다.

이뿐만 아니라 국제레짐은 위반한 특정 국가에 대해 국제레짐이 가한 제재나 처벌의 선례에 대해 다른 국가들이 관심을 가지도록 함으로써 이들의 위반을 억제하는 역할을 한다. 즉 국제레짐이 규범과 규칙을 위반한 국가에 제재나 처벌을 가하는 경우 국제레짐은 이러한 제재의 사례를 하나의 고립된 사례가 아닌 상호 연관된 사례가 되도록 함으로써 다른 국가들의 위반을 억제하는 역할을 한다. 이런 방식으로 국제레짐은 미래를 현재와 연결하는 것을 도움으로써 협력을 촉진하는 역할을 한다.[264)]

② 집단행동 이론의 수정

집단행동 이론은 올슨(Mancur L. Olson)에 의해 제시된 이론이다.[265)] 이 이론은 다수의 구성원으로 구성된 그룹에서 합리적인 행위자로서의 각 구성원은 개별적으로 비용은 부담하지 않으면서 공공재(public goods)가 주는 혜택만을 누리려는 무임승차

---

264) Robert Axelrod and Robert O. Keohane, "Achieving Cooperation under Anarchy: Strategies and Institutions," *World Politics*, Vol. 38, No. 1 (October 1985), p. 234.

265) Mancur Olson, *The Logic of Collective Action: Public Goods and the Theory of Groups* (Cambridge, MA.: Harvard University Press, 1965).

경향을 지니고 있어 협력을 의미하는 집단행동이 일어나지 않는다는 것을 설명하는 이론이다.266)

자기중심적인 합리적인 행위자의 무임승차는 집단행동 이론이 말하는 협력의 부재를 가져올 뿐만 아니라 제재의 문제를 일으켜 기존 협력의 붕괴를 가져오기도 한다. 상호성이 자기중심적인 행위자 사이에서의 협력을 유인하는 효과적인 전략이지만 행위자가 많으면 비협력자를 찾아내기가 어렵고 찾아낸다고 해도 이를 처벌하기가 어렵다. 왜냐하면 협력자들은 자신이 아닌 다른 누군가가 규칙의 위반자에 대해 기꺼이 제재를 가하기를 바라고 스스로 경찰관의 역할을 떠맡으려 하지 않기 때문이다. 이는 위반자를 강제하는 데 있어 무임승차를 하려는 경향이 발생한다는 것을 지적하는 것으로서 이러한 어려움을 「제재 문제(sanctioning problem)」라 부르며 제재 문제가 심각할 때 협력은 붕괴될 수 있는 위험에 놓인다.267)

코헤인은 죄수의 딜레마 게임에서 일회성 게임이라는 가정을 반복게임이라는 가정으로 바꾸는 것과 더불어 집단행동 이론이 가정하고 있는 다수의 참여자를 소수의 참여자로 바꾸어 협력이 일어날 수 있음을 설명하고자 했다.268) 소수의 참여자는 서로의 행동을 면밀하게 감독할 수 있으므로 협력을 하는 것이 이득임을 인식하게 되기 때문에 협력이 이루어진다고 보는데 이는 국제사회에 존재하는 국가가 200여 개가 되지만 실질적인 관계를 맺고 있는 국가의 수는 이보다 훨씬 적다고 하는 실증적인 사실에 기초하고 있다고 볼 수 있다.

집단행동 이론은 협력의 장애 요인을 다수의 사람으로 구성된 집단에서 이기적인 개인들이 보이는 무임승차 경향에서 찾는다. 따라서 구성원의 수가 적으면 서로에 대한 감시로 무임승차 경향이 완화되어 협력이 가능하다는 논리를 전개한다. 그렇다면 이러한 논리와 국제제도는 무슨 관련을 가지는 것일까? 수정된 집단행동 이론에 따르면 국제제도는 바로 무임승차의 완화를 돕는 기능을 한다. 이러한 관점은 국제제도의 기능을 무임승차 국가에 대한 제재와 무임승차를 하지 않은 국가에 대한 보상을 통해 무임승차의 경향을 줄이는 것을 돕는 것으로 본다. 무임승차의 완화는

---

266) 여기에서 공공재란 깨끗한 공기와 같은 것으로서 수혜를 배제할 수 없는 성격(비배제성)을 가지며 특정인이 이를 사용하는데도 불구하고 전체의 재화의 양이 줄어들지 않는 성격(비경쟁성)을 가진 재화를 일컫는다. 집단행동 이론뿐 아니라 공유자산의 비극(Tragedy of the Commons) 논리 역시 협력의 장애로서 무임승차의 문제를 제기한다.

267) Robert Axelrod and Robert O. Keohane, "Achieving Cooperation under Anarchy: Strategies and Institutions," in Charles W. Kegley, Jr. and Eugene R. Wittkopf, eds., *The Global Agenda: Issues and Perspectives*, 3rd ed. (New York: McGraw-Hill, Inc., 1992), pp. 216-222.

268) 국제사회의 국가의 수가 집단행동 이론이 가정하고 있는 행위자의 수에 비해 훨씬 적다는 것에 근거를 두고 있다.

이러한 제재와 보상뿐 아니라 교육을 통해서도 이루어지는데 국제제도가 이러한 기능도 할 수 있다고 본다.

(3) 게임이론적 접근법의 특징과 실제에의 적용

신자유주의적 제도주의 이론의 게임이론적 접근법을 신현실주의의 패권안정론과 비교하여 그 특징을 살펴보면 다음과 같다. 패권안정론은 국제협력의 유지에도 관심을 두고 있지만 보다 많은 관심을 국제협력의 생성에 두고 있다. 이와는 달리 게임이론적 접근법은 국제협력의 생성보다는 유지에 좀 더 관심을 둔다고 볼 수 있다.

국제협력의 생성과 유지를 패권국의 힘의 역할에서 찾는 패권안정론과 달리 게임이론적 접근법은 참여국들의 합리적인 손익계산에 의한 자발적인 선택으로 본다. 왜 이러한 자발적인 선택을 하는가와 관련해서 게임이론적 접근법은 국제협력을 하지 않을 때 예상되는 상호성에 바탕을 둔 보복에 대한 두려움이 작동하기 때문이라고 본다.

이러한 게임이론적 접근법을 실제에 적용하여 협력을 연구한 대표적인 학자에는 악셀로드(Robert Axelrod)·오이(Kenneth A. Oye)·코헤인(Robert O. Keohane) 등이 있다. 이들은 미래에 대한 보복과 행위자의 수라는 국제환경의 특정한 양상(specific features of international setting)을 나타내는 두 변수를 가지고 국제적인 협력과 갈등을 설명하는 가설을 수립하여 국가 간의 무역분쟁·화폐금융 정책·채무의 변제기일 조정(debt rescheduling)·군비경쟁·전쟁의 발발과 같은 분야에 적용하여 적실성을 입증하고자 했다.

(4) 게임이론적 접근법의 평가

게임이론적 접근법은 주로 미래의 보복에 대한 우려라는 개념을 통해 패권 부재하의 국제협력의 유지를 설명함으로써 패권과 국제협력의 상관성을 강조하는 패권안정론에 비판을 가했다. 이러한 비판은 패권안정론자들의 반론을 불러왔다. 예컨대 킨들버거(Charles P. Kindleberger)는 미래의 게임에서의 보복 가능성이 상호간의 협력으로 연결되기보다는 파국으로 몰고 갈 수 있다고 주장했다

앞서 살펴보았듯이 신현실주의 이론은 국제협력에 대한 장애요인으로서 타국의 배신(cheating)과 상대적 이득(relative gain)에 대한 우려를 지적한다.[269] 이러한 입장의 신현실주의 이론은 신자유주의적 제도주의 이론이 국제제도가 배신의 문제를 완

---

269) 배신(cheating)의 의미를 제대로 이해하기 위해서는 현실주의 패러다임의 신현실주의 이론 부분에서 언급한바 있는 루소의 사슴사냥 우화를 참고하시오.

화하는 데 큰 역할을 한다는 것에 배타적인 주의를 기울이고 상대적 이득의 문제에 대해서는 소홀하여 이에 대한 체계적인 분석과 설명을 결하고 있다고 비판한다.

이러한 주장을 하는 대표적인 학자인 그리코(Joseph M. Grieco)는 게임이론적 접근법이 무정부 상태로부터 야기되는 전쟁의 위협을 고려하고 있지 않으며 이로 인해 상대적 이득의 중요성을 무시하고 국가들은 절대적 이득에만 관심이 있다고 가정한다고 비판한다.270) 즉 게임이론적 접근법은 행위자들을 자신의 최대효용 확보에만 관심을 기울이는 존재로 보고 있으나 실제로 행위자는 절대적 이득뿐만 아니라 상대적 이득을 중요한 고려의 대상으로 보기 때문에 협력이 쉽게 일어나지 않는다는 것이다.

앞서 현실주의 패러다임 부분에서 살펴보았듯이 국가들이 상대적 이득에 민감하여 협력이 어렵다는 신현실주의 이론의 주장은 무정부 상태의 국제체제에서 국가들은 생존을 우려하고 있다는 생각에 기초를 두고 있다. 무정부 상태에서 국가들은 오늘의 친구가 내일의 적이 될지 모른다는 우려 때문에 협력을 통해 공동의 이익을 얻을 수 있어도 이러한 이익이 친구에게 상대적으로 유리한 것일 경우 이것이 미래에 있어서 좀 더 위험한 적을 만들어낼지 모른다는 것을 두려워하고 있다. 따라서 국가들은 상대방의 이득에 심각한 주의를 쏟아야만 한다는 것이다.

또 다른 부류의 비판은 게임이론적 접근법이 외부적으로 주어진 국가의 이익과 선호를 가지고 국제협력을 설명하고자 한다고 지적하고 이러한 국가의 이익과 선호에 영향을 줄 수 있는 국내 요인에 관한 연구가 필요하다는 것을 강조한다. 협력의 발생을 설명할 수 있으나 협력의 변화를 설명하는 것이 어렵다는 것도 또 다른 비판이다. 이 접근법의 장점은 단순함에서 오는 명료함인데 국가 간 협력의 복잡함을 너무나 단순화시키고 있다는 비판도 중요한 비판 가운데 하나이다.271)

2) 기능주의적 접근법272)

코헤인은 배신에 대한 미래의 보복과 행위자의 수라는 변수로서 국제협력의 발생과 이러한 협력을 가능하게 하는 국제제도의 역할을 설명하는 것에 만족하지 않고 다른 부류의 합리적 선택 이론인 미시경제학의 시장실패론(market failure theory)도

270) Joseph M. Grieco, "Anarchy and the Limits of Cooperation: A Realist Critique of the Newest Liberal Institutionalism," *International Organization*, Vol. 42, No. 3 (Summer 1988), pp. 485–487.

271) Stephan Haggard and Beth A. Simmons, "Theories of International Regimes," *International Organization*, Vol. 41, No. 3 (Summer 1987), pp. 504–506.

272) Robert O. Keohane, *After Hegemony: Cooperation and Discord in the World Political Economy* (Princeton, N.J.: Princeton University Press, 1984).

적용하여 신자유주의적 제도주의 이론의 기능주의적 접근법을 제시했다. 이 접근법은 게임이론적 접근법과 마찬가지로 행위자의 합리성이라는 가정에 기반을 두고 있는 접근법이다.

다시 말해 코헤인은 무정부 상태의 국제체제에서 협력의 장애요인으로서 i) (죄수의 딜레마 논리로부터) 배신의 문제 ii) (집단행동 이론으로부터) 무임승차의 문제 iii) (시장실패론으로부터) 거래비용 등의 문제를 지적하고 국제제도가 이러한 문제들을 제거하거나 완화하는 기능을 수행함으로써 협력에 이르게 한다는 신자유주의적 제도주의 이론의 기능주의적 접근법은 제시했다.[273] 국제협력을 가능하게 하는 요인을 이러한 국제제도의 기능에 두고 있어 이러한 접근법을 「기능주의적 접근법」이라고 칭한다.[274]

배신의 문제와 무임승차의 문제에 새롭게 추가된 시장실패론이 협력의 장애로 인식하고 있는 거래비용 등의 문제에 대해 좀 더 살펴볼 필요가 있다.[275] 시장실패론에 따르면 무정부 상태의 국제체제는 자유시장과 유사하여 정보의 부족으로 인한 불확실성과 거래비용 등으로 인해 서로에게 도움이 되는 협력이 발생하기 어려운데 국제제도가 이러한 장애를 없애거나 완화하는 일련의 기능을 수행함으로써 국제협력을 가능하게 한다는 것이다.

그러나 무정부성을 특징으로 하는 국제체제가 시장의 실패를 가져오는 자유시장과 유사한 점을 많이 지닌 것은 사실이지만 동일한 것은 아니다. 예컨대 국제체제는

---

273) 코헤인은 이들 이외에 협력에 장애가 되는 문제로 조정(coordination)의 문제를 지적하기도 한다.

274) 기능주의적 접근법은 때로는 「계약주의적 접근법(contractualist approach)」이라고도 불린다.

275) 시장실패론은 협력에 대한 장애로서 거래비용의 문제를 핵심적으로 제기하는 이론이다. 이러한 시장실패론은 국가 간에 경제 협력을 가져오는 상호이익의 근간은 어디에 있는가에 대한 해답을 주고자 하는 이론이다. 이는 시장이 중간 역할을 하는 경우 행위자들의 상호작용 결과가 최적의 상태에 이르지 못한다는 것을 설명한다. 중고차 시장을 예로 설명하면 다음과 같다. 중고차 판매인은 결함이 많은 중고차를 그럴듯한 차로 속여 팔려는 경향이 많다. 따라서 중고차 구매자는 사고자 하는 차가 엉터리 차인지 아닌지를 알기 힘든 불확실한 상황에서 모험을 줄이기 위해 가격을 무조건 많이 깎으려 한다. 이로 인해 정말로 좋은 중고차임에도 불구하고 제 가격을 받기가 힘들어지며 그 결과 판매자는 차의 판매를 꺼리게 된다. 시장실패론은 좋은 중고차를 어느 정도의 가격을 치르고라도 기꺼이 사려는 사람과 팔려고 하는 사람 사이에 자동차의 질에 대한 불확실성으로 인해 거래가 곤란해진다는 것을 보여준다. 이러한 것에 관한 해결 방법은 그 지역에서 명망을 지닌 믿을 만한 판매자를 통해 거래하는 것이다. 시장실패론을 적용한 신자유주의적 제도주의 이론의 기능주의적 접근법에 따르면 국제사회에서 이러한 명망 있고 신뢰할 만한 중고차 판매자의 역할을 하는 것이 국제제도이다. 이는 국제제도의 형성에 관한 기능적 설명으로서 국제제도란 상호이익이 되는 협정에 이르는 것마저 불가능하게 하는 문제점의 극복방안으로 형성된다는 것을 강조한다. 이에 따르면 시장실패는 행위자의 부적절함에 기인하는 것이 아니라 체제와 제도의 구조에 기인하는 것이다. 따라서 제도개혁이 있어야 함을 강조한다. 정치적 시장실패가 왜 발생하며 국제제도가 이러한 실패를 극복하는 데 어떠한 도움을 줄 수 있는가를 살펴보고 왜 국가들이 국제제도의 규칙에 순응하고 국제제도의 창출을 용이하게 했던 조건들이 사라진 이후에도 국제제도가 유지될 수 있는가에 대한 이해에 도움을 준다.

자력구제의 체제이기 때문에 자유시장과는 달리 강제의 시행과 같은 것이 문제로서 추가될 수 있다. 따라서 위에서 언급한 기능 이외의 기능들이 국제기구의 기능으로 추가된다.

국제체제의 구조를 중요시하는 패권안정론은 행위자의 의사와는 관계없이 국제체제의 구조적 특징인 패권적 구조가 국제제도와 국제협력을 공급한다고 주장하기 때문에 「공급측 이론」이라고 부른다. 이와는 달리 기능주의적 접근법의 경우 국제체제의 구조와 관계없이 이기적인 국가들이 국제협력을 달성하기 위해 국제제도가 수행하는 기능을 필요로 함으로써 국제제도를 통한 국제협력이 발생한다고 주장하기 때문에 「수요측 이론」이라고 부른다. 이 두 협력이론은 분석수준에 있어서 큰 차이를 보인다. 구체적으로 패권안정론의 경우 국제협력의 발생 원인을 패권적 구조라는 국제체제 수준의 변수에서 찾고 기능주의적 접근법은 국가라는 단위 수준의 요인으로부터 찾는다.

(1) 국제제도의 기능

여기에서는 국제협력에 장애가 되는 여러 문제를 극복하고 공동의 이익을 달성하기 위해 국제기구가 수행하는 국제제도의 기능을 코헤인이 언급한 기능을 중심으로 소개하고 이러한 기능 이외에 상호이익이 되는 국제협력을 가능하게 하는 다른 기능들도 추가하여 소개하고자 한다.[276]

① 불확실성의 감소

국제제도는 국가들에 정보를 제공하여 불확실성을 줄여 기대를 안정시켜 협력을 원활하게 하는 기능을 수행한다. 적절한 국제제도가 없다면 불확실성 때문에 상호이익이 되는 협상이 이루어지지 않는다. 어떤 국가의 경우 다른 국가들에 비해 특정의 상황에 관하여 좀 더 많은 정보를 가질 수 있다. 이때 정보를 덜 가지고 있는 국가는 협상의 결과가 불공평할 것이라는 우려 속에 정보를 더 가지고 있는 국가와의 협정의 체결을 꺼리게 된다.

국제제도는 정보가 광범위하게 이용될 수 있도록 정보 배분의 불균형을 줄이고 상대적으로 균등한 정보를 제공하여 불확실성을 줄이고 협상 비용을 조정함으로써 특정의 협정이 더욱 쉽게 이루어지도록 하는 기능을 수행한다. 요약하자면 정보의 결여로부터 유래하는 빈약한 약정체결 환경(contractual environment)으로 인해 협력

---

276) 코헤인이 주장하는 국제제도의 기능에 관해서는 코헤인의 저서 「패권 이후(After Hegemony)」의 Chapter 6을 참고하시오.

적인 협정이 일어나지 않는데 국제제도가 국가들의 협정체결을 위한 협상을 돕고 모든 참가국의 약속 이행을 확실하게 해주는 정보를 제공함으로써 좀 더 나은 계약환경을 만들어주기 때문에 국가들은 국제제도를 창출함으로써 이러한 문제를 극복하고자 한다.[277]

② **거래비용의 감소**

세계정부가 부재한 분권화된 국제체제에서 국가들이 협상을 하고 의사결정을 하며 성과를 감시하고 규칙에 대한 준수를 강제하기가 쉽지 않기 때문에 거래비용은 결코 무시할 수 없다. 국제제도는 바로 이러한 거래비용을 감소시키는 기능을 수행한다.

구체적으로 거래비용에는 다루어져야 할 이슈가 무엇인가를 밝혀내는 비용(cost of identifying issues) · 거래의 협상 비용(cost of negotiating bargain)[278] · 협정을 명문화하는 비용(cost of codifying agreements) · 합의한 것의 준수 여부를 감시하고 강제하는 비용(cost of monitoring and enforcing compliance) 등이 주요 비용으로서 포함된다.[279]

유럽연합(EU)을 예로 들면 이러한 국제기구는 일시적인 협상의 경우와는 달리 공동의 협상 장소 · 공동의 의사결정 절차 · 합의의 준수에 대한 감시와 같은 바람직한 약정체결 환경을 제공하여 거래비용을 줄여 거래의 효율성을 높임으로써 국가 간 합의를 촉진한다.

③ **평판효과**

국제제도는 회원국들의 행위에 대한 평가를 도움으로써 협력을 가능하게 한다. 달리 말해 국제제도는 평판효과(reputational effects)를 가져와 협력을 용이하게 한다. 구체적으로 국제제도는 성과를 측정할 수 있는 행위의 기준을 제공하고 이러한 기준들을 특정 사안과 연계시키며 토론장을 제공함으로써 다른 행위자의 평판에 대한 평

---

277) 이러한 정보제공 기능을 예로 들어 기능주의적 접근법이 제시하는 국제제도의 수요가 발생하는 조건에 관한 가설을 만들어 본다면 「국가들 상호 간에 상호의존이 심화되고 있는 가운데 정보가 없거나 부족하다면 국제제도에 대한 수요가 발생하기 쉽다」는 것과 같은 것이 될 수 있다.

278) 협상 비용을 감소시킨다는 것은 구체적으로 국제제도의 원칙과 규칙이 자신의 행동과 타인에 대한 행동에 지침을 제공함으로써 예측되는 행위의 범위를 좁혀주기 때문에 불확실성을 감소시키고 국제제도에 참여하는 관료들 사이의 유대를 긴밀하게 하여 상호이익이 있는 협정을 체결하는 정부의 능력을 증가시키는 것을 의미한다.

279) 기능주의적 접근은 국제제도의 여러 기능 중 거래비용을 줄여주는 기능을 가장 강조한다. 이러한 맥락에서 기능주의적 접근은 국제제도를 「거래비용을 감소시켜주는 일련의 규칙(transaction-cost reducing sets of rules)」이라고 정의하기도 한다.

가를 돕는다. 이처럼 국제제도는 국가에 대한 평판을 내리는 것을 돕고 약정을 위반하는 국가에 미준수(non-compliance)로 치러야 하는 비용을 증가시킨다.

신뢰할만하다는 평가를 지닌 행위자는 다른 국가와의 협력에 있어서 상대로서 훨씬 수월하게 수용된다. 예컨대 특정 국가가 다른 국가와 무기를 제한하는 협정을 체결하고자 하는데 특정 국가가 협정체결에 기꺼이 응할 것이냐의 여부는 상대방이 과거 협정에서 얼마만큼 규정을 잘 준수했는가의 평판에 달려있다.[280)]

잠재적인 평판비용(potential reputational costs)이 준수(compliance)를 보장하는 것은 아니나 장기적인 이익에 민감한 합리적인 자기중심적 행위자에게 기회주의의 분기점(threshold for opportunism)을 상승시킨다.[281)] 코헤인은 여러 저술물을 통해 국제제도의 여러 기능 가운데 특히 평판효과 기능을 부각시키고 있다.

④ 법적 책임의 확립을 위한 틀

국제제도는 세계정부가 부재한 가운데 법적 책임을 확립하기 위한 틀(framework for establishing legal liability)을 제공함으로써 상호이익이 되는 관계의 조직화를 돕는다. 국제제도는 상호 간에 서로의 행동양식에 대해 안정적으로 예상할 수 있는 틀을 제공해주며 새로운 상황에 대해 상호 간의 행동을 조정할 수 있는 관계를 발전시킴으로써 일종의 법적 책임을 수행한다.

국제제도는 완전하지는 않지만 다양한 수준의 법적 책임을 확립할 수 있는데 이에는 계약(contracts)·협약(conventions)·유사 협정(quasi-agreements) 등이 포함된다. 자력구제를 추구하는 대다수 정부는 보복에 대한 두려움 때문에도 규칙에 순응하지만 특별한 보복이 없이도 국제제도에 순응하는데 이는 자신의 규칙 위반이 타국의 규칙 위반을 증가시키고 그 결과 공공악(public bad)을 산출하여 결국은 자신에게 손해가 된다고 보기 때문이다. 간단히 말해 국제제도는 세계정부의 부재 속에서 분권화된 강제를 시행할 수 있게 한다.

⑤ 이슈의 연계

국제제도는 이슈 간의 연계(issue linkage)를 촉진하여 국가들 사이의 협력을 용이하게 해준다. 국제제도 중 국제기구는 이슈연계 전략을 위한 토론장을 제공하여 협

---

280) 이러한 것을 「미래의 우려(shadow of the future)」와 구별하여 「과거의 우려(shadow of the past)」라고 부를 수 있다. 이러한 것을 흔히 「선례의 효과(effect of precedents)」라고 부른다.

281) 기회주의란 인간은 일반적으로 이기적이며 가능하면 다른 사람들을 이용하고자 한다고 주장하는 많은 경제학 이론들의 근본적인 가정이다. 평판효과와 국제레짐의 준수에 대한 논의는 다음 글을 참조하시오: George W. Downs and Michael A. Jones, "Reputation, Compliance, and International Law," *Journal of Legal Studies*, Vol. 31, No. 1 (January 2002), pp. S95-S114.

력을 용이하게 하는데 이는 이슈 간의 연계가 가능할 경우 국가들은 특정 사안에서의 양보가 다른 사안에서의 보상이 될 수 있다고 믿음으로써 양보를 쉽게 할 수 있고 그 결과 협상에 있어서 합의의 폭이 확대될 수 있기 때문이다.

⑥ 구심점의 제공

국제제도는 정책의 조정에 있어서 구심점(focal points)을 수립한다. 여기서 구심점이란 다양한 국가들이 취할 행동에 대한 빠른 결정을 돕는 수립된 규범이나 규칙을 의미한다. 국제제도는 집단행동의 문제에 대해 수용 가능한 해결방안을 규정하는 것을 돕는 구심점의 기능을 수행함으로써 단일한 균형점이 부재한 상황에서 협력을 지속시키고 촉진할 수 있다. 이러한 기능은 영(Oran Young)의 이른바 「뚜렷한 해결방안(salient solution)」이라는 개념과 유사하다.[282]

⑦ 기타 기능

이러한 기능들과 더불어 앞서 게임이론적 접근법에서 살펴본 국제제도의 기능들(즉 배신에 대한 미래의 보복 가능성을 높여 협력을 유도하는 기능과 무임승차의 가능성을 완화하여 협력을 가능하게 하는 기능) 역시 국가 간 협력을 돕는 국제제도의 기능에 속한다. 이러한 기능 외에 오이(Kenneth A. Oye)나 스나이덜(Duncan Snidal)과 같은 학자들은 국제제도가 감시와 강제를 중앙 집중화함으로써 협력의 문제를 완화하는 기능을 한다고 본다.[283]

이러한 국제제도의 기능에 더하여 영(Oran R. Young)은 국제제도가 정보와 아이디어를 제공하는 리더십을 발휘하는 기능을 수행한다고 본다.[284] 이러한 기능은 국

282) 구심점(focal point)은 쉘링(Thomas Schelling)이 도입한 개념이라고 하여 「Schelling point」라고도 불리는데 의미에 충실하게 번역하면 「구심점」이라는 말보다 「암묵적 합의점」이라는 말이 더 적절하다. 이는 복수의 당사자들 사이에 소통이 부재하거나 원활하지 않은 상황에서 조정에 도달하기 위해 어떠한 선택을 하는가를 설명하기 위한 개념으로서 자신이 상대방의 행동에 대해 가지는 기대와 상대방이 자신의 행동에 대해 가지는 기대가 일치하는 합의점을 의미한다. 즉 당사자들 간에 조정이 필요한 경우 일방은 타방도 같은 선택을 할 것이라고 기대되는 암묵적 합의점을 선택하기 쉽다는 것이다. 이처럼 암묵적 합의점은 개별적으로 기대하는 바를 수렴하도록 함으로써 조정을 가능하게 하므로 의사결정자들은 이를 조정을 위해 유용하게 사용하며 이 때문에 암묵적 합의점은 협상에서 복수의 사람들의 의사나 행동을 조정해가는 중심적인 개념이 된다.

283) Kenneth A. Oye, "Explaining Cooperation under Anarchy: Hypotheses and Strategies," *World Politics*, Vol. 38, No. 1 (October 1985), p. 20; Duncan Snidal, "International Political Economy Approach to International Institutions," in Jagdeep S. Bhandari and Alan O. Sykes, eds., *Economic Dimensions in International Law: Comparative and Empirical Perspectives* (Cambridge, New York: Cambridge University Press, 1997), pp. 477–512.

284) Oran R. Young, "Political Leadership and Regime Formation: On the Development of Institutions in International Society," *International Organization*, Vol. 45, No. 3 (Summer 1991), pp. 281–308.

제레짐을 관리하는 국제기구 내의 초국가적인 행위자가 수행하는 기능으로서 성공적인 협정에 이르는 것을 돕는 중요한 리더십의 기능이다. 이러한 리더십의 기능은 구체적으로 국가들 사이에 존재하는 공통분모를 찾아내 문제를 해결하는 기능과 혁신적인 새로운 아이디어를 제시하는 기능이라는 두 기능으로 구성된다고 본다.

첫 번째 기능은 초국가적인 지도자가 자신의 협상 기술을 통해 이해관계를 달리하는 국가 대표단들이 경쟁적인 협상이 아니라 타협안 등의 제시를 통해 모두가 승리할 방안을 찾는 통합적인 협상을 하도록 하여 국제레짐의 형성에 이르도록 하는 기능을 의미한다. 영은 이러한 예로서 오존층의 고갈 문제를 논의하는 데 있어서 유엔환경계획(UNEP)의 전 사무국장(Executive Director)인 톨바(Mostafa Tolba)가 보여준 역할을 언급하고 있다.

두 번째 기능은 협상에 참여하는 사람들의 관점을 바꾸어 놓는 혁신적인 아이디어를 제시하는 기능을 일컬으며 이러한 기능을 수행한 사람의 예로서 2차 세계대전 이후에 국제무역과 국제금융 레짐의 발달에 혁신적인 이바지를 한 케인즈(John M. Keynes)를 들고 있다. 구체적으로 케인즈는 국가 간 협력을 가능하게 한 내재된 자유주의(embedded liberalism)라는 생각의 발전에 도움을 주었다고 본다.

(2) 패권안정론과의 차이

국제협력에 관한 기능주의적 접근법과 패권안정론의 차이는 패권안정론이 국제제도와 국제협력이 권력이 바탕이 되어 생성되고 유지되는 것으로 보는 데 반해 기능주의적 접근법은 국제제도가 무정부 상태에서 협력을 어렵게 하는 장애를 완화하는 기능을 수행하기 때문에 이러한 국제제도의 생성과 유지를 국가들이 자발적으로 원해서 생성되고 유지되는 것으로 본다는 점이다. 이 때문에 전자를 「힘에 기초한 접근법(power-based approach)」이라고 하고 후자를 「이익에 기초한 접근법(interest-based approach)」이라고 한다.

기능주의적 접근법은 이처럼 협력을 위한 조건으로 개개 국가의 동기를 중요시한다. 이러한 국가의 동기 중에서도 특히 예측하기 힘든 경쟁의 비용을 줄이고 위험부담을 덜기 위한 욕망을 지적하며 이러한 욕망은 지배적 능력을 보유하고 있는 패권국이 존재하는 상황에서만큼 혹은 그 이상으로 다수 국가 사이에 대체로 동등한 경제적 · 군사적 능력이 존재하는 상황 속에서도 발견될 수 있다고 주장하고 있다. 즉 협력의 조건은 패권체제가 아닌 세력균형체제 속에서도 찾아질 수 있다고 본다. 이는 국제체제의 구조와 관계없이 국제제도가 만들어지고 이를 통해 협력할 수 있다는 것을 의미한다.

기능주의적 접근법은 길핀(Robert Gilpin)이 말한 것과 같이 패권의 쇠퇴는 패권전쟁으로 이어져 새로운 패권국이 등장하거나 쇠퇴하던 패권국이 패권을 되찾을 수 있으며 패권국의 쇠퇴가 패권국의 부재로 귀결되고 그 결과 새로운 세력 관계를 탄생시키기 위한 파괴적인 걷잡을 수 없는 기간이 지속될지도 모른다고 본다. 그러나 이러한 불확실한 상황 속에서 국가들은 질서를 유지하기 위해 일련의 제약을 받거나 구속을 당하는 것을 국제적으로 합의하고 확대할 수도 있다고 주장하고 이를 뒷받침하는 역사적인 예를 제시하고 있다.

1618년부터 1648년까지 30년 동안 지속된 종교전쟁으로 하나의 패권국이 등장한 것이 아니라 1648년의 웨스트팔리아 회의에서 보듯이 주권 국가의 상호존중이라는 자유주의적인 규칙의 법전화가 이루어진 것이 이러한 예의 하나로 본다. 패권을 추구하던 프랑스가 패배한 후 1814년에 개최된 비인회의에서 장차 어떤 국가도 패권을 추구하지 못하도록 협의와 상호 조정을 위한 기제를 구축하고자 했던 것이 또 다른 예의 하나로 제시한다.

여기에서 국제협력에 관한 기능주의적 접근을 하는 코헤인을 패권안정론자인 길핀과 좀 더 자세히 비교해 보자. 이들은 패권국의 존재가 국제제도와 국제협력의 생성과 유지를 도울 수 있다는 주장에는 견해를 같이한다. 이런 이유로 종종 코헤인은 패권안정론자의 하나로 분류되기도 한다는 것은 이미 현실주의 패러다임의 패권안정론 부분에서 언급한 바 있다.

그러나 앞서 언급했듯이 길핀은 패권국의 강압적인 지도력에 의한 여타 국가의 강압적인 협력의 측면을 강조한다. 이러한 강압적 질서에 대응할 힘이 없는 국가는 협력을 하나 이러한 질서를 대체할 권력이 있는 국가는 새로운 질서의 수립을 위해 패권국에 도전하여 패권전쟁을 일으킨다고 본다. 이와는 달리 코헤인은 패권국의 선의의 지도력에 의한 여타 국가들의 자발적인 협조를 강조한다.[285)]

이러한 두 학자의 견해 차이는 패권국 쇠퇴 이후의 국제협력과 국제제도의 지속성에 대한 견해 차이로 이어진다. 구체적으로 코헤인은 길핀과는 반대로 패권국의 쇠퇴 후에도 패권에 의해 창출되고 유지되어 온 국제제도와 국제협력이 존속된다고 본다. 이러한 차이는 코헤인이 패권국의 선의에 의한 질서의 유지를 강조한 것에서

285) 코헤인이 이처럼 현존하는 질서가 가져다주는 이득의 보편성과 자발성을 강조하는 것에 대해 일단의 학자들은 현존하는 국제질서를 변경시키려는 개도국들의 부단한 시도를 예로 들면서 비판을 가하고 있다.

오는 당연한 결과일 수 있다. 이는 선의의 리더십과 자발성에 의한 질서는 강제적인 리더십에 의한 강요된 질서보다 상대적으로 제도화의 기반이 더 튼튼하여 이의 탄생과 유지를 이끌어 온 패권국이 사라진 후에도 여전히 독자적인 생명력을 가질 수 있기 때문이다.

코헤인은 「국제제도와 국제협력의 생성과 유지를 위해 패권안정론이 주장하듯이 정말 패권국이 필요한가」와 「만일 패권국이 필요하다고 한다면 패권국이 쇠퇴하면 국제제도와 국제협력도 같이 쇠퇴할 것인가」라는 질문을 던지고 패권안정론에 도전하는 대체 이론을 체계적으로 수립하여 대표적인 국제협력에 관한 기능주의적 접근법을 수립했던 것이다.

우선 코헤인은 현실주의 이론의 가정인 행위자의 합리성을 전제한다고 해도 패권국의 존재와 상관없이 국제제도가 형성되고 유지되며 국제협력이 가능하다고 보아 패권안정론의 패권국 쇠퇴에 따른 비관적인 국제정치경제 질서에 대한 견해를 반박했다.[286] 즉 코헤인은 국제제도의 형성과 유지가 국제체제의 구조적 변수에 의해 영향을 받지 않고 어느 정도 독자성을 갖고 있다고 본다.

현실주의자는 군비경쟁과 같은 국제정치의 경쟁적인 특성을 강조하나 코헤인은 국가들이 빈번히 협력하는 것을 강조한다. 그에 의하면 국가들 사이의 갈등과 경쟁이 오히려 협력의 필요성을 만들고 이러한 경향이 구체화된 것이 다양한 이슈 영역에서 국가 간의 상호작용을 지배하는 국제제도라고 본다.

현실주의 이론은 협력에 대해 비관적이며 권력투쟁 일부가 아니면 공동의 목적에 기초를 둔 협력의 제도화된 패턴은 존재하지 않는다고 본다. 국제적 행위는 이익과 권력에만 기초해서도 예측될 수 있다고 보기 때문에 국제제도는 자신의 이익을 추구하는 가장 강력한 국가들에 의해 규정될 것으로 본다.

1차 세계대전 후의 국제무역을 비롯한 국제경제 영역에서의 국제제도는 미국의 패권에 의존했으나 1960년대 이후로 권력의 분산이 촉진됨에 따라 어떤 하나의 국가가 질서를 창출할 수 있는 능력이 약화되었다. 그러나 코헤인의 기능주의적 접근법의 관점에서는 정책조정의 필요성이 증대됨에 따라 이러한 상황에서 오히려 더욱 많은 협력이 일어날 것으로 기대한다.

미국의 패권하에 형성된 일련의 국제제도는 패권국 이후의 협력 패턴을 만들 소중한 기초를 제공하며 다자적인 행동을 통해 목적을 달성하는 데 관심이 있는 정책

286) 이처럼 코헤인의 국제제도에 관한 기능주의적 접근법은 미국의 상대적인 힘의 쇠퇴가 가져올 국제질서에 대한 패권안정론의 비관적인 전망에 하나의 탈출구를 제공했다.

결정자에 의해 이용될 수 있다고 본다. 이처럼 코헤인은 패권국의 존재 여부와 관계없이 국가는 자신의 이익에 따라 행동하는 이기적이고 합리적인 행위자라는 현실주의 이론의 가정에 의존해서도 국가 간의 협력을 설명할 수 있다고 주장한다.

(3) 기능주의적 접근법의 평가

① 긍정적 평가

기능주의적 접근법은「언제 어떻게 국제협력을 가능하게 하는 국제제도가 공급되는가」보다도 오히려「언제 국제제도가 요구될 것인가」를 구체적으로 밝히는 데 장점을 지닌다. 이러한 접근법은 국제제도가 높은 거래비용을 줄이고 정보의 부족이나 정보의 불평등함을 극복시켜준다는 것과 같은 순기능을 할 때 유지되고 역기능을 할 때 변화하거나 약화된다고 본다.[287)]

기능주의적 접근법은 이처럼 국제제도의 창설에 대한 나름의 논리적인 설명을 제공한다. 기능주의적 접근법은 또한 일단 창설된 국제제도의 경우 지속해서 순기능적인 이익을 제공함으로써 국가들에 의해 수용되어 지속된다는 논리적인 이유를 제공한다. 이때 유지되는 국제제도는 패권국의 권력으로 창설된 국제제도일 수도 있으며 기능주의적 접근법이 말하고 있는 국제제도의 기능이 제공하는 이익에 의해 창설된 국제제도일 수도 있다. 이처럼 기능주의적 접근법은 구조적인 조건의 변화에도 불구하고 국제제도가 지속되는 이유를 잘 설명해 준다.

기능주의적 접근법은 패권에 의해 창출된 국제제도와 국제협력이 패권의 쇠퇴와 더불어 같은 운명을 맞게 될 것이라는 패권안정론의 비관적인 예측에 반기를 들고나온 것이기 때문에 국제제도와 국제협력이 어떻게 생성되는가에 관한 관심보다는 생성된 국제제도와 국제협력이 그 원인변수의 변화에도 불구하고 지속될 수 있다는 논리를 제공하는 데에 더 큰 관심을 가지고 있다는 것은 자연스러운 일이라고 볼 수 있다.

기능주의적 접근법은 국가들 사이에 만족도가 감소하는데도 불구하고 국제제도가 유지되는 것에 대한 설명으로서 국제제도를 창출하는 데 있어서의 어려움을 제시한다. 덜 만족스러운 국제제도를 유지하는 기대효용이 국제제도가 없는 상황보다 클 경우(즉 국제제도를 다시 만드는 거래비용이 덜 만족스러운 국제제도를 지키는 비용을 초과할 경우)에 국제제도는 만족도가 덜 해도 지속시키고자 한다는 것이다. 즉 국제제도

287) 기능주의적 접근법의 적실성이 검증되기 위해서는 국가 행동이라는 것이 국제제도의 단순한 존재가 아닌 국제제도가 제공하는 이득이 동기가 되었다는 것을 입증해야 한다.

의 창출을 위한 높은 비용이 현존하는 국제제도의 지속성을 돕는다는 것이다. 이러한 논의를 좀 더 전개하면 다음과 같다.288)

국제제도가 어떤 요인에 의해 생성되든 이러한 생성을 가져온 조건이 변화할 때 다음 네 가지 경우가 발생할 수 있다: i) 과거의 국제제도가 쇠퇴하거나 소멸하는 경우 ii) 과거의 국제제도가 그대로 지속되는 경우 iii) 과거의 국제제도가 변경되는 경우 iv) 과거의 국제제도와 다른 새로운 국제제도가 탄생하는 경우이다. 기능주의 접근법은 이러한 여러 가지 가능성 중에서 합리적인 행위자로서의 국가들이 새로운 국제제도의 창출 비용(start-up cost)과 기존의 국제제도를 폐기함으로써 치러야 할 매몰 비용(sunk cost)을 비교하여 창출 비용이 더 들어갈 경우 과거의 국제제도를 그대로 혹은 변경을 가하여 유지한다는 논리를 전개하고 있다.

예컨대 기능주의적 접근법은 냉전의 종식이 NATO의 탄생을 가져온 요인을 크게 변화시켰음에도 불구하고 NATO라는 국제기구가 단순히 유지되는 차원이 아니라 더 많은 국가를 회원국으로 확보하는 등 확장일로를 걷고 있는 현상과 관련하여 회원국들은 미래에 국제환경의 변화로 새로운 국제기구가 필요할 수도 있는데 그때 가서 새로운 국제기구를 창출하기보다는 변경을 가하는 것이 비용이 덜 들기 때문에 기존 국제기구에 수정을 가한다고 한다. 이러한 수정은 예컨대 새로운 목표나 과업의 추가 · 과거 목표나 과업의 폐기 · 새로운 행위자의 추가 등의 적응 과정을 통해 이루어진다고 본다.

② 부정적 평가

우선 기능주의적 접근법은 국제제도의 유용한 기능이 공동의 이익을 실현시켜준다는 점을 강조함으로써 국제정치에서 출현하는 많은 국제제도가 약소국의 이익보다는 강대국의 이익이 반영한다는 사실에 주목하지 않는다는 비판을 받는다. 즉 국제제도가 어떻게 불평등을 산출하는지를 기능주의적 접근법은 설명하지 못한다.

둘째, 신자유주의적 제도주의 이론 전반에 가해지는 비판으로서 신자유주의적 제도주의 이론의 기능주의적 접근법 역시 비국가적 행위자를 인정하지 않는 국가 중심성 · 국가를 다양한 이해관계를 가진 집단의 합이 아닌 국가이익을 일률적으로 추진하는 조직체로 보는 국가의 통합성 · 국가는 합리적인 전략적 계산에 따라 움직이는 존재라는 국가의 합리성을 전제함으로써 국제제도가 창설되고 유지되며 국가 행동에

---

288) Robert B. McCalla, "NATO's Persistence After the Cold War," *International Organization*, Vol. 50, No. 3 (Summer 1996), pp. 445-475.

영향을 미치는 실질적인 과정에 대한 설명을 결하고 있다.

구체적으로 국제제도의 창설과 관련하여 국제제도가 정부를 포함한 다양한 행위자들에 의해 어떻게 수용되는가를 설명하지 못한다. 국제제도의 유지와 관련해서도 국제제도가 생성된 후 국내 행위자들이 이러한 국제제도에 대해 중대한 이해관계를 갖게 되거나 국제제도의 규범이 정부의 관료나 일반인들의 개인적인 신념체계가 되어 이러한 국제제도가 준수된다고 하는 식의 설명을 제시하지 못한다.[289] 국제제도의 영향과 관련하여 기능주의적 접근법은 국제제도가 국가 행동에 영향을 미치는 데 중요한 역할을 한다는 주장을 반복할 뿐 국제제도가 국가 행동에 영향을 미치는 방식 즉 창설된 국제제도가 국가이익과 국가 선호를 어떻게 바꾸어 놓는가를 제대로 설명하지 못한다.

6. 신자유주의적 제도주의 이론의 적용

1) 국제환경 이슈에의 적용[290]

신자유주의적 제도주의 이론은 국제환경 이슈를 연구하는 데 있어 다른 대안적 이론과 비교하여 가장 큰 영향력을 지녀오고 있다. 이 이론의 주장을 간략하게 요약하자면 국제환경 이슈를 둘러싼 협력의 중심에는 국제레짐과 국제기구를 포함한 국제제도가 있으며 국제환경 문제의 해결책으로서 전 지구적 환경을 관리하고 기술과 재정적 자원을 개도국에 좀 더 효율적으로 배분하는 강력한 국제제도의 촉진을 제시한다.

구체적으로 신자유주의적 제도주의 이론은 국제환경 이슈 영역에서 발생하는 죄수의 딜레마 · 공유자산의 비극(공공재의 비극) · 시장의 실패와 같은 사회적 딜레마는 자발적인 국제제도의 수립을 통한 국제협력으로 가능하다는 주장한다. 국제환경협약과 같은 국제제도가 국가 행동의 중요한 결정자이고 학습의 원천으로서 모든 관련 행위자들에게 잠재적인 절대적 이득에 이르도록 하고 환경변화로 인해 국가들이 직면한 공동의 취약성에 대항한 공동 관리를 가능하게 한다고 본다.

이처럼 신자유주의적 제도주의 이론은 국제환경에 관한 국제제도의 존재로 인해

---

289) 이러한 계열의 설명은 다음 글을 참조하시오: John S. Duffield, International Regimes and Alliance Behavior: Explaining NATO Conventional Force Levels," *International Organization*, Vol. 46, No. 4 (Fall 1992), p. 836.

290) 신자유주의적 제도주의 이론의 국제환경 문제에의 적용에 관한 상세한 설명은 다음을 참조하시오: 박재영, 『국제환경정치론』 (서울: 법문사, 2016), pp. 152-168.

환경 문제에 있어서 국제협력이 가능하다는 주장과 더불어 환경 문제에 효과적으로 대처하기 위해서는 이와 관련한 국제제도의 수립이 중요하다고 강조한다. 이러한 신자유주의적 제도주의 이론은 1972년에 스웨덴에서 유엔인간환경회의(UNCHE)가 개최된 후에 국제제도로서 국제환경협약이 다수 체결되어온 것을 적절히 설명한다.

기후변화 이슈 영역에서 국제협력이 국제제도(국제기구와 국제레짐)와 어떻게 연관되어 있는가를 살펴보면 다음과 같다. 우선 세계기상기구(WMO)와 유엔환경계획(UNEP)을 중심으로 한 인식공동체(epistemic community)가 기후변화 문제를 국제 문제로서 세계적인 관심을 불러일으키고 모든 수준에서의 행위자들에게 정치적 행동을 고무하고 촉구했다. 이러한 공동체가 1988년에 「기후변화에 관한 정부 간 패널(IPCC)」이라는 국제제도의 창설을 통해 제도화되었고 이 국제제도는 최신의 과학적 정보와 정책 행동을 위한 제안을 제공하여 국가 간 협상을 도왔다. 그 결과 1992년에 브라질에서 개최된 유엔환경개발회의(UNCED)에서 유엔기후변화 기본협약(UNFCCC)이 채택되었다.

금후 국가 간의 협상이 유엔기후변화 기본협약과 같은 국제레짐과 유엔과 같은 국제기구 및 유엔기후변화 기본협약의 당사국총회(COP)와 같은 제도화가 된 틀에 기초하여 전개되고 오랜 협상 끝에 유엔 회원국 모두가 당사국이 된 파리기후변화협정이 2015년 말에 채택되었다.

이러한 예에서 보듯이 국제제도는 기후변화를 둘러싼 국제환경정치에 있어서 필요불가결한 존재의 역할을 하고 있고 이러한 사실들은 신자유주의적 제도주의 이론이 협력이 어떻게 촉진되고 있는가를 분석하는 데 있어서 중요한 이론적인 틀로서 유용함을 보여준다고 할 수 있다.

2) 탈냉전기 국제질서에의 적용

신현실주의 이론은 국제체제의 구조적 변화를 통해 국제질서의 안정 여부를 진단하고 예측하며 국제제도가 전쟁의 방지에 중요한 역할을 한다는 것을 부정하고 국제제도란 단지 국가들의 이해관계의 산출물로 바라본다. 이러한 신현실주의 이론의 생각이 탈냉전의 도래와 더불어 학자와 실무가들에 의해 많은 도전을 받고 있다.

신자유주의적 제도주의 이론은 국제체제의 무정부적 성격을 무시하지 않고 국제체제에 내재해 있는 권력정치의 현실을 부인하지 않지만 국제사회에서 긴장을 완화하고 협력을 촉진하는 데 있어서 국제제도의 역할이 크다는 것을 강조한다. 즉 제도화된 국제협력의 패턴이 전통적인 안보딜레마를 약화시키고 좀 더 나은 국제안보를 위한 기회를 가져온다고 본다. 이러한 맥락에서 유럽에 있어서 국제제도들이 안보의 향상에 기여해 온 점을 강조하고 이러한 국제제도들을 새로운 상황에 적합하게 하는 것을 탈냉전기의 중요한 과제로 본다.

신자유주의적 제도주의 이론가들은 유럽지역의 유럽연합(EU)·북대서양조약기구(NATO)·서유럽연합(WEU)·유럽안보협력기구(OSCE)와 아시아의 동남아국가연합(ASEAN) 등과 같은 정치적·경제적 제도들이 이들 지역의 전통적인 국가 사이의 적대감을 극복하고 안보를 증진하는 데 기여한 것을 높이 평가하고 좀 더 지속력과 내구력을 갖는 안정을 가져오는 것을 돕기 위해 제도가 좀 더 발전되어야 할 필요를 강조한다. 더불어 이러한 국제제도들이 다른 지역에도 정착되는 것이 세계평화를 위해 필요하다고 본다.

신자유주의적 제도주의 이론가들은 신현실주의 이론의 예측과 달리 탈냉전기에 유럽연합과 북대서양조약기구가 약화되거나 사라지지 않고 오히려 확대·강화되는 것이야말로 국가들이 이러한 국제제도들의 중요성을 믿고 있다는 것을 보여주는 대표적인 실례라고 강조한다. 탈냉전기에 접어들어 기존의 서방 선진 7개국은 이들만의 클럽이었던 주요 7개국(G-7) 정상회의에 러시아를 포함해 G-8으로 확대하고 이로부터 더 나아가 중국을 포함하여 G-9으로 확대하려고 하는 것으로부터 이러한 국제제도의 유용성에 대한 국가들의 의미 부여를 알 수 있다고 본다.

이처럼 신자유주의적 제도주의 이론은 국가들 사이에 자발적으로 국제제도를 수립하는 것에 많은 관심을 두고 있는데 이는 국제제도가 국가들의 행동을 규율하는 측면을 중요시하기 때문이다. 이러한 관점에서 신자유주의적 제도주의 이론은 국제체제나 지역체제의 평화를 해칠 가능성이 있는 국가들을 국제제도에 얽어매는 것이야말로 국제평화와 안정을 가져올 수 있다고 본다. 이러한 관점에서 기존의 국제제도가 있으면 이러한 제도에 이러한 국가들을 참여시키고 기존의 국제제도가 없으면 새롭게 국제제도를 만들어 이들의 동참을 유도해야 한다는 것을 중요한 정책으로 제시한다.

7. 신자유주의적 제도주의 이론의 평가

신자유주의적 제도주의 이론에 다양한 평가가 주어지고 있다. 이러한 평가들을 편의상 긍정적인 평가·부정적인 평가·발전적인 제안 등으로 구분하여 살펴보고 마지막 부분에서 총체적인 평가를 하고자 한다.

1) 긍정적인 평가

남북한 사이의 관계처럼 아직 안보딜레마가 여전히 존재하는 지역과 미국과 캐나다의 관계 그리고 서유럽국가들의 관계처럼 국제제도에 의해 국가 간 협력이 활발하게 벌어지고 있는 지역이 동시에 존재하고 있는 현실 속에서 신자유주의적 제도주의 이론의 적실성은 상대적이다. 그러나 어떻게 해야 협력이 발생할 수 있을까에 대한 당위적인 조건 등을 제시한다는 측면에서 신자유주의적 제도주의 이론을 긍정적으로 평가할 수 있을 것이다.

다수의 주권 국가로 구성되어 있는 분권적인 국제체제에서 효율적으로 다루어지기 힘든 지구온난화 현상과 같은 국제 문제의 등장과 국가 간 상호의존의 심화로 인한 취약성의 증가는 국가들의 정책적 선택이 상호의존적이라는 인식을 가져왔고 국가 간 정책조정이라는 실질적인 문제를 일으켰으며 국제관계를 규정할 새로운 형태의 정치적 권위(political authority)와 거버넌스의 필요성을 불러일으켰다. 이러한 것을 이해하기 위한 새로운 이론이 요구되는 가운데 탄생한 신자유주의적 제도주의 이론은 국내 정치사회와는 달리 중앙정부가 부재한 국제체제에서 국제적 행위가 어떻게 조정되는가를 이해하도록 해준다.

신자유주의적 제도주의 이론은 국제법이나 국제기구를 넘어서 공동의 문제를 둘러싼 국제협력의 구조를 규정하는 행위자 간의 묵시적인 이해까지 포함하는 좀 더 넓은 개념의 필요성 속에 탄생하여 우리에게 좀 더 포괄적으로 제도화에 주목하도록 한다는 평가를 받는다.

국제협력이론이라고도 불리는 신자유주의적 제도주의 이론은 ⅰ) 국제제도가 국가 행동에 미치는 독립적인 영향의 여부 ⅱ) 국제제도의 기능과 국제제도가 국가전략에 영향을 미치는 방식 ⅲ) 국제제도가 변화하는 이유와 방식 ⅳ) 국제협력이 촉진될 수 있는 조건 ⅴ) 국가들이 국제제도를 형성하고 유지하려는 이유 등에 관심을 유도하고 적절한 답을 주고자 한다.

주권과 권력에 집착하고 있는 주권 국가를 구성요소로 하는 무정부 상태의 국제체제에서도 경제복지와 군사안보의 관점에서 상호 만족스러운 결과를 달성하기 위한 새롭고 좀 더 나은 국제제도의 여지가 존재한다. 국제협력을 촉진하려는 노력 모두가 반드시 좋은 결과를 산출해 내는 것은 아니다. 즉 협력은 나머지 국가들의 희생 위에 소수 몇몇 국가만을 위해 고안될 수도 있으며 불완전한 세계 속에서 불공정을 강화시킬 수도 약화시킬 수도 있다. 따라서 국가들이 좀 더 협력적인 미래를 탐색하기 위한 준비를 하려면 이러한 협력의 과정에 관한 연구를 준비해야 하며 신자유주의적 제도주의 이론이 부분적으로 이러한 역할을 한다.

2) 부정적인 평가

(1) 현실주의로 이론으로부터의 비판[291)]

신현실주의 이론과 신자유주의적 제도주의 이론 사이에 국제제도를 둘러싸고 치열한 논쟁이 1990년대 중반에 벌어졌고 이러한 논쟁은 아직도 지속되고 있다. 이러한 논쟁은 국제제도가 국가 행동과 국제적 결과에 미치는 영향의 여부에 집중되어 오고 있다.

국제관계에 있어서 권력의 역할을 강조하는 신현실주의 이론이 신자유주의적 제도주의 이론에 가하는 비판의 핵심은 국제제도란 국제사회에 내재해 있는 권력 양태의 외양적인 표현으로서 국제사회의 권력의 양태가 변함에 따라 함께 변하는 것으로서 국가 행동과 국제적 결과의 주요한 결정요인이 아닌 주변적인 것에 불과하다는 것이다.

신현실주의자인 미어샤이머(John J. Mearsheimer)는 국제제도에 관한 신자유주의적 제도주의 이론의 주장을 국제제도의 그릇된 약속(false promise of international institutions)이라고 평가절하한 바 있다. 스트레인지(Susan Strange)는 국제레짐론을 지나가는 일시적 유행(passing fad)이라고 규정하고 국제경제에 있어서 누가 무엇을 얻는지를 적절히 이해하기 위해서는 표면에 떠오르는 국제레짐을 바라보아서는 안되고 국제레짐이 기초를 두고 있는 근저의 거래를 바라봄으로써만 가능하다는 견해를 보인다.[292)]

신현실주의 이론은 국제제도가 국가 행동과 국제적 결과에 거의 영향을 미치지

---

291) 국제제도를 둘러싼 현실주의 이론가 신자유주의적 제도주의 이론 치열한 논쟁은 다음 글들을 참조하시오: David A. Baldwin, ed., *Neorealism and Neoliberalism: The Contemporary Debate* (New York: Columbia University Press, 1993); Robert O. Keohane and Lisa Martin, "The Promise of Institutionalist Theory," *International Security*, Vol. 20, No. 1 (Summer 1995), pp. 39–51; Charles A. Kupchan and Clifford A. Kupchan, "The Promise of Collective Security," *International Security*, Vol. 20, No. 1 (Summer 1995), pp. 52–61; John J. Mearsheimer, "The False Promise of International Institutions," *International Security*, Vol. 19, No. 3 (Winter 1994–1995), pp. 5–49; John J. Mearsheimer, "A Realist Reply," *International Security*, Vol. 20, No. 1 (Summer 1995), pp. 82–93; John Gerard Ruggie, "The False Promise of Realism," *International Security*, Vol. 20, No. 1 (Summer 1995), pp. 62–70; Alexander E. Wendt, "Constructing International Politics," *International Security*, Vol. 20, No. 1 (1995), pp. 71–81.

292) Susan Strange, "Cave! Hic Dragones: A Critique of Regime Analysis," *International Organization*, Vol. 36, No. 2 (Spring 1982), pp. 481–484.

않는 부수적인 존재일 수밖에 없는 근본적인 이유를 국제체제의 무정부성과 이것이 만들어내는 안보딜레마에서 찾고 있다. 이러한 국제체제의 구조적 특징 아래 국가들은 상대적 이득에 대한 우려로 협력을 꺼리게 되어 있는데 신자유주의적 제도주의 이론은 이러한 점을 제대로 고려하지 않는다는 것이다. 신현실주의 이론은 무정부성을 특징으로 하는 국제사회에서 협력의 이익이 잠정적인 적에게 불균형하게 흘러 들어가 군사적인 우위로 전환될 것을 두려워하여 본질적이고 지속해서 협력하는 것을 꺼리게 된다는 것을 강조한다.

무정부성이라는 국제체제의 구조는 자력구제를 생존의 원칙으로 하게 하면서 국가에게 권력을 추구하게 하고 이러한 권력의 배분이 국제정치의 결과에 결정요인이 된다는 것이다. 그러나 신자유주의적 제도주의 이론은 국제관계에서 권력의 역할을 과소평가하고 국제적 결과에 중대한 영향을 미치는 상대적인 권력 능력(relative power capabilities)을 고려하고 있지 않다는 것이다. 현실주의자들 역시 국제제도가 개개 국가들의 무임승차 경향을 억제하는 것을 돕고 그 결과 총체적인 부의 증가에 이를 수 있는 협력의 가능성을 촉진한다는 것을 인정하지만 신자유주의적 제도주의 이론이 이러한 부를 둘러싸고 필연적으로 전개되는 갈등을 과소평가하고 이러한 갈등의 결과가 국가 사이에 존재하는 상대적인 힘의 능력에 의해 결정된다는 것을 등한시한다고 본다.

이러한 비판 이외에도 신현실주의 이론은 신자유주의적 제도주의 이론이 국제제도의 영향을 언급하면서 배신의 두려움을 극복하는 것이 훨씬 더 어려운 안보이슈를 대체로 무시하고 대신에 경제이슈에만 집중하고 있다고 비판한다. 이와 더불어 국제제도의 영향을 주장하려면 국제제도가 없었다면 현재의 협력이 일어나지 않았으리라는 것을 실증적으로 보여주어야 하는데 신자유주의적 제도주의 이론은 이러한 것을 실증적으로 입증하지 못한다고 비판한다.

여기에서 참고로 이러한 신현실주의 이론의 비판에 대한 신자유주의적 제도주의 이론의 반론을 살펴보고자 한다. 신자유주의적 제도주의 이론은 신현실주의 이론의 주장에 반대하여 국제제도가 무정부 상태의 국제체제가 주는 안보딜레마를 개선할 수 있다는 기본적인 입장 아래 국제제도가 국가의 기대와 가치에 영향을 줌으로써 국가이익과 정책에 영향을 미칠 수 있다고 주장한다. 신현실주의 이론의 주장에 반박을 가하며 신현실주의 이론이 국가들이 상대적 이득에 민감하여 협력이 일어나가 어렵다는 주장을 펴는 것과는 대조적으로 신자유주의적 제도주의 이론은 절대적 이득이 있으면 국가들은 협력하고자 한다는 것을 강조한다. 신자유주의적 제도주의 이론은 권력으로 정의된 국가이익이 국가 행동에 중요한 역할을 한다는 신현실주의 이론에 동의하나 국가를 무정부성의 효과를 완화하고 개별적으로 행동했을 때보다 좀 더 나은 결과물에 도달하기 위해 협력적인 국제제도를 발전시킬 수 있는 존재로서 바라보고자 한다.

국제제도의 영향을 둘러싼 신현실주의 이론과 신자유주의적 제도주의 이론의 논쟁과 관련하여 살펴볼 문제들이 있다. 우선 무엇을 국제제도의 영향(혹은 국제제도의 효과성)으로 볼 것인가의 문제이다.293) 왜냐하면 신현실주의 이론과 신자유주의적 제도주의 이론이 국제제도의 영향을 둘러싸고 기본적으로 다른 기준을 적용하고 있을 수도 있기 때문이다.

실제로 신현실주의 이론과 신자유주의적 제도주의 이론이 국제제도의 효과성을 다른 방식으로 평가하고 있어 국가 행동에 대한 국제제도의 영향을 평가하는 데에 다른 견해를 보인다는 주장이 있다. 이 주장에 따르면 신현실주의 이론의 경우 국가들이 장기적인 공동체 목표를 위해 단기적이고 자기중심적인 이익을 버리는 것과 같이 국가들에게 국제제도의 영향이 없다면 그렇게 행동하지 않았을 방식으로 행동하도록 하는 한에 있어서 국제제도는 영향이 있다고 본다.

이와는 대조적으로 신자유주의적 제도주의 이론의 경우 협력을 통해 상호이득을 달성하는 것과 같이 국가들에게 국제제도의 영향이 없다면 할 수 없었을 것을 할 수 있도록 해주는 경우에 영향이 있다고 판단한다는 것이다. 즉 신현실주의 이론은 국제제도를 국가 행동에 대한 제약으로서 파악하고 신자유주의적 제도주의 이론은 국가들에게 상호이득이 되는 협력적인 결과에 도달하는 것을 가능하게 해주는 것으로 개념화하는 차이를 가진다는 것이다.294)

국제제도의 영향을 둘러싼 논쟁과 관련하여 살펴볼 또 다른 문제는 국제제도가 국가 행동과 국제적 결과에 미치는 영향의 수준에 관한 것이다. 이에 관해 별도의 체계적인 논의가 이루어지지 않아 여기에서는 크라즈너(Stephen D. Krasner)가 일단 형성된 국제제도가 애초 자신의 형성을 가져온 요인을 어떤 방식으로 변화시키는가와 관련하여 전개한 논의를 참고로 하여 살펴보고자 한다.295)

---

293) 신자유주의적 제도주의 이론의 틀 안에서 국제제도의 효과성의 지표를 무엇을 할 것인가에 대한 좀 더 상세한 논의는 신자유주의적 제도주의 이론의 연구 중점 부분에서 이미 살펴본 바 있다.

294) Randall L. Schweller and David Priess, "A Tale of Two Realisms: Expanding the Institutions Debate," *Mershon International Studies Review*, Vol. 41, No. 1 (May 1997), p. 3.

295) Stephen D. Krasner, "Regimes and the Limits of Realism: Regimes as Autonomous Variables," *International Organization*, Vol. 36, No. 2 (Spring 1982), pp. 503-509. 일반적으로 패권안정론자로 분류되는 크라즈너(Stephen D. Krasner)가 이러한 환류 메커니즘을 통해 국가 행동에 대한 국제레

크라즈너에 따르면 국제제도는 다음과 같은 방식으로 국가 행동과 국제적 결과에 영향을 미친다. i) 국가들이 자신의 이익을 계산하는 방식을 변화시킨다. ii) 국가들의 이익 자체를 변화시킨다(이는 행위자들이 국가이익을 다시 정의하도록 하는 것을 의미한다). iii) 국가들의 의사를 반영시킬 수 있는 권력의 근원이 된다. iv) 국가의 잠재적인 능력을 변화시킨다. 여기에서 주목할 것은 국제제도가 국가이익 자체를 바꿀 수도 있고 국가이익을 계산하는 방식을 바꿀 수도 있다는 것으로서 이는 국제제도가 미치는 영향에 있어서 수준의 차이가 존재할 수 있다는 것이다.

이와 관련하여 신자유주의적 제도주의 이론이 국가 행동과 국제적 결과에 미친다고 주장하는 국제제도의 영향에 대해 좀 더 살펴볼 필요가 있다. 왜냐하면 구성주의 이론의 경우 국제제도가 국가이익과 선호 자체를 바꿈으로써 국가 행동과 국제적 결과에 영향을 미친다고 주장하는데 이는 신자유주의적 제도주의 이론이 말하는 영향과는 차이가 존재하기 때문이다.

엄밀하게 말해 신자유주의적 제도주의 이론의 주장은 구성주의 이론의 주장과는 다르다. 신자유주의적 제도주의 이론은 국제제도가 국가이익과 선호의 형태를 바꾸지는 않으나 일정한 기능을 수행함으로써 일정한 조건하에서 국가 행동에 대해 상호 기대하는 바를 규정하고 안정화해 국가의 선택에 제약을 가할 수 있다고 본다는 점에서 차이가 존재한다.[296)]

이는 신자유주의적 제도주의 이론이 국가의 합리성을 전제로 하면서 국가의 이익과 선호는 이미 주어진 것으로 가정하고 이론을 전개하기 때문이다. 따라서 국가의 이익이나 선호 자체가 변화한다고 하는 경우 이론의 가정이 무너지게 되기 때문에 구성주의 이론과는 달리 국제제도에 의해 국가의 이익과 선호 자체가 바뀌고 그 결과 국가 행동과 국제적 결과가 변한다고 주장할 수가 없는 것이다.

짐의 독립적인 영향력을 인정하고 있다는 점과 나아가 이러한 국가 행동에 대한 영향이라는 것이 기존의 국가의 이익이나 선호에 대한 변화를 통해 이루어질 수 있다는 점을 제시하는 등 신자유주의적 제도주의 이론 주장의 일부를 수용하고 있는 점이 흥미롭다. 앞서 패권안정론에 대한 논의 부분에서 살펴보았듯이 크라즈너는 국제레짐을 권력이라는 원인변수에 의해 생성이 되지만 이러한 원인변수로부터 독립하여 국가 행동과 국제적 결과라는 종속변수에 영향을 미치는 매개변수로 본다. 다시 말해 크라즈너는 국제레짐을 국가 행동과 국제적 결과에 준독립적인 영향을 미치는 요인으로 보고자 한다. 이 때문에 국제제도의 영향을 둘러싼 논쟁에서 크라즈너를 신현실주의와 신자유주의적 제도주의 이론 사이의 중간 입장을 택하여 있는 학자로 간주하기도 한다. 그러나 이러한 국제레짐의 준독립적인 영향은 일시적이고 결국 시간의 지나면서 줄어든다고 보기 때문에 그를 두 이론의 논쟁에서 중간적인 입장을 가진 학자로 보기 어렵다.

296) Robert O. Keohane, *After Hegemony: Cooperation and Discord in the World Political Economy* (Princeton University Pres: New Jersey, 1984); Jeffrey W Legro, "Which Norms Matter? Revisiting the "Failure" of Internationalism," *International Organization*," Vol. 51, No. 1 (Winter 1997), pp. 31-63.

(2) 구조주의 이론으로부터의 비판

구조주의 이론도 현실주의자와 마찬가지로 기본적으로 국제제도란 부차적인 것으로 간주한다. 또한 구조주의 이론은 국제제도를 기존 국제체제의 권력이라는 변수에 기반을 두고 성립되는 것으로 봄으로써 국제제도가 강대국의 이익을 반영하고 개도국들의 이익에는 반하여 평등보다는 능률과 안정에 중점을 두는 보수적 견해와 상통한다고 본다.

(3) 구성주의 이론으로부터의 비판

구성주의 이론은 신자유주의적 제도주의 이론이 국제제도를 기껏해야 자기중심적인 국가들의 선택과 전략을 제약하는 창설물로 간주함으로써 국제제도에 단지 제한적인 역할만을 부여한다고 비판하면서 이는 신자유주의적 제도주의 이론이 국가의 정체성과 이익을 주어진 것으로 보기 때문에 당연한 귀결이라고 본다. 이와는 달리 구성주의 이론은 국제제도의 효과가 더욱 깊어 국가의 정체성과 이익의 수준으로까지 도달하여 이를 바꿈으로써 국가 행동과 국제적 결과에 영향을 미친다고 본다.

(4) 비판이론으로부터의 비판[297)]

비판이론(critical theory)을 옹호하는 학자로 분류되는 투즈(Roger Tooze)는 다음과 같이 신자유주의적 제도주의 이론을 비판한다. 첫째, 신자유주의적 제도주의 이론이 전통적 자유주의 이론으로부터 규범의 지배를 받는 행동이라는 것을 수용했지만 전통적 자유주의 이론의 또 다른 중요한 측면인 국가 이외의 다양한 행위자의 중요성이라는 것을 배제하고 있다고 비판한다. 투즈는 신자유주의적 제도주의 이론이 버튼(John Burton)의 세계사회론과 같은 국가에 기초를 두고 있지 않은 분석의 틀이 가져온 공헌을 무시할 뿐 아니라 코헤인과 나이가 중심이 되어 초국가론과 상호의존론에서 전개한 주장들의 많은 부분을 버렸다고 비판한다.

둘째, 현실주의 이론의 국가 중심적 견해에 기초하고 있는 신자유주의적 제도주의 이론은 실제에 있어 국제레짐에 대한 합의가 존재하지 않는 이슈 영역이 많음을 무시하고 국제레짐의 합의를 과장하는 경향이 있다는 것 역시 지적하고 있다.

셋째, 투즈는 신자유주의적 제도주의 이론의 등장과 발전이 두 가지 상반된 방식으로 해석할 수 있다고 언급하고 결론적으로 이 이론이 현실의 순수한 객관적인 분석이라기보다 특정한 의도의 산물이라고 주장한다.[298)]

297) Roger Tooze, "Regimes and International Cooperation," in A. J. R. Groom and Paul Taylor, eds., *Frameworks for International Co-operation* (New York: St. Martin's Press, 1990).

투즈는 우선 신자유주의적 제도주의 이론이 객관성을 지닌 순수한 지적인 반영물이라는 입장을 소개하고 있다. 그에 따르면 국제레짐에 관하여 인식론적 접근을 택하고 있는 몇몇 이론을 제외한 대부분의 국제레짐에 관한 문헌들이 이러한 입장을 택하고 있다. 이 입장은 세계의 정치경제 현실이 달라졌는데 국제레짐이란 개념이 등장한 목적은 이러한 변화를 정확하고 객관적으로 밝히기 위한 것으로 보고자 한다. 즉 국제레짐이라는 개념을 중심으로 한 신자유주의적 제도주의 이론의 등장은 복합적인 상호의존을 특징으로 하는 국제체제에서 국가 간의 협력에서의 변화된 현실의 객관적인 반영이라는 입장이다.

투즈는 이와는 달리 국제레짐이 변화한 현실에 대한 순수한 지적인 반영물이라는 국제레짐의 객관성을 부인하고 국제레짐 분석의 발전을 지식의 사회적 생산이라는 광범위한 틀 속에서 이해하고자 하는 견해를 소개하고 있다. 이 입장에 따르면 국제레짐이란 개념은 이것이 발전되어 온 정치적이고 경제적인 맥락으로부터 분리될 수 없다고 본다. 따라서 국제레짐과 이에 관한 이론이 국가 간 협력에서의 변화된 사실을 실제로 반영할 수도 있으나 국제레짐 개념은 이러한 것에 관한 이론을 등장시킨 사람들의 이해관계를 고려하고 이러한 이론이 어떻게 국제협력과 국제관계의 성격과 이해를 바꾸고 재정의하는가를 고려하는 좀 더 광범위한 맥락에서 이해되어야만 한다고 주장한다. 간단히 말해 새로운 이론으로서의 신자유주의적 제도주의 이론의 등장은 변화된 현실의 반영이 아니고 현실을 변화시켜야 할 필요의 반영일 수도 있다는 것이다. 투즈는 이러한 주장의 근거를 다음에서 찾고 있다.

신자유주의적 제도주의 이론에 의해서 밝혀지고 설명되는 변화의 종류와 현상은 다른 개념이나 접근법에 의해서도 국제레짐이라는 개념만큼 혹은 그 이상으로 정확히 포착될 수 있다는 것이다. 예를 들자면 버튼과 같은 학자의 세계사회 접근법이라든가 아니면 그람시(Antonio Gramsci)의 패권(hegemony)이라는 개념과 이로부터 파생된 국제시민사회(international civil society)라는 개념이 국제레짐이라는 개념에 대한 충실한 대안으로서의 가능성을 갖고 있다고 본다. 이 개념들 역시 국제관계에 대한 좀 더 넓은 의미의 설명 일부분으로 규범이 지배하는 행위의 존재와 중요성을 고려하고 있기 때문이다.

투즈는 국제레짐에 관한 대다수의 저술물과 이들에 의해 인용되는 참고물 대부분이 그 출처를 미국으로 하고 있음을 지적하고 국제레짐의 개념과 더불어 신자유주

298) 이는 지식의 역사성과 사회성을 주장하는 것으로서 자세한 것은 성찰주의 패러다임의 비판이론 편에서 상론하고 있으니 그 부분을 참고하시오.

의적 제도주의 이론의 발전과 적용이 강력한 미국 중심의 성향과 세계의 구조에 대한 특수한 미국적 개념에 의해 지배되고 있다고 주장한다. 이러한 경향은 국제레짐의 분석에만 국한된 경향이 아니고 국제관계에 대한 대개의 미국인 연구의 특징이기도 하다는 것이다.

투즈는 신자유주의적 제도주의 이론이 국가 중심적 견해를 수용하고 있는 것도 이러한 관점에서 보고 있다. 이는 신자유주의적 제도주의 이론의 가정 편에서 이미 언급한 것처럼 신자유주의적 제도주의 이론은 규범에 의해 지배되는 행위라는 자유주의 패러다임의 입장을 택하면서 이러한 규범에 영향을 받는 국가 행동은 국가의 국익 추구와 전적으로 일치할 수 있다는 현실주의 이론의 입장을 가정하고 있다는 것이다.

투즈는 신자유주의적 제도주의 이론이 전통적 자유주의 이론과 현실주의 이론이라는 두 개의 전통적인 국제정치 패러다임을 결합하는 데 있어서 중요 행위자로서의 국가를 강조하고 국가이익을 위한 국제레짐의 도구성을 강조하는 자의성과 선별성을 지니고 있다고 본다. 즉 국제레짐을 국가 대외정책의 연장으로 본다는 것이다.

국제레짐이 국제체제 구조의 점증하는 복잡성을 진정으로 반영하는 것이라면 국가 중심성에서 벗어나 초국가론과 상호의존론 같은 자유주의 이론들이 강조하는 다양한 행위자와 이들 간의 다양한 접촉 채널 등을 포함해야 하나 이들을 배제함으로써 국제레짐이 국가 간 합의에 기반을 두고 있다는 국제레짐의 합의성을 지나치게 과장하는 경향을 보인다는 것이다.

국제레짐 분석이 등장한 시점은 앞서 살펴보았듯이 세계경제가 1945년 이후에 만들어진 기제(mechanism)와 권력구조에 의해 관리되는 것이 매우 어려워지고 있었던 시기이다. 이러한 변화는 한편 국제체제 내에서의 경제력과 정치력의 배분에서의 변화 특히 미국의 힘의 상대적인 쇠퇴에 기인했고 또 다른 한편 세계경제 자체가 구조에 있어서나 과정에 있어서 훨씬 복잡해진 것에 기인했다. 이러한 상황은 오일쇼크와 세계경제의 불황 등에 의해 더욱 복잡해졌다. 그 결과 미국은 미국에 이익을 가져오는 결과를 생산해내기 위해 이제까지 미국이 리더십을 행사해 온 기제에 더는 의존할 수 없었으므로 미국의 정책결정자들은 국가 간의 협력 과정을 재고하지 않을 수 없었다. 따라서 국제레짐 개념의 등장은 미국 자신의 정책적인 필요와 목표를 명백히 반영하는 것이라고 본다.

국제레짐 분석은 정치적 · 경제적으로 지배적인 강대국의 이익이 지속해서 표출되는 것을 허용한다는 것이다. 달리 말해 국제레짐의 개념과 이러한 개념의 광범위한 채택은 우리가 국가 간의 협력을 생각하는 방식을 변화시켰을 뿐 아니라 새로운 국제레짐 분석의 틀 안에서 미국의 힘의 지속을 가능하게 하고 정당화시킨다고 본다.

이처럼 우리가 국제레짐의 정치적 중립성을 수용하지 않으면 학문적인 분석에 있어서나 실질적인 협상과 협력에 있어 국제레짐을 강조하는 것은 패권의 제도화 과정으로 볼 수 있다는 것이다. 이러한 과정은 세계의 정치경제 구조에 내재해 있는 가치의 지속적이고 일반적인 수용에 의존하는데 만약 이러한 가치가 수용된다면 이러한 가치는 국가 간 협력의 틀을 제공하고 이는 곧 국제레짐 내에서의 국가 간 협력의 문제가 기술적인 해결(technical solution)을 필요로 하는 기술적인(즉 비정치적인) 것으로 간주되는 것을 의미한다는 것이다.

신자유주의적 제도주의 이론이 옹호하는 자유주의의 내용(특히 전 세계적 혹은 집단적인 복지를 강조하는 내용)은 신자유주의적 제도주의 이론이 국가 간 불평등의 존재를 부인하는 자유주의적·다원주의적인 틀에 기초하고 있음을 보여준다. 투즈는 국제정치에서의 국제레짐 분석이 정의·정당성·효율성과는 상반되는 질서의 유지에 편향되어 있다는 스트레인지(Susan Strange)의 지적을 인용하면서 국제레짐을 통해서 유지되고 있는 질서는 미국의 이익을 지지하는 질서라고 결론짓고 있다. 따라서 문제는 미국의 이익이 얼마만큼 다른 그룹의 이익이나 전체로서의 체제의 이익을 반영하느냐는 것이다. 다른 그룹이 국제레짐으로부터 이익을 볼 수 있는 것은 단지 패권국의 이익과 그들의 이익이 중첩될 때 한다고 본다.

투즈는 그렇다고 모든 국제레짐이 전적으로 패권국의 이익을 반영하는 것은 아니라고 전제하며 국제제도는 일단의 일관성 있는 반패권적인 가치를 구체화하기 위한 견인차가 될 수도 있고 하나의 세계의 질서와 또 다른 세계의 질서 사이의 매개자가 될 수도 있다고 본다. 결론적으로 그는 국제레짐이란 현존하는 권력구조의 연장이라고 본다.

국제레짐이 과연 신자유주의적 제도주의 이론이 종종 주장하듯이 국가 간 혹은 전 지구적인 권위(international or global authority)를 나타내는가에 대해 국제레짐은 잘해야 국가 간의 정책조정을 허용할 뿐 최소한 지금까지는 새로운 전 지구적인 권위 구조로의 결정적인 변화를 드러내고 있지 않다고 본다. 좀 더 비판적인 견해에 따르면 세계의 정치경제에서의 현재의 권력의 양태를 고려할 때 이러한 변화는 일어날 것 같지 않다고 본다.

국제레짐이 과연 중요한가에 대해 투즈는 국제레짐을 어떻게 바라보는가의 시각에 따라 다르다는 견해를 지니고 있다. 즉 국제레짐을 패권의 연장으로 볼 때 국제레짐은 패권국이 자신의 존재를 정당화하여 성공적으로 권력을 유지할 수 있는 한에 있어 중요하고 국제레짐을 좀 더 다원적이고 집단적인 소산물로 보는 경우 이러한 국제레짐에 의해 영향을 받는 정책조정이 중요성을 지니며 이익을 가져다주는 한에 있어서 중요하다고 본다.

3) 발전적인 제안

신자유주의적 제도주의 이론에 대한 다양한 발전적인 제안이 제시되어 오고 있다. 이러한 제안은 대체로 국제레짐의 여러 측면을 변수화할 필요가 있다는 것과 국제레짐의 변화와 국가에 미치는 영향을 알기 위해서는 국내 정치에 관한 연구가 필요하다는 주장으로 요약된다. 이와 더불어 국제레짐에 대한 접근으로서 합리주의적 접근과 더불어 성찰주의적 접근이 필요함을 제안하기도 한다. 이들을 하나씩 살펴보면 다음과 같다.

(1) 국제레짐의 여러 측면의 변수화 필요성

다수의 학자가 국제레짐의 다양한 측면을 제시하고 이들의 변수화를 제안하고 있다. 이들 가운데 가장 대표적이라고 볼 수 있는 몇 학자의 견해를 소개하고자 한다. 국제레짐의 여러 측면을 찾아내어 변수화하는 작업은 매우 중요한 작업이다. 이를 통해 국제레짐 자체의 변화를 측정할 수 있을 뿐 아니라 이를 독립변수로 하여 다른 현상을 설명하거나 종속변수로 하여 이에 영향을 미치는 독립변수를 찾아 설명을 가할 수 있기 때문이다.

① 코헤인(Robert O. Keohane)

신자유주의적 제도주의 이론을 제시한 코헤인 자신도 국제체제 수준의 변수인 제도화의 정도를 가지고 국가 행동과 국제적인 결과의 변화를 설명하고자 한다면서 제도화라는 개념의 변수화가 중요한 연구의 대상이 되어야 한다는 것을 강조한다. 이에 따라 코헤인은 제도화를 다음과 같은 세 가지 측면에서 측정할 수 있다고 본다. 세 가지 측면이란 구체적으로 ⅰ) 적절한 행동에 대한 기대와 행동을 어떻게 해석할 것인가에 대한 이해가 국제체제의 참여자에 의해 공유되고 있는 정도를 일컫는 공통성(commonality) ⅱ) 적절한 행동애 대한 기대하는 바의 것들이 규칙의 형태로서 명백하게 구체화되어 있는 정도를 의미하는 구체성(specificity) ⅲ) 국제제도가 외부의 중개자(매개자)에 의존하지 않고 스스로 자신의 규칙을 바꿀 수 있는 정도를 의미하는 자율성(autonomy)이다.[299]

② 모라브식(Andrew Moravcsik)

모라브식은 현재의 국제제도론 특히 코헤인의 기능주의적 접근법을 비판하고 좀 더 세련된 국제레짐을 위시한 국제제도에 관한 이론을 수립하기 위한 대안을 제시하고 있다.[300] 그는 기능주의적 접근법은 목적을 공유하고 있는 국가들이 목적의 실현 과정에서 발생하는 불확실성을 감소시키기 위해 공동의 의사결정 절차를 수립한다고 주장하나 효율적인 의사결정을 위해 요구되는 주권 국가들로부터의 일정한 정도의 주권의 이전(transfer of sovereignty)에 있어서 변이(즉 주권 이전의 형태와 수준의 차이)를 설명하지 못한다고 지적하고 기존의 국제제도에 관한 이론의 확대 필요성을 강조한다.

신자유주의적 제도주의 이론은 i) 국가 간에 구속력이 있는 의사결정을 위해 유럽연합(EU)의 이사회(Council)처럼 국가의 대표들이 자국을 대표하여 주권을 직접 행사하는 경우 ii) 유럽연합의 위원회(Commission)처럼 구속력 있는 의사결정이 개개의 주권 국가에 의해 이루어지는 것이 아니고 국가들로부터 주권을 위임받은 국제기구에 의해 이루어지는 경우 iii) 만장일치에 의해 구속력 있는 결정이 일어나는 경우 iv) 구속력이 없는 단순한 권고의 성격을 갖는 의사결정을 하는 경우 등과 같은 주권의 이전의 형태와 수준의 차이를 고려해야 한다는 것이다.

모라브식은 국가 간의 공동의 문제들이 개개 국가의 개별적인 행위에 의해 다루어지는가(즉 국제레짐이 없는 상태에서 순전히 국가의 기준과 의사결정 절차에 의해 다루어지는가) 아니면 어떤 형태의 권위적인 국제레짐에 의해 다루어지는가를 살펴볼 필요가 있다고 지적한다. 모라브식에 따르면 이념형으로서 국가 간의 공동의 문제가 만장일치제처럼 완전한 주권의 존중 속에 다루어지는 방식과 세계정부에 근접하는 초국가적인 권위체에 의해 다루어지는 경우를 생각해 볼 수 있는데 실제에 있어서 국가 간의 공동의 문제는 이러한 두 개의 극단적인 이념형의 사이 어느 지점에선가의 의사결정 방식에 의해 다루어진다고 생각하고 이러한 것에 관한 연구의 필요성을 제기하고 있다.

---

299) Robert O. Keohane, *International Institutions and State Power: Essays in International Relations Theory* (Boulder, San Francisco, and London: Westview Press, 1989), pp. 4–5.

300) Andrew Moravcsik, "Preference and Power in the European Community: A Liberal Intergovernmentalist Approach," in Simon Bulmer and Andrew Scott, eds., *Economic and Political Integration in Europe: Internal Dynamics and Global Context* (Cambridge: Blackwell Publishers, 1994), pp. 63–67.

③ **보글러**(John Vogler)

보글러는 특정한 이슈 영역의 국제레짐을 살펴보면 어떤 이슈 영역에 있어서는 강력한 국제레짐(즉 잘 발전된 의사결정 절차와 감시하는 절차를 포함하는 국제레짐)이 존재하고 또 어떤 이슈 영역에서는 국제레짐이라고 말할 수 있는 그 어떤 것도 존재하지 않는 등 국제 거버넌스(international governance)의 정도에 있어서 커다란 변이가 존재한다고 지적하고 국제레짐의 연구에 있어서 이러한 차이를 고려하여야 한다고 주장한다. 구체적으로 그는 국제레짐의 강도의 변수화를 강제성의 정도를 기준으로 i) 선언적 국제레짐 ii) 장려적 국제레짐 iii) 실행적 국제레짐 iv) 강제적 국제레짐으로 세분화할 것을 제안하고 있다.301)

④ **영**(Oran R. Young)

영 역시 국제레짐을 다음과 같이 다양한 측면에서 변수화할 것을 제안하고 다양한 기준에 따라 국제레짐을 구분하고 있다.302) i) 발생 방식) 자연스럽게 자발적으로 발생한 국제레짐/협상의 결과로서 생기는 레짐/패권국가에 의해 부과된 레짐 ii) 변화 요인) 내적 모순을 포함한 내적 요인에 의한 변화/외적 요인(내재해 있는 권력의 구조와 기술 및 인간의 가치나 취향 등의 변화 등)에 의한 변화 iii) 국제기구와의 관계) 국제레짐만 존재하고 이를 관리할 국제기구가 없는 경우/국제기구만 존재하고 관리할 국제레짐이 존재하지 않는 경우/국제레짐과 이를 관리할 국제기구 모두 존재하는 경우/국제레짐도 국제기구도 존재하지 않는 경우303) iv) 개개 행위자의 자율성을 제한하는 규칙을 포함하는 정도) 이념형으로서 연장선의 양 끝에 행위자가 원하는 바대로 행동할 수 있는 무제한의 자유방임이 가능한 경우와 행위자의 행위가 규칙 등에 의해 중앙의 체계적인 통제하에 놓이는 경우를 두고 실제의 경우를 이들 사이의 어디엔가 위치시키는 방식의 구분 v) 공식화) 명시적인 형태의 국제레짐/묵시적인 형태의 국제레짐.304) vi) 지향하는 목표) 경제적인 효율성을 목표로 하는 국제레짐/

---

301) John Vogler, "Regimes and the Global Commons: Space, Atmosphere and Oceans," in Anthony G. McGrew and Paul G. Lewis et al., eds., *Global Politics: Globalization and the Nation State* (Cambridge, UK: Polity Press, 1992), p. 124.

302) Oran R. Young, *International Cooperation: Building Regimes for Natural Resources and the Environment* (Ithaca and London: Cornell University Press, 1989), pp. 1-57.

303) 영은 4가지 유형을 구분한 후 국제제도를 수립하고자 계획할 때 주목해야 할 다음과 같은 사항을 제시하고 있다. 1) 제도와 기구와의 구분이 근본적으로 필요하다. 2) 제도의 운영과 관련된 몇몇 문제들은 기구의 수립에 의존하지 않고도 해결될 수 있다. 3) 정책결정자가 기구를 수립하기로 했다면 이러한 기구가 고려하고 있는 제도나 레짐의 특성에 적합하게 하여야 한다. 4) 정책결정자는 제도와 기구 간의 연계를 생각하는 데 있어서 지적인 유행에 노예가 되지 않도록 해야 한다.

304) 영은 공식화(formalization)의 정도에 있어 국제레짐은 구별된다고 보지만 공식화가 효율적인 국제레

배분적 정의를 목표로 하는 국제레짐/생태계 보전을 목표로 하는 국제레짐 등 vii) 국제레짐 구성요소 간의 내적 일관성에 따른 구분.[305]

⑤ 해거드와 시몬스(Stephan Haggard and Beth A. Simmons)

해거드와 시몬스도 단일차원에서 규정하는 국제레짐 연구는 국제레짐의 변화를 제대로 포착할 수 없다고 지적하고 다음 네 가지 차원에서 변수화할 것을 제안하고 있다.[306] 이러한 4가지 차원에는 i) 국제레짐의 명령을 준수하는 정도에 의해 측정될 수 있는 국제레짐의 강도 ii) 국제레짐을 효율적으로 관리하기 위해 국제레짐이 갖는 국제기구와 같은 조직의 형태(organizational form) iii) 국제레짐이 포괄하는 이슈의 범위(scope) iv) 시장 지향적 배분 혹은 권위적인 배분과 같은 국제레짐의 자원 배분 방식(allocation mode)이 포함된다.

⑥ 하스(Ernst B. Haas)

하스는 국제레짐을 공동의 이익(common interest)에 기초하여 생성된 국제레짐과 공동의 혐오(common aversion)에 기초하여 생성된 국제레짐으로 구분한다.[307]

(2) 국내 정치과정 연구의 필요성과 인식론적 접근법

여기에서는 국내 정치과정에 관한 연구의 필요성을 지적하는 여러 학자의 견해를 소개한 후 국내 정치과정을 다루는 접근법의 하나인 인식론적 접근법을 간략하게 소개하고자 한다.

① 국내 정치과정 연구의 필요성

우선 밀너(Helen Milner)는 신자유주의적 제도주의 이론을 위시한 국제협력이론들이 협력의 국내적인 기초에 대해 소홀했다고 지적하고 이러한 국내 정치를 무시하면 국가이익이 어떻게 형성되고 국가전략이 어떻게 선택되며 국가 간의 협정이 어떻게 국내적으로 비준되는지를 설명할 수 없다고 주장하면서 국내 정치 연구의 필요성을 주장한다.[308]

짐의 필요조건은 아니라고 주장한다.

305) 영은 실제의 국제레짐의 경우 심지어 명문화된 헌법적인 약정(constitutional contracts)에 있어서도 심각한 내적 모순이 종종 발견된다고 본다.

306) Stephan Haggard and Beth A. Simmons, "Theories of International Regimes," *International Organization*, Vol. 41, No. 3 (Summer 1987), pp. 491-517.

307) Ernst B. Haas, "Words Can Hurt You; Or, Who Said What to Whom About Regimes," in Stephen D. Krasner, ed., *International Regimes* (Ithaca and London: Cornell University Press, 1985), p. 27.

308) Helen Milner, "International Theories of Cooperation Among Nations: Strengths and Weaknesses,"

해거드와 시몬스(Stephan Haggard and Beth Simmons)도 밀너와 유사한 맥락에서 국제레짐에 관한 최근의 이론들이 국내 정치과정을 무시하는 경향이 있다는 것을 지적하고 있다. 이들은 국제레짐에 관한 네 가지의 상이한 접근법(즉 패권안정론 · 게임이론적 접근법 · 기능주의적 접근법 · 인식론적 접근법)이 상호 배타적이지 않다는 주장과 더불어 국제협력에 관한 새로운 이론을 만들기 위해 국내 정치와 국제정치를 더 긴밀하게 연결해 주는 상호작용 모델을 발전시키는 것이 무엇보다도 중요하다고 강조한다. 이들은 일례로 퍼트남(Robert D. Putnam)의 두 수준 게임(Two-level Game) 이론을 들고 있다.[309]

코헤인과 나이(Robert O. Keohane and Joseph S. Nye, Jr.)는 기본적으로 국제레짐의 성격이 국내 구조에 영향을 미치고 거꾸로 국내 구조가 국제레짐의 성격에 영향을 준다고 본다. 이러한 생각에 바탕을 두고 국제레짐의 성격과 더불어 국제레짐의 변화와 영향을 국제레짐 분야에서 연구해야 할 중요한 대상임을 강조한다. 이 가운데 국제레짐의 변화와 영향에 대해 아직 이해가 부족한데 이 중에서도 특히 국제레짐의 영향에 대해 가장 잘 알지 못한다고 지적한다.

우리가 잘 알지 못하는 국제레짐의 변화와 영향을 제대로 이해하기 위해서는 상대적인 권력 능력의 변화 이외에 엘리트에 의한 학습을 비롯한 국내의 정치과정에 대한 이해가 필요하다고 본다. 즉 국제체제 수준의 이론들이 국제레짐의 부분적인 면을 이해하는 것을 돕는 것은 사실이나 국내 정치에 관한 연구 없이는 어떻게 국가의 선호가 달라지는가를 이해할 수 없다. 국제제도에 관한 합리적 접근법처럼 국가의 선호를 외생적으로 주어진 것으로 간주하면 국가전략의 변화와 이러한 변화가 가져올 국가 간 상호작용 유형의 변화 원인을 이해하기 어렵다.

국제제도에 관한 합리적 접근법은 국제레짐이 행위자의 국익에 대한 계산과 그들의 능력을 바꿀 수 있으므로 국제레짐이 무엇인가 역할을 하고 있다고 단순히 가정할 뿐 이러한 주장을 엄격하게 검증해 오지 않았다고 주장하고 이를 극복하기 위해 국내 정치에 관한 연구의 필요성을 강조한다.

합리적 접근법은 국제레짐이 일반적으로 자기중심적 이익을 강조하는 분석의 틀 내에서 이해될 수 있으며 국가는 자신의 좋은 평판(reputation)을 유지하기 위해 국제

World Politics, Vol. 44, No. 3 (April 1992), pp. 466-496.

309) 앞서 설명한 것처럼 이러한 두 수준 게임은 일면 각국 대표들이 국제적 합의를 유지하려는 노력과 다른 한편 국내 정치적 지지를 얻고자 하는 노력이 동시에 이루어져야 협력이 가능하다고 본다: Stephan Haggard and Beth A. Simmons, "Theories of International Regimes," *International Organization*, Vol. 41, No. 3 (Summer 1987), pp. 491-517.

레짐의 규칙을 따를 수 있다는 것을 강조한다. 그러나 국제레짐이 어떤 조건하에서 국가이익에 영향을 미치며 이러한 영향이 국제정치에 큰 차이를 가져올 정도로 중요한 것인가에 대해 논하고 있지 않다고 본다.

일국의 정책이 국제레짐의 규칙을 따르고 있는 것인가의 여부를 알려면 국가 행동을 추적할 필요가 있다. 그러나 우리의 관심이 국제체제 수준에 머무는 한에 있어서는 국제레짐이 국가 행동에 미치는 인과적인 영향을 밝혀내는 것은 대단히 어려운 일이다. 국가는 국제레짐의 영향을 받지 않고도 유사한 정책을 추구했을 수도 있고 국제레짐의 규칙이 애초에 국가의 이익을 그대로 반영하고 있는 것일 수도 있기 때문이다. 따라서 국제레짐이 실질적으로 국가 행동에 영향을 미쳤는가를 확인하기 위해서는 다음과 같은 절차를 밟아야 한다.

국제레짐이 없었다면 다른 정책이 취해졌을까를 알기 위해 분석수준을 국제체제 수준에서 단위 수준으로 내려와 실질적인 정책결정의 과정을 추적해야만 한다. 국제레짐의 영향으로 국가의 정책이 변화했다는 것을 주장하려면 이러한 정책의 변화가 국제레짐과 관계없는 다른 원인에 의한 결과물이 아니라는 것을 확신할 수 있어야 한다.

이러한 것이 가능해지려면 우선 이슈가 국제레짐의 규칙과 국가의 자기중심적 이익에 대한 인식 사이에 충돌이 있는 이슈여야 한다. 국제레짐의 규칙과 국가이익에 대한 인식 사이에 갈등이 없는 경우라면 국가의 정책변화가 국제레짐의 영향이었음을 주장하기 어렵기 때문이다. 만약에 국제레짐의 규칙에 대해 애초에 국가의 반대가 명백히 있었던 이슈의 경우라면 국제레짐의 영향을 주장하기 쉬워진다. 이러한 이슈를 찾은 다음 평판을 포함하여 국제레짐의 규칙을 준수할 유인이 이러한 규칙을 어길 유인을 능가하는지를 물어야 한다고 본다.[310)]

국제레짐의 규칙이 얼마만큼의 영향을 미치는가를 제대로 분석하기 위해서 분석가는 이슈를 둘러싼 내부적인 토론을 살펴보아야만 한다. 그래야만 국제레짐을 존중해 특정의 결정을 내렸다고 과장할 가능성이 큰 정부의 자기 정당화의 수사에 속지 않고 그들의 결정에 실질적으로 영향을 미친 요인들을 밝혀낼 수 있다.

---

310) 한국의 예를 들어 보자. 국제사회에는 양심적 병역기피와 대체복무가 다수의 국가에 의해 수용되어 오고 있으나 국제레짐으로 확립되어 있는지는 확실하지 않다. 그러나 여기에서는 편의상 국제레짐으로 존재한다고 가정하자. 한국은 과거에 안보상의 이유로 줄곧 이를 인정해오지 않았는데 최근에 이를 인정하는 판결이 나오기 시작했다. 이러한 판결의 변화가 국제레짐의 영향에 의한 것인가의 여부를 알고자 하면 국제적인 평판이라든가 평판이 아닌 국제레짐을 따라야 할 다른 유인이 규칙을 어길 유인인 안전보장을 능가하는지를 물어야 한다는 것이다.

매우 잘 정립된 국제레짐이 존재함과 동시에 정부가 이러한 국제레짐의 규칙을 위반할 유인이 존재하는 많은 이슈에 관해 이러한 종류의 연구조사를 하면 우리는 국제레짐의 효과에 대해 많은 것을 배울 수 있을 것이다. 이러한 연구가 특정의 어떤 한 이슈 영역에서 일정한 기간에 걸쳐 행해질 때 우리는 국제레짐이 정부의 자기중심적인 이익에 대한 정의를 오랜 시간에 걸쳐 바꾸는 것을 돕는지에 대한 통찰력도 얻을 수 있다.[311]

② 국제제도에 관한 인식론적 접근법

국제제도에 관한 신현실주의 이론과 신자유주의적 제도주의 이론이 각각 권력의 추구라든가 이익의 추구라는 행위자의 동기에 대한 고정된 가정으로부터 출발한 것과는 대조적으로 인식론적 접근법(cognitive approach)은 인식과 지식의 변화에 강조점을 둔다. 즉 인식론적 접근법은 무정부성을 특징으로 하는 국제정치 현실에서 협력을 끌어낼 수 있는 요인으로서 지식과 학습 그리고 신념체계와 같은 요인을 강조한다.[312]

인식론적 접근법의 핵심적인 주장은 협력은 이념 · 행위자의 가치 · 신념 · 지식과 연관시키지 않고는 완벽하게 설명할 수 없다는 것이다. 한 마디로 인식과 오인식(perception and misperception) · 지식과 지식의 변화 · 역사 · 이념 · 지배적인 사회의 목표 · 정보처리 능력 · 학습 등이 협력에 영향을 미친다고 본다. 이는 인식론적 접근법이 학습과 경험을 강조한다는 것을 의미하는 것으로서 예컨대 인식론적 접근법은 자유주의 이념이 제도화되어 국가들에게 협력을 하도록 영향을 미치는 과정과 같은 현상에 주목한다.

국가 간의 협력에 관한 이러한 접근법은 현실주의적 접근법에 대한 직접적인 도전이라고 볼 수 있다. 왜냐하면 현실주의적 접근법은 국제체제의 구조가 주는 동일한 기회와 제약에 관해 상이한 구성요소들이 비슷하게 반응한다는 것을 전제로 하는 데 반해 인식론적 접근법은 인식에 따른 상이한 반응을 전제로 하고 있기 때문이다.

이 그룹에 속하는 전형적인 학자로 하스(Ernst B. Haas)를 예로 들 수 있다.[313] 그는 제도화된 협력이란 변화하는 지식과 변화하는 사회 목표 간 상호작용의 관점에서

311) Robert O. Keohane and Joseph S. Nye, Jr., "Power and Interdependence Revisited," *International Organization*, Vol. 41, No. 4 (Autumn 1987), pp. 725–753.

312) 이러한 이유로 인식론적 접근을 구성주의 이론(constructivist theory)의 하나로 취급하기도 한다.

313) Ernst B. Haas, "Is There a Hole in the Whole? Knowledge, Technology, Interdependence and the Construction of International Regimes: A Regime Analysis," *International Organization*, Vol. 29, No. 3 (1975), pp. 827–876.

탐구될 수 있다고 주장한다. 하스는 공동의 이해관계와 전문성을 갖고 국경을 넘나들며 특정의 문제에 대한 공통적인 이해로 통합된 인식공동체(epistemic community)를 구성하고 있는 전문적인 기술자의 역할을 부각시킨다. 예컨대 전문적인 기술자들은 이들만이 전 지구적 기후의 관리와 같이 정부가 의존하지 않을 수 없는 복잡한 문제에 관한 지식을 가짐으로써 영향력을 갖게 되며 그 결과 이들이 지닌 합의적 지식(consensual knowledge)이 국제레짐의 형성에 중요한 역할을 한다고 본다.

이러한 인식론적 접근법은 우리가 국제제도 창설의 이면에 내재해 있는 이해관계의 이해와 평가의 변화뿐 아니라 이러한 국제제도들이 어떻게 자신들에 대한 충실한 지지를 끌어내고 국가 행동에 일정한 방향을 부여하는가의 설명을 돕는다. 투즈(Roger Tooze)는 국제레짐 분석은 인식론적 접근법이 더욱 발전되기 전에는 그 목적을 달성할 수 없다고 본다.314)

해거드와 시몬스(Stephan Haggard and Beth A. Simmon)는 인식론적 접근법이 이론적인 측면에서 일반화가 어렵고 예측이 힘들다는 지적을 하고 있다. 또한 국제제도는 권력의 양태뿐만 아니라 위에서 언급한 여러 가지 인식적인 요소들의 반영일 수 있는데 이러한 권력과 인식적인 요소들이 어떻게 상호작용을 하는지를 명백히 설명하지 못한다는 점을 비판한다.315)

(3) 다양한 접근법의 종합

① 합리주의적 접근과 성찰적 접근의 종합

코헤인은 「국제제도: 두 접근법(International Institutions: Two Approaches)」이라는 제하의 논문을 통해 국제제도를 바라보는 두 개의 접근법으로서 합리주의적 접근법(rationalistic approach)과 성찰적 접근법(reflective approach)을 소개한 후 이 두 접근법이 보완적인 관계에 있어 국제제도를 제대로 이해하기 위해서는 이 두 접근법 모두의 활용이 필요하다고 주장한다.316)

합리주의적 접근법은 간단히 말해 자기중심적인 국가의 합리적인 계산의 결과로 국제제도가 생성되고 유지된다고 본다. 국제제도에 관한 기능주의적 접근법은 국제제도가 거래비용의 감소를 비롯한 여러 가지 기능을 수행하는데 이 모든 기능이 비

---

314) Roger Tooze, "Regimes and International Cooperation," in A. J. R. Groom and Paul Taylor, eds., *Frameworks for International Co-operation* (New York: St. Martin's Press, 1990), p. 205.

315) Stephan Haggard and Beth A. Simmons, "Theories of International Regimes," *International Organization*, Vol. 41, No. 3 (Summer 1987), pp. 491-517.

316) Robert O. Keohane, "International Institutions: Two Approaches," *International Studies Quarterly*, Vol. 32, No. 4 (1988), pp. 379-396.

용과 이득의 계산을 통해 전략적 선택을 하는 행위자에게 이익을 가져다주기 때문에 생성되고 유지된다고 본다. 따라서 합리적 접근법에 따르면 국제제도와 관련된 거래비용(즉 감시와 강제 등을 위한 거래비용)이 적지 않은데 이 비용이 행위자 간의 상호거래로부터 오는 이득보다 상대적으로 적을 경우라면 언제나 국제제도가 등장한다고 본다.

성찰적 접근법은 국제정치에 있어서 지배적인 합리주의적 접근법에 도전하는 국제제도에 대한 사회학적 접근법(sociological approach)으로서 국제제도의 생성과 변화에 있어서 개인이 아닌 사회적 권력의 역할과 함께 이익에 대한 계산으로부터 유래되지 않는 문화적인 관습과 규범 및 가치 등의 영향을 강조한다.317)

성찰적 접근법은 제도라는 것은 이를 구성하고 있는 단위들의 선호하는 바와 권력의 반영물이면서 동시에 제도는 단위들의 선호하는 바와 힘을 규정한다는 제도의 쌍방향성을 강조한다. 따라서 합리주의적 접근법과는 달리 개인들의 선호를 외생적으로 주어진 것으로 보지 않고 개인들 사이의 역사적으로 우연한 담론(discourse)의 영향을 받는 것으로 본다. 제도는 종종 인간에 의해 의식적으로 만들어지지 않고 덜 의도적인 과정을 통해 서서히 등장하며 이러한 제도들은 사람들에 의해 당연한 것으로 받아들여진다. 효용의 극대화를 가정하고 있는 합리주의적 접근법은 관행과 같은 제도의 기원과 진화에 대해 많은 것을 설명하지 못하며 상이한 문화와 정치체제에 존재하는 제도적인 차이를 잘 설명하지 못한다.

합리주의적 접근법은 내생적 동태(endogenous dynamics)에 주목하지 않고 고정된 국가이익과 선호를 가정하기 때문에 제도의 주요한 변화에 대한 이해를 불가능하게 한다. 합리주의적 접근법은 신념체계의 변화의 결과로서 이해관계가 어떻게 변화하는가에 대한 이해를 불가능하게 한다. 이로써 합리주의적 접근법은 국가의 정책에 대한 선호의 원천을 제대로 밝히지 못하고 선호의 변화를 설명하지 못한다.

성찰적 접근법을 주장하는 학자들은 합리주의적 접근법이 국제정치에 대해 비역사적으로 접근하는 우를 범하고 있으며 행위자들이 상호작용을 통해 학습해 나가는 과정을 무시하고 있다고 보고 알커(Hayward R. Alker, Jr.)가 말하는 역사성과 하스(Ernst B. Haas)가 강조하는 학습에 주목할 것을 강조한다.318) 예컨대 알커는 죄수의

317) 「성찰적 접근법」은 「reflective approach」를 번역한 것으로서 「반성적 접근법」이라고도 부른다. 성찰적 접근법에 대해서는 제5장이 별도로 상세하게 다루고 있다.

318) 하스를 위시한 신기능주의자들은 국제기구를 통한 협력이 학습 과정을 통해 참여자들의 선호와 이익을 바꾸도록 한다고 본다. 이러한 점에서 성찰주의 이론은 신기능주의 이론과 일맥상통하는 측면을 가지고 있다고 볼 수 있다.

딜레마를 분석하는 데 있어 보상 매트릭스(payoff matrices)뿐 아니라 게임의 순차적인 과정에 걸쳐 행위자들 사이에 일어나는 학습의 순차적인 패턴을 강조한다.

성찰적 접근법은 예컨대 주권과 같은 관행적으로 국가들에 의해 당연한 것으로 수용되고 있는 원칙은 합리주의적 접근방법이 중점을 두고 있는 합리적인 계산 이전의 것으로서 국제정치에 있어서 행위자의 성격 그 자체를 정의한다는 점에서 그 중요성은 매우 크며 정부의 전략은 주권의 원칙을 전제로 하여 수립된다는 것을 강조한다.

성찰적 접근법은 이론으로서의 구체성을 아직 제대로 갖추고 있지 않으나 합리적 접근법이 빠뜨리고 있는 것을 보완하고 있다고 볼 수 있다. 합리적 접근법은 합리적인 분석을 통해 설명하기 힘든 관행에 뿌리를 두고 있는 제도를 설명하기 힘드나 이론으로서의 간결성(parsimony)은 지니고 있다고 본다.

코헤인은 두 접근법 모두 공통으로 국내 정치에 대해 충분한 주의를 쏟고 있지 않다고 지적하고 국제정치와 국내 정치를 연계 짓는 일이 필요함을 강조한다. 코헤인은 결론적으로 관행과 구체적인 제도 하나하나와 더불어 이들 간의 관계를 이해하기 위해서는 이 두 접근법이 종합되어야 한다고 본다.

② 다른 학문 분야와의 접목 필요성

노이마이어(Eric Neumayer)와 같은 학자는 국제환경 이슈 영역에서 「어떤 경우에는 국제적인 환경협력이 발생하고 다른 경우에는 발생하지 않는가?」와 「어떤 경우에는 환경협력이 광범위하고 깊이가 있는 것과 대조적으로 다른 경우는 그렇지 않은가?」와 같은 질문에 제대로 답을 하기 위해서는 국제제도에 관한 이론만으로는 어렵다고 보고 국제환경 협력에 관한 경제이론(economic theory)과 상호 협력하는 것이 필요하다는 주장을 제기하고 있다.[319)]

③ 기타 다양한 이론과 접근법의 종합 필요성

크라즈너(Stephen D. Krasner)는 국제제도의 형성에 중요한 역할을 하는 요인들로서 이기적인 이익 · 패권국의 리더십과 같은 정치 권력 · 규범과 원칙 · 관례와 관습 · 지식을 제시하고 있다.[320)]

---

319) Eric Neumayer, "How Regime Theory and the Economic Theory of International Environmental Cooperation Can Learn from Each Other," *Global Environmental Politics*, Vol. 1, No. 1 (February 2001), pp. 122-147.

320) Stephen Krasner, "Structural Causes and Regime Consequences: Regimes as Intervening Variables," *International Organization*, Vol. 36, No. 2 (Spring 1982), pp. 195-204.

여기에서 이기적인 이익이란 신자유주의적 제도주의 이론의 두 접근법인 게임이론적 접근법과 기능주의적 접근법이 주장하는 국제제도의 생성요인이고 패권국의 지도력과 같은 정치 권력은 신현실주의의 패권안정론이 주장하는 요인이다. 광범위하게 공유된 규범과 원칙뿐 아니라 관례와 관습 모두 구성주의 이론이 강조하는 국제제도의 생성요인이다. 지식이란 구성주의 이론과 인식론적 접근법이 강조하는 요인이다.

크라즈너는 이러한 요인들을 국제제도의 생성에 영향을 미칠 수 있는 요인으로 언급하는 것에 그치고 있지만 이러한 요인들을 동시에 고려해야 할 필요성을 암시하고 있다고 볼 수 있다. 국제제도의 형성에는 합리성을 전제로 하여 패권의 존재를 강조하는 패권안정론과 이기적인 이익을 강조하는 신자유주의적 제도주의 이론이 존재하나 이들은 모두 국가의 이익과 선호를 주어진 것으로서 가정하고 이들을 암상자에 가둠으로써 합리적이지 않을 수 있는 요인들에 의한 국제제도의 형성을 제대로 설명하지 못하며 국제제도가 형성되고 변화하는 동태적인 과정에 대한 설명 역시 제대로 하지 못한다. 이런 관점에서 국제제도의 창설과 관련하여 문화적인 관습·규범·가치와 같은 비합리적일 수도 있는 요인에 주목하는 구성주의적 시각과 더불어 인식론적 접근처럼 국내 요인을 고려하는 접근에 주목할 필요가 있다.

4) 신자유주의적 제도주의 이론의 총체적 평가

여기에서는 신자유주의적 제도주의 이론이 현재 급격하게 변화하고 있는 국제사회를 제대로 반영하고 있는가를 점검하고 대안은 없는가를 살펴보고자 한다. 앞서 살펴보았듯이 국제제도가 국가 행동과 국제적 결과에 미치는 영향을 둘러싸고 신현실주의 이론과 신자유주의적 제도주의 이론이 지속적인 논쟁을 전개해오고 있다. 신현실주의 이론은 국제제도의 효과는 아주 미미하고 주변적이라고 보면서 권력의 영향만을 되풀이해서 강조한다. 이에 반해 신자유주의적 제도주의 이론은 국제제도가 국가이익과 정책에 영향을 주어 국가 행동과 국제적 결과에 영향을 미친다는 주장과 더불어 국제협력을 가능하게 하는 요인으로서 국제제도의 역할만을 강조하고 있다.

이처럼 국제제도가 국가 행동과 국제적 결과에 미치는 영향과 관련하여 견해 차이가 존재하는 가운데 신자유주의적 제도주의 이론을 옹호해온 학자들 내부에서 「국가 행동과 국제적 결과에 영향을 미치는 요인에는 과연 국제제도만 있는 것인가?」와 「있나면 어띤 요인들이 존재하는가?」라는 본질적인 질문이 제기되고 있다. 이러한 학자의 대표적인 경우로서 영(Oran Young)의 논의를 살펴보고자 한다.[321]

영은 구체적으로 「국제사회에서 행위자 간 상호작용의 결과의 변이의 어느 정도를 국제제도의 영향으로 볼 수 있을 것인가?」의 질문을 던지고 있다. 국제제도는 일정한 조건 아래 국제적 결과에 상당한 차이를 가져오나 국제사회에서의 행위자 간 상호작용의 결과에 존재하는 변이 모두를 설명할 수 있는 것은 아니라고 본다.

영은 국제환경 이슈 영역에서 이러한 논의를 전개하고 있는데 그에 따르면 국제환경 문제와 관련해서 인구・소비의 정도・기술뿐만 아니라 생태지구물리적 조건・문화・역사・리더십 등 역시 행위자 간 상호작용의 국제적 결과에 차이를 가져온다. 국제제도가 국제사회에서 행위자들의 상호작용 과정에 영향을 미치는 단 하나의 모호하지 않은 기제가 존재하는 것도 아니다. 좀 더 일반적으로 유인의 역할・이익과 비용의 계산・합리적 선택의 아이디어를 강조하는 실용 본위의 사고에만 기초한 진술이 사회적 제도의 모든 결과를 설명할 수는 없다.

그러나 국제제도 이외에 생태지구물리적 조건・인구・기술과 같은 요인들을 국제적 결과에 미치는 다양한 독립변수로 간주하면 이러한 요인들 사이에 존재하는 상관관계로 인해 국제적 결과를 인과론적으로 설명하기가 쉽지 않다는 점도 문제이다. 예컨대 생태지구물리적 조건・인구・기술과 같은 요인들이 사회제도의 성격에 영향을 명백히 미치는데 거꾸로 사회제도가 이러한 요인들에게 영향을 미치는 것도 사실이기 때문이다.

이런저런 것들을 고려하여 영은 이러한 신자유주의적 제도주의 이론이 국제관계의 연구자들에게 분석의 생산적인 도구로서 미래가 있는가를 묻는다. 영은 대안적인 접근은 추구할 가치가 있으나 신자유주의적 제도주의 이론이 여전히 제공할 수 있는 것이 여전히 적지 않다는 견해를 가지고 있다. 이와 더불어 영은 국제제도 분석의 매력적인 특징을 신자유주의적 제도주의 이론뿐만 아니라 신현실주의 이론과 구성주의 이론과도 양립할 수 있다는 점을 강조하고 있다.

즉 국제제도란 종종 효과적으로 권력을 행사할 수 있는 하나의 행위자나 일단의 행위자들에 의해 수립되며 이러한 제도들은 지속력을 획득하여 이러한 수립자들이 소멸하거나 미약해진 이후에도 오랫동안 지속해서 영향력을 발휘한다. 이와 유사하게 모든 사회적 제도들은 생각(idea)에 의존한다. 이러한 생각들이 오랜 기간 존재해 온 관계로 관련된 생각의 출처를 밝혀내고 영향력이 있게 되는 경로를 추적하는 것

321) Oran R. Young, "Regime Theory Thirty Years On: Taking Stock, Moving Forward," http://www.e-ir.info/2012/09/18/regime-theory-thirty-years-on-taking-stock-moving-forward/. Accessed Nov. 12, 2020.

이 어렵다. 여러 이론이 적실성을 둘러싸고 갈등적인 관계에 있지만 이들 개개 이론들로부터의 통찰력을 섭취하는 것이 필요하다고 본다.

영은 이러한 국제제도 분석의 미래는 국제사회에서 전개되고 있는 두 가지 중요한 변화 즉 사회적 환경의 성격에 영향을 미치지 않을 수 없는 중요한 변화를 어떻게 다룰지에 따라 영향을 받을 것으로 본다. 하나의 변화란 국제사회가 국가사회(a society of states)로부터 국가가 지속해서 중요한 행위자이지만 다국적기업과 광범위한 비정부기구들을 포함한 다양한 행위자들이 그 스스로 주요한 행위자가 되는 훨씬 더 복잡한 사회로 변화하면서 증가하는 국제사회의 복잡성이다. 영은 이러한 전환이 사회제도의 역할 감소를 의미하지는 않지만 국가만을 중요한 행위자로 간주하는 주류의 국제제도 분석에 도전이 될 것으로 본다.

또 다른 변화는 인간의 행동이 지구를 지배하면서 발생하는 변화인데 기후변화가 이러한 변화의 상징적인 사례가 될 수 있다. 인류가 환경에 중대한 영향을 미치기 시작한 산업혁명 이후 지금까지의 시대를 통칭하여 「인류세(Anthropocene)」라고 부르는데 이러한 시대는 격동기로서 혼란의 정도가 상승하고 있다는 것과 비선형적이고 때때로 갑작스러우며 종종 불가역적인 변화가 반복적으로 발생하는 것을 특징으로 한다.

영은 국제사회에서 결과의 결정자로서의 국제제도의 역할이 감소할 것으로 볼 수 없지만 만약에 현존하는 국제제도들의 성과를 개선하기 위해 이러한 제도들을 재구성하지 않는다면 21세기의 문제들을 제대로 다룰 수 없는 도전적인 상황에 직면할 수 있다고 본다.

이러한 상황의 예로서 영은 이해관계의 충돌로 당사국총회(COP)가 국제제도의 강화를 위해 필요한 조치에 대해 합의에 도달하지 못하고 있는 기후변화의 문제를 들고 있다.[322] 영은 이러한 것이 사실인 한 국제사(international affairs)의 진행의 결정자로서 국제제도가 행하고 있는 역할을 이해한다는 것은 우리의 역경에 대한 해결책을 가져오는 데 충분하지는 않지만 필요한 조건이 될 것으로 본다.

---

322) 영(Oran R. Young)이 이 글을 발표한 시점이 2012년 9월인 관계로 2015년 12월에 유엔기후변화협약 파리협정이 체결된 것을 알지 못했을 때이다. 그러나 파리협정은 천신만고 끝에 극적으로 체결되었으나 국가들의 온실가스 저감 대책을 의무가 아닌 자발적인 이행사항으로 하는 등 실효적인 조치와는 거리가 멀다는 것이 일반적인 평가이다.

제11절 탈냉전기의 자유주의 패러다임 국제정치 이론들

1. 세계정치의 두 세계론

로즈노(James N. Rosenau)는 1991년 그의 저서 「세계정치에서의 혼란(Turbulence in World Politics)」을 통해 현실주의 이론을 비판하고 국가 중심적 세계(state-centric world)와 다중심적 세계(multi-centric world)를 포괄하는 세계정치의 두 세계론(The Two Worlds of World Politics)을 제시했다.[323] 이러한 이론의 소개 시점이 냉전이 종식되고 난 후의 전환기에 새로운 이론의 정립이 촉구되는 시점이었다는 점에 주목할 필요가 있다.

1) 로즈노의 두 세계

로즈노는 세계정치에는 두 세계 즉 우리에게 친숙한 주권에 구속되는 국가들(sovereignty-bound states)로 구성된 세계인 국가 중심적 세계(state-centric world)와 주권에 의해 구속되지 않는 많은 다른 행위자들(sovereignty-free actors)로 구성된 세계인 다중심적 세계(multi-centric world)가 존재한다고 본다. 로즈노는 다중심적인 세계가 국가 중심적인 세계 자체를 대체하지 않는 가운데 이 두 세계를 모두 포함하는 좀 더 포괄적인 이론을 수립하고자 했다. 즉 로즈노는 주권에 구속되는 행위자와 주권으로부터 자유로운 행위자가 별도의 세계에 존재하면서 상호작용을 하며 공존하는 세계를 개념화하고자 했다. 이러한 로즈노의 논리를 정리하면 다음과 같다.

비국가적인 행위자의 등장과 이로 인한 초국가적인 현상이 국가의 통제에서 벗어나 빈번히 발생하기 때문에 국가 중심적인 세계에 개념적인 중요성을 지속해서 부여한다는 것은 문제가 된다. 그러나 국가가 강제력이 있는 수단을 구비하고 있으며 이러한 수단의 사용을 지지하는 데 필요한 대중을 통제할 수 있는 능력을 지니고 있음을 무시할 수 없다.

물론 이러한 강제력을 지닌 수단이 효율적으로 사용될 수 있는 이슈 영역의 범위가 최근 들어 상당한 정도로 감소한 것은 사실이나 국가 중심적 세계가 다중심적 세계로 와해가 되어 흡수되었다고 가정하는 것이 합리적일 정도는 아직 아니다. 따라

323) James N. Rosenau, *Turbulence in World Politics* (Princeton, NJ: Princeton University Press, 1991).

서 국가 중심적인 세계와 다중심적인 세계 사이의 상호작용이 중요한 이론적인 관심의 초점으로 등장해야 한다는 것이다. 로즈노는 이 두 세계의 차이점을 항목별로 나누어 다음과 같이 설명하고 있다.

국가 중심적인 세계는 다중심적인 세계에 비해 훨씬 일관성이 있고 체계적으로 구조화되어 있으며 세계정부의 부재로 인해 어느 정도 무정부적이고 분권화되어 있다. 그러나 이러한 무정부성은 다중심적 세계의 특징인 고도의 분권화로부터 오는 무질서에 비하면 그 정도가 미미한 것으로 본다.

국가 중심적인 세계에 속하는 행위자들의 행위와 상호작용은 다중심적인 세계에 비해 공식적인 절차와 위계적인 명령에 훨씬 더 구속된다. 다중심적인 세계에 있어 행위자 간의 관계는 좀 더 평등에 기초하며 좀 더 일시적이고 임시적이며 변화에 민감하고 공식적인 권위와 제도에 덜 구속된다.

로즈노는 또한 목표를 추구하는 수단으로서 물리적 강제력을 보유하고 있지 않은 다중심적 세계가 국가 중심적인 세계의 일관성과 능력에 직면해 어떻게 독립성을 유지할 수 있을 것인가의 문제에 관심을 두고 있다. 많은 다중심적 세계의 행위자들은 국가 중심적 세계의 요구를 무시하거나 피할 수 있다고 본다. 거의 예외 없이 다중심적 세계의 행위자들은 국가 중심적 세계 행위자들의 관할권 내에 속해 있어 그 규칙을 준수해야만 하나 이러한 규칙의 준수는 종종 형식적인 것에 불과하다고 본다. 즉 다중심적 세계의 행위자들은 그들의 목적을 달성하는 데 필요한 자원이나 다른 형태의 지원을 획득하기 위해 국가의 규칙을 준수한다는 것이다.

로즈노는 현재의 세계질서는 위에서 언급한 각기 다른 두 세계가 병존하고 있는 질서인데 이 두 세계 중 어느 쪽이 우세하여 어떻게 변화해 나갈 것인가를 예측하기는 그리 쉽지 않다고 보고 4가지의 도래 가능한 모형을 제시하고 있다.

2) 도래 가능한 모형

그중 하나는 전 지구적 사회(global society)의 가능성이다. 이는 전 지구적인 하나의 틀 내에 국가와 기타 조직들이 권위를 나누어 가지면서 전 지구적인 규율을 지켜 나가는 모형을 일컫는다. 두 번째 가능한 모형은 회복된 국가체제(restored state-system)인데 이는 전통적으로 존재해 왔던 체제로서 주권 국가들이 지배하고 비국가 조직들이 이에 종속되는 체제를 일컫는다. 세 번째 모형은 다원주의 질서(pluralist order) 모형으로서 초국가적인 기구가 지배적인 위상을 지니며 개인들은 그들의 조직을 통해 여전히 존속하고 있는 국가의 규제를 넘어 자신들의 이익을 추구하는 질서 모형이다. 마지막 모형은 지속적인 이원 질서(enduring bifurcation order) 모형으로서 로즈노가 위에서 현재의 세계질서로 인식하고 있는 질서(즉 국가 권력이 결정적인 변수로서 남아 있는 국가 중심적 질서)와 각기 자신들의 이익을 추구하는 다양한 조직·집단·개인들이 민족국가의 통제 밖에서 일종의 초국가적인 사회를 구성하고 있는 다중심적 질서가 공존하는 질서를 일컫는다.

로즈노는 이러한 질서 모형 중 어느 것이 장차 현실로서 다가올 가능성이 가장 높은 질서인가에 대한 답을 내리고 있지 않다. 로즈노가 제시한 네 가지 모형을 살펴보면 재미있는 특징이 발견되는데 가장 현존하는 세계로부터 거리가 멀다고 판단되는 전 지구적 사회 모형마저도 약화된 형태이기는 하나 여전히 국가의 존재를 전제로 하고 있다는 점이다. 이는 수십억 인구를 가진 전 지구적인 공동체에서 개인들이 직접 자신들의 이익을 추구하는 것이 어려워 이들의 이익을 포괄적으로 대변해 줄 수 있는 존재가 필요한데 이러한 존재로서 국가를 대체할만한 조직체가 아직 없기 때문이다.

3) 평 가

로즈노는 기술의 진보를 세계화의 근본요인으로 보면서 주권 국가와 비국가적 행위자들이 국제체제에 공존하고 있다고 보며 이를 후기국제정치(postinternational politics)의 특징으로 간주한다. 즉 외교와 국력이 중요한 역할을 하는 국가 중심적 세계와 상대적 자율성을 지닌 다양한 비국가적 행위자들로서 구성되는 다중심적인 세계가 국제체제에 동시에 존재한다고 본다.

다중심적인 세계의 주요한 구성요소는 국가로부터 일정한 자율성을 누리는 다국적기업·소수민족·국가 내 하위정부와 관료·정당·초국가적인 국제기구 등과 같은 행위자들이며 이들은 국가 중심적 세계의 주권에 구속되는 행위자들과 개별적으로 또는 공동으로 상호작용을 통해 경쟁과 협력을 한다고 본다. 결론적으로 말해 국가 중심적 세계가 더는 국제정치 체제의 구조를 지배하지 않는다는 것이다.

현실주의 패러다임은 비국가적인 행위자의 등장과 이들 행위자에 의한 초국가적인 과정을 부인하지는 않으나 이러한 현상들은 지속성을 갖는 정치적 틀 속에서 발생한다고 본다. 또한 현실주의 패러다임은 이러한 현상들이 지배적인 행위자로서의 국가가 권력의 극대화를 통해 안보의 문제를 해결하고자 하는 국제체제에 큰 영향을 미치지 않는다고 본다.

신현실주의자인 왈츠도 비국가적 행위자가 어느 정도 자율성을 가질 수 있으나 국가는 궁극적으로 이러한 비국가적 행위자들의 상호작용 조건을 설정할 수 있다고 본다. 왈츠는 비국가적 행위자가 발달하여 강대국과 경쟁상대가 되거나 강대국을 능가할 수 있을 때 국가의 중심적인 역할을 부인하는 이론이 필요하리라고 보지만 현재의 시점에서는 그렇지 않으며 초국가적인 움직임은 근본적으로 국가 중심적인 구조 내에서 벌어지고 있는 과정이라고 본다.[324)]

2. 전 지구적 시민사회론(Global Civil Society Theory)[325)]

1) 전 지구적 시민사회론의 개념과 연구중심

시민사회론(theory of civil society)은 일국 내의 사회를 설명하고 예측하려는 이론적인 시도로서 국가 지배로부터 독립하여 개인 · 집단 · 공적 영역의 조직들이 빈번하고 깊이 있는 상호작용을 하고 있다는 것을 전제로 한다. 시민사회론은 이러한 비국가적인 행위자들이 가하는 정부에 대한 제약에 중점을 둔다.

전 지구적 시민사회론(theory of global civil society)은 이러한 국내 수준의 논의를 국제적인 수준으로 확장하고자 한 것이다. 1990년대부터 본격적으로 논의되어 오고 있는 이러한 전 지구적 시민사회론은 1970년대 초에 버튼(John Burton)을 중심으로 논의가 진행되었던 세계사회론(world society theory)으로부터 그 뿌리의 일부를 찾을 수 있다.

전 지구적 시민사회론은 우선 이러한 전 지구적 시민사회의 등장 배경에 관해 관심을 둔다. 한 마디로 전 지구적 시민사회론은 시민사회의 등장을 사회 간의 초국가적인 상호연결을 좀 더 용이하게 만든 외부적인 환경의 변화와 연결을 짓는다. 여기서 외부적인 환경의 변화로서 구체적으로 다음과 같은 요인들이 언급된다.

우선 냉전의 종식이 초국가적으로 활동하는 기구들을 위한 좀 더 큰 사회적인 공간을 열어놓았으며 인터넷이나 전자우편과 같은 통신 분야의 새로운 기술의 진보가 전 지구적 수준에서 협력하는 것을 좀 더 용이하게 했고 사회들과 사회의 조직들을 더욱 쉽게 연결해 주게 되었다. 전 지구적 시민사회의 등장은 또 다른 한편 인권 훼손이나 환경오염과 같은 많은 이슈가 특정 국가의 국경을 넘어 여러 사회에 공존함으

---

324) Kenneth N. Waltz, *Theory of International Politics* (Reading, Mass.: Addison-Wesley, 1979), pp. 94-95.

325) Kerstin Martens, “NGO Participation at International Conferences: Assessing Theoretical Accounts,” *Transnational Associations*, Vol. 3 (2000), 115-127 참조.

로써 이러한 문제의 해결을 위해 사회 행위자들 간의 협력이 필요로 했기 때문이다.

전 지구적 시민사회론은 「초사회론(trans-societalism)」이라고도 부를 수 있는 것으로서 전 지구적인 규모에서 국경을 넘어 상이한 사회 행위자들(societal actors) 간의 상호연계에 관심을 두는데 특히 비정부기구(비정부기구)를 이러한 전 지구적 시민사회의 중요한 구성요소로 간주한다. 구체적으로 비정부기구를 정치적 조직체로 국제적인 정치과정을 변화시키고 이에 영향을 미치고자 하는 행위자로 바라본다. 이들에게 있어 비정부기구는 국적의 원칙을 무시하고 사회적 연계를 형성하여 각기 다른 국가의 사회들을 연결하는 역할을 하는 행위자이다. 또한 비정부기구는 전 지구적 관심사를 국제적인 의제로서 제기하고 이러는 과정에서 과학·아이디어·문화 등의 초국가적 상호교환을 촉진하고 국제적인 규범과 가치의 형성에 이바지한다.

전 지구적 시민사회에 관한 초기 저작들은 각기 다른 국가의 사회 행위자들 사이의 연계에 주된 초점을 두고 국제기구와의 연계에 대해서는 별로 주목하지 않았다. 그러나 전 지구적 시민사회론이 좀 더 정교해지면서 국제기구(특히 유엔)가 점차 주목을 받기 시작했다.

전 지구적 시민사회론은 사회 행위자들과 공적 행위자 간의 가장 눈에 띄는 협력으로서 비정부기구와 국제기구의 상호연계에 주목한다. 이러한 상호연계를 자세히 살펴보면 비정부기구는 국제적인 표준의 제도화를 촉진하기 위해 국제기구의 틀 안에서 국가들에 압력을 가하며 국제기구는 비정부기구에 협의 지위를 부여하는 등 비정부기구의 권리를 공식적으로 인정함으로써 비정부기구를 정당화시킨다. 비정부기구와 국제기구의 연계는 비정부기구에서 다른 비정부기구들과 연계할 기회를 제공하기도 한다. 국제기구는 비정부기구와의 연계를 통해 그들이 결하고 있는 지식과 자원 그리고 국제적 정당성을 비정부기구로부터 획득한다.

2) 전 지구적 시민사회론의 평가

전 지구적 시민사회론은 비정부기구들이 활발한 활동을 하고 영향력이 증대되고 있는 것을 개념화하고 설명하는 것을 돕는다는 평가를 받는다. 구체적으로 전 지구적 시민사회론은 비정부기구들이 국제기구의 회의 등에 참여하여 정부에 압력을 가하고 인권과 같은 특정 문제에 관한 인식을 높이는 측면을 잘 설명한다. 1993년에 오스트리아의 비인에서 개최된 세계인권회의(World Conference on Human Rights)에서 비정부기구의 압력에 의해 여성의 권리가 인권으로 인정되고 유엔인권최고대표사무소(UNHCR)가 신설된 것 등을 잘 설명한다.

그러나 전 지구적 시민사회론이 결하고 있는 것은 국가와 국제기구가 국제회의의 절차와 내용·비정부기구의 참여 수준·비정부기구가 회의의 결과에 직접적으로 영향을 미칠 수 있는 정도 등을 결정할 수 있다는 사실을 제대로 평가하지 않는다는 점이다. 즉 국가와 국제기구가 여전히 글로벌 거버넌스의 구조를 설정하고 전 지구적 시민사회의 참여에 제한을 가할 수 있다는 점을 제대로 주목하지 않는다는 것이다.

또한 전 지구적 시민사회론은 전 지구적 회의(global conference) 등에 비정부기구들이 참여하여 연계망을 구성하여 공동의 전략을 논의하고 공동의 의견제시를 하는 등의 활동을 잘 설명한다. 그러나 비정부기구 간에 존재하는 의견의 불일치를 간과한다. 또한 인권 분야에서 보듯이 비정부기구들은 통합된 전 지구적 시민사회를 대표하지 않으며 국제 앰네스티(Amnesty International, AI)와 같은 북반구의 선진국 비정부기구가 비정부기구들이 다루어야 할 주제를 결정한다.

이러한 전 지구적 시민사회론은 정부로부터 통제받지 아니하고 국경을 넘나드는 비정부기구를 위시한 비국가적 행위자들의 상호작용과 접촉 및 연합의 결성 등에 초점을 두고자 했던 코헤인과 나이의 초국가론(transnationalism)과 별 차이가 없으나 전 세계를 하나의 시민사회의 단위로 인식하고자 하였다는 점에서 차이를 갖는다.

그러나 전 지구적 시민사회론이 전제하고 있는 전 지구적 시민사회가 현재 구축 중이라고도 볼 수 있을지 모르나 아직 완결과는 많은 거리가 존재한다. 즉 「전 지구적 시민사회」라는 용어에서 「전 지구적」이라는 말이 의미하는 바대로 시민사회가 정말로 전 지구적 차원에서 형성되어 있는가를 살펴보면 그 범위가 결코 전 지구적이라고 할 수 없다. 이는 선진국과 일부 개도국에서만 시민사회가 중요한 역할을 하고 있기 때문이다.

또한 「전 지구적 시민사회」라는 용어에서 「시민사회」라는 말이 의미하는 것처럼 시민이 중심이 되며 이들 사이에 규범이나 가치체계 등에서의 동질성이 있는가를 살펴볼 때 시민사회의 존재를 전제하는 것은 시기상조다. 이는 국가가 여전히 글로벌 거버넌스의 구조를 설정하고 비정부기구의 참여를 제한하고 있는 현실에 비추어 아직 시민들이 중심이 되고 있다고 보기 어렵고 비정부기구 간에 견해의 차이가 엄연한 현실임에 비추어 가치체계의 공유를 말하는 것이 어렵기 때문이다.

3. 글로벌 거버넌스론(Global Governance Theory)

1) 글로벌 거버넌스론의 핵심 개념과 등장 배경

글로벌 거버넌스론을 이해하려면 우선 이 이론의 핵심 개념인 글로벌 거버넌스(global governance)가 무엇을 의미하는가를 살펴보는 것이 필요하다. 따라서 여기에서는 이러한 개념의 정의를 먼저 살펴보고 이어서 글로벌 거버넌스론이 등장하게 된 배경을 추적해 봄으로써 글로벌 거버넌스론의 개요를 우선 파악해 보고자 한다.

(1) 글로벌 거버넌스 개념의 정의

「글로벌 거버넌스(global governance)」라는 개념에 대해 일반적으로 합의된 정의가 존재하지 않은 채 다양한 정의가 공존하고 있다. 이러한 합의된 정의의 부재는 「글로벌 거버넌스라는 말에서 「글로벌(global)」이란 용어와 「거버넌스(governance)」라는 용어가 무엇을 의미하는가에 관해서조차 합의가 존재하지 않는 것으로부터 연유된다.

글로벌 거버넌스에 대한 다양한 정의의 공통적인 요소들을 모아 새롭게 정의를 내리면 글로벌 거버넌스는 「중앙정부가 부재한 국제사회에서 국경을 가로질러 다양한 행위자(즉 공공 부문의 행위자 · 민간 부문의 행위자 · 시민 부문의 행위자)가 협력을 통해 국가가 개별적으로 다룰 수 없는 국제 문제를 다루어나가는 방식이나 과정」이라고 정의될 수 있다.[326)]

(2) 글로벌 거버넌스론의 등장 배경

국제 문제란 지역적으로 얼마나 광범위한 범위에 걸친 문제인지 심각성이 어느 정도인 문제인지 개개 문제마다 다르지만 이러한 국제 문제는 역사상 오래전부터 발생하여 왔고 시대에 따라 다르기는 하나 나름의 해결을 위한 방식이나 과정이 있어 온 것이 사실이다.

일반적으로 현대적 의미의 국제 문제의 해결 방식이나 과정은 오래전으로 거슬러 올라가 나폴레옹 전쟁 이후 국제 문제해결을 위한 수립된 유럽협조체제(Concert

---

326) 한 사회가 부드럽게 작동하는 것은 사회가 법과 질서를 돌보는 정부와 같은 공공 부문(public sector)이 있어야 하고 영리와 교환하여 상품과 서비스를 제공하는 기업과 같은 민간 부문(private sector)도 있어야 하며 이들 부문과 독립하여 시민의 이익 속에서 움직이는 자발적인 조직인 비정부기구와 같은 시민 부문(civil sector)으로 구성되어 있기 때문이다. 국제사회에서 공공 부문의 행위자는 주로 정부와 국제기구를 일컫고 민간 부문의 행위자는 주로 다국적기업 등을 지칭한다. 시민 부문의 행위자는 주로 비정부기구를 일컫는다.

of Europe)의 회의외교와 국제하천의 관리를 위해 설립되어 오늘날의 국제기구 모태가 된 국제하천위원회에서 그 원형을 찾을 수 있다. 오늘날 이러한 국제 문제의 해결 방식이나 과정은 시대의 변화와 더불어 변하면서 외양적으로 다소 달라졌으나 공식적인 국제기구를 통하거나 공식화가 덜한 정부 간의 국제회의를 통한 문제해결이라는 면에서는 본질적으로 다르지 않다고 볼 수 있다.

그러나 세계화가 진전되고 냉전이 종식되면서 이러한 전통적인 국제 문제의 해결을 위한 방식이나 과정은 큰 변화에 직면하게 되었다. 구체적으로 세계화의 심화는 국경을 뛰어넘는 교류의 폭발적인 증가를 가져왔고 그 결과 마약의 밀거래나 돈세탁과 같은 범죄·에이즈와 같은 질병의 확산·국경을 넘나드는 투기성 자본의 이동·국가 간 빈부격차로 인한 저발전과 빈곤의 확대 등과 같은 문제들이 대거 발생했다. 냉전의 종식은 세계화를 더욱 심화시켜 세계화와 관련한 문제를 더욱 심각하게 만들었고 냉전 시기에 억제되었던 환경 문제와 인권 문제 등을 시급한 문제로 부상하도록 했으며 내전의 빈번한 발발을 가져와 인도주의 문제와 대량 난민과 이주자의 문제를 일으켰다.

이러한 문제들은 주권 국가들만으로는 해결이 어려운 문제라는 공통점을 가지고 있다. 이 때문에 주권 국가들은 이러한 문제들을 국제기구를 통해 해결하고자 했다. 그 결과 다른 어느 때와 비교할 수 없을 정도로 많은 문제가 국제기구들에 맡겨지게 되었다. 이와 더불어 국제기구의 형태를 지니지 않은 채 정부 대표들이 주요 7개국(G-7) 정상회의와 같은 느슨하고 유연한 비공식적인 정부 간 기제를 통해 국제 문제를 해결하려는 경향도 강화되었다.

그러나 국제기구는 전문성의 부재와 재정의 부족 등으로 이러한 문제들에 효과적으로 대응하지 못하면서 전통적인 국제 문제의 해결 방식이나 과정은 한계에 부닥쳤다. 이러한 전통적인 국제 문제의 해결 방식이나 과정의 한계는 다음과 같은 보다 근본적인 이유에 기인한다고 할 수 있다.

주권 국가들은 국제 문제의 해결을 위해 국제기구의 능력을 인정하여 이들이 자율성과 중심성을 더하도록 허용하는 한편 국제기구가 회원국의 자율성을 제한하기 때문에 이들의 권능이 지나치게 확대되는 것을 경계한다. 이 때문에 국제기구는 제한된 권능만을 가지게 되며 이러한 제한된 권능 속에서 주권 국가들은 국제사회 전체의 공익보다는 종종 자신의 국가이익을 우선시하여 국익을 확보하기 위해 투쟁한다. 이러한 이유로 국제기구가 중심이 되는 전통적인 국제 문제의 해결 방식이나 과정은 국제사회 전체를 위한 공공재를 생산하는 것이 어렵다.

또 다른 본질적인 이유는 국제기구가 중심이 되는 전통적인 국제 문제의 해결 방식이나 과정이 위계적이고 관료주의적인 조직의 성격으로 인해 빠른 속도로 진행되는 복잡한 국제 문제들을 적절한 시기에 효율적으로 대응하는 데에 필요한 신속성과 유연성이 부족하다는 점이다.

이러한 본질적인 구조적 요인들 이외에 세계화와 냉전의 종식으로 야기되는 국제 문제들의 성격에서도 그 이유를 찾을 수 있다. 국가 간 무역정책이 수립될 때 이러한 정책이 경제・환경・안보 등에 미치는 영향을 고려하여야 하는 것에서도 알 수 있듯이 다루어야 할 국경을 넘어 발생하는 다양한 국제 문제들이 다면성을 지니고 있어 전통적인 해결 방식과 과정만으로는 새롭고 복잡한 문제들의 해결이 쉽지 않게 되었다. 그 결과 다양한 국제 문제에 다양한 전문성을 지닌 행위자 간의 협력이 긴요한 문제가 되었다.

또한 냉전의 종식과 더불어 민주화에 대한 요구가 국내정치와 국제정치에서 강해지면서 전통적인 국제 문제의 해결 방식이나 과정에 있어 민주성・책임성・투명성・효과성을 요소로 하는 민주적 정당성(democratic legitimacy)의 결여에 대한 강한 비판과 더불어 이러한 문제의 해결을 위한 개혁이 강력하게 요구되었다. 그 결과 이러한 민주적 정당성의 결여 문제를 보완하는 방편의 하나로서 다른 부문의 행위자들과의 협력이 긴요한 문제가 되었다.

이 때문에 국제사회가 직면한 국제 문제들을 효과적으로 다루기 위해 정보통신기술의 발전으로 이미 국경을 넘어 연대 활동을 활발하게 전개할 뿐 아니라 전문성 있는 인적 자원을 소지하여 영향력을 행사해 온 시민 부문에 속하는 비정부기구 등의 협력과 참여를 요구하게 되었다. 더불어 신자유주의를 이념으로 추동되는 세계화로 국경을 넘어 활발하게 활동하면서 국제적인 영향력을 행사해 온 다국적기업 등 민간 부문 행위자들의 협력과 참여 역시 필요하게 되었다. 그 결과 국제 문제의 전통적인 해결 주체인 공공 부문의 정부와 국제기구에 민간 부문의 다국적기업 등과 시민 부문의 비정부기구 등이 더해져 다양한 형태의 조합을 이루어 국제 문제의 해결을 위한 협력을 하게 되었다.

2) 글로벌 거버넌스론의 특징과 타 이론과의 비교

공공 부문의 행위자와 더불어 민간 부문과 시민 부문 행위자 간에 이루어지는 국제 문제의 해결을 위한 협력의 현상은 학자들에게 중앙정부가 부재한 국제사회에서 미시적으로는 국제 문제들이 다양한 부문의 행위자들에 의해 어떻게 다루어지고 있는가에 관심을 두게 하고 나아가 거시적으로는 중앙정부가 부재한 국제사회에서 어떻게 질서가 창출되고 유지되는가에 관심을 두도록 했다.

이러한 관심 속에 중앙정부가 부재한 국제사회에서 국경을 가로질러 공공 부문의 행위자 · 민간 부문의 행위자 · 시민 부문의 행위자가 협력하여 국제 문제를 다루어나가는 방식이나 과정을 「글로벌 거버넌스」라고 정의하고 이를 이론적으로 다루고자 하는 글로벌 거버넌스론이 등장했다.

이처럼 글로벌 거버넌스론은 중앙정부가 부재한 국제사회에서 국제 문제가 해결되고 이를 통해 국제질서가 창출되고 유지되는 것을 전통적인 공공 부문의 행위자뿐 아니라 민간 부문과 시민 부문의 행위자들 간의 협력이라는 관점에서 조망하고자 한다는 점에서 이전의 이론이나 접근법들과 구별된다. 기존의 다른 이론이나 접근법들이 이러한 글로벌 거버넌스론과 구체적으로 어떻게 다른가를 살펴보면 다음과 같다.

우선 신현실주의 이론의 경우 통합된 합리적인 행위자로서의 국가를 국제정치에 있어서 가장 중요한 행위자로 간주하면서 국제기구를 비롯하여 비정부기구와 다국적 기업과 같은 비국가적 행위자들의 역할을 과소평가한다. 신현실주의 이론 가운데 패권안정론은 국제체제의 무정부성 · 국가 중심성 · 권력과 국가이익의 중요성 · 권력의 배분에서의 차이에 대한 강조를 통해 무정부성을 특징으로 하는 국제체제에 존재하는 나름의 질서와 협력의 이해를 돕는다. 그러나 비국가적 행위자와 더불어 국제제도와 아이디어가 국제정치에서 작용할 수 있는 여지를 거의 두고 있지 않다는 점에서 무정부적 국제체제에 존재하는 국제질서와 협력의 이해를 돕는 데 부족하다.

신자유주의적 제도주의 이론을 포함한 자유주의 이론 역시 무정부적 국제체제에 존재하는 국제질서와 협력을 설명하는 데에 한계를 지니고 있다. 국경을 넘어 전개되는 국제 문제에 있어서 글로벌 거버넌스론이 비국가적 행위자들의 역할에 대해 처음으로 언급하고 있는 것은 결코 아니다.

우선 코헤인과 나이(Robert Keohane and Joseph S. Nye, Jr.)가 국가 중심적 견해를 가지고는 국제정치의 현실을 설명하는 것이 불가능하다고 주장하고 중앙정부의 통제를 받지 않은 채 비국가적 행위자들이 국경을 넘나드는 상호작용과 접촉 및 연대에 초점을 맞추어 초국가론(transnationalism)을 제시하면서 정부와 국제기구의 의사결정 과정에서 비국가적 행위자들의 자율적이거나 준자율적인 역할과 영향력이 커지는 현상에 주목했다.

이들은 이러한 초국가론에 기초하여 더욱 진전한 형태의 이론으로서 1970년대에 상호의존론을 제시하면서 상호의존 시대에 이슈 영역마다 존재하는 국가 간에 제도화된 상호의존의 패턴을 국제레짐으로 개념화하고 이러한 국제레짐이 어떻게 생성되는가에 관심을 보였다. 이러한 상호의존론을 바탕으로 무정부성을 특징으로 하는 국제체제에 질서와 협력을 가져다주고 다양한 문제의 해결을 돕는 존재로서의 국제레짐을 분석하고자 하는 국제레짐론의 전성기를 가져왔다. 이러한 경향은 나아가 중앙집권적인 정부가 부재한 분권화된 국제체제 속에서 나름대로 존재하고 있는 국제질서로서 국제레짐과 국제기구 등을 포함하는 국제제도가 어떻게 창출되고 어떻게 유지되는가를 설명하고자 한 신자유주의적 제도주의 이론의 등장으로 이어졌다.

이처럼 국제레짐론과 신자유주의적 제도주의 이론의 모태가 된 상호의존론은 국가 이외의 비국가적 행위자를 국제관계 분석의 주요 행위자에 포함해야 함을 강조했으나 비국가적 행위자가 국제관계에 영향을 미칠 수 있는 구체적인 조건 등에 대한 이론적인 개념화에는 미치지 못했다.[327] 상호의존론은 무정부적 국제체제에 존재하는 질서와 협력이라는 문제에 관심을 두고 있다는 점에서 글로벌 거버넌스론과 크게 다르지 않으나 비국가적 행위자를 분석에 체계적으로 포함하지 않았다는 점에서 차이가 존재한다.

국제레짐론 가운데 국제레짐 분석에 인식공동체(epistemic community)와 같은 비국가적 행위자를 포함하는 인식론적 접근도 없는 것은 아니나 통상적인 국제레짐론은 비국가적 행위자를 주요 행위자로 수용하지 않음으로써 상호의존론과 마찬가지로 글로벌 거버넌스론과 비교하여 동일한 평가를 받는다.

신자유주의적 제도주의 이론은 국제질서와 협력이란 패권국의 강제력 행사나 유인의 제공과 같은 것을 통해 창출되고 유지되는 것이라는 신현실주의 이론의 하나인 패권안정론의 설명과는 대조적으로 패권 국가의 강요나 유인의 제공 없이도 개별 국가들의 합리적인 이기심에 의해 국제레짐과 같은 국제제도가 만들어지고 유지되는 것으로 보았다. 신자유주의적 제도주의 이론은 상호의존에 대한 강조와 국제레짐과 국제기구를 포함한 국제제도의 역할에 대한 강조를 통해 국제질서와 협력의 이해에 이바지했다.

그러나 신자유주의적 제도주의 이론 역시 신현실주의 이론과 마찬가지로 국제제도의 창출에서 비국가적 행위자의 역할을 배제하고 국가의 역할만을 강조하는 국가중심적 견해를 지니고 있다. 따라서 신현실주의 이론과 마찬가지로 대인지뢰금지협

327) Thomas Risse-Kappen, "Structures of Governance and Transnational Relations: What Have We Learned?" in Thomas Risse-Kappen, ed., *Bringing Transnational Relations Back In: Non-State Actors, Domestic Structures and International Institutions* (Cambridge: Cambridge University Press, 1995), pp. 280-313.

약(일명 오타와협정)의 체결이나 국제형사재판소(ICC)의 설립을 위한 로마협정의 체결과 같은 국제레짐의 형성에 있어서 최종적인 서명자는 다른 행위자가 아닌 국가라는 것을 강조할 수 있을지 모르나 이러한 것들이 지뢰금지국제운동(ICBL)과 같은 비정부기구의 강한 압력의 결과라는 것을 제대로 설명하지 못한다. 신자유주의적 제도주의 이론은 지속성에 강조점을 둠에 따라 변화를 설명하는 것이 어렵다는 한계 역시 지닌다.

이들과는 달리 국제제도의 창출에 있어서 지식인 집단과 같은 비국가적 행위자들의 역할을 강조하는 인식공동체론이 있으나 이 역시 비정부기구와 같은 행위자들의 역할에는 주목하지 않았다. 인식론에 기초를 두고 있다는 점에서 인식공동체론과 맥을 같이 하는 구성주의 이론은 행위자의 정체성과 이익이 사회적으로 구성된다는 점과 관념적인 요인에 초점을 두며 규범과 규칙 및 제도가 이러한 정체성과 이익을 구성하는 방식에 관심을 둔다.

구성주의 이론은 국가의 행동에 영향을 미치는 국가의 이익과 정체성이란 외생적으로 주어지는 것이 아니고 행위자들 간의 상호작용을 통해 사회적으로 구성되는 것으로 본다. 구성주의 이론이 무정부성이라는 것을 실재하는 것이 아니라 인식의 결과라고 보는 것처럼 국제정치에 간주관적인 측면(intersubjective dimension)을 불러들인 것과 규범과 규칙 및 제도가 어떻게 행위자의 정체성과 이익을 규정하고 거꾸로 정체성과 이익이 규범과 규칙 및 제도에 어떻게 영향을 미치는가에 대해 중점을 둠으로써 무정부 하의 국제질서와 협력의 이해를 돕는 데 이바지한다. 그러나 구성주의 이론 역시 국가 중심적 견해를 보유함으로써 비국가적 행위자들에게 주의를 기울이지 않는 한계를 지니고 있다.

1990년대에 등장한 신초국가론(transnationalism)을 위시한 자유주의적 다원주의 이론들은 냉전의 종식 후 강화된 비정부기구들의 활동과 영향력을 반영하여 1970년대의 초국가론이 결하고 있는 것들을 보완하려고 했다. 이러한 자유주의적 다원주의 이론들은 비국가적 행위자들의 역할의 중요성과 더불어 전 지구적 연계망(global network)의 확산과 심화에 대한 강조를 통해 무정부 하의 국제질서와 협력의 이해에 이바지했으나 국제 문제의 해결에 있어서 다양한 행위자들에게 일정한 정도 동등하게 초점을 두고 총체적으로 살펴보기보다는 비정부기구와 같은 행위자에 중점을 두는 데 그치고 있다는 한계를 지닌다.

글로벌 거버넌스론은 기존 이론과 접근법이 지닌 이러한 한계를 극복하기 위해 등장했다고 볼 수 있다. 즉 국제정치의 전통적인 국제정치 행위자인 주권 국가와 국제기구가 국제 문제의 해결 주체로서 한계를 드러내는 상황에서 국제사회가 공공 부문의 행위자와 더불어 민간 부분 행위자와 시민 분야 행위자가 협치(혹은 공치)를 통해 어떻게 국제 문제를 해결하고 질서와 협력을 가져오는가를 설명하기 위해 등장했다고 볼 수 있다.

3) 글로벌 거버넌스의 새로운 정의와 분류

여기에서는 기존의 글로벌 거버넌스의 정의가 중앙정부가 부재한 국제체제의 질서와 협력을 설명하기에 충분한가를 검토하고 새롭게 정의를 내려보고자 한다. 그런 다음 새로운 정의를 바탕으로 글로벌 거버넌스의 형태를 분류해보려 한다.

중앙정부의 부재 속에서 나름의 국제사회 질서와 협력의 창출과 유지를 설명하기 위해 기업 등이 포함된 민간 부문과 비정부기구 등이 포함된 시민 부문의 행위자를 기존의 전통적인 행위자인 정부와 국제기구라는 공공 부문의 행위자와 함께 체계적으로 살펴보고자 한다는 점에서 글로벌 거버넌스론의 관점은 유용하다고 볼 수 있다.

그러나 글로벌 거버넌스론은 공공 부문·민간 부문·시민 부문 행위자 간의 협력에 의한 국제 문제의 해결 방식이나 과정에 집중함으로써 중앙정부가 부재한 국제사회에서 국제 문제의 해결을 위한 방식이나 과정 전반을 포괄적으로 이해하는 데 한계를 지닌다. 이는 국제사회에서 국제 문제의 해결은 단지 부문 간의 협력에 의해서만 이루어지는 것이 아니고 각 부문의 단독으로도 이루어지며 특히 공공 부문에 의한 국제 문제의 해결 방식이나 과정은 국제사회에서 여전히 가장 중요한 역할을 하고 있기 때문이다.

따라서 이러한 국제 문제의 해결을 위한 다양한 방식이나 과정을 포괄적으로 담아 국제사회의 질서와 협력을 체계적으로 비교하여 이해하기 위한 대안을 생각해 볼 필요가 있다. 이러한 대안은 크게 글로벌 거버넌스라는 용어와 정의를 그대로 유지하는 대안·이러한 용어 자체를 사용하지 않는 대안·이러한 용어를 재정의하여 사용하는 대안으로 구분해 볼 수 있다.

글로벌 거버넌스 용어와 정의를 그대로 사용하는 대안에는 다음과 같은 대안이 있을 수 있다. 구체적으로 공공 부문 단독에 의한 방식이나 과정을 「공공 부문 거버넌스」라고 부르고 민간 부문과 시민 부문이 단독으로 하는 방식이나 과정을 각각 「민간 부문 거버넌스」와 「시민 부문 거버넌스」로 칭하며 세 부문이 여러 조합을 통해 협력하는 방식이나 과정을 「글로벌 거버넌스」라고 명명하는 대안이다.

글로벌 거버넌스라는 용어 자체를 사용하지 않는 대안은 세 부문이 다양한 조합을 통해 협력하는 방식이나 과정을 「글로벌 거버넌스」 대신에 「부문 간 파트너십 거버넌스」로 부르고 세 부문이 각각 단독으로 하는 방식이나 과정은 위의 대안과 마찬가지로 각각 「공공 부문 거버넌스」·「민간 부문 거버넌스」·「시민 부문 거버넌스」로 칭하는 대안이다.

마지막 대안은 글로벌 거버넌스라는 용어를 재정의하는 대안으로서 기존의 글로벌 거버넌스의 정의를 확장하여 간단히 「중앙정부가 부재한 국제사회에서 국제 문제를 다루어나가는 방식이나 과정」이라고 재정의를 하는 방식이다. 좀 더 구체적으로 글로벌 거버넌스를 「중앙정부가 부재한 국제사회에서 국경을 가로질러 공공 부문의 행위자·민간 부문의 행위자·시민 부문의 행위자가 단독으로 혹은 협력을 통해 국가가 개별적으로 다룰 수 없는 국제 문제를 다루어나가는 방식이나 과정」으로 정의하는 대안다.

본 저서에서는 기존의 글로벌 거버넌스의 정의를 확장하여 사용하는 마지막 대안을 택하고자 한다. 이러한 재정의와 더불어 글로벌 거버넌스의 유형을 어느 부문의 행위자가 단독 혹은 공동으로 글로벌 거버넌스에 참여하는가를 기준으로 하여 단일 부문 글로벌 거버넌스(single sector global governance)와 다중 부문 글로벌 거버넌스(multi-sector global governance)로 구분하고 다중 부문 글로벌 거버넌스를 다시 두 부문 글로벌 거버넌스와 세 부문 글로벌 거버넌스로 분류하고자 한다.

단일 부문 글로벌 거버넌스는 공공 부문 글로벌 거버넌스(public sector global governance)·민간 부문 글로벌 거버넌스(private sector global governance)·시민 부문 글로벌 거버넌스(civil sector global governance)로 세분하고 두 부문 글로벌 거버넌스는 공공-민간 부문 글로벌 거버넌스(public-private sector global governance)·공공-시민 부문 글로벌 거버넌스(public-civil sector global governance)·민간-시민 부문 글로벌 거버넌스(private-civil sector global governance)로 세분하고자 한다. 마지막으로 세 부문 글로벌 거버넌스는 공공 부문과 민간 부문 그리고 시민 부문이 함께 하는 글로벌 거버넌스 즉 공공-민간-시민 부문 글로벌 거버넌스(public-private-civil sector global governance)를 의미한다.[328]

---

328) 여기서 글로벌 거버넌스를 참여하는 부문(sector)과 이들의 조합에 따라 구별을 했는데 영어의 「public」과 「private」라는 용어에 대한 해석을 둘러싼 혼동이 있어 정리할 필요가 있다. 일단의 사람은 이 두 용어를 각각 public sector(공공 부문)와 private sector(민간 부문)로 해석하여 예컨대 public-private partnership을 공공 부문의 행위자와 민간 부문의 행위자 사이의 파트너십을 의미한다고 본다. 여기에서 공공 부문이란 「제1 섹터(first sector)」라고 불리는 부문으로서 정부(국제 수준에서

여기에서 글로벌 거버넌스의 형태를 참여하는 부문과 그 조합에 의해 구분하고 있으나 이러한 구분은 가장 초보적인 단계의 구분에 불과하다, 학자들에 의해 글로벌 거버넌스를 이론화하기 위한 작업의 하나로서 글로벌 거버넌스를 유형화하고자 하는 노력이 다양하게 행해지고 있다. 이러한 유형화 작업은 글로벌 거버넌스가 여러 측면을 지니고 있어 어느 측면을 기준으로 하느냐에 따라 다양할 수 있다. 이러한 유형화는 하나의 기준에 의해 이루어지기도 하고 복수의 기준에 의해 유형화가 이루어지기도 한다.

유형화 작업의 전형적인 예의 하나로서 로즈노(James N. Rosenau)의 유형화를 소개하면 다음과 같다. 로즈노는 구조와 과정이라는 두 개의 기준을 가지고 글로벌 거버넌스를 여섯 가지로 유형화하고 있다. 구체적으로 그는 구조를 공식적 구조 · 비공식적 구조 · 공식적인 요소와 비공식적 요소가 섞인 혼합형 구조로 구분하고 과정을 단일 방향 과정과 다방향 과정으로 구분한다.

이러한 두 변수의 총 다섯 개 변량을 가지고 하향식 거버넌스(top-down governance) · 상향식 거버넌스(bottom-up governance) · 시장 거버넌스(market governance) · 네트워크 거버넌스(network governance) · 병행 거버넌스(side by side governance) · 복합적 거미줄 거버넌스(complex web governance)라는 여섯 개의 상이한

는 국제기구까지 포함)가 속해 있는 부문을 지칭하며 때로는 「국가 부문(state sector)」이라고도 칭한다. 민간 부문이란 「제2 섹터(second sector)」로 불리는 부문으로서 기업과 기업연합 등 영리를 추구하는 조직들이 이에 속하며 「시장 부문(market sector)」이라고도 불린다. 시민 부문이란 「제3 섹터(third sector)」라고 불리는 부문으로서 비정부기구 등 자발적인 비영리 기구들이 속해 있는 부문을 가리킨다. 국제기구 대부분이 「public」과 「private」라는 용어를 이러한 의미로 사용하고 있다. 다른 일단의 학자들은 「public」과 「private」을 각각 「public actor(공공 행위자)」와 「private actor(사적 행위자)」로 해석하여 위에서 언급한 예인 public-private partnership을 공공 행위자와 사적 행위자 사이의 파트너십을 의미하는 용어로 사용한다. 통상적으로 public actor(공공 행위자)는 국가와 국제기구를 가리키고 private actor(사적 행위자)는 기업과 비정부기구 모두를 포함하는 용어로 사용한다. 이러한 두 가지 의미에서 오는 혼동을 피하기 위해 「public」과 「private」라는 말만 사용하지 않고 「public sector」와 「private sector」 혹은 「public actor」와 「private actor」로 분명하게 구분해주는 것이 필요하다(이렇게 해서도 문제가 다 해결되는 것은 아닐 수도 있는데 이는 「private actor」라는 용어를 기업만을 지칭하거나 비정부기구만을 가리키는 용어로 혼용하는 경우가 종종 있기 때문이다). 이러한 혼동을 최소한이라도 피하고자 본 저서에서는 「public」과 「private」이라는 용어를 각각 「public sector」와 「private sector」를 지칭하는 용어로 사용하고자 한다. 따라서 글로벌 거버넌스와 관련하여 흔히 언급되는 「private governance」라는 용어가 학자들에 따라 「사적 행위자 거버넌스(private actor governance)」로 해석되어 기업과 비정부기구 모두를 포함하는 거버넌스로 이해하기도 하나 여기에서는 「민간 부문 글로벌 거버넌스(private sector governance)」라고 해석하고 기업들에 의한 글로벌 거버넌스로 이해하고자 한다. 다중 부문 글로벌 거버넌스를 논의하는 과정에서 종종 민간 부문과 시민 부문을 하나로 묶어 「private global goverance」라고 부르면서 공공 부문 글로벌 거버넌스(public global governance)와 대비하고자 하는 경우가 존재한다. 이런 경우에 「private」라는 용어를 사용하면 위에서 언급한 것과 같은 혼란이 올 수 있기에 「비공공 부문 글로벌 거버넌스(non-public governance)」라고 부르고자 한다.

글로벌 거버넌스 형태를 구별하고 있다.[329]

4) 단일 부문 글로벌 거버넌스

단일 부문 글로벌 거버넌스를 공공 부문 글로벌 거버넌스·민간 부문 글로벌 거버넌스·시민 부문 글로벌 거버넌스로 구분하여 각각의 특징과 예를 살펴보고자 한다.

(1) 공공 부문 글로벌 거버넌스

① 공공 부문 글로벌 거버넌스의 특징

공공 부문 글로벌 거버넌스는 정부와 국제기구가 중심이 되어 국제 문제를 해결하는 정부 간 과정(intergovernmental process)을 특징으로 하는 글로벌 거버넌스이다. 다중 부문 글로벌 거버넌스의 등장으로 이러한 공공 부문 글로벌 거버넌스가 대체된 것이 아니라 많은 비판을 받으면서도 국제 문제를 다루는 방식이나 과정으로 여전히 가장 중요한 역할을 하고 있다.

이렇게 공공 부문 글로벌 거버넌스가 국제 문제의 해결에 여전히 중추적인 역할을 할 수 있는 이유에 대해서는 다중 부문 글로벌 거버넌스의 행위자 간의 협력 요인 부문에서 다루고자 하다. 다른 부문의 공식적인 개입이나 관여 없이 공공 부문에 의해서만 전적으로 이루어지는 형태의 글로벌 거버넌스는 여전히 존재하나 다른 부문의 비공식적인 개입이나 관여조차 없는 순수한 형태의 글로벌 거버넌스는 점차 찾아보기 어렵게 되고 있다.

② 공공 부문 글로벌 거버넌스의 예

이러한 공공 부문 글로벌 거버넌스는 주로 공식적인 국제제도인 유엔(UN)이나 세계무역기구(WTO)·국제통화기금(IMF)·세계은행(World Bank)·유네스코(UNESCO) 등과 같은 국제기구가 중심이 되는 글로벌 거버넌스이다. 그러나 주요 7개국(G-7) 정상회의나 주요 20개국(G-20) 정상회의 등에서 볼 수 있듯이 공공 부문 글로벌 거버넌스가 반드시 국가 간에 조약의 체결을 통해 설립된 공식적인 국제기구에 의해서만 작동되는 것이 아니다. 즉 조약에 기반을 두고 있지 않을 뿐 아니라 사무국도 없는 비공식적 정부 간 조직에 의해서도 작동된다.

공식적인 국제기구와 비공식적인 정부 간 조직은 이러한 차이를 가지고 있으나

---

329) James N. Rosenau, *The Study of World Politics: Volume 2: Globalization and Governance* (London and New York: Routledge, 2006), pp. 188-192.

모두 정부의 공식적인 대표로 구성된다는 점에서는 공통적이다. 이와는 달리 조약에 의해 설립되지도 않고 정부의 공식적인 대표가 아닌 특정의 정부 기관을 구성원으로 하는 국제적인 조직들이 공공 부문 글로벌 거버넌스의 행위자가 되는 경우도 있다. 이러한 국제적인 조직은 통상적인 국제기구와 구별하여 초정부기구(transgovernmental organization)라고 불린다. 이들 국제적인 조직의 특징은 정부 간 조약의 체결을 통해 설립된 공식적인 국제기구가 아니고 정부로부터 대외적 대표성을 부여받지 않은 채 단순한 정부 기관의 자격으로 참여한다는 점이다. 그러나 각국 정부의 기관으로 구성된다는 점에서 광의의 정부 간 과정의 기제로 볼 수 있다. 대표적인 예를 들어보면 다음과 같다.

■ 바젤은행감독위원회의 표준 제정

우선 바젤은행감독위원회(BCBS)를 예로 들 수 있는데 이 조직은 국가의 중앙은행과 은행 감독 당국의 고위급 실무자로 구성되어 은행의 자기자본비율 등 은행 감독 관련한 국제적인 표준을 제정하고 감독업무의 질적 수준 향상을 위한 국제적인 지침을 개발한다. 또 각국 감독제도의 잠재적 애로 요인에 대한 조기경보체제를 개선하고 각국 감독 당국 간 최적 사례에 대한 정보교환 등을 통해 협력을 증진한다.

이처럼 이 조직은 은행 감독에 관한 정기적인 협력을 위한 논의의 장을 제공한다. 앞서 언급했듯이 이 조직은 조약에 의해 공식적으로 설립된 전통적인 의미의 다자기구가 아니며 구속력 있는 규칙을 만들지 않고 정책적인 해결책과 표준을 개발하고 이를 권고하는 비공식적인 논의의 장으로의 역할을 한다.

■ 국제보험감독자협회의 표준 제정

바젤은행감독위원회 유사하게 비공식적인 정부 간 과정을 특징으로 하는 공공 부문 글로벌 거버넌스 조직으로서 국제보험감독자협회(IIAIS)가 있다. 이 조직은 자발적인 조직으로서 각국의 보험감독 및 보험규제 기구와 국제통화기금(IMF)과 세계은행(World Bank) 등 국제금융기구를 정회원으로 구성되며 각국의 보험회사 · 보험협회 · 컨설팅 회사 등의 기관이 옵서버로 참여하고 있다.

스위스 정부에 의해 비영리 기구로 등록된 이 조직은 보험감독과 보험규제와 관련한 국제적인 표준을 설정하고 각국의 보험감독 기구 간의 정보를 교환하는 등 보험감독 분야에서의 협력을 통해 전 세계적인 금융의 안정을 도모하는 것을 목적으로 한다.

■ 국제증권감독기구의 표준 제정

국제증권감독기구(IOSCO)는 위에서 살펴본 두 개의 조직과 더불어 삼대 금융감독 국제조직이라고 불리는 각국의 증권감독 기관으로 구성된 국제 증권감독 기구이다. 국제증권거래에 관한 감독을 위한 국제적인 기준을 설정하고 각국의 최적 사례에 대한 정보교환 등을 통한 각국 증권감독자 간의 협력 증진을 목적으로 한다.

(2) 민간 부문 글로벌 거버넌스[330]

① 민간 부문 글로벌 거버넌스의 특징

민간 부문 글로벌 거버넌스란 민간 부문에 속하는 행위자가 특정 부문에 있어 기준설정 등의 역할을 행함으로써 몇몇 기업 영역에서 산업을 규제하는 국가의 권위를 대체하는 것을 의미한다.

일반 대중들의 기회와 복지에 영향을 미치는 민간 부문의 조직에 의해 만들어진 구속력 있는 규칙을 의미하기도 하는 민간 부문 글로벌 거버넌스가 증가하고 있다. 이러한 민간 부문 글로벌 거버넌스는 일반 대중들의 참여나 감시가 거의 없거나 아예 없는 가운데 내려진 이들의 결정이 공공정책이 되고 일반 대중들의 삶에 아주 큰 영향을 미친다는 점에서 중요한 현상으로 볼 수 있다.

이러한 민간 부문 글로벌 거버넌스는 정부 기관이 다루기에 적합하지 않을 수 있는 중요한 공공의 목적에 이바지한다. 이러한 거버넌스는 금융 · 통상 · 산업 · 지적 영역을 포함한 모든 곳에서 발견된다. 이러한 민간 부문 글로벌 거버넌스는 여러 기능을 수행하는데 그 가운데 가장 주요한 기능은 전문가와 무역업자를 적합한 것으로

---

330) 민간 부문 글로벌 거버넌스와 관련한 연구 동향을 소개하면 다음과 같다. 민간 부문 글로벌 거버넌스와 관련한 중요 연구는 민간 부문 글로벌 거버넌스의 다양한 형태를 찾아내는 일과 명시적이거나 묵시적인 제재를 위해 국가나 정부 간 과정(intergovernmental process)에 의존하는 민간 부문 글로벌 거버넌스와 시장의 공급사슬(market supply chain)로부터 권위가 주어지는 민간 부문 글로벌 거버넌스를 구별하는 일이었다. 이러한 연구들은 민간 부문 글로벌 거버넌스 기제의 부상을 가져오는 조건과 어떻게 그리고 어떤 조건에서 이들이 권위나 정당성 혹은 권위와 정당성 모두를 획득하는가와 같은 이론적인 이슈들을 검토했다. 더불어 기업과 국가 및 경제 부문에 따라 달라질 수 있는 민간 부문 글로벌 거버넌스의 상이한 개입의 수준과 민간 부문의 규제 프로그램 간 경쟁에 관한 경험적 연구를 했다. 기업들은 종종 정부 규제를 막아내고 이러한 규제에 앞서 선제적 조치로서 자체적인 규제를 발전시킨다는 것을 인정하는 한편 이러한 일들 대부분은 민간 부문의 권위가 특정 영역서의 글로벌 거버넌스를 개선하는 데 도움이 될 것이며 최소한 전 지구적인 기업규제의 중요한 원천의 하나로서 간주되어야 한다는 명시적 혹은 묵시적 가정에 바탕을 두었다. 연구의 중점이 근래에 민간 부문 권위와 공공 부문 권위의 상호작용에 대한 이해로 옮겨갔으며 이러한 연구의 많은 부분은 이들 간에 상이한 종류의 상호작용이 발생하는 조건에 관해 탐구하는 것이다. 이러한 상호작용의 종류가 지니는 성격의 범주는 상승작용을 하는 것에서부터 시작하여 중립적인 것 그리고 나아가 갈등적인 것까지에 이른다: Graeme Auld and Jessica F. Green, "Unbundling the Regime Complex: The Effects of Private Authority," Comparative Research in Law & Political Economy, Research Report No. 15/2012 (2012), http://digitalcommons.osgoode.yorku.ca/clpe/15. Accessed Nov. 29, 2019.

인증을 하고 산업 규칙을 제정하며 기술적이고 전문적인 기준을 설정하여 사람들의 삶에 깊은 영향을 미친다.331)

이러한 민간 부문 글로벌 거버넌스와 관련하여 이들이 가져다주는 기여와 더불어 문제점에 대한 논의도 전개되고 있다. 흔히 지적되는 문제점의 핵심은 민주적 과정과 대표성을 의미하는 민주성과 더불어 책임성과 투명성의 결여이다.

② 민간 부문 글로벌 거버넌스의 예

이러한 민간 부문 글로벌 거버넌스의 대표적인 예로서 국제상공회의소(IICC)가 제정하는 규칙과 행동 · 국제회계기준이사회(IASB)가 세계화된 자본시장의 필요로 인해 제정하는 단일 글로벌 회계기준인 국제회계기준(IFRS) · 적도원칙 채택 금융기관(EPFI)의 10개 원칙 · 국제신용평가 기관이 내리는 신용평가 등을 들 수 있다. 이들을 하나씩 살펴보면 다음과 같다.

■ 국제상공회의소의 규칙 제정

국제상공회의소는 세계에서 가장 크고 가장 다양한 부문의 기업 조직으로서 100개 이상 국가의 수십만 기업들을 회원으로 두고 있으면서 회원들의 산업에 영향을 미치는 모든 이슈에 대한 정보를 제공한다. 이 조직은 유엔 · 세계무역기구(WTO) · 주요 20개국(G-20) 정상회의를 비롯한 다른 국제기구와의 관계를 유지하고 있다.

국제상공회의소는 상품과 서비스를 위한 시장의 개방과 자본의 자유로운 이동을 조성하고 보호하기 위해 국제무역과 통상을 촉진하는 것을 목적으로 한다. 이러한 목적을 달성하기 위해 주요 활동으로서 규칙제정 · 분쟁 해결(중재) · 정책 수립을 위한 옹호 활동을 한다.

규칙제정에 관해 좀 더 살펴보면 국제상공회의소는 회원들이 국제적인 사업을 하고 있으므로 국경을 넘는 사업을 관리하는 규칙을 제정하는 데 있어서 비교할 수 없는 큰 권위를 지닌다. 구체적으로 국제상공회의소는 각기 다른 국가들이 각기 다르게 채택한 무역에 관한 규칙이 지닌 복잡성을 완화하기 위해 지침과 기준을 설정하고 있으며 전 지구적인 무역의 성격 변화에 적응하기 위해 이들을 부단히 갱신하고 있다. 이러한 규칙은 자발적임에도 불구하고 일상적인 국경을 넘는 거래에 적용되는 등 국제무역의 한 부분이 되고 있다.

---

331) Catherine E. Rudder, A. Lee Fritschler, and Yon Jung Choi, *Public Policymaking by Private Organizations: Challenges to Democratic Governance* (Washington, D.C.: Brookings Institution Press, 2016), pp. 9–26.

■ 국제회계기준이사회의 국제회계기준 제정

국제회계기준이란 구체적으로 기업의 회계 처리와 재무제표의 국제적인 통일성을 높일 목적으로 국제회계기준이사회(IASB)가 마련해 공표하는 회계기준을 의미한다. 국제회계기준이사회가 이러한 국제회계기준을 설정하는 목적은 전 세계의 금융시장에 투명성·책임성·효율성을 가져다주기 위한 것이며 이를 통해 전 지구적 경제에서 신뢰·성장·장기간의 재정안정을 촉진함으로써 공공의 이익에 이바지하기 위한 것이다.

국제회계기준이사회는 166명의 전문가로 구성되어 있으며 국제회계기준 재단(IFRS Foundation)으로부터 재정적인 지원을 받는다. 재단의 재정은 비교적 최근에 공공 조직으로부터의 기부가 늘고 있으나 가장 중요한 재원은 국제적인 회계 회사들이다. 국제회계기준이사회는 최근에 국제기구 대표로 구성된 감시조직을 가지게 되었으나 일상적인 업무는 대부분 민간 부문에서 온 기술적인 전문가가 관장한다. 국제회계기준이사회가 개발하는 국제회계기준은 모든 주요 20개국(G-20) 국가들을 포함하여 약 120개 국가에서 사용이 의무화되어 있거나 허용되고 있다.

■ 적도원칙 채택 금융기관의 원칙 제정

적도원칙(EPs)이란 석유나 가스의 개발·광물 채취·발전소 건립과 같은 대규모 개발 프로젝트가 환경과 사회에 미칠 영향을 평가하고 관리하기 위해 관련 프로젝트에 재정적 지원을 하는 금융기관이 준수해야 할 원칙을 의미한다.[332] 즉 적도원칙이란 대규모 프로젝트가 환경을 파괴하거나 해당 지역에서 인권(예컨대 개발로 인해 이주를 강요당하는 토착민들의 권리)을 침해하는 등 환경과 사회 문제를 일으킬 수 있을 시에 해당 프로젝트에 자금을 지원하지 않을 것을 약속하는 금융회사의 자발적인 행동강령이다.

대규모 개발을 위한 프로젝트에 자체적으로 자금을 조달할 수 없기에 금융기관으로부터 자금을 빌려야만 하는 국가들을 대부분 개도국이며 이들은 환경에 관한 규제가 제대로 갖추어져 있지 않지 않기 때문에 이들에 대한 대출에 이러한 원칙 적용이 필요하다. 이러한 개도국 가운데서도 적도 지역의 국가들의 경우 보호해야 할 자연환경으로서 지구의 허파인 열대 우림을 가지고 있어 환경과 사회에 미치는 영향에 대한 고려를 더욱 필요로 한다. 이 때문에 적도원칙이라는 명칭이 붙여졌다.

---

332) 여기서 말하는 금융기관은 민간 금융기관을 의미하며 적도원칙을 채택한 금융기관을 영어로 「EPFI (Equator Principles Financial Institutions」라고 칭한다. 대규모 프로젝트를 재정적으로 지원하는 세계은행과 같은 국제금융기구의 경우는 이미 자체 내에 나름의 원칙들을 세워 적용해오고 있다.

이러한 적도원칙이 민간 금융기관에 의해 채택된 이유는 민간 금융기관들이 환경과 사회에 미치는 영향에 대한 제대로 된 평가와 관리 체계 없이 재정지원을 하면서 환경과 인권을 훼손하는 일이 빈번하게 발생하고 이에 대해 비정부기구들로부터 강력한 비판이 가해지자 이를 무마하고 기업의 사회적 책임을 진다는 자구책으로서 자발적으로 원칙을 설정하여 적용하게 된 것이다.

■ 국제신용평가기관의 신용평가

국제신용평가기관은 회사나 정부 기관의 재정적 능력(특히 부채에 대한 원금과 이자를 지급할 수 있는 능력)을 평가하는 회사이다. 구체적으로 이들은 특정 유가 증권에 내재해 있는 신용의 위험 정도를 결정하여 관련 정보를 제공하는 금융 서비스 회사로서 정부 채권이나 다른 유형의 유가 증권을 구매하려는 투자자에게 약정된 수익을 획득하지 못할 확률 추정치를 제공하는 역할을 한다.

대표적인 3대 국제신용평가기관으로서 스탠더드앤드푸어스(Standard and Poor's) · 무디스 투자자 서비스(Moody's Investors Service) · 피치(Fitch Ratings)를 예로 들 수 있다. 이들이 기업이나 국가의 신용도를 평가하여 제공하는 신용등급은 국제금융 시장에서 투자자들 판단에 결정적 혹은 보조적 기준이 됨으로써 막대한 영향력을 행사하고 있다. 이들이 신용도를 낮게 평가한 국가나 기업은 국제금융시장에서 자금을 빌리는 것이 어렵고 빌린다고 해도 높은 금리를 지급해야만 한다. 경제 대국의 경우는 국제신용평가기관의 신용도 평가에 크게 영향을 받지 않으나 경제 소국의 경우 자금의 차입이 아예 불가능해져 국가의 운명이 달라질 수 있다. 이 때문에 이들의 신용도 평가의 객관성과 신뢰성에 회의적인 비판이 계속하여 제기되어 오고 있다.

특히 미국의 금융회사인 리먼 브러더스의 다른 회사들의 파산 도미노를 가져오고 그 결과 미국이 금융 위기를 넘어서 국제금융 위기로 이어졌는데 당시 3대 국제신용평가기관들은 이러한 리먼 브러더스의 재무 상태를 제대로 평가하지 않아 국제금융 위기의 주범으로 비난을 받았다. 이를 계기로 국제신용평가기관들에 대한 국제적 감독 기준과 규제 범위를 정하자는 논의가 이어졌고 평가의 신뢰도와 공정성을 높이기 위한 노력이 계속되고 있다.[333]

(3) 시민 부문 글로벌 거버넌스

① 시민 부문 글로벌 거버넌스의 특징

시민 부문 글로벌 거버넌스는 시민 부문에 속하는 조직(비정부기구 등)이 특정 분

333) VOA, "신용평가기관," https://www.voakorea.com/a/3052122.html. Accessed Nov. 19, 2019.

야에서의 기준설정 등을 통해 국가의 권위를 대신하여 공공정책을 수립하는 것을 핵심 내용으로 한다.

② 시민 부문 글로벌 거버넌스의 예

시민 부문 글로벌 거버넌스의 예로서 산림관리이사회의 산림인증제도 · 해양관리이사회의 인증제도 · 국제공정무역인증기구의 공정무역 인증과 라벨링 제도 · 전세계 책임인증생산의 인증제도를 살펴보고자 한다.

■ 산림관리이사회의 산림인증제도

1980년대 후반 개도국의 열대림이 급속도로 감소하자 유럽의 환경 분야 비정부기구가 열대림 목재의 불매운동을 전개하였다. 이러한 불매운동에 직면하자 목재 업계에서 지속적인 산림경영을 인증하고 이러한 인증을 받은 곳에서 생산된 목재를 인증하는 산림인증제도를 생각하게 되었다. 열대림을 파괴하고 있는 목재 기업을 실제로 감시한다는 것의 어려움을 잘 알고 있는 열대림 보호 비정부기구들 역시 열대림 목재의 사용을 제한하거나 불매하는 운동으로부터 산림인증제도 쪽으로 운동의 방향을 전환하면서 등장한 제도이다.

이에 발맞추어 공정하며 신뢰할 수 있는 산림인증제도를 만들기 위해 1993년에 세계자연기금(WWF)과 그린피스(Greenpeace International)와 같은 환경 비정부기구들이 주축이 되어 산림관리이사회(FSC)를 설립하여 열대림 보호를 위한 조치의 일환으로서 열대림 관리지침을 만들도록 하고 더불어 인증자(certifier)를 공인하여 이들에게 산림인증을 하도록 했다.

이러한 산림인증에는 산림경영인증(Forest Management Certification)과 목재인증(timber certification)이라는 두 종류가 있다. 산림경영인증이란 산림을 지속이 가능하도록 경영하고 있는 목재 기업에 부여되는 인증이고 목재인증은 산림경영인증을 받은 산림에서 생산된 목재나 이러한 목재로 만든 가구 등의 제품에 인증라벨을 부착하여 산림경영인증을 받지 않은 산림에서 생산된 제품과 차별화하는 인증이다.

국제적 수준에서 산림관리이사회는 책임 있는 산림경영의 원칙과 기준을 개발해왔다. 이러한 원칙과 기준은 모든 자연림과 농장에 적용된다. 이러한 원칙과 기준에는 국가 법규 준수 · 현지 사용권 존중 · 산림의 생태 기능과 생물 다양성의 유지 · 경제적 생존 가능성 · 적절한 관리 계획과 운영 모니터링의 필요가 포함된다. 산림관리이사회는 또한 현지 조건을 고려하기 위해 국제 원칙과 기준을 해석하는 각 국가 또는 지역의 산림 관리의 국가 표준 개발을 장려하기도 한다.

■ 해양관리이사회의 인증과 에코 라벨링 제도

해양관리이사회(MSC)는 1997년에 바다 생물의 남획 문제를 해결하기 위한 공동 노력으로 세계 최대 냉동수산물 유통업체인 유니레버(Unilever)와 세계 최대 규모의 자연보전 비정부기구인 세계자연기금(WWF)에 의해 처음 설립되었다가 1999년에 이 두 조직으로부터 독립적인 국제적인 비영리조직이 되었다.

해양관리이사회가 설립된 유래를 살펴보면 1992년에 캐나다 동부의 대구어장이 남획으로 인해 1990년대 초에 붕괴한 것이 계기가 되었다. 이로 인해 심각한 타격을 받게 된 세계 최대 냉동수산물 유통회사였던 유니레버가 해결책을 찾아 나서면서 이미 오래전부터 수산자원의 고갈 문제와 해양생태계 보전을 위해 캠페인을 전개해온 세계자연기금과 더불어 해양관리이사회를 설립하게 된 것이다.

해양관리이사회는 생명으로 가득 찬 세계 해양의 보전과 더불어 현세대와 미래 세대를 위해 보호되는 해산물의 공급을 비전으로 한다. 이러한 비전하에 해양관리이사회는 i) 지속 가능한 어업 관행을 인정하고 보상하며 ii) 사람들이 해산물을 구매할 때 그들이 내리는 선택에 영향을 미치고 iii) 해산물 시장을 지속 가능한 기반으로 전환하기 위해 파트너와 협력하여 세계 해양의 건강에 이바지하기 위해 에코 라벨링 프로그램과 어업 인증프로그램을 사용하는 것을 임무로 하고 있다.

지속 가능한 어업을 위한 해양관리이사회의 원칙과 기준은 대상 어업(target fishery)과 주변 해양 환경이 유지되도록 어업이 잘 관리되고 책임성 있게 어획이 이루어지도록 하는 표준을 일컫는다.[334] 이 표준에 따른 인증은 지속 가능한 관행에 대한 약속을 입증하고 시장에서의 인정으로 귀착된다.

■ 국제공정무역인증기구의 공정무역 인증과 라벨링 제도

국제공정무역인증기구(FLO)는 다수의 국가인증기구로 구성된 국제적인 비영리 다중 이해관계자 연합체이다.[335] 이 기구의 주된 업무는 공정무역을 위해 생산자와 무역업자들에게 적용될 기준을 설정하여 적용하는 일이다.[336] 구체적으로 FLO는 세계에서 가장 빈곤한 국가의 소규모 생산자조직과 농업 노동자들의 지속 가능한 개발을 지원하기 위해 기준을 설정한다.

---

334) 지속 가능한 어업에 대한 해양관리이사회의 어업 표준은 모든 어업이 충족해야 하는 다음과 같은 3가지 핵심 원칙을 가지고 있다. 3가지 핵심 원칙이란 구체적으로 지속 가능한 대상 어류의 재고 확보 · 해양생태계에 미치는 환경 영향의 최소화 · 효과적인 어업의 관리이다.

335) 국제공정무역인증기구(FLO)는 법률적으로 등록된 이름이고 통상적으로 국제공정무역기구(Fairtrade International)이라고 불린다.

336) Fairtrade Korea, “Fairtrade International Standards and Principles,” http://fairtradekorea.org/main/user/userpage.php?lpage=ft1_4. Accessed Nov. 18, 2019.

이러한 기준의 가장 중요한 목표는 i) 생산자가 지속 가능한 평균 생산비용을 충당할 수 있는 가격을 받도록 보장한다. ii) 사회개발·경제개발·환경개발을 촉진하는 프로젝트에 투자될 수 있는 추가적인 공정무역 장려금을 제공한다. iii) 필요로 하는 생산자들에게 거래 대금을 선지급할 수 있게 한다. iv) 장기적인 거래 파트너십을 촉진하고 거래 과정에 대한 생산자의 통제력을 강화한다. v) 모든 공정무역 인증 제품의 생산과 거래의 조건이 사회적·경제적으로 공정하고 환경적으로 책임성이 있도록 핵심 요구사항과 개발 요구사항을 설정한다.[337)]

■ 전세계책임인증생산의 인증제도

전세계책임인증생산(WRAP)이란 조직은 인증과 교육을 통해 전 세계의 안전하고 적법하며 인도적이고 윤리적인 제조(생산)에 헌신하는 전 지구적 사회적 준수(global social compliance) 전문가로 구성된 독립적인 비영리조직이다. 전세계책임인증생산 인증프로그램은 노동 집약적인 소비재 상품의 제조 및 가공과 관련한 세계 최대 규모의 노동과 환경 인증프로그램이다.

전세계책임인증생산 인증프로그램의 목표는 노동 집약적인 소비재 상품이 적법하고 인도적이며 윤리적인 조건에서 생산되도록 이러한 표준의 준수 여부를 독립적으로 감시하고 인증하는 것이다.[338)] 참여 조직은 자신들의 제조 관행이 이러한 표준을 충족할 것을 자발적으로 약속하고 계약자와 공급업체도 마찬가지로 이러한 표준을 지킬 것이라는 기대에 부응할 것을 약속한다.

전세계책임인증생산의 인증에 적용되는 12개의 원칙은 일반적으로 수용되는 국제 작업장 표준과 현지 법률 및 작업장 규정을 기반으로 하며 국제노동기구(ILO)의 관련 협약의 정신이나 조문을 포함한다.

5) 다중 부문 글로벌 거버넌스

여기에서는 다중 부문 글로벌 거버넌스의 명칭과 특징을 비롯하여 다중 부문 글로벌 거버넌스의 행위자 간에 협력을 가져오는 협력 요인과 다중 부문 글로벌 거버넌스의 다양한 형태를 살펴보고자 한다.

---

337) 공정무역 기준은 두 종류가 있는데 그 가운데 하나는 생산자가 인증을 받기 위해 반드시 충족해야 하는 핵심 요구사항이고 또 다른 하나는 생산자가 조직과 근로자의 개발을 위해 계속 개선하고 투자하도록 장려하는 개발 요구사항이다.

338) 전세계책임인증생산(WRAP)의 검사·검증·테스트·인증 서비스는 SGS(Société énerale de Surveillance)라는 다국적기업이 한다.

(1) 다중 부문 글로벌 거버넌스의 명칭

다중 부문 글로벌 거버넌스(multi-sector global governance)」는 「다중 이해관계자 글로벌 거버넌스(multi-stakeholder global governance)」 혹은 「다중심 글로벌 거버넌스(multi-centric global governance)」라고도 불린다.

이러한 용어들은 다중 부문 간의 협력을 통한 국제 문제의 해결 방식이나 과정을 의미하는데 이러한 용어와는 달리 국제 문제의 해결을 위한 다양한 행위자들의 연결이나 연합에 중점을 두어 「전 지구적 다중 이해관계자 네트워크(global multi-stakeholder network)」 또는 「전 지구적 다중 이해관계자 이슈 네트워크(global multi-stakeholder issue network)」라는 용어가 사용된다. 이러한 용어 외에 「전 지구적 공공 정책 연계망(Global Public Policy Network, GPPN)」이라는 용어도 사용되고 있는데 이 용어는 라이니케(Wolfgang H. Reinicke)를 비롯한 다수의 학자에 의해 통용되고 있다.

(2) 다중 부문 글로벌 거버넌스의 특징

다중 부문 글로벌 거버넌스는 국제 문제를 다루는 방식에 있어서 중점이 공공 부문의 국제기구를 중심으로 한 정부 간 활동에서 다중 부문 글로벌 거버넌스로의 전환과 국제 수준의 글로벌 거버넌스(international level global governance)에서 다중 수준의 글로벌 거버넌스(multi-level global governance)로의 전환을 특징으로 한다. 대체로 공식적이고 법률적인 과정에서 좀 더 덜 공식적이고 좀 더 참여적이며 통합적인 접근법으로의 전환 역시 특징 가운데 하나이다.[339]

다중 부문 글로벌 거버넌스는 경직성보다는 유연성을 선호하고 구속력 있는 규칙보다는 자발적인 조치를 선호하며 개별적인 행동보다는 파트너십을 선호하는 경향도 보인다.[340] 이외에 국제 문제를 효과적으로 다루기 위해 다양한 행위자들이 참여와 협력 속에 이루어지면서 유연성과 더불어 개방성과 투명성을 특징으로 한다.

(3) 다중 부문 글로벌 거버넌스의 행위자 간의 협력 요인[341]

다중 부문 글로벌 거버넌스는 정부와 국제기구 이외에 시민 부문의 비정부기구

339) Charlotte Streck, "Global Public Policy Network as Coalitions for Change," https://environment.yale.edu/publication-series/documents/downloads/o-u/streck.pdf. Accessed Nov. 10, 2019.

340) Jinseop Jang, Jason McSparren, and Yuliya Rashchupkina, "Global Governance: Present and Future," *Palgrave Communications*, Vol. 2, No. 1 (2016), pp. 1-5.

341) Statement by Richard H. Stanley, President, The Stanley Foundation, at the Opening of "The United Nations and Civil Society: The Role of NGOs," 30th United Nations Conference, February 19, 1999. Quoted in The United Nations and Civil Society: The Role of NGOs: 30th United Nations Issues Conference 1999 (Muscatine, Iowa: Stanley Foundation, 1999), p. 7.

와 민간 부문의 기업 등을 포함한 다양한 행위자들이 포함되는 것을 특징으로 한다.342) 글로벌 거버넌스의 주요한 행위자인 이들이 협력관계를 설정하게 되는 요인으로서 이들의 지닌 강점과 약점에 대해 일별해 보고자 한다. 이들은 나름의 강점과 약점을 보유하고 있어 이들 사이의 관계란 상호 보완적일 수 있고 어떤 행위자도 다른 행위자를 전적으로 대체하는 관계가 되기 어렵다.

① 정부와 국제기구

정부는 여러 행위자 중 유일하게 강제할 수 있는 권위와 공권력을 보유하고 있으면서 그들의 관할권 내에 있는 구성원들에게 과세를 할 수 있으며 법적 강제성이 있는 규제를 가할 수 있다.

국제기구의 경우 국가체제(state system)에 기초하고 있음으로써 일반적으로 회원국의 동의와 지원 아래 의사결정을 하고 행동을 취한다. 회원국 정부 대표들로 구성된 국제기구는 안정성·지속성·권위라는 장점을 보유하고 있다. 그러나 앞서 언급했듯이 국제기구는 관료적으로 되기 쉽고 행동을 신속하게 취하기 어려우며 현상 유지적인 성향을 지니는 약점을 보유하고 있다. 따라서 변화하는 환경과 구성원들의 필요에 늦게 반응하거나 반응하지 못하는 경우가 종종 발생하게 된다.

그런데도 국제기구는 글로벌 거버넌스의 다양한 행위자들 가운데 다음과 같은 이유로 현실적으로 다중 부문 글로벌 거버넌스의 중심적인 역할을 하고 있다. 국제기구가 이러한 중심적인 역할을 할 수 있는 주된 이유는 우선 다중 부문 글로벌 거버넌스에 맡겨지는 국제 문제의 성격에서 찾을 수 있다.

즉 기후변화 대응을 위한 국제환경 협상이 2015년 파리협정의 체결로 이어지는 데 수년이 걸린 것에서 보듯이 국제 문제들 대부분이 이해관계가 복잡하게 얽힌 것으로서 한두 번의 회합을 통해 해결될 수 없는 성격의 것들이기 때문에 수차례에 걸친 장기간 회의를 주도적으로 이끌러 갈 수 있는 인적·물적 자원을 갖춘 국제기구가 필요하다.

많은 국제 문제들이 전 세계에 걸친 광범위한 문제인 관계로 이의 해결을 위해서는 세계적인 차원에서의 해당 문제와 관련한 다양한 정보와 자료들이 오랜 시간에 걸쳐 체계적으로 수집되어야만 한다. 이러한 정보들과 자료들이 수집된 후 체계적인 분석과 실현 가능한 해결책의 제시되기 위해서는 세계적인 정보망을 체계적으로 구

342) 좀 더 구체적으로 다중 부문 글로벌 거버넌스의 주요 행위자들에는 정부와 정부 기관(governments and government agencies)·국제기구·비정부기구·기업과 기업연합 등이 포함된다.

축하고 있는 국제기구의 도움이 절실하게 필요하다.

이러한 이슈의 성격 이외에 국제기구 자체가 다른 행위자와 비교하여 가지고 있는 다음과 같은 장점으로 인해 다중 부문 글로벌 거버넌스의 가장 중심에 설 수 있다.343) 첫째, 국제기구는 국제 문제의 해결을 위한 회합 소집자(convener)의 기능을 수행할 수 있다. 즉 국제기구는 모든 이해관계 당사자들을 협상테이블로 불러들여 견해를 교환할 수 있는 토론장을 제공할 수 있다. 이는 보편적인 국제기구인 유엔의 경우에서 보듯이 공공 부문의 조직으로서 다른 부문을 대표하는 행위자들로부터 편파적이지 않고 중립적이라는 신뢰를 보유하고 정치적인 리더십을 지니고 있기 때문이다.

둘째, 국제기구는 다수준의 다양한 행위자들을 연결하는 구심점(hub)으로서 역할을 할 수 있다. 지방 수준・국가 수준・지역 수준・전 지구적 수준 등과 같이 다양한 수준에 속해 있는 다양한 공공 부문・민간 부문・시민 부문의 행위자들은 독립적이지만 다른 한편 상호의존적인 행위자들로서 협력을 통해 국제 문제를 해결해 나가는데 이러한 해결 방식이나 과정을 다수준 글로벌 거버넌스(multi-level global governance)라고 할 수 있다.

다수준 글로벌 거버넌스는 중앙정부의 권위가 수직적으로는 여러 다양한 수준의 행위자들에 분산되고 수평적으로는 비국가적 행위자들에게 분산된 글로벌 거버넌스를 일컫는다. 다중 부문 글로벌 거버넌스는 이러한 다수준 글로벌 거버넌스의 하나로서 이들을 모두 연결하는 중심으로서 역할을 할 수 있다.

셋째, 유엔을 비롯한 국제기구 대부분이 재정적 어려움이 있으나 다중 부문 글로벌 거버넌스 체제가 결정한 내용을 자신들의 프로그램과 연동하여 운용 활동(operational activities)의 일환으로 집행하는 것을 도울 수 있다. 특히 국제기구가 가지고 있는 전 세계적인 조직들이 이러한 역할의 수행을 도울 수 있다.

넷째, 국제기구는 다중 부문 글로벌 거버넌스가 결정한 내용의 이행을 돕는 역할을 할 뿐 아니라 이러한 결정의 이행 여부를 기존의 이행감시 체제를 동원하여 감시함으로써 효율적인 준수를 확보하는 데 이바지할 수 있다.

② 기 업

기업은 변화하는 경제 상황이 제공하는 기회와 도전에 빠르게 대응한다. 구체적

343) Jan Martin Witte, Wolfgang Reinicke, and Thornsten Benner, "Beyond Multilateralism: Global Public Policy Networks." International Politics and Society. http://www.fes.de/IG/ipg2_2000/artwitte.html. Accessed Nov. 11, 2019.

으로 기업들은 변화하는 고객의 필요와 고객이 바라는 바에 신속하게 대응하는 데에 유능하고 이러한 목적을 위해 자원을 신속하게 배분하는 데에 능숙하다.

그러나 규제되지 않은 기업들은 경제적인 이득의 분배적인 측면에 취약하다. 기업들은 화폐로 계산할 수 있는 요인에 대해서는 반응을 신속하게 하나 그 외의 요인들은 무시하는 성향을 지니고 있다. 사회에 최대한 이로운 존재가 되기 위해서 기업들은 독점금지 · 환경보호 · 노동자 보호 등과 같은 분야에서 정부나 국제기구에 의해 규제되어야만 한다.

③ 비정부기구

비정부기구들은 정보를 수집하고 배분하는 데에 커다란 강점을 지니고 있다. 이들은 이슈들에 관심을 집중하고 이러한 이슈들의 해결을 위한 아이디어를 도출하는 데 효과적이며 공동의 가치를 구축하고 인식을 고양할 수 있다. 나아가 이들은 대의(cause)와 아이디어 그리고 이슈를 둘러싸고 제휴를 촉진하며 사람과 아이디어의 자유로운 흐름을 고무한다.

그러나 이들은 위에서 언급한 행위자들과 비교하여 조직화가 가장 덜 되어 있고 체계적인 의사결정 과정을 지니고 있지 않다. 이들은 일정한 구성원들을 대변한다고 주장할 수 있으나 외부적으로 정의된 구성원을 가지고 있다는 의미의 대표성을 주장할 수는 없다.

(4) 공공 - 민간 부문 글로벌 거버넌스

국제 수준에서의 공공 부문 조직인 국제기구가 민간 부문의 조직인 기업과의 협력을 통해 전 지구적 문제를 다루고자 한 역사는 짧다. 이는 과거에 국제기구가 기업을 국제사회가 단지 해결하여야 할 문제들을 발생시키는 행위자로 보았고 이러한 문제의 해결을 위한 파트너로 보지 않았기 때문이다. 여기서는 민간 부문 조직과의 협력에 대한 국제기구의 접근이 단순히 협력을 수용하는 것으로부터 나아가 파트너로 수용하게 된 배경과 더불어 이들 간 협력의 특징을 살펴보고자 한다.[344)]

① 공공 부문 - 민간 부문 글로벌 거버넌스의 등장 배경

국제사회의 정치적 · 사회적 의제들이 새천년개발목표(MDGs)를 포함한 개발목표

---

344) United Nations Global Compact, "Coming of Age: UN-Private Sector Collaboration Since 2000," https://www.unglobalcompact.org/library/202. Accessed Nov. 7, 2019; United Nations, "The United Nations and the Private Sector: A Framework for Collaboration," file:///C:/Users/USER/AppData/Local/Microsoft/Windows/INetCache/IE/3FBSL627/UN_Business%20Framework.pdf. Accessed Nov. 7, 2019.

의 달성을 지원하는 데 있어서 기업들의 역할과 책임을 점차 촉구해오고 있고 기업에 대한 유엔의 접근법을 점진적으로 변화시키고 있다. 오늘날 유엔은 국제 수준에서 활동하는 기업들이 개발을 위해 할 수 있고 점차 하기를 원하는 긍정적인 기여를 확실히 인식하고 있다. 이러한 변화를 가져온 요인들을 유엔과 기업의 관계를 통해 살펴보면 다음과 같다.

우선 국제사회가 서둘러 해결해야만 하는 문제들이 너무나 복잡하고 자원의 집중적인 투입이 필요해서 공공 부문의 행위자들만으로는 다룰 수가 없게 되었기 때문이다. 그 결과 국가와 국제기구는 기후변화와 생명을 위협하는 질병의 확산 등과 같은 복잡한 문제들을 다루는 데 있어서 기업들의 지원을 추구하기 시작했다.

국경을 넘는 기업들의 활동이 상당히 증가하면서 이들의 활동이 전 세계의 사회적·경제적 개발에 아주 중요하게 되었다. 수많은 초국적 기업들이 기업 활동을 전 세계에 걸쳐서 하면서 많은 현지 사람들에게 고용의 기회를 줄 뿐 아니라 전 지구적인 가치사슬(global value chain)을 따라 활동하는 많은 공급자와 유통업자들에게도 수입의 기회를 제공한다.[345]

개도국들은 개발이 성공적으로 달성되려면 궁극적으로 충분한 민간투자가 밑받침되어 광범위한 성장이 이루어져야 한다는 것을 깨닫게 되었다. 결과적으로 유엔은 민간 부문 개발과 지속 가능한 성장 그리고 기업가 정신을 불러일으키고 지원하는 활동이 유엔의 개발목표에 접근하는 데 결정적이라는 인식을 하게 되었다.

식량 위기·에너지 위기·금융 위기를 경험하면서 시민 부문의 조직들은 민간 부문 일반 특히 다국적기업들에 그들의 활동이 사회적·환경적으로 미치는 부정적 영향에 책임을 져야 하고 그들 행위의 여러 면을 바꾸고 좀 더 책임감 있고 지속 가능한 방식으로 행동해야 한다고 강하게 요구하게 되었다. 이러한 시민사회의 점증하는 요구들이 유엔을 비롯한 국제기구에 기업들과 협력을 하도록 만들었다.

기업들 역시 개발과정에서 좀 더 적극적인 역할을 떠맡고 여러 면에서 유엔과 협력할 준비가 점점 되어가고 있었다. 즉 많은 기업은 선한 기업 시민의식(good corporate citizenship)과 유엔과의 파트너십을 실천할 필요성을 인식하게 되었다.[346] 특

---

345) 「가치사슬(value chain)」이란 회사가 처음에 원료 구매로부터 시작하여 상품을 제조하고 소비자의 구매를 위해 시장에 내놓는 것에 이르기까지 취한 모든 활동을 의미한다. 이러한 가치사슬에서 가치가 부가되는 모든 활동은 상호 연결되어 있으며 최고의 가능성이 있는 상품이나 서비스를 만들도록 설계되어 있어 기업에 경쟁 상의 우위를 가져다준다. 좀 더 구체적으로 이러한 활동은 제품 또는 서비스의 디자인·생산·마케팅·배포뿐만 아니라 판매 후 서비스까지 포함한다.

346) 「기업의 시민의식」 혹은 「기업의 시민성」 등 다양하게 번역되고 있는 「Corporate Citizenship」이란 기업도 일반 시민과 마찬가지로 공동체를 구성하는 일원으로서 일정한 권리를 누림과 동시에 의무를 떠

히 시민사회로부터 사회적 책임을 다하지 않는다는 비판에 직면해 있는 기업으로서 유엔과의 파트너십은 자신들의 발전과 투자를 위한 유리한 환경을 조성할 수 있을 뿐 아니라 자신들의 평판을 높이는 것을 돕고 구속력 있는 규칙을 피할 기회를 부여받을 수 있기 때문이다. 따라서 많은 기업이 선제적으로 개발 활동에 관여하기 시작했거나 그렇게 하지 않을 수 없다고 느꼈다.

위에서 언급한 이유로 유엔을 비롯한 국제기구와 기업은 이해관계를 같이하게 되었다. 그 결과 공공 부문-민간 부문 간의 파트너십이 1990년대에 사회적 · 정치적 의제로서 중요한 위치에 놓이게 되었다. 이러한 경향은 2002년 남아프리카공화국 요하네스버그에서 개최된 지속 가능한 개발을 위한 세계정상회의(WSSD)에서 다중 부문 파트너십의 촉진(Promotion of Multi-sectoral Partnership)이 회의 결과의 중요한 일부가 되도록 했고 유엔과 기업 간 협력의 상당한 성장을 촉발하는 계기가 되었다.

② 공공-민간 부문 글로벌 거버넌스의 예

공공-민간 부문 글로벌 거버넌스의 대표적인 예로서 유엔과 기업의 파트너십 전반과 유엔의 전 지구적 약정을 살펴보고자 한다.

■ 유엔과 기업의 파트너십[347)]

유엔과 기업들은 경제발전 · 사회발전 · 인권 · 평화와 안보 · 인도적 지원 · 환경과 관련이 있는 긴급한 이슈들을 다루고자 전 세계에 걸쳐 적극적으로 활발하게 협력하고 있다. 오늘날 기업은 유엔의 목적을 달성하는 데 있어서 아주 중요한 파트너가 되고 있다. 이들의 최종 목적은 아주 상이하지만 다른 한편 아주 중요한 목적을 공유하고 있다. 이러한 목적은 시장의 구축 · 부패와의 싸움 · 환경의 보호 · 식량안보의 증진 · 사회적 포용성의 확보(ensuring of social inclusion) 등을 포함한다.[348)]

유엔과 기업 간 협력은 주로 ⅰ) 사회적 투자와 자선 기부(social investment and philanthropic contributions) ⅱ) 핵심 사업과 가치사슬 활동(core business and value

---

말는다는 것을 의미하며 우리가 흔히 잘 알고 있는 기업의 사회적 책임(corporate social responsibility, CSR)과 기업의 사회적 가치(corporate social value, CSV)에 대한 논의에서 파생된 개념이다. 이들은 모두 기업이 이윤만 추구하는 것이 아니라 사회적 책무를 떠맡아야 한다는 점을 강조한다는 점에서 다르지 않다. 사회적 책무란 기본적인 윤리적 · 법률적 책임을 의미하는 것으로서 그 핵심은 그들을 둘러싸고 있는 공동체를 위해 좀 더 높은 생활 수준과 삶의 질을 만들어내고 이해당사자들을 위한 이윤성을 유지하는 것이다.

347) United Nations Global Compact, "Coming of Age: UN-Private Sector Collaboration since 2000," file:///C:/Users/USER/AppData/Local/Microsoft/Windows/INetCache/IE/3FBSL 627/Coming_of_Age.pdf. Accessed Dec. 9, 2019.

348) 사회적 포용성이란 정치적 · 경제적 · 사회적 이유로 사회로부터 배제된 상태에 놓인 사람들을 사회의 구성원으로 수용하는 것을 의미한다.

chain operations) iii) 옹호와 정책 제안 및 제도적 틀(advocacy, policy dialogue and institutional frameworks)의 형태를 취한다. 국제기구와 기업은 이러한 3가지 형태의 협력을 하고 있으나 활동이 자선과 모금에 중점을 둔 활동에서 핵심 사업과 가치사슬에 중점을 둔 활동으로 이동하는 추세를 특징으로 한다. 이러한 유형을 하나씩 살펴보면 다음과 같다.

우선 사회적 투자와 자선 파트너십 유형과 관련하여 기업은 유엔에 순수한 자선 기부 · 피고용인을 자발적 프로그램에 참여시키거나 피고용인의 기부에 해당하는 만큼의 기부를 제공하기 · 개발을 위한 목적에 핵심적인 기업 전문지식 및 상품과 서비스의 기부 · 유엔에 혜택이 주어지는 사회적 벤처 자금에의 기업의 참여나 혼합형 가치 금융 기제(hybrid or blended value financing mechanism)의 설립 등을 제공할 수 있다.[349)]

이러한 파트너십은 다음과 같은 세 가지의 세부 유형으로 구분이 된다. i) 첫 번째 세부 유형의 파트너십은 유엔의 프로젝트나 이니셔티브에 민간 부문의 직접적인 기여와 자선 기부를 동원하는 파트너십인데 이러한 협력관계가 여전히 공공 부문과 민간 부문 협력의 기초로 남아 있다. ii) 두 번째 세부 유형의 파트너십은 유엔과 민간 부문 파트너십에서의 전반적인 중점이 핵심 사업과 가치사슬 파트너십으로 전환되면서 생긴 변화인데 첫 번째 세부 유형인 순수한 현금 기부가 아닌 기업이 소지하고 있는 핵심적인 전문지식과 상품 및 서비스를 기부하는 파트너십이다. 이러한 종류의 기부는 현지 공동체 혹은 좀 더 광범위한 사회가 추구하는 개발의 우선적 목표를 달성하는 것을 도울 수 있다. iii) 세 번째 세부 유형의 파트너십은 전략적인 기부로서 공공보건과 같은 전략적인 분야로의 사회적 투자를 제공하는 것이다. 대표적인 이러한 유형의 파트너십으로 「에이즈 · 말라리아 · 결핵 퇴치 세계기금(Global Fund to Fight AIDS, Tuberculosis, and Malaria)」을 들 수 있다.

유엔과 기업 간 파트너십의 두 번째 유형은 핵심 사업과 가치사슬에 중점을 둔 활동이다. 앞서 언급했듯이 유엔과 기업 간의 협력은 애초에는 모금 활동에 중점이 주어졌으나 시간이 지나면서 핵심 사업과 가치사슬 활동으로 전환되었다. 이러한 추세에 맞추어 핵심 사업과 가치사슬에 중점을 둔 형태의 파트너십은 개도국에서의 현지 기업 지원 · 포용적 사업모델의 구축 · 국제투자의 촉진 · 기업 운영 방식의 전환

---

349) 혼합형 가치 금융 기제란 국제개발 분야에서 시작된 것으로서 투자의 위험성으로 인해 개도국에의 투자를 꺼리는 민간재원을 동원하기 위해 공공 부문과 민간 부문이 협력을 통해 재원을 조달하는 기제이다. 즉 공적 개발 재원과 민간투자 재원을 함께 동원하는 금융 기제를 의미한다.

등에 중점을 둔다.

유엔은 지속 가능한 시장을 구축하고 공공의 이익을 위한 상품과 서비스를 만들어내기 위해 기업이라는 민간 부문이 가지고 있는 핵심적인 강점을 이용하고 여기에 더하여 기업 활동을 사회적 목표나 환경적 목표 혹은 개발목표와 일치시키고자 함으로써 기업에 대해 단순히 수사적인 요구로부터 행동 지향적인 협력으로의 전환을 추구했다.

유엔과 기업 간 파트너십의 세 번째 유형은 옹호 활동과 정책 제안 및 제도적 틀과 관련된 활동이다. 즉 기업이나 기업연합이 직접 옹호 활동과 공공정책 대화에 관여하고 공동의 규칙을 개발하는 데에 참여하는 유형이다. 더불어 거버넌스 간격(governance gap)을 메우기 위해 공공 제도와 행정 능력을 구축 혹은 강화하기 위한 노력을 재정적으로 지원하거나 직접 적극적으로 참여하고 기업 활동을 위해 위험부담이 최소화되고 적절하게 관리되는 환경을 촉진하며 지방 수준·국가 수준·전 지구적 수준에서의 좀 더 체계적인 변화를 지원하는 파트너십의 유형이다.

이러한 유형의 파트너십 활동은 대상을 달리하면서 전개된다. 개도국의 개인을 대상으로 하는 옹호 활동 캠페인의 예로서 감염질환을 막기 위한 노력인 비누로 손씻기를 위한 공공-민간 전 지구적 파트너십(Global Public-Private Partnership for Handwashing With Soap)을 들 수 있다. 정부를 대상으로 하는 예로서 청정연료와 무공해 차량 파트너십(Partnership for Clean Fuels and Vehicles)을 들 수 있는데 이는 개도국 정부에게 납이 들어간 연료의 판매를 금지하는 정부의 규제를 촉구하는 것을 목표로 한 것이다.

이들과는 달리 일반 대중을 대상으로 하거나 기업 자체와 고용인을 대상으로 하는 파트너십도 있다. 일반 대중을 대상으로 하는 예로서 아동 난민을 위한 캠페인(ninemillion.org Campaign for Child Refugees)을 들 수 있는데 이는 일반 대중들이 아동 난민들에 관심을 가져 이들에게 교육과 놀이의 기회를 주도록 촉구하는 것을 목표로 한다. 이 캠페인에는 유엔난민최고대표사무소(UNHCR)가 나이키(Nike Inc.)·마이크로소프트(Microsoft)·머크 앤드 컴퍼니(Merck & Co., Inc.)·프록터 앤드 갬블(Procter & Gamble)과 같은 기업들과 국제 지구의 물(Earth Water International)과 같은 비정부기구가 참가하고 있다.[350]

기업과 기업의 고용인을 대상으로 하는 국제기구와 기업의 파트너십에는 기업

350) 마이크로소프트의 경우 자신이 지원하는 전 지구적인 비영리조직인 놀 권리(Right to Play)를 통해 참여하고 있다.

내에서의 에이즈에 대한 인식 제거에 집중하는 파트너십들이 존재한다. 유엔 산하기구인 유엔에이즈(UNAIDS)와 국제에이즈기업연합(Global Business Coalition on HIV/AIDS, GBC)의 파트너십이 이러한 예의 하나이다.

■ 전 지구적 약정

전 지구적 약정(Global Compact)은 유엔이 주축이 되어 탄생한 공공-민간 부문 글로벌 거버넌스의 한 형태이다.351) 이는 아난(Kofi Annan) 유엔 사무총장이 1999년 1월 31일 스위스의 다보스에서 열린 세계경제포럼(WEF)에 참석하여 새로운 기업윤리 원칙으로 제안한 것을 기초로 2000년 7월에 공식적으로 출범했다.

전 지구적 약정이 등장하게 된 배경에는 점차 경제가 지구화되고 있는 상황에서 지구화된 경제의 과실이 적절하게 공유되지 않고 세계시장이 광범위하게 공유된 사회 가치에 뿌리를 두고 있지 않으면 세계화된 경제는 위험에 빠지게 된다는 인식에서 출발하였다. 이와 더불어 전 지구적 차원에서 다국적기업들의 권리를 확보해 주고 자유로운 무역과 재정을 가능하게 하는 규칙제정 노력은 이루어져 왔으나 기업과 관련하여 환경・노동・인권을 보호하고 부패를 타파하기 위한 규칙제정 노력은 제대로 이루어지고 있지 않다는 인식에도 기초를 두고 있다.

전 지구적 약정은 세계인권선언・국제노동기구(ILO)의 노동의 기본 원칙과 권리에 관한 선언・유엔환경개발회의(UNCED)의 환경과 개발에 관한 리우 선언・유엔부패방지협약과 같은 선언과 조약 등에 반영된 인권・노동권・환경보호・반부패와 관련된 10개 조항으로 구성되어 있다.

전 지구적 약정은 인권과 관련하여 인권 보호 원칙을 존중하고 지지할 것과 단체나 조직 또는 회사 내에서 인권침해를 금할 것을 규정하고 있다. 노동과 관련해서는 조합결성과 단체계약의 자유를 인정하고 모든 형태의 강제노동을 금지하며 아동노동을 철폐하고 고용과정과 업무상 발생하는 차별을 철폐할 것을 규정하고 있다. 환경과 관련해서는 환경적 위험에 대한 예방조치를 취하고 환경적 책임을 솔선수범하여

351) 전 지구적 약정이 사회에 깊이 뿌리를 두기 위해서는 계획과 실행에 있어 비정부기구의 활발한 참여가 대단히 중요하다. 비정부기구들은 기업들이 10개의 원칙을 효과적으로 실행할 수 있도록 돕기 위해 이들과 협력하도록 요청받고 있으나 이러한 원칙들을 위반하는 기업 관행에 대한 본질적인 우려를 제기할 공론의 장을 보유하지 못하고 있는 등 전 지구적 약정에 있어서 비정부기구의 역할은 그다지 뚜렷하지 않다. 이제까지 전 지구적 약정에서 시민사회는 선진국에 기반을 두고 있는 규모가 큰 국제비정부기구(INGO)에 의해 대변이 되어왔는데 비정부기구들은 기본적인 필요가 충족되지 못하고 있는 그룹을 대표할 수 있도록 전 지구적 약정의 구성원이 확대되어야 한다는 주장을 제기해 오고 있다. 이러한 다소 미미한 시민 부문의 역할로 인해 전 지구적 약정을 공공-민간-시민 부문 글로벌 거버넌스로 분류하지 않고 공공-시민 부문 글로벌 거버넌스로 분류하기도 한다.

이행할 것과 친환경적 기술의 개발과 보급을 도모할 것을 규정하고 있다. 반부패와 관련해서는 기업은 부당 취득과 뇌물 등을 포함하는 모든 형태의 부패를 금지한다고 규정하고 있다.

이러한 전 지구적 약정은 강제성을 가지고 있는 규칙이 아닌 일종의 행동강령으로서 기업들은 특별히 까다로운 절차를 거치지 않고 자발적으로 서명을 통해 계약을 준수하겠다는 의사를 공개적으로 밝히면 된다. 이와 더불어 전 지구적 약정의 웹사이트에 위에서 언급한 원칙을 실행하는 데 있어서 이루어진 진전이나 교훈을 매년 보고서 형태로 게재하면 된다.

(5) 공공-시민 부문 글로벌 거버넌스[352)]

공공-시민 부문 글로벌 거버넌스는 국제기구와 비정부기구를 조합으로 하는 파트너십 기제이다. 국제기구들은 비정부기구와 다양한 관계 설정을 통해 비정부기구에 다양한 지위를 부여해 오고 있다. 국제기구가 비정부기구에 부여하는 지위는 국제기구에 따라 다르며 같은 기구라 하더라도 비정부기구에 따라 부여하는 지위를 달리하기도 한다. 유엔의 경우 유엔 내에서도 경제사회이사회(ECOSOC)와 같은 특정 기관만이 비정부기구에 협의 지위(consultative status)를 부여하고 총회나 안전보장이사회와 같은 기관들은 이러한 지위를 부여하지 않는다.

국제기구가 비정부기구에 부여하는 다양한 지위를 연장선에 배열한다면 연장선의 한 극단에 아무런 공식적인 관계를 부여하지 않은 채 비공식적인 관계만을 갖는 국제기구를 위치시키고 또 다른 극단에 유엔에이즈계획(UNAIDS)의 경우처럼 비록 투표권이 부여되지 않으나 중요한 의사결정이 일어나는 기관의 공식적인 구성원으로서 의사결정에 참여할 수 있는 권한이 부여되는 국제기구를 위치시킬 수 있다. 국제기구 대부분이 비정부기구에 부여하는 지위란 이러한 양극단 사이의 어느 지점에 놓여 있다고 볼 수 있는데 다수의 국제기구는 통상적으로 비정부기구에 투표권을 가지는 의사 결정권을 부여하지 않는 가운데 협의 지위를 부여한다. 여기에서는 국제기구와 비정부기구가 관계를 갖는 배경과 이러한 관계의 일반적인 특성에 대해 살펴보려고 한다.

① 공공-시민 부문 글로벌 거버넌스의 등장 배경

국제기구와 비정부기구는 명백하게 구별되는 나름의 능력을 보유하고 있다. 이

---

352) 다양한 국제기구와 비정부기구의 구체적인 관계에 대한 글은 다음을 참조하시오: 박재영, 『국제기구와 글로벌 거버넌스』 (서울: 법문사, 2018), pp. 633-719.

두 행위자 사이에 설정되는 관계의 특징을 이해하기 위한 기초로서 우선 이 두 행위자가 상대방과 비교하여 지니는 장단점을 살펴보고자 한다.

국제기구는 비정부기구와 비교하여 재정적 기반이 좀 더 튼튼하고 좀 더 큰 규모의 프로그램이나 프로젝트를 집행할 수 있는 기술적인 전문성과 경영관리의 전문성을 보유하고 있다. 국제기구가 비정부기구와 대비하여 지니는 보다 중요한 장점이란 이들이 지닌 국제적인 지위와 다른 국제적인 행위자들과의 긴밀한 유대로 인해 국가의 정부에 의해 쉽게 배척될 수 없다는 점이다. 총체적으로 국제기구는 중요한 전 지구적인 이슈에 국제적인 관심을 집중시키고 해결하는 데 있어서 비정부기구에 비교하여 준비가 좀 더 잘 되어 있다고 볼 수 있다.353)

그러나 국제기구는 앞서 언급했듯이 민주성 · 책임성 · 투명성 · 효과성을 요소로 하는 정당성의 결여라는 단점을 지니며 이러한 단점을 극복하기 위한 수단의 하나로 비정부기구와의 파트너십을 추구한다. 이러한 단점을 좀 더 세밀하게 살펴보면 다음과 같다.

우선 국제기구는 내부의 민주적 과정과 대표성을 의미하는 민주성이 부족하다. 유엔의 안전보장이사회에서 회원국이 선출하지 않은 상임이사국 5개국만이 거부권과 같은 특별한 권리를 행사하며 국제통화기금(IMF) · 세계은행(World Bank) · 세계무역기구(WTO)와 같은 국제경제기구들은 소수의 선진국에 의해 지배되고 있어 내부의 민주적 과정이 취약하다.

이와 더불어 국제기구에 국제사회를 구성하고 있는 광범위한 일반 대중들에 의해 선출된 대표자들의 참여가 배제된 가운데 정부 대표들에 의해 의사결정이 이루어진다는 의미에서의 대표성이 부족하다. 이뿐만 아니라 유엔 회원국의 대부분이 개도국인 데 반해 상임이사국 5개국의 분포를 보면 중국을 제외하고는 모두 선진국에 속한다는 의미의 대표성도 결하고 있다.

이러한 민주성의 결여와 더불어 국제기구들은 일반 대중들의 의사에 따라 권력을 행사하지 않는 경우 이러한 권력의 남용을 막을 수 있는 효과적인 기제를 제대로 갖추고 있지 않다는 의미에서 책임성을 결하고 있다. 나아가 자원의 사용과 의사결정 등에 있어서 투명성이 없다는 단점과 국제 문제를 효과적으로 해결하지 못한다는 의미의 효과성 결여도 비판의 대상이다.

반면 비정부기구는 전통적인 장점인 융통성 · 헌신성 · 단일 이슈에 대한 집중

---

353) Thomas G. Weiss and Leon Gordenker, eds., *CSOs, the UN, and Global Governance* (Boulder and London: Lynne Rienner Publishers, 1996).

성·지역 공동체와의 긴밀한 유대성·행동의 자율성을 기반으로 하여 정부나 국제기구의 정책을 지지하거나 반대하는 여론을 동원할 수 있고 정부나 국제기구의 책임성을 높이기 위해 정보를 만들어 낼 수 있으며 국제규범을 창출하고 강화할 수 있다. 이와 더불어 비정부기구는 교육을 통해 세계시민의 힘을 강화할 수 있고 위험하거나 논쟁적인 활동에 참여할 수 있으며 정부나 국제기구가 제공하기를 주저하거나 제공할 능력이 없는 서비스를 제공할 수 있다.

예외가 없는 것은 아니지만 비정부기구는 일반적으로 다음과 같은 단점 역시 지니고 있다. 비정부기구는 통상적으로 작은 규모를 지니며 종종 다른 비정부기구들과 중첩된 활동을 수행하기 쉽고 재정적으로 취약해서 종종 자국이나 외국의 기금 제공자에 의존하거나 기금조성을 목적으로 한 프로그램이나 프로젝트에 의존하지 않을 수 없다.

더욱 심각한 단점은 비정부기구의 경우 일반적으로 명시적이든 묵시적이든 정부의 동의가 존재해야 활동할 수 있다는 점이다. 따라서 만약 비정부기구가 관여하는 프로그램이나 프로젝트가 정권의 정통성이나 통제력에 위해가 된다고 인식되면 정부는 비정부기구(국내 비정부기구와 국제 비정부기구)를 불신하거나 활동을 하지 못하도록 할 수 있다.

② 공공-시민 부문 글로벌 거버넌스의 특징

국제기구는 비정부기구와 협력적인 관계·적대적인 관계·경합적인 관계 등 다양한 관계를 맺는다. 적대적인 관계의 사례로서 비정부기구가 국제기구에 의해 추진되던 다국간투자협정(MAI)을 무산시킨 예를 들 수 있다. 경합적인 관계의 사례로서 비정부기구가 대인지뢰 금지협약의 체결과정에서 주도적인 역할을 하고 유엔이나 유엔의 보조 기관인 유엔아동기금(UNICEF)과 같은 국제기구가 오히려 부차적인 역할을 한 것을 들 수 있다. 여기에서는 국제기구와 비정부기구의 협력적 관계에 중점을 두고 이러한 관계가 가져다주는 상호 이익이 무엇인가와 더불어 이러한 협력적 관계의 한계를 살펴보고자 한다. 각기 다른 장단점을 보유한 국제기구와 비정부기구의 협력은 구체적으로 다음과 같은 상호 이익을 가져온다.

우선 국제기구의 관점에서 볼 때 국제기구의 정책 결정 과정에 비정부기구를 직간접적으로 참여하도록 함으로써 국제기구에서의 합의 도출을 돕는다. 예컨대 환경이나 인권 분야에서 활동하는 선진국의 비정부기구는 물론 개도국의 비정부기구까지 가세하여 환경이나 인권 분야에서의 개선을 거부하거나 소극적인 개도국에 압력을 가함으로써 국제적인 합의에의 도달을 도울 수 있다.

더불어 비정부기구들은 국제기구를 통해 도출된 국제적인 합의의 국내적 이행을 감시함으로써 합의의 준수를 더욱 쉽게 할 수 있다. 국제기구는 또한 의사결정 과정에 비정부기구 대표의 참여를 허용하여 시민사회의 의사를 반영할 기회를 제공함으로써 이로부터 이루어진 결정의 정당성을 확보하게 된다.

다시 말해 권력이 상대적으로 약한 국가들이 불리한 권력관계를 극복하려 하거나 상대적으로 권력이 강한 국가들이 유리한 권력관계를 유지하려고 할 때 자신들과 견해를 같이하는 비정부기구와 협력을 하고자 한다.[354] 국제기구는 또한 다루고자 하는 이슈의 복잡성이 크고 국제기구의 자원이 제한적이라면 비정부기구의 추가적인 재정적 자원의 제공 · 국제기구가 결하고 있는 지식과 전문성의 제공 · 국제기구 정책의 집행 · 국제협정의 준수에 대한 감시 등이 국제기구에 특별한 혜택이 될 것이기 때문에 비정부기구와의 협력을 추구한다.[355] 이외에 국제기구는 비정부기구의 참여를 통해 민주적 정당성을 얻고자 비정부기구와의 협력을 추구하기도 한다. 즉 민주적 정당성이라는 규범이 국제기구에 비정부기구와의 협력을 추구하도록 한다는 것이다.[356]

비정부기구의 관점에서 볼 때 비정부기구는 국제기구에의 참여를 통해 다른 비정부기구들과의 초국적인 연대를 형성할 수 있을 뿐 아니라 자문이나 구두 발언 혹은 서면 진술 등을 통해 정부 대표들에게 영향력을 행사함으로써 추구하는 목표를 더욱 수월하게 달성할 수 있다. 더불어 비정부기구들은 국제기구로부터 협의 지위나 공인 지위를 획득하여 국제적인 위상을 높임으로써 국내적인 정치적 탄압에 쉽게 노출되지 않을 수 있게 된다.

이러한 협력관계는 다음과 같은 한계를 지니고 있다. 우선 비정부기구의 능력에 대한 광범위한 인정에도 불구하고 그들의 활동에 비정부기구를 현재 이상으로 좀 더 깊이 관여시키고자 하는 국제기구는 별로 없다. 국제기구의 국가 중심적인 설립헌장 등은 다음에서 보듯이 여전히 국제기구의 활동과 의사결정에의 비정부기구 참여를 제한하고 있다.

---

354) 이를 국제기구가 왜 비정부기구와 협력관계를 가지려고 하는가를 설명하는 「권력이론」이라고 한다: 박재영, 『국제기구와 글로벌 거버넌스』 (서울: 법문사, 2018), pp. 717-718을 참조하시오.

355) 이를 국제기구가 왜 비정부기구와 협력관계를 가지려고 하는가를 설명하는 「자원교환이론」이라고 한다: 박재영, 『국제기구와 글로벌 거버넌스』 (서울: 법문사, 2018), pp. 715-717을 참조하시오.

356) 이를 국제기구가 왜 비정부기구와 협력관계를 가지려고 하는가를 설명하는 「민주적 정당성 이론 혹은 규범 이론」이라고 칭한다: 박재영, 『국제기구와 글로벌 거버넌스』 (서울: 법문사, 2018), pp. 715를 참조하시오.

통상적으로 국제기구는 비정부기구에 기껏해야 협의 지위를 부여한다. 투표권까지 부여하지는 않는 가운데 비정부기구가 중요한 의사결정을 하는 기관의 공식적인 구성원으로서 의사결정에 참여할 수 있는 협의 이상의 지위를 부여받은 유엔에이즈계획(UNAIDS)도 있으나 이는 극히 제한적인 경우이다.

즉 비정부기구가 국제기구와 관계를 맺고 있다고 하는 경우 비정부기구는 협의자(consultant)로서의 지위만 주어지는 게 일반적이다. 이러한 협의 지위에도 여러 등급이 있으나 가장 높은 수준의 것이라야 의제를 제안할 수 있는 권한이고 회의에 참여하여 구두 진술을 하거나 서면 진술을 하는 것이 일반적으로 주어지는 권한이다. 이처럼 가장 높은 수준의 협의 지위뿐 아니라 유엔에이즈계획에 의해 부여되는 협의 지위 이상의 지위 역시 투표권이 부여되지 않기 때문에 비정부기구들이 국제기구 내에서 영향력을 행사하는 데 한계를 지니고 있다.

물론 예외가 없는 것은 아니지만 공공 부문과 비정부기구의 파트너십 대부분은 비정부기구가 기존의 위계적인 공공 부문 조직에 동등하지 않은 자격을 가지고 참여하는 관계인 것을 특징으로 한다. 예외적으로 국제 문제를 다루는 데 있어 비정부기구가 위계적이지 않은 제3의 조직이나 네트워크에 정부 및 국제기구와 더불어 동등한 자격을 지니고 공공정책 이슈에 대한 의사결정에 참여하는 때도 있다. 이러한 예를 다음에서 살펴보고자 한다.

③ 공공-시민 부문 글로벌 거버넌스의 예

공공-시민 부문 글로벌 거버넌스의 예로서 환경규제 준수와 시행을 위한 국제네트워크 포럼(INECE)을 들 수 있다. 이는 효율적이고 효과적인 환경규제 준수와 이행을 통해 모든 수준에 있어서 법치(rule of law)·선정(good governance)·지속 가능한 개발(sustainable development)에 이바지하는 것을 목적으로 한다.

구체적으로 이 조직은 환경 관련한 규제 과정 전반에 걸쳐 규정 준수와 시행에 대한 인식을 높이고 시행상의 협력을 위한 네트워크를 개발하며 환경 요건을 이행하고 집행할 수 있는 역량을 강화하는 데 전념하는 환경규제 준수와 시행에 종사하는 실무자들로 구성된 네트워크 조직이다.

이 파트너십 조직은 환경규제 준수와 시행에 종사하는 각국 정부의 정부 관리들·유엔환경계획(UNEP) 등을 포함한 국제기구의 대표들·비정부기구의 대표들로 구성된 조직으로서 국가들 사이의 조약체결을 통해 설립된 통상적인 국제기구가 아니라 비공식적인 초정부기구(transgovernmental organization)라고 불린다. 이 조직은

거버넌스와 지속 가능한 개발을 위한 연구소(IGSD)라는 비영리 호스트 조직이 유치하고 있다.[357)]

(6) 민간-시민 부문 글로벌 거버넌스

① 민간-시민 부문 글로벌 거버넌스의 등장 배경

근래에 들어 시민 부문 조직과 민간 부문 조직의 파트너십 거버넌스의 경향이 강화되고 있다. 국제사회에서의 개발 분야를 예로 들면 이러한 경향이 강화되는 배경에는 다음과 같은 이유가 있다. 민간 부문의 기업은 인적·물적 자원과 효율성이라는 면에서 다른 부문과 구별되는 높은 수준의 역량을 지니고 있다. 비정부기구들로부터 기업의 사회적 책임에 대한 강한 요구에 직면해 온 기업들은 기업의 공적 이미지와 이를 통한 신뢰를 구축하기 위해 개발 분야의 전문지식과 경험을 갖춘 비정부기구와의 협력을 고려하게 되었다.

다른 한편 비정부기구는 국제적으로 개발 분야에서 중요한 역할을 해오고 있었으나 이러한 역할을 효율적이며 지속 가능한 방식으로 수행하기에는 수단과 자원이 빈약했다. 이러한 두 부문 간의 필요가 이들 두 부문 간의 파트너십을 점차 가져오게 되었다.

환경 분야를 예로 들면 비정부기구들은 환경 이슈의 해결을 위해 비판과 제언 활동을 통해 정부 정책의 변화나 입법화를 추구하거나 기업을 대상으로 환경 캠페인을 하는 것만으로는 환경 이슈의 해결이 어렵다고 판단하고 환경 이슈에 가장 큰 책임이 있는 기업과의 적대적인 관계로부터 협력적인 파트너십의 관계로 전환할 필요성을 가지게 되었다.

개발 분야든 환경 분야든 재원의 부족으로 어려움을 겪어온 비정부기구는 기업을 새로운 재원으로 고려하여 이들을 기부의 제공자로 수용하기도 했다. 그러나 비정부기구가 재정적으로 기업에 의지하면서 수반될 자율성의 훼손을 우려한 다수의 비정부기구는 민간 부문의 기업과 사업을 위한 파트너 관계를 형성하는 것이 필요하다고 인식하게 되었다.

비정부기구는 이러한 파트너십을 통해 재정적인 안정과 더불어 재정적 자원의 다변화를 꾀할 수 있게 되고 기업이 사회적 책임 활동에 대한 마케팅에 편승하여 자신의 활동도 광범위하게 광고하는 효과(즉 소셜 마케팅 효과)를 거두게 되었으며 기업

---

357) 거버넌스와 지속 가능한 개발을 위한 연구소(IGSD)는 정의롭고 지속 가능한 사회를 촉진하고 환경법을 강화하며 전 세계의 전문가들과 연계하고 주요 국제기구와 협력을 하는 연구소이다.

들로부터 효율성 증진을 위한 경영기술을 익힐 기회를 얻게 된다고 판단하게 되었다.

② 민간-시민 부문 글로벌 거버넌스의 예

민간 부문과 시민 부문의 파트너십의 예로서 커피산업 분야에서의 공정무역을 둘러싼 파트너십을 예로 들 수 있다. 공정무역이란 빈곤한 개도국의 소규모 생산자와 노동자에게 더 나은 거래 조건을 제공하고 그들의 권리를 보호하는 한편 환경과 노동 및 인권 등에 관한 국제적인 기준을 준수하도록 함으로써 지속 가능한 개발을 촉진하는 것을 추구한다. 즉 공정무역은 무역이 가져다주는 경제적 이익을 사회적인 이익으로 연결하는 것을 목적으로 한다.358)

비정부기구와 기업이 커피산업 분야의 공정무역을 둘러싸고 가질 수 있는 파트너십은 여러 형태가 있으나 그 가운데 가장 대표적인 유형은 영국의 공정무역 재단(Fairtrade Foundation)과 미국의 공정무역 유에스에이(Fair Trade USA)와 같은 비정부기구가 공정무역 상품(생산자와 기업 모두 독립적으로 인증된 국제적으로 합의가 된 기준을 충족한 상품)에 대한 라벨의 부여나 인증의 주체가 되어 공정무역 상품 생산자와 기업(궁극적으로는 소비자까지 포함)을 연결하는 기능을 하는 경우이다. 즉 이들 비정부기구가 공정무역 상품에 라벨을 부여하거나 인증하고 이러한 상품을 스타벅스(Starbuxs)와 같은 사회적 책임에 대한 인식이 있는 기업이 자신들의 공급사슬(supply chain)에 통합시키도록 하는 방식이다.359)

또 따른 파트너십의 방식은 「대안무역기구(ATO)」라고도 불리면서 비정부기구에 뿌리를 두고 있는 사회적 기업(social enterprise company)이 국가 공정무역기구와 생산자로 구성된 국제 비정부기구인 국제공정무역기구(Fairtrade International)가 인증한 커피를 판매하는 방식이다. 대표적인 사회적 기업으로 카페다이렉트(Café Direct)를 예로 들 수 있는데 이 기업은 생산자에게 최저금액과 장려금을 지급하는 외에도 자신의 이익의 50%를 생산자들에게 재투자한다.

커피산업 분야에 있어서 비정부기구는 공정무역의 라벨링이나 인증의 주체로서 기업과 파트너십을 가질 뿐 아니라 열대우림연합(Rainforest Alliance)과 같은 비정부기구처럼 커피에 친환경 인증을 부여하고 이러한 커피를 스타벅스와 같은 기업들과의 파트너십을 가지고 판매하도록 하기도 한다.

---

358) David Lewis, "Nongovernmental Organizations, Business, and the Management of Ambiguity," *Nonprofit Management & Leadership* Vol. 9, No. 2 (Winter 1998): p. 138.

359) 기업과 비정부기구 간 파트너십의 가장 대표적인 예로서 스타벅스(Starbuxs)와 여러 비정부기구 간의 파트너십이 가장 흔히 언급된다.

국제여성커피연합(IWCA)은 커피 생산국의 커피산업 전 과정에서 여성에 대한 장벽을 낮추고 여성의 참여를 촉진하고 인정함으로써 여성의 세력화를 목적으로 하는 국제적인 비정부기구이다. 이 비정부기구는 개도국 내에서 남성 커피 생산자와 여성 커피 생산자 간의 격차 감소를 실현하고 생산된 커피에 성평등 인증을 부여하여 생산자와 기업을 연결하는 역할을 행한다. 비정부기구인 유기농작물증진협회(OCIA)는 유기농 커피를 인증하여 생산자와 기업을 연결하는 역할을 한다.

커피산업 분야에서의 이러한 일련의 노력이 축적된 결과 2006년에 커피 공동체를 위한 공동 강령 협회(Common Code for the Coffee Community Association, 4Cs)가 커피산업 부문에서 커피 생산을 비롯하여 수확 이후의 과정과 거래에서의 사회적·생태적·경제적 조건의 개선을 통해 지속 가능성을 확보하기 위한 목적으로 공식적으로 설립되었다. 커피 부문의 이해관계자인 커피 생산자·통상과 산업조직·비정부기구를 구성요소로 하는 이 협회는 커피 공동체를 위한 공동 강령을 제정하여 커피 생산자 및 다른 공급사슬 구성원이 이러한 강령의 기준을 준수하고 구매 기업들은 이러한 기준을 충족한 커피를 점차 많이 구매할 것을 요구했다.

이처럼 커피 공동체를 위한 공동 강령 협회는 민간 부문과 시민 부문 간의 파트너십의 형태를 띠고 있지만 실제로 이 조직은 회원들의 회비 이외에 스위스와 독일 정부로부터 재정적 지원을 포함한 공적 부문의 기여금에 의해 운영되고 있다는 점을 고려하면 공공 부문·민간 부문·시민 부문이라는 3개 부문 간의 파트너십으로도 볼 수 있다.

(7) 공공-민간-시민 부문 글로벌 거버넌스

① 공공-민간-시민 부문 글로벌 거버넌스의 등장 배경

말라리아와 에이즈(HIV/AIDS)와 같은 질병과의 싸움·환경보호·노동기준의 제도화·부패와의 전쟁 등 상호 연계된 국제사회의 많은 문제가 국가와 국제기구를 중심으로 하는 전통적인 글로벌 거버넌스만으로는 해결될 수 없게 되었다. 이러한 상황에 대한 혁신적인 대응으로서 전통적인 행위자인 정부와 국제기구라는 공공 부문 조직 이외에 민간 부문과 시민 부문의 조직이라는 3개 부문 조직들이 협력하여 국제문제들을 해결하고자 하는 시도들이 다양한 형태로 형성되어 작동해 오고 있다.

이러한 3개 부문의 협력은 본질적으로 앞서 언급한 바와 같은 글로벌 거버넌스의 주요 행위자들이 지니는 장단점에 본질적으로 기인하나 이러한 협력을 촉발하게 된 직접적인 요인은 공공 부문 조직 즉 정부와 국제기구의 인식 변화이다. 즉 세계화의 진행과 더불어 해결하여야 문제 자체가 일국의 노력만으로 해결이 어려워 개개 정부들이 국제기구에 해결을 맡기지만 국제기구마저도 국경을 넘어 발생하는 복합적 성격의 문제를 해결하는 데 있어 정당성의 결여뿐 아니라 재정적 자원과 전문성의 부족으로 한계를 절감하게 되었다. 그 결과 복잡한 문제의 해결을 위해 각각 나름의 비교우위를 지닌 3개 부문을 결합하여 조화롭고 통합된 접근을 할 필요를 강하게 느끼게 되었다. 이러한 인식 즉 어느 한 부문의 행위자들도 단독으로 복합적인 국제 문제를 해결할 수 있는 능력과 전문성을 지니고 있지 않아 협력이란 선택이 아닌 필수라는 인식이 다른 부문의 행위자들에 의해서도 공유되었다.

이러한 3개 부문이 결합된 거버넌스를 정부나 국제기구의 관점에서 「배분된 글로벌 거버넌스(distributed global governance)」라고 칭한다. 세 부문에 속하는 조직의 관점에서 「역량의 네트워크(network of capacities)」 또는 「네트워크화된 글로벌 거버넌스(networked global governance)」라고 부른다. 이러한 새로운 형태의 글로벌 거버넌스는 각 부문 조직의 강점과 능력을 활용함으로써 좀 더 전체를 아우르는 통합적이고 포괄적인 접근방식으로 문제의 해결을 도울 수 있을 뿐 아니라 개개 부문 조직들의 독립적인 활동으로 인한 활동의 중첩을 피할 수 있도록 한다는 이점을 지니고 있다.

이러한 공공-민간-시민 부문 글로벌 거버넌스에는 세계댐위원회(WCD)·국제경쟁네트워크(ICN)[360]·전지구적물제휴(GWP)[361]·말라리아퇴치의약품벤처센터(MMV)[362]·국제농업연구자문그룹(CGIAR)[363]·인터넷과관할정책네트워크(Internet & Jurisdiction Policy Network)[364]·21세기를위한재생에너지정책네트워크(REN21)[365]이 있다.

② 공공-민간-시민 부문 글로벌 거버넌스의 예

공공-민간-시민 부문 글로벌 거버넌스의 전형적인 예로서 세계댐위원회(WCD)를 소개하면 다음과 같다. 1950년대 이후 국가 수준에서 혹은 국제 수준에서 대규모 댐을 둘러싼 갈등이 점차 첨예화되었다. 1980년대까지 지역 비정부기구들이 외국 및

---

360) 국가의 경쟁 당국과 다국적 경쟁 당국·비정부기구·국제기구(OECD/WTO/UNCTAD 등)·학계·경쟁 관련 민간 부문으로 구성된다.

361) 정부 기관(지방/국가/지역)·국제기구·국제 및 국가 비정부기구·학술과 연구기관·기업·공공 부문 서비스 제공 업체로 구성된다.

362) 공공 부문 조직(정부와 국제기구)·민간 부문 조직(제약회사 등)·비정부기구 등으로 구성된다.

363) 정부 기관·비정부기구·민간기업 등으로 구성된다.

364) 정부·국제기구·인터넷 기업·기술 공동체·비정부기구·대학교 등으로 구성된다.

365) 정부·비정부기구·기업협회·학술기관·과학 기관 등으로 구성된다.

국제 비정부기구 등과의 연합을 결성하여 신규 대형 댐의 건설을 효과적으로 막기 시작했다. 1990년대 초에 댐 건설이 개발 공동체에 있어서 가장 갈등으로 점철된 이슈 중 하나가 되었다.

댐 건설을 둘러싼 비정부기구 · 기업 · 세계은행(World Bank) 사이의 갈등과 대화의 단절은 모든 당사자에게 상당히 비용을 치르도록 했다. 댐 건설업자와의 댐 건설 계약은 중단되었고 비정부기구들은 대규모 댐 건설에 반대하는 캠페인에 상당한 자원을 집중했다. 세계은행은 점증하는 여론의 압력에 직면하여 댐 건설과 관련된 차관을 제공하는 데에 점점 더 어려움을 겪고 있었다.

이러한 상황은 세계적인 환경 비정부기구인 국제자연보호연맹(IUCN-The World Conservation Union)과 세계은행의 일부 스태프들에게 좀 더 포괄적인 협상의 장을 실험하도록 했다. 1997년 비공식 워크숍을 통해 대규모 댐의 찬성론자와 반대론자 모두가 초기 대화를 위해 한자리에 모였으며 이를 기반으로 하여 이로부터 1년 뒤에 세계댐위원회가 설립되었다. 세계댐위원회는 2년간의 활동 기간을 정하고 이 기간에 대형 댐에 관한 전 세계적인 사례연구를 통해 대형 댐의 개발에 대한 효과를 검토하고 이러한 프로젝트를 위한 새로운 기준과 지침을 만들어 보고하도록 임무를 부여받았다.

세계댐위원회는 의장을 포함하여 12명의 위원으로 구성되고 사무총장과 사무국이 세계댐위원회의 행정을 위한 제도적 장치로서 임명되고 설치되었다. 위원회의 일을 감시하기 위해 세계댐위원회 포럼(WCD Forum)이 설립되었다.

12명의 세계댐위원회 위원에는 대형 댐 건설을 격렬하게 반대해 온 비정부기구 대표로부터 물 문제를 다루는 행정부의 장관과 대형 댐 건설업을 하는 다국적기업의 대표까지 포함되었다. 사무총장을 수장으로 하여 사무국은 전 세계에서 온 다양한 학문 분야의 배경과 다양한 전문적인 경력을 가지고 있는 개인들로 구성되었다. 세계댐위원회 포럼은 60명의 대표로 구성되었는데 구체적으로 수자원이나 동력을 다루는 행정부의 대표 · 대외원조나 국제원조 기관의 대표 · 민간 부문의 전문적인 기업체와 산업연합체의 대표 · 국제비정부기구 지도자 · 공동체에 기반을 둔 원주민 집단을 두루 포함했다.

세계댐위원회는 독립성을 위해 운용예산의 10% 이상이 특정의 한 행위자에게서 오지 않도록 했으며 거의 1,000만 달러에 이르는 자금조달에 있어서 어떠한 것도 특정한 조건과 연계되어 제공되지 않도록 했다. 구체적으로 세계댐위원회의 재정은 국가와 국제기구 같은 공공 부문과 더불어 재단과 민간 부문으로부터 조달되었다.

세계댐위원회는 대형 댐의 성과와 영향에 대한 종합적이고 전 지구적인 검토를 한 후 2000년 11월에 「댐과 개발: 의사결정을 위한 새로운 틀(Dams and Development: A New Framework for Decision Making)」이라는 제하의 보고서를 발간했다. 당 보고서는 대형 댐의 효과와 더불어 대형 댐의 재정적·경제적·환경적·사회적 영향을 집중적으로 검토했으며 대안에 대한 평가도 제시했다. 보고서는 미래에 대형 댐을 건설해야 할지 아니면 중단해야 할지에 대해 중립적인 입장을 견지했으나 대형 댐 프로젝트는 물과 에너지 개발을 위한 많은 대안 가운데 하나로 간주되어야 한다는 것을 강력하게 촉구했다.

이러한 보고서의 내용을 둘러싸고 관련된 행위자들 간에 평가가 달랐지만 세계댐위원회의 논의 과정과 보고서는 대형 댐을 둘러싼 논란에 있어서 관심의 초점이 되었고 점차 대규모 기반시설 프로젝트와 더불어 좀 더 광범위하게는 지속 가능한 개발에 관한 논의에 영향을 미쳤다. 총체적으로 세계댐위원회의 논의 과정에 모든 행위자가 관여했다는 점에서 충분한 정당성을 달성했다고 평가되고 있다. 세계댐위원회는 최종 보고서와 더불어 임무를 마친 후인 2001년 4월에 해산되었다.

그러나 세계댐위원회 보고서의 권고를 국가 수준과 제도적 수준으로 확산시켜 다중 이해관계자 과정(multi-stakeholder process)을 통해 토론을 진작시켜 나갈 필요가 있다는 합의에 기초하여 「댐과 개발 프로그램(Dams and Development Programme, DDP)」이 2001년에 유엔환경계획(UNEP) 내에 설립되어 2001년부터 2004년 7월까지 DDP의 단계 1(Phase 1)이 진행되었고 2005년 2월부터 2007년 4월까지 단계 2(Phase 2)가 시행된 바 있다.

(8) 다중 부문 글로벌 거버넌스의 기능과 평가 및 성공적 작동 조건

① 다중 부문 글로벌 거버넌스의 기능366)

첫째, 문제를 이슈화하고 나아가 공식적인 논의의 대상으로서 의제화하는 기능을 수행한다. 이러한 예로서 비정부기구인 국제지뢰금지운동(ICBL)이 캐나다 정부와의 협력을 통해 대인지뢰 문제를 이슈화하고 의제화함으로써 대인지뢰금지협약을 끌어낸 것을 그 예의 하나로 들 수 있다.

둘째, 협상과 국제적인 기준의 설정을 촉진하는 역할을 행한다. 앞서 살펴본 바와 같이 이러한 예로서 국제기구·기업·비정부기구로 구성된 세계댐위원회(WCD)

366) Jan Martin Witte, Wolfgang Reinicke, and Thornsten Benner, “Beyond Multilateralism: Global Public Policy Networks.” International Politics and Society. http://www.fes.de/IG/ipg2_2000/artwitte.html. Accessed Nov. 11, 2019.

가 협상과 조정을 통해 대형 댐 건설 프로젝트를 위한 기준과 지침을 만든 것을 들 수 있다.

셋째, 지식을 수집하고 전파하는 기능을 한다. 즉 이러한 기제는 정부·국제기구·기업·비정부기구들 사이에 지식의 수집과 교환을 촉진함으로써 공동의 목적을 찾아내고 조정된 행동전략을 발전시키는 것을 돕는다. 그 결과 조정 연계망은 부족한 자원의 배분을 촉진하고 활동의 중첩을 피하도록 한다. 이에 속하는 예로서 전 지구적 물 제휴(GWP)를 들 수 있는데 이 연계망은 물 관리 프로그램에 있어서 가장 좋은 실제의 예와 교훈을 수집하여 전파하기 위해 등장한 연계망이다.

이 밖에 말라리아 통제와 퇴치를 목적으로 정부·국제기구·기업·비정부기구들로 구성된 말라리아퇴치파트너십(RBM)과 농업과 관련한 정보와 지식을 공유하고자 정부 기관·비정부기구·민간기업으로 구성된 국제농업연구자문그룹(CGIAR)도 이와 같은 기능을 수행한다.

넷째, 과거에 가지고 있지 않던 새로운 시장을 창출하고 잠재력을 실현하지 못하고 있는 시장을 심화시키는 기능을 수행한다. 시장실패론이 지적하듯이 시장은 종종 사회가 필요로 하는 공공재와 같은 재화를 생산하지 못한다. 다중 부문 글로벌 거버넌스는 이러한 재화를 둘러싼 수요와 공급 간의 간극을 메우는 역할을 한다.

공공 부문 조직(정부와 국제기구)·민간 부문 조직(제약회사 등)·시민 부문 조직(비정부기구) 등으로 구성된 말라리아퇴치의약품벤처센터(MMV)가 이러한 기능을 수행한다. 구체적으로 이 조직은 제약회사가 절대적으로 필요로 하는 새로운 항말라리아 백신을 개발하도록 연구를 위한 기금의 조성 등 경제적인 유인을 개선시키고자 한다.

다섯째, 현존하는 국제조약의 실행을 촉구하기 위한 혁신적인 이행 기제의 기능을 한다. 이러한 예로서 교토의정서에 도입된 유연 체제의 하나인 청정개발체제(CDM)를 예로 들 수 있다. 청정개발 체제란 지구 온난화를 완화하기 위해 선진국과 개도국이 공동으로 추진하는 온실가스 감축 사업으로서 선진국이 개도국에 온실가스를 줄일 수 있는 기술 지원 등을 하게 되면 이로 인한 감축량을 기술을 제공한 선진국의 감축량으로 인정해 주는 제도이다. 이러한 청정개발체제의 프로젝트는 온실가스 감축량 목표치를 달성하거나 달성하지 못한 정부와 기업뿐 아니라 비정부기구와 개인 등이 포함되는 파트너십에 의해 추진된다.

또 다른 예로서 지구환경기금(GEF)을 들 수 있다. 이 기금은 지속 가능한 경제개발을 가능하게 하면서 기후변화를 완화하기 위한 목적으로 개도국의 환경 분야 투자와 관련 기술개발을 지원하기 위해 설립되었으며 유엔과 다자개발은행 등을 포함한 국제기구와 국가 기관 그리고 국제 비정부기구 등으로 구성된 파트너십 기금이다.

② 다중 부문 글로벌 거버넌스의 평가[367)]

다중 부문 글로벌 거버넌스의 장점으로는 다음과 같은 점들이 흔히 언급된다. 첫째, 다중 부문 글로벌 거버넌스는 구성원들 사이의 다양한 정보와 지식을 공유할 수 있게 하여 특정 정책 이슈를 종합적으로 바라볼 수 있게 해준다. 이러한 지식과 정보의 공유를 통해 혁신적인 결과물을 도출할 수 있게 된다. 종종 이러한 기제는 어느 한 집단도 혼자만으로는 문제를 해결할 수 없는 위기나 교착상태에 등장하며 의사결정자들 사이에 견해 차이가 클 때 이러한 연계망은 상충하는 관점을 드러내어 대화를 통해 합의에 이를 수 있는 환경을 창출한다.

둘째, 다중 부문 글로벌 거버넌스는 여러 유관한 집단들을 한 자리에 참여할 기회를 제공함으로써 참여 정치를 확대한다. 이러한 포괄성은 정책토론에 정당성을 부여하고 모든 당사자가 결과를 받아들일 가능성을 높인다.

셋째, 다중 부문 글로벌 거버넌스는 여러 가지 형태를 지니면서 협력의 과정을 통해 변화와 적응을 할 수 있다. 이처럼 진화적인 성격과 유연한 구조를 가짐으로써 성공과 실패 모두로부터 부단한 학습을 가능하게 하며 개방성을 띠게 된다. 이러한 개방성으로 인해 새로운 행위자를 융통성 있게 수용할 수 있다.

다중 부문 글로벌 거버넌스의 문제점으로 다음과 같은 점들이 흔히 지적된다. 첫째, 참여하는 행위자의 수가 많아질 수 있고 그 결과 때에 따라 많은 거래비용을 수반할 수 있다. 동시에 이해관계를 가지고 있는 사람들의 포함 정도가 연계망의 정당성의 중대한 요소가 된다. 따라서 행위자의 수가 많을 때 야기될 수 있는 효율성의 저하와 관련된 행위자들을 모두 포함해야 하는 정당성 사이의 긴장이 존재할 수 있어 적절한 주의와 개선이 필요하다.

둘째, 다중 부문 글로벌 거버넌스를 통한 상호의존과 장기간의 상호작용은 구조적인 경직화를 초래할 수 있다. 즉 이러한 기제가 지나치게 형식화된 관료적 구조를 갖는 폐쇄된 작업장으로 변모할 수 있다.

---

367) Wolfgang H. Reinicke, "Global Public Policy," *Foreign Affairs*, Vol. 76, No. 6 (November/December 1997), pp. 127-138; Wolfgang H. Reinicke, "The Other World Wide Web: Global Policy Networks," *Foreign Policy*, No. 117 (Winter 1999/2000), pp. 44-57; Thorsten Benner, Wolfgang H. Reinicke, and Jan Martin Witte, "*Shaping Globalization: The Role of Global Public Policy Networks*," http://www.gppi.net/cms/public/66332099a66e 4e02b78 fe3333903cf8cShaping%20Globalization%2007082002final.pdf. Accessed Nov. 6, 2019.

셋째, 타협의 필요와 합의적 지식을 만들어내려는 시도로 인해 궁극적인 정책 결과로서 최소한의 공통분모가 양산될 수 있다. 다 부문 글로벌 거버넌스 기제에서 협상의 교착될 때 치러야 하는 비용이 큰 관계로 관련된 행위자 누구도 과정이 교착상태에 빠지는 것을 원하지 않게 된다. 그 결과 기존의 강력한 이해관계가 도전을 받지 않을 수도 있다. 동시에 연계망의 수평적이고 비공식적인 구조와 조직 원칙으로서의 합의에의 의존으로 인해 의사결정이 교착상태에 빠지게 되고 가장 힘이 약한 행위자에게조차 거부권을 행사할 수 있는 환경을 조성한다. 이러한 합의에 따른 의사결정은 또한 유엔의 의사결정 과정에서 보듯이 보건 등과 같은 문제일 경우 어느 정도 가능하나 정치적인 성격이 강한 이슈일 경우 그 한계를 갖는다고 볼 수 있다.

③ 다중 부문 글로벌 거버넌스의 성공적 작동을 위한 조건368)

라이니케(Wolfgang H. Reinicke)는 다중 부문 글로벌 거버넌스가 제로섬 게임이 아님을 강조한다. 구체적으로 그는 이러한 글로벌 거버넌스를 통해 권력이 정부와 국제기구로부터 민간 부문이나 시민 부문으로 이전되는 것이 아니며 전통적인 글로벌 거버넌스의 주체인 정부와 국제기구를 대체하는 것이 아니라 보완하는 것임을 강조한다. 이러한 글로벌 거버넌스가 정당성을 갖고 합의에 더욱 잘 도달하는 등 성공적으로 작동하기 위해서 충족해야 할 조건으로서 다음 다섯 가지를 제시하고 있다.

첫째, 행위자들 사이에 신뢰를 형성하는 것이 무엇보다 중요하다. 따라서 신뢰 형성을 위해 거래비용이 든다고 해도 관련된 행위자들 사이에 초기 단계에서 협의하고 정보교환을 함으로써 행위자들의 다른 동기 · 목표 · 문화 등을 이해하는 것이 중요하다. 회의나 워크숍은 동질적이지 않은 행위자들을 어떠한 조건 없이 테이블로 불러들일 수 있는 전략의 핵심적 요소이다.

둘째, 다중 부문 글로벌 거버넌스는 종종 느슨하고 분권적으로 조직되어 있으나 리더십이 존재하는 것이 연계망의 성공에 있어서 중요한 변수이다. 연계망에 있어서 리더십은 다양한 행위자들에게 동기를 부여하고 공동의 목적을 향해 이들을 동원하며 행위자들 사이의 대화를 촉진할 수 있는 능력을 갖추어야 한다.

리더십의 주요한 과업 가운데 하나는 새로운 유형의 협력을 위한 여지를 만들기

---

368) Wolfgang H. Reinicke, "Global Public Policy," *Foreign Affairs*, Vol. 76, No. 6 (November/December 1997), pp. 127-138; Wolfgang H. Reinicke, "The Other World Wide Web: Global Policy Networks," *Foreign Policy*, No. 117 (Winter 1999/2000), pp. 44-57; Thorsten Benner, Wolfgang H. Reinicke, and Jan Martin Witte, "*Shaping Globalization: The Role of Global Public Policy Networks*," http://www.gppi.net/cms/public/66332099a66e 4e02b78 fe3333903cf8cShaping%20Globalization%2007082002final.pdf. Accessed Nov. 6, 2019.

위해 조직 내부의 기존의 충성심을 타파할 뿐 아니라 방해하는 연합의 형성을 저지하는 일이다. 훌륭한 리더십은 운영상의 투명성을 유지하고 관련된 행위자를 모두 포함하며 대화를 촉진하는 능력을 지녀야 한다. 정당성이란 모든 구성요소로부터의 투입을 수용함으로써 생기는 것이다.

셋째, 조직 내부의 관계뿐만 아니라 조직과 조직 사이의 관계에 있어서 조정을 향상시키는 것이 필요하다. 구체적으로 다중 부문 글로벌 거버넌스가 성공적으로 작동하기 위해서는 다양한 조직문화를 조정하고 다양한 이해관계를 가로질러 공동의 입장을 찾아내며 대화를 위한 혁신적인 기법을 구사하는 것을 필요로 한다. 때때로 부족한 자원을 둘러싼 조직 간의 경쟁이 이러한 조정에 있어 극복하기 힘든 장애로 작용하는 경우가 많다.

넷째, 모든 관련된 행위자들의 광범위한 포괄이 다중 부문 글로벌 거버넌스의 성공적인 작동에 없어서는 안 된다. 이와 더불어 이러한 글로벌 거버넌스가 특정의 개인이나 조직에 의해 지배되는 것을 피하는 것이 무엇보다 중요하다. 좀 더 구체적으로 지위나 권력과 관계없이 초기 단계에 모든 이해관계 당사자들을 포함하는 것이 필요하다. 나아가 개도국의 행위자들이 재정적 자원과 지식자원을 획득하여 연계망에 효과적으로 참여하도록 지원하는 것을 목표로 하여 능력배양이 이루어져야 한다. 더불어 국회의원과 정부 기관의 대표를 포함함으로써 연계망을 지방과 국가의 정책 토의와 기존의 정책 결정 기제에 내재화시키는 것이 성공적인 작동에 중요하다.

다섯째, 다중 부문 글로벌 거버넌스가 어느 한 행위자에 의해 지배되어서는 안 되는 것과 같이 재정 면에서도 한쪽에 일방적으로 의존하지 않고 행위자 모두가 재정의 부담자가 되어야 한다. 성공적인 다중 부문 글로벌 거버넌스는 다양한 기금 원에 의존하는데 단일한 기금에 의존하게 되면 충분한 기금이 제공되지 않을 뿐 아니라 연계망의 정당성과 대중 이미지에도 영향을 미치게 된다.

6) 비공공 부문 글로벌 거버넌스와 국가 주권의 관계

위에서 비공공 부문에 속하는 조직들인 기업과 비정부기구들은 인증이나 규칙 설정 기능 등을 통해 권력과 권위를 행사하는 것을 살펴보았다. 이들에 의한 글로벌 거버넌스를 「비공공 부문 글로벌 거버넌스(non-public sector global governance)」라고 부르자고 이미 언급한 바 있다. 여기에서 이러한 비공공 부문 글로벌 거버넌스와 공공 부문 조직인 국가의 주권과의 관계를 살펴보고자 한다.[369]

---

369) Robert Falkner, "Private Environmental Governance and International Relations: Exploring the

우선 이러한 비공공 부문 글로벌 거버넌스가 어떻게 부상하게 되었는가에 대하여 다양한 이론적 시각이 존재하는데 이들을 살펴보면 다음과 같다. 첫 번째 시각은 세계화가 글로벌 거버넌스의 탈영토화를 유발하고 이것이 국가 권력의 쇠퇴를 가져와 빚어진 결과물로 보고자 한다.

두 번째 시각은 비공공 부문 글로벌 거버넌스의 부상을 전 지구적 시민사회의 초국가주의 성장의 결과로 보고자 한다. 환경 분야의 경우를 예로 들자면 이러한 현상은 비정부기구들이 기업들에 압력을 가한 직접적인 결과물로 인식하고자 한다.

세 번째 시각은 환경 분야를 예로 들자면 기업들이 자신들의 지배력 유지에 필요한 이념적·물적 기반을 재편성하기 위해 독립적으로 혹은 국가나 비정부기구와의 연합형성을 통해 시장 중심적이고 탈규제적 거버넌스 체제를 만들기 위한 노력의 결과물로 보고자 한다.

다음으로 이러한 비공공 부문 글로벌 거버넌스의 부상이 국가와 비공공 부문 조직의 전통적인 관계에 도전을 가하고 있는데 이러한 비공공 부문 글로벌 거버넌스의 부상이 국가 주권을 대체하는 것인가 아니면 보완하는 것인가에 대한 논의를 살펴보고자 한다.

위에서 비공공 부문 글로벌 거버넌스의 형태로서 민간 부문 글로벌 거버넌스와 시민 부문 글로벌 거버넌스를 각각 살펴보았고 이와는 별도로 비공공 부문과 공공 부문의 혼합형인 공공-민간 부문 파트너십과 공공-시민 부문 파트너십을 살펴보았다. 이처럼 비공공 부문은 공공 부문과 공식적으로 파트너십을 구성하여 글로벌 거버넌스를 구성하기도 하지만 공공 부문과는 독립적으로 글로벌 거버넌스를 형성하기도 한다.

이러한 독립적인 비공공 부문 글로벌 거버넌스들은 얼핏 공공 부문 글로벌 거버넌스 영역 밖에 존재하는 순수한 형태의 비공공 부문 글로벌 거버넌스처럼 보이나 실제에 있어 존재하는 이러한 비공공 부문 글로벌 거버넌스 대부분은 비록 공공 부문 조직을 공식적으로 참여시켜 파트너십을 구성하고 있지는 않지만 다른 형태로 이들과 관계를 맺고 있다고 볼 수 있다. 이러한 관계란 공공 부문 조직인 국가나 국제기구가 비공공 부문 글로벌 거버넌스의 인증이나 표준설정을 공식적으로 인정하거나 자체의 법으로 통합하는 역할을 하는 관계를 의미한다.

유사 비정부기구로 간주되는 국제표준화기구(ISO)가 환경 관련하여 설정한 표준

Links," *Global Environmental Politics*, Vol. 3, No. 2 (2003), pp. 74-75.

인 ISO 14000의 경우 국가와 국제기구가 이러한 표준을 인정하여 정당성을 부여함으로써 힘과 영향력을 가지게 된다.[370] 즉 국가와 국제기구가 ISO에 의한 표준의 설정과 유지를 용인하거나 촉진하면서 상당한 영향력을 행사한다고 볼 수 있다.

예컨대 아직 모든 국가는 아니나 일부 국가들의 경우 이러한 국제표준화기구 표준을 공식적인 표준으로 채택하고 이러한 표준을 택한 기업의 상품을 정부의 조달체계에 통합하고 있다. 세계무역기구(WTO)의 경우 자발적인 국제표준화기구 표준을 세계무역기구 체제 내에서 국제적 표준으로서 인정했고 무역에 대한 기술장벽에 관한 협정(Technical Barriers to International Trade Agreement)을 체결하여 무역에서 국가 간 표준이 달라 수반되는 장애를 최소화하기 위해 가능한 한 이러한 국제표준을 따를 것을 권고하고 있다.

위에서 비공공 부문 글로벌 거버넌스가 권력과 정당성을 획득하는 데에 공공 부문의 국가와 국제기구의 인정과 이들 체계 내의 수용이 중요한 역할을 한다는 점을 살펴보았다. 비공공 부문 글로벌 거버넌스의 권력과 정당성은 또한 공공 부문 행위자인 국가와 국제기구가 표준 등을 만들고 집행하는 일을 비공공 부문의 거버넌스에 맡김으로써 획득되기도 한다. 이 경우 국가와 국제기구는 표준을 만들기 위해 교섭을 하는 등의 복잡한 일로부터 해방될 수 있고 표준의 집행과 준수를 확보하기 위해 요구되는 비용을 지불하지 않아도 된다.

이제까지 살펴본 바에 의하면 공공 부문과 비공공 부문과의 전통적인 관계에 변화가 왔다는 사실을 부인할 수 없다. 구체적으로 비공공 부문 글로벌 거버넌스의 부상은 비공공 부문의 지위와 정당성을 높인 것은 의심의 여지가 없다. 다른 한편 이러한 비공공 부문 글로벌 거버넌스의 부상에는 공공 부문인 국가와 국제기구의 용인과 정당성 부여라는 역할이 있음을 부인할 수 없다.

이러한 논의를 종합할 때 비공공 부문 글로벌 거버넌스의 부상이 국가 권력의 감소와 국가 능력의 쇠퇴를 가져왔는가의 질문에 세계화의 심화로 활성화된 비공공 부문의 글로벌 거버넌스가 국가의 주권을 잠식한다는 자유주의 이론이나 국가의 주권에 변화가 없음을 주장하는 현실주의 이론이 명쾌한 답이 될 수 없다.

---

370) ISO는 1947년에 스위스 민법에 따라 비정부기구로 설립되었으나 일반적인 순수한 형태의 비정부기구는 아니다. 통상적으로 비정부기구란 자발적인 민간단체나 개인을 그 회원으로 하는 기구로서 지방이나 국가 혹은 국제 수준에서 공익을 위해 활동하는 시민주도의 국내 혹은 국제조직인데 ISO는 공공 부문과 민간 부문의 조직을 회원으로 하고 있기 때문이다. 이런 종류의 기구는 일반적으로 유사 비정부기구(quasi-nongovernmental organization) 혹은 준자율적 비정부기구(quasi-autonomous non-governmenatal organization)로 분류된다.

이러한 맥락에서 공공 부문 글로벌 거버넌스와 비공공 부문 글로벌 거버넌스를 이분법적으로 구분하지 않고 글로벌 거버넌스에 있어서 이 두 부문의 글로벌 거버넌스가 어떤 관계를 만들어가는가를 이론적으로 살펴볼 필요가 있다. 이와 관련하여 뵈르젤과 리세(Tanja A. Börzel and Thomas Risse)가 제시한 공공 부문과 비공공 부문(이들은 비공공 부문 가운데 민간 부문에 국한하여 논의를 진행하고 있다)이 가질 수 있는 관계의 유형이 이러한 연구의 출발점이 될 수 있어 소개하고자 한다.[371] 이와 관련하여 가장 중요한 연구주제는 어떤 조건 속에서 어떤 유형의 공공 부문과 민간 부문의 관계가 형성되는가이다.

왼쪽으로 갈수록 민간 부문 행위자의 자율성이 커지고 오른쪽으로 갈수록 공공 부문 행위자의 자율성이 커지는 연장선을 긋고 여기에 다양한 종류의 민간 부문과 공공 부문 간의 관계를 위치시킨다. 연장선의 가장 왼쪽으로부터 오른쪽으로 가면서 다음과 같은 순서로 두 부문 간 관계의 유형이 하나씩 위치한다. i) 민간 부문 자체 거버넌스(private self-governance): 공공 부문 개입의 부재를 특징으로 한다. ii) 위협과 유인 속에서의 민간 부문 자체 거버넌스(private self-governance in the shadow of hierarchy or opportunity): 전자와 다른 점은 공공 부문의 개입이 있다는 점인데 구체적으로 공공 부문이 민간 부문에 규제 입법이나 규제적 행정조치의 위협을 가하거나 새로운 사업의 기회와 같은 유인책을 제시하는 가운데 형성되는 관계를 특징으로 한다. iii) 민간 부문 행위자에의 위임(delegation to private actors): 공공 부문이 민간 부문에 공공 서비스의 아웃소싱과 같은 특정 기능을 위임하고 민간 부문이 다양한 수준의 자율성을 가지게 된다는 것을 특징으로 한다. iv) 공공 부문과 민간 부문 행위자의 공동 거버넌스(co-governance of public and private actors): 이슈에 대한 공동 의사결정을 특징으로 한다. v) 민간 부문 행위자의 협의와 공동선택(consultation and co-option of private actors): 민간 부문 행위자의 전문성 활용을 특징으로 한다. vi) 공공 부문 거버넌스(public governance): 민간 부문 행위자의 개입 부재를 특징으로 한다.

글로벌 거버넌스론은 다양한 행위자 간의 협력을 강조하지만 이들 가운데 어떤 행위자들이 과연 어떠한 지위를 가지고 어떠한 방식으로 국제 문제를 다루어나가는가에 관한 구체적인 논의가 위에서 살펴본 이론화 작업의 예에서 보듯이 아직 걸음

371) Tanja A. Börzel and Thomas Risse, "Public-Private Partnerships: Effective and Legitimate Tools of International Governance?" in E. Grande and L. W. Pauly, eds., *Complex Sovereignty: On the Reconstitution of Political Authority in the 21st Century* (University of Toronto Press: Toronto, 2005), pp. 195-216.

마 단계에 머물러 있다. 즉 글로벌 거버넌스론은 국제사회의 문제와 관련하여 국가 행위자와 더불어 비국가적 행위자들이 관여한다는 것 이외에 국제 문제에 대한 체계적인 설명과 예측을 아직 제공하지 못하고 있다. 이런 의미에서 글로벌 거버넌스론을 이론이 아닌 접근법으로 보려는 경향도 있다.

7) 글로벌 거버넌스 전반에 대한 평가

현재의 글로벌 거버넌스 체제는 국제 문제를 제대로 해결하지 못하고 있다는 비판을 받아오고 있다. 또 다른 한편 현재의 글로벌 거버넌스 체제는 여전히 2차 세계대전 이후의 세계질서를 반영하여 미국을 비롯한 선진국들의 이익이 여전히 대폭 반영된 체제라는 비판을 받아오고 있다. 이러한 비판이 거세지면서 21세기의 국제사회의 현실을 반영할 수 있는 새로운 거버넌스 체제의 필요성이 강조되고 있다. 현재 존재하고 있는 글로벌 거버넌스 체제와 국제 문제들이 국제사회에 가하는 도전에 대응하기 위해 요구되는 글로벌 거버넌스 체제 간에 글로벌 거버넌스 간극(global governance gap)이 존재한다.

글로벌 거버넌스란 가치 중립적인 개념으로서 다양한 행위자들이 협력을 통해 국제 문제의 해결을 위해 전 지구적인 대응을 하는 다양한 방식 혹은 과정을 의미한다. 국내 수준에서는 점차 많은 수의 국가에서 공공 부문·민간 부문·시민 부문을 포함하는 민주적인 제도적 장치를 통해 많은 문제가 다루어져 오고 있다.

전 지구적 차원에서도 앞서 살펴보았듯이 다양한 형태의 글로벌 거버넌스가 다양한 행위자의 단독 혹은 이들 간의 조합을 통해 이루어져 오고 있다. 이러한 다양한 글로벌 거버넌스 기제 가운데 국제 문제를 해결하는 데 있어서 여전히 중심적인 역할을 하는 것은 정부와 정부의 대표로서 구성된 국제기구가 중심이 되어 작동되는 공공 부문 글로벌 거버넌스이다. 이런 이유로 글로벌 거버넌스에 대한 비판의 대부분은 이러한 공공 부문 글로벌 거버넌스에 가해지고 있다. 이 부분에 대한 평가는 이미 글로벌 거버넌스가 등장하게 된 배경 설명 부분에서 설명이 이루어졌다. 고 다자주의를 설명하는 제5장 제2절에서도 체계적으로 설명하고 있다. 따라서 여기서는 현재의 글로벌 거버넌스 전반에 걸친 평가를 하고자 한다.

(1) 글로벌 거버넌스 기제의 제도화 결여

다양한 행위자가 참여하는 다양한 글로벌 거버넌스가 제도로서 정착되지 않은 채 새로운 이슈가 등장할 때마다 논의를 위한 기제를 만들 것인가 만든다면 어떤 기제를 만들 것인가를 새롭게 타협하여 조성해야만 한다. 즉 글로벌 거버넌스 기제가 제도적인 뒷받침 없이 산발적으로 전개되고 있다는 것이다.

(2) 글로벌 거버넌스의 분절화

글로벌 거버넌스가 분절화되어 있다는 비판을 많이 받는다. 분절화란 다양한 이해관계·목표·과업(mandate)·양보할 수 있는 최종선 등을 지닌 다양한 행위자들이 나름의 조합을 이루어 전 지구적 수준에서 다양한 독립적인 글로벌 거버넌스 기제가 만들어지는 것을 의미한다.

즉 다양한 활동을 수행하는 다수의 독립적인 글로벌 거버넌스 기제들이 자신의 목적과 우선순위를 가지고 자신의 영역에서 독자적으로 행동한다. 국제 문제들은 다면성을 지니고 있어 기제 간에 훨씬 많은 조정과 협력이 필요하나 공동의 목표를 달성하기 위해 어떻게 다른 글로벌 거버넌스 기제와 협력을 할 것인가보다는 그들 자신의 성과를 어떻게 평가하고 개선할 것인가에 집중하는 경향이 있다.[372)]

이러한 분절화는 경쟁적으로 국제 문제의 해결을 위한 정책적인 대안의 폭을 확장하고 나아가 창의적이고 혁신적인 대안을 만들어 낼 수 있으며 이를 통해 기존의 국제레짐을 보완하는 긍정적인 역할을 할 수도 있다. 그러나 다른 한편 글로벌 거버넌스의 분절화는 활동의 중첩으로 인해 자원의 낭비 등 비효율성을 유발할 수 있다.

(3) 민주적 정당성의 결여

글로벌 거버넌스는 시민 부문의 조직이 참여할 경우 민주성·책임성·투명성·효과성을 구성요소로 하는 민주적 정당성의 결여라는 문제가 일정한 정도 완화될 수 있으나 그렇지 않을 시 민주적 정당성의 결여라는 비판으로부터 완전히 자유롭지는 못하다.

우선 글로벌 거버넌스는 누구에 의해 어떤 행위자들이 어떤 자격을 부여받고 어떤 방식으로 글로벌 거버넌스에 참여하는가의 민주성의 문제를 지닌다. 이러한 민주성의 결여 문제는 글로벌 거버넌스 전반에 걸친 문제이나 특히 민간 부문 글로벌 거버넌스와 시민 부문 글로벌 거버넌스의 경우에 더 두드러진다.

일반 대중들의 의사에 따라 권력을 행사하지 않을 시 이러한 권력의 남용을 막을 수 있는 효과적인 통제 기제를 제대로 가지고 있지 않다는 의미에서 책임성도 결하고 있다. 이는 리먼 브러더스에 대한 그릇된 신용평가로 국제금융 위기를 초래한 것

372) James M. Boughton and Colin I. Bradford, Jr., "Global Governance: New Players, New Rules," *Finance and Development*, Vol. 44, No. 4 (2007), pp. 10-14.

에 대해 국제신용평가기관들이 어떠한 책임을 졌는가를 생각해보면 알 수 있을 것이다.

글로벌 거버넌스는 투명성을 결하고 있다는 비판 역시 받는다. 투명성이라는 개념은 구체적으로 외부인의 정보에의 접근의 자유·직책 보유자의 일 처리에 대한 개방성·의사결정 과정에서의 예측 가능성 등을 의미한다고 볼 수 있다. 이러한 투명성의 결여는 다양한 글로벌 거버넌스 전반의 문제이나 특히 기준이나 표준을 설정하여 이를 기반으로 평가하거나 인증을 부여하는 민간 부문과 시민 부문 글로벌 거버넌스에서 큰 문제가 되고 있다.

글로벌 거버넌스는 효과성 결여의 비판을 받기도 한다. 우선 세계화가 ⅰ)부의 불평등한 배분 ⅱ) 1990년대 후반의 아시아 금융 위기와 2007~2008년의 미국에서 촉발된 세계 금융 위기와 같은 외부경제에 대한 민감성과 취약성 ⅲ) 환경파괴 ⅳ) 초국적 범죄 ⅴ) 전염성 질병의 확산 등 국경을 넘어 발생하는 전 지구적인 문제들을 대거 양산하고 있음에도 불구하고 글로벌 거버넌스가 이러한 문제들에 효과적으로 대응하지 못해 효과성의 문제를 일으키고 있다. 그 결과 좀 더 효과적인 국제협력을 끌어내기 위한 글로벌 거버넌스의 개혁 필요성이 강하게 제기되어 오고 있다.

현재의 글로벌 거버넌스가 국제 문제들을 효과적으로 해결하지 못하는 본질적인 요인은 세계정부가 부재한 가운데 국가 주권의 지고성에 집착하여 편협한 국가이익을 추구하는 한편 국가 주권의 행사에 수반되는 책임을 소홀히 하는 현재의 국가 중심성이 강한 글로벌 거버넌스 체제의 근본적인 한계 때문이다. 이러한 문제의 해결책으로서 제도적인 장치 없이 주권국가의 의식 전환을 요구하는 것은 실효성이 없다.

이러한 국제사회 전체의 공익에 앞서 편협한 국가이익을 앞세우는 국가 중심적인 글로벌 거버넌스의 본원적인 문제점을 근본적인 원인으로 간주하는 한편 글로벌 거버넌스의 한계인 효과성의 문제에 영향을 미치는 상대적으로 개선이 가능한 다양한 요인들이 언급되고 있다. 이러한 요인들 가운데 가장 빈번하게 거론되는 요인은 앞서 언급한 다양한 수준과 다양한 기능영역을 가로질러 글로벌 거버넌스가 단편화와 분절화가 되어 있다는 점이다.

4. 민주평화론(Democratic Peace Theory)

1) 등장 배경

민주평화론에 대한 논의가 도일(Michael W. Doyle)과 같은 학자를 통해 대두된 시기는 1980년대 초인데 이 시기는 1970년대 후반 이후 민주주의 정치체제를 채택한 국가의 수가 많이 증가한 시기와 일치한다. 따라서 민주평화론의 대두는 이러한 국제사회의 변화에 영향을 받았다고 볼 수 있다. 이러한 국제사회의 변화 속에 민주주의 국가의 수의 증가가 국제체제에 미칠 수 있는 영향이 중요한 관심사 중의 하나가 될 수 있었다.

나아가 이 시기는 코헤인이 1984년에 「패권 이후(After Hegemony)」라는 책을 발간한 시기와 거의 비슷하다. 이 시기는 자유주의 패러다임이 「국제레짐」이라는 개념을 가지고 신자유주의적 제도주의 이론의 논의를 활발하게 전개한 시기로서 앞서 언급했듯이 국가 중심성 가정을 위시한 현실주의 이론의 가정의 대부분을 수용하면서 현실주의 주장과는 달리 무정부 상태에서도 국제제도의 힘을 빌려 국가들 사이의 협력이 가능하다는 논의를 전개하던 시점이었다.

민주평화론은 이러한 신자유주의적 제도주의 이론과 마찬가지로 무정부 상태에서 국가 간 협력의 가능성을 인정하고 있다는 점에서 신자유주의적 제도주의 이론과 맥을 같이 하나 민주주의라는 국가의 내적인 특징인 정치체제의 성격이라는 변수를 가지고 국제사회의 평화를 설명하고자 하였다는 점에서 국제사회의 제도화 정도를 가지고 설명하고자 하는 이러한 신자유주의적 제도주의 이론과 궤를 달리한다.[373)]

또한 이 시기는 길핀의 패권전쟁론이 전개되고 난 후 얼마 되지 않는 시기로서 도일과 같은 학자는 패권국의 교체는 전쟁을 수반한다는 길핀의 패권전쟁론이 가지고 있는 한계를 지적하고자 했다. 즉 패권이 영국에서 미국으로 전환될 때 패권전쟁이 발생하지 않았음을 예로 들면서 이러한 전쟁의 부재를 쇠퇴하는 패권국과 부상하는 패권국이 모두 민주주의 국가이기 때문이라는 해석을 제시했다.

---

373) 이런 의미에서 민주평화론은 왈츠가 제시한 세 가지 분석수준(인간 · 국가 · 국제체제) 중에서 두 번째 분석수준인 국가 수준에 해당한다. 민주평화론을 좀 광범위하게 정의할 경우 민주주의 체제를 가진 두 국가를 짝지어 살펴볼 때 이들 간에는 전쟁 가능성이 거의 없다는 이러한 주장의 형태 이외에 민주주의 국가 하나를 두고 볼 때 개개의 국가는 일반적으로 국제관계에서 좀 더 평화 지향적이다는 주장의 형태와 국제체제에서 민주주의 국가가 많을수록 국제체제가 더 평화로워진다는 주장의 형태가 있다고 볼 수 있다: Dan Reiter, "Democratic Peace Theory", *Political Science* (Oxford: Oxford University Press, 25 October 2012) (https://www.oxfordbibliographies.com/display/document/obo-9780199756223/obo-9780199756223-0014.xml)

이러한 배경 속에서 대두된 민주평화론은 냉전이 종식되면서 1990년대에 들어서 활성화되었다. 이는 구체적으로 냉전의 종식과 더불어 동유럽과 중유럽의 국가들을 위시한 지구상의 다수 국가가 민주화되는 등 민주주의가 확산되면서 이러한 현상이 탈냉전기의 안보에 대해 어떠한 영향을 미칠 것인가에 대한 관심이 집중되었기 때문이라고 볼 수 있다. 이에 대해 민주평화론은 매우 낙관적인 전망을 제시하는 한편 미국 정부의 민주주의와 시장경제의 전 세계적인 차원으로의 확대를 위한 정책에 논리적인 기반을 제공했다.

이처럼 동유럽과 중유럽의 국가들을 포함하여 다수의 국가가 민주화가 되자 후쿠야마(Francis Fukuyama)와 같은 학자는 자유민주주의가 보편화되면서 이념의 끝에 도달했다는 진단을 제시하기도 했다. 즉 후쿠야마는 자유민주주의가 마르크스・레닌주의에 승리함으로써 자유민주주의에 도전할 이데올로기가 소멸했다는 의미의 「역사의 종언(end of history)」을 선언하고 자유민주주의의 승리가 가져온 이념의 종식으로 인해 경제에 대한 고려가 안보에 관한 관심을 대체함으로써 대규모 갈등이 감소할 것으로 예측한 바 있다.[374)]

미국은 세계화를 주도적으로 추진하면서 세계화가 번영을 낳고 번영은 민주화를 낳고 이렇게 하여 민주화가 된 국가끼리는 싸우지 않아 세계평화가 가능하다는 주장을 전개하면서 세계화를 정당화한다는 관측도 제기되었다.

2) 민주평화론의 핵심 주장

민주평화론의 효시는 칸트(Immanuel Kant)라고 볼 수 있는데 칸트는 영구평화를 위한 조건으로 개개 국가가 공화제 국가이어야 하고 이들 공화제 국가가 서로의 자유를 보장하기 위한 평화 연합을 결성하여야 하며 보편적인 우호를 가져다줄 수 있는 세계 시민법(cosmopolitan law)이 있어야 한다고 주장했다.[375)] 이러한 칸트의 주장을 민주평화론으로 부활시킨 사람이 바로 도일이며 나중에 이러한 논의에 러셀

374) Francis Fukuyama, "The End of History?" *The National Interest*, No. 16 (Summer 1989); Francis Fukuyama, *The End of History and the Last Man* (New York: Free Press, 1992). 후쿠야마의 이러한 진단에 대해 헌팅턴은 후쿠야마의 종말주의(endism)는 역사의 예측력과 순간의 영속성을 지나치게 강조하고 있다고 지적하는 등 현재의 경향이 미래에는 지속되지 않을 수도 있다는 것을 강조한다. 나아가 그는 후쿠야마가 인간의 비합리적인 면 등을 무시하고 있다고 지적하고 있다: Samuel P. Huntington, "No Exit: The Error of Endism," *The National Interest*, No. 17 (Fall 1989). 이러한 인식하에 헌팅턴은 냉전 시대의 이념을 둘러싼 국가 간의 갈등이 탈냉전기의 도래와 더불어 문명을 둘러싼 갈등으로 전환될 것을 예측하는 문명충돌론을 전개했다.

375) 칸트가 의미하는 공화제가 우리가 여기서 논하고 있는 자유주의적 민주주의와 반드시 일치하는 개념은 아니나 매우 유사한 개념이라고 볼 수 있다.

(Bruce Russett)이 합류했다.376)

이들의 주장을 한마디로 요약한다면 민주주의 체제 국가 간에는 전쟁 발발 가능성이 매우 낮다는 것이다.377) 즉 민주주의가 평화의 주요 요인이 된다는 것이다. 이는 좀 더 거시적으로 보아 국제정치에 있어서 국가의 규범과 제도의 중요성을 강조하는 것으로서 민주주의 국가들 사이에 영구평화가 가능하다는 칸트의 명제에 바탕을 두고 있다.

도일은 19세기 이후 민주주의 제도를 채택하고 있다고 판단되는 국가들을 선별하여 이들 간의 전쟁 여부를 검토한 결과 한 건도 없었다는 결론을 도출하고 있다. 러셀은 민주주의 국가들을 선별한 후 조직적으로 수행되고 천명 이상의 사상자를 낸 전쟁과의 상관관계 여부를 1945년부터 1986년까지의 사례를 통해 민주평화론의 핵심 가설을 입증한 바 있다.

앞서 이상주의 편에서 언급한 바처럼 이상주의자들 역시 민주주의 국가는 평화 지향적이란 판단하에 민주주의의 확산을 국제사회에 평화와 안전을 가져올 수 있는 방책의 하나로서 간주한 바 있다. 그러나 민주평화론이 이들 이상주의 주장과 다른 점이 있다면 민주평화론의 경우 경험적인 증거의 제시와 더불어 나름의 논리적인 주장을 전개하고 있다는 점이다.

3) 민주평화론의 논거

민주주의 체제가 왜 전쟁을 서로 하지 않느냐는 물음에 대한 답으로 제시되는 여러 가지 근거 중 하나는 민주주의 체제의 구조적인 특징인 권력자의 자의적인 의사결정에 대한 견제와 균형 장치이다. 이와는 달리 민주주의가 옹호하는 기본적인 가치와 규범을 가지고 민주평화론을 설명하고자 하는 견해도 있다. 이러한 두 가지 다른 입장을 러셀은 「제도적 모델」과 「문화적·규범적 모델」로 구별하고 있다.

전자는 민주주의 국가들 사이에 전쟁이 적은 이유를 민주주의가 가지고 있는 권

---

376) Michael W. Doyle, "Kant, Liberal Legacies, and Foreign Affairs, part 1," *Philosophy and Public Affairs*, Vol. 12, No. 3 (1983), pp. 205–235; Michael W. Doyle, "Kant, Liberal Legacies, and Foreign Affairs, part 2," *Philosophy and Public Affairs*, Vol. 12, No. 4 (1983), pp. 323–354; Michael W. Doyle, "To The Editors," (Correspondence On the Democratic Peace), *International Security*, Vol. 19, No. 4 (1995), pp. 180–184; Bruce Russett, *Grasping the Democratic Peace: Principles for a Post-Cold War World* (Princeton: Princeton University Press, 1993); Bruce Russett, "The Democratic Peace," *International Security*, Vol 19. No. 4 (1995), pp. 164–184.

377) 민주평화론은 단일 국가의 특징(즉 민주주의 체제 국가가 비민주주의 체제 국가보다 평화 지향적이다)을 말하는 것이 아니라 국가 간 관계의 특징(즉 민주주의 체제를 가진 국가 간의 관계가 전쟁 발발 가능성을 거의 없게 한다)을 말하는 것이다.

력의 분립과 분립된 권력 간의 견제와 균형 그리고 정책 결정 과정에서의 여론의 역할 등에서 찾는다. 민주주의 국가 사이에 갈등이 존재하는 경우 이들은 상대방으로부터의 기습공격을 받을 가능성을 크게 우려하지 않는 가운데 서로에 대해 기습공격을 가하지 않는데 이는 상대방 국가 역시 이러한 제도적인 제약으로 전쟁을 쉽게 개시하기가 어렵다고 인식하기 때문이다. 이와는 달리 비민주주의적인 국가는 민주주의 제도의 제약이 부재한 가운데 기습공격의 가능성을 가지고 있어서 민주주의 국가마저도 이를 우려해 먼저 선제공격(preemptive attack)을 가할 가능성이 있다는 것이다.

후자는 민주주의 국가들 사이에 전쟁이 적은 이유를 갈등이 발생했을 이를 평화적으로 해결하고자 하는 민주주의 국가들이 지닌 규범에서 찾고자 한다. 즉 민주주의 국가는 갈등을 상대방의 존재와 권리를 존중하면서 비폭력적으로 타협을 통해 해결하려는 규범을 지니고 있으며 다른 국가 역시 갈등을 이러한 방식으로 해결하고자 할 것으로 기대하기 때문에 민주주의 국가 간에는 전쟁이 적다는 것이다.

도일은 민주적 대표제(democratic representation)·인권 존중과 같은 자유주의 원칙에 대한 공약·초국가적인 경제적 상호의존이라는 민주주의의 3대 축이 민주주의 국가의 평화 지향적인 성향을 설명한다고 본다.378)

4) 비 판

현실주의 관점에서 민주평화론은 국제사회의 평화와 전쟁을 위시한 국제적 결과는 민주주의나 권위주의와 같은 국가의 내적인 속성으로부터만 기인하는 것이 아니라 국제체제의 구조적인 요인 역시 중요한 역할을 한다는 비판을 받는다.

러셀 역시 민주평화론을 주장하면서 현실주의 이론을 완전히 배제하려고 하지 않는다. 즉 러셀은 민주주의의 가치만이 국가에 전쟁을 피하도록 영향을 미치는 것은 아니며 현실주의 이론의 주장처럼 권력과 전략적인 고려 역시 국가 행동에 영향을 미친다는 점을 인정한다. 그런데도 그는 공유된 민주주의가 안보딜레마를 감소시키고 좀 더 확실한 안보를 가져오기 위한 시도로서 무시되어서는 안 된다는 점을 강조하고 있다. 러셀은 민주주의 가치가 전쟁을 제거한다는 것이 아니라 좀 더 평화로운 세계를 만드는 데 도움이 된다는 주장을 제기하고 다.

378) 초국가적인 경제적 상호의존이 평화 지향성을 가져온다는 이유를 개방된 무역이 가져다주는 이익이 전쟁으로 치러야 하는 비용을 높인다는 것으로 설명한다: Michael W. Doyle, "To The Editors," (Correspondence On the Democratic Peace), *International Security*, Vol. 19, No. 4 (1995), pp. 180-184.

설혹 민주평화론이 민주주의 국가 간의 전쟁 부재를 설명한다고 해도 현실적으로 존재하는 비민주적인 국가와 민주적인 국가 간의 전쟁 부재를 제대로 설명하지 못하는 한계를 가지고 있다고 볼 수 있다. 냉전 시대 미국과 소련 사이의 전쟁 부재가 우리의 관심 대상이 되지 않을 수 없는데 이들 국가 간의 전쟁 부재를 국제체제의 구조적인 요인이나 핵무기의 존재라는 변수의 도움을 받지 않고는 적절히 설명하기가 어렵다.

민주평화론이 제시하고 있는 경험적인 근거 면에 있어서는 민주주의라는 개념과 전쟁이라는 개념의 자의성에 대해 많은 비판이 가해진다. 1812년에 영국과 미국이 전쟁할 당시 영국이 민주주의 국가였느냐 아니냐가 논란이 되고 있듯이 특정 시점에서 특정 국가의 정치체제의 민주성 여부를 엄밀하게 구분한다는 것은 그리 쉬운 일이 아니다.

제12절 주요 문제에 대한 자유주의 이론의 관점

1. 자유주의 이론과 국제기구

현실주의 이론이 국제기구를 국가의 종속물로 보는 데 반해 자유주의 이론은 국제기구를 중앙정부의 통제를 벗어나 제한적이나마 자율성을 갖는 독립적 혹은 준독립적인 행위자로 본다. 이러한 국제기구의 독립적 혹은 준독립적 지위는 주권 국가에 의해 사전에 의도된 경우와 의도되지 않은 두 경우가 존재한다. 이를 나누어 설명하면 다음과 같다.

1) 의도된 (준)독립적 행위자로서의 국제기구

국제기구는 국가 간의 합의에 기초하여 설립되는 국가 간의 기능적 조직으로서 이러한 기능을 효율적으로 수행하기 위해 주권 국가들로부터 독립성을 지녀야 하며 이러한 독립성이 국제기구의 설립조약에 의해 명시적으로 규정된 일정한 범위 안에서 인정되는 경우가 있다. 그러나 이러한 국제기구의 초국가성은 그들의 주권을 국제기구에 기꺼이 양여하려는 국가의 부재로 인하여 극단적으로 제한되어 있다.

어떤 경우 국제기구를 (준)독립된 행위자로 볼 수 있는가에 대한 공통된 기준은 없으며 어떤 기준을 적용하는가에 따라 국제기구의 독립성이 인정되기도 부인되기도 한다. 예컨대 울퍼스(Arnold Wolfers)는 국제기구의 독립된 행위자로서의 능력은 일부 또는 전체 회원국 정부에게 만약 그렇지 않을 경우 할 수 있는 행동과 다르게 행동하도록 강요할 수 있는 국제기구의 결의안이나 권고 또는 지시에 달려있다고 주장하고 있다.379)

국제기구의 독립성을 엄격하게 정의할 경우 국가가 의사결정에 직접 참여했는지 안 했는지에 상관없이 또한 국가의 사전 동의 없이 국제기구의 결정이 일부 혹은 전체 회원국에게 그들의 의사와 관계없이 구속력을 가질 때 국제기구가 초국가적 행위자 즉 독립적인 행위자가 될 수 있다.380) 구체적으로 국제기구는 다음의 세 경우에 독립된 행위자의 지위를 갖는다고 할 수 있다.

첫째, 회원국에 의해 사전에 동의가 된 규칙에 따라 보통 사무국이라고 불리는 상설 행정조직의 공무원(즉 행정의 수장과 스탭)이 회원국 간에 대립되고 있는 이슈를 회원국들의 투표를 거치지 않고 구속력 있는 결정을 내릴 수 있을 때 국제기구가 독립적 행위자라고 말할 수 있으며 이 경우 국제기구의 독립성이 가장 진전된 것으로 볼 수 있다.381)

이와 비슷하게 국제기구 설립자의 주권적 의지로 국제무대에서 독립적으로 행동할 수 있는 능력을 부여받은 경우로서 회원국 정부에 의해서 설립되었지만 몇몇 혹은 모든 중요 의사결정자가 그들의 출신 국가로부터 독립해서 행동할 수 있는 권위를 갖게 되는 국제사법재판소(ICJ)를 위시한 국제적인 사법기구들이 매우 드물긴 하나 이러한 경우의 대표적인 예에 속한다. 유럽연합(EU)의 재판소(Court of Justice)는 개개 정부의 사전 동의 없이 그들을 구속하는 사법적 결정을 내릴 수 있는 권한을 보유하고 있다.

둘째, 유럽연합의 집행위원회(Commission)와 같은 회원국 정부로부터 독립적인 기관이 회원국에 법적으로 구속력 있는 결정을 내릴 수 있는 경우 국제기구는 독립적인 행위자라고 말할 수 있다. 집행위원회는 회원국의 대표들로 구성되나 이들은 출신 국가로부터 독립하여 공동체 전체를 위한 의사결정을 할 의무를 지니며 이런 점에서 집행위원회의 역할이 「집단적 사무총장(collective Secretary General)」의 역할

379) Arnold Wolfers, "The Actors in International Politics," in Arnold Wolfers, ed., *Discord and Collaboration: Essays on International Politics* (Baltimore: Johns Hopkins Press, 1962), p. 22.

380) Philip A. Reynolds, *An Introduction to International Relations* (London: Sweet and Maxwell, 1972), p. 26.

381) Lawrence S. Finkelstein, "The Politics of Value Allocation in the UN System," in Lawrence S. Finkelstein, ed., *Politics in the United Nations System* (Durham: Duke University Press, 1988), p. 5.

에 비유되기도 한다.

이는 첫 번째 경우와 비교해 국제기구의 독립성이 저하된 것이긴 하지만 이 두 경우 모두 국가 주권의 위임(delegating of national sovereignty)이라는 공통점을 지닌다. 과거의 예로서는 파리조약에 의해 설립된 유럽석탄철강공동체(ECSC)의 최고기구(High Authority)를 들 수 있다. 유럽석탄철강공동체에서 구속력 있는 의사결정이 최고기구에 의해 이루어졌으며 최고기구는 예외적인 경우를 제외하고는 회원국으로부터 독립하여 전체 공동체의 이익을 위해 일하고 회원국들에 의해 그의 결정이 거부되지 않는 권한을 지녔다.382)

셋째, 유럽연합의 각료이사회(Council)처럼 각국 정부의 대표자들로 구성된 기관이 표결에 따라 구성국에 대해 법적으로 구속력 있는 결정을 내릴 수 있을 때 역시 국제기구의 독립적 행위자의 지위를 이야기할 수 있다. 유럽연합의 각료이사회는 집행위원회와 마찬가지로 정부의 대표로 구성되나 이들은 공동체의 이익이 아닌 자국의 국가이익이라는 관점에서 표결에 참여한다고 하여 주권의 위임과 대비되는 주권의 공동행사(pooling or sharing of national sovereignty)가 이루어지는 기관으로 불린다. 위에서 말한 두 경우와 비교해 국제기구의 독립성이 가장 낮은 경우이다.

다수의 국제기구는 의사결정 방법으로서 만장일치제가 국가 주권의 개념과 국가평등권의 개념에 견주어 타당하나 일국의 반대만으로도 의사결정이 이루어질 수 없어 국제기구의 효율적 운용을 위해 다수결 원칙을 채택하고 있다. 그러나 유엔총회를 비롯한 다수의 국제기구가 다수결 원칙을 받아들이고 있기는 하나 이에 따른 결정은 구속성이 없는 단순한 권고의 성격만을 부여하고 있기 때문에 독립적인 국제기구로 보지 않는다.383) 수적으로 우위를 점하고 있는 개도국들은 다수결 결정이 구속력이 있기를 원하는 것도 이러한 이유 때문이다. 학자에 따라서는 이러한 다수결 결정이 비록 법적 강제성을 결하고 있으나 국가들에 의해 종종 법적 구속력이 있는 것으로 수용되는 경우가 많아 이 역시 국가에 대한 국제기구의 우월성을 나타내는 것으로 보기도 한다.384)

주권 국가가 국제기구에 가입하게 되면 이로 인해 얻는 것도 많지만 이와 더불어

382) 유럽석탄철강공동체(ECSC)의 최고기구는 파리조약이 설정한 엄격한 지침 때문에 포괄적인 자율성을 누릴 수 없었다는 점을 들어 최고기구의 독립성에 의문을 제기하기도 한다.

383) Paul Taylor, "Elements of Supranationalism: The Power and Authority of International Institutions," in Paul Taylor and A. J. R. Groom, eds., *International Organization: A Conceptual Approach* (London: Frances Pinter Ltd., 1978), p. 222.

384) *Ibid.*, p. 217.

자율성의 희생을 겪게 된다. 국제기구에의 가입은 일국의 의사결정을 타국의 표에 의존하게 만들며 정치적 위험부담을 가져다줌으로 국가에게 국제기구로의 권한의 위임을 주저하게 할 뿐 아니라 권한의 공동행사도 꺼리게 만든다.385) 따라서 독립성을 갖는 국제기구가 실제에 있어서 상당히 제한되어 있는 이유가 바로 여기에 있다.

2) 의도되지 않은 (준)독립적 행위자로서의 국제기구

현실주의 이론은 국제기구를 주권 국가에 의한 피조물로서 독자적인 주도권과 권력을 거의 갖고 있지 않으며 그들의 창설자가 의도하는 바를 순종하는 단순한 기계적인 국가의 수단으로 바라본다.

이와는 대조적으로 조직사회학적 자유주의 이론은 국제기구를 그들 나름의 환경과 상호작용을 하면서 설립자가 의도하지 않은 그들 자신의 조직 이익과 목적을 추구하며 국가로부터 의도되지 않은 자율성을 누리는 집합체로 본다. 달리 표현하자면 국제기구를 다루기 힘든 도구(recalcitrant tool)로 본다.386)

여기서 국제기구가 독립적으로 행동한다는 것은 국제기구가 그들의 구성국들이 집단적인 원하는 것과는 별도로 그들 자신의 의지·행위의 규범·기대·정책 선호를 갖고 있다는 것이며 때때로 국제기구의 독립성은 국제기구의 관료들의 강한 독단(assertiveness)의 결과로 발생하기도 한다. 따라서 국제기구 현상을 분석하면서 현실주의적 견해가 국제기구를 지배하고 있다고 생각되는 국가(들)에 대한 분석에 더 치중하는 데 반해 조직사회학적 자유주의 이론은 국제기구 자체가 분석의 단위가 되어야 한다는 것을 강조한다.387)

국제사회에서 국제기구의 수가 급증함에 따라 국제기구들 자체가 다른 국제기구의 중요한 외부적 환경을 이루어 국제기구에 중대한 영향을 미치고 있으며 특히 같거나 비슷한 영역에서 활동하는 국제기구 간의 경쟁 관계는 국제기구의 행위 패턴은 물론 이들의 구조와 목적까지도 변화시키고 있다.388) 따라서 조직사회학적 자유주의

385) Andrew Moravcsik, "Preference and Power in the European Community: A Liberal Intergovernmentalist Approach," in Simon Bulmer and Andrew Scott, eds., *Economic and Political Integration in Europe: Internal Dynamics and Global Context* (Cambridge: Blackwell Publishers, 1994), p. 64.

386) Gayl D. Ness and Steven R. Brechin, "Bridging the Gap: International Organizations as Organizations," *International Organization*, Vol. 42, No. 2 (Spring 1988), pp. 246-247.

387) *Ibid.*, p. 270.

388) 대표적 문헌으로는 다음과 같은 것이 있다. William DeMars, "Rejected Mediator: The International Committee of the Red Cross in the Ethiopian Conflict," Prepared for presentation at the 1992 International Studies Association Meeting, East Lansing, Michigan, November 20-21, 1992; Karen A. Mingst, "Inter organizational Politics: The World Bank and The African Development Bank,"

이론은 국제기구 간 관계를 중요한 연구대상으로 한다.

조직사회학적 자유주의 이론에 따르면 국제기구들의 관계가 서로 독립적이지 않고 좀 더 통합적으로 되거나 여기에서 더 나아가 정치적으로 중앙집중화되어 일단의 국제기구의 자율성이 다른 국제기구에 의해 위협받을 때 국제기구는 그들의 자율성을 보존 내지 증가시키기 위해 주권 국가를 이용하기도 한다.[389] 이처럼 조직사회학적 견해는 국제기구가 주권 국가를 통해 자율성을 얻을 수도 있다고 보며 공동의 목적을 위해 국제기구와 주권 국가가 협력관계에 있을 수 있다는 사실에도 주목한다.[390]

현실주의 이론이 국가를 통합된 행위자로 보는 것과는 달리 조직사회학적 자유주의 이론은 국가를 종종 중앙으로부터 통제되지 않는 자율적인 혹은 준자율적 정부부서로 구성된 분절된 행위자로 보며 이들 정부부서를 자신의 업무와 관련된 국제기구와 직접 접촉함으로써 국가의 자율성을 제한할 수 있는 초정부적 행위자로 간주한다.

핀켈스타인(Lawrence S. Finkelstein)은 국내 관료조직의 이러한 분절화 현상을 국제기구 간의 기능분화와 결부 지으며 각각의 국제기구는 자신의 과업(mandate)과 관련 있는 국가 내의 정부부서와 협력관계를 가지며 이로 인해 각각의 관료조직도 비슷하게 분화된다고 주장한다.[391] 정부의 개개 부서들은 때때로 하나 혹은 그 이상의 국제레짐의 규정들을 관리하고 유지하는데 이와 관련하여 그들의 역할을 정의하며 특정의 이슈에 관한 결정을 위한 정부 내의 협상 과정에서 그들과 관련 있는 국제레짐의 준수를 강력히 옹호하게 되기 때문이다.[392]

핀켈스타인은 국내 관료조직의 분절화 현상은 유엔체제를 중앙집중화시키려는 다양한 시도에 국제기구들이 저항할 수 있게 해준다고 본다.[393] 즉 유엔체제 내의

Review of International Studies, Vol. 13, No. 4 (1987), pp. 281-293.

389) 대표적 문헌으로는 Jae-Young Park, *Organizational Autonomy, State Sovereignty and Decentralization in International Development Aid, Dissertation* (December 1992); 박재영, "국제기구 강화의 부머랭 효과: 유엔 개발원조체계의 분석사례," 『한국과 국제정치』, 제10권 제2호 (1994년 가을·겨울), pp. 221-243 등이 있다.

390) Gayl D. Ness and Steven R. Brechin, "Bridging the Gap: International Organizations as Organizations," *International Organization*, Vol. 42, No. 2 (Spring 1988), pp. 252-253.

391) Lawrence S. Finkelstein, *The Coordinative Function of the United Nations Secretary-General: What, If Anything, Should He Coordinate and How Should He Do It?* Ralph Bunche Institute on the United Nations, Occasional Papers Series, No. X (January 1992), pp. 144-164.

392) Oran R. Young, *International Cooperation: Building Regimes for Natural Resources and the Environment* (Ithaca and London: Cornell University Press, 1989), p. 77.

393) Lawrence S. Finkelstein, "The Struggle to Control UNESCO," in David p. Forsythe, ed., *The United Nations in the World Political Economy* (London: MacMillan, 1992), p. 8

어느 한 기구가 업무 관련성이 있는 다른 기구나 기구들을 통제하려 할 때 통제의 대상이 된 기구는 협력관계에 있는 회원국 내의 해당 정부부서들과 공조함으로써 이러한 중앙집중화의 움직임에 저항할 수 있다는 것이다. 어크하트(Brian Urquhart) 역시 자율적 혹은 준자율적 국제기구란 이처럼 국제적인 수준에서의 개개 정부부서의 이익이 투영된 결과물로 보고 있다.394)

코헤인과 나이(Robert O. Keohane and Joseph S. Nye, Jr.)도 국내 정부 구조의 분절화는 국제기구에 자신들의 업무와 관련된 개개 정부부서와 명시적 혹은 묵시적인 연합을 형성하기에 좋은 상황을 제공함으로써 국제기구의 자율성을 증가시킨다는 것을 지적하고 있다.395) 이들은 동일한 국가를 대표하는 정부부서의 대표들이 동일한 이슈를 둘러싸고 부서에 따라 상이한 의견을 지니고 국제기구에서 제각기 다른 의견을 표시하는 것이 다원주의 사회에서 더 보편화되고 있다고 본다.396)

자유주의 이론은 주권 국가와 독립적인 관계에 있는 비정부기구(NGO)와 국제비정부기구(INGO)도 국제기구와 직접 상호작용을 하거나 나아가 이들과 연합을 형성함으로써 자율성을 행사하며 이로써 주권 국가의 자율성을 제한하는 비국가적 행위자의 역할을 하기도 한다고 본다. 이들은 다른 국제적 행위자와 더불어 통신과 영향력의 네트워크를 형성하고 있는 행위자로서 국제기구의 의사결정 과정에 독립된 역할을 하고 독립적인 영향력을 행사함은 잘 알려져 있는 사실이다.397) 특정 국제레짐의 설립은 많은 주권 국가 내에서 국제레짐의 규정을 옹호하고 정부에 이의 준수를 강하게 요구하는 비정부기구의 출현을 가져오고 이들은 초국가적 연합을 형성하여 관련 정부부서에 영향력을 행사한다.398)

역사적 경험을 통해 볼 때 국제기구가 주권 국가에 의해 의도되지 않은 독립성을 지나치게 추구하면 주권 국가는 이를 단순히 방치하지 않았음을 보여준다. 예컨대 하마숄드(Dag Hammarskjöld) 제2대 유엔 사무총장은 유엔 사무총장이란 주권 국가들의 견해나 바라는 바와는 관계없이 평화를 유지할 책임이 있다는 주장과 더불어

---

394) Brian Urquhart, "The U. N.'s Crucial Choice," *Foreign Policy*, Vol. 84 (Fall 1991), p. 161.

395) Robert O. Keohane and Joseph S. Nye, Jr., "Transgovernmental Relations and International Organizations," *World Politics*, Vol. 27, No. 1 (1974), pp. 42-52.

396) Lauri Karvonen and Bengt Sundelius, "Interdependence and Foreign Policy Management in Sweden and Finland," *International Studies Quarterly*, Vol. 34, No. 2 (June 1990), p. 213.

397) 이러한 비정부기구(NGO)와 국제비정부기구(INGO)의 역할에 관한 대표적인 문헌으로서 Robert O. Keohane and Joseph S. Nye, Jr., eds., *Transnational Relations and World Politics* (Cambridge, Mass.: Harvard University Press, 1972)을 들 수 있다.

398) Oran R. Young, *International Cooperation: Building Regimes for Natural Resources and the Environment* (Ithaca and London: Cornell University Press, 1989), p. 78.

독자적인 주도력을 발휘하면서 의욕적인 활동들을 전개하였으나 주권 국가로부터의 공격대상이 되었고 그 결과 후임 사무총장의 권한이 약화되는 현상을 야기하기도 했다.

2. 자유주의 이론과 세계경제[399)]

1) 세계경제의 특징

자유주의 이론의 세계경제관은 앞서 살펴본 현실주의 이론의 세계경제관과 큰 대조를 보인다. 우선 현실주의 이론과는 달리 세계경제의 기본적인 성격을 본질적으로 조화로운 것으로 진단한다. 국가 경제에 있어 개인들이 자신의 이익을 추구하면 자유시장이라는 틀 안에서 사회 전체의 부의 양이 증가한다고 본다. 즉 개인적인 이기심이 일반적인 선으로 전환된다는 것이다. 자유시장의 원칙은 개인과 개인의 자유를 강조하는 정치적인 구조에도 반영되어 현실주의 이론과는 대조적으로 경제에 대한 국가의 개입을 최소화하고자 한다.

이러한 원칙들은 국가 경제뿐 아니라 국가들 사이의 경제 관계도 지배한다고 본다. 즉 국가 간의 자유 교역이라는 것은 조화로운 것으로서 교역량이 많으면 많을수록 그리고 경제의 전문화의 정도가 크면 클수록 전 세계적으로 창출되는 부의 양은 커지리라고 본다. 자유주의 이론은 세계시장을 위한 생산을 통해 세계경제는 효율성을 가질 수 있다고 보기 때문에 세계경제를 하나의 자연스러운 단위로 간주하며 이러한 경제적인 이득으로 인해 생산·금융·서비스업의 세계화를 촉진하고자 한다.

국제체제를 다수의 행위자와 다수의 활동 부문으로 분리하는 것이 자유주의 이론의 큰 특징 가운데 하나이다. 이렇게 다수의 행위자와 다수의 활동 부문으로 분리하는 것은 자유주의 이론이 옹호하는 이상적인 시장의 구조와 과정을 반영한다. 즉 다수의 행위자와 다수의 활동 부문 그리고 어느 한 행위자도 혼자서 결과를 결정하거나 구조의 성격을 바꿀 수 없다는 것이 곧 시장체제 자체의 성격인 것이다. 자유주의 이론이 현실주의 이론과 달리 세계정치경제에 있어서 패권국이 존재하지 않는 시기를 더 적절하게 설명하는 것은 이러한 맥락에서이다.

---

399) 각기 다른 패러다임이 국제경제를 어떻게 바라보는가에 대해서는 다음의 두 글을 참조하시오: Roger Tooze, "Conceptualizing the Global Economy," in Anthony G. McGrew, Paul G. Lewis et al., eds., *Global Politics: Globalization and the Nation State* (Cambridge: Polity Press, 1992), pp. 233-249; Robert Gilpin, *The Political Economy of International Relations* (Princeton: Princeton University Press, 1987).

자유주의 이론은 국가 경제가 거미줄 같은 경제적인 상호의존의 네트워크에 얽혀 있어 국가들은 이로부터 쉽게 벗어날 수 없으며 이로부터 상당한 경제적인 이득을 취한다고 본다. 완전고용과 지역개발 및 다른 경제적인 복리증진의 목표는 정치지도자들의 일차적으로 중요한 관심사가 되고 이러한 목표는 세계경제에의 참여를 통해서만 달성될 수 있다고 본다.

고도의 상호의존은 국가 간 갈등의 원인을 감소시킬 뿐 아니라 초국가적인 이익공동체를 수립하여 현실주의 이론의 단일의 통합된 행위자라는 국가 개념을 다양한 이해관계를 가진 다수 행위자의 합이라는 개념으로 분해한다. 세계경제에 있어 중요 행위자는 시장을 통해 조정되는 조화로운 관계를 형성하고 있는 기업과 가정으로 본다.

경제적인 상호의존의 증가와 통신과 교통 기술의 발전은 민족국가를 시대에 뒤쳐진 것으로 만들고 있으며 세계 전체로서의 효율성과 국내의 복리증진을 위해 민족국가의 경제에 대한 통제력을 인간의 경제적 필요를 좀 더 잘 충족시켜줄 수 있는 다국적기업을 위시한 국제제도 등에 지속해서 넘겨주고 있다고 본다.

2) 세계경제와 정치와의 관계

자유주의 이론은 개념적으로 경제와 정치를 뚜렷하게 구분하며 정치에 중요성을 덜 두고 경제를 정치 위에 둔다. 정치의 역할을 효율적인 경제활동을 위해 분열을 극소화하고 안정된 정치적 환경을 제공하며 세계시장을 위한 생산으로의 전환을 관리하는 것으로 본다. 이는 자유주의 이론이 전 지구적 수준에서만 효율성의 이익이 실현된다고 보기 때문이다.

경제활동 자체는 정치적인 것으로 고려되지 않으며 정치 위에 존재하면서 좀 더 높은 합리성을 지닌 것으로 간주된다. 예컨대 1994년에 미국 뉴햄프셔의 브레튼우즈(Bretton Woods)에서 정치의 역할에 의해 1945년 이후의 세계경제를 규율할 축의 하나로서 브레튼우즈체제가 일단 수립된 다음 이러한 제도들은 정치의 역할 없이 효율적으로 운영될 것으로 기대한 것에서도 잘 드러난다.

정치와 경제의 분리 이유 가운데 하나는 자유시장경제 행위는 본질적으로 합리적인 것으로 보는 데 반해 정치라는 것은 비합리적인 것으로서 경제에의 정치의 간여는 효율성을 저하해 큰 비용을 치르게 한다고 보기 때문이다. 즉 효율성은 국가로부터의 최소한의 정치적 간여가 필요하다고 본다.

정치와 경제를 분리하는 또 다른 이유는 세계경제를 합이 영이 되지 않는 상황 즉 국가 간의 갈등이 모든 국가가 이익을 얻을 수 있는 기초 위에 협상을 통해 관리될 수 있는 상황으로 보기 때문이다. 자유주의 이론은 국가 간의 갈등이 모든 국가에게 이익을 가져다주는 국제체제 내에서 발생하기 때문에 국제경제기구에 의해 다루어질 수 있는 것으로 가정한다.

자유주의 이론은 국가의 존재를 수용하고 이들에게 일정한 역할(즉 평화의 유지와 특정의 세계경제 질서의 유지 역할)을 부여함으로써 세계경제와 국가는 서로를 원활하게 작동하도록 하는 동맹관계에 있다고 본다. 정치는 경제가 추구하는 것을 가능하게 하는 구조(enabling structure)이자 일련의 과정이며 전체 체제의 목표는 경제가 추구하는 가치에 의해 결정된다고 본다.

그러나 세계경제와 국제정치 사이에 일종의 긴장 관계가 존재한다고 본다. 자유주의 이론은 만약 정치체제가 여전히 국가를 구성단위로 하는 국가 간 체제(interstate system) 즉 국제체제(international system)에 머물면 점차 시대에 뒤쳐지게 된다고 본다. 왜냐하면 민족국가를 단위로 하는 국제정치 체제가 전 지구적 체제의 효율성을 저해할 것으로 보기 때문이다. 자유주의 이론은 그러나 당분간은 과도적으로 세계경제의 복잡성이 국가 간의 협력과 조정의 과정을 통해 다루어져야 하며 이익의 극대화와 적절한 배분을 보장하기 위해 경제 자체의 성장이 촉진되어야 한다고 본다.

길핀(Robert Gilpin)이 지적하고 있듯이 자유주의 이론은 미래의 중요한 문제를 일국의 정부와 다국적기업 간의 갈등과 같은 민족주의를 지향하는 정치적인 힘과 세계의 통합을 가져오려는 경제적인 힘과의 갈등으로 본다. 장기적으로는 경제적인 힘이 정치적인 힘을 지배하며 궁극적으로 세계연방 정부가 등장할 것으로 본다. 이처럼 자유주의 이론은 좀 더 높은 우선권을 정치적 가치가 아닌 경제적 가치와 구조에 두며 만약 정치의 구조가 경제의 구조를 반영하여 세계정부가 탄생한다면 효율성이 가장 클 것으로 본다.

이처럼 자유주의 이론은 경제적인 가치를 중요시하며 사회의 다른 가치들의 중요성을 과소평가한다. 즉 경제적인 가치가 모든 사회를 지배하는 것으로 가정하며 다른 사회적·정치적 가치들 특히 민족주의라든가 이념과 같은 요인의 중요성을 과소평가한다. 한 마디로 자유주의 이론은 정치가 아닌 경제를 강조하고 권력이 아닌 물질적인 안락한 삶을 강조한다.

사회의 다른 영역으로부터의 경제의 분리를 특정의 역사적인 산물로 보지 않고 주어진 것으로 가정한다. 이러한 자유주의 이론의 견해는 이들의 발전(development)에 대한 견해에서도 잘 나타난다. 자유주의 이론은 모든 사회는 역사적인 맥락을 떠나서 이해될 수 있으며 모든 사회는 서구의 자본주의 사회를 모방하기를 원한다고 가정하고 있다.

자유주의 이론은 비록 미국의 국력이 상대적으로 쇠퇴한다 해도 국제경제체제와 국제정치 체제의 중대한 변형을 가져오는 것은 아니라고 본다. 현실주의 이론과는 달리 다국적기업이 변화하는 국가 간의 정치적인 관계 속에서도 자력으로 살아남을 수 있을 정도로 충분한 힘을 보유하고 있다고 생각한다.

3) 자유주의 이론의 세계경제관에 대한 비판

자유주의 이론의 세계경제관에 대한 비판 가운데 현실주의 이론으로부터의 비판을 간단히 소개하면 다음과 같다. 가장 주된 비판은 자유주의 이론의 경제의 이념적 탈정치화(ideological depoliticization of economics) 가정에 주어진다. 현실주의 이론은 국제경제가 상호의존과 같은 국가 간의 상호작용을 통해 정치화된다는 비판적인 평가를 통해 이러한 자유주의 이론의 가정이 현실과 동떨어져 있다고 본다.

자유주의 이론이 세계정치경제에서 다수 행위자의 존재를 강조하는 것은 사실의 이해를 돕기도 하지만 행위자들의 행동이 이루어지고 있는 환경적인 맥락(즉 구조)을 무시한다는 비판을 받는다. 자유주의 이론의 이러한 문제점은 개도국들이 1970년대 추구한 신국제경제질서(NIEO)에 대한 분석에서도 잘 드러난다. 자유주의 이론은 이와 관련하여 1974년부터 1977년까지 전개된 신국제경제질서의 수립을 둘러싼 선진국과 개도국 간의 협상에 주목하나 개도국들이 도전한 것이 다름 아닌 기존 국제체제에 구조적으로 내재해 있는 기본적인 가치라는 것을 무시하는 경향을 보인다.

일반적으로 자유주의 이론은 이처럼 구조에 대해 충분한 고려를 하지 않는다. 이는 현실주의 이론이 국가를 다수의 이익과는 별도의 명백한 이해관계를 갖고 나름의 논리에 따라 움직이는 조직체로 간주하는 것과는 대조적으로 자유주의 이론은 국가를 다수의 이익집단의 총체적인 합 이상의 것이 아니라고 정의하는 것에서도 알 수 있다.

자유주의 이론은 세계정치경제에서도 행위에 광범위한 맥락을 설정하는 총체적인 구조적인 조건을 가정하지 않는다. 세계경제에 참여하는 많은 행위자에 있어서 구조적인 조건은 매우 중요하다. 이는 대부분의 개인과 그룹 및 대개의 국가들이 규칙이나 결과를 바꿀 힘을 갖고 있지 못하며 현재의 세계경제 구조를 수용해야만 하기 때문이다.

3. 자유주의 이론과 다국적기업

상호의존적인 세계경제에 있어 자유주의 이론의 생각을 가장 잘 보여주고 있는 것이 다국적기업(MNC)이다. 1970년대 다국적기업이라는 국제정치의 새로운 행위자의 급속한 성장과 이에 따른 국가 자율성의 훼손 현상은 버논(Raymond Vernon)의 저서 제목인 「궁지에 몰린 주권(Sovereignty at Bay)」이 상징적으로 잘 보여준다.400)

이러한 다국적기업의 성장 원인과 확장 동기에 관해 현실주의 이론이 정치적 동기와 정책적 배려를 강조하는 것과 대조적으로 자유주의 이론은 경제적인 동기를 강조한다. 자유주의 이론의 설명은 버논의 생산품 순환이론(product cycle theory)에 근거를 두고 있다.

이에 따르면 i) 처음 예비단계에서는 다국적기업은 그들이 가지고 있는 우월한 지식과 기술로 인해 독점적인 우위를 점하면서 수출을 한다. ii) 성숙단계에서 다국적기업은 관련 기술이 확산됨에 따라 경쟁력의 우위를 잃기 시작하며 이 때문에 시장에서 차지하던 몫을 유지하고 경쟁을 제압하기 위해 해외지점과 같은 것을 설립한다고 본다. iii) 마지막 표준화 단계에서는 경쟁의 우위가 다른 국가들로 옮겨가 부품이라든가 완제품이 다국적기업의 모국에 오히려 역수출된다. 이처럼 자유주의 이론의 논리에 따르면 다국적기업의 해외 진출이란 해외에서 경쟁력의 우위와 해외 시장을 지키고 경쟁을 제압하기 위한 대체로 방어적인 것으로 본다.

다국적기업이 국가에 미치는 영향과 관련하여 자유주의 이론은 다국적기업이 가져다주는 이득은 부정적인 영향보다 크다고 본다. 다국적기업은 자본 · 기술 · 지식을 이전시킴으로써 경제적인 효율성을 높이고 성장을 자극하며 유휴 국내 자원을 동원함으로써 세계의 효율성을 증가시키고 성장을 촉진하며 그 결과 복지를 증진시킨다고 본다.

400) Raymond Vernon, *Sovereignty at Bay: The Multinational Spread of u.s. Enterprise* (New York: Basic Books, 1971).

4. 자유주의 이론과 세계화[401)]

1) 세계화의 동인

현실주의 이론이 세계화를 국가이익의 증대를 위한 국가의 의도적인 정책의 결과물로 보는 데 반해 자유주의 이론은 과학과 기술의 발전을 원동력으로 하여 발생하는 자연스러운 현상으로 본다. 즉 자유주의 이론은 세계화란 국가에 의해 규정되고 제약되는 것이 아니며 그 내부의 힘인 과학과 기술의 발전이라는 추동력에 의해 추진되는 것으로 파악한다. 좀 더 구체적으로 말해 자유주의 이론은 세계화란 과학과 기술 발전에 따른 교통 · 통신 · 생산 · 금융기술 발전의 필연적 산물로 파악하고 이를 뒷받침해주는 국제제도와 국제기구(예컨대 세계무역기구와 국제통화기금)에 의해 유지된다고 본다.

2) 세계화의 영향

(1) 국가의 위상에 미치는 영향

앞서 현실주의 패러다임 편의 현실주의와 세계화 부분에서 언급했듯이 현실주의 이론은 세계화란 주로 선진국 간에 국한된 현상이며 세계화의 결과 행위자 · 이슈 · 권력 등에 있어서 변화가 나타났다고 하나 이는 주권 국가가 약화되거나 주권 국가가 종말을 고하고 세계시민으로 구성되는 세계사회가 건설되는 것을 예고하는 것이 아니라고 본다. 세계화 시대에도 주권 국가가 문제해결의 가장 적합한 정치적 단위로서 지속될 것이라고 본다. 여기에서 더 나아가 세계화는 국가의 영향력을 쇠퇴시키기보다는 적응을 통해 확장 · 강화된다고 본다.

이와는 달리 자유주의 이론은 세계화로 인한 국가의 침식을 예고하고 있다. 구체적으로 자유주의 관점에 따르면 세계화는 국가가 전 지구적인 시장의 힘을 수용하지 않을 수 없도록 함으로써 경제 분야를 위시한 다양한 분야에 있어서 국가의 통제 능력을 저하하고 대신에 다국적기업 · 초국적기업과 · 국제기구와 같은 비국가적 행위자들이 독립적인 힘을 행사할 수 있는 능력을 소지하도록 하여 중요한 정치적 행위자가 되게 함으로써 국가의 주권을 축소해 오고 있다고 본다.

국제정치학자인 로즈노(James N. Rosenau)는 이러한 현상을 일컬어 「국가의 기능적 책임의 확대와 능력의 쇠퇴」라고 칭하고 있다.[402)] 그에 따르면 세계화는 국가 간

---

401) 세계화의 정의와 세계화에 대한 현실주의 관점은 「현실주의 이론과 세계화」 부분을 참조하고 구조주의 관점은 구조주의 패러다임의 「구조주의 이론과 세계화」 부분을 참조하시오.

상호의존의 확대와 심화를 통해 한 국가 내에 있어서 국내 문제와 대외 문제 사이의 구분을 흐려 놓고 일국의 결정이 국가 간 영토적 경계를 넘어 타국에 영향을 미치게 하며 이로 인해 국가의 기능적 책임을 확대하나 자국의 정책 결정과 정책수행의 결과를 효율적으로 통제할 수 있는 주권 국가의 능력이 침해된다.

국제정치경제학자인 스트레인지(Susan Strange)는 세계화로 인한 국가 주권의 쇠퇴는 다음 요인에 기인한다고 본다. 우선 세계화 시대에서는 영토의 점령을 통한 지배력의 발휘가 아닌 경제적 이득의 확보가 중요하기 때문에 안보 영역에서 더는 국가 군대의 힘이 필요하지 않다. 둘째, 일국이 보유한 외환을 상회하는 대규모의 자금이 국경을 넘어 순간적으로 이동함으로써 국가가 더는 최종적인 대부자가 아니다. 셋째, 비정부기구가 등장하여 이들 간에 연대를 통해 세계시민 의식이 형성된다.403)

국가의 무능력은 새로운 행위자의 등장과 이제껏 주권 국가에 의해 억압되었던 행위자의 부상을 허용하고 있으며 그 결과 주권 국가는 위로는 국민국가를 뛰어넘는 초국가적 단위에 그리고 아래로는 지방정부와 같은 국가 하위단위(sub-national unit)에 결정권과 주도권을 내어 주게 되었다고 본다. 즉 주권 국가는 위로는 초국가적 제도와 초국가 질서로부터 압박을 받고 밑으로는 강화된 종족 중심주의와 지방화(localization)로 인해 강화된 지방에 대한 국민의 충성심으로부터 이중적인 압박을 받고 있다는 것이다.404)

국제기구에 초점을 맞추어 살펴보면 국제기구는 구속력 있는 결정(decision) 등의 채택을 통해 가입국의 권리를 제한함으로써 가입국의 주권에 직접적 · 간접적 영향을 미쳐 전통적인 주권의 개념에 변경을 가하고 있다. 이를 보다 구체적으로 살펴보면 다음과 같다.

세계화와 더불어 인구 · 식량 · 환경 이슈와 같은 다수의 경제적 · 생태적 · 사회적 문제들이 일국의 노력만으로는 해결될 수 없는 전 지구적인 이슈로 대두되었고 많은 국내적 이슈에 있어서 주권 국가들은 시민의 요구를 충족시키는 데에 점차 무기력하고 비효율적인 관리자가 되고 있다. 따라서 주권 국가들은 이러한 문제들을 국제기

---

402) James N. Rosenau, *Turbulence in World Politics* (Princeton, NJ: Princeton University Press, 1991), pp. 127-132.

403) Susan Strange, "The Erosion of the State," *Current History*, Vol. 96, No. 613 (November 1997), pp. 365-369.

404) 세계화에 의해 전통적으로 대내적인 일을 주로 하던 정부의 부서가 직접 대외적으로 상대방 정부나 국제기구와 접촉하게 되었으며 그 결과 부서 간에 분권화가 촉진되었다. 나아가 세계화는 전통적으로 중앙정부의 통제를 따르던 지방정부가 중앙정부의 주권이 약화되면서 국제관계의 직접적인 행위자로 등장하여 중앙정부와 지방정부 사이에 권력의 분산이 일어난다.

구에 떠맡기는 경향을 보이며 이를 두고 로즈노는 주권 국가들이 국제기구를 해결책을 쉽게 찾을 수 없는 문제들의 하치장으로 간주하여 국제기구의 능력을 인정하면서 국제기구가 그들의 자율성과 중심성을 더하도록 허용하고 있다고 분석하고 있다.[405]

세계화와 더불어 일국의 정치 권력이 국제기구와 같은 국외의 행위자로 이동함으로써 세계화는 권력의 구조와 민주주의 원리 자체를 근본적으로 변화시켰으며 이러한 현상을 「민주주의(혹은 민주성) 결여(democratic deficit)」라 칭한다. 예컨대 세계화의 진전으로 세계무역기구(WTO)의 규범이 지배하면서 국가는 보조금 등의 제공을 통한 서민들의 보호자가 이제는 되기가 어렵게 되었다.

보다 구체적으로 민주주의(민주성)의 결손은 다음을 의미한다. 다수 국가의 정부들은 국민의 투표에 의해 구성된다. 그러나 막상 이들의 삶에 깊이 영향을 미치는 의사결정은 그들의 정부가 아닌 다국적기업이나 국제통화기금(IMF)·세계은행(World Bank)·세계무역기구(WTO)·유럽연합(EU) 등과 같은 국제기구에 의해 이루어진다. 이론적으로 이러한 조직의 의사결정에 정부의 대표들이 참가하여 의사결정에 국민의 이익을 투사할 수 있는 길이 열려 있다고는 하나 실제에 있어서 의사결정은 일부 영향력 있는 국가들의 이익에 편도되어 주도되기 마련이다.

(2) 긍정적 영향과 부정적 영향

자유주의 이론들은 일반적으로 세계화의 긍정적인 측면을 강조하고 세계화의 결과로 나타나는 부작용을 등한시한다는 평가를 받는다.

① 긍정적 영향

우선 자유주의 이론은 세계화가 부를 증진한다는 점을 강조한다. 자유주의 이론은 세계화로 인한 자본의 자유로운 이동으로 경제성장에 필요한 자본의 원활한 공급이 가능하고 기업과 기술의 국경을 넘는 이동으로 투자하는 국가뿐만 아니라 유치국의 경제적 효율을 극대화한다고 본다. 결국 금융과 생산시장의 세계화로 인한 전 세계적 자원의 최적화는 자원배분의 효율화를 가져와 인류의 후생에 긍정적이라는 것이다.

둘째, 자유주의 이론은 세계화가 국제평화에 기여한다고 본다. 구체적으로 세계화로 인한 상호의존은 무력 사용의 비용을 높여 전쟁을 억제한다고 본다. 즉 세계적으로 진행되고 있는 무한경쟁의 경제전쟁에 여념이 없어 분쟁의 기회비용이 매우 커

---

405) James N. Rosenau, *Turbulence in World Politics* (Princeton, NJ: Princeton University Press, 1991), pp. 127-132.

져 상호의존의 증가로 평화의 가능성이 커진다는 논리이다.

셋째, 자유주의 이론은 인권・난민・마약・식량・환경 등 개별 국가가 해결하기 힘든 초국가적이고 비군사적인 안보 사안을 부각시켜 이러한 사안에 대한 국가 간 협력을 가져와 포괄적 안보(comprehensive security)와 인간안보(human security)에 이바지한다.

넷째, 자유주의 이론은 서구적 가치가 보편적 가치로 포장되어 개도국에 강요됨으로써 문명 간 갈등의 심화로 나타날 수 있다는 측면을 과소평가하고 세계화가 민주주의와 인권의 존중 등 세계의 보편적인 가치를 확산시켜 개개 국가의 정치적・사회적 삶의 질을 높인다고 본다. 또 다른 한편 세계화는 미국식 민주주의 제도와 규범의 확산을 가져와 민주평화론(democratic peace theory)의 주장대로 국가 간 분쟁의 감소를 가져온다고 본다.

② 부정적 영향

우선 세계화는 주권 국가라는 근대 국제정치의 단위를 약화시키거나 해체하려는 경향을 보이는데 국가라는 단위의 약화나 해체는 사람들에게 또 다른 단위를 찾아 의탁하도록 한다. 인종이라는 더 세분된 단위나 지역 문명이라는 보다 큰 단위를 추구하는 과정에서 분쟁과 갈등이 야기될 수 있음을 오늘날의 현실에서 관찰할 수 있다.

둘째, 정보통신 기술과 교통의 발전으로 국가 간의 언어적・문화적 거리감이 축소되면서 인간의 삶의 양식이 근본적으로 바뀌게 되었다. 특히 국경을 넘는 영상매체의 영향으로 국가와 민족에 대한 애착심이 사라지고 문화적 정체성이 약화된다. 국제적인 인구이동과 빈번한 외국인의 접촉으로 지리적 영토에 관한 구속성과 연결의식이 약화된다. 이러한 현상과 더불어 지방화가 동시에 진행됨으로써 사람들은 이중적 정체성(dual identity)을 견지하게 되면서 국가 귀속 의식과 자국 중심주의는 더는 객관적인 기반을 갖지 못하게 된다.

셋째, 세계화의 진전에 따라 국가 간의 협력과 조정의 필요성이 증대되고 그 결과 많은 국제기구의 영향력이 확대되며 이들은 초국가적 권위를 갖게 된다. 국제기구에 의해 의사결정이 이루어지면 국민은 직접 이에 영향을 받게 됨으로써 그들이 직접 선출한 정치 지도자들의 정책결정과 집행에서의 통제 능력이 없어지고 그 결과 민주주의의 의미가 약화 내지 사라지게 된다.

넷째, 자본과 기업이 초국적인 활동을 전개하면서 국민경제의 틀을 무너뜨리고 있는 가운데 국가는 세계화로부터의 생존을 위해 국제 경쟁력에 최대의 역점을 둠으로써 전통적으로 해오던 노동자나 농민 등과 같은 사회적 약자를 초국적인 활동을 하는 외국의 자본과 기업으로부터 보호하는 것이 힘들어졌다.

다섯째, 세계화 시대에 있어서 개별 국가의 국민은 타국의 더 높은 생활 수준에 대한 정보를 쉽게 얻게 되었으며 이것이 국가에 대한 압력의 요인으로 작용하게 되어 과거 헌법적인 정당성에 의해 평가되었던 국가의 권위와 정통성이 이제는 국가가 만들어내는 성과에 의해 평가되게 되었다. 낮은 성과를 낸 정부의 권위와 정통성을 인정하지 않게 되며 그 결과 국내 정치가 불안해질 가능성이 커진다.406)

5. 자유주의 이론과 제국주의

현실주의 이론이 제국주의의 원인을 궁극적으로 권력과 관련이 있는 정치적 그리고 전략적인 동기에서 찾으려는 것과는 대조적으로 자유주의 전통에 충실한 제국주의 이론은 구조주의적 제국주의 이론과 마찬가지로 제국주의의 경제적인 동기를 중요시한다. 그 대표적인 예가 과소소비설(under-consumption theory)로 요약되는 홉슨(John Hobson)의 주장이다. 홉슨은 자본주의 국가에 있어서 소득과 부의 불평등한 배분은 가난한 다수의 사람에게 소비를 많이 할 수 없도록 하며 반면에 부유한 소수에게 과잉치부를 하도록 한다고 본다.

이러한 자본주의 사회의 과잉생산과 과소소비를 특징으로 하는 국내시장의 부적절함은 자본가들에게 그들의 잉여자본을 해외의 이윤추구 사업에 투자하도록 하고 해외시장을 장악하기 위해 다른 국가와 경쟁하도록 만든다는 것이다. 즉 제국주의란 산업을 지배하고 있는 대자본가들이 국내에서 소비되지 못하고 있는 상품과 자본을 처리하기 위해 해외시장과 해외투자를 모색하는 가운데 발생하는 현상으로 간주한다.

이처럼 홉슨은 제국주의의 원인을 당시의 자본주의체제(즉 그의 책이 발간된 1902년 무렵의 자본주의체제)에서 찾았으나 제국주의를 자본주의에 내재해 있는 피할 수 없는 현상으로 보지 않음으로써 구조주의 이론의 제국주의 설명과 구별된다. 즉 홉슨은 소득의 배분이 좀 더 균등하게 이루어진다면 부족한 국내 소비와 이로 인한 자본의 수출은 피할 수 있는 것으로 본다.407)

---

406) James N. Rosenau, *The United Nations in a Turbulent World, Occasional Paper Series by International Peace Academy* (Boulder and London: Lynne Rienner Publishers, Inc., 1992).

407) John. A. Hobson, *Imperialism: A Study* (London: Allen & Unwin, 1902).

홉손의 이론을 레닌의 이론과 비교해 보면 다음과 같은 차이가 존재한다. 홉손은 국가의 재분배 정책에 의해 제국주의 정책이 제거될 수 있다고 보는 데 반해 레닌은 자본가가 국가를 장악하고 있어서 불가능하다고 본다. 또한 홉손은 제국주의 국가들이 후진국 국민을 착취하는 데 있어 서로 협력할 수 있다고 보는 데 반해 레닌은 이런 가능성을 부인하고 제국주의 국가 간의 갈등이 전쟁으로 이어진다고 본다.408)

자유주의 이론은 제국주의의 결과에 대해 긍정적이다. 즉 자유주의 이론은 자본주의자(capitalist)의 자유무역과 해외시장에 관한 관심이 세계평화에 공헌할 것이고 개도국들이 자본주의 노선을 따라 발전할 경우 이 역시 좀 더 평화로운 세계질서를 수립하는 데 공헌할 것으로 본다. 이러한 자유주의 이론의 주장은 제국주의의 부정적인 측면을 강조하는 구조주의 이론의 주장과 차이가 난다.

슘페터(Joseph E. Schumpeter)는 홉손과는 달리 경제적 요인이 아닌 사회적 요인을 통해 제국주의를 설명하면서 레닌의 제국주의 이론에 도전을 가했다. 그의 사회적 제국주의론은 「격세유전설(atavism theory)」이라고도 불리는데 이에 따르면 제국주의는 자본주의에 내재해 있는 요인에 기인하지 않고 원시시대부터 존재한 전사 계급(warrior class)으로부터 전승받은 전쟁 욕구와 팽창 욕구에 기인하는 것으로 본다.

전사계급은 중세 시대에는 기사라는 제도를 통해 유지해 왔으나 근대 자본주의 사회의 도래와 더불어 이러한 전사 계급이 수행하던 사회적 기능의 가치가 달라졌다. 이러한 상황에서 과거 이들이 수행하던 사회적 기능을 상실한 잔류 계급인 군인 계급은 새로운 사회에서 자신의 역할 상실로 방황하다가 자신들의 존재를 정당화하고 항구화하기 위해 위기를 조작하는 등의 방식을 통해 맹목적이고 제한 없는 영토팽창과 정복을 추구하게 되며 그 결과가 바로 제국주의라고 본다.

슘페터는 제국주의를 이처럼 전사 계급에 면면히 흐르는 전쟁과 팽창에 대한 본능적인 욕구에 의한 것으로서 자본주의 이전의 현상으로 바라보면서 자본주의가 민주적 경향과 합리적 경향을 증대시켜 제국주의적 충동이라는 본능적인 잔재를 퇴보시킴으로써 사라질 것으로 보았다. 그는 독점주의자(monopolists)는 천연자원과 식량 등을 생산해내는 해외에 관심을 두고 있으나 제국주의를 자본주의의 필연적인 결과라고 보는 것은 오류라고 지적한다.

이처럼 슘페터는 마르크스주의의 공격으로부터 고전적 자유주의를 보호하고자 했으며 자본주의는 본질적으로 반제국주의라는 주장을 제기했다.409) 이로써 슘페터

---

408) Kenneth N. Waltz, *Theory of International Politics* (Reading, Mass.: Addison-Wesley, 1979), p. 23.

는 「자본주의 국가가 더 이상 식민주의 정책을 추구하지 않을 때 레닌의 제국주의 이론은 이를 어떻게 설명할 것인가」의 문제를 제기했으며 이에 대한 대응으로서 실질적인 제국의 존재와 제국주의를 분리하는 신식민주의(neocolonialism)가 신마르크스주의자들에 의해 등장했다.[410]

6. 자유주의 이론과 통합[411]

자유주의 패러다임의 통합이론 편에서 이미 통합에 관한 다양한 자유주의 이론을 소개한 바 있어 여기에서는 통합에 관한 신자유주의적 제도주의 이론의 관점을 간략하게 소개하고자 한다.

우선 신자유주의적 제도주의 이론은 유럽연합(EU)을 하나의 국제제도로 간주하고 이러한 관점에서 유럽연합을 조망하고자 한다. 이 이론은 우선 양극체제가 유럽공동체(EC)를 탄생시켰음을 인정하지만 이를 탄생시킨 양극체제의 붕괴 이후 외부로부터 통합을 촉진하는 요인(즉 소련의 위협이나 유럽 국가 간의 안보딜레마를 완화하는 패권국으로서의 미국과 같은 존재)이 없어도 양극체제가 다극체제로 바뀌어도 유럽의 통합과 협조는 지속될 것으로 본다.

이는 유럽연합이라는 국제제도가 i) 국가 간 정보의 수준을 향상시켜 국가들의 의도에 대한 불확실성을 감소시키고 ii) 이탈자를 처벌하는 장치와 절차를 통해 탈퇴의 대가를 증가시키며 iii) 국제합의에 대한 협상 비용을 감소시키고 협상 절차를 제공함으로써 이슈의 연계 · 협조 · 부수적인 이득의 창출을 촉진하고 iv) 국가이익에 관한 정의에 영향을 미치기 때문이다. 이러한 국제제도의 기능을 통해 유럽연합이라고 하는 국제제도가 무정부 상태에서의 안보딜레마를 완화하는 역할을 하기 때문이라고 본다.

신자유주의적 제도주의 이론은 국제제도가 협조체제를 창출한다는 가정 아래 1990년대의 유럽연합(EU)의 역할을 유럽에서의 무질서와 분쟁의 회피로 본다. 이 이론은 이러한 역할을 위한 가장 효과적인 수단으로서 과거 소련 진영에 속해 있던 국가들을 유럽연합에 통합시키는 것이라고 주장한다. 즉 유럽연합은 자신의 제도를 동부

---

409) Joseph E. Schumpeter, *Imperialism and Social Classes* (New York: Meridian Books, 1955), p. 84.
410) Kenneth N. Waltz, *Theory of International Politics* (Reading, Mass.: Addison-Wesley, 1979), pp. 28-29.
411) Peter van Ham, "The European Community after Hegemony: The Future of European Integration in a Multipolar World," *International Relations*, Vol. 11, No. 5 (August 1993), pp. 451-467.

쪽으로 계속 확장하여 중부유럽과 동부유럽을 통합해야 한다고 본다.

7. 자유주의 이론과 냉전의 원인

전통적 현실주의 이론은 개개 국가의 내부적인 특성으로부터 냉전의 원인을 찾아내고 신현실주의 이론은 양극이라는 국제체제의 구조적인 특성을 냉전의 주된 원인으로 파악한다. 이들은 단순히 권력과 국제체제의 구조에 초점을 둠으로써 미·소 간에 전개되었던 관계의 동태성(dynamics)을 무시하는 결점을 지녔다고 평가된다.

이런 문제점을 극복하고자 냉전의 원인을 인식의 문제로 파악하려는 오인식 학파(misperception school)가 등장했다.[412] 이는 냉전의 원인을 정책상의 오류·그릇된 인식·잘못된 판단에 둔다. 이는 전통적 현실주의 이론처럼 행위자에 내재해 있는 본질적인 특성을 강조하지도 않고 신현실주의 이론처럼 국제체제에서의 권력 배분의 양태와 관련된 구조적인 결정요인을 강조하지도 않는다. 대신에 이 이론은 서로에 대한 이해도 거의 없을 뿐 아니라 상당히 다른 역사적 경험과 관심 및 열망을 지닌 두 강대국 간의 상호작용 과정에 주목한다.

미국은 유럽에서의 소련의 정당한 안보적 관심을 거의 이해하지 못했으며 소련 역시 동유럽국가들에 사회주의 정권이 들어서는 것을 미국이 얼마나 심각하게 생각하는가를 이해하지 못했다고 본다. 한쪽이 주로 방어적인 목적으로 일정한 행동을 취하면 다른 쪽이 이러한 행동을 공격적인 목적의 것으로 해석하는 전형적인 안보딜레마가 이러한 결과를 가져왔다고 본다.

미국과 소련이 서로에 대해 가지고 있던 적 이미지(enemy images)가 확실한 근거 없이 불필요한 일련의 위기를 가열시키고 항구화시켰다고 보며 이들 간에 좀 더 나은 대화와 접촉 그리고 상호작용이 있었더라면 냉전은 처음부터 막을 수 있었다고 본다. 이는 자유주의 패러다임이 컴뮤니케이션·통합·상호거래와 교환 등을 안정된 평화로운 국제질서에 중요한 요소로 보는 것과 일치한다.[413]

---

412) Robert Jervis, *Perception and Misperception in International Politics* (Princeton: Princeton University Press, 1976).

413) Øyvind Østerud, "Intersystemic Rivalry and International Order: Understanding the End of the Cold War," in Pierre Allan and Kjell Goldmann, eds., *The End of the Cold War: Evaluating Theories of International Relations* (The Hague, Boston, London: Kluwer Law International, 1995), pp. 16–17.

제 5 장

구조주의(Structuralism) 패러다임

제 1 절 일반적 특징과 등장 배경
제 2 절 이론적 가정
제 3 절 구조주의 이론의 국제정치관
제 4 절 전통적 마르크스주의와의 차이
제 5 절 각종 구조주의 이론들
제 6 절 타 패러다임 이론의 국가 간 불평등 문제의 해결방법
제 7 절 구조주의 이론에 대한 비판
제 8 절 주요 문제에 대한 구조주의 이론의 관점

구조주의(Structuralism) 패러다임[1)]

제 1 절 일반적 특징과 등장 배경

1. 일반적 특징

일반적으로 구조주의(structuralism)는 개개 국가 행동을 설명하거나 국가 간의 관계를 설명하는 데 국가의 개별적인 특성에서 그 요인을 찾지 않고 국가가 구성요소로서 속해 있는 체제의 구조적 특성을 가지고 설명하는 경향을 일컫는다. 이러한 의미로 구조주의라는 말을 사용하면 이미 언급한 신현실주의(neorealism)도 여기에 속한다. 그러나 여기서는 구조주의를 국가 간의 불평등한 발전의 문제를 국제체제의 구조적인 관점에서 설명하려는 국제정치의 연구 경향이라는 의미로 한정하여 사용하고자 하며 구조의 영향을 강조하는 현실주의 즉 구조주의적인 현실주의는 여기서 제외하고자 한다.

이제까지 살펴본 현실주의와 자유주의라는 국제정치 패러다임이 중점을 두고 연구해 온 문제들은 이러한 구조주의 패러다임과는 매우 다르다. 현실주의의 경우 중점적인 연구과제는 「무정부적 국제체제에서 국가들의 행동과 국가 간 관계의 특징은 무엇이며 어떻게 국제사회의 안정을 유지할 수 있는가」이고 자유주의의 경우는 「정

1) 학자에 따라서는 「구조주의」라는 말 대신 「세계주의(globalism)」라는 말을 쓰기도 하며 때로는 「급진주의(radicalism)」라고 칭하기도 한다.

치 · 군사 · 사회 · 경제적인 상호의존이 심화되고 있는 국제체제에서 국가들의 행동과 국가 간 관계의 특징은 무엇이며 어떻게 평화로운 변화를 촉진할 수 있는가」이다. 구조주의는 이들과는 달리 저발전(underdevelopment)의 문제에 기본적인 관심을 두고 「왜 후진국들은 발전해 오지 못하고 있는가」에 대한 이론적인 답을 추구한다고 볼 수 있다.

구조주의 이론은 후진국 저발전의 이유를 국내 문제가 아니라 세계경제 체제의 구조적 모순인 지배와 착취 때문이라고 본다. 구조주의 이론의 세계 이미지(world image)는 중심부의 자본주의 발전이 주변부의 발전에 부정적인 영향을 미치며 중심부와 주변부와의 관계를 합이 영이 되는 「제로섬 게임(zero-sum game)」으로 인식하는 것이 그 특징 중의 하나이다.

여기서 흥미로운 사실 하나를 지적한다면 1970년대에 이르러 여기에서 살펴보고자 하는 구조주의뿐만 아니라 현실주의와 자유주의 패러다임 이론들 모두 국가들의 행동과 국제관계의 특징을 체제 수준의 변수를 가지고 설명하고자 하였다는 점을 들 수 있다.[2] 패러다임을 대표하는 학자들의 저작물의 발간 시기를 살펴볼 때 1974년에 세계체제론이 등장했고 1977년에 상호의존론이 등장했으며 이어서 1979년에 신현실주의가 등장했다.

세계체제론은 국제체제를 세계자본주의 체제로 특징화시켰고 이러한 구조적인 특징이 끊임없이 국가들의 개별적 행동과 상호 관계에 영향을 미친다고 보았으며 상호의존론은 국가 간 상호의존의 정도를 가지고 국가 행동과 국제관계의 특징을 설명하고자 했다. 신현실주의는 무정부성과 권력의 배분이라는 국제체제의 변수를 가지고 동일한 현상을 설명하고자 했다. 이러한 경향은 1970년대에 접어들어 일시적이었지만 동서 간에 이념적인 대립의 완화 그리고 석유파동 등을 겪으면서 국제체제 속의 국가들이 상호 면밀하게 연계되어 있다는 인식 등이 가져온 결과가 아닌가 생각된다.

그런데 상호의존론이나 신현실주의가 처음부터 서구의 학자들에 의해 전개된 체제 수준에서의 논의이었던 데 반해 구조주의 패러다임의 이론은 초기 단계에서는 중남미 국가들의 학자들에 의해 논의가 시작되었고 이러한 논의 끝에 월러스타인(Immanuel M. Wallerstein)이라는 학자에 의해 본격적으로 체제 수준에서의 연구로 발전하게 되었다.

2) 국제정치 이론으로서 오랜 기간에 걸쳐 생명력을 가지고 있는 이론들의 면모를 들여다보면 이론 대부분이 국제체제의 수준에서 일반화를 추구하고 있음을 알 수 있다.

2. 등장 배경

구조주의 이론은 1950년대와 1960년대의 후진국의 경제발전 문제에 대한 문제의식으로부터 출발했다. 1950년대에 미·소간의 냉전이 심화하면서 미국은 공산주의가 신생 독립국들에 확산되는 것을 두려워했으며 그 결과 후진국의 경제발전과 정치적인 안정의 조건을 연구하는 전통적인 자유주의 이론인 「근대화 이론(modernization theory)」을 발전시켰다.

이러한 근대화 이론은 저발전의 원인을 후진국의 국가 내부에서 찾고자 했다. 예컨대 정치적인 부패나 자본의 부족 그리고 합리적인 경제정책의 결여 등이 이들이 말하는 중요 요인들의 일부였다. 따라서 저발전은 사회·정치적 개혁과 효율적인 경제전략을 통해 해결될 수 있다고 보았다.

그러나 자유주의자들의 예측과는 달리 후진국에 있어서 발전은 일반적으로 일어나지 않았을 뿐 아니라 국가 간의 격차는 더욱 확대되어 갔다. 이러한 상황에서 많은 중남미의 경제학자·사회학자·역사학자들은 이러한 저발전에 대한 자유주의적 진단과 처방을 부인하고 새로운 이론을 통한 진단과 처방을 제시하고자 했으며 이러한 결과로써 구조주의 이론이 등장하게 되었다.

나중에 자세히 살펴보겠지만 우리가 살펴볼 구조주의 이론들은 주로 신마르크스주의(Neo-Marxism)에 기반을 두고 있는데 이러한 구조주의 이론은 전통적인 자유주의 이론에 대한 반발뿐 아니라 전통적 마르크스주의(Classical Marxism or Orthodox Marxism) 이론에 대한 반발로도 등장했다고 볼 수 있다. 정통적인 마르크스주의는 여러 가지 차이점에도 불구하고 전통적인 자유주의 이론과 마찬가지로 후진국의 발전이란 선진국 자본주의의 전파와 더불어 그들의 발전 과정을 그대로 답습함으로써 가능하다고 보았고 또한 후진국의 저발전을 자본주의의 본질적인 성격에 기인하는 것으로 보지 않았다.

구조주의 이론의 성장을 더욱 잘 이해하기 위해 구조주의 이전의 국제정치 이론들을 연혁적으로 간단히 살펴볼 필요가 있다. 우선 1차 세계대전 이후에 이상주의 이론이 등장했으나 2차 세계대전의 발발로 현실주의가 지배적인 이론으로서 자리를 잡았다. 이 두 계열의 이론들은 많은 차이에도 불구하고 국가 중심적 관점을 지니고 있다는 점에서 다르지 않았다. 곧이어 행태주의가 등장하여 국가 간 그리고 초국가 간 상호작용과 과정에 관한 과학적인 방법론을 역설했다.

시간의 경과와 더불어 행태주의의 한계를 지적하면서 후기 행태주의(post behavioralism)가 국제정치의 중요한 연구 경향으로서 등장했다. 행태주의에 관해 후기 행태주의가 가한 비판의 초점은 행태주의가 너무나 지엽적인 사소한 문제의 연구에 중점을 둠으로써 보다 긴급한 인구나 환경 그리고 기아 등과 같은 사회적인 문제와 국가 간 불균형의 확대와 같은 문제에는 소홀하다는 것이었다. 이러한 맥락은 상호의존론이 등장을 가져왔을 뿐 아니라 국가 간의 불균형을 주된 연구과제로 하는 구조주의 이론의 성장배경으로서도 작용했다.

제 2 절 이론적 가정[3)]

1. 구조주의 이론의 가정

첫째, 구조주의 패러다임에 속하는 여러 종류의 이론들이 나름의 차이점을 지니고 있으나 이러한 차이에도 불구하고 이들은 기본적으로 국가 행동을 설명하는 분석수준으로서 국가를 택하지 않고 국가와 다른 행위자들의 상호작용이 일어나고 있는 외부적인 맥락을 중요시한다는 점에서 공통적이다.

특히 세계체제론은 현실주의 이론들과 마찬가지로 개개 행위자들의 행태는 제약과 기회를 제공하는 체제의 구조에 의해 결정된다고 보고 분석의 출발점을 국제체제의 전반적인 구조에 두며 일국의 발전과 저발전을 국제체제의 구조적 결과물로 이해하려 한다.

둘째, 구조주의 이론들은 국제체제를 이해하는 데에 「역사적 분석(historical analysis)」의 중요성을 강조한다. 역사적 분석이란 「몰역사적 분석(ahistorical analysis)」과 대비를 이루는 분석 양식으로서 현상과 사회제도란 보편적인 것이 아닌 역사적으로 특수한 것으로서 끊임없이 적응하고 변화해 나가는 것이기 때문에 역사적인 맥락에서 바라보아야 한다는 점을 강조하는 분석을 의미한다.

이와는 달리 몰역사적 분석은 현상과 사회제도 등을 시간과 공간을 가로질러 보편적으로 존재하는 것으로 바라보고자 한다. 즉 몰역사적 분석은 현상과 사회제도와 같은 것을 반복되는 것으로 보아 탈역사적인 일반화를 추구하는 데 반해 역사적 분석은 이러한 것들은 시간적인 맥락에서 진화하는 것으로 바라보고자 한다.

3) Paul R. Viotti and Mark V. Kauppi, *International Relations Theory: Realism, Pluralism, Globalism*, 2nd ed. (New York and London: MacMillan Publishing Company, 1993), pp. 449-451.

이러한 맥락에서 구조주의 패러다임 이론은 현재의 국제체제 구조와 국가들의 발전과 저발전의 문제는 국제체제의 역사적인 진화 과정을 역으로 추적함으로써만 이해될 수 있다고 본다. 구체적으로 세계체제론은 현실주의의 몰역사성을 극복하고 현재의 세계체제가 역사적으로 어떻게 발전해 왔는가의 과정을 밝히고자 했다. 세계체제론은 국제체제의 역사적인 진화 과정을 지배해 오고 현재 국제체제의 구조적 특성을 이루고 있는 것은 바로 세계자본주의(world capitalism)라고 결론짓고 있다.

셋째, 후진국의 발전을 가로막으며 세계적인 규모의 불균등한 발전을 초래하는 기제(mechanisms)가 존재한다고 가정한다. 이러한 기제란 바로 선진 산업국가와 후진국 간의 지배와 종속의 관계이다. 이처럼 구조주의자들은 국제사회를 불균등한 발전 관계의 관점(즉 지배와 종속 그리고 착취와 피착취의 관점)에서 바라본다. 이들에게 있어 기본적인 분석 단위는 민족이나 국가가 아니라 계급이며 관심의 중심은 국가 간의 갈등이 아니라 계급 간 투쟁이다.[4)]

넷째, 세계자본주의 체제의 진화와 기능 및 후진국들의 종속적인 위치로의 전락을 설명하는 데 있어서 경제적인 변수가 절대적으로 중요한 역할을 한다고 본다. 나아가 모든 국제관계 현상을 경제 문제에 귀착시키는 경제 환원주의적 시각을 갖는다.

2. 타 패러다임 이론과의 구별

1) 현실주의 패러다임 이론과의 비교

(1) 유사점

구조주의 이론은 현실주의 이론과 유사하게 국가와 국가 간의 협상 결과는 국가가 가지고 있는 상대적인 힘(특히 상대적인 경제력)으로부터 예측할 수 있다고 본다. 이 두 이론은 구조주의 이론이 경제 · 사회 이슈를 중요시하고 현실주의 이론이 안보 이슈를 중요시한다는 점에서 차이를 보이나 안보 이슈와 경제 · 사회 이슈를 명백히 구분한다는 점에서도 동일하다.[5)] 구조주의 이론과 현실주의 패러다임 이론 가운데 하나인 신현실주의 이론의 유사점 가운데 하나는 행위자의 행태에 영향을 미치는 독립변수를 체제 수준에서 찾고 있다는 점이다.

---

4) 분석 단위(unit of analysis)란 우리가 관찰하고 서술하는 단위를 말한다.
5) (신)기능주의도 현실주의와 구조주의처럼 이슈를 구분한다.

(2) 차이점

구조주의 이론은 국가 중심적 견해에서 벗어나 계급과 다양한 계급을 기초로 한 초국가적 연합(transnational associations)을 중요 행위자로 보고 전통적인 국가 중심적 국제정치 모델을 받아들이지 않는다는 점에서 현실주의 이론과 구별된다. 즉 국가의 지배적인 중요성을 부인하고 국가를 지배적인 경제그룹의 보호자 이상의 것으로 보지 않는다.

현실주의 이론이 국제체제의 특징을 총체적인 권력의 배분으로 보는 것과는 달리 구조주의 패러다임의 세계체제론은 이러한 세계체제를 자본주의적 생산양식으로 특징화한다.

2) 자유주의 패러다임 이론과의 비교

(1) 유사점

구조주의와 자유주의 패러다임 이론들은 다음과 같은 면에서 유사점을 지닌다. 우선 이들은 정치와 경제와의 관계에 대해 동일한 견해를 보유하고 있는 것은 아니나 국제관계에 있어서 정치와 경제의 복합적인 면을 규명하고자 한다는 점에서 같으며 정치가 경제를 결정한다고 보는 현실주의 논리를 거부한다는 면에서도 같다.[6] 이들은 경제와 복지 문제를 중요시한다는 점에서도 다르지 않다.

둘째로 국가는 통합된 단일체가 아닌 다양한 행위자의 합으로 보고 이들 행위자가 국가 내에서 그리고 국가 간에 어떻게 상호작용을 하는가에 연구의 중점이 놓인다. 그러나 구조주의 패러다임의 이론 가운데 특히 세계체제론은 자유주의보다 훨씬 많은 중점을 이러한 행위자들이 상호작용을 하는 맥락 즉 국제체제의 자본주의적 성격에 둔다는 점에서 차이를 좀 보인다.

(2) 차이점

구조주의 이론은 국제사회의 평화적 변화의 가능성에 대해 자유주의 이론과 견해를 달리한다. 구체적으로 구조주의 이론은 자유주의 이론과는 달리 평화적 변경의 가능성에 대해 낙관적이지 않다. 구조주의 이론 중 급진적인 성격의 이론은 평화적 변화를 부정하고 혁명을 강조하기도 한다.

국가 간의 상호의존에 관해서도 이들은 견해 차이를 드러낸다. 앞서 이미 언급했듯이 구조주의 이론은 점차 증가하는 상호의존이 만약 존재한다면 그것은 모든 국가

---

6) 구조주의자에 있어 정치와 군사는 자율적인 독자적인 영역이 아니고 경제에 의존한다.

에 적용되는 보편적인 현상이 아닐 뿐 아니라 이러한 상호의존의 성격은 대칭적인 것이 아니라고 주장한다. 상호의존이란 단지 선진국들 사이와 더불어 선진국들과 몇몇 개도국들 사이에 존재하는 관계의 현저한 특징에 불과하며 국가 대부분에 있어서는 상호의존이 아닌 종속이 엄연한 현실이라고 본다.

앞서 구조주의 이론은 자유주의 이론과 마찬가지로 정치와 경제의 복합적인 면을 살펴보고자 한다는 점에서 공통적이라고 했으나 후자는 주로 선진국 간의 관계에 중점을 두고 있고 전자는 선진국과 후진국의 관계에 더 많은 중점을 두고 있다는 점에서 차이가 난다.

제 3 절 구조주의 이론의 국제정치관

1. 국제정치관의 특징

구조주의 국제정치학 이론 가운데는 마르크스주의에 속하지 않는 이론도 있으나 대개의 이론은 전통적 마르크스주의와는 여러 면에서 구별되는 신마르크스주의(neo-Marxism)에 기반을 두고 있다.

마르크스(Karl Marx)나 엥겔스(Friedrich Engels)와 같은 전통적 마르크스주의자에게 있어 국제사회의 기본적인 단위는 민족이나 국가가 아니라 계급이었다. 따라서 그들이 관심을 가진 것은 국가 간의 갈등이 아닌 계급 간의 투쟁이었다. 이들에 있어서 중요한 구분이란 국가와 국가 사이가 아니라 사회 내와 사회 간의 착취자와 피착취자 그리고 억압자와 피억압자이다. 이처럼 마르크스주의는 본질적으로 행위자로서의 국가를 거부하고 국가 내부(즉 국내 사회)에 주요 관심을 가지기 때문에 국가와 국가와의 관계 즉 국제관계와는 무관했다. 그러나 1960년대 이후 구조주의 이론의 등장과 더불어 국제관계에 마르크스주의가 등장했다고 볼 수 있다.

구조주의 이론은 국제정치란 초국가적 자본주의(transnational capitalism)의 필요로 구속되고 제한되며 그 결과 지배적인 국제정치 과정이란 본질적으로 계급 갈등의 표현이라고 본다.[7] 같은 맥락에서 국제기구와 국제레짐을 포함하는 국제제도는 초국가적 기업자본주의(transnational corporate capitalism)의 필요를 반영하는 것으로 본

7) 주요 자본주의 국가들의 시장 확보를 위한 경쟁과 자본주의 체제에 대한 도전을 막기 위한 이들 간의 협력이 중요한 관심의 대상이다.

다. 국제질서는 패권 자본주의 국가 · 국제기구 · 다국적기업 · 국제레짐 · 국제적 연계망을 통해 유지되며 자유주의와 서구식 근대화라는 지배적 이념의 세계적 확산을 통해 정당화된다고 본다. 군사력이 다국적기업의 이익에 봉사하고 제국주의 구조를 유지하기 위해 사용된다.

이처럼 구조주의 이론은 국제정치의 패턴과 규칙성을 설명하는 데 있어서 경제적 요인에 가장 큰 중요성을 둔다. 즉 국제정치를 설명하는 데 있어서 경제력의 중요성을 강조하며 자본주의와 근대화 이념의 세계적 확산을 세계화의 가장 중요한 과정으로 본다.[8]

구조주의 이론이 국제정치 이론에 공헌한 것이 있다면 후진국의 핵심과제인 발전 문제를 국제관계 이론에 유도하고 빈국의 발전에 관심을 가졌다는 점이다. 또한 이들의 주된 관심은 불평등과 착취와 같은 문제이며 전쟁 · 평화 · 안보와 같은 문제에 대한 무관심은 이들 이론의 한계로서 지적되기도 한다. 또한 전쟁을 제국주의를 유지하기 위한 수단(즉 경제의 안정성을 위한 수단)으로만 파악하는 한계를 보이기도 한다.

구조주의 이론들은 상호의존론과 더불어 경제구조에 큰 비중을 두는 국제체제의 관점이다. 특히 구조주의 이론의 하나인 세계체제론은 국가를 좀 더 큰 전체의 구성요소로서 바라보지 않고 고립된 주체로 바라보는 비교 정치와 비교사회학에 대한 중대한 도전으로서의 성격을 가진다.[9] 구조주의에서 국제정치에 영향을 미치는 본질적인 힘은 계급투쟁과 불균등한 발전이다.

2. 국제정치에 대한 구조주의 설명의 예

맥그루(Anthony G. McGrew)는 미국의 중앙아메리카에의 개입 정책을 신현실주의와 구조주의 양 패러다임으로 설명하고 이들을 평가하고 있는데 이를 통해 이들 패러다임이 지닌 국제정치관의 차이를 극명하게 볼 수 있어 간단히 소개하고자 한다.[10]

8) Anthony G. McGrew, "Conceptualizing Global Politics," in Anthony G. McGrew, Paul G. Lewis et al., eds., *Global Politics: Globalization and the Nation State* (Cambridge, MA.: Polity Press, 1992), pp. 21-22.

9) Stephan Haggard, "Structuralism and Its Critics: Recent Progress in International Theory," in Emanuel Alder and Beverly Crawford, eds., Progress in Postwar International Relations (New York: Columbia University Press, 1991), p. 404.

10) Anthony G. McGrew, "Superpower Rivalry and US Hegemony in Central America," in Anthony G. McGrew, Paul G. Lewis et al., eds., *Global Politics: Globalization and the Nation State* (Cambridge: Polity Press, 1992), pp. 61-80.

신현실주의 이론은 국제체제의 무정부적 특성이 국가마다의 상이한 정치적 동기·이념적인 선호·국내의 경제와 정치제도에도 불구하고 동일하거나 유사하게 행동하도록 한다고 본다. 즉 모든 국가는 위험하고 불확실한 세계에서 권력의 획득만이 오로지 국가의 핵심적인 이익을 촉진하고 보호하기 위한 능력을 보장하기 때문에 권력을 유지하고 확장하려 한다는 것이다. 좀 더 구체적으로는 양극적 무정부 상태인지 다극적 무정부 상태인지와 같은 국제체제의 구조와 이러한 권력의 위계질서 내에서의 국가의 위치가 국가 행동을 사전에 결정한다고 본다.

이러한 맥락에서 신현실주의 이론은 과거 냉전 시대에 미국의 중앙아메리카에의 개입에 가장 중대한 영향을 미치는 요인으로서 국제체제의 양극적 무정부 상태와 이에 따른 양 초강대국 간의 경쟁을 제시했다. 양극체제에서는 오직 두 초강대국만이 세계적인 규모에서 행동할 수 있어서 세계의 어디에서든 일어나는 모든 것이 이들에게 관심의 대상이 되었다. 즉 양극성(bipolarity)이 양 초강대국 관심의 지리적 범주를 확장하여 전 세계를 하나의 통합된 전략 지역으로 변화시키며 경쟁을 좀 더 포괄적이고 좀 더 광범위하게 확장하였다고 본다.

이러한 경쟁 때문에 과거 미국과 소련은 그들의 국가이익이 상대방에 의해 위협을 받거나 받을 것 같을 때 지구의 어느 곳에서나 이러한 국가이익을 지키지 않을 수 없게 되었다고 본다. 일방이 이러한 것에 실패하면 상대방은 이로부터 이익을 취하게 되며 그들의 영향력을 확장하게 된다고 보았기 때문이다. 즉 미국의 중앙아메리카에의 개입은 세계적인 세력균형을 보존하기 위한 시도로서 설명될 수 있다는 것이다. 이처럼 초강대국 간의 경쟁을 가져오는 기본적인 요인은 이념이 아니라 권력의 투쟁으로 본다.

이러한 현실주의 이론의 설명과는 대조적으로 신마르크스주의적 구조주의 이론은 미국의 중앙아메리카에의 개입을 세계의 지배적인 자본주의 국가로서 미국의 역할로 설명한다. 전략적이고 권력 정치적인 요인이 아닌 경제적인 요인과 자본주의 패권국으로서의 미국이 세계자본주의 질서를 유지하기 위해 수행하여야만 하는 역할에 초점을 두고 설명한다.

좀 더 구체적으로 말해 세계자본주의 체제에서 모든 국가는 세계자본주의 질서의 지속적인 재생산을 확보하기 위해 일정한 기능들을 수행하는데 개개 국가들이 행하는 기능이란 세계경제의 총체적인 구조에서의 그들의 위치에 의해 결정된다. 자본주의 패권국으로서 미국은 세계자본주의의 지속적인 생명력을 관리하고 확보하기 위해 수행하여야 할 중요한 기능들을 갖고 있다고 본다.

이러한 기능 가운데 하나는 주변부 국가를 자본주의 질서 안에 확실하게 유지하는 것이다. 왜냐하면 이들 주변부 국가는 새로운 시장과 중요한 자원 혹은 이익을 획득할 기회를 제공함으로써 서구 자본주의의 지속적인 확장과 안정에 꼭 필요한 존재이기 때문이다. 또 다른 기능은 천연자원 · 해외투자 기회 · 무역 면에서 세계자본주의 경제에 없어서는 안 될 중요한 지역 어느 곳도 내부의 혁명이나 외부의 개입으로 폐쇄되지 않도록 하는 것이다.

이러한 구조주의 이론의 관점에서 중요한 것은 미국이 미국 자본의 국지적인 이익을 위해 움직이는 것이 아니라 세계자본주의 질서를 관리하고 유지하기 위한 이해관계에서 움직인다는 것이다.

제 4 절 전통적 마르크스주의와의 차이

구조주의 이론이 기초를 두고 있는 신마르크스주의는 지적 선구자로서의 전통적 마르크스주의와 변증법적 방법 · 역사론적 유물주의 · 중요 행위자로서의 계급 · 사회갈등이 제공하는 독창적이고 진보적인 기회 · 생산양식의 구조에 의해 행위자의 행동패턴을 설명하는 체제 지배적인 관점(system-dominant perspective)을 공유하고 있으나 다음과 같은 면에서 견해를 달리한다.

첫째, 전통적 마르크스주의는 자본주의를 자신의 내적 모순을 극복하기 위해 대외무역과 투자에 관여하여 식민주의(colonialism)와 제국주의(imperialism)를 야기하는 개개 국가의 특징인 개별적인 국가 자본주의로 간주한다.

이에 반해 신마르크스주의 입장을 택하는 구조주의는 자본주의를 개개 국가의 특징이 아니라 국제체제 전반의 특징으로 바라본다. 즉 구조주의는 세계를 자본주의 체제라는 관점에서 바라보며 이러한 세계자본주의 체제의 구조가 체제 내의 주요 행위자인 국가 · 계급 · 국제경제기구 · 다국적기업 등의 행태를 제약한다고 본다.

둘째, 전통적 마르크스주의는 자본주의가 전 세계적인 수준에서 발생한 것이 아니라 소수의 몇몇 국가에서 발생하여 이것이 점점 확산되어 궁극적으로 전 세계에 퍼져나간다고 보며 이러한 자본주의의 전파와 확산이 가져다주는 결과를 긍정적이고 낙관적으로 바라본다. 그 이유는 이러한 것이 프롤레타리아 혁명의 조건을 가져다줄 뿐만 아니라 기술과 과학의 혜택을 누리지 못하고 침체된 자본주의 이전의 경제 속에서 가난하게 사는 사람들에게 물질적 혜택을 가져다준다고 보았기 때문이다.[11)]

같은 맥락에서 마르크스는 비유럽국가들의 경제적 후진성을 자본주의의 본질적인 성격의 탓으로 돌리지 않고 이러한 국가들이 19세기 말까지 상업적 유대(commercial nexus)로부터 상대적으로 격리되어 있었기 때문으로 보았다. 레닌 역시 마르크스의 낙관주의를 계승하여 생산의 중심이 임금과 여타 생산요소의 비용이 저렴한 지역인 식민지역으로 이동할 것으로 보고 자본주의의 전파는 종국적으로 생산방식과 생활 수준의 획일화를 가져다줄 것으로 보았다.

이처럼 전통적 마르크스주의자들은 자본주의가 식민지역으로 전파되어 가져오는 결과는 유럽과 북미의 산업화가 이루어지고 있는 국가들의 결과와 같을 것이라고 낙관적으로 생각했으며 자본주의 전파를 비유럽국가에 대한 전적인 착취로는 보지 않았다. 즉 자본주의의 역사적 발전은 산업 국가와 산업 국가 이전 단계에 있는 국가 사이의 합이 영이 되지 않는 비제로섬 게임으로 보았다.

이와는 대조적으로 신마르크스주의는 후진국이 현재의 선진국이 과거에 겪은 것과는 다른 발전의 과정을 밟을 것이며 선진국의 발전은 후진국의 저발전을 가져온다는 제로섬 게임의 관점에서 선진국과 후진국 간의 관계를 바라본다. 세계를 하나의 자본주의 체제로 보는 신마르크스주의는 세계자본주의 체제 내에서 중심부 선진국들과 주변부 후진국들은 역할의 분화가 이루어져 근본적으로 상이한 기능을 수행하며 그 결과 선진국의 성장 자체가 후진국의 침체와 저발전을 가속한다고 본다.[12)]

셋째, 전통적 마르크스주의는 자본주의의 모순에서 야기되는 제국주의의 원인을 설명하는 데에 관심을 둔다. 이와는 대조적으로 신마르크스주의는 제국주의 관계가 후진국에 가져다줄 결과에 좀 더 많은 관심을 둔다.

넷째, 전통적 마르크스주의는 초강대국에 의해 시작되고 유지된 공식적인 제국을 다루고자 한다. 이에 반해 신마르크스주의는 정치적·군사적인 통제에 의하기보다는 경제적 기제에 의해 좀 더 유지되는 신제국주의(즉 지배의 비공식적인 체제)에 관심이 많다.

다섯째, 전통적인 자유주의 경제학자들과 전통적 마르크스주의자들은 발전을 산업화와 동일시하고 또 서구 스타일의 산업화를 후진국들이 따라야 할 길이라고 보았

---

11) 다시 말해 자본주의는 봉건주의를 붕괴시키고 궁극적으로 사회주의 질서를 가져올 정치적·사회적·기술적인 조건을 만들어 낸다는 점에서 전통적인 마르크스주의자들은 자본주의를 진보적인 힘 즉 성장의 엔진으로 본다.

12) 신마르크스주의 구조주의자에 따르면 천연자원을 생산하여 수출하도록 하는 역할이 후진국에 주어지는 국제적인 노동의 분화 때문에 산업화가 후진국에 뿌리를 못 내려 혁명의 물질적 기초가 존재하지 않는다고 주장한다.

다. 이와는 달리 신마르크스주의자들은 이것에 대해 회의적이다.13)

여섯째, 전통적 마르크스주의자는 국가 부르주아지(national bourgeoisie)가 후진국 내에 생겨나 제국주의 세력과 싸우기 위해 노동자 계급과 연계할 것으로 본다.14) 이에 반해 신마르크스주의자들은 진정한 국가 부르주아지는 존재하지 않으며 노동계급 혹은 반제국주의 세력과 연합하지 않고 오히려 외국자본과 결탁할 것으로 본다.

일곱째, 엄격하게 전통적 마르크스주의를 적용하면 후진국의 사회구조는 여전히 반봉건제적이다. 이와는 대조적으로 신마르크스주의자들에 따르자면 후진국들은 국제적인 자본주의 체제 내에 완전히 통합이 되어왔다고 보며 사회주의를 이러한 자본주의 체제 내에서 단지 진보적인 변화의 세력을 대표하는 것으로 본다.

여덟째, 전통적 마르크스주의는 국가와 제도를 계급이익의 직접적인 표현물로 보았고 정책이란 단순히 자본가 계급의 이익을 반영하고 강화하는 것으로 본다. 이와는 대조적으로 신마르크스주의는 국가란 자본주의 체제의 틀 안에서 사회계급으로부터 상대적인 독립성을 가질 수 있는 것으로 본다. 이런 의미에서 전통적 마르크스주의는 「도구주의적 마르크스주의(instrumental Marxism)」라고 칭하고 신마르크스주의는 「구조주의적 마르크스주의(structural Marxism)」라고 부른다.15)

구조주의적 마르크스주의자의 대표적인 예로서 알튀세르(Louis Althusaer)와 풀란차스(Nicos Poulantzas)를 들 수 있는데 이들에게 있어서 국가의 역할은 전체로서의 자본주의 체제의 결집력을 유지하는 것이기 때문에 때에 따라 국가는 자본가 계급의 이해관계와 배치되는 정책을 택할 수도 있다고 본다.

그러나 중요한 것은 자본주의 국가는 자본주의 경제의 기능을 위해 불가결한 구조를 지니고 있어 본질적으로 자본주의적일 수밖에 없다고 본다. 다시 말해 국가는 자본주의 체제하에서 자본주의라고 하는 구조적 제약에서 벗어나는 것을 의미하는 구조적 자율성(structural autonomy)은 지니고 있지 않다고 본다. 요약하자면 국가는 지배계급으로부터의 상대적인 자율성은 가지나 자본주의라는 구조적 종속으로부터는 벗어날 수 없어 국가가 친노동 계급의 정당에 의해 장악된다고 해도 국가가 자본가 계급의 이익을 완벽하게 대변할 때와 비교해 볼 때 정책에 있어 큰 변화는 기대

13) Geoffrey Stern, *The Structure of International Society: An Introduction to the Study of International Relations* (London and New York: St. Martin Press, 1995), pp. 35-36.

14) 국가 부르주아지(national bourgeoisie)란 토착 부르주아지(indigenous bourgeoisie)로서 이들의 경제활동과 이해관계가 제국주의 경제활동 및 이해관계와 다르고 이들에 의존적이지 않은 것을 의미한다.

15) Roger Tooze, "Conceptualizing the Global Economy," in Anthony G. McGrew, Paul G. Lewis et al., eds., *Global Politics: Globalization and the Nation State* (Cambridge: Polity Press, 1992), p. 237.

하기 어렵다고 본다.16)

제 5 절 각종 구조주의 이론들

1. 총 설

구조주의 이론 가운데는 마르크스주의적 이론도 있고 비마르크스주의적 이론도 있다. 구체적으로 마르크스주의적 구조주의 이론에는 종속이론(dependency theory)과 세계체제론(world-system theory)이 있다. 학자에 따라서는 종속이론을 상대적으로 온건하고 현실적인 면모를 지닌 데펜덴시아 학파(dependencia school)와 혁명에 의한 변화를 강조하는 과격한 중심부-주변부 이론(center-periphery theory)으로 구분한다. 이들 마르크스주의적 이론 간에는 여러 차이가 존재하나 공통으로 일단의 국가들은 다른 국가들에 종속되어 발전이 제한된다는 것을 강조한다.

비마르크스주의적 구조주의 이론으로는 세계체제론과 마찬가지로 기존의 구조주의 이론의 한계를 넘어서 세계를 하나의 체제로 보고 제국주의를 설명하려는 갈퉁(Johan Galtung)의 구조주의적 제국주의 이론(structural theory of imperialism)이 있다. 우선 온건한 종속이론 학파인 데펜덴시아 학파에 영향을 준 발전주의자의 논의부터 소개하고자 한다.

2. 중남미 경제위원회의 발전주의 견해17)

구조주의 이론은 유엔 중남미 경제위원회(ECLA)의 과격하지 않은 개혁적인 견해로부터 출발했다.18) 당시 아르헨티나의 경제학자인 프레비쉬(Raul Prebish)가 사무총장으로서 이끌던 중남미 경제위원회는 중남미 지역 저발전의 원인진단과 처방을 담고 있는 발전주의 견해의 선구자적 역할을 했다. 이 견해는 후일 1950년대와 1960년

16) 도구주의적 마르크스주의와 구조주의적 마르크스주의 모두에서 국가이익이란 개념이 부인된다. 국가가 추구하는 목표는 자본가 계급의 선호나 전체로서의 자본주의 체제의 필요를 반영하는 것에 불과하므로 국가의 자율적인 권력의 추구와 같은 목표가 부인된다. 이 점이 현실주의와 구별되는 점이다.

17) 중남미 경제위원회(ECAL)의 발전주의 견해 역시 구조주의 이론이며 차후의 구조주의 이론에 큰 영향을 미쳤다.

18) 중남미 경제위원회(ECLA)는 1948년에 유엔 경제사회이사회의 결의로 설립되었다가 1984년에 카리브 지역이 대상 지역으로 추가로 포함되면서 중남미·카리브 경제위원회(ECLAC)로 그 명칭이 바뀌었다.

대에 중남미에서 유래된 종속이론 가운데 과격하지 않고 개혁적인 데펜덴시아 학파가 형성되는 데 가장 큰 영향을 미쳤다.

1) 저발전에 관한 진단

중남미 경제위원회는 1950년대 초에 왜 중남미 지역을 비롯하여 다른 후진국 지역에서 전통적인 자유주의 이론인 근대화 이론(modernization theory)이 예견한 발전이 일어나지 않고 국가 간 빈부 차이가 점점 확대되어 가는가의 문제를 설명하는 데 관심을 가졌으며 이에 대해 개혁적이고 비마르크스주의적 처방을 내어놓았다.

중남미 경제위원회의 사무총장 인플레 비쉬는 중심부(center)와 주변부(periphery)라는 개념과 더불어 이 두 부분이 불평등한 교환 과정에 의해 서로 연결되어 있다는 구조주의적 가설을 도입했다.[19] 그는 세계를 경제적으로 발전되고 산업화가 이루어진 중심부 국가와 산업화가 이루어지지 않고 교역조건 면에서 항구적으로 불리한 주변부 국가들로 나누었다.

자유무역이 가져다주리라는 이득에 의심을 제기하고 불평등한 교역조건을 살펴본 프레비쉬는 중남미 국가들이 선진 산업사회 국가의 공산품과 교환하는 일차 산업 생산품의 공급자 역할을 해오고 있음을 강조하고 교역조건이 장기적으로 일차 산업 생산품에 대해 불리하게 작용한다고 주장했다.

구체적으로 중남미 국가들의 주요 수출품인 일차 산업 생산품은 소득 증가에 따른 수요의 탄력성이 낮을 뿐 아니라 대체 원료의 개발이 수요의 증가를 둔화시켜 가격상승이 어려운 데 반해 선진국의 주된 수출품인 공산품은 소득 증가에 따라 수요가 많이 증가하며 독과점적 생산을 통해 가격상승이 쉽다. 따라서 중남미 국가들이 선진국과 교역을 하는 데 있어서 동일한 양의 공산품을 수입하기 위해 점점 더 많은 일차 산업 생산품을 수출해야 하는 구조적인 교역 조건상의 불리함을 가지고 있다고 진단했다.[20]

2) 저발전에 대한 치유책

중남미 경제위원회는 주변부 국가들이 구조적인 불평등한 교역조건에서 벗어날 수 있는 유일한 치유책으로서 주변부 국가의 엘리트들이 수입에 대한 의존도를 줄이

---

19) Joseph L. Love, "The Origin of Dependency Analysis," *Journal of Latin American Studies*, Vol. 22, No. 1 (Feb. 1990), p. 145.

20) 원래 후진국은 미개발(undevelopment) 상태의 국가였으나 선진국과의 교역을 통해 저발전(underdevelopment) 상태가 되었다고 본다.

기 위한 강제적인 산업화 프로그램을 시작하고 이를 위한 자본재를 해외로부터 들여오는 것이라고 제안했다. 즉 국내의 공산품 제조 기반의 발전을 촉진하기 위해 관세 장벽을 이용하여 수입을 통제하고 국내 공산품의 수요를 충족시킬 산업기지를 건설하는 수입대체산업(Import Substitution Industrialization, ISI)의 실시를 제안했다.[21)]

프레비쉬는 주변부 국가가 서로 단결하여 중심부 국가에 주변부 국가의 이해관계에 관한 큰 배려를 하도록 압력을 가해 중심부 국가가 정치적 조치를 함으로써 이러한 불평등은 극복될 수 있다고 믿었다. 이러한 정치적 조치는 주변부 국가의 공산품에 우선적인 특혜를 주는 무역 · 상품협정 · 장기적인 개발원조와 부채 완화 프로그램 · 주변부 국가에 대한 해외투자의 증대 · 중심부 국가와 동등하거나 그 이상의 발언권을 주변부 국가에 제공하는 국제경제기구의 창설이나 기존 국제기구의 변화 등을 포함했다.

이러한 중남미 경제위원회의 비마르크스주의적이고 개혁주의적 아이디어는 점차 영향력을 획득했다. 구체적으로 이러한 아이디어는 1964년에 유엔에 설립된 국제기구인 유엔무역개발회의(UNCTAD)와 1970년대 초 유엔총회에서 선언된 신국제경제질서(NIEO) 등에 지적인 토양을 제공했다.[22)]

구체적으로 프레비쉬가 초대 사무총장으로 있었던 유엔무역개발회의 노력의 결과 1970년대 초에 선진국들이 개도국으로부터 공산품을 수입할 때 관세 상의 특혜를 주지만 개도국이 선진국에 대해 동일한 조치를 하지 않아도 되는 일반특혜관세제도(Generalized System of Preferences, GSP) 등과 같은 온건한 개혁적인 조치들이 취해졌으며 어느 정도의 성과를 거두었다.

그러나 개도국들은 이러한 점진적인 조치에 만족하지 않고 보다 근본적인 국제경제 질서의 변경을 단합해 요구했으며 이러한 노력의 하나로 신국제경제질서를 요구하기에 이르렀다. 이를 구체화하기 위해 조치로서 개도국들은 개도국의 외채경감 · 각종 국제경제기구에 있어서 개도국 발언권의 확대 · 개도국의 공산품이 선진국의 시장에 쉽게 접근할 수 있게 하는 특혜 조치의 시행 · 개도국의 자원에 대한 주권적 권리의 인정 등을 요구했다.

---

21) 전통적인 마르크스주의자들도 수입대체를 통해 유치산업을 일정 기간 보호해야 한다는 것을 옹호했다: Geoffrey Stern, *The Structure of International Society: An Introduction to the Study of International Relations* (London and New York: St. Martin Press, 1995), p. 36.

22) *Ibid.*, p. 255.

3. 종속이론(dependency theory)

1) 데펜덴시아(dependencia) 이론

앞서 언급했듯이 1950년대 미국을 중심으로 발전된 근대화 이론이 현실과의 괴리를 드러내니까 중남미 경제위원회는 개혁적이고 비마르크스적 처방을 내놓았다. 그러나 이들의 처방 역시 제대로 작동하지 않자 1960년대에 중남미 학자들을 중심으로 종속이론이 제기됐으며 그 결과 이러한 마르크스주의 종속이론과 자유주의적 근대화 이론 간에 후진국의 발전 문제를 둘러싸고 사상적 논쟁이 1960년대 지속되었다.

구체적으로 중남미 경제위원회의 상대적으로 온건한 개혁 요구에 대해 중심부 국가들이 저항했을 뿐 아니라 아민(Samir Amin) · 도스 산토스(Dos Santos) · 까르도소(Fernando Henrique Cardoso) · 후르따도(Celso Furtado)와 같은 데펜덴시아의 옹호자들은 중남미 경제위원회의 온건한 처방 자체에 대해 비판을 가하면서 이보다 좀 더 진보적인 처방을 제시했다.

데펜덴시아 학파는 한 마디로 수입대체산업은 주변부 국가에서는 제대로 작동할 수 없다고 주장했다. 왜냐하면 주변부 국가는 우선 국내시장이 너무나 협소해 효율적인 산업 발전을 지원하기 힘들고 수요의 성격이 선진국의 공산품에 취향이 경도된 엘리트에 의해 결정되며 수입대체산업은 고용효과가 낮고 그 결과 수요를 거의 창출할 수 없는 자본 집약적인 산업에 기초하는 경향이 있다는 것이었다. 더욱이 수입대체산업은 수입된 자본재와 설비 등에 기반을 두고 있어 수지 균형(balance of payment)에 도움이 거의 안 되며 심지어 위기를 초래할지도 모르고 다국적 자본과 해외 기술에의 의존을 심화시킬 것이라고 보았다.

이들은 중남미 경제위원회가 문제의 근원을 국제적 노동 분화 속에서의 중남미 경제의 위치에서 찾아낸 것은 적절했지만 수입대체산업은 중남미의 경제를 불리한 세계적인 지위로 단단히 묶어 놓을 것이라고 보아 좀 더 진보적인 처방을 내어놓았다. 구체적인 처방의 내용은 학자들에 따라 달랐다.

카리브해 국가들을 포함하는 카리브공동시장(CARICOM)과 같은 지역 공동시장을 설립해야 한다는 주장도 있었고 타국에 의존하지 않는 자립 개발 정책을 위해 세계 경제로부터 선별적으로 관계를 단절해야 한다는 등의 주장도 제기되었다.[23] 좀 더 나아가 현재의 국제적 노동 분화와의 완전한 관계 단절이 없는 한에 있어서는 중남

---

23) *Ibid.*, p. 255.

미 국가의 발전이란 불가능하다는 주장도 제기되었다.

이들은 가까운 장래에 마르크스적 혁명이 일어날 가능성을 평가절하하고 후진국의 경제를 국제적인 노동의 분화와 세계자본주의 체제로부터 선별적으로 혹은 포괄적으로 단절해야 한다는 처방을 내어놓았고 비슷한 행동 노선을 취할 주변부 국가 간에 어떠한 형태로든 동맹을 형성하고자 했다.[24]

후르따도와 선켈(Osvaldo Sunkel) 같은 학자에 의해 데펜덴시아 학파는 역사화 경향과 사회학적 경향을 띠기 시작했다. 즉 이들은 발전에 대한 역사적 관점을 명백히 택했다. 이는 위에서 언급한 발전주의자들이 후진국도 선진국의 방식을 그대로 답습하면 발전될 것이라는 발전 문제에 관한 순환적 견해와 크게 대조를 이루는 것으로써 후진국들의 저발전은 선진국 발전의 결과물이며 이로써 후진국들의 발전은 불가능하게 되었다고 보는 견해이다.

이들은 또한 후진국의 저발전을 분석하는 데 사회학적인 접근으로서 사회계급의 요소를 도입했다. 까르도소와 화레또(Enzo Faletto)는 일국 내에서의 사회적 관계의 분석과 더불어 중심부와 주변부를 가로질러 일어나는 사회계급 상호 간의 이해관계를 강조했다.

이들은 더 나아가 중심부 국가와 주변부 국가 모두를 포함하는 자본주의 체제 전체가 분석의 적절한 단위가 되어야 한다고 보았고 발전과 저발전이라는 것은 단계의 문제가 아니라 국제체제에서의 위치 문제로 보았다. 이러한 경향은 후일 1970년대에 아민(Samir Amin) · 후르따도(Celso Furtado) · 월러스타인(Immanuel M. Wallerstein) · 갈퉁(Johan Galtung) · 에마누엘(Arghiri Emmanuel) · 후랑크(Andre Gander Frank) 등에 의해 본격적으로 수용되어 논의의 초점이 되기 시작했다.

1960년대 후반과 1970년대에 거둔 브라질의 두드러진 발전은 이들 이론의 적실성에 이의를 제기하는 것이었으나 에반스(Peter Evans)나 까르도소와 같은 사람들은 이것을 종속적 발전(dependent development)의 경우라고 주장했다. 즉 브라질의 발전은 독자적으로 결정된 것이라기보다는 오히려 주요한 선진 산업 국가의 경향에 여전히 종속적이라고 보며 선진국이 특정 천연자원이나 농산물의 필요가 있을 때 후진국에서도 발전이 있을 수 있다고 주장했다.

2) 중심부-주변부 분석(Center-Periphery Analysis)

중심부-주변부 분석은 좀 더 야심적이고 마르크스주의적인 급진적인 종속이론의

24) *Ibid.*, p. 38.

한 형태이다. 이에 속하는 대표적인 학자로는 후랑크(Andre Gander Frank)가 있으며 그가 다른 종속이론 학자와 구별되는 특징은 다음과 같다.

후랑크의 이론적 개념은 중심부와 주변부를 잇는 착취의 사슬이라는 것이며 중남미가 발전할 수 없는 것은 이러한 사슬이 그들의 발전을 위해 필요한 자원을 퍼내가기 때문이라고 본다. 즉 주변부 국가들은 자신들이 생산한 경제잉여를 착취당해 발전하지 못했고 중심부 국가들은 이러한 착취로 인해 발전할 수 있었다는 것이다. 이러한 상황은 절망적이어서 어떠한 경제전략도 작동할 수 없을 것이라고 보고 발전이란 오로지 사회주의 혁명과 선진 세계와의 단절을 통해 지배와 종속의 세계적 구조에서 벗어날 때만 가능하다고 보았다.

후랑크는 또한 전통적인 발전론인 근대화 이론을 공격하고 그의 관심을 후진국 모두로 확대하여 중남미를 벗어나 일반화를 시도했다는 점에서도 다른 종속이론 학자와 구별이 된다. 이집트의 학자인 아민은 아프리카에 기초를 두고 같은 선상의 논리를 전개했으며 에마누엘과 같은 학자도 이러한 그룹에 속한다.

극단주의적 종속이론을 대표하는 후랑크와 온건하고 보다 현실적인 종속이론을 대표하는 까르도소의 차이를 좀 더 살펴보자. 우선 후진국의 발전 가능성에 대해 후랑크는 자본주의 체제 내에서는 발전의 가능성이란 없다고 보는 데 반해 까르도소는 브라질의 경우처럼 있을 수도 있다고 본다.

변화를 위한 수단으로 후랑크와 까르도소 모두 사회주의를 옹호하나 이것이 실제로 가능할 것인가에 대해서는 견해 차이를 보인다. 후랑크는 사회주의를 대체할 그 어떤 대안적인 방법이 없다고 보는 견해를 가진 데 반해 까르도소는 사회주의가 바람직하나 현실적으로 낙관적이지 못하다고 본다.

또한 개개 국가의 결과에 영향을 미치는 외부적인 요인에 대한 평가에 있어 까르도소는 후랑크와는 달리 외부적인 요인이 일반적인 방향에 영향을 미치는 것은 사실이지만 국가들은 외부적인 요인에 다르게 반응한다고 하여 결정주의를 벗어나고 있다.

선진 자본주의 국가와 후진국 간의 종속관계의 성격을 논함에 있어 후랑크는 장기간에 걸쳐 종속관계란 거의 변화를 보이지 않는 것으로 파악하는 데 반해 까르도소는 국가의 경계를 넘어선 계급 간 동맹과 정치와 같은 요인이 중요하며 자본주의의 발전단계에 따라 이러한 종속관계가 변화하는 것으로 본다.

후랑크의 논리를 구체적으로 살펴보면 그는 중남미 경제위원회의 견해와는 달리 중남미를 북미에 결합시키고 있는 자본주의 경제체제의 맥락에서 정치적 요인과 사회적 요인들을 더 과감하게 강조한다. 중남미의 선택은 자본주의의 명령의 결과로써 제약된다고 본다. 후진국에 대한 선진산업국의 경제적 착취는 우연이거나 단순히 그들 자신을 부유하게 하기 위한 국가적 수단이 아니라 자본주의 체제의 총체적 부분으로서 이러한 체제의 유지를 위해 필요한 것으로 본다.

이런 자본주의 경제체제는 주변부 국가와 중심부 국가라는 두 종류의 국가군으로 구성된다. 중심부 국가는 자본과 기술의 원천을 통제하는 국가이고 스스로 지속력이 있는 성장을 달성할 수 있다. 이와는 달리 주변부 국가의 발전은 타국의 성장에 의존적이다. 주변부 국가들은 한 마디로 불평등하게 세계경제에 통합되어 있으며 이들의 저발전은 국제자본주의의 필연적인 특징이라고 본다.

일국 내에서도 중심부와 주변부가 형성되며 국가 간의 관계보다 중요한 것은 중심부 국가의 엘리트와 주변부 국가의 엘리트를 연결하는 초국가적 계급연합이라고 본다. 주변부 국가 전체를 희생하여 자신의 이익을 추구하는 매판 부르주아지 계급(comprador bourgeoisie class)은 해외 자본가와 연합을 형성해 사회적·경제적 불평등을 더 심화시키고 자생력 있는 경제를 불가능하게 한다고 본다. 즉 주변부 국가의 엘리트들은 그들 국민의 이익을 대변하는 것이 아니라 중심부 국가의 이익을 대변한다는 것이다.[25)]

이러한 상황은 구질서를 타파하기 위해 국민이 무력을 사용하지 않고는 바뀔 수 없다고 본다. 이러한 혁명이론은 두 부류로 나누어진다. 후랑크처럼 국내 혁명과 자본주의 세계경제와의 단절로 진정한 민족해방을 달성할 수 있다고 믿는 경우가 있고 국내 혁명이 아닌 세계 혁명이 아니고서는 어떠한 것도 충분하지 않다고 믿는 월러스타인의 경우가 있다.[26)]

4. 세계체제론(World System Theory, WST)

1) 등장 배경

후진국의 발전 문제를 둘러싸고 벌어진 자유주의 발전 이론(즉 근대화 이론)과 종속이론과의 논쟁은 1970년대 중반부터 수그러들기 시작했으며 그 결과 종속이론에

---

25) Paul R. Viotti and Mark V. Kauppi, *International Relations Theory: Realism, Pluralism, Globalism*, 2nd ed. (New York and London: MacMillan Publishing Company, 1993), p. 458.

26) Geoffrey Stern, *The Structure of International Society: An Introduction to the Study of International Relations* (London and New York: St. Martin Press, 1995), p. 256.

기반을 둔 그러나 이와는 여러 면에서 많은 차이를 지닌 세계체제론이 등장했다. 대표적인 학자로서 월러스타인(Immanuel M. Wallerstein)이 있으며 그의 세계체제론은 1960년대 전 세계적으로 사회과학을 지배했던 발전론과 근대화 이론에 대한 비판으로서 1970년대에 등장했다.27)

1970년대에 어떠한 요인이 이러한 세계체제론의 등장을 가져왔는가가 중요한 관심사의 하나이다. 일반적으로 1970년대에 발생한 석유파동과 세계 불황 및 미소 양진영 간의 데탕트가 경제 문제를 중요한 정치 의제로 만들었고 이에 따라 정치와 경제를 따로 떼어 생각하지 않고 상호 밀접하게 연계된 것으로 인식하고자 하는 경향이 대두되었으며 이러한 맥락에서 세계체제론이 등장하였다고 본다.28) 이 밖에 1970년대의 다음과 같은 일련의 상황변화가 월러스타인을 중심으로 한 세계체제론의 등장을 가져왔다.29)

첫째, 한국 · 대만 · 홍콩 · 싱가포르와 같은 신흥공업국들(NICs)이 달성한 경이로운 경제발전이 급진적인 종속이론뿐만 아니라 좀 더 온건한 까르도소의 종속적 발전과 같은 기존의 이론들에 의해 잘 설명될 수 없었다.

둘째, 중국과 소련 간의 분쟁 · 중국의 문화혁명 실패 · 국가들의 경제 침체와 위기 · 사회주의 국가에 대한 자본주의 국가 자본의 침투 등과 같은 사회주의 국가 권 내에서 발생한 위기들이 혁명 지향적인 마르크스주의의 실패를 보여준 결과 마르크스주의가 말하는 혁명을 통한 자본주의 세계경제로부터의 단절이라는 급진적인 선택이 후진국이 택할 수 있는 적절한 선택이 될 수 있는가에 대해 회의를 유발했다.

셋째, 미국의 베트남전에서의 패배와 워터게이트 사건 그리고 1970년대 초의 석유파동과 같은 국내외적인 상황의 변화는 자본주의 세계경제에서 미국의 패권적인 지위의 쇠퇴라는 미국의 자본주의 위기 역시 보여주었다.

---

27) Immanuel M. Wallerstein, "The Rise and Future Demise of the World Capitalist System: Concepts for Comparative Analysis," *Comparative Studies in Society and History*, Vol. 16, No. 4 (September 1974), pp. 387–415; Immanuel M. Wallerstein, *The Capitalist World Economy* (Cambridge: Cambridge University Press, 1979); Immanuel M. Wallerstein, *The Modern World System II* (New York: Academic Press, 1980).

28) Steve Hobden and Richard Wyn Jones, "World-System Theory," in John Baylis and Steve Smith, ed., *The Globalization of World Politics: An Introduction to International Relations* (Oxford: Oxford University Press, 1997), p. 128.

29) Alvin Y. So, *Social Change and Development: Modernization, Dependency, and World System Theories* (Newbury Park: Sage, 1990), pp. 169–171.

2) 발전에 관한 타 이론과의 차이

앞서 언급했듯이 데펜덴시아 연구가들과 중심부-주변부 연구가들이 세계체제론이라는 진정한 의미의 본격적인 구조주의 이론의 길을 열어놓았다. 구체적으로 세계체제론은 불평등 교환과 중심부-주변부 간의 착취 등과 같은 종속이론들의 개념들을 빌렸으나 다음과 같은 면에서 이들 종속이론과 구별이 된다.

첫째, 종속이론이 주변부의 저발전 연구에 초점을 두었으나 세계체제론은 후진국의 발전과 저발전에 관심이 있을 뿐 아니라 이를 넘어서 이들 이외의 전 세계 모든 지역의 정치적 · 경제적 · 사회적 발전과 저발전을 함께 이해하려고 한다. 따라서 선진국과 후진국 및 사회주의 국가 모두가 불평등한 발전을 이해하기 위해 검토의 대상이 된다.

둘째, 분석의 단위 면에서 종속이론은 국가와 사회를 단위로 하나 세계체제론은 자본주의 세계체제를 단위로 한다. 세계체제론은 세계를 자본주의라는 구조적 특성을 갖는 하나의 체제로 보고 세계경제의 현 구조에 대한 어떠한 설명도 자본주의 세계체제의 장기간에 걸친 연구에 기초하지 않고는 불가능하다고 보며 자본주의 세계체제라는 커다란 맥락 아래서 다양한 세계 부분들의 운명을 이해하고자 한다. 즉 세계체제론은 자본주의를 진정으로 통합된 세계체제로서 역사적 관점에서 이해하고 난 후라야 특정 사회나 지역의 운명을 더 잘 이해할 수 있으며 세계자본주의 체제의 변화 없이 국가사회의 변화란 불가능하다고 본다.[30]

이처럼 자본주의를 세계체제로 바라보면서 후진국의 저발전과 착취라는 것이 세계자본주의 체제에 있어서 지배의 현 구조를 유지하는 데 중심적 역할을 한다고 보며 이런 점에서 중남미는 다른 후진국과 유별나게 다르지 않으며 중남미의 경험을 세계자본주의 체제의 총체적인 특징 일부분으로 본다.[31]

셋째, 종속이론은 세계를 중심부와 주변부로 나누고 있으나 세계체제론은 이에 반주변부를 추가하고 있다. 세계체제론은 주변부에서 반주변부로의 이동 · 반주변부에서 중심부로의 이동 · 중심부에서 반주변부로의 이동 · 반주변부에서 주변부로의 이동이 가능하다고 본다. 종속이론은 중심부 국가들의 주변부 국가들에 대한 착취로 인해 주변부 국가들은 저발전 혹은 종속적인 발전만이 가능하다는 결정론적인 주장

---

30) 월러스타인의 처음 저작은 식민시대 전과 후의 아프리카 국가에 관한 것이었다. 그러나 그는 곧 국가 하나를 개별적으로 살펴보는 접근법에 불만을 품기 시작하면서 세계체제론에 이르게 되었다.

31) Paul R. Viotti and Mark V. Kauppi, *International Relations Theory: Realism, Pluralism, Globalism*, 2nd ed. (New York and London: MacMillan Publishing Company, 1993), p. 459.

을 펴나 세계체제론은 이러한 반주변부 개념을 도입함으로써 신흥공업국들(NICs)이라고 불리는 일부 주변부 국가들의 독자적인 발전을 설명하려 한다.

전통적인 자유주의자들의 근대화 이론은 다른 국가사회와 독립하여 나름의 역동성을 지닌 개개의 분리된 국가사회를 분석단위로 삼아 초국가적인 구조를 무시했고 또한 국가들은 비슷한 발전의 통로를 거치는 것으로 보았다. 이와는 대조적으로 기존의 종속이론은 독립된 국가사회가 아닌 연관된 국가사회 간의 관계 분석에 그 초점을 옮겼으며 저발전은 발전의 이전 단계가 아니고 자본주의의 역사적인 발전의 산물로 본다.

이들과는 달리 세계체제론은 세계 자체를 분석단위로 삼았다. 월러스타인의 주장에 따르면 민족국가나 국가 경제 등은 그들 나름의 역동성을 지닌 분리된 단위가 아니며 저발전과 발전 그리고 변화는 세계체제의 전체로서의 특징이다.

전통적인 마르크스주의는 자본주의가 세계의 몇 군데에서 발생하여 몇 단계의 일정한 과정을 밟아 전파되었다고 보고 국가의 행태를 설명하면서 계급의 의도성을 강조하는 데 반해 신마르크스주의적 세계체제론자인 월러스타인은 자본주의란 항상 전체로서 세계의 특징이여 왔다고 보며 국가 행동을 설명하면서 계급의 의도가 아닌 세계체제의 구조를 강조한다.

3) 자본주의 세계체제의 등장 과정

월러스타인은 국가나 사회를 분석의 단위로 삼는 것을 거부하고 역사적인 체제를 분석의 기본 단위로 삼을 것을 주장하며 인류 역사상 지금까지의 체제로서 소규모체제(mini-system)·세계제국(world-empire)·세계경제(world-economy)가 존재해 왔다고 주장한다.[32] 이들 세 가지 체제 중에서 세계체제(world system)는 세계제국과 세계경제이다.

우선 소규모체제란 그 내부에 하나의 완전한 분업과 단일한 문화적 맥락을 지닌 체제를 의미하며 문화적인 면과 지배구조 면에서 상당한 동질성을 보였다는 점을 특징으로 한다. 농경사회 이전에 지역적으로 협소한 다수의 소규모체제가 존재했는데 이들은 오래 지속되지 못하고 규모가 커지면서 분열되고 말았다.

서기 1500년까지의 기간에는 역사적인 체제로서 세계제국들이 지배적으로 존재했는데 이들의 특징은 다양한 문화유형을 포함하면서도 거대한 단일의 정치구조를

---

32) 이러한 이유로 월러스타인의 세계체제론은 전체론적인 시각과 역사론적인 맥락으로 국제정치를 바라보고자 하는 이론이라고 할 수 있다.

지녔다는 점이다. 세계제국에 이어 1500년경 자본주의 세계경제가 등장했는데 이의 특징은 생산구조와 다수의 정치구조가 불평등하게 통합된 거대한 구조라는 점이다.33)

월러스타인은 자본주의 세계체제가 이처럼 16세기 유럽과 중남미에서 등장하여 축소와 확장이라는 일련의 과정을 밟으면서 당시 존재했던 모든 소규모체제와 세계제국들을 흡수하면서 19세기에는 세계의 나머지 지역을 모두 포함하여 전 세계화되었으며 그 결과 19세기 말부터는 세계에는 오로지 하나의 역사 체제인 자본주의 세계체제만이 존재하게 되었다고 본다.34) 다음으로 이러한 자본주의 세계체제가 어떠한 특성을 지니고 있는가를 살펴보자.

4) 자본주의 세계체제의 특징

(1) 노동의 분화

자본주의 세계체제는 세계적인 차원의 노동 분화(division of labor)와 생산의 전문화에 기초하고 있다고 본다. 구체적으로 말해 세계경제가 등장한 16세기에 노동의 국제적 분화가 이루어졌고 이로써 세계는 중심부(core)·주변부(peripheral)·반주변부(semi-peripheral) 지역으로 분화되어 특정의 상이하고 불평등한 경제적 역할이 맡겨지고 상이한 계급구조를 발전시켰다고 본다. 즉 세계체제란 다양한 문화 체제를 갖춘 자본주의적 단일한 분업구조 아래에 편입된 중심부-반주변부-주변부 국가구조를 의미한다.35)

월러스타인에 있어 중요한 질문은「어느 국가가 어느 그룹에 속하는가」와「국가들의 구조적 위치가 역사적으로 무엇에 의해 결정되었는가」하는 것이다. 월러스타인에 있어 이러한 중심부·주변부·반주변부의 등장은 부분적으로는 국가 구조(state structures)의 성격에 따라 결정되는 것으로서 강하고 잘 통합된 국가는 이를 기초로 국제적 노동의 분화를 자신에게 유리하게 구조 지을 수 있었다고 본다.

---

33) 월러스타인에 있어 대규모 세계체제는 세계제국과 세계경제였는데 전자는 다수의 문화적 단위가 정치적으로 통일된 세계체제를 의미하고 후자는 다수의 문화적·정치적 단위가 정치적으로 통일이 되어 있지 않으나 경제적으로 통일을 이루고 있는 세계체제를 의미한다. 세계체제인 세계제국과 세계경제는 자원배분에 관한 결정 방식을 둘러싸고 차이를 보이고 있는데 구체적으로 세계제국의 경우는 중앙집중화된 정치체제가 힘을 사용하여 조공 등과 같은 방식을 통해 주변부로부터 중심부로 자원을 배분했으나 단일의 정치 권위체가 부재한 가운데 경합하는 여러 개의 힘의 중심이 존재하는 세계경제에서는 자원의 배분이 시장의 매개를 통해 이루어진다. 이처럼 자원을 배분하는 장치가 다름에도 불구하고 자원이 주변부에서 중심부로 이동하였다는 점은 다르지 않다고 본다.

34) 월러스타인은 구체적으로 세계경제 체제가 1450년 이후 4단계(1450~1640년·1640~1815년·1815~1917년·1917년~현재)를 통해 발전해 왔다고 본다.

35) 앞서 언급했듯이 세계체제론이 기존의 종속이론과 명백히 구분되는 것 하나는 중심부와 주변부라는 틀을 재구성한 것이다. 즉 중심부와 주변부 사이에 중요한 기능을 수행하는 반주변부를 설정한 것이다.

한편 이러한 국가의 구조적 위치는 부분적으로 노동 통제의 형태가 어떠했는가에 의해서도 결정되었다고 본다. 중심부의 특징은 임금노동이었고 반주변부의 특징은 공동경작이었으며 노예 혹은 농노제도가 주변부의 특징이었다고 본다.

월러스타인에 있어 중심부 국가는 강력한 국가들로서 숙련된 노동과 높은 임금을 특징으로 하여 고임금 재화를 생산하며 주변부 국가는 힘이 약한 국가들로서 숙련되지 못한 노동과 낮은 임금을 특징으로 하여 저임금 재화를 생산한다. 반주변부 국가들은 주변부와 중심부의 특징을 모두 지니고 있다. 즉 중심부적 생산과 주변부적 생산 사이의 대략적인 균형을 특징으로 한다.

반주변부는 중심부에 의해서는 착취를 당하고 주변부에 대해서는 착취하는 존재로 본다. 즉 반주변부는 중심부 국가에 유리한 제도를 지원하는 중간 매개자의 역할을 하고 주변부로부터 파생되는 잉여분을 공유한다. 반주변부 국가의 중심부 생산자는 다른 주변부 국가들을 착취하고 반주변부 국가의 주변부 생산자는 시장으로서 중심부 국가들에 의존한다는 것이다.[36] 오늘날 신흥공업국이라고 불리는 국가들이 이러한 그룹의 국가군에 속한다.

이들 세 그룹의 국가 간에 일정한 정도의 상향 혹은 하향 이동성이 존재한다고 본다. 극히 예외적이지만 반주변부와 중심부 사이의 이동이 존재한다고 주장하며 역사적인 예로서 스페인과 포르투갈이 중심부에서 반주변부로 이동했고 네덜란드가 반주변부에서 중심부로 이동했다고 본다. 또한 19세기에 반주변부적 위치에 있었던 미국이 20세기에 패권적 중심부 국가로 이동했다고 본다.

이러한 세 그룹의 국가들 즉 중심부・주변부・반주변부 국가들은 16세기 이래 축소와 확장이라는 일련의 과정을 통해 지속되어 왔다고 본다. 세계체제론에 있어 발전(development)이란 세계자본주의 체제 내에서 좀 더 이득이 있는 지위(advantageous position)에 이른다는 것을 의미한다.

이들 세 그룹의 국가 간에는 이처럼 엄연한 차이점들이 존재하나 이들의 공통점은 이윤을 추구하기 위한 교환에 참여함으로써 모두 자본주의 체제에 속한다는 것이다. 이런 관점에서 사회주의 국가들을 별도의 세계체제로 보지 않고 시장을 위한 생산에 연관되어 있으며 이윤추구에 의해 움직이는 자본주의적 세계체제의 일부분으로 인식한다.

이처럼 자본주의는 이윤을 추구하기 위한 교환을 특징으로 하는데 노동의 분화

---

36) 세계체제론에 있어서 반주변부는 기존의 종속이론에서의 매판자본가와 기능적으로 동일한 역할을 한다고 볼 수 있다.

를 기초로 한 세계자본주의 체제는 이러한 교환에 있어서 발전된 산업기술을 지닌 선진자본주의 국가들에 유리하고 발전된 기술을 지니고 있지 못하며 중심부 국가들에게 천연자원을 주로 공급하는 후진국에 불리한 불평등한 교환을 가져와 빈국으로부터 부국으로의 잉여가치의 이전을 지속해서 재생시킨다고 본다.

즉 세계경제는 크게 자본축적의 수혜자인 중심부 지역과 잉여를 착취당하는 주변부로 나누어지며 이와 같은 중심부와 주변부 사이의 불평등한 교환은 역사적으로 결정되었고 이것이 바로 자본주의 세계체제의 지속적인 특징이라는 것이다. 그 결과 종속적인 경제는 지속해서 종속을 면치 못하고 저발전은 항구적으로 계속되어 세계적 경제 불평등은 끊임없이 지속된다는 것이다. 이처럼 지속적인 국제구조가 국가의 선택 범위를 제한하기 때문에 개개 국가별 발전계획이란 무의미하다고 본다.

이처럼 세계체제론은 세계자본주의 체제 자체가 발전을 조건 지우기 때문에 이에 속하는 개개 국가들의 발전이라고 하는 문제는 개개 국가가 계획하여 추구한다고 해서 되는 것이 아닌 개개 국가가 통제할 수 있는 능력 범위 밖의 것이라고 본다. 후진국에서의 발전에의 장애란 개개 국가의 내적인 곳에서부터 오는 것이 아니라 세계자본주의 체제의 구조적 특징과 자본주의가 세계적으로 전파되던 기간에 이미 일어난 노동의 분화에 기인한다고 보기 때문이다.

월러스타인의 세계체제론은 신마르크스주의에 현실주의를 혼합한 면을 지니고 있다. 즉 국제체제는 단일한 정치 권위체가 존재하지 않는 무정부 상태를 특징으로 한다는 왈츠와 같은 현실주의자의 견해를 공유한다. 이러한 국제체제의 무정부성으로 인해 국가 간 노동의 분화를 위시한 자본주의적 생산양식을 규제하는 것이 불가능하다는 것이다.[37)]

월러스타인은 주변부 국가들이 어떻게 반주변부 국가가 될 수 있고 또한 반주변부 국가가 어떻게 중심부 국가가 될 수 있는가에 관해 설명하고 있다.[38)] 우선 주변부 국가가 반주변부 국가가 되기 위한 세 가지 발전전략을 제시하고 있다. 구체적으로 세계경제가 위축될 때 택할 수 있는 수입대체 전략과 자본주의 세계경제가 확장될 때 효과적으로 택할 수 있는 외국자본의 유치 전략과 자립경제의 확립 전략이다. 이러한 개개의 전략은 모든 주변부 국가에 적용될 수 있는 것이 아니고 특정한 조건을 충족시키고 있는 주변부 국가에 효과적이라고 본다.

---

37) James E. Dougherty and Robert L. Pfaltzgraff, Jr., *Contending Theories of International Relations: A Comprehensive Survey*, 3rd ed. (Grand Rapids, Philadelphia, St. Louis, San Francisco, London, Singapore, Sydney, Tokyo: Harper & Row, 1990), p. 256.
38) *Ibid.*, pp. 76-86.

구체적으로 수입대체 전략은 어느 정도의 산업기반을 갖추고 있어 적기에 산업기반을 확장할 수 있는 주변부 국가에 효과적이고 외국자본의 유치 전략은 중공업 분야를 위시한 산업기반을 갖추고 있는 국가보다는 산업 발전 경험이 부족한 경공업 중심의 주변부 국가에 더 효과적이다. 자립경제 확립 전략은 외국으로부터의 압력을 극소화할 수 있는 주변부 국가들에 효과적인 전략이라고 본다.

반주변부 국가가 중심부 국가가 되기 위한 지름길은 다른 생산자들보다 저렴한 비용으로 선진기술의 제품을 생산하고 이들을 소화해 낼 수 있는 시장을 확보하는 것으로 본다. 구체적인 시장의 확장 방법으로서 월러스타인은 이웃 국가들과의 통합 또는 정복을 통해 정치적 국경을 확장하여 국내시장을 확대하는 방법 · 관세나 기타 무역장벽을 통해 수입을 억제해 국내시장을 보호하는 방법 · 국내 생산품에 보조금을 지불해 생산비를 줄이는 방법 · 임금을 올려 국내 구매력을 증가시키는 방법 · 국내 소비자의 기호를 조절해 국내시장을 확대하는 방법 등을 열거하고 있다.

(2) 주기적 리듬과 장기적 추세

월러스타인은 자본주의 세계경제의 특징 중 하나로서 확대와 수축이라는 주기적 리듬(cyclical rhythms)을 반복한다는 점을 들고 있다. 월러스타인은 구체적으로 이러한 확대와 수축이 40~60년을 주기로 반복된다고 보고 이는 콘드라티예프 파동(Kondratieff Wave)과 관련이 있는 것으로 파악한다.

새로운 주기는 이전의 주기가 시작된 지점으로부터 다시 시작되는 것이 아니라 이전의 주기가 출발한 지점과는 다른 지점으로부터 시작된다. 이러한 팽창과 수축의 주기가 반복되면서 장기적인 추세(secular trends)를 형성하는데 그 추세란 세계경제의 성장률이 시간이 지남에 따라 상승한다는 것이다.

(3) 모순과 위기

월러스타인은 세계체제의 또 다른 특징으로서 모순(contradiction)을 들고 있다. 이러한 모순은 단기적일 때의 최적 행동과 중기적일 때의 최적 행동이 서로 다르거나 상반되는 것이라는 체제의 구조에서 오는 제약 때문에 발생한다고 본다.

구체적으로 말해 단기적으로 보아 자본주의 체제에서 노동자의 임금을 떨어뜨려 이윤을 극대화하는 것이 자본가의 이익이지만 이러한 노동자 역시 잠재적인 소비자의 일원이기 때문에 이들의 임금을 떨어뜨리면 떨어뜨릴수록 이들의 구매력 역시 떨어뜨려 결국 과소소비로 연결될 수 있다고 본다.

위기(crisis)란 세계체제의 생존 기간에 단 한 번 나타나는 것으로서 앞서 언급한 체제 내에서의 주기적 리듬 · 장기적인 추세 · 모순이 결합하여 체제 자체를 지속해서 재생산해 내지 못할 때 발생한다. 특정 세계체제에서의 위기는 그 체제의 종말과 또 다른 체제에 의한 대체를 알리는 것이다.

5) 자본주의 세계체제에서의 정치: 안정의 근원[39]

월러스타인은 자본주의 세계체제에 안정을 가져다주는 요소로서 세계체제가 국가를 기본 구성단위로 하는 국가 간 체제(interstate system)라는 점과 지문화(geoculture)의 존재를 강조하고 있다. 이들을 하나하나 살펴보면 다음과 같다.

(1) 국가와 국가 간 체제

자본주의 세계경제 체제는 경합하는 주권 국가를 구성단위로 하는 정치체제 즉 국가 간 체제를 특징으로 한다.[40] 월러스타인은 자본주의 세계체제와 국가 간 체제라는 것이 서로를 지탱해 주고 강화해 주는 존재로 인식하고 있다. 우선 국가가 자본주의 세계경제 체제의 유지에 어떠한 역할을 하는가를 살펴본 후 자본주의 세계경제 체제가 국가 간 체제의 유지에 어떠한 역할을 하는가를 살펴보도록 하자.

국가는 자본주의 세계경제를 재생산해 내는 데에 결정적인 역할을 하는 정치적 기제의 역할을 한다. 구체적으로 국가는 자본주의의 핵심이라고 할 수 있는 재산권을 보호해 준다. 국가는 또한 입법과 공공지출을 통해 앞서 언급한 모순을 완화하는 데에 결정적으로 중요한 역할을 한다.

자본주의 세계경제 체제는 체제 내에서 자본주의 기업들 사이의 치열한 경쟁을 통해 국가들에게 상대적인 권력의 상승과 하락을 경험하도록 함으로써 세계자본주의 체제가 시작된 이래로 어느 일국이 다른 모든 국가를 통제할 정도의 권력을 쌓을 수 없도록 하였다. 그 결과 세계정부와 같은 것이 들어서지 못하도록 함으로써 주권 국가를 단위로 하는 국가 간 체제를 가능하게 한다.

① 중심부 국가의 역할

월러스타인에 따르면 국가 간 체제에 있어서 중심부 국가 특히 패권국은 세계자본주의 체제의 안정을 위해 중요한 기능을 수행한다. 구체적으로 생산의 효율성으로 인해 다른 경쟁국들보다 뛰어난 경제적 · 군사적 우위를 가지고 있는 패권국은 모든

---

39) Steve Hobden and Richard Wyn Jones, "World-System Theory," in Baylis, John and Steve Smith, eds. *The Globalization of World Politics: An Introduction to International Relations* (Oxford and New York: Oxford University Press. 1997), pp. 134-140 참조.

40) 국가 간 체제는 국가를 구성단위로 하는 체제로서 다른 말로 국제체제를 의미한다.

국가 간 거래를 지배하는 제도들을 강제함으로써 자본축적이 이루어질 수 있는 예측 가능한 환경을 조성하는 데 중대한 역할을 한다.

이러한 패권은 네 단계의 과정을 겪으면서 순환하는데 이러한 패권의 순환은 앞서 언급한 바 있는 자본주의 세계경제 체제의 팽창과 수축이라는 순환 주기와 맞물려 있다. 패권의 주기는 우선 경제적인 확장과 중심부의 핵심적인 국가 간에 치열한 경쟁을 특징으로 하는 부상하는 패권(ascending hegemony) 단계로부터 시작한다.

이러한 패권의 부상 단계는 패권국이 실질적으로 등장하는 시기인 패권의 승리(hegemonic victory) 단계로 이어지며 새롭게 등장한 패권국이 산업생산 · 농업 · 공업 · 상업 · 재정적인 자원 면에서 우월한 지위를 확립함에 따라 경제적인 확장이 다시 시작되는 패권의 성숙(hegemonic maturity) 단계가 그 뒤를 따른다.

마지막 단계는 패권 유지를 위한 비용의 증가와 패권국에 도전할 수 있는 경제적 능력의 분산으로 인한 패권국의 쇠퇴를 특징으로 하는 쇠퇴하는 패권(declining hegemony) 단계이다. 이러한 패권 쇠퇴기는 세계경제의 수축기와 함께하는 것을 특징으로 한다. 국제경제 특히 국제무역의 관점에서 볼 때 패권의 성숙기에는 자유무역이 활발하게 이루어지고 특히 패권의 쇠퇴기에는 보호무역주의가 고개를 든다고 본다.41)

지난 500년간 자본주의 세계체제를 지배한 패권국들로는 17세기의 네덜란드 · 19세기의 영국 · 20세기의 미국이 있었다고 보는데 이러한 순환은 여러 가지 규칙적인 움직임 특히 중심부와 주변부에서의 경제적인 팽창과 정체라는 콘드라티예프 파동(Kondratieff Waves)과 깊은 관련이 있는 것 같다고 본다.

콘드라티예프 파동은 일반적으로 경제를 상승과 하강이라는 두 단계 혹은 번영과 후퇴 및 공황과 회복이라는 네 단계로 구분하는데 반세기를 주기로 하는 것을 특징으로 한다. 콘드라티예프 파동의 사이클이 두 번 순환하는 동안 패권국의 순환 사이클이 한번 지나간다고 본다. 즉 패권국의 순환 사이클은 100년을 주기로 한다. 이 점에서 앞서 현실주의 패러다임 이론 부분에서 언급한 모델스키의 장주기와 일치한다.

이처럼 월러스타인에 있어 세계체제는 역사적으로 중심부와 주변부 간의 노동

---

41) 월러스타인은 미국의 패권이 이미 쇠퇴해 오고 있다고 본다. 2001년 9월 11일의 테러 행위 사건에 대응하여 미국이 아프가니스탄에서 전개한 반테러행위 전쟁은 미국이 여전히 세계 최강의 막강한 군사력을 보유한 패권국임을 확인해 주는 것 같으나 2002년 1월 1일의 유로화의 출범을 포함한 여러 부문에서 통합을 성공적으로 진전시켜 오고 있는 유럽연합(EU)의 부상 등은 미국의 패권이 상대적으로 쇠퇴하고 있음을 보여준다고 주장한다: 동아일보, 2002년 1월 18일.

분화로 특징지어질 뿐만 아니라 세계경제의 성장 및 침체와 더불어 패권국의 성장과 쇠퇴가 반복되는 것을 특징으로 한다.

세계정치에 영향을 미치는 근본적인 요인이란 세계자본주의이며 근대의 세계역사란 세계체제로서의 자본주의 역사로 보아야만 한다고 월러스타인은 주장하나 그의 자본주의 세계체제의 순환론에서 세계체제가 강력한 경제력과 군사력 모두를 지닌 패권국에 의해 주기적으로 지배된다는 것에서 알 수 있듯이 월러스타인에도 현실주의와 마찬가지로 권력이란 매우 중요하다.[42)]

물론 권력의 요소 가운데 월러스타인은 경제력을 중요시한다는 점에서 현실주의와 구분이 된다고도 할 수 있다. 그러나 월러스타인이 17세기의 네덜란드의 경제적 패권이 세계자본주의의 힘으로 파괴된 것이 아니고 영국과 프랑스의 무력에 의해 파괴되었다고 하는 것에서 보듯이 월러스타인 역시 군사력을 강조하고 있다.[43)]

월러스타인의 세계체제에 있어 패권국이 존재한다는 것과 이러한 패권이 순환한다는 것은 여러 의미를 지니나 특히 i) 패권국이 존재함으로써 자본주의 세계체제가 일정한 질서를 유지할 수 있다는 점 ii) 이러한 패권의 순환이 경제의 팽창과 수축을 동반한다는 점 iii) 패권국이 바뀌면서 지배하는 국가 간 체제가 자본주의를 질식시킬지도 모르는 세계제국(world empire)과 자본주의의 효율적 작동에 필요한 안정을 확보할 수 없는 무정부적 상황을 피할 수 있도록 한다는 점에서 중대한 의미를 지닌다.

② 반주변부 국가의 역할

반주변부 국가는 주변부 국가와 비교해 상대적으로 일관성이 있고 효율적인 관리구조를 지닌 것을 특징으로 하며 이러한 구조는 세계자본주의제체 내에서 중심부의 지위로 옮겨가기 위한 국가 발전 전략을 실현하는 데 중점을 둔다.

월러스타인은 반주변부의 또 다른 특징으로서 권위주의(authoritarianism)를 들고 있는데 반주변부 국가의 이러한 권위적인 요소의 주된 역할은 노동조합을 통제하는 것이다. 이로써 노동자의 임금과 노동조건을 중심부 국가보다 낮은 상태로 유지할 수 있어 중심부 국가와의 경쟁에서 우위를 가질 수 있으며 그 결과 국가 발전을 돕

---

42) 이는 국가 간 권력의 배분이 주기적으로 부단히 바뀐다는 것을 의미한다.

43) Robert O. Keohane, *International Institutions and State Power: Essays in International Relations Theory* (Boulder, San Francisco, and London: Westview Press, 1989), pp. 52–53; James E. Dougherty and Robert L. Pfaltzgraff, Jr., *Contending Theories of International Relations: A Comprehensive Survey*, 3rd ed. (Grand Rapids, Philadelphia, St. Louis, San Francisco, London, Singapore, Sydney, Tokyo: Harper & Row, 1990), p. 257.

는다. 월러스타인은 중심부와 주변부 어디에도 속하지 않는 반주변부 국가들이 세계자본주의 체제의 안정을 위해 구체적으로 다음과 같은 아주 중요한 역할을 한다고 본다.44)

첫째, 소수의 중심부 국가와 다수의 주변부 국가로의 양극적 계층구조를 특징으로 하는 세계체제는 이들 간의 첨예한 대립과 분열로 인한 해체의 위기에 직면하기 쉽다. 따라서 이러한 위기를 피하고자 이들 간의 갈등을 중재하거나 최소화할 수 있는 정치적 수단이 있어야 하는데 반주변부 국가가 세계체제의 불평등한 계층구조를 정당화시키고 중심부 국가들에 대한 주변부 국가들의 불만을 정치적으로 막아주는 방파제 역할을 한다.

둘째, 중심부 국가의 자본가들은 생산비용의 상대적인 차이에 의해 중심부국가들의 위상이 주기적으로 변동해 왔다는 것을 주지하고 자신의 국가에 있어 임금이 상승하고 생산성이 저하될 때 이윤을 확보하기 위한 자본의 이동처로서 반주변부 국가가 필요하다고 본다. 즉 반주변부 국가들은 시대에 뒤진 선진국의 산업을 수용하는 경제적인 역할을 한다고 본다.

③ 주변부 국가의 역할

세계자본주의 체제에서 주변부 국가의 「매판 계급(comprador class)」이라고 불리는 존재 역시 체제의 안정에 중요한 역할을 한다. 이들 지배 엘리트는 자신들이 소속되어 있는 국가의 이익보다는 중심부 국가의 이익을 증진하는 방식으로 행동한다. 중심부 국가와 다국적기업은 이들 지배 엘리트가 장악하고 있는 정권을 지원하기 위해 혹은 지배 엘리트의 지위를 위태롭게 하는 정권을 전복시키기 위해 종종 직·간접적으로 개입한다. 이들 지배계급의 존재로 인해 세계자본주의 체제의 불평등으로 인해 야기될 수 있는 긴장 일부가 중화될 수 있어 중심부 국가와 주변부 국가 간 관계의 안정에 이바지하게 된다.

(2) 지문화

월러스타인은 지문화(geoculture)를 근대 세계체제의 문화적인 틀(cultural framework)로서 세계체제를 효율적으로 기능하도록 하며 세계체제에 정당성을 제공하는 역할을 한다고 본다. 이처럼 월러스타인은 국가 및 국가 간 체제와 더불어 지문화를 지배적인 세계질서의 성공적인 재생산을 가능하게 함으로써 자본주의 세계체제의 안

44) Immanuel M. Wallerstein, *The Capitalist World Economy* (Cambridge: Cambridge University Press, 1979), pp. 69-72.

정에 본질적으로 중요한 역할을 하는 존재로서 바라본다.

월러스타인은 자본주의 세계체제의 지배적인 이념으로서의 자유주의(liberalism)와 자본주의 세계체제의 지배적인 지식체계로서의 과학주의(scientism)를 지문화의 두 지주로 간주한다. 여기서 과학주의란 과학적인 방법과 접근의 보편적인 적용 가능성에 대한 믿음을 의미하는데 이러한 과학주의가 시간과 장소를 초월하여 보편타당성을 갖는 법칙을 발견하여 적용함으로써 생산과정에 지대한 영향을 미치고 자본주의 세계체제에 자본축적을 가능하게 하는 역할을 한다.

자유주의는 보편적인 원칙을 국가의 조직과 행동에 적용하고자 하며 과학주의는 보편적인 법칙을 찾아 궁극적으로 보편적인 이익을 위해 적용하는 데 관심을 두고 있다. 이처럼 지문화의 두 개의 지주는 보편주의를 지향한다는 특징을 공유하고 있으나 이와는 대조적으로 자본주의 세계체제는 기능상 내재해 있는 거대한 불평등을 특징으로 한다.

이 때문에 자본주의 세계체제는 보편주의를 버리지 않은 채 위계를 어떻게 유지할 수 있는가의 딜레마를 안게 되는데 월러스타인은 지문화의 또 다른 필수 불가결한 요소로서 인종차별주의(racism)와 성차별주의(sexism)를 들고 이들이 자본주의 세계체제 내에서 보편주의에 대한 강조에도 불구하고 불평등한 결과가 빚어지는 것에 대한 정당성을 제공한다고 본다.

6) 자본주의 세계체제의 위기[45]

월러스타인은 이처럼 자본주의 세계체제가 국가 간 체제의 특징과 지문화에 의해 16세기 이래로 안정을 유지해 왔으나 현재 이러한 안정이 훼손되고 있으며 자본주의 세계체제가 앞서 언급한 세계체제의 특징 가운데 하나인 위기의 단계로 접어들어 가고 있다고 판단하고 있다. 이러한 위기는 경제적 · 정치적 · 지문화적 요인으로부터 발생하고 있는데 이들을 하나하나 살펴보도록 하자.

(1) 위기의 요인들

월러스타인은 자본주의 세계체제의 위기 요인을 경제적 요인 · 정치적 요인 · 지문화적 요인으로 구분하고 있다. 이들을 하나씩 살펴보면 다음과 같다.

---

45) Steve Hobden and Richard Wyn Jones, "World-System Theory," in Baylis, John and Steve Smith, eds. *The Globalization of World Politics: An Introduction to International Relations* (Oxford and New York: Oxford University Press. 1997), pp. 140-142.

① **경제적 요인**

우선 경제적인 면에서 위기는 앞서 자본주의 세계체제의 특징 가운데 하나인 모순에 뿌리를 두고 있다. 반복되어 발생하는 불황이라는 것이 과거에는 세계경제의 확장을 통해 극복해 왔다. 이러한 확장은 두 가지 형태를 띠는데 그중 하나는 지리적인 확장으로서 지리적으로 새로운 지역을 자본주의 세계경제 체제로 포함하는 것을 말한다.

또 다른 하나의 형태는 이미 자본주의 세계체제로 편입된 지역 내에서 자본주의적 경제 관계를 심화시키는 것이다. 이러한 심화는 여러 방식으로 이루어지는데 가장 두드러진 방식이 다름 아닌 도시화(urbanization)와 상품화(commodification)이다. 도시화란 구체적으로 자본주의적인 사회적 · 경제적 관계와 전자본주의적인 사회적 · 경제적 관계가 혼재되어 있는 농촌으로부터 전적으로 자본주의적인 도시로 인구가 이동하는 것을 의미하며 상품화란 토지 · 노동 · 천연자원 등의 생산요소들이 시장에서 매매되는 대상으로 전환하는 과정을 의미한다.

월러스타인에 따르자면 이러한 전통적인 세계경제의 확장을 통한 모순의 극복책이 이제는 제대로 작동하지 않는 단계에 와 있다고 본다. 구체적으로 세계의 모든 지역이 이미 자본주의 세계체제에 포함되었고 또한 세계가 거의 도시화하였으며 상품화가 안 된 것이 거의 없다고 보기 때문이다. 여기에다가 더욱 문제가 되는 것은 다름 아닌 5세기에 걸친 자본축적 과정을 통해 지구생태계가 심각하게 훼손되어 자본주의 세계체제에 환경적인 재앙으로 다가오고 있다는 것이다.

② **정치적 요인**

세계체제를 특징 지워온 불평등과 되풀이되는 대변혁으로 인해 다양한 그룹들로부터의 세계체제를 반대하는 반체제 운동(anti-systemic movement)이 있어 온 것이 사실이나 이러한 반체제 운동은 포섭됨으로써 체제에 통합됐다.

그러나 이러한 반체제 운동의 포섭은 점차 감당하기에 힘든 비용을 동반하고 있다. 특히 중심부 국가에 있어서 노동운동은 비용이 많이 소모되는 국가 기반의 복지제공을 통해 무마됐는데 경기의 침체와 인구학적인 추세가 결합하여 이제 개개 정부들은 자본축적 과정을 훼손시키지 않고 현행의 복지제공 수준을 유지하는 것이 점차 어려워지고 있다. 월러스타인은 이러한 복지수준을 유지하지 못할 때 이러한 혜택을 받아온 사람들로부터 현재의 정치 · 경제질서는 그 정당성을 훼손당할 것이라고 본다.

이러한 세계경제 문제의 악화와 더불어 반체제 운동이 세련되고 교묘해지어 이를 포섭하는 것 더욱더 어려워지고 있다고 본다. 즉 새로운 반체제 운동은 과거와는 달리 국가 권력을 장악하는 것이 문제해결의 열쇠라고 생각하지 않게 되면서 중앙집중화되고 통제된 정당을 구축하기보다는 분산된 무지개연합(rainbow coalition)의 형태로 다양한 단체와 정치적 연대를 맺는 분권화된 정치조직의 형태를 특징으로 한다. 이러한 형태의 조직은 포섭하기가 대단히 어렵다는 것이다.

이러한 정치적인 요인에 원인을 두고 있는 위기는 통신 기술의 혁명적인 발전으로 더욱 심각해지고 있는데 이는 통신의 발달로 인해 불평등을 감추는 것이 더욱더 어려워졌기 때문이다. 이러한 통신의 발전은 정치에 대한 전 지구적인 각성을 돕고 이러한 각성을 통해 전 지구적인 수준의 정치적 동원을 가져올 수 있다고 본다.

③ 지문화적 요인

자본주의 세계체제의 위기는 지문화의 변화로부터도 오고 있는데 구체적으로 앞서 언급한 자유주의의 지배적인 지위가 1968년의 혁명적인 소요를 분수령으로 하여 치명적으로 훼손되어 오고 있다고 본다. 1968년 급진적인 학생들은 노동자들과 더불어 일련의 파업과 데모에 참여했는데 월러스타인은 이를 자본주의 세계체제의 주된 기둥의 일부를 근본적으로 훼손하는 것으로 간주한다. 비록 이러한 소요가 프라하 · 파리 · 멕시코시티를 중심으로 전개되었으나 그 의미는 훨씬 방대한 것으로 보고 있다.

지문화의 한 요소인 자유주의는 국가주의(statism)를 특징으로 하고 있어 자본주의 세계체제의 국가 간 체제를 지원한다. 그런데 1968년의 사태가 이러한 국가주의에 대해 공격을 가함으로써 국가가 관료주의적이고 가부장주의적이며 인간의 자유에 근본적으로 해로운 것으로서 부인되었다고 본다. 비록 이러한 소요가 짧은 기간 지속되었고 몇몇 경우에 있어서는 잔혹하게 진압되었으나 자유주의에 본질적인 국가주의에 항구적인 손상을 끼쳤다고 본다.

1968년의 소요는 전통적인 반체제 운동에 근본적인 도전을 가함으로써 전통적인 형태의 정치를 수용하려고 하지 않는 새로운 형태의 반체제 운동의 등장을 알렸으며 이로써 기존의 자본주의 세계체제의 구조로서 이들을 포섭하는 것이 더욱더 어렵게 되었다고 본다.

이러한 자유주의에 대한 도전과 더불어 지문화의 또 다른 지주인 과학주의에 대한 근본적인 도전 역시 가해지고 있다. 이러한 과학주의에 대한 도전은 특히 자연과학 분야로부터 오고 있는데 학자들은 과학주의의 핵심인 절대적인 진리에 대한 이상에 의문을 품고 대신에 우연성(contingency)과 불확실성(uncertainty)과 같은 개념을 강조하고 있다고 본다.

(2) 위기 이후에 대한 전망46)

월러스타인에 있어 위기란 앞서 언급했듯이 세계자본주의의 모순이 진행되어 자본주의의 정상적인 기능을 되돌리기 위한 어떠한 장치도 더는 효과적으로 작동하지 않는 지점에 도달한 것을 의미한다. 이미 자본주의 세계체제가 위기 단계에 접어들었다고 보는 월러스타인은 이러한 위기 상황이 약 25~50년 동안 지속될 것으로 본다.

이처럼 월러스타인은 자본주의라는 것이 하나의 역사적인 체제이기 때문에 항구적인 것이 아닌 나름의 수명을 지니고 있는 체제라고 보는데 이러한 자본주의는 1970년대 초부터 위기를 맞았다고 본다. 이때를 미국 패권체제의 쇠퇴 · 세계적 축적의 위기 · 국가 정당성의 위기 · 세계체제의 지배적 이데올로기의 붕괴 등이 함께 일어난 중대한 시점으로 본다.

월러스타인은 이때를 기점으로 위기와 더불어 다른 체제로의 이행기에 접어들었다고 보나 이러한 자본주의 체제가 어떤 체제에 의해 대체될 것인가에 대해서는 누구도 정확한 답을 내릴 수 있지 않다고 믿고 있다. 월러스타인은 다음 체제란 미리 정해진 바가 없고 우리가 집단적으로 어떻게 행동하는가에 따라 결정되는 체제이기 때문에 이러한 이행기에 있어서 새로운 체제를 위한 과학적 분석과 도덕적 판단 그리고 정치적인 실행을 강조한다.

월러스타인은 특히 대안적 사회체제를 논하는 데 있어서 실질적 합리성(substantive rationality)을 강조한다. 월러스타인에 따르면 우리는 지금 모든 문제를 기능적 합리성의 관점에서만 논한다고 본다. 즉 우리가 끊임없는 자본축적이라는 것을 전제로 하여 단지 어떻게 하면 이를 잘할 수 있을까를 논하기만 한다는 것이다. 따라서 우리는 실질적 합리성을 기초로 하여 이러한 전제가 실질적으로 합리적인 것인가를 묻는 것을 포함하여 대안적 체제에 대한 사람들마다의 차이점들을 해소해 나가면서 우리가 어떤 종류의 세계를 더 선호하는가를 결정하여야 한다는 것이다.

7) 현실주의 국제체제 이론과의 비교

월러스타인의 세계체제론과 카플란과 왈츠의 국제체제 이론이 갖는 공통점은 무정부성을 특징으로 하는 국제체제의 구성국들이 배타적이고 절대적인 주권을 누리면

---

46) 동아일보 (2002년 1월 18일) 참조.

서도 국가의 의사와 관계없이 국제체제의 구조가 주는 영향을 받는다는 것이다. 약소국들은 물론 강대국들조차도 이러한 체제의 구조가 주는 영향력으로부터 완전히 자유롭지는 못하다는 것을 공통으로 강조한다.

이들 간의 다른 점이라면 국제체제론적 시각은 세계체제론의 시각에 비해 융통성을 보유한다는 점이다. 국제체제론적 시각은 국제체제 구조의 특성을 일반적으로 권력의 배분 상태라는 변수로서 구분하며 상이한 구조를 갖는 여러 개의 국제체제를 상정하고 국제체제의 구조가 달라짐에 따라 국가 행동과 국제관계의 특징이 어떻게 달라지는가를 분석하고자 한다.

이에 반해 세계체제론은 세계체제의 구조를 경제적인 특징인 분업구조를 가진 자본주의적 생산양식으로 특징화하며 이의 지속성을 강조한다. 따라서 16세기 이래로 지속되어 온 자본주의 체제는 탈냉전기에도 별 변함없이 동일한 특징을 계속하여 보유한다고 본다. 세계체제론은 이러한 단일한 구조적인 특징이 국가 행동과 국가 간의 관계에 지속해서 영향을 준다는 것을 강조하면서 과거 소련을 비롯한 사회주의 국가들이 사실상 자본주의 세계체제의 일부였다고 주장하는 이론으로서의 경직성과 무리함을 보이기도 했다.

왈츠의 신현실주의 이론은 앞서 살펴보았듯이 국가들이란 무정부 상태에서 기능적으로 분화하지 않고 유사하게 기능하며 이들은 단지 상대적인 권력에 있어서만 차이가 존재한다고 주장한다. 월러스타인은 이와는 달리 국가들은 세계자본주의 체제 내에서 중심부·주변부·반주변부 중 어디에 위치하는가에 따라 본질적으로 상이한 기능을 수행한다고 본다.

여러 면에서 많은 유사점을 가지고 있는 모델스키(George Modelski)의 현실주의 장주기 이론과 월러스타인의 구조주의 이론을 비교해 보면 다음과 같다. 모델스키는 지난 500년 동안 단일의 세계체제(즉 패권체제)가 지속되었다고 하는 점에서 월러스타인의 단일 세계자본주의 경제체제가 약 500년 동안 계속됐다는 것과 궤를 같이한다. 그러나 월러스타인이 단일한 세계경제 체제(즉 세계자본주의 체제)를 국가 행동의 설명에 적용한 것과는 대조적으로 모델스키는 단일의 세계정치체제를 가지고 설명하는 것이 다르다. 즉 모델스키에 있어 세계체제는 정치체(political entity)인 것과 대조적으로 월러스타인에 있어서는 경제체(economic entity)인 것이다.

8) 세계체제론의 평가

월러스타인의 세계체제론에 대한 비판의 핵심은 여타의 체제 수준의 이론에 가해지는 비판과 마찬가지로 국가 간의 내적인 차이와 질적인 차이를 무시하고 세계체제 내에서 일단의 국가들에 의한 자본주의가 아닌 사회주의 건설 노력을 과소평가한다는 점이다.

월러스타인은 근대 세계체제가 정치적 체제가 아닌 경제적 체제로서 체제의 구성 단위 간의 기본적인 연계가 경제적인 것을 강조하고 있다. 또한 세계체제론은 변화를 설명하는 데 순환(즉 세계자본주의 체제의 확장과 축소)이라는 관점을 지나치게 강조함으로써 이러한 변화에 대한 정치적 영향을 배제하고 있다.

이러한 논리를 비판하는 학자들은 총체적 사회체제로서의 세계체제를 이해하기 위해서는 국가 간 힘의 역동성 · 군사력 · 정치적 동기에 근거한 국가의 외적인 행위가 세계체제의 변동 과정에 중요한 역할을 한다는 점에 주목해야 한다고 주장한다.

대표적 학자인 모델스키는 세계체제 내의 국가의 역할과 정치적 · 군사적 · 안보적 변수를 인정하고 세계체제 이론에 포함해야 한다고 말한다. 그 이외에도 톰슨(William R. Thompson) · 레이(James Ray) · 졸베르그(Aristide R. Zolberg) · 랩킨(David P. Rapkin) 등이 국가의 능력 · 능력집중 정도 · 국가 간의 정치적 상호작용과 외교정책 등의 정치적 요인을 고려할 필요성을 강조하며 이러한 요인들을 배제한 월러스타인의 세계체제론을 비판하였다.

이러한 비판에도 불구하고 월러스타인의 세계체제론은 개도국의 저발전과 선진국의 발전에 대한 종합적인 이해를 위해 일관된 거시적인 틀을 제시하고 있다. 따라서 개도국의 저발전을 국내 문제로 간주하고 이에 바탕을 두고 국내적인 처방만을 제시했던 근대화 이론의 한계에서 벗어날 수 있었다. 냉전이 종식되고 세계화가 빠른 속도로 진전되면서 세계가 하나라는 인식이 확대되는 동시에 경제적인 관계가 국가 간 관계의 주를 이루면서 세계체제론에 관한 관심이 다른 어떤 때에 비해 높아지고 있다.

5. 갈퉁의 구조주의적 제국주의 이론(Structural Theory of Imperialism)[47]

1) 제국주의의 정의

갈퉁(Johan Galtung)의 이론은 국가 내의 불평등과 국가 간의 불평등 현상을 설명하고자 하는 본격적인 체제 수준의 이론이라는 점에서 월러스타인의 이론과 같다. 그러나 갈퉁의 비마르크스주의적 제국주의 이론은 이러한 현상을 세계자본주의로부터 발생하는 경제적인 관계로서 설명하려는 마르크스주의적 월러스타인의 세계체제론과 대조를 보인다.

갈퉁은 국가 내의 불평등과 국가 간의 불평등을 야기하고 항구화시키는 제국주의를 단순히 자본주의로부터 야기되는 경제적인 관계가 아닌 정치·경제·군사·문화·통신이란 관점에서 정의되는 지배의 구조적 관계로 본다.

갈퉁도 세계를 중심부 국가와 주변부 국가로 구분한다. 그는 생활 조건의 수준에 따라 국가들을 중심부 국가와 주변부 국가로 분류하고 있다. 이들 중심부와 주변부 국가들 역시 내적으로 중심부 엘리트와 주변부 국민으로 구분하고 있다. 갈퉁은 제국주의란 다음과 같은 3가지 조건을 충족시키는 중심부 국가와 주변부 국가와의 관계라고 본다.

ⅰ) 중심부 국가의 중심부 엘리트와 주변부 국가의 중심부 엘리트 간에 이익의 조화가 존재한다. ⅱ) 중심부 국가 내에서보다 주변부 국가 내에서 더 많은 이익의 부조화가 존재한다. ⅲ) 중심부 국가의 주변부와 주변부 국가의 주변부 사이에 이익의 부조화가 존재한다.

갈퉁은 이처럼 제국주의를 주변부 국가의 중심부가 중심부 국가를 위한 교두보를 형성하고 있는 것을 특징으로 하는 중심부 국가와 주변부 국가 간의 지배관계로 정의하고 이러한 제국주의를 강화하는 두 개의 기본적인 기제가 있다고 본다.

2) 제국주의를 강화하는 두 기제

갈퉁은 제국주의를 강화하는 두 개의 기제로서 수직적인 상호작용 관계와 봉건적인 상호작용을 들고 있다. 이들을 하나씩 살펴보면 다음과 같다.

---

47) Johan Galtung, "A Structural Theory of Imperialism," *Journal of Peace Research*, Vol. 8, No. 2 (1971), pp. 81–94.

(1) 수직적인 상호작용 관계

중심부 국가와 주변부 국가 사이의 불평등과 착취를 가져오게 하는 기제 중 하나는 국제적인 노동 분화에 기초한 수직적인 상호작용 관계(vertical interaction relations)이다. 이로써 중심부 국가는 주변부 국가와의 상호작용으로부터 경제적·정치적·군사적·문화적으로 이득을 취하는 한편 주변부 국가는 손실을 봄으로써 상호작용에서 불평등을 낳는다고 본다.[48] 이는 마르크스주의적 구조주의 이론들이 강조하는 중심부 국가와 주변부 국가 사이의 수직적 분업과 같은 것이다.

갈퉁은 국가와 국가 사이의 상호작용이 평등하게 이루어지고 있는지 아닌지를 알기 위해서는 이러한 상호작용으로부터 발생하는 두 요인에 관해 연구해야 한다고 본다. 즉 상호작용을 하는 행위자 간의 가치교환(value exchange)이라는 행위자 간의 효과(inter-actor effect)와 행위자 내부에 미치는 결과라는 의미의 행위자 내부의 효과(intra-actor effect)가 이러한 두 중요한 요인이다.

경제적 관계에서 자유주의적 경제학자뿐 아니라 마르크스주의 경제학자 역시 첫 번째 요인인 행위자 간의 효과를 분석했다. 이는 각 행위자 내부로 유입되는 재화나 서비스와 같은 것을 측정하여 비교함으로써 누가 좀 더 많은 이득을 보느냐를 살펴보는 것이다.

갈퉁은 상호작용의 불균등성을 살펴보는 데 있어 이러한 국가 간의 효과 이외에 국가 내부에의 영향 역시 고려해야 한다고 본다. 좀 더 정확히 표현하자면 갈퉁은 국가 간의 수직적인 상호작용으로부터 야기되는 첫 번째 요인보다는 두 번째 요인의 결과로써 국가 간의 불평등이 생긴다고 본다. 즉 주변부 국가들은 국제적인 노동 분화로 인해 원료의 생산에 특화하고 이를 수출한다. 그 결과 이러한 원료를 가공하여 공산품으로 만드는 것과 연관있는 연구 그리고 기술혁신과 같은 것에 대한 자극을 상실한다.

이처럼 갈퉁은 노동의 분화가 국가의 내부에 미치는 영향이 국가에 따라 다른데 이러한 차이가 바로 국가 간과 국가 내의 불평등의 원인이라고 본다. 이 점에 있어서 갈퉁은 월러스타인·아민·에마누엘과 상당히 다르다. 이들은 이러한 불평등의 문제를 세계자본주의 체제의 생산과 교환에 의해 야기되는 행위자 사이에 미치는 영향의 차이에 기인하는 것으로 보기 때문이다.

48) 이 점과 연관된 것으로서 갈퉁 이론은 호주 및 캐나다와 같이 천연자원을 주로 수출하면서 선진국에 속하는 국가들의 경우를 설명할 수 없다.

(2) 봉건적인 상호작용 관계

두 번째 기제는 봉건적인 상호작용 관계(feudal interaction relations)로서 이는 국가 간의 불평등을 유지하고 영속화한다고 본다. 이러한 구조의 특징은 중심부 국가 간 상호작용의 정도가 상당히 높으며 중심부 국가와 주변부 국가 간의 상호작용은 이보다는 좀 덜하고 주변부 국가 간의 상호작용이 매우 적은 것을 말한다. 주변부 국가는 단지 중심부 국가를 통해서 외부의 환경과 연계되어 있으며 자신들과 연계된 중심부 국가와는 광범위하게 상호작용을 한다. 그러나 이와는 대조적으로 이들 주변부 국가는 다른 중심부 국가와 동료 주변부 국가와의 상호작용은 없다고 본다.

(3) 두 기제가 가져오는 결과

예로서 이러한 두 기제가 경제 부문에서 어떠한 결과를 가져오는가를 살펴보자. 경제적인 면에서의 수직적인 상호작용은 주변부 국가의 경우 한 가지 혹은 몇 가지 안 되는 일차 산업 생산품을 수출하고 중심부 국가는 공산품을 수출하는 국제적인 노동 분화에 기초하고 있다. 주변부 국가는 대부분의 교역이 하나의 중심부 국가와 이루어지나 중심부 국가는 그들이 원하는 바대로 자유롭게 그들의 교역 관계를 확장시킬 수 있다. 이러한 하나 혹은 몇 안 되는 종류의 일차 산업 생산품에의 수출 집중과 교역 파트너의 집중은 중심부 국가에 대한 주변부 국가의 종속을 가져온다고 본다.

3) 제국주의의 유형

갈퉁은 중심부 국가와 주변부 국가 간 교환의 유형에 따라 정치 · 경제 · 군사 · 문화 · 통신이라는 다섯 가지 유형의 제국주의를 밝히고 있다. 갈퉁은 이러한 유형의 제국주의 사이에는 어느 것이 더 우월한지 또 어느 것이 더 우선하여야 하는지에 차이가 없어 제국주의는 어느 유형으로부터도 시작될 수 있다고 본다.

그는 또한 이러한 다섯 가지 유형의 제국주의는 서로 간에 전환될 수 있는 확산 효과를 갖는다고 본다. 예컨대 경제적인 면에서의 수직적인 상호작용은 정치 · 군사 · 문화 · 통신 부문에 파생과 확산의 효과(spin-offs and spillover effects)를 가져온다는 것이다.

4) 갈퉁의 제국주의 이론의 장점

월러스타인의 세계체제론에 대해 「자본주의가 정말로 불평등을 지속시키는 주된 요인인가」의 질문과 더불어「만약에 세계가 사회주의 국가만으로 구성되어 있다면 국가 간의 지배와 종속적 관계는 더는 존재하지 않을 것인가」하는 의문이 종종 제기된다. 갈퉁의 이론은 이러한 질문에 더 설득력 있는 답을 준다. 이는 그의 분석이 특정 유형의 경제체제를 가정하고 있지 않으며 또한 현존하는 불평등의 만병통치로서 궁극적으로 혁명에 의존하는 경향을 피하고 있기 때문이다.

제 6 절 타 패러다임 이론의 국가 간 불평등 문제의 해결방법

국가 간 불평등의 문제를 설명하는 데 있어서 각 패러다임은 다음과 같은 견해 차이를 보인다. 선진국의 발전 과정을 그대로 답습한다면 후진국도 발전이 된다고 보는 자유주의 이론에 있어 빈국과 부국 사이에 확대되고 있는 격차는 하나의 비정상적인 것이다.

자유주의 이론은 시장 메커니즘이 최대의 경제성장과 발전 그리고 복지를 가져다준다고 본다. 자유주의 이론에 있어 자유무역은 최대한의 세계 생산을 가져오기 때문에 수입대체산업은 비합리적인 정책이다. 국가 간의 불평등은 시장개입과 같은 방법에 의해서는 오히려 더 악화하리라고 보고 이의 해결은 후진국이 좀 더 세계경제에 편입되고 통합되는 것이라고 본다.

구조주의 이론이 국가의 시장개입과 관계없이 세계자본주의가 불평등을 지속하여 재생산할 것으로 보는 것과는 달리 현실주의 이론은 국가에 의한 시장개입이 불평등을 감소시킬 수 있다고 본다. 현실주의 이론은 자유주의 이론과는 달리 경제성장과 발전을 위해 시장보다는 국가의 역할을 강조한다. 즉 국가가 국내적인 무역의 장애물을 제거하고 하부구조의 건설을 위해 보조금을 지불하며 보호관세를 설정하는 등의 정책은 국가 간과 국가 내의 불평등을 감소시킬 것으로 본다. 현실주의 이론은 이론적으로 자유무역에 반대하지 않으나 평등한 상태에 도달하기까지 자유무역은 후진국에는 해가 될 것으로 본다.

제 7 절 구조주의 이론에 대한 비판[49]

구조주의 이론은 일관성과 명료성을 지니고 있다는 장점이 있다. 나아가 후진국의 경제적 후진성과 국가 간 부의 큰 차이를 설명하는 데 일면 공헌하는 바가 있다. 그러나 동시에 다음과 같은 비판을 받고 있다.

첫째, 구조주의 이론이 주장하듯이 종속이 경제적 · 사회적 후진성을 가져왔는지 아니면 경제적 · 사회적 후진의 결과로써 종속이 유발되었는지에 대한 인과성에 대해 의견의 일치가 존재하지 않는다.

둘째, 구조주의 이론은 일반적으로 국제체제의 작동을 자본의 축적과 이와 관련된 동태적인 것으로 환원시키고 있다. 즉 구조주의는 국제관계의 정치적이고 전략적인 동기 등을 무시하고 경제적인 동기에 지나치게 의존하고 있어 경제적 영역과 독립적인 정치적인 영역을 인정하지 않고 있다. 이러한 입장은 세계자본주의 체제가 등장하기 전의 주권 국가 간의 경쟁 등 국가 행동의 정치적인 동인을 설명할 수 없다.

셋째, 구조주의 이론은 일국의 국내 변수를 언급하고 있는 것은 사실이지만 주변부 국가의 저발전과 종속을 설명하는 데 있어 지나치게 국제적인 변수에 의존하고 국내 변수 특히 사회적 · 문화적인 변수의 역할을 과소평가한다. 즉 경제성장의 결여 · 사회불안 · 강압적인 정부와 같은 현상을 모두 선진 자본주의 국가의 탓으로 돌리고 있다.

넷째, 구조주의 이론은 이론적으로 지나치게 경직되어 있다. 즉 구조주의의 견해를 입증하는 사례들만을 선별적으로 연구하며 사례연구 등을 통해 예기치 않은 결과가 나타나도 대안적인 가설 등을 추구하지 않는 경향이 있다.

다섯째, 구조주의 이론은 한국을 위시한 아시아의 신흥공업국과 석유가 풍부한 중동의 국가들과 같은 상대적으로 경제적 성공을 거둔 국가의 경우를 적절히 설명하지 못한다. 월러스타인과 같은 학자는 이들 그룹의 국가들을 이론적으로나 경험적으로 제대로 정의되지 않은 반주변부라는 개념을 가지고 분석하고자 하나 다양한 국가들의 경제적인 성공을 적절하게 설명하기 위해서는 국가의 구조를 위시한 정치적 · 사회적인 특징과 같은 국내 변수에 적절한 주의를 기울이지 않으면 안 된다.

스턴(Geoffrey Stern)은 현재의 중국의 예를 들어 구조주의 이론의 논리적 모순을

49) Paul R. Viotti and Mark V. Kauppi, *International Relations Theory: Realism, Pluralism, Globalism*, 2nd ed. (New York and London: MacMillan Publishing Company, 1993), pp. 464–468.

지적하고 있다. 즉 그에 따르면 중국은 과거 세계경제와 다소 단절되었던 대약진운동 시기와 문화대혁명 시기에 발전이 저해되었으나 세계경제에 단단히 연결된 현재 매우 인상적인 발전을 하고 있다는 것이다.[50)]

여섯째, 구조주의 이론은 일반적으로 대안적인 세계질서를 제대로 정의하지 못하고 있다. 「종속이 아닌 자율적 발전이란 무엇이며 이러한 목표는 어떻게 달성될 수 있는가」의 질문과 「세계자본주의 체제의 대안으로서 세계사회주의체제는 어떤 모습을 띨 것이며 세계정부의 재분배 정책은 정치적 탄압과 권력의 남용을 가져오지 않겠는가」와 같은 질문에 제대로 된 답을 주지 못하고 있다.

일곱째, 구조주의 이론은 과학으로서의 가치중립이 지켜지지 않고 남반구 국가와 북반구 국가 간의 관계의 본질적인 변화라는 규범적인 가치에 편향되어 있다. 적지 않은 구조주의 이론의 저서들은 저발전을 설명하기보다는 후진국 저발전의 문제는 외부에 그 원인이 있다는 주장을 제기함으로써 후진국의 민족주의자와 사회주의자들을 서구에 대항하여 결집하는 데 더 많은 주의를 쏟는다. 저발전의 국내적인 요인에서 주의를 벗어나게 함으로써 구조주의 이론가들은 그들이 해결을 추구하고자 하는 바로 그 문제를 항구화시키고 있다.

길핀(Robert Gilpin)은 구조주의 이론이 다음과 같은 그릇된 가정에 기초하고 있다고 비판한다. i) 구조주의는 사회주의가 아니 자본주의를 택하고 있는 산업 강국 간 이해관계의 공통성을 사실보다 크게 가정하고 있다. ii) 주변부 국가들의 수동성이라는 구태의연한 가정에 기반을 두고 있다. iii) 신마르크스적인 제국주의 이론이 오늘날의 선진국과 개도국 간의 경제 관계에 적용될 수 있다고 가정하나 제조업 분야에서 보듯이 해외에의 직접투자는 다국적기업의 유치국에 이득이 있다고 본다.[51)]

---

50) Geoffrey Stern, *The Structure of International Society: An Introduction to the Study of International Relations* (London and New York: St. Martin Press, 1995), p. 38.

51) Robert Gilpin, *The Political Economy of International Relations* (Princeton, New Jersey: Princeton University Press, 1987).

제 8 절 주요 문제에 대한 구조주의 이론의 관점

1. 구조주의 이론과 국제기구

구조주의 이론은 일반적으로 국제레짐과 국제기구를 포함한 국제제도를 선진 자본주의 국가들(종종 구체적으로 미국)의 지배를 위한 수단이나 도구로 간주한다. 구체적으로 구조주의 이론은 자본주의 경제질서를 옹호하는 국제기구들을 일컬어 「후진국들을 자본주의적 혹은 미국이 지배하고 있는 질서로 끌어들이는 도구」라고 한다. 이들은 미국이나 그 밖에 다른 선진 자본주의 국가들이 이러한 국제기구의 정책을 명령하는 것으로 간주한다.

구조주의 이론은 이러한 국제기구들의 정책과 프로그램들이 후진국 내에서의 토착적 경제발전과 사회변혁의 가능성을 억제하는 결과를 가져온다고 본다. 예컨대 페이어(Cheryl Payer)는 세계은행(World Bank)을 평가하면서 「후진국의 국가통제를 국제적인 자본의 유입을 규제하려는 민족주의자와 사회주의자들로부터 빼앗아 국제적인 자본에 넘겨주는 선진 자본주의 국가의 가장 중요한 도구」라고 칭한다.[52] 동일한 맥락에서 세계무역기구(WTO)는 후진국에 불리한 무역조건을 항구화시킴으로써 선진 자본주의 국가들의 이익을 도모하는 도구로 인식된다.

신마르크스주의적 구조주의 이론에서 국가 · 국제체제 · 국제체제의 제도들 모두는 국제자본의 이익을 반영하는 것이며 이들이 해결하고 관리하고자 하는 경제적인 문제들은 자본주의의 장기적인 발전에 내재해 있는 모순으로부터 야기되는 것으로 본다.[53]

소련의 붕괴로 인하여 이러한 구조주의 이론의 견해는 다소 위축되는 듯했으나

52) Cheryl Payer, *The World Bank: A Critical Analysis* (New York: Monthly Review Press, 1982), p. 20.

53) 국제기구에 대한 구조주의의 견해를 좀 더 살펴보려면 다음을 참고하시오: Ismail-Sabri Abdalla, "The Inadequacy and Loss of Legitimacy of the International Monetary Fund," *Development Dialogue*, Vol. 22, No. 2 (1980), pp. 25-53; Cheryl Payer, *The Debt Trap: The International Monetary Fund and the Third World* (New York: Monthly Review Press, 1974); Tersa Hayter, *Aid as Imperialism* (New York: Penguin, 1974); Robert W. Cox, "The Crisis in World Order and the Problem of International Organization in the 1980s," *International Journal*, Vol. 35, No. 3 (Spring 1980), pp. 370-395; Robert W. Cox, "Labor and Hegemony," *International Organization*, Vol. 31, No. 3 (Summer 1977), pp. 385-424; Peter Cocks, "Toward a Marxist Theory of European Integration," *International Organization*, Vol. 34, No. 1 (Winter 1980), pp. 1-40.

탈냉전기에 가속화되고 있는 세계화의 진행 속에서 후진국에서의 경제적·사회적 조건의 악화와 빈국과 부국 사이에 증대하는 양극화의 심화 등으로 인하여 관심이 다시 가열되고 있다.

2. 구조주의 이론과 세계경제[54)]

1) 세계경제의 일반적인 특성

일반적으로 구조주의 이론은 현실주의 이론과 세계경제의 근본적인 성격에 관한 가정을 공유한다. 즉 현실주의 이론에 있어 국가 간에 경제 관계가 이루어지고 있는 국제체제는 무정부적인 구조를 특징으로 하고 구조주의 이론에 있어 국제체제는 세계자본주의의 지배와 종속이라는 계서적이고 착취적인 구조를 특징으로 하는 차이가 존재하나 세계경제는 근본적으로 갈등적이며 이러한 갈등은 체제의 구조적인 특성으로부터 기인한다는 것에 견해를 같이한다.

구조주의 이론에 있어 가장 중요한 행위자란 계급이며 경제적 관계란 이러한 계급의 이익을 위해 규정된다고 본다. 또한 개인과 집단 및 국가에 있어 부와 경제적인 성장은 세계자본주의 구조 내의 그들의 위치에 의해 결정된다고 본다. 현실주의 이론과 자유주의 이론이 성장과 부가 선진화된 중심부로부터 후진국이라는 주변부로 확산되는 것을 상정하는 데 반해 구조주의 이론은 이러한 성장과 부가 주변부로부터 중심부로 이전되는 것을 상정한다.

2) 세계경제와 정치와의 관계

전통적 마르크스주의에 있어 세계경제와 정치와의 관계는 명백하다. 한 마디로 경제가 정치를 결정한다고 본다. 즉 국가의 장기적인 목표와 이러한 목표의 실현 가능성이라는 것이 경제에 의해 결정되며 세계자본주의의 구조라는 경제적인 요인이 정치의 맥락을 제공한다고 본다.

정치란 국가 내의 계급이익의 직접적인 필요의 반영물이 아닌 세계자본주의 구조라는 경제의 반영물이며 국가 간의 정치제도와 정치적 관계가 단지 경제적인 관계

---

54) 각기 다른 패러다임이 국제경제를 어떻게 바라보는가에 대해서는 다음의 두 글을 참조하시오: Roger Tooze, "Conceptualizing the Global Economy," in Anthony G. McGrew, Paul G. Lewis et al., eds., *Global Politics: Globalization and the Nation State* (Cambridge: Polity Press, 1992), pp. 233-249; Robert Gilpin, *The Political Economy of International Relations* (Princeton: Princeton University Press, 1987).

의 연장으로서만 존재한다고 보기 때문에 구조주의를 「경제주의(economism)」라고 간주하기도 한다.

현대 세계자본주의의 복합적인 면모를 다루기 위해 신마르크스주의자들은 경제가 정치를 결정한다는 전통적 마르크스주의의 경직된 경제적 결정주의로부터 어느 정도 벗어나 정치와 정치제도에 제한된 자율성을 부여하는 등 정치와 경제의 관계에 대한 융통성 있는 견해들을 피력하고 있으나 신마르크스주의 역시 장기적인 관점에서 볼 때 정치는 여전히 경제에 종속되어 있다고 본다.

이는 신현실주의 이론이 국가의 엄격한 정치적 결정주의에서 벗어나 경제의 구조적인 면을 포함하고 다른 행위자들과의 광범위한 관계가 중요한 역할을 하는 상호의존을 수용하는 등의 변화를 보였으나 여전히 정치가 경제를 지배하고 국제체제가 세계경제의 요구를 지배한다는 것을 강조하는 것과 유사하다.

이러한 구조주의 이론의 견해는 자유주의 이론의 견해와도 구별된다. 자유주의는 정치와 경제를 특별한 방식으로 분리하고 있다. 즉 정치는 경제에 필요하며 경제를 가능하게 하는 활동으로 보며 경제란 국가가 제한적인 역할을 하는 특별한 정치적인 맥락에서 규정된다. 경제활동에는 본질적인 합리성이 내재해 있다고 보기 때문에 자유주의 경제의 구조와 형태가 장기적으로 정치를 결정하는 것으로 본다.

구조주의 이론은 이처럼 세계자본주의라는 구조적인 경제의 힘(structural economic forces)이 정치의 성격 · 구조 · 내용을 조건 지우고 궁극적으로 결정한다는 견해를 갖는다. 국가의 성격에 대해서도 구조주의 패러다임 내에 광범위한 이견이 존재하나 학자 대부분은 국가란 비록 필연적으로 자본가 계급의 직접적인 도구는 아니나 자본주의 체제에 종속되어 있다고 본다. 즉 국가와 여타의 집단이 광범위한 자율성을 갖는 것처럼 보이지만 정치적 행위의 반경은 자본주의 체제에 의해 주어진다고 본다.

이는 정치적인 목표와 틀이 경제적인 자율성을 조건짓고 제한한다고 보는(즉 경제에 대한 정치의 우위를 인정하는) 현실주의 이론과는 정반대의 견해이다. 이러한 견해는 경제적인 활동을 통한 물질적 필요의 충족이 인간존재의 결정적인 면이라는 역사적 유물론에 근본적인 기초를 두고 있다.

3) 세계경제에서의 국가 자율성

구조주의 이론은 세계경제에서의 국가 자율성에 대해 세계자본주의 체제 내에서의 노동 분화가 국가의 자율성의 정도를 결정짓는다고 보며 세계자본주의라는 국제체제의 구조 속에서 중심부에 있는 국가는 어느 정도의 자율성을 가지나 중남미나 그 밖의 주변부에 있는 국가는 실질적으로 자율성을 갖지 못한다고 본다.

현실주의 이론은 이와는 대조적으로 국가에 따라 정도의 차이는 있으나 국가들은 기본적으로 자율성을 가지고 국제적 수준에서나 국내적 수준에서 경제적 관계를 결정해 왔다고 본다. 구체적으로 국제체제의 구조를 결정짓는 국가 간 권력의 배분에 있어 국가가 차지하는 권력의 위상이 어떠한가에 따라 자율성의 정도가 결정된다고 본다. 미국과 같은 강력한 국가는 경제의 세계화 현상에도 불구하고 지속해서 국제경제와 관련하여 상당한 정도의 자율성을 행사하며 약한 국가일 경우 자율성의 정도가 떨어진다고 본다.

상호의존론적인 자유주의 패러다임 이론은 국가를 단일한 통합된 행위자로 보지 않는다. 상이한 관료들과 부서 간에 국가의 이익과 목표 및 대외경제정책을 둘러싸고 갈등이 존재하며 다양한 국내외의 비정부적 행위자가 정책에 있어 중요한 역할을 하는 것으로 본다. 따라서 국가의 자율성은 상당히 제약을 받고 국가는 약간의 자율성만을 갖는 것으로 본다. 국가 간 경제적 상호의존이 증가할수록 국가는 국제경제에 대해 자율성의 감소를 경험하게 된다고 본다.[55]

4) 두 종류의 정치적 투쟁

구조주의 이론은 경제적 위기하에서 두 종류의 정치적인 투쟁이 지속되는 것으로 본다. 우선 표면적인 수준에서는 기존의 세계자본주의 체제 내에서 세계적인 생산으로부터 자신의 몫을 늘리려는 국가 간의 투쟁과 동시에 이러한 기존의 체제 자체를 확장하고 심화하려는 투쟁이 계속된다. 표면적인 수준과는 달리 본질적인 수준에서는 체제 자체의 성격을 옹호하는 자본과 체제의 성격을 바꾸려는 노동 간의 투쟁이 존속한다는 것이다.

세계자본주의 체제가 확장되고 심화가 될수록 표면적인 수준에서 자신의 몫을 더 확보하려는 투쟁이 중요성을 더해가며 이러한 체제의 확장과 심화는 국가들 가운데 특히 중심부 국가들에게 문제점을 던져 준다고 본다. 여기에서 문제점이란 국가 자본이 국제화가 되면서 많은 경제활동이 국가의 통제 밖에 놓이게 되며 이 때문에 민족주의와 세계경제 사이에 부단한 모순이 발생한다는 것이다.

---

55) David Potter, "The Autonomy of Third World States Within the Global Economy," in Anthony G. McGrew, Paul G. Lewis et al., eds., *Global Politics: Globalization and the Nation State* (Cambridge: Polity Press, 1992), pp. 219-221.

다국적기업과 같은 행위자를 해석하는 데 있어서 현실주의 이론이 이를 국가 권력의 확장으로 보고 자유주의 이론이 이를 초국가적인 경제 행위자로 보는 것과는 대조적으로 신마르크스주의는 이를 세계자본주의 체제의 구체화와 확장으로 본다.

3. 구조주의 이론과 다국적기업

1) 다국적기업의 해외 진출 동기

다국적기업의 해외로의 확장을 설명하는 구조주의 견해의 대표적인 이론은 독점 혹은 과점이론(monopoly or oligopoly theory)이다. 이에 따르면 다국적기업의 해외로의 확장은 현대 자본주의의 피할 수 없는 결과이다. 이러한 견해를 대표하는 하이머(Stephen H. Hymer)의 주장에 따르면 기업은 독자적인 상품·경영 지식·기술과 관리 기술의 통제·자본에의 접근 등과 같은 요인들을 통해 그들이 지닌 독점력을 이용하기 위해 해외로 나간다고 본다. 이들 기업은 기술적 지배력을 보호하려 하고 높은 이익을 얻고자 한다.56)

이는 현실주의 이론이 기업의 해외 진출을 정치적 동기와 정책적 배려라는 요인으로 설명하고 자유주의 이론이 해외에서의 경쟁력 우위와 해외시장을 지키고 경쟁을 제압하기 위해서라는 방어적인 경제적인 요인으로서 설명하려는 것과 대조를 이룬다. 즉 구조주의 이론은 기업의 해외 진출을 해외에서 독점력을 발휘해 높은 이익을 취하기 위한 공격적인 행위로 본다.

2) 다국적기업이 국가에 미치는 영향

다국적기업이 국가에 미치는 영향에 대한 구조주의 이론의 견해는 하이머(Stephen H. Hymer)와 모란(Theodore H. Moran)에서 볼 수 있다.57) 구조주의 이론은 간단히

56) Stepher H. Hymer, "The Efficiency(contradictions) of Multinational Corporations," *American Economic Review*, Vol. LX, No. 2 (1970), pp. 441-448; Stephen H. Hymer, "The Multinational Corporation and the Low of Uneven Development," in J. W. Bhagwati, ed., *Economics and World Order* (New York: Macmillan, 1971), pp. 113-140; Stephen H. Hymer, "The Multinational Corporation and International Oligopoly: The Non-American Challenge," in Charles P. Kindleberger, ed., *The International Corporation: A Symposium* (Cambridge, Mass.: The MIT Press, 1970), pp. 57-91.

57) Theodore H. Moran, *Foreign Direct Investment and Development: The New Policy Agenda for Developing Countries and Economies in Transition* (Washington: Institute for International Economics, 1998); Theodore H. Moran, *Parental Supervision: The New Paradigm for Foreign Direct Investment and Development* (Policy Analysis in International Economics 64) (Washington: Peterson Institute for International Economics, 2001).

말해 다국적기업이 유치국의 경제 효율성과 성장을 감소시킨다고 본다. 구체적으로 다국적기업은 경쟁이 없는 가운데 고의적인 생산의 제한과 인위적인 높은 가격의 유지 등을 통해 효율을 떨어뜨린다. 더불어 새로운 자본을 공급하는 대신 유치국의 자본을 흡수하고 적절하지 못한 기술을 적용하며 유치국 국민이 아닌 외국인을 관리인으로 고용하여 유치국의 국가성장을 실제로 방해할 수도 있다고 본다.

예를 들어 외국에서 활동하는 일국의 다국적기업이 외국의 저임금을 이용해 본국의 부품을 가져다 조립생산을 할 경우 유치국의 토착 산업의 발달은 뒤로 미루어지고 종속을 심화시킨다고 본다. 이처럼 구조주의 이론은 세계 전반에 걸쳐서의 효율성과 성장의 극대화가 일개 국가 경제의 효율성과 성장의 극대화와 반드시 연결된 것은 아니라고 본다.

구조주의 이론은 또한 다국적기업이 유치국의 정치를 왜곡시킨다고 본다. 다국적기업의 해외 투자자는 유치국의 엘리트들을 포섭하여 그들이 소속되어 있는 유치국에 영향력을 행사하도록 함으로써 유치국의 정치과정을 그르치게 하거나 왜곡시킨다고 본다. 간단히 말해 자유주의 이론은 개도국에의 직접적인 해외투자를 기업 간의 상호 보상이 있는 교환으로 보는 데 반해 구조주의 이론은 다국적기업이 개도국을 착취한다고 본다.

3) 비 판

자유주의 이론은 자신의 수출시장에 대한 위협에 직면하여 기업이 해외로 진출한다고 본다. 이러한 견해는 경제적인 요인을 강조하는 견해로서 현실주의 이론으로부터 기업의 해외투자는 정책적인 선택일 수 있고 국내 정치 질서와 관련이 있을 수 있다는 측면을 과소평가하고 있다는 비판을 받고 있다. 이러한 비판은 구조주의에도 동일하게 주어진다.

4. 구조주의 이론과 세계화[58)]

1) 세계화의 동인과 특징

현실주의 이론은 세계화를 국익 추구를 위한 정책적인 선택으로 바라보고 자유주의 이론은 세계화를 과학과 기술의 발전이 가져온 자연스러운 현상이라고 바라본

58) 다음 글의 일부는 김동춘의 「글로벌리즘과 지역주의」라는 제하의 미게재 발표 논문의 내용을 참조하였음.

다. 이와는 달리 구조주의 이론은 세계화를 본질적으로 자본주의의 내적 논리(즉 축적과 잉여)가 추동하는 현상으로 바라보는 동시에 위기에 봉착한 서구자본이 이윤율의 저하를 극복하기 위해 경쟁을 우상시하고 복지 형평을 거절하면서 시장의 원리라는 정글의 법칙을 세계에 퍼뜨리는 것이라고 본다. 즉 오랜 기간 팽창을 구가하던 세계자본주의가 불황에 봉착하자 이에 대한 타개책으로 등장한 것이 세계화라는 것이다.

이처럼 구조주의 이론은 기본적으로 자본주의 세계경제가 세계화의 근본적인 동인임을 강조하고 있다. 현재의 국제사회 변화 즉 영토에 기반을 둔 주권 국가의 경계가 흐려지고 주권 국가의 권한이 약화되고 있는 것은 이전 단계의 국제정치 질서나 국제경제 질서와 질적으로 다른 것이 아니라면서 그 지속성을 강조한다.

구조주의 이론은 이러한 현상을 세계화로 칭하고 마치 과거와 질적으로 다른 그 어떤 것이 진행되고 있는 것으로 생각하는 이론적 시각에 불만을 느끼고 있다. 구체적으로 구조주의 이론은 현재의 국제사회 변화를 기본적으로 자본주의적 논리가 확대되고 심화한 측면이 강하고 국가 이기주의 혹은 초국적 자본의 필요에 상당 부분 기초하고 있어 이제까지의 역사의 진행과 전혀 다른 차원의 전개가 아니므로 근대화와 자본주의화라는 기존의 개념으로 설명이 가능한 현상이라고 본다.

구조주의 이론은 오늘날의 국제사회 변화는 그 변화의 정도가 선진 자본주의의 발전 정도에 따라 달라 왔으나 자본주의 및 근대화와 더불어 이미 시작되었던 것으로 본다. 즉 일국 단위에서의 자본축적 한계로 인한 자본의 국제화의 고도화 · 경쟁적 이념과 정치체제에 의해 드리워졌던 장벽의 제거 · 교통과 정보통신의 획기적 발전 등으로 인해 지금까지의 자본주의 질서와는 차이가 나지만 이러한 변화는 기본적으로 근대화 과정에서 제기되었던 문제들 즉 자원의 배분을 둘러싼 주권 국가 간의 전쟁과 갈등 · 민족주의와 인종주의 · 자본주의와 시장경제에 의한 불평등과 인간소외와 같은 문제를 해결하면서 넘어서는 것이 아니라 그것을 새로운 차원에서 지속시키는 것으로 본다.

구체적으로 말해 비국가적 행위자의 등장과 주권 국가의 경계 붕괴 및 주권의 약화는 새로운 현상이 아닌 주권 국가 형성기부터 존재해 오는 현상으로 진단한다. 강대국들은 주권 국가가 형성될 무렵부터 외국시장에 진출하거나 식민지를 경영하면서 세계를 지배해 왔고 자국의 문제는 곧 세계의 문제가 될 수 있었다. 후진국의 영토적 경계를 붕괴시키고 주권을 약화시킨 제국주의는 주권 국가의 틀을 부정하는 세계화의 출발이었다고 본다.

이와는 달리 약소국에 있어서 세계화는 곧 식민지로의 전락을 의미한다고 본다.

이는 자본 · 기술 · 정보 · 군사력이 약한 국가는 국제질서의 게임 규칙을 바꿀 수 없고 강대국 주도의 게임에 편입하지 않을 수 없기 때문이다. 약소국의 민족주의는 세계화의 이면에 존재하는 것이다. 다시 말해 최근 들어 새로운 현상인 양 제기되고 있는 주권의 양도와 국민경제의 기반 와해는 약소국의 입장에서는 오히려 보편적이고 일상적인 일이었다는 것이다. 오늘날의 세계화는 선진국이 후진국에 강제력을 지니고 주도하는 것은 아니라는 점에서 과거의 것과 다르며 또한 과거와는 달리 민족주의마저 설 자리가 없다는 점에서 후진국에 미치는 영향이 지대하다고 본다.

2) 세계화의 영향

(1) 주권 국가의 위상에 미치는 영향

주권 국가의 위상에 관한 구조주의 이론의 견해에 따르면 기본적으로 현대 자본주의 세계체제란 자본과 시장의 세계화와 정치질서의 국가화라는 상호 간에 모순된 것에 기초하고 있으므로 양자는 갈등을 계속해 왔다.

이러한 관점에서 구조주의 이론은 현실주의 이론과 마찬가지로 비국가적 행위자의 영향력을 인정하면서도 주권 국가가 국제정치경제 질서를 주도하고 최종적인 결정권을 보유한다고 보며 국가에 대해 구속력 있는 결정을 내릴 수 있는 상위 권력은 존재하기 힘들다는 견해를 피력한다.

(2) 세계화의 부정적인 영향

구조주의 이론은 자유주의 이론이 세계화가 가져다주는 긍정적인 측면을 강조하는 것과는 달리 세계화의 부정적인 측면을 강조한다. 오늘날의 세계화 추세는 여전히 시장 위주의 약육강식 질서가 유지된다는 점에서 과거의 연속선상에 있으나 과거와는 상이한 두 차원의 문제가 포함되어 있다고 본다.

그중 하나는 국가 내의 계급 간 대립을 넘어서서 인류 모두가 해결해야 할 인류적 사안이 제기되고 있다는 것이다. 또 다른 하나는 자본과 금융이 세계화되고 지구의 전 영역이 시장화되고 있어 이런 질서에 어떤 형태로든 대처하지 않으면 민족 단위의 발전 전략은 의미가 없고 또 지속될 수도 없다는 측면에서 세계화의 심도가 깊다고 본다.

세계화가 주는 부정적인 영향은 폴라니(Karl Polanyi)가 「대변혁(The Great Transformation)」이라는 제하의 그의 저서에서 전개하고 있는 주장에 잘 나타나 있다.[59]

---

59) Karl Polanyi, *The Great Transformation* (Boston: Beacon Press, 1994).

그는 이 저서에서 시장 만능주의와 시장의 실패를 지적하면서 세계화가 시장의 효율성만 강조한 결과 노동자 계급의 이익을 고려하지 않고 자본가 이익만 강조하여 부의 양극화를 초래한다고 강조한다.

무한경쟁의 논리로 국가에 의해 보호받던 사회적 약자가 더욱 소외되고 방치됨으로써 국내 정치가 불안정해지면서 전체주의 국가가 등장할 수 있고 이 때문에 국제관계가 불안해질 것으로 본다. 이러한 진단 아래 폴라니는 세계화로 인해 소외되는 사람들을 배려하지 않는 세계화는 의미가 없다고 본다.

폴라니는 금융의 세계화가 개별국가의 정책 자율성에 가하는 위협을 지적한다. 세계화로 인해 국가의 재정정책과 통화정책 등이 불안정해지고 이 때문에 경제의 건전한 운영이 어려워진다는 점을 강조한다. 특히 국가 간 이자율 차익을 노리고 단기적으로 이동하는 투기성 자금의 유입으로 일국의 경제정책은 불확실한 효과를 거두게 된다. 이러한 맥락에서 폴라니는 자본을 악인의 맷돌(Satanic Mill)로 묘사하고 모든 것을 삼킬 수 있는 엄청난 파괴력을 보유하고 있다고 지적하고 통제되지 않은 자본의 파괴력을 경고하고 있다.

구체적으로 그는 세계화의 열매가 국가 간에 비대칭적으로 주어져 세계적 차원의 부의 불평등을 증가시키고 특히 남북 간의 격차를 심화시켜 이에 따른 갈등의 가능성을 제고시켜 세계가 불안정해진다고 본다. 또한 국내적으로 탈규제・민영화・복지축소로 개개인의 삶을 혹독한 경쟁으로 내몰고 소득분배의 불평등을 악화시켜 소위 20대 80의 사회를 강요하며 소득분배 악화에 따른 국내적 갈등의 가능성이 커진다고 바라본다.60)

이밖에 상호의존 심화로 인해 국제경제 질서의 불안정을 촉발할 수 있는데 구체적으로 1990년대 후반기에 발생한 아시아의 경제위기에서 보듯이 일국의 수행 능력 부족으로 야기되는 경제위기가 전 세계적으로 확산될 수 있다. 또한 생산의 세계화는 다국적기업에 더 나은 입지 조건을 찾아 이동하도록 하여 그 결과 환경 규범의 약화와 노동조건의 악화 등을 초래하여 인간안보를 위협할 수 있다. 마지막으로 세계화 이름으로 서구의 문화와 제도 등이 유입되어 종속화가 될 수 있다고 본다.

5. 구조주의 이론과 제국주의

마르크스주의적 구조주의 이론들은 제국주의를 자본주의적 생산양식의 모순에 의

60) 「20대 80의 사회」란 구체적으로 상위 20%의 사람들이 부의 80%를 차지하고 있다는 것을 의미한다.

해 필연적으로 발생하게 되는 현상으로서 확장되어 가는 자본주의의 반영물로 본다.

1) 전통적 제국주의론

자본주의의 국제적 결과에 대해 거의 말한 바가 없는 마르크스와는 대조적으로 20세기 초의 마르크스주의자들은 제국주의를 설명하는 이론들을 전개하면서 자본주의의 국제적 결과에 큰 관심을 표명했다. 가장 대표적인 사람이 바로 레닌(Vladimir Lenin)이다.

레닌에 따르면 독점적 자본주의 생산과정에서 잉여 자본이 필연적으로 생기며 이러한 잉여 자본의 발생은 어떠한 소득의 재분배를 통해서도 피할 수가 없다. 또한 산업자본과 금융자본은 통합되어 국가를 효과적으로 통제하게 되며 잉여 자본의 수출 노력은 단순한 기업 간의 대결이 아닌 국가 간의 경쟁이 된다.

자본주의 국가들은 그 결과 그들 간에 세계를 나누게 되고 더 나아가 영토를 둘러싼 국가 간의 경쟁은 궁극적으로 자본주의 강대국 간의 전쟁으로 이어진다고 보았다.[61] 한 마디로 레닌은 제국주의란 자본주의 생산양식에 내재해 있는 모순이 궁극적으로 드러나는 것으로 보았다.

레닌과 마찬가지로 부카린(Nikolai I. Bukharin)과 룩셈부룩(Rosa Luxemburg)은 군국주의와 식민주의의 팽창을 자본주의의 필연적인 산물로 보며 제국주의를 자본축적의 정치적인 표현으로 간주한다. 이들은 자본주의 국가가 자본뿐만 아니라 상품 수출을 위한 출구로서 해외시장이 필요하다는 것에 주목했고 천연자원의 공급원이 지속해서 필요하다는 것에도 역시 주목했다.[62]

2) 신제국주의론

(1) 신제국주의론의 내용

앞서 자유주의 패러다임 부분에서 설명했듯이 자유주의 이론은 전통적인 마르크스주의적 제국주의 이론이 주장하는 자본주의와 제국주의와의 필연적인 관계를 부인한다. 자유주의 이론가인 슘페터(Joseph E. Schumpeter)는 「전통적인 제국주의 이론이 자본주의 국가가 더 이상 식민주의(colonialism)를 추구하지 않는 것을 어떻게 설명할 것인가」의 문제를 제기했는데 이에 대한 대응으로서 신제국주의(신식민주의) 이

---

61) Vladimir. I. Lenin, *Imperialism: A Study* (New York: Vanguard, 1929).
62) Nikolai L. Bukharin, *Imperialism and Wored Economy* (New York: International Publishers, 1929); Rosa Luxemburg, *The Accumulation of Capital* (London: Routledge and Kegan Paul, 1951).

론이 신마르크스주의자에 의해 등장했다.

위에서 살펴본 데펜덴시아를 포함한 여러 종류의 구조주의 이론들 자체가 다름 아닌 세계자본주의로 인한 지배와 종속 그리고 착취를 설명하는 신제국주의 이론들이다. 이미 설명했듯이 구조주의 이론가들은 세계자본주의의 작동 원리로 인해 선진국과 후진국 간의 무역과 투자는 후진국의 발전을 저해하고 왜곡시킨다고 주장한다. 선진 자본주의 국가들의 제국주의 팽창은 후진국의 종속을 심화시키고 항구화시킬 뿐 아니라 이들을 착취한다는 것이다.

이러한 선진국과 후진국 간의 무역과 투자에 대한 비관주의는 무역을 강력한 성장 추동체로 보고 중심부와의 관계는 주변부의 발전을 가속하리라고 본 자유주의 이론가들과 20세기 초의 전통적인 마르크스주의자들이 낙관주의와 큰 대조를 이룬다.

(2) 전통적 제국주의론과의 차이

전통적인 제국주의 이론과 신제국주의 이론을 비교하면 우선 신제국주의는 제국의 존재와 제국주의를 분리하고 제국주의를 국가의 정책과 행위로부터 분리한다. 즉 국가가 아닌 사기업이 제국주의를 움직여나가는 엔진의 역할을 한다고 본다. 이들 사적 기업은 정부의 정책과 국가 힘의 도움 없이도 다른 국가의 자원을 효과적으로 통제하고 착취할 수 있는 그들의 보이지 않는 제국을 만들 수 있다고 본다. 마지막으로 전통적인 제국주의 이론이 제국주의가 식민지 경제를 발전시킨다고 보는 데 반해 신제국주의는 저발전국의 발전을 상대적으로 낮은 수준에 묶어두거나 발전을 왜곡시킨다고 본다.

(3) 신제국주의론에 대한 비판

신제국주의 이론에 대한 코헨(Benjamin J. Cohen)의 비판을 소개하면 다음과 같다.[63] 현실주의 이론가인 코헨은 종속의 의미를 달리 정의하고 있다. 국가와 국가 사이의 경제관계란 본질적으로 상호의존적이지 구조주의가 이야기하고 있는 것처럼 일방적인 종속관계에 있는 것은 아니라고 본다. 즉 종속이란 상호의존 관계에 있어 어느 일방이 타방과 비교해 좀 더 의존적이라는 정도의 문제이지 상호의존과 질적으로 다른 것이 아니라는 것이다.

이러한 종속에 영향을 미치는 주체를 다국적기업과 본국 정부 둘로 나누어 볼 때 제국주의 원인에 대한 구조주의의 견해는 다국적기업의 해외 진출을 설명하는 데는 적절하다고 본다. 그러나 일국의 정부의 경우는 물질적 욕구 때문에 제국주의적 팽

63) Benjamin J. Cohen, *The Question of Imperialism* (New York: Basic Books, 1973).

창을 하는 것이 아니라 국가안보를 위한 권력의 필요(좀 더 광의로 말해 정치적인 필요) 때문에 팽창을 기도하며 경제적인 종속이란 이로 인한 부수적으로 생기는 결과에 불과하다고 본다.

코헨은 또한 구조주의가 종속의 존재만으로 착취를 유추하는 우를 범하고 있다고 본다. 그는 불균등한 상호의존 관계에서 착취의 기회는 상존하나 착취가 필연적으로 일어나는 것은 아니라고 보고 착취의 기회와 착취의 필연을 구별해야 할 필요성을 강조한다.

이러한 주장과 더불어 코헨은 앞서 현실주의 이론 부분에서 살펴보았듯이 제국주의 발생의 주된 원인은 세계자본주의의 물질적 필요라는 경제적인 요인에 기인하는 것이 아니라 개개 국가들이 자신의 힘을 통해 안보를 확보하여야만 하는 국제체제의 무정부성으로부터 오는 정치적 지배의 필요성에 그 근본적인 원인이 있다고 본다.

3) 갈퉁의 제국주의론

앞서 살펴보았듯이 갈퉁은 제국주의를 마르크스주의적 구조주의자들과는 달리 중심부 국가와 주변부 국가 간에 있어서 이해관계의 조화와 부조화라는 비마르크스주의적인 구조주의 관점에서 정의하고 있으며 비마르크스주의자들에 의해 광범위하게 수용되고 있다.

6. 구조주의 이론과 통합

1) 구조주의 통합이론의 일반적인 견해

통합에 관한 구조주의 이론의 견해를 하나로 단순화하여 설명하는 것은 무리다. 그러나 구조주의 통합이론은 공통으로 통합을 자본주의 생산양식의 변화에 기인하는 현상으로 본다.

구체적으로 선진 자본주의 국가들은 지속적인 자본의 축적 결과 1960년대 후반부터 소위 축적 체제의 위기를 경험하기 시작했으며 이에 대한 해결책으로 등장한 자본의 국제화와 국가형태의 변화 등이 지역통합의 원인이라는 것이다. 간단히 말해 구조주의 이론은 자본의 국제화에 조응하는 국가의 국제화의 한 형태로서 지역통합을 설명한다.[64] 세계체제론적 시각에서 통합은 주로 중심부 국가 간의 통합이라는

64) 구갑우, “지역통합의 원인과 결과: 유럽의 사례,” 경남대 극동문제연구소 편, 『동아시아 신질서의 모색』 (서울: 경남대 극동문제연구소, 1996), pp. 284-285.

측면에서 논의되고 있다.

구조주의 이론 특히 세계체제론의 관점에서 볼 때 유럽의 통합은 국제경제체제나 세계자본주의 체제의 발전이 유럽에 미친 영향의 결과로 본다. 이들의 중심적인 주제는 제3의 기술혁명과 국가 경제의 국제화의 증대에 따른 세계시장에서의 경쟁 심화이며 유럽통합이란 국제경제의 발전 특히 세계시장에서 미국 · 일본 · 서유럽 간의 심화하여 가는 경쟁에 대한 반응물로 본다.[65)]

이처럼 구조주의 이론은 통합을 자본주의 발전의 새로운 단계의 산물로서 인식하며 이러한 자본주의의 새로운 단계는 국가 경제의 상호의존과 다국적기업의 지배 등에 의해 특징 지워진다. 구조주의 이론에 있어 통합 현상은 자본의 국제화에 그 뿌리를 두고 있으며 자본가 집단의 이익을 획득하기 위한 수단으로서 자본가 집단의 카르텔(cartel)로 인식된다.

2) 콕스(Peter Cocks)의 견해[66)]

콕스의 통합에 대한 마르크스주의적 구조주의 이론을 소개하면 다음과 같다. 콕스는 전통적인 통합에 관한 문헌들이 근본적으로 탈역사적이기 때문에 현대의 유럽 통합 근원을 적절하게 설명하지 못한다고 주장한다. 콕스는 기본적으로 통합이 자본주의의 성장에 내재해 있는 문제들에 대한 정책적인 반응으로서 진화해온 것으로 파악하며 16세기 이래 유럽에서의 정치적인 통합이란 국가 수준과 국제 수준에서의 국가건립(state-building)의 방법이었다고 인식한다.

통합이란 구체적으로 두 가지 중요한 국가의 기능을 한다고 본다. 우선 통합은 자본주의가 싹트고 있는 사회나 자본주의가 정착된 사회에서 생산력의 확장을 위한 정치적인 하부구조를 제공하는 기능을 한다. 이와 더불어 이러한 사회에서의 통합적인 사회관계를 유지하는 데 필요한 권력을 정당화하기 위한 적절한 수단을 제공하는 기능을 해왔다고 본다.

즉 구조주의 이론은 통합을 자본축적의 필요 · 잉여가치의 실현 문제 · 이러한 문제와 관련 있는 권력의 정당화 문제에 대응한 국가기능의 지리적인 확산으로서 자본주의에 본질적으로 내재해 있는 실재하거나 혹은 가능한 위기를 해결하는 방법으로

---

65) Morten Kelstrup, "The Process of Europeanization. On the Theoretical Interpretation of Present Changes in the European Regional Political System," *Cooperation and Conflict*, Vol. 25, No. 1 (1990), p. 26.

66) Peter Cocks, "Toward a Marxist Theory of European Integration," *International Organization*, Vol. 34, No. 1 (Winter 1980), pp. 1-40.

간주한다. 좀 더 부연하자면 유럽에서의 통합이란 국가기능이 영토적 범위를 넘어 확산되어 그 결과 자본주의의 근본적인 특성이 그대로 유지되게 하기 위한 수단이라는 것이다. 이를 역사적으로 살펴보면 다음과 같다.

우선 16세기와 17세기 유럽에서 지주계급이 정치권력을 가지고 있었으며 봉건주의의 붕괴와 더불어 중상주의를 옹호하는 절대주의 국가가 등장했다. 정치 지도자들은 로마 가톨릭교회의 보편주의 주장에 반대하여 영토적 국가의 건립을 강조했다. 즉 절대주의와 중상주의는 명확히 구분되는 영토 내에서의 지배계급의 권위를 확립하고자 하는 이념이었다. 동시에 이러한 절대주의와 중상주의에 기반을 둔 통일은 영국과 같은 곳에서 자본주의 발전에 이바지했다.

18세기와 19세기에 있어 통합은 변화하기 시작했다. 절대주의라는 엘리트의 이념은 민족주의라는 엘리트와 대중의 이념에 자리를 내주어 산업화 이념 일부가 되었으며 이러한 민족주의는 자본주의의 등장과 더불어 생긴 계급 간에 있을 수 있는 분열을 막는 일체감을 가져다주었다. 즉 민족주의는 자본주의가 산업화로 도약하는 데 필요한 국가의 일체감 건설에 도움이 되는 엘리트와 대중 모두의 믿음이었다.

이 시대에 상공업자들 사이에서 중상주의의 규제에 대한 불만이 증가하여 자유방임적인 경향이 배태되었으며 자본주의를 이끌어 가는 선도적인 국가인 영국의 정치 지도자들은 국제주의와 자유방임주의라는 정책과 이념을 채택하여 변화에 적응해 갔다. 후발 자본주의 국가인 독일 같은 곳에서는 반동적인 민족주의와 보호주의가 지배적인 이념과 정책이었다. 19세기 말까지 유럽국가 대부분은 일종의 부르주아지 계급과 지주의 연합에 의해 지배되었으며 부르주아지 계급의 정치적인 영향력은 더욱더 강화되었다.

1차 세계대전 후 유럽의 정치를 점차 지배했던 부르주아지 계급의 이해관계는 1930년대의 세계공황에 의해 일격을 당했다. 점증하는 자본주의 국가 간의 상호의존 속에 발생한 이러한 공황은 자본주의의 미래의 방향에 새로운 이정표를 세우는 사건이었다. 유럽경제의 실질적인 도산과 이로 인한 입헌정치에 대한 위협은 지배적인 정치와 사회계급에 또 다른 대규모의 공황이 발생하면 이들이 옹호하는 사회를 파괴시킬 것이라는 믿음을 갖게 했다.

이러한 1930년대의 공황의 경험은 패권국으로서의 미국의 새로운 역할과 결합하여 2차 세계대전 후의 유럽의 통합에 모태가 되었다. 새로운 형태의 정치적 · 경제적 일체를 가져다준 것은 역시 국제자본주의와 이와 관련된 정당화의 문제였다는 것을 콕스는 강조하며 유럽의 통합을 전후 세계자본주의의 재구성에서의 지역적인 요소로 본다. 이를 상론하면 다음과 같다.

유럽의 정부 관리들은 국가 경계를 뛰어넘어 경제가 확산되었으나 미국만큼 강력하지 못하고 또한 경쟁력을 지니고 있지 못한 그들의 경제를 위해 지역적인 통합의 중요성을 인정했다. 지역통합은 이처럼 유럽의 자본을 과도한 국제경쟁으로부터 보호하는 동시에 유럽 자본의 확장을 조정하고 강화하기 위한 기제였다.

이념적으로는 자유주의 패러다임 편에서 살펴본 연방주의(federalism)와 기능주의(functionalism)와 같은 초국가적 아이디어가 엘리트 수준에서 유럽의 지역기구에 도덕적이고 지적인 정당성을 제공했으며 실제에 있어 이러한 초국가주의는 민족주의와 공존했다. 엘리트들은 민족국가의 정당성을 제고시키는 한에 있어서 초국가주의를 지지했다. 비록 지역통합의 초기과정에 있어 초국가주의에 대한 대중으로부터의 기본적인 지지가 있기는 했으나 민족주의가 지배적인 이념으로 여전히 남아 있었다. 위기 시에는 엘리트나 대중 모두 경제적 그리고 정치적인 민족주의로 후퇴하는 경향을 보였다.

2차 세계대전 후 유럽의 정치인들은 또 다른 유럽 내의 전쟁을 피하고 소련에 의한 지배를 방지하는 안보의 문제와 번영의 문제에 직면했다. 안보의 문제는 NATO의 설립을 통해 대개 다루어졌으나 이러한 안보는 유럽통합이 가져다 줄 번영의 문제보다 덜 중요하다고 보았다. 유럽의 의사결정자들은 유럽통합이 구체적으로 다음과 같은 가능성을 지닌 것으로 보았다.

i) 유럽통합은 거대한 공동시장을 제공함으로써 수출이 활성화되고 생산성을 자극하며 이 때문에 경제성장이 가능할 것이다. 즉 규모의 경제와 경쟁 이념을 잘 이용함으로써 번영을 가져오고 또한 현존하는 사회경제적 구조에 대한 정당화가 가능할 것으로 보았다. ii) 유럽 국가들이 개별적으로 할 수 없는 미국의 패권에 대한 집단적인 대항이 가능할 것으로 보았다. 즉 통합을 통해 유럽에 침투할 수 있는 유리한 규모를 지닌 미국의 다국적기업에 대항할 수 있을 것으로 생각했다. iii) 유럽의 통합은 이전의 식민지국들과의 전통적인 관계를 기본적으로 항구화시킬 수 있는 수단이 될 것으로 보았다.

이제까지의 논의를 요약하자면 구조주의 이론에 있어 정치적인 통합이라는 것은 유럽 역사의 주요 전환의 맥락에서만 제대로 이해될 수 있다. 정치적인 통합이란 경제적인 확장과 정당화라는 두 압력에 관한 결과로 발생한 정치적 발전 즉 제도의 수립이었다. 이러한 정당화 문제 자체는 자본의 축적과 잉여가치의 실현이라는 필요에서 발생했다.

7. 구조주의 이론과 냉전의 원인

신마르크스주의에 기초를 둔 냉전의 원인에 대한 수정주의적(revisionist) 견해는 경제적 결정주의의 입장을 택한다. 이러한 수정주의에 속하는 대표적인 학자로는 콜코(Gabriel Kolko)나 가드너(Lloyd Gardner)와 같은 학자들이 있다.[67] 이러한 수정주의 학파는 미국의 베트남전에 대한 반전운동에 의해 고조된 1960년대 신좌파의 일부였다.

이들 수정주의적 견해에 따르면 동유럽의 소련 지배에 대한 미국의 태도는 이 지역에서의 시장 상실에 대한 미국의 우려와 분개에 기본을 둔 것이다. 이처럼 수정주의적 역사학자들은 미국의 대소정책이란 동유럽에 대한 소련의 지배와 소련과 국경을 맞대고 있는 비공산주의 국가들의 독립에 대한 위협에 방어적으로 대응한 것이라는 냉전의 원인에 대한 전통적인 견해에 도전했다. 미국을 이들은 해외시장을 적극적으로 추구하는 본질적으로 팽창주의적인 자본주의 사회로 바라본다.

냉전에 관한 전통적인 견해가 스탈린이 거의 제한 없는 팽창주의적 목표를 가지고 있었다고 가정하는 경향을 가진 것과는 달리 수정주의자들은 냉전을 일으킨 책임자가 미국이라고 본다. 즉 미국은 자본주의의 확장을 촉진할 목적과 소련의 국경 지역의 안보에 대한 정당한 우려를 유린할 목적하에 2차 세계대전 후에 군사적으로 우월한 힘을 단호히 사용하고자 했으며 이 때문에 냉전이 야기되었다고 본다. 수정주의 견해는 소련의 외교정책을 미국의 포위와 반공산주의 움직임에 대한 방어적인 대응으로 본다. 개디스(John Lewis Gaddis)는 이러한 수정주의적 견해를 다음과 같이 요약하고 있다.[68]

ⅰ) 2차 세계대전 후의 미국의 외교정책은 정통적인 레닌의 제국주의 모델과 유사했다. 즉 미국 내에서 부를 재분배할 수 없었거나 재분배를 꺼리므로 해외에서의 시장과 투자 기회를 공격적으로 찾지 않을 수 없었으며 이러한 시장과 투자의 기회 없이는 미국의 자본주의 체제가 살아남을 수 없었다고 본다. ⅱ) 이러한 해외에서의 시장과 투자를 위한 내적인 충동은 소련의 정당한 안보 이익을 고려할 여지가 거의 없었으며 그 결과 전시의 협력이 깨어질 수밖에 없었다. ⅲ) 미국은 대체로 국가들

67) Joyce Kolko and Gabriel Kolko, *The Limits of Power: The World and the United States Foreign Policy, 1945-1954* (New York: Harper and Row, 1972); Lloyd C. Gardner, *Architects of Illusion: Men and Ideas in American Foreign Policy, 1941-1949* (Chicago: Quadrangle, 1970).

68) John Lewis Gaddis, "The Emerging Post Revisionist Synthesis on the Origin of the Cold War," *Diplomatic History*, Vol. 7, No. 3 (Summer 1984), pp. 171-190.

의 뜻을 거슬러 지배를 강요했고 이들을 군사동맹으로 묶고 경제적으로 종속된 위치로 몰아넣었으며 점증하는 반대에 거슬러 협박과 회유 등의 수단을 동원해 지배력을 유지하고자 했다. iv) 이러한 모든 것이 미국 시민의 뜻에 거슬러 행해졌으며 미국의 지도자들은 공산주의가 미국의 생존을 위협하고 있다는 선전을 통해 시민들에게 미국의 제국주의 정책을 지지하도록 교묘하게 조작했다.

수정주의적 견해에 대한 현실주의 이론의 비판 핵심은 수정주의 견해가 냉전을 주로 미국의 국내 변수에서 유래되었다고 보고 소련의 정책을 자체적인 동태성이 없이 미국을 포함한 서구의 움직임에 대한 반응으로서만 인식하며 미국의 자본주의가 없었다면 전후에 냉전이 없이 국가 간의 조화가 있었을 것이라는 믿는 것은 잘못된 것이라고 본다. 신현실주의 이론은 특히 수정주의적 견해가 국제체제의 구조에 대해 주의를 기울이지 않았다고 보고 「양극체제에서 갈등을 정말로 피할 수 있었을까」를 묻는다.

시기적으로 나중에 냉전에 대한 전통적인 해석과 수정주의적 해석의 대결을 넘어 좀 더 융통성 있게 냉전을 해석하고자 하는 후기 수정주의적 해석이 등장했으며 대표적인 학자로는 헤링(George Herring)과 개디스(John Lewis Gaddis)가 있다.[69] 이들의 특징은 냉전의 책임에 대해 덜 명료한 태도를 보이고 여러 가지 복합적인 요인들로서 냉전을 설명하고자 한다. 이들은 외교정책의 결정에서 경제적인 이해관계 · 압력단체 · 정치제도의 부분적인 영향에 대해 개방적인 태도를 지니고 있다.[70]

---

69) George C. Herring, *Aid to Russia 1941-46* (New York: Columbia University Press, 1973); John Lewis Gaddis, *Strategies of Containment* (Oxford: Oxford University Press, 1982).

70) Øyvind Østerud, "Intersystemic Rivalry and International Order: Understanding the End of the Cold War," in Pierre Allan and Kjell Goldmann, eds., *The End of the Cold War: Evaluating Theories of International Relations* (The Hague, Boston, London: Kluwer Law International, 1995), pp. 14-17.

제 6 장

성찰주의 패러다임

제 1 절 성찰주의의 등장 배경
제 2 절 성찰주의 이론들
제 3 절 성찰주의의 평가

PARADIGMS OF INTERNATIONAL POLITICS

제 6 장

성찰주의 패러다임

제 1 절　성찰주의의 등장 배경

지금까지 살펴본 것처럼 신현실주의 이론과 신자유주의적 제도주의 이론은 국가 간의 협력 가능성을 둘러싸고 의견을 달리해 오고 있다. 이들 모두 그런데도 국가를 자신의 이기적인 이익을 추구하는 합리적인 행위자로 간주한다는 점에서 다르지 않다. 이러한 사실은 국가가 상대적 이득을 추구하는 존재인가 절대적 이득을 추구하는 존재인가를 두고 견해를 달리함에도 불구하고 이들 모두 국가를 합리적으로 이익을 추구하는 존재로 바라보는 것에서 잘 알 수 있다.[1)]

신현실주의 이론과 신자유주의적 제도주의 이론 사이에 논쟁이 지속되는 가운데 인문학과 사회과학 분야에 불어닥친 탈실증주의(postpositivism)의 바람은 국제정치 이론에도 예외가 아니었다. 이러한 기류 속에 1980년대 후반부터 신현실주의 이론과 신자유주의적 제도주의 이론의 합리주의적이고 실증주의적인 접근에 대한 비판과 더불어 성찰주의적이고 탈실증적인 다양한 접근이 등장했다.[2)]

---

1) 좀 더 자세히 설명한다면 성찰주의 관점에서 신현실주의 이론과 신자유주의적 제도주의 이론은 국가란 합리적으로 행동하는 존재라고 바라본다는 점에서 공통적이다. 이들 사이에 차이가 있다면 신현실주의가 이러한 국가의 합리적인 행동이나 선택에 가해지는 제약으로서 권력의 배분이라는 국제체제의 구조적인 특징이 있다고 보고 신자유주의적 제도주의 이론은 국제제도를 이러한 제약요인으로 바라본다는 차이만을 가지고 있다고 본다.

2) 성찰주의라는 표현에서 「성찰」이란 반성을 의미하는 말로서 구체적으로 탈실증주의의 영향으로 인한 이론상의 반성을 의미한다.

좀 더 구체적으로 미국이 베트남전쟁 등으로 막대한 전비를 지출하면서 달러화의 급락과 더불어 인플레를 경험하게 되었다. 일부 국가들이 달러화의 가치 폭락을 우려하여 미국의 중앙은행에 달러를 가져와 금으로의 교환을 요구하자 미국은 1971년 금 태환의 중지를 선언하면서 달러의 금본위제도를 폐지함으로써 스스로 브레튼우즈체제를 붕괴시켰다.

이는 전후 미국이 구축한 국제금융 질서의 종식이 도래했다는 것을 알리는 신호탄이 되었고 세계를 지속적 구조변화의 시기로 빠져들게 했다. 이러한 배경 속에서 성찰주의 이론들이 1980년대 초부터 국제정치의 주류 패러다임에 대한 근본적인 도전을 가하기 시작했다.

냉전의 종식과 세계화의 진전은 실증주의를 약화시키고 탈실증주의를 더욱 강화했다. 양극체제가 가장 안정적이고 국제체제의 변동은 대규모 무력 갈등을 동반한다고 주장하던 신현실주의 이론이 양극적 냉전의 평화적 종식으로 설득력을 상실하자 성찰주의 이론이 그에 대한 대안으로도 각광을 받게 되었다. 또한 유럽을 위시한 특정 지역의 국제정치 현상을 이제까지의 시각과는 다른 시각에서 바라보고자 하는 기운이 강화되면서 현실주의·자유주의·구조주의 국제정치학의 패러다임이 비판이론·탈근대이론·구성주의 이론 등의 다양한 성찰주의적 시각에 의해 강한 도전을 받게 되었다.

다양한 성찰주의 시각 가운데 구성주의(constructivism)가 기존의 합리주의와 성찰주의의 가교역할을 하면서 기존의 국제정치 패러다임에 가장 체계적인 도전을 가했다. 그 결과 국제정치의 3대 패러다임이 현실주의·자유주의·구조주의로부터 현실주의·자유주의·구성주의로 바뀌었다는 평가까지 제기되고 있다.

제 2 절 성찰주의 이론들

1. 코헤인의 논의

코헤인(Robert O. Keohane)은 1989년에 「국제제도: 두 접근법(International Institutions: Two Approaches)」이라는 글을 통해 국제제도를 바라보는 두 종류의 접근법으로서 합리주의적 접근법(rationalistic approach)과 성찰적 접근법(reflective approach)을 비교하여 설명했다. 자유주의 패러다임의 신자유주의적 제도주의 이론에 대한 비판 부분에서 이에 대해 상세하게 언급했기 때문에 여기에서는 핵심적인 내용만을 간단하게 다시 언급하고자 한다.3)

코헤인에 따르면 효용의 극대화를 가정하고 있는 합리주의적 접근법은 국가를 합리적인 존재라고 전제하고 국가의 정체성과 선호가 외생적으로 이미 주어진 것으로 바라본다. 합리주의적 접근법은 이처럼 국가의 정체성과 선호가 합리적으로 형성된다는 막연한 설명만을 제시할 뿐 구체적으로 어떤 과정을 통해 형성되었는가에 대한 내생적인 동태에 주목하지 않는다. 합리성을 전제함으로써 정체성과 선호가 어떤 과정을 통해 형성되었는가에 대한 적절한 설명을 제시하지 못할 뿐 아니라 신념체계상 변화의 결과로써 발생하는 정체성과 선호의 변화와 같은 것 역시 제대로 설명하지 못한다.

이와는 대조적으로 성찰적 접근법은 국가의 정체성과 선호란 합리적인 손익계산의 결과로만 유래하는 것이 아님을 강조한다. 즉 합리주의적 접근법과는 달리 국가의 정체성과 선호를 외생적으로 주어진 합리성으로부터 유래된 것으로 간주하지 않고 문화적인 관습·규범·가치의 영향을 받는 사람들의 역사적인 담론(discourse)에 영향을 받는다고 본다.

합리주의적 접근법은 합리적인 분석을 통해 설명하기 힘든 관행과 같은 것에 뿌리를 두고 있는 제도를 설명하기 힘든 것이 사실이나 이론으로서의 간결성(parsimony)을 지니고 있다. 반면에 성찰적 접근법은 이론으로서의 구체성을 아직 제대로 갖추고 있지 않으나 합리적 접근법이 빠뜨리고 있는 것을 보완하고 있다고 볼 수 있다.

코헤인은 관행과 구체적인 제도 하나하나를 이해하고 나아가 이들 사이의 관계를 이해하기 위해서는 이 두 접근법이 모두 필요하다고 결론짓고 있다. 이와 더불어 코헤인은 두 접근법 모두 공통으로 국내 정치에 대해 충분한 주의를 쏟고 있지 않다고 지적하고 국제정치와 국내 정치를 연계 짓는 일이 필요함을 강조한다.

2. 각종 성찰주의 이론들4)

성찰주의 이론들의 공통점은 합리주의의 중심적인 주장의 수용을 거부하고 합리

3) Robert O. Keohane, "International Institutions: Two Approaches," *Intranational Studies Quarterly*, Vol. 32, No. 4 (1988), pp. 379-396.

4) 성찰주의 전반과 성찰주의 이론 가운데 비판이론·탈근대론·구성주의에 대한 자세한 논의는 다음 논문에 잘 정리되어 있다: 정진영, "국제정치 이론논쟁의 현황과 전망: 새로운 이론적 통합의 향방," 『국제정치논총』, 제40집 3호 (2000), pp. 5-38.

주의의 여러 측면에 대해 성찰한다는 점이다. 이들 이론은 무엇이 실재인가를 다루는 존재론(ontology)과 이러한 실재를 어떻게 알 것인가를 다루는 인식론(epistemology)에 있어서 차이를 보이고 합리주의의 여러 면모 중 어떤 점을 성찰한다는 것인가를 둘러싸고 차이를 보이지만 이들은 공통으로 사회과학의 목표는 객관적인 세계에서 인과관계를 찾아내는 것이라는 가정·주체를 객체와 분리할 수 있다는 가정·규범적인 탐구와 경험적이고 과학적인 연구를 구별할 수 있다는 가정 등 실증주의의 가정을 수용하지 않는다.

국제정치학 이론의 맥락에서 이들은 공통으로 정체성(identity)과 선호(preference)의 형성에 대한 현실주의 이론과 자유주의 이론의 견해를 비판하고 가치와 규범 그리고 관습과 같은 것을 통한 주관성(subjectivity)의 사회적 구성(social construction)을 강조하며 구조의 지고성(supremacy of structure) 역시 강조한다. 여기에서는 성찰주의를 대표하는 이론이라고 볼 수 있는 비판이론·탈근대론·역사사회학·규범적 이론·구성주의 이론을 하나씩 살펴보고자 한다.

1) 비판이론(Critical Theory)

(1) 비판이론의 의미

국제정치 이론으로서의 비판이론은 지식의 사회성을 강조하고 인간의 해방을 위한 이론 수립의 가능성을 제시한 1920년대의 프랑크푸르트학파(Frankfurt School)의 비판이론에 뿌리를 두고 있다.

비판이론은 사실(fact)이라는 것이 인식이 발생하는 사회적인 틀(social framework)과 독립하여 인식될 수 있다는 전통적인 실증주의(positivism) 이론을 비판하고 사실이라는 것은 특정 사회와 역사의 산물이라는 견해를 지닌다. 나아가 비판이론은 이러한 전통적인 실증주의 이론들이 인간사회를 자연과 마찬가지로 통제와 지배의 영역으로 바라봄으로써 인간 생활의 조작(manipulation)을 부추기고 인간해방의 가능성에 무관심하다고 지적한다.

이러한 비판이론은 1980년대 초 이래 국제정치 이론으로서 영향력을 미쳐왔는데 가장 영향력이 있는 학자로서 콕스(Robert W. Cox)와 링크레이터(Andrew Linklater)를 들 수 있다.[5] 여기에서는 콕스 이론을 중심으로 비판이론을 살펴보고자 한다.[6]

5) Andrew Linklater, *Beyond Realism and Marxism: Critical Theory and International Relations* (Basingstoke, UK: Macmillan, 1990); Andrew Linklater, "The Achievement of Critical Theory," in Steve Smith, Ken Booth, and Maysia Zalewski, eds., *International Theory: Positivism and Beyond* (Cambridge: Cambridge University Press, 1996), pp. 279–298.

(2) 콕스의 비판이론

콕스 비판이론의 핵심 내용을 문제해결 이론과 비판이론의 구분 · 역사적 구조의 구성요소와 활동 영역 · 세계질서와 패권 · 신현실주의 이론과의 차이 · 콕스 이론에 대한 평가로 구분하여 살펴보고자 한다.

① 문제해결 이론과 비판이론

실증주의자들은 「사실(fact)」이라고 하는 것은 가치와 분리되며 이 때문에 어떤 이론인가에 관계없이 중립적일 수 있다고 가정한다. 이에 반해 콕스는 「이론이란 항상 특정의 대상과 특정한 목적을 위한 것이다(Theory is always for someone and for some purpose)」라고 주장한다. 즉 사회적 지식(social knowledge)이란 그것이 창출된 시간이나 공간이라는 맥락(context)을 반영하게 마련이며 그 결과 지식과 이를 구성하고 있는 사실이란 객관적일 수 없고 그것을 옹호하는 사람의 가치의 일면이 포함될 수밖에 없다는 것이다.

콕스는 이론들을 크게 「문제해결 이론(problem-solving theory)」과 「비판이론(critical theory)」으로 분류하여 그 특징을 설명하고 있다. 그에 따르면 문제해결 이론은 세계를 있는 그대로 수용하고 현존하는 관계와 제도가 좀 더 원만하게 작동하도록 하는 데에 주의를 집중하는 현상유지적인 이론으로서 신현실주의 이론과 신자유주의적 제도주의 이론을 이러한 부류의 이론으로 분류된다.[7] 이들 문제해결 이론들은 모두 국제체제의 기본적인 특징을 변수가 아닌 상수(constant)로 간주하고 있어서 이러한 특징을 넘어서는 구조적 변화(structural change)를 개념화할 수가 없다. 또한 이러한 이론들은 국가 간에 존재하는 본질적인 불평등을 포함한 현존하는 사회적 관계와 권력관계의 유지에 이바지한다.

비판이론은 이와는 대조적으로 제도 · 사회적 관계 · 권력적 관계를 주어진 것으로 간주하지 않고 이러한 것들이 어떻게 도래되었고 이러한 것들이 변화의 과정에 있는가를 묻고자 한다. 좀 더 구체적으로 현존하는 세계질서가 어떻게 등장했고 지

6) Robert W. Cox, *Production, Power, and World Order: Social Forces in the Making of History* (New York: Columbia University Press, 1987); Robert W. Cox, "Social Forces, States, and World Orders: Beyond International Relations Theory," in Robert W. Cox and Timothy J. Sinclair, eds., *Approaches to World Order* (Cambridge: Cambridge University Press, 1996), pp. 85-123.; Robert W. Cox, "Gramsci, Hegemony, and International Relations: An Essay in Method," in Robert W. Cox and Timothy J. Sinclair, eds., *Approaches to World Order* (Cambridge: Cambridge University Press, 1996), pp. 124-143; Robert W. Cox, "Influences and Commitments," in Robert W. Cox and Timothy J. Sinclair, eds., *Approaches to World Order* (Cambridge: Cambridge University Press, 1996), pp. 19-38.

7) 콕스는 현실주의 이론이 모겐소와 왈츠에 의해 문제해결 이론화되었다고 주장한다.

배적인 규범과 제도 등이 어떻게 수립되었고 어떠한 변화의 과정에 있는가를 분석하고자 한다. 비판이론은 이론들이란 시간과 공간의 틀에서 벗어나지 못해 시간과 공간을 관통하는 이론이 존재할 수 없으므로 이론은 현실의 변화와 더불어 지속해서 새로워져야 한다는 것을 강조하면서 또 다른 한편 특정 시간과 공간의 관점에서 벗어날 수가 없는 이론들에 숨겨져 있는 관점들을 찾아내 비판하는 등 인간해방을 위한 비판적인 지식을 구축하는 것을 그 사명으로 하고자 한다.

문제해결 이론이 대상을 세분화하여 한정하고 현실 세계의 문제해결에 집착함으로써 기존 질서를 유지하는 기능을 하는 데 반해 비판이론은 총체적인 거시적 틀을 통해 문제에 접근하며 부분과 전체 사이의 작동 과정을 중요시하면서 역사적 변화 과정을 중요하게 여김으로써 기존의 불평등하고 부당한 질서를 좀 더 평등하고 정의로운 정치적 · 사회적 질서로 대체할 가능성을 확장하고자 한다. 이러한 의미에서 비판이론은 인식에서 독립하여 존재하는 외부 세계에 이미 존재하는 사실들을 찾아내는 것에 관심을 두는 전통적인 실증주의 이론들과 구별되는 「역사 이론(theory of history)」이자 「규범적 이론(normative theory)」이다. 그러나 단지 과거에만 관심을 가지는 역사 이론이 아니라 변화의 지속적인 과정에도 관심을 가지는 역사 이론이고자 한다.

이러한 맥락에서 비판이론가들은 이제까지 세계 인구 대부분을 희생한 가운데 소수에게만 특권적인 세계의 사회구조로부터의 인간해방을 진전시키는 것을 지식의 궁극적인 목적이라고 믿고 이를 위해 그들의 지식을 활용하고자 한다. 이러한 맥락에서 비판이론은 현존하는 세계의 정치 · 경제 질서를 변화시키고자 한다. 구체적으로 패권국(특히 미국)에 의해 지배되어 온 세계의 정치와 경제의 억압적인 구조로부터 인간을 해방시킬 목적으로 지식을 추구하고자 하며 남반구 빈국에 대한 북반구 부국의 전 지구적인 지배를 폭로하고자 한다. 이처럼 비판이론은 현존하는 질서와는 다른 사회와 정치질서의 편에 선 규범적인 선택을 고려하나 선택의 범주를 현존하는 세계의 실현 가능한 변형으로서의 대안적인 질서로 제한한다.

콕스에 따르면 이러한 두 부류의 이론은 상호 배타적인 것이 아니며 이 두 이론이 국제관계와 관련해 지니는 중요성은 특정한 환경에 따라 달라진다. 즉 어떤 성격의 역사적 시기인가에 따라 선호되는 이론이 달라지는데 냉전 시기와 같이 권력관계(power relations)에 있어서 안정된 시기에는 문제해결 이론이 선호되나 1970년대 이후와 같이 권력관계에 있어서 불확실한 시기에는 사람들이 변화의 기회와 위험을 이해하기를 원하기 때문에 비판이론이 선호된다.[8]

콕스의 비판이론은 패권(hegemony) · 역사적 블록(historic bloc) · 반패권(counter-hegemony)과 같은 개념을 통해 역사적 구조(historical structure)의 변화를 이해하는 데에 주안점을 두고 있다고 볼 수 있다. 여기에서는 이러한 개념들을 중심으로 콕스의 비판이론을 살펴보고자 한다.

② 역사적 구조의 구성요소와 활동 영역

콕스는 행동(action)이란 자유롭게 발생하는 것이 아니라 일정한 행동의 틀(framework for action)이 부여하는 기회와 제약 속에서 발생한다고 본다. 이러한 행동의 틀은 시간에 지남에 따라 변화하기 때문에 행동을 제대로 이해하기 위해서는 이러한 행동의 틀 변화를 이해해야 하고 비판이론은 이러한 변화를 이해하는 것을 목표로 해야 한다고 강조한다.

콕스는 이러한 행동의 틀을「역사적 구조(historical structure)」라는 개념으로 구체화하고 이를「특정의 역사적 시기에 있어서 기회를 만들고 제약을 부과함으로써 행동에 영향을 미치는 특정한 힘의 양태(a particular configurations of forces)」라고 정의하고 모든 역사적 구조는 각각 특정한 힘의 양태를 지닌다고 본다. 여기에서「힘(forces)」이란 상호 영향을 주고받으면서 긴밀하게 연계된 물질적 능력(material capabilities) · 관념(ideas) · 제도(institutions)를 의미한다.[9] 이러한 역사적 구조의 3가지 힘의 요소는 특정의 역사적 구조 내에서의 역학관계(dynamics)를 결정하고 사회세력이 행동하는 조건(parameter)을 설정한다.

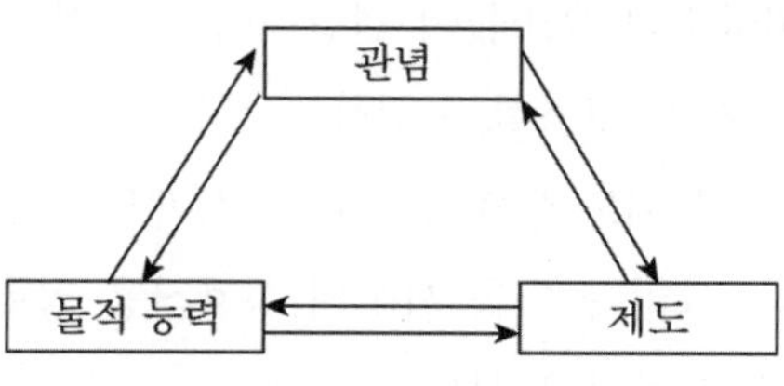

〈역사적 구조와 그 구성요소〉

역사적 구조의 3가지 요소를 좀 더 세밀하게 살펴보면 우선 물질적 능력이란 생산과 파괴의 잠재력을 의미한다. 이러한 물질적 능력에는 동태적인 형태로서 기술

8) Robert W. Cox, "Social Forces, States, and World Orders: Beyond International Relations Theory," in Robert W. Cox and Timothy J. Sinclair, eds., *Approaches to World Order* (Cambridge: Cambridge University Press, 1996), p. 90.

9) 콕스는 사회적 세계(social world)란 그람시의 패권 개념으로 연계된 힘의 3가지 요소인 물질적 능력 · 관념 · 제도의 상호작용으로 결과지어지는 것으로 바라본다.

능력과 조직 능력이 있고 축적적인 형태로서 천연자원·산업이나 무기와 같은 장비·이들을 좌지우지할 수 있는 부(wealth)가 있다.

관념은 두 가지로 분류하고 있는데 그중 하나는 사회관계의 성격에 대한 구성원들 모두에 의해 공유된 사고(shared notion)이다. 이는 구체적으로 국민은 국가의 영토 내에서 국가에 의해 지배된다는 생각 등을 일컫는다. 다른 하나는 상이한 집단의 구성원들이 보유하는 사회질서(social order)에 대한 집단적 이미지(collective image)이다. 구체적으로 현존하는 권력관계의 성격·정당성·정의와 공공선의 의미 등과 같은 것에 대한 상이한 견해를 의미한다. 전자가 특정의 역사적 구조 전체에 걸쳐 광범위하게 공유되어 사회적 담론의 공통적인 기반을 구성하고 있는 것과는 달리 후자는 여러 가지가 있을 수 있고 상호 상충적일 수가 있는 것으로서 경쟁적인 집단적 이미지 간의 충돌로 인해 새로운 역사적 구조의 등장이 초래될 수 있다.

제도란 무력의 사용을 최소화하기 위해 갈등을 다루는 방도를 제공하고 다양한 이익의 표출과 정책을 보편화할 수 있게 하는 등의 역할을 통해 특정의 질서를 안정시키고 지속시키는 기능을 수행한다. 이러한 제도는 수립된 시점에서의 지배적인 권력관계(power relations)를 반영하며 집단적인 이미지들이 권력관계와 일치되도록 이끄는 역할을 한다. 따라서 제도는 패권 전략의 중요한 수단이 된다. 이러한 제도는 물질적 능력과 관념의 결합물이자 물질적 능력과 관념의 발전에 영향을 미치는 존재이기도 하다.

위에서 살펴보았듯이 콕스는 물질적 능력과 같은 물질적 요소뿐 아니라 관념의 패턴이나 제도와 같은 비물질적 요소들이 결합하여 역사적 구조를 이루어 행동에 영향을 미친다고 본다.[10] 역사적 구조를 구성하고 있는 3가지 요소들은 단순히 결합하여 있는 것이 아니라 관념이 제도에 영향을 미치고 제도가 관념에 영향을 미치는 것과 같이 상호작용을 한다. 그러나 이들 사이의 상호작용 방향과 방식은 정해져 있는 것이 아니며 사례에 따라 다르다고 본다.

콕스에 따르면 이러한 역사적 구조는 직접적이고 기계적으로 행동에 영향을 미치는 것이 아니라 특정한 행동이 일어나도록 기회를 창출하고 제약을 부과하는 역할을 한다. 따라서 개인과 집단은 역사적 구조의 압력에 순응하여 행동할 수도 있고 저항할 수도 있지만 무시할 수는 없다는 것이다. 개인과 집단은 대안이 되는 경쟁적인

10) 전통적으로 힘(power)이나 능력(capacity)은 물질적 관점에서 정의되었으나 콕스는 이러한 전통에서 벗어나 힘이나 능력의 요소로서 관념(ideas)과 같은 것을 포함했다. 이는 그람시의 전통(Gramscian tradition)이라고 볼 수 있다.

역사 구조와 함께 현존하는 역사적 구조에 성공적으로 저항할 수도 있다.

역사적 구조는 생산의 사회적 관계(social relations of production)·국가의 형태(forms of state)·세계질서(world order)라는 개별적이면서도 경계를 뛰어넘어 상호작용을 하는 활동 영역(spheres of activity)에서 작동한다. 이들을 분석수준(level of analysis)으로 간주하여 「사회 수준」·「국가 수준」·「세계 수준」이라고 칭하기도 한다.

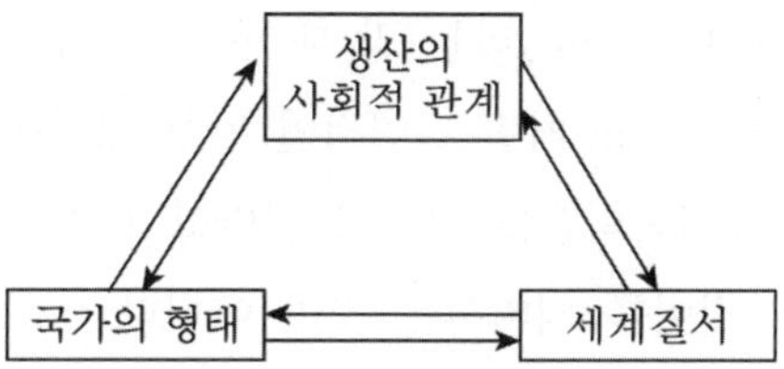

〈역사적 구조의 활동 영역〉

생산의 사회적 관계라는 활동 영역은 특정의 사회세력(social forces)을 태동시키는 물질적이고 제도적이며 관념적인 형태의 사회적 관계의 전체를 포괄한다. 여기에서 생산이란 단순히 경제적 의미에서의 생산이 아니라 광의로 사용되어 물리적 재화뿐 아니라 물리적 재화의 전제가 되는 지식·사회관계·도덕·제도의 생산과 재생산을 포괄한다.[11] 변화하는 생산의 사회적 관계의 양식(mode)이 새로운 사회세력을 태동시키고 이렇게 태동한 사회세력은 국가의 형태에 변화를 가져다주고 이러한 변화는 궁극적으로 세계질서를 규정한다.[12] 이러한 면에서 생산의 사회적 관계의 양식은 패권의 작동과 기제의 분석을 위한 출발점이 된다.

활동 영역으로서 국가의 형태란 국가-사회 복합체(state-society complex)의 다양한 유형을 지칭하며 복합적이고 역사적으로 조건이 지어지는 국가와 사회의 상호관계에 기초하여 형성된다.[13] 이처럼 국가란 주어진 것이거나 미리 구성된 것이 아니라 역사적으로 구성되는 것이다. 콕스는 특정한 시점의 국가형태란 특정의 역사적 블록(historical bloc)의 표현이라고 보는데 여기에서 역사적 블록이란 특정의 국가 맥락에서 주도적인 사회세력이 경합하는 사회세력들과 관계를 수립하는 방식을 지칭한

11) 이를 통해 콕스는 마르크스주의의 경제 환원주의(economic determinism)에서 벗어나고자 했다.
12) 생산의 사회적 관계로 태동한 사회세력은 국내나 국가를 넘어서 그리고 특정의 세계질서 내에서 권력의 기초가 된다.
13) 콕스의 국가개념 역시 그람시의 영향을 받았다. 그람시는 국가를 힘으로 지배하는 정치사회와 동의로 지배하는 시민사회라는 2개의 중첩되는 영역으로 구성된다고 보면서 이 두 영역이 모두 국가의 부분이라는 「통합적 국가(integral state)」개념을 제시했다.

다. 이는 계급이나 계급의 분파로 대표되는 사회세력 간의 정치적 동맹 이상의 것으로서 다양한 계급의 이익 통합을 지칭한다.

활동 영역으로서의 세계질서는 「국가들의 총체적인 조화를 위해 전쟁이나 평화의 문제를 연속적으로 규정하는 힘의 특정한 양태(particular configurations of forces which successively define the problematic of war or peace for the ensemble of states)」라고 정의된다.14)

콕스는 「세계체제(world system)」라는 말 대신에 「세계질서(world order)」라는 말을 쓰고 있는데 이는 체제(system)처럼 필연적인 평형 개념을 가지고 있지 않으며 또한 제한된 시간 내에서만 지속력만을 가지고 있다고 보기 때문이다. 여기서 질서란 질서정연함 혹은 소란의 결여를 의미하는 것이 아니다.

일단 국내적으로 패권이 공고화되면 패권은 특정의 사회질서(social order)를 뛰어넘어 세계적인 규모로 확장되어 나가 세계질서를 형성한다. 이렇게 함으로써 패권은 국경을 넘어 사회세력들을 연결한다. 이처럼 세계 패권(world hegemony)은 사회계급에 의해 수립된 국내적인 패권의 외부로의 확장이다. 사회세력은 생산양식의 촉진과 확장을 확실히 함으로써 국가의 사회질서 내에서와 세계질서를 통해 패권을 달성할 수 있다. 따라서 패권은 두 수준에서 작동할 수 있다. 구체적으로 특정 형태의 국가 내에서 역사적 블록을 만들고 사회적 결합(social cohesion)을 수립함으로써 그리고 생산의 양식을 국제적으로 확장하고 패권을 세계질서의 수준을 통해 투사함으로써 작동할 수 있다.

이러한 역사적 구조의 활동 영역은 연계되어 있어 상호작용을 한다. 즉 생산의 사회적 관계와 국가의 형태 사이에 쌍방향적인 상호작용이 존재하여 영향을 주기도 하고 받기도 한다. 국가의 형태와 세계질서 사이에도 쌍방향적인 상호작용이 존재하여 서로 영향을 주고받는다. 생산의 사회적 관계와 세계질서 사이도 마찬가지로 상호작용을 통해 서로 영향을 주기도 하고 받기도 한다. 예컨대 생산의 사회적 관계의 변화로 새롭게 태동한 사회세력이 국가의 형태에 변화를 주고 국가형태의 변화가 보편화되면서 세계질서가 변화하게 된다. 거꾸로 세계질서의 변화가 국가의 형태에 변화를 불러오고 국가의 형태는 생산의 사회적 관계에 영향을 미치기도 한다.

콕스의 역사적 구조의 활동 영역에 따르면 국가의 형태는 세계질서라는 위로부터의 힘의 압력과 사회적 세력이라는 밑으로부터의 힘의 압력에 의해 변형되기도 한다. 콕스에 있어서 국가는 국내적 그리고 국제적인 갈등의 중심 영역(focal terrain)이

14) 콕스는 국제질서(international order)보다는 세계질서(world order)에 관심을 두었다.

며 행동의 조정을 위한 가장 중요한 제도적인 수단이다.

콕스는 이러한 역사적 구조를 동태적인 것으로 바라보고 이들의 형성과 작동 그리고 변화를 추적하고자 한다. 이러한 활동 영역에 대한 콕스의 논의는 기존의 여러 다양한 논의들이 제시하고 있는 통찰력들을 내포하고 있다. 구체적으로 콕스는 이들 가운데 상이한 국가-사회 복합체로부터 유래하는 국가의 다양한 형태라는 국가 수준의 분석수준뿐 아니라 전통적인 역사 유물론이 말하는 생산의 사회적 관계라는 사회 수준과 세계질서라는 체제 수준에도 관심을 두었다.

콕스에 있어 사람들은 이러한 역사적 구조로부터 영향을 받기만 하는 존재가 아니라 역사적 구조의 창출자이기도 하다. 즉 콕스에 있어서 역사적 구조란 물질적인 실체가 아닌 사회적 구조(social structure)로서 사회구성원들의 상호 주관적인 인식을 통해 형성되며 일단 형성된 역사적 구조는 구성원들의 사고와 행동을 통제한다. 만약에 사회구성원들이 현존하는 질서에 대해 상호 주관적인 인식을 다르게 하고 대안적인 사회적 구조를 지지하면 사회적 구조는 변화하게 된다. 이처럼 콕스의 비판이론은 역사적이고 구조적인 측면을 강조하는 이론으로서 주체와 객체 사이의 분리를 강조하는 전통적인 합리주의적 방법론과는 대조적으로 주체와 객체의 상호관계를 강조하는 성찰적이고 역사적인 방법을 강조한다.[15]

이러한 맥락에서 콕스는 전통적인 이론들이 주어진 것으로 받아들이는 것(예컨대 국가)이 어떻게 어떤 역사적 그리고 사회적 세력에 의해 생성되고 변화하고 있는가에 초점을 둔다. 즉 국가라고 하는 것은 사회적 구조의 하나로서 다른 사회적 구조와 마찬가지로 생산의 사회적 관계로부터 태동한 사회세력으로부터 발생하여 역사를 통해 달라져 왔다는 것이다.[16] 콕스는 특히 이러한 사회적 구조라는 것이 어떻게 생성되고 유지되고 변화되는가의 동학(dynamics)에 깊은 관심을 두었으며 이 때문에 패권(hegemony)에 깊은 관심을 두었다. 이러한 이유로 콕스의 비판이론은 현존하는 세계질서의 관념적·물질적·제도적 근원을 이해하고 변화에 대한 전망을 예측하고자 하는 학자들에게 중요한 이론적인 틀이 되고 있다.

③ 세계질서와 패권

콕스가 내린 패권(hegemony)의 일반적 정의부터 살펴보고자 한다. 콕스는 패권

15) 실증주의는 인식의 주체와 객체를 분리하며 주체가 객관적인 인식 능력을 갖추고 있다고 본다. 이와는 대조적으로 탈실증주의는 주체와 객체를 분리하지 않고 객체가 객관적으로 존재하는 것이 아니라 주체의 주관적인 인식에 따라 존재한다고 본다.

16) 사회적 구조(social structure)란 물질적 구조(material structure)와 대조되는 개념이다.

을 「역사적 구조의 구성요소들 사이의 일관성 있는 결합이나 조응(coherent conjunction or fit)에 기초하여 존재하는 질서로서 관념적으로 수용되고 물질적 능력과 제도에 의해 지지가 되는 광범위한 동의(consent)와 합의(consensus)에 기초를 둔 질서」라고 정의하고 역사적 구조 속에서 안정을 유지하는 것을 중요한 기능으로 본다. 그람시(Antonio Gramsci)로부터 유래된 콕스의 이러한 패권의 개념은 힘의 강제적인 요소뿐만 아니라 합의적인 요소 역시 포함함으로써 신현실주의의 한 지류인 패권안정론 등의 패권 개념과는 달리 물질적 우월성(material ponderance)이 패권의 필요조건 중 하나이기는 하나 충분조건은 아니라고 본다.

이처럼 그람시와 콕스가 역사적 구조의 요소로서 물질적 능력뿐 아니라 관념과 제도를 중요시하고 패권의 개념에 강제적인 요소뿐 아니라 합의적인 요소를 중요시한 것은 자본주의 체제가 경제적 위기를 맞았음에도 불구하고 마르크스주의의 예측과는 달리 무너지지 않고 지속되는 이유를 물질적 능력 이외의 요인인 관념과 제도의 역할과 더불어 광범위한 합의에서 찾고자 했기 때문이다.

콕스는 패권에 대한 일반적 정의를 세계 차원으로 확대하여 세계질서 속의 패권을 정의하고 있다. 그에 있어서 세계질서 상의 패권이란 물질적 능력 · 관념 · 제도 사이의 일관성 있는 결합이나 조응에 기반을 두고 존재하게 되는 질서로서 물질적 능력과 제도에 의해 지지가 되는 지도적인 국가의 관념이 광범위하게 동의된 합의적 질서(consensual order)이다.[17]

콕스에 있어서 세계 차원의 패권이란 물질적 능력과 제도에 의해 지지가 되는 관념에 대한 광범위한 동의에 기초한 질서로서 지도적인 국가와 지도적인 계급의 지속적인 우월성을 확보할 수 있게 함과 동시에 힘이 약한 국가들에도 만족스러운 조치나 전망을 제공하는 일반원칙에 따라 기능하는 지배를 의미한다. 이러한 세계 차원의 패권 개념은 관념을 물질적 세계에 연결함으로써 물질적 능력만으로 패권을 규정한 패권안정론의 패권 개념과 궤를 달리한다.

이러한 세계 차원의 패권 수립 과정을 좀 더 상세히 살펴볼 필요가 있다. 간단히 말해 패권은 처음 일국 내에서 생산의 사회적 관계로 태동한 지도적인 역할을 하는 사회세력에 의해 수립된 다음 세계적인 규모로 확장되어 나가 세계질서 내의 패권이 된다.[18] 콕스는 일국 내에서 패권이 형성된 이후 세계 차원의 패권으로 확대되어 가

17) 이 부분은 패권안정론의 패권 개념 편에서 이미 언급한 바 있다.
18) 콕스에 있어서 패권의 형성과 작동의 기제에 대한 분석은 생산의 사회적 관계로부터 시작되어야 하는데 이는 앞서 언급했듯이 생산의 사회적 관계가 특정의 사회세력을 탄생시키고 이러한 사회세력이 국내적 · 국가 간 · 세계질서 속에서 권력(power)의 기초가 되기 때문이다. 이러한 맥락에서 콕스의 비판이

는 과정을 설명하기 위해 「초국가적인 역사적 블록(transnational historical bloc)」이라는 개념을 만들었다. 이 개념은 그람시가 국내적 패권의 형성을 설명하기 위해 고안한 「역사적 블록(historical bloc)」이라는 개념을 세계 차원으로 확대한 것으로서 초국화(transnationalization)를 추구하는 사회세력의 주도하에 국경을 넘어 세계적 차원에서 형성된 정치적 · 경제적 · 사회적 · 문화적 · 기술적 · 관념적 연합체를 의미한다.

콕스에 있어서 세계 차원의 패권이란 일국 내에서 지배적인 사회세력이 중심이 되어 패권을 수립한 역사적 블록이 국가에서의 패권 형성을 가져온 제도 · 문화 · 기술 등을 국제적으로 확산시키고 대중화하면서 국경을 넘어 초국가적인 역사적 블록을 형성하여 자신들이 추구하는 세계질서를 다른 구성원들이 자발적으로 모방하여 수용하도록 함으로써 형성시키는 질서를 일컫는다.

이처럼 콕스의 세계 차원의 패권 개념은 상당히 복합적이다. 이는 신현실주의 이론이 주장하는 것처럼 단순히 국가들 사이의 질서가 아니라 모든 국가에 침투하고 다른 하위의 생산양식을 연결하는 지배적인 생산양식의 세계경제 속의 질서이자 다른 국가들의 국제적인 사회계급들을 연결 짓는 사회관계의 질서로서 정치적 · 경제적 · 사회적 구조의 복합체이다. 다시 말해 세계 차원의 패권이란 국가들의 사회계급들이 세계적 규모의 생산양식에 기초하여 세계적 규모로 연계된 질서로서 초국가적 시민사회에서 지배계급들이 자신의 관념을 확산시키고 대중화하여 세계 차원에서 동의를 구축함으로써 세계질서에서 영향력과 리더십을 행사하는 질서이다.

지금까지 세계적 수준에서의 패권의 형성에 대한 콕스의 설명을 살펴보았는데 이러한 패권의 유지에 대한 그의 설명을 살펴보고자 한다. 콕스는 이와 관련하여 국제제도가 수행하는 역할을 강조하고 있다. 이는 국제제도를 세계적 차원의 패권이 옹호하는 보편적인 규범이 명백하게 표출된 가장 중요한 기제로서 특정의 세계질서를 안정시키고 지속시키는 역할을 하고 있다고 보기 때문이다.

콕스는 국제제도의 특징을 다음 5가지로 요약하고 있다: i) 국제제도는 지배적인 경제 · 사회 세력의 확장을 촉진하는 규칙을 구체화한다. ii) 국제제도 자체는 패권적인 세계질서의 산물이다. 즉 국제제도는 일반적으로 패권을 수립한 특정 국가에 의해 만들어지며 그 결과 국제제도는 최소한 이러한 패권국의 지지를 받게 되고 패권국은 이러한 지지를 통해 직 · 간접적으로 의사결정 과정에 영향을 미침으로써 국제적으로 힘의 우위를 확보하려 한다. iii) 국제제도는 현존하는 세계질서의 규범을

론은 세계질서 변화의 근본적인 원인을 생산의 사회적 관계의 변화에서 찾는다.

관념적으로 정당화한다. 국제제도는 지배적인 사회세력에 유리한 정향(orientation)을 반영하며 그렇게 함으로써 정책의 지침을 규정하고 국가 수준에서의 일정한 실제적인 행동(practices)을 지지한다. iv) 국제제도는 주변부 국가의 엘리트들을 충원하고 포섭하여 근대화의 요소들을 그들의 국가 내에 내재화하고 이전시키도록 한다. v) 국제제도는 잠재적으로 대항 패권의 관념을 흡수하는 역할을 하고 이러한 대항 패권의 관념이 패권주의(hegemonic doctrine)와 일치되도록 한다.[19]

세계 수준의 패권은 국가들과 국경을 넘어 활동하는 시민사회의 세력들이 따라야 할 일반적인 행동의 규칙을 수립하는 보편적인 규범과 제도들로서 표현된다. 여기에서 일반적인 행동의 규칙이란 지배적인 생산양식을 뒷받침하는 것이다.[20]

콕스는 패권적 세계질서의 생성 및 유지와 더불어 패권의 구조적 변화에 적지 않은 관심을 두었다. 그에 따르면 하나의 세계질서의 구조는 역사적 구조로서 새로운 세계질서의 구조에 의해 계승되는데 이러한 새로운 세계질서의 구조는 새로운 형태로 변화한 생산의 사회적 관계와 이 때문에 탄생한 새로운 역사적 블록 그리고 새로운 형태의 국가로 특징지어진다. 따라서 하나의 세계질서의 구조와 이를 계승하는 또 다른 세계질서 구조는 (생산력과 생산의 사회적 관계를 일컫는) 생산양식과 이에 바탕을 둔 역사적 블록 그리고 국가의 형태라는 측면에서 차이를 가진다.[21]

콕스에 있어서 패권적 세계질서는 반패권(anti-hegemony)과 대항 패권(counter-hegemony)을 수반함으로써 유지를 위해 지속해서 생산과 재생산을 해야만 하는 유동적인 존재이다. 콕스는 질서가 패권적인가 아닌가를 주요한 기준으로 하여 세계질서의 시기를 패권 시기와 비패권 시기로 분류하고 팍스 브리태니커(Pax-Britannica) 시기와 팍스 아메리카나(Pax-Americana)시기를 패권의 정의를 만족시키는 시기로 본다.

이러한 패권적 세계질서의 변화는 어디서부터 유래하는 것인가? 앞서 살펴보았듯이 콕스는 패권적 세계질서를 역사적 구조로서 상호작용을 하는 물질적 능력 · 관념 · 제도라는 구성요소들이 결합하여 만들어진 산물로 본다. 따라서 패권적 세계질서의 생성 · 유지 · 변화 등을 이러한 구성요소들 사이의 상호관계 관점에서 바라본

---

19) Robert W. Cox, "Gramsci, Hegemony, and International Relations: An Essay in Method," in Robert W. Cox and Timothy J. Sinclair, eds., *Approaches to World Order* (Cambridge: Cambridge University Press, 1996), p. 138.

20) Robert W. Cox, "Gramsci, Hegemony and International Relations: An Essay in Method," in Robert W. Cox and Timothy J. Sinclair, eds., *Approaches to World Order* (Cambridge: Cambridge University Press, 1983), p. 137.

21) 안정화된 세계질서의 구조는 거꾸로 특정의 국가와 생산양식의 형태에 도움이 되는 틀을 제공한다.

다. 콕스는 이러한 구성요소들의 결합 이유 · 결합의 방식 · 결합의 해체 등과 같은 구성요소들의 상호관계에 영향을 미치는 근본적인 요인을 생산의 사회적 관계의 변화와 이 때문에 태동한 사회세력에서 찾음으로써 패권적 세계질서의 변화란 생산의 사회적 관계의 변화와 이 때문에 태동된 사회세력에 기인한다고 본다. 즉 콕스에 있어서 세계질서의 생성과 붕괴는 모두 생산의 사회적 관계의 변화로 인한 사회세력의 변화로부터 출발한다.

좀 더 구체적으로 이러한 과정을 살펴보면 생산의 사회적 관계의 변화로 새로운 사회세력이 등장하고 이렇게 등장한 사회세력이 국가의 형태상 변화를 가져오며 이러한 국가의 형태상 변화가 일반화하여 세계질서를 변화시킬 수 있다는 것이다.[22] 콕스는 카(E. H. Carr)의 주장을 인용하고 있는데 이에 따르면 19세기 말부터 새로운 사회세력으로서의 산업노동자가 서구 국가들 내에 참여자로 통합되면서 새로운 국가의 형태로서 국가들을 경제 민족주의와 제국주의 방향으로 움직이도록 했으며 이러한 변화는 새로운 세계질서의 구조로서 세계경제의 분절화와 국제관계의 좀 더 갈등적인 국면을 초래하게 되었다.

④ 신현실주의 이론에 대한 비판과 차이점

콕스의 비판이론이 신현실주의 국제정치 이론에 대해 가한 비판의 주요 내용은 다음과 같다. 첫째, 콕스는 신현실주의자들이 자신들의 이론을 객관적이라고 주장하는 것에 대해 지식의 사회적 성격을 강조하면서 신현실주의 이론을 문제해결 이론의 하나로서 특정의 목적을 위한 이론이라고 비판한다. 구체적으로 콕스는 신현실주의 이론이 현존하는 사회적 · 권력적 관계와 이러한 관계를 반영하는 제도로서 구성된 현재의 세계에 대해 의문을 제기하지 않고 주어진 것으로 바라봄으로써 현존하는 질서를 정당화하고 현존하는 권력의 배분을 자연스러운 것으로써 받아들이도록 한다고 본다.

둘째, 콕스는 신현실주의 이론의 탈역사성(몰역사성)을 비판한다. 콕스는 보편적이라고 인식되는 본질도 결국 특정한 역사적 단계와 특정한 사회관계 구조로부터 나온다고 간주하기 때문에 신현실주의자가 일견 보편적이고 영속적이라는 국제체제의 구조 역시 실제로는 특별한 역사적 조건의 특수한 결과라고 본다. 인간의 세계란 부단한 유동적이고 변화의 상태 속에 있으므로 국제정치의 연구는 그것이 발생하고 있

---

22) 이러한 것에서 알 수 있듯이 콕스의 비판이론은 자본주의 생산양식의 국제화 · 자본의 세계화 · 시민사회의 지구화와 같은 특별한 역사적인 조건에 바탕을 두고 있다.

는 역사적 맥락에서 분석되어야 한다고 본다.

비판이론과 신현실주의 이론과의 차이를 살펴보면 다음과 같다. 첫째, 신현실주의 이론은 구조의 지속성과 안정성을 강조하는 데 반해 콕스는 패권적 구조를 동의(consent)에 기초하여 항구성을 추구하는 존재이면서 동시에 이러한 패권적 구조를 무너뜨리려는 잠재적인 반구조(counter-structure)를 만들어 냄으로써 본질적으로 불안정한 체제로 본다. 다시 말해 신현실주의 이론은 구조의 현상유지적인 성격을 설명하려고 하나 콕스의 비판이론은 구조의 근원·성장·소멸 등 구조의 변화를 설명하려고 한다.

둘째, 신현실주의 이론의 경우 권력이라는 물질적 능력의 배분을 구조를 특징짓는 유일한 요소로 본다. 이와는 달리 콕스의 비판이론은 구조의 구성요소로서 물질적 능력이라는 물질적 요인에 관념과 제도라는 비물질적 요인을 더하여 세계질서에 있어서 관념적 면과 더불어 규범적이고 제도적인 면에 중요성을 둔다.

셋째, 신현실주의 이론은 무정부성을 고정적인 것으로 보고 권력 배분의 변화를 구조변화의 요인으로 본다. 즉 신현실주의 이론은 구조변화의 요인을 사회세력 혹은 그 밖의 다른 국내적인 요인에서 찾지 않는다. 콕스의 비판이론은 구조의 구성요소인 물질적 능력·관념·제도 가운데 어느 하나의 변화도 구조의 변화를 불러오는 것으로 보며 이러한 구성요소의 변화는 본원적으로 생산의 사회적 관계의 변화로 태동한 사회세력에서 유래하는 것으로 본다.

넷째, 신현실주의 이론은 패권의 개념은 물질적 능력이 우세한 국가에 의한 지배라고 보는 것과는 달리 콕스의 비판이론은 물질적 능력과 제도에 의해 지지가 되는 지도적인 국가의 관념이 광범위하게 동의가 이루어진 된 합의적인 질서라고 다. 즉 패권의 진정한 원천은 합의이고 물질적 능력의 배분은 원천의 하나로서 주된 것이 아니라고 본다. 만약에 하나의 국가가 다른 모든 국가보다 상당한 정도로 차이가 나는 물질적 능력을 소유하고 있어도 다른 국가들에게 자신의 원하는 바를 따르도록 할 수 없다면 이는 단지 지배적일 뿐 패권적인 것이 아니다.

다섯째, 콕스의 비판이론은 신현실주의 이론과는 달리 개개의 역사적 구조를 「제한적인 전체(limited totality)」라고 칭하면서 제한적인 성격의 것으로 바라본다. 즉 역사적 구조란 모든 것을 포함하는 세계 전체를 의미하는 것이 아니라 「역사적으로 위치한 전체 내에서 인간 활동의 특정한 영역(a particular sphere of human activity in its historically located totality)」을 의미하는 것으로 바라본다.

⑤ **콕스 비판이론의 평가**

콕스의 비판이론이 국제관계 이론에 대한 공헌한 것을 살펴보면 다음과 같다. 우선 역사적 구조의 근원 · 성장 · 소멸 등에 관심을 둠으로써 국제관계 이론을 변화의 틀 속에 놓았다는 점이다.

둘째, 그의 이론은 사람들이 생산의 영역에서 자신들을 어떻게 조직하는가가 그들 자신의 삶을 결정할 뿐 아니라 국가와 세계질서의 양태까지도 결정한다고 봄으로써 신현실주의 이론의 국가 중심적인 틀을 넘어서 세계질서의 형성에 있어서 사회세력의 역할을 가장 중요한 출발점으로 불러들이고 있다.

셋째, 역사적 구조의 변화란 물질적 능력 · 관념 · 제도 가운데 어느 하나로부터도 올 수 있다고 주장함으로써 생산양식이라는 물질적 능력만을 강조하는 마르크스주의를 거부하고 이를 넘어서고자 한다.

넷째, 통합된 행위자로서 국가를 유일한 행위자로 간주하는 국가 중심적인 (신)현실주의 이론은 구체적으로 어떤 세력이 패권을 주도적으로 형성해 나가며 이러한 패권 질서가 어떤 내용을 가지는가를 설명하는 데 취약하다.[23] 이에 반해 콕스의 비판이론은 세계질서의 시발점으로서 사회세력의 역할을 중요시하는 등 어떤 세력이 패권을 주도하며 패권의 구체적인 내용이 어떠한가에 대해 더욱 풍부한 설명을 제시한다.

다섯째, 미국 패권의 쇠퇴에도 불구하고 미국이 주도적으로 형성한 질서가 쇠퇴하고 있지 않은 이유를 설명할 수 있다. 비판이론의 논리에 따르자면 미국의 패권(Pax Americana)은 비판이론이 제시한 패권의 정의와 기준을 충족시키는 것으로서 동의에 기초한 합의적 질서이기 때문이다.

그런데도 비판이론이 갖는 근본적인 문제는 모든 지식을 역사적인 것으로 보면서 어떻게 연구자들이 이러한 역사성의 밖으로 나와서 초월적인 합리적인 기준에 의해 사회에 대한 비판을 제공할 수 있는가에 대해 적절한 대답을 제공하지 못한다는 것이다.

2) 탈근대론(Postmodernism)

(1) 탈근대론의 의미

탈근대론은 1940년대 말과 1950년대 초에 프랑스에서 유행했던 실존주의 철학을 거부한 일단의 전후 프랑스 철학가들 사이에서 생겨난 사회이론이다. 이러한 탈근대

---

23) 국가 중심적인 신현실주의 이론은 국가를 통합된 행위자로 간주함으로써 세계질서의 형성 과정에서 사회세력의 역할을 배제한다.

론은 1980년대가 되어서야 국제관계이론에 파고들었다.

탈근대론은 근대성(modernity)이라고 하는 것이 계몽사상이 말하고 있는 것처럼 인간을 무지와 미신으로부터 해방하여 인간성을 완성하는 방향으로 나아가도록 하는 진보의 이념이 아니고 단지 서구의 특수한 역사적인 산물임을 강조한다. 즉 탈근대론은 근대화가 발전으로 이어질 것이며 모든 사람을 위해 좀 더 나은 생활을 가져다 줄 것이라는 기대는 지적인 환상이라고 본다. 또한 인간 지식의 진전에 대한 믿음을 가지지 않고 지식이라는 것이 확대되고 개선되어 인간들에게 자연의 세계뿐 아니라 국제체제를 포함한 사회적 세계(social world)에 대한 지배를 가져다줄 것이라는 기대 역시 지적 환상으로 간주한다.

탈근대론은 여기에서 더 나아가 거대한 구조(structure)・진리(truth)・현실(reality)이라는 것은 권력에 의해 부과되고 선택된 것으로서 간주한다. 따라서 탈근대론은 이들을 인정하기를 거부하고 각 주체의 관점에서 이들을 해체하고자 하며 같은 맥락에서 보편적인 진리의 존재를 거부한다. 이러한 이유로 탈근대론은 일명 「해체주의(deconstructivism)」 혹은 「탈구조주의(poststructuralism)」라고 불리며 구조에 대한 해체에 핵심들 두고 있다.[24)]

탈근대론은 지식과 권력과의 관계에 있어서 지식과 권력과의 무관함을 강조하는 합리주의와는 대조적으로 권력이 사실상 지식을 만든다고 주장한다. 권력 모두는 지식이 있어야 하며 지식 모두는 현존하는 권력관계에 의존하고 권력관계를 강화한다는 견해를 가지고 있는 탈근대론은 권력 밖에 존재하는 진리란 존재하지 않음을 강조한다. 이처럼 탈근대론은 거대한 구조・진리・현실을 역사적 과정에서의 사회적 구성물로 바라본다.

탈근대론은 국가의 행동 방식을 결정짓는 중요한 원동력으로서 관념(ideas)과 담론(discourse)을 중요시한다. 국제정치에서 담론이란 세상이 어떻게 조직되어 있으며 이러한 세상에서 국가는 어떻게 행동하여야 하는가에 대한 사람들의 이야기를 의미한다. 이러한 관점에서 현실주의 이론을 탈근대론은 국제정치를 지배해 오면서 국가 간 안보 경쟁을 고무시키고 나아가 전쟁을 유발해 온 힘과 규칙에 관한 담론으로 본다.

---

24) 구조・진리・현실 등은 항상 보는 이의 관점과 편견에 의해 쌓아 올려진다. 따라서 자의적인 요소들과 편견을 가진 의도를 드러내기 위해 해체될 수 있다고 본다는 점에서 「해체주의(deconstructivism)」라고 불린다.

(2) 신현실주의 이론에 관한 문제 제기

탈근대론적 시각에서 신현실주의 이론을 비판한 대표적인 학자로서 애쉬리(Richard K. Ashley)를 들 수 있다.[25] 신현실주의 이론에 대한 비판의 하나로서 언급한 바처럼 애쉬리는 신현실주의 이론이 시간과 장소를 떠나 보편타당한 이론적인 명제라고 주장하는 것들이 실은 한시성을 지닌 그리고 특정한 역사적인 배경 속에서 사상가가 의도성을 가지고 창출해 낸 가상적 · 선험적인 개념이라고 본다. 즉 신현실주의 이론이 세상을 고정적이고 알 수 있는 것으로 바라보는 데 반해 탈근대론은 세상에 대한 끊임없는 해석의 가능성을 강조하고 항구적이고 고정된 의미란 존재하지 않고 단지 해석만이 있다고 본다.

탈근대론은 이제까지 현실주의 담론이 복합적인 국가 간의 정치를 지나치게 경직된 단일한 이해의 틀로 단순화시켜 새로운 대안적인 해석을 막아왔다고 지적한다. 탈근대론은 구체적으로 국제체제를 무정부적 체제라고 바라보고 이러한 체제에서 생존을 위해서는 반드시 힘이 필요하다는 현실주의 담론이 국제정치에 관한 담론을 지배해 옴으로써 새로운 담론의 수립에 커다란 장애가 되어 왔다고 판단하고 이러한 담론이 평화와 조화를 강조하는 새로운 담론으로 대체될 때라야 비로소 국제체제는 좀 더 평화로울 수 있다고 주장한다. 새로운 담론이 널리 퍼져 실제의 세계로 구현되기 위해서는 전문가들로 구성된 인식공동체(epistemic community)의 역할이 중요하다고 본다.

애쉬리는 현재 세계화로 인해 커다란 변혁이 전개되고 있음에도 불구하고 중세를 극복하기 위해 고안해 낸 국가 주권이라는 개념이 너무나 고착화가 되어 개개 국가 의사결정자들의 인식을 지배하고 있어 세계화에 대응한 적절한 의사결정을 내리기가 쉽지 않다고 본다.

(3) 탈근대론의 평가

이러한 탈근대론은 기존 이론의 내면에 내재해 있는 본질을 파헤치고자 하는 점에 있어 공헌하는 바가 적지 않으나 현존하는 모든 것을 사회적으로 구성된 상대적인 것으로 간주함으로써 진리와 허위의 구별을 모호하게 만들 뿐 아니라 자신의 주장마저도 상대적일 수 있는 것이라는 자기모순을 피할 수 없다.

---

25) Richard K. Ashley, "The Poverty of Neorealism," in Robert O. Keohane, ed., *Neorealism and its Critics* (New York: Columbia University Press, 1986), pp. 255-300.

3) 역사사회학(Historical Sociology)

(1) 역사사회학의 주된 관심

역사사회학은 사회라고 하는 것이 역사를 통해 어떻게 발전해 나가는가의 방식에 큰 관심을 두고 있다. 역사사회학은 인간사회의 제도 등을 규정짓는 내재해 있는 구조(underlying structure)에 관심을 두고 있으며 우리가 당연하고 자연스러운 것으로 생각하고 있는 구조라고 하는 것을 복잡한 사회과정의 생성물로 보고 이들이 구체적으로 어떻게 생성되며 일단 형성된 구조가 어떻게 변화되는가에 관심을 두고 있다.

역사사회학은 특히 중세 이후로 국가가 오랜 시간을 두고 변화해 왔음을 강조하고 이들이 어떻게 발전해 왔는가에 관심을 두고 있다. 틸리(Charles Tilly)와 같은 학자는 중세 말에 존재한 바 있는 다양한 형태의 국가들(베니스와 같은 도시국가와 오토만 제국과 같은 제국 등)이 종국적으로 민족국가라는 형태로 어떻게 그리고 왜 수렴했는가에 관심을 가지고 이를 연구했으며 이에 대한 해답으로서 전쟁 수행을 위한 능력을 결정적인 이유로 제시하고 있다.[26] 이처럼 역사사회학은 역사를 통해 상이한 형태의 국가들이 존재했음과 더불어 이러한 형태의 국가들이 어떻게 무슨 이유로 다른 형태로 변화되는가에 관심을 두고 있다.

역사사회학은 사회와 국가의 형성과 발전뿐만 아니라 나아가 사회와 국가들로 구성된 국제체제의 형성과 발전에도 관심을 두고 있으면서 이들을 역사적이고 사회적으로 고찰하고자 한다. 다시 말해 사회 · 국가 · 국제체제를 역사적이고 사회적인 산물이라는 관점에서 동태적으로 파악하고자 하며 이들 간의 유기적인 상호작용에 깊은 관심을 두고 있다.

(2) 논의의 활성화 배경

국제정치학이 역사사회학에 관심을 돌리게 된 가장 큰 이유 중의 하나는 냉전의 종식과 더불어 가속화된 국가 위상의 변화에서 찾을 수 있을 것이다. 구체적으로 일국의 중앙정부가 밖으로는 초국가적인 행위자들로부터 전통적인 권한의 많은 부분을 잃어가고 있으며 내부적으로는 지방정부나 비정부기구(NGO)와 같은 존재에게 전통적인 역할을 내어주고 있다. 이러한 경향은 국가를 선험적으로 주어진 존재로서 이

---

26) 전근대의 유럽에서 화약이나 큰 규모의 군대와 같은 군사적 혁신은 전쟁 비용을 높였다. 그 결과 충분한 자금과 많은 인구를 가진 국가만이 안보를 위한 비용을 지불하고 적대적인 환경 속에서 살아남을 수 있었다. 따라서 세금을 거두어들이고 세금의 대가로서 안전과 보호를 제공할 수 있는 형태의 국가로서 민족국가(nation state)가 보편적인 국가의 형태가 되었다고 본다: Charles Tilly, *Coercion, Capital, and European States, AD 990-1990* (Oxford: Blackwell, 1990).

해하고자 하는 합리주의 국제정치 이론(신현실주의 이론과 신자유주의적 제도주의 이론)을 가지고는 제대로 설명이 곤란하며 이 때문에 역사사회학은 이러한 한계를 극복하고 국가의 형성과 변화를 설명하고자 한다.

(3) 신현실주의 이론과의 비교

신현실주의 이론이 국가라고 하는 것을 주어진 것으로 보는 데 반해 역사사회학은 특정한 종류의 국가라는 것을 국내 사회와 국제사회에서의 다양한 힘에 의해 생성되고 변화하는 것으로 이해하면서 이들의 생성과 변화 과정에 관심을 두고 있다.

또한 국가들을 기능적으로 유사하다고 가정하는 신현실주의 이론과는 달리 역사사회학은 국가들이 기능적으로 다른 조직임을 강조한다. 그리고 국내 사회와 국제사회를 구분하는 신현실주의 이론과는 대조적으로 이들 사회가 필연적으로 서로 연계되어 있음을 강조한다. 즉 왈츠가 주장하는 것처럼 단절되어 있으면서 국가 행동에 결정적인 영향을 미치는 국제체제라는 것은 존재하지 않는다고 본다.

4) 규범적 이론(Normative Theory)

규범적 이론은 실증주의 이론의 오랜 지배 속에서 실증주의에 의해 「가치가 개재된(value-laden)」 혹은 「비과학적(unscientific)」이라는 평가 속에 오랜 기간 묻혀 있었다. 1980년대 중반부터 규범적 이론에 관한 관심이 다시 부상하면서 모든 이론이란 명시적이든 묵시적이든 규범적인 가정을 지니고 있다는 주장이 좀 더 광범위하게 수용되게 되었다.

규범적 이론은 모든 이론은 사실상 가치를 포함하고 있으며 많은 경우 이러한 가치가 명시적으로 드러나 있지 않고 숨겨져 있을 뿐이라는 전제하에 세상이 어떤 것이어야 하는가의 당위적인 것에 초점을 두어야 함을 강조한다. 이와는 대조적으로 실증주의 이론은 사실과 가치를 구별할 수 있다는 전제하에 세상이 어떻게 작동하고 있는가의 현실에 초점을 둔다. 그 결과 실증주의는 현존하는 질서를 자연스러운 것으로 받아들이도록 한다.

이러한 규범적 이론은 특히 탈냉전기에 접어들어 국제사회의 빈번한 화두가 되고 있는 인권 문제·분배의 정의 문제·인도적 개입(humanitarian intervention) 문제 등과 같은 규범적인 이슈들과 더불어 그 중요성을 더해가고 있다고 볼 수 있다.

브라운(Chris Brown)은 국제정치에 관한 규범적인 입장을 사해동포주의(cosmopolitanism)와 공동체주의(communitarianism)의 두 가지로 구분하고 있다.[27] 그에 따르면 전자는 국제정치에서 규범적 이론이란 인류 전체 혹은 개개인에게 초점을 두어야 한다고 주장하는 반면 후자는 정치공동체(즉 국가)에 두어야 함을 강조하는 차이가 있다.

이러한 두 견해가 가지는 차이는 예컨대 인도주의적 개입과 같은 문제를 둘러싸고 극명하게 드러난다. 사해동포주의의 경우는 인류 전체 혹은 개개인을 권리와 의무의 주체로 간주하여 다른 국가의 개입을 정당화하나 공동체주의의 경우는 국가라는 정치공동체를 권리와 의무의 주체로 간주함으로써 인도주의적 개입을 국내 문제에 대한 간섭이라고 간주한다.

3. 구성주의 이론: 합리주의와 성찰주의의 접목

1) 구성주의 이론의 역사와 등장 배경

「구성주의(constructivism)」라는 말은 오너프(Nicholas Onuf)가 국제관계의 사회적 구성을 강조하는 지식체계를 지칭하여 만든 말로서 그의 1989년 저서인 「우리가 만든 세계(A World of Our Making: Rules and Rule in International Relations)」라는 책에 소개되었다.[28]

이러한 구성주의는 1992년에 웬트(Alexander E. Wendt)가 「무정부성이란 국가들이 스스로 만들어낸 것: 권력정치의 사회적 구성(Anarchy is What States Make of It: The Social Construction of Power Politics)」이라는 제목의 논문을 발표하면서 널리 알려지게 되었다.[29] 웬트는 이 논문을 통해 신현실주의 이론과 신자유주의적 제도주의 이론이 공유하고 있는 물질주의(materialism) 기반에 도전하는 구성주의의 이론적인 기초를 세웠다. 웬트는 1999년에 발간된 「국제정치의 사회적 이론(Social Theory of International Politics)」이라는 제목의 책에서 이러한 생각을 더욱 발전시켜 나갔다.[30]

---

27) Chris Brown, *International Relations Theory: New Normative Approaches* (Hemel Hempstead: Harvester Wheatsheaf, 1992).

28) Nicholas Onuf, *A World of Our Making: Rules and Rule in International Relations* (Columbia: University of South Carolina Press, 1989). 책 제목이 세계란 우리에 의해 만들어진 구성체임을 말하고 있어 구성주의적 관점에서 접근하고 있음을 쉽게 알 수 있다.

29) Alexander E. Wendt, "Anarchy is What States Make of It: The Social Construction of Power Politics," *International Organization*, Vol. 46, No. 2 (1992), pp. 391-425.

30) Alexander E. Wendt, *Social Theory of International Politics* (Cambridge: Cambridge University Press, 1999). 「Social Theory of International Politics」이라는 웬트의 저서 명을 잘 관찰하면 왈츠의 저서인 「Theory of International Politics」에 「Social」이라는 말을 앞에 덧붙이고 있을 뿐이라는 사실을 알 수 있다. 웬트는 이를 통해 왈츠의 이론을 비판하고 국제체제의 구조와 행위자(국가)의 상호작용이 갖는 사회적 성격을 제시하고자 했다.

구성주의는 1980년대 말과 1990년대 초 이래로(즉 냉전의 종식과 더불어) 국제정치 연구에 있어서 주요한 학파의 하나가 되었다.[31] 과거 현실주의 · 자유주의 · 구조주의를 국제정치 연구의 3대 패러다임으로 간주해 왔으나 이러한 구성주의의 등장으로 구성주의를 구조주의의 자리를 차지하여 3대 패러다임의 하나로 간주하기에 이르렀다.

구성주의 이론이 활발하게 전개되게 된 배경에는 냉전의 종식 자체와 이로 인한 국제사회의 급격한 변화가 자리하고 있다고 볼 수 있다.[32] 구체적으로 냉전의 종식 · 민족주의의 확산 · 종교적 근본주의의 등장과 테러 행위의 확산 등과 같은 큰 변화를 합리주의에 바탕을 두고 있는 신현실주의 이론과 신자유주의적 제도주의 이론을 가지고는 적절하게 설명하고 예측하지 못한다고 하는 반성으로부터 구성주의 이론이 활성화되었다고 볼 수 있다.[33]

냉전 시대의 미소 양 진영 간의 세력균형과 양 초강대국 간의 무기 경쟁 등을 적절하게 설명했다고 볼 수 있는 신현실주의 이론이 냉전의 종식을 예측하지 못함으로써 신현실주의 이론의 가정과 과학적인 방법론에 대한 의문이 제기되었다. 구성주의 이론은 신자유주의적 제도주의 이론과 신현실주의 이론이 물질주의적 접근과 사고(thought)와 관념(idea)에 관한 관심의 부재가 냉전의 종식을 제대로 예측하지 못하도록 했다고 비판하면서 이러한 사고와 관념을 포함하면 좀 더 나은 국제정치 이론이 될 수 있다고 보았다.

신현실주의 이론은 양극체제의 붕괴 후 미국만을 유일한 초강대국으로 하는 패권체제가 도래하자 향후 양극이든 다극이든 세력균형 체제의 도래를 예측했다. 그러나 이러한 예측과는 달리 미국에 대항하는 균형 연합이 생기지 않자 물질주의적 관점을 가진 신현실주의 이론을 가지고는 이러한 현상을 설명할 수 없다면서 그 대안으로서 구성주의적 시각에 의한 설명의 필요성이 대두되었다.

구성주의 내에 전통적 구성주의(conventional constructivism)와 더불어 비판적 구성주의(critical constructivism)와 같은 이론들이 존재하는데 여기에서는 논의를 전통적 구성주의에 한정하고자 한다. 구성주의 이론의 대표적인 학자의 예로는 웬트(Alexander E. Wendt) · 오너프(Nicholas G. Onuf) · 크라토크윌(Friedrich V. Kratoch-

31) 「구성주의(constructivism)」는 「사회적 구성주의(social constructivism)」라는 말을 줄여서 쓰는 말이다.
32) 구성주의는 이론(theory)이 아니라 접근법(approach)이나 존재론(ontology) 혹은 연구 프로그램(research program)에 불과하다는 보는 학자들도 있다.
33) 신현실주의와 신자유주의적 제도주의 이론은 방법론적으로 과학적인 접근을 추구한다는 점에서 공통적이며 가정의 많은 부분을 공유하고 있다.

wil) · 체켈(Jeffrey T. Checkel) 등을 들 수 있는데 여기에서는 웬트의 구성주의 이론을 중심으로 살펴보고자 한다.34)

웬트의 구성주의 이론을 살펴보는 과정에서 구성주의의 비교 대상으로서 신현실주의 이론과 신자유주의적 제도주의 이론을 언급하나 여기에서 주의할 점은 구성주의는 신현실주의 이론과 신자유주의적 제도주의 이론과 직접적으로 대척점에 서 있는 것이 아니라 이 두 이론이 공통으로 기초하고 있는 합리주의(rationalism)와 대척점에 서 있다는 사실이다.

2) 웬트의 구성주의 이론

웬트의 구성주의 이론의 핵심적인 내용은 다음과 같이 요약될 수 있다: ⅰ) 객체에 대해 취하는 행동은 객체 자체가 아니라 객체에 부여된 사회적 의미에 달려 있다. ⅱ) 국제체제의 구조는 물질적 구조라기보다 주로 관념적 구조이다. ⅲ) 행위자들의 정체성과 이익은 선험적으로 주어지는 것이 아니라 상호작용을 통해 사회적으로 구성된다. ⅳ) 국제체제의 무정부성은 행동의 논리로서 자력구제를 지속해서 유발하는 것이 아니라 행위자들 상호작용의 결과에 따라 다양한 논리를 유발할 수 있다. ⅴ) 국제체제의 구조는 외부적으로 주어져 구조의 구성단위인 국가에 일방적으로 영향을 미치는 것은 아니다. 이러한 구조는 행위자들의 상호작용으로 구성되고 일단 구성된 구조는 역으로 국가에 영향을 미친다. 즉 국제체제의 구조와 국가는 서로를 구성한다. ⅵ) 규범과 규칙 등의 국제제도는 국가 행동을 규제하는 것에 그치지 않고 국가의 정체성과 이익을 구성함으로써 국가 행동에 좀 더 깊은 영향을 미친다. ⅶ) 국제정치의 변화와 과정을 동태적으로 설명하기 위해서는 구성주의적 접근이 필요하고

34) Jeffrey T. Checkel, "The Constructivist Turn in International Relations Theory," *World Politics*, Vol. 50, No. 2 (January 1998), pp. 324–348; Jeffrey T. Checkel, "Norms, Institutions, and National Identity in Contemporary Europe," *International Studies Quarterly*, Vol. 43, No. 1 (1999), pp. 83–114; Friedrich V. Kratochwil, *Rules, Norms, and Decisions* (Cambridge: Cambridge University Press, 1989); Nicholas G. Onuf, *A World of Our Making: Rules and Rule in Social Theory and International Relations* (Columbia: University of South Carolina Press, 1989); Alexander E. Wendt, "The Agent Structure Problem in International Relations Theory," *International Organization*, Vol. 41, No. 3 (Summer 1987), pp. 335–370; Alexander E. Wendt, "Anarchy is What States Make of It: The Social Construction of Power Politics," *International Organization*, Vol. 46, No. 2 (1992), pp. 391–425; Alexander E. Wendt, "Collective Identity Formation and the International State," *American Political Science Review*, Vol. 88, No. 2 (1994), pp. 384–396; Alexander E. Wendt, *Social Theory of International Politics* (Cambridge: Cambridge University Press, 1999); Alexander Wendt, "Identity and Structural Change in International Politics," in Yosef Lapid and Friedrich Kratochwil, eds., *The Return of Culture and Identity in IR Theory* (Boulder and London: Lynne Rienner Publishers, 1996).

합리주의와 성찰주의의 결합이 필요하다.

구성주의 이론의 이러한 내용은 상호 밀접하게 연계되어 있어 따로따로 구분하여 별도로 설명하는 것은 무리가 없는 것은 아니다. 하나하나 떼어내서 설명을 하다 보면 중첩된 내용이 반복될 수도 있으나 구성주의 이론을 좀 더 체계적으로 이해하는 것을 돕기 위해 편의상 핵심적인 내용을 7가지로 구분하여 하나씩 살펴보고자 한다.

(1) 행동의 기준으로서의 객체에 부여된 사회적 의미

신현실주의 이론과 신자유주의적 제도주의 이론이 철학적 기초로 하고 있는 합리주의는 물질주의(materialism)의 관점을 가지고 있다. 물질주의는 객체가 중간에 관념과 같은 매개자 없이 행위자의 행동에 직접적인 영향을 미친다고 생각한다. 국제정치에 대해 이러한 물질주의적 접근을 하는 신현실주의와 신자유주의적 제도주의 이론은 국가 행동과 국제적 결과를 물질적 힘(material force)의 결과로써 설명하고자 한다. 구체적으로 신현실주의 이론은 국가들 사이의 물질적 능력의 배분(distribution of material capabilities)을 가지고 국제정치를 설명하려 하고 신자유주의적 제도주의 이론은 물질적 이익(material interests)을 통해 국제정치를 설명하려고 한다.

이와는 달리 구성주의는 물질적 객체 자체의 단순한 존재보다 이들 객체에 부여된 의미를 강조하면서 사람들이 다른 행위자를 포함한 객체(object)를 향해 행동할 때 객체 자체가 아닌 객체에 대해 그들이 가지는 의미에 기초하여 행동한다고 본다. 국가들의 경우 우호적인 국가를 향한 것과는 다르게 적국에 대해 행동하는데 이는 적국은 위협적이고 우호적인 국가는 그렇지 않다는 의미상의 차이 때문이라는 것이다.

구성주의는 이처럼 동일한 객체에 대해 주관적으로 가지는 의미를 중요시하는데 이러한 의미라는 것은 역사・관념・규범・믿음과 같은 요소들이 복합적으로 결합되어 구성된다고 하여 「사회적 의미(social meaning)」라고 부른다. 이러한 사회적 의미는 상대적으로 안정되어 있지만 그렇다고 해서 고정된 것은 결코 아니라고 본다. 또한 이러한 의미는 행위자의 개별적인 의미에서 나아가 행위자들 사이의 상호작용을 통해 공유함으로써 집단적 의미(collective meaning)가 되어 국가 행동에 영향을 미친다.

물질주의와 구성주의의 이러한 차이를 구체적인 예를 통해 살펴보자. 사람이 산속에서 덩치가 큰 호랑이와 우연히 만났을 경우 어떤 행동을 취할 것인가를 두고 물질주의는 모든 사람이 무서워 도망가리라 예측한다. 이와는 달리 구성주의는 호랑이를 만났을 때 도망을 갈 것인가는 개개인이 호랑이에 대해 가지고 있는 의미에 따라 달라질 것으로 본다. 호랑이 사냥꾼에게 있어서 호랑이는 사냥감이라는 의미를 지니기 때문에 오히려 호랑이에게 접근할 수 있다고 본다.

물질주의와 구성주의의 차이를 부연하여 설명하면 구성주의는 객관적 실체(objective reality)가 존재하고 이를 발견해 낼 수 있다는 합리주의 가정을 거부하고 행위자가 실체를 규정짓는다고 가정한다. 이는 구성주의가 객관적 사실(objective fact)을 거부하고 사회적 사실(social fact)을 수용한다는 것을 의미한다. 다시 말해 물질주의는 객관적 실체 그 자체를 의미하는 존재론적 실체(ontological reality)에 중점을 두는데 반해 구성주의는 구성된 실체(constructed reality)에 중점을 둔다. 구성주의는 동일한 맥락에서 지식(knowledge) 역시 관습·인간의 인식·사회적 경험에 의존한다는 의미에서 구성되는 것이라고 본다. 따라서 우리의 지식은 필연적으로 시공을 초월하는 실체(reality)를 반영하지 않는다고 본다. 이처럼 구성주의 이론은 객체나 지식이 구성되는 것으로서 이러한 것들이 만들어지는 사회적 맥락을 강조한다.

종합해 보면 구성주의 이론은 국제정치 현상을 설명하면서 관념이라는 것을 중심적인 개념으로 한다. 이와는 달리 신현실주의 이론의 경우 권력이라는 개념을 중심으로 하며 신자유주의적 제도주의 이론의 경우는 물질적 이익을 중요한 개념으로 한다.

(2) 관념적 구조로서의 국제체제의 구조

국제정치 현상을 국제체제의 구조를 통해 설명하고자 하는 신현실주의 이론이 이러한 국제체제의 구조를 무정부성과 권력이라는 물질적 능력의 배분으로 특징화하는 것에서 알 수 있듯이 신현실주의 이론은 국제체제의 구조를 물질적 요소로 구성된 물질적 구조(material structure)로 바라본다. 신현실주의 이론은 이러한 물질적 구조를 실재하는 구조로 바라보며 구조의 구성단위인 국가들과는 관계없이 외부적으로 주어진 것으로 바라본다.

웬트의 구성주의 이론은 국제체제의 구조를 물질적 구조라기보다는 주로 관념적 구조(ideational structure)로 보고자 한다. 이는 국제체제의 구조를 오로지 물질적 구조로만 바라보는 것을 거부하는 것이지 물질적 구조로서의 성격을 완전히 배제하는 것은 아니다. 따라서 국제체제의 구조를 물질적 구조의 요소를 가지고 있는 관념적 구조로 본다.[35)]

---

35) 비판이론이나 구성주의 이론 모두 구조가 사회적인 힘으로 발생하고 달라져 왔다는 의미로 구조의 사회성을 강조하며 구조를 사회적 구조로 정의하고 있다. 이들 모두 구조를 권력의 배분과 같은 물질적 요소로서 정의한 신현실주의 이론과는 달리 구조의 비물질적 요소를 강조한다. 그러나 이들 역시 물질적 요

여기에서 관념적 구조란 두 가지 중요한 의미를 포함하고 있다. 하나는 실재하는 구조가 아니라 가상적으로 존재하는 구조라는 의미이고 다른 하나는 외부적으로 주어지는 것이 아니라 구조의 구성단위인 국가들의 상호작용을 통해 구성된 사회적 구조(social structure)라는 의미이다. 즉 구성주의는 구조를 순수하게 물리적이거나 물질적인 종류가 아닌 인간의 지적이고 관념적인 종류의 창조물로 바라본다.36)

구체적으로 웬트의 구성주의 이론은 국제체제의 구조를 물질적 자원(material resources)·공유된 지식(shared knowledge)·실천(practices)이라는 상호 연관된 3가지 요소로 구성된 복합적인 구조로 바라본다. 이러한 요소들에 대한 이해가 웬트의 구성주의 이론 전반을 이해하는 데 중요하기 때문에 하나씩 살펴보고자 한다.

우선 물질적 자원은 신현실주의 이론이 구조의 유일한 구성요소로 간주하는 요소이다. 웬트의 구성주의 이론도 물질적 자원을 구조의 요소로 포함시키고 있지만 2가지 점에서 신현실주의 이론과 다르다. 우선 구성주의 이론에 있어 물질적 자원은 구성요소 일부에 불과하다는 점에서 다르다. 그리고 이 요소는 공유된 지식이라는 다른 구성요소를 통해서만 의미를 획득한다는 점에서도 다르다. 이는 물질적 자원이 국가 행동에 영향을 미치나 구체적으로 어떻게 영향을 미치는가는 공유된 이해·기대·지식에 달려 있다는 것이다.

물질적 자원이 공유된 지식을 통해 의미를 갖게 되는 예로서 웬트가 들고 있는 예를 소개하면 다음과 같다. 영국이 북한과 비교해 압도적으로 많은 핵무기를 보유하고 있음에도 불구하고 미국이 영국이 아닌 북한의 핵무기를 위협적인 것으로 느끼는 이유는 영국의 핵무기라는 물질적 자원은 미국과 영국이 상호작용을 통해 서로가 우호적 관계라는 이해를 공유함으로써 위협적이지 않다는 의미를 지니게 된 것이라고 본다. 이와는 달리 북한의 핵무기는 미국과 북한이 상호작용을 통해 서로가 적대적 관계라는 이해를 공유함으로써 위협적이라는 의미를 지니게 된 것으로 본다. 나중에 더 구체적으로 살펴보겠지만 이는 행위자들이 상호작용을 통해 자신과 타인에 대한 개념을 의미하는 정체성(친구 혹은 적으로서의 정체성)을 형성하는 것을 의미한다.

구조의 가장 중요한 요소로 간주하는 공유된 지식이란 행위자들이 상호작용을 통해 공유하게 된 이해·기대·가치·규범 등을 의미하며 이들을 모두 포괄하여 「문화(culture)」라고 일컫는다.37) 공유된 지식이란 신현실주의가 강조하는 권력이라는

소가 구조의 한 요소를 부인하는 것은 결코 아니라는 것을 이해해야 한다.

36) 구조는 상호작용을 통해 구성된 규범을 요소로 한다고 하여 「규범적 구조」라고도 일컫는다.

37) 여기에서 「지식(knowledge)」이란 특정 대상에 관해 교육이나 경험을 통해 얻게 된 인식이나 이해 혹은 정보를 의미한다.

물질적 요소에 대응하는 구조의 요소로서 국가들의 상호작용을 통해 만들어진 것임을 의미한다.

공유된 지식을 국제체제의 한 구성요소로 볼 경우 신현실주의 이론이 강조하는 안보딜레마는 달리 해석이 된다. 신현실주의 이론의 경우 안보딜레마란 국제체제의 무정부성이 구조의 구성단위인 국가의 의사와 관계없이 유발하는 결과라고 본다. 웬트의 구성주의 이론은 이와는 달리 안보딜레마란 국가들이 서로 불신에 차 있어 다른 국가의 의도에 대해 최악의 경우를 가정하게 되고 그 결과 자력구제의 행동 원리를 따르게 된다는 공유된 지식의 결과로 만들어진 사회적 구조로 바라본다.[38]

동일한 맥락에서 안보공동체(security community)란 국가들이 전쟁 없이 분쟁과 갈등을 해결하기 위해 서로를 신뢰한다는 공유된 지식의 결과로 만들어진 사회적 구조로 본다. 이처럼 안보딜레마와 안보공동체란 자기실현적인 예언(self-fulfilling prophecies)의 결과물로서 이러한 것들은 국가들의 관념의 결과물인 동시에 거꾸로 이러한 생각은 국가 행동에 영향을 미친다.[39]

마지막 요소인 실천(practices)은 사회적 구조가 행위자의 머릿속이나 물질적 능력 속에 존재하는 것이 아니라 실제적인 행동 속에 존재한다는 것을 의미한다. 사회적 구조란 우리가 그러한 것이 존재한다고 생각하기 때문에 존재할 뿐 아니라 정책결정자가 그러한 사회적 구조가 존재한다고 믿고 그러한 공유된 지식에 따라 실제로 행동하기 때문에 존재하며 이러한 실제적인 행동은 사회적 구조를 지속해서 재생산한다.

웬트는 이러한 예로서 2차 세계대전 이후 존재했던 냉전을 들고 있다. 그에 따르면 냉전이라고 하는 것은 강대국들의 관계를 40년 넘게 지배한 공유된 지식의 구조이며 강대국들이 이것에 기초하여 냉전을 지속시키는 실제적인 행동을 해왔다는 것이다. 그러다가 이러한 실제적인 행동을 하는 것을 멈추니까 냉전이라는 사회적 구조가 끝나버렸다고 본다.

호프(Ted Hopf)는 다른 예로서 미국의 월남전 개입이라는 실제적인 행동을 들고 있다. 그에 따르면 강대국이 다른 국가에 군사력을 사용하는 국가라는 것은 공유된 지식의 구조이며 미국은 월남전에의 개입이라는 실제적 행동을 통해 이러한 사회적

---

38) 웬트의 구성주의 이론의 핵심을 가장 극명하게 드러내는 것은 「Anarchy is what states make of it」이라는 말인데 이는 국제체제의 무정부성(anarchy)이라는 것은 그 자체로서 존재하는 것이 아니라 국가들이 생각을 통해 만들어 낸 것이라는 의미이다.

39) 「자기실현적인 예언」이란 발생하지 않을 수도 있었던 현상이 그렇게 되리라고 예상한 결과 그대로 실현된 것을 의미한다.

구조를 재생산해 왔다. 즉 미국의 월남전 개입은 강대국이란 다른 국가들에 대해 군사력을 사용하는 국가라는 공유된 이해를 지속시킨다.[40]

(3) 정체성과 이익의 구성

구성주의 이론의 가장 핵심적인 주장은 상호작용을 통해 간주관적으로 공유된 관념이 정체성을 구성하고 이러한 정체성이 이익을 구성하며 이러한 이익이 국가 행동에 영향을 미친다는 것이다. 이러한 주장에서 보듯이 구성주의 이론에 있어서 가장 중요한 개념은 정체성 · 이익 · 상호작용을 통한 공유된 이해라는 개념이다. 이러한 개념은 상호 깊은 연관성을 가지고 있는 개념이기 때문에 종합적으로 이해되어야 한다.

신현실주의 이론과 신자유주의적 제도주의 이론이 국가 행동이 국제체제의 구조에 의해 영향을 더 받느냐 아니면 국제제도로부터 영향을 더 받느냐를 둘러싸고 논쟁을 전개해 오고 있지만 둘 다 합리주의에 기반을 두고 있어 행위자의 정체성과 이익이라는 것을 외부적으로 주어진 것으로 수용하는 공통점을 보유하고 있다.[41] 즉 행위자의 합리성을 전제로 하는 이론들은 국가들이 다른 국가들과 상호작용을 하기 이전에 자신이 누구이고 자신이 원하는 것이 무엇인지를 알고 있다는 것이다. 이 때문에 행위자가 자신의 정체성과 이익을 어떻게 확립하여 나가는지에 대한 설명을 제공하지 못할 뿐 아니라 행위자들의 행동 패턴이 달라지면 이러한 변화를 제대로 설명할 수 없다.

이와는 대조적으로 웬트의 구성주의 이론은 행위자의 정체성과 이익이라는 것을 행위자들 사이의 상호작용 이전에 이미 형성된 것으로 바라보지 않고 이들 사이의 상호작용 과정에서 사회적으로 구성되어 행위자의 행동을 결정한다고 본다. 국제체제의 무정부 상태에서 국가들은 생존과 안보를 추구한다는 것은 신현실주의 이론이나 구성주의 이론 모두 동일하나 구성주의 이론은 이러한 상황에서 국가들이 권력의 극대화를 추구할 것인가 아니면 현재 가지고 있는 것에 만족할 것인가는 국가 간 상호작용의 결과로 생기는 정체성과 이익에 달려 있다고 본다. 이 때문에 구성주의 이론은 국가 정체성과 이익에 관한 연구의 필요성을 강조한다.[42]

---

40) Ted Hopf, "The Promise of Constructivism in International Relations Theory," *International Security*, Vol. 23, No. 1 (Summer 1998), pp. 172-173.

41) 행위자들이 어떤 선호(preferences)를 가지고 구체적으로 행동하고 선택하였는가를 실제적으로 관찰하여 밝히기보다 분석자가 주관적으로 행위자의 행동과 선택이 합리적으로 이루어졌다고 규정함으로써 발생하는 오류를 「전가된 선호의 오류(fallacy of imputed preferences)」라고 일반적으로 칭한다.

42) Robert Jackson and Georg Sørensen, *Introduction to International Relations: Theories and*

웬트의 구성주의 이론에 있어서 특히 정체성은 아주 중요한 핵심적인 개념이다. 앞서 언급했듯이 이익이 국가 행동에 영향을 미치는데 정체성이 이러한 이익에 기초를 제공하는 역할을 하기 때문이다. 웬트는 정체성을 「자신에 대한 상대적으로 안정적이고 역할 특정적인 이해와 기대(relatively stable, role-specific understandings and expectations about self)」라고 정의하고 있다.[43] 이러한 정체성은 동기의 성향(motivational disposition)과 행위의 성향(behavioral disposition)에 영향을 준다고 본다.

이러한 정체성과 관련하여 먼저 살펴보아야 할 문제는 행위자들이 어떻게 정체성을 획득하는가를 이해하는 것이다. 즉 행위자들이 자신과 타인을 어떻게 정의하는가를 이해하는 것이다. 구성주의 이론에 따르면 행위자의 정체성은 행위자가 다른 행위자들과 상호작용을 통해 집단적 의미(collective meaning)에 참여함으로써 획득된다. 이러한 맥락에서 구성주의 이론은 국가들의 행위 패턴을 찾아내어 서술하기보다는 이러한 행위를 하게 된 본질적인 근원을 파헤쳐 설명하고자 한다.[44]

정체성의 형성을 설명하기 위해 웬트는 국가의 정체성으로서 「개체적 정체성(corporate identity)」과 「사회적 정체성(social identity)」이라는 별개지만 상호 연관된 개념을 도입하고 있다. 개체적 정체성은 국가가 다른 국가와의 상호작용 이전에 지니는 정체성으로서 상호작용을 통해 획득하게 되는 정체성인 사회적 정체성과 구별된다.

그는 개체적 정체성을 「행위자의 개별성을 구성하는 본질적이고 자기 조직적인 성질의 것(intrinsic, self-organizing qualities that constitute actor individuality)」이라고 정의한다.[45] 개체적 정체성을 국가에 적용할 「개체적」이라는 말은 개인이 아니고 개인의 집합체로서의 국가가 가지는 정체성을 의미한다. 이러한 개체적 정체성은 다른 국가와의 상호작용이 없는 가운데 자각과 기억을 통해 스스로 다른 집합체와 구별하여 가지는 우리-의식(a sense of we) 혹은 우리성(we-ness)을 의미한다. 웬트는 이러한 개체적 정체성이 물리적 안전·안정된 사회적 정체성에 대한 욕구를 창출하는 세계와의 관계에서의 존재론적 안전·생존을 넘어서 타인에 의한 행위자로서의 인정·집단적 수준에서 더 나은 삶을 위한 발전이라는 4가지의 기본적인 이익을 만들

Approaches, 3rd Edition (Oxford: Oxford University Press, 2006), p. 168.

43) Alexander E. Wendt, *Social Theory of International Politics* (Cambridge: Cambridge University Press, 1999), p. 21.

44) 웬트는 신현실주의 이론이 행위자들의 행동이 주어진 물질적 구조에 의해 크게 제약을 받는다고 보는 것과 대조적으로 물질적 구조의 제약은 아주 느슨한 것으로 본다. 이는 부분적으로는 개개의 행위자들이 학습에 기초하여 그들의 이익을 재정의할 수 있는 능력을 지니고 있기 때문이라는 것이다.

45) Alexander E. Wendt, "Collective Identity Formation and the International State," *American Political Science Review*, Vol. 88, No. 2 (1994), p. 385.

어 낸다고 본다.

사회적 정체성은 개체적 정체성과는 달리 행위자가 상호작용을 통해 획득하는 정체성으로서 웬트는 「행위자가 타인의 관점을 수용하면서 자신이 지니고 있다고 생각하는 사회적 객체로서의 일단의 의미」라고 정의하고 있다.[46] 국가의 사회적 정체성은 상호작용을 통한 다른 국가와의 관계 속에서 형성되는 정체성이다. 이러한 이유로 사회적 정체성은 자국과 다른 국가를 구별하기 전에는 존재하지 않는다. 웬트의 예를 들면 공산주의자가 존재하지 않는다면 누구도 반공주의자라는 정체성을 가질 수 없으며 균형화를 취할 대상이 존재하지 않으면 누구도 균형자가 될 수 없다.[47] 행위자들은 개체적 정체성의 경우 하나만 가지고 있으나 사회적 정체성의 경우는 여러 개를 가진다고 본다.

이제 집단적 정체성(collective identity)을 살펴볼 차례이다. 이러한 집단적 정체성은 행위자들 사이의 차이가 열어지면서 자신과 남이 동일시되는 것을 의미한다. 즉 자신과 상대를 하나의 정체성으로 통합하여 상대의 복지가 자신의 복지의 일부인 것으로 정의하여 이타적으로 행동을 하는 것을 의미한다.

국가 간의 지속적인 상호작용은 국가들의 관념과 그로 인한 사회적 정체성을 변화시킴으로써 자국과 타국을 어떻게 바라볼 것인가를 변화시킨다. 이러한 과정에서 자신과 남의 구별이 흐려져 더 이상 구별할 것이 없게 되는 인식의 과정인 동일시를 통해 집단적 정체성이 형성된다. 이러한 동일시를 가져오는 정체성의 확장은 2가지 다른 과정인 정체성의 사회화 과정과 학습 과정을 통해 이루어진다고 본다. 전자는 다른 행위자의 정체성과 이익을 수용하는 것이고 후자는 자신과 상대의 차이를 용인하는 것이다. 이러한 집단적 정체성은 두 통로를 통해 국가 행동에 영향을 미친다. 하나는 국가의 이익을 정의함으로써 국가 행동에 영향을 미치는 것이고 또 다른 하나는 국제규범을 형성하여 국가 행동에 영향을 미친다.

구성주의 이론이 정체성과 이익이라는 것이 일단 형성된 후 일정한 지속력을 가진다는 것을 부인하지는 않으나 실제적인 변화나 변화의 가능성에 더 주목한다. 비교적 최근에 있었던 역사적인 예로서 냉전의 종식을 든다. 구성주의 이론은 1980년

46) 사회적 정체성은 「역할 정체성(role identity)」이라고도 불린다. 실제로 웬트는 개체적 정체성과 사회적 정체성으로 구분하던 정체성을 나중에는 개인적 혹은 개체적 정체성(personal or corporate identity)·유형 정체성(type identity)·역할 정체성(role identity)·집단적 정체성(collective identity)으로 구분하고 있다.

47) Alexander E. Wendt, “Identity and Structural Change in International Politics,” in Yosef Lapid and Friedrich Kratochwil, eds., *The Return of Culture and Identity in IR Theory* (Boulder and London: Lynne Rienner Publishers, 1996), pp. 47-64.

대 후반에 구소련의 대통령인 고르바초프(Mikhail Sergeyevich Gorbachev)에 의해서 시작된 관념의 변화는 양 진영 모두에게 있어 냉전을 끝내야 한다는 공유된 지식을 만들어 냈고 이러한 집단적인 생각의 변화가 바로 실제에 반영되어 실제적인 냉전의 종식을 가져왔다고 본다.

다른 예로서 구성주의 이론은 초국가적인 통합을 설명하는 데 있어서 이를 전통적인 홉스적인 무정부적 질서의 붕괴로 인한 결과물로 바라볼 뿐 아니라 상호 인정하는 주권의 권리라는 로크적인 관념의 결과물로도 바라본다. 이처럼 구성주의 이론은 유럽연합(EU)을 분석하는 데 있어서 국가 정체성의 변화와 새로운 집단적인 유럽의 정체성 진화라는 관점으로 접근하고자 한다.48)

정리하면 국가의 정체성은 국가이익을 규정지음으로써 국가 행동에 영향을 미친다. 국가들 사이의 상호작용은 국가의 정체성과 이익을 구축하도록 할 뿐 아니라 정체성과 이익을 변화시킨다. 국가 정체성의 사회화는 국제적인 집단적 정체성을 형성하고 이러한 집단적 정체성이 국제규범과 국제제도와 같은 형태를 띠도록 한다. 신현실주의 이론과 신자유주의적 제도주의 이론은 이러한 정체성과 이익의 단일성과 불변성을 강조함으로써 정체성과 이익의 변화를 설명하지 못하고 나아가 이로 인한 국가 행동의 변화를 설명하지 못한다.

(4) 무정부성의 다중적 논리

앞서 언급했듯이 구성주의 이론은 국제체제의 구조를 국가들의 상호작용을 통해 사회적으로 구성한 구조로 바라본다. 따라서 신현실주의 이론이 국제체제의 구조적 특징으로 보는 무정부성 역시 국가들이 상호작용을 통해 만들어 낸 사회적 구조이다. 따라서 상호작용을 통해 어떠한 지식을 공유하는가에 따라 무정부성의 의미는 달라지는데 이는 무정부성이 다중적인 의미를 지닐 수 있다는 것을 의미한다.

웬트의 구성주의 이론의 가장 핵심적인 주장은 신현실주의 이론의 주장처럼 무정부성이 필연적으로 국가들의 행동 논리로서 자력구제(self-help)를 가져오는 것이 아니라 국가 간 상호작용의 결과로써 무정부성은 자력구제가 아닌 다른 형태를 띨 수도 있다는 것이다. 즉 똑같은 무정부 상태의 국제체제이지만 국가들이 상호작용을 통해 서로에 대해 어떠한 인식을 공유하는가에 따라 국가들의 행동 논리가 달라진다고 본다. 국가들이 자력구제를 행동의 논리로 하고 있다면 이것은 국가들이 상호작

48) Simon Hix, “The Study of the European Community: The Challenge to Comparative Politics,” *West European Politics*, Vol. 17, No. 1 (January 1994), pp. 9-10.

용을 통해 집단으로 그러한 인식을 공유했기 때문이라고 본다. 따라서 이러한 인식이 바뀌면 자력구제라고 하는 것 역시 바뀔 수 있다고 본다.[49]

사물이란 우리가 존재한다고 믿기 때문에 존재하는 것이라고 보는 구성주의 이론에 따르면 국가들이 서로를 적으로 인식할 경우 홉스(Thomas Hobbes)적인 행동의 논리가 등장하고 경쟁자로 인식할 경우 로크(John Locke)적인 행동의 논리가 등장하며 친구로 인식할 경우 칸트(Immanuel Kant)적인 행동의 논리가 등장한다. 웬트는 국가들이 상호작용을 통해 집단으로 인식을 바꾼 결과 17세기 이전에는 홉스적 논리가 지배했고 17세기로부터 20세기 후반까지는 로크적 논리가 지배했으며 20세기 후반에 이르러서는 칸트적 논리로 변화하고 있다고 진단하고 있다.[50]

(5) 구조와 행위자의 상호 구성

신현실주의 이론은 국제체제의 구조를 무정부성과 권력의 배분을 특징으로 하는 물질적 구조로 바라보고 이러한 구조가 행위자의 의지나 의사와 관계없이 외부적으로 주어진 것으로 간주한다. 신현실주의 이론은 이러한 국제체제의 구조가 행위자 사이의 상호작용에 미치는 영향을 가지고 국제정치 현상을 설명하고자 한다. 구체적으로 무정부성을 상수로 취급하여 안보딜레마와 이에 따른 자력구제라는 국가들의 행동 논리가 지속됨을 설명하고 세력균형이 부단히 반복됨을 설명한다. 이러한 국제체제의 무정부성 속에서 권력의 배분에서의 변화를 유일한 변수로 하여 전쟁과 평화 등 국제체제의 안정의 변화를 설명하고자 한다.

앞서 살펴보았듯이 구성주의의 경우 체제의 구조란 행위자의 의지나 의사와 관계없이 외부적으로 주어진 것이 아니라 행위자들의 공유된 관념이 만들어 낸 사회적 구성물이다. 따라서 국제체제의 구조는 행위자들의 상호작용 속에서 어떤 관념을 공유하는가에 따라 달라질 수 있는 행위자에 종속적이다. 그러나 일단 행위자들의 공유된 관념으로 만들어진 국제체제의 구조는 역으로 행위자의 행동에 영향을 미치는 존재가 된다.

구성주의 이론은 구조주의가 가지는 일방적인 결정주의를 피하고 동시에 행위자의 속성만으로 행위자의 행동을 설명하려는 환원주의(reductionism)를 피하고자 구조

---

49) 그러나 그렇다고 해서 이러한 자력구제라고 하는 것이 쉽게 바뀔 수 있다는 것은 결코 아니다. 왜냐하면 일단 형성이 되면 특정의 행동을 강화하고 다른 행동에 벌을 가하는 사회적 사실(social fact)이 되기 때문이다.

50) 이러한 구분은 불(Hedley Bull)이 국제사회론에서 국제사회를 바라보는 관점으로서 홉스적 시각 · 칸트적 시각 · 그로티우스적 시각을 제시한 것과 유사하다. 이러한 이유로 영국학파 소속의 학자 중 일부는 웬트의 구성주의 이론이 불의 국제사회론과 별반 다른 것이 없다는 주장을 제기하기도 한다.

와 행위자가 서로를 구성하는 것으로 개념화한다. 다시 말해 구성주의 이론은 구조의 일방적인 영향을 강조하는 구조적 접근과 구조를 구성하고 있는 요소의 자율을 강조하는 개체적 접근 모두의 한계를 지적하고 구조와 구성요소가 상호 영향을 미치는 쌍방향성을 강조한다. 이는 구조와 구성요소의 상호 구성론으로서 구성요소의 자유로운 선택론과 구조론의 결정주의를 모두 비판하면서 구성요소와 구조에 동등한 존재론적 위상을 부여하고 있다.

(6) 국제제도의 생성과 영향

국제제도의 생성에 대해 신현실주의 이론은 국제제도를 패권국의 이익이나 가치의 반영물에 불과하다고 본다. 신현실주의 이론은 국제제도의 영향에 대해 신현실주의 이론은 국제제도가 국가 행동에 미치는 영향은 거의 없다고 본다. 즉 국제제도는 국가 행동과 국제적 결과를 설명하는 독립적인 설명력을 가지고 있지 않다고 본다. 신현실주의 이론에 있어서 국제제도는 국가의 이익에 영향을 미치지 않고 국가의 이익을 단순히 반영하는 존재에 지나지 않는다.

국제제도의 생성에 대해 신자유주의적 제도주의 이론은 국제제도가 가져다주는 물질적 이익이 추동력이 되어 생성된다고 본다. 국제제도의 영향에 대해 신자유주의적 제도주의 이론은 국가 행동에 미치는 국제제도의 역할을 중요시한다. 그러나 이러한 국제제도의 역할은 규제적 의미(regulative sense)에서이지 구성적 의미(constitutive sense)에서가 아니다. 즉 국제제도가 제약으로 작용하여 국가 행동에 영향을 미치나 더 본질적으로 국가의 정체성과 이익을 구성하여 국가 행동에 영향을 미치는 것은 아니라는 것이다. 즉 국제제도는 국가의 정체성과 이익에 변화를 주지 않는 가운데 국가 행동에 영향을 미친다고 본다.

신현실주의 이론이나 신자유주의적 제도주의 이론 모두 합리주의 이론으로서 국제제도의 변화는 강대국 이익의 변화나 비용과 이익에 대한 계산의 변화로부터 유래된다고 본다. 따라서 이러한 합리주의적 관점은 국가가 물질적 이익을 얻을 수 없는데도 불구하고 국제제도를 준수하는 것을 설명하지 못하는 한계를 지닌다.

구성주의 이론의 관점에서 국제제도란 간주관적인 것으로서 행위자들 사이의 상호작용을 통해 구성된 것으로서 순전히 특정 행위자(들)의 물질적 이익을 극대화하기 위해 형성되는 것이 아니라 행위자들이 공유하고 있는 인식과 행동에 부여된 관념적인 가치가 구현된 것이다. 따라서 국제제도란 공유된 가치와 규범적인 이해에 기초하여 생기는 것으로서 국제제도의 형성이란 단순히 비용과 이익의 분석으로 축

소될 수 없는 사회적 과정으로 본다.51)

국제제도의 영향에 대해 구성주의는 신자유주의적 제도주의 이론과는 달리 국제제도가 국가의 정체성과 이익을 구성함으로써 국가 행동에 영향을 준다고 본다.52) 구성주의 이론과 신자유주의적 제도주의 이론은 이처럼 국제제도가 국가 행동에 영향을 미치는 방식에 있어서 큰 차이점을 보유하고 있는 것이 사실이지만 기본적으로 국가 행동에 국제제도가 미치는 역할의 중요성을 강조한다는 점에서는 공통적이다.

구성주의 이론은 이처럼 국제제도란 국가들이 집단적으로 만든 결과물이면서 동시에 국가들에게 영향을 미치는 것으로 바라본다. 이러한 맥락에서 구성주의 이론은 국제제도란 합리적으로 주어진 것으로 바라보아야 할 대상이 아니라 어떤 과정을 통해 형성되며 어떤 과정을 통해 국가 행동에 영향을 미치는가를 연구하여야 할 대상임을 강조한다고 볼 수 있다.

이러한 구성주의 관점은 국제사회의 문제의 해결에 나름의 시사점을 제공한다. 즉 구성주의 이론은 국가들 사이에 공유할 수 있는 문화적 · 규범적 기반을 확장하여 집단적 정체성을 만들어 가면 갈등을 어느 정도 줄일 수 있다고 판단한다. 즉 신현실주의 이론과는 달리 갈등이라는 것은 정체성과 이익을 재구성함으로써 극복될 수 있다는 것이다.

또한 연구의 대상으로서 특정 국가가 동일하거나 유사한 국제정치 환경 아래 어떤 국가에 대해서는 군사력을 사용하고 다른 국가에 대해서는 사용하지 않는 것과 같은 차이점을 설명하기 위해서는 국가 사이에 형성된 규범이나 신뢰와 같은 요인에 주목하여야 한다고 본다. 역사와 문화적으로 축적된 친밀한 관계에 있는 국가일수록 조화적 정체성을 확보하여 상호 갈등을 덜 일으키기 때문이다.

---

51) 구성주의 이론은 신자유주의적 제도주의 이론이 국제제도가 국가들의 행동을 규제하는 실증적인 측면에만 관심을 집중하고 있고 국제제도의 형성과 존재 자체가 국가들 사이에 공유된 의식과 기대에 의존하고 있다는 것을 간과하고 있다는 점을 지적한다.

52) 앞서 자유주의 패러다임 편의 신자유주의적 제도주의 이론 부분에서 언급했듯이 국제제도에는 규제성 제도(regulative institution)와 구성적 제도(constitutive institution)가 있다. 규제성 제도란 무엇을 해서는 안 된다는 제도로서 합법적인 제재에 기초를 두고 있는 제도를 의미한다. 이와는 달리 구성적 제도란 규제성 제도처럼 행위자가 특정 방식으로 행동하지 못하도록 금지하기보다 오히려 특정 행동을 구성하고 있는 제도이다. 즉 구성적 제도란 사회질서나 제도를 정의하는 종류의 것으로서 공동의 의미구조를 수립할 뿐 아니라 누가 행위자인지 정의하고 나아가 이들의 능력까지도 정의하는 제도이다. 주권의 원칙(principle of sovereignty)이 이러한 구성적 제도의 전형적인 한 예가 될 수 있다. 구성주의 이론은 국제제도가 규제적인 측면만 가지고 있는 것이 아니라 구성적인 측면도 가지고 있다고 본다. 즉 구성주의 이론은 국제정치에 있어서 국제제도의 역할을 강조하는 기존의 학자들이 국제제도가 국가들의 행동을 규제하는 효과에만 중점을 둠으로써 국제관계의 본질을 이해하는 데 실패했다고 보고 국제제도들은 국가 행동을 규제할 뿐만 아니라 국가들의 정체성과 이익을 구성하는 역할을 수행하며 한 걸음 더 나아가 국제질서의 기초로 작동한다고 보아야 함을 강조한다.

합리주의에 바탕을 둔 신현실주의 이론과 신자유주의적 제도주의 이론을 모두 「이익에 기초한 이론(interest-based theory)」이라고 칭하고 「결과의 논리(logic of consequences)」에 기초를 두고 있다고 본다. 이와는 달리 구성주의 이론은 「규범에 기초한 이론(norm-based theory)」이라고 칭하고 「적합성의 논리(logic of appropriateness)」에 기초하고 있다고 본다.53) 여기에서 국제제도에 대한 구성주의의 접근을 잘 이해하기 위해 결과의 논리와 적합성의 논리를 비교하여 살펴보고자 하는데 그 이전에 왜 구성주의 이론을 「규범에 기초한 이론」이라고 하는가를 먼저 살펴볼 필요가 있다.

앞서 살펴보았듯이 구성주의 이론은 국제체제의 구성요소로서 상호작용을 통해 구성된 이해 · 기대 · 가치 · 규범 등을 의미하는 공유된 지식을 가장 중요한 요소로 간주한다. 이러한 구성요소가 주를 이루어 구성된 구조는 어떤 성격을 강조하는가에 따라 다양한 이름으로 불린다. 우선 공유된 지식이라는 관념으로 구성된 구조라는 의미를 강조하여 「관념적 구조(ideational structure)」라고 부르며 상호작용을 통해 사회적으로 구성된 구조라는 의미를 강조하여 「사회적 구조(social structure)」라고도 부르고 행위자들의 행동에 규범적인 영향을 미친다는 의미를 강조하여 「규범적 구조(normative structure)」라고도 부른다.

이렇게 규범에 기초한 이론이라거나 규범적 구조라고 불리는 이유는 상호작용을 통해 공유된 이해 · 기대 · 가치 · 규범이 규범적인 요소가 되어 국가 행동에 영향을 미치기 때문이다. 즉 구성주의는 국가 행동에 영향을 미치는 요소로서 행위자들이 상호작용을 통해 공유하게 된 태도와 가치를 중요시하기 때문이다.

이제 결과의 논리와 적합성의 논리란 무엇인가를 살펴보자. 신현실주의 이론과 신자유주의적 제도주의 이론 모두 국제제도란 합리적이고 전략적인 행위자인 국가에 의해 만들어지는 것으로서 행위자들의 자기중심적인 이기적인 목적을 만족시켜주기 때문에 만들어진다. 이러한 합리주의의 논리를 「결과의 논리」라고 부른다.54) 결과의 논리란 행동을 합리적인 계산의 결과로 보는 논리로서 행위자들이 가능한 모든 대안을 나열한 후 효용을 따져 최대의 효용이라는 결과를 가져다주는 선택을 한다는 논

---

53) 결과의 논리(logic of consequences)와 적합성의 논리(logic of appropriateness)에 대해 더 자세한 것은 다음 문헌을 참고하시오: James G. March and. Johan P. Olsen, *Rediscovering Institutions: The Organizational Basis of Politics* (New York: Free Press, 1989); James G. March and. Johan P. Olsen, *The Logic of Appropriateness*, ARENA Working Papers, WP 04/09 (ARENA: Oslo, 2004); James G. March and. Johan P. Olsen, "The Institutional Dynamics of International Political Orders," *International Organization*, Vol. 52, No. 4 (1998), pp. 943-969.

54) 「결과의 논리」는 「귀결성의 논리(logic of consequentiality)」라고도 부른다.

리이다. 따라서 이러한 접근을 「산술적 접근(calculus approach)」이라고도 부른다. 신현실주의 이론과 신자유주의적 제도주의 이론은 국가 행동에 영향을 미치는 행위자의 이익이라는 것이 사회적 · 문화적 요인들과 독립하여 생성되는 것으로 본다는 것을 특징으로 한다.

합리주의 이론들이 국제제도를 합리적 선택의 결과로 보는 것과는 달리 구성주의 이론은 국제제도가 비록 행위자의 목적을 만족시키는 효율적인 방식이 아닐지라도 문화적인 맥락에서 적합하고 정당성이 있는(appropriate and legitimate) 것으로 보이기 때문에 창출된다고 본다. 이러한 이유로 구성주의 이론을 「적합성의 논리」에 기초를 두고 있는 이론이라고 칭한다.[55] 다시 말해 국제제도란 자기중심적인 전략적인 계산의 결과가 아닌 것으로서 합리적인 것이 아닐 수도 있는 공유된 지식에 의해 구성된다고 본다.[56] 이처럼 구성주의 이론은 공유된 이해 · 기대 · 가치 · 규범 · 믿음 · 문화 · 관습과 같은 합리적이지 않을 수도 있는 요인들이 국가의 정체성과 이익의 형성에 영향을 미치고 이러한 국가의 정체성과 이익이 국제제도를 구현한다고 본다.[57]

구성주의가 국제제도에 대해 이러한 입장을 견지함으로써 신현실주의 이론이나 신자유주의적 제도주의 이론과는 달리 국제제도의 형성에 더 풍부한 설명을 제공할 수 있는 여지를 제공한다. 이러한 이유로 구성주의는 사회의 지배적인 담론에 주의를 기울이는데 이는 담론이 믿음과 이익을 반영하고 규정지으며 행위의 규범을 창출하기 때문이다.

공유된 믿음 · 가치 · 문화 · 관습과 같은 여러 가지 비합리적일 수 있는 요인들이 국가의 정체성과 이익의 형성에 영향을 미치고 이러한 국가의 정체성과 이익이 국제제도를 구현한다고 보는 구성주의의 논리를 국제제도의 형성과 관련지어 살펴보았

---

55) 「적합성의 논리」라는 말 앞에 「규범 정향적인(norm-oriented)」이라는 말을 붙여 「규범 정향적 적합성의 논리」라 칭하는 경우도 종종 있다. 적합성의 논리란 원래 인간의 행동이 무엇으로부터 영향을 받는가에 대해 제시된 관점인데 이에 따르면 인간의 행동이란 제도화가 된 적합하거나 모범이 되는 행위의 규칙에 의해 추동된다고 본다. 이러한 규칙이란 자연스럽고 옳고 기대되고 정당성을 지니고 있기 때문에 지켜진다고 본다. 행위자는 주어진 역할 · 정치공동체나 그룹의 회원 신분 · 관례 · 기대 속에 내재해 있는 의무를 이행하고자 한다는 것이다. 즉 행위자들은 사회집합체 내에 존재하면서 특정 유형의 상황 속에서 그들에게 적합하다고 생각되는 것을 행한다는 것이다. 적합성의 논리는 합리주의의 「산술적 접근」과 구별하여 「문화적 접근(cultural approach)」이라고도 부른다. 문화란 행위자들의 개별적인 사회적 상호작용을 통해 공유되고 구조화된 가치와 태도를 일컫는다.

56) 사회적 행위자는 그들의 사회적 환경 및 집단으로 공유된 의미의 체제와 독립하여 존재할 수 없다고 본다.

57) 구성주의 이론에 있어서 행위자들은 합리적 선택 이론 비교하여 계산으로부터 더 자유롭다. 대신에 행위자들은 종종 그들의 사회적 기대에 대한 인식 · 자신의 정체성 · 내재화된 가치 등 유사한 주관적인 고려에 기초하여 상황에 대응한다.

으나 이러한 구성주의 논리는 국제제도에 왜 가입하는가에 대한 설명을 제공하기도 한다. 구성주의가 실제의 국제제도 관련한 연구에 적용된 사례를 살펴보면 다음과 같다.

냉전의 종식과 더불어 양극적 대립이 없어지고 소련이 해체되어 위협이 사라진 상황에서 중앙유럽과 동유럽국가들이 NATO에 가입하여 북대서양조약기구가 확대되고 있고 유럽연합(EU) 역시 확대되고 있다. 냉전의 종식 후의 새로운 현상으로서의 이러한 국제제도의 확장을 설명하는 데 있어서 기존의 주요 국제정치 이론인 신현실주의 이론과 신자유주의적 제도주의 이론이 한계를 보이는 가운데 여러 대안 이론이 합리주의에 대항하여 등장하였다. 이러한 이론 가운데 구성주의가 가장 활발하게 이러한 것을 포함한 국제정치 현상을 새롭게 설명하고자 한다.

구성주의 이론은 중앙유럽과 동유럽국가들이 북대서양조약기구에 가입하고자 하는 것을 공유된 위협(shared threat)에 대한 합리적 계산에 따른 대응보다는 공동의 정체성 현상으로 보고자 한다. 이들 국가의 북대서양조약기구 가입을 단순히 자기중심적인 국가들 사이의 동맹 형성이 아니라 이들 국가와 북대서양조약기구 사이의 집단적 정체성의 형성을 의미하는 서구의 가치와 규범과의 일체화의 제도화로 보고자 한다.

유럽연합이 동유럽 국가들에게 회원가입을 허용한 것은 현실주의 통합이론이 주장하는 바와 같이 정부 간 협상의 결과가 아니라 이들 동유럽국가가 유럽의 가치와 규범을 채택한 것을 보여주었기 때문이라고 분석한다. 그러한 증거로서 동유럽국가들의 가입은 그 당시 동유럽국가들은 물론 기존의 회원국들에도 손익의 계산상으로 보아 이익보다는 부담이 더 컸다는 것을 제시하고 있다.58) 구성주의 이론은 소련의 해체가 힘의 정치만이 아니라 정체성의 변화에 의해서도 초래되었다고 주장한다.

국제제도의 형성에 대해 제각기 다른 설명을 제시하는 신현실주의 이론·신자유주의적 제도주의 이론·구성주의 이론의 적실성에 대하여 다음과 같은 구분을 하기도 한다. 특정 국가(군)의 이익을 추구하기 위해 설립된 국제제도의 창설에 대해 현실주의 이론이 적절한 설명을 제시하고 상호성이 있는 국제제도의 창설에 대해서는 신자유주의적 제도주의 이론이 적절한 설명을 제공한다. 이와는 달리 상호성(reciprocity)이 있는 공동의 이익이라는 개념으로도 설명되지 않을 뿐 아니라 특정 국가

58) Frank Schimmelfennig, "The Community Trap: Liberal Norms, Rhetorical Action, and the Eastern Enlargement of the European Union," *International Organization*, Vol. 55, No. 1 (Winter 2001), pp. 47-80.

또는 특정 그룹에 속하는 국가의 이익이라는 개념으로도 설명되지 않는 국제제도의 형성에 대해서는 구성주의 이론이 적절한 설명을 제공한다고 본다.

(7) 변화와 과정에 대한 동태적 설명과 합리주의와 성찰주의의 결합

구성주의 이론은 앞서 등장 배경에서 언급했듯이 기존의 주류 국제정치 이론이 국제사회의 변화를 적절하게 설명하지 못하는 한계를 극복하기 위해 등장했다. 구성주의 이론은 이러한 변화를 국가 간의 상호작용을 통한 국가 정체성과 국가이익의 변화를 통해 설명하고자 한다.

신현실주의 이론은 국제체제가 무정부 상태 속에서 권력 배분의 변화만을 포착할 뿐 기본적으로 국제체제를 정태적으로 보며 안보딜레마에 의한 갈등의 지속성을 강조한다. 이와는 달리 구성주의 이론은 정체성과 이익은 변하며 이에 따라 과거에 갈등을 빚던 국가 간에 협력할 수 있게 된다고 본다. 이러한 예로서 과거에 적이었으나 이제 협력을 학습하게 된 유럽연합(EU)의 국가들 사이의 관계를 들 수 있다고 본다. 이러한 유럽연합의 예는 무정부성이 주는 영향이 정체성과 이익을 재구성하는 것을 돕는 유럽연합과 같은 국제제도의 수립을 통해 완화될 수 있음을 보여주는 것이다.

기존의 합리주의 이론에 대해 구성주의 이론이 가하는 비판의 핵심은 신현실주의 이론이나 신자유주의적 제도주의 이론 모두 물질주의적 관점을 가지고 있고 국가의 합리성을 전제로 함으로써 국가 정체성과 국가이익을 고정적인 것으로 가정하고 있다는 점이다. 구성주의 이론은 물질주의적 시각과 정태적인 국가 정체성과 국가이익의 개념으로부터 탈피하여 이들이 어떻게 생성되고 변화하는가를 동태적으로 살펴보고자 했다.

이처럼 구성주의 이론이 정체성과 이익의 변화를 통해 국제정치의 변화를 실증적으로 설명하고자 함으로써 신현실주의 이론과 신자유주의적 제도주의 이론이 기반을 두고 있는 합리주의와 성찰주의와의 보완의 가능성을 열어놓았다고 평가된다. 구체적으로 구성주의 이론이 합리주의와 성찰주의를 접목시키고자 한다는 것은 다음에 근거한다.

첫째, 구성주의 이론이 구조를 물질적 구조로만 보지 않고 제도와 같은 비물질적이고 관념적 구조로 봄으로써 국가 행동에 대한 두 종류의 구조적 요인의 영향을 살펴보고자 한다는 점에서 합리주의와 성찰주의를 접목시키고자 했다고 볼 수 있다. 왜냐하면 합리주의 이론은 물질적 구조를 성찰주의는 관념적인 구조를 강조하기 때문이다.

둘째, 구성주의 이론은 지식의 사회성과 역사성 등을 강조하고 행위자의 정체성과 의미를 핵심적인 분석의 개념으로 하는 성찰주의를 실증주의적 방법론에 기반을 두고 설명력과 예측력을 가지고자 하는 합리주의와 통합하고자 한다. 구체적으로 구성주의는 실증주의 방법론을 취하는 구성주의와 탈실증주의 방법론을 취하는 구성주의로 구분된다. 우리가 살펴본 웬트의 구성주의 이론은 실증주의적 접근을 수용하는 구성주의 이론으로서 사회적으로 구성된 국제체제가 검증할 수 있는 가설을 통해 일반화가 가능한 반복적인 패턴을 지니고 있다고 본다. 이러한 패턴은 사회관계를 지배하는 법칙의 산물이며 이러한 법칙은 과학적인 연구 방법을 통해 인과적인 설명이 가능하다고 본다.

이러한 맥락에서 웬트의 구성주의 이론이 중점을 두는 연구 의제는 국가라는 행위자가 국제체제와 같은 사회적 구조를 정의하는 방식이다. 웬트의 구성주의 이론은 이를 위해 합리주의와 성찰주의의 공동 노력이 필요함을 강조하고 있다. 구체적으로 합리주의와 성찰주의의 협력은 어떤 특정의 경험적인 실제적인 행위가 정체성과 이익의 창출 및 재창출과 어떻게 연관되어 있는가를 연구하는 데 주어져야 한다고 본다. 이러한 점에서 구성주의 이론이 합리주의와 성찰주의의 접목을 시도한다고 볼 수 있다.

셋째, 웬트의 구성주의 이론이 사회현상에 대해 과학적 접근을 수용한다는 점 이외에 국가를 국제정치에 있어서 주요한 행위자로 인정하고 비국가적 행위자를 국제정치 연구에 있어서 행위자로 포함하지 않는다는 점과 국가 행동과 국제적 결과를 설명하면서 국내 수준이 아닌 국제체제 수준의 이론화를 추구함으로써 국내 과정을 암상자에 가둔다는 점에서 합리주의에 바탕을 둔 신현실주의 이론 및 신자유주의적 제도주의 이론과 궤를 같이한다.

3) 구성주의 이론의 평가

구성주의 이론에 주어지는 평가를 긍정적인 평가와 부정적인 평가로 구분하여 살펴보면 다음과 같다.

(1) 긍정적인 평가

첫째, 구성주의 이론은 국가의 정체성과 국가이익을 합리적으로 주어진 것이라고 바라보는 합리주의에 비판을 가하고 다양한 비합리적일 수 있는 요인들(예컨대 문화나 관습 등)을 가지고 이러한 국가이익과 정체성이 어떻게 형성되는가에 관심을 보임으로써 국제정치 이론 특히 신자유주의적 제도주의 이론이 관심을 두는 국제제도의 형성에 더 풍부한 설명을 가할 수 있는 여지를 만들었다.

둘째, 이미 형성된 국제제도가 어떻게 국가 행동에 영향을 미치는가에 대해서도 합리주의 이론들은 국가의 합리성을 선험적으로 가정함으로써 국제제도가 실질적으로 어떻게 국가의 정체성과 국가이익에 영향을 미쳐 행동에 변화를 가져오는가의 과정을 암상자에 넣었으나 구성주의 이론은 이것을 암상자로부터 꺼내 살펴보고자 한다는 점에서 더 풍부한 설명을 제공할 수 있는 여지를 제공한다.

셋째, 구성주의 이론은 세계화로 인해 전통적이 주권 개념에 커다란 변화가 도래하는 등 국제사회가 미증유의 본질적인 변화에 직면해 있는 상황에서 주권과 같이 기존에 당연시되어온 것들이 실제로 어떤 과정으로 생성되었고 어떠한 과정을 거쳐서 변화될 수 있는 것인가에 대해 우리의 관심을 유도하고 이러한 질문에 대해 나름의 통찰력을 제시해 준다.

넷째, 구성주의 이론은 서구적인 시각과 개념으로 국제정치 현상을 바라보는 데에 익숙해져 있는 우리에게 서구적인 국제사회의 확장으로만 설명하기 어려운 나름의 독자성을 지니고 있다고 판단되는 지역(예컨대 아시아) 내의 국제정치 질서가 어떻게 형성되었고 어떻게 변화할 것인가에 대한 통찰력을 제공할 수 있다.59)

(2) 부정적인 평가

이러한 긍정적인 평가와는 달리 다음과 같은 부정적인 평가들도 존재한다. 첫째, 구성주의 이론이 행위자들이 규범이나 규칙에 따라 행동한다고 하나 이것은 행동에 대한 강력한 설명이 되지 않을 수도 있다는 비판이 제기된다. 왜냐하면 의도하지 않은 결과의 역할 때문이며 인간의 행동이라고 하는 것은 다양한 상황적인 제약과도 연관되어 있기 때문이다.

둘째, 구성주의 이론은 국가 행동에 영향을 미치는 구조를 사회적 구조로 인식하면서 이 구조가 물질적 요소와 규범적 요소로 구성되어 있다고 본다. 구조라는 것이 자원과 규칙(resources and rules) 모두를 포함해야 한다는 웬트의 주장에 동의할 수는 있으나 행동에 대한 물질적 제약의 중요성을 전적으로 부인하지 않는 한 행동의 패턴을 설명하는 데 있어서 자원과 규칙이라는 두 변수의 상대적인 중요도란 무엇인

59) 정진영, “국제정치 이론논쟁의 현황과 전망: 새로운 이론적 통합의 향방,” 『국제정치논총』, 제40집 3호 (2000), p. 31.

가에 대한 의문이 여전히 남는다.

셋째, 신현실주의 이론이 제도와 공유된 규범의 이론적 중요성을 지나치게 부인하는 것과 대조적으로 구성주의 이론은 행위자들의 선호를 규정하는 규범들을 지나치게 강조하며 공동의 구성적 규칙을 찾아낼 수 있다는 강력한 가정을 지니고 있으나 이의 현실성이 문제가 된다.

넷째, 국제체제의 구성요소들이 집단으로 동일한 생각을 부단히 하게 되면 이러한 생각이 실제화될 수 있다는 주장에서 알 수 있듯이 구성주의 이론은 집단적 정체성이라는 것이 국가 간에 갈등 없이 조화롭게 성립될 수 있을 것이라는 낙관론적인 가정을 묵시적으로 지니고 있다. 그런데 과연 이러한 집단적 정체성이라는 것이 상대적인 권력에 있어서 큰 차이를 가지고 있는 국가들로 구성된 국제사회에서 민주적으로 구성될 수 있는 것인가에 대해서는 회의적이지 않을 수 없다.

다섯째, 구성주의 이론은 규범이 국가이익과 선호를 규정짓는다는 점을 무시하는 현실주의 이론을 비판한다. 그러나 현실주의 이론의 관점에서 볼 때 구성주의 이론은 규범이 종종 강력한 행위자에 의해 지켜지지 않는다는 점을 고려하지 않고 어떤 규범들은 생성 단계에서 강력한 행위자들이 거부할 수 있는 능력으로 인해 좌절된다는 점을 간과한다.

여섯째, 웬트의 구성주의 이론은 체제 수준의 구성주의로서 국가의 정체성과 이익이 국가 간 상호작용을 통해서만 바뀌는 것으로 바라봄으로써 국가의 정체성과 이익이 국내적 과정을 통해서도 바뀐다는 점을 무시하고 있다. 웬트의 구성주의 이론은 국가를 주요 행위자이자 통합된 행위자로 바라보면서 국가를 국제정치의 기본 단위로 설정함으로써 국내 정치적 요소를 경시하고 다양한 비국가적 행위자의 역할을 무시한다. 웬트의 구성주의 이론은 체제 수준의 이론이라는 점에서 신현실주의 이론 및 신자유주의적 제도주의 이론과 궤를 같이한다.

이처럼 웬트의 체제 수준의 구성주의 이론은 국가의 정체성과 이익이 국가 사이의 상호작용을 통해서만 만들어지는 것으로 바라보면서 명시적으로 국내 요인들을 암상자 속에 가둠으로써 체제의 정체성(systemic identity)에 집중하고 국내의 정체성(domestic identity)을 무시하고 있다. 국가의 정체성과 이익이라는 것은 실제로 국내 수준의 요인과 체제 수준의 요인 간 상호작용으로 만들어지는 것이라는 주장에 의해 웬트의 이러한 구성주의 이론은 비판을 받아왔다. 이러한 비판에 대해 웬트는 자신의 구성주의 이론의 경우 무정부성의 논리를 설명하는 데 목적을 두고 있어 국제체제에 초점을 두고 있고 국가 수준에서 국가의 정체성 형성을 설명하려 하지 않는다

고 강조한다.[60)]

4) 합리주의 이론과 구성주의 이론의 결합

합리주의 이론과 구성주의 이론의 논란 속에서 이들 사이의 보완성에 대한 구체적인 논의가 활발하게 전개되고 있다. 우선 피론과 웬트(James Fearon and Alexander Wendt)는 실제의 세계에서 행위자는 때로는 행위의 결과를 계산하면서 행동하기도 하고 때때로 그들의 정체성과 가치에 따라 행동한다고 주장한다. 이러한 이유로 합리주의 이론과 구성주의 이론은 상호 보완적이라고 본다.[61)]

쉬멜페니(Frank Schimmelfennig)는 「효과적인 언사에 의한 행위(rhetorical action)」이라는 개념을 통해 합리주의 이론과 구성주의 이론을 결합하고자 한다. 국가는 종종 지배적인 규범과 정당성의 기준에 미약하게 사회화가 되며 물질적 이익에 따른다고 본다. 이러한 국가에 물질적 이익이 아닌 규범에 따라 행동하도록 규범에 기초한 설득력 있는 주장(norm-based argument)이 전략적으로 사용되는데 이를 일컬어 「효과적인 언사에 의한 행위」라 한다. 이를 유럽연합(EU)의 예를 들어 설명하면 다음과 같다.

유럽연합과 같은 제도적 환경 아래 정치적 행위자로서의 회원국들은 자신에 대한 평판과 더불어 자신의 선호와 행위가 가지는 정당성에 관심을 둔다. 따라서 자신의 이익을 공동체의 정당성 기준에 일치시켜 정당화할 수 있는 행위자는 자신의 상대방에게 수치심을 느껴 규범에 일치하는 행위를 하도록 함으로써 권력과 이익만이 동기가 된 집단적인 결과를 바뀌도록 할 수 있다. 즉 권력과 이익에 따라 행동할 수 있는 상대방에게 수치심의 동원(mobilization of shame)이나 양심의 동원(mobilization of conscience)을 통해 행위를 바꿀 수 있다는 것이다.[62)]

피네모어와 시킹크(Martha Finnemore and Kathryn Sikkink)는 정해진 목적을 달성하기 위한 효과적인 수단을 선택하는 능력을 의미하는 도구적 합리성이 규범・정체

60) 구성주의는 두 수준에서 작동한다고 볼 수 있다. 하나는 국가 수준으로서 대부분의 구성주의는 이 수준에서 개개 국가의 정체성과 이익의 형성을 설명하고 예측하기 위해 개개 국가의 내부적인 특징을 살펴본다. 구성주의가 작동하는 또 다른 수준은 신현실주의 이론과 마찬가지로 체제 수준이다. 웬트의 경우 이러한 분석수준을 취하고 있다. 이 수준의 구성주의는 정체성과 이익이라는 것이 국가 간의 상호작용으로 만들어진다고 본다.

61) James D. Fearon and Alexander Wendt, "Rationalism vs. Constructivism: A Skeptical View," in Walter Carlsnaes, Thomas Risse and Beth A. Simmons, eds., *Handbook of International Relations* (London: Sage, 2002), pp. 52-72.

62) Frank Schimmelfennig, "The Community Trap: Liberal Norms, Rhetorical Action, and the Eastern Enlargement of the European Union," *International Organization*, Vol. 55, No. 1 (Winter 2001), pp. 47-80.

성 · 선호의 사회적 구성에 있어서 중요한 역할을 한다는 것을 인식하고 국제적인 인권 규범의 진화를 설명하기 위해 합리주의 이론과 구성주의 이론의 요소를 결합하여 규범의 옹호자가 전략적으로 규범에 대한 국제적인 지지를 끌어내는 과정을 서술하고자 했다.

규범의 옹호자는 목적과 수단에 관해 매우 세밀한 계산을 하고 효용을 극대화하며 자신의 규범적 약속을 반영하면서 상대방의 효용을 바꾸는 것을 추구함으로써 전략적인 사회적 구성(strategic social construction)에 관련한다고 본다. 구체적으로 국제사회의 행위자들은 다른 행위자들에게 규범을 따르도록 촉구하는데 이때 사회화와 동료압력의 과정을 거치게 된다. 이러한 과정이란 적절한 행동에 대해 칭찬하고 규범의 위반에 대해 비난하는 담론적 전략(discursive strategy)과 훌륭한 행위에 대해서는 보상하고 관련 규범을 따르지 않는 행위자에게는 제재를 가하는 물리적인 전략을 종합한 것이다.

샌드홀츠와 그레이(Wayne Sandholtz and Mark Gray)는 행위자 행위의 동기는 복지를 증진하기 위한 욕구와 정당성이 있는 행동을 하고자 하는 욕구 모두에서 온다고 본다. 즉 행위자는 경제적 합리성과 규범적 합리성을 모두 추구함으로써 이 둘의 관계는 보완적이라고 본다. 개개인은 비록 효용과 규범 사이의 상호작용에 대해 이해를 제대로 하고 있지 않으나 통상적으로 효용과 규범에 관해 동시에 판단하고 선택한다는 것이다.63)

리세(Thomas Risse)는 하버마스(Jürgen Habermas)의 의사소통행위이론(theory of communicative action)에 기초하여 설득력 있는 주장의 논리(logic of arguing)를 제시한다.64) 하버마스에 따르면 민주주의 의사결정은 단순히 경쟁하는 고정된 이익이나 선호 간의 타협이 아니라 의사소통을 통해 이성적 합의를 이루어 내는 과정이다.

이 이론은 의사소통을 전략적인 행위로 간주한다. 이에 따르면 행위자들은 의사소통을 통해 서로를 설득하고 이를 통해 서로의 이익이나 선호에 영향을 미친다. 의사소통이 기존에 정해져 있는 이익과 선호 그리고 권력과 같은 중요한 설명 요인들과 별도로 결과에 영향을 미치는 요인을 형성하는가의 문제에 있어서 합리주의는 의사소통이 다른 설명 요인에 비해 미진한 역할을 한다고 본다.

이와는 달리 설득력 있는 주장의 논리는 의사소통이 다른 요인들과는 독립적으

63) Wayne Sandholtz and Mark M. Gray, "International Integration and National Corruption," *International Organization*, Vol. 57, No. 4 (Fall 2003), p. 761.

64) Thomas Risse, "Let's Argue! Communicative Action in World Politics," *International Organization*, Vol. 54, No. 1 (Winter 2000), pp. 1-39.

로 결과에 대해 별도의 영향을 미친다고 본다. 즉 논쟁(argumentation) · 심의(deliberation) · 설득(persuasion)은 합리주의에서 말하는 전략적인 협상과 구성주의 이론이 말하는 규범에 이끌리는 행위와는 구별되는 사회적인 상호작용의 양태를 구성한다고 본다.

제 3 절 성찰주의의 평가

위에서 살펴보았듯이 다양한 성찰주의 관점들이 합리주의의 문제점을 여러 측면에서 제기하고 있는 것은 사실이지만 아직 합리주의가 제공하고 있는 것과 같은 국제정치의 주요한 특징에 대한 좀 더 나은 이해를 제공하고 있다고 보기는 어렵다.

구체적으로 성찰주의는 합리주의 이론들이 제공하는 것과 같은 방식의 이론적인 입장과 검증할 수 있는 가설과 같은 것을 제대로 제공하지 못하고 있다는 지적이다. 이 때문에 인과적인 가설을 제공하는 이론이기보다는 현상을 바라보는 중심적인 개념을 제공하는 데 그치는 하나의 접근법이라고 평가하는 학자들도 있다.

이런 점에서 볼 때 성찰주의는 아직 기존 국제정치 패러다임의 내용에 대해 제대로 도전을 하고 있지 않아 보인다. 따라서 아직 판단을 내리기는 이르나 1960년대 행태주의가 전통주의에 가한 것과 같은 방법론상의 도전에 그칠 가능성 역시 크다고 본다.

Books and Articles

구갑우, "지역통합의 원인과 결과: 유럽의 사례", 경남대 극동문제연구소 편, 『동아시아 신질서의 모색』, 서울: 경남대 극동문제연구소, 1996.

김미경, "브렉시트(Brexit)와 유럽통합 이론: 통합과정의 가역성(reversibility)을 중심으로", 『현대정치연구』, 11(3) (2018): 105-139.

김병국, "권력개념의 재해석 개체론과 전체론의 해석", 김달중 외 편, 『국제정치학의 새로운 영역과 쟁점』, 서울: 나남출판, 1995: 53-93.

김영준, "세력전이론의 전개, 진화, 그리고 적용에 대한 고찰", 『국제관계연구』, 20(1) (2015): 177-209.

김우상, "세력전이와 동아시아 안보질서에 관한 경험적 연구", 『한국정치학회보』, 35(4) (2002): 377-394.

김태효, "세계안보질서의 지구화에 대한 이론적 소고", 『국제정치연구』, 4(1) (2001): 17-43.

박재영, "국제기구 강화의 부머랭 효과: 국제연합 개발원조체계의 분석사례", 『한국과 국제정치』, 10(2) (1994): 221-243.

박재영, 『국제환경정치론』, 서울: 법문사, 2016.

박재영, 『NGO와 글로벌 거버넌스』, 서울: 법문사, 2017.

박재영, 『국제기구와 글로벌 거버넌스』, 서울: 법문사, 2018.

박재영, 『글로벌 이슈와 글로벌 거버넌스』, 서울: 법문사, 2019.

백진현, "동아시아 안보: 이론적 논의와 정책적 모색", 『IRI 리뷰』, 1(4) (1996): 67-107.

설인효 · 이택선, "미어세이머의 공격적 현실주의 이론과 21세기 동북아 국제질서: 방어, 공격적 현실주의 논쟁과 공격적 현실주의 재평가", 『분쟁해결연구』, 10(2) (2012): 123-156.

이삼성, "전후 국제정치이론의 전개와 국제환경", 『국제정치논총』, 36(3) (1997): 3-59.

이상우, 『국제관계이론: 국가 간의 갈등 원인과 질서유지』, 서울: 박영사, 1999.

정종욱 · 김태현, "외교정책이론", 『현대국제정치학』, 이상우 · 하영선 편, 서울: 나남, 1992. 411-443.

정진영, "국제정치 이론논쟁의 현황과 전망: 새로운 이론적 통합의 향방", 『국제정치논총』, 40(3) (2000): 5-38.

하연섭, "신제도주의 이론적 진화와 정책연구", 『행정논총』, 44(2) (2006): 217-246.

Abdalla, Ismail-Sabri. "The Inadequacy and Loss of Legitimacy of the International Monetary Fund." *Development Dialogue* 2 (1980): 25-53.

Adrono, Theodore W., Else Frenkel-Brunswick, Daniel J. Levinson and Nevitt Sanford. *The Authoritarian Personality*. New York: Harper and Row, 1950.

Allison, Graham. "Conceptual Models and the Cuban Missile Crisis." *American Political Science Review* 63(3) (1969): 689-718.

Allison, Graham. *Essence of Decision*. Boston, MA: Little Brown, 1971.

Archer, Clive. *International Organizations*, 2nd ed. London and New York: Routledge, 1992.

Aron, Raymond. *Peace and War*, translated by Richard Howard and Annette Baker Fox. Garden City and New York: Doubleday, 1966.

Art, Robert. "A Defensible Defense: America's Grand Strategy After the Cold War." *International Security* 15(4) (1991): 5-53.

Art, Robert J. and Robert Jervis. *International Politics: Enduring Concepts and Contemporary Issues*, 3rd ed. New York: Harper Collins Publishers, 1992.

Ashley, Richard K. "The Poverty of Neorealism." In Robert O. Keohane, ed., *Neorealism and Its Critics*. New York: Columbia University Press, 1986. 255-300.

Axelrod, Robert. ed. *The Structure of Decision: The Cognitive Maps of Political Elites*. Princeton: Princeton University Press, 1976.

Axelrod, Robert. *The Evolution of Cooperation*. New York: Basic Books, 1984.

Axelrod, Robert and Robert O. Keohane, "Achieving Cooperation under Anarchy: Strategies and Institutions." *World Politics* 38(1) (1985): 226-254.

Axelrod, Robert and Robert O. Keohane. "Achieving Cooperation under Anarchy: Strategies and Institutions." In Charles W. Kegley, Jr. and Eugene R. Wittkopf, eds., *The Global Agenda: Issues and Perspectives*, 3rd ed. New York: McGraw Hill, Inc., 1992.

Axelrod, Robert and Robert O. Keohane. "Achieving Cooperation under Anarchy: Strategies and Institutions." In Kenneth A. Oye, ed., *Cooperation under Anarchy*. Princeton: Princeton University Press, 1976. 235-254.

Baldwin, David A. "Power Analysis and World Politics: New Trends versus Old Tendencies." *World Politics* 31(2) (1979): 161-194.

Baldwin, David A. "Interdependence and Power: A Conceptual Analysis." *International Organization* 34(4) (1980): 471-506.

Baldwin, David A. ed., *Neorealism and Neoliberalism: The Contemporary Debate*. New York: Columbia University Press, 1993.

Baldwin, David A. *Neorealism and Neoliberalism: The Contemporary Debate*. New York: Columbia University Press, 1993.

Baldwin, David A. *Paradoxes of Power*. New York: Basil Blackwell, 1989.

Bartolini, Stefano. *Restructuring Europe: Centre Formation, System Building, and Political Structuring between the Nation State and the European Union*. Oxford: Oxford University Press, 2007.

Baylis, John and Steve Smith, eds. *The Globalization of World Politics: An Introduction to International Relations*. Oxford and New York: Oxford University Press, 1997.

Betts, Richard K. "Systems for Peace or Causes of War? Collective Security, Arms Control, and the New Europe." In Sean M. Lynn Jones and Steven E. Miller, eds., *America's Strategy in a Changing World*. Cambridge, Mass.: The MIT Press, 1992.

Bickerton, Christopher, Dermot Hodson and Uwe Puetter. "The New Intergovernmentalism: European Integration in the Post-Maastricht Era." *Journal of Common Market Studies* 53(4) (2015): 703-722.

Biermann, Frank and Klaus Dingwerth, "Global Environmental Change and the Nation State." *Global Environmental Politics* 4(1) (2004): 1-22.

Börzel, Tanja A. and Thomas Risse. "Public-Private Partnerships: Effective and Legitimate Tools of International Governance?" In E. Grande and L. W. Pauly, eds., *Complex Sovereignty: On the Reconstitution of Political Authority in the 21st Century*. University of Toronto Press: Toronto, 2005. 195-216.

Börzel, Tanja A. and Thomas Risse. "Revisiting the Nature of the Beast-Politicization, European Identity, and Postfunctionalism: A Comment on Hooghe and Marks." *British Journal of Political Science* 39 (2008): 217-220.

Börzel, Tanja A. and Thomas Risse. "From the Euro to the Schengen Crises: European Integration Theories, Politicization, and Identity Politics." *Journal of European Public Policy* 25(1) (2018): 83-108.

Boughton, James M. and Colin I. Bradford, Jr. "Global Governance: New Players, New Rules." *Finance and Development* 44(4) (2007): 10-14.

Brands, Hal and Eric S. Edelman. *Why is the World so Unsettled? The End of the Post-Cold War Era and the Crisis of Global Order*, CSBA Studies. Center for Strategic and Budgetary Assessments(CSBA), 2017.

Brawley, Mark R. "The Political Economy of Balance of Power Theory." in T.V. Paul, James J. Wirtz, and Michel Fortmann, eds., *Balance of Power: Theory and Practice in the Twenty-first Century*. Stanford, Calif.: Stanford University Press, 2004. 76-102.

Brawley, Mark R. *Political Economy and Grand Strategy: A Neoclassical Realist View*. New York, NY: Routledge, 2009.

Brzezinski, Zbigniew K. Brzezinski, *The Grand Chessboard: American Primacy and Its*

Geostrategic Imperatives. New York, NY: Basic Books, 1998.

Brzezinski, Zbigniew K. *Strategic Vision: America and the Crisis of Global Power*. New York: Basic Books, 2012.

Brooks, Stephen G. and William C. Wohlforth, "Power, Globalization, and the End of the Cold War: Re-Evaluating a Landmark Case for Ideas." *International Security* 25(3) (2000/2001): 5-53.

Brooks, Stephen G. and William C. Wohlforth, "American Primacy in Perspective." *Foreign Affairs* 81(4) (July/August, 2002): 20-33.

Brooks, Stephen G. and William C. Wohlforth, "Hard Times for Soft Balancing." *International Security* 30(1) (2005): 72-108.

Brooks, Stephen G. and William C. Wohlforth. *World Out of Balance: International Relations and the Challenge of American Primacy*. Princeton: Princeton University Press, 2008.

Brown, Chris. "World Society and the English School: An 'International Society' Perspective on World Society." *European Journal of International Relations* 7(4) (2001): 423-441.

Brown, Chris. *International Relations Theory: New Normative Approaches*. Hemel Hempstead: Harvester Wheatsheaf, 1992.

Brown, Raymond L. "From Unipolarity to Bipolarity: The Global System in Transition." In Ian Boxill, ed., *From Unipolar to Multipolar: The Remaking of Global Hegemony*. Kingston and Jamaica: Arawak Publication, 2014. 11-23.

Brown, Seyom. "The Changing Essence of Power." *Foreign Affairs* 51(2) (1973): 286-299.

Brzezinski, Zbigniew K. *The Grand Chessboard: American Primacy and Its Geostrategic Imperatives*. New York, NY: Basic Books, 1998.

Bukharin, Nikolai, *Impernalism and World Economy*. New York: International Publishers, 1929.

Bueno de Mesquita, Bruce. "Risk, Power Distributions, and the Likelihood of War." *International Studies Quarterly* 25(4) (1981): 541-568.

Bueno de Mesquita, Bruce and David Lalman. *War and Reason: Domestic and International Imperatives*. New Haven, Conn.: Yale University Press, 1992.

Bull, Hedley. "International Theory: The Case for a Classical Approach." In K. Knorr and James N. Rosenau, eds., *Contending Approaches to International Politics*. Princeton: Princeton University Press, 1969. 20-38.

Bull, Hedley. *The Anarchical Society: A Study of Order in World Politics*. New York: Columbia University Press, 1977.

Bull, Hedley and Adam Watson, eds., *The Expansion of International Society*. New York: Oxford University Press, 1984.

Burton, John. *World Society*. Cambridge: Cambridge University Press, 1972.

Busch, Marc L. and Eric R. Reinhardt, "Nice Strategies in a World of Relative Gains: The Problem of Cooperation under Anarchy." *Journal of Conflict Resolution* 37(3) (1993): 427-445.

Buzan, Barry. *People, States, and Fear*, 2nd. ed. Boulder: Lynne Rienner, 1991.

Buzan, Barry. "From International System to International Society: Structural Realism and Regime Theory Meet the English School." *International Organization* 47(3) (1993): 327-352.

Buzan, Barry. From International to World Society? *English school theory and the social structure of globalisation*. Cambridge, UK: Cambridge University Press, 2004.

Byman, Daniel L. and Kenneth M. Pollack, "Let Us Now Praise Great Men: Bringing the Statesman Back In." *International Security* 25(4) (2001): 107-146.

Calleo, David and Benjamin Rowland. *America and the Wored Political Economy*. Bloomington: Indiana University Press, 1973.

Carr, E. H. *The Twenty Years' Crisis 1919-1939*. London: MacMillan, 1939.

Cha, Victor D. "Abandonment, Entrapment, and Neoclassical Realism in Asia: The United States, Japan, and Korea." *International Studies Quarterly* 44(2) (2000): 261-291.

Cha, Victor D. "Hawk Engagement and Preventive Defense on the Korean Peninsula." *International Security* 27(1) (2002): 40-78.

Checkel, Jeffrey T. "The Constructivist Turn in International Relations Theory." *World Politics* 50(2) (1998): 324-348.

Checkel, Jeffrey T. "Norms, Institutions, and National Identity in Contemporary Europe." *International Studies Quarterly* 43(1) (1999): 83-114.

Christensen, Thomas J. *Useful Adversaries: Grand Strategy, Domestic Mobilization, and Sino-American Conflict*. Princeton: Princeton University Press, 1996.

Christensen, Thomas J. and Jack Snyder. "Chain Gangs and Passed Bucks: Predicting Alliance Patterns in Multipolarity." *International Organization* 44(2) (1990): 137-168.

Cini, Michelle, ed., European Union Politics. Oxford: Oxford University Press, 2003.

Claude, Inis L., Jr. *Power and International Relations*. New York: Random House, 1962.

Claude, Inis L., Jr. *Swords into Plowshares: The Problems and Progress of International Organization*, 4th ed. New York: Random House, 1971.

Cocks, Peter. "Toward a Marxist Theory of European Integration." *International Organization* 34(1) (1980): 1-40.

Coglianese, Cary. "Globalization and the Design of International Institutions." In Joseph S. Nye Jr. and John D. Donahue, eds., *Governance in a Globalizing World*. Washington, D. C.: Brookings Institution Press, 2000. 297-318.

Cohen, Benjamin J. *The Question of Imperialism*. New York: Basic Books, 1973.

Conybeare, John A. "Public Goods, Prisoners' Dilemmas and the International Political

Economy." *International Studies Quarterly* 28(1) (1984): 5–22.

Conybeare, John A. "International Organization and the Theory of Property Rights." In Friedrich Kratochwil and Edward D. Mansfield, eds., *International Organization: A Reader*. New York: Harper Collins College Publishers, 1994. 159–174.

Cowhey, Peter F. and Edward Long. "Testing Theories of Regime Change: Hegemonic Decline or Surplus Capacity." *International Organization* 37(2) (1983): 157–188.

Cox, Robert W. "Labor and Hegemony." *International Organization* 31 (1977): 385–424.

Cox, Robert W. "The Crisis in World Order and the Problem of International Organization in the 1980s." *International Journal*. 35(3) (1980): 370–395.

Cox, Robert W. "Social Forces, States and World Orders: Beyond International Relations Theory." In Robert O. Keohane, ed., *Neorealism and Its Critics*. New York: Columbia University Press, 1986. 204–254.

Cox, Robert W. "Social Forces, States and World Orders: Beyond International Relations Theory." *Millennium: Journl of International Studies* 10(2) (1981): 126–155.

Cox, Robert W. *Production, Power, and World Order*. New York: Columbia University Press, 1987.

Cox, Robert W. "Towards a Post–Hegemonic Conceptualization of World Order: Reflections on the Relevancy of Ibn Khaldun." In James N. Rosenau and Ernst–Otto Czempiel, eds., *Governance without Government: Order and Change in World Politics*. Cambridge: Cambridge University Press, 1992. 132–159.

Cox, Robert W. "Gramsci, Hegemony, and International Relations: An Essay in Method." In Robert W. Cox and Timothy J. Sinclair, eds., *Approaches to World Order*. Cambridge: Cambridge University Press, 1996. 494–523.

Cox, Robert W. "Influences and Commitments." In Robert W. Cox and Timothy J. Sinclair, eds., *Approaches to World Order*. Cambridge: Cambridge University Press, 1996. 19–38.

Davidson, Jason W. "The Roots of Revisionism: Fascist Italy, 1922–39." *Security Studies* 11(4) (2002): 125–159.

Davidson, Jason W. *The Origins of Revisionist and Status Quo States*. New York: Palgrave Macmillan, 2006.

DeMars, William. "Rejected Mediator: The International Committee of the Red Cross in the Ethiopian Conflict." Prepared for presentation at the 1992 International Studies Association Meeting, East Lansing, Michigan, November 20–21, 1992.

Deutsch, Karl W. et al. *Political Community and the North Atlantic Area*. Princeton: Princeton University Press, 1957.

Deutsch, Karl W. and David Singer, "Multipolar Power Systems and International Stability. *World Politics* 16(3) (1964): 390–406.

Deutsch. Karl W. and J. David Singer. "Multipolar Power Systems and International Stability." In James N. Rosenau, ed., *International Politics and Foreign Policy: A Reader in Research and Theory*, rev. ed. New York: Free Press, 1969.

Domke, William K. *War and the Changing Global System*. New Haven, Conn.: Yale University Press, 1988.

Dougherty, James E. and Robert L. Pfaltzgraff, *Contending Theories of International Relations*, 2nd ed. New York: Harper and Row, 1981.

Downs, George W. and Michael A. Jones, "Reputation, Compliance, and International Law." *Journal of Legal Studies* XXXI (2002): S95–S114.

Doyle, Michael W. "Kant, Liberal Legacies, and Foreign Affairs, part 1." *Philosophy and Public Affairs* 12(3) (1983): 205–235.

Doyle, Michael W. "Kant, Liberal Legacies, and Foreign Affairs, part 2." *Philosophy and Public Affairs* 12(4) (1983): 323–354.

Doyle, Michael W. "To The Editors." (Correspondence On the Democratic Peace). *International Security* 19(4) (1995): 180–184.

Duchacek, Ivo D. *Conflict and Cooperation Among Nations*. New York: Holt, Rinehart and Winston, 1960.

Duffield, John S. "International Regimes and Alliance Behavior: Explaining NATO Conventional Force Levels." *International Organization* 46(4) (1992): 819–855.

Dunne, Timothy "Realism." In John Baylis and Steve Smith, eds., *The Globalization of World Politics: An Introduction to International Relations*. New York: Oxford University Press, 1999. 109–123.

East, Maurice A. "The Organizational Impact of Interdependence on Foreign Policy making." In C. W. Kegley and P. McGowan, eds., *The Political Economy of Foreign Policy Behavior*. Beverly Hills: Sage, 1981. 137–161.

East, Maurice A. "Coordinating Foreign Policy: The Changing Role of the Norwegian Foreign Ministry." *Cooperation and Conflict* 19(2) (1984): 121–134.

Edelstein, David M. "Managing Uncertainty: Beliefs about Intentions and the Rise of Great Powers." *Security Studies* 12(1) (2002): 1–40.

Evans, Peter B. *Dependent Development: The Alliance of Multinational, State, and Local Capital in Brazil*. Princeton: Princeton University Press, 1979.

Evans, Peter B. Jacobson Harold K. and Putnam Robert D. eds., *Double-Edged Diplomacy: International Bargaining and Domestic Politics*. Berkeley: University of California Press, 1993.

Falkner, Robert. "Private Environmental Governance and International Relations: Exploring the Links." *Global Environmental Politics* 3(2) (2003): 72–87.

Farnham, Barbara R. "Roosevelt and the Munich Crisis: Insights from Prospect Theory."

Political Psychology 13(2) (1992): 205-235.

Farnham, Barbara R. *Roosevelt and the Munich Crisis: A Study of Political Decision-Making*. Princeton, NJ: Princeton University Press, 2000.

Fearon, James D. and Alexander Wendt. "Rationalism vs. Constructivism: A Skeptical View." In Walter Carlsnaes, Thomas Risse and Beth A. Simmons, eds., *Handbook of International Relations*. London: Sage, 2002. 52-72.

Feis, Herbert. *From Trust to Terror: The Onset of the Cold War, 1945-1950*. New York: Norton, 1970.

Ferguson, Niall. "Power." *Foreign Policy* 134 (2003): 18-22, 24.

Ferguson, Nial.l "A World without Power." *Foreign Policy* 143 (2004): 32-39.

Finkelstein, Lawrence S. "The Politics of Value Allocation in the UN System." In Lawrence S. Finkelstein, ed., *Politics in the United Nations System*. Durham: Duke University Press, 1988. 1-40.

Finkelstein, Lawrence S. *The Coordinative Function of the United Nations Secretary General: What, If Anything, Should He Coordinate and How Should He Do It?* Ralph Bunche Institute on the United Nations, Occasional Papers Series, No. X (January 1992).

Finkelstein, Lawrence S. "The Struggle to Control UNESCO." In David P. Forsythe, ed., *The United Nations in the World Political Economy*. London: MacMillan, 1992. 144-164.

Friedberg, Aaron L. "Ripe for Rivalry: Prospects for Peace in a Multipolar Asia." *International Security* 18(3) (1993/94): 5-33.

Frederick, Mayer. "Managing Domestic Differences in International Negotiations: The Strategic Use of Internal Side-payments." *International Organization* 46(4) (1992): 793-818.

Friman, Richard H. "Side-payments versus Security Cards: Domestic Bargaining Tactics in International Economic Negotiations." *International Organization*, 47(3) (1993): 387-410.

Fukuyama, Francis. "The End of History?" *The National Interest* 16 (1989): 3-18.

Fukuyama, Francis. *The End of History and the Last Man*. New York: Free Press, 1992.

Gaddis, John Lewis. *Strategies of Containment*. Oxford: Oxford University Press, 1982.

Gaddis, John Lewis. "The Emerging Post Revisionist Synthesis on the Origin of the Cold War." *Diplomatic History* 7(3) (1984): 171-190.

Gaddis, John Lewis. "The Long Peace: Elements of Stability in the Postwar International System." *International Security* 10(4) (1986): 99-142.

Gaiser, Laris and Igor Kovač. "From Bipolarity to Bipolarity: International Relations Repeating Again." *Journal of Global Policy and Governance* 1(1) (2012): 49-63

Galtung, Johan. "A Structural Theory of Imperialism." *Journal of Peace Research* 8(2)

(1971): 81–117.

Gardner, Lloyd C. *Architects of Illusion: Men and Ideas in American Foreign Policy, 1941–1949*. Chicago: Quadrangle, 1970.

Garnett, John. *Contemporary Strategy*, 2nd ed. London: Croom Helm, 1987.

Gasiorowski, Mark J. "Economic Interdependence and International Conflict: Some Cross National Evidence." *International Studies Quarterly* 30(1) (1986): 23–38.

George, Alexander. "The Operational Code: A Neglected Approach to the Study of Political Leaders and Decision Making." *International Studies Quarterly* 13(2) (1969): 190–222.

George, Alexander L. "The Case for Multiple Advocacy in Making Foreign Policy." *American Political Science Review* 66(3) (1972): 751–787.

George, Alexander L. and G. L. George. *Woodrow Wilson and Colonel House: A Personality Study*. New York: John Day, 1956.

Giddens, Anthony. *New Rules of Sociological Method*. New York: Basic Books, 1976.

Giddens, Anthony. *The Consequences of Modernity: Self and Society in the Late Age*. Cambridge: Polity Press, 1990.

Gilpin, Robert R. "The Politics of Transnational Economic Relatims." *International organization* 25(3) (1971): 398–419.

Gilpin, Robert R. *U.S. Power and the Multinational Corporation: The Political Economy of Foreign Direct Investment*. New York: Basic Books, 1975.

Gilpin, Robert R. *War and Change in International Politics*. New York: Cambridge University Press, 1981.

Gilpin, Robert R. "The Richness of the Tradition of Political Realism." *International Organization* 38(2) (1984): 287–304.

Gilpin, Robert R. *The Political Economy of International Relations*. Princeton: Princeton University Press, 1987.

Galser, Charles and Chaim Kaufmann. "What Is the Offense–Defense Balance and Can We Measure It?" *International Security* 22(4) (1998): 44–82.

Goldmann, Kjell. "The Concept of 'Realism' as a Source of Confusion." *Cooperation and Conflict* 23(1) (1988): 1–14.

Goldstein, Joshua S. *Long Cycles: Prosperity and War in the Modern Age*. New Haven, Conn.: Yale University Press, 1988.

Goldstein, Judith. "Ideas, Institutions and American Trade Policy." *International Organization* 42(1) (1976): 179–217.

Gourevitch, Peter. "The Second Image Reversed: the International Sources of Domestic Politics." *International Organization* 32(4) (1978): 881–912.

Gourevitch, Peter A. *The Politics in Hard Times: Comparative Responses to International*

Economic Crises. Ithaca, N.Y.: Cornell University Press, 1986.

Grieco, Joseph M. "Anarchy and the Limits of Cooperation: A Realist Critique of the Newest Liberal Institutionalism." *International Organization* 42(3) (1988): 485-507.

Grieco, Joseph M. *Cooperation among Nations: Europe, America, and Non-Tariff Barriers to Trade*. Ithaca, NY: Cornell University, 1990.

Grundig, Frank. "Patterns of International Cooperation and the Explanatory Power of Relative Gains: An Analysis of Cooperation on Global Climate Change, Ozone Depletion, and International Trade." *International Studies Quarterly* 50(4) (2006): 781-801.

Gulick, Edward Vase. *Europe's Classical Balance of Power*. Ithaca, N.Y.: Cornell University Press, 1955.

Haas, Ernst B. "Balance of Power: Prescription, Concept or Propaganda." *World Politics* 5(4) (1953): 442-477.

Haas, Ernst B. *The Uniting of Europe*. Stanford: Stanford University Press, 1958.

Haas, Ernst B. "The Uniting of Europe and the Uniting of Latin America." *Journal of Common Market Studies* 5(4) (1967): 315-343.

Haas, Ernst B. *The Obsolescence of Regional Integration Theory*, Research Series, No. 25. Berkeley: Institute of International Studies, 1975.

Haas, Ernst B. "Is There a Hole in the Whole? Knowledge, Technology, Interdependence and the Construction of International Regimes: A Regime Analysis." *International Organization* 29(3) (1975): 827-876.

Haas, Ernst B. "Turbulent Fields and the Theory of Regional Integration." *International Organization* 30(2) (1976): 173-212.

Haas, Ernst B. "Words Can Hurt You; or, Who Said What to Whom About Regimes." In Stephen D. Krasner, ed., *International Regimes*. Ithaca and London: Cornell University Press, 1985. 23-59.

Haass, Richard N. "The Age of Nonpolarity: What Will Follow US Dominance." *Foreign Affairs* 87(3) (2008): 44-56.

Haass, Richard N. *A World in Disarray: American Foreign Policy and the Crisis of the Old Order*. New York: Penguin Press, 2017.

Haggard, Stephan D. "Structuralism and Its Critics: Recent Progress in International Theory." In Emanuel Alder and Beverly Crawford, eds., *Progress in Postwar International Relations*. New York: Columbia University Press, 1991.

Haggard, Stephen D. and Beth A. Simmons. "Theories of International Regimes." *International Organization* 41(3) (987): 491-517.

Halle, Louis "Does War Have a Future." *Foreign Affairs* 52(1) (1973): 20-34.

Halperin, Morton H. *Bureaucratic Politics and Foreign Policy*. Washington, D.C.: The

Brookings Institution, 1974.

Hanrieder, Wolfram. "Dissolving International Politics." *American Political Science Review* 72(4) (1978): 1276-1287.

Hayter, Tersa. *Aid as Imperialism.* New York: Penguin, 1974.

Ham, Peter van. "The European Community after Hegemony: The Future of European Integration in a Multipolar World." *International Relations* 11(5) (1993): 451-467.

Hanrieder, Wolfram. "Dissolving International Politics: Reflections on the Nation state." *American Political Science Review* 72(4) (1978): 1276-1287.

Hellmann, Gunther and Rhinhard Wolf, "Neorealism, Neoliberal Institutionalism, and the Future of NATO." *Security Studies* 3(1) (1993): 3-43.

Hermann, Charles F. "International Crisis as a Situational Variable." In James N. Rosenau, ed., *International Politics and Foreign Policy.* New York: Free Press, 1969. 409-421.

Herring, George C. *Aid to Russia 1941-46.* New York: Columbia University Press, 1973.

Herz, John H. *International Politics in the Atomic Age.* New York, NY.: Columbia University Press, 1959.

Herz, John H. "The Territorial State Revisited-Reflections on the Future of the Nation State." *Policy* 1(1) (1968): 11-34.

Hix, Simon. "The Study of the European Community: The Challenge to Comparative Politics." *West European Politic* 17(1) (1994): 1-30.

Hobden, Steve and Richard Wyn Jones, "World-System Theory." In Baylis, John and Steve Smith, eds. *The Globalization of World Politics: An Introduction to International Relations.* Oxford and New York: Oxford University Press. 1997. 125-145.

Hobson, John A. *Imperialism: A Study.* London: Allen & Unwin, 1902.

Hodgson, Geoffrey M. "What Are Institutions?" *Journal of Economic Issues* 40(1) (2006): 1-25.

Hodson, Dermot and Uwe Puetter, "The European Union in Disequilibrium: New Intergovernmentalism, Postfunctionalism and Integration Theory in the Post-Maastricht Period." *Journal of European Public Policy* 26(8) (2019): 1153-1171.

Hoffman, Stanley. "Notes on the Elusiveness of Modern Power." *International Journal* 30(2) (1945): 183-206.

Hoffmann, Stanley "Obstinate or Obsolete? The Fate of the Nation-State and the Case of Western Europe." *Daedalus* 95(3) (1966): 862-916.

Hoffmann, Stanley. *Primacy or World Order: American Foreign Policy Since the Cold War.* New York: McGraw Hill, 1978.

Hollis, Martin and Steve Smith. *Explaining and Understanding International Relations.* Oxford: Clarendon, 1990.

Holmes, Kim R. "New World Disorder: A Critique of the United Nations." *Journal of*

International Affairs 46(2) (1993): 341–366.

Holsti, K. J. *International Politics: A Framework for Analysis*. New Jersey: Prentice Hall, 1967.

Holsti, Ole R. "The Operational Code Approach to the Study of Political Leaders: John Foster Dulles' Philosophiocal and Instrumental Beliefs." *Canadian Journal of Political Science* 3(1) (1970): 123–157.

Holsti, Ole R. *Crisis, Escalation, War*. Montreal and London: McGill Queen's University Press, 1972.

Holsti, Ole R. "Historians, Social Scientists, and Crisis Management." *Journal of Conflict Resolution* 24(4) (1980): 665–682.

Holsti, Ole R. "Models of International Relations: Perspectives on Conflict and Cooperation." In Charles W. Kegley, Jr. and Eugene R. Wittkopf, eds., *The Global Agenda: Issues and Perspectives*. New York: McGraw Hill, 1992.

Hooghe, Liesbet and Gary Marks. *Multi–Level Governance and European Integration*. Lanham: Rowman & Littlefield Publishers, 2001.

Hooghe, Liesbet and Gary Marks. "A Postfunctionalist Theory of European Integration: From Permissive Consensus to Constraining Dissensus." *British Journal of Political Science* 30(3) (2009): 433–459.

Hopf, Ted. "Polarity, the Offense–Defense Balance, and War." *American Political Science Review* 85(2) (1991): 475–493.

Hopf, Ted. "Polarity and International Stability." *American Political Science Review* 87(1) (1993): 173–180.

Hopf, Ted. "The Promise of Constructivism in International Relations Theory." *International Security* 23(1) (1998): 171–200.

House, Karen Eliot. "As Power Is Dispersed Among Nations, Need for Leadership Grows." *The Wall Street Journal* (February 21, 1989): A1, A10.

Hungtinton, Samuel P. "The U.S.–Decline or Renewal?" *Foreign Affairs* 67(2) (1988/89): 76–96.

Hungtinton, Samuel P. "No Exit: The Error of Endism." *The National Interest* 17 (1989): 3–11.

Huntington, Samuel P. "Lonely Superpower." *Foreign Affairs* 78(2) (1999): 35–49.

Huntington, Samuel P. "The Clash of Civilizations?" *Foreign Affairs* 72(3) (1993): 22–49.

Huntington, Samuel P. *The Clash of Civilizations and the Remaking of World Order*. New York: Simon & Schuster, 1996.

Hymer, Stephen H. "The Efficiency(contradictions) of Multinational Corporations." *American Economic Review* LX(2) (1970): 441–448.

Hymer, Stephen H. "The Multinational Corporation and International Oligopoly: The

Non-American Challenge." In Charleo Kindlelenger, ed., *The International Corporation: A Symposium*. Cambridge, Mass.: The MIT Press, 1970: 57-91.

Hymer, Stephen H. "The Multinational Corporation and the Law of Uneven Development." In J. W. Bhagwati, ed., *Economics and Wored Order*. New York: Mac Millan, 1971. 113-140.

Ikenberry, Gilford J. *Liberal Leviathan: The Origins, Crisis, and Transformation of the American World Order*. Ithaca: Princeton University Press, 2011.

Ikenberry, Gilford J. and Daniel H. Nexon. "Hegemony Studies 3.0: The Dynamics of Hegemonic Orders." *Security Studies* 28(3) (2019): 395-421.

International Relations, "Conversations in International Relations: Interview with John J. Miersheimer (Part I)." *International Relations* 20(1) (2006): 105-123.

International Relations. "Conversations in International Relations: Interview with John J. Miersheimer (Part II)." *International Relations* 20(2) (2006): 231-243.

Jackson, Robert and Georg Sørensen, *Introduction to International Relations: Theories and Approaches*, 3rd Edition. Oxford: Oxford University Press, 2006.

Jang, Jinseop, Jason McSparren, and Yuliya Rashchupkina, *Global Governance: Present and Future*. Palgrave Communications 2(1)1 (2016): 1-5.

Janis, Irving L. *Victims of Groupthink*. Boston: Houghton Mifflin, 1972.

Janis, Irving L. and Leon Mann, *Decision Making: A Psychological Analysis of Conflict, Choice, and Commitment*. New York: Free Press, 1977.

Jervis, Robert. *Perception and Misperception in International Politics*. Princeton: Princeton University Press, 1976.

Jervis, Robert. "Cooperation Under the Security Dilemma." *World Politics* 30(2) (1978): 167-214.

Jervis, Robert. "Realism, Game Theory, and Cooperation." *World Politics* 40(3) (1988): 317-349.

Jervis, Robert. "Political Implications of Loss Aversion." *Political Psychology* 13(2) (1992): 187-204.

Joffe, Josef. "How America Does It." *Foreign Affairs* 76(5) (1997): 13-27.

Jordan, Richard. "A Brief Case for the English School." *The Monitor: Journal of International Studies* Special Edition (2011).

Kagan, Robert. *The World America Made*. New York: Knopf, 2012.

Kahler, Miles. "Rumors of War: The 1914 Analogy." *Foreign Affairs* 58(2) (1979-1980): 374-396.

Kahneman, Daniel and Amos Tversky, "Prospect Theory: An Analysis of Decision under Risk." *Econometrica* 47(2) (1979): 263-291.

Kahneman, Daniel and Amos Tversky, eds., *Choices, Values, and Frames*. Cambridge:

Cambridge University Press, 2000.

Kaplan, Morton A. *System and Process in International Politics*. New York: Wiley, 1957.

Kaplan, Morton A. "The New Great Debate: Traditionalism vs Science in International Relations." In K. Knorr and James N. Rosenau, eds., *Contending Approaches to International Politics*. Princeton: Princeton University Press, 1969. 39-61.

Kaplan, Morton A. and Nicholas De B. Katzenbach. *The Political Foundations of International Law*. New York: John Wiley, 1961.

Kaplan, Robert D. "The Coming Anarchy: How Scarcity, Crime, Overpopulation, Tribalism, and Disease Are Rapidly Destroying the Social Fabric of Our Planet." *The Atlantic Monthly* (February 1994): 44-75.

Kaplan, Robert D. "Was Democracy Just a Moment?" *The Atlantic Monthly* (December 1997): 55-80.

Kaplan, Robert D. *The Coming Anarchy: Shattering the Dreams of the Post Cold War*. New York: Random House, 2000.

Kapstein, Ethan B. "Is Realism dead? The Domestic Source of International Politics." *International Organization* 49(4) (1995): 751-774.

Kapteyn, P. J. G. and P. Verloren van Themaat. "Introduction to the Law of the European Communities: After the Coming into Force of the Single European Act." In L. W. Gormley, ed., *Introduction to the Law of the European Communities: After the Coming into Force of the Single European Act*, 2nd ed. Denver, Neth.: Kluwer, 1989. 303-311.

Karvonen, Lauri. "High Level Foreign Policy Coordination: A Finnish Example." *Cooperation and Conflict* 19(2) (1984): 135-155.

Karvonen, Lauri and Bengt Sundelius. "Interdependence and Foreign Policy Management in Sweden and Finland." *International Studies Quarterly* 34(2) (1990): 211-227.

Katzenstein, Peter J. "International Relations and Domestic Structures: Foreign Economic Policies of Advanced Industrial States." *International Organization* 30 (1976): 1-45.

Katzenstein, Peter J., ed. *Between Power and Plenty: Foreign Economic Policies of Advanced Industrial States*. Madison: University of Wisconsin Press, 1978.

Katzenstein, Peter J. *Small States in World Markets: Industrial Policy in Europe*. Ithaca: Cornell University Press, 1985.

Katzenstein, Peter J., Keohane Robert O. and Krasner Stephen D. "International Organization and the Study of World Politics." *International Organization* 52(4) (Autumn 1998): 645-685.

Kegley, Charles W. "The New Global Order: The Power of Principle in a Pluralistic World." *Ethics and International Affairs* 6(2) (1992): 33-52.

Kegley, Charles W. "The Neoidealist Moment in International Studies?: Realist Myths and the New International Realities." *International Studies Quarterly* 37(2) (1993): 131-146.

Kegley, Charles W. Jr. "The Neoidealist Moment in International Studies?: Realist Myths and the New International Realities." *International Studies Quarterly* 37(2) (1993): 131-146.

Kegley, Charles W. Jr. and Gregory Raymond. *A Multipolar Peace?: Great Power Politics in the Twenty first Century*. New York: St. Martin Press, 1994.

Kegley, Charles W. Jr. and Eugene R. Wittkopf. *World Politics: Trends and Transformation*, 10th edition. Belmont, CA: Wadsworth/Thomson, 2006.

Kegley, Charles W. Jr. and Eugene R. Wittkopf, *World Politics: Trend and Transformation*. N.Y.: St. Martin's Press, 1985.

Kelstrup, Morten. "The Process of Europeanization. On the Theoretical Interpretation of Present Changes in the European Regional Political System." *Cooperation and Conflict* 25(1) (1990): 21-40.

Kennedy, Paul. *The Rise and Fall of the Great Powers*. New York: Random House, Inc., 1987.

Keohane, Robert O. "The Theory of Hegemonic Stability and Changes in International Economic Regimes, 1967-1977." In Ole Holsti, Randolph Siverson and Alexander L. George, eds., *Changes in International System*. Boulder, Colorado: Westview Press, 1980. 131-162.

Keohane, Robert O. *After Hegemony: Cooperation and Discord in the World Political Economy*. Princeton, NJ.: Princeton University Press, 1984.

Keohane, Robert O. "Theory of World Politics: Structural Realism and Beyond." In Robert O. Keohane, ed., *Neorealism and Its Critics*. New York, Columbia University Press, 1986.

Keohane, Robert O. "International Institutions: Two Approaches." *International Studies Quarterly* 32(4) (1988): 379-396.

Keohane, Robert O. *International Institutions and State Power: Essays in International Relations Theory*. Boulder, San Francisco, and London: Westview Press, 1989.

Keohane, Robert O. and Joseph S. Nye, eds. *Transnational Relations and World Politics*. Cambridge Mass.: Harvard University Press, 1972.

Keohane, Robert O. and Joseph S. Nye. "Transgovernmental Relations and International Organizations." *World Politics* 27(1) (1974): 39-62.

Keohane, Robert O. and Joseph S. Nye. "International Interdependence and Integration." In Fred I. Greenstein and Nelson W. Polsby, eds., *Handbook of Political Science*, Vol. 8. Reading. Mass.: Addison Wesley, 1975.

Keohane, Robert O. and Joseph S. Nye, Jr. *Power and Interdependence: World Politics in*

Transition. Boston: Little Brown and Company, 1977.

Keohane, Robert O. and Joseph S. Nye, Jr. "Power and Interdependence Revisited." *International Organization* 41(4) (1987): 725-753.

Keohane, Robert O. and Lisa Martin, "The Promise of Institutionalist Theory." *International Security* 20(1) (1995): 39-51.

Kim, Woosang. "Rising China, Pivotal Middle Power South Korea, and Alliance Transition Theory." *International Area Studies Review* 18(3) (2015): 251-265.

Kim, Woosang. "Power Parity, Alliance, Dissatisfaction, and Wars in East Asia, 1860-1993." *The Journal of Conflict Resolution* 46(5) (2002): 654-671.

Kim, Woosang. "Power Parity, Alliance, and War from 1648 to 1975." In Jacek Kugler and Douglas Lemke, eds., *Parity and War: Evaluations and Extensions of the War Ledger*. Ann Arbor: University of Michigan Press, 1996. 93-105

Kim, Woosang. "Power Transitions and Great Power War from Westphalia to Waterloo." *World Politics* 45(1) (1992): 153-172.

Kim, Woosang. "Alliance Transitions and Great Power War." *American Journal of Political Science* 35(4) (1991): 833-850.

Kim, Woosang. "Power, Alliance, and Major Wars, 1816~1975." *Journal of Conflict Resolution* 33(2) (1989): 255-273.

Kim, Woosang and Scott Gates. "Power Transition Theory and the Rise of China." *International Area Studies Review* 18(3) (2015): 219-226.

Kindleberger, Charles. *The World in Depression, 1929-39*. Berkeley: University of California Press, 1973.

Kissinger, Henry A. "Conditions of World Order." *Daedalus* 95(2) (1966): 503-529.

Kissinger, Henry A. *Diplomacy*. New York: Simon and Schuster, 1994.

Knorr, Klaus and Rosenau, James N. eds., *Contending Approaches to International Politics*. New Jersey: Princeton, 1969.

Kolko, Joyce and Gabriel Kolko. *The Limits of Power: The World and the United States Foreign Policy, 1945-1954*. New York: Harper and Row, 1972.

Koslowski, Rey and Friedrich V. Kratochwil. "Understanding Change in International Politics: The Soviet Empire's Demise and the International System." *International Organization* 48(2) (1994): 215-247.

Krasner, Stephen D. "Are Bureaucrats Important? or Allison's Wonderland." *Foreign Policy* 7(2) (1972): 159-178.

Krasner, Stephen D. "State Power and the Structure of International Trade." *World Politics* 28(3) (1976): 317-347.

Krasner, Stephen D. *Defending the National Interest: Raw Materials Investments and US Foreign Policy*. Princeton: Princeton University Press, 1978.

Krasner, Stephen D. "United States Commercial and Monetary Policy: Unravelling the Paradox of External Strength and Internal Weakness." In Peter J. Katzenstein, ed., *Between Power and Plenty: Foreign Economic Policies of Advanced Industrial States.* Madison: University of Wisconsin Press, 1978. 51-88.

Krasner, Stephen D. "Regimes and the Limits of Realism: Regimes as Autonomous Variables." *International Organization* 36(2) (1982): 497-510.

Krasner, Stephen D. ed., *International Regimes.* Ithaca, N. Y.: Cornell University Press, 1983.

Krasner, Stephen D. "Structural Causes and Regime Consequences: Regimes as Intervening Variables." In Stephen Krasner, ed., *International Regimes.* Ithaca: Cornell University Press. 1983. 1-21.

Krasner, Stephen D. "Structural Causes and Regime Consequences: Regimes as Intervening Variables." *International Organization* 36(2) (1982): 185-205.

Krasner, Stephen D. *Structural Conflict: The Third World Against Global Liberalism.* Berkeley: University of California Press, 1985.

Krasner, Stephen D. "Regimes, Regionalism, and Changing Power Configurations." Paper Presented at the International Conference on Globalization, Democratization, and Reunification by the Korean Political Science Association, July 19-20, 1994.

Kratochwil, Friedrich. *Norms, Rules and Decisions.* New York: Columbia University Press, 1989.

Kratochwil, Friedrich and John Gerad Ruggie. "International Organizations: A State of the Art on an Art of the State." *International Organization* 40(4) (1986): 753-775.

Krauthammer, Charles. "The Unipolar Moment." *Foreign Affairs* 70(1) (1990/1991): 23-33.

Kupchan, Charles A. and Clifford A. Kupchan. "Concerts, Collective Security and Future of Europe." *International Security* 16(1) (1995): 114-161.

Kupchan, Charles A. and Clifford A. Kupchan. "The Promise of Collective Security." *International Security* 20(1) (1995): 52-61.

Lapid, Yosef. "Theorizing the "National" in International Relations Theory: Reflections on Nationalism and Neorealism." In Friedrich Kratochwil and Edward D. Mansfield, eds., *International Organization: A Reader.* N.Y.: Harper Colllins College Publishers, 1994. 20-31.

Lake, David A. *Power, Protection, and Free Trade.* Ithaca, N.Y.: Cornell University Press, 1988.

Lake, David A. "Leadership, Hegemony, and the International Economy: Naked Emperor or Tattered Monarch with Potential?" *International Studies Quarterly* 37(4) (1993): 459-489.

Layne, Christopher. "The Unipolar Illusion: Why New Great Powers Will Rise." *Internation-*

al Security 17(4) (1993): 5–51.

Layne, Christopher "The Unipolar Illusion Revisited: The Coming End of the United States' Unipolar Moment." *International Security* 31(2) (2006): 7–41.

Legro, Jeffrey W. "Which Norms Matter? Revisiting the "Failure" of Internationalism." *International Organization* 51(1) (1997): 31–63.

Legro, Jeffrey W. and Andrew Moravcsik, "Is Anybody Still a Realist?" *International Security* 24(2) (1999): 5–55.

Lehman, Howard P. and McCoy, Jennifer L. "The Dynamics of the Two–level Bargaining Game: the 1988 Brazilian Debt Negotiations." *World Politics* 44(4) (1992): 600–644.

Lemke, Douglas. "Toward a General Understanding of Parity and War." *Conflict Management and Peace Science* 14(2) (1995): 143–162.

Lemke, Douglas. "Small States and War: An Expansion of Power Transition Theory." In Jacek Kugler and Douglas Lemke, ed., *Parity and War: Evaluations and Extensions of the War Ledger*. Ann Arbor: Michigan University Press, 1996. 77–92.

Lemke, Douglas. "The Continuation of History: Power Transition Theory and the End of the Cold War." *Journal of Peace Research* 34(1) (1997): 23–36.

Lemke, Douglas. *Regions of War and Peace*. Cambridge, U.K.: Cambridge University Press, 2002.

Lemke, Douglas. "Investigating the Preventive Motive for War." *International Interactions* 29(4) (2003): 273–292.

Lemke, Douglas. "Great Powers in the Post–Cold War World: A Power Transition Theory Perspective." In T. V. Paul, James J. Wirtz, and Michael Fortmann, eds., *Balance of Power*. Stanford, CA: Stanford University Press, 2004. 52–75.

Lemke, Douglas. "Power Politics and Wars without States." *American Journal of Political Science* 52(4) (2008): 774–786.

Lemke, Douglas. "Dimensions of Hard Power: Regional Leadership and Material Capabilities." In Daniel Flemes, ed., *Regional Leadership in the Global System: Ideas, Interests and Strategies of Regional Powers*. Franham, Surrey, U.K.: Ashgate, 2010. 31–50.

Lemke, Douglas and Jacek Kugler. "The Evolution of the Power Transition Perspective." In Jacek Kugler and Douglas Lemke, eds., *Parity and War: Evaluations and Extensions of the War Ledger*. Ann Arbor: Michigan University Press. 1996. 3–34.

Lemke, Douglas and William Reed. "Regime Type and Status Quo Evaluations: Power Transitions and the Democratic Peace Proposition." *International Interactions* 22(2) (1996): 143–164.

Lemke, Douglas and William Reed. "Power Is Not Satisfaction." *Journal of Conflict Resolution* 42(4) (1998): 511–516.

Lemke, Douglas and William Reed. "War and Rivalry among Great Powers." *American Journal of Political Science* 45(2) (2001): 457–469.

Lemke, Douglas and William Reed. "The Relevance of Politically Relevant Dyads." *Journal of Conflict Resolution* 45(1) (2001): 126–144.

Lemke, Douglas and Ronald L. Tammen. "Power Transition Theory and the Rise of China." *International Interactions* 29(4) (2003): 269–271.

Lemke, Douglas and Werner. "Power Parity, Commitment to Change, and War." *International Studies Quarterly* 40(2) (1996): 235–260.

Lenin, V. I. *Imperialism: A Study*. New York: Vanguard, 1929.

Levy, Jack S. "Theories of General War." *World Politics* 37(3) (1985): 344–374.

Levy, Jack S. "The Causes of War: Contending Theories." In Charles W. Kegley, Jr. and Eugene R. Wittkopf, eds., *The Global Agenda: Issues and Perspectives*. New York: McGraw Hill, 1992. 59–69.

Levy, Jack S. "Prospect Theory and International Relations: Theoretical Applications and Analytical Problems." *Political Psychology* 13(2) (1992): 283–310.

Levy, Jack S. "Loss Aversion, Framing, and Bargaining: The Implications of Prospect Theory for International Conflict." *International Political Science Review* 17(2) (1996): 179–195.

Levy, Jack S. "Prospect Theory, Rational Choice, and International Relations." *International Studies Quarterly* 41(1) (1997): 87–112.

Lewis, David. "Nongovernmental Organizations, Business, and the Management of Ambiguity." *Nonprofit Management & Leadership* 9(2) (1998): 135–151.

Lieber, Robert J. *No Common Power: Understanding International Relations*, 2nd ed. New York: Harper Collins, 1991.

Lieber, Keir A. and Gerard Alexander. "Waiting for Balancing: Why the World Is Not Pushing Back." *International Security* 30(1) (2005): 109–139.

Lindberg, Leon N. *The Political Dynamics of European Economic Integration*. London: Oxford University Press, 1963.

Lindgerg, Leon N. and Stuart A. Scheingold, *Europe's Would-Be Polity: Patterns of Change in the European Community*. Englewood Cliffs: Prentice-Hall, 1970.

Lindblom, Charles. "The Science of Muddling Through." *Public Administration Review* 19 (2) (1959): 79–88.

Linklater, Andrew. *Beyond Realism and Marxism: Critical Theory and International Relations*. Basingstoke, UK: Macmillan, 1990.

Linklater, Andrew. "The Achievement of Critical Theory." In Steve Smith, Ken Booth, and Maysia Zalewski, eds., *International Theory: Positivism and Beyond*. Cambridge: Cambridge University Press, 1996. 279–298.

Lobell, Steven E. *The Challenge of Hegemony: Grand Strategy, Trade, and Domestic Politics*. Ann Arbor: University of Michigan Press, 2003.

Lodge, Juliet, ed., *The European Community and the Challenge of the Future*. London: Pinter, 1989.

Love, Joseph L. "The Origin of Dependency Analysis." *Journal of Latin American Studies* 22(1) (1990): 143-168.

Lukes, Steven. *Power: A Radical View*, 2nd ed. Basingstoke: Palgrave Macmillan, 2005.

Luxemburg, Rosa. *The Accumulation of Capital*. London: Routledge and Kegan Paul, 1951.

Lynn-Jones, Sean M. "Offense-Defense Theory and Its Critics." *Security Studies* 4(4) (1995): 660-691.

Lynn-Jones, Sean M. "Book Review: The Tragedy of Great Power Politics." *International Affairs* 78(2) (2002): 365-366.

Mackinder, Halford J. "The Geographical Pivot of History." *The Geographical Journal* 23(4) (1904): 421-437.

Magalhaes, Diogo. European Integration Theory and the Future of the European Union after Brexit, Ph.D Dissertation. Ithaca, NY, Cornell University, May 2019.

Mansbach, Richard, Yale H. Ferguson, and Donald E. Lampert. *The Web of World Politics: Nonstate Actors in the Global System*. Englewood Cliffs, NJ: Prentice Hall, 1976.

Mansbach, Richard and John Vasquez. *In Search of Theory: A New Paradigm For Global Politics*. New York: Columbia University Press, 1981.

March, James G. and. Johan P. Olsen. *Rediscovering Institutions: The Organizational Basis of Politics*. New York: Free Press, 1989.

March, James G. and. Johan P. Olsen. *The Logic of Appropriateness*, ARENA Working Papers, WP 04/09 (Oslo: ARENA, 2004).

March, James G. and. Johan P. Olsen. "The Institutional Dynamics of International Political Orders." *International Organization* 52(4) (1998): 943-969.

Martens, Kerstin. "NGO Participation at International Conferences: Assessing Theoretical Accounts." *Transnational Associations* 3 (2000): 115-127.

Martin, Lisa L. and Beth A. Simmons. "Theories and Empirical Studies of International Institutions." *International Organization* 52(4) (1998): 729-757.

Márton, Péter. "'Europe's Crises: Preparing to Study Disintegration." *Journal of Contemporary European Research* 14(3) (2018): 273-280.

Mastanduno, Michael. "Economics and Security in Statecraft and Scholarship." *International Organization* 52(4) (1998): 825-854.

Mastanduno, Michael. "Preserving the Unipolar Moment: Realist Theories and U.S. Grand Strategy." *International Security* 21(4) (1997): 49-88.

Matthews, John C. "Current Gains and Future Outcomes: When Cumulative Relative Gains

Matter." *International Security* 21(1) (1996): 112-146.

McAllister, James. *No Exit: America and the German Problem, 1943-1954*. Ithaca, NY: Cornell University, 2002.

McCalla, Robert B. "NATO's Persistence After the Cold War." *International Organization* 50(3) (1996): 445-475.

McDermott, Rose. "Prospect Theory in International Relations: The Iranian Hostage Rescue Mission." *Political Psychology* 13(2) (1992): 237-263.

McDermott, Rose. "Prospect Theory in Political Science: Gains and Losses from the First Decade." *Political Psychology* 25(2) (2004): 289-312.

McGrew, Anthony G. "Conceptualizing Global Politics." In Anthony G. McGrew, Paul G. Lewis et al., eds., *Global Politics: Globalization and the Nation State*. Cambridge, MA.: Polity Press, 1992. 1-28.

McGrew, Anthony G. "Superpower Rivalry and US Hegemony in Central America." In Anthony G. McGrew, Paul G. Lewis et al., eds., *Global Politics: Globalization and the Nation State*. Cambridge: Polity Press, 1992. 31-44.

McKeown, Timothy. "Hegemonic Stability Theory and 19th Century Tariff Levels in Europe." *International Organization* 37(1) (1983): 73-93.

McLaren, R. I. "Mitranian Functionalism: Possible or Impossible?" *Review of International Studies* 11(2) (1985): 139-152.

McLin, Jon. "Surrogate International Organization and the Case of World Food Security." *International Organization* 33(1) (1979): 35-56.

Mearsheimer, John J. "Back to the Future: Instability in Europe after the Cold War." *International Security* 15(1) (1990): 5-56.

Mearsheimer, John J. "Why We Will Soon Miss the Cold War." *The Atlantic* 266(2) (1990): 35-50.

Mearsheimer, John J. "The False Promise of International Institutions." *International Security* 19(3) (1994/1995): 5-49.

Mearsheimer, John J. "A Realist Reply." *International Security* 20(1) (1995): 82-93.

Mearsheimer, John J. *The Tragedy of great Power Politics*. Norton: W. W. & Company, Inc., 2001.

Mearsheimer, John J. "The Gathering Storm: China's Challenge to US Power in Asia." *The Chinese Journal of International Politics* 3(4) (2010): 381-396.

Meddows, D. H. et al. *The Limits to Growth: A Report for the Club of Rome's Project on the Predicament of Mankind*. New York: Universe Books, 1972.

Mercer, Jonathan "Prospect Theory and Political Science." *Annual Review of Political Science* 8(1) (2005): 1-21.

Michalak, Stanley J. Jr., "Theoretical Perspectives for Understanding International Interdependence." *World Politics* 32(1) (979): 136-150.

Midlarsky, Manus I. *The Onset of World War.* Boston: Allen and Unwin, 1988.

Midlarsky, Manus I. "Polarity and International Stability." *American Political Science Review* 87(1) (1993): 173-181.

Milner, Helen V. *Resisting Protectionism.* Princeton, NJ: Princeton University Press, 1988.

Milner, Helen V. "The Assumption of Anarchy in International Relations Theory." *Review of International Studies* 17(1) (1991): 67-85.

Milner, Helen V. "International Theories of Cooperation among Nations: Strengths and Weaknesses." *World Politics* 44(3) (1992): 466-496.

Mingst, Karen A. "Inter organizational Politics: The World Bank and the African Development Bank." *Review of International Studies* 13(4) (1987): 281-293.

Mitchell, Christopher R. "World Society a Cobweb: States, Actors and Systemic Processes." In M. Banks, ed., *Conflict in World Society.* Brighton, Sussex: Harvester, 1984.

Mitchell, Ronald B. "Regime Design Matters: International Oil Pollution and Treaty Compliance." *International Organization* 48(3) (1994): 425-458.

Mitrany, David. *A Working Peace System.* London: The Royal Institute of International Affairs, 1943.

Modelski, George. "The Long Cycle of Global Politics and the Nation States." *Comparative Studies in Society and History* 20(2) (1978): 214-235.

Modelski, George. *Long Cycles in World Politics.* Seattle: University of Washington Press, 1987.

Moran, Theodore H. *Foreign Direct Investment and Development: The Policy Agenda for Developing Countries and Economies in Transition.* Washington: Institute for International Economics, 1998.

Moran, Theodore H. *Parental Supervisor: The New Paradigm for Foreign Direct Investment and Development* (Policy Analysis in International Economics 64) Washington: Institute for International Economics, 2001.

Moravcsik, Andrew. "Preference and Power in the European Community: A Liberal Intergovernmentalist Approach." In Simon Bulmer and Andrew Scott, eds., *Economic and Political Integration in Europe: Internal Dynamics and Global Context.* Cambridge: Blackwell Publishers, 1994.

Moravcsik, Andrew. "Preference and Power in the European Community: A Liberal Intergovernmentalist Approach." *Journal of Common Market Studies* 31(4) (1993): 473-524.

Moravcsik, Andrew. *The Choice for Europe: Social Purpose and State Power from Messina to Maastricht.* Ithaca: Cornell University Press, 1998.

Morgan, Patrick M. *Theories and Approaches To International Politics: What Are We to*

Think?, 4th ed. New Brunswick: Transaction Books, 1987.

Morgenthau, Hans J. *Politics Among Nations: The Struggle for Power and Peace*. New York: Alfred A. Knopf, 1948.

Morgenthau, Hans J. *Politics Among Nations: The Struggle for Power and Peace*, 5th ed. New York: Alfred A. Knopf, 1973.

Morgenthau, Hans J. *Politics Among Nations: The Struggle for Power and Peace*, 6th ed. Rev. by Kenneth W. Thompson. New York: Alfred A. Knopf, 1985.

Morse, Edward L. "The Transformation of Foreign Policies: Modernization, Interdependence, and Externalization." *World Politics* 22(3) (1970): 371-392.

Mutimer, David. "1992 and the Political Integration of Europe: Neofunctionalism Reconsidered." *Journal of European Integration* 1(1) (1989): 75-101.

Nau, Henry R. "From Integration to Interdependence: Gains, Losses, and Continuing Gaps." *International Organization* 33(1) (1979): 119-147.

Ness, Gayl D. and Steven R. Brechin. "Bridging the Gap: International Organizations As Organizations." *International Organization* 42(2) (1988): 245-273.

Neumayer, Eric. "How Regime Theory and the Economic Theory of International Environmental Cooperation Can Learn from Each Other." *Global Environmental Politics* 1(1) (2001): 122-147.

Niebuhr, Reinhold. *Moral Man and Immoral Society*. New York: Charles Scribner's Sons, 1947.

Niemann, Arne and Philippe C. Schmitter. "Neofunctionalism." In Antje Wiener and Thomas Diez. eds., *Theories of European Integration*, 2nd ed. Oxford: Oxford University Press, 2009. 45-66.

Northedge, Fred S. *The International Political System*. London: Faber, 1976.

Northedge, Fred S. "Transnationalism: The American Illusion." *Millennium* 5(1) (1976): 21-27.

Nye, Joseph S. Jr. "Review Article: Neorealism and Liberalism." *World Politics* 40(2) (1988): 235-251.

Nye, Joseph S. Jr. *Bound to Lead: The Changing Nature of World Power*. New York: Basic Books, 1990.

Nye, Joseph S. Jr. "What New World Order?" *Foreign Affairs* 71(2) (1992): 83-96.

Nye, Joseph S. Jr. *The Paradox of American Power: Why the World's Only Superpower Can't Go It Alone*. London: Oxford University Press, 2002.

Nye, Joseph S. Jr. *Power in the Global Information Age: From Realism to Globalization*. London: Routledge, 2004.

Nye, Joseph S. Jr. "The Decline of America's Soft Power: Why Washington Should Worry." *Foreign Affairs* 83(3) (2004): 16-20.

Nye, Joseph S. Jr. *Soft Power: The Means to Success in World Politics*. New York: Public Affairs, 2004.

Olson, Mancur. *The Logic of Collective Action: Public Goods and the Theory of Groups*. Cambridge, MA: Harvard University Press, 1971.

Onuf, Nicholas. *A World of Our Making: Rules and Rule in International Relations*. Columbia: University of South Carolina Press, 1989.

Organski, A. F. K. *World Politics*. New York: Alfred A. Knopf, 1958.

Organski, A. F. K. *World Politics*, 2nd ed. New York: Alfred A. Knopf, 1968.

Organski, A. F. K. and Jack Kugler. *The War Ledger*. Chicago: University of Chicago Press, 1980.

Oye, Kenneth A. "Explaining Cooperation under Anarchy: Hypotheses and Strategies." In Kenneth A. Oye, ed., *Cooperation under Anarchy*. Princeton, N.J.: Princeton University Press, 1986. 1-24.

Pape, Robert A. "Soft Balancing against the United States." *International Security* 30(1) (2005): 7-45.

Park, Jae Young. "Organizational Autonomy, State Sovereignty and Decentralization in International Development Aid." Diss. Northern Illinois University. Dekalb, Illinois, 1992.

Paul, T. V. "Soft Balancing in the Age of U.S. Primacy." *International Security* 30(1) (2005): 46-71.

Paul, T. V. and Manesh Shankar. "Status Accommodation Through Institutional Means: India's Rise and the Global Order." In T. V. Paul, Deborah W. Larson, and William C. Wohlforth, eds., *Status in World Politics*. New York, NY: Cambridge University Press, 2014. 165-191.

Payer, Cheryl. *The Debt Trap: The International Monetary Fund and the Third World*. New York: Monthly Review Press, 1974.

Payer, Cheryl. *The World Bank: A Critical Analysis*. New York: Monthly Review Press, 1982.

Plano, Jack C. and Roy Olton. *The International Relations Dictionary*, 2nd ed. Kalamazoo: New Issues, 1979.

Polanyi, Karl. *The Great Transformation*. Boston: Beacon Press, 1994.

Potter, David. "The Autonomy of Third World States within the Global Economy." In Anthony G. McGrew, Paul G. Lewis et al., eds., *Global Politics: Globalization and the Nation State*. Cambridge: Polity Press, 1992. Chapter 11.

Powell, Robert. "Absolute and Relative Gains in International Relations Theory." *American Political Science Review* 85(4) (1991): 1303-1320.

Powell, Robert. "Anarchy in International Relations Theory: The Neorealist-neoliberal

Debate." *International Organization* 48(2) (1994): 313–344.

Puchala, Donald J. "Of Blind Men, Elephants and International Integration." *Journal of Common Market Studies* 10(3) (1972): 267–284.

Puchala Donald J. and Raymond F. Hopkins, "International Regimes: Lessons from Inductive Analysis." In Stephen D. Krasner, ed., *International Regimes*. Ithaca, Cornell University Press: 1983, 61–91.

Putnam, Robert D. "Diplomacy and Domestic Politics: The Logic of Two level Games." *International Organization* 42(3) (1988): 427–460.

Reinicke, Wolfgang H. "Global Public Policy." *Foreign Affairs* 76(6) (1997): 127–138.

Reinicke, Wolfgang H. "The Other World Wide Web: Global Policy Networks." *Foreign Policy* 117 (1999/2000): 44–57.

Reynolds, Philip A. *An Introduction to International Relations*. London: Sweet and Maxwell, 1972.

Richardson, Neil R. "International Trade as a Force for Peace." In Charles W. Kegley, Jr., ed., *Controversies in International Relations Theory: Realism and the Neoliberal Challenge*. New York: St. Martin's Press, 1995. 281–294.

Riggs, Robert E. and Jack C. Plano. *The United Nations: International Organization and World Politics*. Chicago: The Dorsey Press, 1988.

Ripsman, Norrin M. "The Curious Case of German Rearmament: Democracy and Foreign Security Policy." *Security Studies* 10(2) (2001): 1–47.

Ripsman, Norrin M. *Peacemaking by Democracies: The Effects of State Autonomy on the Post–World War Settlements*. University Park: Pennsylvania State University Press, 2002.

Risse, Thomas. "Let's Argue! Communicative Action in World Politics." *International Organization* 54(1) (2000): 1–39.

Risse–Kappen, Thomas ed., *Bringing Transnational Relations Back In: Non–State Actors, Domestic Structures and International Institutions*. Cambridge: Cambridge University Press, 1995.

Risse–Kappen, Thomas. "Bringing Transnational Relations Back In: Introduction." In Thomas Risse–Kappen, ed., *Bringing Transnational Relations Back In: Non–State Actors, Domestic Structures and International Institutions*. Cambridge: Cambridge University Press, 1995. 3–36.

Risse–Kappen, Thomas. "Structures of Governance and Transnational Relations: What Have We Learned?" In Thomas Risse–Kappen, ed., *Bringing Transnational Relations Back In: Non–State Actors, Domestic Structures and International Institutions*. Cambridge: Cambridge University Press, 1995. 280–313.

Rochester, J. Martin. "The Rise and Fall of International Organization As a Field of Study."

International Organization 40(4) (1986): 777–813.

Rochester, J. Martin. *Waiting for the Millennium: The United Nations and the Future of World Order*. Columbia, South Carolina: University of South Carolina Press, 1993.

Rosamond, Ben. "Brexit and the Problem of European Disintegration." *Journal of Contemporary European Research* 12(4) (2016): 864–871.

Rosamond, Ben. "The Political Economy Context of EU Crises." In Desmond Dinan, Neill Nugent and William E. Paterson, eds., *European Union in Crisis*. London: Palgrave Macmillan Education, 2017. 33–57.

Rosati, Jerel A. "Developing a Systematic Decision–making Framework: Bureaucratic Politics in Perspective." *World Politics* 34(2) (1981): 234–252.

Rose, Gideon. "Neoclassical Realism and Theories of Foreign Policies." *World Politics* 51(1) (1988): 144–172.

Rosecrance, Richard N. *Action and Reaction in World Politics*. Boston: Little Brown, 1963.

Rosecrance, Richard N. *The Rise of the Trading States, Commerce and Conquest in the Modern World*. New York: Basic Books, 1986.

Rosecrance, Richard N. "Long Cycle Theory and International Relations." *International Organization* 41(2) (1987): 283–301.

Rosecrance, Richard N. and Arthur Stein. "Interdependence: Myth and Reality." *World Politics* 26(1) (1973): 1–27.

Rosecrance, Richard N. et al. "Wither Interdependence?" *International Organization* 31(3) (1977): 425–471.

Rosenau, James N. "Pre–theories and Theories of Foreign Policy." In R. Barry Farrel, ed., *Approaches to Comparative and International Politics*. Evanston, IL: Northwestern University Press, 1966. 53–92.

Rosenau, James N. ed. *Linkage Politics: Essays on the Convergence of National and International Systems*. New York: The Free Press, 1969.

Rosenau, James N. "Theorizing Across Systems: Linkage Politics Revisited." In Jonathan Wilkenfeld, ed., *Conflict Behavior and Linkage Politics*. New York: David Mckay, 1973. 25–56.

Rosenau, James N. "Pre–theories and Theories of Foreign Policy." In James N. Rosenau, ed., *The Scientific Study of Foreign Policy*, rev. ed. London: Frances Pinter, 1980. 115–169.

Rosenau, James N. *Turbulence in World Politics*. Princeton, NJ: Princeton University Press, 1991.

Rosenau, James N. *The United Nations in a Turbulent World*, Occasional Paper Series by International Peace Academy. Boulder and London: Lynne Rienner Publishers, Inc., 1992.

Rosenau, James N. and Ernst-Otto Czempiel, eds., *Governance without Government: Order and Change in World Politics*. Cambridge: Cambridge University Press, 1992.

Rosenau, James N. *The Study of World Politics: Volume 2: Globalization and Governance*. London and New York: Routledge, 2006. 188-192.

Rousseau, David L. "Motivations for Choice: The Salience of Relative Gains in International Politics." *Journal of Conflict Resolution* 46(3) (2002): 394-426.

Rudder, Catherine E., A. Lee Fritschler, and Yon Jung Choi. *Public Policymaking by Private Organizations: Challenges to Democratic Governance*. Washington, D.C.: Brookings Institution Press, 2016. 9-26.

Ruggie, John G. "International Responses to Technology: Concepts and Trends." *International Organization* 29(3) (1975): 557-583.

Ruggie, John G. "International Regimes, Transactions and Change: Embedded Liberalism in the Postwar Economic Order." *International Organization* 36(2) (1982): 379-415.

Ruggie, John G. "Continuity and Transformation in the World Polity: Towards a Neorealist Synthesis." In Robert O. Keohane, ed., *Neorealism and Its Critics*. New York: Columbia University Press, 1986. 131-157.

Ruggie, John G. "Multilateralism: The Anatomy of an Institution." *International Organization* 46(3) (1992): 561-598.

Ruggie, John G. "The False Promise of Realism." *International Security* 20(1) (1995): 62-70.

Russell, Greg. "Balance of Power in Perspective." *International Review of History and Political Science* 21 (1984): 1-16.

Russett, Bruce. "The Mysterious Case of Vanishing Hegemony: or Is Mark Twain Really Dead?" *International Organization* 39(2) (1985): 207-231.

Russett, Bruce. *Grasping the Democratic Peace: Principles for a Post-Cold War World*. Princeton: Princeton University Press, 1993.

Russett, Bruce. "The Democratic Peace." *International Security* 19(4) (1995): 164-184.

Russett, Bruce and Harvey Starr. *World Politics: The Menu for Choice*, 3rd ed. New York: W. H. Freeman and Company, 1989.

Sandholtz, Wayne and John Zysman, "1992: Recasting the European Bargain." *World Politics* 42(1) (1989): 1-30.

Sandholtz, Wayne and Mark M. Gray, "International Integration and National Corruption." *International Organization* 57(4) (2003): 761-800.

Schimmelfennig, Frank. "The Community Trap: Liberal Norms, Rhetorical Action, and the Eastern Enlargement of the European Union." *International Organization* 55(1) (2001): 47-80.

Schimmelfennig, Frank. "European Integration in the Euro Crisis: The Limits of Postfunctionalism." *Journal of European Integration* 36(3) (2014): 321-337.

Schimmelfennig, Frank. "Liberal Intergovernmentalism and the Euro Area Crisis." *Journal of European Public Policy* 22(2) (2015): 177-195.

Schimmelfennig, Frank "Liberal Intergovernmentalism and the Crises of the European Union: LI and the EU Crises." *Journal of Common Market Studies* 56(7) (2018): 1578-1594.

Schlesinger, Arthur M. "The Origins of the Cold War." *Foreign Affairs* 46(1) (1967): 22-52.

Schmidt, Brian C. "Competing Realist Conceptions of Power." *Millennium: Journal of International Studies* 33(3) (2005): 523-549.

Schmitter, Philippe C. "A Revised Theory of Regional Integration." *International Organization* 24(4) (1970): 836-868.

Schmitter, Philippe C. and Zoe Lefkofridi. "Neo-Functionalism as a Theory of Disintegration." *Chinese Political Science Review* 1(1) (2016): 1-29.

Schoppa, Leonard J. "Two-level Games and Bargaining Outcomes: Why Gaiatsu Succeeds in Japan in Some Cases But Not Others." *International Organization* 4(3) (1993): 353-386.

Schuman, Frederick L. *International Politics*. New York: McGraw Hill, 1933.

Schumpeter, Joseph E. *Imperialism and Social Classes*. New York: Meridian Books, 1955.

Schwarzenberger, George. *Power Politics*. New York: Praeger, 1951.

Schweller, Randall L. "Tripolarity and the Second World War." *International Studies Quarterly* 37(1) (1993): 73-103.

Schweller, Randall L. "Bandwagoning for Profit: Bringing the Revisionist State Back In." *International Security* 19(1) (1994): 72-107.

Schweller, Randall L. "Neorealism's Status-Quo Bias: Why Security Dilemma?" *Security Studies* 5(3) (1996): 90-121.

Schweller, Randall L. "New Realist Research on Alliances: Refining, Not Refuting, Waltz's Balancing Position." *American Political Science Review* 91(4) (1997): 927-930.

Schweller, Randall L. *Deadly Imbalances: Tripolarity and Hitler's Strategy of World Conquest*. New York: Columbia University Press, 1998.

Schweller, Randall L. "Unanswered Threats: A Neoclassical Realist Theory of Underbalancing." *International Security* 29(2) (2004): 159-201.

Schweller, Randall L. *Unanswered Threats: Political Constraints on the Balance of Power, Princeton Studies in International History and Politics*. Princeton, N.J.: Princeton University, 2006.

Schweller, Randall L. and David Priess. "A Tale of Two Realisms: Expanding the Institutions Debate." *Mershon International Studies Review* 41(1) (1997): 1-32.

Shapiro, Michael J. and G. Matthew Bonham. "Cognitive Process and Foreign Policy

Decision Making." *International Studies Quarterly* 17(2) (1973): 147–174.

Simon, Herbert A. *Models of Man: Social and Relational.* New York: Wiley & Sons, 1957.

Singer, J. David. "The Level of Analysis Problem in International Relations." In K. Knorr and S. Verba, eds., *The International System: Theoretical Essays.* Princeton: Princeton University Press, 1961. 77–92.

Skjelsbaek, Kjell. "The Growth of International Nongovernmental Organization in the Twentieth Century." *International Organization* 25(3) (1971): 420–442.

Skjelsbaek, Kjell. "The Growth of International Nongovernmental Organization in the Twentieth Century." In Robert O. Keohane and Joseph S. Nye, eds., *Transnational Relations and World Politics.* Cambridge, Mass.: Harvard University Press, 1972. 70–92.

Smith, Dale L. and Ray, James Lee. "European Integration: Gloomy Theory versus Rosy Reality." In Smith and Ray, eds., *The 1992 Project and the Future of Integration in Europe* Armonk. N. Y.: M. E. Sharpe, 1993. 19–44.

Smith, Gaddis. *American Diplomacy During the Second World War 1941–1945.* New York: Wiley, 1965.

Smith, Steve. "Theories of Foreign Policy: An Historical View." *Review of International Studies* 12(1) (1986): 13–29.

Smith, Steve. "Positivism and Beyond." In Steve Smith, Ken Booth, and Marysia Zalewski, eds., *International Theory: Positivism and Beyond.* Cambridge: Cambridge University Press, 1996. 240–253.

Snidal, Duncan. "Limits of Hegemonic Stability Theory." *International Organization* 39(4) (1985): 579–614.

Snidal, Duncan. "Relative Gains and the Pattern of International Cooperation." *American Political Science Review* 85(3) (1991): 701–726.

Snidal, Duncan. "International Political Economy Approach to International Institutions." In Jagdeep S. Bhandari and Alan O. Sykes, eds., *Economic Dimensions in International Law: Comparative and Empirical Perspectives.* Cambridge, New York: Cambridge University Press, 1997. 477–512.

Snyder, Glenn H. "The Security Dilemma in Alliance Politics." *World Politics* 36(4) (1984): 461–495.

Snyder, Glenn H. "Alliance Theory: A Neorealist First Cut." In Robert L. Rothstein, ed., *The Evolution of Theory in International Relations.* Columbia, SC: University of South Carolina Press, 1992. 83–103.

Snyder, Glenn H. "Mearsheimer's World–Offensive Realism and the Struggle for Security." *International Security* 27(1) (2002): 149–173.

Snyder, Glenn H. "The Security Dilemma in Alliance Politics." *World Politics* 36 (1994): 461–95.

Snyder, Glenn H. *Alliance Politics*. Ithaca, N.Y.: Cornell University Press, 1997.

Snyder, Jack L. *Myths of Empire: Domestic Politics and International Ambition*. Ithaca, N.Y.: Cornell University Press, 1991.

Snyder, Richard C., H. W. Bruck, and Burton Sapin, eds., *Foreign Policy Decision-Making: An Approach to the Study of International Politics*. New York: Free Press, 1962.

So, Alvin Y. *Social Change and Development: Modernization, Dependency, and World System Theories*. Newbury Park: Sage, 1990.

Sohn, Louis B. "United Nations Decision Making: Confrontation or Consensus?" *Harvard International Law Journal* 15 (1974): 438-445.

Spykman, Nicholas. *America's Strategy in World Politics*. New York: Harcourt Brace Jovanovich, 1942.

Staley, Eugene. *War and the Private Investor*. Garden City, N.Y.: Doubleday, 1935.

Starr, Harvey. "The Kissinger Years: Studying Individuals and Foreign Policy." *International Studies Quarterly* 24(4) (1980): 465-496.

Stein, Arthur A. "Domestic Constraints, Extended Deterrence, and the Incoherence of Grand Strategy: The United States, 1938-1950." In Richard Rosecrance and Arthur A. Stein, eds. *The Domestic Bases of Grand Strategy*. Ithaca, NY: Cornell University Press, 1993. 96-123.

Steinbruner, John D. *The Cybernetic Theory of Decision*. Princeton, NJ & Guildford, Surry: Princeton University Press, 1976.

Sterling-Folker, Jennifer. *Theories of International Cooperation and the Primacy of Anarchy: Explaining US International Monetary Policy-Making after Bretton Woods*. New York: State University of New York Press, 2002.

Sterling-Folker, Jennifer. "Realism and the Constructivist Challenge: Rejecting, Reconstructing, or Rereading." *International Studies Review* 4(1) (2002): 73-97.

Sterling-Folker, Jennifer. "Realist-Constructivism and Morality." *International Studies Review* 6(2) (2004): 341-343.

Stern, Geoffrey H. *The Structure of International Society: An Introduction to the Study of International Relations*. London and New York: St. Martin Press, 1995.

Stoessinger, John D. *The Might of Nations*, 4th ed. New York: Random House, 1973.

Strange, Susan. "The Management of Surplus Capacity: or How Does Theory Stand Up To Protectionism 1970s Style?" *International Organization* 33(3) (1979): 303-335.

Strange, Susan. "Cave! Hic dragones: A Critique of Regime Analysis." In Stephen D. Krasner, ed., *International Regimes*. Ithaca: Cornell University Press, 1983. 337-354.

Strange, Susan. "The Persistent Myth of Lost Hegemony." *International Organization* 41(4) (1987): 551-574.

Strange, Susan. "The Erosion of the State." *Current History* 96(613) (1997): 365-369.

Strange, Susan. "The Future of the American Empire." *Journal of International Affairs* 42(1) (1988): 1-17.

Strange, Susan and Roger Tooze, eds. *The International Politics of Surplus Capacity: Competition for Market Shares in the World Recession.* London: George Allen & Unwin, 1981.

Suganami, Hidemi. *The Domestic Analogy and World Order Proposals.* Cambridge: Cambridge University Press, 1989.

Sundelius, Bengt. "Interdependence, Internationalization and Foreign Policy Decentralization in Sweden." *Cooperation and Conflict* 19(2) (1984): 93-120.

Taliaferro, Jeffrey W. "Security-Seeking under Anarchy: Defensive Realism Revisited." *International Security* 25(3) (2000/2001): 128-161.

Taliaferro, Jeffrey W. *Balancing Risks: Great Power Intervention in the Periphery.* Ithaca, NY: Cornell University Press, 2004.

Tammen, Ronald L., Jacek Kugler, Douglas Lemke, Allan C. Stamm, III, Mark Abdollahian, Carole Alsharabati, Brian Efrid, and A. F. K. Organski. *Power Transitions: Strategies for the 21st Century.* New York, NY: Seven Bridges Press. 2000.

Taylor, A. J. P. *The Struggle for Mastery in Europe, 1984-1918.* Oxford: Clarendon Press, 1954.

Taylor, Paul. "Elements of Supranationalism: The Power and Authority of International Institutions." In Paul Taylor and A. J. R. Groom, eds., *International Organization: A Conceptual Approach.* London: Frances Pinter Ltd., 1978.

Thompson, William R. *On Global War: Historical Structural Approaches to World Politics.* Columbia: University of South Carolina Press, 1988.

Tilly, Charles. *Coercion, Capital, and European States, AD 990-1990.* Oxford: Blackwell, 1990.

Toft, Peter. "John J. Mearsheimer: An Offensive Realist between Geopolitics and Power." *Journal of International Relations and Development* 8(4) (2005): 381-408.

Tooze, Roger. "Regimes and International Cooperation." In A. J. R. Groom and Paul Taylor, eds., *Frameworks for International Co-operation.* New York: St. Martin's Press, 1990.

Tooze, Roger. "Conceptualizing the Global Economy." In Anthony G. McGrew, Paul G. Lewis et al., eds., *Global Politics: Globalization and the Nation State.* Cambridge: Polity Press, 1992. 233-249.

Tranholm-Mikkelsen, Jeppe. "Neo-functionalism: Obstinate or Obsolete? A Reappraisal in the Light of the New Dynamism of the EC." *Millennium: Journal of International Studies* 20(1) (1992): 1-22.

Urquhart, Brian. "The U.N.'s Crucial Choice." *Foreign Policy* 84 (1991): 157-165.

Valenta, Jiri. "The Bureaucratic Politics Paradigm and the Soviet Invasion of Czechoslovakia." *Political Science Quarterly* 94(1) (1979): 55-76.

Van Evera, Stephen. "Offense, Defense, and the Causes of War." *International Security* 22(4) (1998): 5-43.

Van Evera, Stephen. *Causes of War: Power and the Roots of Conflict.* Ithaca: Cornell University, 1999.

Van Ham, Peter. "The European Community after Hegemony: The Future of European Integration in a Multipolar World." *International Relations* 11(5) (1993): 451-467.

Vasquez, John A. *The Power of Power Politics: A Critique.* New Brunswick, NJ: Rutgers University Press, 1983.

Vasquez, John A. and Richard W. Mansbach, "The Issue Cycle: Conceptualizing Long-term Global Political Change." *International Organization* 37(2) (1983): 257-279.

Vernon, Raymond. *Sovereignty at Bay: The Multinational Spread of US Enterprise.* New York: Basic Books, 1971.

Verba, Sidney. "Assumptions of Rationality and Non Rationality in Models of the International System." In Sidney Verba, ed., *The International System: Theoretical Essays.* Princeton: Princeton University Press, 1961. 93-117.

Victor, David G. "Toward Effective International Cooperation on Climate Change: Numbers, Interests and Institutions." *Global Environmental Politics* 6(3) (2006): 90-103.

Viotti, Paul R. and Mark V. Kauppi. *International Relations Theory: Realism, Pluralism, Globalism*, 2nd ed. New York and London: MacMillan Publishing Company, 1993.

Vogler, John. "Regimes and the Global Commons: Space, Atmosphere and Oceans." in Anthony G. McGrew and Paul G. Lewis, et al., eds., *Global Politics: Globalization and the Nation State.* Cambridge, UK: Polity Press, 1992. 118-137.

Vollard, Hans. *European Disintegration. A Search for Explanations.* London, United Kingdom: Palgrave Macmillan, 2018.

Vollaard, Hans. "Explaining European Disintegration." *Journal of Common Market Studies* 52(5) (2014): 1142-1159.

Walker, Stephen G. "The Interface Between Beliefs and Behavior: Henry Kissinger's Operational Code and the Vietnam War." *Journal of Conflict Resolution* 21(1) (1977): 129-168.

Wallerstein, Immanuel. "The Rise and Future Demise of the World Capitalist System: Concepts for Comparative Analysis." *Comparative Studies in Society and History* 16(4) (1974): 387-415.

Wallerstein, Immanuel. *The Capitalist World Economy.* Cambridge: Cambridge University Press, 1979.

Wallerstein, Immanuel. *The Modern World System II.* New York: Academic Press, 1980.

Wallerstein, Immanuel. "Patterns and Prospectives of Capitalist World Economy." In Immanuel Wallerstein, ed., *Politics of the World Economy*. Cambridge: Cambridge University Press, 1984. 27–46.

Walt, Stephen M. "Alliance Formation and the Balance of World Power." *International Security* 9(4) (1985): 3–41.

Walt, Stephen M. *The Origin of Alliances*. Ithaca: Cornell University Press, 1987.

Walt, Stephen M. "Alliances: Balancing and Bandwagoning." In Robert J. Art and Robert Jervis, eds., *International Politics: Enduring Concepts and Contemporary Issues*, 3rd ed. New York: Harper Collins Publishers, 1992. 70–78.

Walt, Stephen M. "Alliances: Balancing and Bandwagoning." In Robert J. Art and Robert Jervis, eds., *International Politics: Enduring Concepts and Contemporary Issues*. New York: Pearson Longman, 2005. 96–103.

Walt, Stephen M. "Multilateral Collective Security Arrangements." In Richard Shultz, Roy Godson, and Ted Greenwood, eds., *Security Studies for the 1990s*. Washington, New York, and London: Brassey's, 1993. 241–269.

Kenneth N. *Waltz, Man, the State and War: A Theoretical Analysis*. New York: Columbia University Press, 1959.

Waltz, Kenneth N. "The Stability of a Bipolar World." *Daedalus* 93(3) (1964): 881–909.

Waltz, Kenneth N. "International Structure, National Force, and the Balance of World Power." *Journal of International Affairs* 21(2) (1967): 215–231.

Waltz, Kenneth N. "The Myth of National Interdependence." In Charles P. Kindleberger, ed., *The International Corporation*. Cambridge, MA: MIT Press, 1970. 205–223.

Waltz, Kenneth N. *Theory of International Politics*. Reading, Mass.: Addison Wesley, 1979.

Waltz, Kenneth N. "The Spread of Nuclear Weapons: More May Be Better. *Adelphi Papers*, No. 171 (London: International Institute for Strategic Studies, 1981).

Waltz, Kenneth N. "Reflections on Theory of International Politics: A Response to My Critics." In Robert O. Keohane, ed., *Neorealism and Its Critics*. New York: Columbia University Press, 1986. 322–345

Waltz, Kenneth N. "The Emerging Structure of International Politics." *International Security* 18(2) (1993): 44–79.

Waltz, Kenneth N. "International Politics is Not Foreign Policy." *Security Studies* 6(1) (1996): 54–57.

Waltz, Kenneth N. "Structural Realism after the Cold War." *International Security* 23(1) (2000): 5–41.

Webb, M. C. and S. D. Krasner. "Hegemonic Stability Theory: An Empirical Assessment." *Review of International Studies* 15(2) (1989): 183–198.

Webber, Douglas. "How Likely Is It That the European Union Will Disintegrate? A Critical Analysis of Competing Theoretical Perspectives." *European Journal of International*

Relations 20(2) (2014): 341-365.

Webber, Douglas. *European disintegration? The Politics of Crisis in the European Union*. London: Red Globe Press, 2019.

Weiss, Thomas G. and Leon Gordenker, eds. *CSOs, the UN, and Global Governance*. Boulder and London: Lynne Rienner Publishers, 1996.

Wendt, Alexander E. "The Agent Structure Problem in International Relations Theory." *International Organization* 41(3) (1987): 335-370.

Wendt, Alexander E. "Anarchy is What States Make of It: The Social Construction of Power Politics." *International Organization* 46(2) (1992): 391-425.

Wendt, Alexander E. "Collective Identity Formation and the International State." *American Political Science Review* 88(2) (1994): 384-396.

Wendt, Alexander E. "Constructing International Politics." *International Security* 20(1) (1995): 71-81.

Wendt, Alexander E. "Identity and Structural Change in International Politics." In Yosef Lapid and Friedrich Kratochwil, eds., *The Return of Culture and Identity in IR Theory*. Boulder and London: Lynne Rienner Publishers, 1996.

Wendt, Alexander E. *Social Theory of International Politics*. Cambridge: Cambridge University Press, 1999.

Wheeler, Nicholas J. and Ken Booth. "The Security Dilemma." In John Baylis and N. J. Rengger, eds., *Dilemma of World Politics: International Issues in a Changing World*. Oxford: Clarendon Press, 1992.

Wight, Martin. *Power Politics*. London: Royal Institute of International Affairs, 1946.

Wight, Martin. *Power Politics*, ed. by Hedley Bull and Carsten Holbraad, 2nd ed. Harmondsworth: Penguin/Royal Institute of International Affairs, 1986.

Willetts, Peter. "Transaction, Networks and Systems." In A. J. R. Groom and Paul Taylor, eds., *Frameworks for International Co-operation*. New York: St. Martin's Press, 1990.

Wohlforth, William C. "The Stability of a Unipolar World." *International Security* 24(1) (1999): 5-41.

Wolfers, Arnold. *The Anglo American Tradition in Foreign Affairs*. New Haven, Conn.: Yale University Press, 1956.

Wolfers, Arnold. *Discord and Collaboration*. Baltimore, Md.: John Hopkins University Press, 1962.

Wolfers, Arnold. "The Actors in International Politics." In Arnold Wolfers, ed., *Discord and Collaboration: Essays on International Politics*. Baltimore: Johns Hopkins Press, 1962. Chap. 1.

Yalem, Ronald J. "The Level of Analysis Problem Reconsidered." *The Yearbook of World Affairs* 31 (1977): 306-326.

Yoffie, David. *Power and Protectionism*. New York: Columbia University Press, 1985.

Young, Oran R. *Compliance and Public Authority*. Washington, D.C.: Institute for the Future, 1979.

Young, Oran R. *International Cooperation: Building Regimes for Natural Resources and the Environment*. Ithaca and London: Cornell University Press, 1989.

Young, Oran R. "Political Leadership and Regime Formation: On the Development of Institutions in International Society." *International Organization* 45(3) (1991): 281-308.

Zakaria, Fareed. *From Wealth to Power: The Unusual Origins of American's World Role*. Ithaca, NY: Cornell University Press, 1998.

Zakaria, Fareed. *The Post-American World: Release 2.0*. New York and London: W. W. Norton & Company, 2011.

Østerud, Øyvind. "Intersystemic Rivalry and International Order: Understanding the End of the Cold War." In Pierre Allan and Kjell Goldmann, eds., *The End of the Cold War: Evaluating Theories of International Relations*. The Hague, Boston, London: Kluwer Law International, 1995.

Internet References

Abdulsattar, Tammam O. "Does Globalization Diminish the Importance of Nationalism?" https://www.e-ir.info/2013/11/14/does-globalization-diminish-the-importance-of-nationalism/ (접속일: 2019년 8월 12일).

Auld, Graeme and Jessica F. Green. "Unbundling the Regime Complex: The Effects of Private Authority." Comparative Research in Law & Political Economy, Research Report No. 15/2012 (2012) http://digitalcommons.osgoode.yorku.ca/clpe/15 (접속일: 2019년 11월 29일).

Benner, Thorsten, Wolfgang H. Reinicke, and Jan Martin Witte. "Shaping Globalization: The Role of Global Public Policy Networks." http://www.gppi.net/cms/public/66332099a66e4e02b78fe3333903cf8cShaping %20Globalization% 2007082002final.pdf (접속일: 2019년 11월 6일).

Dale, Reginald. "A New Debate on Global Governance." http://www.iht.com/IHT/RD/00/rd072500.html (접속일: 2013년 12월 31일).

Fairtrade Korea. "Fairtrade International Standards and Principles." http://fairtradekorea.org/main/user/userpage.php?lpage=ft1_4 (접속일: 2019년 11월 18일).

Hooghe, Liesbet and Gary Marks. "What the Rise of Radical Nationalism Tells Us about the Debate between Postfunctionalism and Liberal Intergovernmentalism." https://blogs.lse.ac.uk/europpblog/2019/02/26/what-the-rise-of-radical-nationalism-tells-us-about-the-debate-between-postfunctionalism-and-liberal-intergovernmentalism/ (접속일: 2021년 1월 20일).

National Intelligence Council. “Global Trends 2025: A Transformed World.” www.dni.gov/nic/NIC_2025_project.html (접속일: 2019년 9월 18일).

Pape, Robert A. “Soft Balancing: How the World Will Respond to US Preventive War on Iraq.” Oak Park Coalition for Truth and Justice (January 20, 2003), http://www.opctj.org/articles/robert-a-pape-university-of-chicago-02-21-2003-004443.html (검색일: 2005년 12월 30일).

Streck, Charlotte. “Global Public Policy Network as Coalitions for Change.” https://environment.yale.edu/publication-series/documents/downloads/o-u/streck.pdf (접속일: 2019년 11월 10일).

Tammen, Ronald L., Jacek Kugler and Douglas Lemke. “Power Transition Theory.” Trans-research Consortium Work Paper No. 1. https://static1.squarespace.com/static/576ef1a0be65941edd80fcf7/t/578d56e22e69cfbb1192c4cf/1468880611440/Power+Transition+Theory.pdf (접속일 2020년 10월 15일).

United Nations Global Compact. “Coming of Age: UN-Private Sector Collaboration Since 2000.” https://www.unglobalcompact.org/library/202 (접속일: 2019년 11월 7일).

United Nations. “The United Nations and the Private Sector: A Framework for Collaboration.” file:///C:/Users/USER/AppData/Local/Microsoft/Windows/INetCache/IE/3FBSL627/UN_Business%20Framework.pdf (접속일: 2019년 11월 7일).

VOA. “신용평가기관.” https://www.voakorea.com/a/3052122.html (접속일: 2019년 11월 19일).

Witte, Jan Martin, Wolfgang Reinicke, and Thornsten Benner. “Beyond Multilateralism: Global Public Policy Networks.” International Politics and Society. http://www.fes.de/IG/ipg2_2000/artwitte.html (접속일: 2019년 11월 11일).

Young, Oran R. “Regime Theory Thirty Years On: Taking Stock, Moving Forward.” http://www.e-ir.info/2012/09/18/regime-theory-thirty-years-on-taking-stock-moving-forward/ (접속일: 2014년 11월 12일).

사항색인

ㄱ

간결성(parsimony) 29, 30, 77, 96, 119, 162, 268, 270, 317, 557, 655, 803
간접적 권력 287
간주관적 구조(inter-subjective structure) 596
갈퉁의 구조주의적 제국주의 이론(Structural Theory of Imperialism) 775
갈퉁의 제국주의론 792
감소된 합리성(downed rationality) 479
강대국 삼각체제(Great Power Triangle) 325
강대국 정치의 비극(tragedy of great power politics) 213
강성권력(hard power) 279, 288
강제적 패권 이론 184
개별적 자위(individual self-defense) 40
개체론적 권력 개념 281
개체적 정체성(corporate identity) 830
객관적 사실(objective fact) 826
객관적 실체(objective reality) 826
거래비용(transaction cost) 610, 626
거래주의 통합이론 497, 510
게임이론적 접근법 618
격세유전설(atavism theory) 733
결과의 논리(logic of consequences) 836
경성 균형화(hard balancing) 347
경성국가(strong states) 279
경성권력(hard power) 425
경제 결정주의(economic determinism) 440
경제 과정 모델(Economic Process Model) 555
경제 안보(economic security) 192
경제력(economic power) 192
경제적 사전균형화(economic prebalancing) 354, 356
경제주의(economism) 783
고삐 늦추기(cutting slack) 160
공갈 협박 전략(strategy of blackmail) 220
공격-방어 균형이론(offense-defense balance theory) 253
공격-방어 이론(offense-defense theory) 253
공격적 현실주의 이론 14, 58, 211
공격적 편승(offensive bandwagoning) 318
공공 부문 글로벌 거버넌스 674
공공-민간 부문 글로벌 거버넌스 686
공공-민간-시민 부문 글로벌 거버넌스 699
공공-시민 부문 글로벌 거버넌스 692
공공재(public goods) 412, 620
공공재적 패권안정론 183
공급측 이론 625
공유자원의 비극(tragedy of commons) 논리 201

과다대응(overreaction) 144, 263, 330
과도한 확장(overexpansion) 266
과소 균형화(underbalancing) 248
과소대응(underreaction) 263
과소소비설(under-consumption theory) 732
과학적 경험주의(scientific empiricism) 145
관념적 구조(ideational structure) 826, 836
관료정치 모델(Bureaucratic Politics Model) 489, 491
관심전환전갈등이론 10
관심전환전쟁이론 10
구성된 실체(constructed reality) 826
구성적 규범과 규칙(constitutive norms and rules) 608
구성적 규칙(constitutive rules) 167, 294
구성적 의미(constitutive sense) 834
구성주의 이론 301, 594, 642, 670, 822
구성주의 통합이론 522
구성주의(constructivism) 155, 271, 802, 822
구성주의의 패권 개념 181
구심점(focal points) 628
구조와 행위자의 상호 구성 833
구조의 지고성(supremacy of structure) 804
구조적 결정주의(structural determinism) 171
구조적 권력(structural power) 293
구조적 현실주의(structural realism) 이론 57
구조적인 제약(structural constraints) 610
구조주의 이론 642, 741
구조주의 이론의 국제정치관 745
구조주의(structuralism) 739
구조주의적 마르크스주의(structural Marxism) 750
구조주의적 제국주의 이론(structural theory of imperialism) 751
국가 간 분석수준 5
국가 부르주아지(national bourgeoisie) 750
국가 전략문화 25
국가 정체성 24
국가 중심적 견해(state-centric view) 464
국가 중심적 세계(state-centric world) 659
국가의 기능적 책임의 확대와 능력의 쇠퇴 728
국가의 자원 동원 능력 26
국가이익(national interest) 295
국가주의(statism) 437
국제 거버넌스(international governance) 474, 609
국제 수준의 글로벌 거버넌스(international level global governance) 683
국제공정무역인증기구의 공정무역 인증과 라벨링 제도 681
국제기구 모델(International Organizational Model) 556
국제기구(international organizations) 467, 606
국제레짐(interantional regimes) 186, 467, 606
국제레짐론 473, 609, 669
국제보험감독자협회의 표준 제정 675
국제사회론(International Society Theory) 588
국제상공회의소의 규칙 제정 677
국제시민사회(international civil society) 643
국제신용평가기관의 신용평가 679
국제연맹의 집단안보제도 42
국제제도(international institution) 606
국제제도에 관한 인식론적 접근법 652
국제제도의 복잡성 616
국제제도의 설계 615
국제제도의 정의 467
국제제도의 효과성(effectiveness of international institution) 613
국제제도화(international institutionalization) 546
국제증권감독기구의 표준 제정 676
국제체제론적 시각 773

국제체제의 극성과 안정의 관계 321
국제협력 이론 605
국제화(internationalization) 444
국제회계기준이사회의 국제회계기준 제정 678
권력 자원의 비대체성(non-fungibility) 283
권력을 얻기 위한 전략(strategies for gaining power) 219
권력의 3차원(three dimensions of power) 281
권력의 극대화를 위한 전략 219
권력의 대체성(power fungibility) 279
권력의 세 얼굴(three faces of power) 281
권력정치 모델(power-politics model) 61
권위주의적 성격(authoritarian personality) 485
권위주의적 정치체제 9
귀납적 접근(inductive approach) 147
규범에 기초한 이론(norm-based theory) 836
규범적 구조(normative structure) 168, 836
규범적 이론(normative theory) 806, 821
규제성 규범과 규칙(regulative norms and rules) 608
규제성 규칙(regulative rules) 167
규제적 의미(regulative sense) 834
균형자(balancer) 76
균형적 다극체제(balanced multipolar system) 223
균형화(balancing) 138, 315, 346
균형화 연합(balancing coalition) 223, 232
균형화 전략(strategy of balancing) 221
그람시주의(Gramscianism) 178
그람시주의와 신그람시주의의 패권 개념 178
그로티우스(Hugo Grotius)의 관점 589
그리코의 상대적 이익 이론 201
극성의 정의 321
근대화 이론(modernization theory) 741, 752, 756, 760
글로벌 거버넌스 간극(global governance gap) 710
글로벌 거버넌스 기제의 제도화 결여 710
글로벌 거버넌스(global governance) 665
글로벌 거버넌스론(Global Governance Theory) 462, 665
글로벌 거버넌스의 분절화 711
급진적인 종속이론 755
기능주의(functionalism) 795
기능주의 이론 461, 501
기능주의 통합이론 471, 496
기능주의적 접근법 623
길핀의 패권안정론 186
길핀의 패권전쟁론(패권순환론) 393
김우상의 동맹전이론 400

ㄴ

내부적 균형화(internal balancing) 143, 221
내재적 자유주의 타협(embedded liberal compromise) 198
네트워크화된 글로벌 거버넌스(networked global governance) 700
능력으로서의 권력(power as capabilities) 282

ㄷ

다 수준 분석 23
다극적 세력균형(multipolar balance of power) 139
다극체제 357
다극체제 안정론 323
다수준 거버넌스(multi-level governance) 이론 522
다수준 분석(multi-level analysis) 4, 28, 80, 151
다양성의 논리(logic of diversity) 454
다원적 안보공동체(pluralistic security community) 498, 511

다자적 역외 균형화 전략(multilateral offshore balancing strategy) 355
다자주의(multilateralism) 47, 289
다중 부문 글로벌 거버넌스 682
다중 수준의 글로벌 거버넌스(multi-level global governance) 683
다중 이해관계자 글로벌 거버넌스(multi-stakeholder global governance) 683
다중심 글로벌 거버넌스(multi-centric global governance) 683
다중심적 견해(multi-centric view) 464
다중심적 세계(multi-centric world) 659
다중위계체제모델(Multiple Herarchy Model) 399, 412
단극의 순간(unipolar moment) 340, 354
단극체제 안정론(패권안정론) 323
단다극체제 견해 359
단다극체제(uni-multipolar system) 361
단다극체제(uni-multipolar system) 견해 359
단일 부문 글로벌 거버넌스 674
단일 수준 분석(single-level analysis) 4, 27, 149
단편적 점진주의 모델(Disjointed Incrementalism Model) 480
당구공 모델(billiard ball model) 61
대안무역기구(ATO) 698
대항 패권(counter-hegemony) 814
대항균형연합(countervailing balancing coalition) 238
대항균형화연합(countervailing balancing coalition) 251
데펜덴시아(dependencia) 이론 754
데펜덴시아 학파(dependencia school) 751, 754
도구주의적 마르크스주의(instrumental Marxism) 750
독재 불안전성 이론(theory of autocratic insecurity) 11
독점 혹은 과점이론(monopoly or oligopoly theory) 785
동맹안보딜레마(alliance security dilemma) 331
동맹이론(alliance theory) 238
동맹전이론(alliance transitions theory) 400
동일성 효과(sameness effect) 138
두 수준 게임(Two-level Game) 이론 650
두 수준 게임이론(two-level game theory) 521
뚜렷한 해결방안(salient solution) 628

ㄹ

레인(Christopher Layne)의 경제적 사전균형화와 통제탈피 353
렘크의 다중위계체제모델 399
리더십 스타일 5, 6
린드블롬의 점진주의(Incrementalism) 480

ㅁ

마한의 해양세력 이론 272
매판 계급(comprador class) 768
매판 부르주아지 계급(comprador bourgeoisie class) 757
맥킨더의 심장부 이론 273
메타권력(meta power) 286, 288
모델스키의 장주기론 395
모방적 연계(emulative linkage) 542
몰역사적 분석(ahistorical analysis) 742
무극체제(non-polar system) 365
무모한 확장(imperial overstretch) 398
무의사결정 권력(non-decision-making power) 281
무임승차(free-riding) 320, 330, 621
무임승차의 문제 624
무정부 상태 속에서의 갈등(conflict under anarchy) 601
무정부 상태 속에서의 제한적인 협력(limited cooperation under anarchy) 602

무정부 상태 속에서의 협력(cooperation under anarchy) 602
무정부 상태와 안보딜레마 297
무정부성(anarchy) 297
무정부적 새로운 암흑기(anarchic new Dark Age) 368
무정부적 혼돈의 국제체제 368
문제해결 이론(problem-solving theory) 805
문화(culture) 827
문화적 접근(cultural approach) 837
문화적 · 규범적 모델 715
문화패권 이론(theory of cultural hegemony) 178
물의 저지력(stopping power of water) 217, 229, 237
물질적 구조(material structure) 826
미국의 공정무역 유에스에이(Fair Trade USA) 698
미국의 대전략 356
미끼와 출혈 전략((strategy of bait and bleed) 220
미래에 대한 우려(shadow of the future) 619
미래 추세에의 편승(wave of the future bandwagoning) 248
미어샤이머의 공격적 현실주의 이론 212
민간 부문 글로벌 거버넌스 676
민간-시민 부문 글로벌 거버넌스 697
민감성(sensitivity) 567
민족주의(nationalism) 10, 17, 28, 417
민주적 정당성(democratic legitimacy) 667
민주적 정당성의 결여 711, 730
민주평화론(democratic peace theory) 343, 463, 476, 610, 713

ㅂ

바젤은행감독위원회의 표준 제정 675
반 에베라의 공격-방어 균형이론 260
반응적 연계(reactive linkage) 542
반패권(anti-hegemony) 814
반향 전략(reverberation strategy) 160
방기(abandonment) 330
방어적 현실주의(defensive neorealism) 이론 14, 58, 212, 252
방어적 편승(defensive bandwagoning) 318
배분된 글로벌 거버넌스(distributed global governance) 700
배신(cheating) 204, 602, 619, 622
배신의 문제 624
보복(tit-for-tat) 619
분석수준 4, 483
분석수준의 문제(level of analysis problem) 91
분절된 이슈 연계론(theory of fragmented issue linkage) 538
분절된 행위자(fragmented actors) 464
불균형적 다극체제(unbalanced multipolar system) 223
불균형적 양극체제(unbalanced bipolar system) 360
불균형적 양다극체제 360
비겁자 게임(chicken game) 101, 201
비공공 부문 글로벌 거버넌스(non-public sector global governance) 706
비공공 부문 글로벌 거버넌스와 국가 주권의 관계 706
비대칭적 상호의존(asymmetric interdependence) 284
비마르크스주의적 구조주의 이론 751
비인체제(Wiener System) 47
비판 지정학(critical geopolitics) 271
비판이론(critical theory) 642, 804, 805
비판적 구성주의(critical constructivism) 823
비합리적 행위자 모델(irrational actor model) 479

ㅅ

사슴사냥 우화(The Parable of the Stag Hunt) 120
사슴사냥(stag hunt)의 논리 201
사유재(private goods) 412
사이먼의 제한된 합리적 행위자 모델 479
사이버네틱스 모델(Cybernetics Model) 494, 495
사이버네틱스 · 인식 모델(cybernetic and cognitive model) 495
사회세력(social forces) 809
사회적 구조(social structure) 811, 827, 836
사회적 사실(social fact) 826
사회적 세계(social world) 818
사회적 의미(social meaning) 825
사회적 정체성(social identity) 830
사회화(socialization) 168
산림관리이사회의 산림인증제도 680
산술적 접근(calculus approach) 837
3차원의 체스 게임(three-dimensional chess game) 289
3차원적 권력 281
상대적 이득(relative gain) 140, 622, 602, 619
상위정치(high politics) 86, 192
상호의존 속의 협력(cooperation under interdependence) 601
상호의존 시대의 권력 567
상호의존(interdependence) 169
상호의존론 17, 86, 472, 549, 609, 669, 740, 746, 784
상호의존의 개념 552
새로운 신기능주의(neo-neofunctionalism) 516
선의의 전제자(benevolent despot) 176
선호 수렴 접근법(preference-convergence approach) 455
선호(preference) 804
성격 접근법(personality approach) 484
성찰적 접근법(reflective approach) 654, 802
성찰주의 이론(reflectivist theories) 88
성찰주의 802, 839
세계 패권(world hegemony) 810
세계댐위원회(WCD) 700
세계사회 접근법 643
세계사회론(Global Society or World Society Theory) 579, 662
세계자본주의(world capitalism) 743
세계정치의 두 세계론 462, 659
세계질서(world order) 810
세계체제(world system) 810
세계체제론(World System Theory) 293, 396, 440, 751, 757
세계체제론의 시각 773
세계화(globalization) 443
세력균형(balance of power) 40, 64, 74, 137, 301
세력균형의 개념 302
세력균형의 기본형 307
세력균형의 방식 308
세력전이론(power transition theory) 58, 387, 386
세력전이론과 세력균형론의 비교 407
세력전이론과 패권안정론의 차이 411
손실의 회피(loss aversion) 250
수요측 이론 625
수입대체산업(Import Substitution Industrialization, ISI) 753
수정된 구조적 현실주의자(modified structural realist) 189
수정된 현실주의(modified realism) 239, 240, 242
수정주의 국가(revisionist state) 15
쉬웰러의 이익균형론 245
스마트파워(smart power) 291, 425
스마트파워위원회(Commission on Smart Power) 291
스파이크만의 주변부 이론 275

시민 부문 글로벌 거버넌스 679
시민사회(civil society) 179
시민사회론(theory of civil society) 662
시장실패론(market failure theory) 623
시차(time lag) 194
시혜적 패권 이론 184
식민주의(colonialism) 748, 790
신고전적 현실주의(Neoclassical realism) 이론 58, 155, 239, 301
신국제경제질서(New International Economic Order, NIEO) 441
신그람시주의(neo-Gramscianism) 180
신기능주의 이론 461
신기능주의 통합이론 454, 471, 497, 505, 524
신념체계(belief system) 5, 7, 427, 486, 803
신마르크스주의(Neo-Marxism) 741, 745, 748
신식민주의(neocolonialism) 449, 734
신이상주의(neo-idealism) 51
신자유주의적 국제협력 이론 613
신자유주의적 제도주의 이론 19, 301, 336, 462, 463, 466, 475, 594, 597, 669, 801, 823, 829, 834
신정부간주의 통합이론(new intergovernmentalist integration theory) 526
신제국주의(neoimperialism) 449
신제국주의론 790
신제도주의(New Institutionalism, NI) 536
신중상주의(neomercantilism) 438
신초국가론(New Transnationalism) 546, 670
신현실주의 계열의 패권안정론 182
신현실주의 이론 13, 116, 594, 668, 743, 747, 801, 815, 821, 823, 829, 834, 839
신현실주의 패권안정론 411
신현실주의(neorealism) 462, 622, 739, 740
실증주의(positivism) 88, 802
실질적 합리성(substantive rationality) 97, 479, 772
실현되지 않은 권력의 역설(paradox of unrealized power) 283
심장부 이론(Heartland Theory) 273, 278

ㅇ

안밖이 전도된 설명(inside-out explanation) 128
안보공동체(security community) 168, 511, 828
안보딜레마(security dilemma) 13, 61, 120, 122
안보딜레마론(security dilemma theory) 253
안보를 위한 유화 편승(appeasement bandwagoning for security) 247
안정(stability)의 정의 321
안팎이 전도된 설명 128
암상자 이론(black box theory) 60
양극적 세력균형(bipolar balance of power) 139
양극체제 안정론 325
양극체제(bipolar system) 223, 357
양다극체제(bi-multipolar system) 360
양다극체제 견해 359
양다극체제 안정론 332
엘리트 교섭 접근법(elite-bargaining approach) 455
역량의 네트워크(network of capacities) 700
역사사회학(Historical Sociology) 820
역사이론(theory of history) 806
역사적 구조(historical structure) 807
역사적 분석(historical analysis) 742
역사적 블록(historical bloc) 809, 813, 814
역외 균형자(offshore balancer) 218, 222
역외 균형전략(off-shore balancing strategy) 348
연계전략(linkage strategy) 560

연루(entrapment) 331
연루의 위험성 38
연방주의 이론 499
연방주의(federalism) 795
연성 균형화(soft balancing) 347, 356
연성국가(weak states) 279
연성권력(soft power) 197, 279, 286, 288, 307, 425
연쇄적 패거리 짓기(chain-ganging) 263
연역적 접근(deductive approach) 147
영국의 공정무역 재단(Fairtrade Foundation) 698
영국의 유럽연합 탈퇴 523
영국학파(English School) 593
예민성(sensitivity) 285
오간스키의 세력전이론 389
오산(miscalculation) 326
오인식(misperception) 5, 8, 105, 246, 326, 464
오인식 학파(misperception school) 735
왈츠의 방어적 현실주의 이론 235
외교정책 결정이론 85, 462, 476
외부적 균형화(external balancing) 143, 221
우크라이나 전쟁 3
워싱턴 합의(Washington Consensus) 340
월러스타인의 패권변동론 398
위험균형론(balance-of-risk theory) 249
위협(bullying) 364
위협균형론(balance-of-threat theory) 314, 319, 356
윈셋(win-set) 157
유럽협조체제(Concert of Europe) 45, 336, 665
유로화 위기(Eurocrisis) 522
유엔 중남미 경제위원회(ECLA) 751
유엔과 기업의 파트너십 688
유엔의 집단안보제도 42
유익한 중상주의(benign mercantilism) 439
유해한 중상주의(malevolent mercantilism) 439
유화 편승 248
유화(appeasement) 223
융합적 안보공동체(amalgamated security community) 498, 511
의사결정 권력(decision-making power) 281
의제설정 권력(agenda-setting power) 281
의제 정치(agenda politics) 560, 585
이념적 권력(ideological power) 281
이념패권 이론(theory of ideological hege-mony) 178
이득을 위한 기회(opportunity for gain) 248
이면 보상(side-payment) 160
이미지(image) 486
이상주의 33
이상주의의 현실주의(realism of idealism) 62
이슈 구조 모델(issue structure model) 284, 555
이슈 연계 전략(issue linkage strategy) 160
이슈 패러다임(Issue Paradigm) 543
이슈의 연계 627
이슬람국가(Islamic State, IS) 375
이용 가능한 선택으로서의 권력(power as usable options) 282
이익균형론(balance of interests theory) 245, 314, 321
이익에 기초한 이론(interest-based theory) 836
이익에 기초한 접근법(interest-based ap-proach) 629
이익을 위한 편승(bandwagoning for profit) 247
인간안보(human security) 280, 731
인공 두뇌학 의사결정 이론(cybernetic decision-making theory) 105
인식공동체(epistemic community) 635,

653, 669, 819
인식론(epistemology) 804
인식론적 접근법(cognitive approach) 200, 486
인식지도 접근법(Cognitive Map Approach) 487
일방적 역외 균형화 전략(unilateral offshore balancing strategy) 355
일방주의(unilateralism) 289
1차원적 권력 281
2차원적 권력 281

ㅈ

자력구제(self-help) 61, 120, 132, 136, 148, 168, 431, 832
자신을 존중하는 패권국(self-regarding hegemon) 184
자유주의 이론과 세계경제 723
자유주의 이론의 패권 개념 175
자유주의적 정부간주의 통합이론(liberal intergovernmentalist integration theory) 519
자유주의적 제도주의(liberal institutionalism) 466
자유주의적 패권안정론 411
자유주의적 현실주의(Liberal Realism) 593
자칼 편승(Jackal bandwagoning) 248
작동부호 접근방법(Operational Code Approach) 487
작용-반작용 모델(action-reaction model) 60
장주기론(long cycles theory) 386
저비스의 공격-방어 균형이론 257
적 이미지(enemy images) 735
적도원칙 채택 금융기관의 원칙 제정 678
적정화(satisficing) 479
적정화 모델(Satisficing Model) 479
적합성의 논리(logic of appropriateness) 836, 837
전 지구적 공공재(global public good) 445
전 지구적 공공정책 연계망(Global Public Policy Network, GPPN) 683
전 지구적 다중 이해관계자 네트워크(global multi-stakeholder network) 683
전 지구적 다중 이해관계자 이슈 네트워크(global multi-stakeholder issue network) 683
전 지구적 시민사회론(Global Civil Society Theory) 462, 662
전 지구적 약정(Global Compact) 691
전 지구적 패권국(global hegemon) 217
전망이론(prospect theory) 250, 252
전세계책임인증생산의 인증제도 682
전쟁 전략(strategy of war) 219
전통적 구성주의(conventional constructivism) 823
전통적 마르크스주의(Classical Marxism or Orthodox Marxism) 741
전통적 제국주의론 790
전통적 현실주의(traditional realism/classical realism) 이론 61, 65
전통적 지정학(classical geopolitics) 270
절대적 이득(absolute gain) 140
절차적 합리성(procedural rationality) 97, 479
점진주의(incrementalism) 478
정권의 유형 8
정부 간 정치(intergovernmental politics) 453
정부 간 협상론(theory of intergovernmental bargaining) 454
정부간주의 이론(theory of intergovernmentalism) 454
정부간주의(intergovernmentalism) 117, 515
정책 결정 접근방법(decision-making approach) 478
정체성(identity) 804
정치사회(political society) 179
정치화(politicization) 531

정치화 과정(politicization process) 508
제 손 묶기 전략(tying-hands strategy) 160
제1차 논쟁 62
제2 이미지 역전 접근(second image reversed approach) 152
제2 이미지 접근(second image approach) 152
제2차 논쟁(The Second Debate) 87
제국주의(imperialism) 748
제국주의의 정의 775
제도적 모델 715
제도화(institutionalization) 169
제도화 정도의 변이(variation in the degree of institutionalization) 605
제재 문제(sanctioning problem) 621
제한된 합리성(bounded rationality) 478
제한된 합리성 모델(Limited Rationality Model) 479
조직 설계(organizational design) 475, 612
조직과정 모델(Organizational Process Model) 489
조화(harmony) 605
조화체제론(Concordance System Theory) 498, 513
존재론(ontology) 804
존재론적 실체(ontological reality) 826
종속이론(dependency theory) 440, 751, 754, 759
종속적 발전(dependent development) 755
종속적 세력균형체제 309
죄수의 딜레마 게임 100, 619
죄수의 딜레마 게임이론(prisoners' dilemma game theory) 618
죄수의 딜레마(prisoner's dilemma) 201
주권의 공동행사(pooling of sovereignty) 528, 719
주권의 위임(delegation of sovereignty) 528, 719
중국 패권체제(Pax Sinica) 357
중상주의적 다원주의(mercantilistic pluralism) 439
중심부-주변부 분석(Center-Periphery Analysis) 755
중심부-주변부 이론(center-periphery theory) 751
지문화(geoculture) 768
지배적 세력균형체제 309
지역적 패권국(regional hegemon) 217
지역주의(regionalism) 497
지역통합이론(regional integration theory) 461, 496
지정학 이론(geopolitical theory) 63
지정학적 다원주의(geopolitical pluralism) 275
집단안보제도 38, 301
집단안보체제(collective security system, CSS) 34, 39
집단적 의미(collective meaning) 825
집단적 자위(collective self-defense) 40
집단적 정체성(collective identity) 831
집단행동 이론(collective action theory) 184, 201, 356, 618, 620
집단행동의 문제(collective action problem) 221

ㅊ

책임전가 전략(strategy of buck-passing) 221
책임전가(buck-passing) 263
책임전가론(무임승차론) 314, 320
체제 간 분석(across systems analysis) 542
체제 내의 변화(within system change) 135
체제 수준의 분석(systemic analysis) 127
체제의 변화(a change of system) 134
초국가론(transnationalism) 462, 544, 664, 668
초국가적 기업자본주의(transnational corporate capitalism) 745
초국가적인 역사적 블록(transnational his-

torical bloc) 813
초국가적 자본주의(transnational capitalism) 745
초국가적 정치(supranational politics) 453
초국가적 행위자(transnational actor) 544
초국가주의(supranationalism) 117, 526
초사회론(trans-societalism) 663
초정부론(transgovernmentalism) 462, 548
총체적 권력구조 모델(Overall Power Structural Model) 284, 555
최소한의 현실주의(minimal realism) 269
최적화(optimizing) 479
출혈 전략(strategy of bloodletting) 220
취약성(vulnerability) 285, 567
침략자를 억제하기 위한 전략(strategies for checking aggressors) 219, 220
침투된 정치체제(penetrated political system) 542
침투성 연계(penetrative linkage) 541

ㅋ

카플란의 국제체제 이론 108
칸트(Immanuel Kant)의 관점 589
케네디의 강대국 흥망성쇠론 398
콘드라티예프 파동(Kondratieff Wave) 764, 766
크라즈너의 패권안정론 188
크리스텐센과 스나이더의 공격-방어 균형 이론 263

ㅌ

타국을 존중하는 패권국(other-regarding hegemon) 184
탈구조주의(poststructuralism) 818
탈근대론(Postmodernism) 817
탈냉전기의 국제체제에 관한 다양한 견해 339
탈리아페로의 위험균형론 249
탈서구세계질서(post-West world order) 379
탈실증주의 802
탈영토화(deterritorialization) 443
통제탈피(leash-slipping) 354, 355, 356
통합의 논리(logic of integration) 454
투키디데스의 함정(Thucydides Trap) 65, 402, 403, 405, 414, 417, 419, 424, 427
투키디데스 함정론 416, 418, 422, 423

ㅍ

파시즘 평가 기준(fascism scale) 485
파페(Robert A. Pape)의 연성 균형론 347
팍스 콘소시아 견해 358
패거리 짓기(ganging up) 364
패권(hegemony) 173, 193, 643, 811
패권국의 선의를 강조하는 견해(benign view of hegemon) 176, 184
패권변동론 191, 387
패권순환론 387
패권안정(hegemonic stability) 193
패권안정론 58, 172, 356, 386, 622, 625
패권안정론의 쇠퇴학파(school of decline) 195
패권안정변동론 191
패권적 문화(hegemonic culture) 179
패권전이론 387
패권체제(단극체제) 340
패권체제에 대한 새로운 형태의 균형론 346
편승(bandwagoning) 138, 223, 315
편승이론(theory of bandwagoning) 314, 318
평판효과(reputational effects) 626
포괄적 안보(comprehensive security) 731
포괄적 합리성(comprehensive rationality) 479
포섭적 권력(co-optive power) 287
포용전략(strategy of engagement) 231
프랑크푸르트학파(Frankfurt School) 804

피상적인 환경협력(shallow environmental cooperation) 616

ㅎ

하부체제가 지배하는 체제(subsystem-dominant system) 108
하위정치(low politics) 86, 192
하위체제 분석(sub-systemic analysis) 127
학습(learning) 168
합리적 선택 이론 618
합리적 억지 이론(rational deterrence theory) 103
합리적 외교정책 결정이론 95
합리적 행위자 모델(rational actor model) 95, 477, 489
합리주의 802, 839
합리주의 이론 839
합리주의 이론과 구성주의 이론의 결합 843
합리주의적 접근법(rationalistic approach) 653, 802
합의적 지식(consensual knowledge) 653
해양관리이사회의 인증과 에코 라벨링 제도 681
해양세력 이론(Sea Power Theory) 272
해체주의(deconstructivism) 818
행태주의(behavioralism) 87
행태주의적 현실주의(behavioral realism) 이론 57, 87
허용적 합의(permissive consensus) 527
현대조직이론 475
현상 유지 국가(status quo state) 16
현상유지 편견(status quo bias) 211, 215
현실주의 이론(traditional realist theory or classical realist theory) 57, 784, 785
현실주의 이론의 패권 개념 174
협력(cooperation) 605
협력안보(cooperative security) 47, 254
협력의 장애요인 624
협의 지위(consultative status) 547
홉스(Thomas Hobbes)의 관점 65, 589
확산의 역전(spill-back) 524
확산의 지체(spill-around) 524
환경규제 준수와 시행을 위한 국제 네트워크 포럼(INECE) 696
환원주의(reductionism) 74, 123, 126, 128, 833
후기 기능주의 통합이론 531
후기 신기능주의(post-neofunctionalism) 516
후기 행태주의(post behavioralism) 114, 741
힘에 기초한 접근법(power-based approach) 629

인명색인

ㄱ

가넷(John Garnett) 295
가드너(Lloyd Gardner) 796
갈퉁(Johan Galtung) 451, 751, 755, 775
개디스(John Lewis Gaddis) 332, 576, 796, 797
겐츠(F. Von Gentz) 312
고르바초프(Mikhail Sergeyevich Gorbachev) 832
골드만(Kjell Goldmann) 64
구레비치(Peter Gourevitch) 151
굴릭(Edward Gulick) 323, 452
그람시(Antonio Gramsci) 178, 643, 812
그룬딕(Frank Grundig) 206
그리코(Joseph M. Grieco) 116, 463, 466, 603, 623
글라저(Charles Glaser) 257
기든스(Anthony Giddens) 165, 443
길핀(Robert Gilpin) 183, 323, 386, 393, 411, 439, 442, 447, 574, 630, 725, 780
까르도소(Fernando Henrique Cardoso) 754, 755, 756, 758
까예오와 로우랜드(David P. Calleo and Ian H. Rowland) 439

ㄴ

나이(Joseph S. Nye) 196, 286, 343
노드에쥐(Fred S. Northedge) 87, 91, 573
노이마이어(Eric Neumayer) 655
니버(Reinhold Niebuhr) 65, 68

ㄷ

도거티와 활츠그라프(James E. Dougherty and Robert L. Pfaltzgraff) 63
도스 산토스(Dos Santos) 754
도이취(Karl W. Deutsch) 497, 510
도이취와 싱어(Karl W. Deutsch and J. David Singer) 127, 322, 323
도일(Michael W. Doyle) 713, 716

ㄹ

라우스티아라와 빅터(Kal Raustiala and David G. Victor) 616
라이니케(Wolfgang H. Reinicke) 683, 705
라이트(Quince Wright) 304
랩킨(David P. Rapkin) 774
러기(John G. Ruggie) 166, 198
러셀(Greg Russell) 305
러셑(Bruce Russett) 197, 714, 715

러셀과 스타(Bruce Russett and Harvey Starr) 449
레그로와 모라브식(Jeffrey W. Legro and Andrew Moravcsik) 269
레닌(Vladimir Lenin) 126, 440, 790
레비(Jack S. Levy) 250
레이(James Ray) 774
레이크(David Lake) 197
렘크(Douglas Lemke) 399, 412
로자몬드(Ben Rosamo) 534, 536
로자티(Jerel A. Rosati) 492
로제(Gideon Rose) 239
로즈노(James N. Rosenau) 87, 156, 483, 541, 561, 659, 673, 728
로즈크랜스(Richard N. Rosecrance) 107, 114, 127, 197, 332
로즈크랜스와 스타인(Richard Rosecrance and Arthur Stein) 577
로체스터(J. Martin Rochester) 603
로칸(Stein Rokkan) 536
로크(John Locke) 833
루소(Jean Jacques Rousseau) 35, 61, 65, 205
룩셈부룩(Rosa Luxemburg) 790
룩스(Steven Lukes) 281
리버(Robert J. Lieber) 326, 328
리버와 알렉산더(Keir A. Lieber and Gerard Alexander) 352
리세(Thomas Risse) 844
리세-카펜(Thomas Risse-Kappen) 546
린 조운스(Sean M. Lynn-Jones) 257
린드버그와 샤인골드(Leon N. Lindgerg and Stuart A. Scheingold) 516
린드블롬(Charles E. Lindblom) 478, 480
립만(Walter Lippmann) 65
링크레이터(Andrew Linklater) 804

ㅁ

마르크스(Karl Marx) 745, 749
마스딴두노(Michael Mastanduno) 344
마키아벨리(Niccolo Machiavelli) 65
마튼(Péter Márton) 536
마한(Alfred T. Mahan) 272, 278
맥그루(Anthony G. McGrew) 746
맥더맡(Rose McDermott) 250
맥클리랜드(Charles A. McClelland) 107
맥킨더(Halford J. Mackinder) 272, 278
맨스바흐와 바스케스(Richard W. Mansbach and John A. Vasquez) 543, 583
모간(Patrick M. Morgan) 79
모겐소(Hans J. Morgenthau) 45, 61, 62, 65, 69, 233, 297, 305, 323, 431, 450, 477
모델스키(George Modelski) 323, 386, 395, 773, 774
모라브식(Andrew Moravcsik) 519, 647
모란(Theodore H. Moran) 785
모스(Edward Morse) 562
무스그레이브(Peggy Musgrave) 442
미드라스키(Manus I. Midlarsky) 326, 327
미어샤이머(John J. Mearsheimer) 49, 58, 74, 174, 204, 212, 326, 334, 358, 363, 410, 638
미첼(Christopher R. Mitchell) 582
미카락(Stanley Michalak, Jr.) 566
미트라니(David Mitrany) 461, 501
밀너(Helen V. Milner) 207, 649

ㅂ

바르톨리니(Stefano Bartolini) 535
바스케즈(John A. Vasquez) 88
반 에베라(Stephen Van Evera) 257
버논(Raymond Vernon) 727
버바(Siney Verba) 97
버튼(John Burton) 579, 580, 662, 643
베츠(Richard K. Betts) 44
벤담(Jeremy Bentham) 35
보글러(John Vogler) 648
볼드윈(David A. Baldwin) 205, 282

볼라드(Hans Vollaard) 534, 535
뵈르젤과 리세(Tanja A. Börzel and Thomas Risse) 533, 534, 709
부쉬와 라인하트(Marc L. Busch and Eric R. Reinhardt) 207
부시(George H. W. Bush) 342
부에노 데 메스끼따와 랄만(Bruce Bueno de Mesquita and David Lalman) 265
부잔(Barry Buzan) 594
부카린(Nikolai I. Bukharin) 790
불(Hedley Bull) 50, 87, 91, 304, 312, 573
브라운(Chris Brown) 280, 593, 821
브라울리(Mark R. Brawley) 354
브랜즈와 에델만(Hal Brands and Eric S. Edelman) 372
브레진스키(Zbigniew K. Brzezinski) 274
브룩스와 월포스(Stephen G. Brooks and William C. Wohlforth) 351
비커턴 · 호드슨 · 푸에터(Christopher Bickerton, Dermot Hodson, and Uwe Puetter) 525
빅토(David G. Victor) 616
뿔랑짜(Nicos Poulantzas) 750

ㅅ

사이먼(Herbert A. Simon) 478, 479
산드홀츠와 지스만(Wayne Sandholtz and John Zysman) 518
샌드홀츠와 그레이(Wayne Sandholtz and Mark Gray) 844
선켈(Osvaldo Sunkel) 755
쉬멜페니(Frank Schimmelfennig) 524, 525, 843
슈바르젠버거(George Schwarzenberger) 62, 65, 91
쉬웰러(Randall L. Schweller) 234, 245, 321, 410
쉴레진저(Arthur Schlesinger) 456
슈만(Frederick L. Schuman) 65, 66
슈미터(Phillippe C. Schmitter) 524
슈미터와 레프코프리디(Philippe C. Schmitter and Zoe Lefkofridi) 524, 534
슈미트(Brian C. Schmidt) 239
슈바르젠버거(George Schwarzenberger) 91
슘페터(Joseph E. Schumpeter) 733, 790
스나이더(Jack L. Snyder) 266
스나이더 · 브룩 · 사핀(Richard C. Snyder, Henry W. Bruck, and Burton M. Sapin) 478, 481
스나이덜(Duncan Snidal) 199, 206, 628
스미스(Steve Smith) 79
스미스(Gaddis Smith) 456
스켈스백(Kjell Skjelsbaek) 545
스타(Harvey Starr) 486
스타인(Arthur A. Stein) 267
스타인부루너(John D. Steinbruner) 105, 493, 495
스탈리(Eugene Staley) 450
스턴(Geoffrey H. Stern) 322, 779
스토신저(John Stoessinger) 282
스트레인지(Susan Strange) 195, 293, 638, 645, 729
스파이크만(N. J. Spykman) 65, 304, 272, 275
싱어(J. David Singer) 91, 145, 483

ㅇ

아도르노(Theodore W. Adorno) 485
아롱(Raymond Aron) 66, 91, 135, 410
아민(Samir Amin) 754, 755, 776
아이켄베리와 넥슨(G. John Ikenberry and Daniel H. Nexon) 413
악셀로드(Robert Axelrod) 602, 622
알뛰세(Louis Althusaer) 750
알커(Hayward R. Alker, Jr.) 654
애덤 스미스(Adam Smith) 311
애쉬리(Richard K. Ashley) 165, 294, 819
앨리슨(Graham Allison) 65, 489

야렘(Ronald J. Yalem) 483
에마누엘(Arghiri Emmanuel) 755, 756, 776
에반스(Peter Evans) 755
엥겔스(Friedrich Engels) 745
영(Oran R. Young) 469, 475, 628, 648, 656
오간스키(A. F. K. Organski) 303, 323, 386, 389
오너프(Nicholas G. Onuf) 822, 823
오이(Kenneth A. Oye) 326, 328, 622, 628
올슨(Mancur L. Olson) 184, 620
와이트(Martin Wight) 313
왈츠(Kenneth N. Waltz) 58, 73, 91, 305, 326, 483, 661, 592, 772
왈트(Stephen M. Walt) 265, 314
요페(Josef Joffe) 306, 345
울퍼스(Arnold Wolfers) 65, 83, 285, 410, 718
월러스타인(Immanuel M. Wallerstein) 293, 396, 398, 740, 755, 758, 776
월포스(William C. Wohlforth) 343
웨버(Douglas Webber) 534
웬트(Alexander E. Wendt) 167, 293, 822, 823
웹과 크라즈너(M. C. Webb and Stephen D. Krasner) 198
위트(Martin Wight) 65
이스턴(David Easton) 584

ㅈ

자카리아(Fareed Zakaria) 264, 362
저비스(Robert Jervis) 78, 250, 257, 263, 298, 602
제니스(Irving L. Janis) 487
조던(Richard Jordan) 594, 596
조지(Alexander L. George) 487, 493
조지 부부(Alexander L. George and G. L. George) 484
졸베르그(Aristide R. Zolberg) 774

ㅊ

체켈(Jeffrey T. Checkel) 824

ㅋ

카(E. H. Carr) 50, 61, 65, 66, 82, 815
카네만(Daniel Kahneman) 250
카우프만(Chaim Kaufmann) 257
카플란(Morton A. Kaplan) 87, 107, 130, 323, 452, 772
칸트(Immanuel Kant) 714, 833
캡테인과 반 씨마트(P. J. G. Kapteyn and P. Verloren van Themaat) 435
케글리(Charles W. Kegley) 51
케글리와 레이몬드(Charles W. Kegley and Gregory A. Raymond) 46, 323, 337
케난(George Kennan) 65, 456
케네디(Paul M. Kennedy) 195, 367, 395, 398
코니베어(John A. Conybeare) 475, 611
코헤인(Robert O. Keohane) 155, 173, 200, 411, 467, 468, 605, 610, 621, 622, 623, 646, 653, 713, 802
코헤인과 나이(Robert O. Keohane and Joseph S. Nye) 58, 283, 472, 543, 553, 578, 650, 668, 722
코헨(Benjamin J. Cohen) 449, 791
콕스(Peter Cocks) 793
콕스(Robert W. Cox) 165, 804
콜리아네세(Cary Coglianese) 467
콜코(Gabriel Kolko) 796
쿠글러(Jack Kugler) 392
쿡(Thomas I. Cook) 62
쿱찬 부부(Charles A. Kupchan and Clifford A. Kupchan) 49
크라우트해머(Charles Krauthammer) 343
크라즈너(Stephen D. Krasner) 183, 285,

411, 441, 442, 492, 575, 607, 609, 640, 655
크라토크윌(Friedrich V. Kratochwil) 823
크리스텐센(Thomas J. Christensen) 264
크리스텐센과 스나이더(Thomas J. Christensen and Jack L. Snyder) 257
클로드(Inis L. Claude) 40, 303
키신저(Henry A. Kissinger) 64, 65, 82, 126, 297, 304, 325, 363, 410, 477
킨들버거(Charles P. Kindleberger) 175, 411

ㅌ

타넨바움(Frank Tannenbaum) 62
탈리아페로(Jeffrey W. Taliaferro) 249
테일러(A. J. P. Taylor) 452
텔렌과 스타인모(Kathleen Thelen and Sven Steinmo) 467
톨바(Mostafa Tolba) 629
톰슨(Kenneth Thompson) 62
톰슨(William R. Thompson) 395, 398, 774
투즈(Roger Tooze) 604, 642, 653
투키디데스(Thucydides) 65
트베르스키(Amos Tversky) 250
틸리(Charles Tilly) 820

ㅍ

파월(Robert Powell) 206
팔머스톤 경(Lord Palmerston) 59
퍼거슨(Niall Ferguson) 292, 368
퍼트남(Robert D. Putnam) 151, 156, 521, 650
페이스(Herbert Feis) 456
페이어(Cheryl Payer) 781
폴라니(Karl Polanyi) 788
푸찰라(Donald J. Puchala) 498, 499, 513
푸찰라와 홉킨스(Donald J. Puchala and Raymond F. Hopkins) 606
프레비쉬(Raul Prebish) 751
피네모어와 시킹크(Martha Finnemore and Kathryn Sikkink) 843
핀켈스타인(Lawrence S. Finkelstein) 721

ㅎ

하마숄드(Dag Hammarskjöld) 722
하버마스(Jürgen Habermas) 844
하스(Ernst B. Haas) 114, 303, 497, 505, 538, 649, 652, 654
하우스(Karen Eliot House) 326
하우스호퍼(Karl Haushofer) 274
하이머(Stephen H. Hymer) 785
하트만(Frederick H. Hartmann) 304
한리더(Wolfram Hanrieder) 448
할레(Louis Halle) 280
해거드(Stephan D. Haggard) 199, 335
해거드와 시몬스(Stephan D. Haggard and Beth A. Simmons) 200, 649, 650. 653
허만(Charles F. Hermann) 488
허즈(John H. Herz) 114, 298, 545
헌팅턴(Samuel P. Huntington) 360, 448
헤링(George Herring) 797
호프(Ted Hopf) 182, 828
호프만(Stanley Hoffmam) 107, 127, 135, 323, 454, 509, 515
홀리스와 스미스(Martin Hollis and Steve Smith) 81, 171, 544, 573
홀스티(Ole R. Holsti) 163, 282, 486, 487
홉스(Thomas Hobbes) 35, 61, 431, 833
홉슨(John A. Hobson) 124, 126, 440
화레또(Enzo Faletto) 755
환함(Barbara R. Farnham) 250
후랑크(Andre Gander Frank) 755, 756
후르따도(Celso Furtado) 754, 755
후쿠야마(Francis Fukuyama) 53, 342, 714
후헤와 마크스(Liesbet Hooghe and Gary Marks) 531

[약 력]
한국외국어대학교 정치외교학과(학사)
Northern Illinois University
(국제기구 전공: 석사, 박사)

[경 력]
외무고시 출제위원 및 채점위원
국립외교원 외교관 후보자시험 출제위원
외교부장관 국제기구 분과 자문위원
외교부 초급전문가(JPO) 선발 면접위원
외교부 유엔논문경연대회 심사위원
한국국제협력단(KOICA) 국제개발협력 논문공모전 심사위원
한국정치학회 이사
한국국제정치학회 이사
한국국제정치학회 국제기구평화분과위원회 위원장
행정안전부 중앙인사위원회 공무원 국제기구 파견 심사위원

[현 재]
국립 경상대학교 정치외교학과 명예교수
유엔한국협회(UNA-KOREA) 부회장
유엔학생협회한국연맹(KFUNSA) 지도교수
전국대학생모의유엔회의 자문교수

[저 서]
국제기구와 글로벌 거버넌스(법문사)
NGO와 글로벌 거버넌스(법문사)
글로벌 이슈와 글로벌 거버넌스(법문사)
국제환경정치론(법문사)
국제관계와 NGO(법문사)
국제기구정치론(법문사)
유엔과 국제기구(법문사)
유엔과 사무총장(도서출판 예응)
유엔회의의 이해(법문사)
유엔회의 가이드북(법문사)
모의유엔회의 지침서(유엔한국협회)
모의유엔회의 핸드북(법문사)
국제기구 진출 어떻게 하나요(법문사)

국제정치 패러다임[제6판]

1996년 8월 20일 초판 발행
2002년 9월 5일 전정판 발행
2009년 2월 25일 제 3 판 발행
2015년 8월 31일 제 4 판 발행
2017년 1월 20일 제 4 판 2쇄발행
2021년 3월 20일 제 5 판 발행
2022년 8월 31일 제 5 판 2쇄발행
2024년 9월 25일 제 6 판 발행

저 자 박 재 영
발행인 배 효 선
발행처 도서출판 法 文 社

주 소 10881 경기도 파주시 회동길 37-29
등 록 1957년 12월 12일 제2-76호(윤)
전 화 031-955-6500~6, 팩 스 031-955-6525
e-mail(영업) : bms@bobmunsa.co.kr
(편집) : edit66@bobmunsa.co.kr
홈페이지 http : //www.bobmunsa.co.kr
조 판 광 진 사

정 가 40,000원
ISBN 978-89-18-91553-1